श्रम कल्याण और औद्योगिक सम्बन्ध

श्रम कल्याण और औद्योगिक सम्बन्ध

Labour Welfare and Industrial Relations

बालेश्वर पाण्डेय

रावत पब्लिकेशन्स

जयपुर • नई दिल्ली • बैंगलोर • हैदराबाद • गुवाहाटी • कोलकाता

ISBN 978-81-316-0614-8 (HB)
ISBN 978-81-316-0615-5 (PB)

Published by
Prem Rawat for **Rawat Publications**
Satyam Apts, Sector 3, Jawahar Nagar, Jaipur 302 004 (India)
Phone: 0141 265 1748 / 7006 Fax: 0141 265 1748
E-mail: info@rawatbooks.com
Website: www.rawatbooks.com

New Delhi Office
4858/24, Ansari Road, Daryaganj, New Delhi 110 002
Phone: 011 2326 3290

Also at *Bangalore, Hyderabad, Guwahati* and *Kolkata*

Typeset by Rawat Computers, Jaipur
Printed at Nice Printing Press, New Delhi

विषय सूची

खण्ड 2
श्रम कल्याण एवं औद्योगिक सम्बन्धों का वैधानिक पक्ष

दो शब्द

आज के बदलते हुए कार्य परिवेश में उच्चस्तरीय प्रौद्योगिकी से युक्त कार्यों की कुछ बदलती हुई तस्वीर हमारे सामने आ रही है। जैसे (i) मानव रहित कार्य (पावर प्लांट); (ii) कार्यालय रहित कार्य (समाचार पत्र के संवाददाताओं का कार्य); (iii) रोबोट से युक्त कार्य (असेम्बली लाइन); (iv) दिन में 24 घण्टे और वर्ष में 365 दिन कार्य (फैक्ट्री बैंक और रेस्टोरेण्ट); (v) कार्य के लिए ठेके के स्थान पर कार्य का ठेका; (vi) नियोजित कामगार के स्थान पर स्वतन्त्र ठेकेदार; (vii) परनिर्भर मजदूर के स्थान पर आत्मनिर्भर मजदूर; (viii) स्थायी से अस्थायी श्रमिक; (ix) कार्यालय में काम करने वाले कर्मचारी के स्थान पर अपने घर पर ले जाकर काम करने वाला कर्मचारी; (x) निर्धारित कार्य के घण्टों के स्थान पर लचीले कार्य के घण्टे; (xi) कार्य को एक सम्पत्ति के रूप में देखते हुए ऐश्वर्य एवं सम्पदा अर्जन हेतु कार्य; (xii) जीवन पर्यन्त रोजगाररत रहने के स्थान पर जीवन पर्यन्त रोजगार की उपलब्धता; (xiii) एक कार्य एवं एकाकी कैरियर के स्थान पर कई कार्य एवं बहुआयामी कैरियर; (xiv) व्यक्तिगत कार्य की अपेक्षा टीमवर्क को विशेष महत्व; (xv) प्रबन्धक के स्थान पर फेसिलिटेटर को महत्व; (xvi) कर्मचारी को प्रबन्धक द्वारा सेवक के रूप में न देखकर एक सहयोगी के रूप में देखना; (xvii) उपभोक्ता को पूर्वापेक्षा अधिक महत्व दिया जाना; (xviii) उच्चाधिकारियों के प्रति व्यक्तिगत निष्ठा के स्थान पर कार्यदक्षता; (xix) प्रतिमानों की अपेक्षा मूल्यों को अधिक महत्व दिया जाना; (xx) नियन्त्रक की अपेक्षा प्रतिबद्धता को अधिक महत्व; तथा (xxi) अधीनस्थ कर्मचारी को निर्देशित करने के स्थान पर उसे अधिकार देकर सशक्त (इम्पावर्ड) बनाना।

उपर्युक्त परिवेश में श्रम की बनावट में भी परिवर्तन हुआ है। पहले वह ब्ल्यू कलर का था, अब व्हाइट कलर का हो गया है, आशा है निकट भविष्य में वह गोल्डन कलर

का हो जाएगा। श्रमिक संघ भी अब वर्ग संघर्ष की अपेक्षा वर्ग सहयोग की संस्कृति अपना रहे हैं। प्रकारान्तर से प्रतिष्ठानों के आकार छोटे होते जा रहे हैं। नौकरशाही मूलक संगठनों का स्थान सिस्टम और कंटिंजेंसी मूलक संगठन लेते जा रहे हैं। ऐसी स्थिति में श्रमिक की अपेक्षाओं में भी परिवर्तन हो रहा है। अब वह प्रबन्ध से नहाने–धोने और कपड़ा सुखाने की सुविधाओं की पूर्ति की ही अपेक्षा नहीं कर रहा है वरन् वह कार्यजीवन में गुणात्मकता के समावेश की अपेक्षा कर रहा है। औद्योगिक सम्बन्ध भी अब श्रम और प्रबन्ध के विवादों के सुलझाव तक ही सीमित नहीं रह गए हैं, वरन् आज औद्योगिक सम्बन्ध सम्पूर्ण रोजगार सम्बन्ध बन गए हैं और मानव संसाधन प्रबन्ध की प्रविधियों के माध्यम से न केवल श्रमिक की सन्तुष्टि एवं विकास की अपेक्षा प्रबन्ध से की जा रही है। वरन् श्रम से भी यह अपेक्षा हो रही है कि वह प्रबन्ध के लक्ष्यों की प्राप्ति में अधिकतम योगदान दे।

उपर्युक्त तथ्यों के परिवेश में मानव–संसाधन प्रबन्ध के एक प्रमुख आयाम के रूप में श्रम कल्याण एवं औद्योगिक सम्बन्धों को एक नए कलेवर एवं नवीन पृष्ठभूमि में प्रस्तुत पुस्तक में समावेशित करने का प्रयास किया गया है।

पुस्तक के प्रथम अध्याय (प्रथम खण्ड) में श्रम कल्याण के दर्शन को मानवीय सभ्यता के विकास के विभिन्न युगों के दर्शन के परिप्रेक्ष्य में देखते हुए मानव सम्बन्ध विचारधारा के विभिन्न आयामों से इसका सम्बन्ध जोड़ा गया है और अन्ततोगत्वा 'मानव संसाधन प्रबन्ध के एक महत्व' विशिष्ट पहलू के रूप में उसे स्थापित किया गया है। श्रम कल्याण का अर्थ भी बहुत व्यापक रूप से निरूपित करते हुए इसका सम्बन्ध कार्य–जीवन की गुणात्मकता से जोड़ा गया है। पुस्तक के दूसरे अध्याय में औद्योगिक प्रतिष्ठानों में 'समाज कार्य की उपादेयता' का विवेचन किया है। श्रम कल्याण के अन्तर्गत आने वाली विभिन्न सेवाओं के क्रियान्वयन की जिम्मेदारी अधिनियमित रूप से कल्याण अधिकारी के ऊपर आती है। कल्याण अधिकारी की जो अधिनियमित योग्यता निर्धारित की गई है, उसके अन्तर्गत उसके पास समाजकार्य में डिग्री या डिप्लोमा होना अनिवार्य है। इसी कारण समाज कार्य के विभिन्न संस्थान कल्याण अधिकारी को एक सामाजिक कार्यकर्ता समझते हैं। प्रस्तुत अध्याय में औद्योगिक प्रतिष्ठानों में समाज कार्य का औचित्य, उसकी विभिन्न विधियों का प्रयोग तथा इस तथ्य का भी विवेचन किया गया है कि क्या कल्याण अधिकारी एक सामाजिक कार्यकर्ता है। अध्याय 2अ में श्रम कल्याण के अधिनियमित प्रावधानों का विशद विवरण दिया गया है। अध्याय 2ब में श्रम कल्याण के अधिनियमेतर प्रावधानों का विवरण दिया गया है। इसमें कुछ नए आयाम जैसे कैफेटीरिया पर्क्स तथा रनर और फिक्सर्स को भी जोड़ा गया है।

तृतीय अध्याय (प्रथम खण्ड) में औद्योगिक सम्बन्धों का एक व्यापक अर्थ निरूपित करते हुए ब्लीटन एवं टर्नकुल के विचारों के परिप्रेक्ष्य में इसे (औद्योगिक सम्बन्धों को) सम्पूर्ण इम्प्लायमेण्ट रिलेशन्स के रूप में देखा गया है। जॉन डनलप के मतों को समाविष्ट करते हुए औद्योगिक सम्बन्ध प्रणाली को एक उप–प्रणाली के रूप में अपनाया गया है और इसके तीनों अभिकर्ताओं में होने वालों परिवर्तनों पर प्रकाश

डालते हुए इस तथ्य का निरूपण किया गया है कि औद्योगिक सम्बन्धों के अब पाँच अभिकर्ता हो गए हैं। उनके परिप्रेक्ष्य में औद्योगिक सम्बन्धों की उभरती हुई प्रवृत्तियों पर प्रकाश डाला गया है। औद्योगिक सम्बन्ध विषयक विभिन्न विचारधाराओं का भी आलोचनात्मक विवरण दिया गया है। पुस्तक के चतुर्थ अध्याय में औद्योगिक सम्बन्धों के एक प्रमुख अभिकर्ता के रूप में नियोक्ता संघ के क्रियाकलापों और विचारधाराओं का सम्यक विवेचन किया गया है। पुस्तक के पंचम अध्याय में श्रमिक संघों का बहुत ही व्यापक रूप से विवेचन किया गया है। श्रमिक संघों और नियोक्ताओं में संघर्षात्मक प्रवृत्ति के स्थान पर सहयोगात्मक प्रवृत्ति का विकास, वैश्वीकरण एवं नवीन औद्योगिक नीति के परिप्रेक्ष्य में श्रमिक संघों की नवीन चुनौतियाँ–रणनीतियां, सामाजिक जिम्मेदारी और मान्यता आदि विषयों का विशद विवेचन किया गया है। प्रसिद्ध विद्वान पीटर एफ ड्रकर का मत है कि श्रमिक संघों का अस्तित्व धीरे–धीरे समाप्त हो जाएगा। इस मत का भी विशद विवेचन किया गया है। इसके अतिरिक्त श्रमिक संघों की ऐतिहासिक पृष्ठभूमि प्रबन्ध संरचना, कार्यप्रणाली, नेतृत्व, राजनीतिक सम्बद्धता, श्रमिक संघों की चुनौतियाँ और उपलब्धियाँ तथा उनकी नवीन प्रत्याशाओं की विवेचना की गई है।

पुस्तक के छठे अध्याय में श्रम प्रबन्धों के बीच जनित औद्योगिक विवादों के स्वरूप, कारण एवं निराकरण के न केवल अधिनियमित संयंत्रों की कार्यप्रणाली पर प्रकाश डाला गया है, वरन औद्योगिक विवादों के जनन एवं निराकरण के व्यवहार मूलक अभिगमों पर भी प्रकाश डाला गया है। हड़ताल के विभिन्न आयामों पर भी प्रकाश डाला गया है। *रास एवं हार्टमैन के शोध के प्रकाश में हड़ताल की प्रभाविकता का विवेचन किया गया है।* सातवें अध्याय में औद्योगिक विवादों के सुलझाव हेतु सामूहिक सौदेबाजी के महत्व पर प्रकाश डाला गया है। सामूहिक सौदेबाजी का नाम अब द्विपक्षीय वार्ता हो गया है। यह नियमों के निर्माण की एक प्रक्रिया के रूप में अब स्वीकार की जाती है। सामूहिक सौदेबाजी के व्यवहार मूलक पक्ष अर्थात् डिस्ट्रीब्यूटिव बारगेनिंग इण्टेग्रेटिव बारगेनिंग, एटीट्यूडिनल रीस्ट्रक्चरिंग तथा इंट्रा–ऑर्गनाइजेशनल बारगेनिंग का महत्व अब बढ़ता जा रहा है। कुछ नवीन स्वरूपों जैसे कन्सेशनल बारगेनिंग का भी विकास हो रहा है। बारगेनिंग की सफलता हेतु, कुछ नवीन प्रविधियों का भी विकास हो रहा है। सब कुछ मिलाकर औद्योगिक निकायों के सुलझाव में आज सामूहिक सौदेबाजी की भूमिका में विशेष इजाफा हुआ है।

पुस्तक के आठवें अध्याय (प्रथम खण्ड) में प्रबन्ध व्यवस्था में श्रमिकों के सहभाजन के सैद्धान्तिक पक्ष का बहुत ही विशद विवेचन किया गया है। इसका अर्थ निरूपण करते हुए इस प्रत्यय की ऐतिहासिक पृष्ठभूमि पर प्रकाश डालते हुए इसके वर्तमान विकास एवं सम्बन्धित योजनाओं और विधेयकों पर भी प्रकाश डालते हुये, भारत में प्रबन्ध व्यवस्था में श्रमिकों के सहभाजन की विभिन्न योजनाओं के कारणों पर भी प्रकाश डाला गया है। नवें अध्याय में औद्योगिक सम्बन्धों के तीसरे महत्वपूर्ण अभिकर्ता अर्थात् राज्य और उसकी औद्योगिक सम्बन्ध विषयक नीतियों पर प्रकाश डाला गया है। स्वतन्त्रता प्राप्ति के पूर्व से लेकर आज तक की औद्योगिक सम्बन्ध विषयक राज्य की

नीतियों का इस अध्याय में आलोचनात्मक विवरण दिया गया है। इस सम्बन्ध में रायल कमीशन ऑन लेबर, (शाही श्रम आयोग) प्रथम राष्ट्रीय श्रम आयोग एवं द्वितीय राष्ट्रीय श्रम आयोग के सुझावों का भी आलोचनात्मक विवरण दिया गया है। औद्योगिक विवादों की नई प्रवित्तियाँ और सरकार की भूमिका पर भी प्रकाश डाला गया है। सरकार की औद्योगिक सम्बन्ध विषयक नीति के नए आयाम तथा उदारीकरण एवं राज्य की बदलती हुई भूमिका पर भी प्रकाश डाला गया है।

पुस्तक के द्वितीय खण्ड में श्रम कल्याण एवं औद्योगिक सम्बन्धों से सम्बन्धित अधिनियमित प्रावधानों पर प्रकाश डाला गया है। दसवें अध्याय में भारत में श्रम विधानों की उत्पत्ति और विकास पर प्रकाश डाला गया है। स्वतन्त्रता प्राप्ति के पूर्व से लेकर आज तक के श्रम विधान एवं उनके प्रभावों की बहुत ही सटीक व्याख्या इस अध्याय में की गई है।

पुस्तक के ग्यारहवें अध्याय में कारखाना अधिनियम, 1948 का आलोचनात्मक विवरण दिया गया है। विशेषकर श्रम कल्याण सम्बन्धी प्रावधान परिसंकटमय स्थितियाँ तथा कार्यदशाओं पर प्रकाश डाला गया है। द्वितीय राष्ट्रीय श्रम आयोग की संस्तुतियों के परिप्रेक्ष्य में इस अध्याय को और भी उपादेय बना दिया गया है।

पुस्तक के बारहवें अध्याय में औद्योगिक विवाद अधिनियम, 1947 का विवरण है। वास्तव में हमारे देश के औद्योगिक सम्बन्धों का यह मेरुदण्ड अधिनियम है। प्रस्तुत अध्याय में औद्योगिक विवाद, हड़ताल एवं तालाबन्दी के अधिनियमित स्वरूपों की उच्चतम न्यायालय में निर्णयों के परिप्रेक्ष्य में बहुत ही सटीक ढंग से व्याख्या की गई है। इस सम्बन्ध में द्वितीय राष्ट्रीय श्रम आयोग की संस्तुतियों के आधार पर विषय को और अधिक उपयोगी बनाया गया है। अधिनियम के अध्याय 5 न और छंटनी तथा तालाबंदी के प्रावधानों के परिप्रेक्ष्य में भी द्वितीय राष्ट्रीय श्रम आयोग की संस्तुतियों की व्याख्या की गई है। अनुचित श्रम व्यवहारों पर भी प्रकाश डाला गया है। सब कुछ मिलाकर औद्योगिक सम्बन्धों के परिप्रेक्ष्य में अधिनियम की बहुत ही सटीक व्याख्या की गई। तेरहवें अध्याय में श्रमसंघ अधिनियम, 1926 (जो बाद में संशोधित हुआ) का विवरण है। अधिनियम के प्रमुख प्रावधानों का विवरण देते हुए इसमें व्यापक संशोधन का सुझाव दिया गया है। द्वितीय राष्ट्रीय श्रम आयोग ने भी इस सम्बन्ध में कुछ महत्वपूर्ण सुझाव दिए हैं, उनका विवरण भी दिया गया है। चौदहवें अध्याय में औद्योगिक अभियोजन (स्थायी आदेश) अधिनियम, 1946 का विवरण है। औद्योगिक सम्बन्ध एवं अनुशासन का यह अधिनियम मेरुदण्ड है। प्रस्तुत अध्याय में अधिनियम के मुख्य प्रावधानों का विवरण देते हुए द्वितीय राष्ट्रीय श्रम आयोग की संस्तुतियों के आधार पर कुछ महत्वपूर्ण आलोचना भी की गई है। अन्तिम अध्याय में अन्तरराष्ट्रीय श्रम संगठन (आईएलओ) का विवरण दिया गया है। आज के युग में इसी संगठन द्वारा श्रम अधिनियमों के निर्माण एवं संशोधन का कार्य किया जाता है। भारतीय श्रम अधिनियमों पर इस संगठन के प्रभावों का बहुत ही आलोचनात्मक विवरण इस अध्याय में दिया गया है।

कुल मिलाकर यह कहा जा सकता है कि आज श्रम कल्याण एवं औद्योगिक सम्बन्ध समाज कार्य, अर्थशास्त्र, समाजशास्त्र, वाणिज्य शास्त्र, मनोविज्ञान आदि विषयों के अन्तर्गत स्नातकोत्तर स्तर पर अध्यापित किया जाता है। इसके अतिरिक्त औद्योगिक सम्बन्ध एवं कार्मिक प्रबन्ध या मानव संसाधन प्रबन्ध के स्वतन्त्र रूप से स्नातकोत्तर पाठ्यक्रम में भी इस विषय का अध्ययन किया जाता है। बिहार सरकार की पीसीएस परीक्षा में भी इस विषय का एक प्रश्नपत्र है। किन्तु वर्तमान में इस विषय पर हिन्दी भाषा में कोई भी मानक पुस्तक उपलब्ध नहीं है। प्रस्तुत पुस्तक इस कमी की पूर्ति करेगी।

बालेश्वर पाण्डेय

खण्ड 1

श्रम कल्याण एवं औद्योगिक सम्बन्धों का सैद्धान्तिक पक्ष

1

श्रम कल्याण का दर्शन

'फिलॉसफी' ग्रीक भाषा का शब्द है, इसका अर्थ होता है बुद्धिमत्ता से प्यार। 'फिला' औरं 'सोफिया' दो शब्दों से मिलकर फिलॉसफी शब्द बना है। 'फिला' का अर्थ लव या प्यार है और 'सोफिया' का अर्थ 'इण्टेलीजेंस' या 'बुद्धिमत्ता' है। इस प्रकार दूसरे शब्दों में यह कहा जा सकता है कि किसी प्रत्यय का अर्थ बहुत ही बुद्धिमत्ता पूर्ण ढंग से निरूपण करना ही उस प्रत्यय का दर्शन है। अतः 'श्रम कल्याण' के दर्शन का अर्थ है श्रम कल्याण के प्रत्यय का अर्थ बहुत ही बुद्धिमत्ता पूर्ण ढंग से या बहुत ही तर्कपूर्ण ढंग से निरूपित करना।

जब हम श्रम कल्याण के प्रत्यय (concept) का अर्थ निरूपित करने वाले विभिन्न अभिगमों पर दृष्टिपात करते हैं तो इस निष्कर्ष पर पहुँचते हैं कि मानवीय सभ्यता के विकास की विभिन्न मंजिलों पर श्रम कल्याण के अर्थ और अभिगम (approach) में बदलाव आया है। इस प्रकार श्रम कल्याण का दर्शन मानवीय सभ्यता के विकास की विभिन्न मंजिलों में बदलता गया है।

मानव सभ्यता के विकास की वर्तमान मंजिल तक पहुँचने से पूर्व हमारे समाज को कम से कम तीन मंजिलों से गुजरना पड़ा, जिन्हें क्रमशः पराभव (subjugation) उदारवादी (liberalization) और संगठन (organization) काल कहा जाता है। यद्यपि इन तीनों मंजिलों के बीच कोई स्पष्ट विभाजन रेखा नहीं खींची जा सकती है, तथापि प्रत्येक काल या मंजिल की अपनी कुछ ऐसी विशेषताएँ हैं, जिनके आधार पर उसे दूसरों से अलग किया जा सकता है। इन विकास की मंजिलों की मुख्य विशेषताएँ और उस समय में व्याप्त श्रम कल्याण अभिगमों का विवरण आगे दिया जा रहा है।

(अ) पराभव काल (Subjugation)

(i) इस काल की शुरुआत रोम साम्राज्य की स्थापना से हुई। यह सभ्यता का मिलेटरी युग था। उस समय समाज का संगठन युद्ध जीतने के लिए किया जाता था। विजेता वर्ग हारे हुए वर्ग को अपने दास के रूप में स्वीकार करता था, वहीं दास उस काल के श्रमिक थे, जिनका क्रय एवं विक्रय किया जा सकता था। मास्टर या विजेता वर्ग इन श्रमिकों का अधिकतम शोषण करता था। किन्तु ऐसे मालिकों में भी कुछ लोगों के दिल में श्रमिकों के प्रति दया की भावना प्रवाहित हो जाती है। ये लोग अपने अन्तर्गत कार्यरत दासों को दया की भावना से कुछ विशेष राहत एवं कल्याणात्मक सुविधाएँ प्रदान कर दिया करते थे। इसे श्रम कल्याण का 'फिलॉसोफिक अभिगमन' कहा गया। इस उपागम का मूल मन्त्र यह था कि मालिकों की आत्मा श्रमिकों के कल्याण हेतु पसीज जाया करती थी और दास अथवा श्रमिक अपने मालिकों से कुछ राहत पा जाया करते थे। किन्तु यह भावना सार्वभौमिक नहीं थी। केवल कुछ ही मालिकों का दिल श्रमिकों हेतु पसीज जाया करता था।

(ii) रोम साम्राज्य के पतन के पश्चात् समाज धार्मिक भावनाओं से विशेष रूप से प्रभावित होने लगा। इसके फलस्वरूप दस्तकारी एवं गिल्ड प्रणाली का यूरोपीय समाज में अभ्युदय हुआ। धार्मिक भावनाओं से वशीभूत होकर समाज के धनी लोग अपने दासों के कल्याण हेतु कुछ सुविधाएँ प्रदान करने लगे। इस प्रकार की धार्मिक भावनाओं से वशीभूत होकर किए गए कल्याण के पीछे यह भावना छिपी हुई थी कि यदि हम दूसरों का कल्याण करेंगे तो भगवान प्रसन्न होगा और इस प्रसन्नता के कारण वह न केवल इस जन्म में वरन् मरणोपरान्त अगले जन्म में भी कल्याण करता रहेगा। अतः यह श्रम कल्याण का धार्मिक अभिगम (religious approach) था। इस अभिगम में नियोक्ता दूसरों के कल्याण के लिए नहीं वरन् स्वयं अपने कल्याण हेतु भलाई का कार्य करता था।

(iii) उपर्युक्त परिवेश में कुछ धर्मनिरपेक्ष ताकतों का भी अभ्युदय हुआ। ऐसी ताकतें धर्म एवं वर्ग की विरोधी थीं। ऐसी धर्म विरोधी ताकतों में सामन्तवाद (feudalism) सबसे प्रबल था। सामन्तवाद के मूल्य थे वीरता और बर्बरता। समाज के आर्थिक एवं सामाजिक जीवन में रीति के देवता (Lord of Manner) उनके प्रमुख देवता थे। ऐसे लोग गुलामों को अति दीन–हीन और निरीह बालक के समान समझते थे और मालिकों को उनके पिता तुल्य समझा जाता था, जिनका कार्य था बालक तुल्य दासों का भरण–पोषण। यह समय अधिकार एवं शक्ति का समय था और समाज के सदस्य ऐसे लोगों के प्रभाव में रहते थे जो ताकतवर हों। ऐसे ताकतवर व्यक्तियों की एक नैतिक जिम्मेदारी यह थी कि गरीब एवं असहाय व्यक्तियों विशेषकर दासों का पालन–पोषण करें, इस प्रकार यह युग श्रम कल्याण का पितृत्ववादी युग था। इस अभिगम में मालिक अपने दासों को बालकों के समान समझ कर पितृत्व भावना से उनकी कुछ भलाई कर दिया करते थे।

(ब) उदारवादी काल (Liberalization)

इस अवस्था की शुरुआत फ्रांस की क्रान्ति से हुई। सामन्तवाद के विरुद्ध यह एक जन आन्दोलन था। इसी समय इंग्लैण्ड में औद्योगिक क्रान्ति हुई। इसके फलस्वरूप बड़े–बड़े औद्योगिक केन्द्रों की स्थापना हुई, जहाँ एक ओर पूँजी के मालिकों ने अपनी पूँजी के बल पर फैक्ट्रियाँ खड़ी कीं, वहीं ग्रामीण अंचलों से आए शोषित श्रमिक मजदूर के रूप में कार्य करने लगे। सरकार औद्योगिक उत्पादन के सम्बन्ध में तटस्थतावादी नीति अपनाए हुई थी। यद्यपि अनुबन्धों की स्वतंत्रता थी, यहाँ कार्यरत मजदूर कृषि श्रमिकों की भाँति एक ही मालिक के यहाँ बंधुआ मजदूर के रूप में कार्य तो नहीं करते थे, किन्तु श्रम प्रबन्ध सम्बन्धों में नियोक्ता सदैव श्रम का शोषण करता था। उसे हायर और फायर का अधिकार था। नियोक्ता श्रमिक को किसी भी समय निष्कासित कर सकता था। ऐसी स्थिति में भयभीत श्रमिक सदैव नियोक्ता की आज्ञा से कार्य करते थे। किन्तु कुछ नियोक्ता यह समझते थे कि श्रमिकों को यदि कल्याण कर संतुष्ट रखा जाएगा तो वे उत्पादकता में वृद्धि करेंगे। इस प्रकार श्रम कल्याण का यह भौतिकतावादी (materialistic) अभिगम था, जिसमें उत्पादन वृद्धि हेतु नियोक्ता श्रम कल्याण करते थे।

(स) संगठित काल (Organization)

यह अवस्था उस समय प्रारम्भ होती है जबकि इंग्लैण्ड में राजाओं का शासन समाप्त कर जनतांत्रिक ढंग से चुनी सरकार पदारूढ़ हुई। इस अवस्था में समाज का संगठन जनतंत्र एवं कल्याणवाद के मूल्यों के आधार पर होने लगा। इस परिप्रेक्ष्य में इंग्लैण्ड में जनतांत्रिक मूल्यों के आधार पर व्यवसाय संघों का अभ्युदय हुआ। कल्याणवाद के प्रभाव से श्रम कल्याण हेतु धार्मिक भावनाएँ कल्याणात्मक एवं जनतांत्रिक भावनाओं में बदलने लगीं और श्रमिकों (विशेषकर संगठित क्षेत्र में कार्यरत) के कल्याण हेतु तीन अभिगम अपनाए गए–

(i) *कामगारों की संतुष्टि* – पाश्चात्य देशों में इस अभिगम का प्रयोग औद्योगिक प्रतिष्ठानों को मार्क्सवाद के प्रभाव से बचाने के लिए किया गया। औद्योगिक श्रमिकों को जब अधिकाधिक कल्याणात्मक सुविधाएँ प्रदान की जाएँगी तो ये संतुष्ट होंगे और नियोक्ता के विरुद्ध विद्रोह या आन्दोलन नहीं करेंगे।

(ii) *सामाजिक सम्बन्ध एवं प्रतिष्ठा* – कुछ औद्योगिक नियोक्ता कल्याण सुविधाओं का आयोजन इस हेतु करने लगे कि इससे उनकी पब्लिक में प्रतिष्ठा बढ़ेगी। राक–फेलर एवं फोर्ड आदि उद्योगपतियों को लोग उनके कल्याणात्मक कार्यों के लिए ही जानते हैं।

(iii) *कार्य क्षमता में वृद्धि* – कुछ उद्योगपति यह महसूस करने लगे कि यदि श्रमिकों का अधिकाधिक कल्याण किया जाएगा तो उनकी कार्य क्षमता में वृद्धि होगी, जिसके द्वारा प्रतिष्ठान की उत्पादकता बढ़ेगी और नियोक्ता को विशेष लाभ मिलेगा।

श्रम कल्याण के अभिगम

(क) परम्परागत

उपर्युक्त विवरण से स्पष्ट है कि परम्परागत समाज में श्रम कल्याण के क्षेत्र में निम्नलिखित अभिगमों को विशेष रूप से अपनाया गया–

(i) कुछ नियोक्ताओं ने कानूनी बाध्यताओं से श्रम कल्याण सम्बन्धी कार्यक्रमों का अपने प्रतिष्ठानों में आयोजन किया।

(ii) नियोक्ताओं ने अपने श्रमिकों की कार्य क्षमता वृद्धि और उसके फलस्वरूप उत्पादकता वृद्धि हेतु कल्याणात्मक कार्यक्रमों का आरम्भ किया।

(iii) कुछ नियोक्ता अपनी मनोसामाजिक भावनाओं से प्रभावित होकर कामगारों के लिए कल्याणात्मक क्रियाकलापों का आयोजन करते हैं। उनका यह विश्वास था कि श्रम कल्याण सम्बन्धी कार्यक्रमों से उनकी पब्लिक में प्रतिष्ठा बढ़ेगी।

(iv) कुछ नियोक्ता पितृत्ववादी भावनाओं से प्रभावित होकर श्रम कल्याण सम्बन्धी कार्यक्रम आयोजित करते हैं।

(v) नियोक्ताओं का यह विश्वास था कि जनतांत्रिक एवं कल्याणकारी राज्य व्यवस्था में उनकी यह सामाजिक जिम्मेदारी है कि वे औद्योगिक प्रतिष्ठान के श्रमिकों हेतु कल्याणात्मक सुविधाओं का आयोजन करें।

इस प्रकार हम देखते हैं कि जैसे–जैसे समाज का परम्परागत स्वरूप जनतांत्रिक होता गया, श्रम कल्याण अभिगमों में भी बदलाव आता गया।

(ख) आधुनिक

श्रम कल्याण अधिकारियों के प्रथम अखिल भारतीय सम्मेलन (1953) में मसानी के श्रम कल्याण के तीन अभिगमों का निरूपण किया गया– (i) उपयोगितावादी विचारधारा, (ii) जनतांत्रिक विचारधारा, एवं (iii) मानवतावादी विचारधारा। उन्होंने इन विचारधाराओं का सम्बन्ध जीवन के शारीरिक, सामाजिक एवं आध्यात्मिक पक्ष से जोड़ा। श्री शान्ति लाल शाहा (बॉम्बे प्रान्त के तत्कालीन श्रम मंत्री) ने उक्त सम्मेलन में श्रम कल्याण का विश्लेषण कार्य क्षमता, मानवीय सम्बन्ध तथा सामाजिक एवं जनतांत्रिक दृष्टिकोण से किया। पाल चू ने भी लगभग इन्हीं अर्थों में श्रम कल्याण को परिभाषित किया है।

उपर्युक्त मतों के विवेचन के आधार पर हम कह सकते हैं कि औद्योगिक प्रतिष्ठानों में श्रम कल्याण सम्बन्धी कार्यक्रम तीन मूल्यों पर आधारित होने चाहिए–

(i) *उपयोगितावादी मूल्य* – यदि नियोक्ता श्रम कल्याण सम्बन्धी सुविधाओं की प्रतिष्ठान में वृद्धि करेंगे तो उसके फलस्वरूप श्रमिकों की कार्य क्षमता में वृद्धि होगी। कार्य क्षमता में वृद्धि से नियोक्ता के उत्पादन एवं लाभ में वृद्धि होगी। अतः कल्याण सम्बन्धी कार्यक्रमों की विशेष उपयोगिता है। इस प्रकार श्रम कल्याण सम्बन्धी कार्यक्रमों के उपयोगितावादी मूल्य हैं।

(ii) *जनतांत्रिक एवं कल्याणकारी मूल्य* – जनतंत्र एवं कल्याणवाद के मूल्यों के अनुसार सरकार की यह जिम्मेदारी है कि पूरी जनता के कल्याण की व्यवस्था करें। श्रम भी समाज का एक अंग है, अतः उसके कल्याण की जिम्मेदारी भी

नियोक्ता की है। इस परिप्रेक्ष्य में नियोक्ता की यह सामाजिक जिम्मेदारी है कि अपने प्रतिष्ठान में कार्यरत श्रमिकों के कल्याण एवं संतुष्टि की उचित व्यवस्था करें।

(iii) *उत्पादकीय मूल्य* – उत्पादन की दृष्टि से श्रम पूँजी और कच्चे माल को आधारभूत संसाधन के रूप में स्वीकार किया जाता है। किन्तु इन तीनों संसाधनों में भी मानवीय संसाधन सर्वाधिक महत्त्वपूर्ण है। आज की वैश्विक प्रतिस्पर्धा में तो इसका महत्त्व और अधिक बढ़ गया है। वास्तव में मानवीय संसाधनों के द्वारा मशीन और कच्चे माल की उत्पादकता वृद्धि हेतु इसका प्रयोग किया जाता है। उत्पादन मूल्य की दृष्टि से मानवीय संसाधन सर्वाधिक बहुमूल्य संसाधन है और उसकी सन्तुष्टि एवं विकास हेतु श्रम कल्याण के समुचित कार्यक्रमों का आयोजन सर्वथा उचित है। यही श्रम कल्याण की मानव सम्बन्ध मूलक विचारधारा है।

श्रम कल्याण की मानव सम्बन्ध मूलक विचारधारा

औद्योगीकरण की उत्तरकालीन अवस्था में कुछ सामाजिक विचारकों ने भी इस क्षेत्र में प्रवेश किया। इनमें एल्टन मयो सर्वाधिक महत्त्वपूर्ण थे। उन्होंने वेस्टर्न इलेक्ट्रिक कम्पनी हाथार्न (यू.एस.ए.) में मानवीय सम्बन्धों के बारे में कुछ महत्त्वपूर्ण प्रयोग किए। उन प्रयोगों के आधार पर उद्योग में मानवीय कारकों के सम्बन्ध में उन्होंने कुछ निष्कर्ष निकाले। आगे चलकर राथलिस बर्जर एवं डिक्शन आदि उनके प्रमुख अनुयायियों ने भी इस दिशा में कुछ महत्त्वपूर्ण प्रयोग किए और एल्टन मयो की विचारधारा के विकास में अपना योगदान दिया। सब कुछ मिलाकर एल्टन मयो एवं उनके अनुयायियों के प्रयोग से जो निष्कर्ष निकले उन्हें एक पुस्तिका के रूप में प्रकाशित किया गया और उनकी विचारधारा को श्रम कल्याण विषयक मानव सम्बन्ध विचारधारा (Human Relation School) का नाम दिया गया। इस विचारधारा के कुछ प्रमुख बिन्दु निम्नलिखित हैं–

(i) कार्य एक सामूहिक व्यवहार है। मानवीय भावनाओं और समस्याओं का किसी कार्य के निष्पादन पर महत्त्वपूर्ण प्रभाव पड़ता है,

(ii) उच्चतर मजदूरी श्रमिकों की अभिप्रेरणा एवं उत्पादकता वृद्धि हेतु प्रमुख कारक नहीं हो सकती। इसके विपरीत श्रमिक स्वस्थ अन्तर्वैयक्तिक सम्बन्ध, सन्तुष्टि एवं व्यक्तिगत प्रतिष्ठा चाहते हैं। कार्य स्थिति में इन मूल्यों को अपेक्षाकृत अधिक महत्त्व दिया जाना चाहिए।

(iii) औद्योगिक प्रतिष्ठान में कार्यरत श्रमिकों का छोटा परिवार एक सामाजिक प्रणाली है। इस परिवार के प्रत्येक सदस्य दूसरे से अन्तर्सम्बंधित हैं। इस अन्तर्सम्बंध का आधार प्यार, सन्तुष्टि एवं पारस्परिकता है। यदि इस परिवार में एक सदस्य या कुछ सदस्यों में परिवर्तन होगा या उनमें असन्तोष जनित होगा तो उसका प्रभाव सम्पूर्ण कार्य समूह पर पड़ेगा।

(iv) इस परिप्रेक्ष्य में एल्टन मयो की यह संस्तुति थी कि प्रत्येक औद्योगिक प्रतिष्ठान में एक समाजशास्त्र विभाग होना चाहिए जहाँ प्रत्येक 300 श्रमिकों के ऊपर एक सामाजिक कार्यकर्ता की नियुक्ति होनी चाहिए। इस कार्यकर्ता की प्रमुख जिम्मेदारी यह होगी कि कार्य समूह के सदस्यों का अधिकतम कल्याण करे और उनके विवादों को सुलझा कर उनके बीच अधिकतम सौहार्दपूर्ण सम्बन्ध स्थापित करे।

(v) अनौपचारिक समूह, नेतृत्व एवं प्रशिक्षण पर उन लोगों ने विशेष बल दिया।

(vi) औद्योगिक संघर्षों को अपेक्षित करार कर उनके सुलझाव पर विशेष बल दिया गया।

(vii) पीटर एक ड्रूकर एवं उनके साथियों ने इस अभिगम की आलोचना करते हुए कहा है कि इसके अन्तर्गत सामाजिकता के व्यर्थ के भुलावे में पड़कर उत्पादकता को नजरअंदाज कर दिया गया है। किन्तु सबकुछ मिलाकर इस विचारधारा के कई विधायी बिन्दु हैं: श्रमिकों का कल्याण, उनकी संतुष्टि एवं उनके बीच सौहार्दपूर्ण सम्बन्ध स्थापन।

(viii) इस विचारधारा के माध्यम से औद्योगिक प्रतिष्ठानों में कार्यरत मानवीय श्रम को सर्वप्रथम एक प्रतिष्ठित मानव के रूप में स्थापित किया गया। श्रमिक जो पहले एक वस्तु के समान समझे जाते थे अब प्रतिष्ठा, कल्याण एवं संतुष्टि के पात्र बनने लगे।

औद्योगिक प्रतिष्ठानों में मानव – संसाधन प्रबन्ध विधयक अभिगम

डगलस मैकगीकर द्वारा प्रतिपादित थियरी एक्स और वाई

डगलस मैकगीकर के अनुसार, औद्योगिक प्रतिष्ठानों में कार्यरत अभिकर्मियों के प्रबन्धन हेतु दो प्रकार की शैली का प्रयोग किया जाता है। प्रथम शैली का नाम उन्होंने थियरी एक्स एवं द्वितीय शैली का नाम थियरी वाई रखा। थियरी एक्स प्रबन्ध की परम्परागत शैली है, जिसके अन्तर्गत श्रमिकों के कल्याण, सन्तुष्टि एवं विकास को पूर्णतया नजरअंदाज कर दिया जाता है। इसके विपरीत थियरी वाई प्रबन्ध की आधुनिक शैली है, जिसके अन्तर्गत प्रबंधन में कर्मचारियों के आत्म निर्णय, कल्याण संतुष्टि एवं विकास पर अत्यधिक बल दिया जाता है। इनका विवरण नीचे दिया गया है–

थियरी एक्स (Theory X) की विशेषताएँ

इस विचारधारा की तीन मुख्य मान्यताएँ हैं–

(अ) सामान्य श्रमिक कार्य नहीं करना चाहता है, वह कार्य से बचना चाहता है। ऐसी स्थिति में उससे उसी समय कार्य लिया जा सकता है, जबकि उसके कार्य का पर्यवेक्षण बहुत ही कड़ाई से किया जाए। इस दृष्टि से कैरट एवं स्टिक थियरी विशेष उपयोगी हैं।

(ब) सामान्य जन जिम्मेदारियों से भागना चाहते हैं। वे कोई जिम्मेदारीपूर्ण कार्य नहीं करना चाहते हैं। ऐसी स्थिति में उनसे काम लेने के लिए आवश्यक है कि उन्हें

कोई भी जिम्मेदारी न दी जाए, वरन् जो कुछ भी कार्य उनसे कराया जाए, वह सदैव उच्चाधिकारियों की देखरेख में ही कराया जाए।

(स) सामान्य अभिकर्मी संगठन में कोई भी निर्णय स्वयं नहीं करना चाहता है। ऐसी स्थिति में आवश्यक है कि ऊपर के अधिकारी निर्णय करें और उनके क्रियान्वयन हेतु अधीनस्थों को आदेश दें।

इस प्रकार यह प्रबन्ध की परम्परागत विचारधारा है। वे प्रतिष्ठान जिनका मूल उद्देश्य लाभ कमाना है और जो पारिवारिक प्रतिष्ठान है, इस शैली को अपनाते हैं। ऐसे में श्रमिकों को आत्म–निर्णय का अवसर प्रदान करने एवं इनके कल्याण का तो प्रश्न ही नहीं उठता।

थियरी वाई (Theory Y) की विशेषताएँ

यह विचारधारा निम्नलिखित मान्यताओं पर आधारित है–

(अ) सामान्य व्यक्ति या श्रमिक अपने कार्य में उतनी ही ऊर्जा का निवेश करता है, जितनी कि खेल में। यदि उसकी योग्यता एवं अभिरुचि के अनुसार उपयुक्त कार्य में उसे लगाया जाएगा तो उसे उतना ही आनन्द मिलेगा, जितना कि अपने इच्छित खेल में। इस मान्यता के आधार पर संगठन में कार्यरत प्रत्येक अभिकर्मी को उसकी योग्यता एवं अभिरुचि के अनुसार कार्य में लगाया जाना चाहिए। हमें उससे उचित प्रतिफल की आशा करनी चाहिए।

(ब) सामान्य अभिकर्मी उस समय में अच्छे ढंग से कार्य नहीं कर सकता है जब उसे ऐसी स्थिति में रखा जाएगा, जहाँ उसे निर्णय करने का कोई अवसर नहीं दिया जाएगा, सभी निर्णय ऊपर के अधिकारी करेंगे और उसे निर्णयों के अनुसार केवल कार्य करना होगा।

(स) सामान्य व्यक्ति कार्य स्थिति में जिम्मेदारियों से भागना नहीं चाहता है वरन् वह अधिक से अधिक जिम्मेदारियाँ लेना चाहता है। बशर्ते कि कार्य–स्थिति उसके मनोनुकूल हो।

(द) व्यक्ति एवं संगठन के उद्देश्यों में समन्वय अति आवश्यक है। इस दृष्टि से केवल आर्थिक पुरस्कार ही पर्याप्त नहीं होते हैं। वरन् कामगार या श्रमिक को ऐसी कल्याणात्मक सुविधाएँ प्रदान की जानी चाहिए जिनसे उसका शारीरिक, मानसिक एवं सामाजिक विकास हो। यह कल्याण कार्यक्रम केवल श्रमिक तक ही सीमित नहीं होना चाहिए, वरन् उसके परिवार के सदस्यों तक भी उसका प्रसार होना चाहिए।

(य) इस प्रकार थियरी वाई प्रबन्ध की आधुनिक शैली है, जिसके अन्तर्गत कामगारों को विभिन्न स्तरों पर स्वयं ही निर्णय करने का अवसर प्रदान किया जाता है। उन्हें जिम्मेदार ढंग से कार्य करने का अवसर प्रदान किया जाता है और उन्हें ऐसी स्थिति में कार्य का अवसर प्रदान किया जाता है जो कि उनकी अभिरुचि एवं योग्यता के अनुरूप हो। इस प्रकार इस विचारधारा के अंतर्गत कल्याण की समुचित व्यवस्था और कामगारों के व्यक्तित्व के विकास पर बल दिया गया।

टाविस्टाक इंस्टीट्यूट का योगदान

मानव सम्बन्ध विचारधारा के विकास में टॉविस्टाक इंस्टीट्यूट, लंदन का महत्त्वपूर्ण योगदान है। इस विचारधारा के अन्तर्गत मानव सम्बन्ध एवं श्रम कल्याण को एक नवीन दृष्टि से देखा गया। इसकी कुछ प्रमुख विशेषताएँ निम्नलिखित हैं–

(i) कार्य एक सामाजिक एवं प्राविधिक प्रणाली है जहाँ प्राविधिक प्रणाली से यह अपेक्षा की जाती है कि वह मानवीय अपेक्षाओं के साथ अपना समायोजन करे।

(ii) संगठन में कार्यरत प्रत्येक व्यक्ति की स्वयं अपनी प्रस्थिति और भूमिका होती है, उसे केवल उपयुक्त वेतन की ही अपेक्षा नहीं होती है, वरन् उसे ऐसी कल्याणात्मक सुविधाओं की अपेक्षा होती है, जिसके द्वारा उसका मानसिक, शारीरिक एवं सामाजिक विकास हो सके। ये सुविधाएँ केवल श्रमिक तक ही सीमित नहीं होनी चाहिए, वरन् उनका प्रसार उसके परिवारजनों तक भी होना चाहिए।

(iii) यद्यपि मानव सम्बन्ध विषयक सभी विचारधाराओं में मानवीय संसाधनों के महत्त्व को स्वीकार किया गया है किन्तु टॉविस्टाक इंस्टीट्यूट की यह बात अति महत्त्वपूर्ण है। जिस प्रकार प्राविधिक कारकों के अनुरक्षण एवं विकास पर अतिशय बल दिया जाता है, उसी प्रकार मानवीय कारकों के अनुरक्षण एवं विकास पर भी अतिशय बल दिया जाना चाहिए। यह बात तभी संभव है जब ऐसी कल्याणात्मक सुविधाओं का प्रावधान किया जाए, जिसके अन्तर्गत श्रमिक एवं उनके परिवार का अधिकतम मानसिक, सामाजिक एवं शारीरिक विकास एवं सन्तुष्टि संभव हो सके।

मानव संसाधन प्रबन्ध अभिगम

औद्योगिक प्रतिष्ठानों में कार्यरत मानवीय संसाधन एवं उनके कल्याण का यह अद्यतन अभिगम है। इस अभिगम की प्रमुख विशेषताएँ निम्नलिखित हैं–

(i) आज के वैश्वीकरण के युग की प्रतिस्पर्धा में वही प्रतिष्ठान अपना अस्तित्व रक्षण एवं विकास कर सकता है, जिसके उत्पाद विश्व के अन्य प्रतिष्ठानों के उत्पाद से गुणात्मक दृष्टि से उच्चकोटि के हों तथा उनका मूल्य अपेक्षाकृत कम हो।

(ii) उत्पादन के मुख्य रूप से तीन संसाधन हैं, जिन्हें उद्यमकर्ता प्रयोग करता है– (i) कच्चा माल, (ii) मशीन व (iii) श्रम या मानवीय संसाधन। प्रतिस्पर्धा के इस युग में कोई प्रतिष्ठान विश्व के किसी भी कोने से उच्चतम कोटि की मशीन एवं कच्चा माल आयात कर सकता है किन्तु मानवीय संसाधन तो आयात नहीं होते। इन्हें तो स्वयं ही विकसित करना होता है। अतः आज वही औद्योगिक इकाई वैश्विक प्रतिस्पर्धा में सबसे आगे निकल सकती है, जो मानवीय संसाधनों का सर्वाधिक विकास, अनुरक्षण एवं प्रबन्ध कर सके। इस प्रकार आज इस बात को स्वीकार किया जा रहा है कि मानवीय संसाधन उद्योग की सर्वाधिक बहुमूल्य सम्पदा है।

(iii) उच्च कोटि के मानवीय संसाधन की प्राप्ति हेतु न केवल योग्यतम व्यक्ति का किसी पद पर चयन ही अपेक्षित है, वरन् उस व्यक्ति की योग्यतानुसार ऐसे वेतन

के निर्धारण की अपेक्षा है जो अन्यत्र उसे न मिलता हो, साथ ही उसे प्रशिक्षण एवं विकास, कार्य संवृद्धिकरण (job enrichment) तथा कैरियर प्लानिंग की आवश्यकता है। श्रम प्रबन्ध सम्बन्ध भी ऐसा स्वस्थ हो कि नियोक्ता एवं कामगार परस्पर सहयोग से कार्य करें। इसके साथ ही सबसे महत्त्वपूर्ण बात यह है कि कल्याणात्मक सुविधाओं के प्रति नियोक्ता प्रोएक्टिव अभिवृत्ति अपनाए अर्थात् कामगार द्वारा माँग न किए जाने के बावजूद नियोक्ता यह महसूस करे कि उसे (कामगार) अमुक सुविधा प्रदान करना आवश्यक है और स्वयं अपनी पहल से नियोक्ता कामगारों के लिए अधिकाधिक कल्याणात्मक एवं विकासात्मक सुविधाएँ प्रदान करें। इसके फलस्वरूप कामगार में अपने कार्य एवं प्रतिष्ठान के प्रति ऐसी प्रतिबद्धता विकसित हो कि नियोक्ता द्वारा बिना अधिक आर्थिक प्रलोभन के कामगार अपने आप ही प्रतिष्ठान के लक्ष्यों की प्राप्ति में अपना अधिकतम योगदान देने लगे।

(iv) इस प्रकार श्रम कल्याण, औद्योगिक सम्बन्ध एवं कार्मिक प्रबन्ध तीनों विभाग आपस में अलग होकर एक वाटर–टाइट कम्पार्टमेण्ट (water-tight compartment) के रूप में कार्य न करें, वरन् इन तीनों विभागों का एकाकार हो जाए जिससे प्रतिबद्ध श्रमिक प्रतिष्ठान के हितों के रक्षण एवं विकास हेतु अधिकतम योगदान देने लगे। दूसरी ओर प्रतिष्ठान श्रम के प्रति प्रोएक्टिव एटिट्यूड (pro-active attitude) अपनाते हुए उसके कल्याण एवं विकास हेतु अपना अधिकतम योगदान देने लगे। फलस्वरूप प्रतिष्ठान एवं उसमें कार्यरत अभिकर्मीगण के लक्ष्यों की प्रभावपूर्ण ढंग से प्राप्ति हो। श्रम कल्याण का यही अद्यतन अभिगम है।

श्रम कल्याण विषयक कुछ अन्य विचारधाराएँ

कुछ विद्वानों ने अपने–अपने ढंग से श्रम कल्याण की विचारधाराओं का निरूपण किया है। यद्यपि ये विचारधाराएँ बहुत अंशों में उपर्युक्त विचारधाराओं से मेल खाती हैं, तथापि उनका अलग से विवरण दिया जाना अधिक समीचीन होगा–

1. *पोलिस थियरी* – जिस प्रकार पुलिस सामान्य जन पर नियंत्रण स्थापित कर कानून एवं व्यवस्था को कायम रखती है। उसी प्रकार सरकार यह भी महसूस करती है कि औद्योगिक प्रतिष्ठानों में श्रम कल्याण का एक न्यूनतम स्तर अवश्य कायम रखा जाना चाहिए। पर निजी क्षेत्र के बहुत से स्वार्थी नियोक्ता श्रम कल्याण के न्यूनतम मानदण्डों को भी लागू नहीं करना चाहते क्योंकि उनकी दृष्टि में श्रम कल्याण हेतु किया गया व्यय मात्र अपव्यय है। इससे कोई लाभ नहीं होने वाला है। ऐसी स्थिति में सरकार श्रम कल्याण सम्बन्धी कानून बनाकर श्रम कल्याण के न्यूनतम मानकों को लागू करती है। यदि नियोक्ता इन कानूनों के प्रावधानों को लागू नहीं करते हैं, तो सरकार उन्हें दण्डित करती है।
2. *धार्मिक विचारधारा* – यह विचारधारा इस मान्यता पर आधारित है कि दीन–दुखियों एवं गरीबों की सेवा से भगवान प्रसन्न होते हैं और ऐसी सेवा देने

वाले का न केवल इस जन्म में भगवान के द्वारा कल्याण किया जाता है, वरन् अगले जीवन में भी भगवान उन पर कृपा रखते हैं। इस भावना से प्रभावित होकर बहुत से नियोक्ता अपने प्रतिष्ठानों में कार्यरत श्रमिकों का जो वास्तव में गरीब एवं दुखी जन होते हैं, कुछ कल्याण करता है।

3. *फिलांथ्रोमिक थियरी* – व्यक्ति में एक ऐसी आंतरिक इच्छा होती है कि वह दूसरों की मदद करे। इसी आधार पर औद्योगिक क्रान्ति के प्रारम्भिक दिनों में उदार हृदय व्यक्ति दूसरों की सहायता करते थे। रॉबर्ट ओवेन ने इसी आधार पर श्रम कल्याण के फिलांथ्रोमिक विचार का प्रणयन किया। किन्तु यह विचारधारा सार्वभौमिक नहीं है। किसी व्यक्ति के दिल में अचानक ही दूसरों के प्रति दया एवं सहानुभूति का भाव उत्पन्न हो जाता है और दूसरों की कुछ भलाई कर देता है। तथापि कुछ नियोक्ताओं में फिलांथ्रोमिक सेण्टीमेण्ट का अतिशय प्रभाव हुआ, जिसके फलस्वरूप उन लोगों ने श्रम कल्याण के क्षेत्र में कुछ महत्त्वपूर्ण कार्य किया।
4. *ट्रस्टीशिप (न्यास) की विचारधारा* – हमारे देश में इस विचारधारा के प्रतिपादक महात्मा गाँधी थे। उनके अनुसार औद्योगिक प्रतिष्ठान की सम्पूर्ण सम्पत्ति के वास्तविक स्वामी श्रमिक ही हैं, किन्तु वे इतने अबोध हैं कि प्रतिष्ठान का प्रबन्ध कर पाने के योग्य नहीं हैं। अतः नियोक्ता एक ट्रस्टी के रूप में श्रमिकों की सम्पत्ति की देखरेख करता है। ऐसी स्थिति में श्रमिक एवं नियोजक के बीच का सम्बन्ध चाचा–भतीजा या पिता–पुत्र का हुआ है। पिता से यह आशा की जाएगी कि अपने श्रमिक रूपी पुत्रों का वह सदैव कल्याण करे।
5. *प्लेकेटिंग थियरी* – यह विचारधारा इस तथ्य पर आधारित है कि औद्योगीकरण के विकासक्रम में श्रमिक अधिकाधिक संगठित हो जाते हैं और एक माँग की पूर्ति के पश्चात् दूसरी माँग करते जाते हैं। कालक्रम में वे अतिशय सशक्त होकर प्रतिष्ठान पर अधिकार कर लेते हैं। ऐसी स्थिति में नियोक्ता श्रम कल्याण का अभिगम अपनाता है तथा कल्याणात्मक कार्यों से श्रमिकों को न केवल सन्तुष्ट करता है, वरन् श्रम प्रबन्ध के बीच सम्बन्ध भी विधायी होने लगते हैं। इस कारण श्रमिक नियोक्ता के प्रति विवाद एवं उग्रता की भावना को त्याग कर उसके साथ सहयोग करने लगता है।
6. *पब्लिक रिलेशन थियरी* – यह विचारधारा इस तथ्य पर आधारित है कि कुछ नियोक्ता श्रमिकों का कल्याण इस भावना से करते हैं कि इस कार्य से पब्लिक में उनकी प्रतिष्ठा एवं मान सम्मान बढ़ेगा।
7. *प्रकार्यात्मक विचारधारा* – इसे कार्य क्षमता मूलक विचारधारा भी कहते हैं। इसका मूल मन्त्र यह है कि कुछ नियोक्ता यह महसूस करते हैं कि कर्मचारियों के कल्याण की दिशा में यदि अधिकाधिक कार्य किया जाएगा तो कामगार न केवल सन्तुष्ट होगा, वरन् उसकी कार्य क्षमता भी बढ़ेगी। फलस्वरूप प्रतिष्ठान की उत्पादकता एवं नियोक्ता के लाभ में भी वृद्धि होगी।

श्रम कल्याण के प्रत्यय का अर्थ निरूपण

श्रम कल्याण शब्द इतना व्यापक है कि इसका विश्लेषण एवं विवेचन भिन्न–भिन्न तरीकों से किया जाता है। इस विविधता को उपयुक्त ठहराते हुए 'रॉयल लेबर कमीशन' ने लिखा है कि ''श्रम कल्याण एक ऐसा शब्द है जिसे आवश्यक रूप से लचीला होना चाहिए। विभिन्न सामाजिक प्रथाओं, औद्योगीकरण की सीमा तथा श्रमिकों के सामाजिक विकास के साथ ही साथ एक देश से दूसरे देश में इसकी विवेचना भिन्न होनी चाहिए।''[1] प्रथम राष्ट्रीय श्रम आयोग का यह मत है कि श्रम कल्याण की अवधारणा आवश्यक रूप से गत्यात्मक होनी चाहिए। एक देश से दूसरे देश में, एक समय से दूसरे समय में और यहाँ तक कि एक ही देश की मूल्य व्यवस्था, सामाजिक संस्थायें, औद्योगीकरण की सीमा तथा सामाजिक एवं आर्थिक विकास के सामान्य स्तर के अनुसार इसे भिन्न–भिन्न रूपों में समझा जाता है।[2] श्रम कल्याण की परिभाषा भी भिन्न–भिन्न तरीकों से दी गई है। कुछ परिभाषाओं में श्रम कल्याण के स्वरूप पर प्रकाश डाला गया है। कुछ परिभाषाओं में श्रम कल्याण के उद्देश्यों पर प्रकाश डाला गया है। कुछ अन्य परिभाषाओं में श्रम कल्याण के अन्तर्गत आने वाली सेवाओं का विवरण दिया गया है।

प्रथम दृष्टि अर्थात् श्रम कल्याण के स्वरूप पर विचार करते हुए पाल चू ने श्रम कल्याण का अर्थ निरूपण करते हुए कहा है कि श्रम कल्याण औद्योगिक जीवन के संदर्भ में श्रमिकों एवं उसके परिवार के सदस्यों की सन्तुष्टि, प्रसन्नता तथा कल्याण की एक स्थिति है।[3] द्वितीय दृष्टि से श्रम कल्याण के उद्देश्यों पर प्रकाश डालते हुए प्रो. मूर्ति[4] ने लिखा है कि श्रम कल्याण के दो पक्ष होते हैं, विधायी तथा अविधायी। एक ओर तो वह श्रमिक के वैयक्तिक एवं पारिवारिक जीवन पर पड़ने वाले बुरे प्रभावों को रोकता है, दूसरी ओर वह मजदूर एवं उसके परिवार को उन सुविधाओं को प्रदान करता है, जिसके द्वारा वे वैयक्तिक तथा सामाजिक दृष्टि से अच्छा जीवनयापन करने में समर्थ हो सकें। एस.टी. एडवर्ड के अनुसार श्रम कल्याण औद्योगिक श्रमिकों के लिए एक ऐसे वातावरण का सृजन करता है, जिसके अन्तर्गत उनमें सामाजिक, आर्थिक, सांस्कृतिक और आध्यात्मिक जीवन का वास्तविक विकास संभव हो सके। अतः श्रम कल्याण की दिशा में किए गए किसी प्रयास के अन्तर्गत पूर्व मानव जीवन एवं उसकी समस्याओं का समाधान होना चाहिए।[5]

तृतीय दृष्टि अर्थात् श्रम कल्याण सेवाओं के परिप्रेक्ष्य में श्रम कल्याण को परिभाषित करते हुए पाल चू[6] ने कहा है कि औद्योगिक प्रतिष्ठानों के अन्तर्गत कल्याण सेवाओं का मुख्य उद्देश्य रहन–सहन की स्थितियों में सुधार लाना है और औद्योगिक समाज की बदलती हुई माँगों के साथ श्रमिक तथा उसके परिवार के सदस्यों को समायोजित करना है। इस प्रकार कल्याण सेवाओं के द्वारा श्रमिक को ऐसे अवसरों की उपलब्धि होनी चाहिए जिसके अन्तर्गत वर्तमान समाज में उसे अपनी जिम्मेदारियों को समझने एवं उन्हें प्रभावशाली ढंग से पूरा करने का अवसर मिले। इसे औद्योगिक कल्याण की सामाजिक अवधारणा भी कहते हैं। अन्तर्राष्ट्रीय श्रम संगठन के अनुसार

श्रम कल्याण के अन्तर्गत वे सेवाएँ और सुविधाएँ आती हैं जो औद्योगिक प्रतिष्ठानों के भीतर या समीपवर्ती स्थानों में आयोजित की गई हों, जिनके द्वारा श्रमिकों को स्वस्थ एवं शांतिपूर्ण परिस्थितियों में कार्य करने का अवसर मिलता है और साथ ही अपने स्वास्थ्य एवं नैतिक स्तर को भी ऊँचा उठाने वाली सुविधाओं की प्राप्ति का भी अवसर मिलता है। 1965 में म्यूनिख में आयोजित समाज कार्य के अन्तर्राष्ट्रीय सम्मेलन में लैटिन अमेरिका के कुछ देशों द्वारा पढ़े गए एक लेख के अनुसार, "श्रम कल्याण का अर्थ उन सेवाओं से है, जो मजदूरों एवं उनके परिवार के सदस्यों के नैतिक, भौतिक, सामाजिक तथा सांस्कृतिक स्तर को विकसित करने और अपेक्षाकृत अच्छे जीवन क्रम के साथ समायोजित करने के लिए दी जाती हैं।"[7] भारत सरकार द्वारा श्रम कल्याण पर गठित समिति के प्रतिवेदन के अनुसार, "श्रम कल्याण के अन्तर्गत जलपान गृह, आराम एवं मनोरंजन सम्बन्धी सुविधाएँ, सफाई एवं स्वास्थ्य सम्बन्धी सुविधाएँ, मजदूरों को आवास से कार्यस्थल तक आवागमन की सुविधाएँ, सामाजिक सुरक्षा तथा मजदूरों के कार्य करने की दशाओं में सुधार करने वाली अन्य व्यवस्थाओं को सम्मिलित किया जा सकता है।"

उपर्युक्त परिभाषाओं को देखने से स्पष्ट है कि कुछ परिभाषाओं में श्रम कल्याण को अति व्यापक रूप में लिया गया है और कुछ परिभाषाओं में उसे संकीर्ण रूप में लिया गया है। उनके विवेचन के आधार पर हम श्रम कल्याण की परिभाषा में निम्नलिखित बिन्दुओं को जोड़ सकते हैं–

1. श्रम कल्याण समाज कार्य का ही एक रूप है।
2. यह एक कार्यक्रम है जो सामाजिक न्याय एवं मानवतावाद पर आधारित है। यह संवैधानिक एवं स्वैच्छिक उपायों के द्वारा श्रमिक जीवन का गुणात्मक विकास करना चाहता है।
3. श्रम कल्याण एवं औद्योगिक प्रतिष्ठानों के कल्याण का अन्योन्याश्रित सम्बन्ध है, क्योंकि श्रमिकों की योग्यता एवं कार्य क्षमता के विकास के द्वारा ही औद्योगिक प्रतिष्ठानों की उन्नति एवं विकास संभव है।
4. श्रम कल्याण का उद्देश्य श्रमिक का शारीरिक, मानसिक, संवेगात्मक एवं सामाजिक कल्याण करना है। इन उद्देश्यों की पूर्ति हेतु उन सभी कार्यों को सम्पादित किया जाता है, जो औद्योगिक प्रतिष्ठानों के बाहर उसके (श्रमिक के) सामाजिक जीवन से सम्बंधित है।
5. सामान्यतया इसके अंतर्गत तीन प्रकार की सेवाएँ आती हैं–
   (अ) वे सेवाएँ जो श्रमिकों की कार्य दशाओं में सुधार हेतु आयोजित की जाती हैं जैसे– ताप, प्रकाश और आवाज का सम्यक् नियंत्रण, स्वच्छता, स्नान घर और शौचालय की सुविधा, जलपान गृह, आराम गृह, पीने का पानी, स्वास्थ्य सुरक्षा और दुर्घटनाओं का विरोध, कार्य के उचित घण्टे, छुट्टियाँ एवं सवेतन अवकाश इत्यादि।

(ब) वे सुविधाएँ जो श्रमिक के व्यक्तित्व विकास एवं उसके पारिवारिक और वैयक्तिक जीवन में सुधार लाने के लिए दी जाती हैं। इसके अन्तर्गत कुछ ऐसी सेवाएँ आती हैं, जो औद्योगिक प्रतिष्ठानों के बाहर दी जाती हैं, जैसे आवास व्यवस्था, स्वास्थ्य, शिक्षा और मनोरंजन सम्बन्धी सुविधा, खेल, संगीत, पुस्तकालय, सहकारी समितियाँ, आवागमन, कल्याण केन्द्र तथा सेवायोजन और परामर्श सेवाएँ इत्यादि।

(स) इसके अतिरिक्त कुछ ऐसी सेवाएँ आती हैं जो कि औद्योगिक श्रमिकों को प्रभावशाली ढंग से समायोजित करने एवं उनकी कार्य क्षमताओं में सुधार हेतु दी जाती हैं, जैसे योग्यता एवं अभिरुचि के अनुसार श्रमिकों की नियुक्ति, प्रशिक्षण, पदोन्नति, अन्य श्रमिकों तथा प्रबंधकों से सम्बन्ध, घेराबन्दी, हड़ताल तथा तालाबन्दी आदि की स्थिति में सम्यक परामर्श इत्यादि।

इस प्रकार श्रम कल्याण एक व्यापक एवं गतिशील प्रत्यय है। इसके अन्तर्गत औद्योगिक मानव के सर्वांगीण कल्याण की बात कही जाती है। मानवीय संसाधन प्रबन्ध के सभी आयाम इससे जुड़े हुए हैं।

श्रम कल्याण के कुछ नए आयाम

आज के वैश्वीकरण के युग में श्रम कल्याण के क्षेत्र में कुछ नए आयाम जुड़ गए हैं। कुछ जागरूक नियोक्ता श्रम कल्याण के प्रति एक प्रोएक्टिव अभिगम अपनाए हुए हैं और श्रमिक या श्रमिक संघ किसी कल्याण–सुविधा की माँग नियोक्ता से नहीं करते हैं, वरन् नियोक्ता स्वयं अपनी ओर से पहल कर श्रमिकों की कल्याणात्मक सुविधाओं का विस्तार अपनी सामर्थ्य के अनुसार करता रहता है। वैश्विक प्रतिस्पर्धा में आगे निकलने के लिए आज श्रम कल्याण के अन्तर्गत कुछ नए आयाम जुड़ते जा रहे हैं। ऐसे कुछ आयामों का विवरण नीचे दिया जा रहा है–

1. *कार्य जीवन की गुणात्मकता (Quality of Work Life)* – आज के युग में प्रसारवाद तथा सिस्टम थियरी के द्वारा बहुत अंश में डिरिडक्शनलिज्म और मेकानिज्म की विचारधाराओं का प्रतिस्थापन किया जा रहा है। प्राचीन परम्परागत सम्बन्धों के भीतर नियंत्रण केन्द्रीय आधार पर किया जाता था और संगठन के विभिन्न अंग एक–दूसरे से बहुत अंश में अलग रहते थे पर आज संश्लेषण पर अधिक ध्यान दिया जा रहा है। आज हम इस बात पर अधिक बल दे रहे हैं कि कोई वस्तु अपने सम्पूर्ण का एक अंग है। अतः यदि औद्योगिक प्रतिष्ठान को हम सम्पूर्ण समाज के एक अंग के रूप में देखेंगे तो हमें यह बात स्वीकार करनी पड़ेगी कि इससे सामाजिक पर्यावरण या संगठन की गत्यात्मकता पर प्रभाव पड़ता है। एकाफ[8] संगठन एवं प्रबन्ध प्रणाली के बीच तीन प्रमुख समस्याओं का तादात्मीकरण करते हैं– (i) आत्म नियंत्रण, (ii) मानवीयकरण, एवं (iii) पर्यावरणीयकरण। आत्म नियंत्रण के द्वारा संगठन की आत्म क्षमता की वृद्धि होती है और मानवीयकरण के द्वारा संगठन में कार्यरत अभिकर्मियों के

व्यक्तिगत हितों की रक्षा होती है। पर्यावरणीयकरण के द्वारा संगठन अपने समीपस्थ समुदाय के प्रति सामाजिक जिम्मेदारियों की पूर्ति करता है। एकाफ के अनुसार संगठन सन्तुलन एवं सहभाजन दोनों ही तत्त्व मानवीकरण के दो विभिन्न पहलू हैं। संगठन में कार्यरत अभिकर्मी एक ओर तो अपने व्यक्तिगत उद्देश्यों की पूर्ति चाहता है और दूसरी ओर संगठन के निर्णयों में सहभाजन भी चाहता है। इन उद्देश्यों की पूर्ति हेतु आज संगठन के उद्देश्यों को पुनर्निरूपित करने की आवश्यकता महसूस की जा रही है। इसी परिप्रेक्ष्य में आज औद्योगिक समाजशास्त्री कुछ नवीन शब्दावलियों का प्रयोग कर रहे हैं। उदाहरणार्थ, (1) कार्य का पुनर्निरूपण, (2) कार्य का मानवीकरण, तथा (3) सहभागी प्रबन्ध। कुछ दूसरे समाजशास्त्री इस परिप्रेक्ष्य में कार्य जीवन की गुणात्मकता (**quality of work life,** के प्रत्यय का प्रयोग करते हैं, जिसका विवरण निम्नलिखित है–

2. *कैफटीरिया पर्क्स* – श्रम कल्याण के अन्तर्गत दी जाने वाली सेवाओं एवं सुविधाओं को प्रदान करने का यह एक नया तरीका है। सामान्यतया नियोक्ता यदि श्रमिकों को कुछ अधिनियमेतर सेवाएँ या सुविधाएँ प्रदान करते हैं तो उस सुविधा के वितरण में वरिष्ठता का विशेष रूप से ध्यान रखा जाता है। किन्तु कैफटीरिया पर्क्स के उपागम में वरिष्ठता की अपेक्षा श्रमिकों की आवश्यकताओं को विशेष महत्त्व दिया जाता है और उसी के अनुसार सेवाओं का निर्धारण भी होता है। उदाहरणार्थ, यदि घड़ी निर्माण करने वाले कारखाने का नियोक्ता अपने प्रतिष्ठान के सभी श्रमिकों के पारिवारिक सदस्यों को घड़ियां वितरण करना चाहता है और इस सम्बन्ध में वरिष्ठता की कसौटी अपनाता है तो वह अपने लक्ष्य की पूर्ति नहीं कर पाएगा क्योंकि हो सकता है कि वरिष्ठ श्रमिकों के बच्चे कहीं अन्यत्र जाकर कार्य करते हैं और उसके परिवार में वह एवं उसकी पत्नी ही हो। इसके विपरीत कनिष्ठ श्रमिक के परिवार के सभी सदस्य छोटे होने के कारण अभी श्रमिक के साथ रहते हों। अतः यदि वरिष्ठ श्रमिक की उसकी वरिष्ठता के आधार पर पाँच घड़ियां दी जाएँगी तो तीन घड़ियां अनुपयोगी रह जाएंगी। दूसरी ओर यदि कनिष्ठ श्रमिक को उसकी वरिष्ठता के आधार पर केवल दो ही घड़ियां दी जाएंगी तो परिवार के कई सदस्य बिना घड़ी के ही रह जाएँगे। ऐसी स्थिति में यदि परिवार की आवश्यकता के अनुसार घड़ियों का वितरण किया जाएगा तो वह अधिक उपयोगी होगा। यही बात कैफटीरिया वर्क के अभिगम के अन्तर्गत आती है।

3. *रनर्स एण्ड फिक्सर्स* – प्रतिष्ठान में जो विधानेत्तर कल्याणात्मक सुविधाएँ प्रदान की जाती है, उनके दो स्वरूप होने चाहिए– (i) रनर्स, एवं (ii) फिक्सर्स। कुछ सेवाएँ और सुविधाएँ तो श्रमिकों को अस्थायी तरीके से दी जानी चाहिए, जैसे उनके और उनके परिवार के लिए वस्त्र और जूते इत्यादि। दूसरी ओर कुछ सुविधाएँ उन्हें इस प्रकार की दी जानी चाहिए, जिनका स्वरूप स्थायी हो, जैसे उनके लिए, फ्रिज या टी.वी. की व्यवस्था या उनके आवास हेतु ऋण।

4. *सार्वजनिक सम्मान युक्त पुरस्कार* – श्रमिक को यदि कोई विशेष पुरस्कार देय हो तो इस हेतु एक सार्वजनिक बैठक का आयोजन कर किसी विशेष अतिथि के द्वारा सम्मान या पुरस्कार प्रदान किया जाना।
5. *व्यापक स्वास्थ्य पैकेज* – परिवार के सभी सदस्यों हेतु चिकित्सा स्वास्थ्य एवं उपचारात्मक सुविधाओं का प्रदान किया जाना। यदि श्रमिक सेवानिवृत्त हो गया है तो भी कम्पनी के चिकित्सालय से उसके तथा उसके आश्रितों के लिए चिकित्सकीय सुविधाओं की व्यवस्था करना।
6. *परिवार को सुविधाओं की उपलब्धता* – कल्याणात्मक सुविधाएँ केवल श्रमिक तक ही सीमित नहीं होनी चाहिए वरन् उसके परिवार को भी उपलब्ध होनी चाहिए। उदाहरणार्थ बच्चों की शिक्षा, स्कॉलरशिप तथा क्लब की सदस्यता परिवार के सदस्यों को भी उपलब्ध होनी चाहिए।

श्रम कल्याण के सिद्धान्त

सिद्धान्त ऐसे मार्गदर्शक बिन्दु हैं, जिनके आधार पर कार्य करने में सफलता की अधिक आशा रहती है। श्रम कल्याण के कुछ मार्गदर्शक सिद्धान्त निम्नलिखित हैं–

1. *सामाजिक जिम्मेदारी का सिद्धान्त* – एक एंटरप्राइजेज कारपोरेट को सिटिजन के रूप में देखा जाता है और उसकी उपलब्धियों का मूल्यांकन उन कार्यों के आधार पर किया जाता है जो वह उस समुदाय के लिए करता है, जहाँ वह स्थित है। वास्तव में कोई औद्योगिक प्रतिष्ठान केवल अपने शेयर होल्डर्स के प्रति ही जिम्मेदार नहीं होता है, वरन् वह अपने श्रमिकगण, उपभोक्ता, समुदाय एवं राष्ट्र के प्रति भी जिम्मेदार होता है। इस दृष्टि से औद्योगिक प्रतिष्ठान का यह परम कर्तव्य होता है कि अपने श्रमिकों का ही अधिकतम कल्याण न करे, वरन् आसपास के समुदाय का भी विकास करे तथा उपभोक्ताओं को भी सन्तुष्टिप्रद एवं उम्दा सेवाएँ प्रदान करे।
2. *जनतांत्रिक मूल्यों का सिद्धान्त* – इस सिद्धान्त की मूल मान्यता यह है कि श्रमिक के लिए एक परिपक्व एवं विवेकशील की सहभागिता अपेक्षित है। जो कार्यक्रम श्रमिकों हेतु आयोजित किए जाते हैं, उनके क्रियान्वयन में श्रमिकों की सहभागिता होनी चाहिए। यह बात जनतांत्रिक मूल्यों के अनुकूल है। ऐसे ही मूल्यों के परिप्रेक्ष्य में जलपानगृह का संचालन आज प्रबंधक स्वयं नहीं करते हैं, वरन् उसका संचालन कैण्टीन कमेटी द्वारा किया जाता है, जिसमें श्रमिकों की भी सहभागिता होती है।
3. *समुचित मजदूरी की व्यवस्था* – श्रम कल्याण मजदूरी का कोई विकल्प नहीं है। कुछ लोग यह समझते हैं कि जब श्रमिकों को समुचित मजदूरी दी जाती है तो उन्हें अतिरिक्त रूप से श्रम कल्याण की सुविधाओं का क्या औचित्य है। किन्तु यह बात तथ्यहीन है। मजदूरी एवं कल्याणात्मक सुविधाएँ दोनों अलग–अलग हैं। श्रमिकों को समुचित कल्याण के साथ समुचित मजदूरी भी दी जानी चाहिए।

4. *कार्य क्षमता का सिद्धान्त* – श्रम कल्याण सुविधाओं का आयोजन कार्य क्षमताओं के सिद्धान्त पर आधारित है। यद्यपि इस बात का अभी तक स्पष्ट रूप से निर्धारण तो नहीं हो पाया है कि किस अंश तक श्रम कल्याण द्वारा कार्य क्षमता में वृद्धि होती है किन्तु यह बात स्पष्ट है कि यदि श्रमिक के लिए आवास, चिकित्सकीय सुविधा तथा उसके बच्चों के अध्ययन के लिए विद्यालय उपलब्ध नहीं होंगे तो श्रमिक बहुत अधिक असन्तुष्ट होगा और उसकी उत्पादकता प्रभावित होगी। अतः मोटे तौर से इस तथ्य का निरूपण किया गया है कि श्रम कल्याण उत्पादकता वृद्धि के सिद्धान्त पर आधारित है।
5. *व्यक्तित्व के पुनर्निर्माण का सिद्धान्त* – औद्योगीकरण की प्रारम्भिक मंजिल पर तो श्रम को एक कमोडिटी या वस्तु समझा जाता था और उसका पूरी तरह से शोषण किया जाता था। किन्तु आज के वैश्वीकरण के युग में श्रम या मानवीय संसाधन को उत्पादन वृद्धि एवं वैश्विक प्रतिस्पर्धा में आगे निकलने का सर्वाधिक बहुमूल्य साधन समझा जाता है। इस साधन के विकास को सर्वाधिक महत्त्व प्रदान किया जाता है। श्रम कल्याण इस विकास का सर्वाधिक उपयुक्त साधन है, जिसके द्वारा श्रम को सन्तुष्ट एवं विकसित कर उसके व्यक्तित्व का विकास किया जाता है। इस दृष्टि से कार्य जीवन के गुणात्मक विकास **(quality of work life)** को आज सर्वाधिक महत्त्व प्रदान किया जा रहा है। यह विकास श्रम कल्याण के द्वारा ही संभव है।
6. *सहजिम्मेदारी का सिद्धान्त* – प्रतिष्ठान में श्रम कल्याण का कार्यक्रम उसी समय सफल हो सकता है, जब कि श्रम एवं प्रबन्ध दोनों ही उसके लिए अपने को जिम्मेदार समझें। यह बात सत्य है कि श्रमिकगण श्रम कल्याण की सुविधाओं के आयोजन हेतु आर्थिक रूप से सक्षम नहीं हैं तथापि श्रम कल्याण की जो सुविधाएँ नियोक्ता द्वारा दी जाती हैं, उनके समुचित उपयोग की देखरेख की जिम्मेदारी श्रमिकों एवं श्रमिक संघों की है। यदि सामान्य श्रमिक कैण्टीन, आवासीय सुविधाओं एवं चिकित्सकीय सुविधाओं का दुरुपयोग करते हैं तो श्रमिक संघों का यह कर्तव्य है कि इस दुरुपयोग को रोकें और श्रमिकों को कल्याणात्मक सुविधाओं के समुचित उपयोग हेतु प्रोत्साहित करें। इस प्रकार श्रम कल्याण सुविधाओं के आयोजन एवं उपयोग की जिम्मेदारी नियोक्ता एवं श्रमिक दोनों की है।
7. *कल्याण की समग्रता* – श्रम एक व्यापक आयाम है और इसकी सफलता इस बात पर निर्भर है कि प्रतिष्ठान का सम्पूर्ण प्रबन्ध उसके क्रियान्वयन में कहाँ तक सहयोग दे रहा है। यदि प्रतिष्ठान का श्रम कल्याण पूर्णतया संरचित रहेगा पर वित्त विभाग उसके कार्यक्रमों के आयोजन हेतु उपयुक्त वित्तीय सहायता नहीं देगा तो कार्यक्रम सफल नहीं हो सकता। अतः श्रम कल्याण एक समग्र कार्यक्रम है और प्रतिष्ठान के हर अभिकर्मी को अपनी ओर से इसके आयोजन एवं क्रियान्वयन में समुचित सहयोग देना चाहिए।

श्रम कल्याण के कुछ अन्य सिद्धान्त निम्न प्रकार हैं–

1. श्रम कल्याण का यह उद्देश्य होना चाहिए कि श्रमिकों को इस भाँति सहायता दी जाए कि वे अपनी सहायता स्वयं कर सकें।

2. प्रतिष्ठान में नियोक्ता, श्रमिक संघ या सरकार द्वारा आयोजित कार्यक्रमों में समन्वय होना चाहिए।
3. किसी संगठन के कल्याणात्मक कार्यक्रम विकासमूलक होने चाहिए।
4. कल्याणात्मक कार्यक्रमों के निर्माण एवं क्रियान्वयन में श्रमिक संघों एवं सामान्य श्रमिकों का सक्रिय सहयोग होना चाहिए।
5. श्रम कल्याण के कार्यक्रमों का समय–समय पर मूल्यांकन होना चाहिए और आवश्यकतानुसार उनमें संशोधन किया जाना चाहिए।

कार्य जीवन की गुणात्मकता

(i) अर्थ निरूपण

कार्य जीवन की गुणात्मकता (quality of work life) का सम्बन्ध सम्पूर्ण कार्य की जलवायु से है। मॉडलर एवं लालर ने इसे परिभाषित करते हुए कहा है कि कार्य जीवन की गुणात्मकता का अर्थ कार्य के लोगों पर पड़ने वाले प्रभाव से है। साथ ही इसका सम्बन्ध संगठनात्मक प्रभावोत्पादकता से भी है। इस हेतु यह अपेक्षा की जाती है, संगठनात्मक अभिकर्मी संगठन के प्रबन्धकीय निर्णयों में सहभाजन करें और समस्याओं को सुलझाएँ। इस प्रत्यय का आधारभूत उद्देश्य यह है कि कार्य की जलवायु में परिवर्तन किया जाए ताकि मानवीय प्रौद्योगिकी एवं संगठनात्मक परिवर्तनों के कारण अपेक्षाकृत अच्छे कार्य जीवन की गुणात्मकता का विकास कर सकें।

उपर्युक्त विवेचन के परिप्रेक्ष्य में हम इस निष्कर्ष पर पहुँचते हैं कि कार्य जीवन की गुणात्मकता का उद्देश्य ऐसी संगठनात्मक प्रणाली का विकास है, जिसके माध्यम से संगठन के प्रत्येक अभिकर्मी की व्यक्तिगत एवं मानवीय आवश्यकताओं की पूर्ति हो सके और प्रौद्योगिकी से जनित दबावों एवं तनावों से राहत प्राप्त हो सके तथा पर्यावरण जन्य वास्तविकताओं से समायोजन स्थापित हो सके।

(ii) कार्य जीवन की गुणात्मकता की कुछ प्रमुख विशेषताएं निम्न प्रकार से हैं–

(i) कार्य जीवन की गुणात्मकता के विकास हेतु यह आवश्यक है कि एक सक्षम संगठनात्मक संरचना का निर्माण हो, जो आर्थिक एवं सामाजिक लक्ष्यों की प्राप्ति में सफल हो।

(ii) संगठन में सही स्थान पर सही अभिकर्मियों की नियुक्ति की जाए और उन अभिकर्मियों की कार्य दशाएँ पूर्णतया सन्तोषप्रद हों।

(iii) औद्योगिक प्रतिष्ठानों में उच्च मनोबल का विकास हो, जिसके अन्तर्गत प्रत्येक अभिकर्मी को सामान्य प्रयासों के अन्तर्गत अधिकाधिक सहभाजन का अवसर मिले।

(iv) औद्योगिक प्रतिष्ठान में प्रत्येक सदस्य के विकास हेतु सम्यक् अवसरों की उपलब्धता और इस तथ्य की स्वीकृति कि प्रत्येक व्यक्ति में विकास की क्षमता होती है।

(v) अधिकतम कार्य क्षमता का विकास और कर्मचारियों को ऐसे पुरस्कारों की व्यवस्था जो स्पष्ट रूप से दिखाई दे।

(vi) संगठन में कार्यरत व्यक्तियों एवं समूहों में पारस्परिक सहयोग का विकास और उनमें परिवर्तन हेतु सदैव तैयार रहने की भावना।

(vii) औद्योगिक प्रतिष्ठानों की प्रबन्ध व्यवस्था में सामान्य कर्मचारियों के प्रतिनिधियों को सहभाजन का अवसर और आधारभूत लक्ष्यों को उन्हें भी अपने लक्ष्य के रूप में स्वीकार करने की भावना।

(viii) औद्योगिक प्रतिष्ठान के अर्थशास्त्र से सामान्य कर्मचारियों की सम्यक विज्ञता।

(ix) प्रत्येक कर्मचारी में यह भावना विकसित हो कि कम्पनी के आर्थिक लक्ष्यों की सम्यक ढंग से प्राप्ति करे, क्योंकि आर्थिक लक्ष्यों से ही सामाजिक लक्ष्यों की पूर्ति संभव है।

(x) औद्योगिक प्रतिष्ठानों में निहित प्राविधिक प्रक्रियाओं और उनके मानवीय प्रभावों की भी उन्हें पूरी जानकारी।

(xi) कर्मचारियों में स्वयं ही प्रबन्धकीय क्रियाकलापों में सहभाजन की भावना का विकास।

(xii) प्रबन्ध में ऐसी भावना का विकास कि वह मानवीय स्रोतों की लागत एवं लाभ को भी वही महत्त्व दे जो मशीनों की लागत और लाभ को देता है।

(iii) कार्य जीवन की गुणात्मकता का विकास

किसी संगठन में कार्यरत व्यक्ति अपनी आवश्यकताओं की पूर्ति करना चाहते हैं। प्रत्येक संगठनात्मक अभिकर्मी केवल अच्छा फाइनेन्शियल पैकेज ही नहीं चाहता है, वरन् सेवायोजन सम्बन्धी हितलाभ, कार्य सुरक्षा, अभिरुचि के अनुसार कार्य, उन निर्णयों में सहभाजन जो उन्हें प्रभावित कर रहे हों, और अपनी निष्पत्ति के बारे में समुचित प्रतिसम्भरण (feedback) चाहता है। यदि ये कारक संतोषप्रद होंगे तो संगठनात्मक अभिकर्मी कार्य सन्तुष्टि और कार्य प्रतिबद्धता की अनुभूति करेगा और उसकी निष्पत्ति में वृद्धि होगी। इस प्रकार कार्य जीवन की गुणात्मकता में वृद्धि के कारण प्रतिष्ठान की उत्पादकता में भी वृद्धि होती है। ऐसी गुणात्मकता की वृद्धि निम्नलिखित उपायों के द्वारा हो सकती है–

(i) *कार्य सूची में लचीलापन* – संगठन की कार्य सूची में लचीलापन लाने के लिए बहुत सी विदेशी कम्पनियाँ अभिकर्मियों के लिए प्रतिदिन का कार्य निर्धारित कर देती हैं– अभिकर्मी किसी समय आकर अपना कार्य पूरा कर लेते हैं। बहुत सी कम्पनियों में एक अभिकर्मी अपना कार्य दूसरे मित्र या सहयोगी के जिम्मे छोड़ कर आवश्यकतानुसार बाहर चला जाता है। कुछ स्थानों पर कार्य के घण्टे तो बढ़ा दिए जाते हैं किन्तु प्रति सप्ताह कार्य के दिनों में कटौती कर दी जाती है। कुछ कम्पनियों में, जहाँ कम्प्यूटरों से कार्य होता है, अभिकर्मियों को घर पर कम्प्यूटर दे दिए जाते हैं और उन्हें घर पर कार्य करने को दे दिया जाता है, एक कार्य जब वे पूरा करके लाते हैं तो दूसरा कार्य दे दिया जाता है।

(ii) *स्वायत्तशासी कार्य समूह* – कार्य समूह ऐसे बनाए जाते हैं, जिन्हें अपने कार्य के बारे में पूरा निर्णय करने की स्वतंत्रता होती है और वे अपनी सुविधानुसार निर्णय करते हुए स्वयं कार्य पूरा करते हैं।

(iii) *कार्य संवृद्धिकरण* – कार्य का प्रारूपण इस प्रकार किया जाता है कि सम्पूर्ण कार्य अभिरुचि पूर्ण प्रतीत होता है।

(iv) *विकास के अवसर* – संगठन में कार्य का प्रारूपण इस प्रकार किया जाता है कि जो अभिकर्मी कार्य सम्पन्न करता है उससे न केवल उसके ज्ञान और कौशल में विकास होता है, वरन् वह समुचित पदोन्नति भी प्राप्त करता है।

(v) *सहभाजन* – कर्मचारियों को अपने सम्बंधित मामलों के निर्णयों में सहभाजन का यथेष्ट अवसर मिलता है।

(vi) *सम्प्रेषण* – सम्प्रेषण ऑनलाइन (online) होता रहता है।

इकॉनोमिक टाइम्स ने भारतीय औद्योगिक प्रतिष्ठानों में कार्यरत कुछ सर्वोच्च पदस्थ मानव संसाधन अभिकर्मियों का दृष्टिकोण कार्य जीवन की गुणात्मकता के संदर्भ में एकत्रित किया। यह ज्ञात करने का प्रयास किया गया कि आज मानव संसाधन प्रबन्ध के क्षेत्र में उभरते हुए कौन से नए व्यवहार अपनाए जाएँ, जिनका कार्य जीवन की गुणात्मकता पर प्रभाव पड़े। इस सम्बन्ध में प्राप्त कुछ प्रमुख तथ्यों का विवरण नीचे दिया जा रहा है–

(i) कार्य स्थिति में अधिकाधिक संगीत, कविता तथा कला का प्रचलन होना चाहिए, ताकि कार्यरत अभिकर्मियों का अधिक से अधिक मनोरंजन हो और कार्य के कारण उत्पन्न तनावों से वे कुछ सीमा तक मुक्त रहें।

(ii) कल के लोगों को ऐसे कार्य परिवेश में कार्य का अवसर मिलना चाहिए, जो पूर्णतया तनावों से मुक्त रहेगा। ऐसी स्थिति में प्रत्येक अभिकर्मी अपना अधिकतम योगदान देना चाहेगा और उसे विकास के अधिकाधिक अवसर उपलब्ध होंगे।

(iii) नए कार्य व्यवहार अपेक्षाकृत अधिक लचीले होंगे, अभिकर्मी प्रौद्योगिकी का अधिक प्रभावकारी ढंग से उपयोग करेंगे और उन्हें कार्य स्थिति एवं पारिवारिक जीवन के बीच एक सुखद सन्तुलन की प्राप्ति होगी।

(iv) कार्य स्थिति में अभिकर्मियों को कई विकल्प उपलब्ध होंगे। उदाहरणार्थ, उन्हें घर से काम कर लाना होगा, कार्य के घण्टे लचीले होंगे, उन्हें तीव्र गति से कार्य करने के स्थान पर धीमी गति से कार्य का मौका मिलेगा।

(v) वे लोग जो सेवा क्षेत्र में कार्यरत नहीं हैं, उन्हें भी अपने शरीर और मस्तिष्क के अधिक उपयोग का अवसर मिलेगा।

(vi) बौद्धिक स्तर पर कार्यरत अभिकर्मियों को रचनात्मक एवं नवीनता के क्षेत्र में कद ऊँचा उठने का मौका मिलेगा।

(vii) भविष्य के कार्यस्थलों में कुछ शब्दों का विशेष प्रचलन होगा, जैसे खुलापन, गति, दलीय भावना और गुणात्मकता।

उपर्युक्त परिवर्तनों को लाने में प्रबन्ध की भूमिका अति महत्त्वपूर्ण होगी।

(iv) कार्य जीवन की गुणात्मकता की वृद्धि हेतु प्रयुक्त कुछ अन्य संयंत्र

कार्य जीवन की गुणात्मकता में वृद्धि हेतु कुछ अन्य संयंत्रों का भी प्रयोग किया जाता है, जिनका विवरण निम्नलिखित है–

(अ) क्वालिटी सर्किल

सामान्यतया किसी शॉप या विभाग में 6 से 8 अभिकर्मी मिलकर एक क्वालिटी सर्किल का निर्माण करते हैं जिसकी बैठक प्रत्येक 15 दिन या 1 माह के अन्तराल पर नियमित रूप से होती रहती है। यह बैठक किसी प्रशिक्षित फोरमैन के नेतृत्व में होती है। इस प्रकार की क्वालिटी सर्किल की निम्नलिखित उपयोगिताएँ हैं, जिनके माध्यम से अन्ततोगत्वा अभिकर्मियों के कार्य जीवन की गुणात्मकता में वृद्धि होती है–

1. यह कर्मचारियों का एक स्वैच्छिक फोरम होता है, अतः कर्मचारी इसकी कार्य प्रणाली का विरोध नहीं करते हैं।
2. इसके माध्यम से कर्मचारियों की क्षमताओं का पूरा उपयोग होता है।
3. इसके माध्यम से कर्मचारियों को स्वायत्तता एवं आत्म उपलब्धि की प्राप्ति होती है।
4. इसके माध्यम से कर्मचारी विभाग के दिन–प्रतिदिन के क्रियाकलापों में अपेक्षाकृत अधिक सक्रियता से भाग लेते हैं।
5. इसके माध्यम से विभाग की कई समस्याओं का समाधान प्राप्त होता है।
6. इसके माध्यम से ऐसा समूह निर्मित होता है, जिसमें अपेक्षाकृत अधिक एकता पाई जाती है और कर्मचारियों का मनोबल भी ऊँचा उठता है।

उपर्युक्त सभी विशेषताओं के कारण कर्मचारियों की संतुष्टि में वृद्धि होती है और उनके पारस्परिक सम्बन्धों में भी वृद्धि होती है। इन सभी बातों से कार्य जीवन की गुणात्मकता में वृद्धि होती है।

(ब) सुझाव योजना

यह एक प्रलोभन योजना है, जिसके अन्तर्गत विभिन्न विभागों में कार्यरत कर्मचारियों से कहा जाता है कि वे अपने कार्य को और उत्पादक एवं उपयोगी बनाने के लिए सुझाव दें। यदि उनका सुझाव उपयोगी होगा तो उसे लागू किया जाएगा और सम्बंधित कर्मचारी को पुरस्कृत किया जाएगा। इस प्रकार जब लोगों को यह पता चलता है कि उनका सुझाव स्वीकार कर लिया गया है तो उन्हें प्रसन्नता होती है। ऐसी योजनाओं का अपरोक्ष रूप से कर्मचारियों पर कुछ ऐसा प्रभाव पड़ता है कि उनके कार्य जीवन की गुणात्मकता में वृद्धि होती है। इस प्रकार के कुछ प्रभावों का विवरण निम्नलिखित है–

(i) ऐसी योजनाओं से कर्मचारियों के मनोबल में वृद्धि होती है।
(ii) इस योजना से उनकी क्षमता में वृद्धि होती है।
(iii) इसके द्वारा उनके सम्प्रेषण में वृद्धि होती है।
(iv) इस योजना से मानव सम्बन्धों का विकास भी होता है।
(v) इस योजना से कार्य सम्बन्धी समस्याओं का पता चलता है।

(vi) इसके द्वारा समूह सम्बन्धी क्रियाकलापों का स्तर ऊँचा उठता है। उपर्युक्त सभी बातें कार्य जीवन की गुणात्मकता में वृद्धि करती हैं।

(स) प्रबंध व्यवस्था में श्रमिकों का सहभाजन

औद्योगिक प्रतिष्ठान के उन प्रबंधकीय निर्णयों में जिनका सम्बन्ध श्रमिकों से होता है, विभिन्न संयंत्रों के माध्यम से आज श्रमिक भी सहभाजन कर रहे हैं। ऐसी व्यवस्था से श्रमिकों की दृष्टि से निम्नलिखित लाभ होते हैं–

(i) इस प्रकार की व्यवस्था से श्रमिकों एवं श्रमिक संगठनों की प्रस्थिति ऊँची उठती है।

(ii) कम्पनी की दीर्घकालीन एवं अल्पकालीन नीतियों के निर्माण में श्रमिकों को सक्रिय भूमिका प्रदान की जाती है, विशेष कर उन नीतियों के निर्माण में जिनका सम्बन्ध श्रमिकों से है।

(iii) इसके माध्यम से श्रम प्रबन्ध में सक्षम द्विपक्षीय सम्प्रेषण स्थापित होता है।

इस प्रकार प्रबन्ध व्यवस्था में श्रमिकों के सहभाजन से कार्य जीवन की गुणात्मकता में वृद्धि होती है।

(द) सशक्तीकरण

सशक्तीकरण का अर्थ यह है कि संगठन के प्रत्येक स्तर पर कर्मचारियों को निर्णय करने का अधिकार दिया जाए और उन निर्णयों के क्रियान्वयन की जिम्मेदारी भी उन्हें दी जाए। इसके द्वारा कर्मचारियों को निम्नलिखित लाभ हो सकता है–

(i) *उच्च मनोबल* – कर्मचारियों को जब संगठन में अधिकार देकर उनका सशक्तीकरण किया जाता है तो उनमें आत्म–विश्वास की वृद्धि होती है और कार्य के प्रति उनमें प्रतिबद्धता जनित होती है जिसके परिणामस्वरूप उनका मनोबल ऊँचा उठता है और कार्य जीवन की गुणात्मकता की भी वृद्धि होती है।

(ii) *गैर–नौकरशाहीकरण* – सशक्तीकरण के माध्यम से बहुत से मामलों में जब कर्मचारियों को स्वयं निर्णय करने का अधिकार प्राप्त हो जाता है, तो वे नौकरशाही के प्रभावों से मुक्त हो जाते हैं? इस प्रकार की स्थिति में उन्हें संतोष का अनुभव होता है और उनमें कार्य जीवन की गुणात्मकता की वृद्धि होती है।

(iii) *कर्मचारियों की क्षमताओं का पूर्ण उपयोग* – कर्मचारियों को जब कार्य सम्बंधित विभिन्न मामलों को स्वयं ही निर्णय करने का मौका मिलता है, तो अपने निर्णयों को सफल बनाने के लिए वे अपनी क्षमताओं का पूर्ण उपयोग करते हैं।

(iv) *गैर–वित्तीय प्रलोभन* – संगठन में कर्मचारियों को निर्णय का अधिकार देकर उनकी क्षमताओं का जब सशक्तीकरण किया जाता है, तो यह एक प्रकार का गैर वित्तीय प्रलोभन सा होता है, उससे कर्मचारियों के कार्य जीवन में गुणात्मकता की भी वृद्धि होती है।

(v) कार्य जीवन की गुणात्मकता का प्रभाव

कार्य जीवन की गुणात्मकता का कर्मचारी की उत्पादकता वृद्धि, कार्य सन्तुष्टि मनोबल एवं कार्य संलग्नता आदि पर प्रभाव पड़ता है। इन प्रभावों का संक्षिप्त विवरण निम्नलिखित है–

(i) *कार्य संलग्नता* – कार्य संलग्नता का अर्थ है कर्मचारी का कार्य में विनियोग। ऐसे कर्मचारी स्वयं अपनी अभिरुचि से कार्य में अधिक समय लगाते हैं और उच्च प्रतिफल भी प्राप्त करते हैं,

(ii) *दक्षता की भावना* – कार्य जीवन की गुणात्मकता में वृद्धि के कारण कर्मचारी अपना अधिक से अधिक समय कार्य में लगाता है, फलस्वरूप उसकी कुशलता और आत्मविश्वास में वृद्धि होती है और इन बातों के फलस्वरूप उसकी दक्षता भी बढ़ती है।

(iii) *कार्य सन्तुष्टि* – कार्य जीवन की गुणात्मकता में वृद्धि के कारण कर्मचारी में कार्य के प्रति विशेष अभिरुचि जाग्रत होती है और जितना अधिक वह कार्य करता है उतनी ही उसे सन्तुष्टि प्राप्त होती है।

(iv) *कार्य निष्पत्ति और उत्पादकता* – कार्य जीवन की गुणात्मकता के कारण कर्मचारी में कार्य संतुष्टि एवं कार्य संलग्नता का विकास होता है। इन कारकों के कारण अन्ततोगत्वा उत्पादकता में ही वृद्धि होती है।

कार्य जीवन की गुणात्मकता का समुचित रूप से तभी विकास हो सकता है जब व्यक्ति के कार्य एवं परिवर्तन जनित सम्बन्धों में गत्यात्मक संतुलन स्थापित हो। विकासशील देशों में कार्य का प्रारूप इस प्रकार से निर्मित होना चाहिए कि उसके अन्तर्गत कार्य संगठन एवं सामाजिक और सांस्कृतिक आवश्यकताओं के बीच एकरूपता स्थापित हो। इस उद्देश्य की प्राप्ति हेतु कई क्षेत्रों में एक्शन रिसर्च करने की आवश्यकता है।

भारतीय परिवेश में कार्य जीवन के गुणात्मक मूल्यों के विकास का आन्दोलन केवल संगठित औद्योगिक क्षेत्र एवं सरकारी संस्थाओं तक ही सीमित नहीं रहना चाहिए, क्योंकि इन दोनों क्षेत्रों की कार्य शक्ति देश में विद्यमान कुल कार्य शक्ति का एक बहुत ही छोटा अंश है। अस्तु आन्दोलन के क्षेत्र को विस्तृत करने की आवश्यकता है। आज हमारे सामने सबसे बड़ी चुनौती यह है कि हम कार्य के प्रारूप को किस प्रकार पुनर्निरूपित करें कि वह समाज की सामाजिक विषमताओं के निराकरण में समर्थ हो। डैनियल बेल ने इसे 'डबल बाइण्ड मॉडर्निटी' की संज्ञा दी है।[9] इस समस्या के निराकरण हेतु हमें बहुत सोच समझ कर आगे कदम बढ़ाना है।

आज के युग में जहाँ त्वरित विपणन एवं औद्योगिक परिवर्तन की बात बहुत तेजी से चल रही है तथा व्यक्ति की आकांक्षाओं को आवश्यकता से अधिक महत्त्व दिया जा रहा है, उच्च पद पूर्णतया पिरामिड के ऊपर ही नहीं रह सकता। आज 'बेल', 'वीहाइव' तथा लेडर के भौतिक संगठनों का प्रयोग किया जा रहा है। कई कम्पनियाँ संगठन को

खुली प्रणाली की भाँति देख रही हैं। आज अमेरिका की कुछ तेल एवं रसायन कम्पनियाँ इस बात पर विचार कर रही हैं कि वर्तमान सदी के दूसरे और तीसरे दशक में उनका संगठन क्या होगा, वे विशेष कर इस बात के बारे में विचार कर रही है। कि भविष्य में समाज द्वारा उनसे कौन सी अपेक्षाएँ की जाएँगी। ड्रकर ने इस तथ्य का प्रतिपादन किया है कि अच्छे संगठन युक्त कम्पनियों में तीन प्रकार के सम्बन्ध स्थापित होते हैं– (i) ऊपर से नीचे, और (ii) नीचे से ऊपर के सम्बन्धों के अतिरिक्त (iii) आज समानान्तर सम्बन्धों की आवश्यकता हो रही है। ये सम्बन्ध एक विभाग से दूसरे विभाग और एक व्यक्ति से दूसरे व्यक्ति के बीच स्थापित होते हैं। किन्तु संगठन की कुछ अपनी आवश्यकता है, उसके अनुरूप ही संगठन के स्वरूप में परिवर्तन किया जाना चाहिए। जैसा कि एक अन्य मैकडोनाल्ड ने पहले ही आगाह किया था कि वे कम्पनियाँ जो अपने संगठन में परिवर्तन करना चाहेंगी, उन्हें नहीं सोच लेना चाहिए कि इस प्रकार के परिवर्तन द्वारा उनकी समस्याओं का समाधान ही हो जाएगा।

टिप्पणियां

1. रिपोर्ट ऑफ दि रायल कमीशन ऑन लेबर इन इण्डियन, पृ. 237।
2. रिपोर्ट ऑफ दि फर्स्ट नेशनल कमीशन ऑन लेबर, पृ. 177।
3. पाल चू, दि मॉडर्न अप्रोच टू इण्डस्ट्रियल वेलफेयर, इन इण्टरनेशनल लेबर रिव्यू 1955, पृ. 365।
4. मूर्ति एम.वी., प्रिंसिपल्स ऑफ लेबर वेलफेयर, विशाखापट्टनम, गुप्ता ब्रदर्स, 1972।
5. एडवर्ड एस.टी., फिलॉसफी ऑफ लेबर वेलफेयर, इण्डियन जर्नल ऑफ सोशल वर्क, जून 1953।
6. पाल चू, दि मॉडर्न एप्रोच टू, इण्डस्ट्रियल वेलफेयर, इण्डियन जर्नल ऑफ सोशल वर्क, जून 1953।
7. इण्डस्ट्रियलाइजेशन एण्ड सोशल वर्क, प्रोसीडिंग्स ऑफ दि इण्टरनेशनल कान्फ्रेंस आफ सोशल वर्क (बाम्बे)।
8. एकाफ, रीडिजाइन ऑफ फ्यूचर : एक सिस्टम एप्रोच टू सोशल प्रॉब्लम्स न्यूयॉर्क जान विली एण्ड सन्स, 1974, पृ. 12–14।
9. ब्रोयार्ड एनाटोले (1978 : G) 'दि डबल बाइण्ड' न्यू देहली, दि टाइम्स ऑफ इण्डिया 6, रिव्यू ऑफ डैनियल बेल, दि कल्चरल कण्डीशन आफ कैपिटलिज्म दि बेसिक बुक।

2

औद्योगिक प्रतिष्ठानों में समाज कार्य

औद्योगिक प्रतिष्ठानों में मानवीय तत्वों की महत्ता के आभास के साथ उसके कल्याण अनुरक्षण एवं विकास हेतु कुछ अभिकर्मियों या समाज कार्यकर्ताओं की नियुक्ति दूरदर्शी नियोक्ताओं द्वारा प्रारम्भ की गई। 19वीं सदी के अन्त तक संयुक्त राज्य अमेरिका के कुछ औद्योगिक प्रतिष्ठानों में सामाजिक कार्यकर्ताओं या कल्याण सचिवों की नियुक्ति प्रारम्भ हुई, जिनका प्रमुख कार्य था नियोक्ता एवं कामगार के मध्य घनिष्ठ सम्बंध स्थापित करना।[1] 1904 में इंग्लैण्ड में सीवन रानट्री ने अपने औद्योगिक प्रतिष्ठानों में सात सामाजिक कार्यकर्ताओं की नियुक्ति की। उनका यह विश्वास था कि श्रमिक एवं प्रतिष्ठान का कल्याण तभी संभव है, जबकि ऐसे पर्यावरण का सृजन किया जाए जिसके अन्तर्गत श्रमिक योग्यतम कार्य कर सकें। 1914 में हेनरी फोर्ड ने अपने मोटर कार प्रतिष्ठानों में श्रमिकों के स्वास्थ्य एवं उनकी पारिवारिक समस्याओं के निवारण हेतु एक अलग विभाग की स्थापना की, जिसे समाजशास्त्र विभाग कहा गया। 1917 में फ्रांस के आयुध सामग्री मन्त्री अर्नामेण्ट ने स्त्री श्रमिकों का एक प्रतिनिधिमण्डल इंग्लैण्ड में भेजा था, इस प्रतिनिधिमण्डल का उद्देश्य था इंग्लैण्ड के औद्योगिक प्रतिष्ठानों में कार्यरत स्त्री श्रमिकों की कार्य दशाओं में सुधार लाना। 1918 में फ्रांस के औद्योगिक प्रतिष्ठानों में समाजशास्त्र का प्रथम विधि पाठ्यक्रम तैयार किया गया। उक्त पाठ्यक्रम का मन्तव्य यह था कि आयुध निर्माण से सम्बंधित प्रत्येक औद्योगिक प्रतिष्ठान में जहाँ 100 से अधिक स्त्री श्रमिक कार्यरत हों, एक महिला निरीक्षक को कार्य हेतु तैयार करना। इस निरीक्षक का चुनाव प्रबन्धकों द्वारा किया जाना चाहिए, और उसे (i) स्त्री श्रमिकों की भर्ती, (ii) उनका कल्याण एवं स्वास्थ्य रक्षण, तथा (iii) उसकी कार्यदशाओं के सम्बन्ध में शिकायतों को दूर करने का कार्य करना था।[2] इस प्रकार महिला एवं समाज कल्याण के कार्यक्रमों के माध्यम से फ्रांस में समाज कार्य का

सूत्रपात हुआ। इस दिशा में सर्वाधिक महत्त्वपूर्ण कार्य 1927 में वेस्टर्न इलेक्ट्रिक कम्पनी ने किया। उक्त कंपनी के द्वारा अपने प्रतिष्ठानों में मजदूरों की व्यक्तिगत समस्याओं के निराकरण, मनोवृत्ति परीक्षण एवं मनोबल ऊँचा करने के लिए 40 सामाजिक कार्यकर्ताओं की नियुक्ति की गई। ये नियुक्तियाँ एल्टन मयो एवं उसके साथियों द्वारा प्रतिपादित ह्यूमन रिलेशन्स की विचारधारा के आधार पर की गईं। द्वितीय महायुद्ध के प्रारम्भ में जब औद्योगिक प्रतिष्ठानों में युद्ध स्तर का उत्पादन प्रारम्भ हुआ तो श्रमिकों के समायोजन एवं उनके मनोबल को ऊँचा करने के लिए अनेक प्रतिष्ठानों में इस प्रकार के कार्यकर्ताओं की नियुक्ति हुई। श्रमिक संघ ऐसे सामाजिक कार्यकर्ताओं के क्रियाकलापों को सन्देह की दृष्टि से देखते थे। उनका यह विश्वास कि ऐसे सामाजिक कार्यकर्ता नियोक्ताओं के गुर्गे हैं और इन गुर्गों के द्वारा नियोक्ता द्वारा श्रमिकों के मन में श्रमिक संघ विरोधी भावनाओं को बिठना चाहते हैं। नियोक्ताओं के विरोध में कुछ श्रमिक संघों ने अपनी ओर से भी सामाजिक कार्यकर्ताओं की नियुक्ति आरम्भ की। किन्तु अर्थाभाव के कारण श्रमिक संघ इस दिशा में बहुत आगे नहीं बढ़ पाए। किन्तु उन्होंने नियोक्ताओं से यह माँग करनी प्रारम्भ की कि औद्योगिक प्रतिष्ठानों में समाज कार्य में प्रशिक्षित कार्यकर्ताओं की ही नियुक्ति हो।

उपर्युक्त आधार पर संयुक्त राज्य अमेरिका के औद्योगिक प्रतिष्ठानों में मानवीय तत्वों के अनुरक्षण एवं विकास हेतु कार्मिक परामर्शदाता के रूप में समाज कार्यकर्ताओं की नियुक्ति प्रारम्भ हुई। स्वतंत्रता प्राप्ति के पश्चात् भारत में कारखाना अधिनियम 1948 के तहत श्रम कल्याण अधिकारियों की नियुक्ति का प्रावधान किया गया। यह अधिकारी भी मुख्य रूप से सामाजिक कार्यकर्ता और आर्थिक परामर्शदाता ही हैं।[3]

उद्योग और समाज कार्य

कुछ विद्वानों के अनुसार उद्योग और समाज कार्य दोनों ही परस्पर विरोधी तत्त्व हैं। उद्योग का उद्देश्य उत्पादन एवं लाभ अर्जन है और समाज कार्य का उद्देश्य मानवीय तत्वों का अनुरक्षण एवं कल्याण है। इस दृष्टि से औद्योगिक प्रतिष्ठानों में समाज कार्य की कोई संगति उन विद्वानों को प्रतीत नहीं होती है। औद्योगिक प्रतिष्ठानों में समाज कार्य को व्यवहृत करने में उन्हें चार कठिनाइयाँ महसूस होती हैं–

1. सामाजिक कार्यकर्ता का सम्बन्ध मानवीय तत्वों के अनुरक्षण से है। इस दृष्टि से उसे औद्योगिक प्रतिष्ठानों में तीन प्रकार के कार्य करने पड़ते हैं– (i) कार्मिक प्रबंध, (ii) औद्योगिक सम्बन्ध, एवं (iii) श्रम कल्याण। कार्मिक प्रबन्ध एवं औद्योगिक सम्बन्ध विशिष्ट प्रकार के कार्य हैं और इन कार्यों को करते हुए कोई व्यक्ति पूर्णतया सामाजिक कार्यकर्ता नहीं कहा जा सकता है। औद्योगिक प्रतिष्ठानों में इन कार्यों को सम्पादित करने वाला अधिकारी कुछ विशेष अधिकारों से युक्त होता है। व्यावहारिक दृष्टि से उसे अपने कार्यों के सम्पादन में एक विशेष कौशल, अधिनियमों का ज्ञान और अधिकार शक्ति का सहारा लेना पड़ता है, जबकि अन्य क्षेत्रों में काम करने वाला सामाजिक कार्यकर्ता अधिकार शक्ति से

रहित होकर सम्बन्ध स्थापन के माध्यम से शक्तिदाता का कार्य करता है। श्रम कल्याण के क्षेत्र में उसे मुख्य रूप से स्वास्थ्य, सुरक्षा, सफाई आदि व्यवस्थाओं की देखरेख करनी पड़ती है। इन कार्यों के सम्पादन में समाज कार्य सम्बन्धी किसी कौशल के ज्ञान की आवश्यकता नहीं होती है। ये कार्य सामान्य ज्ञान एवं अधिनियमों द्वारा प्रदत्त अधिकारों के माध्यम से हो जाते हैं। इस प्रकार इन कार्यों को सम्पादित करने वाला अधिकारी समाज कार्यकर्ता न बनकर एक अधिकारी बन जाता है। औद्योगिक प्रतिष्ठानों में कार्य करने वाला चिकित्सक तो चिकित्सक ही रहता है, कानूनी सलाहकार अधिवक्ता ही रहता है किन्तु जब कोई सामाजिक कार्यकर्ता कल्याण अधिकारी के रूप में वहाँ कार्य करता है तो वह समाज कार्यकर्ता न रहकर एक अधिकारी बन जाता है।

2. समाज कार्य के उद्देश्य और कार्यक्रम उद्योग के उद्देश्यों एवं कार्यक्रमों की अपेक्षा श्रम संगठनों के उद्देश्यों से अधिक मिलते–जुलते हैं। इस दृष्टि से औद्योगिक प्रतिष्ठानों में समाज कार्य की भूमिका द्वन्द्वमूलक है, क्योंकि उसे अपने नियोक्ता के हित साधन के विपरीत कार्य करना पड़ता है।
3. किसी विशेष स्थान पर किसी विशेष प्रकार की सेवा का महत्त्व तभी स्थापित होता है, जब उसकी विशेष आवश्यकता हो। इस दृष्टि से औद्योगिक प्रतिष्ठानों में समाज कार्यकर्ता अभी तक न तो अपना कोई विशेष कार्यक्षेत्र बना पाया है और न उससे किसी विशेष आवश्यकता की पूर्ति होती है। नियोक्ता की दृष्टि से व्यापार, प्रबन्ध, कानून और मनोविज्ञान के ज्ञाताओं के कार्यों की उपयोगिता समाज कार्यकर्ताओं की अपेक्षा अधिक है।
4. अभी तक यह बात स्पष्ट नहीं हो पाई है कि समाज कार्य के ज्ञान और कौशल के किस अंश की औद्योगिक प्रतिष्ठान में विशेष उपयोगिता है। समाज कार्य की सबसे महत्त्वपूर्ण विधि वैयक्तिक सेवाकार्य है। यह एक क्लिनिकल सेवा है और औद्योगिक प्रतिष्ठानों में इस विधि की विशेष उपयोगिता स्थापित नहीं हो पाई है।

पर उपर्युक्त तथ्यों के विपरीत कुछ ऐसे भी तथ्य हैं जिनके आधार पर समाज कार्य और उद्योग में संगति स्थापित होती है। 1953 में बम्बई में आयोजित श्रम कल्याण अधिकारियों के प्रथम अधिवेधन में टाटा इंस्टीट्यूट ऑफ सोशल साइंस के तत्कालीन निदेशक श्री जे.सी. कुमारप्पा ने कहा था कि उद्योग समाज का उपयोगी कार्य है। उसका लक्ष्य उत्पादन नहीं वरन् उत्पादन के द्वारा समाज के प्राणियों का कल्याण करना है। औद्योगिक समाज के प्राणियों का कल्याण तभी सक्षम ढंग से हो सकता है, जब औद्योगिक प्रतिष्ठान में कार्यरत समाज कार्यकर्ताओं द्वारा उनके समायोजन एवं विकास में सहायता दी जाए।

1. कुछ स्वार्थी तत्वों ने समाज को गुमराह कर उत्पादन को उद्योग का लक्ष्य और श्रमिक को उसका साधन मान लिया है। भारत जैसे देश में जहाँ जनतंत्र और कल्याणकारी राज्य की भावना का पूर्णरूपेण विकास हो चला है और समाज के कल्याणार्थ सार्वजनिक क्षेत्र में वृहद् उद्योगों की स्थापना हो रही है, हमें आशा ही

नहीं वरन् पूर्ण विश्वास है कि उत्पादन को उद्योग का साधन एवं औद्योगिक श्रम के कल्याण को उसका लक्ष्य समझा जाएगा और इस लक्ष्य की पूर्ति हेतु समाज कार्यकर्ताओं की महती आवश्यकता होगी।

2. इसमें सन्देह नहीं कि उद्योग का उद्देश्य लाभपरक है, तथापि इसका मानवीय पक्ष भी है। आज का दूरदर्शी प्रबंधक यह बात भलीभाँति जानता है कि श्रमिकों के स्वास्थ्य एवं प्रसन्नता से खिलवाड़ कर बहुत दिनों तक लाभ अर्जन नहीं किया जा सकता है। अतः मानवीय प्रसन्नता और लाभ दोनों साथ–साथ चलने चाहिए। इस दृष्टि से लाभ मूलक औद्योगिक और कल्याण मूलक औद्योगिक समाज कार्य साथ–साथ चल सकते हैं।

3. व्यापक अर्थ में समाज कार्यकर्ता शक्तिदाता का कार्य करता है। वह व्यक्ति अथवा समूह की योग्यताओं का विकास एवं सामाजिक पर्यावरण में परिवर्तन लाते हुए उन्हें इस योग्य बना देता है कि वे अपने सामाजिक पर्यावरण में प्रभावशाली ढंग से समायोजित हो सकें। इस दृष्टि से औद्योगिक प्रतिष्ठानों में प्रयुक्त मानव संसाधन प्रबन्ध व्यापक आधार पर मानव संसाधन प्रबन्ध का ही एक रूप है, इसका उद्देश्य है श्रमिक को इस प्रकार सहायता देना कि वे कार्य की परिस्थितियों में न केवल अपना समायोजन कर सकें वरन् वे अपनी योग्यताओं और क्षमताओं का पूर्ण विकास कर प्रतिष्ठान के लक्ष्यों की प्राप्ति में अपना अधिकतम योगदान दे सकें। यह बात तभी संभव है जब समाज कार्य की विभिन्न प्रविधियों के माध्यम से उनकी योग्यताओं और क्षमताओं का अधिकतम विकास हो।

4. व्यापक रूप से औद्योगिक सम्बन्ध ही मानव सम्बन्ध है। आज के जनतांत्रिक एवं कल्याणकारी युग में इस प्रकार के सम्बंध अधिकार युक्त वातावरण में कायम नहीं हो सकते हैं। इसके लिए पारस्परिक समानता एवं एक–दूसरे के प्रति आदर की भावना की आवश्यकता है। कार्य समिति, सामूहिक सौदेबाजी, पारस्परिक समझौता तथा अधिनिर्णयन आदि प्राधिकरणों की सफलता हेतु समाज कार्य की प्रविधियाँ अति उपयोगी हो सकती हैं। इस दृष्टि से औद्योगिक सम्बन्ध समाज कार्य के क्षेत्र के अन्तर्गत आता है।

5. श्रम कल्याण को व्यापक अर्थ में लेने पर इसके अन्तर्गत सफाई, स्वास्थ्य तथा सुरक्षा आदि सेवाओं का प्रशासन ही नहीं आता, वरन् मानसिक बीमारियाँ, पारिवारिक एवं औद्योगिक वातावरण में श्रमिकों का समायोजन, ऋणग्रस्तता, अनुपस्थिति, अनुशासनहीनता तथा अन्य मनो–सामाजिक समस्याओं का निराकरण एवं उपचार आदि कार्य आते हैं। इस हेतु बड़े पैमाने पर कार्मिक समाज कार्यकर्ताओं की आवश्यकता होती है, जो समाज कार्य की विभिन्न विधियों के कौशल से युक्त हों। इस दृष्टि से श्रम कल्याण समाज कार्य के क्षेत्र के अन्तर्गत आता है।

6. जहाँ तक समाज कार्य की विभिन्न विधियों का सम्बन्ध है, एल.एस. कुडचेदकर का मत है कि वैयक्लिक सेवाकार्य, सामूहिक सेवाकार्य एवं समुदाय संगठन आदि सभी विधियों के औद्योगिक प्रतिष्ठानों में प्रयुक्त होने के सम्यक् अवसर विद्यमान हैं। मानवीय प्राणी के रूप में औद्योगिक प्रतिष्ठानों में काम करने वाले प्रत्येक श्रमिक की अपनी विशिष्ट सांवेगिक एवं बौद्धिक योग्यता होती है। इन सभी विशेषताओं के द्वारा कामगार के व्यक्तित्व का पूँजी कोष (Capital Fund of Personality) निर्मित होता है। इस कोष के सम्यक् विकास हेतु यह आवश्यक है कि उचित कार्य के माध्यम से कोष में पड़े धन (ज्ञान और कौशल) का प्रयोग किया जाए। इस दृष्टि से कार्य की आवश्यकताओं के अनुसार व्यक्ति के चुनाव की आवश्यकता होती है। ऐसे चुनाव में केस स्टडी विधि बहुत उपयोगी है। इसके अतिरिक्त श्रमिक जब औद्योगिक प्रतिष्ठानों में कार्य हेतु जाता है तो अपने साथ अपने परिवार एवं समुदाय की समस्याओं को लेकर जाता है। उसकी समस्याएँ, उसके समस्त पर्यावरण के परिप्रेक्ष्य में ही सुलझाई जा सकती हैं। इस दृष्टि से पाश्चात्य देशों में कुछ प्रगतिशील नियोक्ता अपने प्रतिष्ठानों में कुछ वैयक्तिक सेवाकार्यकर्ताओं की नियुक्ति करते हैं। वे क्लिनिक और परामर्श केन्द्र की स्थापना करते हैं, जहाँ पर कामगारों को उनकी व्यक्तित्व सम्बन्धी समस्याओं के सुलझाव में मदद दी जाती है।
7. जहाँ तक औद्योगिक प्रतिष्ठानों में समाज कार्य की किसी विशेष कार्य क्षेत्र में उपयोगिता का सवाल है, हमें यह कहना होगा कि अन्य व्यवसायों एवं समाज कार्य में यही एक अन्तर है कि चिकित्सा एवं कानून आदि व्यवसाय मानव मात्र की विशेष आवश्यकता की पूर्ति करते हैं, पर समाज कार्य व्यक्ति को समग्र रूप में अपनाते हुए विभिन्न जिम्मेदारियों के निर्वाह के कारण उस पर जो दबाव पड़ता है, उसे कम करने का प्रयास करता है। इस दृष्टि से औद्योगिक प्रतिष्ठानों में कामगार के ऊपर पड़ने वाले मानसिक, पारिवारिक एवं सामाजिक दबावों को कम करते हुए वह समाज में श्रमिक को समायोजित करता है।

इस प्रकार चाहे यह नहीं कहा जाए कि औद्योगिक प्रतिष्ठानों में मानवीय तत्वों के अनुरक्षण सम्बन्धी कार्य पर समाज कार्यकर्ताओं का एकाधिकार है, तथापि सम्बन्ध स्थापन, स्वकेन्द्र वृत्तिक प्रयोग तथा अध्ययन निदान एवं उपचार आदि प्रविधियों से युक्त सामाजिक कार्यकर्ता अन्य क्षेत्रों की भाँति औद्योगिक परिवेश में भी मानवीय तत्वों के अनुरक्षण एवं विकास में प्रमुख भूमिका निभा सकता है।

यहाँ यह बात और भी स्पष्ट कर देनी चाहिए कि औद्योगिक प्रतिष्ठानों के कार्यकर्ता, सामाजिक कार्यकर्ता तथा मानव संसाधन प्रबन्ध अभिकर्मियों की भूमिकाओं में कुछ अन्तर है। औद्योगिक प्रतिष्ठानों में कुछ ऐसे अभिकर्मी होते हैं जिन्हें मानव संसाधन प्रबंधक और सामाजिक सेवाओं के प्रशासन तथा मानवीय सम्बन्धों की कुछ व्यापक जिम्मेदारी दी जाती है। इन्हें अपनी जिम्मेवारियों के निर्वाह में समाज कार्य की कुछ विधियों एवं सिद्धान्तों के प्रयोग की आवश्यकता पड़ती है, ऐसे अभिकर्मियों को

मानव संसाधन प्रबंधक, औद्योगिक सम्बन्ध अधिकारी अथवा श्रम कल्याण अधिकारी आदि नामों से अविहित किया जाता है। इसके विपरीत औद्योगिक प्रतिष्ठानों में कुछ ऐसे अधिकारी होते हैं जो पूर्णतया सामाजिक कार्यकर्ता होते हैं। वे व्यक्तिगत स्तर पर श्रमिकों से सम्बन्ध स्थापन एवं उनकी समस्याओं के निराकरण का कार्य करते हैं। इस प्रकार के अभिकर्मी सामान्यतया पाश्चात्य औद्योगिक प्रतिष्ठानों में पाए जाते हैं। इन्हें 'पर्सनल सोशल वर्कर' कहा जाता है। संयुक्त राष्ट्र संघ की सहायता से ब्रुशेल्स (बेल्जियम) में आयोजित विचार गोष्ठी में इसी प्रकार के कार्यकर्ताओं की भूमिका पर विचार किया गया था।

भारतीय औद्योगिक प्रतिष्ठानों में समाज कार्य

संभवतः भारत विश्व का अकेला ऐसा देश है, जहां कुछ निश्चित प्रकार के औद्योगिक प्रतिष्ठानों में समाज कार्यकर्ताओं को श्रम कल्याण अधिकारी के रूप में कार्य हेतु वैधानिक प्रावधान किए हुए हैं। पाश्चात्य विद्वान इसे आश्चर्यजनक दृष्टि से देखते हैं। डॉ. आप्टेकर के अनुसार यह एक आश्चर्यजनक बात है कि अमेरिका जैसे विकसित देश में भी श्रम कल्याण को समाज कार्य का क्षेत्र नहीं माना जाता है। किन्तु भारत में यह समाज कार्य का प्रमुख क्षेत्र है। अमेरिका के वृहद् औद्योगिक प्रतिष्ठानों में कार्मिक अधिकारी (अब मानव संसाधन प्रबन्ध अधिकारी) नियुक्त किए जाते हैं, पर उनका कार्य एवं प्रशिक्षण भारतीय कल्याण अधिकारी से पूर्णतया भिन्न है। उनकी कोई वैधानिक प्रस्थिति नहीं होती है और वे व्यापारोन्मुख होते हैं। इसके विपरीत भारतीय कल्याण अधिकारियों की वैधानिक प्रस्थिति होती है और वे समाज कार्य तथा मानवीय कल्याणोन्मुख होते हैं।[4]

डॉ. आप्टेकर की बातों का उत्तर देते हुए प्रो. धींगरा[5] ने लिखा कि भारतीय औद्योगिक प्रतिष्ठानों में श्रम कल्याण अधिकारी की वैधानिक प्रस्थिति देश की सांस्कृतिक एवं आर्थिक परिस्थितियों की देन है। समाज कार्य सम्बन्धी सेवाएँ सामान्यतया समाज के कमजोर वर्ग को दी जाती हैं। प्रारम्भिक अवस्था में भारतीय श्रमिक भी कमजोर प्राणी था और ग्रामीण वातावरण से आकर शहरी वातावरण में समायोजन उसके लिए एक कठिन समस्या थी। ऐसी स्थिति में भारत जैसे सद्यः घोषित गणतंत्र और कल्याणकारी राज्य में श्रमिकों की स्थिति के सुधार के केवल दो ही रास्ते थे–

1. उद्योगपतियों और नियोक्ताओं को प्रोत्साहित कर उनके द्वारा कल्याणात्मक सेवाओं की व्यवस्था कराना।
2. अधिनियमों के माध्यम से श्रम कल्याण की न्यूनतम सेवाओं की व्यवस्था कराना।

यद्यपि संवैधानिक मार्ग कोई आदर्श मार्ग नहीं है, तथापि जब देश की सामाजिक नीति और राजकीय नियोजन के द्वारा जीवन के लगभग सभी क्षेत्रों में त्वरित गति से परिवर्तन करने का प्रयास किया जा रहा है, तो कल्याण अधिकारी को वैधानिक जामा पहना देना कोई अनुचित नहीं है।

श्रम कल्याण अधिकारी को समाज कार्य की भूमिका से सम्बद्ध करने के सम्बन्ध में फिलिप्स थामस की दो विचारधाराओं का योगदान प्रतीत होता है–

1. प्रथम विचारधारा के अनुसार श्रमिक कमजोर प्राणी है, औद्योगिक वातावरण में उसके सम्यक समायोजन हेतु समाज कार्य की महती आवश्यकता प्रतीत होती है। यह बात संविधान सभा में कारखाना अधिनियम 1948 की धारा 49 पर हुई बहस से भी स्पष्ट है। उस समय तत्कालीन माननीय सदस्य श्री उपेन्द्र नाथ बर्मन ने कहा था कि कल्याण अधिकारी की नियुक्ति का अधिनियमित प्रावधान इसलिए होना चाहिए कि वह उन श्रमिकों की सहायता करेगा जो पिछड़े हों या अनाथ, अशिक्षित और अनभिज्ञ हों। उन्हें समुचित समायोजन हेतु सहायता देना ही कल्याण अधिकारी का कर्तव्य है।
2. दूसरी विचारधारा के अनुसार कुछ दिन पूर्व तक देश में समाज कार्य ही ऐसा व्यवसाय था, जिसके अन्तर्गत मानव सम्बन्ध के प्रशिक्षण की सम्यक् व्यवस्था थी। औद्योगिक मनोविज्ञान एवं कार्मिक प्रबन्ध आदि विषयों में प्रशिक्षण देने वाली संस्थाओं का विकास देश में बहुत बाद में हुआ। अतः 1951 में कल्याण अधिकारियों के सम्बन्ध में जब केन्द्रीय सरकार ने नमूने की नियमावली बनाई तो उस समय स्वाभाविक रूप से ऐसे अधिकारियों हेतु समाज कार्य में प्रशिक्षण की व्यवस्था की गई।[6]

फिलिप्स थामस की प्रथम विचारधारा तो यथार्थ प्रतीत होती है, किन्तु दूसरी विचारधारा पर कुछ प्रश्न चिह्न लगा हुआ है क्योंकि वेलफेयर ऑफिसर के कारखाना अधिनियम में सृजन का प्रावधान 1946 में सर्वप्रथम कॉन्सटीट्यूट असेम्बली में रखा गया। उस समय समाज कार्य प्रशिक्षण की देश में केवल एक संस्था (Tata Institute of Social Sciences) थी जबकि उस समय तक श्रम कल्याण में प्रशिक्षण हेतु देश में कई संस्थान स्थापित हो गए थे।[7]

पी.टी. थामस के अनुसार, 1930 के आस–पास कुछ दूरदर्शी उद्योगपतियों ने अपने कारखानों में प्रौढ़ शिक्षा, जलपान गृह, शिशु गृह तथा मनोरंजन केन्द्रों की स्थापना की। ये कार्य चूँकि कल्याणात्मक थे, अतः इनकी व्यवस्था हेतु प्रशिक्षित समाज कार्यकर्ताओं की नियुक्ति प्रारम्भ हुई। इन कार्यकर्ताओं ने अपने कार्यों के द्वारा इतनी ख्याति अर्जित की कि स्वयं उनकी ही नहीं वरन् समाज कार्य की प्रतिष्ठा देश में बढ़ी और कारखानों में नियुक्त होने वाले कल्याण अधिकारियों की नियुक्ति में समाज कार्य प्रशिक्षण को एक अनिवार्य योग्यता के रूप में सम्मिलित किया गया। यद्यपि यह बात सत्य है कि अन्य देशों में कार्मिक प्रबन्ध समाज कार्य प्रशिक्षण के अन्तर्गत नहीं आता, किन्तु भारतीय परिवेश में सामाजिक कार्यकर्ता मानवीय सम्बन्धों के ज्ञान और कौशल को औद्योगिक परिवेश में प्रयुक्त करने में इतना सफल रहा कि यहाँ पर समाज कार्य प्रशिक्षण को श्रम कल्याण एवं मानवीय संसाधन प्रबन्ध के क्षेत्र में कार्य करने वाले अभिकर्मियों हेतु अपरिहार्य माना जाने लगा। इस सम्बन्ध में हमें यह स्वीकार करने में बिल्कुल संकोच नहीं होगा कि स्वतंत्रता प्राप्ति के लगभग 60

वर्ष तक श्रम कल्याण एवं मानव संसाधन प्रबन्ध ही ऐसा क्षेत्र है जहाँ समाज कार्यकर्ताओं ने अपनी उपयोगिता स्थापित की। अन्यथा परिवार कल्याण, मनःचिकित्सकीय समाज कार्य तथा समुदाय विकास के क्षेत्र में सामाजिक कार्यकर्ता कोई भी छाप अपनी योग्यता तथा कार्य क्षमता की नहीं छोड़ पाए।

समाज कार्यकर्ता पाश्चात्य देशों में जनतांत्रिक मूल्यों से प्रभावित होकर बिना किसी अधिकार का सहारा लिए हुए अपनी योग्यता एवं कौशल के आधार पर दूसरों की सहायता करता है। किन्तु भारतवर्ष में स्थिति कुछ भिन्न है। हम कई सदियों की गुलामी के बाद स्वतंत्र हुए हैं। अतः यहाँ व्यक्ति से अधिक उसके अधिकार एवं प्रस्थिति का महत्त्व है। समाज कार्य के अन्य क्षेत्रों में अधिकार एवं प्रस्थिति से विहीन होने के कारण कार्यकर्ता कोई सफलता नहीं प्राप्त कर सके। श्रम कल्याण एवं कार्मिक अधिकारी भी यद्यपि कुछ महत्त्वपूर्ण अधिकार एवं प्रस्थिति से युक्त नहीं हैं, तथापि कुछ अधिकार तो उसमें समाहित ही हैं। इसी कारण कारखानों में कल्याण अधिकारियों का महत्त्व स्थापित हुआ और कारखानों के महत्त्वपूर्ण अभिकर्मी समझे जाने लगे। समाज कार्यकर्ताओं की श्रम कल्याण एवं कार्मिक प्रबन्ध के क्षेत्र में अर्जित सफलता और देश के सामाजिक एवं सांस्कृतिक परिवेश को देखते हुए डॉ. आप्टेकर को अपने मत का पुनरावलोकन करने को बाध्य होना पड़ा। उन्होंने लिखा है कि "मुझे यह ज्ञात है कि बहुत से लोग यह प्रश्न पूछते हैं कि क्या भारत में श्रम कल्याण समाज कार्य है? भारत में कुछ दिन रहकर और इस क्षेत्र की कार्यविधियों से परिचित होने के पश्चात् मैं इसी निष्कर्ष पर पहुँचा हूँ कि भारत में श्रम कल्याण तथा अमेरिका में समाज कार्य की अवधारणा से कोई वैषम्य नहीं है। मेरे विचार से श्रम कल्याण का अध्यापन समाज कार्य के विद्यालयों में होना चाहिए।"[8]

फिलिप्स थामस[9] के अनुसार, "वैयक्तिक एवं सामूहिक सेवाकार्य में प्रशिक्षित समाज कार्यकर्ता मानवीय भावनाओं को समझ सकते हैं और औद्योगिक प्रतिष्ठानों में मानवीय सम्बन्धों का प्रसार कर सकते हैं। सामूहिक सेवाकार्य में अर्जित कौशल के माध्यम से कार्यकर्ता मजदूर समूहों के साथ सम्यक् ढंग से कार्य करने में सफल हो सकते हैं और इसी कौशल के द्वारा औद्योगिक प्रतिष्ठानों में जलपान गृह, शिशुगृह, मनोरंजन केन्द्र, शिक्षा और स्वास्थ्य आदि व्यवस्थाओं के संगठन में ये कार्यकर्ता सफल हो सकते हैं।"

कल्याण अधिकारी

समाज कार्य के विद्यालयों में यह बात प्रायः मान्य है कि कल्याण अधिकारी औद्योगिक प्रतिष्ठानों में समाज कार्यकर्ता की भूमिका अदा करता है। इसमें सन्देह नहीं कि कल्याण अधिकारी यदि पूर्णरूपेण सामाजिक कार्यकर्ता नहीं है तो भी उसकी भूमिका में समाज कार्य के कुछ प्रमुख तत्त्व विद्यमान हैं। इन अधिकारियों की नियुक्ति हेतु प्रविधित योग्यता को देखते हुए यही प्रतीत होता है कि इनका उद्देश्य औद्योगिक प्रतिष्ठानों में समाज कार्य की प्रवृत्ति का विकास करना है। पर चूँकि व्यावसायिक

समाज कार्य की विचाराधारा पाश्चात्य देशों की देन है, अतः औद्योगिक प्रतिष्ठानों में इसके वास्तविक क्षेत्र का अभी तक निर्धारण नहीं हो पाया है। आज इस बात की आवश्यकता है कि मॉडल रूल के अन्तर्गत श्रम कल्याण अधिकारी के जो कार्य निर्धारित हैं, उनके संदर्भ में औद्योगिक प्रतिष्ठानों में श्रम कल्याण अधिकारी एवं समाज कार्य के महत्त्व का आकलन किया जाए।

पाश्चात्य विचारक सामान्यतया भारतीय कल्याण अधिकारी को स्वयं अपनी सामाजिक एवं सांस्कृतिक विचारधारा तथा संगठनात्मक दर्शन के परिप्रेक्ष्य में देखते हैं और इस दृष्टि से वे इस निष्कर्ष पर पहुँचे हैं कि इस अभिकर्मी के कम से कम कुछ ऐसे कार्य हैं, जो पाश्चात्य समाज कार्य की कसौटी पर खरे नहीं उतरते हैं। मुख्य विवाद कल्याण अधिकारी एवं कार्मिक अधिकारी की एकीकृत भूमिका के सम्बन्ध में है। मॉडल रूल के अनुसार कल्याण अधिकारी को कल्याणात्मक कार्यों के अतिरिक्त औद्योगिक सम्बन्ध एवं कार्मिक प्रबन्धक की भी भूमिका निर्वाह करनी पड़ी है। डॉ. आप्टेकर के अनुसार कार्मिक प्रबन्ध एवं औद्योगिक सम्बन्ध विषयक कार्य न तो श्रम कल्याण के अन्तर्गत आते हैं और नहीं वे समाज कार्य विषयक कार्य हैं।[10] इस प्रकार वे लोग यह महसूस करते हैं कि भारतीय कल्याण अधिकारी की भूमिका में विचित्र रूप से समाज कार्य एवं वाणिज्य का मिश्रण है। कार्मिक अधिकारी वाणिज्योन्मुख है और कल्याण अधिकारी समाज कार्योन्मुख है। इस प्रकार दोनों के कर्तव्य, अनुस्थापन और उद्देश्यों में पारस्परिक असमानता है। कल्याणात्मक कार्य क्षमता वृद्धिमूलक कार्य है और कार्मिक प्रबन्ध सम्बन्धी कार्य अनुशासनात्मक कार्य है। ऐसी स्थिति में डॉक्टर आप्टेकर यह महसूस करते हैं कि कल्याण अधिकारी के कार्य के अन्तर्गत दो परस्पर विरोधी तत्वों को एक साथ एकत्र करने का प्रयास किया गया है।[11]

डॉ. आप्टेकर के अनुसार, भारतीय औद्योगिक प्रतिष्ठानों में समाज कार्य की स्थिति और अधिक स्पष्ट होती यदि नियोक्ता भी सेवार्थी होता और कल्याण अधिकारी सरकार द्वारा नियुक्त समाज कार्यकर्ता, जो सरकार के प्रति जिम्मेदार होता और समाज कार्य के सिद्धान्तों एवं प्रविधियों के माध्यम से श्रमिक एवं नियोक्ता दोनों की सहायता करता। पर इसका उत्तर देते हुए एल.एस. कुडचेडकर[12] ने कहा है कि सामाजिक कार्यकर्ता चिकित्सालय, जेल या औद्योगिक प्रतिष्ठान कहीं भी कार्य करे, उसके लिए यह बात महत्त्वपूर्ण नहीं है कि वह जिसके द्वारा वेतन प्राप्त करता है, वरन् उसका स्वयं अपना व्यक्तित्व एवं कार्य स्थिति में अपनी प्रस्थिति और भूमिका अधिक महत्त्वपूर्ण है। दूसरी महत्त्वपूर्ण बात यह है कि किसी सामाजिक कार्यकर्ता की वृत्तिक प्रस्थिति उसकी संगठनात्मक प्रस्थिति से ऊँची नहीं उठती है, वरन् उसके कार्यों एवं दूसरों के लिए उसकी प्रमाणित योग्यता के आधार पर ऊँची उठती है।

कल्याण अधिकारी की भूमिका के विवेचन से स्पष्ट है कि यद्यपि उसे पाँच प्रकार की भूमिकाओं का निर्वाह करना पड़ता है, तथापि उसकी दो भूमिकाएँ (i) कार्मिक प्रबन्ध एवं औद्योगिक सम्बन्ध अधिकारी, तथा (ii) सामाजिक कार्यकर्ता मुख्य हैं। भारत में कार्मिक प्रबन्ध की भूमिका तो लगभग सभी कल्याण अधिकारी पसन्द करते हैं किन्तु

सामाजिक कार्यकर्ता की भूमिका मुख्य रूप से वही कल्याण अधिकारी पसन्द करते हैं जो समाज कार्य में प्रशिक्षित हों। मॉडल रूल के अन्तर्गत कल्याण अधिकारी की जो ड्यूटी निर्धारित है, उसमें कुछ कार्य तो समाज कार्य सेवाओं के प्रशासन से सम्बंधित हैं और कुछ कार्य ऐसे हैं जो स्पष्टतया समाज कार्य सम्बन्धी कार्य हैं जैसे व्यक्तिगत एवं सामाजिक असमायोजन की स्थिति में श्रमिकों की सहायता, स्त्री एवं बाल श्रम का समायोजन, श्रमिकों का कार्य के साथ समायोजन, छुआछूत की प्रवृत्ति का त्याग तथा ऋणग्रस्तता से मुक्ति और परिवार कल्याण। समाज कार्य में प्रशिक्षित कल्याण अधिकारी इन कार्यों को विशेष अभिरुचि के साथ सम्पादित करना चाहते हैं, किन्तु नियोक्ता इन कार्यों की अपेक्षा अन्य अधिनियमित जिम्मेदारियों के क्रियान्वयन को अधिक महत्त्व देता है। फलस्वरूप कल्याण अधिकारी चाहते हुए भी समाज कार्य सम्बन्धी कार्यों को सक्षम ढंग से सम्पादित नहीं कर पाता है।

इस प्रकार कल्याण अधिकारी के बहुत से कार्य समाज कार्य मूलक कार्य हैं। उसे कार्मिक प्रबन्ध सम्बन्धी जिन कार्यों का सम्पादन करना पड़ता है, उन्हें भी वह उस समय अधिक सक्षमता से सम्पादन कर सकता है जब वह समाज कार्य के अभिगमों का प्रयोग करते हुए उन कार्यों का सम्पादन करे। उदाहरणार्थ श्रमिकों का इनडक्शन, अनुपस्थिति नियंत्रण तथा बर्हिगमन साक्षात्कार आदि कार्य समाज कार्य में प्रशिक्षित कार्यकर्ता अपेक्षाकृत अधिक प्रभावशाली ढंग से कर सकते हैं।

ब्रुशेल्स में आयोजित कार्मिक समाज कार्य की यूरोपियन विचार गोष्ठी के प्रतिवेदन में यह बात स्पष्ट कर दी गई कि कुछ देशों में कुछ अभिकर्मी समाज कार्य में प्रशिक्षण प्राप्त कर औद्योगिक प्रतिष्ठानों में कार्मिक प्रबन्ध तथा अन्य समाज कार्येत्तर भूमिकाओं को सम्पन्न करते हैं, ऐसे अभिकर्मियों को कार्मिक समाज कार्यकर्ता नहीं कहा जा सकता है। कार्मिक समाज कार्यकर्ता समाज कार्य के सिद्धान्तों और मान्यताओं के अन्तर्गत औद्योगिक प्रतिष्ठानों में कार्य करते हैं, उन्हें किसी अधिकार की अपेक्षा नहीं होती है। विचार गोष्ठी के प्रतिवेदन में समाज कार्य एवं सामाजिक सेवाओं के अन्तर को स्पष्ट करते हुए कहा गया कि औद्योगिक प्रतिष्ठानों में समाज कार्य–सेवाओं के कार्यान्वयन एवं विकास के अन्तर्गत उन सेवाओं की व्यवस्था की जाती है, जो सामान्य श्रमिकों की कार्य क्षमता एवं विकास को कायम रखने एवं विकास करने में सहायता देती है जैसे जलपान गृह, विश्रामगृह, अल्प बचत एवं पेंशन योजना। इसके विपरीत कार्मिक समाज कार्य के अन्तर्गत श्रमिकों को कार्य के साथ समायोजन एवं अन्य समस्याओं के निराकरण में सहायता दी जाती है।

संभवतः उपयुक्त बातों को ध्यान में रखते हुए ही पाश्चात्य औद्योगिक प्रतिष्ठानों में कार्मिक समाज कार्यकर्ताओं की नियुक्ति की जाती है। वहाँ कल्याण अधिकारी तो रखे नहीं जाते हैं, किन्तु श्रम कल्याण सेवाओं का प्रशासन मानव संसाधन अधिकारियों या कार्मिक अधिकारियों के द्वारा किया जाता है। इसके अतिरिक्त वहाँ कार्मिक समाज कार्यकर्ताओं का अलग विभाग होता है, जो श्रमिकों की व्यक्तिगत समस्याओं का निराकरण कर उनका प्रतिष्ठान में समायोजन करते हैं। इस विभाग के अभिकर्मी

सर्वोच्च प्रबन्ध को सीधे रिपोर्ट करते हैं। वे कार्मिक या मानव संसाधन प्रबन्ध विभाग के अन्तर्गत कार्य नहीं करते हैं। इस प्रकार कल्याण अधिकारी समाज कार्य की प्रत्यक्ष विधियों, यथा वैयक्तिक एवं सामूहिक सेवाकार्य इत्यादि का प्रयोग मुख्यतया अपने कार्य में करता है और कार्मिक अधिकारी समाज कार्य की अप्रत्यक्ष विधियों, यथा समाज कल्याण प्रशासन इत्यादि का प्रयोग अपने कार्य में करता है। कुडचेदकर का मत है कि समाज कार्य में प्रशिक्षित होने के बावजूद समाज कल्याण अधिकारी के पास समाज कार्य के क्रियाकलापों के प्रयोग हेतु न तो समय है और इस ओर उसका झुकाव ही है। उ.प्र. कल्याण अधिकारी संघ के तत्कालीन महामंत्री श्री ओम प्रकाश मिश्र ने कुडचेदकर के मत से असहमति प्रकट की थी। उनके अनुसार कल्याण अधिकारी समाज कार्य के क्रियाकलापों के प्रति अतीव अभिरुचि रखता है, किन्तु अन्य वैधानिक जिम्मेदारियों के निर्वाह में व्यस्त रहने के कारण उसे इस जिम्मेदारी के निर्वाह का पूर्व अवसर नहीं मिलता है। तथापि समाज कार्य की कुछ आधारभूत विधियों एवं सिद्धान्तों का प्रयोग उसे अपनी जिम्मेदारियों के निर्वाह में करना ही पड़ता है क्योंकि उसकी सभी जिम्मेदारियाँ मानवीय सम्बन्ध से जुड़ी हुई हैं।

समाज कार्य की विधियों का कल्याण अधिकारी द्वारा प्रयोग : सामाजिक वैयक्तिक सेवाकार्य

समाज कार्य की विभिन्न विधियों का कल्याण अधिकारी द्वारा किए जाने वाले प्रयोग का विवरण नीचे दिया जा रहा है–

के.एन. वैद के अनुसार, औद्योगिक प्रतिष्ठानों में कल्याण अधिकारी द्वारा वैयक्तिक सेवाकार्य का प्रयोग वैयक्तिक श्रमिक को अपने निरीक्षक कार्य समूह एवं सामान्य रूप से पूरे औद्योगिक प्रतिष्ठान से समायोजन करने के लिए किया जाता है।[13] औद्योगिक प्रतिष्ठानों में कार्मिक नीतियों का निर्माण श्रमिक की आवश्यकताओं को ध्यान में रखकर किया जाता है। ऐसी स्थिति में बहुत संभव है कि उक्त नीति व्यक्तिगत रूप से कुछ श्रमिकों की आवश्यकताओं एवं अभिरुचियों के अनुकूल न हो, फलस्वरूप वैयक्तिक सेवाकार्य इसी समायोजन की एक विधि है। औद्योगिक प्रतिष्ठानों में वैयक्तिक सेवाकार्य के माध्यम से श्रमिक को अपेक्षाकृत अधिक सन्तुष्ट, समायोजित एवं प्रभावशाली ढंग से कार्य करने में सहायता दी जाती है। साथ ही समस्याग्रस्त श्रमिकों की समस्याओं का निराकरण और प्रबंधक तथा श्रमिक संगठनों को आवश्यकता के अनुरूप श्रम नीति निर्माण करने एवं विवादों के सुलझाव में सहायता दी जाती है।

औद्योगिक प्रतिष्ठानों में वैयक्तिक सेवाकार्य के प्रयोग से कुछ अन्य कठिनाइयाँ भी आ जाती हैं। प्रथम कठिनाई यह है कि इसका कार्य क्षेत्र औद्योगिक प्रतिष्ठानों की कार्मिक नीति के अनुसार अपेक्षाकृत सीमित हो जाता है। दूसरी कठिनाई यह है कि व्यावहारिक दृष्टि से उत्पादकीय इकाई में प्रत्येक कार्य का अंतिम उद्देश्य उत्पादन वृद्धि है न कि जनकल्याण, अतः संगठन की नीतियों के अन्तर्गत वैयक्तिक कार्य के

क्रियाकलाप श्रमिकोन्मुख ही हो सकते हैं। तीसरी महत्त्वपूर्ण बात यह है कि श्रमिकों के वैयक्तिक एवं पारिवारिक असमायोजन की अपेक्षा केवल कार्य के समायोजन सम्बन्धी समस्याओं के निराकरण में विशेष सहायता दी जाती है। जहाँ तक कल्याण अधिकारी द्वारा इस विधि के प्रयोग का सवाल है एक दो कठिनाइयाँ और जुट जाती हैं– प्रथम तो यह कार्य वही कल्याण अधिकारी कर सकता है जो समाज कार्य में दो वर्ष का प्रशिक्षण प्राप्त किए हुए हो। इस सम्बन्ध में लेखक ने उत्तर प्रदेश के कल्याण अधिकारियों के बारे में एक शोध के आधार पर यह निष्कर्ष निकाला था कि लगभग आधे कल्याण अधिकारी समाज कार्य में प्रशिक्षित नहीं थे। अतः वे इस विधि का प्रयोग नहीं कर पाएँगे। इसके अतिरिक्त कल्याण अधिकारी अन्य अधिनियमित जिम्मेदारियों के निर्वाह में इतने व्यस्त रहते हैं कि श्रमिकों की व्यक्तिगत समस्याओं पर बहुत कम ध्यान दे पाते हैं। तथापि वैयक्तिक सेवाकार्य की विधि का औद्योगिक प्रतिष्ठानों में निम्नलिखित जिम्मेदारियों के निर्वाह में प्रयोग हो सकता है–

1. *आगमन* – वैयक्तिक कार्य की पद्धति से कल्याण अधिकारी नवागत श्रमिक से वृत्तिक सम्बन्ध स्थापन कर उसकी भावनाओं की जानकारी समस्याओं का अध्ययन एवं निदान करते हुए सम्बल (**support**) की तकनीक से उसकी अहम् शक्ति को सशक्त बनाते हुए योजनाबद्ध तरीके से उसे औद्योगिक प्रतिष्ठान और उसके कार्य में समायोजन करा सकता है।
2. *समस्या वृत्त श्रमिकों का समायोजन* – औद्योगिक प्रतिष्ठानों में मनोसामाजिक कारकों से प्रभावित कुछ ऐसे श्रमिक होते हैं जो कार्य परिस्थिति में समायोजन नहीं कर पाते हैं। किसी भी परिस्थिति में उन्हें रखा जाए, सामान्यतया असमायोजित ही रहते हैं। मनोवैज्ञानिक शब्दावली में ऐसे श्रमिकों को समस्या वृत्त जीवी श्रमिक कहते हैं। वैयक्तिक सेवा कार्य के माध्यम से कल्याण अधिकारी इनकी समस्याओं का निराकरण कर कार्य स्थिति में इनका समायोजन कर सकते हैं।
3. *स्त्री एवं बाल श्रम का समायोजन* – औद्योगिक प्रतिष्ठानों में कार्यरत स्त्री एवं बाल श्रमिकों की सुविधा हेतु कुछ कानून बने हैं। वैयक्तिक सेवाकार्य की प्रक्रिया के माध्यम से अलग–अलग ऐसे असीमित श्रमिकों को लेकर, विधायी सम्बन्ध स्थापित कर आवश्यकतानुसार उनकी समस्याओं का अध्ययन एवं निदान करते हुए उनकी अहम् शक्ति (**ego-strength**) को सशक्त बनाते हुए पर्यावरण परिवर्धन (**environmental modernization**) की प्रविधि द्वारा उसके सामाजिक पर्यावरण में परिवर्तन लाते हुए सम्बल (**support**) स्पष्टीकरण तथा अन्तर्दृष्टि विकास (**in sight development**) की प्रविधि से उसके वैयक्तिक एवं सामाजिक समायोजन का मार्ग प्रशस्त किया जाता है।
4. *अनुपस्थिति* – कुछ आवश्यक एवं आकस्मिक कारकों के अतिरिक्त सामाजिक एवं मनोवैज्ञानिक कारकों के द्वारा ही अधिकांश श्रमिक अनुपस्थित होते हैं। ऐसे श्रमिकों से वैयक्तिक सेवाकार्य के माध्यम से विधायी सम्बन्ध स्थापन कर इस

समस्या के मनोसामाजिक कारणों को दूर कर कल्याण अधिकारी उन्हें कार्य में नियमित कर सकता है।

5. *शिकायत निवारण* – कुडचेदकर[14] के अनुसार, "इस समस्या के समाधान में वैयक्तिक सेवाकार्य अत्यन्त प्रभावशाली हो सकता है। सामान्यतया व्यक्तिगत रूप से श्रमिकों द्वारा प्रस्तुत शिकायत के निराकरण में कल्याण अधिकारी हस्तक्षेप करता है। वैयक्तिक सेवाकार्य की प्रक्रिया का प्रयोग करते हुए कल्याण अधिकारी सम्बंधित श्रमिक और परिवेदना से सम्बंधित प्रबंधक के बीच विधायी सम्बन्ध स्थापित कर सम्प्रेषण (communication) के सिद्धान्त का प्रयोग कर दोनों पक्षों की समस्याओं और भावनाओं को एक दूसरे से अवगत करा सकता है। फिर स्पष्टीकरण (clarification) और अन्तर्दृष्टि विकास (insight development) की प्रविधियों का प्रयोग करते हुए दोनों पक्षों की गलत फहमियों को दूर कर उन्हें वास्तविकता का बोध करा सकता है। फिर दोनों पक्ष परिवेदना का सही ढंग से निराकरण कर सकते हैं।"

6. *समायोजनशील नीतियों के निर्माण में प्रबंधकों की सहायता* – कल्याण अधिकारी श्रमिकों की भाँति प्रबंधकों से भी वैयक्तिक सेवाकार्य के माध्यम से विधायी सम्बन्ध स्थापन कर सकता है और उन्हें ऐसी श्रम नीति अपनाने में मदद कर सकता है जिससे कार्य करने में श्रमिकों को अधिकाधिक संतोष हो और श्रम प्रबन्ध सम्बन्ध भी सहयोगात्मक हो सकें।

7. *योग्यता मापन एवं पदोन्नति में श्रमिकों की सहायता* – यद्यपि ये कार्य कार्मिक प्रबंधक या मानव संसाधन प्रबंधक के हैं तथापि कल्याण अधिकारी भी इनसे सम्बंधित हैं। डॉक्टर मूर्ति के अनुसार योग्यता मापन एवं पदोन्नति के समय कल्याण अधिकारी श्रमिकों से विधायी सम्बन्ध स्थापन कर वैयक्तिक सेवाकार्य की विभिन्न प्रविधियों का प्रयोग कर श्रमिकों की अहम् शक्ति (ego-strength) को सशक्त बनाकर उनकी क्षमताओ का अधिकाधिक विकास कर उन्हें पदोन्नति के योग्य बना सकता है।[15]

8. *औद्योगिक बीमारियों एवं दुर्घटनाओं से ग्रस्त श्रमिकों की सहायता* – यह कार्य कल्याण अधिकारी की वैधानिक जिम्मेदारी है। कल्याण अधिकारी से यह अपेक्षा की जाती है कि ऐसे श्रमिकों से विधायी सम्पर्क स्थापित कर सम्बल (support) की विभिन्न उप प्रविधियों के प्रयोग के द्वारा उनकी अहम शक्ति (ego-strength) को सशक्त बनाते हुए पर्यावरण में परिवर्तन (environmental modification) की प्रविधि के द्वारा उनकी अन्य कठिनाइयों को दूर करते हुए आवश्यकतानुसार उनकी चिकित्सा व्यवस्था एवं कर्मचारी राज्य बीमा से अन्य सुविधाओं को उपलब्ध कराकर उनका सम्यक समायोजन करे।

9. *दबावपूर्ण परिस्थितियों में श्रमिकों की सहायता* – कभी–कभी व्यक्तिगत पारिवारिक एवं कार्यजन्य कठिनाइयों के कारण श्रमिक अत्यन्त दबावपूर्ण स्थिति के शिकार हो जाते हैं। वैयक्तिक सेवाकार्य की प्रक्रिया के द्वारा कल्याण

अधिकारी ऐसे श्रमिकों से सौहार्दपूर्ण एवं विधायी सम्बन्ध स्थापित कर उनकी समस्याओं का सम्यक् अध्ययन एवं निदान कर वैयक्तिक सेवाकार्य की विभिन्न प्रविधियों का प्रयोग करते हुए उनका सम्यक् उपचार करता है।

10. *परिवार कल्याण नियोजन* – यद्यपि कल्याण अधिकारी नियमों के अन्तर्गत यह कार्य कल्याण अधिकारी की एक प्रमुख ड्यूटी है किन्तु अधिकांश कल्याण अधिकारी समयाभाव के कारण इस कार्य को नहीं कर पाते हैं। पर आज के विकासशील युग में कल्याण अधिकारी को प्राथमिकता के आधार पर इस कर्तव्य को पूरा करना चाहिए।
11. *ऋणग्रस्तता निवारण एवं अल्प बचत* – वैयक्तिक सेवा कार्य की प्रक्रिया के प्रयोग के माध्यम से कल्याण अधिकारी श्रमिकों से विधायी सम्बन्ध स्थापित कर शिक्षण एवं सलाह की उप–प्रविधियों के प्रयोग से उन्हें मितव्ययी बना सकता है और ऋणग्रस्तता से मुक्ति दिलाकर उन्हें अल्प बचत हेतु प्रोत्साहित कर सकता है।
12. *निष्कासित या सेवानिवृत्त श्रमिक की सहायता* – सामान्यतया निष्कासित या सेवानिवृत्त श्रमिक की आत्मश्लाघा को आघात पहुँचता है, साथियों एवं संघों से सम्बन्ध विच्छेद हो जाता है, पूर्ण अभ्यस्त दैनिक जीवन की कार्य पद्धति में व्यवधान आ जाता है। इसके अतिरिक्त आर्थिक क्षति, पारिवारिक जीवन में व्यतिक्रम तथा नवीन नियुक्ति की समस्या से भी उसे जूझना पड़ता है। वैयक्तिक सेवाकार्य के माध्यम से कल्याण अधिकारी तादात्म्यीकरण, सामान्यीकरण एवं परामर्श आदि प्रविधियों के प्रयोग से समस्या के सुलझाव में सहायता दे सकता है।
13. *औद्योगिक प्रतिष्ठानों के बाहर की समस्याओं का सुलझाव* – औद्योगिक प्रतिष्ठान से बाहर श्रमिक अपने पारिवारिक संघर्षों, आसपास के तनाव एवं संघर्ष तथा बच्चों के असमायोजन आदि समस्याओं से भी ग्रस्त हो सकता है। इन स्थितियों में भी कल्याण अधिकारी नियमों के अंतर्गत वैयक्तिक सेवाकार्य के माध्यम से इन समस्याओं का भी सुलझाव हो सकता है।

उपर्युक्त कार्यों के अतिरिक्त कुछ प्रशिक्षित एवं अनुभवी कार्यकर्ता व कल्याण अधिकारी यह मत रखते हैं कि वैयक्तिक सेवाकार्य की प्रविधियों एवं कुशलताओं एवं वृत्तिक सम्बन्धों के उपयोग के द्वारा उन्हें श्रम एवं प्रबन्ध को अवैधानिक हड़ताल एवं तालाबन्दी न करने, प्रबंधकों को अधिनियमित एवं अधिनियमेत्तर कल्याण सुविधाओं की व्यवस्था करने, श्रमिकों के अस्थायी आदेशों के अन्तर्गत प्रविधित कर्तव्यों का पालन, औद्योगिक प्रतिष्ठान में मानवीय सम्बन्ध स्थापन एवं मानवीय समस्याओं के समाधान में बहुत अधिक सहायता प्राप्त होती है। पर औद्योगिक प्रतिष्ठान में चूँकि बड़ी संख्या में श्रमिक कार्यरत होते हैं। अतः व्यक्तिगत रूप से प्रत्येक श्रमिक की समस्या का समाधान एक या दो कल्याण अधिकारियों के द्वारा संभव नहीं है। अतः कल्याण अधिकारी यह महसूस करते हैं कि कुछ अतिरिक्त समाज कार्यकर्ताओं की भी औद्योगिक प्रतिष्ठानों में नियुक्ति होनी चाहिए, जो वैयक्तिक सेवाकार्य सम्बन्धी सेवाएँ प्रदान करें।

कल्याण अधिकारी के कार्य में सामूहिक सेवाकार्य के तत्वों का प्रयोग

यदि हम औद्योगिक प्रतिष्ठान को सामूहिक सेवाकार्य का एक अभिकरण, कल्याण अधिकारी को प्रशिक्षित सामूहिक कार्यकर्ता, औद्योगिक उत्पादन को कार्यक्रम तथा श्रमिक एवं अन्य अभिकर्मियों को समूह के सदस्य के रूप में लें तो यह कह सकते हैं कि औद्योगिक प्रतिष्ठानों की समस्त कार्य प्रणाली सामूहिक कार्य की एक प्रक्रिया है, जिसके अन्तर्गत समस्त अभिकर्मी आपस में अन्तर्क्रिया करते हुए, पारस्परिक सहयोग से अपनी जिम्मेदारियों का निर्वाह करते हुए उत्पादन के सभी कार्यक्रम को सम्पन्न करते हैं और उसके माध्यम से उनकी आर्थिक आवश्यकताओं की पूर्ति के साथ ही उनमें पारस्परिक सहयोग, नेतृत्व अधिकार एवं कर्तव्यों का सम्यक् ज्ञान और जिम्मेदारियों के निर्वाह सम्बन्धी योग्यताओं का विकास होता है। ऐतिहासिक दृष्टि से इस विचारधारा की पुष्टि एल्टन मयो की विचारधारा के द्वारा होती है। उन्होंने औद्योगिक उत्पादन में लगे हुए समस्त अभिकर्मियों को एक समूह के रूप में देखते हुए उनमें पारस्परिक भावना के विकास पर सर्वाधिक बल दिया।[16]

पर वास्तविक स्थिति यह है कि औद्योगिक प्रतिष्ठानों में बहुत बड़ी संख्या में मानवीय अभिकर्मी कार्यरत होते हैं। उनमें अनौपचारिक सम्बन्ध भी स्थापित नहीं हो पाता है। प्रस्थिति की दृष्टि से भी उनमें विभेद होता है। प्रबंधकीय अधिकारी अधिकार सम्पन्न होते हैं और श्रमिक अधिकार विहीन होते हैं। कार्य के लक्ष्यों में भी भिन्नता होती है। श्रमिक अधिकाधिक मजदूरी चाहता है और प्रबंधकीय अधिकारी श्रमिकों को कम से कम मजदूरी देकर कम्पनी के लाभ को बढ़ावा देना चाहते हैं। ऐसी स्थिति में श्रमिक एवं प्रबन्ध को एक ही समूह का सदस्य स्वीकार करते हुए सामूहिक सेवाकार्य के माध्यम से उनके साथ काम करना समीचीन नहीं होगा। वास्तव में एक औद्योगिक प्रतिष्ठान के द्वारा कई प्रकार की जिम्मेदारियों का निर्वाह किया जाता है। चेतन स्तर पर वह अधिकाधिक उत्पादन की प्रक्रिया सम्पन्न करता है और अचेतन स्तर पर वह उक्त प्रक्रिया में रत अभिकर्मियों की मनो–सामाजिक आवश्यकताओं की पूर्ति करता है।[17] सामूहिक कार्यकर्ता के रूप में कल्याण अधिकारी दूसरे प्रकार की आवश्यकता की पूर्ति में सहायक होता है।

लेखक द्वारा कल्याण अधिकारी की प्रस्थिति और भूमिका के सम्बन्ध में किए गए पूर्वोक्त शोध कार्य के आधार पर यह निष्कर्ष निकला कि औद्योगिक प्रतिष्ठानों को निम्नलिखित गतिविधियों के संचालन में शोधकार्य अति सहायक हो सकता है—

- कार्य समिति की बैठकों के संचालन एवं श्रम संगठनों के प्रतिनिधियों के साथ होने वाली वार्ताओं में सामूहिक सेवाकार्य की प्रविधियाँ अति उपयोगी प्रमाणित हो सकती हैं।
- कुछ विशेष स्थितियों में सामूहिक कार्य की प्रक्रिया का सहारा लेकर किसी विशेष अभिकर्मी को समूह के अनुसार अपने मत के परिवर्तन हेतु प्रेरित किया जा सकता है।

- विभिन्न समितियों के कार्यक्रमों में कभी–कभी जनतांत्रिक समूह निर्माण, उद्देश्यपूर्ण सम्बन्ध स्थापन तथा अन्तर्क्रियाओं के निदेशन का सिद्धान्त उपयोगी होता है।
- 'डिस्कसन' (discussion) एवं 'कान्फरेंस' (conference) विधियां विवादों के सुलझाने में विशेष उपयोगी प्रमाणित होते हैं।
- सामूहिक कार्य की प्रविधियों का विकास सकारात्मक प्रयास एवं एक दल होकर कार्य करने (team work) की भावना के विकास में विशेष सहायक होता है।
- अभिनवीकरण की प्रविधियों के प्रयोग हेतु समूह की गत्यात्मकता का ज्ञान बहुत उपयोगी होता है।
- औद्योगिक प्रतिष्ठानों में सामूहिक प्रलोभन सम्बन्धी योजनाओं के क्रियान्वयन में समूह के अनुशासन एवं नियंत्रण को कायम रखना पड़ता है। इस कार्य हेतु सामूहिक सेवाकार्य के ज्ञान और कौशल का प्रयोग अति उपयोगी होता है।

इस प्रकार हम इस निष्कर्ष पर पहुँचते हैं कि कल्याण अधिकारी यद्यपि औद्योगिक प्रतिष्ठानों में नियमित समूह कार्यकर्ता की भाँति तो व्यवहार नहीं करते तथापि उनकी जिम्मेदारियों के निर्वाह में सामूहिक सेवाकार्य के सिद्धान्त एवं व्यवहार विशेष उपयोगी होते हैं।

कल्याण अधिकारी के कार्यों में समुदाय संगठन की प्रक्रिया का प्रयोग

श्रम कल्याण की अवधारणा एक पूर्ण अवधारणा है। इसके अन्तर्गत औद्योगिक प्रतिष्ठानों में कार्य करने के समय ही श्रमिकों के कल्याण की बात नहीं सोची जाती है, वरन् औद्योगिक प्रतिष्ठानों के बाहर उनके पारिवारिक एवं सामुदायिक कल्याण की बात भी सोची जाती है। डा. एम.वी. मूर्ति के अनुसार श्रमिक में कार्यगत एवं समुदायगत प्रभावों का अन्तर्प्रवाह होता रहता है। कोई भी कल्याण अधिकारी इस अन्तर्क्रिया के समाजशास्त्र पर ध्यान दिए बिना सफल नहीं हो सकता है।[18]

इस सम्बन्ध में आश्चर्यजनक बात यह है कि कारखाना अधिनियम 1948 के अन्तर्गत कारखाने के बाहर श्रमिक के कल्याण सम्बन्धी किसी सुविधा का प्रावधान ही नहीं किया गया है। हाँ, कल्याण अधिकारी नियमों के अनुसार कर्तव्य सूची में यह प्रावधान किया गया है कि वे (कल्याण अधिकारी) श्रमिकों के आवास, बच्चों की शिक्षा तथा सफाई आदि सुविधाओं की व्यवस्था हेतु प्रबंधकों को सलाह दें और साथ ही श्रमिकों के रहन–सहन के स्तर को ऊँचा उठाने में भी प्रबंधकों की सहायता करें। किन्तु कल्याण अधिकारी एक सामुदायिक संगठनकर्ता के रूप में प्रबंधकों को अनुप्राणित करते हुए उन्हें समुदाय विकास के कुछ लक्ष्यों– आवास व्यवस्था, विद्यालय, चिकित्सालय, उपभोक्ता सहकारी भण्डार, शॉपिंग सेन्टर आदि को प्राप्त करने में आंतरिक एवं बाह्य साधनों के उपयोग में सहायता दे सकता है। पर लेखक द्वारा किए गए पूर्वोक्त शोध से ज्ञात हुआ कि कल्याण अधिकारी अपने कार्य में समुदाय संगठन की प्रक्रिया का बहुत ही कम उपयोग कर पाता है।

कल्याण अधिकारियों का कहना है कि इस प्रकार की जिम्मेदारियों के निर्वाह हेतु न तो उनके पास समय रहता है और न उनके प्रतिष्ठानों में श्रमिकों के आवास हेतु लेबर कॉलोनीज ही निर्मित हैं, जहाँ वे अपने प्रयास से श्रम समुदाय विकास हेतु कुछ कार्य कर सकें। इस सम्बन्ध में एक बात देखने को मिल रही है कि कारपोरेट सोशल रिस्पांसिबिलिटी के नाम पर कुछ औद्योगिक प्रतिष्ठान अपने समीपस्थ किसी पिछड़े समुदाय में सामाजिक एवं आर्थिक विकास कार्य आरम्भ करने लगे हैं और इस जिम्मेदारी के निर्वाह हेतु वे सामुदायिक संगठनकर्ता या सामुदायिक विकास अधिकारी के रूप में समाज कार्यकर्ताओं की सहायता ले रहे हैं।

कल्याण अधिकारी के कार्यों में सामाजिक क्रिया का प्रयोग

सामाजिक क्रिया के अन्तर्गत आवश्यकतानुसार सामाजिक संस्थाओं, परिस्थितियों तथा समाज व्यवस्था में परिवर्तन करने का प्रयास किया जाता है। इसका लक्ष्य यह होता है कि समाज के सदस्यों को इस योग्य बना दिया जाए कि वे अनुशासित होकर अपनी परिस्थितियों को स्वयं व्यवस्थित करने में सफल हो सकें। सामान्यतया यह कार्य, जनतांत्रिक मूल्यों एवं संविधान में दिए गए नागरिक अधिकारों के अन्तर्गत एक आन्दोलन के रूप में सम्पन्न होता है।

औद्योगिक समाज में श्रम नेताओं के द्वारा श्रम संगठनों के माध्यम से सामान्यतया सामाजिक आन्दोलन के कार्यक्रमों का संचालन किया जाता है। पर कल्याण अधिकारी प्रबंधकों द्वारा नियुक्त होकर उन्हीं की इच्छानुसार कार्य करते हुए श्रमिकों का कल्याण करता है। ऐसी स्थिति में व्यावहारिक रूप से उससे किसी आन्दोलन चलाने की आशा कही जा सकती। तथापि वह औद्योगिक प्रतिष्ठानों में मानवीय तत्वों का अनुरक्षण अभिकर्ता है। अतः शोषण एवं उत्पीड़न के विरुद्ध सामाजिक क्रिया का प्रयोग उसके कार्यों में आता है।

पूर्वोल्लिखित शोध के अन्तर्गत प्रशिक्षित कल्याण अधिकारियों ने यह मत व्यक्त किया था कि औद्योगिक प्रतिष्ठानों में सामाजिक क्रिया का प्रयोग निम्नलिखित क्षेत्रों में भी किया जा सकता है–

(i) श्रमिकों में अस्पृश्यता की भावना की समाप्ति हेतु।

(ii) स्वस्थ एवं योग्य नेतृत्व और श्रम संगठनों के विकास हेतु।

(iii) परिवार नियोजन को जीवनयापन के आवश्यक मूल्य के रूप में मान्यता दिलाने हेतु।

(iv) श्रमिकों के हित में आवश्यक श्रम अधिनियमों के निर्माण एवं वर्तमान श्रम अधिनियमों में परिवर्तन हेतु सरकार पर दबाव डालने के लिए।

यद्यपि उपर्युक्त सभी कार्य कल्याण अधिकारी की कर्तव्य सूची में प्रत्यक्ष या अप्रत्यक्ष रूप से प्रविधित हैं, पर समयाभाव, अन्य सहयोगी कार्यकर्ताओं के अभाव, प्रबंधकों की अरुचि एवं श्रम संगठनों की सम्भावित प्रतिद्वन्द्विता के कारण कल्याण अधिकारी इस प्रक्रिया का प्रयोग नहीं कर पाता है।

समाज कल्याण प्रशासन का कल्याण अधिकारी के कार्यों में उपयोग

औद्योगिक प्रतिष्ठानों में श्रमिकों के कल्याणार्थ कुछ वैधानिक एवं विधानेत्तर कल्याण सेवाओं का संचालन किया जाता है, जैसे जलपानगृह, स्वास्थ्य केन्द्र, मनोरंजन केन्द्र पुस्तकालय, वाचनालय, क्रीड़ा केन्द्र, उपभोक्ता सहकारी भण्डार इत्यादि। समाज कल्याण प्रशासन की प्रक्रिया के प्रयोग के द्वारा कल्याण अधिकारी इन सेवाओं को श्रमिकों के लिए विशेष उपयोगी बना सकता है। पूर्वोक्त शोध में इस सम्बन्ध में कल्याण अधिकारियों का विचार था कि समान कार्य में भी अन्य प्रक्रियाओं की अपेक्षा इस प्रक्रिया का प्रयोग सर्वाधिक कल्याण अधिकारी करते हैं। जलपानगृह, शिशुगृह मनोरंजन केन्द्र, समुदाय कल्याण प्रशासन, अनुशासनात्मक क्रियाकलाप तथा अन्य प्रशासकीय जिम्मेदारियों के निर्वाह में इस विधि का अधिक प्रयोग होता है।

उपर्युक्त विवरण से स्पष्ट है कि समाज कार्य की विधियों की उपयोगिता सैद्धान्तिक रूप से अधिकांश कल्याण अधिकारी स्वीकार करते हैं किन्तु वास्तविक व्यवहार में वे समाज कार्य की विधियों को अमलीजामा नहीं पहना पाते। इसके कुछ प्रमुख कारण हैं जिनका विवरण निम्नलिखित है।

(i) *समाज कार्य एवं औद्योगिक प्रतिष्ठानों के लक्ष्यों एवं अनुस्थापनों में अन्तर* – समाज कार्य का मुख्य उद्देश्य लोगों का कल्याण करना है। औद्योगिक समाज में उसके उद्देश्यों की चरम परिणति श्रमिकों के कल्याण में निहित है जबकि औद्योगिक प्रतिष्ठानों का मुख्य उद्देश्य लाभ अर्जन है। नियोक्ता श्रम कल्याण को अपव्यय समझते हैं और इस मद में होने वाले व्यय में अधिकतम कटौती कर अपने लाभ की वृद्धि करना चाहते हैं। ऐसी स्थिति में समाज कार्य की विधियों के प्रयोग के माध्यम से किए गए श्रम कल्याण सम्बन्धी क्रियाकलापों का क्षेत्र अपने आप ही सिकुड़ जाता है और प्रतिष्ठान में समाज कार्य की विधियों का प्रयोग नहीं हो पाता है।

(ii) *औद्योगिक प्रतिष्ठानों के व्यावहारिक एवं सैद्धान्तिक लक्ष्यों में अन्तर* – 1953 में आयोजित श्रम एवं कल्याण अधिकारियों के सम्मेलन में टाटा इंस्टीट्यूट के तत्कालीन निदेशक कुमारप्पा ने कहा था कि उद्योग का वास्तविक उद्देश्य समाज का कल्याण है, किन्तु व्यवहार में यह बात चरितार्थ नहीं हो पाती है। व्यावहारिक दृष्टि से उद्योग का वास्तविक उद्देश्य लाभार्जन है। समाज कार्य लाभमूलक न होकर कल्याणमूलक है अतः उद्योग की अपेक्षाओं से उसकी पर्याप्त भिन्नता है और औद्योगिक प्रतिष्ठान में सक्षम ढंग से समाज कार्य व्यवहृत नहीं हो पाता है।

(iii) *कल्याण अधिकारियों/सामाजिक कार्यकर्ताओं की पर्याप्त संख्या– औद्योगिक प्रतिष्ठानों में जहाँ बड़ी संख्या में श्रमिक कार्यरत रहते हैं,* मुश्किल से एक या दो कल्याण अधिकारी कार्य करते हैं। ऐसी स्थिति में उनके लिए संभव नहीं है कि इतनी बड़ी श्रम संख्या को समाज कार्य की सेवाएँ प्रदान करें। इस समस्या का समाधान इसी बात से संभव है जबकि प्रतिष्ठानों में पर्याप्त मात्रा में कल्याण अधिकारी या सामाजिक कार्यकर्ता नियुक्त हों।

(iv) *कल्याण अधिकारियों की अधिनियमित भूमिका* – कल्याण अधिकारी की भूमिकाएँ विभिन्न राज्यों के अन्तर्गत बने कल्याण अधिकारी नियमों के द्वारा निर्धारित होती हैं और उसके अन्तर्गत समाज कार्य की भूमिकाओं के निर्वाह का बहुत कम अवसर होता है।

(v) *श्रम कल्याण एवं समाज कल्याण के नवीन क्षेत्र* – आज श्रम कल्याण एवं समाज कल्याण के क्षेत्रों में परिवर्तन हुआ है और समाज कार्य विद्यालयों एवं संस्थानों से प्रशिक्षित समाज कार्यकर्ताओं को ऐसे नवीन क्षेत्रों का ज्ञान नहीं रहता है।

(vi) *उच्चाधिकारियों की दृष्टि से महत्त्वहीन कर्तव्य* – कारखानों के उच्चाधिकारी विषयक कार्यों को महत्त्वहीन समझते हैं। अतः उनके अधीन कार्यरत बहुत से कल्याण अधिकारी भी समाज कार्य विषयक जिम्मेदारियों के निर्वाह में कोई अभिरुचि नहीं लेते हैं।

(vii) *समाज कार्य की पाश्चात्य विधियों और कुशलताओं का भारतीय परिवेश में प्रयुक्त न हो पाना* – आज का समाज कार्य पूर्णतया पाश्चात्य दर्शन एवं व्यवहारों से प्रभावित है। अतः वहाँ पर प्रयुक्त बहुत सी कुशलताएँ एवं विधियाँ भारतीय परिवेश में प्रयुक्त नहीं हो पातीं।

(viii) *अनुशासनहीनता को बढ़ावा* – कुछ कल्याण अधिकारियों का मत है कि समाज कार्य के अन्तर्गत कल्याण अधिकारी को श्रमिकों से बराबरी के स्तर का सम्बन्ध स्थापन करना पड़ता है। इस प्रकार के बराबरी के व्यवहार से श्रमिक अनुशासनहीन हो जाते हैं।

पर यह भ्रामक विचार है। कल्याण अधिकारी यदि वृत्तिक सम्बन्ध स्थापन कर सेवार्थियों या श्रमिकों से बराबरी के स्तर पर व्यवहार करेगा तो श्रमिकों के मन में उसका सम्मान और बढ़ेगा।

औद्योगिक प्रतिष्ठानों में समाज कार्य की विधियों को प्रभावशाली बनाने के लिए सुझाव

1. *अतिरिक्त प्रशिक्षित कार्यकर्ताओं की नियुक्ति* – एक अकेला कल्याण अधिकारी पूरे औद्योगिक प्रतिष्ठान के श्रमिकों को समाज कार्य विषयक सेवाएँ प्रदान नहीं कर सकता है। यह कार्य तभी संभव है जब पाश्चात्य देशों की भाँति भारतीय औद्योगिक प्रतिष्ठानों में भी कार्मिक समाज कार्यकर्ताओं की पर्याप्त मात्रा में नियुक्ति की जाए।

2. *श्रम नेताओं का समाज कार्य में प्रशिक्षण* – श्रमिक संघ के नेता परिवार नियोजन, श्रमिक शिक्षा तथा अस्पृश्यता निवारण आदि कार्यक्रमों का महत्त्व नहीं समझते हैं, अतः ऐसे कार्यक्रमों में भाग लेने से श्रमिकों को रोकते हैं। यदि श्रमिक संघ के नेताओं का भी समाज कार्य में अल्पकालिक प्रशिक्षण हो जाएगा तो इन कार्यक्रमों का महत्त्व समझेंगे और श्रमिकों को उन कार्यक्रमों में भाग लेने से नहीं रोक सकेंगे।

3. *सम्यक् प्रशिक्षण* – समाज कार्य के प्रशिक्षण में भी बदलाव आना चाहिए और आवश्यकतानुसार ऐसी विधियों एवं कुशलताओं का प्रशिक्षण देना चाहिए जो भारतीय औद्योगिक प्रतिष्ठानों में समाज कार्य की अपेक्षाओं की पूर्ति कर सकें।
4. *समाज कार्य प्रबंधकों का प्रशिक्षण* – औद्योगिक प्रतिष्ठानों में उच्च प्रबंधकों को भी समाज कार्य में प्रशिक्षण दिया जाना चाहिए, ताकि वे समाज कार्य के महत्त्व एवं उपयोगिता को समझें और कल्याण अधिकारियों को समाज कार्य सेवाओं को देने के लिए प्रोत्साहित करें।

औद्योगिक विवादों एवं तनावों के सुलझाव में समाज कार्य की भूमिका

समाजशास्त्र की भाषा में औद्योगिक प्रतिष्ठानों को एक प्लूरल सोसायटी कहा जाता है, जहाँ अनेक प्रकार की विभिन्नतायें पाई जाती हैं और उनके फलस्वरूप प्रतिष्ठान में तनाव एवं संघर्ष उत्पन्न हो जाते हैं। इन विवादों के सुलझाव में समाज कार्य की निम्नलिखित भूमिका हो सकती है–

(i) *निरपेक्ष क्षेत्र के रूप में कार्य करना* – श्रम प्रबन्ध के बीच समाज कार्यकर्ता के रूप में कल्याण अधिकारी एक बफर जोन का कार्य करता है।

(ii) *सौदेबाजी को सफल बनाना* – कल्याण अधिकारी या मानव संसाधन प्रबन्ध अधिकारी यदि सामूहिक सेवाकार्य में दक्ष हो तो प्रयुक्त होने वाली अन्तर समूह की प्रविधि (Inter-group negotiation techniques) के द्वारा वह दोनों वार्ताकारों को एक–दूसरे के करीब लाकर सामूहिक सौदेबाजी को सफल बनाते हुए उसके माध्यम से विवाद को सुलझा सकता है।

(iii) *इण्टीग्रेटिव बारगेनिंग* (Integrative Bargaining) *के द्वारा समझौता कराना* – समाज कार्य की प्रविधियों का प्रयोग करते हुए कल्याण अधिकारी या मानव सम्बन्ध अधिकारी दोनों पक्षों से विधायी सम्बन्ध स्थापित करते हुए उन्हें एक–दूसरे के करीब लाकर दोनों के स्वार्थों को एकाकार कर उनमें पारस्परिक विश्वास जाग्रत करता है। फलस्वरूप श्रमिकों को विश्वास हो जाता है कि नियोक्ता भी तो उनकी मजदूरी वृद्धि करने की स्थिति में नहीं हैं किन्तु जैसे–जैसे वे परिश्रम करते हुए उत्पादकता में वृद्धि करेंगे, वैसे–वैसे वे अधिक मजदूरी एवं अन्य हितलाभ नियोक्ता के द्वारा प्राप्त करेंगे और दूसरी ओर समाज कार्य की विभिन्न प्रविधियों के माध्यम से नियोक्ता को यह विश्वास दिलाया जाता है कि श्रमिक मूलतः अच्छे और उनके सहयोगी हैं। उनकी मजदूरी में वास्तव में वृद्धि की जानी चाहिए। अभी यदि नियोक्ता उनकी मजदूरी में वृद्धि करने की स्थिति में नहीं है तो श्रमिकों को प्रोत्साहित कर उनकी उत्पादकता बढ़ाने और बढ़ी हुई उत्पादकता में ईमानदारीपूर्वक श्रमिकों के अंश का भुगतान करे। इस प्रकार दोनों पक्ष एकीकृत होकर परस्पर सहयोग से काम करने लगते हैं।

(iv) *सिस्टम अप्रोच* (Systems Approach) *के माध्यम से विवाद का सुलझाव* – डनलप के अनुसार, औद्योगिक प्रतिष्ठान के सभी कारक कुछ नियमों के माध्यम

से एक–दूसरे से जुड़े रहते हैं और एक सन्तुलन स्थापित कर प्रतिष्ठान के लक्ष्यों की प्राप्ति की दिशा में अग्रसर होते हैं। किन्तु बाहरी सामाजिक परिवर्तनों के कारण कभी–कभी कोई नियम अप्रभावी हो जाता है और प्रतिष्ठान में असन्तुलन एवं संघर्ष की स्थिति उत्पन्न हो जाती है। कल्याण अधिकारी समाज कार्य की विभिन्न प्रविधियों की सहायता से श्रम एवं प्रबंध तथा सरकार तीनों अभिकर्ताओं **(agents)** की उस अप्रभावी नियम के स्थान पर नवीन एवं प्रभावी नियम बनाने में सहायता देता है, ताकि विभिन्न पक्षों में पुनः सहयोग तथा प्रतिष्ठान में सन्तुलन स्थापित हो सके।

(v) *विवाचक की नियुक्ति में सहायता* – औद्योगिक विवादों के सुलझाव का सर्वाधिक महत्त्वपूर्ण उपाय उनका विवाचन है। इस कार्य में सबसे बड़ी कठिनाई इस कारण उपस्थित होती है कि दोनों पक्ष किसी विवाचक की नियुक्ति पर सहमत ही नहीं हो पाते। कार्मिक या कल्याण अधिकारी समाज कार्य की विभिन्न प्रविधियों के प्रयोग से दोनों पक्षों का विश्वास अर्जन करता है और दोनों पक्षों को पारस्परिक सहयोग एवं विवाचक के नाम पर सहमत कराता है।

(vi) *नौकरशाही मॉडल से विवाद को सुलझाना* – यदि औद्योगिक विवाद के सुलझाव में प्रतिष्ठान का कोई महत्त्वपूर्ण अधिकारी ऋणात्मक भूमिका अदा कर रहा है तो मानव संसाधन अधिकारी समाज कार्य की वैयक्तिक सेवाकार्य की विधि का प्रयोग करते हुए उस अधिकारी की भावनाओं एवं व्यवहारों में परिवर्तन लाकर विवाद सुलझाव में सहयोग कर सकता है।

(vii) *श्रमिक संघों की अभिवृत्तियों में बदलाव* – सामाजिक क्रिया के माध्यम से श्रमिक संघों की अभिवृत्तियों में बदलाव लाया जा सकता है। वे प्रबन्ध के साथ संघर्ष न कर सहयोग करते हुए औद्योगिक प्रतिष्ठानों के लक्ष्यों की प्राप्ति में मदद कर सकते हैं।

(viii) *प्रबन्ध को पारदर्शी नीतियों के अपनाने में सहायता* – समाज कार्य की विधियों के प्रयोग से प्रबन्धकों को श्रमिकों एवं श्रमिक संघों के प्रति पारदर्शी नीति अपनाने में सहायता दी जा सकती है, ताकि श्रमिक संघ प्रबन्ध के प्रति विश्वास जाग्रत कर सकें।

(ix) *संगठनात्मक पुनर्संरचना एवं संगठनात्मक विकास* – समाज कार्य की प्रविधियों के प्रयोग से प्रबन्धन की आवश्यकतानुसार संगठन की पुनर्संरचना और संगठन के विकास हेतु प्रेरित कर सकता है, ताकि संगठन में विधायी कार्य संस्कृति का विकास हो और संघर्ष का अपने आप शमन हो जाए।

(x) *अन्तर्श्रम संघ संघर्ष की समाप्ति और सौदेकारी अभिकर्ता का सर्वसम्मति से चयन* – सामूहिक सेवाकार्य की प्रविधियों के माध्यम से अन्तर्श्रम संघ संघर्षों का निराकरण किया जा सकता है और श्रमिक संघों को ऐसी सहायता दी जा सकती है कि विवादों के सुलझाव हेतु सामूहिक सौदेबाजी का मार्ग प्रशस्त करने के लिए सौदेकारी अभिकर्ता **(bargaining agent)** का सर्वसम्मति से चयन कर सकें।

(xi) प्रतिष्ठान में खुलापन विश्वास एवं सहयोग की संस्कृति का निर्माण भी समाज कार्य की विभिन्न विधियों विशेषकर सामाजिक क्रिया के माध्यम से हो सकता है जहाँ सभी पक्ष एक–दूसरे के सहयोग से काम करें एवं संघर्षों का अपने आप निराकरण हो।

निष्कर्ष

वास्तव में बदलती हुई परिस्थितियों के अनुसार औद्योगिक प्रतिष्ठानों में समाज कार्य को भी मानव संसाधन परामर्श की एक आवश्यक सेवा के रूप में अपने को प्रमाणित करना होगा। वैधानिक संस्था के रूप में कल्याण अधिकारी का जब औद्योगिक प्रतिष्ठानों में प्रादुर्भाव हुआ था, तब श्रमिक एक दीन–हीन असमायोजित एवं असहाय प्राणी था। पितृत्व भावना से उसकी थोड़ी बहुत सहायता एवं उसकी कुछ आवश्यकताओं की पूर्ति हेतु प्रदत्त सेवाएँ, यथा जलपानगृह, शिशुगृह, स्वास्थ्य रक्षण, शौचालय, स्नानगृह एवं मूत्रालय आदि की व्यवस्था पर्याप्त समझी जाती थी। किन्तु आज के वैश्वीकरण के युग में श्रम कल्याण की प्राथमिकताओं में विशेष परिवर्तन हुआ है। आज अधिकांश प्रतिष्ठानों में श्रम कल्याण की वैधानिक सेवाओं का कार्यान्वयन हो ही जाता है। बहुत सी विधानेत्तर सेवाओं का क्रियान्वयन भी औद्योगिक प्रतिष्ठान में किया जाता है। अतः इस स्थिति में समाज कार्यकर्ता को अपनी अपरिहार्यता को कायम रखने के लिए कुछ नवीन सेवाओं को ढूँढ़ना पड़ेगा। स्पष्ट रूप से यह क्षेत्र अन्तर्वैयक्तिक एवं अन्तर्सामूहिक समायोजन का क्षेत्र है। जिस प्रकार आज औद्योगिक अभियंत्रण एवं औद्योगिक विपणन आदि कार्य के नवीन क्षेत्र औद्योगिक प्रतिष्ठानों में उभरे हैं, उसी प्रकार कार्मिक समाज कार्य भी औद्योगिक प्रतिष्ठानों का एक नवीन कार्य क्षेत्र है जो व्यापार प्रबन्ध की कार्यविधियों के साथ चुनौती का क्षेत्र भी हो सकता है और सहयोग का क्षेत्र भी हो सकता हे। कुडचेदकर के अनुसार पूर्णरूपेण कार्मिक समस्याओं के समाधान में समाज कार्य की विधियाँ उपयोगी सिद्ध हो सकती हैं। इण्डक्शन, प्रशिक्षण, योग्यता मापन, पदोन्नति तथा कार्य समंजन आदि के लिए समाज कार्य की विधियाँ महती उपयोगी हैं, पर साथ ही यह बात भी सत्य है कि अकेला कल्याण अधिकारी अपनी विभिन्न जिम्मेदारियों का निर्वाह करते हुए सामाजिक कार्यकर्ता के रूप में अपनी अपरिहार्यता तब तक प्रमाणित नहीं कर सकता, जब तक कुछ और सामाजिक कार्यकर्ता इस जिम्मेदारी के निर्वाह में सहयोग न दें। एक बात और, समाज कार्यवृत्ति अन्य वृत्तियों की अपेक्षा अपने कार्यकर्ताओं से कुछ विशेष अपेक्षा करती है। उससे वस्तुनिष्ठ दृष्टिकोण, विधायी सम्बन्ध, स्व का सचेतन प्रयोग, मानवीय सम्बन्धों के सटीक निदान और उपचार की योजनाओं के क्रियान्वयन में मानव मस्तिष्क की उच्च योग्यता एवं कुशलता की उससे अपेक्षा होती है। समाज कार्यकर्ता की इस सम्बन्ध में कोई भी चूक अक्षम्य होगी।

टिप्पणियां

1. हैकमैन, आई.एल. एण्ड हेनरी यामर, एस.बी. : 'मैनेजमेंट ऑफ परसनेल फंक्शन', पृ. 11।
2. फाम्स एलन, फ्रॉम वेलफेयर टू ऑर्गनाइजेशन, न्यू सोसायटी नं. 193 जून 1966, पृ. 15।
3. कांस्टीट्यूट असेम्बली डिबेट थर्सडे 26 अगस्त 1948।
4. आप्टेकर हरबर्ट : सोशल वर्क इन क्रॉस कल्चरल पर्सपेक्टिव इण्डियन जनरल ऑफ सोशल वर्क वॉल्यूम 25, सो. 2, पृ. 11–22।
5. धींगरा, आर.एस. : सोशल वर्क इन क्रॉस कल्चरल पर्सपेक्टिव पूर्वोद्धृत।
6. कांस्टीट्यूट असेम्बली आफ इण्डिया डिबेट, 27 अगस्त, 1946।
7. फिलिप्स थामस एण्ड मनरो बकी, मल्टिपुल टोल ऑफ वेलफेयर ऑफिसर इन इण्डियन इण्डस्ट्रीज, सेकेण्ड मैनेजमेण्ट एडवांस प्रोग्राम इन इण्डिया, 1981।
8. आप्टेकर सोशल वर्क इन क्रॉस कल्चरल पर्सपेक्टिव पूर्वोद्धृत, पृ. 12।
9. फिलिप्स थामस एण्ड मुनरो बकी, मल्टिपुल टोल ऑफ वेलफेयर ऑफिसर इन इण्डियन इण्डस्ट्रीज।
10. डाक्टर ऑप्टेकर : रिप्लाई टू ए नोट वाई प्रोफेसर कुडचेदकर ऑफ टाटा इंस्टीट्यूट ऑफ स्पेशल साइंसेज, बम्बई, मार्च 31, 1965।
11. डॉक्टर आप्टेकर : सोशल वर्क टैक्निक इन इण्डियन लेबर वेलफेयर, बॉम्बे लेबर जर्नल, 1964, पृ. 28।
12. कुडचेदकर पूर्वोद्धृत।
13. वैद, के.एन. : लेबर वेलफेयर ऑफिसर, पृ. 45.
14. कुडचेदकर : फ्रॉम लेबर वेलफेयर टू परसनेल मैनेजमेण्ट, पूर्वोद्धृत, पृ. 3.
15. मूर्ति, एम.वी. : प्रिंसिपल्स ऑफ लेबर वेलफेयर, पृ. 25.
16. एल्टन मयो : दि ह्यूमन प्रॉब्लम्स ऑफ इण्डस्ट्रियल सिविलाइजेशन, न्यूयॉर्क, मैकमिलन, 1933.
17. इलियट, जे. : डायनामिक्स ऑफ सोशल स्ट्रक्चर, ह्यूमन रिलेशन्स 1953, वाङ्मय।
18. मूर्ति, एम.वी. : प्रिंसिपल्स ऑफ लेबर वेलफेयर, पूर्वोद्धृत।

3

श्रम कल्याण के अधिनियमित प्रावधान

अधिनियमित प्रावधानों के अन्तर्गत दी जाने वाली सुविधाएं

भारत में नियोक्ता विभिन्न अधिनियमित प्रावधानों के माध्यम से श्रमिकों हेतु कल्याणात्मक सेवाओं की व्यवस्था हेतु बाध्य हैं। कारखाना अधिनियम, (1948), बागान अधिनियम, (1951), तथा खदान अधिनियम, (1952), मोटर्स ट्रांसपोर्ट वर्कर्स अधिनियम, (1961), तथा संविदा श्रम (नियमन एवं उत्सादन) अधिनियम, (1970) के अन्तर्गत कल्याणात्मक सेवाओं का प्रावधान किया गया है। अधिनियमित प्रावधानों के अन्तर्गत दी जाने वाली सुविधाओं का विवरण निम्नलिखित है–

(i) *कपड़े धोने की सुविधा–* रायल कमीशन ऑन लेबर (शाही श्रम आयोग) का यह मत था कि अधिकांश औद्योगिक प्रतिष्ठानों में कपड़ा धोने की सुविधा संतोषप्रद नहीं थी। वे श्रमिक जो झुग्गी–झोपड़ियों में रहते हैं, अपने निवास स्थान पर कपड़ा धोने एवं स्नान आदि की सुविधाओं से पूर्णतया वंचित रहते हैं। कमीशन की यह संस्तुति कि गन्दी प्रक्रियाओं में संलग्न श्रमिकों हेतु समुचित कपड़ा धोने एवं स्नान की सुविधाओं की व्यवस्था होनी चाहिए। कारखाना अधिनियम, (1948) की धारा 42 में यह प्रावधान है कि प्रत्येक प्रतिष्ठान में कार्यरत श्रमिकों के कपड़ा धोने एवं स्नान की सुविधा होनी चाहिए। राज्य सरकारें इस सम्बंध में आवश्यकतानुसार अपने नियम भी बना सकती हैं। कॉन्ट्रैक्ट श्रम अधिनियम के अन्तर्गत यह प्रावधान कि कारखाने में कार्य निष्पादन हेतु प्रत्येक कॉन्ट्रैक्टर द्वारा लगाए श्रमिकों हेतु उक्त कॉन्ट्रैक्टर को कपड़ा धोने एवं स्नान आदि की समुचित व्यवस्था करनी चाहिए (धारा 18 सी)।

(ii) *कपड़ों को एकत्रित करने एवं सुखाने की सुविधा–* यह प्रावधान केवल कारखाना अधिनियम (1948) के अन्तर्गत किया गया है। अधिनियम की धारा 113 के अन्तर्गत यह प्रावधान है कि राज्य सरकारें कपड़ों को रखने एवं धुले हुए कपड़ों

को सुखाने और भण्डारण हेतु उचित स्थान की व्यवस्था हेतु राज्य सरकारें नियम बना सकती हैं। महाराष्ट्र फैक्ट्री रूल, 1963 के अन्तर्गत इस सुविधा के अन्तर्गत अलग कमरे की व्यवस्था, खूँटी तथा लॉकर आदि की व्यवस्था होनी चाहिए।

(iii) *बैठने की सुविधा*– कारखाना अधिनियम के अन्तर्गत प्रत्येक कारखाने में विशेष कर उन श्रमिकों के लिए बैठने की व्यवस्था होनी चाहिए जो खड़े होकर कार्य करते हैं, ताकि अवसर पाकर वे बैठकर कुछ विश्राम कर सकें।

(iv) *प्राथमिक उपचार पेटिका*– रायल कमीशन ऑन लेबर की यह संस्तुति थी कि प्रत्येक ऐसी फैक्ट्री को जो शक्ति और मशीनों से संचालित होती है, अपने यहाँ समुचित मात्रा में प्राथमिक उपचार पेटिकाओं को रखना चाहिए। उन पेटिकाओं में प्राथमिक उपचार की सभी सुविधाएं विद्यमान होनी चाहिए। इन पेटिकाओं के संचालन की जिम्मेदारी ऐसे व्यक्तियों को दी जानी चाहिए, जो प्राथमिक उपचार में प्रशिक्षित हों। इसी क्रम में कारखाना अधिनियम के अन्तर्गत 130 श्रमिकों के ऊपर एक प्राथमिक उपचार पेटिका के रखने का प्रावधान किया गया। इन उपचार पेटिकाओं को प्राथमिक उपचार में प्रशिक्षित अभिकर्मियों की देखरेख में संचालित करने का प्रावधान किया गया। 150 श्रमिकों के ऊपर एक प्राथमिक उपचार पेटिका के रखने का प्रावधान किया गया। जहाँ 500 या अधिक श्रमिक कार्यरत हैं, वहाँ एक एम्बुलेंस रूम का भी प्रावधान किया गया है। खदान अधिनियम (1952) की धारा 21 के अन्तर्गत, मोटर ट्रांसपोर्ट अधिनियम की धारा 12 तथा कॉन्ट्रैक्ट लेबर अधिनियम की धारा 19 के अन्तर्गत भी इस प्रकार की उपचार पेटिका रखने की व्यवस्था है।

(v) *छाया गृह, विश्राम गृह तथा भोजन कक्ष*– कारखाना अधिनियम की धारा 46 के अन्तर्गत प्रत्येक कारखाने में जहाँ 150 या उससे अधिक श्रमिक कार्यरत हों, एक छाया गृह या विश्राम गृह की व्यवस्था होनी चाहिए, जिसमें श्रमिकगण विश्रामावकाश के समय बैठकर घर से लाया हुआ खाना खा सकें और इसके बाद समय हो तो फर्श की बिछी दरी पर लेट कर विश्राम भी करें। ऐसे स्थानों में पानी के पीने तथा प्रकाश आदि की अच्छी व्यवस्था होनी चाहिए। ऐसे छायागृह की व्यवस्था के बाद कोई श्रमिक अपना खाना कार्यस्थल पर नहीं खा सकता। यदि प्रतिष्ठान में कैण्टीन की व्यवस्था है तो उसके भोजनालय के आगे के स्थान पर ऐसे छायागृह की व्यवस्था होनी चाहिए ताकि जो श्रमिक कैण्टीन में खाना नहीं खाकर घर का लाया हुआ खाना खाते हैं, उनके खाने एवं विश्राम की उपयुक्त व्यवस्था हो सके। मोटर ट्रांसपोर्ट अधिनियम, कॉन्ट्रैक्ट लेबर अधिनियम एवं खदान अधिनियम के अंतर्गत छायागृह का प्रावधान है।

(vi) *जलपान गृह*– रायल कमीशन आन लेबर तथा लेबर इन्वेस्टीगेशन कमेटी ने कारखानों में कार्यस्थल पर जलपान गृह की व्यवस्था पर अतिशय बल दिया है। आज जलपान गृहों को औद्योगिक प्रतिष्ठानों के आवश्यक अंग के रूप में स्वीकार किया जाने लगा है जो स्वास्थ्य, क्षमता एवं कल्याण की दृष्टि से श्रमिकों को लाभ पहुँचाते हैं।

1956 में अंतरराष्ट्रीय श्रम संगठन (आईएलओ) के 39 सेशन के उसकी संस्तुति संख्या 102 को स्वीकार कर दुनिया ने जलपान गृह की महत्ता में और अधिक इजाफा किया है। बहुत से विकसित देशों में कैण्टीन कार्य जीवन के एक आवश्यक अंग के रूप में पहले से ही स्वीकार किया जाने लगा है। कुछ देशों में कानून के द्वारा और कुछ देशों में श्रम प्रबन्ध के बीच होने वाले समझौतों द्वारा जलपान गृहों की स्थापना की जा रही है।

हमारे देश के विभिन्न अधिनियमित प्रावधानों के अन्तर्गत कैण्टीन की निम्नलिखित व्यवस्था है–

कारखाना अधिनियम की धारा 46 के अनुसार ऐसे कारखानों में जहाँ 250 या अधिक श्रमिक कार्यरत हैं, जलपानगृह का प्रावधान होना चाहिए। इस सम्बंध में राज्य सरकारें अपने नियम बना सकती हैं। महाराष्ट्र फैक्ट्रीज रूल्स के अनुसार, कैण्टीन का निर्माण कारखाना निदेशालय के अनुमोदन से होना चाहिए। कैण्टीन में डाइनिंग रूम, किचन, स्टोर रूम, पैन्ट्री और वाशिंग प्लेस की व्यवस्था होनी चाहिए। स्त्री एवं पुरुष श्रमिकों के जलपान की अलग–अलग व्यवस्था होनी चाहिए। कैण्टीन के भोजन कक्ष में एक साथ कुल श्रमिकों के 35 प्रतिशत श्रमिकों हेतु भोजन की व्यवस्था होनी चाहिए। डाइनिंग हॉल एवं उसकी सेवाओं के एक अंश को महिला श्रमिकों के लिए सुरक्षित रखना चाहिए। कैण्टीन में सक्षम ढंग से काम करने के लिए उचित मात्रा में कुर्सियाँ, बेंच, बर्तन क्रॉकरीज तथा अन्य आवश्यक उपकरणों की व्यवस्था होनी चाहिए। जहाँ कैण्टीन की व्यवस्था सहकारी समिति द्वारा की जा रही हो, वहाँ भी प्रारम्भ में नियोक्ता को कैण्टीन के संचालन हेतु प्रारम्भिक उपकरणों की व्यवस्था करनी चाहिए। कैण्टीन में दी जाने वाली सभी भोज़न सामग्रियों की कीमत की सूची का भोजन कक्ष में स्पष्ट रूप से प्रदर्शन होना चाहिए। सभी पुस्तकें, लेखा रजिस्टर तथा कैण्टीन के सम्बंध में प्रयुक्त अन्य वित्तीय व्यय का रख–रखाव समुचित रूप से होना चाहिए और आवश्यकता पड़ने पर उसका प्रस्तुतीकरण कारखाना निरीक्षण के समक्ष होना चाहिए। कैण्टीन की प्रबन्ध समिति (जिसमें श्रम एवं प्रबन्ध के बराबर प्रतिनिधि होते हैं) का सुझाव समय–समय पर जलपान गृह के संचालन हेतु लिया जाना चाहिए। यह विचार–विमर्श मुख्य रूप से भोजन सामग्री की किस्म, उसके मूल्य तथा जलपान एवं भोज्य पदार्थों की सेवा देने के समय के सम्बन्ध में होना चाहिए। यदि कैण्टीन कोआपरेटिव सोसायटी द्वारा संचालित हो रही है, तो कमेटी का निर्माण आवश्यक है। यदि मुख्य निदेशक/निरीक्षक फैक्ट्री यह समझता है कि कोई विशेष भोज्य पदार्थ की सामान्य रूप से सभी लोगों द्वारा मांग की जा रही है तो वह लिखित रूप से उक्त भोज्य पदार्थ को उपलब्ध कराने के लिए आदेश दे सकता है। कैण्टीन में उपलब्ध सभी भोज्य पदार्थ बिना लाभ के उपलब्ध होने चाहिए।

चूँकि एक कैण्टीन एक कैटरिंग इन्स्ट्रूमेण्ट है, अतः बॉम्बे म्यूनिसिपल कार्पोरेशन अधिनियम तथा ऐसे ही कुछ अन्य अधिनियमों के अन्तर्गत उसका लाइसेंस लेना आवश्यक है।

बागान अधिनियम, 1951 की धारा 11 के अन्तर्गत ऐसे सभी बागानों में जहाँ 150 से अधिक कामगार कार्यरत हैं, वहां कैण्टीन का प्रावधान आवश्यक है। इस प्रावधान के परिप्रेक्ष्य में अधिकांश राज्य सरकारों ने बागानों में कैण्टीन व्यवस्था सम्बंधी अपने नियम बनाए हैं।

कॉन्ट्रैक्ट लेबर (एबालिशन एण्ड रेगूलेशन) अधिनियम, 1970 के अन्तर्गत प्रत्येक ऐसे प्रतिष्ठान में, जहाँ 100 से अधिक श्रमिक संविदा पर कार्य करते हैं, सम्बंधित कॉन्ट्रैक्टर को आवश्यकतानुसार एक या अधिक जलगृहों की व्यवस्था करना आवश्यक है। यदि निर्धारित समय के 60 दिन के भीतर सम्बंधित कॉन्ट्रैक्टर (ठेकेदार) द्वारा कैण्टीन की व्यवस्था नहीं की जाती है तो प्रिंसिपल इम्प्लायर को यह व्यवस्था करनी होगी और इसका व्यय कॉन्ट्रैक्टर के बिल से काट लिया जाएगा।

खदान नियम (Mines Rules), 1955 के अनुसार ऐसी खदानों में जहाँ 250 से अधिक कामगर कार्यरत हों, खदान के परिसर में एक कैण्टीन की व्यवस्था अवश्य होनी चाहिए। अधिनियम के अन्तर्गत कैण्टीन की अपेक्षाओं, उसके फर्नीचर तथा बर्तन एवं अन्य उपकरणों के सम्बंध में नियम बनाने का प्रावधान है।

मोटर ट्रांसपोर्ट वर्कर्स एक्ट की धारा 8 के अन्तर्गत जहाँ 100 या अधिक कामगार कार्यरत हों, राज्य सरकार नियोक्ता द्वारा एक या एक से अधिक कैण्टीन के निर्माण हेतु नियम बना सकती है।

कैण्टीन मोटे तौर से तीन श्रेणियों में विभाजित की जा सकती हैः (i) वह कैण्टीन जो नियोक्ता द्वारा संचालित होती है और उनके कर्मचारियों को फैक्ट्री का कर्मचारी माना जाता है तथा फैक्ट्री से ही उनके वेतन आदि के भुगतान होते हैं, (ii) वे कैण्टीन जो ठेकेदारों द्वारा संचालित होती हैं, वहीं ठेकेदार ही कैण्टीन के कर्मचारियों की नियुक्ति एवं पर्यवेक्षण हेतु जिम्मेदार होते हैं। उनके वेतन का भुगतान भी ठेकेदारों के द्वारा ही होता है। स्पष्टतया इस प्रकार कार्य में कॉन्ट्रैक्टर की मंशा लाभार्जन की होती है। नियोक्ता कैण्टीन की जिम्मेदारी ठेकेदार को देकर कुछ वैधानिक जिम्मेदारियों से मुक्त हो जाते हैं, (iii) वे कैण्टीन जो श्रमिकों द्वारा निर्मित सहकारी समितियों द्वारा संचालित होती हैं। कर्मचारी इस कार्य में आवश्यकतानुसार नियोक्ता का भी सहयोग ले लेते हैं, किन्तु यूनियन का सहयोग तो आवश्यक है।

कमेटी ऑन लेबर वेलफेयर ने कैण्टीन व्यवस्था के सुधार हेतु निम्न सुझाव दिए–

(i) कैण्टीन मुख्य रूप से सहकारी समितियों द्वारा संचालित होनी चाहिए। इस उद्देश्य को नियोक्ता तथा सरकार द्वारा समुचित बढ़ावा मिलना चाहिए, जहाँ श्रमिकों की संख्या 250 से कम है तो भी श्रमिकों द्वारा यदि सहकारी आधार पर कैण्टीन संचालन हेतु लिखित आवेदन पत्र दिया जाता है तो नियोक्ता को उसे स्वीकार कर लेना चाहिए।

(ii) श्रम एवं प्रबन्ध दोनों संगठनों द्वारा कैण्टीन को बढ़ावा दिया जाना चाहिए।

(iii) नियोक्ता को कैण्टीन के पीछे निहित भावना के अनुसार कैण्टीन संचालित करनी चाहिए। कैण्टीन द्वारा श्रमिक को पौष्टिक आहार की व्यवस्था करनी चाहिए,

(iv) श्रमिकों को कैण्टीन के उपयोग हेतु ऋण की व्यवस्था होनी चाहिए जो उनके वेतन से काट लेना चाहिए। मजदूरी भुगतान अधिनियम, 1936 में संशोधन कर इस कटौती का प्रावधान कर लिया जाना चाहिए।

(v) इण्डस्ट्रियल स्टेट में स्थित छोटी फैक्टरियों हेतु संयुक्त आधार पर कैण्टीन की व्यवस्था की जानी चाहिए।

(vi) कैण्टीन स्थापना और उसके विभिन्न अंगों को सदैव स्वच्छ एवं स्वास्थ्यवर्धक बना रहना चाहिए।

राष्ट्रीय श्रम आयोग की कैण्टीन के सम्बंध में निम्नलिखित मत था–

(i) इतने लम्बे अन्तराल के बावजूद कैण्टीन और क्रेच की ओर प्रबन्ध ने समुचित ध्यान नहीं दिया।

(ii) कैण्टीन की स्थापना की वर्तमान अधिनियमित श्रमिक संख्या को 250 से घटाकर 200 कर देना चाहिए।

(iii) जहाँ श्रमिकों की संख्या कैण्टीन हेतु अधिनियमित संख्या तक पहुँच जाए, वहाँ अपने आप ही कैण्टीन की स्थापना नियोक्ता द्वारा कर दी जानी चाहिए। इसके लिए नोटिफिकेशन की कोई औपचारिकता आवश्यक नहीं है।

(iv) जिन प्रतिष्ठान का कार्य क्षेत्र विस्तृत है, वहाँ मोबाइल कैण्टीन की व्यवस्था होनी चाहिए।

(v) कैण्टीन के माध्यम से श्रमिक को कम से कम एक बार तो सन्तुलित आधार अवश्य मिल जाना चाहिए।

(vi) यथा समय कैण्टीन सहकारी आधार पर चलनी चाहिए और नियोक्ता को मुक्त कार्यस्थल, फ्यूल तथा बर्तन आदि की सुविधाएं मुफ्त तौर पर कैण्टीन को प्रदान करनी चाहिए।

(vii) शिशु–गृह – रॉयल कमीशन आन लेबर ने 1931 में ही औद्योगिक प्रतिष्ठानों में शिशु गृह की स्थापना की सिफारिश की। यह संस्तुति की नहीं कि शिशु–गृह का प्रावधान वैधानिक रूप से उन समस्त औद्योगिक प्रतिष्ठानों में किया जाना चाहिए जहाँ 250 महिलाएं कार्यरत हैं। इसके साथ आयोग की यह भी सिफारिश थी कि राज्य सरकारों को यह अधिकार दिया जाना चाहिए कि वे उन प्रतिष्ठानों के भी शिशु–गृह की स्थापना का आदेश दें, जहाँ 250 से कम महिलाएं कार्यरत हों। भारत की तत्कालीन सरकार ने इस सम्बंध में प्रचलित विभिन्न व्यवहारों का मूल्यांकन करते हुए 1934 में कारखाना अधिनियम को संशोधित कर उन सभी कारखानों में शिशु–गृह का प्रावधान किया, जहाँ 50 या उससे अधिक महिलाएं कार्यरत हों। प्रान्तीय सरकारों को इस सम्बंध में नियम बनाने के लिए अधिकृत किया गया।

1948 में नया फैक्ट्री एक्ट लागू किया, जिसके अन्तर्गत उन प्रतिष्ठानों में अनिवार्य रूप से शिशु–गृह की व्यवस्था का प्रावधान किया गया, जहाँ 30 महिलाएं कार्यरत हों। ऐसी महिलाओं के बच्चे कार्य (महिलाओं के) के समय शिशु–गृह में रखे

जा सकते हैं, जिनकी उम्र 6 वर्ष या उससे कम हो। शिशु–गृह एक ऐसी महिला की देखरेख में संचालित होना चाहिए, जो बच्चों की देखरेख में प्रशिक्षित हो। शिशु–गृह जहाँ हो, वह कमरा काफी बड़ा होना चाहिए। उसमें ताप एवं प्रकाश की समुचित व्यवस्था हो। समुचित संख्या में बेड एवं पालना होना चाहिए। खेलकूद की भी उपयुक्त सामग्री पर्याप्त संख्या में होनी चाहिए। क्रेच कार्यस्थल के पास ही होना चाहिए और बच्चों की माताओं को दिन में दो बार दूध पिलाने की अनुमति मिलनी चाहिए।

महाराष्ट्र फैक्ट्री रूल, 1963 के अनुसार, शिशु–गृह फैक्ट्री के किसी ऐसे कार्यस्थल के समीप नहीं स्थित होना चाहिए, जहाँ कोई ज्वलनशील या खतरनाक गैस उत्पन्न हो रही हो। जिस भवन में शिशु–गृह स्थापित हो, उसका निर्माण बहुत ही अच्छे ढंग से होना चाहिए और उसमें फर्नीचर आदि की उपयुक्त व्यवस्था होनी चाहिए। 2 वर्ष से अधिक उम्र के बालकों को पौष्टिक नाश्ते की व्यवस्था होनी चाहिए। शिशु–गृह के कर्मियों को कार्य के समय साफ सुथरा ड्रेस दिया जाना चाहिए। बागान अधिनियम की धारा 12 के अन्तर्गत प्रत्येक ऐसे प्रतिष्ठान में शिशु–गृह की व्यवस्था होनी चाहिए जहाँ 50 या अधिक महिलाएं कार्यरत हों।

खदान क्रेच रूल, 1959 के अन्तर्गत 50 या अधिक महिलाओं के कार्यरत होने पर किसी खदान में शिशु–गृह की व्यवस्था आवश्यक है। यदि कोई नियोक्ता स्थायी रूप से शिशु–गृह के निर्माण में असमर्थ है, तो वह अस्थायी रूप का ही शिशु–गृह निर्माण कर सकता है। छोटी खदानों के नियोक्ता संयुक्त रूप से भी शिशु–गृह का निर्माण कर सकते हैं। शिशु–गृह बहुत ही साफ एवं स्वच्छ स्थान पर स्थापित होना चाहिए, उसमें प्रकाश एवं वायु की समुचित व्यवस्था होनी चाहिए। बच्चों हेतु स्वच्छ एवं शीतल जल, दूध, साबुन एवं तौलिये की व्यवस्था होनी चाहिए। कोल– माइन्स वेलफेयर कमिश्नर एवं चीफ इंस्पेक्टर (माइन) संयुक्त रूप से शिशु–गृह सम्बंधी नियमों के प्रशासन हेतु अधिकृत हैं।

कॉन्ट्रैक्ट लेबर एक्ट द्वारा शिशु–गृह की सुविधा ठेके पर कार्यरत श्रमिकों को भी अधिनियमित रूप से प्रदान की गई है। इस अधिनियम के अन्तर्गत उन प्रतिष्ठानों में जहाँ ठेके पर नियुक्त श्रमिक कार्यरत हैं और वहाँ 20 या उससे अधिक महिलाएं कार्यरत हैं, उनके लिए शिशु–गृह की व्यवस्था ठेकेदार द्वारा की जानी चाहिए। यदि ठेकेदार यह व्यवस्था नहीं करता है तो मुख्य नियोक्ता द्वारा यह व्यवस्था होनी चाहिए और उसका समस्त व्यय ठेकेदार के बिल से काट लेना चाहिए।

शिशु–गृह की सुविधाओं को और अधिक उपयोगी बनाने के लिए कमेटी ऑन लेबर वेलफेयर ने निम्नलिखित सुझाव दिए–

(i) नए औद्योगिक प्रतिष्ठानों में जब पहली बार शिशु–गृह स्थापित हो तो वह पूर्णतया साज – सज्जा युक्त हो।

(ii) छोटे औद्योगिक प्रतिष्ठानों को जो बहुत ही संकीर्ण क्षेत्र में स्थित हैं, और जहाँ 10 या 10 से अधिक महिलाएं कार्यरत हैं, एक साथ मिलकर एक कॉमन क्रेच की व्यवस्था करनी चाहिए।

(iii) शिशु–गृहों में नर्सरी किण्डर–गार्टन क्लासेज की भी व्यवस्था होने चाहिए।

(iv) वैसे सामान्य रूप से कार्यरत महिलाओं के बच्चों की देखभाल एवं उनके समुचित पालन–पोषण एवं विकास हेतु सरकार, स्थानीय निकाय तथा कुछ स्वैच्छिक अभिकरणों के संयुक्त माध्यम से सामुदायिक शिशु–गृहों का निर्माण होना चाहिए। ये शिशु–गृह रिहायशी इलाकों, श्रमिक बस्तियों अथवा अन्य केन्द्रीय स्थलों पर होनी चाहिए, ताकि माताएं इनकी सुविधाओं का अधिकतम लाभ उठा सकें। राष्ट्रीय श्रम आयोग की सिफारिश थी कि (i) अधिकांश शिशु–गृहों के स्तर में सुधार की आवश्यकता है, (ii) छोटी इकाइयों में श्रम कल्याण के एक अंग के रूप में राज्य को शिशु–गृहों की सुविधा प्रदान करनी चाहिए। इस व्यय का कुछ अंश राज्य सरकार सम्बंधित नियोक्ताओं से भी ले सकती है; तथा (iii) ठेकेदारों द्वारा नियुक्त महिला श्रमिकों के बच्चों को भी इस सुविधा से लाभान्वित कराना चाहिए।

(viii) कल्याण अधिकारी : विवरण अलग अध्याय में दिया जाएगा।

अधिनियमवार श्रम कल्याण सुविधाएं

भारत में विभिन्न अधिनियमों के माध्यम से श्रम कल्याण की जो अधिनियमित सुविधाएं कारखाना अधिनियम, 1948 के अनुसार प्रविधित हैं, वे हैं–

1. कपड़ा धोने की सुविधा (धारा 42),
2. कपड़ों को सुखाने एवं एकत्रीकरण की सुविधा (धारा 43),
3. वे श्रमिक जिन्हें निरन्तर खड़ा होकर काम करना पड़ता है, उनके लिए समय–समय पर बैठने की सुविधा (धारा 44),
4. प्राथमिक उपचार पेटिका (प्रत्येक 150 श्रमिक पर एक उपचार पेटिका) तथा 500 श्रमिकों पर एम्बुलेंस रूम की व्यवस्था (धारा 45),
5. 250 कार्यरत श्रमिकों पर एक कैण्टीन की व्यवस्था,
6. यदि कारखाने में 150 से अधिक श्रमिक तथा 250 से कम श्रमिक हो तो छाया गृह एवं विश्राम–गृह की सुविधा (धारा 47),
7. यदि 30 या अधिक महिलाएं कार्यरत हैं तो शिशु–गृह की व्यवस्था (धारा 48),
8. यदि कारखाने में 500 या उससे अधिक श्रमिक हों तो कल्याण अधिकारी की व्यवस्था।

खदान अधिनियम, 1952 एवं खदान नियम

खदान श्रमिकों के कल्याण एवं स्वास्थ्य सेवाओं के प्रति उपर्युक्त अधिनियम में व्यवस्था है–

(i) जहाँ 50 महिला श्रमिक कार्यरत हों, वहाँ शिशु–गृह की व्यवस्था

(ii) 150 या उससे अधिक श्रमिकों के कार्यरत होने पर विश्राम–गृह एवं भोजन कक्ष की व्यवस्था

(iii) 250 या अधिक श्रमिकों को नियोजित किए जाने पर जलपान–गृह की व्यवस्था
(iv) 150 या उससे अधिक श्रमिकों के नियोजन पर प्राथमिक उपचार पेटिका और प्राथमिक उपचार रूम की व्यवस्था
(v) खदानों में पिट हेड बाथ की व्यवस्था जिसके साथ शावर बाथ की भी सुविधा हो
(vi) 500 या अधिक श्रमिकों को नियोजित करने वाली खदानों में कल्याण अधिकारी की व्यवस्था।

बागान श्रम अधिनियम

बागान श्रमिकों के कल्याण हेतु निम्नलिखित अधिनियमित प्रावधान किए गए हैं–

(i) 150 या अधिक श्रमिकों पर नियोजित करने वाले बागान में कैण्टीन की व्यवस्था,
(ii) 50 या अधिक महिलाओं को नियोजित करने वाले बागानों में शिशु–गृह की व्यवस्था,
(iii) महिलाओं तथा बच्चों हेतु मनोरंजन सम्बंधी सुविधाओं की व्यवस्था,
(iv) जहाँ श्रमिकों के बालकों की संख्या 6 से 12 के बीच हो, वहाँ शैक्षणिक सुविधाओं की व्यवस्था,
(v) बागानों में रहने वाले प्रत्येक श्रमिक हेतु आवास की व्यवस्था, इन आवासों के आवण्टन भाड़ा तथा अन्य सुविधाओं से सम्बंधित नियमों के बनाने का अधिकार सम्बंधित राज्य सरकरों को,
(vi) राज्य सरकार अपने नियम बनाकर बागान श्रमिकों को गर्मी, जाड़ा और बरसात से बचाने के लिए रेनकोट, छाता, कम्बल की व्यवस्था कर सकती है,
(vii) 300 या अधिक श्रमिकों को नियोजित करने वाले बागानों में कल्याण अधिकारी की नियुक्ति।

मोटर ट्रांसपोर्ट श्रमिक अधिनियम, 1961

इस अधिनियम के अन्तर्गत श्रमिकों तथा अन्य कर्मचारियों को निम्नलिखित कल्याणात्मक सुविधाओं को देने का प्रावधान है–

(i) यदि 100 या अधिक श्रमिक कार्यरत हों तो निर्धारित स्तर की कैण्टीन की व्यवस्था,
(ii) विभिन्न स्थानों पर साफ–सुथरा, वायु एवं प्रकाश युक्त विश्राम–गृहों की व्यवस्था, जहाँ श्रमिक रात्रि को विश्राम हेतु रुकते हों,
(iii) बारिश एवं ठण्ड से रक्षा के लिए ड्राइवर–कण्डक्टर तथा लाइन चेकिंग स्टाफ के लिए यूनिफार्म एवं रेनकोट की व्यवस्था
(iv) मोटर ट्रांसपोर्ट श्रमिकों को कार्यस्थलों एवं हाल्टिंग स्टेशनों पर सरकार द्वारा निर्धारित स्तर की चिकित्सकीय सुविधाओं की व्यवस्था,
(v) प्रत्येक ट्रांसपोर्ट की गाड़ी में प्राथमिक उपचार पेटिका की व्यवस्था होनी चाहिए, जिसमें निर्धारित स्तर की दवाइयां एवं अन्य उपकरण होने चाहिए।

कॉण्ट्रैक्ट वर्क्स (उत्पादन एवं नियमन) अधिनियम, 1961

ठेकेदारों द्वारा ठेके पर कार्यरत श्रमिकों हेतु निम्नलिखित स्वास्थ्य एवं कल्याण सम्बंधी सुविधाएं प्रदान करने का प्रावधान है–

(i) 100 या अधिक ठेके पर कार्यरत श्रमिकों हेतु कैण्टीन की व्यवस्था,

(ii) विश्राम कक्ष या अन्य उपयुक्त स्थल जहाँ श्रमिक कार्य के सम्बंध में रुक सकें,

(iii) श्रमिक हेतु सक्षम मात्रा में शुद्ध पेयजल की व्यवस्था, साथ ही उपयुक्त मात्रा में शौचालय और मूत्रालय एवं कपड़ा धोने की सुविधा,

(iv) निर्धारित उपचार सामग्री से युक्त प्राथमिक उपचार पेटिका की व्यवस्था।

अधिनियम के अन्तर्गत यह व्यवस्था है कि यदि ठेकेदार द्वारा उक्त प्रावधानों का क्रियान्वयन नहीं किया जाता है, तो मुख्य नियोक्ता स्वयं ही इन प्रावधानों का क्रियान्वयन करेगा और उन पर होने वाले व्यय की कटौती सम्बंधित ठेकेदार के भुगतान बिल से कर लेगा।

मर्चेन्ट शिपिंग अधिनियम, 1958

इस अधिनियम के अन्तर्गत कल्याण एवं स्वास्थ्य सम्बंधी निम्न प्रावधान किए गए हैं–

(i) जहाज चालकों हेतु आवास की व्यवस्था,

(ii) समुचित मात्रा में पेयजल की व्यवस्था,

(iii) बिस्तर, तौलिया तथा मैस सम्बंधी उपकरणों की आपूर्ति,

(iv) दवा एवं दवा भण्डार तथा चिकित्सकीय एवं चीड़–फाड़ सम्बंधी पराकार्य की व्यवस्था,

(v) बोर्ड के ऊपर समुचित भार एवं माप की व्यवस्था तथा समस्याग्रस्त श्रमिकों को राहत प्रदान करना,

(vi) प्रत्येक विदेश जाने वाले जहाज में, जिसमें निर्धारित संख्या से अधिक व्यक्ति हों (चालक को लेकर) से अपेक्षा की जाती है कि बोर्ड के ऊपर एक क्वालिफाइड चिकित्सक रखे,

(vii) भारत या विदेश में सरकार जो उपयुक्त समझे उचित संख्या में सीमेन्स वेलफेयर ऑफिसर्स की नियुक्ति होनी चाहिए,

(viii) हॉस्टल, क्लब, कैण्टीन एवं लाइब्रेरी की व्यवस्था,

(ix) चिकित्सकीय उपचार एवं अस्पतालों की व्यवस्था,

(x) शैक्षणिक सुविधाओं की व्यवस्था।

सरकार इस बात के लिए अधिकृत है कि नाविकों को अपने कल्याण के लिए अन्य सुविधाओं के उपयोग हेतु ऐसे नियम बनाए, जिससे आवश्यतानुसार शिप मालिकों पर लेवी लगाकर अतिरिक्त धन की प्राप्ति हो।

गोदी (डाक) श्रमिक (सुरक्षा, स्वास्थ्य एवं कल्याण) की योजना, 1961

सभी बड़े बन्दरगाहों में कार्यरत गोदी श्रमिकों की स्वास्थ्य सुरक्षा एवं कल्याण हेतु 1961 में भारत सरकार द्वारा एक व्यापक योजना का निर्माण एवं संचालन प्रारम्भ हुआ। इस

योजना का प्रशासन मुख्य कारखाना सलाहकार द्वारा किया जाता है। यह योजना डाक वर्क्स (नियमन एवं नियोजन अधिनियम, 1948) के अन्तर्गत संचालित है। इस योजना के अन्तर्गत बन्दरगाह के परिसर के भीतर कुछ विशेष सुविधाओं का प्रावधान किया गया– (i) पेशाब घर और शौचालय, (ii) पेयजल, (iii) कपड़ा धोने की सुविधा, (iv) स्नान की सुविधा, तथा (v) जलपान–गृह।

इसके अतिरिक्त कुछ अन्य कल्याणात्मक सुविधाओं का भी प्रावधान किया गया– (i) आवास व्यवस्था, (ii) स्कूल, (iii) शैक्षणिक सुविधाएं, (iv) छात्रवृत्ति की स्वीकृति, (v) पुस्तकालय, (vi) खेलकूद एवं मनोरंजन सम्बंधी सुविधाएं, (vii) उचित मूल्य की दुकानें और (viii) सहकारी समितियाँ।

गोदी श्रमिक (सुरक्षा, स्वास्थ्य और कल्याण) अधिनियम, 1986 जो अप्रैल, 1987 को व्यवहार में क्रियाशील हुआ, उसके अन्तर्गत गोदी श्रमिक (सुरक्षा, स्वास्थ्य एवं कल्याण नियम, 1990 का निर्माण किया गया)। फलस्वरूप गोदी का कार्य क्षेत्र पर्याप्त रूप से विकसित हुआ। इस अधिनियम के अन्तर्गत महानिदेशक सभी बन्द बन्दरगाहों के लिए डाक एवं सुरक्षा के मुख्य निरीक्षक का कार्य करेंगे।

अन्तर-राज्य परिव्रजित श्रम (नियमन, नियोजन और सेवा की शर्तें) अधिनियम, 1979

इस अधिनियम की धारा 16 में यह प्रावधान किया गया है कि प्रत्येक ठेकेदार, जिसने अन्तर–राज्य परिव्रजित श्रम की नियुक्ति ऐसे प्रतिष्ठान में की है, जहाँ यह अधिनियम लागू होता है, को अपने श्रमिकों को निम्नलिखित कल्याणात्मक सुविधाओं का प्रावधान करना होगा–

(i) ऐसे श्रमिकों को नियमित रूप से मजदूरी भुगतान को सुनिश्चित करना (कम से कम न्यूनतम मजदूरी अधिनियम, 1948 के अन्तर्गत निर्धारित न्यूनतम वेतन,
(ii) लिंग को ध्यान दिए बिना समान कार्य हेतु समान मजदूरी,
(iii) ऐसे श्रमिकों हेतु उपयुक्त कार्य दशाओं को सुनिश्चित करना, जिन्हें अपने राज्य से इतर किसी अन्य राज्य में कार्य करना है,
(iv) अधिनियम के अन्तर्गत आने वाले श्रमिकों के लिए उपयुक्त आवासीय सुविधाओं की व्यवस्था,
(v) श्रमिकों हेतु निःशुल्क उपयुक्त चिकित्सकीय सुविधाओं की व्यवस्था,
(vi) कामगारों को निर्धारित तरीके के सुरक्षात्मक कपड़ों की व्यवस्था,
(vii) गम्भीर दुर्घटना या गम्भीर शारीरिक चोट की स्थिति में श्रमिक के निकटतम सम्बंधी तथा राज्य सरकार दोनों को इस सम्बंध में सूचना दें।

4

श्रम कल्याण संबंधी अन्य सुविधाएं

आईएलओ.[1] की संस्तुति संख्या 102 के अनुसार, श्रम कल्याण की सुविधाओं के अन्तर्गत– (i) कार्यस्थल के समीप भोजन की सुविधा, (ii) प्रतिष्ठान द्वारा प्रदत्त आराम एवं मनोरंजन सम्बंधी सुविधा, तथा (iii) कार्यस्थल से आवास तक आवागमन की सुविधा सम्मिलित हैं।

सन् 1916–18 में औद्योगिक समिति ने श्रमिकों की घटती हुई कार्य क्षमता के बारे में अपने विचार व्यक्त करते हुए लिखा कि इस स्थिति में सुधार तभी सम्भव है, जब श्रमिक के आराम के स्तर एवं जन स्वास्थ्य की स्थितियों में सुधार लाया जाए। साथ ही शिक्षा, विशाल एवं भीड़–भाड़ युक्त शहरों में सुधरी हुई आवास व्यवस्था, स्वास्थ्य एवं मनोरंजन की व्यवस्था, कार्य के घण्टों में कमी तथा अन्य आर्थिक सुविधाएं जैसे–सहकारी समितियाँ एवं सस्ते गल्ले की दुकानों की व्यवस्था की जाए। श्रमिकों की कार्य दशाओं में सुधार कर उन्हें वैसा ही बनाना चाहिए जैसा ठण्डे देशों में श्रमिकों की कार्यदशाएं हैं।[2]

लगभग तीन दशक पश्चात् श्रम जाँच समिति ने भारतीय सन्दर्भ में श्रम कल्याण के क्षेत्र का सर्वेक्षण किया। उक्त समिति के प्रतिवेदन के अनुसार श्रम कल्याण के अंतर्गत उन सभी कार्यों का समावेश किया जाता है जो श्रमिक के शारीरिक, बौद्धिक, नैतिक तथा आर्थिक कल्याण हेतु नियोक्ता, सरकार अथवा किसी अन्य अभिकरण द्वारा किया जाता है।[3]

भारत के संविधान में भी सामान्य वर्ग के साथ–साथ श्रमिक वर्ग के कल्याण की बात कही गई है। श्रमिकों के लिए न्यायसंगत एवं मानवीय कार्य की दशाओं पर बल दिया गया है। पर विशिष्ट रूप से यह बात स्पष्ट नहीं है कि इसके अन्तर्गत किन

प्रावधानों की व्यवस्था होनी चाहिए। 1959 में भारत सरकार द्वारा स्थापित अध्ययन समिति के अनुसार ''सामाजिक सुरक्षा भी श्रम कल्याण का एक महत्वपूर्ण पहलू है।''[4]

कमेटी ऑन लेबर वेलफेयर (1969) के समक्ष अपना मौखिक साक्ष्य देते हुए नियोक्ताओं के प्रतिनिधियों ने कहा था कि औद्योगिक प्रतिष्ठानों में मानव रूपी कच्चे माल के विकास पर विशेष ध्यान दिया जाना चाहिए। श्रमिकों के लिए प्रदत्त श्रम कल्याण की सुविधाओं को सामाजिक एवं पर्यावरण सम्बंधी परिवर्तनों के अनुसार होना चाहिए। कोई भी नियोक्ता यदि वास्तव में उत्पादकता वृद्धि के साथ औद्योगिक शान्ति भी चाहता है तो उसे उत्पादन के अन्य साधनों की भाँति श्रम कल्याण पर भी विशेष ध्यान देने की आवश्यकता है।

श्रमिकों के प्रतिनिधियों ने श्रम कल्याण समिति के समक्ष अपना साक्ष्य देते हुए कहा कि श्रम कल्याण के अन्तर्गत उन समस्त प्रावधानों का समावेश होना चाहिए, जो श्रमिकों के शारीरिक एवं मानसिक विकास हेतु आवश्यक हैं। अस्तु–वे श्रम कल्याण के अन्तर्गत आवास व्यवस्था, स्वास्थ्य एवं शैक्षणिक सुविधाएं, आराम तथा मनोरंजन की सुविधाएं, शिशु–गृह, अवकाश–गृह, सामाजिक बीमा सम्बंधी सुविधाएं, बीमारी तथा मातृत्व हितलाभ, भविष्य निधि, उपदान (ग्रेच्युटी), पेंशन तथा अपंग श्रमिकों के पुनर्स्थापन की व्यवस्था आदि उपदानों को सम्मिलित करना चाहते थे। विभिन्न पक्षों द्वारा प्रस्तुत मतों के सन्दर्भ में अपना मत व्यक्त करते हुए श्रम कल्याण समिति ने लिखा कि भारत जैसे विकासशील देश में श्रमिकों की आर्थिक एवं सामाजिक दशाओं पर ही केवल ध्यान देने की आवश्यकता नहीं है वरन् उनकी भावी आकांक्षाओं पर भी ध्यान देना चाहिए। इस दृष्टि से सामाजिक सुरक्षा योजनाओं को भी समिति ने श्रम कल्याण के अन्तर्गत सम्मिलित करने की सिफारिश की। उक्त समिति के अनुसार श्रम कल्याण के अन्तर्गत जलपान–गृह, आराम तथा मनोरंजन की सुविधाएं, सफाई एवं चिकित्सकीय सुविधाएं, कार्यस्थल से आवास तक आने–जाने की सुविधा तथा सामाजिक सुरक्षा एवं अन्य ऐसी सुविधाएं आती हैं, जो उन स्थितियों में सुधार लाती हैं, जिनके अन्तर्गत श्रमिक कार्यरत हैं।[5]

उपर्युक्त विचारों के संदर्भ में यह बात तो स्पष्ट है कि श्रम कल्याण का प्रत्यय परिवर्तनशील प्रत्यय है। भारत सरकार द्वारा निर्मित श्रम कल्याण समिति ने इस क्षेत्र के अन्तर्गत जो सुविधाएं निर्धारित की हैं, वे देश के सामाजिक एवं आर्थिक परिवेश के अनुसार उचित ही हैं। पर आज श्रम कल्याण को व्यापक दृष्टि से देखने की आवश्यकता है, इसके अन्तर्गत औद्योगिक सम्बंध एवं कार्मिक प्रबंध से सम्बंधित क्रियाकलापों को सम्मिलित करने की भी आवश्यकता है।

श्रम कल्याण सम्बंधी सुविधाओं का वर्गीकरण

भारत सरकार द्वारा नियुक्त अध्ययन दल ने श्रम कल्याण सम्बंधी क्रियाकलापों को तीन समूहों में विभाजित किया– (1) औद्योगिक प्रतिष्ठान के भीतर प्रदत्त कल्याणात्मक सुविधाएं जैसे चिकित्सकीय सुविधा, जलपान–गृह, शिशु–गृह और शीतल पेयजल की

व्यवस्था, (2) औद्योगिक प्रतिष्ठानों के बाहर प्रदत्त कल्याण सुविधाएं, जैसे अन्तर एवं बहिर्द्वार मनोरंजन की सुविधा, आवास व्यवस्था एवं प्रौढ़ शिक्षा इत्यादि; तथा (3) सामाजिक सुरक्षा सम्बंधी सुविधाएं।

1963 में आईएलओ द्वारा गठित विशेषज्ञ समिति ने श्रम कल्याण सम्बंधी सुविधाओं को केवल दो वर्गों में ही विभाजित किया। प्रतिष्ठान के भीतर प्रदत्त कल्याणात्मक सुविधाएं–पेशाबगृह एवं शौचगृह, कपड़ा धोने एवं स्नान करने की सुविधा, शिशुगृह, विश्राम एवं जलपानगृह, पेयजल की व्यवस्था, स्वास्थ्य सेवाएं–जिसके अन्तर्गत व्यावसायिक बीमारियों से सुरक्षा सम्बंधी सेवाएं–सुरक्षात्मक परिधान एवं यूनिफार्म आदि करते हैं।

औद्योगिक प्रतिष्ठानों के बाहर दी जाने वाली सुविधाएं हैं– (i) मातृत्व लाभ, (ii) सामाजिक सुरक्षा सम्बंधी प्रावधान जिसके अन्तर्गत ग्रेच्युटी, (iii) पेंशन, (iv) भविष्य निधि तथा पुनर्वास, (v) कल्याण कोष, (vi) चिकित्सकीय सुविधाएं जिसके अन्तर्गत परिवार कल्याण सम्बंधी सुविधाएं भी सम्मिलित हैं, (vii) शैक्षणिक सुविधाएं जिसके अन्तर्गत प्रौढ़ शिक्षा भी सम्मिलित है, (viii) आवासीय सुविधाएं, (ix) मनोरंजन सम्बंधी सुविधाएं, (x) श्रमिकों के आश्रितों हेतु व्यावसायिक प्रशिक्षण, (xi) स्त्रियों, बच्चों तथा युवकों हेतु अन्य कार्यक्रम, तथा (xii) कार्यस्थल से आवास तक आने–जाने की सुविधाएं।

श्रम कल्याण सम्बंधी क्रियाकलापों का वर्गीकरण कुछ अन्य लोगों ने तीन रूपों में किया है– (i) अधिनियमित, (ii) स्वैच्छिक, तथा (iii) पारस्परिक सहयोग द्वारा प्रदत्त। प्रथम श्रेणी के अन्तर्गत वे सुविधाएं आती हैं जिनकी व्यवस्था अधिनियमित बाध्यताओं के कारण नियोक्ताओं द्वारा की जाती है। दूसरी श्रेणी के अन्तर्गत वे सेवाएं आती हैं जो नियोक्ता या अन्य एनजीओ स्वैच्छिक रूप से श्रम कल्याण हेतु करते हैं। तीसरी श्रेणी के अन्तर्गत वे सेवाएं आती हैं, जिसे कई श्रमिक संघ आपस में मिलकर पारस्परिक सहयोग से करते हैं।

कुछ प्रमुख कल्याणात्मक सुविधाएं

श्रम कल्याण सम्बंधी कुछ महत्वपूर्ण सुविधाओं जैसे–जलपानगृह, शिशुगृह, आवास, सामाजिक सुरक्षा, श्रम सहकारिता, श्रमिक शिक्षा, चिकित्सकीय सुविधाओं इत्यादि का विवरण तो दूसरे अध्यायों में या तो दिया जा चुका है या दिया जाने वाला है, क्योंकि वे अपेक्षाकृत अधिक महत्वपूर्ण कल्याणात्मक सेवाएं हैं। इसके अतिरिक्त कुछ और भी कल्याणात्मक सुविधाएं हैं जो निम्न हैं–

(1) *मनोरंजन सम्बंधी सुविधाएं*– श्रमिक के जीवन में मनोरंजन सम्बंधी सुविधाओं से जनित आनन्दानुभूति का वही महत्व है, जो मरुस्थल में भ्रमित व्यक्ति के लिए नखलिस्तान की आनन्दानुभूति का। विश्राम काल में स्वस्थ मनोरंजन सम्बंधी सुविधाओं के उपयोग से श्रमिकों के स्वास्थ्य, ज्ञान एवं कल्याण सम्बंधी अवसरों की प्राप्ति की सम्भावना में वृद्धि होती है। अब तक भारत में मनोरंजन सम्बंधी सुविधाओं का सन्तोषजनक ढंग से विकास नहीं हो पाया है। विभिन्न राज्यों द्वारा श्रम कल्याण केन्द्रों

की व्यवस्था कर इस कमी को पूरा करने का प्रयास तो अवश्य किया गया है, पर केवल इन केन्द्रों द्वारा ही इस आवश्यकता की पूर्ति नहीं हो सकती।

राष्ट्रीय श्रम आयोग के मतानुसार, विशाल औद्योगिक प्रतिष्ठानों में श्रमिक की भावनाओं को स्वस्थ दिशा में जोड़ने के लिए मनोरंजन सम्बंधी सुविधाओं की पर्याप्त व्यवस्था की गई है। प्रतिष्ठानों की आर्थिक स्थिति, नियोक्ताओं द्वारा श्रम कल्याण सम्बंधी सुविधाओं में ली गई रुचि आदि कारण इस सुविधा के निर्णायक तत्व हैं। औद्योगिक प्रतिष्ठानों की ही भाँति विशाल खदानों की यह सुविधा सन्तोषजनक ढंग से प्रदान की गई है, पर छोटी खदानों में इस सुविधा की अपेक्षा की गई है। बागान अधिनियम 1951 के अन्तर्गत तो नियोक्ताओं को इस सुविधा की व्यवस्था अनिवार्य रूप से करनी है। पर तमिलनाडु, यू.पी. तथा कर्नाटक आदि राज्यों ने भी अभी तक इस सुविधा के सम्बंध में अपने नियम ही नहीं बनाए।

इसमें सन्देह नहीं कि कार्यस्थल एवं आवास के समीप मनोरंजन की समुचित व्यवस्था द्वारा श्रमिक अनेक प्रकार की बुराइयों से बचते हैं और शारीरिक एवं मानसिक स्वास्थ्य के विकास हेतु अवसर प्राप्त होता है। पर खेद है कि भारतीय औद्योगिक प्रतिष्ठानों के कुछ अपवादों को छोड़कर अभी तक इस सम्बंध में समुचित व्यवस्था नहीं हो पाई।

(2) *श्रमिकों का समायोजन*– मानव सम्बंध विचारधारा के प्रभाव से अमेरिका के फोर्ड आदि कुछ उद्योगपतियों के प्रतिष्ठान में समाजशास्त्र विभाग की स्थापना की गई थी और प्रत्येक 300 श्रमिकों के ऊपर एक सोशल वर्कर की विभाग में नियुक्ति की गई थी। उस कार्यकर्ता का मुख्य कार्य असमायोजित श्रमिकों का समायोजन करना था। इस क्रम में आज अधिकांश पाश्चात्य औद्योगिक प्रतिष्ठानों में कार्मिक समाज कार्यकर्ताओं की नियुक्ति हो गई है जो असमायोजित श्रमिकों को समायोजित कराने का कार्य करते हैं। भारतीय औद्योगिक प्रतिष्ठानों में भी आज बहुत से ऐसे श्रमिक हैं, जिनकी न केवल औपचारिक परिवेदनाएं होती हैं वरन् वे बहुत सी व्यक्तिगत एवं विभागीय असमायोजन की समस्याओं से ग्रसित होते हैं। हमारे देश में यद्यपि मानव संसाधन विभाग के कुछ अधिकारी/कर्मचारी ऐसे श्रमिकों के समायोजन का कार्य करते हैं पर वैधानिक दृष्टि से इस प्रकार के असमायोजित श्रमिकों के समायोजन की जिम्मेदारी कल्याण अधिकारी की है, जो अन्य अधिनियमित जिम्मेदारियों के निर्वाह में इतना व्यस्त रहता है कि इस जिम्मेदारी की ओर ध्यान ही नहीं देता है। इस तरह हमारे देश के औद्योगिक प्रतिष्ठानों में यह सेवा सक्षम ढंग से कार्यरत नहीं है।

(3) *दुर्घटनाओं से सुरक्षा*-- औद्योगिक प्रतिष्ठानों में अनेक कारणों से दुर्घटना होती रहती है। श्रमिकों की असावधानी, अवज्ञा, अपर्याप्त कौशल तथा अनुपयुक्त निरीक्षण सामान्यतया दुर्घटना के लिए जिम्मेदार होते हैं। इसके अतिरिक्त त्वरित औद्योगिक, औद्योगिक प्रतिष्ठानों की कार्य प्रणाली में परिवर्तन, ऐसे नवीन औद्योगिक प्रतिष्ठानों की स्थापना जिसमें नवीन खतरे उत्पन्न होते हों तथा दुर्घटना को भी

आर्थिक लागत का अपर्याप्त मूल्यांकन आदि कुछ ऐसे कारक हैं जो दुर्घटनाओं को जनित करते हैं।

दुर्घटनाओं की रोकथाम के लिए राष्ट्रीय श्रम आयोग की संस्तुति पर कारखाना अधिनियम में संशोधित कर 1000 श्रमिकों के ऊपर एक सेफ्टी ऑफ़िसर की नियुक्ति का कुछ प्रावधान किया गया है। पर इसके बावजूद हमारे देश में औद्योगिक दुर्घटनाओं में कमी नही आई है।

(4) *प्रकाश, रोशनदान एवं ताप नियंत्रण–* औद्योगिक श्रमिकों को कार्य स्थिति में पर्याप्त रोशनी तथा समुचित प्रकाश प्राप्त होना चाहिए तथा ताप का नियंत्रण होना चाहिए। कारखाना अधिनियम तथा अन्य अधिनियमों में इस सम्बंध में समुचित व्यवस्था करने का प्रावधान है। किन्तु रेज कमेटी ने भारतीय औद्योगिक प्रतिष्ठानों की प्रकाश एवं ताप व्यवस्था के प्रति अतिशय असन्तोष व्यक्त किया। राष्ट्रीय श्रम आयोग ने अधिकांश औद्योगिक प्रतिष्ठानों में प्रकाश एवं ताप व्यवस्था के प्रति सन्तोष व्यक्त किया था। विशेष कर नवीन औद्योगिक प्रतिष्ठानों में इस व्यवस्था को विशेष सन्तोषप्रद बनाने की आवश्यकता है।

(5) *कार्य के घण्टे–* औद्योगिक प्रतिष्ठानों में अधिनियमित रूप से श्रमिकों को सप्ताह में 48 घण्टे काम करना पड़ता है जहाँ पालियों में काम करना पड़ता है, वहाँ यह अवधि 45 घण्टे ही रह जाती है, क्योंकि कुछ समय तो पालियों के बदलाव में ही खत्म हो जाता है। राष्ट्रीय श्रम आयोग के समक्ष श्रमिकों ने कार्य के घण्टों को कम करने की मांग की थी। किन्तु आयोग का मत था कि अभी कार्य घण्टों में कोई कटौती उचित नहीं होगी। भविष्य में चलकर उस अवधि में दो बार कटौती होनी चाहिए। पहली बार कार्यावधि 45 घण्टे और दूसरी बार चालीस घण्टे हो जानी चाहिए किन्तु विदेशों में केवल सप्ताह में 5 दिन ही श्रमिक कार्य करते हैं और उनके कार्य की अवधि बहुत कम है। भारत में भी वोल्टाज तथा कुछ अन्य प्रतिष्ठानों में सप्ताह में पाँच ही घण्टे काम होता है और कार्यावधि भी कम है। उचित यही होगा कि कार्य के घण्टों की कटौती हेतु शीघ्रातिशीघ्र अधिनियमित प्रावधान किए जाएं।

(6) *आवागमन की सुविधा–* आवास से कार्यस्थल तक आवागमन सुविधा पहुँचाना भी श्रम कल्याण की एक महत्वपूर्ण अपेक्षा है। इस प्रकार की सुविधाओं के अन्तर्गत केवल वही व्यवस्था सम्मिलित नहीं है जो मिल मालिक अपनी ओर से श्रमिकों हेतु करता है, अपितु इसके अन्तर्गत वह व्यवस्था भी सम्मिलित है जो नियोक्ता या मिल मालिक किराए एवं बसों के सम्बंध में निजी या सरकारी यातायात व्यवस्था को प्रदान करता है। यह बात श्रमिक एवं नियोक्ता दोनों के हित में है। आवागमन की पर्याप्त सुविधा से श्रमिक परेशानियों से बचेंगे और यथा समय कार्यस्थल पर पहुँचेंगे। साइकिल या स्कूटर के क्रय हेतु ऋण देना और सहज किस्तों में उसकी वापसी भी श्रम कल्याण की एक महत्वपूर्ण अपेक्षा है।

(7) *उत्पाद पर छूट–* बहुत सी कम्पनियाँ जो उपभोक्ता सामग्रियों का उत्पादन करती हैं, जैसे– कपड़े और जूते आदि फैक्ट्रियाँ अपने उत्पादों पर अपने कर्मचारियों

को उस उत्पाद के क्रय के समय 20 प्रतिशत छूट देती हैं। इससे श्रमिकों को प्रोत्साहन मिलता है।

(8) *शेयर इन इण्डस्ट्रीज*– कुछ कम्पनियाँ अपने लाभ युक्त शेयर का कुछ प्रतिशत केवल अपने कर्मचारियों को ही क्रय हेतु आवंटित कर देती हैं। इस व्यवस्था के माध्यम से श्रमिकों को न केवल शेयर के क्रय से लाभ मिलता है वरन् वे अधिकाधिक उत्पादन करना चाहते हैं ताकि उनको शेयर पर अधिकाधिक लाभ मिले।

(9) छुट्टियों का नकदीकरण– कुछ कम्पनियों में ऐसी व्यवस्था होती है कि कर्मचारियों को जो अधिनियमित छुट्टियाँ देय हैं, उसका उपभोग न कर उस अवधि में कार्य करें और उस अवधि की छुट्टी का उन्हें अतिरिक्त भुगतान हो जाता है।

(10) *लीव ट्रैवेल कन्सेशन*– कर्मचारियों को कुछ कम्पनियों में यह सुविधा होती है कि वे दो वर्ष में एक बार अपने परिवार सहित अपने घर आ जा सकते हैं और चार वर्ष की अवधि के उपरान्त देश में कहीं भी अपने परिवार के साथ भ्रमण कर सकते हैं। इस भ्रमण की कुछ दूरी निर्धारित कर दी जाती है। कम्पनी श्रमिकों की उक्त दूरी का निर्धारित श्रेणी का मार्ग व्यय एवं अन्य आनुषंगिक व्यय का भुगतान करती है।

(11) *लम्बी सेवा पुरस्कार*– अपने योग्य कर्मचारियों की सेवाओं को कम्पनी में दीर्घावधि तक कायम रखने के लिए कुछ कम्पनियों में यह व्यवस्था होती है, जो कर्मचारी लम्बी अवधि तक सेवा में हों उन्हें एक सार्वजनिक समारोह के माध्यम से विशेष रूप से पुरस्कृत किया जाए। ताकि दूसरे कर्मचारी भी अपनी अच्छी निष्पत्ति के बल पर कम्पनी में लम्बी अवधि तक कार्य में बने रहें।

(12) *चिकित्सकीय सुविधा*– कुछ कम्पनियों में यह व्यवस्था होती है कि कर्मचारी को सेवानिवृत्त होने पर भी उसे उसकी पत्नी तथा अन्य आश्रितों को कम्पनी के चिकित्सालय से चिकित्सकीय सुविधा मिलती रहे। यदि कर्मचारी सेवानिवृत्ति के पश्चात् कम्पनी से कहीं दूर स्थल पर रहता है तो उसे किसी दूसरे चिकित्सालय से कम्पनी की व्यवस्था द्वारा यह सुविधा प्रदान की जाए और कम्पनी उसका भुगतान कर दे।

इसके अतिरिक्त क्लब की सदस्यता, कम्पनी की टेलीफोन सेवा का उपयोग तथा और भी कुछ ऐसी सुविधाएं हैं जिन्हें कम्पनी अपने श्रमिकों को प्रदान करती हैं।

अन्त में यह बात उल्लेखनीय है कि श्रम कल्याण सेवाओं की उपयोगिता केवल मानवीय दृष्टि से ही उल्लेखनीय नहीं है वरन् उत्पादकता वृद्धि की दृष्टि से भी इसका महत्व है। नियोक्ताओं को इन सुविधाओं की व्यवस्था सामाजिक जिम्मेदारी के निर्वाह के रूप में करनी पड़ती है। इन सुविधाओं के महत्त्व की चरम परिणति इस बात में निहित है कि श्रमिक किस सीमा तक लाभान्वित हो रहे हैं। इस दृष्टि से नियोक्ता कल्याण अधिकारी, कारखाना निरीक्षक एवं श्रमिक संघ सभी की यह जिम्मेदारी है कि श्रम कल्याण सुविधाओं को श्रमिकों हेतु अधिकाधिक उपयोगी बनाएं।

टिप्पणियां

1. आईएलओ रिपोर्ट : ए–प्रॉविजन ऑफ फेसिलिटी फॉर वर्क्स वेलफेयर, एशियन रीजनल कान्फ्रेंस सीलोन, पृ.–3.
2. रिपोर्ट ऑफ दि इण्डस्ट्रियल कमेटी, पृ.–15, (1918–18).
3. रिपोर्ट ऑफ दि लेबर इन्वेस्टीगेशन कमेटी, पृ.–145.
4. रिपोर्ट ऑफ दि स्टडी टीम ऑन लेबर वेलफेयर, पृ.–13.
5. रिपोर्ट ऑफ दि कमेटी ऑन लेबर वेलफेयर (1969), पृ.–1.

5

श्रम कल्याण अधिकारी

ऐतिहासिक पृष्ठभूमि

भारत में इस प्रकार का अभिकर्मी कब और किस औद्योगिक प्रतिष्ठान में सबसे पहले नियुक्त हुआ, इस सम्बन्ध में एक मत नहीं है। चार्ल्स ए.[1] मायर्स के अनुसार, शाही श्रम आयोग की संस्तुति के पश्चात् 1934 में इस प्रकार की नियुक्ति मिल ओनर्स एसोसिएशन, बम्बई ने सर्वप्रथम की। एल.एस. कुडचेदकर के अनुसार, इस प्रकार की प्रथम नियुक्ति 1930 में हुई।[2] श्री के.एन. वैद के अनुसार, 1920 में ही इस प्रकार की नियुक्तियाँ प्रारम्भ हो गई थीं।[3]

आर.पी. विलमोरिया के अनुसार, 1923 में टाटा स्टील प्लाण्ट के नौरोजी नामक व्यक्ति को सर्वप्रथम कल्याण अधिकारी नियुक्त किया गया।[4] इण्डियन इंस्टीट्यूट ऑफ पर्सनल मैनेजमेण्ट के अनुसार, 1922 में अखिल भारतीय औद्योगिक कल्याण सम्मेलन का आयोजन हुआ। उक्त सम्मेलन में ब्रिटिश इण्डिया कार्पोरेशन, कानपुर तथा इम्प्रेस मिल्स शोलापुर के कल्याण अधिकारियों ने भाग लिया था।[5] एलगिन मिल्स के अधिकारियों से व्यक्तिगत सम्पर्क स्थापित करने पर लेखक को ज्ञात हुआ कि 1929 में वहाँ सर्वप्रथम आर.पी. मनोहर को वेलफेयर सुपरिंटेंडेण्ट नियुक्त किया था।

यह बात स्पष्ट है कि भारत के कुछ प्रमुख शहरों में 20वीं सदी के तृतीय दशक में ही कल्याण अभिकर्मियों की नियुक्ति आरम्भ हो गई थी। ब्रिटिश काल में जब कलकत्ता, बम्बई, अहमदाबाद, कानपुर और मद्रास आदि स्थानों पर बड़े पैमाने के उद्योगों की स्थापना हुई तो बड़ी संख्या में श्रमिकों की भर्ती की समस्या सामने आई। उस स्थिति में कुछ मध्यवर्ती लोग, जिन्हें जाबर, मिस्त्री, मेठ या बिचौलिया कहा जाता था, इस हेतु सामने आए। ऐसे लोग ग्रामीण अंचल से आए श्रमिकों को आवास देते थे,

प्रशिक्षित करते थे तथा औद्योगिक प्रतिष्ठानों में उन्हें कार्य पर लगाते थे। बड़े औद्योगिक प्रतिष्ठानों में सहायक जाबर तथा महिला जाबर आदि कई पद बन गए। अंग्रेज उद्योगपतियों के औद्योगिक प्रतिष्ठानों के तो ये प्रमुख अंग थे।

इस प्रकार प्रारम्भ के औद्योगिक प्रतिष्ठानों में मानवीय तत्वों की देखरेख की जिम्मेदारी जाबर के ऊपर थी। धीरे–धीरे अभिनवीकरण एवं विशिष्टीकरण के कारण कुशल श्रमिकों की संख्या बढ़ने लगी, साथ ही उनके उचित चयन, नियुक्ति एवं प्रशिक्षण की समस्याएं सामने आईं। सामान्यतया यह कार्य लेखा विभाग या प्राविधिक अभियन्ताओं या प्रबंधकों को दिया जाने लगा पर इसी समय कुछ नियोक्ताओं ने अपने प्रतिष्ठान में कार्यरत श्रमिकों के मनोरंजन एवं आवास की व्यवस्था भी प्रारम्भ की। श्रमिक संघों एवं औद्योगिक अशान्ति की भी उस समय शुरुआत हुई। बड़े औद्योगिक प्रतिष्ठानों में इन सभी जिम्मेदारियों के निर्वाह हेतु अलग से एक व्यक्ति की नियुक्ति की आवश्यकता महसूस हुई। फलस्वरूप कुछ प्रतिष्ठानों के श्रम अधिकारी या कल्याण अधिकारी के रूप में इस प्रकार के अभिकर्मियों की नियुक्ति प्रारम्भ हुई। 1931 में शाही आयोग ने इस सम्बंध में लिखा कि "हम प्रत्येक औद्योगिक प्रतिष्ठान में श्रमिक की नियुक्ति और छंटनी की जिम्मेदारी से जाबर को वंचित कर देना चाहते हैं। यह कार्य श्रम अधिकारी की नियुक्ति से सर्वाधिक सुविधापूर्वक हो सकता है। यह अधिकारी सावधानीपूर्वक चुना जाना चाहिए और सामान्यतया प्रबंधक के अतिरिक्त अन्य किसी अधिकारी के अधीन इसका पद नहीं होना चाहिए। ईमानदारी, व्यक्तित्व, दूसरों को समझाने की योग्यता, भाषा पर अधिकार आदि गुण मुख्य रूप से इस अधिकारी में होने चाहिए। सभी कामगारों की नियुक्ति इसी अधिकारी द्वारा, सम्बंधित विभागाध्यक्ष के परामर्श से होने चाहिए और बिना उसकी सहमति के किसी कर्मचारी को कार्यमुक्त नहीं किया जाना चाहिए। ... श्रम कल्याण के सम्बन्ध में और भी बहुत सी जिम्मेदारियाँ है जिन्हें यह व्यक्ति पूरा कर सकता है।

शाही श्रम आयोग की संस्तुति के बावजूद नियोक्ता अपने प्रतिष्ठानों में जाबर की नियुक्ति का मोह नहीं त्याग सके। किन्तु कुछ ऐसी स्थितियाँ आईं जिनके कारण सरकार को कई अधिनियम बनाने पड़े या संशोधन करने पड़े जैसे कारखाना अधिनियम को 1936 में संशोधन कर उसके क्षेत्र को विस्तृत कर दिया गया। ट्रेड डिस्प्यूट एक्ट संशोधन किया गया। कामगार क्षतिपूर्ति अधिनियम तो पहले से ही लागू था किन्तु 1936 में मजदूरी भुगतान अधिनियम लागू हुआ। 1937 में प्रान्तों में जनप्रिय सरकारें बनीं और श्रम कल्याण पर विशेष ध्यान दिया जाने लगा। इन बातों के कारण जाबर का महत्व घटने लगा और औद्योगिक प्रतिष्ठानों में श्रमिकों के प्रबंध हेतु ऐसे अभिकर्मी की आवश्यकता महसूस की जाने लगी जो न केवल श्रम कल्याण प्रशासन में दक्ष हो वरन् श्रम अधिनियमों का भी उसे यथेष्ट ज्ञान हो।

1934 में बॉम्बे ट्रेड डिस्प्यूट अधिनियम के अन्तर्गत औद्योगिक विवादों के (मुख्य रूप से सूती मिलों में) संराधन हेतु श्रमायुक्त की नियुक्ति की गई और राज्य के विभिन्न क्षेत्रों में श्रम प्रबंध के विवादों के सुलझाव हेतु संराधन अधिकारियों (Conciliation

Officers) की नियुक्ति की गई। संराधन की स्थिति में श्रमिक अपने पक्ष का सक्षम ढंग से प्रस्तुतीकरण नहीं कर पाते थे, अतः उनके पक्षों को संराधन में प्रस्तुतीकरण हेतु सरकार द्वारा श्रम अधिकारियों की भी अलग–अलग क्षेत्रों में नियुक्ति की गई। बॉम्बे सरकार ने मिल ओनर्स एसोसिएशन से यह आग्रह किया कि वे भी अपने श्रम अधिकारी नियुक्त करें ताकि विवादों के संराधन में उनके पक्ष का भी सक्षम ढंग से प्रस्तुतीकरण हो सके। 1934 में एसोसिएशन ने अपना श्रम अधिकारी नियुक्त किया और 1935 में उसकी ओर से प्रकाशित एक प्रतिवेदन में कहा गया कि दोनों तरफ से श्रम अधिकारियों की नियुक्ति और कार्य से औद्योगिक विवादों के सुलझाव में विशेष मदद मिली। औद्योगिक विवादों के सुलझाव हेतु मिल ओनर्स एसोसिएशन के अतिरिक्त कुछ सूती मिलों के नियोक्ताओं ने अलग से भी अपने कल्याण अधिकारियों की नियुक्ति की। 1940 तक बम्बई की सूती मिलों में 26 श्रम अधिकारी कार्यरत थे।

1937 के आस–पास बंगाल की सूती मिलों में कई बार हड़ताल आयोजित की गई। फलस्वरूप बंगाल प्रान्त के श्रम मंत्री ने यह प्रस्ताव रखा कि जहाँ 100 या अधिक मजदूर काम करते हों, उन मिलों में श्रम अधिकारियों की नियुक्ति की जाए। उसी समय बंगाल प्रान्त में श्रमायुक्त की भी नियुक्ति हुई और बम्बई की भाँति यहाँ भी औद्योगिक विवादों के संराधन की प्रक्रिया में सहायता देने के लिए श्रम अधिकारियों की नियुक्ति का प्रस्ताव किया गया। सरकार एवं जूट मिल एसोसिएशन के विचार–विमर्श में यह तय हुआ कि चार प्रमुख जनपदों में जहाँ कई सूती मिलें हैं, एसोसिएशन भी अपने श्रम अधिकारी नियुक्त करे। उनकी जिम्मेदारी यह भी होगी स्थानीय श्रमिकों से सम्पर्क कर उनकी समस्याओं का सुलझाव करें। परिणामस्वरूप 1938 में केवल एक श्रम अधिकारी की नियुक्ति हुई। वह अधिकारी एक अवकाश प्राप्त सहायक पुलिस आयुक्त था। 1939 तक पाँच श्रम अधिकारियों की नियुक्ति हुई और यह भी संस्तुति की गई कि एक वरिष्ठ श्रम अधिकारी की नियुक्ति केन्द्रीय कार्यालय में की जाए।

द्वितीय विश्वयुद्ध के समय विशेषकर ऑर्डिनेंस फैक्ट्रीज के उत्पादन बढ़ाने की आवश्यकता महसूस हुई। उस अनुभूति के फलस्वरूप ऑर्डिनेंस फैक्ट्रीज में श्रम अधिकारियों की नियुक्ति प्रारम्भ हुई, साथ ही कुछ अन्य औद्योगिक प्रतिष्ठानों में भी श्रम अधिकारियों की नियुक्ति होने लगी। 1946 में रेज की अध्यक्षता में लेबर इन्वेस्टिगेशन कमेटी का गठन किया गया। उक्त कमेटी ने श्रम अधिकारियों के सम्बन्ध में शाही आयोग की संस्तुतियों का उल्लेख करते हुए कहा कि श्रम अधिकारी की प्रस्थिति ऐसी होनी चाहिए कि वह देख सके कि श्रमिकों के मामलों को सम्यक् ढंग से प्रस्तुत किया गया है। जब उसे वह अनुभूत हो कि श्रमिकों को सहायता देने की आवश्यकता है, तो वे उनके अधिवक्ता का कार्य करें।[6]

इस प्रकार हम देखते हैं कि स्वतंत्रता प्राप्ति के पूर्व श्रम अधिकारियों की जो नियुक्तियाँ की गईं, वे श्रम कल्याण हेतु न होकर श्रम प्रबंध के सम्बंधों में सुधार, विवादों में सुलझाव तथा जाबर प्रथा के प्रतिस्थापन हेतु की गई। एस.डी. पुनेका के अनुसार श्रम अधिकारी की संस्था का आविर्भाव जाबर प्रथा की बुराइयों के निराकरण हेतु किया

गया। कुछ अंशों में श्रम प्रशासन में सुधार लाने और प्रादेशिक श्रमायुक्तों से समन्वय **(liaison)** स्थापन हेतु भी इस संस्था का विकास हुआ।

श्रम अन्वेषण समिति की रिपोर्ट के आधार पर 1947 में औद्योगिक विवाद अधिनियम, 1947 पारित किया गया। कारखाना अधिनियम भी 1948 में संशोधित हुआ। संशोधित अधिनियम में कल्याण पर एक अलग अध्याय जोड़ दिया गया और उस अध्याय की धारा 49 के अन्तर्गत यह प्रावधान हुआ कि जिन कारखानों में 500 या उससे अधिक श्रमिक कार्यरत हों, वहाँ नियोक्ता को निर्धारित संख्या में कल्याण अधिकारियों की नियुक्ति अनिवार्य रूप से करनी पड़ेगी। इस प्रकार के अधिकारियों के कार्य, योग्यता एवं कार्य दशाओं के बारे में नियम बनाने का अधिकार राज्य सरकारों को दिया गया है।

केन्द्रीय सरकार ने 1951 में मॉडल वेलफेयर ऑफिसर रूल्स बनाया और राज्य सरकारों को निर्देश दिया कि उसी आधार पर वे भी अपने राज्य में स्थित कारखानों में कार्यरत कल्याण अधिकारियों की नियुक्ति, योग्यता, वेतन तथा कार्य आदि के सम्बन्ध में अपने नियम बनाकर उसी आधार पर कल्याण अधिकारियों की नियुक्ति करें। मॉडल रूल्स के अनुसार, प्रत्येक औद्योगिक प्रतिष्ठान में जहाँ 500 से 2,000 तक श्रमिक कार्यरत हैं, वहां एक कल्याण अधिकारी की नियुक्ति होनी चाहिए। उक्त संख्या के ऊपर प्रत्येक 2,000 या उसके प्रत्येक आधे से अधिक संख्या पर एक अतिरिक्त कल्याण अधिकारी नियुक्त किया जाएगा। इस अधिकारी के पास किसी मान्यता प्राप्त विश्वविद्यालय से स्नातक उपाधि प्राप्त होनी चाहिए और साथ ही साथ समाज विज्ञान (विशेषकर श्रम या समाज कार्य में) डिग्री या डिप्लोमा प्राप्त होना चाहिए। स्थानीय भाषा का उसे ज्ञान होना चाहिए। औद्योगिक प्रतिष्ठानों के अन्य विभागीय प्रधानों के समान उसका भी पद होना चाहिए। वैधानिक दृष्टि से उसे 15 कार्य करने होंगे। वैधानिक हड़तालों या तालाबन्दियों में उसे श्रम एवं प्रबन्ध दोनों पक्षों के बीच निर्लिप्त होना चाहिए

1957 में केन्द्रीय सरकार ने कल्याण अधिकारियों के कार्यों पर विचार हेतु मेनन की अध्यक्षता में एक समिति का गठन किया। उक्त समिति का विचार था कि यद्यपि कल्याण अधिकारियों के मॉडल रूल में निर्धारित कर्तव्य अति व्यापक हैं, उसमें श्रम कल्याण के साथ औद्योगिक सम्बन्ध एवं कार्मिक प्रबंध विषयक कार्य भी जुड़े हुए हैं तथापि इनमें कोई परिवर्तन नहीं किया जाना चाहिए। किन्तु नियोक्ताओं के दबाव से श्रमिकों की भर्ती सम्बंधी कार्य उनसे ले लिया गया और कल्याण अधिकारियों के कहने से उन्हें अनुशासनात्मक कार्यवाही तथा तृपक्षीय संयंत्रों में नियोक्ता पक्ष के प्रस्तुतीकरण सम्बंधी कार्य से वंचित कर दिया गया।

कालक्रम से देश की उन परिस्थितियों में परिवर्तन हुआ, जिन्होंने कल्याण अधिकारी की संस्था को जन्म दिया था। श्रमिक अब दीन–हीन और असंगठित प्राणी नहीं रह गया वरन् वह देश के वृहद् संगठित समूह का सदस्य बन गया। दूसरे औद्योगिक विकास एवं अभिनवीकरण के फलस्वरूप ऐसे जटिल, प्राविधिक एवं कौशल

युक्त औद्योगिक प्रतिष्ठानों की स्थापना हो रही है, जिनमें अति कुशल एवं विज्ञ श्रमिकों की आवश्यकता है। इस दृष्टि से श्रम कल्याण एवं कार्मिक प्रबन्ध को भी आज एक कौशल समझा जाने लगा है, जिसका सम्बन्ध उत्पादकता से जोड़ा जाने लगा है। तीसरी महत्वपूर्ण बात यह है कि जटिल श्रम कानूनों एवं श्रम संगठनों के कारण प्रबंध का बहुत समय व्यक्तिगत श्रमिक या श्रमिक संघों के विरुद्ध कानूनी युद्ध में लग जाता है। यद्यपि आज इस प्रवृत्ति में कमी आई है और श्रमिक संघ प्रबंध के साथ सहयोग करते हुए कार्य कर रहे हैं। कार्मिक प्रबन्ध भी अब मानव संसाधन प्रबन्ध हो गया है और मानव शक्ति नियोजन, चयन प्रशिक्षण, निष्पादन–कार्य मूल्यांकन आदि कार्य मानव संसाधन प्रबंध अभिकर्मी के लिए महत्वपूर्ण होते जा रहे हैं। श्रमिकों का कल्याण या उनके साथ जनित विवादों को निबटाना आज के मानव संसाधन प्रबंध अभिकर्मियों हेतु अपेक्षाकृत कम महत्वपूर्ण कार्य हो गए हैं।

पाश्चात्य देशों का प्रभाव भारत पर भी पड़ रहा है। विशेषकर 1960 के आस–पास पाश्चात्य देशों से व्यापार प्रबंध (Business Management) की उपाधि लेकर आए हुए अभिकर्मी औद्योगिक प्रतिष्ठानों में कार्मिक प्रबंध अधिकारी के उच्च पद पर नियुक्त होने लगे हैं। प्रारम्भ में कल्याण अधिकारी की प्रस्थिति उनकी अपेक्षा कुछ न्यून हो गई थी। कल्याण अधिकारियों के प्रशिक्षण में भी समाजकार्य के साथ व्यापार प्रशासन का प्रभाव बढ़ा। तथाकथित प्रगतिशील प्रबंधक जो स्वयं पाश्चात्य देशों से प्रशिक्षित होकर भारत आए थे, समाजकार्य में प्रशिक्षित कल्याण अधिकारियों की अपेक्षा वाणिज्य प्रबंध में प्रशिक्षित कार्मिक प्रबंध या मानव संसाधन प्रबंध अधिकारियों को अधिक महत्व देने लगे। वैसे आज अधिकांश औद्योगिक प्रतिष्ठानों के श्रम या कल्याण विभाग का नाम बदल कर कार्मिक प्रबंध और मानव संसाधन प्रबंध विभाग हो गया है। इस विभाग के सर्वोच्च अधिकारियों को प्रतिष्ठान में वही वेतन और प्रतिष्ठा दी जाती है जो उत्पादन या विपणन विभाग के सर्वोच्च अधिकारियों को प्राप्त है। सार्वजनिक क्षेत्र के औद्योगिक प्रतिष्ठानों में ऐसे अभिकर्मियों को निदेशक, मानव संसाधन प्रबंधक एवं निजी क्षेत्र के प्रतिष्ठानों में इन्हें वाइस प्रेसीडेण्ट, मानव संसाधन प्रबंधक कहा जाने लगा। सार्वजनिक एवं निज़ी क्षेत्र के अधिकांश वृहद् औद्योगिक प्रतिष्ठान राज्यों के निदेशक, (कारखाना) से अनुमति लेकर कल्याण अधिकारी की अधिनियमित नियुक्ति की जिम्मेदारियों से मुक्त होकर अपने प्रतिष्ठानों में मानव संसाधन प्रबंध अधिकारी या प्रबंधक ही नियुक्त करने लगे, और उन्हीं से कल्याण अधिकारी की जिम्मेदारी का भी निर्वाह करने लगे। ऐसे प्रतिष्ठानों में सर्वोच्च अधिकारी के नीचे तीन प्रकार के अधिकारी होते हैं– (i) उप निदेशक (कार्मिक एवं प्रशासन), उप निदेशक (औद्योगिक सम्बंध) और (ii) उप निदेशक (श्रम कल्याण)। इन तीनों उप विभागों के अन्तर्गत प्रबंधक एवं अधिकारी स्तर के कई अन्य अभिकर्मी होते हैं और सभी मिलकर मानव संसाधन प्रबंध एवं विकास की जिम्मेदारियों का निर्वाह करते हैं। कुछ अन्य प्रतिष्ठानों में जहाँ कारखाना निदेशक द्वारा नियोक्ता को कल्याण अधिकारी की नियुक्ति से छूट नहीं मिलती या नियोक्ता ऐसी छूट नहीं लेना चाहते हैं वहाँ कल्याण अधिकारी पूरे

सेवाकाल तक कल्याण अधिकारी ही रह जाता है और अपनी प्रस्थिति एवं भूमिकाओं से सदैव असन्तुष्ट रह जाता है।

1961 में संयुक्त राष्ट्र के तत्वावधान में कार्मिक समाजकार्य पर एक अन्तरराष्ट्रीय विचार गोष्ठी का आयोजन किया गया। उक्त गोष्ठी में औद्योगिक प्रतिष्ठानों में कार्मिक प्रबंध के क्षेत्र में समाजकार्य की एक महत्वपूर्ण भूमिका स्वीकार की गई और समाज कार्यकर्ताओं को औद्योगिक प्रतिष्ठानों में कार्मिक समाज कार्यकर्ताओं के रूप में नियुक्त करने की संस्तुति की गई।[7]

भारत सरकार के पूर्व उप श्रम मंत्री आर.के. मालवीय की अध्यक्षता में श्रम कल्याण के विशेष अध्ययन हेतु एक समिति 1969 में गठित की गई थी। उक्त समिति में कल्याण अधिकारी के कार्यों के महत्व को समझाते हुए यह संस्तुति की थी कि ऐसा अधिकारी कार्मिक प्रबंध का ही एक अंग है। प्रबंधक की यह जिम्मेदारी होगी कि वह कल्याण अधिकारी के पद पर ऐसे अभिकर्मियों की नियुक्ति करे, जो शैक्षणिक दृष्टि से एक उच्च अधिकारी के पद पर आसीन होने की योग्यता रखता है। श्रम कल्याण के प्रति उसकी विशेष अभिरुचि हो।[8]

राष्ट्रीय श्रम आयोग ने कल्याण अधिकारी को एक विशेष अधिकारी की संज्ञा दी थी। कल्याण अधिकारी एवं कार्मिक अधिकारी में कोई विशेष अन्तर न करते हुए उक्त आयोग के कल्याण अधिकारी को औद्योगिक प्रतिष्ठानों में मानवीय तत्वों का अनुरक्षण अभियन्ता करार दिया है।[9]

इस प्रकार हम देखते हैं कि घटनाक्रम और परिस्थितियों से वशीभूत होकर एक ही अभिकर्मी जाबर, श्रम अधिकारी, कल्याण अधिकारी और आगे चलकर आज मानव संसाधन प्रबंध अधिकारी के रूप में कार्यरत हैं।

कल्याण अधिकारी की प्रस्थिति

सामाजिक प्रस्थिति का विवेचन अन्तः तथा बाह्य समूहों के परिप्रेक्ष्य में किया जाता है। साथ ही प्रस्थिति अंशतः पृष्ठभूमि जन्य होती है और अंशतः अर्जित। अपनी प्रस्थिति का अंकन भी प्रत्येक व्यक्ति अपने दृष्टिकोण एवं विचारानुसार करता है और दूसरे लोग अपने दृष्टिकोण से उसका अंकन करते हैं। इन दोनों मूल्यांकनों में सदैव कुछ अन्तर विद्यमान रहता है। यदि यह अन्तर बहुत अधिक होता है तो व्यक्ति अपने को सामाजिक उत्क्रम में बहुत ऊँचा आँकता है और समाज उसकी प्रस्थिति को नीचा समझता है। ऐसी स्थिति में प्रस्थिति धारक व्यक्ति अन्तःविरोध एवं स्थिति विरोध का शिकार हो जाता है।

प्रस्थिति संबंधी ये सभी समस्याएं कल्याण अधिकारी की प्रस्थिति से भी जुड़ी हैं। कल्याण अधिकारी का पद एक वैधानिक पद है। कल्याण अधिकारी की प्रस्थिति का सृजन राजकीय अधिनियमों एवं नियमों के अन्तर्गत निर्धारित होता है। फलस्वरूप अभिकर्मी अपनी प्रस्थिति को अधिनियम प्रदत्त मानते हुए तद्जनित सम्मान एवं अधिकार की मांग करता है। उसके कुछ कार्य तो स्पष्ट रूप से परिभाषित हैं और कुछ

कार्य व्यापक परिभाषा में भी छिपे हैं। उसकी भूमिका की व्यापक परिभाषा इतनी लचीली है कि औद्योगिक सम्बन्ध एवं कार्मिक प्रबंध सम्बंध सभी कार्य उसके अंतर्गत आ जाते हैं। जहाँ तक उसके स्पष्ट उल्लिखित कर्तव्यों का सवाल है, एक साधारण योग्यता वाला व्यक्ति भी उन्हें सम्पन्न कर सकता है। उच्च प्रबंधकों एवं मालिकों की दृष्टि से उसके लिए किसी विशेष कौशल एवं योग्यता की आवश्यकता नहीं है। उसकी नियुक्ति अधिनियमगत है और सरकार द्वारा उसे कुछ सुरक्षा भी प्रदान की गई है, अतः नियोक्ता समझते हैं कि वह सरकार का एजेण्ट है, पर खेदजनक बात यह है कि कल्याण अधिकारी भी औद्योगिक प्रतिष्ठानों की आन्तरिक व्यवस्था के साथ तादात्म्य नहीं स्थापित कर पाता है और कुछ अंश में अपने आपको श्रम हित व्यवस्था का सरकारी संरक्षक समझता है।

प्रारम्भ से ही कल्याण अधिकारी अपनी प्रस्थिति के बारे में द्वन्द्व की स्थिति में रहा। राज्य प्रशासन सदैव उसे उद्योग का अंग मानता है और कारखाने के अन्तर्गत वह सदैव सरकार का आदमी समझा जाता है। स्वयं अपने को वह कभी नियोक्ता और कभी श्रमिकों के हितों का संरक्षक मानता रहा है। नियोक्ता उसे श्रमिकों का प्रतिनिधि और श्रमिक उसे नियोक्ता का दबाव समझता है। वह कभी अपना स्टेट्स आइडेन्टिटी नहीं बना पाया। परिणामस्वरूप औद्योगिक प्रतिष्ठान में उसकी प्रस्थिति त्रिशंकु के समान रह गई है। पाश्चात्य देशों में कार्यरत मानव संसाधन प्रबंध अधिकारियों की अपेक्षा उसकी प्रस्थिति बहुत ही हीन है। श्रम नीति के निर्धारण में उसकी कोई भूमिका नहीं होती। वैधानिक दृष्टि से कल्याण अधिकारी नियमों के अन्तर्गत उसे जो प्रस्थिति मिलनी चाहिए वह मिली नहीं है। नियमों के अनुसार उसकी प्रस्थिति प्रतिष्ठान के सर्वोच्च अधिकारी के ठीक नीचे होनी चाहिए, पर वास्तविक व्यवहार में उत्तर प्रदेश की अधिकांश सूती मिलों में मिल मैनेजर्स के अन्तर्गत कल्याण अधिकारी कार्य करता है और महाप्रबंधक को तो वह कभी भी रिपोर्ट नहीं कर पाता। उसका स्थान महाप्रबंधक से दो श्रेणी नीचे हो जाता है।

केन्द्रीय मॉडल रूल्स के अनुसार, कल्याण अधिकारी की प्रस्थिति प्रतिष्ठान में कार्यरत सर्वोच्च अधिकारी के ठीक नीचे के अधिकारियों के समान होनी चाहिए। पर व्यावहारिक दृष्टि से यह बात भी नहीं हो पाती। सर्वोच्च अधिकारी के ठीक नीचे के अधिकारी जहाँ कम से कम 20,000 से 60,000 रुपया प्रतिमाह वेतन पाते हैं, वहीं मॉडल रूल्स के अनुसार, कल्याण अधिकारी को 200 रुपए से कम वेतन नहीं मिलना चाहिए। कितनी दयनीय स्थिति है। गिरि तथा कुछ अन्य श्रम विशेषज्ञों का मत है कि यदि कल्याण अधिकारी की अनिवार्य नियुक्ति एवं सेवाओं की सुरक्षा की वैधानिक व्यवस्था नहीं होती तो नियोक्ता उसे अपना आदमी समझ कर उस पर विश्वास करते हैं। उसे कुछ महत्वपूर्ण कार्यों के निर्वाह की जिम्मेदारी देते। पर इस सम्बंध में लेखक ने अपने शोध से यह निष्कर्ष निकाला था कि सार्वजनिक क्षेत्र के प्रतिष्ठानों एवं निजीकरण के वृहद् प्रतिष्ठानों में, जहाँ के प्रबंधक दूरदर्शी हैं यह सुझाव कुछ अंश में कारगर हो सकता है पर निजी क्षेत्रों के पारिवारिक प्रतिष्ठानों में तो नियुक्ति का

अनिवार्य प्रावधान न हो पाने पर कोई नियोक्ता कल्याण अधिकारी की नियुक्ति ही नहीं करता और यदि नियुक्ति हो भी जाती है तो नियोक्ता उन्हें मनमाने ढंग से निष्कासित करते रहते हैं। अतः जो भी कल्याण या थोड़ा बहुत कार्य उनके कारण होता है, वह भी नहीं हो पाएगा।

ऑप्टेकर आदि कुछ श्रम विशेषज्ञों का मत है कि कल्याण अधिकारी अधिक प्रभावशाली होता यदि प्रबंधकों द्वारा नियुक्त न होकर सीधे सरकार द्वारा नियुक्त होता है और उसी के निर्देशन में कार्य करते हुए श्रम एवं प्रबंध दोनों का कल्याण करता। किन्तु लेखक द्वारा किए गए शोध में बहुसंख्यक कल्याण अधिकारी इस सुझाव से सहमत नहीं थे। दूसरी बात यह है कि आचार संहिताओं की दृष्टि से कल्याण अधिकारी मानव संसाधन प्रबंध का ही एक अंग है। ऐसी स्थिति में वह सरकारी निरीक्षक बनकर किस प्रकार कार्य कर पाएगा।

संगठनात्मक दृष्टि से कल्याण अधिकारी की प्रस्थिति एक स्टाफ अधिकारी की होती है। पर अपने विभाग के प्रशासन एवं कल्याणात्मक सेवाओं के प्रशासन में उसकी प्रस्थिति लाइन अधिकारी की होनी चाहिए। किन्तु वास्तविक व्यवहार में यह देखा जाता है कि मानव संसाधन प्रबंध अधिकारी तो लाइन अधिकारी हो सकता है, किन्तु कल्याण अधिकारी सदैव स्टाफ अधिकारी ही बना रहता है। इस प्रकार भी उसकी प्रस्थिति हीन एवं असन्तोषप्रद ही कही जा सकती है।

औद्योगिक प्रतिष्ठान का सर्वाधिक महत्वपूर्ण कार्य उत्पादन एवं विक्रय है, जो अभिकर्मी इन कार्यों से सीधे जुड़े रहते हैं उनकी प्रस्थिति महत्वपूर्ण होती है। कहना नहीं होगा कि कल्याण अधिकारी का सीधे तौर पर इन कार्यों से कोई सम्बंध नहीं होता, अतः इस दृष्टि से भी उसकी प्रस्थिति महत्वहीन होती है।

वर्तमान प्रस्थिति से असन्तोष होने के बावजूद यदि भविष्य में उन्हें पदोन्नति की कोई सम्भावना दिखाई पड़ती तो उनकी प्रस्थिति कुछ सन्तोषजनक होती पर इस दृष्टि से भी स्थिति निराशाजनक ही है।

औद्योगिक प्रतिष्ठानों में महाप्रबंधक के नीचे श्रम कल्याण, मानव संसाधन, प्रबंध अथवा सामान्य प्रशासन के अतिरिक्त उत्पादन, विक्रय लेखा तथा अभियंत्रण आदि विभागों के अधिकारी कार्यरत होते हैं। ये अधिकारी कार्मिक अधिकारी एवं श्रम अधिकारी के कार्यों को तो महत्वपूर्ण समझते हैं पर कल्याण अधिकारी के कार्यों को अनावश्यक और भार स्वरूप ही समझते हैं।

उपर्युक्त सभी तथ्यों के सन्दर्भ में अधिकांश कल्याण अधिकारी यह महसूस करते हैं कि उनकी प्रदत्त प्रस्थिति नितान्त असन्तोषप्रद है। यदि कुछ कल्याण अधिकारी अपने को महत्वपूर्ण एवं उपयोगी प्रमाणित कर पाते हैं, तो इसका श्रेय उनकी प्रदत्त प्रस्थिति को नहीं वरन् उनकी व्यक्तिगत योग्यता, विवेक एवं प्रयास को है।

प्रभावपूर्ण प्रस्थिति हेतु अतिरिक्त अधिकार

अधिकांश कल्याण अधिकारियों का मत है कि उन्हें किसी प्रकार का अधिकार नहीं दिया गया है। केवल कर्तव्यों के निर्वाह की ही उनसे आशा की जाती है। औद्योगिक

प्रतिष्ठानों में उनका एक मुख्य और औचित्यपूर्ण कार्य श्रमिकों की भर्ती करना था, पर 1957 में मॉडल रूल्स में परिवर्तन कर यह कार्य उनसे ले लिया गया, जहाँ तक औद्योगिक विवादों के सुलझाव का प्रश्न है इस विषय में भी उन्हें मात्र सलाह ही देनी है। विवाद के समझौते एवं अधिनिर्णयन का अधिकार तो राजकीय अधिकारियों को है। औद्योगिक प्रतिष्ठान के बाहर कल्याण युक्त कार्यों के संचालन की अधिकार युक्त जिम्मेदारी भी राजकीय कल्याण केन्द्रों की है और औद्योगिक प्रतिष्ठान के भीतर के कल्याणात्मक कार्यों की व्यवस्था हेतु भी उन्हें कोई अधिकार नहीं दिया गया है, वह केवल प्रबंधक को सलाह मात्र दे सकता है। इसलिए अपनी प्रस्थिति को महत्त्वपूर्ण बनाने के पूर्वोक्त शोध में स्वयं कल्याण अधिकारियों द्वारा ही नीचे कुछ महत्त्वपूर्ण सुझाव दिए गए हैं–

1. औद्योगिक विवाद सुलझाने और शान्ति स्थापन हेतु उन्हें प्रतिष्ठान स्तर पर राजकीय संराधन अधिकारियों के अधिकार प्राप्त होने चाहिए, उनका ऐसा विश्वास है कि यदि प्राथमिक स्तर पर औद्योगिक विवादों के संराधन का अधिकार उन्हें प्राप्त हो जाए साथ ही उनकी सेवाओं के संरक्षण एवं पदोन्नति सम्बंधी अवसरों को भलीभाँति संरक्षित कर दिया जाए तो वे विवादों को दूर कर सौहार्दपूर्ण सम्बंध स्थापन में अपेक्षाकृत अधिक सफल होंगे। किन्तु यह मांग उचित नहीं प्रतीत होती। संराधन अधिकारी तो श्रम प्रबंध से अलग एक राजकीय अधिकारी होता है। कल्याण अधिकारी यदि राजकीय अधिकारी हो जाएगा तो प्रबंध के एक अंग के रूप में उसका औचित्य समाप्त हो जाएगा,
2. कुछ अधिकारियों का मत है कि उन्हें कारखाना अधिनियम 1948 की धारा 8अ के अन्तर्गत प्रतिष्ठान में स्वास्थ्य, सुरक्षा एवं कल्याण के अधिनियमित प्रावधानों के क्रियान्वयन हेतु वही अधिकार मिलना चाहिए, जो राजकीय कारखाना निरीक्षकों को प्राप्त है। इस प्रकार वे प्रबंधकों को उन प्रावधानों के क्रियान्वयन हेतु केवल सलाह ही नहीं देंगे वरन् बाध्य कर सकते हैं। पर ऐसी स्थिति में ये कल्याण अधिकारी प्रबंध का एक अंग बनकर मानव संसाधन विकास के उच्चाधिकारियों के पद पर पदोन्नति नहीं प्राप्त कर सकते हैं,
3. कुछ अधिकारियों का यह मत है कि विधानेतर कल्याणात्मक कार्यों के निष्पादन हेतु उन्हें सलाह देने का ही अधिकार प्राप्त नहीं होना चाहिए वरन् कारखाने के बजट में से कल्याणात्मक कार्यों हेतु निर्धारित धनराशि के व्यय का अधिकार भी उन्हें प्राप्त होना चाहिए। यह सुझाव सर्वथा उचित है,
4. बहुसंख्यक उत्तरदाताओं का मत है कि औद्योगिक प्रतिष्ठानों में छोटे स्तर के कर्मचारियों की नियुक्ति का अधिकार उन्हें मिलना चाहिए। शाही श्रम आयोग एवं मॉडल रूल्स (कल्याण अधिकारी), 1951 के अन्तर्गत यह अधिकार उन्हें मिला था। वे सम्बंधित विभागों के अधिकारियों के परामर्श से कर्मचारियों का चयन करेंगे। यह सुझाव भी युक्तिसंगत प्रतीत होता है।

समाजशास्त्रीय दृष्टिकोण से आज भी कार्मिक अधिकारी की प्रस्थिति की अवधारणा एक्रिप्सन ओरियेण्टेड है। प्रारम्भ में उसे कार्य का व्यापक क्षेत्र उपलब्ध था। इस अवसर का उपयोग उसे मानव संसाधन प्रबंधक के तकनीकी ज्ञान और कौशल के अर्जन में करना चाहिए था। किन्तु मानवशक्ति नियोजन, वैज्ञानिक चयन, प्रशिक्षण योग्यता मापन एवं कार्य मूल्यांकन आदि कार्यों की योग्यता तो सदैव ही उसमें शून्य रही। अनुशासनात्मक कार्यवाही एवं अन्य अधिकार युक्त जिम्मेदारियों के निष्पादन का वह लोभ संभरण नहीं कर सका। आईआईपीएम ने बहुत पहले ही उसकी इस कमजोरी की ओर ध्यान आकृष्ट किया था, किन्तु कल्याण अधिकारी इस सलाह को नजरअंदाज कर गए। वास्तव में प्रारम्भ से ही कल्याण अधिकारियों की दृष्टि अर्जनमूलक (Active None Oriented) नहीं थी। इसमें कुछ दोष प्रशिक्षण संस्थाओं का भी है। आज भी बहुत कम प्रशिक्षण संस्थाओं में मानव संसाधन प्रबंध की विशिष्ट विधियों, कार्य मूल्यांकन, मानवशक्ति नियोजन इत्यादि का ज्ञान कराया जाता है।

प्रस्थिति के लिए केवल औपचारिक विधान का सहारा लेना सामन्ती सत्ता का प्रतीक है। आधुनिक औद्योगिक समाज योग्यता, उपयोगिता तथा फलदायिकता को सामाजिक प्रस्थिति का आधार मानता है, यदि कल्याण अधिकारी अपने क्रियाकलापों द्वारा अपनी योग्यता और उपादेयता को प्रमाणित नहीं कर पाएंगे तो निश्चय ही औद्योगिक समाज में अधिनियम और औपचारिक सत्ता उन्हें बहुत दिन तक ऊँची प्रस्थिति नहीं दिला सकती है।

कल्याण अधिकारी की भूमिका

कल्याण अधिकारियों के सम्बंध में लेखक[10] ने जो गवेषणा की थी, उसके आधार पर यह ज्ञात हुआ कि उसके कम से कम चार प्रमुख नाम हैं– (i) कार्मिक अधिकारी, (ii) श्रम अधिकारी, (iii) कल्याण अधिकारी और (iv) मानव संसाधन प्रबंध अधिकारी। किन्तु ये सभी पदनामधारी अधिकारी लगभग एक ही प्रकार के कार्य सम्पादित करते हैं।[11]

केन्द्रीय मॉडल रूल्स तथा विभिन्न प्रान्तों के कल्याण अधिकारी नियमों के अन्तर्गत कल्याण अधिकारी के जो कर्तव्य निर्धारित किए गए हैं, उन्हें मानव संसाधन प्रबंध के कम से कम तीन क्षेत्रों में रखा जा सकता है– (i) कार्मिक प्रबंध, (ii) औद्योगिक सम्बंध, एवं (iii) श्रम कल्याण। बहुसंख्यक कल्याण अधिकारी एक विशाल दृष्टिकोण अपनाते हुए इन तीनों कार्यों को श्रम कल्याण के अन्तर्गत ही मानते हैं। कार्मिक प्रबंध के अन्तर्गत उन्हें कुछ अधिकार युक्त कार्य करने पड़ते हैं जैसे– श्रमिकों की भर्ती, पदोन्नति, श्रम अधिनियमों का प्रशासन इत्यादि, वहीं कुछ प्राविधिक एवं विशिष्ट कौशल युक्त कार्य भी करने पड़ते हैं जैसे– योग्यता मापन, कार्य मूल्यांकन और कार्मिक सम्प्रेषण इत्यादि। अधिकांश कल्याण अधिकारी द्वितीय प्रकार के कार्यों को न तो करना चाहते हैं और न इन कार्यों के सम्पादन की योग्यता ही उनमें विद्यमान है। औद्योगिक सम्बंध विषयक कार्यों का कल्याण अधिकारी के कर्तव्य सूची में समुचित प्रावधान है। इस सम्बंध में सर्वाधिक महत्वपूर्ण कार्य श्रम एवं प्रबन्ध के बीच विधायी सम्बंध स्थापन है। कल्याण अधिकारी से अपेक्षा की जाती है कि श्रम प्रबंध के बीच विधायी सम्बंध स्थापन कर प्रबंधकों को उचित

श्रम नीति के निर्माण और श्रमिकों के बीच उनकी सही व्याख्या करने में सहायता दे। औद्योगिक शान्ति एवं स्वस्थ औद्योगिक सम्बंध स्थापन व विवादों की स्थिति में संयुक्त सलाह समितियों के माध्यम से भी कल्याण अधिकारी से कार्य करने की अपेक्षा की गई है। उत्तर प्रदेश कल्याण नियम के अन्तर्गत उसकी (कल्याण अधिकारी) कर्तव्य सूची में लीगल हड़तालों एवं तालाबन्दियों में तटस्थ रहने और श्रम प्रबंध के बीच जनित औद्योगिक विवादों के सुलझाव में मदद करने की बात कही गई है। यद्यपि अब कल्याण अधिकारियों को (1957 में गठित मेनन समिति की संस्तुतियों के क्रियान्वयन के बाद) अनुशासनात्मक कार्यवाहियों में जाँच अधिकारी का कार्य न करने तथा संराधन और अधिनिर्णयन संयंत्र के समक्ष प्रबंधकों के पक्ष के प्रस्तुतीकरण को निषिद्ध कर दिया जाता है। किन्तु अभी भी कुछ स्थानों में कल्याण अधिकारी इन कर्तव्यों का निर्वाह करते हैं किन्तु भारतीय औद्योगिक समस्याओं के प्रसिद्ध विशेष, गिरि[12], मायर्स[13] तथा ए.ओ. मार्टिन[14] इन कार्यों को निषिद्ध करने के पक्ष में हैं।

जहाँ तक श्रम कल्याण सम्बंधी कार्यों के कल्याण अधिकारी द्वारा सम्पादन का प्रश्न है, कारखाना अधिनियम में प्रतिष्ठान के भीतर कल्याण, स्वास्थ्य तथा सुरक्षा सम्बंधी कार्यों का विशेष प्रावधान किया गया है। कल्याण अधिकारी से अपेक्षा की गई है कि नियोक्ता को समुचित परामर्श देकर इन क्रियाकलापों का सम्पादन कराए। इसके अतिरिक्त कुछ महत्वपूर्ण विधानेतर कार्यों को भी नियोक्ता के माध्यम से सम्पन्न कराने की उससे अपेक्षा की गई है, जैसे श्रमिकों हेतु आवास व्यवस्था उपभोक्ता सहकारी भण्डार तथा शिक्षा एवं मनोरंजन सम्बंधी व्यवस्था। कुडचेदकर के शब्दों में ''श्रमिक के जन्म से लेकर मृत्यु तक अपेक्षित लगभग सभी कल्याणात्मक सेवाओं का निष्पादन कल्याण अधिकारी द्वारा किया जाता है। सर्वप्रथम वह परिवार नियोजन द्वारा अधिक शिशु जनन के निरोध हेतु प्रयास करता है। तत्पश्चात सामाजिक सुरक्षा योजनाओं के अन्तर्गत उपलब्ध मातृ कल्याण सेवाओं द्वारा शिशु जनन में मदद करता है। शिशु–गृह की व्यवस्था द्वारा नवजात शिशु के पालन–पोषण और शिक्षा व्यवस्था द्वारा उसके शिक्षण की जिम्मेदारी का निर्वाह करता है। तत्पश्चात् प्रौढ़ श्रमिक के साथ कार्य समायोजन एवं कार्य में सुधार की समस्याओं का समाधान करता है, साथ ही जलपान–गृह, छाया–गृह, चिकित्सा एवं आवास की समस्याओं में भी सुधार करता है। सेवानिवृत्ति के पश्चात् श्रमिक के संचित कोष का भुगतान करता है और यदि दैव संयोग से कार्यरत श्रमिक अचानक ही काल के मुंह में चला जाता है तो दाह संस्कार की भी व्यवस्था करता है।''

उपर्युक्त कार्यों में से अधिकांश कार्य कल्याण अधिकारी सम्यक् ढंग से सम्पादित नहीं कर पाते हैं। कारण यह है कि अधिकांश स्थितियों में प्रबंधक या नियोक्ता इन कार्यों में कोई अभिरुचि नहीं लेते हैं। स्मरणीय है कि राष्ट्रीय श्रम आयोग ने भी अपने सर्वेक्षण में यही पाया था कि कुछ प्रान्तों में प्रबंधक कल्याणात्मक कार्यों की आधे दिल से और अनुपयुक्त रूप से सम्पादित करते हैं।[15] इस दृष्टि से कल्याण अधिकारियों की यह मांग सर्वथा उचित लगती है कि कल्याणात्मक कार्यों के संचालन हेतु एक निश्चित कोष या धनराशि की व्यवस्था स्वयं उन्हीं के अन्तर्गत कर दी जानी चाहिए।[16]

कल्याण अधिकारी द्वारा सम्पादित कार्यों को देखने से यह ज्ञात होता है कि उनका कार्यक्षेत्र कल्याणात्मक कार्यों की सीमा से बहुत आगे है। अधिकांश अधिकारी इन कार्यों को निर्बन्धित नहीं करना चाहते हैं। किन्तु कर्तव्य सूची के कुछ कार्य ऐसे भी हैं जिनसे ज्ञात होता है कि कल्याण अधिकारी श्रम एवं प्रबंध दोनों के बीच एक तटस्थ एवं निरपेक्ष अभिकर्मी के समान कार्य करते हुए दोनों के विवादों को सुलझा कर उनके बीच सौहार्दपूर्ण सम्बंध स्थापन का प्रयास करता है। मार्टिन के अनुसार, भारतीय कल्याण अधिकारी को मित्रता और तटस्थता के बीच सन्तुलन स्थापित करते हुए छुरे की धार पर चलना पड़ता है।[17]

बहुत से कल्याण अधिकारी विषयान्तर्गत निर्धारित कर्तव्य सूची में कुछ न्यूनाधिक परिवर्तन करना चाहते हैं। कल्याण अधिकारी की प्रस्थिति एवं भूमिका के सम्बंध में जो लेखक ने शोध किया था, उसमें कल्याण अधिकारी के कर्तव्यों के सम्बंध में गहन विचार–विमर्श कर कर्तव्यों में परिवर्तन सम्बन्धी निम्नलिखित सुझावों को उचित समझा गया–

1. कर्तव्य सूची में संशोधन कर सार्वजनिक क्षेत्र में स्थापित प्रतिष्ठानों तथा निजी क्षेत्र के आधुनिकतम प्रतिष्ठानों में कार्यरत कल्याण अधिकारियों को तो कार्मिक प्रबन्ध सम्बन्धी अधिकाधिक कर्तव्यों के निर्वाह की छूट दी जानी चाहिए। पर दूरस्थ अंचलों में स्थित छोटे और निजी प्रतिष्ठानों में चयन और पदोन्नति आदि कुछ आधारभूत कर्तव्यों को ही कल्याण सूची में रखा जाना चाहिए,
2. बहुसंख्यक कल्याण अधिकारियों का यह सुझाव था कि श्रमिकों की वैयक्तिक एवं सामाजिक व असमायोजन सम्बन्धी समस्याओं के निराकरण को भी कर्तव्य सूची में रखा जाना चाहिए,
3. अधिकांश कल्याण अधिकारियों का यह ख्याल था कि वे श्रम समस्याओं के विशेषज्ञ हैं। अतः श्रम नीति निर्धारण बिना इनके परामर्श से नहीं होना चाहिए,
4. राज्य सरकार के नियमों के अन्तर्गत कल्याण अधिकारी के कार्यों का इतना विशिष्ट रूप से निर्धारण नहीं होना चाहिए, वरन् प्रबन्धकों को इस सम्बन्ध में पर्याप्त छूट दी जानी चाहिए और अपने प्रतिष्ठान विशेष की आवश्यकताओं को देखते हुए उन्हें कल्याण अधिकारी के कर्तव्यों का निर्धारण करना चाहिए,
5. कुछ राज्यों की कर्तव्य सूची में कल्याण अधिकारी हेतु कुछ ऐसे कार्यों को निर्धारित किया गया है जो असंगत सा लगता है, उन्हें कर्तव्य सूची से हटा दिया जाना चाहिए। उदाहरण के लिए उ.प्र. कल्याण अधिकारी नियम के अन्तर्गत जो कर्तव्य सूची बनाई गई है, उसमें कल्याण अधिकारियों से यह अपेक्षा की गई है कि प्रतिष्ठान में चोरी या भ्रष्टाचार का पता लगाए और उसके खिलाफ पुलिस में रिपोर्ट दाखिल करें। यह कार्य कल्याण अधिकारी के पद एवं योग्यता के अनुकूल नहीं है। यह कार्य तो पुलिस इंस्पेक्टर का कार्य है।

कल्याण अधिकारी की नियुक्ति राज्य द्वारा निर्मित नियमों के अन्तर्गत प्रबंधक द्वारा की जाती है और उसे श्रमिकों का कल्याण कार्य करना पड़ता है। इस प्रकार उसकी भूमिका से राज्य प्रबंधक और श्रमिक तीनों का ही सम्बन्ध है। बहुसंख्यक

उत्तरदाताओं का यह खयाल है कि प्रबंधक और श्रम संगठन दोनों ही उसकी भूमिका को महत्व नहीं देते। इन दोनों संगठनों के प्रतिनिधि उन्हें गाड़ी का पाँचवां पहिया समझते हैं।[18] उत्तर प्रदेश कल्याण अधिकारी संघ के पदाधिकारियों के अनुसार, इस सम्बन्ध में वास्तविक तथ्य यह है कि कुछ दूरदर्शी नियोक्ताओं के अतिरिक्त अन्य सभी नियोक्ता कल्याण अधिकारी की नियुक्ति के समय से ही उसे भार स्वरूप समझते हैं और श्रमिक संघों के पदलोलुप नेता उसे अपना प्रतिद्वन्द्वी समझते हैं। सरकार सिद्धान्त रूप में तो कल्याण अधिकारी के महत्व को समझती है, पर व्यवहार में ऐसे प्रावधान को सक्षम ढंग से लागू नहीं कर पाती जिसके द्वारा कल्याण अधिकारी प्रभावशाली ढंग से कार्य कर सकें। सबसे महत्वपूर्ण बात यह है कि नियोक्तागण इन अधिकारियों से प्रशासकीय और निरीक्षकीय कार्य न कराकर लिपिकीय कार्यों का सम्पादन कराते हैं। यह बात कारखाना अधिनियम की आत्मा के प्रतिकूल है तथापि कारखाना निरीक्षक इस विषय में कोई आपत्ति नहीं करते। इस प्रकार कल्याण अधिकारी कितना दोषी है, उससे अधिक दोष उसे दिया जाता है।[19]

इस प्रकार यह स्पष्ट है कि कल्याण अधिकारी नियमों के अन्तर्गत उसकी कर्तव्य सूची अति व्यापक है। इस सम्बन्ध में लेखक के पूर्वोल्लिखित शोध से स्पष्ट हुआ कि निम्नलिखित बातों पर ध्यान देने पर उनकी भूमिका प्रभावशाली हो सकती है–

1. किसी औद्योगिक प्रतिष्ठान में श्रम कल्याण विषयक क्रियाकलापों के सम्पादन एवं औद्योगिक सम्बन्ध स्थापन में प्रबंधक, श्रमिक वर्ग स्थानीय श्रमिक नेताओं और राज्य सरकार चार तत्वों का प्रमुख योगदान होता है। अतएव श्रमिक, प्रबंधक, राज्य सरकार एवं स्थानीय सामाजिक नेताओं की विचार गोष्ठियों का समय–समय पर आयोजन किया जाना चाहिए और उनके माध्यम से कल्याणात्मक कार्यों और कल्याण अधिकारी के महत्व और उसकी भूमिका निर्वाह सम्बंधी कठिनाइयों के निराकरण में विभिन्न पक्षों के योगदान पर प्रकाश डालना चाहिए। ऐसी गोष्ठियों का आयोजन कल्याण अधिकारी संघ, श्रमिक संघ, नियोक्ता संघ तथा राज्य सरकार का श्रम विभाग कर सकता है;
2. किसी औद्योगिक प्रतिष्ठान के आन्तरिक वातावरण का निर्माण चार प्रमुख तत्वों– (i) औद्योगिक वातावरण में कार्य की भौतिक दशाएं, (ii) आर्थिक प्रलोभन, (iii) मनोवैज्ञानिक दृष्टि से कार्य सन्तुष्टि, तथा (iv) औद्योगिक प्रतिष्ठान की सामाजिक जलवायु से होता है। कल्याण अधिकारी के कार्यों पर इन चारों तत्वों का प्रभाव पड़ता है। वृत्तिक अभिकर्मी होने के नाते कल्याण अधिकारी का यह कर्तव्य होता है कि उचित सलाह, शिक्षण एवं प्रेरणा द्वारा प्रबन्धकों को उत्साहित कर अनुकूल वातावरण का सृजन करे। पर अकेले कल्याण अधिकारी यह कार्य नहीं कर सकता है। सरकार एवं व्यावसायिक संगठनों को भी समय–समय पर प्रशिक्षण कार्यक्रम तथा विचार गोष्ठी आदि के द्वारा प्रबन्धकों की इस दिशा में संकुचित शिक्षण देना चाहिए,

3. प्रभावशाली ढंग से विभिन्न जिम्मेदारियों के निर्वाह हेतु सम्यक एवं विशिष्ट कार्यक्रमों की व्यवस्था होनी चाहिए। सम्यक् प्रशिक्षण द्वारा कल्याण अधिकारी मानव शक्ति प्रबंध के तीन क्षेत्रों– (i) कार्मिक प्रबंध, (ii) श्रम प्रबंध, तथा (iii) प्रशासन का ज्ञान प्राप्त करता है, साथ ही कुछ सामाजिक कौशल अर्जित करता है, जिसके माध्यम से समाजकार्य की कुछ प्रविधियों– समायोजन तथा परामर्श इत्यादि का प्रयोग कर मानवीय समस्याओं का हल करना सीखता है,
4. कल्याण अधिकारी की सांस्कृतिक पृष्ठभूमि, उसका स्वयं अपना जीवन दर्शन, औद्योगिक परिवेश में उसकी महत्वाकांक्षाएं, उसके जीवन के अनुभव तथा चरित्रगत विशेषताओं का उसकी भूमिका पर प्रभाव पड़ता है। इस दृष्टि से यह आवश्यक है कि सक्षम और ईमानदार चयन समितियों द्वारा योग्य एवं प्रशिक्षित कल्याण अधिकारियों की नियुक्ति हो,
5. कुछ कल्याण अधिकारियों का यह मत है कि भारत सरकार द्वारा केन्द्रीय स्तर पर श्रम कल्याण एवं कार्मिक प्रबंध परामर्शदाता सेवाओं की स्थापना होनी चाहिए। इस प्रकार की सेवाओं से कल्याण अधिकारी के अतिरिक्त नियोक्ता एवं राज्य सरकारें भी लाभान्वित होंगी,
6. कार्मिक प्रबंध एवं समाजकार्य से सम्बंधित उच्च स्तरीय संस्थान– श्रम कल्याण एवं समाजकार्य प्रशिक्षण संस्थाएं तथा एनआईपीएम इत्यादि भी श्रम कल्याण एवं कार्मिक प्रबंध के क्षेत्र में गवेषणा आदि द्वारा नवीनतम कार्य पद्धतियों एवं कार्य कुशलताओं का विकास कर सकते हैं,
7. गालब्रेक के अनुसार, आज उच्च स्तरीय औद्योगिक प्रतिष्ठान (Techno Structure) में सर्वोच्च निर्णय कोई एक व्यक्ति नहीं वरन् एक विशेषज्ञ दल ले रहा है। यदि कल्याण अधिकारी उक्त विशेषज्ञ दल का सदस्य हो जाता तो उसकी भूमिकाओं को और अधिक प्रभावशाली ढंग से क्रियान्वयन का मार्ग प्रशस्त होता।

ये सभी सुझाव महत्वपूर्ण हैं। यदि उनका क्रियान्वयन होगा तो कल्याण अधिकारी की भूमिका और सशक्त होगी। कार्मिक अधिकारी के कार्यों को देखते हुए कुछ विद्वान इस निष्कर्ष पर पहुँचते हैं कि उसे मुख्यतया पाँच प्रकार की भूमिकाओं का निर्वाह करना पड़ता है। ऐसे विद्वानों में मनरो[20] और बर्की का नाम मुख्य रूप से उल्लेखनीय है– (i) सामाजिक कार्यकर्ता, (ii) संराधन अधिकारी (Concilate Officer), (iii) कार्मिक तथा औद्योगिक सम्बंध अधिकारी, (iv) अतिरिक्त औद्योगिक प्रतिष्ठान निरीक्षक, तथा (v) पुलिस अधिकारी। अधिकांश प्रशिक्षित कल्याण अधिकारी, पुलिस अधिकारी एवं औद्योगिक प्रतिष्ठान निरीक्षक भी श्रमिकों को पसन्द नहीं करते हैं। संराधन अधिकारी के रूप में उनसे यह आशा की जाती है कि कि वे श्रम एवं प्रबन्ध दोनों के बीच भिन्नतापूर्ण सम्बंध स्थापित करें और एक निरपेक्ष अभिकर्मी की भाँति दोनों पक्षों को एक–दूसरे की भावनाओं से अवगत कराते हुए उनके विवादों में पारस्परिक सहमति से समझौता कराएं। बहुसंख्यक कल्याण अधिकारी यह महसूस करते हैं कि इस भूमिका

के निर्वाह से उद्योग एवं प्रतिष्ठान में उनके महत्व एवं प्रभाव में वृद्धि होगी, साथ ही श्रमिक एवं प्रबंधक के विवादों से बच जाएंगे। पर लेखक उनकी बात से सहमत नहीं है क्योंकि कल्याण अधिकारी अन्ततः मानव संसाधन प्रबंध अधिकारी है, इस प्रकार वह प्रबंध का अंग है। ऐसी स्थिति में यदि वह संराधन अधिकारी की भूमिका अदा करेगा तो उसे प्रबंध से अलग हटकर एक निरपेक्ष अधिकारी की भूमिका अदा करनी होगी।

सामाजिक कार्यकर्ता की भूमिका को जितना महत्व विद्वत्जन देते हैं, उतना महत्व स्वयं कल्याण अधिकारी नहीं देते हैं। अधिकांश कल्याण अधिकारी इस भूमिका को महत्वपूर्ण समझते हैं, पर इसका क्रियान्वयन नहीं कर पाते हैं। बहुसंख्यक कल्याण अधिकारी यह महसूस करते हैं कि इस भूमिका के निर्वाह का उन्हें सम्यक अवसर नहीं मिल पाता है। इस भूमिका का प्रभावपूर्ण ढंग से निर्वाह उन्हीं औद्योगिक प्रतिष्ठानों में सम्भव है जहाँ के प्रबंधक दूरदर्शी हैं और कल्याणात्मक कार्यों का सम्बन्ध उत्पादकता वृद्धि से जोड़ते हैं।

कार्मिक प्रबन्धक एवं औद्योगिक सम्बंध अधिकारी की भूमिका को अधिकांश अधिकारी पसन्द करते हैं। इस सम्बंध में आश्चर्यजनक बात यह है कि बहुत से अधिकारी कार्मिक प्रबन्ध की आधुनिक प्रवृत्तियों– मानवशक्ति नियोजक, कार्य समृद्धिकरण, निष्पादन और मूल्यांकन इत्यादि से परिचित ही नहीं हैं, फिर उनका प्रयोग किस प्रकार करेंगे। वैसे यह एक अधिकारयुक्त भूमिका है। इसका निर्वाह सभी अधिकारी करना चाहते होंगे।

उपर्युक्त सभी भूमिकाओं में कुछ कल्याण अधिकारी परस्पर एक–दूसरे का सहयोगी समझते हैं और कुछ एक–दूसरे के विरोधी इन भूमिकाओं को द्वन्द्वात्मक समझने वाले अधिकारियों का मत है कि संराधन सम्बंधी भूमिका के निर्वाह में उन्हें तटस्थ रूप से कार्य करना पड़ता है और कार्मिक प्रबंधक की भूमिका में उन्हें प्रबंध का अंग बनकर कार्य करना पड़ता है। ये दोनों बातें परस्पर विरोधी हैं। इसी प्रकार सामाजिक कार्यकर्ता के रूप में उन्हें पारस्परिक सहयोग एवं समानता के आधार पर कार्य करना पड़ता है और कार्मिक प्रबंधक के रूप में उन्हें अनुशासनात्मक एवं अधिकार पूर्ण ढंग से कार्य करना पड़ता है। ये दोनों बातें परस्पर विरोधी हैं। इन भूमिकाओं को सहयोगात्मक समझने वाले अधिकारियों का यह मत है कि यदि औद्योगिक प्रतिष्ठानों में मानवीय तत्वों के अनुरक्षण का उद्देश्य व्यक्ति की क्षमताओं में वृद्धि करना है तो उसके लिए औद्योगिक शान्ति आवश्यक है और औद्योगिक शान्ति कायम रखने के लिए श्रमिक एवं प्रबंधक के बीच उत्पन्न विवादों को संराधन द्वारा तय कराना आवश्यक है, साथ ही इस उद्देश्य की प्राप्ति के लिए श्रमिकों की मनोसामाजिक कठिनाइयों का निराकरण और उन्हें सामाजिक, मानसिक एवं शारीरिक दृष्टि से सन्तुष्टि प्रदान करना भी आवश्यक है। इन उद्देश्यों की पूर्ति हेतु कल्याण अधिकारी को सामाजिक कार्यकर्ता के रूप में कल्याणात्मक भूमिका के निर्वाह की आवश्यकता होती है। पर श्रमिकों की कार्य क्षमता में वृद्धि तभी सम्भव है, जबकि योग्यता एवं अभिरुचि के अनुसार उन्हें कार्य दिया जाए और उनके प्रशिक्षण, प्रलोभन एवं पदोन्नति आदि की सम्यक् व्यवस्था हो। इस दृष्टि से कल्याण अधिकारी को

कार्मिक–प्रबंधक की भूमिका का निर्वाह करना आवश्यक है। अतः संराधन अधिकारी, सामाजिक कार्यकर्ता एवं कार्मिक प्रबंधक तीनों ही कार्य एक ही दिशा में अग्रसित होते हैं और उन्हें एक ही कल्याण अधिकारी अन्य अधिकारियों के पारस्परिक सहयोग से सम्पादित कर सकता है।

लेखक का मत है कि अमेरिका के कार्मिक अधिकारियों की नियुक्ति जहाँ प्रबंधकों के लाभ और उत्पादन वृद्धि के लिए की गई और इंग्लैण्ड के कल्याण अधिकारियों की नियुक्ति श्रमिकों के कल्याणार्थ की गई, वहीं भारतीय कल्याण अधिकारी का सृजन केवल श्रमिक ही नहीं वरन् पूर्व औद्योगिक समाज के लिए किया गया। इस दृष्टि से जहाँ हम उसके कार्यों की दृष्टि से उसे कार्मिक मानव संसाधन प्रबंधक कह सकते हैं, वहीं उसके ह्रदय में सामाजिक कार्यकर्ता का निवास है। इस दृष्टि से वह कार्मिक प्रबन्धक एवं सामाजिक कार्यकर्ता दोनों ही है। पाश्चात्य औद्योगिक परिवेश में भले ही दोनों कार्य एक–दूसरे से अलग लगते हों, पर भारतीय परिवेश में दोनों ही कार्य एक–दूसरे के परिपूरक हैं।

कल्याण अधिकारी औद्योगिक परिवेश में मानवीय तत्वों का अनुरक्षण अभियन्ता **(Maintenance Engineer on Human Side)** है। इस दृष्टि से प्रबंधक को उसका महत्व समझना चाहिए और श्रम कल्याण नीति निर्धारण में उसकी सलाह को सर्वोपरि महत्व दिया जाना चाहिए, साथ ही उसका वेतन भी मशीनों के अनुरक्षण अभियन्ता से कम नहीं होना चाहिए, अन्यथा उसकी प्रस्थिति अपने आप हीन हो जाएगी। इस पद पर योग्य एवं प्रशिक्षित अभिकर्मियों का प्रबन्धकों द्वारा चुनाव होना चाहिए। राज्य द्वारा अप्रशिक्षित अभिकर्मियों को योग्यता सम्बंधी छूट देने का प्रावधान भी समाप्त हो जाना चाहिए। इसके अतिरिक्त राजकीय नियमों में आवश्यक संशोधन कर इन अधिकारियों को चयन करने का अधिकार तथा श्रम कल्याण कोष संचालन का अधिकार प्रदान किया जाना चाहिए।

कल्याण अधिकारियों को मानव संसाधन प्रबन्ध एवं समाजकार्य के वृत्तिक मूल्यों को ध्यान में रखकर यथाशक्ति, निष्ठा एवं ईमानदारी के साथ अपने कार्य का सम्पादन करना चाहिए और वृत्तिक आचार संहिताओं का पालन करते हुए व्यक्तिगत स्वार्थ की अपेक्षा वृत्तिक स्वास्थ्य को अधिक महत्व देना चाहिए। समाजकार्य एवं अन्य कार्मिक प्रबन्ध या मानव संसाधन प्रशिक्षण संस्थाओं को भी अपने प्रशिक्षण कार्यक्रम को अन्य बातों के साथ–साथ कार्मिक समाजकार्य की नवीन अपेक्षाओं के अनुरूप बनाना चाहिए।

टिप्पणियां

1. मायर्स चार्ल्स : ए इण्डस्ट्रियल रिलेशन्स इन इण्डिया (1970), पृ. 353–56
2. कुडचेदकर, एल.एस. : ट्रेनिंग फॉर लेबर वेलफेयर, इण्डियन जर्नल ऑफ सोशल वर्क, अप्रैल 67, पृ.–71

3. वैद, के.एन. : लेबर वेलफेयर इन इण्डिया (1968), पृ.–333
4. विलमोरिया, आर.पी. : इण्डस्ट्रियल रिलेशन्स इन इण्डिया, (1970)
5. पर्सनल मैनेजमेण्ट इन इण्डिया (1962), पृ.–42
6. रिपोर्ट ऑफ दि लेबर इन्वेस्टिगेशन कमेटी, पृ.–126
7. यू.एन. : पर्सनल सोशल वर्क सेमिनार, 1961
8. रिपोर्ट ऑफ दि कमेटी ऑन लेबर वेलफेयर वा. 5, पृ.–995
9. रिपोर्ट ऑफ दि नेशनल कमीशन ऑन लेबर, पृ.–25
10. कल्याण अधिकारी की प्रस्थिति और भूमिका : आई.आई.पी.एम. बोकारो ब्रोंच, 1975
11. ए स्टडी ऑफ पर्सनल ऑफिसर इन कलकत्ता सिटी, (आई.आई.पी.एम. 1966)
12. गिरी, बी. वी. : लेबर प्रॉब्लम्स इन इण्डियन इण्डस्ट्रीज, पृ.–108
13. मायर्स चार्ल्स : ए इण्डस्ट्रियल रिलेशन्स इन इण्डिया, पृ.–209
14. मार्टिन, ए.ओ. : वेलफेयर एट वर्क (मॉडर्न मैनेजमेण्ट सीरीज 1967)
15. रिपोर्ट ऑफ दि नेशनल कमीशन आन लेबर (1970), पृ.–116
16. रिपोर्ट ऑफ दि सेमिनार ऑन वेलफेयर ऑफिसर पत्र, ए. मेण्टेनेंस इंजीनियर ऑन ह्यूमन साइड, कानपुर, 1972
17. मार्टिन, ए.ओ. : वेलफेयर एट वर्क, पृ.–36
18. रिपोर्ट ऑफ दि सेमिनार ऑन एडमिनिस्ट्रेटिव डाइमेंशन ऑफ लेबर लाज (आर्गनाइज्ड बाई श्रीराम सेण्टर फार इण्डस्ट्रियल रिलेशन्स 1966 टाइम्स ऑफ इण्डिया)
19. इस बात के लिए उत्तर प्रदेश कल्याण अधिकारियों के महामंत्री ओमप्रकाश मिश्र ने शेक्सपियर के नाटक ट्वेल्थ नाइट के पात्र मलवीलियो के कथन "मोर सिन्ड अगेन्स्ट दैन सिनिंग" का उल्लेख किया था।
20. मुनरो एण्ड बर्फी : मल्टिपुल रोल ऑफ वेलफेयर ऑफिसर्स पूर्वोद्धृत।

6

औद्योगिक सम्बन्ध

औद्योगिक सम्बन्धों का अर्थ निरूपण

औद्योगिक सम्बन्धों का अर्थ निरूपण कई विद्वानों ने अपने–अपने ढंग से किया है। प्रारम्भ में जब औद्योगिक प्रतिष्ठानों की कार्य प्रणाली के सम्बन्ध में सरकार ने तटस्थता की नीति अपनाई हुई थी तो उत्पादन के दौरान श्रम व प्रबन्ध के बीच जनित अन्तर्क्रियाओं द्वारा उत्पन्न संघर्ष एवं सहयोग को ही औद्योगिक सम्बन्धों का मुख्य विषय समझा जाता था। किन्तु इंग्लैण्ड में जब कल्याणकारी राज्य के मूल्यों की स्थापना हुई तो राज्य भी श्रम प्रबन्ध सम्बन्धों के बीच हस्तक्षेप करने लगा। इस प्रकार औद्योगिक सम्बन्धों की परिभाषा में बदलाव आया और श्रम, प्रबन्ध तथा राज्य तीन अभिकर्ताओं की पारस्परिक अन्तर्क्रिया से श्रम और प्रबन्ध के बीच जनित संघर्ष एवं सहयोग के क्रियाकलापों को औद्योगिक सम्बन्धों के अन्तर्गत सम्मिलित किया जाने लगा। इस परिप्रेक्ष्य में कुछ प्रमुख मतों का विवरण निम्नलिखित है–

रिचर्ड ए लेस्टर[1] ने भी औद्योगिक सम्बन्ध का व्यापक परिप्रेक्ष्य में अर्थ निरूपण करने का प्रयास किया है। उनके अनुसार औद्योगिक सम्बन्ध का क्षेत्र आज श्रम संगठन और औद्योगिक प्रबन्ध तक ही सीमित नहीं रह गया है, वरन् इसके अन्तर्गत श्रम के सभी पक्षों को सम्मिलित किया जाता है। इसमें मजदूरी उत्पादकता, सामाजिक सुरक्षा, प्रबन्धकीय कार्मिक नीतियाँ, श्रम संगठन की नीतियाँ तथा श्रम समस्याओं के सम्बन्ध में श्रम संगठन की नीतियों को भी सम्मिलित किया जाता है।

एनसाइक्लोपीडिया ब्रिटानिका[2] ने औद्योगिक सम्बन्ध का अर्थ निरूपण करते समय राज्य की भूमिका को भी महत्त्व दिया है। उसके अनुसार औद्योगिक सम्बन्ध के अन्तर्गत निम्नलिखित तत्वों को सम्मिलित किया जा सकता है–

1. कार्यस्थल पर नियोक्ता एवं कार्य समूह के बीच व्यक्तिगत सम्बन्ध एवं सामूहिक परामर्श।
2. नियोक्ता और नियोक्ता संघ तथा श्रम संघ के बीच सामूहिक सम्बन्ध।
3. उक्त सम्बन्धों के नियमन में राज्य की भूमिका।

फ्लैण्डर्स[3] और क्लेग[4] के अनुसार औद्योगिक सम्बन्ध का अर्थ उन नियमों तक ही सीमित है, जिनके द्वारा किसी कार्य का नियमन होता है। फ्लैण्डर के मतानुसार इस विषय का नाम कुछ अंश में भ्रमात्मक है। इस सम्बन्ध के अन्तर्गत वे औद्योगिक संगठन से संबंधित सभी सम्बन्धों को सम्मिलित नहीं करना चाहते, वरन् केवल उन्हीं सम्बन्धों को सम्मिलित करना चाहते हैं, जो श्रम और प्रबन्ध से जुड़े हुए हों। इस प्रकार के सम्बन्ध के अन्तर्गत प्रतिष्ठान एवं उसके कर्मचारियों के सम्बन्ध तथा स्वयं कर्मचारियों के पारस्परिक सम्बन्धों को सम्मिलित किया जा सकता है। डनलप[5] ने औद्योगिक सम्बन्ध को श्रम, प्रबन्ध और राजकीय अभिकर्ताओं की एक जटिल एवं अन्तर्सम्बन्धित प्रणाली के रूप में परिभाषित किया है। उनके अनुसार औद्योगिक सम्बन्ध प्रणाली सम्पूर्ण सामाजिक प्रणाली की एक उप–प्रणाली है, इसके अन्तर्गत तीन प्रकार के 'एक्टर्स' कार्य करते हैं– (1) प्रबन्धकीय उत्क्रम, (2) श्रम उत्क्रम, एवं (3) विशिष्ट राजकीय अभिकरण। ये सभी 'एक्टर्स' एक से विचारों एवं विश्वासों से आबद्ध होकर एक निश्चित परिवेश के अन्तर्गत कार्य करते हैं, और उनकी पारस्परिक अन्तर्क्रियाओं के आधार पर ऐसे नियमों का निर्माण होता है जिनके द्वारा कार्यस्थल एवं कार्य समुदाय का संचालन किया जाता है। इस प्रकार फ्लैण्डर और क्लेग के मत से डनलप इस बात में सहमत हैं कि औद्योगिक सम्बन्ध का सारतत्व नियमों का निर्माण तथा प्रशासन है।

उपर्युक्त मतों के विवेचन से स्पष्ट है कि औद्योगिक प्रतिष्ठान प्रणाली सम्पूर्ण सामाजिक प्रणाली की एक उप–प्रणाली है। औद्योगिक सम्बन्ध प्रणाली, औद्योगिक प्रतिष्ठान प्रणाली की एक उप–प्रणाली है। इस उप–प्रणाली के प्रबन्ध, श्रम और राज्य– तीन स्पष्ट एक्टर हैं, जिनके द्वारा इस प्रणाली के 'इनपुट' का निर्माण होता है, किन्तु इसके अतिरिक्त सामाजिक हितों एवं राष्ट्रीय हितों का भी इस पर प्रभाव पड़ता है क्योंकि औद्योगिक प्रतिष्ठान या औद्योगिक सम्बन्ध प्रणाली सम्पूर्ण सामाजिक या राष्ट्रीय प्रणाली की एक उप–प्रणाली है। औद्योगिक सम्बन्ध प्रणाली के पाँचों 'एक्टर्स' (श्रम, प्रबन्ध, राज्य, समाज तथा राष्ट्र) जो पारस्परिक अन्तर्क्रिया करते हैं, उनका प्रवाह एक विशेष प्रक्रिया के अन्तर्गत होता है और उसके द्वारा जिस आउटपुट या प्रतिफल का निर्माण होता है, उसे पाँच भागों में विभाजित कर सकते हैं– नियम, लाभ, मजदूरी, संघर्ष और सहयोग। फीडबैक या प्रतिसम्भरण के द्वारा इस प्रकार के 'आउटपुट' का प्रभाव 'इनपुट' पर पड़ता रहता है। इस प्रकार सम्पूर्ण प्रक्रिया एक वृत्त के रूप में चलती है जिसके अन्तर्गत एक कारक दूसरे से प्रभावित होता रहता है। इसी आधार पर आज औद्योगिक सम्बन्ध या कार्मिक प्रबन्ध के स्थान पर संगठनात्मक व्यवहार की शब्दावली का प्रयोग किया जा रहा है, जिसके अन्तर्गत यह बात स्वीकार की जा रही है कि औद्योगिक प्रतिष्ठान में श्रम के ऊपर प्रबन्ध अपना नियमन या नियंत्रण कर निर्धारित लक्ष्यों की प्राप्ति नहीं करता है,

वरन् श्रम प्रबन्ध और राज्य तीनों ही कारक पारस्परिक अन्तर्क्रिया करते हुए अपने व्यवहारों के द्वारा प्रतिष्ठान को निश्चित दिशा की ओर संचरित करते हैं। इस प्रकार इन कारकों का पारस्परिक व्यवहार और अन्तर्क्रिया ही औद्योगिक सम्बन्ध है।

रिचर्ड हीमन ने औद्योगिक सम्बन्धों के बारे में फ्लैण्डर्स और डनलप द्वारा प्रतिपादित रूल मेकिंग प्रोसेस की सराहना तो की है किन्तु उनका यह कहना है कि रूल मेकिंग प्रोसेस के आधार पर औद्योगिक सम्बन्धों की जो परिभाषा दी गई है वह अपेक्षाकृत संकीर्ण रूप से औद्योगिक सम्बन्धों का अर्थ निरूपण है। इस सम्बन्ध में कुछ अन्य प्रमुख कारकों जैसे– नियोक्ता संगठन, व्यवसाय संघ, सरकार की औद्योगिक सम्बन्ध विषयक नीति, तृपक्षीय संयंत्र तथा संघर्ष और सहयोग आदि सभी का उल्लेख होना चाहिए।

औद्योगिक सम्बन्ध एम्प्लॉयमेण्ट रिलेशन्स के रूप में

ब्लीटन और *टनेबुल*[6] के अनुसार औद्योगिक सम्बन्धों का अर्थ एम्प्लॉयमेण्ट रिलेशन्स (employment relations) हो जाना चाहिए। उनके अनुसार किसी प्रतिष्ठान में कार्य की अपेक्षाओं के परिप्रेक्ष्य में कामगारों की नियुक्ति होती है और उनकी मजदूरी उनके कार्य के अनुसार निर्धारित की जाती है, न कि उनकी उत्पादन क्षमता के अनुसार। किन्तु आज के वैश्विक प्रतिस्पर्धा के युग में नियोक्ता या प्रबन्धक यह चाहता है कि, कामगार अपनी क्षमता के अनुसार अधिकाधिक उत्पादन करें, किन्तु कामगार यह सोचते हैं कि जब उनकी मजदूरी एवं अन्य आनुषंगिक लाभों में अधिकाधिक वृद्धि नहीं हो रही है तो वे अधिकाधिक उत्पादन क्यों करें। ऐसी स्थिति में नियोक्ता एवं कामगार के बीच। संघर्ष की स्थिति उत्पन्न होती है। इस स्थिति के निराकरण हेतु जागरूक प्रबन्धक या नियोक्ता मानव संसाधन मूलक अभिगम अपनाता है। वह कामगारों के प्रति प्रोएक्टिव अभिगम अपनाते हुए एक ओर तो उनके वेतन एवं कार्यदशाओं में अधिकाधिक सुधार लाता है और उनकी पदोन्नति का मार्ग प्रशस्त करता है (कार्मिक प्रबन्ध)। दूसरी ओर वह उनकी (कामगारों की) कल्याणात्मक सुविधाओं में अधिकाधिक वृद्धि करता है (श्रम कल्याण) तथा तीसरी ओर वह श्रम व प्रबन्ध के बीच संघर्षों का निराकरण करते हुए उनके बीच सौहार्दपूर्ण सम्बन्ध स्थापित करता है (औद्योगिक सम्बन्ध)। इस प्रकार कार्मिक प्रबन्ध श्रम कल्याण एवं औद्योगिक सम्बन्ध तीनों अभिगमों को एकीकृत मानव संसाधन प्रबन्ध का अभिगम अपनाते हुए कर्मचारियों की अधिकाधिक सन्तुष्टि एवं विकास का मार्ग प्रशस्त करता है। इस प्रकार का एकीकृत अभिगम टोटल एम्प्लॉयमेण्ट रिलेशन्स कहा जाता है और उसके परिणाम स्वरूप कामगार या कर्मचारी में कार्य एवं प्रबन्ध के प्रति प्रतिबद्धता का विकास होता है और वह अपने आप ही यह प्रयास करने लगता है कि अपनी सम्पूर्ण दक्षता के अनुसार संगठन के लक्ष्यों की प्राप्ति में अपना योगदान दे। यह सम्पूर्ण अभिगम एम्प्लॉयमेण्ट रिलेशन्स कहा जाता है।

औद्योगिक सम्बन्धों की परिभाषा के मुख्य बिन्दु

1. औद्योगिक सम्बन्ध सम्पूर्ण सामाजिक प्रणाली की एक उप–प्रणाली है। इस उप–प्रणाली के अन्तर्गत तीन अभिकर्ता कार्य करते हैं– (i) श्रम एवं श्रमिक संघ,

(ii) नियोक्ता या नियोक्ता संघ, एवं (iii) सरकार। ये तीनों अभिकर्ता अपनी पारस्परिक अन्तर्क्रियाओं के द्वारा प्रणाली के इनपुट या निवेश का निर्माण करते हैं। किन्तु यह इनपुट समाज एवं राष्ट्र के स्वार्थों से भी प्रभावित होता है। इस प्रकार सब कुछ मिलाकर औद्योगिक सम्बन्धों के पाँच अभिकर्ता होते हैं। इन सभी अभिकर्ताओं की अन्तर्क्रियाएँ एक विशेष प्रक्रिया से चलकर प्रतिफल या रूल्स (नियमों) का निर्माण करती हैं। ये नियम कार्य का नियमन करते हैं और प्रतिष्ठान में श्रम प्रबन्ध सम्बन्धों के बीच सन्तुलन स्थापित करते हैं। किन्तु जब बाह्य सामाजिक पर्यावरण में बदलाव आता है, तो उसके द्वारा कोई आंतरिक अभिकर्ता प्रभावित हो सकता है और उस अभिकर्ता के द्वारा प्रतिष्ठान में असन्तुलन की स्थिति उत्पन्न की जा सकती है, क्योंकि उक्त अभिकर्ता के प्रभाव से कोई नियम प्रभावहीन हो सकता है। फलस्वरूप संघर्षात्मक स्थिति का जनन हो सकता है। इस स्थिति में श्रम प्रबन्ध एवं सरकार तीनों ही अभिकर्ता नए सिरे से निवेश करते हैं और नवीन नियमों का निर्माण होता है तथा सन्तुलन स्थापित होता है। अतः औद्योगिक सम्बन्ध नियमों के निर्माण की प्रक्रिया है, जिसके द्वारा कार्य का नियमन होता है।

2. औद्योगिक सम्बन्धों को आज एम्प्लॉयमेण्ट रिलेशन्स कहा जाता है। इसे केवल कर्मचारियों के ऊँचे वेतन या मजदूरी तथा नियोक्ता के लाभ की दृष्टि से ही नहीं देखा जाता है, वरन् इसे मानव सम्बन्धों के प्रबन्ध के व्यापक परिवेश में देखा जाता है, जहाँ कार्मिक प्रबन्ध औद्योगिक सम्बन्ध एवं श्रम कल्याण तीनों को एकीकृत मानवीय संसाधन प्रबन्ध के रूप में देखा जाता है और प्रबन्ध से यह आशा की जाती है, वह कर्मचारियों के प्रति प्रोएक्टिव हो, कर्मचारियों में ऐसी योग्यता एवं प्रतिबद्धता का विकास करे कि वे संगठनात्मक लक्ष्यों की प्राप्ति में अपना अधिकतम योगदान दें।
3. इस प्रकार का सम्बन्ध 'एकोमोडेशन' प्रोसेस पर अधिक बल देता है, जहाँ पर संबंधित पक्ष समायोजन, सहयोग की विधियों और कौशल का विकास करते हैं।
4. औद्योगिक सम्बन्धों के अन्तर्गत कुछ विचारधाराएँ भी सम्मिलित हैं जैसे एकता (unity), प्ल्यूरलिज्म, रैडिकलिज्म और ट्रस्टीशिप।
5. औद्योगिक सम्बन्ध कुछ आधारभूत मूल्यों पर भी आधारित हैं। ये मूल्य हैं– समानता, ईमानदारी, शक्ति और अधिकार, व्यक्तिवाद, सामूहिकता, ईमानदारी, विश्वास एवं पारदर्शिता।
6. औद्योगिक सम्बन्धों का ज्ञान कई विषयों से लिया गया है जैसे कानून, अर्थशास्त्र, मनोविज्ञान, मानवशास्त्र, समाजशास्त्र, समाज कार्य और प्रबन्धशास्त्र।
7. औद्योगिक सम्बन्ध एक प्रकार का संगठनात्मक व्यवहार है, जहाँ पर औद्योगिक सम्बन्धों का प्रबन्ध श्रमिक और प्रबन्ध के स्वार्थों को एक–दूसरे के करीब लाता है और एक विधायी संगठनात्मक संस्कृति का निर्माण करता है, जहाँ संघर्षों का अधिकतम सीमा तक सुलझाव होता है। श्रमिक तथा प्रबन्ध दोनों के स्वार्थों की अधिकतम सीमा तक पूर्ति होती है।

औद्योगिक सम्बन्धों में होने वाले परिवर्तन

औद्योगिक सम्बन्धों को अब रोजगार सम्बन्ध (employment relations) कहा जाता है। इस परिप्रेक्ष्य में निम्नलिखित परिवर्तन हो रहे हैं–

(i) श्रमिकों की बनावट में परिवर्तन हो रहा है। प्रारम्भ में श्रमिक ब्ल्यू कलर के थे, अब व्हाइट कलर के हो रहे हैं। आशा है निकट भविष्य में वे सुनहरे रंग के हो जाएँगे।

(ii) सम्पूर्ण कार्यशक्ति में अब उत्पादन सम्बन्धी कार्यों में लगे हुए श्रमशक्ति का प्रतिशत कम होता जा रहा है। आज उत्पादन कार्य में लगे हुए श्रमिकों का प्रतिशत कुल श्रमिकों का केवल 8 प्रतिशत रह गया है।

(iii) श्रमिक संघों का महत्त्व अब घटता जा रहा है। आज की बहुत सी नवोदित कम्पनियाँ बिना यूनियन के ही कार्य कर रही हैं। दूसरे स्थानों पर श्रमिक संघ प्रबन्ध से संघर्ष की प्रवृत्ति छोड़ते जा रहे हैं, और वे प्रबन्ध के साथ सहयोग कर रहे हैं।

(iv) आज हड़ताल की संख्या में गिरावट हो रही है और लॉक आउट बढ़ता जा रहा है।

(v) पहले सरकार श्रम प्रबन्ध सम्बन्धों में श्रमिकों की पक्षधर थी, अब वह प्रबन्ध की पक्षधर होती जा रही है।

(vi) औद्योगिक संगठनों की आज पुनर्संरचना हो रही है, अब उनका आकार छोटा होता जा रहा है।

(vii) औद्योगिक संगठन पहले नौकरशाही मॉडल पर निर्मित थे, अब वे सिस्टम और कांटिजेन्सी मॉडल के आधार पर निर्मित होते जा रहे हैं।

(viii) पहले संगठन में प्राविधिक प्रणाली का विशेष महत्त्व था, अब उसकी सामाजिक प्रणाली का महत्त्व बढ़ता जा रहा है। आज बहुत से संस्थानों में सामूहिक सौदेबाजी का महत्त्व घटता जा रहा है और व्यक्तिगत सौदेबाजी का महत्त्व बढ़ता जा रहा है।

(ix) सामूहिक सौदेबाजी के क्षेत्र में आजकल कनसेशनल बारगेनिंग (concessional bargaining) का महत्त्व बढ़ता जा रहा है।

(x) पहले कर्मचारी स्थायी जॉब में नियुक्त होना पसन्द करते थे, किन्तु अब वे अस्थायी कार्य और अधिक वेतन और अधिक पर्क्स पाना पसन्द करते हैं।

(xi) औद्योगिक कार्यशक्ति में आज महिलाओं का अनुपात बढ़ता जा रहा है।

(xii) संगठनों के आकार में भी परिवर्तन होता जा रहा है आज अधिकांश नए संगठनों में केवल कुछ प्रबन्धकीय कर्मचारी और कुछ टेक्निकल कर्मचारी कार्यरत रहते हैं और शेष कार्य वे ठेके के श्रमिकों और ठेकेदारों से करा लेते हैं।

श्रमिक संघों में होने वाले परिवर्तन

उपर्युक्त परिवर्तनों के परिप्रेक्ष्य में आज श्रमिकों एवं श्रमिक संघों में कुछ विशेष परिवर्तन होता जा रहा है। ऐसे कुछ प्रमुख परिवर्तन निम्नलिखित हैं–

(i) पहले श्रमिक संघ नियोक्ताओं से अच्छा वेतन एवं अच्छी कार्यदशाओं की माँग करते थे। किन्तु आज के श्रमिक संघ अपने सदस्यों हेतु अपेक्षाकृत अधिक ऊँची प्रस्थिति एवं अधिक पदोन्नति के अवसरों की माँग कर रहे हैं।

(ii) पहले श्रमिक संघ नियोक्ताओं से वितरणात्मक (distributive) सौदेबाजी करते थे, किन्तु अब वे एकीकृत सौदेबाजी (integrative bargaining) कर रहे हैं।

(iii) आज श्रमिक संघों की संख्या में वृद्धि होती जा रही है, और उनमें आंतरिक संघर्ष बढ़ता जा रहा है।

(iv) बहुत से श्रमिक संघों के केन्द्रीय संगठन इस प्रकार के हैं कि उनकी दो या दो से अधिक शाखाएँ एक ही प्रतिष्ठान में कार्यरत हैं।

(v) श्रमिक संघों के नेता आज अपनी संगठनात्मक दक्षता के आधार पर अधिकार एवं शक्ति का अर्जन नहीं कर रहे हैं, वरन् वे अपनी राजनीतिक सम्बद्धता एवं कानूनी दाव–पेंच के आधार पर शक्ति अर्जन करते जा रहे हैं।

(vi) आज श्रमिक संघों में आंतरिक नेतृत्व का महत्त्व बढ़ता जा रहा है और बाह्य नेतृत्व का प्रभाव बढ़ता जा रहा है, किन्तु उन आंतरिक नेताओं में इतनी तीव्रता से परिवर्तन होता जा रहा है कि नियोक्ता उनके साथ सामूहिक सौदेबाजी नहीं कर पा रहा है।

(vii) औद्योगिक विवादों के सुलझाव में आज भी श्रमिक संघ अधिनिर्णयन को अधिक महत्त्व देते हैं।

(viii) सरकार आज श्रमिक संघों की अपेक्षा प्रबन्ध का अधिक पक्ष ले रही है। संराधन के स्तर पर संराधन अधिकारी श्रमिकों की अपेक्षा प्रबन्ध का अधिक पक्ष ले रहा है और अपेक्षाकृत अधिक स्थितियों में प्रबन्ध को छंटनी या बन्दी की अनुमति सरकार द्वारा दी जा रही है,

(ix) वास्तविक व्यवहार में प्रतिष्ठान स्तर पर गठित श्रमिक संघों का महत्त्व बढ़ता जा रहा है और इण्डस्ट्री के स्तर पर गठित श्रमिक संघों का महत्त्व कम होता जा रहा है।

(x) सोवियत संघ के पतन के पश्चात् मार्क्सवाद का प्रभाव श्रमिक संघों पर कम होता जा रहा है, सेक्टोरल स्तर का श्रम संघवाद बढ़ता जा रहा है।

(xi) आज सामाजिक बदलाव हेतु नियोक्ता श्रमिक संघों से संघर्ष नहीं कर रहे हैं वरन् वे प्रबन्ध से मिलकर उत्पादकता वृद्धि में सहयोग दे रहे हैं और बढ़ी हुई उत्पादकता में श्रमिकों को अधिक से अधिक अंश दिला रहे हैं।

(xii) आज बहुत से स्थानों पर श्रमिक संघों की भूमिका हाशिये पर आती जा रही है। नए औद्योगिक प्रतिष्ठान तो चाहते ही नहीं कि उनके यहाँ श्रमिक संघ का अस्तित्व हो और विदेशी कम्पनियाँ भारत की जिन पुरानी कम्पनियों में निवेश कर रही हैं, उनमें इस बात का ध्यान रखती है कि वहाँ श्रमिक संघों का अस्तित्व ही नहीं हो।

(xiii) प्रारम्भ में श्रमिक संघों की रणनीति देश की नई औद्योगिक एवं आर्थिक नीति की विरोधी थी। किन्तु वैश्वीकरण के युग में उन्हें इन नीतियों का विरोध धीरे–धीरे करना पड़ा।

(xiv) अमेरिका और इंग्लैण्ड में श्रमिक संघों की सदस्य संख्या में गिरावट आती जा रही है। स्कैण्डेनेवियन देशों में उनकी सदस्य संख्या में इजाफा होता जा रहा है क्योंकि वहाँ के श्रमिक संघ नियोक्ताओं से कभी संघर्ष ही नहीं करते है, वरन् वे उनसे निरन्तर सहयोग करते हुए उत्पादकता वृद्धि में सहयोग करते हैं और बढ़ी हुई उत्पादकता में श्रमिकों को उचित हिस्सा दिलाते हैं। भारत के श्रमिक संघों की सदस्यता में गिरावट तो नहीं आ रही है किन्तु वृद्धि भी नहीं हो रही है और उनके कार्य की धार में पहले की भाँति तीव्रता नहीं रह गई है।

(xv) आज कम्पनियों में स्वैच्छिक सेवानिवृत्ति (वी.आर.एस.) को बढ़ावा दिया जा रहा है। किन्तु बहुत सी कम्पनियाँ सार्वजनिक क्षेत्र के उपक्रमों या विशेष कर सार्वजनिक क्षेत्र के बैंकों की भाँति सेवानिवृत्त कर्मचारियों को सेवानिवृत्ति के पूर्व जितने वर्षों तक उन्होंने काम किया है, प्रत्येक वर्ष के लिए 45 दिन का वेतन देना चाहती हैं। किन्तु श्रमिक संघ इसका विरोध कर रहे हैं और अधिक वेतन की माँग कर रहे हैं।

(xvi) सरकार की नई आर्थिक एवं औद्योगिक नीति ने श्रमिक संघों के कारण श्रम संघों के समक्ष निम्नलिखित समस्याएँ उत्पन्न की हैं–

(1) नई नीति के अन्तर्गत श्रमिक संघों से यह अपेक्षा की जा रही है कि वे औद्योगिक संगठनों की पुनर्संरचना और उनके आकार को छोटा करने में नियोक्ताओं की मदद करें, पर श्रमिक संघ यह कार्य नहीं करना चाहते हैं।

(2) श्रमिक संघों से यह अपेक्षा की जाती है कि वे प्रतिष्ठान में कम्प्यूटराइजेशन लाने में नियोक्ता की मदद करें। किन्तु उससे बहुत से श्रमिक बेरोजगार हो जाएँगे, अतः इसी कारण श्रमिक संघ यह कार्य भी नहीं करना चाहते हैं।

(3) विदेशी कम्पनियों से प्रतिस्पर्धा करने के लिए आज हमारे देश की पुरानी कम्पनियों के नियोक्ता श्रमिकों की छंटनी कर प्रतिष्ठान का आकार छोटा करना चाहते हैं। इस कार्य में भी वे श्रमिक संघों की सहायता चाहते हैं। यह कार्य भी श्रमिक संघों के लिए संभव नहीं है।

(4) आज कुछ जागरूक प्रबंधक श्रमिकों के प्रति मानवीय संसाधन प्रबन्ध का अभिगम अपनाते हुए उनके साथ प्रोएक्टिव अभिगम अपनाते हैं और उनकी आवश्यकताओं की पूर्ति हेतु स्वयं ही पहल करते हैं। ऐसी स्थिति में श्रमिकगण नियोक्ताओं या प्रबंधकों के प्रति तो प्रतिबद्धता जताते हैं पर श्रमिक संघों से दूरी बनाए रखना चाहते हैं। इन बातों का श्रमिक संघों के क्रियाकलापों पर ऋणात्मक प्रभाव पड़ता है।

(5) नई औद्योगिक नीति की यह अपेक्षा है कि श्रम एवं प्रबन्ध पूर्ण सहयोग से कार्य करें, किन्तु श्रमिक संघ जो अपनी उत्पत्ति के समय से ही प्रबन्ध विरोधी रहे हैं, प्रबन्ध के साथ सहयोग करने की मनःस्थिति नहीं बना रहे हैं।

(6) जब से नई औद्योगिक नीति लागू हुई, श्रम प्रबन्ध विवादों में सरकार श्रमिकों के स्थान पर प्रबन्ध की पक्षधर बन गई है।

नई औद्योगिक नीति के परिप्रेक्ष्य में श्रमिक संघों से अपेक्षाएँ

(अ) श्रमिक संघों से यह अपेक्षा की जा रही है कि वे औद्योगिक प्रतिष्ठानों की पुनर्संरचना करें और उसका आकार छोटा करें।

(ब) श्रमिक संघों से यह अपेक्षा है कि वे प्रबन्ध को प्राविधिक परिवर्तन एवं कम्प्यूटराइजेशन लाने में मदद करें।

(स) 1975 में प्रसिद्ध प्रबन्ध शास्त्री पीटर एफ डकर ने कहा था कि श्रमिक संघों का अस्तित्व शीघ्र ही समाप्त हो जाएगा। कुछ अन्य श्रम विशेषज्ञों का यह कहना है कि श्रमिक संघ अब 'स्पेण्ट अप फोर्स' बन गए हैं। किन्तु श्रमिक संघ आज और निकट भविष्य में भी अपने अस्तित्व की रक्षा कर सकते हैं, यदि वे प्रबन्ध के साथ मिलकर कार्य करते हुए उत्पादकता में वृद्धि करें और जनतांत्रिक मूल्यों को कायम रखें।

प्रबन्ध में होने वाले परिवर्तन

हमारे देश की नई आर्थिक एवं औद्योगिक नीति के परिप्रेक्ष्य में प्रबन्ध में भी निम्नलिखित परिवर्तन देखने को मिल रहे हैं–

1. अब प्रबन्ध श्रमिकों की माँगों के प्रति रिएक्टिव से प्रोएक्टिव अभिगम अपनाता जा रहा है। श्रमिकों के हितलाभ एवं सेवाओं के क्षेत्र में आज प्रबन्ध 'कैफेटीरिया पर्क्स' और 'रनर और फिक्सर' मूलक सेवाएँ दे रहा है।
2. प्रबन्ध आज अपने विशेषाधिकारों से विहीन होकर प्रबन्ध करने का प्रयास कर रहा है।
3. श्रम प्रबन्ध सम्बन्धों के क्षेत्र में विश्वास एवं सहयोग पर आधारित विधायी कार्य संस्कृति विकसित हो रही है।
4. आज प्रबन्ध अनुशासित कार्यशक्ति नहीं वरन् प्रतिबद्ध कार्यशक्ति का विकास करना चाहता है।
5. आज का प्रबन्ध जनतांत्रिक मूल्यों पर अधिक भरोसा कर रहा है और उसका व्यवहार भी अधिकाधिक पारदर्शी होता जा रहा है।
6. व्यवस्थापित कम्पनियों में प्रबन्ध स्वयं पहल कर श्रमिकों से विधायी सम्बन्ध स्थापित कर रहा है। इस हेतु वह श्रमिक संघों या सरकार की पहल की प्रतीक्षा नहीं कर रहा है।
7. यद्यपि निजी क्षेत्र में प्रबन्ध श्रमिक संघों की अभिवृद्धि को हतोत्साहित कर रहा है, पर सार्वजनिक क्षेत्र में प्रबन्धकीय श्रमिक संघों की वृद्धि होती जा रही है।
8. आज श्रम प्रबन्ध सम्बन्धों में प्रबन्ध की प्रस्थिति श्रमिक संघों से ऊँची उठती जा रही है। इसका एक कारण तो यह है कि प्रबन्ध श्रमिकों के साथ विधायी अभिवृद्धि अपनाता जा रहा है और दूसरा कारण यह है कि सरकार औद्योगिक सम्बन्धों में प्रबन्ध के स्वार्थों के अनुरूप नीति अपनाती जा रही है।

9. किन्तु इसके बाद भी प्रबन्ध सरकार से यह अपेक्षा कर रहा है कि औद्योगिक प्रतिष्ठानों की बन्दी एवं श्रमाधिक्य की छंटनी हेतु सरकार उसे पूर्णरूपेण अधिकृत करे। इस सम्बन्ध में द्वितीय राष्ट्रीय श्रम आयोग की संस्तुति भी प्रबंधों की इच्छा के अनुरूप ही थी। पर सरकार ने इस संस्तुति को क्रियान्वित नहीं किया। श्रम प्रबन्ध के क्षेत्र में आज यह बात प्रबन्ध के लिए सर्वाधिक चुनौती बनी हुई है।

सरकार की औद्योगिक सम्बंध विषयक नीति और कार्य प्रणाली में परिवर्तन

श्रम प्रबन्ध सम्बन्ध विषयक नीतियों एवं क्रियाकलापों में सरकार भी कुछ परिवर्तन कर रही है। ऐसे कुछ प्रमुख परिवर्तन निम्नलिखित हैं–

(i) सरकार आज भी यह राग अलाप रही है कि सामूहिक सौदेबाजी ही औद्योगिक विवादों के सुलझाव हेतु सर्वाधिक महत्त्वपूर्ण संयंत्र है, किन्तु वास्तविक व्यवहार में विवादों के सुलझाव हेतु वह अधिनिर्णयन का ही सहारा लेती है क्योंकि अभी तक उसने सामूहिक सौदेबाजी हेतु प्रतिनिधि श्रम संघ के निर्धारण का अधिनियमित प्रावधान नहीं किया।

(ii) सरकार आज भी श्रम प्रबन्ध विषयक सम्बन्धों और विवादों में आवश्यकता से अधिक हस्तक्षेप करती है जो नई औद्योगिक नीति के अनुरूप नहीं है।

(iii) सरकार आज भी औद्योगिक सम्बन्धों को कानून एवं व्यवस्था की स्थिति मात्र समझती है और सफल औद्योगिक सम्बन्धों का सूचक हड़ताल एवं तालाबन्दियों की संख्या में कमी को समझा जाता है।

(iv) सरकार ने अभिनवभूत में सिक इण्डस्ट्री और कम्पनी अधिनियम में संशोधन कर सार्वजनिक क्षेत्र की कम्पनियों को भी इसके अधिकार में ला दिया। यह समझा जाता था कि इस अधिनियम के प्रावधानों के माध्यम से बीमार उद्योगों की बन्दी की समस्या से निजात पाई जाएगी, किन्तु इस अधिनियम के अन्तर्गत प्रविधित बोर्ड ऑफ इण्डस्ट्रियल एण्ड फाइनेन्शियल के क्रियाकलाप बहुत ही धीमे हैं और सरकार को निकट भविष्य में संभवतः इसका कोई विकल्प ढूँढ़ना होगा।

(v) सरकार की बहिर्गमन नीति अभी तक निर्धारित नहीं हो पाई है। इसके अलावा इण्डस्ट्रियल रिडिप्लायमेण्ट, वी.आर.एस. और गोल्डन हैण्ड शेक ऑफ पॉलिसी बहुत अधिक कारगर नहीं सिद्ध हो पाई। नेशनल रिन्यूवल फण्ड की योजना सरकार ने बन्द कर दी।

(vi) आई डी एक्ट के अध्याय 5 की बन्दी समस्या नियोक्ताओं के लिए अभी भी एक विषम समस्या है। इस अध्याय के प्रावधानों के अनुसार जो नियोक्ता 100 या उससे अधिक कामगार नियुक्त किए हुए है, उन्हें प्रतिष्ठान की बन्दी या छंटनी हेतु सरकार से अनुमति लेनी होती है। कहना नहीं होगा कि अधिकांश स्थितियों में श्रमिक संघों के दबाव एवं अन्य राजनीतिक कारणों से सरकार यह अनुमति

नहीं देती है। द्वितीय राष्ट्रीय श्रम आयोग की यह सिफारिश थी कि नियोक्ता कुछ अधिक क्षतिपूर्ति देकर छंटनी और बन्दी कर सकते हैं, किन्तु ये प्रावधान अभी तक नहीं हो पाए।

औद्योगिक सम्बन्धों के कुछ अन्य महत्त्वपूर्ण पक्षों के बारे में द्वितीय राष्ट्रीय श्रम आयोग की सिफारिशें निम्नलिखित हैं–

1. औद्योगिक विवाद अधिनियम, 1947 के अन्तर्गत प्रयुक्त कामगार शब्द के स्थान पर अब श्रमिक (worker) शब्द का ही प्रयोग होना चाहिए।
2. आई.डी. एक्ट उन सभी औद्योगिक प्रतिष्ठानों में लागू होगा, जहाँ 20 या अधिक श्रमिक कार्यरत हों।
3. वार्ताकारी अभिकर्ता का निर्धारण चेक ऑफ पद्धति से करने की संस्तुति की गई है। किसी औद्योगिक इकाई में कार्यरत ऐसा श्रमिक संघ जिसकी सदस्य संख्या 'चेक ऑफ' पद्धति से कुल श्रमिकों की 66 प्रतिशत निर्धारित हो, उसे अकेला बारगेनिंग एजेण्ट करार दिया जा सकता है। यदि ऐसा संभव नहीं है तो वार्ता हेतु वार्ताकारी इकाई का गठन होगा, जिसमें वे श्रमिक संघ जिनकी सदस्य संख्या 25 प्रतिशत से अधिक है, अपनी सदस्य संख्या के अनुपात में बारगेनिंग इकाई में सदस्य भेजेंगे।
4. विवाद का सुलझाव सर्वप्रथम सामूहिक सौदेबाजी के द्वारा किया जाना चाहिए। किन्तु यदि वार्ता भंग हो जाती है तो स्वैच्छिक विवाचन के द्वारा विवाद का सुलझाव होना चाहिए। यदि स्वैच्छिक विवाचन हेतु दोनों पक्ष किसी एक या पंचों के ऊपर राजी नहीं होते हैं, तो विवाद को संराधन एवं अधिनिर्णयन में भेजा जाना चाहिए।
5. यदि किसी औद्योगिक प्रतिष्ठान का प्रबन्ध अपने प्रतिष्ठान को बन्द करना चाहता है तो सबसे पहले उसे अपने प्रतिष्ठान में कार्यरत व्यवसाय संघों को आमन्त्रित करना चाहिए कि यदि कोई व्यवसाय संघ चाहे तो प्रतिष्ठान के संचालन की जिम्मेदारी ले सकता है। यदि कोई व्यवसाय संघ इस हेतु तैयार नहीं है, तभी दूसरे विकल्पों पर विचार किया जाना चाहिए।
6. यदि नियोक्ता को हड़ताल का नोटिस देना हो तो बारगेनिंग एजेण्ट या बारगेनिंग यूनिट को इस सम्बन्ध में गुप्त मतदान कराना चाहिए। यदि 51 प्रतिशत श्रमिक हड़ताल के पक्ष में मत डालते हैं, तभी इस प्रकार का नोटिस दिया जाना चाहिए।

निष्कर्षतः हमारा देश धीरे–धीरे अर्थव्यवस्था से निकल कर वैश्विक अर्थव्यवस्था के युग में प्रवेश कर रहा है। यदि यही प्रक्रिया लम्बे समय तक चालू रहती है तो हमारे देश की स्थिति आज की अपेक्षा बहुत अधिक भिन्न होगी। आज श्रम प्रबन्ध के बारे में अपनी पुरानी व्यवस्था को त्यागने का समय आ गया है और हमें समाजवाद के बारे में भी अपनी पूर्व की अवधारणाओं का पुनरीक्षण करना होगा और नए सिरे से श्रम और प्रबन्ध के सम्बन्धों पर विचार करना होगा।

हमें औद्योगिक सम्बन्धों को ही अध्ययन के एक नवीन क्षेत्र के रूप में परिभाषित नहीं करना होगा, वरन् श्रम, प्रबन्ध एवं सरकार तीनों ही अभिकर्ताओं को एक–दूसरे के प्रति अपनी अभिवृत्तियों में बदलाव करना होगा। सरकार को श्रम कानूनों को तो सरल बनाना ही होगा। साथ ही औद्योगिक प्रतिष्ठानों में द्विपक्षीय सम्बन्धों को बढ़ावा देना होगा। प्रबन्ध को लचीलेपन के नाम पर श्रमिक संघों से छुटकारा पाने का प्रयास नहीं करना चाहिए। इस बात में कोई निहित सच्चाई नहीं है कि अच्छे मानव संसाधन एवं अच्छे श्रमिक संघ एक साथ नहीं रह सकते। भारत जैसे जनतांत्रिक देश में श्रमिक संघ एक वैधानिक निकाय हैं और उन्हें प्रबन्ध द्वारा स्वीकार किया जाना चाहिए एवं सम्प्रेषण के एक चैनल के रूप में उनका उपयोग होना चाहिए।

वास्तव में हमारे देश में एक जिम्मेदार श्रमिक संघ की आवश्यकता जितनी आज है उतनी और कभी नहीं थी। श्रमिक संघों के लिए भी यह कार्य श्रेयष्कर नहीं है कि वे नई औद्योगिक नीति का विरोध तो करते जाएं और उसका कोई स्वस्थ विकल्प न सुझाएँ। श्रमिक संघों की सदस्यता में निरन्तर गिरावट सामान्य श्रमिकों का श्रमिक संघों से विरसन और मानव संसाधन प्रबन्ध में श्रमिक संघों की भूमिकाओं को नजरअन्दाज करना आदि कुछ ऐसी बातें हैं, जिनके परिप्रेक्ष्य में श्रमिक संघों को अपनी भूमिकाओं पर नए सिरे से विचार करना होगा। सब कुछ मिलाकर औद्योगिक सम्बन्धों के क्षेत्र में श्रम, प्रबन्ध एवं राज्य को अपनी भूमिकाओं पर नए सिरे विचार करना होगा।

जॉन डनलप द्वारा प्रतिपादित प्रणाली अभिगम (सिस्टम थियरी) और औद्योगिक सम्बन्ध

सन् 1958 में, औद्योगिक सम्बन्ध के अध्ययन हेतु जॉन डनलप ने इस क्षेत्र में सिस्टम थियरी (system theory) का प्रयोग किया। इस थियरी के प्रयोग के औचित्य को प्रतिपादित करते हुए डनलप ने कहा था कि आज के औद्योगिक युग में इस द्रुतगति से परिवर्तन हो रहे हैं कि वास्तविक तथ्य प्रचलित विचारधाराओं की सीमा का अतिक्रमण कर गए हैं और व्यावहारिक ज्ञान से जनित अनुभव का क्षेत्र इतना व्यापक होता जा रहा है कि एकीकृत विचारधाराएँ पीछे छूटती जा रही हैं।[7] इसके अतिरिक्त उनकी दृष्टि से इस थियरी के विकास का एक और भी कारण था कि औद्योगिक सम्बन्ध के ऊपर विवरणात्मक एवं इतिवृत्तात्मक अध्ययन हुए हैं। कुछ विद्वानों ने स्वयं अपने–अपने मॉडल के आधार पर इस विषय का अध्ययन किया। फलस्वरूप उन्होंने इस सम्बन्ध में दूसरे दृष्टिकोणों की उपेक्षा की।[8] उदाहरणार्थ अमेरिका और ब्रिटेन में अर्थशास्त्रीय दृष्टिकोण से इस विषय का अधिकांशतः अध्ययन किया गया। फ्रांस[9] में औद्योगिक समाजशास्त्रियों ने और कुछ अन्य देशों में विधिवेत्ताओं ने इस विषय का अध्ययन किया। इस प्रकार औद्योगिक सम्बन्ध एक ऐसे चौराहे के रूप में विकसित हुआ, जहाँ अधिकांश विज्ञानों का मिलन हुआ।[10] चूँकि औद्योगिक सम्बन्ध का क्षेत्र अनेक विषयों से संबंधित है, अतः इसके सम्बन्ध में व्यवस्थित अध्ययन हेतु एक स्वतन्त्र उपागम का विकास आवश्यक था। इसीलिए जॉन डनलप ने सिस्टम अप्रोच का सहारा लिया।

डनलप ने औद्योगिक सम्बन्ध को एक प्रणाली के रूप में स्वीकार किया जो कि सम्पूर्ण सामाजिक प्रणाली की एक उप–प्रणाली है। समाज में स्थापित अन्य उप–प्रणालियों से यह एक भिन्न उप–प्रणाली है। इस थियरी के माध्यम से उन्होंने औद्योगिक सम्बन्ध के अध्ययनार्थ एक नवीन वैचारिक संरचना का अभिकल्पन किया, जिसके दो मुख्य तत्त्व थे– (1) श्रम, प्रबन्ध एवं राज्य की अन्तरक्रियाओं को क्रमबद्ध रूप में विश्लेषण हेतु एक सुव्यवस्थित विचारधारा का निर्माण, व (2) प्रत्ययों की एक क्रमबद्ध शृंखला, जिनके विश्लेषणार्थ नवीन तथ्यों की अपेक्षा होती है। इन दोनों तत्वों के माध्यम से कार्यस्थल और कार्य समुदाय के नियमों की जाँच और व्याख्या पर विशेष बल दिया गया। डनलप के पूर्व औद्योगिक सम्बन्ध के क्षेत्र में किए गए अध्ययनों के अन्तर्गत औद्योगिक विवाद एवं औद्योगिक शान्ति पर मुख्य रूप से ध्यान केन्द्रित किया गया। डनलप का विश्वास था कि औद्योगिक विवाद तो औद्योगिक सम्बन्ध के अन्तर्गत नियमों के निर्माण एवं प्रशासन का एक लक्षण मात्र है। अस्तु, उन्होंने औद्योगिक विवाद तथा सामूहिक सौदेबाजी से ऊपर उठकर नियमों के नियामक तत्वों – राज्य, श्रम तथा प्रबन्धक – के ऊपर अपना ध्यान केन्द्रित किया।

डनलप की विचारधारा का प्रयोग औद्योगिक सम्बन्ध के तीन व्यापक क्षेत्रों के अन्तर्गत किया जा सकता है– (1) एक प्रतिष्ठान या उद्योग विशेष के भीतर औद्योगिक सम्बन्ध और अन्य प्रतिष्ठानों या उद्योग के औद्योगिक सम्बन्ध से उसकी तुलना, (2) किसी देश विशेष के भीतर का औद्योगिक सम्बन्ध और अन्य देशों से उसकी तुलना, एवं (3) औद्योगिक विकास के क्रम में विकसित होने वाला औद्योगिक सम्बन्ध।

औद्योगिक सम्बन्ध प्रणाली की अवधारणा

डनलप ने औद्योगिक सम्बन्ध को सम्पूर्ण औद्योगिक समाज प्रणाली की एक उप–प्रणाली करार दिया। उन्होंने 'सिस्टम' के प्रत्यय को पारसन्स और स्मेल्सर की विचारधारा से अपनाया।[11] पारसन्स के अनुसार, प्रत्येक सामाजिक प्रणाली के चार मुख्य कार्य होते हैं– (1) प्रणाली के लक्ष्यों की प्राप्ति हेतु पर्यावरण के साथ समायोजन या उसका नियंत्रण, समाज में यह कार्य अर्थव्यवस्था के द्वारा सम्पन्न किया जाता है, जिसकी विशिष्ट उत्पत्तियाँ आय और धन हैं। (2) लक्ष्यों की प्राप्ति हेतु आवश्यक साधनों की व्यवस्था। यह कार्य राजनीतिक उप–प्रणाली के द्वारा सम्पन्न किया जाता है जो समाज के लक्ष्यों की प्राप्ति की विशेष क्षमता रखती है। इस प्रणाली की विशिष्ट उत्पत्ति है – शक्ति या अधिकार। (3) उप–प्रणाली या प्रणाली के विभिन्न 'एक्टर्स' के क्रियाकलापों का एकीकरण करना। इसके द्वारा प्रणाली के विभिन्न अवयवों में एकता स्थापित होती है और वे अधिक कार्यक्षमता के साथ अपने कार्यों को सम्पन्न करते हैं। इस कार्य का सम्पादन एकीकृत उप–प्रणाली के द्वारा किया जाता है। इसके द्वारा प्रणाली के मूल्य, प्रतिमानों एवं व्यक्तिगत सदस्यों की अभिप्रेरणात्मकता एवं संरचना में सम्बन्ध स्थापित किया जाता है, जिसके फलस्वरूप अनपेक्षित संघर्षों का निराकरण होता है। इस कार्य की विशिष्ट उत्पत्ति है एकता। (4) प्रतिमान अनुरक्षण एवं तनाव अनुरक्षण की प्रक्रियाओं के द्वारा प्रणाली के मूल्य प्रतिमानों को बाह्य दबावों से सुरक्षा

प्रदान करना, ताकि प्रणाली के द्वारा अपनी भूमिकाओं का आशानुकूल निर्वाह हो सके। इस कार्य की विशिष्ट उत्पत्ति है – प्रतिष्ठा। इसके द्वारा समाज को अपने तनाव के नियंत्रण एवं प्रबन्ध की आवश्यकता महसूस होती है। पारसन्स का विश्वास है कि सभी उप–प्रणालियों को इन चार प्रकार के कार्यों से युक्त किया जा सकता है। पारसन्स की विचारधारा के आधार पर डनलप ने 'औद्योगिक सम्बन्ध' की विवेचना भी समाज की एक उप–प्रणाली के रूप में की और उसके भी चार कार्य निरूपित किए जो निम्नलिखित हैं– (1) समायोजन – नियमों के निर्माण की प्रक्रिया, जिसकी विशिष्ट उत्पत्ति है, नियमों का जटिल समूह जो प्राविधिक पर्यावरण एवं विपणन के पर्यावरण से सम्बन्धित होते हैं। (2) लक्ष्य की प्राप्ति – उप–प्रणाली का राजनीतिक कार्य, जिसके द्वारा औद्योगिक सम्बन्ध प्रणाली और उसके 'एक्टर्स' को स्थिरता प्राप्त होती है। (3) एकीकरण – औद्योगिक सम्बन्ध प्रणाली के विभिन्न एक्टर्स के क्रियाकलापों में एकीकरण की विशिष्ट उत्पत्ति है–एकता, जिसका प्रादुर्भाव उस समय सम्भव है जबकि व्यक्तिगत एक्टर और उसके प्रशासकीय उत्क्रमों में इस भावना का विकास हो कि सभी एक ही प्रकार के विचारों और लक्ष्यों की प्राप्ति हेतु कार्य कर रहे हैं। (4) प्रतिमान का अनुरक्षण एवं तनावों की व्यवस्था – सांस्कृतिक एवं अभिप्रेरणात्मक दबावों के विरुद्ध औद्योगिक सम्बन्ध प्रणाली के मूल्यों की रक्षा का कार्य। इस कार्य के सम्पादन हेतु विशेषज्ञों की सहायता ली जाती है जो तीनों प्रकार के एक्टर्स के बीच कार्य करते हैं।

औद्योगिक सम्बन्ध प्रणाली में एकरूपता विद्यमान होती है, क्योंकि विभिन्न कार्य एक–दूसरे से घनिष्ठ रूप से अन्तर्सम्बन्धित होते हैं। उदाहरणार्थ, समायोजन और लक्ष्य की प्राप्ति विषयक कार्य एक–दूसरे पर निर्भर होते हैं क्योंकि नियमों के निर्माण से प्रणाली में स्थिरता आती है और स्थिरता तथा स्थायित्व से विभिन्न नियमों का निर्माण होता है।

डनलप के अनुसार, 'औद्योगिक सम्बन्ध उप–प्रणाली' और आर्थिक उप–प्रणाली' सम्पूर्ण सामाजिक प्रणाली की अलग–अलग उप–प्रणालियाँ हैं। किन्तु कुछ स्थितियों में ये दोनों उप–प्रणालियाँ एक–दूसरे का अतिक्रमण करती हैं। ब्लेन और जेनार्ड भी बहुत अंश में डनलप के इस विचार से सहमत हैं। उनके अनुसार सम्पूर्ण सामाजिक प्रणाली की कई उप–प्रणालियाँ हैं जैसे– आर्थिक प्रणाली, सामाजिक प्रणाली और राजनीतिक प्रणाली है। ये सभी प्रणालियाँ बहुत अंश में स्वायत्तशासी हैं किन्तु कुछ स्थितियों में वे एक–दूसरे का अतिक्रमण करती हैं।[12] किन्तु बूड, वैगनर और आर्मस्ट्रांग आदि समाजशास्त्रियों ने इस अवधारणा को स्वीकार नहीं किया है। उनके अनुसार पारसन्स और स्मूल्सर ने 'सोशल सिस्टम' या सामाजिक प्रणाली की केवल चार ही उप–प्रणालियाँ (sub-systems) निर्धारित की थीं। ये चारों उप–प्रणालियाँ हैं – राजनीतिक उप–प्रणाली, आर्थिक उप–प्रणाली, एकीकृत उप–प्रणाली और प्रतिमान अनुरक्षण उप–प्रणाली। ये सभी उप–प्रणालियाँ एक–दूसरे के कार्यक्षेत्र का अतिक्रमण नहीं करती हैं। उन्होंने आर्थिक उप–प्रणाली के समान 'औद्योगिक सम्बन्ध' को एक उप–प्रणाली के रूप में स्वीकार नहीं किया। औद्योगिक सम्बन्ध को 'उत्पादन' की एक प्रणाली माना जा सकता है जो आर्थिक प्रणाली की एक उप–प्रणाली है और उसका कार्य केवल लक्ष्यों की प्राप्ति

करना है। इस प्रकार उन्होंने सामाजिक प्रणाली के अन्तर्गत औद्योगिक सम्बन्ध को आर्थिक प्रणाली की अपेक्षा बहुत ही निम्न स्तर प्रदान किया।[13]

प्राप्त अनुभवों के आधार पर इस बात की पुष्टि होती है कि सामाजिक प्रणाली और उसकी उप–प्रणालियाँ एवं उन उप–प्रणालियों की उप–प्रणालियाँ एक–दूसरे से अन्तर्सम्बन्धित हैं। ये सभी उप–प्रणालियाँ एक–दूसरे को पारस्परिक रूप से प्रभावित करती हैं।

औद्योगिक सम्बन्ध प्रणाली की संरचना

किसी निश्चित समय में औद्योगिक सम्बन्ध प्रणाली के अन्तर्गत कुछ निश्चित 'एक्टर्स' एक निश्चित परिवेश, एक विचारधारा तथा कुछ निश्चित नियम विद्यमान होते हैं, जिनके द्वारा कार्यस्थल और कार्य समुदाय का संचालन होता है। इसे निम्नलिखित रूप से अभिव्यक्त किया जा सकता है–

आर	=	एफ (ए.टी.,एस., आई.)।
आर	=	औद्योगिक प्रबन्ध प्रणाली को संचालित करने वाले नियम।
ए	=	एक्टर्स या अभिनेता।
टी	=	कार्यस्थल का प्राविधिक परिवेश।
ई	=	विपणन परिवेश।
एस	=	एक्टर की शक्ति और प्रस्थिति।
आई	=	एक्टर की विचारधारा।

रूल या नियम को आश्रित चर कहा जाता है और उसका निर्धारण स्वतन्त्र चरों की अन्तक्रिया से होता है।

औद्योगिक सम्बन्ध प्रणाली के तीन कर्ता या 'एक्टर' होते हैं– (1) श्रमिक (गैर प्रबन्धकीय अभिकर्मी) और उनके प्रतिनिधियों का उत्क्रम, (2) प्रबन्ध और उनके प्रतिनिधियों (जो पर्यवेक्षण कार्य में लगे हों) का उत्क्रम, एवं (3) राज्य के विशिष्ट अभिकरण, जो श्रम और प्रबन्ध से संबंधित हों।

प्रथम दो प्रकार के कर्ता प्रत्यक्ष रूप से एक–दूसरे से संबंधित होते हैं, क्योंकि प्रबन्ध की जिम्मेदारी होती है नियंत्रण और व्यवस्था करना तथा आदेशों को निर्गत करना और श्रमिकगण उन आदेशों को क्रियान्वित करते हैं। श्रमिकों का संगठन औपचारिक एवं अनौपचारिक दोनों ही प्रकार का हो सकता है। औपचारिक संगठन एक–दूसरे के पूरक भी हो सकते हैं और एक–दूसरे के प्रतिस्पर्धी भी हो सकते हैं, जैसे श्रम संघ और कार्यपरिषद्। अनौपचारिक संगठनों की उत्पत्ति काफी लम्बी अवधि के कार्यकाल के पश्चात् ही संभव हो पाती है। यद्यपि इस प्रकार के संगठनों को 'मान्यता नहीं' प्राप्त होती है किन्तु ऐसे संगठनों में प्रबन्धकीय उत्क्रम के प्रति एक विशेष प्रकार के आचार एवं व्यवहार प्रतिमानों का विकास होता है। प्रबन्धकीय उत्क्रम प्रतिष्ठान के स्वामित्व के अधिकार से युक्त भी हो सकता है और इस अधिकार से रहित भी हो सकता है। विशेषकर बड़े प्रतिष्ठानों में प्रबन्धक स्वामी या अंशधारक नहीं होते हैं। इसके अतिरिक्त प्रबन्धक सार्वजनिक, निजी अथवा संयुक्त तीनों ही क्षेत्रों में स्थापित

प्रतिष्ठानों में कार्यरत हो सकते हैं। कुछ प्रतिष्ठानों में तो प्रबन्धकीय अभिकर्मियों का चयन परिवार, कुल और जाति के आधार पर ही होता है, किन्तु कुछ प्रतिष्ठानों के प्रबन्धकीय अभिकर्मी प्रशिक्षित एवं किसी विशिष्ट कार्यक्षेत्र में दक्ष होते हैं। तीसरे प्रकार का कर्ता केन्द्रीय या प्रान्तीय सरकार और उसका कोई विशिष्ट विभाग – सामान्यतया यह श्रम विभाग होता है, जिसका कार्य है नियम और अधिनियमों का निर्माण और कार्यान्वयन की व्यवस्था करना। सामान्य रूप से इस श्रेणी का कर्ता प्रथम दोनों कर्ताओं की अन्तर्क्रियाओं में हस्तक्षेप नहीं करता है, किन्तु कुछ स्थितियों में देश और समाज के कल्याण एवं अधिनियम गत बाध्यताओं के कारण उसे इस प्रकार का हस्तक्षेप करना पड़ता है।

औद्योगिक सम्बन्ध प्रणाली के कर्ता एक विशेष परिवेश में कार्य करते हैं। इस प्रकार के परिवेश पर तीन बातों का प्रभाव पड़ता है– (1) कार्यस्थल एवं कार्यसमुदाय की प्राविधिक विशेषताएँ, (2) बाजार एवं आय–व्यय की विशेषताएँ, एवं (3) कार्यकर्ता के अधिकार एवं प्रस्थिति की विशेषताएँ। ये सभी विशेषताएँ एक दूसरे से पारस्परिक रूप से संबंधित हैं। किन्तु औद्योगिक सम्बन्ध प्रणाली हेतु वे स्वतन्त्र चर का कार्य करती हैं। सब कुछ मिलाकर इस परिवेश की विशेषताओं का भी निर्धारण वृहत्तर समाज एवं उसकी उप–प्रणालियों के द्वारा किया जाता है। इस परिवेश में होने वाले परिवर्तनों का प्रभाव रूल के ऊपर पड़ता है।

औद्योगिक सम्बन्ध प्रणाली के दर्शन का निर्माण ऐसे सामान्य विचारों के आधार पर किया जाता है, जिसके द्वारा प्रत्येक कर्ता की भूमिका और प्रस्थिति का निरूपण किया जाता है। इस दर्शन के अन्तर्गत उन विचारों का भी उल्लेख रहता है जो औद्योगिक सम्बन्ध प्रणाली के अन्तर्गत एक कर्ता द्वारा दूसरे कर्ताओं के कार्य और प्रस्थिति के प्रति किया जाता है। यदि कर्ताओं के विचार दूसरे कर्ताओं के अनुकूल एवं समायोजनशील होंगे तो प्रणाली में स्थायित्व का समावेश होगा। उदाहरणार्थ, इंग्लैण्ड की औद्योगिक सम्बन्ध प्रणाली के अन्तर्गत तीनों प्रकार के कर्ताओं द्वारा स्वैच्छिक सहयोग को नियम निर्माण के प्रतिमान के रूप में स्वीकार किया गया है, इसके फलस्वरूप वहाँ की औद्योगिक सम्बन्ध प्रणाली अपेक्षाकृत अधिक स्थायी प्रतीत होती है। यदि किसी स्थान की औद्योगिक सम्बन्ध प्रणाली के तीनों कर्ताओं के विचारों में पारस्परिक अनुकूलन एवं एकरूपता का अभाव होता है तो प्रणाली में अस्थिरता आने की सम्भावना अधिक हो जाती है। इस दोष के निराकरण हेतु विशेषज्ञों एवं वृत्तिक अभिकर्मियों का सहारा लिया जाता है, जो तीनों कर्ताओं के विचारों में पारस्परिक सामंजस्य एवं एकरूपता स्थापित करते हुए प्रणाली को स्थायित्व प्रदान करने का प्रयास करते हैं। औद्योगिक सम्बन्ध प्रणाली का मुख्य कार्य है नियमों की स्थापना, जिनके द्वारा कार्यस्थल, कार्यसमुदाय तथा कर्ताओं के व्यवहार का नियमन किया जाता है। नियमों का विभाजन तीन प्रकार से किया जा सकता है– (1) वे नियम जिनके द्वारा आधारभूत नियमों के निर्माण की कार्यपद्धति का निरूपण किया जाता है, (2) आधारभूत नियम, एवं (3) किसी परिस्थिति में आधारभूत नियमों के प्रयोग की कार्य पद्धति का

निर्धारण करने वाले नियम। प्रथम प्रकार के नियमों के द्वारा आधारभूत नियमों के निर्माण में सहायता प्राप्त होती है। कभी–कभी आधारभूत नियम बहुत स्पष्ट नहीं होते हैं, अतः उनके प्रयोग के सम्बन्ध में विवाद उत्पन्न हो जाते हैं, ऐसी स्थिति में तीसरे प्रकार के नियमों के द्वारा आधारभूत नियमों के विवेचन में सहायता मिलती है। आधारभूत नियम निम्नलिखित प्रकार के होते हैं–

1. प्रबन्धकीय उत्क्रम से संबंधित नियम और नीतियाँ।
2. श्रमिक उत्क्रम के निर्धारक नियम।
3. राजकीय अभिकरणों के नियम, आदेश–निर्देश, निर्णय और पंचाट इत्यादि।
4. प्रबन्ध एवं श्रम उत्क्रमों द्वारा निर्मित विशिष्ट अभिकरणों के नियम एवं निर्णय।
5. सामूहिक समझौते।
6. कार्यस्थल एवं कार्य समुदाय की रीतियाँ एवं परम्पराएँ।

नियमों के स्वरूप के निर्धारण में प्रणाली के परिवेश का भी पर्याप्त प्रभाव पड़ता है। कुछ स्थितियों में नियमों का प्राविधिक परिवेश से घनिष्ठ सम्बन्ध होता है, कुछ स्थितियों में उनका सम्बन्ध विपणन एवं वित्तीय पक्ष से होता है और कुछ नियमों का सीधा सम्बन्ध कर्ता की प्रस्थिति एवं अधिकार से जुड़ा होता है। नियम लिखित भी हो सकते हैं और परम्परागत व्यवहारों तथा मौखिक वार्तालाप के माध्यम से भी प्रकट हो सकते हैं। इसके अतिरिक्त कुछ नियम स्थायी आदेशों और अन्य अधिनियमों के माध्यम से भी व्यक्त किए जाते हैं।

इस प्रकार औद्योगिक सम्बन्ध प्रणाली के अन्तर्गत कर्ता के क्रियाकलापों के द्वारा नियमों का निर्माण होता है और उन नियमों के सम्बन्ध में जो प्रतिक्रिया होती है वह प्रतिसम्भरण के माध्यम से पुनः कर्ता तक पहुँचती रहती है और उस प्रतिसम्भरण के परिप्रेक्ष्य में कर्ता अपने व्यवहारों में परिवर्तन करते रहते हैं।

डनलप की विचारधारा का आलोचनात्मक मूल्यांकन

इसमें सन्देह नहीं कि डनलप ने औद्योगिक सम्बन्ध का विवेचन परम्परागत प्रणाली से भिन्न एक नवीन प्रणाली से किया है। औद्योगिक सम्बन्धों के विवेचन में उन्होंने संघर्ष, विवाद तथा सामूहिक सौदेबाजी का सहारा न लेकर नियमों का सहारा लिया, जो कार्यस्थल और कार्यसमुदाय का संचालन करते थे। इस प्रक्रिया में उन्होंने औद्योगिक सम्बन्ध प्रणाली की संरचना का तो सम्यक ढंग से निरूपण किया, किन्तु नियमों के निर्माण में संरचना के द्वारा जिस प्रक्रिया का प्रयोग किया जाता है उसे उन्होंने पूर्णतया नजरअन्दाज कर दिया। इस आधार पर वे आलोचना के पात्र बन गए।[14] अपनी प्रणाली के अन्तर्गत उन्होंने कर्ताओं को तो संरचना के अन्तर्गत लिया, किन्तु इस बात की व्याख्या नहीं की कि इन कर्ताओं के द्वारा औद्योगिक सम्बन्ध प्रणाली का किस प्रकार निर्धारण किया जाता है।

इस दोष के निराकरण हेतु ब्लेन[15] ने एक नवीन मॉडल प्रस्तुत किया। इसके अन्तर्गत उन्होंने अधिनियमों के निर्माण की प्रक्रिया पर भी बल दिया। उन्होंने इस बात

पर बल दिया कि औद्योगिक सम्बन्ध प्रणाली की स्थितियों में परिवर्तन हो सकता है। कर्ताओं के कार्यपरिवेश तथा विचारधारा में होने वाले परिवर्तनों के कारण नियमों में भी परिवर्तन होता है। इस परिवर्तन को उन्होंने एक प्रक्रिया के द्वारा स्पष्ट किया। जिसका विवरण निम्नलिखित है–

(अ) प्रथम स्थिति–आर^1 = एफ (ए^1,टी^{1},सी^{1}, सी^{1}, आई^1)

(ब) द्वितीय स्थिति–आर^2 = एफ (ए^2,टी^{2},सी^{2}, एस^2, आइ^2)

(स) प्रथम स्थिति से द्वितीय स्थिति में परिवर्तन–आर^2–आर^1=एफ (ए^2–ए^1,टी^{2}–टी^{1},सी^{2}–सी^{1}, एस^2–एस^1, आई^2–आई^1)

(द) प्रक्रिया, जिसके द्वारा प्रथम स्थिति से दूसरे स्थिति में परिवर्तन हुआ– (प्रासेस) पी = (आर^1,ए^1,टी^{1}, सी^{1}, एस^1, आई^1)

उपर्युक्त समीकरण से स्पष्ट है कि सभी तत्वों में परिवर्तन की कल्पना की गई है, यद्यपि व्यवहार में केवल एक या दो तत्वों में ही महत्त्वपूर्ण परिवर्तन दिखाई पड़ता है। इसके अतिरिक्त परिवर्तन में या तो केवल एक ही प्रक्रिया का समावेश हो सकता है या इस प्रकार के परिवर्तन में कई प्रक्रियाएँ भी सम्मिलित हो सकती हैं। उदाहरणार्थ किसी औद्योगिक प्रतिष्ठान में शान्तिपूर्ण वार्ता के माध्यम से 'रूल' का निर्माण हो सकता है, किन्तु बहुत संभव है कि इस प्रकार की वार्ता के पूर्व हड़ताल या तालाबन्दी भी करनी हो। इस प्रकार ब्लेन का मॉडल बहुत अंश में एक परिशोधित 'मॉडल' है। इसके द्वारा औद्योगिक सम्बन्ध प्रणाली में प्रक्रिया का भी निरूपण किया जाता है।

इण्टरनेशनल इंस्टीट्यूट ऑफ लेबर स्टडीज[16] के द्वारा भी डनलप के 'मॉडल' में प्रक्रिया का उल्लेख न होने का एक दोष बतलाया गया है और इस दोष के निराकरण हेतु उन्होंने औद्योगिक सम्बन्ध प्रणाली के विषय में अपना एक नया मॉडल प्रस्तुत किया है, जिसमें 'संरचना' प्रक्रिया और 'प्रतिफल' तीनों का समावेश किया गया है।

डनलप की विचारधारा की आलोचना इस आधार भी की जाती है कि उन्होंने अधिकार संदर्भ का सम्बन्ध जन नीतियों से जोड़ा। उनके अनुसार कर्ता की प्रस्थिति और भूमिका का निर्धारण वैधानिक अधिकार के द्वारा किया जाता है। किन्तु डनलप ने स्वयं ही इस बात को स्वीकार किया है कि कभी–कभी मान्यता प्राप्त व्यवहारों से इतर व्यवहार भी हो जाया करते हैं।[17] ऐसी स्थिति में वूड आदि कुछ समाजशास्त्रियों का कहना है कि इस इतर व्यवहार की सत्ता का स्रोत क्या हो सकता है। ऐसे समाजशास्त्रियों का यह विश्वास है कि डनलप ने निम्नतर स्तर पर अधिकार और सत्ता के निरूपण में श्रम और प्रबन्ध की तुलनात्मक मोलभाव करने की शक्ति को नजरअन्दाज कर दिया।[18] निम्नतर स्तर पर अनौपचारिक समूह शक्ति की भी उन्होंने उपेक्षा की।

डनलप का यह दावा था कि उसने एक सामान्य विचारधारा का निरूपण किया है, जिसके माध्यम से एक व्यवस्थित विचारधारा के द्वारा तथ्यों की व्याख्या की जा सकती है। किन्तु वूड तथा कुछ अन्य समाजशास्त्रियों का कथन है कि इसके माध्यम से घटनाओं की सटीक भविष्यवाणी नहीं की जा सकती है।[19] ब्लेन ने डनलप की

विचारधारा को पूर्णतया एक वैचारिक मॉडल करार किया है। उनके अनुसार किसी औद्योगिक सम्बन्ध विषयक मॉडल की प्रभावोत्पादकता के मापन हेतु निम्नलिखित मानदण्ड हो सकते हैं–

1. इसके अन्तर्गत कुछ ऐसे चर होने चाहिए, जो एक–दूसरे से इस प्रकार अन्तर्सम्बन्धित हों कि लागत और प्रतिफल का ज्ञान प्राप्त किया जा सके।
2. इसके द्वारा व्यक्तिगत और सामूहिक रूप से सक्षम चरों के अन्तर्सम्बन्धों का ज्ञान प्राप्त किया जा सके।
3. इसके द्वारा ऐसी उपकल्पनाओं का निर्माण किया जाए, जिनका परीक्षण संभव हो।
4. इसमें घटनाओं की भविष्यवाणी करने की क्षमता हो।

जहाँ तक प्रथम मानदण्ड का सम्बन्ध है, हम देखते हैं कि डनलप के मॉडल के अन्तर्गत सक्षम चरों के बीच लागत और प्रतिफल के सम्बन्ध निर्धारण का प्रयास किया गया है। दूसरे मानदण्ड का स्पष्ट निरूपण तो डनलप ने नहीं किया है, तथापि विभिन्न अवयवों के बीच सम्बन्ध स्थापन तो किया ही जा सकता है। इसको निम्नलिखित उदाहरण के द्वारा प्रस्तुत किया जा सकता है–

ए = एफ (टी, ई, एस)

इसका अर्थ यह हुआ कि कर्ता तीन प्रकार के सन्दर्भों से प्रभावित होता है। डनलप ने भी अपने मॉडल के अन्तर्गत इस बात की पुष्टि की है। इसके अतिरिक्त उनके मॉडल के आधार पर कुछ उप–कल्पनाओं का परीक्षण भी किया जा सकता है। यदि ये उपकल्पनाएँ व्यावहारिक जीवन में विशेष उपयोगी प्रमाणित हों तो उनके आधार पर यह बात भी कही जा सकती है कि डनलप के मॉडल में घटनाओं के सम्बन्ध में भविष्यवाणी करने की क्षमता भी विद्यमान है। अस्तु, इस सत्य से इनकार नहीं किया जा सकता कि कुछ निश्चित संशोधनों और परिवर्तनों के साथ डनलप की थियरी का औद्योगिक सम्बन्धों के अध्ययन हेतु एक वैचारिक मॉडल के रूप में प्रयोग किया जा सकता है।

उपर्युक्त मॉडल के अन्तर्गत रूल्स और उसके निर्धारक तत्वों के बीच सम्बन्ध स्थापित कर औद्योगिक सम्बन्ध को एक वैज्ञानिक स्वरूप प्रदान करने का प्रयास किया गया है। किन्तु सिन्हा का मत है कि औद्योगिक सम्बन्ध के अन्तर्गत कुछ ऐसे मानदण्डों का निरूपण होना चाहिए, जिनके माध्यम से नियम और उनके क्रियान्वयन का मापन किया जा सके और आवश्यकतानुसार उनमें परिवर्तन का भी सुझाव दिया जा सके। इस उद्देश्य की प्राप्ति हेतु प्रोफेसर सिन्हा[20] गारबैरिनो[21] द्वारा प्रतिपादित निम्नलिखित मानकों का सहारा लेना चाहते हैं–

1. औद्योगिक सम्बन्ध प्रणाली के द्वारा औद्योगिक शान्ति की स्थापना में कितनी सहायता मिलती है।
2. किस अंश तक इसके द्वारा प्राविधिक परिवर्तन एवं प्रगति की प्राप्ति में सहायता मिलती है।
3. इसके द्वारा समुदाय को अपने लक्ष्यों – मजदूरी, उपभोक्ता सामग्री का मूल्य, अपेक्षित व्यवहार की प्राप्ति में किस अंश तक सहायता मिलती है।

4. औद्योगिक जनतंत्र के अपेक्षित स्तर की प्राप्ति हेतु इसके द्वारा किस अंश तक प्रयास किया जाता है।

अन्त में हम यह कह सकते हैं कि अपने सिद्धान्त के द्वारा डनलप ने औद्योगिक समाज की गतिविधियों में एक महत्त्वपूर्ण योगदान दिया। औद्योगिक सम्बन्ध प्रणाली के माध्यम से उन्होंने औद्योगिक विवाद की प्रक्रियाओं के स्थान पर 'रूल' की महत्ता को स्थापित किया। औद्योगिक जगत में इस सिद्धान्त की सार्वजनिक रूप से मान्यता प्रदान की गई। नियमों के निर्माण में परिवेशजन्य तत्वों की महत्ता तथा कर्ताओं (एक्टर्स) के उत्क्रम का निरूपण, निश्चय ही औद्योगिक सम्बन्ध के क्षेत्र में दो महत्त्वपूर्ण योगदान हैं, जो डनलप द्वारा प्रदान किए गए।

औद्योगिक सम्बंधों के अन्तर्गत आने वाले सम्बंध

सामान्य रूप से औद्योगिक सम्बंधों के अन्तर्गत निम्नलिखित सम्बंध आते हैं–

1. नियोजक और श्रमिकों के बीच का सम्बंध।
2. नियोजक एवं श्रम संघ के बीच का सम्बंध।
3. नियोजकों के संगठन और श्रम संघ के बीच का सम्बंध।
4. नियोजकों के संगठन और श्रम संघों के महासंघों के बीच का सम्बंध।
5. नियोजकों एवं नियोजकों के बीच का सम्बंध।
6. श्रमिकों और श्रमिकों के बीच का सम्बंध।
7. श्रमिक संघ एवं श्रम संघों के बीच का सम्बंध।
8. सरकार एवं श्रम संघों के बीच का सम्बंध।
9. सरकार एवं नियोजकों के बीच का सम्बंध।
10. सरकार, श्रम संघों, नियोजकों या उनके संगठनों के बीच का सम्बंध।

औद्योगिक सम्बंधों के उद्देश्य

1. *औद्योगिक सौहार्द की स्थापना*– सौहार्द की अवधारणा एक व्यापक एवं विधायी अवधारणा है। इसके अन्तर्गत श्रम एवं प्रबंध के बीच समझदारी सहयोग और सहभागिता की भावना के विद्यमान होने की आशा की जाती है।
2. *संघर्षों को कम करना*– वैसे तो संघर्ष अपरिहार्य है किन्तु औद्योगिक सम्बंधों के माध्यम से संघर्षों को कम करने की बात सोची जाती है।
3. *कार्य सम्बंधों का नियमन*– औद्योगिक सम्बंधों के माध्यम से कार्य स्थिति में श्रम एवं प्रबंध के कार्य व्यवहारों का नियमन करते हुए पारस्परिक सहयोग पूर्ण ढंग से कार्य करने की बात की जाती है।
4. *समस्याओं के सुलझाव में व्यवहारमूलक अभिगम का प्रयोग*– इस अभिगम के माध्यम से श्रम एवं प्रबंध के व्यवहारों में परिवर्तन आता है और वे पारस्परिक सहयोग पूर्व वातारण में संघर्षों का स्वयं ही सुलझाव करते हैं।
5. *श्रम प्रबंध के बीच जनतांत्रिक एवं मानवीय सम्बंधों की स्थापना*– स्वस्थ औद्योगिक सम्बंधों के अन्तर्गत प्रबंध श्रमिकों को मानवीय प्राणी समझते हुए

उनकी प्रतिष्ठा करता है और प्रबंधकीय निर्णयों में सहभाजन का अवसर प्रदान कर जनतांत्रिक मूल्यों को बढ़ावा देता है।

6. उद्योग एवं संगठन के सहभागियों के बीच पारस्परिक समझदारी का विकास।

औद्योगिक सम्बंधों का क्षेत्र

औद्योगिक सम्बंधों के क्षेत्र के अन्तर्गत निम्नलिखित बातें आती हैं–

1. *श्रमिक संघ*– उत्पत्ति विकास, संरचना, लक्ष्य प्रकार्य विधियाँ, नेतृत्व, वित्त प्रशासन, अधिकार एवं कर्तव्य और मान्यता इत्यादि।
2. *नियोक्ता संघ*– उत्पत्ति और विकास, लक्ष्य एवं प्रकार्य, अन्तर संगठनात्मक सम्बंध, वित्त प्रशासन, श्रम नीति और विधियाँ।
3. *औद्योगिक विवाद*– कारण, प्रकार, विधियाँ एवं सुलझाव के तरीके।
4. *सामूहिक सौदेबाजी*– सौदेकारी अभिकर्ता का चयन, सौदेबाजी का अधिकार, सौदेकारी इकाई, सौदेकारी समझौतों की विषयवस्तु, समझौते, समझौतों का क्रियान्वयन।
5. *औद्योगिक क्रियाकलाप*– हड़ताल, तालाबन्दी और घेराव इत्यादि।
6. *प्रबंध व्यवस्था में श्रमिकों का सहभाजन*– संस्था संरचना, अधिकार एवं कर्तव्य, निर्णयों का क्रियान्वयन।
7. *द्विपक्षीय एवं त्रिपक्षीय समितियाँ*– विभिन्न स्तर की संस्थाएँ प्रकार्य एवं निर्णय।

औद्योगिक सम्बंधों की वैचारिक पृष्ठभूमि

औद्योगिक सम्बंधों के मोटे तौर पर चार आधारभूत वैचारिक आधार है। वैसे औद्योगिक सम्बंध डनलप द्वारा प्रतिपादित प्रणाली अभिगम की 'रूल मेकिंग' प्रक्रिया से भी प्रभावित होते हैं। इनका विवरण निम्नलिखित है–

(अ) यूनिटरी (एकाधिकारवादी)

इस अभिगम के अन्तर्गत इस तथ्य पर विश्वास किया जाता है कि अधिकार का केवल एक ही स्रोत होता है। उसी स्रोत का औद्योगिक सम्बंध पर स्वामित्व होता है और वही स्रोत औद्योगिक सम्बंधों का नियंत्रण करता है। ऐसे विचारकों के अनुसार नियोक्ता स्वयं अपने में कानून है वह जो कहता है वही कानून है। नियोक्ता रोजगार देने वाला होता हैं, वही मजदूरी या वेतन देता है और वही सामाजिक सुरक्षा प्रदान करता है।

एकाधिकारवादी परिप्रेक्ष्य इस मान्यता पर आधारित है कि संगठन लोगों के एक समूह से निर्मित होता है। ऐसे लोगों की एकाकी संरचना होती है और एक ही व्यक्ति के प्रति उनकी भक्ति होती है। प्रबंध का यह एक विशेषाधिकार और जिम्मेदारी होती है कि वह निर्णय करे कि उद्यम किस प्रकार संगठित हो और किस प्रकार उसकी गतिविधियों का संचालन हो। संघर्षों का कोई औचित्य नहीं है और श्रमिक संघों से बचा जा सकता है।

नियोक्ता एवं प्रबंध इस विचारधारा को विशेष आकर्षण समझते हैं। क्योंकि इसके द्वारा प्रबंध के अधिकारों को वैधानिक स्वरूप प्रदान किया जाता है। इसके अन्तर्गत यह बात स्वीकार की जाती है कि संघर्ष प्रतिष्ठान के कर्मचारियों के विवेकहीन व्यवहारों के कारण होता है। प्रबंध तो कोई गलत या विवेकहीन कार्य कर ही नहीं सकता। इस प्रकार यह एकाधिकार कार्य विचारधारा है जिसका आज के युग में कोई औचित्य नहीं है।

(ब) प्ल्यूरलिस्टिक (बहुवादी)

यह विचारधारा इस पूर्वानुमान पर आधारित है कि संगठन कुछ लोगों को मिलाकर निर्मित होता है, जिसके स्वयं अपने उद्देश्य और लक्ष्य होते हैं। उनकी नेतृत्व के प्रति प्रतिबद्धता में भी भिन्नता होती है। इस कारण एक जटिल तनाव का अभ्युदय होता है और उनके पारस्परिक प्रतिस्पर्धी दावों का निर्माण होता है। ऐसी स्थिति के सम्यक् प्रबंधन की आवश्यकता होती है, ताकि संगठन में सहयोग की स्थिति कायम रह सके।[22] एकाधिकारवादी अभिगम के विपरीत इस अभिगम में श्रम और प्रबंध के बीच संघर्ष को विवेकशील और अपरिहार्य माना जाता है। सामान्य स्वार्थ और पारस्परिक अन्तर्निर्भरता सम्पूर्ण के अस्तित्व रक्षण हेतु आवश्यक समझा जाता है। दो पक्षों के बीच जो अन्तक्रिया होती है उसका यह लक्ष्य नहीं होता है कि उनके स्वार्थों को एक किया जाय, वरन् उसका लक्ष्य होता है श्रम एवं प्रबन्ध के पारस्परिक स्वार्थों के बीच सन्तुलन स्थापन। श्रमिक एक साथ मिलकर एक श्रमिक संघ बना लेते हैं और अपने स्वार्थों की सामूहिक रूप से रक्षा करते है, फ्लैंडर्स 1970 वे कार्य नियमन एवं नियंत्रण को प्रभावित कर सकते हैं। पर यह बात नहीं है कि श्रम एवं प्रबंध के बीच जो वार्ता होती है, जो अन्तक्रिया होती है उससे समझौता ही हो। कभी–कभी उनमें सघर्ष भी हो जाता है। सभी स्वार्थ समूहों के अपना कुछ निहित स्वार्थ होते हैं। यह बात स्वीकार की जाती है कि संघर्ष आवश्यक होता है, किन्तु उसे प्रबंधित किया जा सकता है और उसका सुलझाव भी हो सकता है।

दुर्खीम के अनुसार प्रतिमानहीनता उस समय उत्पन्न होती है जब सामाजिक व्यवस्था में व्यतिक्रम होता है। गुडनर का यह कथन है कि नियमों के प्रति आदर उस तरीके पर निर्भर करता है जिनके द्वारा उसका निर्माण हुआ हो। यदि प्रतिमान उन लोगों की सहमति से बने होंगे, जिन्हें वे प्रभावित करते हैं तो उनकी स्वीकृति की अधिक सम्भावना होगी। प्ल्यूरलिज्म के अन्तर्गत दोनों पक्ष आर्थिक एवं राजनीतिक शक्ति सन्तुलन को प्रभावित करते हैं।

वास्तव में प्ल्यूरलिज्म एकाधिकारवाद के आगे का कदम है। इसके अन्तर्गत श्रम एवं प्रबंध दोनों पक्ष एक दूसरे को प्रभावित करते हैं जबकि एकाधिकारवाद के अन्तर्गत केवल प्रबंध पक्ष श्रम पक्ष को प्रभावित करता है।

(स) रेडिकल (क्रांतिकारी विचारधारा)

यह मार्क्स की विचारधारा है। इसके अन्तर्गत इस बात पर विश्वास किया जाता है कि उत्पादन का स्वामित्व निजी स्वामियों के हाथ में होता है उसका संचालन लाभ हेतु किया जाता है। उत्पादन पर नियंत्रण प्रबंधकों के द्वारा किया जाता है जो मालिकों के एजेण्ट होते हैं। 'सरप्लस वैल्यू' की मार्क्स की विचारधारा इस बात में विश्वास करती है कि सामाजिक परिवर्तन हेतु संघर्ष आवश्यक है। सामाजिक परिवर्तन का उद्देश्य श्रम एवं पूँजी के बीच जनित असमानता को समाप्त करना है। रेडिकल विचारधारा के अन्तर्गत विद्यमान आर्थिक संगठन प्रणाली को परिवर्तित करने का प्रयास किया जाता है, जिसके द्वारा सामाजिक, आर्थिक एवं राजनीतिक संघर्ष का जनन होता है। मार्क्स के सन्दर्भ में नियोजन का वैधानिक स्वरूप प्रबंध का समर्थन करता है और क्रान्तिकारी विचारधारा के द्वारा उसमें बदलाव लाने का प्रयास किया जाता है। कानून के द्वारा नियोक्ता को आदेश देने एवं श्रमिक को उसके पालन हेतु बाध्य किया जाता है। इस अभिगम में इस तथ्य को स्वीकार किया जाता है कि पूँजीवादी समाज में संघर्ष का नियंत्रण नहीं हो सकता। मार्क्स के दर्शन में इस बात पर विश्वास किया जाता है कि श्रमिकों के रहन–सहन के स्तर को जितना ही नीचे गिराया जाएगा पूँजीवाद के पनपने की सम्भावना उतनी बढ़ती जाएगी। वैभवहीन वर्ग को वैभवयुक्त दल पनपाता है। ऐसी स्थिति में वैभवहीन वर्ग को वैभव युक्त वर्ग की समाप्ति के अतिरिक्त दूसरा रास्ते अपनाने की कोई गुंजाइश नहीं होती है।

मार्क्स के अनुसार पूँजीपति के विरुद्ध श्रमिकों के संघर्ष में श्रमिक संघों की एक महत्त्वपूर्ण भूमिका होती है। किन्तु जब तक वर्ग चेतना का उदय नहीं होता तब तक श्रमिक संघ की चेतना का कोई विशेष महत्त्व नहीं होगा। रेडिकल अभिगम में श्रमिक संघों से बदलाव एवं क्रान्तिकारी अभिकर्ता के रूप में होने की आशा की जाती है अन्यथा यदि वह पूँजीपति का लेफ्टिनेण्ट बन कर वह श्रमिकों के शोषण में नियोक्ता की सहायता ही करता रहेगा तो उसकी कोई उपयोगिता नहीं होगी।

(द) ट्रस्टीशिप

गांधीजी ने ट्रस्टीशिप के अभिगम का प्रयोग किया। श्रम प्रबंध सम्बंधों के लिए गांधीजी का ट्रस्टीशिप का सिद्धांत अपने आप में एक महत्त्वपूर्ण सिद्धान्त है। इस सिद्धांत की व्याख्या करते हुए उन्होंने लिखा है कि "हम पूँजीपतियों को इस बात के लिए आमन्त्रित करते हैं कि वे अपने को उन श्रमिकों का ट्रस्टी समझें जिनके ऊपर वे उत्पादन समृद्धि और पूँजी के विकास हेतु आश्रित है। श्रमिक अभी अबोध है, अतः उद्योगपति ट्रस्टी के रूप में उसके द्वारा किए गए उत्पादन और समृद्धि की रक्षा करे। जब श्रमिक सुबोध हो जाएँगे और उन्हें अपनी शक्ति का आभास हो जाएगा तो नियोक्ता उन्हें औद्योगिक प्रतिष्ठानों में अपना सहभागी बना लेंगे। मालिकों को मेरी सलाह है कि वे श्रमिकों को ही औद्योगिक प्रतिष्ठानों का वास्तविक स्वामी समझें। यदि श्रमिक अपने अधिकारों की प्राप्ति हेतु हड़ताल करते हों तो मालिक या नियोक्ता स्वयं ही उन्हें प्रतिष्ठान के

नियंत्रण का अधिकार दे दें।"[23] स्वतंत्रता प्राप्ति के पूर्व कांग्रेस पार्टी ने भी यह निश्चय किया था कि "जब तक मजदूरों को आर्थिक स्वराज न मिले तब तक स्वराज्य का कोई अर्थ नहीं।"[24]

गांधीजी की उपर्युक्त अवधारणा को ही कुछ लोग भारतीय औद्योगिक प्रतिष्ठानों में श्रमिकों के सहभाजन सम्बंधी विचारधारा के विकास का मूल स्रोत समझते हैं। कार्मिक प्रबंध सम्बन्धी आधुनिकतम सिद्धांतों एवं विविध व्यवहार विज्ञानों के अन्तर्गत की गई गवेषणाओं से भी यह बात सिद्ध हो चुकी है कि औद्योगिक प्रतिष्ठान अपने लक्ष्य की प्रभावशाली ढंग से प्राप्ति तभी कर सकता है, जब विभिन्न समस्याओं के सुलझाव हेतु प्रबंधक श्रमिकों की सलाह लें और उन्हें मानवीय प्रतिष्ठा प्रदान करते हुए उनकी योग्यता का आदर करें, साथ ही उनमें प्रतिष्ठान के प्रति आस्था और तादात्मीकरण के भाव का विकास करें। यह बात स्वतंत्र सामाजिक व्यवस्था में ही सम्भव है। गांधीजी का ख्याल था कि उनका ट्रस्टीशिप सिद्धांत श्रम प्रबंध विषयक अन्य सिद्धांतों से अधिक महत्त्वपूर्ण है। इसके पीछे दर्शन और धर्म की मान्यता है। इस सिद्धान्त में इंग्लैण्ड की स्पीडेन लेबिस की साझेदारी के सिद्धान्त को रस्किन की चिन्तनधारा से अधिगृहीत किया। गांधीजी की इस विचारधारा की आलोचना इस आधार पर की जाती है कि इसके अन्तर्गत भी पूँजी के स्वामी और पूँजीविहीन दो वर्गों की स्थिति को स्वीकार किया गया है। पारस्परिक स्वार्थों की पूर्ति हेतु इन दोनों में संघर्ष अपरिहार्य है। ट्रस्टीशिप का सिद्धान्त तभी व्यवहृत हो सकता है जब दोनों ही वर्गों के हृदय में परिवर्तन हो और पूँजीपति वर्ग यह महसूस करे कि सारी पूँजी की रक्षा और विकास करना है। यह बात कठिन अवश्य है पर असम्भव नहीं।

जहाँ तक भारतीय श्रमिकों का सवाल है हम इस सत्य को नजरअन्दाज नहीं कर सकते कि स्वतंत्रता प्राप्ति के पश्चात् विभिन्न अधिनियमों और अधिवेशनों तथा विचार–गोष्ठियों की संस्तुति के माध्यम से उन्हें पर्याप्त अधिकार मिले हैं और नियोक्ता का प्रबंध वर्ग सर्वाधिकार सम्पन्न वर्ग नहीं रह गया है। ऐसी स्थिति में ट्रस्टी बनने का प्रश्न अब बहुत अंश में नहीं उठता है। यदि औद्योगिक सम्बंध की गति इसी प्रकार चलती रही और सामाजिक न्याय को पर्याप्त महत्त्व दिया गया तो श्रम संघ अपने आप ही शक्तिमान हो जाएँगे और मालिक अथवा पूँजी के प्रबंधक को प्रबन्ध में श्रमिक को भागीदार बनाने के लिए बाध्य होना पड़ेगा।

अन्त में हम यह कह सकते हैं कि गांधीजी ने अपने श्रमदर्शन के अन्तर्गत एक महत्त्वपूर्ण मानव के रूप में श्रमिक को देखा है। आज के युग की आर्थिक अभिप्रेरणाएँ औद्योगिक संघर्षों को जन्म देती हैं, जिनके अन्तर्गत मानव की सम्पूर्णता तिरोहित हो जाती है। संघर्षशील श्रमिकों के साथ जब हम न्यायोचित व्यवहार की बात करते हैं तो समाज और उपभोक्ताओं के स्वार्थ को नजरअन्दाज कर देते हैं। हम इस बात पर तो अवश्य विचार करते हैं कि श्रमिकों का वेतन एक निश्चित सीमा से अधिक न होने पाए किन्तु हम इस बात को नजरअन्दाज कर देते हैं कि समाज में कुछ खास व्यक्तियों के पास अपार धन का संचय होता चला जा रहा है। गांधीजी ने इसे डकैती की संज्ञा दी

थी। उनका ट्रस्टीशिप का सिद्धान्त अथवा राबर्ट ओवेन द्वारा प्रतिपादित 'अटोपियन सोशलिज्म' का सिद्धान्त व्यक्ति की आध्यात्मिक अपेक्षाओं और आर्थिक अपेक्षाओं के बीच सन्तुलन स्थापन का प्रयास करता है। आर्थिक समृद्धि की प्राप्ति तो आसान है किन्तु हृदय का परिवर्तन अति कठिन है। यदि गांधीजी के श्रम दर्शन की सच्ची विवेचना कर उसे कार्यान्वित करने का प्रयास किया जाए तो निश्चय ही श्रमिक समाज एवं मानव समाज की एक महान सेवा होगी।

वैश्वीकरण एवं औद्योगिक सम्बंध

वैश्वीकरण का तात्पर्य है उत्पादन के चल साधनों, जिनमें मानव शक्ति के अलावा भौतिक सामान एवं सेवाएँ और सूचनाएँ आदि शामिल है, के अन्तर्राष्ट्रीय विचरण हेतु दुनिया के देशों द्वारा अपनी–अपनी सीमायें खोल देना ताकि वैश्विक प्रतिस्पर्धा में वृद्धि हो, अर्थव्यवस्था में संरचनामक परिवर्तन सम्भव हो और कम कीमत पर उत्कृष्ट गुणवत्ता वाले सामान उपभोक्ता को प्राप्त हों। द्वितीय राष्ट्रीय श्रम आयोग (2002) ने वैश्वीकरण के कुछ प्रमुख लाभों का विवरण निम्नलिखित रूप से दिया है–

1. सम्योजित (sustained) राष्ट्रीय विकास जिसका परिमाप सकल राष्ट्रीय उत्पाद के आधार पर किया जा सकता है।
2. स्वतंत्र बाजार जिसमें सरकार का बहुत कम अथवा बिल्कुल नहीं हस्तक्षेप।
3. आर्थिक वैश्वीकरण जिसके द्वारा मुद्रा एवं माल का प्रवाह विभिन्न देशों के बीच स्वतंत्र रूप से सम्भव हो गया हो। फलस्वरूप प्रतिस्पर्धा एवं आर्थिक कार्यक्षमता में वृद्धि, जिसके द्वारा नए जॉब का सृजन, उपभोक्ता मूल्यों में गिरावट, आर्थिक क्षमता में वृद्धि और सबके लिए लाभ सम्भव हो जाता है।
4. निजीकरण जिसके द्वारा प्रकार्य एवं सम्पत्ति का सरकारी क्षेत्र से निजी क्षेत्र की ओर प्रवाह।
5. सरकार की प्रमुख जिम्मेदारियाँ होंगी ऐसी अवस्थापना (infrastructure) का निर्माण, जिसके अन्तर्गत आर्थिक विकास के नवीन अवसरों की प्राप्ति हो और ऐसे नियमों का क्रियान्वयन, जिनके माध्यम से सम्पत्ति में अधिकारों की रक्षा हो सके।

किन्तु अब यह बात महसूस की जा रही है कि वैश्वीकरण के कई दोष हैं। उनका विवरण निम्नलिखित है–

1. वैश्वीकरण की प्रक्रिया के द्वारा जहाँ कुछ लोगों को लाभ हो रहा है वहीं बहुत से लोग इसका नुकसान भी भुगत रहे हैं।
2. यह बहुत अंशों में साम्राज्यवाद के प्रसार का एक तरीका मात्र है।
3. व्यक्ति और देश दोनों ही स्तरों पर इसके अन्तर्गत धनी एवं गरीब के बीच की दूरी बढ़ती जा रही है।
4. इसके द्वारा कार्य एवं स्थानीय समुदाय दोनों का ही नुकसान हो रहा है।
5. यह जड़ विहीन, जॉब विहीन विकास और प्रतिफल विहीन कार्य है।

वैश्वीकरण को प्रोत्साहित करने वाले कारक

1. सूचना प्रौद्योगिकी एवं सम्प्रेषण प्रौद्योगिकी के अतिशय विकास के कारण आज समय और स्थान की दूरी बहुत अधिक सिमट गई है। विश्व के किसी भी भाग में यदि कोई भी घटना घटती है तो उसकी सूचना तुरन्त ही दूसरे भाग में रहने वालों को मिल जाती है।
2. वित्तीय बाजार का बहुत तेजी से एकीकरण और पूँजी का अपेक्षाकृत अधिक तेजी से प्रवाह।
3. विश्व व्यापार संगठन (डब्ल्यू.टी.ओ.) का विकास और राष्ट्रीय एवं राज्य की सीमाओं की समाप्ति।
4. वैश्विक उत्पादन एवं अन्तर्राष्ट्रीय आपूर्ति की चेन का सृजन।
5. नवीन एवं लचीली उत्पादन प्रणाली।
6. जहाँ कुशल श्रमिकों की गतिशीलता प्रतिबंधित है वहाँ से उद्योग और पूँजी का पलायन।

वैश्वीकरण का औद्योगिक सम्बंधों पर प्रभाव

वैश्वीकरण का श्रम समस्याओं एवं औद्योगिक सम्बंधों पर कुछ स्पष्ट प्रभाव पड़ा है। इसका विवरण नीचे दिया जा रहा है–

1. नियोजन की गहनता में कमी और जॉबलेस ग्रोथ

वैश्वीकरण की बढ़ती हुई प्रतिस्पर्धा में हर कम्पनी अपनी उत्पाद लागत को कम कर बाजार में आगे निकलना चाहती हैं। फलस्वरूप कम्प्यूटरीकृत मशीनों का आज अधिकाधिक प्रयोग हो रहा है। इसका फल यह हो रहा है कि उत्पाद वृद्धि के द्वारा कम्पनी का विकास तो अवश्य हो रहा है किन्तु रोजगार के अवसरों में निरन्तर कटौती हो रही है। छंटनी और वी.आर.एस. का बाजार गर्म है। फलस्वरूप श्रमिक न केवल असंतुष्ट है वरन् उनकी कार्य सुरक्षा की भावना भी नए सिरे से प्रभावित हो रही है। स्ट्राइक तो कम हो रही हैं किन्तु स्ट्राइक बढ़ती जा रही है।

2. कॉन्ट्रैक्टिंग आउट और आउटसोर्सिंग

वैश्विक प्रतिस्पर्धा में आगे निकलने के लिए आज बहुत सी कम्पनियाँ अपनी स्थायी श्रम शक्ति के स्थान पर अनुबंधित श्रमिकों की नियुक्ति ठेकेदारों के द्वारा करवा रही है। ऐसे श्रमिकों का वेतन और कार्य दशाएँ तो बहुत ही बुरी हैं और कार्य में स्थायित्व का भी अभाव है। ऐसे श्रमिक श्रमिक संघों के सदस्य भी नहीं बन पाते। इसी प्रकार बहुत सी कम्पनियाँ दूसरी ठेकेदार कम्पनियों से काम करा रही हैं। यह बात कम्प्यूटर के क्षेत्र में विशेष रूप से देखने को मिलती है। ऐसी कम्पनियों के श्रमिकों को भी मूल कम्पनी के श्रमिकों की अपेक्षा बहुत कम वेतन दिया जाता है।

3. कार्य की दशाओं में गिरावट एवं आकस्मिक श्रम की वृद्धि

अनुबंधित श्रम की नियुक्ति ठेकेदारों के द्वारा होती है। वैश्वीकरण की स्थिति में उत्पादन लागत को कम करने के लिए अधिकांश कम्पनियों में ऐसे श्रमिकों से काम

लिया जा रहा है। कहना नहीं होगा कि ऐसे श्रमिकों की कार्यदशाएँ एवं वेतन बहुत ही दयनीय है। यदि ये श्रमिक संघों का साथ देते हैं तो ठेकेदार उन्हें अविलम्ब बाहर कर देते हैं।

4. विनिवेश, विनियमितीकरण एवं विकेन्द्रीकरण

वैश्वीकरण की स्थिति से निजीकरण को बढ़ावा मिलता है। भारत में नई औद्योगिक और आर्थिक नीति के लागू होने और फलस्वरूप वैश्वीकरण के प्रभाव से कम्पनियों की निजीकरण की प्रवृत्ति में आशातीत इजाफा हुआ और विशेषकर विनिवेश के द्वारा सरकारी कम्पनियों का निजीकरण होने लगा। मोटे तौर पर विनिवेश के द्वारा औद्योगिक सम्बंध निम्नलिखित रूप से प्रभावित होता है–

1. इसके द्वारा प्रतिष्ठान के स्वामित्व में बदलाव आ जाता है, जिसके कारण न केवल प्रबंधकीय कार्य प्रणाली प्रभावित होती है वरन् श्रमिक संघ और उसकी कार्य प्रणाली भी प्रभावित होती है।
2. इसके द्वारा श्रमिकों के अधिकार प्रभावित होते हैं। श्रमिकों की कार्य सुरक्षा, श्रमिक संघों की सुरक्षा, आपकी सुरक्षा एवं सामाजिक सुरक्षा भी इसके द्वारा प्रभावित होती है।

श्रमिक संघ, प्रबंध एवं सरकार इस प्रकार के परिवर्तनों से निपटने के लिए प्रयास कर रहे हैं। इस सम्बंध में निम्नलिखित कदम उठाए जा रहे हैं–

1. श्रमिकों को कम्पनी का शेयर दिया जा रहा है। एक दो स्थितियों में बीमार कम्पनियों का प्रबंध भी श्रमिकों के हाथ में दिया जा रहा है। यह कार्य बोर्ड ऑफ फाइनेंशियल एण्ड इण्डस्ट्रियल रीस्ट्रक्चर की संस्तुति पर ही किया जा रहा है।
2. स्वैच्छिक सेवानिवृत्ति हेतु श्रमिक संघ ऊँची दर पर क्षतिपूर्ति हेतु दावा कर रहे हैं।
3. श्रमिक संघ नियोक्ता द्वारा प्रतिष्ठान के विनिवेश से पूर्व जो बेनिफिट दिया जाता है उसे बनाए रखने की माँग कर रहे हैं।
4. ऐसे प्रस्ताव आ रहे हैं कि नवीन सुरक्षा जाल **(new safety net)** का निर्माण किया जाए, जिसके अन्तर्गत बेरोजगारी बीमा की ही व्यवस्था न हो वरन् अनुपयुक्त करार किए गए श्रमिकों के हेतु नवीन कौशल का भी विकास किया जाए।

5. नए अभिकर्ता और औद्योगिक सम्बंधों की नई गतिशीलता

आज के बदलते परिवेश में औद्योगिक सम्बंधों में कुछ नवीन अभिकर्ताओं का जनन हुआ है और औद्योगिक सम्बंधों की कुछ नवीन गतिशीलता विकसित हुई है। अभी तक औद्योगिक सम्बंधों के तीन ही अभिकर्ता थे– श्रम, प्रबंध एवं सरकार। पर आज इस क्षेत्र में वैश्वीकरण के पश्चात् दो और अभिकर्ताओं का विकास हुआ है, समुदाय एवं उपभोक्ता। आज श्रमिकों की रोजी–रोटी की रक्षा करने के लिए श्रमिक संघ नियोक्ता से ऐसे समझौते कर रहे हैं, जिनके अन्तर्गत श्रमिकों के वेतन में कटौती कर उनकी सेवाओं को बनाए रखने का प्रयास हो रहा है।

न्यायोचित वैश्वीकरण की राह

वर्ल्ड कमीशन ऑन सोशल डाइमिंशन ऑफ ग्लोबलाइजेशन (2004) ने वैश्वीकरण के सम्बंध में निम्नलिखित नीति को अपनाने पर बल दिया है–

1. वैश्वीकरण ऐसे मूल्यों पर आधारित होना चाहिए, जो पूरे विश्व में स्वीकार्य हो। अन्तर्राष्ट्रीय संगठन, वाणिज्य प्रतिष्ठान, श्रमिक, नागरिक समाज तथा मीडिया से यह अपेक्षा होती है कि वे अपनी व्यक्तिगत जिम्मेदारियों को स्वीकार करें। आज यह अपेक्षा की जा रही है कि आर्थिक विकास मानवीय अधिकारों पर आधारित हो।
2. आज अपेक्षा इस बात की है कि मानवीय अधिकारों के प्रति वैश्विक स्तर पर प्रतिबद्धता का विकास हो।
3. विकास का स्वरूप सम्पोषी (sustainable) हो, जिसके अन्तर्गत सभी को विकास का अवसर मिले।
4. वैश्वीकरण के लक्ष्यों की प्राप्ति हेतु विभिन्न देशों की सरकारें जनतांत्रिक मूल्यों को अपेक्षाकृत अधिक अच्छे ढंग से अपनाएँ।

औद्योगिक सम्बंधों का भविष्य

औद्योगिक सम्बंधों के क्षेत्र में कुछ बड़े परिवर्तन हो रहे हैं जिनका प्रभाव भविष्य के औद्योगिक सम्बंधों पर पड़ रहा है। ऐसे कुछ परिवर्तनों का विवरण निम्नलिखित है–

1. संगठनों का बदलता हुआ स्वरूप

संगठन आज नौकरशाही मूलक नहीं रह गए हैं। वरन् वे छोटे और लचीले होते जा रहे हैं। कुछ संगठनों में तो केवल कुछ प्रबंधकीय एवं प्राविधिक अभिकर्मी ही कार्यरत हैं, शेष कार्य आउट सोर्सिंग से करा लिया जाता है। बहुत सी सेवाएँ तो आज बिना संगठन के ही चल रही हैं जैसे समाचार पत्रों की सेवायें।

2. कर्मचारियों की बनावट में परिवर्तन

आज ब्ल्यू कलर श्रमिकों के स्थान पर सफेदपोश श्रमिकों की संख्या बढ़ रही है। दूसरी महत्त्वपूर्ण बात यह है कि सामान्य कर्मचारियों की संख्या में गिरावट हो रही है और अधिशासियों की संख्या में इजाफा हो रहा है। जब श्रमिक संघ हड़ताल या बन्द का आयोजन करते हैं तो सारा समाज और न्यायपालिका उनसे यह पूछती है कि उनकी हड़ताल का उपभोक्ता या समुदाय पर क्या प्रभाव पड़ेगा। श्रमिक संघ यदि इस तथ्य को नजरअंदाज करते हैं तो सम्पूर्ण समाज में वे अकेले पड़ते जाते हैं।

3. राज्य की नीति में परिवर्तन

जो सरकार स्वतंत्रता प्राप्ति एवं कल्याणकारी राज्य के नारे के समय श्रमिकों की पक्षधर थी, आज वैश्वीकरण के इस युग में अब नियोक्ताओं की पक्षधर होती जा रही हैं। श्रमिक संघों को आज यह महसूस हो रहा है कि सम्पूर्ण समाज के हितों के साथ ही वे अपने हितों की रक्षा कर पाएँगे अन्यथा वे पूर्णतया अलग–थलग पड़ जाएँगे।

4. न्यायपालिका के व्यवहारों में परिवर्तन

वैश्वीकरण को बढ़ावा देने के लिए न्यायपालिका के व्यवहारों में परिवर्तन हो रहा है। संराधन एवं अधिनिर्णयन की मंजिल पर कोई निर्णय करते समय न्यायपालिका विशेषकर इस बात पर विचार करती है कि उसके निर्णयों से उत्पादकता वृद्धि पर क्या प्रभाव पड़ रहा है। इस परिप्रेक्ष्य में उसके निर्णय आज नियोक्ता के पक्ष में ही अधिक हो रहे हैं।

5. श्रमिक संघों की सदस्यता में कमी

वैश्विक प्रतिस्पर्धा में आगे निकलने के लिए आज नई एवं कम्प्यूटराइज्ड मशीनों का प्रयोग हो रहा है। फलस्वरूप औद्योगिक प्रतिष्ठानों में श्रमिकों की संख्या घटती जा रही है। इसका प्रभाव श्रमिक संघों की सदस्यता पर भी पड़ रहा है। नवीन कम्प्यूटर विज्ञ कर्मचारी श्रमिक संघों की सदस्यता भी ग्रहण नहीं करना चाहते हैं।

6. श्रमिक संघों की आक्रामकता की जगह नियोक्ताओं की आक्रामकता

आज वैश्विक प्रतिस्पर्धा में न ठहर पाने के कारण बहुत से प्रतिष्ठान बन्दी के कगार पर हैं, फलस्वरूप श्रमिक संघ आज नियोक्ता से सहयोग करते हुए हड़ताल का सहारा नहीं लेना चाहते हैं। दूसरी ओर नियोक्ताओं की आक्रामकता में आज पहले की अपेक्षा 60 प्रतिशत वृद्धि हो रही है। नियोक्ता आज भयभीत श्रमिकों को और अधिक दबाकर अपने स्वार्थों की पूर्ति कर रहे हैं।

7. सामूहिक सौदेबाजी

आज बारगेनिंग भी कनसेशनल हो रही है, अतः मजदूरी की फ्रीजिंग के सम्बन्ध में भी सौदेबाजी हो रही है। क्योंकि वैश्विक प्रतिस्पर्धा में ठहर न पाने के कारण कम्पनियाँ बन्दी के कगार पर हैं, ऐसी स्थिति में उत्पादन लागत को घटाने के लिए आज प्रबन्ध अस्थायी, आकस्मिक अनुबंधित श्रम से कार्य करा रहा है, जिनका वेतन और कार्य दशाएँ अति न्यून कोटि की हैं।

8. श्रमिकों से की गई अपेक्षाएँ

आज औद्योगिक प्रतिष्ठानों की मानवीय शक्ति को मानव संसाधन समझा जा रहा है और मानवीय संसाधनों का प्रबंध आज के युग की मांग है। आज मानवीय संसाधनों का प्रबंधक प्रोएक्टिव श्रम के प्रति प्रोऐक्टिव अभिवृत्ति अपना रहा है, उस पर अधिकाधिक निवेश किया जा रहा है, न केवल अच्छा वेतन एवं अच्छी कार्य दशाएँ ही उसे प्रदान की जा रही हैं वरन् उसकी आवश्यकताओं एवं स्वार्थों को पहचान कर प्रबंध बिना कर्मचारियों के मांगें ही अपनी ओर से पहल कर श्रमशक्ति की नवीन आवश्यकताओं एवं अपेक्षाओं की पूर्ति हेतु प्रयास कर रहा है। इसके फलस्वरूप श्रमशक्ति में प्रतिबद्धता का विकास हो रहा है और वे प्रतिष्ठान के कार्य को स्वयं अपना कार्य समझ कर प्रतिष्ठान के लक्ष्यों की प्रभावपूर्ण ढंग से प्राप्ति हेतु अधिकाधिक प्रयास कर रहा है। इस प्रकार के श्रम प्रबंध सम्बंधों को एम्प्लॉयमेंट रिलेशन की संज्ञा दी जा रही है।

औद्योगिक सम्बन्ध - उभरती हुई प्रवृत्तियाँ

आज औद्योगिक सम्बंधों का परिवेश बहुत ही जटिल होता जा रहा है। आर्थिक विकास एवं सामाजिक विकास के बीच असंतुलन उत्पन्न होता जा रहा है। कुछ राज्य निवेशक की समर्थक नीति अपना कर अपने यहाँ रोजगार के अवसरों में वृद्धि करते जा रहे हैं। आज केन्द्र और राज्य की औद्योगिक सम्बंध मूलक नीतियों में कुछ भिन्नता भी देखने को मिल रही है। उदाहरणार्थ केन्द्र सरकार में तो अभी तक श्रमिक संघों की मान्यता का कोई प्रावधान नहीं हुआ है। किन्तु आन्ध्र प्रदेश, केरल, पश्चिमी बंगाल, उड़ीसा एवं राजस्थान में गुप्त मतदान द्वारा श्रमिक संघों की मान्यता का प्रावधान है। इस प्रकार कई मामलों में केन्द्र एवं राज्य सरकार की औद्योगिक सम्बंध विषयक नीतियों में भिन्नता है। कुछ प्रदेशों के श्रमिक संघों की सदस्यता में गिरावट हो रही है और कुछ में वृद्धि हो रही है।

केन्द्र का कानून तो एक ही है किन्तु उनकी व्याख्या अलग–अलग हो रही है। उदाहरण के लिए उच्चतम न्यायालय ने यह निर्णय किया था कि ड्यूटी पर सोते रहना, गाली–गलौज युक्त भाषा का प्रयोग, उच्चाधिकारियां को शारीरिक रूप से मारना आदि घटनाएँ न केवल अवैधानिक हैं, वरन् इनके आधार पर सेवा समाप्ति का भी निर्णय किया है। किन्तु बहुत से श्रम न्यायालयों ने डिसमिसल का निर्णय नहीं लिया है। हड़ताल के बारे में उच्चतम न्यायालय ने यह निर्णय किया है कि न केवल वह वैधानिक होनी चाहिए वरन् न्यायोचित भी होना चाहिए। किन्तु बहुत से श्रम न्यायालयों का ऐसा निर्णय नहीं है।

आज श्रमिकों के प्रबंध के स्थान पर कार्य के प्रबंध पर विशेष बल दिया जा रहा है। उच्चतम न्यायालय ने स्टेट बैंक ऑफ इण्डिया बनाम सुन्दरमनी के विवाद में जो निर्णय किया है, उसके आधार पर छंटनी की परिभाषा में भी बदलाव आया है। अब स्वयं त्याग पत्र देने, अनुशासनात्मक कार्यवाही के आधार पर निष्कासन, लम्बी बीमारी के कारण सेवानिवृत्ति या सेवानिवृत्ति की आयु पर पहुँचने पर सेवानिवृत्ति को छोड़कर अन्य किसी भी स्थिति में यदि सेवानिवृत्ति होती है तो वह छंटनी के अन्तर्गत आ जाती है और छंटनी की पूर्व शर्तों की पूर्ति के बिना यदि सेवा समाप्ति होती है तो वह अवैध हो जाएगी।

सामूहिक सौदेबाजी के क्षेत्र में (i) केन्द्रीकरण के स्थान पर विकेन्द्रीकरण की प्रवृत्ति बढ़ती जा रही है, (ii) सामूहिक सौदेबाजी के स्थान पर व्यक्तिगत सौदेबाजी की प्रवृत्ति बढ़ती जा रही है, (iii) श्रमिकों की मजदूरी या वेतन तो बढ़ रहा है किन्तु कार्य स्थिति में प्रबंधकों द्वारा उन पर पूर्वापेक्षा अधिक नियंत्रण बढ़ता जा रहा है, (iv) कॉनसेशनल बारगेनिंग बढ़ती जा रही है, (v) श्रमिकों के अधिकारों की अपेक्षा प्रबंध के अधिकारों में अधिक वृद्धि हो रही है, एवं (vi) मजदूरी एवं अन्य हितलाभों के निर्धारण में वरिष्ठता के स्थान पर उपस्थिति और कौशल को अधिक महत्त्व दिया जा रहा है।

सामाजिक सुरक्षा के क्षेत्र में कल्याणात्मक हितलाभों के स्थान पर मौद्रिक हितलाभ को अधिक महत्त्व दिया जा रहा है।

परम्परागत अभिकर्ताओं की भूमिकाओं में बदलाव

भविष्य में न केवल औद्योगिक सम्बंधों के परम्परागत अभिकर्ताओं (actors) की भूमिकाओं में परिवर्तन होगा वरन् कुछ नए अभिकर्ता भी सामने आयेंगे। परम्परागत अभिकर्ताओं की भूमिकाओं के बदलाव का विवरण निम्नलिखित है–

सरकार की भूमिका

असंगठित क्षेत्र में तो सरकार की नियामक भूमिका आगे भी बनी रहेगी, किन्तु द्वितीय राष्ट्रीय श्रम आयोग ने असंगठित क्षेत्रों के लिए अम्ब्रेला टाइप का कानून बनाने की संस्तुति की है। संगठित क्षेत्र में सरकार को एक इनेबलर (inabler) की भूमिका अदा करनी होगी। विशेषकर उसे गरीबी एवं बेरोजगारी से निपटने के लिए एक कारगर भूमिका निभानी होगी। यह बात लगभग स्वीकार कर ली गई है कि बहुत से श्रम कानून असंगत हो गए हैं। इस जिम्मेदारी की पूर्ति हेतु सरकार को औद्योगिक सम्बंधों के सामाजिक सहभागियों को साथ लेना होगा। द्वितीय श्रम आयोग ने श्रम कानूनों के अभिनवीकरण एवं सरल बनाने पर बल दिया है। ऐसे सुझावों पर विचार करना होगा। आज यह संस्तुति की जा रही है कि श्रम के क्षेत्र में अलग से न्यायालयों के स्थापना की आवश्यकता है। इसके साथ ही सरकार से यह आशा की जा रही है कि आई.एल.ओ. के कानवेंशन को क्रियान्वित करते हुए संघ बनाने एवं सामूहिक सौदेबाजी की स्वतंत्रता पर भी विचार करेगी। ऐसी आशा की जा रही है कि सरकार ऐसी नीतियों का क्रियान्वयन करेगी जिसके द्वारा उत्पादकता और विकास अप्रभावित होगा दुराचरण एवं कम मजदूरी देने की प्रथा पर विराम लगेगा।

श्रमिक संघों की नई भूमिका

परम्परागत उद्योगों में तो श्रमिक संघों की सदस्यता में गिरावट आ रही है और अति उच्च प्रविधि युक्त प्रतिष्ठान में श्रमिक संघों की स्थापना एक चुनौती बनती जा रही है। होण्डा कम्पनी की हड़ताल एवं वी.पी.ओज की समस्याओं के परिप्रेक्ष्य में आज यह बात साफ हो गई है कि श्रम संघवाद के क्षेत्र में कुछ नवीन प्रश्न सामने आ रहे हैं।

श्रमिक संघों की एकता आज के नए युग की माँग है। आज बहुत से ऐसे उदाहरण पाए जा रहे हैं, जिनके अन्तर्गत श्रमिक संघों के मुद्दों के आधार पर सहयोग का विकास हो रहा है। दूसरी ओर कुछ राज्यों में जाति एवं समुदाय के आधार पर श्रमिक संघ गठित हो रहे हैं, जो एक अस्वस्थ व्यवहार है। श्रमिक संघों से यह आशा की जा रही है कि नई पीढ़ी के श्रमिकों की प्रत्याशाओं का वह प्रबंध करे। साथ ही उनके क्रियाकलापों में जनतांत्रिक मूल्यों के समावेश की भी अपेक्षा की जा रही है।

आज बीमार उद्योगों की बढ़ती हुई संख्या भी श्रमिक संघों के लिए एक चुनौती है। इसके लिए आवश्यक है कि श्रमिक संघ कम्पनी एवं देश के आर्थिक परिवेश का निदान करें। कम्पनी बैंक तथा अन्य वित्तीय संस्थाओं और न्यायालयों के क्रियाकलापों में सामंजस्य स्थापित करे।

श्रमिक संघों से केवल यह अपेक्षा नहीं की जा रही है कि वे अपने सदस्यों के हितों की रक्षा हेतु अधिकाधिक प्रयत्न करें, वरन् आज उन्हें उपभोक्ताओं के हितों की भी रक्षा करनी है। सामूहिक सौदेबाजी के अन्तर्गत उपभोक्ता हितों का संरक्षण एक अहम मुद्दा बनता जा रहा है।

श्रमिक संघों के क्रियाकलापों के कुछ नवीन आयाम जुटते जा रहे हैं। उदाहरण के लिए, आज श्रमिक संघ पर्यावरण संरक्षण में भी सहभागी की भूमिका अदा कर रहे हैं। ट्रेड यूनियन पार्टनरशिप फार इनवायरनमेण्टल प्रोटेक्शन (TUPEP) का जो गठन हुआ है उसके द्वारा जनसामान्य एवं श्रमिकगण के स्वास्थ्य रक्षण का कार्य तो हो रहा है, साथ ही पर्यावरण जन्य प्रभावों के कारण प्रतिष्ठानों की जो बन्दी हो रही है उसमें भी ऐसी संस्थाओं से महत्त्वपूर्ण भूमिका के निर्वाह की अपेक्षा है।

नियोक्ताओं की नई भूमिकाएँ

वैश्विक परिवेश में नियोक्ताओं से भी एक नवीन भूमिका को अपनाने की अपेक्षा है। आज उनसे यह अपेक्षा की जा रही है कि वे श्रमिकों का सशक्तीकरण करें न कि उनका शोषण।

नए आर्थिक परिवेश के नियोक्ता संघों तथा चैम्बर्स ऑफ कॉमर्स एण्ड इण्डस्ट्रीज की भूमिका में कटौती हो रही है। इन संगठनों से यह अपेक्षा की जा रही है कि वे एक होलिस्टिक अभिगम अपनाएँ। नियोक्ता संघों की भूमिका में अब सर्वत्र एकरूपता नहीं रहेगी। ऐसे उद्योगों में जहाँ अत्यधिक प्रतिस्पर्धा है उनकी भूमिकाओं में विशेष रूप से परिवर्तन होगा। यह भी आशा है कि उनकी भूमिका पर सरकार की भूमिका या अर्द्धशासी निकाय की भूमिका प्रभावी हो जाएगी, जैसी कि कोका मिनरल और एक्सपोर्टर एसोसिएशन की हो गई है।

नए अभिकर्ता

जैसा कि पहले ही बतलाया जा चुका है कि औद्योगिक सम्बंधों के अन्तर्गत आज समुदाय एवं उपभोक्ता दो नए अभिकर्ताओं का अभ्युदय हुआ है। नियोक्ता, श्रम संघ एवं श्रमिक संघ अब इनकी अनदेखी नहीं कर सकते। अन्यथा न्यायालयों (कन्ज़ूमर कोर्ट से लेकर सुप्रीम कोर्ट) इनके बीच हस्तक्षेप करेगा और इनके हितों की रक्षा की जाएगी। इसी प्रकार सरकार एवं उसके द्वारा निर्मित कानूनों में भी न्यायालय हस्तक्षेप करेगा। जैसा कि सुप्रीम कोर्ट ने इण्डस्ट्री की नई परिभाषा देते हुए लाभार्जन को नकार दिया है। अतः औद्योगिक सम्बंधों के अन्तर्गत समुदाय एवं उपभोक्ता भी अब महत्त्वपूर्ण अभिकर्ता बन गए हैं।

भविष्य के कुछ अन्य आयाम

जैसा कि पहले ही कहा जा चुका है कि औद्योगिक सम्बंधों के क्षेत्र में आज विस्तार हुआ है। अब वह एम्प्लायमेंट रिलेशन्स हो गया है। आज श्रमिक संघों का प्रभाव घटता जा रहा है, अतः अपने अस्तित्व को कायम रखने के लिए उन्हें एक नवीन स्वरूप एवं

संरचना की अपेक्षा है। कुछ स्थितियों में राज्य भी निवेशकों को प्रसन्न करने के लिए श्रमिक संघों का पंजीकरण कुछ औद्योगिक इकाइयों में येनकेन प्रकारेण नहीं कर रहा है। आज बहुत से युवा एवं उत्साही श्रम शक्ति श्रमिक संघों की सदस्यता नहीं ग्रहण कर रही है।

अभिनव भूत में औद्योगिक सम्बंधों का निर्धारण राजकीय नीतियों और कानूनों के द्वारा होता था। साथ ही द्विपक्षीय कर्ता के दौरान बने नियमों एवं न्यायपालिका के निर्णयों के द्वारा भी औद्योगिक सम्बंध प्रभावित होते थे। फलस्वरूप बड़ी कम्पनियों में तो कार्य की सुरक्षा विद्यमान ही रहती थी। किन्तु वैश्वीकरण एवं प्रौद्योगीकरण के आज के परिवेश में बड़ी कम्पनियों में भी कर्मचारियों की कार्य सुरक्षा नहीं रह गई है। इस परिप्रेक्ष्य में श्रमिक संघों की एक बड़ी भूमिका यह हो गई है कि अपने सदस्यों की नियोक्ता द्वारा की जाने वाली सेवा समाप्ति से रक्षा करें।

औद्योगिक सम्बंधों के आधारभूत दर्शन में तो सम्भवतः परिवर्तन नहीं होगा। किन्तु सामाजिक सहभागियों की रणनीतियों में तो परिवर्तन होगा ही। तथापि औद्योगिक सम्बंधों के जो आधारभूत मूल्य (बराबरी, न्याय, अधिकार एवं शक्ति का प्रयोग, व्यक्तिवाद एवं सामूहिकता के प्रति पारदर्शिता एवं कार्यक्षमता इत्यादि) हैं उन्हें तो और अधिक मजबूत करना होगा।

सब कुछ मिलाकर यह कहा जा सकता है कि भविष्य में औद्योगिक सम्बंध या एम्प्लायमेंट रिलेशन्स में चार दिशाओं में परिवर्तन होगा– (i) लचीले एवं समायोजनशील कार्य संगठन, (ii) विकासात्मक कौशल पर निरन्तर बल, (iii) आनुषंगिक क्षतिपूर्ति प्रणाली, एवं (iv) कार्यशक्ति का इस प्रकार नियमन, जिसके अन्तर्गत सभी स्तरों पर श्रम सहभागियों का अधिकाधिक निर्णय का अवसर मिले।

टिप्पणियां

1. लेस्टर रिचर्ड ए., लेबर एण्ड इण्डस्ट्रियल रिलेशन–ए जनरल एनलिसिस, पार्ट–1, पृ. 1।
2. एनसाइक्लोपीडिया ब्रिटानिका, वॉल्यूम 12, पृ. 297।
3. एलेन फ्लैण्डर्स, 'इण्डस्ट्रियल रिलेशन : ह्वाट इज रांग विथ दि सिस्टम इन मैनेजमेण्ट एण्ड यूनियन्स–दि थियरी ऑफ रिफॉर्म आफ इण्डस्ट्रियल रिलेशन, पृ. 86।
4. क्लेग, एच.ए., दि सिस्टम ऑफ इण्डस्ट्रियल रिलेशन इन ग्रेट ब्रिटेन, पृ. 1–6।
5. डनलप, जे.टी., इण्डस्ट्रियल रिलेशन सिस्टम, न्यूयॉर्क : होल्ट टाइनहार्ट, 1958, पृ. 5।
6. ब्लीटन एण्ड टनेबुल, दि डायनेमिक्स ऑफ इम्प्लायी रिलेशन्स, मैकमिलन, लंदन।
7. जान डनलप, इण्डस्ट्रियल रिलेशन सिस्टम, पृ. 5।
8. एलेन फ्लैण्डर्स, पूर्वोद्धृत, पृ. 85।
9. डनलप, पूर्वोद्धृत, पृ. 381।

10. उपर्युक्त।

11. पारसन्स टालकाट एण्ड नेल स्मेल्सर, इकोनॉमी एण्ड सोसायटी, पृ. 18 और 46–51।

12. ब्लेन, ए.एन., जे. एण्ड जेनार्ड जे., इण्डस्ट्रियल रिलेशन थियरी–ए क्रिटिकल रिव्यू, ब्रिटिश जनरल ऑफ इण्डस्ट्रियल रिलेशन, वॉल्यूम VIII, नं. 3, नवम्बर, 1970, पृ. 389–407।

13. वूड, ए.जे.; वैनगर ई.जी. एण्ड आर्मस्ट्रांग जी.ए. एट एल 'दि इण्डस्ट्रियल रिलेशन, वॉल्यूम XIII, नं. 3, नवम्बर 1975, पृ. 297।

14. ब्लेन, ए.एन., जे., पाइलेट्स एण्ड मैनेजमेंट : इण्डस्ट्रियल रिलेशन इन यू.के. एयर लाइन्स, पृ. 47–48।

15. उपर्युक्त, पृ. 49–50।

16. वाकर केनेक, एफ. 'दि कम्परेटिव स्टडी ऑफ इण्डस्ट्रियल रिलेशन' इन इण्टरनेशनल इंस्टीट्यूट ऑफ लेबर स्टडीज, बुलेटिन नं. 3, नवम्बर, 1967, पृ. 119–128।

17. डनलप, जे.टी. पूर्वोद्धृत, पृ. 98।

18. वूड, वैनगर आर्मस्ट्रांग, गुडमैन और डेविस "दि इण्डस्ट्रियल रिलेशन्स सिस्टम, कॉनसेप्ट ऐ बेसिस फार थियरी इन इण्डस्ट्रियल रिलेशन्स" ब्रिटिश जनरल आफ इण्डस्ट्रियल रिलेशन्स, वॉल्यूम XIII, नं. 3, नवम्बर 1975, पृ. 297।

19. उपर्युक्त, पृ. 303।

20. सिन्हा, जी.पी., ए स्टडी ऑफ इण्डस्ट्रियल रिलेशन इन दि इण्डियन एयर ट्रांसपोर्ट इण्डस्ट्री।

21. गारबैरिनो जोसेफ डब्ल्यू, "ब्रिटिश एण्ड अमेरिकन लेबर मार्केट ट्रेण्ड्स : ए केस ऑफ कानवरजेंस", इन डी.जे. राबरसन एण्ड एल.सी. हण्टर (एडिटर्स) लेबर मार्केट्स ऑफ 1970, पृ. 214।

22. इन विचारों की पुष्टि वेब (1902) दुर्खीम, (1907) चेम्बर के और काह (1954), क्लेग (1974) और फाक्स (1971) के द्वारा होती है।

23. हरिजन, 31–3–1946।

24. यंग इण्डिया, 16–3–1931।

7

नियोक्ता संघ

व्यवसाय संघ अधिनियम, 1926 के द्वारा श्रम और पूँजी दोनों के स्वामियों को संगठित होने का अधिकार प्रदान किया गया था। इसी आधार पर श्रम और प्रबन्ध से सम्बंधित विभिन्न परामर्शदात्री इकाइयों में दोनों को समान संख्या में प्रतिनिधित्व दिया गया। किन्तु नियोक्ता संघों से सम्बंधित विभिन्न पक्षों पर विचार करते समय श्रम और प्रबन्ध से सम्बंधित संगठनों को अलग–अलग करके देखने की आवश्यकता होती है। जहाँ तक श्रमिकों का सम्बन्ध है वे किसी श्रम संघ के माध्यम से ही संयुक्त रूप से एकत्रित होते हैं और संगठित कार्यवाही करते हैं। किन्तु बहुत से क्रियाकलापों के सम्बन्ध में एक नियोक्ता अकेले ही एक संगठन है और श्रमिक संघों से क्रियाकलापों का अकेले ही मुकाबला करता है। तथापि श्रम नीतियों के निर्माण, मजदूरी निर्धारण तथा किसी निश्चित कार्य क्षेत्र में संयोजन की दशाओं के मानकीकरण हेतु नियोक्ताओं को भी संघ बनाने की आवश्यकता होती है। नियोक्ता संघ को एक ऐसे समूह के रूप में परिभाषित किया जा सकता है, जो नियोक्ताओं के द्वारा निर्मित और नियन्त्रित होता है और जिसका प्रमुख उद्देश्य श्रम विषयक मामलों में नियोक्ताओं का हितवर्धन है।[1] अतः बहुत अंशों में नियोक्ताओं की दृष्टि से इन संघों का वही महत्त्व होता है, जो श्रमिकों की दृष्टि में श्रमिक संघ का होता है। सामान्य रूप से इस प्रकार के संघों के निर्माण के सम्बन्ध में यह धारणा व्याप्त है कि इनका उसी समय संगठन एवं कार्यारम्भ होता है, जब नियोक्ताओं का एक समूह श्रम सम्बन्धी किसी मुद्दे पर सामूहिक रूप से निर्णय करना चाहता है। नियुक्ति विषयक सम्बन्धों से जनित स्थायी समस्याओं के निराकरण हेतु इस प्रकार के संगठनों द्वारा निरन्तर ही कुछ प्रतिकार्य किया जाता है।[2] किन्तु यह बात अच्छी तरह समझ लेनी चाहिए कि नियोक्ता संघ एवं श्रमिक संघ में संगठन एवं कार्य प्रणाली की दृष्टि से कुछ आधारभूत अन्तर है। नियोक्ता संघ श्रम विषयक

समस्याओं से इतर वाणिज्य एवं उद्योग विषयक समस्याओं एवं चुनौतियों का सामना करने के लिए भी संगठित होते हैं और आवश्यकतानुसार सरकार की भी सहायता प्राप्त करते हैं। वे श्रमिकों के प्रति ही अपनी अभिवृत्ति का निर्माण नहीं करते हैं वरन् राष्ट्रीय औद्योगिक एवं श्रम नीति के निर्माण में भी उनकी महत्त्वपूर्ण भूमिका होती है। इस हेतु नियोक्ता संघ के मनोनीत प्रतिनिधि राष्ट्रीय एवं अन्तर्राष्ट्रीय स्तर के विभिन्न निकायों के सदस्य होते हैं। ऐसे उद्देश्यों को नियोक्ता संघों के द्वारा प्रथम वरीयता दी जाती है, और श्रमिकों की समस्याओं के प्रति आवश्यक नीति निर्माण को वे द्वितीय वरीयता देते हैं।

नियोक्ता संघ के विविध प्रकार

नियोक्ता संघों का वर्गीकरण अनेक आधारों पर किया जा सकता है। वे औपचारिक या अनौपचारिक हो सकते हैं। औपचारिक संगठनों के कुछ विधान, नियम एवं कार्य पद्धतियाँ होती हैं। भौगोलिक दृष्टि से नियोक्ता संघों को स्थानीय, जनपदीय, राज्यस्तरीय, राष्ट्रस्तरीय एवं अन्तर्राष्ट्रीय नियोक्ता संघ कहा जा सकता है। अपनी सम्बद्धता के परिप्रेक्ष्य में उन्हें 'अफेलिएटेड', 'अन–अफेलिएटेड' तथा 'फेडरल' संघ कहा जा सकता है। उनका फेडरेशन, शुद्ध और मिश्रित तथा केन्द्रीकृत एवं विकेन्द्रीकृत हो सकता है। कार्यक्षेत्र की दृष्टि से उन्हें 'ट्रेड एसोसिएशन', 'कॉमर्शियल एसोसिएशन' इण्डस्ट्रियल एसोसिएशन तथा 'जनरल एसोसिएशन' आदि वर्गों में विभाजित किया जा सकता है। 'ट्रेड' या 'कॉमर्शियल एसोसिएशन' ऐसे व्यक्तियों का एक संगठन है जो किसी विशेष व्यापार या उद्योग से सम्बन्धित है। यह ऐसे व्यापारियों, ब्रोकरों, बैंकरों तथा दुकानदारों का एक स्वैच्छिक संगठन है, जो किसी विशेष क्षेत्र से सम्बन्धित है, जिसका उद्देश्य होता है सभी सदस्यों के सामान्य स्वार्थों की पूर्ति। एक ट्रेड एसोसिएशन का लक्ष्य होता है– (1) शिक्षा के माध्यम से व्यक्तिगत क्षमता की वृद्धि, (2) मध्यम दर्जे की प्रतिस्पर्धा करना, (3) वैधानिक क्रियाकलापों के माध्यम से ट्रेड को बढ़ावा देना, एवं (4) प्राविधिक कार्यों के माध्यम से सम्पूर्ण ट्रेड का विकास करना। कामर्शियल एसोसिएशन के सबसे उपयुक्त उदाहरण चैम्बर्स ऑफ कॉमर्स हैं, और उनके द्वारा जो प्रभाव डाला जाता है, वह बहुत कुछ उनकी स्टैंडिंग पर निर्भर होता है। यद्यपि ट्रेड एसोसिएशन और चैम्बर्स ऑफ कॉमर्स अपने–अपने तरीके से 'ट्रेड', 'कॉमर्स' एवं 'इण्डस्ट्री' के स्वार्थों का प्रतिनिधित्व करते हैं, किन्तु ये सभी संघ बहुत अंश में एक–दूसरे से मिलते हैं। यद्यपि ट्रेड एसोसिएशन के सदस्य किसी एक ही ट्रेड या इण्डस्ट्री में लगी हुई व्यक्तिगत फर्मों से आते हैं, पर चैम्बर ऑफ कॉमर्स की सदस्यता का आधार अधिक व्यापक होता है। उसके सदस्य कई ट्रेड या 'इण्डस्ट्री' से आते हैं। दूसरी बात यह है कि ट्रेड एसोसिएशन के माध्यम से किसी विशिष्ट ट्रेड के स्वार्थों का प्रतिनिधित्व किया जाता है पर चैम्बर ऑफ कॉमर्स का दृष्टिकोण अपेक्षाकृत अधिक व्यापक होता है।

'इण्डस्ट्रियल एसोसिएशन' किसी विशेष उद्योग से सम्बन्धित नियोक्ताओं का संघ होता है, जिसका गठन एरिया, रीजन या राष्ट्रीय स्तर पर किया जाता है। इस

प्रकार के संगठनों के गठन का मुख्य कारण यह होता है कि एक उद्योग से सम्बन्धित सामान्य समस्याओं से निबटा जाए। इस प्रकार के अधिकांश संगठनों का गठन मुख्यतया श्रमिक समस्याओं को हल करने के लिए होता है। इस प्रकार के संगठन मुख्यतया इण्डस्ट्रियल फेडरेशन होते हैं और उनका सम्बन्ध किसी विशेष उद्योग के समस्त नियोक्ताओं से होता है, तथा एक क्षेत्र से दूसरे क्षेत्र और एक उद्योग से दूसरे उद्योग में इनका प्रभाव एक–दूसरे से परस्पर भिन्न होता है।

श्रमिक संघों के प्रति नियोक्ता संघों की जो अभिवृत्ति होती है, उसके आधार पर भी उन्हें (नियोक्ता संघों) परम्परावादी एवं प्रगतिशील दो श्रेणियों में विभाजित किया जा सकता है। प्रगतिशील संघ श्रमिक संघों से द्विपक्षीय समितियों एवं सम्मेलनों के माध्यम से वार्ता करते हैं और उनकी माँगों के साथ समायोजन करते हुए यथाशक्ति पारस्परिक वार्ता के माध्यम से सौहार्दपूर्ण सम्बन्धों की स्थापना करते हैं।[3] परम्परावादी संघ आक्रामक या रक्षात्मक ढंग से श्रमिक संघों के क्रियाकलापों का विरोध करते हैं और उनकी शक्ति को कुचलने का प्रयास करते हैं।

नियोक्ता संघों की भूमिका और कार्य

नियोक्ता संघों का मुख्य कार्य है विशिष्ट रूप से अपने सदस्यों के हितों का रक्षण एवं विकास तथा सामान्य रूप से उद्योग एवं वाणिज्य के हितों का रक्षण व विकास। इसके क्रियाकलापों का नियोजन एवं निर्देशन इस प्रकार किया जाता है कि सदस्यों का हित लाभ हो। जैसा कि पहले ही बतलाया जा चुका है कि इस प्रकार के संघों का कार्यक्रम अति विस्तृत होता है और श्रमिक समस्याएँ तो उनके कार्य का एक विशिष्ट अंश मात्र हैं। नियोक्ता श्रमिक संघों के साथ जिस नीति एवं व्यवहार प्रणाली को अपनाते हैं, उन्हीं के आधार पर श्रमिक संघों के चरित्र निर्मित होते हैं और श्रम आन्दोलन का विकास एवं श्रम कल्याण सम्बन्धी क्रियाकलापों को बढ़ावा मिलता है। आज की औद्योगिक सम्बन्ध प्रणाली के अन्तर्गत नियोक्ता संघ एक प्रमुख निर्णायक की भूमिका का निर्वाह कर रहा है। सामूहिक सौदेबाजी और औद्योगिक शक्ति के विकास में भी इस संघ की प्रमुख भूमिका होती है। इसके द्वारा औद्योगिक संघर्ष की सम्भावनाओं में कमी आती है। इसके माध्यम से श्रम और प्रबन्ध से सम्बन्धित विभिन्न पंचाटों एवं समझौतों का त्वरित रूप से क्रियान्वयन किया जाता है। इन्हीं संघों के माध्यम से किसी उद्योग में मजदूरी एवं कार्यदशाओं की एक अच्छी व्यवस्था लागू हो सकती है। इन समस्याओं को नियोक्ता संघ एवं श्रमिक संघ के प्रतिनिधियों के जिम्मेदारीपूर्ण निर्णयों के माध्यम से नियंत्रित किया जा सकता है।[4] योजना आयोग ने इस परिप्रेक्ष्य में अपना मत व्यक्त करते हुए लिखा है कि किसी क्षेत्र विशेष में उद्योग के आधार पर सौदेबाजी हेतु यह आवश्यक है कि उस उद्योग और क्षेत्र से सम्बन्धित उपयुक्त नियोक्ता संघ को प्रतिनिधि श्रम संघ की मान्यता प्रदान की जाए। इसी प्रकार के संघ के द्वारा किया गया कोई समझौता उक्त संघ के सभी सदस्यों एवं संघ से इतर इन नियोक्ताओं पर भी लागू होगा जो कि उक्त उद्योग विशेष से सम्बन्धित है।[5]

नियोक्ता संघों के माध्यम से केवल सामूहिक सौदेबाजी और द्विपक्षीय एवं एवं त्रिपक्षीय समझौतों के क्रियान्वयन की नीति ही नहीं प्रदान की जाती है, वरन् यह वेज बोर्ड के अवार्डों को भी अपने सदस्यों के माध्यम से त्वरित गति से क्रियान्वित कराते हैं। इसके अतिरिक्त आज इनके माध्यम से कुछ नवीन जिम्मेदारियों का भी वहन किया जाता है, जैसे नियोक्ताओं द्वारा दुराचरण में कमी, सदस्यों को औद्योगिक शान्ति स्थापन एवं उत्पादकता वृद्धि के अनुकूल स्वस्थ कार्मिक नीतियों को अपनाने के लिए उत्साहित करना, नियोक्ताओं को प्रबन्ध में श्रमिकों के सहभाजन तथा सामाजिक जिम्मेदारी के सम्बन्ध में शिक्षित करना, श्रम प्रबन्ध सम्बन्धों के क्षेत्र में प्रशिक्षण एवं सम्प्रेषण के माध्यम से सदस्यों के सामूहिक हितवर्धन हेतु प्रयास करना।

श्रमिक संगठनों की भाँति नियोक्ता संघ की भी सामाजिक एवं आर्थिक विकास की सफलता हेतु कुछ महत्त्वपूर्ण जिम्मेदारियाँ होती हैं। समाज का जैसे–जैसे जनतन्त्रीकरण होता जा रहा है, राज्य अन्य संघों की भाँति नियोक्ता संघ से भी अपनी आर्थिक, सामाजिक एवं शैक्षणिक श्रमविषयक नीतियों के निर्माण में परामर्श ले रहा है। यद्यपि उद्योग एवं वाणिज्य के नेताओं को संसद में सुरक्षित सीट नहीं दी गई है तब भी वे संसद सदस्य के रूप में चुने जाते हैं। वे ऐसे विभिन्न निकायों में प्रतिनिधित्व प्राप्त करते हैं, जहाँ श्रमिकों की समस्याओं पर चर्चा की जाती है। इसके अतिरिक्त वे अन्तर्राष्ट्रीय कान्फ्रेंसों में भी सहभागी होते हैं। राष्ट्रीय श्रम आयोग ने नियोक्ता संघों हेतु निम्नलिखित कार्यों के निष्पादन की संस्तुति की थी–

1. विभिन्न स्तरों पर सामूहिक सौदेबाजी के क्रियाकलापों को बढ़ावा देना।
2. सदस्यों को इस प्रकार अनुप्राणित करना कि वे वास्तविक अर्थों में त्रिपक्षीय एवं द्विपक्षीय समझौतों को लागू करने का प्रयास करना।
3. सदस्यों को मजदूरी सम्बन्धी अवार्डों को कार्यान्वित करने के लिए उत्साहित करना।
4. नियोक्ताओं को दुराचरण न करने के लिए अनुप्राणित करना।
5. औद्योगिक शांति और उत्पादकता वृद्धि सम्बन्धी कार्मिक नीतियों के क्रियान्वयन हेतु अपने सदस्यों को उत्साहित करना।
6. उत्पादकता वृद्धि हेतु प्रतिष्ठान के संगठन एवं प्रबन्ध का अभिनवीकरण करने के लिए प्रयास करना।
7. प्रबन्ध व्यवस्था में श्रमिकों के सहभाजन एवं श्रम प्रबन्ध के सम्बन्धों में एकरूपता स्थापन हेतु नियोक्ताओं के शिक्षण सम्बन्धी कार्यक्रमों का संचालन।
8. प्रशिक्षण, अनुसंधान एवं संचार के उचित माध्यमों का सहारा लेते हुए सदस्यों के सामूहिक हितों की पूर्ति हेतु कार्य करना।

उपर्युक्त कार्यों के अतिरिक्त राष्ट्रीय श्रम आयोग ने नियोक्ता संघों की कुछ प्रमुख सामाजिक जिम्मेदारियों का भी निरूपण किया है। ये हैं– (1) राष्ट्रीय एकता को बढ़ावा देना, (2) उत्पादन एवं उत्पादकता की वृद्धि में श्रमिक संघों से जिम्मेदारी पूर्ण सहयोग की प्राप्ति करना, (3) आन्तरिक विपणन के उच्च स्तर पर गुणात्मकता को

कायम रखना, (4) औद्योगिक प्रतिष्ठान जिस क्षेत्र में स्थापित है, उस क्षेत्र के विकास हेतु नागरिक अधिकारियों को सहयोग प्रदान करना एवं उनका सहयोग लेना, (5) देश के आर्थिक विकास हेतु क्षेत्रीय असमानताओं को दूर करना, एवं (6) ऐसी नीतियों का अनुसरण करना, जो उद्योग एवं अर्थव्यवस्था के विकास में सहायक हों और जिनके माध्यम से नियोजित विकास के लक्ष्यों की पूर्ति में सहायता प्राप्त हो। नियोक्ता संघों से यह अपेक्षा की जाती है कि जिस स्थान विशेष में कोई औद्योगिक प्रतिष्ठान स्थापित है, वहाँ के स्थानीय लोगों के आर्थिक हितों एवं भावनाओं को उचित आदर प्रदान करें। साथ ही उनसे यह भी अपेक्षा की जाती है कि अपने सम्बन्धित नियोक्ता को इस प्रकार अनुप्राणित करें कि जिस स्थान विशेष में उसका (उक्त नियोक्ता विशेष का) औद्योगिक प्रतिष्ठान स्थित हो, वहाँ कोई अनावश्यक सामाजिक बाधा उपस्थित नहीं[6] करें। यद्यपि औद्योगिक प्रतिष्ठान के नियोक्ता को प्रतिष्ठान के इर्द–गिर्द नागरिक सुविधाओं के विकास हेतु राजकीय कोष में पर्याप्त टैक्स देना पड़ता है तथापि उन्हें अपने ढंग से भी इस दिशा में प्रयास करना चाहिए। उपर्युक्त जिम्मेदारियों में से पाँचवीं जिम्मेदारी तो पूर्णतया सरकार से सम्बन्धित है, तथापि इस दिशा में नियोक्ता संघ की अप्रत्यक्ष जिम्मेदारी यह है कि वह प्रतिष्ठान स्थापन हेतु ऐसे स्थान के चयन हेतु अपने सदस्यों को अनुप्राणित करे जहाँ या तो उपयुक्त नागरिक सुविधाएँ हैं, या नियोक्ता स्वयं अपने प्रयासों से उक्त स्थान पर यथोचित नागरिक सुविधाओं की व्यवस्था कर सकते हैं। दूसरे शब्दों में नियोक्ता संघों से यह अपेक्षा की जाती है कि समुदाय की सामाजिक एवं आर्थिक आवश्यकताओं के परिप्रेक्ष्य में उचित कदम उठाने हेतु अपने सदस्यों को अभिप्रेरणा दें। श्रमिक संघों की भाँति नियोक्ता संघों के समक्ष भी ऐसी स्थिति उत्पन्न हो सकती है, जब वे अपने सदस्यों की ऐसी माँगों की पूर्ति हेतु प्रयास करें जो कि समुदाय के हितों के विरुद्ध हों। नियोक्ता संघों से यह अपेक्षा की जाती है कि आवश्यक अध्ययन एवं गवेषणा के माध्यम से इन परस्पर विरोधी स्वार्थों में समायोजन स्थापित करें।

भारत में नियोक्ता संघों का उद्‌गम एवं विकास

अधिकांश औद्योगिक दृष्टि से विकसित देशों में श्रम संघवाद एवं उसके उग्र क्रियाकलापों के फलस्वरूप नियोक्ता संघों का गठन किया गया। इस प्रकार के गठित नियोक्ता संघों की आधारभूत मान्यता यह थी कि श्रमिक संघों को बलात विधियों के माध्यम से अपने लक्ष्यों की प्राप्ति नहीं करने दी जानी चाहिए। उदाहरणार्थ जापान में 1946 में नियोक्ताओं को संगठित कर श्रमिक संघ आन्दोलन का विरोधी आन्दोलन चलाने के लिए उत्साहित किया गया। ऑस्ट्रेलिया में भी श्रमिक संघवाद की प्रारम्भिक शक्ति और विवाचन प्रणाली के फलस्वरूप नियोक्ता संघों का गठन किया गया। इसी प्रकार 'अमेरिकन नेशनल ऑर्गनाइजेशन ऑफ एम्प्लायर्स' के द्वारा भी श्रम प्रबन्ध सम्बन्धों के बीच नियोक्ता की व्यक्तिगत शक्ति को कायम रखने का प्रयास किया जाता है। किन्तु भारत में नियोक्ता संघों की उत्पत्ति श्रमिक संघों के पहले ही हो गई

और प्रथम विश्व युद्ध के पूर्व इस प्रकार के संगठनों ने श्रमिक समस्याओं को कोई विशेष महत्त्व नहीं दिया। उस समय तक नियोक्ता संघों द्वारा श्रमिकों के उग्र एवं हिंसात्मक आचरण का कोई भी उल्लेख नहीं किया जाता था। यहाँ हम नियोक्ता संघ के विकास की विभिन्न मंजिलों का संक्षिप्त विवरण प्रस्तुत कर रहे हैं–

1. प्रथम विश्व युद्ध के पहले की अवधि

इस अवधि में चैम्बर्स ऑफ कॉमर्स के रूप में व्यापारियों के संघ निर्मित हुए। उनका प्रमुख उद्देश्य था अपने क्षेत्र विशेष में उद्योग एवं वाणिज्य का विकास करना। यूरोपियन बिजनेस समुदाय ने इस दिशा में पहल करते हुए कलकत्ता, मुम्बई और मद्रास में चैम्बर ऑफ कॉमर्स की स्थापना की (1836)। इस प्रकार के चैम्बर्स के माध्यम से सूचनाओं का आदान–प्रदान होता है और भारत में हथकरघा उद्योग के पतन में भी इन चैम्बर्स की महत्त्वपूर्ण भूमिका रही है। आगे चलकर इन तीन औद्योगिक केन्द्रों एवं अन्य केन्द्रों में विभिन्न समूह के लोगों ने अपने–अपने ढंग से कई चैम्बर्स ऑफ कॉमर्स की स्थापना की। भारत में वाणिज्य समुदाय ने 1887 में बंगाल नेशनल चैम्बर ऑफ कॉमर्स की स्थापना की। इस प्रकार कानपुर में 1888 में मारवाड़ी (अब भारत) चैम्बर ऑफ कॉमर्स की स्थापना हुई। 1907 में मुम्बई में मर्चेन्ट चैम्बर तथा 1909 में मद्रास में साउथ इण्डियन चैम्बर ऑफ कॉमर्स की स्थापना हुई। इन सभी निकायों के क्रियाकलापों के विश्लेषण से यह बात स्पष्ट होती है कि अपने मुख्य लक्ष्यों की प्राप्ति के अतिरिक्त उनके द्वारा कुछ और भी महत्त्वपूर्ण क्रियाकलापों का सम्पादन किया गया। जैसे अपने सदस्यों के बीच उच्च स्तर की ईमानदारी एवं व्यापारिक आचरण को कायम रखना, वाणिज्य एवं उद्योग सम्बन्धी आँकड़ों की उपलब्धि करना, वैधानिक परामर्श एवं सहायता देना और विवादों के विवाचन एवं सुलझाव में सहायता देना। इन क्रियाकलापों का उस अवधि की श्रमनीति पर केवल अपरोक्ष प्रभाव पड़ा।

उन्नीसवीं सदी के उत्तरार्द्ध में कुछ औद्योगिक संघों की भी स्थापना होने लगी। इन संघों का प्रमुख लक्ष्य था अपने सदस्यों के वाणिज्य सम्बन्धी हितों की रक्षा करना और सरकार से अपने सदस्यों हेतु अधिकाधिक सुविधाओं की प्राप्ति करना। इस प्रकार के संघों में सर्वाधिक उल्लेखनीय है, बाम्बे ऑनर्स एसोसिएशन, जिसकी स्थापना 1875 में हुई। इण्डियन टी एसोसिएशन, कलकत्ता 1881 में और इण्डियन जूट मैन्युफैक्चर्स एसोसिएशन, कलकत्ता की स्थापना 1884 में हुई (जिसका नाम 1902 में इण्डियन जूट मिल्स एसोसिएशन हो गया) अहमदाबाद मिल ऑनर्स एसोसिएशन की स्थापना 1891 में हुई, इण्डियन माइनिंग एसोसिएशन, सदर्न कलकत्ता का गठन 1892 में हुआ और यूनाइटेड प्लेनसर्न एसोसिएशन ऑफ सदर्न इण्डिया, मद्रास 1893 में गठित किया गया। जूट, चाय और माइनिंग इण्डस्ट्रीज से सम्बन्धित एसोसिएशन पूर्णतया यूरोपियन थीं। अतः भारतीय उद्योगपतियों ने अपने स्वार्थों के परिप्रेक्ष्य में 1913 में इण्डियन माइनिंग फेडरेशन का गठन किया। ईस्ट इण्डिया जूट एसोसिएशन, कलकत्ता तथा इण्डियन टी प्लाण्टर्स एसोसिएशन, जलपाईगुड़ी की स्थापना और बाद में हुई। इस

सम्बन्ध में यह बात विशेष रूप से उल्लेखनीय है कि इनमें से कुछ संघों का कार्यक्षेत्र (सम्बन्धित उद्योग में) सम्पूर्ण देश तक फैला हुआ था और कुछ संघों का कार्यक्षेत्र बहुत ही सीमित था। इन सभी संघों ने अपने–अपने ढंग से अपने परम्परागत अधिकारों के रक्षण का प्रयास किया। अतः उद्योग से सम्बन्धित वैधानिक प्रस्तावों पर विचार–विमर्शों में भी इन संघों ने बहुत ही सक्रिय ढंग से सहभाजन किया। किन्तु इन संघों को यह अधिकार नहीं था कि किसी औद्योगिक प्रतिष्ठान की आन्तरिक कार्य प्रणाली में हस्तक्षेप करें, केवल जूट एसोसिएशन इसका अपवाद था। जो विभिन्न मिलों की स्वैच्छिक सहमति से उत्पाद्य वस्तु के विक्रय मूल्यों के निर्धारण में मदद देता था। इस एसोसिएशन के द्वारा विभिन्न मिलों की पारस्परिक सहमति से उत्पाद्य वस्तुओं की मात्रा को प्रतिबन्धित करने का कार्य किया जाता था।

2. प्रथम विश्व युद्ध एवं उसके पश्चात् की अवधि (1939)

प्रथम विश्वयुद्ध नियोक्ता संघों के विकास क्रम में कुछ महत्त्वपूर्ण परिवर्तन लाया। इस युद्ध के फलस्वरूप बढ़ती हुई कीमतों के कारण श्रमिकों द्वारा औद्योगिक अशान्ति का जनन किया गया और उससे निबटने के लिए नियोक्ता संघों ने श्रमिक समस्याओं को भी अपना एक प्रमुख कार्यक्षेत्र बनाना प्रारम्भ किया। इस अवधि में श्रमिकों में जन जागृति उत्पन्न हुई, आईएलओ की स्थापना हुई और सरकार के द्वारा व्यवसाय संघ अधिनियम का निर्माण किया गया। फलस्वरूप श्रमिकों के क्रियाकलापों में एक विशेष गति आई और इससे निबटने के लिए नियोक्ता संघ ने भी श्रम समस्याओं के सम्बन्ध में सम्मिलित रूप से कार्यारम्भ किया। बॉम्बे मिल ऑनर्स एसोसिएशन ने यह संस्तुति दी कि श्रमिकों को प्रतिदिन 10 घण्टे कार्य करना चाहिए। कार्य के घण्टों के अतिरिक्त मजदूरी भुगतान के सम्बन्ध में भी इस संघ ने कुछ मानक प्रतिमानों का निर्णय किया। अहमदाबाद मिल ऑनर्स एसोसिएशन ने भी कुछ बाद में इसी प्रकार के मानकों का निर्माण किया।

सन् 1920 में 'एसोसिएटेड चैम्बर्स ऑफ कॉमर्स ऑफ इण्डिया एण्ड सीलोन' नामक एक केन्द्रीय चैम्बर्स का गठन किया गया। इसके बाद 1923 में फेडरेशन ऑफ इण्डिया चैम्बर्स ऑफ कॉमर्स और इण्डस्ट्रीज का गठन किया गया और कलकत्ता में इण्डियन चैम्बर्स ऑफ कॉमर्स का गठन किया गया। आगे चलकर औद्योगिक श्रमिकों की समस्याओं से केन्द्रीभूत रूप से निबटने के लिए ऑल इण्डिया आर्गनाइजेशन ऑफ इण्डस्ट्रियल एम्प्लायर्स (ए.आई.ओ.आई.ई.) तथा एम्प्लायर्स फेडरेशन ऑफ इण्डिया का गठन (ई.एफ.आई.) 1933 में किया गया। प्रथम संगठन के सदस्य अधिकांशतया देशी उद्यमकर्ता थे और उसका सम्बन्ध फेडरेशन ऑफ इण्डियन चैम्बर्स ऑफ कॉमर्स एवं इण्डस्ट्री से था। दूसरे संगठन के सदस्य अधिकांशतया ब्रिटिश उद्यमी थे। चूंकि उस समय पारित गवर्नमेण्ट ऑफ इण्डिया एक्ट (1935) में यह प्रावधान था कि नियोक्ता एवं श्रमिकों के प्रतिनिधि संरक्षित चुनाव क्षेत्रों से संसद एवं विधानसभाओं का प्रतिनिधित्व करेंगे, अतः इन दोनों संगठनों के प्रतिनिधियों को विधानसभाओं एवं संसद में प्रतिनिधित्व का अवसर प्राप्त हुआ। इन संगठनों की स्थापना का एक कार्य तो यह था

कि अन्तर्राष्ट्रीय सम्मेलनों की पुकार की पूर्ति इनके द्वारा हुई और दूसरे वैधानिक निकायों में इनके माध्यम से नियोक्ताओं को प्रतिनिधित्व प्राप्त हुआ।

3. द्वितीय विश्व युद्ध एवं उसके बाद की अवधि (1939-46)

इस सदी के तीसरे दशक में श्रम अधिनियमों के विकास के फलस्वरूप स्थानीय नियोक्ताओं के लिए यह आवश्यक हो गया कि वे श्रम क्षेत्र में अपने क्रियाकलापों का विस्तार करें। केन्द्रीय श्रम विभाग की स्थापना एवं इण्डियन लेबर कॉन्फ्रेन्स और स्टैंडिंग लेबर कमेटी (अगस्त 1942) की स्थापना के फलस्वरूप श्रम विषयक क्रियाकलापों को और भी गति प्राप्त हुई। फलस्वरूप नियोक्ता संघ के स्थानीय एसोसिएशन और फेडरेशन भी पूर्वापेक्षा अधिक तेजी से काम करने लगे। द्वितीय विश्व युद्ध के समय 'ऑल इण्डिया मैन्युफैक्चर्स ऑर्गनाइजेशन' (ए.आई.एम.ओ.) का गठन हुआ। इस संगठन की स्थापना का मुख्य उद्देश्य तो औद्योगिक उत्पादन को बढ़ाना और देश में सावृद्धि लाना था, किन्तु श्रम विषयक क्रियाकलापों की दृष्टि से इस संगठन का ए.आई.ओ.ई., तथा ई.एफ.ई. से कोई मतवैभिन्य नहीं था।

4. स्वातंत्र्योत्तर काल

स्वतन्त्रता प्राप्ति के बाद नियोजन के विकास, औद्योगिक क्रियाकलापों के प्रसार, विभिन्न अधिनियमों के निर्माण और श्रमिक संघवाद का पूर्वापेक्षा अधिक सशक्त विकास आदि कारकों ने एक साथ नियोक्ता संघों के विकास को भी गति प्रदान की। कुछ स्थितियों में नियोक्ता संघों ने संगठित श्रम शक्ति का मुकाबला करने के लिए अपनी शक्ति का संचय और विकास किया।[7] किन्तु मुख्य रूप से इन संगठनों का विकास व्यक्तिगत नियोक्ताओं को श्रम विषयक समस्याओं में परामर्श देने के लिए हुआ। राष्ट्रीय श्रम आयोग के अनुसार स्वतन्त्रता के पश्चात् का समय नियोक्ता संघों के विकास की दृष्टि से इसलिए अधिक महत्त्वपूर्ण है कि इस अवधि (1967 तक) के पूर्वार्ध में श्रम समस्याओं के प्रति नियोक्ताओं ने अनौपचारिक रूप से संयुक्त उपागम का प्रयोग किया और उत्तरार्ध में औपचारिक रूप से नियोक्ताओं द्वारा श्रम समस्याओं के प्रति संयुक्त उपागम को अपनाया। फलस्वरूप श्रम समस्याओं के प्रति समुचित विशिष्ट परामर्शदात्री सेवाओं का निर्माण किया गया और श्रम समस्याओं के संबन्ध में प्रबन्धकों एवं कार्मिक प्रबन्धकों को प्रशिक्षण प्रदान किया गया। यद्यपि इस दिशा में स्वतन्त्रता प्राप्ति के पूर्व ही व्यक्तिगत औद्योगिक संघों द्वारा कार्यारम्भ कर दिया गया था। आज नियोक्ता संघों का संगठन मुख्यतया तीन स्तरों पर किया गया है[8]: (1) ऐसे नियोक्ता संघ, जो स्थानीय संगठनों के माध्यम से कार्य कर रहे हों, (2) औद्योगिक संघ जो राज्यों की सीमा को पार कर कार्य कर रहे हों, तथा (3) राष्ट्रीय आधार पर गठित फेडरेशन। इन तीनों में स्थानीय संगठन तो चैम्बर्स ऑफ कॉमर्स के माध्यम से ही कार्य करते हैं और उनके अन्तर्गत किसी क्षेत्र विशेष के सभी उद्योग आते हैं। श्रम के क्षेत्र में उनके क्रियाकलापों में बहुत ही कम गहनता है। अतः यहाँ हम दूसरे और तीसरे प्रकार के नियोक्ता संगठनों पर विचार करेंगे।

(अ) उद्योग के आधार पर गठित कुछ प्रमुख नियोक्ता संघ

उद्योग के आधार पर गठित नियोक्ताओं के संगठन का एक सामान्य स्वरूप है। ये संघ स्थान, क्षेत्र तथा अखिल भारतीय स्तर पर कायम हैं, क्षेत्रीय औद्योगिक संघ सामान्य रूप से केन्द्रीय औद्योगिक संघों से सम्बद्ध हैं। व्यक्तिगत नियोक्ता भी इसके अन्तर्गत सम्मिलित हैं। उद्योग के आधार पर संगठनों के निर्माण का आधारभूत कारण यह है कि इस प्रकार के संगठनों के सभी सदस्यों को एक ही प्रकार की समस्याओं का सामना करना पड़ता है। उद्योग के आधार पर गठित वेतन मण्डलों तथा केन्द्रीय एवं प्रान्तीय स्तर पर निर्मित औद्योगिक समितियों तथा उद्योग के आधार पर आयोजित सामूहिक सौदेबाजी की इकाइयों की संरचना ने इस प्रकार के संगठनों के निर्माण की प्रवृत्ति को विशेष रूप से बढ़ावा दिया। इस प्रकार के संगठनों ने मुख्यतया विशिष्ट श्रम परामर्शदात्री सेवाओं एवं प्रबन्धकीय अभिकर्मियों के प्रशिक्षण सम्बन्धी कार्यक्रमों के आयोजनों में महत्त्वपूर्ण भूमिका अदा की। किसी विशेष उद्योग के अन्तर्गत एक साथ ही कभी--कभी दो या दो से अधिक औद्योगिक संघों का गठन हो जाता है। इस प्रवृत्ति के फलस्वरूप उद्योग के आधार पर सामूहिक सौदेबाजी में कठिनाई उत्पन्न होती है। इस कठिनाई का निराकरण कुछ अंशों में कोयला खदानों और चाय बगानों में किया गया। इन स्थानों में औद्योगिक सम्बन्ध विषयक समस्याओं को सम्पूर्ण उद्योग के स्तर पर सुलझाने तथा इस सम्बन्ध में सरकार द्वारा निर्मित परामर्शदात्री समितियों के प्रतिनिधित्व के लिए संयुक्त समितियों का गठन किया गया। राष्ट्रीय श्रम आयोग का यह मत है कि सामूहिक सौदेबाजी की गतिविधियों के विकास की दिशा में यह एक स्वस्थ कदम है। जिस किसी स्थान पर किसी एक उद्योग से सम्बन्धित नियोक्ताओं के दो या दो से अधिक संगठन विद्यमान हैं, वहाँ सबसे पहले तो संयुक्त समितियों का गठन होना चाहिए, जो सम्पूर्ण उद्योग के आधार पर नियोक्ताओं का प्रतिनिधित्व कर सकें।

उद्योग के आधार पर निजी और सार्वजनिक दोनों ही क्षेत्रों के नियोक्ताओं के स्वार्थों में एकरूपता होती है। इसीलिए भारत सरकार ने सार्वजनिक क्षेत्र के प्रबन्धकों को भी इस प्रकार के औद्योगिक संघों की सदस्यता देने की अनुमति दे दी है। हमें आशा है कि इससे सार्वजनिक क्षेत्र के औद्योगिक प्रबन्धक औद्योगिक सम्बन्धों की दृष्टि से निजी क्षेत्र के नियोक्ताओं के क्रियाकलापों को एक स्वस्थ दिशा प्रदान करेंगे। राष्ट्रीय श्रम आयोग का यह मत था कि उद्योग के आधार पर श्रमिक संघों का स्वस्थ ढंग से विकास हो सकता है जबकि उसी के समानान्तर नियोक्ता संघों का भी विकास हो। जैसा कि द्वितीय पंचवर्षीय योजना में उल्लेखित है कि उद्योग के आधार पर किसी क्षेत्र में सौदेबाजी उसी समय सफल हो सकती है किसी क्षेत्र विशेष में उद्योग के आधार पर नियोक्ता संघों को भी मान्यता प्रदान की जाए। इस आधार पर किए गए समझौते को सभी नियोक्ताओं को पालन करने के लिए बाध्य होना पड़ेगा।[9]

(ब) राष्ट्रीय आधार पर गठित नियोक्ता संघ

राष्ट्रीय स्तर पर ए.आई.ओ.ई. एवं ई.एफ.आई. के अतिरिक्त श्रम सम्बन्धी मामलों की परामर्शदात्री समिति में ए.आई.एम.ओ. को भी स्वतंत्रता प्राप्ति के समय से एक सीट दी

जाती है। ए.आई.एम.ओ. एक बहुउद्देशीय संकाय है, जिसके अन्तर्गत छोटे एवं मध्यम वर्ग के नियोक्ताओं का प्रतिनिधित्व होता है। इन तीनों संगठनों की सदस्यता का द्वार व्यक्तिगत फर्मों एवं ज्वॉइण्ट स्टॉक कम्पनियों के लिए खुला हुआ है। ये तीनों फेडरेशन लगभग सभी प्रमुख नियोक्ताओं को अपने में समाहित कर लेते हैं। कुछ नियोक्ता अथवा नियोक्ता संघ एक से अधिक नेशनल फेडरेशन के सदस्य हैं।

उपर्युक्त तीनों फेडरेशनों द्वारा कुछ विशिष्ट समितियों का गठन किया गया है जो विशिष्ट समस्याओं को सुलझाती हैं। ये तीनों फेडरेशन अपनी क्षेत्रीय समितियों द्वारा कार्य करते हैं और चैम्बर्स ऑफ कॉमर्स से भी अपना सम्बंध जोड़े रहते हैं। बहुत सी स्थितियों में एक ही संगठन किसी न किसी चेम्बर ऑफ कॉमर्स से भी सम्बंधित होता है और फेडरेशन से भी सम्बंधित होता है। ए.आई.एम.ओ. के क्रियाकलाप 20 विशिष्ट कमेटियों के इर्द–गिर्द केन्द्रित होते हैं। उनमें से एक इण्डस्ट्रियल रिलेशन कमेटी होती है, उसके सदस्य सम्पूर्ण भारत में फैले हुए हैं, इसके अन्तर्गत नौ स्टेट बोर्ड, चार रीजनल बोर्ड तथा सात डिस्ट्रिक्ट कौंसिल हैं।

फेडरेशनों के लक्ष्य एवं उद्देश्य

एम्प्लायर्स फेडरेशन ऑफ इण्डिया के मुख्य लक्ष्य निम्नलिखित हैं–

1. उद्योग अथवा वाणिज्य में लगे हुए नियोक्ताओं के वैधानिक एवं न्यायोचित स्वार्थों का रक्षण।
2. प्रबन्ध एवं श्रम के बीच सद्भावपूर्ण सम्बन्ध स्थापित करना और उन सभी योजनाओं को लागू करने में विशेष रूप से पहल करना, जिनके द्वारा उत्पादकता की वृद्धि होती है।
3. नियोक्ताओं से सम्बंधित अन्य सूचनाओं को प्राप्त करना एवं नियोक्ता एवं नियुक्त के सम्बन्धों में सुधार हेतु उचित परामर्श देना।

उपर्युक्त सभी लक्ष्य औद्योगिक सम्बन्ध के क्षेत्र में आते हैं। यद्यपि इस फेडरेशन द्वारा कभी–कभी व्यापक एवं महत्त्वपूर्ण औद्योगिक समस्याओं के ऊपर भी विचार किया जाता है किन्तु सामान्यतया ई.एफ.आई. के द्वारा वाणिज्य सम्बन्धी समस्याओं पर विचार–विमर्श नहीं किया जाता है।

ऑल इण्डिया ऑर्गनाइजेशन ऑफ एम्प्लायर्स के उद्देश्य निम्नलिखित हैं–

1. उद्योग को परोक्ष या अपरोक्ष रूप से प्रभावित करने वाले वैधानिक अथवा वैधानेत्तर प्रयासों को बढ़ावा देने के लिए सभी प्रकार का प्रयास करना।
2. व्यवसाय, वाणिज्य एवं उद्योग को प्रभावित करने वाली विभिन्न राष्ट्रीय एवं अन्तर्राष्ट्रीय समितियों में प्रतिनिधित्व हेतु सदस्यों का नामांकन करना।
3. श्रमिकों के कल्याण हेतु सभी आवश्यक योजनाओं को तैयार करने और लागू करने में सहायता देना।

ऑल इण्डिया मैन्युफैक्चर्स आर्गनाइजेशन के निम्नलिखित उद्देश्य हैं–

1. स्वस्थ एवं विकासशील नीतियों के द्वारा त्वरित गति से देश के औद्योगिकीकरण में सहायता देना।

2. देश की सम्पूर्ण समृद्धि में वृद्धि हेतु प्रयास करना।
3. देश में उपलब्ध स्रोतों का अधिकाधिक विकास कर लोगों के रहन–सहन के स्तर को उन्नत बनाना।
4. जनसंख्या का भूमि पर पड़ने वाले अत्यधिक प्रभाव में कमी लाना।

ए.ई.एम.ओ. के भी औद्योगिक सम्बन्ध विषयक वही कार्य हैं, जिनका सम्पादन ई.एफ.आई और एम.आई.ओ.ई. के द्वारा किया जाता है।

ये सभी संगठन एक क्षेत्रीय कार्यालय के माध्यम से कार्य करते हैं, जिसके अन्तर्गत श्रम सम्बन्धी समस्याओं के सुलझाव हेतु सक्षम विभागों की स्थापना हो गई है। ए.आई.ओ.ई. और ई.एफ.आई. द्वारा परामर्शदात्री निकायों में अपने सदस्यों का नामांकन भी किया जाता है। 1956 में उक्त दोनों संकाय कौंसिल ऑफ इण्डियन एम्प्लायर्स (सी.आई.ई.) के अन्तर्गत आ गए और यही कौंसिल अन्तर्राष्ट्रीय समितियों एवं सम्मेलनों में भारतीय नियोक्ताओं के प्रतिनिधियों का नामांकन करती है। इस दृष्टि से स्वतन्त्रता प्राप्त के बाद का समय भारतीय नियोक्ताओं के लिए विशेष सुविधाजनक रहा है, क्योंकि इसी अवधि में नियोक्ताओं ने श्रमिक समस्याओं के प्रति संयुक्त उपागमों का प्रयोग करना आरम्भ किया। नियोक्ता संघों द्वारा श्रम समस्याओं के सम्बन्ध में उपयुक्त परामर्शदात्री सेवाओं की स्थापना तथा नियोक्ताओं एवं कार्मिक अधिकारियों के प्रशिक्षण हेतु उपयुक्त प्रशिक्षण की व्यवस्था आदि कुछ ऐसे कदम थे, जिनके माध्यम से नियोक्ता संघों ने श्रम प्रबन्ध सम्बन्धों के निरूपण हेतु उपयुक्त कदम उठाया।

राष्ट्रीय स्तर पर नियोक्ताओं के कई संगठनों के विद्यमान होने के बावजूद नियोक्ता संघों के समक्ष कोई विशेष समस्या उत्पन्न नहीं होती है। सी.आई.ई. के अन्तर्गत आने वाले लगभग सभी संगठन त्रिपक्षीय समितियों में एकरूप होकर अपने प्रतिनिधियों का नामांकन करते हैं। चूंकि नियोक्ता संघों के विभिन्न संगठनों में सैद्धान्तिक दृष्टि से कोई मतभेद नहीं है, अतः उन्हें एक–दूसरे के नजदीक आने में कोई विशेष कठिनाई नहीं होती है।

सी.आई.ई. के अन्तर्गत आजकल एम.सी.ओ.पी.ई. को भी सम्मिलित किया जाता है। यही कौंसिल इण्टरनेशनल ऑर्गनाजेशन ऑफ एम्प्लायर्स की सदस्य है और इसी के माध्यम से आई.एल.ओ. में नियोक्ता के प्रतिनिधियों को भेजा जाता है। ऑल इण्डिया मैनेजमेण्ट एसोसिएशन अब भी इससे अलग है।

स्टैंडिंग लेबर कमेटी और इण्डियन लेबर कॉन्फ्रेंस के अन्तर्गत चारों नियोक्ता संघों को समान रूप से प्रतिनिधित्व दिया जाता है। उपर्युक्त चारों संगठनों को एक संगठन के अन्तर्गत मिलाने पर भी बहुत दिनों से विचार चल रहा है, किन्तु अभी तक इस दिशा में भी कोई ठोस उपलब्धि हासिल नहीं हो पाई है।

उपर्युक्त संगठनों की प्रतिनिधित्व सम्बन्धी विशेषताओं का आभास हमें उस समय मिल सकता है, जब हम इनमें से सबसे बड़े संगठन एम्प्लायर्स फेडरेशन ऑफ इण्डिया के संगठन और क्रियाकलापों पर विस्तृत रूप से प्रकाश डालें। कोई भी औद्योगिक संघ, जिसके सदस्य 1,000 से कम श्रमिकों की नियुक्ति नहीं करते हैं, ई.एफ.आई. का सदस्य बन सकता है। इसी प्रकार व्यक्तिगत कम्पनियों में यदि 500 से कम श्रमिक

नियुक्त नहीं हैं तो वे भी इसका सदस्य बन सकती हैं। इस समय एम्प्लायर्स फेडरेशन ऑफ इण्डिया के 24 एसोसिएट मेम्बर्स हैं, जो लगभग 3,000 प्रतिष्ठानों का प्रतिनिधित्व करते हैं, जिनमें सब मिलाकर 2.4 करोड़ मिलियन कर्मचारी कार्य करते हैं।

इस प्रकार के राष्ट्रीय स्तर के नियोक्ता संघ की मुख्य जिम्मेदारी है ऐसी नीतियों का निर्माण, जिनके आधार पर उसके सदस्य त्रिपक्षीय समितियों और विभिन्न परामर्शदात्री समितियों एवं अन्तर्राष्ट्रीय सम्मेलनों में उसका प्रतिनिधित्व कर सकें। इन संघों द्वारा समय–समय पर कान्फ्रेंस एवं सेमीनारों का भी आयोजन किया जाता है। विभिन्न महत्त्वपूर्ण मामलों में वे सरकार को अपने संघ की ओर से पत्रक देते हैं। इन संघों का एक कार्य यह भी होता है कि श्रम प्रबन्ध से सम्बंधित न्यायालयों के फैसलों एवं अन्य आवश्यक सूचनाओं को एकत्र करें और बुलेटिन तथा प्रचार के अन्य माध्यमों द्वारा उन सूचनाओं को अपने सदस्यों में वितरित करें। परिवार कल्याण तथा अन्य कुछ कल्याणात्मक कार्य भी इनके द्वारा किए जाते हैं।

अन्तर्राष्ट्रीय स्तर पर सी.ई.आई. द्वारा वार्षिक अन्तर्राष्ट्रीय सम्मेलनों हेतु प्रतिनिधियों का नामांकन किया जाता है। ई.एफ.आई. के प्रेसीडेण्ट नवल टाटा का चुनाव आई.एल.ओ. की गवर्निंग बॉडी में एम्प्लायर्स ट्यूलर मेम्बर के रूप में लगभग 25 वर्ष पूर्व हुआ है और अभी भी वे इस हैसियत से कार्य कर रहे हैं।

इण्डस्ट्रियल एसोसिएशन और चैम्बर्स ऑफ कॉमर्स क्षेत्र एवं उद्योग के स्तर पर श्रमिकों की समस्याओं के सम्बन्ध में बहुत ही सक्रिय भूमिका निभाते हैं। वे विशेष श्रम सेवाओं की व्याख्या करते हैं और श्रम समस्याओं के सम्बन्ध में एकरूप व्यवहार की संतुति करते हैं। राज्य स्तर पर श्रम प्रबन्ध समस्याओं के सम्बन्ध में आवश्यकतानुसार पत्रक देते हैं और श्रम नीति या विधान के परिवर्तन के सम्बन्ध में नियोक्ता संघों को आवश्यक तथ्य और संस्तुति प्रदान करते हैं।

नियोक्ता संघ के उपर्युक्त तीनों संगठनों के कुछ स्पष्ट दोष भी हैं। सामान्य रूप से यह देखा गया है कि अपने सदस्यों को सेवा प्रदान करने तक ही इनका महत्त्व होता है। यदि अखिल भारतीय स्तर के किसी समझौते का किसी सदस्य द्वारा उल्लंघन किया जाता है तो वे इस प्रवृत्ति को नियन्त्रित नहीं कर पाते हैं। यदि कोई सदस्य कोड ऑफ डिसिप्लिन का उल्लंघन करता है, तब भी वे उसे सदस्यता से वंचित नहीं करते हैं। इसके अतिरिक्त ये संगठन भी दलगत राजनीति से मुक्त नहीं हैं।

स्टैंडिंग कान्फ्रेन्स ऑफ पब्लिक एण्टरप्राइजेज

इस संगठन का पंजीकरण सोसायटी एक्ट के अंतर्गत हुआ है। इसके सदस्य केन्द्रीय एवं राज्य स्तर के सार्वजनिक औद्योगिक प्रतिष्ठानों के प्रधान ही हो सकते हैं। स्कोप में मेमोरण्डम ऑफ एसोशियेसन के द्वारा कार्य क्षमता वृद्धि हेतु संगठित प्रयास करने और सरकार द्वारा सार्वजनिक क्षेत्र के प्रतिष्ठानों की नीतियों के निर्धारण में उनकी आवाज को सुनने का आह्वान किया जाता है। स्कोप के द्वारा सार्वजनिक क्षेत्र की आन्तरिक एवं बाह्य आवश्यकताओं की पूर्ति हेतु कार्य किया जाता है। इसके द्वारा सार्वजनिक क्षेत्र के प्रतिष्ठानों को उनकी कार्य निष्पत्ति के सुधार में सहायता दी जाती है। इसके माध्यम से

सरकार एवं समुदाय की ऐसी जानकारियों से अवगत कराया जाता है जिनके द्वारा सार्वजनिक क्षेत्र को अपनी भूमिका को और सक्षम ढंग से निर्वाह में सहायता मिलती है। इन उद्देश्यों की पूर्ति हेतु उसे निम्नलिखित कार्य करने पड़ते हैं–

1. उद्योग, व्यापार, राष्ट्रीय अर्थव्यवस्था और सार्वजनिक क्षेत्र तथा उससे सम्बन्धित अन्य विषयों के ऊपर गोष्ठियों एवं सम्मेलनों का आयोजन।
2. विभिन्न स्तर के प्रबन्धकीय अभिकर्मियों की योग्यताओं एवं कुशलताओं की वृद्धि हेतु प्रशिक्षण कार्यक्रमों का आयोजन।
3. सार्वजनिक क्षेत्र से सम्बन्धित विभिन्न विषयों के ऊपर गवेषणात्मक कार्यक्रमों का आयोजन।
4. राष्ट्रीय एवं अन्तर्राष्ट्रीय समितियों के सदस्यों का नामांकन करना।
5. सार्वजनिक क्षेत्र के औद्योगिक प्रतिष्ठानों के कार्य व्यवहार हेतु एक आचार संहिता का निर्माण करना।
6. ऐसे परामर्शदात्री सेल का गठन करना, जो समुदाय एवं सार्वजनिक क्षेत्र के औद्योगिक प्रतिष्ठान दोनों के लिए लाभकारी हों।

यद्यपि स्कोप एक छोटा संगठन है किन्तु इसके द्वारा कुछ महत्त्वपूर्ण प्रकाशन हुए हैं। इस प्रकार के प्रकाशनों में इण्डस्ट्रियल रिलेशन इन दि पब्लिक सेक्टर नामक पम्पलेट अति महत्त्वपूर्ण हैं। इस संगठन में एक स्वायत्तशासी निकाय के रूप में विकसित होने की अत्यधिक क्षमता है।

सभी प्रकार के नियोक्ता संघ राजनीतिक क्रियाकलापों में भाग नहीं लेना चाहते हैं। यहाँ तक कि 1959 में गठित स्वतन्त्र पार्टी, जो निजी सम्पत्ति एवं उद्यम के विकास की हिमायती थी, के क्रियाकलापों में भी नियोक्ता संघों ने कोई अभिरुचि प्रदर्शित नहीं की है।[10] नियोक्ता संघ श्रमिक संघों के साथ होने वाली किसी भी सौदेबाजी में भाग नहीं लेते हैं और न अपने क्षेत्र के किसी श्रम प्रबन्ध समस्या के सम्बन्ध में सीधी कार्यवाही करते हैं। इसका अपवाद केवल इण्डियन जूट मिल एसोसिएशन है। जिसके सदस्य व्यक्तिगत रूप से किसी भी श्रमिक संघ को मान्यता नहीं देते हैं, अतः एसोसिएशन उन सभी श्रमिक संघों के साथ सौदेबाजी करता है तो जूट मिलों में स्थापित हैं। इधर कुछ दिनों से देश में उद्योग के आधार पर होने वाली सौदेबाजी की दिशा में पर्याप्त प्रगति हुई है और इस दिशा में नियोक्ता संघों द्वारा भी कुछ भूमिका अदा की जा रही है।

नियोक्ता संघों से सम्बन्धित कुछ अन्य महत्त्वपूर्ण आयाम

विकास एवं नियोक्ता संघों के द्वारा स्थापित प्रतिमानों के परिप्रेक्ष्य में हम कुछ अन्य ऐसी महत्त्वपूर्ण समस्याओं का परीक्षण कर सकते हैं, जिनके आधार पर नियोक्ता संघ के क्रियाकलापों का और अच्छे ढंग से भविष्य में निरूपण किया जा सकता है। श्रमिक संघों की भाँति नियोक्ता संघ के पीछे भी कुछ ऐसी शक्तियाँ कार्यरत हैं जो उन्हें एक नहीं होने देतीं। यद्यपि इन संघों के पास सफल नेतृत्व विद्यमान है और श्रम के क्षेत्र में

श्रमिक संघों की भाँति ये किसी पार्टी लाइन पर काम नहीं करते हैं, तथापि एक ही उद्योग में एक से अधिक नियोक्ता संघों के विद्यमान रहने के कारण उद्योग के स्तर पर केन्द्रीकृत सामूहिक सौदेबाजी में बाधा पड़ती है। कोयला एवं बागान आदि उद्योग में नियोक्ता संघों के उपागमों में एकरूपता स्थापन हेतु संयुक्त समितियों का गठन भी किया जा रहा है। नियोक्ता के द्वारा यूनाइटेड फ्रण्ट का यदि निर्माण कर लिया जाए तो उद्योग के आधार पर केन्द्रीकृत सामूहिक सौदेबाजी का और अधिक विकास हो सकता है। उद्योग के आधार पर श्रमिक संघों के गठन एवं उनकी मान्यता के सम्बन्ध में विशेषज्ञों के द्वारा जो संस्तुतियाँ की गई हैं, उनके परिप्रेक्ष्य में उद्योग के आधार पर नियोक्ता संघ के गठन एवं उनकी मान्यता का महत्त्व और अधिक बढ़ जाता है। राष्ट्रीय श्रम आयोग ने यह संस्तुति की कि औद्योगिक सम्बन्ध आयोग के माध्यम से नियोक्ता संघों को क्षेत्र एवं उद्योग के आधार पर गान्यता देने की व्यवस्था होनी चाहिए, ताकि सामूहिक सौदेबाजी के उद्देश्यों को और अधिक सक्षम ढंग से प्राप्त किया जा सके।[11] कमीशन ने यह भी संस्तुति की थी कि निजी एवं सार्वजनिक क्षेत्र के स्वार्थों में एकरूपता होती है, इस परिप्रेक्ष्य में यह बात उल्लेखनीय है कि भारत सरकार ने चूंकि सार्वजनिक क्षेत्र में नियोक्ताओं को औद्योगिक संघों के गठन हेतु निर्देश दिया है, अतः हम आशा करते हैं कि निजी क्षेत्र के नियोक्ता भी इसी आधार पर कार्य करेंगे। राष्ट्रीय स्तर पर कई नियोक्ता संघों के गठन के बावजूद कोई विशेष समस्या इसलिए उत्पन्न नहीं होती है क्योंकि त्रिदलीय फोरमों में सी.आई.ई. के द्वारा नियोक्ताओं का प्रतिनिधित्व कर लिया जाता है। दूसरी बात यह है कि नियोक्ताओं के संगठन में कोई वैचारिक भिन्नता न होने के कारण इनके एक–दूसरे के समीप आने की अधिक सम्भावना है। एपेक्स बॉडी के रूप में सी.आई.ई. इस परिप्रेक्ष्य में सम्यक् समायोजन प्रस्तुत कर सकती हैं।

नियोक्ता संघों के परिप्रेक्ष्य में कुछ अन्य ऐसी संगठनात्मक समस्याएँ हैं, जिन पर विशेष ध्यान देने की आवश्यकता है।

1. नेशनल फेडरेशन द्वारा स्थापित विभिन्न प्रादेशिक समितियों की कार्य प्रणाली में सुधार हेतु बहुत सी संभावनाएँ विद्यमान हैं। इन समितियों के द्वारा राष्ट्रीय फेडरेशनों की बहुत सी जिम्मेदारियों का निर्वाह किया जाता है। उदाहरणार्थ इन फेडरेशनों की शाखाओं के द्वारा लेबर कोर्ट और ट्रिब्यूनल के निर्णयों के विरुद्ध उच्च न्यायालय में अपील हेतु जो प्रस्ताव भेजा जाता है, उनका परीक्षण इन समितियों के द्वारा किया जाता है। सरकार एवं श्रमिक संघ दोनों ने ही इन नियोक्ता संघों के राष्ट्रीय फेडरेशनों की समितियों की कार्य प्रणाली के प्रति असन्तोष व्यक्त करते हुए उनमें सुधार की अपेक्षा की है।
2. स्वीडन और इटली की भाँति भारत में नियोक्ता संघों के राष्ट्रीय फेडरेशनों के द्वारा किसी वार्ता में भाग नहीं लिया जाता है, और वे अपने सदस्य नियोक्ता संघ या नियोक्ता की औद्योगिक सम्बन्ध विषयक समस्या के सुलझाव के लिए कुछ नहीं करते हैं। उनकी वर्तमान भूमिका केवल विभिन्न कान्फ्रेंस और बैठकों हेतु

नीतियों के निर्माण तक ही सीमित होती है। वास्तव में उद्योग के आधार पर गठित संघों ने अपने सदस्यों के व्यवहार प्रतिमानों के निर्धारण एवं उनकी औद्योगिक सम्बन्ध विषयक समस्याओं के सुलझाव में अपेक्षाकृत अधिक महत्त्वपूर्ण भूमिका अदा की है। विभिन्न क्षेत्रों में उद्योग के आधार पर सौदेबाजी की कुछ महत्त्वपूर्ण परम्पराओं की पहले से ही स्थापना की गई है। आज आवश्यकता इस बात की है कि उन संघों के माध्यम से उद्योग एवं क्षेत्र के आधार पर द्विपक्षीय वार्ता को बढ़ावा देने का प्रयास किया जाए।

3. राष्ट्रीय श्रम आयोग के समक्ष साक्षी देते हुए कुछ नियोक्ताओं ने यह मत व्यक्त किया था कि केन्द्रीय फेडरेशन एवं उसके विभिन्न अंगों के बीच निरन्तरता के आधार पर विचार विनिमय की व्यवस्था हेतु पर्याप्त अवसर विद्यमान हैं।[12] वर्तमान स्थिति में केन्द्रीय फेडरेशन एवं उनके सदस्यों के बीच सम्प्रेषण की उपर्युक्त व्यवस्था स्थापित नहीं हो पाई है। इसकी पुष्टि इस आधार पर होती है कि नियोक्ता संघों द्वारा दिए गए बहुत से सुझावों की सम्बन्धित नियोक्ता द्वारा न तो स्वीकृति प्रदान की जाती है और न उनका क्रियान्वयन हो पाता है। इसी प्रकार फेडरेशनों द्वारा किए गए बहुत से समझौतों का भी नियोक्ता संघों द्वारा क्रियान्वयन नहीं हो पाता है। किन्तु इन समझौतों में क्रियान्वयन न हो पाने के कुछ और भी कारण हैं। नियोक्ताओं द्वारा समझौतों के क्रियान्वयन हेतु केन्द्रीय फेडरेशन केवल उन्हें (सम्बन्धित नियोक्ता को) राजी (persuade) कर सकता है। इस प्रक्रिया को और सक्षम बनाने के लिए नियोक्ता संघ से यह अपेक्षा की जाती है कि वे एक आन्तरिक परामर्शदात्री संयन्त्र का विकास कर लें, राष्ट्रीय स्तर पर कोई निर्णय करने के पूर्व उसका पूरी तौर पर परीक्षण कर लें उस सम्बन्ध में सम्बन्धित नियोक्ता के विचारों को भी ज्ञात कर लें, ताकि इस परिप्रेक्ष्य में ऐसा समझौता हो जो सम्बन्धित नियोक्ताओं को स्वीकार्य हो।

अन्त में हम कह सकते हैं कि नियोक्ता संघ की भूमिकाओं का सही परीक्षण इस आधार पर हो सकता है कि औद्योगिक शान्ति स्थापन में उनका क्या योगदान रहा। उन्हें अपनी निर्णय प्रक्रिया में समुचित कल्पना शक्ति एवं कौशल का प्रयोग करते हुए अपनी जिम्मेदारियों का सक्षम ढंग से निर्वाह करना चाहिए। अपने सदस्यों के हित स्वार्थों के रक्षण के साथ ही उन्हें राष्ट्रीय प्रगति में भी सम्यक् योगदान देना चाहिए। उन्हें अपने आर्थिक स्वार्थों से ऊँचा उठकर कार्य करना चाहिए। यह बात सत्य है कि उनके बहुत से लक्ष्यों की पूर्ति अधिनियमित प्रावधानों के माध्यम से होती है और इस दृष्टि से उन्हें राजनीतिक क्रियाकलापों में भी कुछ अंश में सहभाजन करना चाहिए, किन्तु किसी राजनीतिक दल से अपने को सम्बद्ध नहीं करना चाहिए। उन्हें यह बात अवश्य ध्यान में रखना चाहिए कि यदि राजनीति में सीधे संलग्न होंगे तो औद्योगिक शान्ति को उसी प्रकार खतरा पहुँचेगा, जिस प्रकार श्रमिक संघों की राजनीतिक सम्बद्धता के कारण आए दिन राजनीतिक स्वार्थों की पूर्ति हेतु हड़तालों का आयोजन होता रहता है।[13]

सामूहिक सौदेबाजी और प्रबन्ध/नियोक्ता का अधिकार

लुडविंग टेलर के अनुसार जहाँ तक सामूहिक सौदेबाजी के अन्तर्गत प्रबन्ध/नियोक्ता के अधिकारों का प्रश्न है वहाँ विशेषाधिकार के स्थान पर 'कार्य' शब्द का प्रयोग ही अधिक उचित प्रतीत होता है, क्योंकि इसके (कार्य) अन्तर्गत स्वामी की सुविधाओं का अर्थ अपेक्षाकृत कर बोध होता है और वाणिज्य के संचालन की जिम्मेदारी का बोध अधिक होता है। आज यह बात स्वीकार की जाती है कि कार्य दशाओं के निर्माण की जिम्मेदारी केवल प्रबन्ध की ही नहीं है, वरन् श्रमिक संगठनों की भी है। इस दृष्टि से सामूहिक सौदेबाजी के अन्तर्गत विशेषाधिकार शब्द का अर्थ निरोधात्मक हो जाता है। क्योंकि इसके माध्यम से प्रबन्ध के क्रियाकलापों में सहायता न मिलकर केवल अवरोध की ही प्राप्ति होती है।[14] प्रबन्ध के कार्य उन क्षेत्रों तक सीमित होते हैं जहाँ प्रबन्ध अपने अधिकारों का प्रयोग उपक्रम के लक्ष्यों की प्राप्ति हेतु करता है। जब कोई व्यक्ति इन क्रियाकलापों के विस्तार में प्रवेश करता है तो सामान्यतया उसे कुछ अंश में यूनियन के क्रियाकलापों के साथ संघर्ष महसूस होता है।

ऐतिहासिक दृष्टि से अमेरिकी श्रमिक इस बात को तो स्वीकार करते हैं, कि प्रबन्ध की यह जिम्मेदारी है कि वह प्रबन्ध करे और साथ ही वे यह भी महसूस करते हैं कि श्रमिक संघों की यह जिम्मेदारी है कि वे संगठित होकर सौदेबाजी करें। सन् 1950 के दशक के प्रारम्भिक वर्षों में ए.एल.एल. के हेड (10 यूनाइटेड स्टेट चैम्बर्स ऑफ कॉमर्स) के उपक्रम के कार्यों के संचालन एवं निर्देशन सम्बन्धी प्रबन्ध के जन्मजात अधिकार को मान्यता दी गई और उसका अनुरक्षण भी किया गया। किन्तु 1945 में तत्कालीन अमेरिकी राष्ट्रपति ट्रूमैन ने एक नेशनल कान्फ्रेंस का आयोजन किया था, जिसका उद्देश्य था देश की अर्थव्यवस्था को युद्ध से हटाकर शांति की ओर मोड़ना। उक्त सम्मेलन में श्रमिकों के प्रतिनिधियों ने बहुत ही सशक्त ढंग से इस बात का विरोध किया था कि सामूहिक सौदेबाजी की स्थिति में भी प्रबन्ध को कुछ विशेषाधिकार दिया जाना चाहिए। उक्त कान्फ्रेंस में एक संयुक्त प्रबन्ध समिति का गठन किया गया था। प्रबन्ध के प्रतिनिधियों ने इस समिति की बैठक में दो प्रकार के अधिकारों की बात कही थी। उनके अनुसार एक प्रकार के अधिकारों को तो सामूहिक सौदेबाजी के विषय क्षेत्र के अन्तर्गत नहीं लाया जा सकता है किन्तु दूसरे प्रकार के अधिकारों के सम्बन्ध में प्रारम्भिक निर्णय प्रबन्ध द्वारा किया जाना चाहिए और बाद में उसका पुनरीक्षण परिवेदना समिति के द्वारा हो सकता है। प्रथम प्रकार के अधिकार हैं– (1) वाणिज्य प्रतिष्ठान के स्थान का चयन और उत्पत्ति का निर्धारण, (2) लेआउट इक्विपमेण्ट एवं उत्पादन की प्रक्रिया तथा प्रविधियों का निर्धारण, (3) वित्तीय नीतियां, (4) प्रबन्धकीय संगठन, (5) कार्य का स्वरूप, (6) श्रम शक्ति के आकार का निर्धारण, (7) श्रमिकों के कार्य का निर्दिष्टीकरण, (8) शिफ्ट का निर्धारण, एवं (9) स्वास्थ्य सुरक्षा एवं गरीबी से संरक्षण।

दूसरी श्रेणी में अनुशासनात्मक कार्यवाही के माध्यम से श्रमिकों का निष्कासन तथा पारस्परिक सहमति के आधार पर निर्धारित अन्य अधिकार आते हैं। किन्तु समिति में प्रबन्ध के प्रतिनिधियों द्वारा माँगे गए उपर्युक्त अधिकारों को देने के सम्बन्ध में सहमति नहीं हो पाई। श्रमिकों के प्रतिनिधियों ने उसका विरोध किया। उनका कहना

था कि प्रबन्ध के अधिकारों और जिम्मेदारियों के रूप में एक व्यर्थ की ताकत एवं शक्ति को खड़ा करना बुद्धिमानीपूर्ण कदम नहीं है। कई वर्षों के अनुभव से यह प्रकट होता है कि पारस्परिक समझदारी की भावना के विकास के फलस्वरूप एक पक्ष की आज जो जिम्मेदारियां हैं, वे कालक्रम से दोनों पक्षों की सामूहिक जिम्मेदारियां बन जाती हैं।[15] इस प्रकार कान्फ्रेंस के अन्तर्गत सामूहिक सौदेबाजी में प्रबन्ध के अधिकारों के निर्धारण के सम्बन्ध में कोई सहमति नहीं हो पाई। श्रम प्रबन्ध सम्बन्धों के आगे के इतिहास को देखने से ज्ञात होता है कि यूनियन को 'जॉब काण्टेण्ट' और कार्य शक्ति के निर्धारण एवं स्वास्थ्य तथा सुरक्षा सम्बन्धी व्यवस्था में अपेक्षाकृत अधिक अधिकार प्राप्त हुए हैं। प्रबन्ध के अधिकारों के एक प्रमुख अधिवक्ता लुडविंग टेलर का भी यह मत है कि 'जॉब काण्टेण्ट' का निर्धारण सामूहिक सौदेबाजी के क्षेत्र से परे है।[16]

मजदूरी सम्बन्धी प्रत्येक अभिप्रेरणात्मक योजना में जॉब काण्टेण्ट का महत्त्वपूर्ण स्थान होता है। टेलर के अनुसार श्रमिक के स्वयं अपने कार्य से अधिक उनकी दृष्टि में दूसरा कोई और महत्त्वपूर्ण तत्व नहीं होता है, जिस पर वे सामूहिक सौदेबाजी के अन्तर्गत विचार–विमर्श करना पसन्द करेंगे। अमेरिका में तो प्रबन्ध एवं श्रम दोनों ही निजी उद्यम व्यवस्था को अत्यधिक पसन्द करते हैं किन्तु उस स्थिति में श्रमिक पक्ष यह नहीं चाहता है कि प्रबन्ध को बहुत से मामलों में एकाधिकार की प्राप्ति हो।

नियोक्ता/प्रबन्ध के अधिकार के सम्बन्ध में प्रविधित कुछ विचारधाराएँ

श्रम प्रबन्ध सम्बन्धों के कुछ विशेषज्ञों के अनुसार, प्रबन्ध के अधिकार सम्बन्धी उपागम के सम्बन्ध में चार विचारधाराएँ प्रचलित हैं– (1) पूर्ण एकाधिकार सम्बन्धी विचारधारा, (2) सीमित अधिकार सम्बन्धी विचारधारा, (3) रेसीडुअल राइट सम्बन्धी विचारधारा, एवं (4) न्यास सम्बंधी विचारधारा। ये सभी विचारधाराएँ एक–दूसरे से पूर्णतया भिन्न नहीं हैं। पूर्ण एकाधिकार सम्बन्धी विचारधारा के प्रतिपादकों का यह मत है कि प्रबन्ध के कुछ कार्य क्षेत्रों में श्रमिक संघ को अपनी आवाज उठाने का कोई अधिकार नहीं है। इस प्रकार के कार्यक्षेत्रों के अन्तर्गत कार्य के समय का निर्धारण, कार्य का निर्दिष्टीकरण उत्पाद्य वस्तुओं की किस्में, उत्पादन विधियाँ, उत्पादन की प्रक्रिया, कर्मचारियों की भर्ती, मूल्य निर्धारण व्यवस्था, प्रतिष्ठान के स्थान का निर्धारण आदि बातें आती हैं। वे लोग जो इन अधिकारों में विश्वास करते हैं, इन क्षेत्रों में प्रबन्ध के हस्तक्षेप को पसन्द नहीं करते हैं।

सीमित प्रबन्ध की विचारधारा इस मान्यता पर आधारित है कि प्रशासकीय मामलों में पहल करने का अधिकार प्रबन्ध को है, किन्तु वे लोग जो इस विचारधारा का प्रतिपादन करते हैं, उनका यह विश्वास है कि श्रमिक संघ परिवेदना निवारण पद्धति के माध्यम से इस प्रकार की पहल को चुनौती देते रहते हैं। इस विचारधारा के प्रतिपादकों के अनुसार पदोन्नति, पदावनति, अनुशासन तथा प्रतिष्ठानों की स्थापना हेतु स्थान का चयन आदि कार्य प्रबन्ध के सीमित अधिकार क्षेत्र के अन्तर्गत आते हैं।

रेसीडुअल थ्योरी के अन्तर्गत यह बात स्वीकार की जाती है कि नियोक्ता/प्रबन्ध के पास सभी प्रकार के अधिकार निहित होते हैं किन्तु श्रमिकों के साथ होने वाले

समझौतों के फलस्वरूप उसके कुछ अधिकारों में कटौती कर दी जाती है। इस विचारधारा के अन्तर्गत सामूहिक सौदेबाजी को एक ऐसे संयन्त्र के रूप में देखा जाता है, जो प्रबन्ध के अधिकारों में निरन्तर कटाव करती रहती है। इस विचारधारा के प्रतिपादकों का यह विचार है कि प्रबन्ध/नियोक्ता के पास तब तक सभी औपचारिक अधिकार विद्यमान रहते हैं जब तक कि उनका परिसीमन सामूहिक समझौतों के द्वारा नहीं हो जाता है। इस प्रकार समझौतों के माध्यम से उसके अधिकारों में केवल कटौती मात्र होती है और पारस्परिक सहयोग की भावना में किसी प्रकार की वृद्धि नहीं होती है। श्रमिक संघ के नेता इस थ्योरी का विरोध करते हैं। उसके अनुसार समझौतों की आत्मा को विशेष रूप से महत्त्व दिया जाना चाहिए न कि उसकी शब्दावली को। इस सम्बन्ध में वाल्टर रूथर द्वारा प्रतिपादित यह विचारधारा अधिक महत्त्वपूर्ण है कि समझौते स्वयं अपने में परिसीमित एवं स्थिर नहीं होते हैं वरन् उनमें जीवन है और उनका निरन्तर विकास होता रहता है।

ट्रस्टीशिप की विचारधारा के प्रतिपादकों का यह कथन है कि श्रमिक ही वास्तविक रूप से प्रतिष्ठान के स्वामी हैं, अतः प्रतिष्ठान की प्रबन्ध व्यवस्था का अधिकार श्रमिकों को ही मिलना चाहिए। किन्तु श्रमिक अभी पूर्णतया समझदार एवं जागरूक नहीं हो पाए हैं। उनकी स्थिति प्रबन्ध व्यवस्था की जिम्मेदारी वहन करने की दृष्टि से अभी भी एक अबोध बालक की भाँति है। जिस प्रकार अबोध बालक की सम्पत्ति की रक्षा किसी न्याय के माध्यम से की जाती है और बालक जब समझदार हो जाता है तो उसे सारी सम्पत्ति सौंप दी जाती है, उसी प्रकार प्रबन्ध भी न्याय के रूप में श्रमिक के समस्त प्रबन्धकीय अधिकारों की रक्षा करेगा और कालक्रम से जब श्रमिकों के प्रबन्ध की जिम्मेदारियों के निर्वाह हेतु उपेक्षित योग्यताओं का विकास हो जाएगा तो उन्हें समस्त अधिकार सौंप दिए जाएँगे। इस विचारधारा की बहुत सी आलोचनाएँ हैं और इसके व्यवहृत होने में अत्यधिक सन्देह है। प्रबन्ध/नियोक्ता के अधिकारों के कुछ प्रमुख समर्थकों का तो यह कहना है कि उत्पादन व्यवस्था में श्रमिकों का महत्त्व केवल सेवाओं की पूर्ति करने वाले अभिकरण के समान होना चाहिए, जिस प्रकार वस्तुओं की पूर्ति करने वाले अभिकरण की भूमिका होती है। इस विचारधारा का विरोध अर्थर गोल्डवर्क आदि श्रम विशेषज्ञों के द्वारा किया जाता है। उनके अनुसार कार्यस्थल पर श्रमिक संघ एवं प्रबन्ध दोनों के ही बहुत से सम्मिलित जन्मजात अधिकार होते हैं, ऐसी स्थिति में केवल प्रबन्ध को ही सभी अधिकारों से युक्त कर देना अनुचित होगा।[17] श्रमिक के अधिकार की हिमायत करने वाले अधिवक्ताओं के अनुसार श्रमिक को प्रबन्ध के विरुद्ध संगठित होने और हड़ताल करने का जन्मजात अधिकार प्राप्त है। जिस प्रकार सामूहिक सौदेबाजी की स्थिति में प्रबन्ध अपने अधिकारों का परिसीमन करता है, उसी भाँति श्रमिक संघ भी अपने सदस्यों को अनुशासित बनाता रहता है और उनके हड़ताल के अधिकारों को प्रतिबन्धित करता रहता है। इस प्रकार सामूहिक सौदेबाजी की स्थिति में दोनों के ही अधिकारों पर प्रतिबन्ध होता है।

अतः इस बात में सन्देह नहीं कि उत्पादन सम्बन्धी कुछ कार्य तो अवश्य ही प्रबन्ध/नियोक्ता के विशेषाधिकार क्षेत्र के अन्तर्गत आते हैं। उनमें श्रमिक संघों का

हस्तक्षेप उचित नहीं होगा। किन्तु मजदूरी एवं कार्य की दशाओं में निर्धारण के अतिरिक्त कुछ और ऐसे महत्त्वपूर्ण क्षेत्र भी हैं, जहाँ श्रम और प्रबन्ध मिलकर ही कार्य कर सकते हैं और स्पष्टतया ये क्षेत्र प्रबन्ध के विशेषाधिकारों के अन्तर्गत नहीं आते हैं। इनके अन्तर्गत कार्य शक्ति का निर्धारण, कार्य प्रतिमान का निर्धारण, कार्य मूल्यांकन, पालियों की व्यवस्था, छँटनी, सेवा समाप्ति, वरिष्ठता तथा अनुशासन आदि मामले आते हैं। चेम्बरलैन के अनुसार कार्य सुरक्षा सम्बन्धी क्षेत्र में श्रम और प्रबन्ध दोनों को अधिकारों के सहभाजन का पर्याप्त अवसर मिलना चाहिए।[18]

निष्कर्ष

सामूहिक सौदेबाजी को प्रबन्ध या श्रम संगठन दोनों में से कोई पक्ष यदि अधिकार मूलक दृष्टि से देखेगा तो समस्या का हल नहीं किया जा सकता है। इस प्रकार के उपागम के अन्तर्गत दोनों ही पक्ष कुछ क्षेत्रों को अपना विशेषाधिकार समझ लेते हैं और उन क्षेत्रों में जहाँ उनका अधिकार नहीं है, उसका भी अधिग्रहण करने हेतु प्रयास करते हैं। फलस्वरूप समस्या और भी विषम हो जाती है। सामान्य रूप से श्रमिक संघ प्रतिष्ठान की ऐसी नीतियों में कोई अभिरुचि नहीं रखता है जिनका सम्बन्ध वित्त, कच्चे माल के क्रय एवं उत्पादित माल के विक्रय से होता है। कुछ क्षेत्रों में जिनका सम्बन्ध नियुक्ति, श्रमिकों की मजदूरी के अर्जन और कार्य की दशाओं से है, सामूहिक सौदेबाजी के उपकरण को समस्या सुलझाव मूलक उपागम के प्रयोग की आवश्यकता है। 1955 में वाशिंगटन के नेशनल प्लानिंग कमीशन ने अमेरिका के 14 फर्मों की केस स्टडी की। इन फर्मों में सामूहिक सौदेबाजी के माध्यम से औद्योगिक शांति की स्थापना हुई थी। इस अध्ययन में यह निष्कर्ष निकला था कि श्रम और प्रबन्ध दोनों पक्ष औद्योगिक सम्बन्ध विषयक समस्याओं के सुलझाव हेतु इच्छुक थे और वे अपने विशेषाधिकार निर्धारण सम्बन्धी विवादों के चक्कर में नहीं पड़ना चाहते थे। दोनों पक्षों का यही उपागम था कि समस्या और उसके सुलझाव हेतु क्या किया जाए।[19]

उपर्युक्त उपागम को समस्या सुलझाव मूलक उपागम कहा जा सकता है। यह उपागम बहुत ही सुदृढ़ सिद्धान्तों पर आधारित है। इसका मूल मन्त्र यह है कि सामूहिक सौदेबाजी के अन्तर्गत श्रम और प्रबन्ध दोनों ही पक्ष जब स्थूल एवं स्पष्ट समस्याओं पर विचार करते हुए उन्हें सुलझाने हेतु हृदय से प्रयास करेंगे तो उन्हें अवश्य ही सफलता मिलेगी। इसके विपरीत यदि दोनों ही पक्ष भावात्मक प्रयत्नों और विशेषाधिकारों के सम्बन्ध में ही विचार–विमर्श करते रह जाएँगे तो उन्हें सफलता नहीं मिल पाएगी।

अतः यह बात स्पष्ट है कि सामूहिक सौदेबाजी के परिप्रेक्ष्य में प्रबन्ध के विशेषाधिकारों का निर्धारण सम्भव नहीं है तथापि यह बात निर्विवाद रूप से स्वीकार की जा सकती है कि औद्योगिक प्रतिष्ठान के कुछ क्षेत्रों में प्रबन्ध के नियन्त्रण को चुनौती नहीं दी जा सकती है। किन्तु यदि प्रबन्ध श्रमिकों की सुरक्षा और मजदूरी निर्धारण आदि कार्यों के क्षेत्रों को अपना विशेषाधिकार समझेगा तो निश्चित ही स्थिति और अधिक गम्भीर हो जाएगी। इन समस्याओं को श्रम और प्रबन्ध दोनों के सहयोग से ही

सुलझाया जा सकता है। सामूहिक सौदेबाजी के सीमित क्षेत्र में यद्यपि प्रबन्ध के कुछ अधिकारों को मान्यता दी जाती है किन्तु परिवेदना निवारण पद्धति के माध्यम से उनका भी कुछ अंश में नियन्त्रण होता है। सामूहिक सौदेबाजी की सफलता हेतु यह आवश्यक है कि प्रबन्ध/नियोक्ता के अधिकारों की अपेक्षा समस्या सुलझाव मूलक दृष्टिकोण को अधिक महत्त्व दिया जाए। क्योंकि औद्योगिक शांति की स्थापना उसी समय सम्भव है प्रतिष्ठान की कार्यक्षमता वृद्धि एवं सामान्यजन के हितों के रक्षण के परिप्रेक्ष्य में विशिष्ट एवं स्पष्ट समस्याओं का सुलझाव किया जाए।

टिप्पणियां

1. बोनेट क्लैरेंस ई. : एम्प्लायर्स, एसोसिएशन इन एनसाइक्लोपीडिया ऑफ सोशल साइंसेज, पृ. 509।
2. उपर्युक्त।
3. बेनेट, पूर्वोद्धृत, पृ. 512।
4. फ्लैण्डर्स ए. एण्ड क्लैग : ए., दि सिस्टम ऑफ इण्डस्ट्रियल रिलेशन इन ग्रेट ब्रिटेन, पृ. 249।
5. सेकण्ड प्लान, पृ. 574।
6. रिपोर्ट ऑफ दि फर्स्ट नेशनल कमीशन ऑन लेबर, पृ. 306।
7. रिपोर्ट ऑफ दि फर्स्ट नेशनल कमीशन ऑन लेबर, पृ. 209।
8. रिपोर्ट ऑफ दि फर्स्ट नेशनल कमीशन ऑन लेबर, पृ. 301।
9. द्वितीय पंचवर्षीय योजना पृ. 574।
10. रिपोर्ट ऑफ दि फर्स्ट नेशनल कमीशन ऑन लेबर, पृ. 300।
11. रिपोर्ट ऑफ दि फर्स्ट नेशनल कमीशन ऑन लेबर, पृ. 300।
12. रिपोर्ट ऑफ दि फर्स्ट नेशनल कमीशन ऑन लेबर, पृ. 305।
13. माइरन वेनर, दि पॉलिटिक्स ऑफ स्कार्सिटी, पब्लिक प्रेसर एण्ड पॉलिटिकल रिसपांसेज इन इण्डिया, पृ. 105–140।
14. टेलर, मैनेजमेण्ट फंक्शन अण्डर कलेक्टिव बारगेनिंग, न्यूयॉर्क, जून 1947, पृ. 23।
15. रैण्डिल आदि, कलेक्टिव बारगेनिंग प्रिंसिपल्स एण्ड प्रैक्टिस, पृ. 523।
16. लुडविंग टेलर, पूर्वोद्धृत, पृ. 102।
17. क्वोटेड वाई रैण्डिल एट एल., पूर्वोद्धृत, पृ. 523।
18. चेम्बरलैन, दि यूनियन चैलेंजेज, पृ. 89–100।
19. इण्डस्ट्रियल पीस थ्रू कलेक्टिव बारगेनिंग : वाशिंगटन नेशनल प्लानिंग कमीशन, पृ. 102।

8

श्रमिक संघ

श्रमिक संघों का अर्थ निरूपण

सामान्य रूप से श्रमिक संघ का अर्थ है, श्रमिकों का एक संगठन, जो अपने सदस्यों को आर्थिक लाभों की प्राप्ति में सहयोग देता है। विस्तृत रूप से इसके अन्तर्गत कई उद्योगों अथवा व्यवसायों में कार्यरत श्रमिकों को सम्मिलित किया जा सकता है। श्रमिक संघ अपने सदस्यों की आर्थिक उन्नति का ही प्रयास नहीं करता वरन् सामाजिक, राजनीतिक और सांस्कृतिक हितों के लिए भी प्रयास करता है। इधर हाल में श्रम संघ के कार्यों में परिवर्तन हुआ है और अब सदस्यों के आर्थिक हितों के रक्षण एवं विकास तक ही उसके कार्य सीमित नहीं रह गए हैं, वरन् आवश्यकतानुसार वह प्रबंध व्यवस्था में सहभाजन भी करता है। एक श्रमिक संघ अपने श्रमिकों के हितों के रक्षण हेतु सामूहिक व्यवहार प्रणाली का सहारा लेता है। भारतवर्ष में श्रमिक संघ की वैधानिक परिभाषा के अनुसार नियोक्ता संगठन भी श्रमिक संगठन के रूप में पंजीकृत कराए जा सकते हैं, कुछ नियोक्ता संघ इस प्रकार पंजीकृत भी हो गए हैं, किन्तु श्रमिक संघ साधारणतया श्रमिकों का ही रूप माना जा सकता है।

वेव्स के अनुसार श्रमिक संघ मजदूरी अर्जित करने वालों का एक ऐसा सतत संग्रह है, जिसका उद्देश्य उनकी कार्य की अवस्थाओं का सुधार या पोषण करना है।[1] यह परिभाषा बहुत ही संकुचित है। इसके अन्तर्गत वेतनभोगी श्रमिकों के शक्तिशाली संगठन को सम्मिलित नहीं किया गया है। श्रमिक संघ की कुछ अन्य महत्त्वपूर्ण परिभाषाएँ निम्नलिखित हैं–

1. अमेरिकन फेडरेशन ऑफ लेबर[2]

मजदूरी अर्जकों का एक संघ, जो उनके हितों की रक्षा और विकास हेतु कार्य करता है और उन्हें अपनी योग्यता एवं अनुभव के आधार पर औद्योगिक प्रतिष्ठान में वृद्धि हेतु योगदान देने के योग्य बनाता है।

2. सी.डी.एच. कोड[3]

एक या अधिक पेशे में कार्यरत श्रमिकों का एक संघ, जो दैनन्दिन के कार्य में, अपने सदस्यों के आर्थिक हितों की रक्षा और विकास हेतु प्रयास करता है।

3. लेस्टर[4]

कर्मचारियों का एक संघ, जो उनकी कार्य दशाओं का अनुरक्षण करता है।

4. डैकर्ट[5]

कर्मचारियों का एक सतत संगठन जो सामूहिक क्रियाओं के द्वारा अपने सदस्यों की आर्थिक एवं सामाजिक स्थिति के सुधार हेतु स्थापित हुआ है।

5. फ्लिप्पो[6]

श्रमिकों का एक ऐसा संगठन जो सामूहिक क्रियाओं द्वारा अपने सदस्यों के सामाजिक, आर्थिक एवं राजनीतिक हितों के रक्षण और विकास हेतु निर्मित हुआ है।

उपर्युक्त सभी परिभाषाओं में न्यूनाधिक रूप से दो बातों पर विशेष बल दिया गया है– (1) संरचनात्मक अंश, जिसमें यह बतलाया गया है कि श्रमिक संघ श्रमिकों के सतत संघ हैं, एवं (2) कार्यात्मक अंश, जिसमें इस बात पर बल दिया गया है कि श्रमिक संघ अपने सदस्यों के आर्थिक, सामाजिक एवं राजनीतिक हितों के रक्षण एवं विकास हेतु सामूहिक क्रिया के माध्यम से प्रयास करता है। इस प्रकार श्रमिक संघ श्रमिकों का एक सतत् संगठन है, जो उनके हितों के रक्षण एवं विकास हेतु तथा उनकी स्थिति को ऊँचा उठाने के लिए सामूहिक क्रियाओं के माध्यम से प्रयास करता है।[7] किन्तु बहुत अंश में ये मत किसी देश में श्रमिक संघों के क्रियाकलाप से सम्बंधित देश के तद्विषयक अधिनियमों से प्रभावित होते हैं।[8] भारत में श्रमिक संघ अधिनियम के अन्तर्गत श्रमिक संघ की परिभाषा बहुत ही व्यापक अर्थ में दी गई है। यह परिभाषा व्यवसाय संघ अधिनियम नामक अध्याय में दी गई है। इसके अन्तर्गत कई प्रकार के सम्मिलन की व्यवस्था है। जैसा कि पहले ही बतलाया गया है, नियोक्ता संघ को भी इसके अन्तर्गत सम्मिलित कर लिया गया है। किन्तु इसके उद्देश्यों का जो निरूपण किया है वह बहुत ही अस्पष्ट है।[9]

अन्त में हम यह कह सकते हैं कि (i) श्रमिक संघ से तात्पर्य मजदूर या नियोक्ता के किसी संघ से है, (ii) जो श्रमिकों अथवा नियोक्ताओं व श्रमिक और नियोक्ता के बीच के सम्बन्धों के नियमन हेतु प्रयास करता है, और किसी ट्रेड या व्यवसाय पर प्रतिबन्धित शर्तों को आरोपित करता है, (iii) श्रमिक संघवाद एक ऐसा आन्दोलन है, जो सामाजिक न्याय के आधार पर सामाजिक संरचना हेतु प्रयत्नशील

है, (iv) इसका सम्बंध केवल आर्थिक वृत्ति तक ही सीमित नहीं है, वरन् सामाजिक सेवाओं से भी यह सम्बद्ध है, (v) श्रमिक संघ की समस्या आर्थिक, न्यायिक तथा सामाजिक अवस्थाओं का एक मिश्रण है। इसे तभी समझा जा सकता है, जब संगठित श्रमिकों की विविधता, उनके विरोध और बदलते स्वरूप को ध्यान में रखकर विकसित होती हुई सामाजिक अवस्थाओं तथा सामाजिक परम्पराओं के परिप्रेक्ष्य में उन पर विचार किया जाए, एवं (vi) आज के श्रमिक संघ बहुमुखी, अनेकवादी तथा व्यावहारिक हैं, तथा उनके तरीके निरन्तर बदलते रहते हैं, यदि ऐसा नहीं होता तो वे निरन्तर बदलती हुई परिस्थितियों से जनित समस्याओं का मुकाबला नहीं कर पाते।[10]

श्रमिक संघों की प्रमुख विशेषताएँ

भारतवर्ष में श्रमिक संघों का विकास कुछ विशिष्ट परिस्थितियों में हुआ। देश और काल के अनुसार हमारे देश का श्रमिक संघ कुछ प्रमुख विशेषताओं से रंजित हो गया। डॉ. सुरेन्द्र सिंह[11] ने इन विशेषताओं का निरूपण करते हुए लिखा है कि भारतीय व्यवसाय संघ के वैधानिक उपबन्धों के अन्तर्गत श्रमिक एवं प्रबंधक दोनों के ही संगठनों को श्रमिक संघ के अन्तर्गत सम्मिलित किया जा सकता है। श्रमिक संघ का उद्देश्य समूह के आन्तरिक सम्बंधों और एक समूह से दूसरे समूह के सम्बंधों का नियमन है। श्रमिक संघ के आचारों का प्रतिबन्धन भी उसके उद्देश्यों के अन्तर्गत आता है। हमारे देश में अभी तक श्रमिक संघवाद का विकास कुछ सीमित संगठित उद्योगों में ही हो पाया है। श्रमिक संघों की आर्थिक स्थिति सन्तोषप्रद नहीं है। अभी तक श्रमिक संघों ने यह बात स्वीकार नहीं की है कि औद्योगिक संगठन का अस्तित्व श्रम और पूँजी के सहयोग पर आधारित है। उनका यह विश्वास है कि श्रम और पूँजी में जन्मजात द्वन्द्व तथा संघर्ष है। फलस्वरूप वे नियोक्ता के प्रत्येक कार्य को सन्देहात्मक दृष्टि से देखते हैं और नियोक्ता भी श्रमिक संघ के क्रियाकलापों को भय और सन्देह की दृष्टि से देखते हुए श्रम आन्दोलन को हतोत्साहित करने का प्रयास करता है। वे श्रमिक संघ, जो अपने सदस्य की आर्थिक सुरक्षा को रक्षित करते हुए कार्य करते हैं, अधिकांश स्थितियों में अपनी सामाजिक जिम्मेदारियों का निर्वाह नहीं कर पाते हैं, फलस्वरूप वे सामाजिक मान्यता नहीं प्राप्त कर पाते हैं। अभी तक हमारे देश में श्रमिक संघ आन्दोलन राजनीतिक प्रभावों से मुक्त नहीं हो सके हैं।

श्रमिक संघ अभी तक सक्षम ढंग से आन्तरिक नेतृत्व का विकास नहीं कर पाए हैं, फलस्वरूप उन्हें बाह्य नेतृत्व पर ही आश्रित रहना पड़ता है। इस प्रकार के अधिकांश नेता सामान्य श्रम समुदाय के स्वार्थों को नजरअन्दाज कर अपने स्वार्थों की पूर्ति हेतु श्रम संघ के क्रियाकलापों का संचालन करते हैं। ऐसे श्रमिक नेताओं के राजनीतिक स्वार्थों में एकरूपता नहीं होने के कारण बहुश्रम संघवाद की प्रवृत्ति को बढ़ावा मिलता जा रहा है। फलस्वरूप उनके आन्तरिक द्वन्द्वों के कारण श्रमिक हितों की उपलब्धि का लक्ष्य तिरोहित होता जा रहा है। एक उद्योग और एक श्रमिक संघ की बात मृगमरीचिका बन गई है। श्रमिक संघ अपने लक्ष्यों की प्राप्ति हेतु हिंसात्मक विधियों का सहारा पूर्वापेक्षा आज अधिक ले रहे हैं। बिना इस बात पर विचार किए कि हड़ताल का

प्रभाव क्या पड़ेगा, वे हड़ताल के अधिकारों का प्रयोग करते हैं। साथ ही घेराव और बन्द तथा धीरे काम करो की विधियों का प्रयोग भी अब पूर्वापेक्षा अधिक हो रहा है। कुछ वर्षों पूर्व तक श्रमिक संघ पाश्चात्य शक्तियों से भी अत्यधिक प्रभावित थे। वे न केवल पाश्चात्य शक्तियों द्वारा निरूपित विचारधारा के अनुसार कार्य करते थे, वरन् कभी–कभी उनके इशारे पर नाचते भी थे। आज भी श्रमिक संघों को अनेक समस्याओं का सामना करना पड़ रहा है। इनमें से कुछ प्रमुख समस्याएँ हैं– प्रबन्ध का विरोधी रुख, मान्यता प्राप्ति में अनपेक्षित बाधा, सदस्यों में भक्ति एवं आस्था का अभाव, संरचनात्मक विघटन, राजनीतिक दलों एवं बाहरी नेताओं द्वारा किया जाने वाला शोषण तथा कमजोर आर्थिक स्थिति।

श्रमिक संघों के लक्ष्य और उत्तरदायित्व

द्वितीय महायुद्ध के उपरान्त पुनर्निर्माण की अवधि में ब्रिटिश ट्रेड यूनियन कांग्रेस ने अपने अन्तरिम प्रतिवेदन के अन्तर्गत, श्रमिक संघों के तीन मुख्य लक्ष्य निर्धारित किए– (1) श्रमिकों की मजदूरी और कार्य स्थिति में सुधार, (2) वस्तुओं के सामान्य मूल्य तथा जीवन–निर्वाह व्यय से मजदूरी का सम्बन्ध स्थापित करना, एवं (3) बढ़ती हुई राष्ट्रीय आय में श्रमिकों के उचित अंश की प्राप्ति की व्यवस्था तथा पूर्ण सेवायोजन के अवसरों की प्राप्ति हेतु प्रयास, उद्योगों के नीति–निर्धारण, संचालन तथा प्रबन्ध में श्रमिकों का सहभाजन। आधुनिक युग में श्रमिक संघ आन्दोलन के निम्नलिखित लक्ष्य हो सकते हैं– (1) मजदूरी तथा कार्यस्थिति में सुधार, (2) औद्योगिक समाज के एक नागरिक के रूप में श्रमिक को स्वीकार करते हुए उसके जीवन स्तर को ऊँचा उठाना, तथा (3) राष्ट्रीय आर्थिक जीवन में सामाजिक नियंत्रण रखना। श्रमिक संघों के इन लक्ष्यों में देश और काल के परिवेश में परिवर्तन होता रहा है। आज श्रमिक संघों के आर्थिक लक्ष्यों में महत्त्वपूर्ण परिवर्तन हुआ है। विभिन्न समस्याओं के प्रति उनका दृष्टिकोण विधायी हो गया है। उदाहरणार्थ, वे बेरोजगारी को कम करने की बात न कर पूर्ण रोजगार की बात करते हैं। वे कार्य, नौकरी और वेतन की ऐसी स्थिति को लाना चाहते हैं, जिसमें विभिन्न वर्ग और समुदायों की असमानता समाप्त हो, अधिकांश व्यक्तियों का जीवन स्तर ऊँचा उठे तथा मानवीय व्यक्तित्व का सर्वांगीण विकास हो। वेल्स के अनुसार इन परिवर्तित लक्ष्यों की प्राप्ति हेतु श्रमिक संघ तीन प्रकार की विधियों का प्रयोग करते हैं– (1) पारस्परिक सहयोग की विधि, (2) सामूहिक सौदेबाजी की विधि, एवं (3) अधिनियमन की विधि। ये विधियाँ अपने में स्वतंत्र नहीं हैं, वरन् एक दूसरे की परिपूरक हैं। श्रमिक संघों की कार्य प्रणाली में इनका सापेक्षिक महत्त्व है, इन सभी विधियों का एक साथ ही नियोजन किया जाता है।

डॉ. सुरेन्द्र सिंह[12] के अनुसार, श्रमिक संघों के तीन मुख्य लक्ष्य हैं– (1) श्रम कल्याण के कार्यक्रमों का विकास, (2) सामाजिक न्याय की प्राप्ति, व (3) औद्योगिक समाज में श्रमिकों की प्रस्थिति को ऊँचा उठाना। इन लक्ष्यों की प्राप्ति हेतु श्रमिक संघों को अनेक प्रकार के क्रियाकलापों का सम्पादन करना पड़ता है। इस प्रकार के कार्य

औद्योगिक संगठन, श्रम संघ संगठन, श्रम संघ के सदस्य तथा समाज के परिप्रेक्ष्य में सम्पादित किए जाते हैं। वास्तव में उद्योग श्रमिक संघ और समाज पारस्परिक रूप से अन्तनिर्भर हैं। अतः स्वाभाविक है कि श्रमिक संघ के कार्य भी इन तीनों के परिप्रेक्ष्य में सम्पादित होंगे। वैसे श्रमिक संघ की अपने सदस्यों के प्रति सर्वाधिक जिम्मेदारी होती है।[13]

औद्योगिक संगठन के प्रति श्रमिक संघ की सर्वाधिक महत्त्वपूर्ण जिम्मेदारी यह है कि वह ऐसे वातावरण का सृजन करे, जिसके अन्तर्गत श्रम और प्रबन्ध दोनों ही औद्योगिक संगठन को श्रम और पूँजी के सहयोग से निर्मित एक उद्यम समझें और समान हितों की प्राप्ति हेतु दोनों ही प्रतिष्ठान की समृद्धि में योगदान दें। इसके साथ श्रमिक संघों को उत्पादकता वृद्धि में भी सम्यक् योगदान देना चाहिए। प्रतिष्ठान में अनुशासन व्यवस्था के निर्माण, प्रबन्ध में श्रमिकों के सहभाजन हेतु आवश्यक वातावरण के निर्माण, दिन–प्रतिदिन की परिवेदनाओं के निवारण, संयुक्त परामर्श, पारस्परिक वार्ता एवं स्वैच्छिक विवेचन के माध्यम से विवादों को हल कर श्रम और प्रबन्ध के बीच प्रगाढ़ सम्बंध स्थापन, श्रमिक संघ के प्रति प्रबन्ध की सहयोगात्मक अभिवृत्ति का निर्माण तथा संचार की सम्यक् व्यवस्थाओं के निर्माण द्वारा श्रमिक संघ को औद्योगिक प्रतिष्ठान की प्रगति में विधायी योगदान देना चाहिए।

श्रम संघ संगठन के प्रति श्रमिक संघों की सर्वप्रमुख जिम्मेदारी यह है कि संगठन में ऐसी नीतियों एवं कार्यक्रमों का निर्माण किया जाए, जो औद्योगिक प्रतिष्ठान एवं समाज की नीतियों के अनुकूल हों। संगठन की आर्थिक स्थिति में सुधार हेतु सदस्यों के चन्दे की धनराशि में वृद्धि की जाए और उसकी नियमित वसूली की जाए। श्रम संघ के अन्तर्गत जनतंत्र के मूल्यों को और अधिक सशक्त बनाया जाए। सदस्यों को नेतृत्व हेतु प्रशिक्षित किया जाए। अन्तर्संघ संघर्षों का निराकरण किया जाए। घटकवाद की प्रवृत्तियों को समाप्त कर सम्पूर्ण श्रमिक संघ को एकरूपता के सूत्र में पिरोया जाए। श्रमिकों को दुराचरण से दूर रखा जाए। निहित स्वार्थों द्वारा श्रम के शोषण को बचाया जाए, श्रम संघ का वैज्ञानिक ढंग से प्रबन्ध किया जाए, श्रम संघ के उद्देश्यों को प्रसारित किया जाए, उनके प्रति लोगों की प्रतिक्रिया की जानकारी की जाए तथा आवश्यकतानुसार संघ की नीतियों एवं उद्देश्यों में सुधार किया जाए।

अपने सदस्यों के प्रति श्रम संघ की प्रमुख जिम्मेदारी यह है कि स्वार्थी नेताओं के शोषणयुक्त व्यवहारों से उनकी रक्षा की जाए। इसके अतिरिक्त प्रबन्ध की निरंकुशता एवं दुराचरण से उनकी सुरक्षा, कार्य की उचित दशाओं का निर्माण, कार्य से सम्बंधित पुरस्कार में वृद्धि के पूर्व उसकी व्यावहारिक कठिनाइयों पर विचार, विभिन्न प्रकार के कल्याणात्मक कार्यक्रमों के आयोजन के माध्यम से श्रमिकों के रहन–सहन के अपेक्षित स्तर की प्राप्ति, उचित व्यवहार एवं सामाजिक न्याय की प्राप्ति, दिन–प्रतिदिन की कार्यजन्य परिवेदनाओं का निराकरण, प्रबन्ध व्यवस्था में श्रमिकों के सहभाजन को प्रोत्साहन, श्रमिकों को उनके अधिकार एवं कर्तव्य के प्रति सचेत करने का प्रयास, श्रमिकों को इस प्रकार अभिप्रेरित करना कि वे अपने अधिकारों को नियंत्रित करें और

उनके प्रयोग के पूर्व उनके परिणामों पर भलीभाँति विचार कर लें। संयुक्त परामर्श, स्वैच्छिक विवाचन एवं पारस्परिक वार्ता द्वारा विवादों के हल का प्रयास तथा औद्योगिक प्रतिष्ठान एवं सम्पूर्ण समाज के भीतर श्रम संघ की प्रस्थिति को ऊँचा उठाने का प्रयास करें।

समाज के प्रति श्रमिक संघों की सर्वप्रथम जिम्मेदारी यह है कि राष्ट्रीय विकास की नीतियों और योजनाओं के निर्माण और क्रियान्वयन में सक्रिय सहयोग प्रदान करें। इसके अतिरिक्त उनका यह भी कर्तव्य है कि राष्ट्रीय विकास के कार्यक्रमों यथा परिवार नियोजन, राष्ट्रीय एकता इत्यादि के क्रियान्वयन में सहयोग दें। सामाजिक बुराइयों के विरुद्ध विशेष अभियान का आयोजन करें, असंगठित क्षेत्र को संगठित करें, सरकार की नीतियों एवं कार्यक्रमों के अनुकूल जनमत तैयार करें, श्रमिक संघों के अनुकूल जनमत तैयार कर समाज में उसकी स्थिति को ऊँचा उठाएं, श्रम संघ एवं उसके सदस्यों के विकास विषयक अधिनियमों को क्रियान्वयन हेतु सरकार पर उस समय तक दबाव डालें, जब यह निश्चय हो जाए कि इस प्रकार के अधिनियमों का प्रभाव समाज के हित के अनुकूल होगा।

जनतांत्रिक परिवेश में श्रमिक संघों को आत्मनिर्भर एवं स्वायत्तशासी होना चाहिए। इस दृष्टि से श्री मोहनदास[14] ने श्रमिक संघ के उपर्युक्त कार्यक्षेत्र को कुछ संकुचित कर उसे तीन ही क्षेत्रों में विभाजित किया है– (1) अपने सदस्यों के साथ घनिष्ठ सम्बन्ध, (2) श्रम और प्रबन्ध के बीच द्विपक्षीय सम्बन्ध, एवं (3) समाज के साथ स्थापित सम्बन्ध। प्रबन्ध की भाँति श्रमिक संघों को भी इन तीन क्षेत्रों में अपनी जिम्मेदारियों के निर्वाह हेतु दक्ष अभिकर्मियों की शक्ति का निर्माण करना पड़ता है। अन्य मानवीय संस्थाओं की भाँति श्रमिक संघ की भी सबसे महत्त्वपूर्ण पूँजी है, उसका मानवीय स्रोत। श्रमिक संघ की सफलता इस बात पर आधारित है कि वह अपने मानवीय स्रोत का किस भाँति प्रबन्ध करता है। प्रबन्ध की अपेक्षा श्रमिक संघ अधिक अच्छी तरह अपनी मानवीय शक्ति का उपयोग कर सकता है। अभिकर्मी, प्रबन्ध की आज्ञा का पालन केवल मौद्रिक पुरस्कार और अनुबंधात्मक बाध्यताओं के कारण करते हैं, किन्तु श्रमिक संघों के प्रति तो उनकी अधिक आस्था होती है, अतः इन संघों के द्वारा दी गई जिम्मेदारी का वे अधिक अभिप्रेरणा एवं अपनत्व की भावना से निर्वाह करते हैं। किन्तु सामान्य सदस्यों के अतिरिक्त श्रमिक संघ के तीनों क्षेत्रों में अपनी जिम्मेदारियों के निर्वाह हेतु वेतनभोगी अभिकर्मियों की भी नियुक्ति करनी पड़ती है।

श्रमिक संघों की कार्य विधियाँ

श्रमिक संघ के विकास के इतिहास से यह स्पष्ट होती है कि अपने लक्ष्यों की प्राप्ति हेतु ये संघ लगभग सभी प्रकार की विधियों और साधनों का उपयोग करते हैं। कभी–कभी यदि इनकी कार्य प्रणाली अवैधानिक करार कर दी जाती है तो वे आवश्यकतानुसार कानून को भी चुनौती दे देते हैं। अवैधानिक हड़ताल और हिंसात्मक विधियों का तो अपनी मांगों की पूर्ति हेतु वे आए दिन सहारा लेते रहते हैं। यदि उन्हें मान्यता प्रदान

कर दी जाती है तो वे इस बात का प्रयास करते हैं कि विधान में संशोधन कर अपनी मान्यता को स्थायी रूप दे दें। वे अपनी विशिष्ट आवश्यकताओं की पूर्ति और सुरक्षा तथा पारस्परिक सहायता हेतु संगठन का विकास करते हैं। वेब ने श्रमिक संघों की कार्य प्रणाली को तीन भागों में विभाजित किया है– (1) पारस्परिक बीमा, (2) सामूहिक सौदेबाजी, तथा (3) वैधानिक अधिनियमों का निर्माण करना। किन्तु वैधानिक अधिनियमों के निर्माण को आज की बदलती हुई स्थिति में श्रमिक संघों के राजनीतिक क्रियाकलापों का एक अंग मात्र कहा जा सकता है। इस प्रकार तीसरी विधि को हम राजनीतिक विधि कह सकते हैं। श्रमिक संघों की तीनों प्रमुख कार्य विधियों का संक्षिप्त विवरण निम्नलिखित है–

1. पारस्परिक बीमा

श्रमिक संघों की उत्पत्ति की प्रारम्भिक अवस्था से ही उनके द्वारा अपनी आय का एक अंश अपने सदस्यों के कल्याण, आर्थिक स्थितियों के सुधार, पारस्परिक सद्भावना के विकास और संगठनात्मक सुदृढ़ता के विकास हेतु व्यय किया जाता है। इस प्रकार के कल्याणात्मक कार्य पूरे वर्ष चलते रहते हैं। किन्तु इस कार्य की प्रभावोत्पादकता का निर्धारण श्रमिक संघों की अपने सदस्यों की सहायता हेतु पारस्परिक बीमा की कार्यवाही की एक सशक्त परम्परा रही है। यहाँ तक कि 1880 के पूर्व भी ग्रेट ब्रिटेन के बहुत से श्रमिक संघों ने अपने सदस्यों को बीमारी, दुर्घटना, विकलांगता, वृद्धावस्था, मृत्यु और बेरोजगारी की स्थिति में बीमा योजना के द्वारा सहायता दी। किन्तु अलग–अलग श्रम संघों द्वारा पारस्परिक बीमा का कार्य प्रारम्भ किया गया। यह कार्य पर्याप्त संख्या में श्रमिक संघों द्वारा, जो मित्र समिति के रूप में कार्य कर रहे थे द्वारा आरम्भ किया गया।

इस प्रकार मित्र भाव से पहुँचाए गए लाभों में सर्व–सामान्य लाभ था – 'दाहकर्म संस्कार लाभ'। इस प्रकार के लाभ के अन्तर्गत केवल दाहकर्म संस्कार हेतु ही आर्थिक सहायता नहीं दी जाती थी, वरन् मृत व्यक्ति की विधवा एवं उसके बच्चों को आर्थिक सहायता भी दी जाती थी। कुछ देशों में बीमारी और दुर्घटना लाभों को एक साथ दिया जाता था। बहुत से श्रमिक संघों द्वारा दवा और चिकित्सकीय लाभ सम्बंधी सुविधाएँ भी प्रदान की जाती थीं। दुर्घटना सम्बन्धी लाभ या तो एकमुश्त ही कुछ समयों में दे दिया जाता था, अथवा दुर्घटनाकाल में यह भी कुछ निर्धारित अवधियों में दिया जाता था।

यद्यपि 1880 के बाद से ब्रिटिश श्रमिक संघों ने सामूहिक सौदेबाजी के ऊपर आवश्यकता से अधिक बल देना प्रारम्भ किया, तथापि पारस्परिक बीमा सम्बन्धी कार्य का महत्त्व निरन्तर बना रहा, विशेषकर शिल्प यूनियनों के द्वारा यह कार्य निरन्तर सम्पादित होता रहा। पर सरकार द्वारा जब सामाजिक सुरक्षा एवं कल्याणात्मक व्यवस्थाओं को प्रारम्भ किया गया तो श्रमिक संघों के द्वारा प्रचलित पारस्परिक बीमा कार्य अपने आप कम होता गया। आज ग्रेट ब्रिटेन में राष्ट्रीय बीमा तथा पूरक लाभ और स्वास्थ्य सेवाओं की सम्यक् ढंग से व्यवस्था हो गई है। यहाँ के श्रमिक संघ अपने सदस्यों के मित्रवत लाभ हेतु आज बहुत अधिक चिन्तित नहीं रहते हैं। किन्तु इसके

बावजूद अब भी बहुत से श्रमिक संघ राज्य योजना के अन्तर्गत उपलब्ध लाभों को अपनी सेवाओं द्वारा कुछ अंश में परिपूरित करते हैं। इसके अतिरिक्त श्रम कल्याण सम्बन्धी कुछ अन्य महत्त्वपूर्ण क्रियाकलापों के सम्पादन हेतु कुछ श्रमिक संघों द्वारा पर्याप्त धन व्यय किया जाता है। ऐसे क्रियाकलापों में श्रमिक शिक्षा, मनोरंजन एवं कल्याणात्मक सेवाएँ, आवास, सहकारिता तथा हड़ताल एवं तालाबन्दी के समय आर्थिक सहायता सम्बन्धी कार्य विशेष रूप से उल्लेखनीय हैं।

अमेरिकी श्रमिक संघों द्वारा भी अपने सदस्यों की आर्थिक कठिनाइयों में सहायता की स्वस्थ परम्परा कायम की गई है। इसी प्रकार उनके द्वारा शैक्षणिक सांस्कृतिक सुविधाओं का भी विकास किया गया। साथ ही इन श्रमिक संघों द्वारा बैंकिंग, आवास एवं सांस्कृतिक तथा शैक्षणिक सुविधाओं की भी व्यवस्था की गई।

भारतीय श्रमिक संघ अपनी कमजोर आर्थिक स्थिति के कारण पारस्परिक बीमा के क्षेत्र में इंग्लैण्ड और अमेरिका के श्रमिक संघों की अपेक्षा बहुत ही पीछे है। केवल कुछ ही श्रमिक संघों द्वारा कल्याणात्मक क्रियाकलापों को प्रारम्भ किया गया। जीवन के कुछ सामान्य खतरों के प्रति पारस्परिक बीमा का कार्य तो शायद किसी भी श्रमिक संघ द्वारा प्रारम्भ नहीं किया गया। कल्याणात्मक कार्यों की दिशा में टेक्सटाइल लेबर एसोसिएशन, अहमदाबाद और मद्रास लेबर यूनियन का नाम विशेष रूप से उल्लेखनीय है।

सामान्य रूप से प्रारम्भ में शिल्प संघों द्वारा अपने सदस्यों की सहायता हेतु पारस्परिक बीमा योजना का प्रयोग किया गया। उस समय अधिनियमित प्रावधानों के अभाव एवं नियोक्ताओं के कड़े रुख के कारण श्रमिक संघों के लिए सामूहिक सौदेबाजी की विधि का सहारा लेना सम्भव नहीं था। साथ ही उस समय श्रमिक संघों का संगठन इतना सशक्त भी नहीं था कि वे राजनीतिक क्रियाकलापों द्वारा अपने सदस्यों की सहायता हेतु अधिनियमित प्रावधानों का निर्माण करा सकें। किन्तु अधिकांश पूँजीवादी देशों में एक बार मान्यता प्राप्ति के पश्चात् श्रमिक संघों के द्वारा सामूहिक सौदेबाजी का कार्य प्रारम्भ किया गया। इसके अतिरिक्त बहुत से देशों में राजनीतिक क्रियाकलापों द्वारा भी श्रमिक संघों के अपने सदस्यों के भाग्य में सुधार हेतु प्रयास आरम्भ किया गया। इस प्रकार के क्रियाकलापों के अन्तर्गत दबाव डालकर श्रमिकों की सुरक्षा हेतु राज्य द्वारा कानूनों का निर्माण, श्रमिक वर्ग द्वारा राजनीतिक दल का निर्माण आदि कार्य प्रमुख रूप से उल्लेखनीय हैं। इस प्रकार पारस्परिक बीमा सम्बन्धी क्रियाकलापों का यद्यपि क्रमिक रूप से ह्रास होता गया, किन्तु इसके बावजूद सामूहिक सौदेबाजी के साथ ही ये कार्य भी न्यूनाधिक रूप से श्रमिक संघों के द्वारा सम्पादित ही होते जा रहे हैं।

2. सामूहिक सौदेबाजी

सामूहिक सौदेबाजी शब्द का प्रयोग सर्वप्रथम सिडनी एवं बीट्रिस वेब की पुस्तक 'सहकारिता आंदोलन' में किया गया। इसके कुछ दिन पश्चात् उनकी 'इण्डस्ट्रियल

डेमोक्रेसी' नामक पुस्तक में 'सामूहिक सौदेबाजी' की अवधारणा को और अधिक स्पष्ट करने का प्रयास किया गया। यद्यपि श्रम संघवाद के अत्यधिक विकास के कारण आज सामूहिक सौदेबाजी की अवधारणा में भी अत्यधिक परिवर्तन हुआ है, तथापि इसमें सन्देह नहीं कि इस विचारधारा का सर्वप्रथम उल्लेख सिडनी एवं वेब द्वारा किया गया।

ऐतिहासिक दृष्टि से सामूहिक सौदेबाजी की अवधारणा का विकास सामूहिक सम्बन्धों के विकास के तीसरे चरण में हुआ। उत्पादन कार्य की प्रारम्भिक स्थिति में फल की प्राप्ति शक्ति के आधार पर की जाती थी, दूसरी स्थिति में सामाजिक विधान एवं तीसरी स्थिति में पारस्परिक विचार–विमर्श एवं समझौता वार्ता के आधार पर सामूहिक सम्बन्धों का निर्धारण एवं उत्पादकीय प्रतिफल का वितरण प्रारम्भ हुआ। यहीं से सामूहिक सौदेबाजी का सूत्रपात हुआ।

आर्थिक विकास की दृष्टि से दस्तकारी युग में मजदूरी का निर्धारण व्यक्तिगत स्तर पर किया जाता था। समाज अथवा राज्य मजदूरी निर्धारण एवं श्रमिकों की कार्य की दशाओं आदि के सम्बन्ध में लेसेस्फेयर की नीति अपनाए हुए था। उस समय पूँजी का निजी स्वामित्व स्वीकार किया गया। आर्थिक मामलों में सर्वोत्तम परिणामों की प्राप्ति के लिए राज्य आर्थिक क्षेत्र से बाहर ही रहा। निजी उद्यम ही सभी आर्थिक आवश्यकताओं की पूर्ति हेतु पर्याप्त समझा गया। अस्तु, इस युग में मजदूरी का निर्धारण नियोक्ता एवं नियुक्त व्यक्तिगत रूप से पारस्परिक वार्ता के आधार पर कर लिया करते थे।

औद्योगिक क्रान्ति के पश्चात् श्रम के स्वरूप में व्यापक परिवर्तन हुआ। यांत्रिक उत्पादन की तुलना में कुटीर उद्योगों द्वारा उत्पादित वस्तुएँ अत्यधिक महँगी पड़ने लगीं, परिणामस्वरूप बहुत से कुटीर उद्योग नष्ट हो गए और बड़ी संख्या में लोग जीविकोपार्जन हेतु औद्योगिक प्रतिष्ठानों की ओर अग्रसर हुए। फलस्वरूप नियोक्ताओं को अधिकारपूर्ण स्थिति प्राप्त हुई। औद्योगिक प्रतिष्ठान का नियोक्ता जो स्वयं ही प्रतिष्ठान का स्वामी और प्रबंधक भी था, मनमाने ढंग से श्रमिकों की नियुक्ति, सेवा समाप्ति तथा मजदूरों एवं कार्य की दशाओं का निर्धारण करने लगा। श्रमिक व्यक्तिगत रूप से स्वामित्व युक्त प्रबंधक से सौदेबाजी करता था। इस सौदेबाजी में वह सदैव कमजोर पड़ता था और उसका शोषण होता था। कालक्रम से इस शोषण से बचने के लिए श्रमिक संगठित होने लगे। इस प्रकार के श्रम संगठनों को प्रारम्भ में अवैधानिक करार दिया गया[15] और श्रम संगठन के सदस्यों के साथ अन्यायपूर्ण व्यवहार किया जाने लगा। धीरे–धीरे इन श्रम संगठनों को मान्यता मिली और इसके सदस्यों ने सामूहिक रूप से कार्य की दशाओं और मजदूरी निर्धारण आदि मामलों में औद्योगिक प्रतिष्ठानों के स्वामित्व से युक्त प्रबंधकों से सौदेबाजी प्रारम्भ की। व्यक्तिगत सौदेबाजी की अपेक्षा यह सामूहिक सौदेबाजी श्रमिकों को विशेष उपयोगी प्रतीत हुई।

सामूहिक सौदेबाजी की ऐतिहासिक पृष्ठभूमि पर विचार करते समय हमें ब्रिटेन में सामूहिक सौदेबाजी की प्रक्रिया के विकास का विवरण देना होगा, क्योंकि सर्वप्रथम इसी देश में सशक्त श्रम संघों का विकास हुआ और राज्य द्वारा औद्योगिक समाज के

क्रियाकलापों में हस्तक्षेप के पूर्व इस देश में सामूहिक सौदेबाजी का समुचित विकास हो गया था।[16]

ब्रिटेन में सामूहिक सौदेबाजी की प्रक्रिया का विकास श्रम संगठनों के विकास के साथ हुआ। इस प्रक्रिया का प्रारम्भ ऐसे उद्योगों से हुआ जहाँ विशेष प्राविधिक एवं कुशल श्रमिकों की अपेक्षा थी और इस प्रकार के अभिकर्मियों का श्रम बाजार में अभाव होने के कारण नियोक्ता उन्हें आसानी से अपने प्रतिष्ठानों से निष्कासित नहीं कर पाते थे। इसके अतिरिक्त ऐसे औद्योगिक प्रतिष्ठानों में इस प्रकार की सौदेबाजी को विशेष बढ़ावा मिला, जहाँ प्रतिफल के आधार पर मजदूरी का भुगतान होता था और प्राविधिक परिवर्तनों के साथ–साथ प्रति उत्पादित वस्तु की मजदूरी में वृद्धि की आवश्यकता थी। उन्नीसवीं सदी में सामूहिक सौदेबाजी का क्षेत्र मुख्यतया औद्योगिक प्रतिष्ठानों तक सीमित था। किन्तु कुछ स्थानों गें इस प्रकार की सौदेबाजी का क्षेत्र एक बड़े शहर या किसी बड़े क्षेत्र के अन्तर्गत स्थापित औद्योगिक प्रतिष्ठानों तक फैल गया, अर्थात् उस क्षेत्र विशेष में स्थापित औद्योगिक प्रतिष्ठानों में विभिन्न श्रम समस्याओं के सम्बन्ध में एक ही प्रकार का समझौता होता था। बीसवीं सदी के द्वितीय दशक में प्रथम विश्वयुद्ध छिड़ जाने के कारण औद्योगिक प्रतिष्ठानों की उत्पादकता वृद्धि हेतु सरकार को इस क्षेत्र में हस्तक्षेप करना पड़ा, साथ ही श्रम संगठनों का द्रुतगति से विकास हुआ, फलस्वरूप राष्ट्रीय स्तर पर उद्योगों में सामूहिक सौदेबाजी का श्रीगणेश हुआ। आगे चलकर सामूहिक सौदेबाजी का चतुष्कोणीय विकास हुआ– (1) मात्रात्मक दृष्टि से अधिक संख्या में श्रमिक सामूहिक सौदेबाजी से प्रभावित होने लगे और नियोक्ताओं के संगठन बनने लगे, (2) भौगोलिक दृष्टि से सामूहिक सौदेबाजी का क्षेत्र अब केवल एक औद्योगिक प्रतिष्ठान तक सीमित नहीं रहा, वरन् पूरे राष्ट्रीय स्तर पर एक प्रकार के औद्योगिक प्रतिष्ठानों हेतु एक ही प्रकार के सामूहिक समझौते होने लगे, (3) गुणात्मक दृष्टि से एक औद्योगिक प्रतिष्ठान के अन्तर्गत किए गए सामूहिक समझौते का क्षेत्र केवल एक प्रकार के श्रमिक तक सीमित न होकर अनेक व्यवसायों में कार्यरत श्रमिकों तक व्याप्त हो गया, एवं (4) विषय की दृष्टि से सामूहिक सौदेबाजी का क्षेत्र अति व्यापक हो गया। सामूहिक समझौते केवल मजदूरी निर्धारण तक ही सीमित नहीं रहे, वरन् कार्य की दशाएँ, सवेतन अवकाश आदि विषय भी इसके अन्तर्गत आने लगे। यद्यपि अन्य सभी देशों में सामूहिक सौदेबाजी का विकास एक साथ नहीं हो पाया है, तथापि सभी देश इस दिशा में ब्रिटेन से कुछ न कुछ प्रभावित हैं। सामूहिक सौदेबाजी का अपेक्षाकृत अधिक प्रभावशाली ढंग से विकास उन देशों में हुआ है, जहाँ राजकीय अधिनियमों के माध्यम से इस कार्य को विशेष संरक्षण प्राप्त हुआ।

3. राजनीतिक विधि

बहुत से देशों में श्रमिक संघ अच्छे कार्य एवं रहन–सहन की दशाओं की प्राप्ति हेतु राजनीतिक क्रियाकलापों में भाग लेते रहते हैं। श्रमिक संघों के राजनीतिक क्रियाकलापों के कुछ प्रमुख स्वरूप हैं– (1) राज्य के इशारे पर श्रमिकों के स्वार्थ की

रक्षा एवं उनके अनुकूल अन्य प्रकार के अधिनियमों के निर्माण हेतु दबाव डालना, एवं (2) श्रमिकों के राजनीतिक दलों का निर्माण अथवा एक राजनीतिक दल से दूसरे दल के बीच सम्बन्ध स्थापन करना, उद्योग के ऊपर नियंत्रण प्राप्त करना। पारस्परिक बीमा एवं सामूहिक सौदेबाजी के विपरीत (जिनके द्वारा केवल श्रमिक संघ के सदस्यों अथवा किसी विशेष प्रतिष्ठान के कर्मचारियों को ही लाभ होता है) राजनीतिक क्रियाकलापों द्वारा सम्पूर्ण श्रमिक वर्ग को लाभ होता है। श्रमिक संघों के राजनीतिक क्रियाकलापों का क्षेत्र भी अपेक्षाकृत व्यापक होता है।

राजनीतिक क्रियाकलापों का सबसे महत्त्वपूर्ण लक्ष्य है – दबाव डालकर श्रमिकों के अनुकूल विधान का निर्माण। विकास की प्रारम्भिक अवस्था में जब बहुत सी वैधानिक अयोग्यताओं के कारण श्रमिक संघ नियोक्ताओं के साथ सौदेबाजी नहीं कर पाते थे तो उनका प्रमुख बल इस बात पर था कि संरक्षणात्मक श्रम अधिनियमों का निर्माण कर नियोजन की शर्तों का नियमन किया जाए। उदाहरणार्थ, कार्य के घंटे, आराम के घंटे, साप्ताहिक विश्राम, सुरक्षा, बच्चों का रोजगार, मजदूरी की सुरक्षा तथा दुर्घटनाओं की क्षतिपूर्ति की प्राप्ति हेतु अधिनियमों के निर्माण पर विशेष बल दिया गया। उन्नीसवीं सदी में ग्रेट ब्रिटेन के द्वारा जो विभिन्न सुरक्षात्मक श्रम अधिनियमों का निर्माण किया गया, उनका यही मुख्य उद्देश्य था। संयुक्त राज्य अमेरिका में भी प्रारम्भिक श्रमिक संघों ने सुरक्षात्मक श्रम कानूनों के निर्माण पर विशेष बल दिया। दुनिया के विभिन्न भागों में, आज भी श्रमिक संघों द्वारा नवीन श्रम अधिनियमों के निर्माण एवं वर्तमान श्रम अधिनियमों में संशोधन हेतु दबाव डाला जा रहा है। इसी प्रकार श्रमिक संघ राज्य में अधिनियमों के अन्तर्गत भी कल्याणात्मक सुविधाओं की पूर्ति हेतु मांग करते हैं। बहुत से देशों में श्रमिक संघों ने आवास, मनोरंजन, शिक्षा तथा अन्य कल्याणात्मक सुविधाओं की प्राप्ति हेतु श्रम अधिनियमों को पारित कराने में सफलता प्राप्त कर ली है।

कुछ देशों में श्रमिक संघों ने अपनी स्वतंत्र लेबर पार्टी का गठन कर लिया है अथवा अपने मनोनुकूल किसी राजनीतिक दल से गठबन्धन कर लिया है। ग्रेट ब्रिटेन में ट्रेड यूनियन कांग्रेस (टी.यू.सी.) ने स्वतंत्र श्रमिक दल का गठन किया है। इसी प्रकार की राजनीतिक पार्टियों का निर्माण कुछ अन्य स्वतंत्र देशों में भी किया गया है। यह आशा की जाती है कि मजदूर दल सत्तारूढ़ होने पर सामान्य श्रमिकों की सामाजिक एवं आर्थिक दशाओं में सुधार हेतु विशेष प्रयास करेंगे। भारत में भी श्रमिक संघों ने राजनीतिक दल के साथ गठबन्धन करते हुए अपने–अपने केन्द्रीय फेडरेशनों का निर्माण किया है। इस प्रकार इण्टक का भारतीय राष्ट्रीय कांग्रेस दल से, ए.आई.टी.यू.सी. का कम्युनिस्ट पार्टी से और एच.एम.एस. का समाजवादी पार्टी से बहुत ही गहरा सम्बन्ध है। विगत कुछ दशकों तक अमेरिकी श्रमिक संघों का राजनीतिक क्रियाकलापों के सम्बंध में एक प्रगतिशील दृष्टिकोण था। उनका मुख्य राजनीतिक कार्य यह था कि राष्ट्रपति के चुनाव में श्रमिकों के मतों को इस प्रकार संगठित किया जाए कि 'मित्र' को जिताया जाए और 'शत्रु' को हराया जाए। किन्तु आज अमेरिकी श्रमिक संघ

राजनीतिक क्रियाकलापों में प्रत्यक्ष रूप से सहभाजन कर रहे हैं और अपने श्रमिकों के लाभ हेतु राजनीतिक दलों के क्रियाकलापों पर अधिकाधिक बल दे रहे हैं।

समूचे विश्व में श्रमिक संघ अपने राजनीतिक अंग का आज अधिकाधिक विकास कर रहे हैं। इस प्रकार के क्रियाकलापों के दो लक्ष्य हैं, या तो वे पूँजीवादी अर्थव्यवस्था की रचना में सुधार लाना चाहते हैं अथवा शान्तिपूर्ण या हिंसात्मक तरीके से आर्थिक प्रणाली का आमूल पुनर्निर्माण करना चाहते हैं। श्रमिकों का गिल्ड सोशलिस्ट, सिण्डीकलिस्ट–सोशलिस्ट्स तथा कम्युनिस्टों से स्पष्ट सम्बंध है। बहुत से देशों में श्रमिक संघों की यह प्रमुख मांग रही है कि उत्पादन के साधनों पर राज्य का नियन्त्रण तथा स्वामित्व स्थापित हो।

कुछ श्रमिक संघ पूँजीवाद के तत्वों को भी मान्यता प्रदान करते हैं। वे उन्मुक्त पूँजी और उन्मुक्त उद्यम को बढ़ावा देते हुए आर्थिक संरचना में श्रमिकों के हितों की रक्षा करना चाहते हैं। इसके विपरीत कुछ श्रमिक संघों का यह भी विश्वास है कि जब तक पूँजीवादी व्यवस्था कायम रहेगी, श्रमिकों की व्याधियाँ समाप्त नहीं हो सकतीं। किन्तु ऐसे श्रमिक संघों का चरम लक्ष्य यद्यपि पूँजीवादी अर्थव्यवस्था के स्थान पर समाजवादी अर्थव्यवस्था की स्थापना है, किन्तु दिन–प्रतिदिन के जीवन में वे श्रमिकों के तात्कालिक स्वार्थों की उपेक्षा नहीं करते हैं। पूँजीवादी अर्थव्यवस्था और सत्ता के परिवर्तन हेतु कुछ श्रमिक संघ तो संसदीय जनतंत्र प्रणाली के माध्यम से धीरे–धीरे प्रयास करना चाहते हैं और दूसरी ओर कुछ श्रमिक संघ हड़ताल और हिंसात्मक क्रांति द्वारा इस व्यवस्था में तत्काल ही आमूल परिवर्तन करना चाहते हैं।

सामान्य रूप से श्रमिक संघों द्वारा अपने सदस्यों के विभिन्न प्रकार के हितों की रक्षा हेतु जिन विधियों का प्रयोग किया जाता है, उन पर बहुत कुछ उस आर्थिक प्रणाली का भी प्रभाव पड़ता है, जिसके अन्तर्गत उन्हें कार्य करना पड़ता है।

विभिन्न विधियों की वैधता

श्रमिक संघों के विकास के इतिहास को देखकर यह नहीं कहा जा सकता है कि श्रमिक संघ की कौन सी विधियाँ और लक्ष्य वैध हैं और कौन से अवैध हैं। एक समय ऐसा था जबकि यू.एस.ए. में श्रमिक संघों द्वारा सरकार पर विश्वास नहीं किया जाता था और न उनके द्वारा श्रम कानूनों पर ही समुचित रूप से विचार किया जाता था। उस समय वे मुख्यतया सामूहिक सौदेबाजी पर निर्भर रहते थे और अपनी स्वयं की आर्थिक ताकत को विकसित करना चाहते थे पर आज के श्रमिक संघ सामूहिक सौदेबाजी के समान श्रम अधिनियमों का भी अधिक सहारा लेकर अपने सदस्यों का कल्याण करना चाहते हैं। इसी प्रकार एक समय ऐसा था जब चोटी के श्रमिक संघों और उसके नेताओं द्वारा राजनीतिक क्रियाकलापों में श्रमिक संघों के सहभाजन की भर्त्सना की जाती थी। पर आज एफ.एल.सी.आई.ओ. अपने सदस्यों की राजनीतिक शिक्षा में उतनी ही अभिरुचि लेता है जितना कि सामूहिक सौदेबाजी के उपकरण को सशक्त बनाने में वह अभिरुचि लेता है।

अमेरिकी श्रमिक संघ अपने उद्देश्यों की पूर्ति हेतु सामूहिक सौदेबाजी को सर्वाधिक महत्त्वपूर्ण विधि के रूप में स्वीकार किया करते हैं, किन्तु भारत में इण्टक अपनी राजनीतिक ताकत को बढ़ाते हुए अनिवार्य अधिनिर्णयन को सबसे महत्त्वपूर्ण उपकरण के रूप में अपनाता है। सिण्डीकलिस्ट श्रमिक संघों द्वारा आर्थिक पुनर्रचना हेतु हड़ताल आदि साधनों का उपयोग अच्छा समझा जाता है। किन्तु दूसरी ओर गिल्ड सोशलिज्म से प्रभावित श्रमिक संघ शान्तिपूर्ण विधियों से उद्योगों में निजी स्वामित्व का प्रतिस्थापन श्रमिकों के स्वामित्व से करना चाहते हैं।

आज लगभग प्रत्येक समाज में स्थापित श्रमिक संघों का एक महत्त्वपूर्ण लक्ष्य यह है कि पूँजीवादी व्यवस्था के स्थान पर समाजवादी व्यवस्था की स्थापना की जाए। इस प्रकार श्रमिक संघों के उद्देश्यों और लक्ष्यों में इतनी भिन्नता है कि यह कहना बहुत कठिन है कि श्रमिक संघों के कौन से लक्ष्य वैध हैं और कौन से अवैध हैं। मूलतः श्रमिक संघ एक जीवित और परिवर्तनशील आन्दोलन है, जो निरन्तर अपनी संगठनात्मक संरचना को एक नया स्वरूप देता रहता है, अपनी नीतियों और लक्ष्यों का पुनर्निरूपण करता रहा है, अपने उद्देश्यों और विधियों का पुनर्मूल्यांकन करता रहता है, पर इन कार्यों को करते समय अपने सदस्यों के कल्याण की भावना से सदैव अनुप्राणित रहता है।

श्रमिक संघ के लक्ष्यों और विधियों में निम्नलिखित कारकों का विशेष प्रभाव पड़ता है– (1) श्रमिकों में समूह और वर्ग चेतना के विकास की मात्रा, (2) किसी विशेष समाज के राजनीतिक संगठन का स्वरूप, (3) समाज के आर्थिक संगठन का स्वरूप और उसके आर्थिक विकास की विशिष्ट मंजिलें, एवं (4) श्रम संघ नेतृत्व का प्रकार और स्वरूप।

श्रमिक संघों के क्रियाकलाप

श्रमिक संघों की कार्य विधियों पर स्पष्ट रूप से प्रकाश डालने के लिए उसके कुछ विशिष्ट क्रियाकलापों का उल्लेख करना आवश्यक होगा। मोटे तौर पर श्रमिक संघों के क्रियाकलापों को चार भागों में बांटा जा सकता है–

1. **आर्थिक क्रियाकलाप** – इसके अन्तर्गत वे सभी क्रियाकलाप सम्मिलित हैं, जिनके माध्यम से श्रमिक संघ नियोक्ताओं पर दबाव डालकर अपने सदस्यों को अधिक आर्थिक सुविधाओं की प्राप्ति में सहायता देते हैं।
2. **राजनीतिक क्रियाकलाप** – इसके अन्तर्गत श्रमिकों को राजनीतिक शिक्षा देना, अपने राजनीतिक दलों का विकास कर उनके माध्यम से राजनीतिक सत्ता की प्राप्ति करना और दूसरे राजनीतिक दलों के ऐसे सदस्यों को सहायता देना जो उनके श्रमिक संघ की नीतियों एवं क्रियाकलापों से सहानुभूति रखते हों, नवीन श्रम अधिनियमों के निर्माण एवं वर्तमान अधिनियमों में संशोधन हेतु सरकार पर दबाव डालना तथा श्रमिकों में विरोध और क्रान्ति की भावना उत्पन्न करना आदि क्रियाकलाप सम्मिलित हैं।

3. **सामाजिक क्रियाकलाप** – इसके अन्तर्गत श्रमिक शिक्षा योजनाओं का विकास, कल्याणात्मक एवं मनोरंजन सम्बन्धी क्रियाकलापों का विकास, सहकारी समितियों का संचालन, आवासीय सुविधा की व्यवस्था तथा समुदाय विकास विषयक कार्यों में सहभाजन आदि कार्य आते हैं।
4. **अन्तर्राष्ट्रीय क्रियाकलाप** – इसके अन्तर्गत आई.एल.ओ. के क्रियाकलापों में सहभाजन, श्रमिक संघों के अन्तर्राष्ट्रीय फेडरेशनों की बैठकों एवं क्रियाकलापों में सहभाजन, हड़ताल तथा राष्ट्रीय आपातकाल में दूसरे देशों के श्रमिकों को आर्थिक सहायता पहुँचाने के कार्यक्रमों को सम्मिलित किया जा सकता है।

आज के श्रमिक संघ पूर्वापेक्षा अधिक विकसित हैं। उनके कार्य का क्षेत्र भी अपेक्षाकृत अधिक व्यापक है और अपने अन्तिम लक्ष्य का भी उन्हें अपेक्षाकृत अच्छा ज्ञान है। उन्होंने आज एक नवीन अर्थ प्राप्त कर लिया है। अब श्रमिक संघ मजदूरी और श्रम की दशाओं में सुधार करने तक ही अपने प्रयासों को सीमित नहीं रखे हैं, वरन् उनका सम्बन्ध उन सभी बातों से है, जिनके द्वारा श्रमिकों को सन्तुष्टि की प्राप्ति होती है।[17] प्रोफेसर लास्की के अनुसार आज के श्रमिक संघों का स्वभाव अनेकतावादी है और उनकी कार्यविधियों में निरंतर परिवर्तन होता रहता है। यदि उनमें इन दोनों विशेषताओं का समावेश नहीं होगा तो त्वरित गति से बदलते हुए कार्य परिवेश में उनके द्वारा मांगों की पूर्ति नहीं हो सकती है। वेब के अनुसार श्रमिक संघवाद आज के पूँजीवादी औद्योगिक उत्पादन की केवल अस्थायी देन नहीं है, वरन् जनतांत्रिक राज्य प्रणाली का यह एक स्थायी कार्य है। यही नहीं यह औद्योगिक परिवेश में जनतंत्र का एक प्रसार है।[18] आर्थिक एवं सामाजिक विकास की विभिन्न अवस्थाओं के अन्तर्गत विभिन्न देशों में श्रमिक संघों की भूमिकाओं में भी परिवर्तन होता रहा है। उदाहरणार्थ, फ्रांस एवं नीदरलैण्ड में किसी आर्थिक और सामाजिक विषय से सम्बंधित किसी अधिनियम के निर्माण के पूर्व उक्त बिल के ड्राफ्ट पर श्रमिक संघों का परामर्श आवश्यक होता है। स्वीडन में श्रमिक संघों से योजना आयोग के स्तर पर परामर्श किया जाता है। उन्हें श्रम और सामाजिक सुरक्षा से सम्बंधित अधिनियमों के क्रियान्वयन हेतु भी जिम्मेदार ठहराया जाता है। यूगोस्लाविया में औद्योगिक प्रतिष्ठानों की प्रबंध व्यवस्था पर श्रमिकों का ही पूर्णरूपेण नियंत्रण होता है। दूसरी ओर संयुक्त राज्य अमेरिका और ऑस्ट्रेलिया में श्रमिक संघ और सरकार के बीच अपेक्षाकृत अन्य देशों की तुलना में कम औपचारिक अनुबंध किए जाते हैं।

श्रमिक संघ कुछ देशों में सामाजिक एवं आर्थिक नीतियों के निर्धारण में ही योगदान नहीं देते हैं वरन् समुदाय के प्रति भी उनकी कुछ जिम्मेदारी होती है। जिन देशों में कार्यकर्ता वर्ग या वर्किंग क्लास का बहुत बड़ा भाग मजदूरी उपार्जक होता है, श्रमिक संघों के ऊपर समुदाय की कोई और विशेष जिम्मेदारी नहीं होती है। भारत जैसे देशों में जहाँ स्वरोजगार **(self-employment)** भी बहुत बड़ी मात्रा में व्याप्त है, श्रमिक संघों को समुदाय के स्वार्थों की पूर्ति हेतु विशेष प्रयास करना पड़ता है। इसी परिप्रेक्ष्य में तीसरी पंचवर्षीय योजना में यह बात कही गई थी कि श्रमिक संघों के दृष्टिकोण,

कार्य और व्यवहार में विशेष परिवर्तन की अपेक्षा है ताकि उन स्थितियों के अनुकूल अपने को बना सकें जो आज देश के सम्मुख नवीन समस्या बनकर उपस्थित हो रही है।[19] किन्तु इस सम्बंध में श्रमिक संघों में पर्याप्त मत वैभिन्य है। ए.आई.टी.यू.सी. (AITUC) के अनुसार श्रमिक संघ आन्दोलन का अन्तिम लक्ष्य पूँजीवाद और मजदूरी सम्बन्धी गुलामी की समाप्ति और ऐसे समाजवादी समाज की स्थापना करना है, जिसके अन्तर्गत केवल मजदूर वर्ग ही नहीं वरन् समाज का प्रत्येक वर्ग शोषण से मुक्ति प्राप्त करे।[20] दूसरी ओर इण्टक ने मजदूर संघ की परम्परागत भूमिकाओं की पूर्ति की आवश्यकता पर पर्याप्त बल देते हुए कहा है कि–

1. श्रमिक संघों को अपने सदस्यों की सेवा करनी चाहिए और उनकी बहुपक्षीय मांगों को पूरा करना चाहिए, ताकि सदस्यगण जिम्मेदार नागरिक बन सकें।
2. औद्योगिक शान्तिकाल में अपने सदस्यों के स्वार्थों की रक्षा करनी चाहिए। इस उद्देश्य की पूर्ति हेतु श्रमिक संघों को सांस्कृतिक, सामाजिक और मनोरंजन सम्बंधी क्रियाकलापों के आयोजन के साथ–साथ उपभोक्ता सहकारी समितियों तथा सहकारी आवास समितियों का गठन करना चाहिए।
3. सामान्य श्रमिकों को इस प्रकार प्रशिक्षित करना चाहिए कि वे परम्परागत आन्दोलनकारी भूमिकाओं का प्रतिस्थापन धीरे–धीरे समझदारीपूर्ण भूमिकाओं द्वारा करें।[21]

किन्तु हिन्द मजदूर सभा का दृष्टिकोण इसके ठीक विपरीत है। उसके अनुसार यदि श्रमिक संघ अपनी परम्परागत आन्दोलनकारी भूमिकाओं को त्याग देंगे तो समाज का कमजोर वर्ग व शोषित वर्ग और अधिक सुरक्षाविहीन हो जाएगा।[22]

प्रोफेसर क्लर्ककर ने प्रबंधकीय प्रणाली के श्रमिक संघों की प्रतिक्रियाओं को अभिव्यक्त करते हुए कहा है कि–

1. श्रमिक संघ सामाजिक अनुशासन के एक अस्त्र हैं, राज्य के एक अभिकर्ता हैं, राज्य की नीतियों का क्रियान्वयन करने वाले प्रशासकीय तन्त्र के अभिन्न अंग हैं। यह बात विशेष रूप से समाजवादी देशों में सही उतरती है। भारत में इण्टक की भूमिकाओं को इसके कुछ विरोधी इसी परिवेश में देखते हैं। इंडियन लेबर कान्फ्रेंस के 27वें सेशन में इण्टक (INTUC) के अध्यक्ष मैत्रेयी बोस और ए.आई.टी.यू.सी. (AITUC) के अध्यक्ष श्री डांगे के बीच होने वाली झड़प में इस तथ्य का कुछ आभास मिलता है। डांगे ने सरकार पर यह आरोप लगाया कि उसने पिछले दो दशकों से सम्पूर्ण मजदूरी वर्ग पर इण्टक को थोप दिया है और उसे मजदूरों को सोल प्रतिनिधि करार कर दिया है। इण्टक के अध्यक्ष ने इस बात का जबर्दस्त विरोध किया। पर इस सम्बंध में उल्लेखनीय बात यह है कि इण्टक ने रेलवे मजदूरों और अन्य श्रमिक संघों द्वारा आयोजित कुछ हड़तालों का विरोध किया।
2. श्रमिक संघ सामाजिक नियंत्रण में एक सहभागी की भूमिका अदा करते हैं। यह बात विशेषकर पश्चिमी जर्मनी और हॉलैण्ड में औपचारिक रूप से और ग्रेट ब्रिटेन तथा स्कैण्डेनेवियन देशों में अनौपचारिक रूप से देखने को मिलती है।

3. श्रमिक संघ किसी एक खण्ड के आधार पर सौदेबाजी करते हैं। भारत में उद्योग के आधार पर सौदेबाजी का सम्यक् विकास अभी तक नहीं हुआ है।
4. श्रमिक संघ वर्ग के आधार पर भी सौदेबाजी करते हैं, जैसे फ्रांस में राजकीय कर्मचारी वर्ग, कृषि मजदूर वर्ग या दूसरे प्रकार के वर्गों के आधार पर सौदेबाजी होती है।
5. श्रमिक संघ देश की सामाजिक व्यवस्था के शत्रु के रूप में भी कार्य करते हैं।

इस प्रकार कार्य करते हुए वे उत्पादन को क्षति पहुँचाते हैं, श्रमिकों की आकांक्षाओं (अधिक मजदूरी, अच्छे रहन–सहन और कार्य की दशाएँ) में वृद्धि करते हुए देश की अर्थव्यवस्था के प्रतिकूल उपभोग को बढ़ावा देते हैं। प्रतिष्ठान की भुगतान क्षमता से अधिक मजदूरी भुगतान की मांग करते हैं और समाज को विघटन के कगार पर ला देते हैं।

विभिन्न देशों में श्रमिक संघों की स्थिति का आकलन करते हुए अशोक मेहता ने कहा है कि श्रमिक संघ आज देश के एक प्रगतिशील तत्व बन गए हैं और जन–नीतियों के निरूपण में उनका परामर्श आवश्यक हो गया है।[23] श्रमिक संघों को किसी मांग की पूर्ति हेतु एक निश्चित स्वरूप एवं विशेषताओं का निरूपण करना चाहिए और ऐसे साधनों का प्रयोग करना चाहिए जिसके द्वारा मजदूरी और वेतन मुद्रा प्रसार की स्थिति तक न पहुँच सके, मजदूरी संरचना को भी अपेक्षाकृत उपादेय क्रम देना चाहिए और इन लक्ष्यों की प्राप्ति के साथ ही औद्योगिक सम्बन्धों में भी सुधार हेतु प्रयास करना चाहिए।[24] इस परिप्रेक्ष्य में नेतृत्व की केवल यह जिम्मेदारी है कि आवश्यक सामाजिक परिवर्तन हेतु सामूहिक दृष्टिकोण का निर्माण करे और राष्ट्रीय अर्थव्यवस्था के प्रति धनात्मक समर्थन की भावना का विकास करे। वर्तमान परिवेश में श्रमिक संघ को सामान्य कार्यकर्ता वर्ग और सम्पूर्ण समाज के प्रति अपनी अलग–अलग जिम्मेदारियों का निर्धारण करते हुए दोनों के बीच पारस्परिक समायोजन का भी कोई रास्ता निकालना चाहिए।[25] श्रमिक एवं समुदाय के बीच समंजन स्थापन की प्रक्रिया दोनों पक्षों के बीच एकात्मकता हेतु अपेक्षित आत्मचेतना के आधार पर निर्धारित होती है। किन्तु इस प्रकार की एकात्मकता की चेतना अभी हमारे देश के अधिकांश श्रमिक संघों में विद्यमान नहीं है। चूँकि आर्थिक विकास हेतु किए गए राष्ट्रीय स्तर के नियोजन का लक्ष्य अधिकाधिक उत्पादन ही नहीं होता है, वरन् इस प्रकार के उत्पादन का समान वितरण भी होता है, अतः यह आवश्यक है कि श्रमिक संघ समस्त समुदाय के कल्याण और प्रगति का भी निरन्तर ध्यान रखे, न कि केवल अपने सदस्यों के कल्याण हेतु ही प्रयास करे। श्रमिक संघों को बदलती हुई सामाजिक विशेषताओं के साथ अनुकूलन करना चाहिए और जाति, धर्म तथा भाषा के संकीर्ण जाल से ऊपर उठना चाहिए। उसी स्थिति में श्रमिक संघ सामाजिक प्रगति के उपकरण के योग्य बन सकते हैं।

राष्ट्रीय श्रम आयोग ने श्रमिक संघों की कुछ प्रमुख जिम्मेदारियों का निरूपण किया है। जैसे राष्ट्रीय एकता का विकास, समुदाय के सामाजिक एवं आर्थिक नीतियों के निर्माण में विविध स्तरों पर सहभाजन करते हुए उन नीतियों को प्रभावित करना और

अपने सदस्यों में उद्योग एवं समुदाय के प्रति एक प्रकार की जिम्मेदारी की भावना का विकास करना।[26] ये कार्य चुनौतीपूर्ण और गतिशील प्रकृति के हैं, हमारे श्रमिक संघों को इन्हें पूरा करना पड़ेगा। भारत में 1950 से ही श्रमिक संघ राष्ट्रीय निर्माण के कार्यों में सहयोग दे रहे हैं। उसी वर्ष नियोजन सलाहकार बोर्ड का गठन किया गया था। उस बोर्ड का प्रमुख कार्य था, नीति निर्माण में योजना आयोग को परामर्श देना। इसमें श्रमिकों के भी दो प्रतिनिधि थे। श्रमिकों के प्रतिनिधियों द्वारा दिया गया यह परामर्श कार्य राजकीय क्षेत्रों में श्रमिक संघों की परामर्शदात्री सेवाओं का एक प्रमुख उदाहरण है। श्रमिक संघ विभिन्न उद्योगों की उत्पादकता के लक्ष्यों के निर्धारण में भी महत्त्वपूर्ण भूमिका अदा कर सकते हैं। इसके अतिरिक्त इन संघों द्वारा श्रमिकों में परिवार नियोजन कार्य को बढ़ावा देने के लिए भी प्रयास किया जा सकता है। इस कार्यक्रम में श्रमिक संघों की सहायता से एक महान् उपलब्धि हो सकती है।

आज हमारे देश की विकासमूलक अर्थव्यवस्था में सहकारी समितियों का प्रमुख योगदान है। इस प्रकार की समितियों के क्रियाकलापों में भी श्रमिक संघों का प्रमुख योगदान हो सकता है। श्रमिकों से सम्बन्धित विभिन्न विषयों में किए जाने वाले गवेषणा कार्यों में भी श्रमिक संघ महत्त्वपूर्ण योगदान दे सकते हैं।

श्रमिक संघों द्वारा इन सभी सामाजिक जिम्मेदारियों का तभी सक्षम ढंग से निर्वाह हो सकता है, जबकि वे आन्तरिक शक्ति का अर्जन करें। श्रमिक संघ के नेताओं से आज इस बात की अपेक्षा की जाती है कि वे अपनी परम्परागत भूमिकाओं को त्याग कर उनके स्थान पर नवीन भूमिकाओं के निर्वाह की जिम्मेदारी का वहन करें।

दक्षिणी कोरिया में एशिया के श्रम मंत्रियों का तृतीय सम्मेलन 1971 में आयोजित किया गया। इस सम्मेलन में सन् 1970 के दशक में एशियन क्षेत्र के आर्थिक विकास में श्रमिक संघों की भूमिकाओं के सम्बन्ध में विचार–विमर्श किया गया। सम्मेलन का यह अन्तिम सुझाव था कि श्रमिक संघ और नियोक्ता संघों को विकास कार्य में अपनी जिम्मेदारियों का सावधानीपूर्ण ढंग से परीक्षण करना चाहिए और राष्ट्रीय एवं क्षेत्रीय स्तर के क्रियाकलापों में सामंजस्य स्थापित करना चाहिए। सम्मेलन की यह भी संस्तुति थी कि बाल औद्योगिक श्रमिकों से लेकर कृषि श्रमिकों तक प्रत्येक क्षेत्र में श्रमिक शिक्षा के प्रसार के सम्बन्ध में भी श्रमिक संघों को कार्य करना चाहिए, ताकि जिम्मेदार श्रम शक्ति का विकास हो और उसके द्वारा राष्ट्रीय विकास के लक्ष्यों की प्राप्ति हो सके।

श्रमिक संघों के विकास की गति के निर्धारक कारक

श्रमिक संघों के विकास को गति प्रदान करने में कई कारकों का प्रमुख योगदान रहा है। उदाहरणार्थ, (1) श्रम और पूँजी के स्वामित्व में अलगाव, (2) औद्योगिक प्रतिष्ठान प्रणाली और उससे जनित कठिनाइयाँ, (3) श्रमिकों के कार्य और रहन–सहन की दशाओं से बढ़ती हुई असन्तुष्टि, (4) समूह भावना एवं वर्ग चेतना का श्रमिक संघों में विकास, एवं (5) नियोक्ता एवं उत्पादन हेतु श्रमिकों की सामूहिक अपरिहार्यता।

उपर्युक्त पाँचों कारक श्रमिक संघों के विकास हेतु एक सामान्य कारक प्रणाली का निरूपण करते हैं। किन्तु इन कारकों के अतिरिक्त कुछ और भी विशिष्ट कारक हैं

जो श्रमिक संघों की उत्पत्ति और विकास में योगदान देते हैं। इसी कारण भिन्न–भिन्न देशों में श्रमिक संघों का विकास भिन्न–भिन्न समयों में हुआ। इसके अतिरिक्त श्रमिक संघों के विकास की दर में भी एकरूपता नहीं रही है। कुछ प्रमुख अमेरिकी विद्वानों डनलप[27], जोसेफ सिस्टर[28], इरविन वर्नस्टेन[29] और जूलियस रेजलर[30] आदि ने श्रमिक संघों के विकास की गति में विभिन्नता हेतु कुछ प्रमुख कारकों का निरूपण किया है। इन लोगों ने श्रमिक संघों की गति के निर्धारण हेतु कुछ सामान्य कारकों का निर्धारण किया है।

इस सम्बन्ध में सम्बन्धित तथ्यों के अध्ययन के आधार पर यह कहा जा सकता है कि श्रमिक संघों के विकास की गति निर्धारण में निम्नलिखित कारकों का प्रमुख योगदान है–

1. श्रमिक शक्ति का औद्योगिक समर्पण।
2. श्रम शक्ति की बनावट में परिवर्तन।
3. वाणिज्य विषयक क्रियाकलापों में विभिन्नता।
4. प्रौद्योगिकी में परिवर्तन।
5. श्रम संघों का नेतृत्व।
6. श्रमिक संघों की संरचना।
7. सामूहिक समझौतों और कानूनों में श्रमिकों की सुरक्षा व्यवस्था।
8. श्रम संघवाद के प्रति नियोक्ताओं का दृष्टिकोण।
9. राजनीतिक जलवायु एवं वैधानिक संरचना।
10. राजनीतिक दलों की भूमिका।
11. मूल्य प्रणाली और जनमत।

उपर्युक्त कारकों का विवरण अलग–अलग यहाँ दिया जा रहा है। इन कारकों के सम्मिलित प्रभाव से श्रमिक संघों के विकास की गति का निर्धारण होता है–

1. **श्रम संघ का औद्योगिक समर्पण** – श्रम संघवाद और श्रमिकों के विकास की गति पर बहुत कुछ श्रमिक शक्ति के औद्योगिक समर्पण का प्रभाव होता है। श्रमिक शक्ति का एक स्थान पर जमाव पूर्णतया औद्योगिक रोजगार और मजदूरी पर निर्भर होता है। इस सम्बंध में भारतीय अनुभव विशेष रूप से आलोच्य है। जब तक भारत के श्रमिक कृषि के साथ अपना सम्बंध बनाए हुए थे और परिव्रजन की दर ऊँची थी, श्रम संघवाद के विकास की गति बहुत ही मन्द थी। वे श्रमिक जो औद्योगिक रोजगार को एक 'स्टाप गैप' व्यवस्था मात्र समझेंगे, उनके द्वारा सशक्त श्रम संघवाद के विकास की आशा नहीं की जा सकती। इसी प्रकार औद्योगीकरण की प्रारम्भिक स्थिति में औद्योगिक प्रतिष्ठानों में कार्यरत अमेरिकी श्रमिकों को पदोन्नति प्राप्ति की अत्यधिक आशा थी, साथ ही कुछ दिनों में श्रमिक अपने निजी उद्योगों की स्थापना कर लेते थे। ऐसी स्थिति में स्वाभाविक रूप से श्रम संघवाद के प्रति उनमें बहुत ही कम समर्पण था और स्थायी श्रम संगठनों के विकास में उनका योगदान भी बहुत कम होता था।[31]

2. **श्रम संघ की बनावट में परिवर्तन** – इस कारक का भी उद्योगवाद के साथ श्रमिकों के समर्पण से बहुत ही सीधा सम्बन्ध है। यदि सम्पूर्ण श्रम शक्ति में कुशल श्रमिकों के अनुपात की वृद्धि होती है तो श्रमिक संघों का संगठन अपेक्षाकृत आसान हो जाता है। आनुभविक तथ्यों के आधार पर इस बात की पुष्टि हुई है कि कुशल श्रमिकों ने श्रम संघवाद को पहले अपनाया। इसी प्रकार यदि औद्योगिक प्रतिष्ठानों में रोजगार की गति में अपेक्षाकृत अधिक वृद्धि होगी तो श्रमिक संघवाद के विकास की गति भी तेज होगी। ऐसी श्रम शक्ति में जहाँ स्त्री और बच्चों की संख्या अपेक्षाकृत अधिक है, श्रम संघवाद के विकास की सम्भावनाएँ अति क्षीण रहती हैं।
3. **वाणिज्य विषयक क्रियाकलापों में भिन्नता** – ऐतिहासिक तथ्यों से इस बात की पुष्टि होती है कि औद्योगिक चढ़ाव के समय श्रम संघ के सदस्यों की संख्या में वृद्धि होती है और औद्योगिक मन्दी के समय श्रम संघ के सदस्यों की संख्या में गिरावट आती है। युद्धकालीन स्थिति में भी, जब आर्थिक क्रियाकलापों का अपेक्षाकृत अधिक विकास होता है, रोजगार के अवसरों और जीवन निर्वाह की लागत की दरों में वृद्धि होती है तथा मजदूरी दर में अपेक्षाकृत गिरावट आती है, श्रम संघ सदस्यों की संख्या में वृद्धि होती है और समाज भी अपेक्षाकृत सुदृढ़ होते हैं।
4. **प्रौद्योगिकी में परिवर्तन** – उत्पादन हेतु प्रयुक्त प्रौद्योगिकी में जैसे–जैसे जटिलता आती जाती है, वैसे–वैसे श्रमिकों के कार्य में असुरक्षा और जटिलता की अपेक्षाओं की वृद्धि होने लगती है तथा श्रमिक वर्ग अपने कार्य सुरक्षा हेतु श्रम संघों का अधिकाधिक सहारा लेने लगते हैं। इस प्रकार श्रम संघवाद को बढ़ावा मिलता है।
5. **श्रम संघ का नेतृत्व** – यद्यपि श्रम संघ के विकास में आर्थिक और सामाजिक शक्तियों का प्रमुख हाथ होता है किन्तु आर्थिक एवं सामाजिक स्थितियों के अनुकूल न होने पर भी योग्य नेतृत्व की प्राप्ति के पश्चात् श्रम संघों के विकास के अवसरों में वृद्धि होती है। भारतीय श्रम संघ के विकास में महात्मा गाँधी, एन.एम. जोशी, एस.ए. डांगे और वी.वी. गिरि आदि श्रमिक नेताओं की प्रमुख भूमिका रही है।
6. **श्रमिक संघों की संरचना** – श्रमिक संघों की संरचना का भी श्रम संघवाद के विकास पर महत्त्वपूर्ण प्रभाव पड़ता है। श्रम संघवाद के विकास के इतिहास को देखने से यह बात स्पष्ट है कि जिन स्थानों पर शिल्प के आधार पर श्रम संघों की संरचना निर्मित थी, वहाँ विशेष कुशलतायुक्त श्रमिक अपने वर्चस्व को कायम रखने के लिए श्रमिक संघों की सदस्यता में वृद्धि नहीं होने देते, उद्योगवाद को बढ़ावा मिलने के पश्चात् जब काफी बड़ी संख्या में अर्द्धकुशल श्रमिकों की अपेक्षा होने लगी तो श्रम संघवाद को पर्याप्त बढ़ावा मिला और शिल्प के आधार पर गठित श्रम संघों का प्रभाव कम होने लगा।

7. **सामूहिक समझौते** – सामूहिक समझौतों और श्रम कानूनों के अन्तर्गत श्रमिक संघों की सुरक्षा हेतु यूनियन शॉप, एजेन्सी शॉप आदि व्यवस्थाएँ सामान्य रूप से अवश्य ही की जाती हैं। इन सुरक्षा व्यवस्थाओं द्वारा श्रम संघों की सदस्यता न्यूनाधिक रूप से अनिवार्य हो जाती है, अतः जिन स्थानों में श्रम कानूनों या सामूहिक समझौते के अन्तर्गत ऐसे प्रावधानों की सम्यक् व्यवस्था रहती है, वहाँ श्रम संघवाद को विशेष बढ़ावा मिलता है।
8. **श्रम संघवाद के प्रति नियोक्ताओं का दृष्टिकोण** – जिन स्थानों पर नियोक्ताओं की प्रवृत्ति श्रम संघवाद के अनुकूल होगी, वहाँ श्रम संघवाद को बढ़ावा मिलेगा और ऐसे स्थानों पर जहाँ नियोक्ता श्रम संघवाद का विकास नहीं होने देना चाहते हैं, निश्चय ही श्रम संघवाद की गति बाधित होती है।
9. **राजनीतिक जलवायु, वैधानिक संरचना** – जिन स्थानों की राजनीतिक जलवायु जनतांत्रिक होगी, वहाँ श्रम संघवाद को बढ़ावा मिलेगा। इसके विपरीत ऐसे स्थानों में जहाँ नाजी शैली की निरंकुशतावादी सरकार स्थापित होगी, श्रम संघवाद के विकास की गति बाधित हो जाएगी। इसी प्रकार यदि अधिनियमित व्यवस्थाएं श्रम संघवाद के विकास के अनुकूल होंगी तो इसके विकास की गति तेज होगी अन्यथा स्थिति इसके विपरीत होगी। उदाहरणार्थ, ब्रिटेन में कॉम्बीनेशन ऐक्ट के निर्माण के पश्चात् श्रम संघवाद के विकास की गति बाधित हो गई थी और भारत में व्यवसाय संघ अधिनियम 1926 में पारित हो जाने के पश्चात् श्रम संघवाद के विकास को विशेष गति मिली।
10. **राजनीतिक दलों की भूमिका** – श्रमिक संघ के विकास में राजनीतिक दलों का भी विशेष योगदान होता है। विभिन्न राजनीतिक दल अपनी विचारधाराओं के अनुसार श्रमिक संघों की रचना करते हैं और उसके विकास की गति को बढ़ावा देते हैं। इस क्षेत्र में साम्यवादी दलों का विशेष योगदान है। औद्योगिक दृष्टि से विकसित देशों में प्रारम्भिक अवस्था में तो श्रमिक संघों का विकास राजनीतिक दलों सहयोग के बिना ही हुआ। किन्तु आगे चलकर ऐसे देशों में राजनीतिक दल और श्रमिक संघों के बीच एक अन्तर्निर्भरता स्थापित हो गई है। दूसरी ओर आर्थिक दृष्टि से पिछड़े समाजों में वामपंथी दलों का श्रमिक संघों के विकास में मुख्य योगदान होता है।
11. **मूल्य प्रणाली और जनमत** – कुछ समाजों के सामाजिक मूल्य श्रम संघों के विकास में बहुत अंश में बाधक होते हैं। उदाहरणार्थ, प्राचीन युग के समाज में मानवीय कष्ट और दुःख को ईश्वरीय रोग समझा जाता था और इस बात को सामान्य रूप से स्वीकार किया जाता था। कुछ लोगों को इस प्रकार के कष्ट विविध रूप से भुगतने पड़े हैं, किसी प्रकार के प्रयास से इन कष्टों से छुटकारा नहीं मिल सकता है। ऐसी स्थिति में श्रमिक संघों के संगठनों से श्रमिकों को कोई लाभ नहीं मिल सकता। इसी प्रकार भारत ऐसी समाज व्यवस्था में जहाँ कर्मवाद के मूल्य का अत्यधिक प्रभाव था और श्रमिक होना अपने पूर्व जन्म के कर्तव्यों का

परिणाम समझा जाता था, श्रम संघवाद के विकास में एक अवरोधक मूल्य था। किन्तु अब धीरे–धीरे इन सामाजिक मूल्यों में परिवर्तन हो रहा है। आज विभिन्न समाजों में जनतंत्र और समाजवाद के मूल्य का विशेष प्रभाव है। ऐसी मूल्य व्यवस्था में श्रम संघ के विकास को विशेष रूप से बढ़ावा मिलता है।

सामाजिक मूल्यों के प्रति जनमत का भी श्रमिक संघों के विकास पर प्रभाव पड़ता है। ऐसे समाज में जहाँ जनमत श्रम संघ के अनुकूल नहीं होता है, वहाँ श्रम संघ के विकास को विशेष बढ़ावां नहीं मिलता। इन कारकों के अतिरिक्त श्रम संघ के विकास में कुछ आधारभूत सामाजिक और आर्थिक कारकों का प्रभाव पड़ता है जिनका विवरण पहले दिया जा चुका है।

श्रमिक संघों की संरचना एवं प्रशासन

श्रमिक संघों की स्थापना किसी विशेष उद्देश्य की पूर्ति हेतु की जाती है। चूंकि भिन्न–भिन्न श्रमिक समुदाय की समस्याएँ एवं आवश्यकताएँ भिन्न–भिन्न होती है। अतः भिन्न–भिन्न श्रमिक संघों की संरचना एवं प्रकृति में विभेद पाया जाता है। इसके अतिरिक्त विभिन्न देशों की भिन्न–भिन्न सामाजिक एवं आर्थिक, राजनीतिक एवं ऐतिहासिक परिस्थितियाँ एवं संस्थागत रचनाएँ श्रम संघ संरचना अथवा ढांचे को प्रभावित करती हैं। फलस्वरूप प्रत्येक देश में श्रम संघ का ढाँचा भिन्न–भिन्न होता है। फिर भी संगठनात्मक ढाँचे के आधार पर सामान्य रूप से यह तीन प्रकार का होता है–

1. **दस्तकारी या शिल्पी संघ (Craft Union)** – शिल्पी संघ का तात्पर्य ऐसे श्रम संघ से होता है, जिसमें सदस्य किसी विशेष व्यवसाय या शिल्प में कार्य करते हैं, जैसे रेल उद्योग के ड्राइवर, गार्ड, टी.टी. आदि भिन्न व्यवसायों में व्यक्ति नियोजित होते हैं। यदि इन विभिन्न व्यवसायों में संलग्न कर्मचारी अपना अलग–अलग संगठन बना लें तो वह दस्तकारी या शिल्पी संघ कहलाएगा। इसका विस्तार एक से अधिक उद्योग कर्मचारियों के लिए भी हो सकता है। परन्तु इसके सदस्यों की कार्य की प्रकृति एक ही समान होती है। इस प्रकार शिल्पी संघ एक ही प्रकार की योग्यता, कौशल तथा प्रशिक्षण प्राप्त व्यक्तियों के संघ होते हैं। जैसे अहमदाबाद वीवर्स यूनियन, कानपुर सूती मिल मजदूर यूनियन एवं डाक तार कर्मचारी, पत्रकार, इंजीनियर या अध्यापकों के संघ।
2. **औद्योगिक संघ (Industrial Union)** – औद्योगिक संघ का तात्पर्य वैसे संगठन से है, जिसके सदस्य केवल एक ही उद्योग में काम करने वाले सभी प्रकार के कर्मचारी, जैसे–मैकेनिक, टर्नर, खलासी, क्रेन चालक आदि कर्मचारी होते हैं। इस प्रकार ऐसे संगठन में कौशल या तकनीक के आधार पर किसी प्रकार का भेद नहीं किया जाता है। परंतु यह उद्योग स्तर तक ही सीमित होता है। अहमदाबाद सूती वस्त्र उद्योग, चाय बगान श्रमिक संघ आदि इसके उदाहरण हैं।
3. **सामान्य संघ (General Union)** – सामान्य संघ का तात्पर्य वैसे संगठन से है, जिसके सदस्य विभिन्न उद्योगों, विभिन्न व्यवसायों अथवा शिल्पों आदि में काम

करने वाले कर्मचारी होते हैं। इस प्रकार ऐसे संगठनों में विभिन्न कौशल, विभिन्न स्तर एवं विभिन्न उद्योग के व्यक्तियों को शामिल किया जाता है तथा इस आधार पर कोई विभेद नहीं किया जाता है, परंतु ऐसे संगठन छोटे–छोटे उपक्रम जैसे–होटल, व्यावसायिक प्रतिष्ठान आदि के लिए ही अधिक उपयुक्त होते हैं, क्योंकि इसके कर्मचारी के लिए औद्योगिक श्रम संघ अथवा शिल्पी श्रम संघ कायम करना कठिन होता है।

'श्रम संघ' शब्द का प्रयोग 'शिल्पी संघ' तथा 'औद्योगिक संघ' दोनों के लिए किया जाता है।

भारत में श्रमिक संघों का ढाँचा

भारत में औद्योगीकरण विलम्ब से प्रारंभ होने के कारण श्रम संघों का निर्माण भी विलम्ब से प्रारंभ हुआ। स्वाधीनता से पहले श्रम संघ आंदोलन के स्वतंत्रता आंदोलन के साथ मिश्रित रहने के कारण संगठनात्मक ढाँचे पर कोई विशेष ध्यान नहीं दिया गया, परन्तु स्वाधीनता के उपरांत, 'औद्योगिक संघ' पर बल दिया जाने लगा। सन् 1964 में संपन्न भारतीय श्रम सम्मेलन (Indian Labour Conference) में शिल्पी संघ के सम्बन्ध में विचार किया गया तथा निर्णय किया गया कि ऐसे संघों की स्थापना को निरुत्साहित किया जाना चाहिए। पुनः राष्ट्रीय श्रम आयोग (1969) ने विचार व्यक्त किया कि "कारखाने या उद्योग में कार्य कर रहे दस्तकारी संघों या शिल्पी संघों को एक औद्योगिक संघ में मिला देने को प्रोत्साहित किया जाना चाहिए।" इस प्रकार शिल्पी संघ को निरुत्साहित एवं औद्योगिक संघ को प्रोत्साहित किए जाने के कारण भारत में औद्योगिक संघ की प्रधानता हो गई है।

भारत में श्रम संघों के संगठनात्मक ढाँचे के तीन स्तर पाए जाते हैं, यथा संस्थापना या संयंत्र स्तर, राज्य स्तर एवं केन्द्र स्तर। केन्द्र स्तर पर विद्यमान श्रम संघ अपनी नीतियाँ राज्य स्तरीय तथा अन्य छोटे संघों पर लागू करते हैं। प्रत्येक केन्द्रीय संघ की राज्य स्तर पर अपनी शाखाएँ होती हैं, जहाँ से क्षेत्रीय एवं स्थानीय स्तर पर प्रबंध किया जाता है।

भारत में विभिन्न स्तरों पर गठित ये श्रम संघ दो तरह के फेडरेशन से सम्बद्ध होते हैं, जो श्रम संघ ढाँचे के शिखर पर स्थित होते हैं। उनमें पहला है 'राष्ट्रीय फेडरेशन' तथा दूसरा है 'संघों के फेडरेशन'। राष्ट्रीय फेडरेशन में एक उद्योग के सभी संघ सम्बद्ध होते हैं तथा उसके सदस्य होते हैं। प्रत्येक श्रम संघ, चाहे वह किसी भी उद्योग से संबंधित हो, राष्ट्रीय फेडरेशन का सदस्य बन सकता है। इसका कार्य श्रम संघों के क्रियाकलापों में समन्वय स्थापित करना तथा सभी संघों में राष्ट्रीय भावना जाग्रत करना होता है। 'संघों के फेडरेशन' भी राष्ट्रीय फेडरेशन से सम्बद्ध होते हैं परंतु कुछ एक स्वतंत्र भी रहते हैं। संघों के फेडरेशन का उद्देश्य नए श्रम संघ स्थापित करना, संघों को शक्तिशाली बनाना तथा उन्हें संगठित करना, श्रम एवं पूँजी के बीच सौहार्दपूर्ण वातावरण तैयार करना तथा श्रम संघों एवं श्रमिकों के स्तर में सुधार करना आदि होता है।

भारत में श्रम संघ ढाँचे को उदाहरण सहित निम्न तरह से स्पष्ट किया जा सकता है–

1. **शिल्पी संघ (Craft Union)** – देश में कुछ संघ शिल्प या व्यवसाय के आधार पर बनाए गए हैं। ऐसे संघ हवाई परिवहन, बंदरगाहों एवं गोदियों के कुछ विभागों, सूती वस्त्र, इंजीनियरिंग, रेलवे तथा कुछ अन्य उद्योगों में कार्यशील हैं। इनमें कुछ एक संघ राष्ट्रीय स्तर पर भी बनाए गए हैं। अहमदाबाद के मजदूर महासंघ में शिल्प के आधार पर बनाए गए कई स्थानीय शिल्पी संघ सम्बद्ध हैं। सरकारी नीति शिल्पी संघ के विपरीत होने के कारण भारत में शिल्पी संघ काफी कम मात्रा में पाए जाते हैं।
2. **सामान्य संघ (General Union)** – देश में सामान्य संघ सामान्यतया स्थानीय स्तर पर बनाए गए हैं। कई नगरों एवं औद्योगिक केन्द्रों में दुकानों, होटलों, छापाखानों एवं अन्य नियोजनों में कार्यरत श्रमिकों ने मिलकर स्थानीय स्तर पर सामान्य संघ बनाए हैं। अधिकांश सामान्य संघ ऐसे श्रमिकों द्वारा बनाए गए हैं, जिनके नियोजन की शर्तों तथा दशाओं में बहुत अधिक अंतर नहीं होता। भारत में सामान्य संघ स्थानीय स्तर तक ही सीमित हैं। राज्य अथवा केन्द्र स्तर पर ऐसे संघों का सर्वथा अभाव है।
3. **औद्योगिक संघ (Industrial Union):** भारत में औद्योगिक संघों के संगठनात्मक ढाँचे निम्न तीन स्तरों पर पाए जाते हैं–
   (i) **संयंत्र स्तर (Plant or Establishment Level)** – देश में अधिकांश औद्योगिक संघ संयंत्र स्तर या संस्थापना स्तर पर बनाए गए हैं, जिनमें से कुछ स्थानीय, कुछ राज्य, तो कुछ केन्द्र स्तर के महासंघ से सम्बद्ध होते हैं, तो कुछ स्वतंत्र रूप से भी क्रियाशील रहते हैं। अधिकांश औद्योगिक संघ 'महासंघ' के माध्यम से किसी–न–किसी राष्ट्रीय फेडरेशन से सम्बद्ध रहते हैं, परंतु कुछ औद्योगिक संघ प्रत्यक्ष रूप से भी राष्ट्रीय फेडरेशन से जुड़े रहते हैं।

   (ii) **राज्य स्तर (State Level) अथवा क्षेत्रीय स्तर (Regional Level)** – देश में कुछ औद्योगिक संघ राज्य पर, तो कुछ राज्य के विशिष्ट क्षेत्रों तथा देश के कुछ राज्यों के सम्मिलित क्षेत्रों के स्तर पर भी बनाए गए हैं। उदाहरणार्थ, बिहार राज्य विद्युत बोर्ड के अलग–अलग क्षेत्रों के स्तर पर अपने औद्योगिक संघ, मुम्बई का राष्ट्रीय मिल मजदूर संघ आदि।

   औद्योगिक संघों के महासंघ के रूप में भी राज्य स्तर के औद्योगिक संघ पाए जाते हैं। बागान, चीनी, जूट, सड़क परिवहन एवं अन्य उद्योगों के औद्योगिक संघ अथवा महासंघ राज्य स्तर पर बनाए गए हैं। इसी प्रकार कुछ उद्योगों में देश के कुछ राज्यों को मिलाकर बड़े भौगोलिक क्षेत्र के लिए भी औद्योगिक संघ बनाए गए हैं, जैसे – बागानों एवं रेलवे के खंडीय (zonal) स्तर पर बनाए गए औद्योगिक श्रम संघ।

(iii) **केन्द्रीय स्तर (Central Level)** – स्वतंत्रता प्राप्ति के बाद देश में केन्द्रीय स्तर पर कई औद्योगिक संघ बनाए गए हैं। इनमें अधिकांश प्रतिष्ठान या संयंत्र स्तर पर बनाए गए औद्योगिक संघों के महासंघ हैं, जो श्रम संघ के शिखर पर स्थित राष्ट्रीय फेडरेशन से सम्बद्ध हैं। जैसे– इंडियन नेशनल आयरन एण्ड स्टील श्रमिक फेडरेशन, इंडियन नेशनल टेक्सटाइल वर्कर्स फेडरेशन, इंडियन नेशनल खान श्रमिक फेडरेशन। परंतु कुछ औद्योगिक संघों को राष्ट्रीय स्तर पर भी गठित किया गया, जिनकी शाखाएँ देश के अलग–अलग भागों में होती है और ये किसी राष्ट्रीय फेडरेशन से सम्बद्ध नहीं होते हैं, इसे 'संघों के फेडरेशन' कहा जाता है। उदाहरणार्थ,

1. ऑल इण्डिया बैंक एम्पलाइज एसोसिएशन
2. ऑल इण्डिया बैंक एम्पलाइज फेडरेशन
3. ऑल इण्डिया इंश्योरेंस एम्पलाइज एसोसिएशन
4. ऑल इण्डिया डिफेंस एम्पलाइज फेडरेशन
5. ऑल इण्डिया रेलवेमेन्स फेडरेशन
6. नेशनल फेडरेशन ऑफ पोस्ट एण्ड टेलीग्राफ
7. नेशनल फेडरेशन ऑफ एम्पलाई इण्डियन रेलवेमेन

श्रम संघों के शिखर पर स्थित राष्ट्रीय फेडरेशन के निम्नलिखित उदाहरण दिए जा सकते हैं–

1. इण्डियन नेशनल ट्रेड यूनियन कांग्रेस
2. ऑल इण्डिया ट्रेड यूनियन कांग्रेस
3. हिन्द मजदूर सभा
4. दि यूनाइटेड यूनियन कांग्रेस
5. सेंटर फार इण्डियन ट्रेड यूनियन
6. भारतीय मजदूर संघ
7. नेशनल लेबर आर्गनाइजेशन
8. यूनाइटेड ट्रेड यूनियन कांग्रेस (लेनिन सिरानी)
9. नेशनल फ्रण्ट ऑफ इण्डियन ट्रेड यूनियन
10. दि ट्रेड यूनियन को–आर्डिनेशन सेंटर

इस प्रकार यह स्पष्ट होता है कि भारत में श्रम संघ की संरचना जटिल है क्योंकि औद्योगिक श्रम संघों की प्रधानता रहने के कारण ऐसे श्रम संघों का बाहुल्य हो गया है तथा इनके महासंघ एवं इन महासंघों की राष्ट्रीय फेडरेशन से सम्बद्धता के बीच सम्बन्धों की समस्या उत्पन्न होती रहती है। साथ ही शिल्पी संघ एवं सामान्य संघ का अस्तित्व एवं केन्द्रीय महासंघों से इनके सम्बन्ध भारतीय श्रम संघों की संरचना को गूढ़ बनाते हैं। पुनः इस संरचना में परिवर्तित दशाओं के अनुसार परिवर्तन भी होते रहते हैं, जिसके

कारण उच्च स्तरों पर श्रम संघ या महासंघ बनाने की क्रिया तेज हुई है। अतः सामान्य धारणा यह है कि केन्द्र एवं उद्योग के आधार पर संघों का संगठन ठीक है और अंतिम रूप से उन्हें राष्ट्रीय फेडरेशनों के रूप में विकसित किया जाना चाहिए तथा प्रत्येक उद्योग के लिए एक संगठन के लक्ष्य को पूरा करने की कोशिश की जानी चाहिए।

श्रमिक संघों का शासन

शासन एवं प्रशासन के दो रूप होते हैं– आंतरिक एवं बाह्य। श्रम संघों का संचालन एवं उनके कार्यों का निष्पादन, जैसे विषय श्रम संघ के आंतरिक प्रशासन से संबंधित होते हैं। अतः जिस प्रकार देश के आंतरिक प्रशासन हेतु कार्यपालिका, विधायिका एवं न्यायपालिका जैसी संस्थाएँ गठित की जाती हैं, उसी प्रकार श्रम संघों की आंतरिक प्रशासन व्यवस्था में उनके संविधान एवं उनके नियमों का असीम महत्त्व होता है। इसके अतिरिक्त श्रम संघ अधिनियम, 1926 के विभिन्न प्रावधानों की भी महत्त्वपूर्ण भूमिका होती है। भारत में प्राथमिक स्तर, उद्योग स्तर तथा केन्द्रीय स्तर पर बनाए गए श्रम संघों के शासन के लिए अलग–अलग शासकीय व्यवस्था की गई है, जिसे निम्न तरह से स्पष्ट किया जा सकता है–

प्राथमिक स्तर पर बनाए गए श्रम संघों की शासन व्यवस्था

(अ) **साधारण सभा** – प्राथमिक श्रम संघों की सर्वोच्च शक्ति साधारण सभा में ही निहित होती है। इसमें श्रम संघ के सभी सदस्य शामिल रहते हैं। इसकी बैठक वर्ष में एक बार प्रायः निश्चित रूप से होती है और आवश्यकतानुसार बीच की अवधि में भी आयोजित की जाती है। इसी बैठक में कार्यकारिणी के सदस्य एवं पदाधिकारियों का चुनाव किया जाता है तथा संघ के उद्देश्यों के आधार पर नीति एवं कार्यक्रम तय किए जाते हैं, जिसे कार्यरूप देने का दायित्व कार्यकारिणी एवं पदाधिकारियों का होता है।

(ब) **कार्यकारिणी** – साधारण सभा में तय की गई नीतियों एवं कार्यक्रमों के संचालन का भार कार्यकारिणी पर रहता है। इसमें श्रम संघ के अध्यक्ष, उपाध्यक्ष, महासचिव, कोषाध्यक्ष या अन्य पदाधिकारी तथा साधारण सभा द्वारा निर्वाचित कुछ अन्य सदस्य रहते हैं। अलग–अलग प्राथमिक संघों में कार्यकारिणी के सदस्यों की संख्या अलग–अलग होती है। इन श्रम संघों की कार्यकारिणी में बाहरी सदस्य भी हो सकते हैं, परन्तु श्रम संघ अधिनियम 1926 के अनुसार इसकी संख्या कार्यकारिणी की कुल सदस्य संख्या के 50 प्रतिशत से अधिक नहीं हो सकती है।

(स) **पदाधिकारी** – प्राथमिक संघों में अध्यक्ष, उपाध्यक्ष, महासचिव तथा कोषाध्यक्ष मुख्य पदाधिकारी होते हैं। कुछ प्राथमिक संघों ने संयुक्त सचिव, सहायक सचिव आदि के रूप में अन्य पदाधिकारी भी होते हैं। सामान्यतया, प्राथमिक संघों में, महासचिव सबसे शक्तिशाली होता है तथा दूसरे श्रम संघ पर उसी का नियंत्रण रहता है, परंतु कुछ प्राथमिक संघों में अध्यक्ष ही सबसे शक्तिशाली व्यक्ति होते हैं। अधिकांश प्राथमिक संघों में अध्यक्ष केवल दिखावे के व्यक्ति होते हैं जो

जाने–माने नेता अथवा महत्त्वपूर्ण व्यक्ति के रूप में होते हैं तथा श्रम संघ की प्रतिष्ठा बढ़ाने के अलावा नियोजक एवं सरकार से वार्ता में भी सहयोग एवं उपयोगिता दिखलाते हैं। व्यवहार में ऐसा भी देखा जाता है कि एक ही व्यक्ति कई श्रम संघों का एक ही साथ अध्यक्ष बन रहा है, फलस्वरूप इन श्रम संघों में महासचिव की भूमिका सबसे ज्यादा महत्त्वपूर्ण रहती है।

औद्योगिक महासंघों का शासन

महासंघ स्थानीय औद्योगिक स्तर पर हो सकते हैं अथवा राष्ट्रीय स्तर पर भी हो सकते हैं। उद्योग के स्तर पर जो औद्योगिक महासंघ (कई संघों का संघ) होते हैं, उनके शासन का दायित्व मुख्य रूप से निम्न चार अंगों में निहित रहता है–

(अ) साधारण सभा – औद्योगिक महासंघ की साधारण सभा में सम्बद्ध श्रम संघों द्वारा निर्वाचित प्रतिनिधि शामिल होते हैं। इन प्रतिनिधियों की संख्या अलग–अलग महासंघों में अलग–अलग होती है, जो महासंघ के संविधान द्वारा सदस्यों की संख्या के आधार पर निर्धारित रहती है। साधारण सभा की बैठक आम तौर पर साल में एक बार होती है, परंतु आवश्यकतानुसार बीच की अवधि में भी आयोजित की जाती है। साधारण सभा ही सामान्य परिषद् तथा कार्यकारिणी के सदस्यों को निर्वाचित करती है, महासंघ की सामान्य नीति एवं कार्यक्रम को निर्धारित करती है; महत्त्वपूर्ण विषयों पर निर्णय अथवा प्रस्ताव पारित करती है तथा महासंघ के नियमों का अनुमोदन भी करती है। कुछ औद्योगिक महासंघों की साधारण सभा को सामान्य सम्मेलन भी कहा जाता है।

(ब) सामान्य परिषद् – सामान्य परिषद् के सदस्यों का निर्वाचन संबद्ध श्रम संघों की सदस्यता के अनुपात में साधारण सभा द्वारा किया जाता है। इस प्रकार जिन संबद्ध श्रम संघों की सदस्यता अधिक होती है, सामान्य परिषद् में उनके सदस्यों की संख्या भी अधिक होती है, सामान्य परिषद् की बैठक भी साल में एक बार होती है और आवश्यकतानुसार बीच की अवधि में विशेष बैठक बुलाई जा सकती है। सामान्य परिषद् महासंघ के क्रियाकलापों के संचालन के लिए नियम बनाती है। सामान्यतया सामान्य परिषद् को कार्यकारिणी के निर्णयों को संशोधित करने का अधिकार होता है।

(स) कार्य समिति – औद्योगिक महासंघों की कार्यसमिति में सामान्यतया एक अध्यक्ष, कुछ उपाध्यक्ष, एक महासचिव, कुछ सचिव, एक कोषाध्यक्ष तथा एक साधारण सभा द्वारा निर्वाचित अन्य सदस्य होते हैं। अधिकांश औद्योगिक महासंघों की कार्यसमिति में बाहरी व्यक्तियों को शामिल करने की व्यवस्था है। महासंघों के शासन का मुख्य दायित्व कार्य समिति पर होता है। यह महासंघ के प्रबंध एवं क्रियाकलाप से संबद्ध विषयों पर निर्णय करती है और उनके क्रियान्वयन के लिए प्रयास करती है। कार्य समिति साधारण सभा तथा सामान्य परिषद् द्वारा पारित किए गए प्रस्तावों को लागू करती है तथा आपात स्थितियों में महासंघ की ओर से

निर्णय भी कर सकती है। कुछ औद्योगिक महासंघों की कार्यसमिति को नियम बनाने का भी अधिकार प्राप्त है तथा कुछ औद्योगिक महासंघों में उपसमितियों का भी गठन किया गया है।

(द) **पदाधिकारी** – औद्योगिक महासंघों के पदाधिकारियों का निर्वाचन साधारण सभा करती है। इनमें अध्यक्ष, कुछ उपाध्यक्ष, कुछ महासचिव, कुछ सचिव तथा कोषाध्यक्ष शामिल हैं। अध्यक्षों तथा महासचिवों को महासंघ के शासन के सम्बन्ध में महत्त्वपूर्ण भूमिका निभानी पड़ती है। ये पदाधिकारी महासंघ के दिन–प्रतिदिन के शासन का कार्य देखते हैं तथा साधारण सभा, सामान्य परिषद् एवं कार्य समिति के निर्णयों को लागू करने के लिए कदम उठाते हैं। ये महासंघ के कर्मचारियों के कार्यों का पर्यवेक्षण भी करते हैं तथा उद्योग स्तर पर गठित द्विदलीय एवं त्रिदलीय निकायों या मंचों पर महासंघ का प्रतिनिधित्व भी करते हैं।

केन्द्रीय महासंघों का शासन

केन्द्रीय महासंघ का तात्पर्य उन श्रम संघों से है, जो राष्ट्रीय स्तर पर निर्मित हैं और जिनका सदस्य देश का कोई भी श्रम संघ बन सकता है। इस प्रकार इन केन्द्रीय महासंघों से प्रत्येक स्तर पर गठित औद्योगिक संघ, शिल्पी संघ एवं सामान्य संघ के साथ–साथ इनके महासंघ भी संबद्ध होते हैं, जैसे– INTUC, AITUC, HMS, UTUC, BMS इत्यादि।

इन केन्द्रीय महासंघों के शासकीय अंग भी औद्योगिक महासंघ की तरह निम्नलिखित होते हैं–

1. साधारण सभा या प्रतिनिधियों की वार्षिक सभा
2. सामान्य परिषद
3. कार्य समिति
4. पदाधिकारी

इन सभी शासकीय अंगों का गठन एवं कार्य औद्योगिक महासंघ के शासकीय अंगों के समान ही होता है, परंतु कुछ केन्द्रीय महासंघों में 500 सदस्यों पर एक–एक प्रतिनिधि भेजे जाते हैं, जिसके कारण संबद्ध श्रम संघों के सदस्यों अथवा प्रतिनिधियों की संख्या, भिन्न–भिन्न केन्द्रीय महासंघों में भिन्न–भिन्न होती है।

प्रत्येक श्रम संघ अपने संविधान में प्रजातांत्रिक ढंग से कार्य करने हेतु साधारण सभा, सामान्य परिषद्, कार्य समिति एवं पदाधिकारी के सम्बन्ध में प्रावधान करता है और नियम बनाता है, परंतु व्यावहारिक रूप में श्रम संघों का कार्य प्रजातांत्रिक ढंग से नहीं होता है। विभिन्न विद्वानों ने इस बात पर सहमति व्यक्त की है कि श्रम संघों में वास्तविक अर्थ में प्रजातंत्र नहीं पाया जाता है। उन्होंने इसके निम्न कारण बताए हैं–

1. **कमजोर सदस्यता दर** – भारत में श्रमिकों की श्रम संघों में सदस्यता दर लगभग 35 प्रतिशत है। अर्थात् 65 प्रतिशत श्रमिक श्रम संघ के सदस्य नहीं होते

हैं, अतः श्रम संघ का निर्णय प्रजातांत्रिक आधार पर किया गया निर्णय नहीं कहा जा सकता क्योंकि थोड़े से लोग सभी मजदूरों का प्रतिनिधित्व नहीं कर सकते।

2. **कमजोर सहभागिता** – एक अनुमान के अनुसार श्रम संघ के लगभग 40 प्रतिशत सदस्य ही संघ कार्य में सहयोग कर पाते हैं।
3. **कमजोर उपस्थिति** – प्रायः श्रम संघ की आम सभा, सामान्य परिषद्, कार्य समिति आदि में उपस्थिति कम होती है, अतः इसके निर्णय प्रजातांत्रिक नहीं होते।
4. **अशिक्षा** – अधिकांश श्रमिकों को श्रम संघ के कार्यों के महत्त्व का ज्ञान नहीं होता है और वे इसे अप्रासांगिक जानकर उदासीन बने रहते हैं।
5. **अनियमित चुनाव** – श्रम संघों के संवैधानिक प्रावधानों के बावजूद पदाधिकारियों आदि के चुनाव समय पर नहीं किए जाते हैं, जो प्रजातंत्र के विरुद्ध है।
6. **अनियमितता** – प्रायः श्रम संघ के पदाधिकारी एक बार चुन लिए जाने के बाद हटना नहीं चाहते और येन–केन प्रकारेण पद पर जमे रहते हैं, जो प्रजातांत्रिक मूल्यों के विरुद्ध है।
7. **तानाशाही निर्णय** – प्रायः महत्त्वपूर्ण निर्णय साधारण सभा में नहीं बल्कि अध्यक्ष या महासचिव अथवा इन दोनों के द्वारा ले लिया जाता है और सभी मजदूरों पर थोप दिया जाता है।
8. **सौदेबाजी समिति का अभाव** – प्रायः हड़ताल जैसे गंभीर निर्णय भी बिना दो–तिहाई सदस्यों की सहमति तथा बिना सौदेबाजी समिति का गठन किए कर लिए जाते हैं।
9. **समन्वय का अभाव** – प्रायः उच्च स्तर पर बने श्रम संघों या महासंघों पर नियंत्रण ढीला–ढीला रहता है, जिससे उनमें ताल–मेल का अभाव तथा विभिन्न विषयों पर मतभेद भी पाया जाता है।
10. **एकाधिकार** – प्रायः श्रम संघ के अध्यक्ष या महासचिव ही सर्वशक्तिमान होते हैं। अतः संघ उन्हीं के इशारों पर चलने लगता है तथा इनकी राजनीतिक संबद्धता के कारण श्रम संघ की नीतियाँ एवं कार्यक्रम भी उनकी राजनीति से प्रभावित होने लगते हैं।

इस प्रकार उपर्युक्त कारणों से श्रम संघों का कार्य अथवा प्रशासन प्रजातांत्रिक नहीं रह जाते और प्रजातांत्रिक मूल्यों के ह्रास के कारण अप्रजातांत्रिक और कभी उच्छृंखल भी कहलाते हैं।

भारत में श्रमिक संघ आन्दोलन का विकास

भारत में श्रमिक संघ आन्दोलन का प्रादुर्भाव तो उसी समय हो गया था जब गिल्ड और पंचायतों के द्वारा सदस्य मजदूरों और स्वामियों के बीच उत्पन्न विवादों का सुलझाव प्रारंभ हुआ।[32] किन्तु संगठित रूप से हमारे देश में श्रम संघ आन्दोलन का श्रीगणेश

प्रथम महायुद्ध के पश्चात् हुआ।[33] एस.सी. झा[34] के अनुसार हमारे देश में श्रम संघ आन्दोलन के विकास क्रम में अभी तक निम्नलिखित मंजिलें आईं–

1. असंगठित श्रम संघवाद (1875–1918)
2. संगठित श्रम संघवाद (1918–1926)
3. उग्र श्रम संघवाद (1926–1939)
4. उदारवादी श्रम संघवाद (1939–1946)
5. राजनीतिक श्रम संघवाद (1945–1975)
6. कर्तव्यपरायण श्रम संघवाद (1975–1977)

असंगठित श्रम संघवाद

भारतवर्ष में यद्यपि प्रथम सूती मिल की स्थापना 1818 में ही हो गई। किन्तु औद्योगिक प्रतिष्ठान प्रणाली के आधार पर 1851 में उत्पादन आरम्भ हुआ, जबकि कोबास जी नानाभाई डावर द्वारा तारदेव, बॉम्बे में एक सूती मिल की स्थापना की गई। कारखाना प्रणाली के द्वारा उत्पन्न समस्याओं के कारण 1875 में बॉम्बे फैक्ट्री कमीशन की स्थापना हुई। कारखाने में कार्यरत श्रमिकों की दयनीय स्थिति के विरोध में कुछ समाजसेवी और परोपकारी लोगों ने एस.सी. बेंगाली और एन.एम. लोखाण्डे के नेतृत्व में एक संगठित प्रतिवाद का आयोजन किया।[35] इन बातों के फलस्वरूप 1881 में प्रथम औद्योगिक कारखाना अधिनियम पारित हुआ। किन्तु यह अधिनियम बहुत ही दोषपूर्ण था। इसमें स्त्री और बच्चों के कल्याण हेतु कोई व्यवस्था नहीं थी, इन दोषों के निराकरण हेतु 1884 में द्वितीय बॉम्बे फैक्ट्री आयोग का गठन किया गया। इस कमीशन में श्रमिकों का प्रतिनिधित्व प्राप्त करने के लिए एन.एम. लोखाण्डे ने श्रमिकों की एक सभा का आयोजन किया और एक स्मृति–पत्र भी भेजा। किन्तु श्रमिकों की परिवेदनाओं का कोई सुलझाव नहीं हो सका, फलस्वरूप अप्रैल 1890 में बम्बई के एक मिल मालिक एन.एन. वाडिया ने सरकार के पास एक दूसरा स्मृति–पत्र भेजा। इन मांगों की प्रतिक्रिया स्वरूप बॉम्बे के मिल ओनर्स द्वारा श्रमिकों को सप्ताह में एक दिन अवकाश दिया जाने लगा। इन सफलताओं से प्रभावित होकर 1890 में बॉम्बे मिल हैण्ड एसोसिएशन की स्थापना की गई, जिसके सचिव डी.सी. अथेड और अध्यक्ष एन.एम. लोखाण्डे थे। इस एसोसिएशन के द्वारा 'दीनबंधु' नामक एक पत्रिका का भी प्रकाशन होने लगा। यह एसोसिएशन एक कल्याण संघ था न कि श्रमिक संघ।[36] तत्पश्चात् श्रमिकों के कल्याण हेतु ऐसे ही कुछ अन्य संघों की स्थापना हुई, उनमें सर्वाधिक उल्लेखनीय हैं– अमलगमेटेड सोसायटी ऑफ इण्डिया, रेलवे सर्वेण्ट्स आफ इण्डिया और बर्मा (1897), प्रिण्टर्स यूनियन कलकत्ता (1905), बम्बई पोस्टल यूनियन (1907), कामगार हितवर्द्धक सभा (1909) और सोशल सर्विस लीग (1911)। ये सभी संगठन मुख्यतः श्रम हितकारी थे और इनके आधार पर इस अवधि को समाज कल्याणकाल की संज्ञा दी गई।[37] इस काल में औद्योगिक प्रतिवाद का पूर्णतया अभाव था, श्रम

समस्याओं के महत्त्व को पूर्णतया अनुभूत नहीं किया जाता था, वर्ग चेतना और वर्ग संघर्ष की भावना का भी अभाव था।[38]

संगठित श्रम संघवाद

प्रथम महायुद्ध की समाप्ति के पश्चात् देश में संगठित श्रम संघवाद का श्रीगणेश हुआ। 1912 में वी.पी. वाडिया द्वारा मद्रास लेबर यूनियन की स्थापना की गई, जिसकी कार्य प्रणाली वर्तमान श्रमिक संघों से बहुत कुछ मिलती–जुलती थी। 1926 तक (जब श्रम संघ अधिनियम पारित किया गया) बहुत से श्रमिक संघों की उत्पत्ति हो चुकी थी। उनमें टेक्सटाइल लेबर एसोसिएशन (1920) का नाम मुख्य रूप से उल्लेखनीय है। इन श्रमिक संघों की स्थापना ऐसे नेताओं द्वारा हुई जो विभिन्न विचारधाराओं से प्रभावित थे। उदाहरणार्थ जे. वापटिस्ट, एस.एच. जाबवाला, एफ.जे. गिनवाला, सी.एफ. एण्ड्रूज आदि नेता मानवतावाद के दर्शन से अनुप्राणित थे। जवाहरलाल नेहरू, सुभाष चन्द्र बोस, लाला लाजपत राय, सरोजनी नायडू, आर.एस. जोशी आदि कुछ नेता राजनीतिक एवं श्रमिक कल्याण दोनों ही प्रकार की भावनाओं से अनुप्राणित थे। कुछ नेता गाँधीवादी विचारधारा और कुछ साम्यवादी विचारधारा से भी प्रभावित थे।

इस अवधि में श्रम संघ आन्दोलन अनेक कारकों से प्रभावित हुआ, जिनमें प्रमुख थे– वर्ग चेतना, वर्ग एकता, आर्थिक कठिनाइयों से जनित औद्योगिक अशान्ति, स्वराज आन्दोलन और रूस की क्रान्ति (1917), अन्तर्राष्ट्रीय श्रम संगठन की स्थापना (1919), अखिल भारतीय श्रम संघ कांग्रेस (1920) तथा महामारी आदि के प्रकोप से श्रमिकों का अपेक्षाकृत अभाव[39] आदि।

उग्र श्रम संघवाद

1926–39 तक श्रम संघ आंदोलन का स्वरूप पूर्णतया उग्र हो गया। इस स्वरूप को प्रदान करने का श्रेय कई कारकों को दिया जा सकता है। उदाहरणार्थ, भारतीय श्रमिक आन्दोलन में रेड इण्टरनेशनल ट्रेड यूनियनिज्म की अत्यधिक अभिरुचि (1920), कम्युनिस्टों के विरुद्ध कानपुर का कांसपरेसी केस (1924), बम्बई में श्रमिक और किसान पार्टी का गठन, शाही श्रम आयोग का बहिष्कार (1929), नागपुर सेशन में ए.आई.टी.यू.सी. का विभाजन और इण्डियन ट्रेड यूनियन फेडरेशन का निर्माण (1929), मेरठ कम्युनिस्ट कांसपरेसी केस (1929), महात्मा गाँधी द्वारा नमक सत्याग्रह का आयोजन (1930), लाहौर में अखिल भारतीय कांग्रेस कमेटी द्वारा पूर्ण स्वराज प्राप्ति का प्रस्ताव, कराची में कांग्रेस का श्रमिकों के सम्बंध में पारित प्रस्ताव (1931), जुलाई 1931 के कलकत्ता सेशन में ए.आई.टी.यू.सी. से कम्युनिस्टों द्वारा सम्बन्ध विच्छेद कर ट्रेड यूनियन कांग्रेस का निर्माण, रेड ट्रेड यूनियन कांग्रेस के भंग हो जाने के बाद कम्युनिस्टों द्वारा ए.आई.टी.यू.सी. में बिना शर्त वापसी, 1934 में कांग्रेस सोशलिस्ट पार्टी का निर्माण, कांग्रेस द्वारा 1935 में लोकप्रिय सरकार का गठन, रेड ट्रेड यूनियन कांग्रेस का ए.आई.टी.यू.सी. में मिलन (1936), नेशनल फेडरेशन आफ ट्रेड यूनियन का निर्माण

(1936) और बाद में उसका ए.आई.टी.यू.सी. में मिलन (1938), गाँधी सेवा संघ द्वारा हिन्दुस्तान मजदूर सेवक संघ का गठन (1938) और 1939 में द्वितीय महायुद्ध का प्रारम्भ आदि। 1939 में भारतीय श्रम संघ आन्दोलन पूर्णतया मिलिटेण्ट राजनीतिक श्रम संघवाद के रंग में रंग गया था।

मिलिटेण्ट श्रमिक संघ से सम्बन्धित विभिन्न आँकड़ों का प्रदर्शन निम्नलिखित सारिणी द्वारा किया गया है–

सारिणी 1

मिलिटेण्ट श्रमिक संघों की प्रगति

वर्ष	*पंजीकृत श्रमिक संघों की संख्या*	*पंजीकृत श्रमिक संघों की संख्या जो विवरण प्रस्तुत करते हैं*	*विवरण प्रस्तुत करने वाले श्रमिक संघों की कुल सदस्य संख्या*	*प्रति पंजीकृत श्रमिक संघ पर सदस्यों की औसत संख्या*
1927–28	29	28	1,00,619	3,594
1928–29	75	65	1,81,077	2,786
1929–30	104	90	2,42,355	2,693
1930–31	119	106	2,19,215	2,067
1931–32	131	121	2,35,693	1,948
1932–33	170	147	2,37,369	1,615
1933–34	191	160	2,08,071	1,300
1934–35	213	183	2,84,918	1,557
1935–36	236	205	2,68,326	1,309
1936–37	271	228	2,61,047	1,145
1937–38	420	343	3,90,112	1,137
1938–39	562	394	3,99,159	1,013

स्रोत: कार्निक वी.बी. : इंडियन ट्रेड यूनियन, ए सर्वे, पृ. 321।

उदारवादी (Moderate)[40] *या भीरू*[41] *श्रमिक संघवाद*

1939 के पश्चात् भारतीय औद्योगिक क्षितिज पर सामाजिक, आर्थिक एवं राजनीतिक स्थितियों में कुछ ऐसा परिवर्तन हुआ कि श्रम संघ के क्रियाकलापों में कुछ अधिक नरमी आई। मुख्य रूप से डिफेंस आफ इण्डिया एक्ट का क्रियान्वयन, नियम 81–अ के अन्तर्गत दिया जाने वाला कारावास, ए.आई.टी.यू.सी. का विभाजन और इण्डियन फेडरेशन ऑफ लेबर का निर्माण (1941), कम्युनिस्टों द्वारा भारत

छोड़ो आन्दोलन का विरोध, ए.आई.यू.सी. की सितम्बर 1942 में नागपुर में आयोजित बैठक में श्रमिक संघों द्वारा राजनीतिक समस्याओं पर हड़ताल के आयोजन के सम्बन्ध में राष्ट्रवादी नेताओं के प्रस्ताव की पराजय (1942), ए.आई.टी.यू.सी. के अध्यक्ष पद पर एस.ए. डांगे का चुनाव और वर्ल्ड फेडरेशन आफ ट्रेड यूनियन की स्थापना (1945) आदि कुछ कारकों के द्वारा श्रमिक संघ आंदोलन उदारवादी नीति अपनाने को बाध्य हुआ। इस अवधि में व्यक्तिगत श्रम संघों का विकास जिस क्रम से हुआ उस क्रम में सम्पूर्ण श्रमिक आन्दोलन का विकास नहीं हो पाया। इस काल के श्रमिक संघ आन्दोलन के विभिन्न पक्षों का प्रस्तुतीकरण निम्नलिखित सारिणी के द्वारा किया जा रहा है–

सारिणी 2

उदारवादी श्रमिक संघवाद की प्रगति

वर्ष	*कुल पंजीकृत श्रमिक संघों की संख्या*	*विवरण प्रस्तुत करने वाले पंजीकृत जो विवरण प्रस्तुत करते हैं*	*विवरण प्रस्तुत करने वाले श्रमिक संघों की कुल सदस्य संख्या*	*प्रत्येक पंजीकृत श्रमिक संघ पर सदस्यों की औसत संख्या*
1939–40	267	450	5,11,138	1,138
1940–41	727	483	5,13,832	1,046
1941–42	747	455	5,73,520	1,260
1942–43	693	489	6,85,299	1,401
1943–44	761	563	7,80,967	1,386
1944–45	865	573	8,89,388	1,562

स्रोतः कार्निक वी.बी. : इंडियन ट्रेड यूनियन, ए सर्वे, पृ. 32।

राजनीतिक श्रम संघवाद

द्वितीय महायुद्ध के पश्चात् चोर बाजारी और मुनाफाखोरी की प्रवृत्ति में निरन्तर वृद्धि, भारत छोड़ो आन्दोलन की समाप्ति के पश्चात् बन्दियों की रिहाई, राष्ट्रीय कांग्रेस द्वारा आजाद हिन्द फौज के बन्दियों के रक्षण का निश्चय, पटना और दिल्ली में पुलिस अभिकर्मियों की हड़ताल, अधिकांश प्रान्तों में कांग्रेस सरकार की स्थापना (1946), ए.आई.टी.यू.सी. और इण्डियन फेडरेशन ऑफ लेबर में आई.एल.ओ. के प्रतिनिधित्व के सम्बन्ध में उत्पन्न विवाद और 1947 में इण्टक की स्थापना आदि कुछ ऐसे कारक थे, जिन्होंने द्वितीय महायुद्ध के पश्चात् श्रम संघ आन्दोलन को प्रभावित किया। स्वतंत्रता प्राप्ति और देश के विभाजन के पश्चात् होने वाले दंगे, केन्द्रीय सरकार में होने वाले त्वरित परिवर्तन और इण्टक की

स्थापना एवं उसका केन्द्रीय एवं प्रान्तीय कांग्रेस सरकारों एवं कांग्रेस संगठन से प्रगाढ़ सम्बन्ध, विभाजन के बाद इण्डियन फेडरेशन ऑफ लेबर की शक्ति में कमी, त्रिदलीय सम्मेलन द्वारा औद्योगिक शान्ति प्रस्ताव का पारण, ए.आई.टी.यू.सी. के प्रभाव में कमी, 1948 में कांग्रेस सोशलिस्ट पार्टी का ए.आई.टी.यू.सी. से विलगाव, हिन्द मजदूर पंचायत का गठन, हिन्द मजदूर पंचायत और इण्डियन फेडरेशन आफ लेबर के सम्मिलन से हिन्द मजदूर सभा का निर्माण (दिसम्बर 1948), यूनाइटेड ट्रेड यूनियन कांग्रेस का निर्माण (1948), 26 जनवरी 1950 को भारतीय संविधान का कार्यान्वयन, देशी रियासतों का केन्द्रीय संघ में सम्मिलन, राष्ट्रीय विकास हेतु संगठित प्रयास का प्रारम्भ, 1952 में प्रथम आम चुनाव में विभिन्न राजनीतिक दलों की श्रमनीति की घोषणा, आल इण्डिया रेलवे मेन्स फेडरेशन तथा इण्डियन नेशनल रेलवे वर्क्स फेडरेशन का विलयन और नेशनल फेडरेशन फॉर इण्डियन नेशनल रेलवे वर्क्स की स्थापना, देश की संसद द्वारा समाजवादी समाज के स्थापन सम्बन्धी प्रस्ताव की स्वीकृति, 1955 में कुछ समाजवादियों द्वारा पुनः हिन्द मजदूर पंचायत की स्थापना, भारतीय मजदूर संघ की स्थापना (1955), नेशनल फेडरेशन आफ इण्डियन रेलवे मेन का दो दलों में विभाजन (आल इण्डिया रेलवे मेन्स फेडरेशन तथा इण्डियन नेशनल रेलवे वर्कर्स फेडरेशन 1957) औद्योगिक प्रतिष्ठानों में अनुशासन संहिता की स्थापना, केरल की साम्यवादी सरकार के विरुद्ध मोर्चा लेने के लिए इण्टक, हिन्द मजदूर सभा तथा यूटक द्वारा संयुक्त ट्रेड यूनियन कौंसिल का निर्माण, द्वितीय वेतन आयोग के प्रतिवेदन का प्रकाशन (1959), ऑल इण्डिया रेलवे मेन्स फेडरेशन द्वारा ज्वाइंट कौंसिल आफ एक्शन का निर्माण, केन्द्रीय सरकार द्वारा आवश्यक सेवा अनुरक्षण अध्यादेश का जारी किया जाना, (जिसके द्वारा सरकार को आवश्यक सेवाओं में हड़ताल के निरोध का अधिकार प्राप्त हो जाता है) फ्री ट्रेड यूनियन कान्फेडरशन की स्थापना (1963), 1962 में चीन युद्ध के समय आपातकालीन स्थिति की घोषणा, डिफेंस आफ इण्डिया रूल का क्रियान्वयन, संविधान की धारा 311 का संशोधन (जिसके द्वारा अभियुक्त को आरोपों की सूचना देने एवं इस सम्बन्ध में उसकी सफाई को सुनने की व्यवस्था की गई है, 1963), बॉम्बे बन्द की सफलता से प्रभावित होकर 'बन्द' को हड़ताल की एक प्रविधि के रूप में प्रयोग करना, गुजरात में नेशनल लेबर आर्गनाइजेशन की स्थापना, (जनवरी 1972)[42], आल इण्डिया ट्रेड यूनियन कांग्रेस द्वारा नेशनल कौंसिल आफ सेन्ट्रल ट्रेड यूनियन का गठन (मई 1972) आदि कुछ तत्व श्रमिक संघवाद को राजनीतिक आन्दोलन का जामा पहनने हेतु प्रमुख रूप से जिम्मेदार हैं। इस अवधि में श्रमिक संघों पर राजनीति का पूरा प्रभाव था और विभिन्न श्रमिक संघ एक–दूसरे के साथ विलयन और विलगाव करते रहते थे। इस अवधि के श्रमिक संघों की प्रगति के सम्बन्ध में विविध तथ्यों का विवरण निम्न सारिणी में दिया गया है–

सारिणी 3

राजनीतिक श्रम संघवाद की प्रगति

वर्ष	*कुल पंजीकृत श्रमिक संघों की संख्या*	*विवरण प्रस्तुत करने वाले श्रमिक संघों की संख्या*	*विवरण प्रस्तुत करने वाले श्रमिक संघों की सदस्य संख्या*	*प्रत्येक पंजीकृत श्रमिक संघ पर सदस्यों की औसत संख्या*
1945–46	1,087	585	8,64,031	1,480
1946–47	1,225	998	1,31,962	1,335
1947–48	2,766	1,529	16,62,929	1,026
1948–49	3,150	1,845	18,60,107	1,061
1949–50	3,522	1,919	18,21,132	949
1950–51	3,766	2,202	17,56,971	877
1951–52	4,623	2,556	19,96,311	781
1952–53	4,234	2,178	20,99,003	772
1953–54	6,029	3,295	21,12,695	641
1954–55	6,658	3,545	21,70,450	612
1955–56	8,095	4,006	22,75,000	568
1956–57	8,554	4,399	23,77,000	540
1957–58	10,045	5,520	30,15,000	546
1958–59	10,228	6,040	36,47,000	604
1959–60	10,811	6,588	29,23,000	596
1960–61	11,312	6,813	40,13,000	589
1961–62	11,614	71,087	39,77,000	561
1962–63	11,882	7,251	36,82,000	508
1963–64	11,984	7,250	39,77,000	549
1964–65	13,023	7,543	44,66,000	592
1965–66	13,248	6,932	37,88,000	546
1966	14,686	7,244	43,92,000	606
1967	15,314	7,523	45,25,000	602
1968	16,716	8,851	51,21,000	579
1969	18,837	6,423	4,90,000	582
1970	20,681	7,835	48,87,000	621
अपूर्ण				
1971	21,565	6393	37,62,000	586
1972	21,757	1930	1,08,000	522

स्रोत: 1. कार्निक, वी.बी., पूर्वोद्धृत, पृ. 231।
2. इण्डियन लेबर स्टैटिस्टिक्स, 1975, पृ. 167।

कर्तव्यपरायण श्रमिक संघवाद

25 जून 1975 को आपातकालीन स्थिति की घोषणा के पश्चात् संविधान की धारा 19 को निलम्बित कर दिया गया, 1 जुलाई 1975 में 20–सूत्री नवीन आर्थिक कार्यक्रमों की घोषणा की गई, बोनस की उत्पादकता के साथ जोड़ने की नीति अपनाई गई, निजी क्षेत्र के लिए त्रिदलीय राष्ट्रीय शीर्ष संगठन का गठन किया गया और संविधान में नियम 31 (1) को जोड़ा गया। आपातकाल के कुछ क्रियाकलापों के फलस्वरूप श्रमिक आन्दोलन आन्तरिक रूप से क्रोध और विद्रोह की ज्वाला से जलता रहा, किन्तु बाह्य रूप से उसका स्वरूप शान्तिपूर्ण, कर्तव्यपरायण एवं राष्ट्र के विकास में सहयोगात्मक रहा। इण्टक की कार्य समिति ने फरवरी 1976 की बैठक (जमशेदपुर) में यह निश्चय किया कि श्रम संघ को आर्थिक कार्यक्रमों को अधिक अर्थपूर्ण बनाने के लिए निरन्तर कार्य करना चाहिए।[43]

किन्तु पाँचवें महानिर्वाचन के पश्चात् देश में जनता पार्टी की सरकार बनी। इसके फलस्वरूप आन्तरिक[44] और बाह्य आपातकालीन[45] स्थिति की समाप्ति हुई, नागरिकों को जीवन और स्वतंत्रता हेतु अपेक्षित अधिकारों की पुनर्प्राप्ति हुई[46] एवं बोनस को विलम्बित वेतन के रूप में स्वीकार किया गया। श्रम संघों के ऊपर जो कर्तव्यपरायणता थोपी गई थी, वह धीरे–धीरे समाप्त होने लगी और श्रम संघ पुनः संगठित ढंग से अपने अधिकारों की प्राप्ति हेतु प्रयास करने लगे। इन बातों के फलस्वरूप हड़ताल आदि क्रियाओं का बाहुल्य सा हो गया। एक लम्बी अवधि तक दबा हुआ आक्रोश उभर कर सामने आया।

श्रमिक संघ आन्दोलन की गतिविधियों की विकास की दृष्टि से यदि हम 1970 के दशक पर दृष्टि डालेंगे, तो यह ज्ञात होगा कि यह दशक हमारे लिए अवसरों को खो देने वाला था। न तो इस दशक में श्रमिक संघों की सदस्यता में वृद्धि हुई न इसके कार्य क्षेत्र के अन्तर्गत किसी नवीन एरिया का समावेश हुआ। बहुत से औद्योगिक केन्द्रों में श्रम संघवाद का पारस्परिक संघर्ष ज्यों का त्यों कायम रहा। यदि पिछले दशक में श्रमिकों एवं नियोक्ताओं के बीच निरन्तर संघर्ष हुआ तो इस दशक में स्वयं श्रमिक संघों के भीतर ही संघर्ष होता रहा। इस दशक में नई चुनौतियों का भी सामना करना पड़ा। इमरजेन्सी के दौरान जनतांत्रिक श्रमिक संघों को एक नवीन कठिनाई का सामना करना पड़ा था। इसके अतिरिक्त ऊर्जा की कटौती, बढ़ती हुई बेरोजगारी तथा औद्योगिक सम्बन्धों के बीच राजकीय हस्तक्षेप ज्यों का त्यों बना रहा। संयुक्त श्रम संघ आन्दोलन की आवश्यकता अभी भी ज्यों की त्यों बनी रही। इस दशक के प्रारम्भ में तत्कालीन श्रम मंत्री खाडिलकर ने यह प्रयास किया कि कम से कम अखिल भारतीय स्तर के ट्रेड यूनियन फेडरेशनों का एक औपचारिक संगठन बनाया जाए। किन्तु यह प्रयास भी सफल नहीं हो पाया।

इमरजेन्सी की स्थिति में देश के विभिन्न राजनीतिक दलों ने आपस में जनता पार्टी का गठन किया था। इस एकात्मकता से प्रभावित होकर हिन्द मजदूर सभा ने भी जनता पार्टी से सम्बंधित श्रमिक संगठनों को एक करने का प्रयास किया। किंतु यह

प्रयास सफल नहीं रहा। तत्पश्चात् हिन्द मजदूर सभा ने यह प्रस्ताव पारित किया कि श्रमिक संघों को राजनीतिक दलों से पूर्णतया असम्बद्ध होकर कार्य करना चाहिए। इस फेडरेशन के महामंत्री ने इस दिशा में कुछ प्रयास भी किया किन्तु अन्य फेडरेशनों ने इसका साथ नहीं दिया। इस बीच जनता पार्टी में बिखराव पैदा हुआ और यह दल सत्ताच्युत हो गया। फलस्वरूप उस दल से सम्बंधित कुछ श्रमिक संघों के फेडरेशनों में जो एकता का प्रयास हुआ था उसमें गतिरोध उत्पन्न हो गया। 1977 में जब केन्द्र में कांग्रेस सरकार का पतन हुआ था तो इण्टक ने यह घोषित किया था कि वह अब बिना किसी राजनीतिक दल का सहारा लिए स्वतंत्र रूप से कार्य करेगा। किन्तु 1979 में वह कांग्रेस (आई) से सम्बद्ध हो गया।

इस अवधि में भी श्रम संघ आन्दोलन नेताओं के इर्द–गिर्द केन्द्रित रहा। एक ही फेडरेशन के अन्तर्गत विभिन्न नेताओं के कारण विरोधी श्रमिक संघों का गठन होता रहा। बॉम्बे, बिलासपुर और पूना में यह प्रवृत्ति विशेष रूप से देखने को मिली। इस दशक में किसी महत्त्वपूर्ण नेता का श्रम संघ पटल पर आविर्भाव नहीं हुआ, केवल कुछ पुच्छल तारे कभी–कभी उदय होते रहे। ऐसे व्यक्तियों का योगदान श्रमिक संघ आन्दोलन में एकता लाने की दृष्टि से नगण्य रहा। इस प्रकार के नेताओं का धर्म केवल हिंसात्मक घटनाओं का आयोजन मात्र बन गया। यद्यपि ऊपर से तो निरपेक्ष एवं स्वतंत्र श्रम संघवाद का नारा बुलन्द होता रहा, किन्तु भीतर ही भीतर श्रम संघवाद और राजनीतिक दलों के सम्बन्धों में और अधिक प्रगाढ़ता आती गई।

इस अवधि में प्रबन्धकीय अधिकारियों के व्यवसाय संघ आन्दोलन का भी कुछ अंश में प्रसार हुआ। यद्यपि इन लोगों ने अपने को किसी फेडरेशन के प्रभाव से दूर रखा, किन्तु अभी तक किसी सशक्त केन्द्रीय संगठन का गठन इनके द्वारा नहीं हो पाया। जनता सरकार द्वारा प्रस्तावित व्यापक औद्योगिक सम्बन्ध विधेयक के अन्तर्गत प्रबंधकीय अधिकारियों की सेवाओं के संरक्षण का भी प्रावधान था, किन्तु विधेयक पारित नहीं हो पाया।

इस अवधि में व्यवसाय संघ आन्दोलन में किसी नवीन एवं महत्त्वपूर्ण प्रवृत्ति का योगदान नहीं हो पाया है और प्रारम्भ से ही जिन असंगतियों ने इस आन्दोलन को प्रभावित किया था उनका प्रभाव और भी बढ़ा। यद्यपि इस बात की सम्भावनाएँ विद्यमान थीं कि एक राष्ट्रीय व्यवसाय संघ फेडरेशन का गठन किया जाता जो राजनीतिक दलों के प्रभाव से मुक्त होता, किन्तु इस दिशा में कोई उपलब्धि नहीं हो पाई है।

श्रम संघों ने ऊपर से जो कर्तव्यपरायणता निभाई थी, वह धीरे–धीरे समाप्त होने लगी और श्रम संघ पुनः संगठित ढंग से अपने अधिकारों की प्राप्ति हेतु प्रयास करने लगे। इस कार्य में हड़ताल आदि क्रियाओं का बाहुल्य सा हो गया। एक लम्बी अवधि तक दबा हुआ आक्रोश उभर कर सामने आया। छठे महानिर्वाचन के पश्चात् जब देश में जनता पार्टी की सरकार पदारूढ़ हुई तो आन्तरिक एवं बाह्य आपात्कालीन स्थितियों की समाप्ति हो गई और संविधान में पुनः संशोधन कर नागरिकों के अधिकार एवं स्वतंत्रता को पुनर्स्थापित कर दिया गया। 1974 की रेलवे हड़ताल में जिन कर्मचारियों

को निकाल दिया गया था, उन्हें पुनः काम पर वापस ले लिया गया। श्रमिक संघों पर जो कर्तव्यपरायणता थोपी गई थी, वह धीरे–धीरे समाप्त हो गई। उक्त शासन काल में हिन्द मजदूर सभा ने प्रस्ताव पारित किया कि श्रमिक संघ राजनीतिक दलों के प्रभाव से दूर रहें और एच.एम.एस. इस दिशा में पहल करेगी। किन्तु श्रम संगठनों की प्रतिक्रिया इस सम्बंध में विशेष उत्साहवर्धक नहीं थी।

इस प्रकार 70 के दशक में श्रमिक संघों में न तो किसी नवीन एवं महत्त्वपूर्ण प्रवृत्ति का विकास हुआ और न ही किसी महत्त्वपूर्ण श्रमिक संघ का नेता ही इस दशक में सामने आया। किन्तु श्रमिक संघों की परम्परागत कार्य प्रणाली में कुछ परिवर्तन आया। मई 1980 में बैंकाक में इण्टरनेशनल कान्फेडरेशन ऑफ ट्रेड यूनियन की बारहवीं रीजनल कान्फ्रेंस हुई, जिसके प्रभाव से ग्रामीण श्रमिकों के संघ निर्मित करने की प्रवृत्ति का विकास भी भारतीय श्रम संघ के अन्तर्गत हुआ। इण्टक ने तो अपनी ग्रामीण शाखा का गठन पहले ही कर लिया था। अब एच.एम.एस. ने भी अपनी ग्रामीण शाखा का गठन किया। किन्तु अभी इस दिशा में कोई उल्लेखनीय प्रगति नहीं हो पाई है। हम आशा करते हैं कि भविष्य में हमारे श्रमिक संघ उत्पादकता मूलक सामूहिक सौदेबाजी का विशेष सहारा लेंगे और राष्ट्रीय नीतियों को भी प्रभावित करेंगे।

80 के दशक में श्रमिक संघों का आक्रोश कलकत्ता के औद्योगिक केन्द्रों की अपेक्षा बम्बई के औद्योगिक केन्द्रों में विशेष रूप से दिखाई पड़ा। डॉक्टर दत्ता सामंत नामक स्वतंत्र श्रम संघ नेता का बम्बई के श्रमिक संघों पर लगभग एक दशक से वर्चस्व स्थापित था। वे कार्य के त्वरित निष्पादन पर भरोसा करते थे। सामन्त हिंसात्मक कार्य प्रणाली में विश्वास करते थे उन्हें रोने वाले श्रमिकों की आवश्यकता नहीं थी। वे लड़ाकू श्रमिक चाहते थे। उन्हें लेबर कोर्ट की कोई आवश्यकता महसूस नहीं होती थी। उनके अनुसार इस प्रकार के कोर्ट श्रमिकों को फँसाने के जाल मात्र थे, किन्तु इस प्रकार की हिंसात्मक संस्कृति श्रमिक संघों की स्थायी संस्कृति नहीं बन पाई। वी.जे. मेहता नामक एक प्रमुख श्रमिक नेता के अनुसार हिंसा की संस्कृति में भी शीघ्र ही उतार आएगा, क्योंकि अब वह अपनी पराकाष्ठा पर पहुँच गई है।

उपर्युक्त हिंसात्मक प्रवृत्ति के बावजूद श्रमिक संघों की गतिविधियों में कुछ रचनात्मकता का भी समावेश हो रहा है। इस सम्बन्ध में इण्टक के 168वीं संसद के मुख्य अतिथि राजीव गाँधी का व्याख्यान विशेष उल्लेखनीय है, जिसमें उन्होंने श्रमिक संघों से अनुशासित होकर उत्पादकता वृद्धि का सुझाव दिया था और प्रशिक्षण के माध्यम से श्रम संघ आन्दोलन को एक वृत्तिक स्वरूप प्रदान करने की संस्तुति की थी।

नई आर्थिक नीति एवं श्रम संघवाद

सन् 1991 से भारत में नवीन आर्थिक नीतियों को लागू किया गया तथा आर्थिक उदारीकरण एवं भूमंडलीकरण की नीति अपनाई गई, जिसने श्रम संघ आन्दोलन को बुरी तरह से प्रभावित किया क्योंकि उदारीकरण की प्रक्रिया से इस आन्दोलन में एक ओर उपभोक्ता आन्दोलन सहजतापूर्वक घुसपैठ करने लगा है तो दूसरी ओर श्रम संघों

की विरोधी शक्तियाँ मजबूत हुई हैं। सरकार भी स्वयं ऐसे दबाव में हो गई कि वह सामाजिक साझेदारों के हितों के संतुलन के क्षेत्र से विमुक्त होकर अलग हट जाए। उदारीकरण के कारण बहुराष्ट्रीय शक्तियों द्वारा संचालित प्रबन्ध मजबूत हुआ, तथा श्रम प्रबंध सम्बन्धों में परिस्थितियाँ नियोजकों के अनुकूल हुईं। नियोजक अपनी इकाइयों को बंद करने तथा कर्मचारियों की छँटनी करने के लिए पूर्वापेक्षा अधिक स्वतंत्र हुए। बेरोजगारी में वृद्धि, रोजगार की स्थिति में परिवर्तन, कार्य करने वाले संस्थानों में बदलाव, सरकारी नियमों एवं मालिकों के उत्तरदायित्व में ह्रास आदि के कारण पूरे विश्व में श्रम संघों की स्थिति ह्रासोन्मुख हो गई। ऐसी दशा में श्रमिक संगठन सामान्य उपभोक्ता अर्थात् जनता पर अधिक निर्भर हो गए हैं और अपने विरोधी पक्षों के प्रति जन समर्थन का झुकाव झेल पाने की स्थिति में नहीं रह गए। अतः श्रम संघ जन विरोधी कार्यवाही के ऐसे तरीकों का चुनाव केवल अपने उद्देश्यों की उपेक्षा करने के उपरान्त ही कर सकते हैं, क्योंकि 'बन्द' जैसी कार्यवाही से लोगों की पीड़ा समझी जा सकती है खासकर जो आपात या चिकित्सीय स्थितियों का सामना कर रहे होते हैं। श्रम संघ द्वारा विधि व्यवस्था की समस्या उत्पन्न करने पर सरकार द्वारा इसके नियंत्रण हेतु उपाय करना आसान हो जाता है और दूसरी ओर आम लोगों की सहानुभूति श्रमिकों से नहीं होकर इसके दूसरे पक्ष से हो जाती है। ज्ञातव्य है कि ऐसे कई मामलों में न्यायालय में जनहित याचिका भी दायर की गई तथा 1988 ई. में बंगाल उच्च न्यायालय एवं 1997 में केरल उच्च न्यायालय ने हस्तक्षेप करते हुए ऐसी कार्यवाहियों को नागरिकों को प्रदत्त मौलिक अधिकारों में हस्तक्षेप माना है। हड़ताल की अवधि लंबी होने पर कई बार जनता आक्रामक हो जाती है। ग्रेट ब्रिटेन के एक मामले में मरीज और जनता चिकित्सा कर्मचारियों पर हमले करने लगी थी। भारत में भी केरल के राजकीय कर्मचारियों की हड़ताल लंबी हो जाने की दशा में जबरन स्कूल खोलने से लेकर स्वयंसेवक शिक्षकों द्वारा शिक्षा संचालन आदि कार्य भी आयोजित किए गए थे। प्रश्न यह है कि सीधी कार्यवाही को किसी ऐसे कार्य का रूप लेना चाहिए, जो अन्य वर्गों के संघर्ष के रूप में विस्तारित हो जाए और उससे वैसे लोग पीड़ित हों, जो उसके नियोजित नहीं हैं? श्रम संघ के ऐसे कार्य उन्हें जनसमर्थन से वंचित करते हैं। वर्तमान समय में जहाँ श्रम संघ आन्दोलन छोटे–छोटे टुकड़ों में विखंडित होकर कमजोर हुए हैं, औद्योगिक कार्यवाही की सफलता के लिए जनता की सहानुभूति की कामना नहीं की जा सकती और इसके लिए उन्हें अपनी कार्यवाही के सामान्य जनता पर पड़ने वाले दुष्प्रभावों को ध्यान में रखना अनिवार्य एवं आवश्यक है ताकि नागरिकों को दूसरों की गलती की सजा नहीं मिले।

भारतीय श्रम संघ आन्दोलन श्रम संघों के छोटे–छोटे टुकड़ों में विघटित होने के कारण जहाँ कमजोर हुआ है, वहीं राजनीतिक श्रम संघवाद इसके प्रभावों को क्षीण कर रहा है। आज भी राष्ट्रीय स्तर पर कई ऐसे श्रम संगठन सक्रिय हैं जो दलगत राजनीति एवं आपसी खींचतान में संलग्न हैं। श्रम संघों की राजनीतिक संबद्धता ने इसे संगठित क्षेत्र के उद्योगों तक ही सीमित कर दिया है, जिसमें भारत की कुल श्रम शक्ति का

केवल 7 प्रतिशत भाग नियोजित है। लगभग 93 प्रतिशत श्रमिकों का श्रम संघ आंदोलन से बाहर रहना भारतीय श्रम संघ आन्दोलन की नैतिकता का काला पक्ष है।

श्रम संघ आन्दोलन को दूसरा भीषण खतरा अन्डरवर्ल्ड से उत्पन्न हुआ है। केन्द्रीय श्रम संगठनों की राजनीतिक सम्बद्धता के कारण इनका विकास एवं विस्तार राजनीतिक दलों के अनुरूप होता गया, फलस्वरूप उपक्रम या इकाई स्तर पर उत्पन्न होने वाले शून्य के कारण कुछ खतरनाक डॉन के द्वारा श्रम संघों के निर्माण का प्रयास किया गया, जो वैसी मांगों की पूर्ति का दावा भी करने लगे, जो श्रम संघ के सामान्य तरीकों व साधनों से प्राप्त नहीं किया जा सका था और असफलता हाथ लगी थी पर ऐसे श्रम संघ कुछ मामलों में सफल भी रहे, जिसके कारण विश्वसनीय श्रम संघों की सदस्यता में ह्रास हुआ और असामान्य तरीके या साधन का प्रयोग करने वाले श्रम संघ के प्रति श्रमिकों का आकर्षण हुआ। यह स्थिति कुछ दशाओं में दत्ता सामंत के दिनों की याद ताजा कर देने वाली है। इन मामलों में श्रम संघी श्रमिक नहीं होकर अन्डरवर्ल्ड के लोग होते हैं, जो जबरी वसूली एवं संभावित लाभों के लिए निर्दोष बिन्दु तक अपने प्रभाव क्षेत्र का विस्तार करते हैं। आतंक के वातावरण में लोग केवल अपनी जान की सुरक्षा के लिए कार्य करते हैं, फलस्वरूप श्रम संघ आन्दोलन एवं उद्योग प्रतिबंध के दायरे में सीमित हो जाते हैं। परंपरागत तरीकों में विश्वास करने वाले विश्वसनीय श्रम संगठनों को कमजोर मात्र करने वाले ऐसे तत्वों के विकास एवं विस्तार की रोकथाम अवश्य की जानी चाहिए।

इस अवधि में श्रम संघ आन्दोलन की प्रगति धीमी होने का एक प्रमुख कारण स्वार्थी श्रम संघ नेतृत्व भी है। देखा गया है कि कुछ श्रम संघ नेता ठेका मजदूर की समाप्ति की मांग करते थे, परंतु जब संविदा समर्पण पत्र उन्हें या उनके बेनामी एजेंट को प्रदान किया गया तो वे अंततोगत्वा शान्त हो जाते हैं, फलस्वरूप कामगारों की नजर में श्रम संघ नेता गिर जाते हैं और वे यह सोचने के लिए बाध्य हो जाते हैं कि प्रत्येक श्रम संघ नेता की एक कीमत होती है। फलस्वरूप श्रमिकों के बीच श्रम संघों के लिए आदर सम्मान में कमी आई है। नेतृत्व करने वाले स्थायी कामगार द्वारा अपना काम दूसरे व्यक्ति से कराना तथा मजदूरी में से अपना हिस्सा प्राप्त करना, श्रम संघों द्वारा परिवेदना को उठाना तथा प्राप्त लाभों पर कमीशन प्राप्त करना आदि इसके अन्य कारणों में शामिल हैं। हालांकि श्रम संघों की क्लोज्ड शाप में परिवर्तित करने की प्रवृत्ति को श्रम संघ आंदोलन ने लगभग आत्मसात कर लिया है।

सन् 1991 से 1994 के बीच पंजीकृत श्रम संघों की संख्या में यद्यपि वृद्धि हुई परन्तु प्रति श्रम संघ औसत सदस्यता के साथ–साथ रिटर्न जमा करने वाले श्रम संघों की संख्या में भी कमी देखी गई। कुछ औद्योगिक एवं भौगोलिक क्षेत्रों में औद्योगिक श्रम संघों का निर्माण हुआ, जिन्होंने केन्द्रीय श्रम संगठनों से सम्बद्ध नहीं होकर अपना स्वतंत्र अस्तित्व बनाए रखना अस्वीकार किया। इनमें से कुछ श्रम संघों का अस्तित्व और कार्य आदि इकाई अथवा प्लान्ट स्तर तक सीमित थे। तथापि कुछ श्रम संघ बैंक कर्मचारियों के संगठन की तरह उद्योग स्तर पर कार्य कर रहे थे। कुछ अन्य श्रम संघ

कुछ उद्योगों से संबंधित अंगों में निर्मित हुए लेकिन वे भी केन्द्रीय श्रम संगठनों से अलग रहे। इनमें नेशनल एलायंस ऑफ कान्स्ट्रक्शन वर्कर्स, नेशनल फिश वर्कर्स, फेडरेशन तथा नेशनल एलायंस आफ स्टील वर्कर्स आदि शामिल हैं।

इस प्रकार कमजोर श्रम संघ, केन्द्रीय श्रम संगठनों से मोहभंग, श्रम संघ कार्यों के प्रति सामान्य श्रमिक की अरुचि, स्वतंत्र एवं असम्बद्ध श्रम संघों की उत्पत्ति इत्यादि कारकों का संयुक्त प्रभाव यह हुआ कि श्रम संघ विशेषकर केन्द्रीय श्रम संगठनों की आपस में मिलकर अस्थायी संघर्ष समिति या संयुक्त मोर्चा बनाकर संघर्ष करने की प्रवृत्ति में वृद्धि हुई अथवा वैसे किसी संघर्ष का समर्थन करने की प्रवृत्ति उत्पन्न हुई, जो उनमें से किसी एक के द्वारा प्रारंभ किया गया हो। यद्यपि संघर्ष के दौरान इनके बीच मतभेद भी उभरकर सामने आए, जो नई नई उत्पन्न परिस्थितियों के बारे में प्रतिक्रिया व्यक्त करने अथवा समझौता या संघर्ष की अवधि से संबंधित थे। यह स्थिति भारत एल्युमीनियम कंपनी (BALCO) में विनिवेश के विरुद्ध आयोजित संघर्ष के दौरान उत्पन्न हुई थी। इसी प्रकार विनिवेश, निजीकरण एवं सरकार की आर्थिक नीतियों के विरोध में एक दिन की अखिल भारतीय हड़ताल का आयोजन सभी केन्द्रीय श्रम संगठन द्वारा संयुक्त रूप से आयोजित किया गया तथा कोयला को निजी क्षेत्र के लिए खोलने के विधेयक के विरोध में फेडरेशन आफ सेन्ट्रल ट्रेड यूनियन द्वारा संगठित हड़ताल का आयोजन किया गया। श्रम संघों की संयुक्त गतिविधियों के कई अन्य उदाहरण सामने आए हैं। इस प्रकार श्रम संघों द्वारा प्लांट या उद्योग स्तर पर संघर्षों को त्याग कर नीतिगत मसलों पर संघर्ष करने की नीति, श्रमिकों के संघर्ष तथा लोक सहानुभूति से विमुख करने वाली शक्तियों की उपेक्षा करने की आवश्यकता पर निश्चित रूप से प्रभाव डालेगी। वास्तविक तथ्य यह है कि आज श्रम संघ आन्दोलन असमंजस की स्थिति में पड़ा हुआ है क्योंकि परंपरागत मार्ग का परित्याग कर वह किस दिशा में आगे बढ़े, क्योंकि उदारीकरण ने श्रम संघों के सामने गंभीर चुनौती खड़ी कर दी है। फलस्वरूप श्रम संघ आन्दोलन को अपनी भूमिका पर नए सिरे से विचार करना पड़ रहा है। उसके सामने सोच–विचार के चार प्रमुख मुद्दे हैं–

1. विश्वव्यापी औद्योगिक श्रमिकों की आरक्षित सेना के आविर्भाव से पैदा हुआ संकट।
2. वैश्विक कार्यशक्ति के टुकड़ों में बंटते जाने का संकट।
3. विकसित होते हुए औद्योगीकरण और वैश्विक श्रमजीवीकरण के बीच बढ़ती गहराई को राज्य के दमनात्मक रूप द्वारा बनाए रखने का संकट।
4. श्रमिकों की अंतर्राष्ट्रीय एकता के लिए नई–नई मुश्किलें पैदा होने का संकट।

प्रतियोगितात्मक विचारधारा वाली दुनिया केवल बाजार को ही नीति नियामक मानती है। इस बाजारवादी नीति का ही परिणाम है कि सारी दुनिया में यह बात फैलाई जा रही है कि अंतर्राष्ट्रीय श्रम मानकों को और लचीला किया जाना चाहिए। अर्थात् श्रम की भूमिका बाजार की प्रतिस्पर्धा से संचालित होगी और हायर एंड फायर का सिद्धांत अर्थात् कंपनियों द्वारा अपने काम के हिसाब से अपनी शर्तों पर मजदूरों को

रखना और काम निकलते ही उन्हें बाहर निकाल देना, लागू होगा। कोशिश यह भी हो रही है कि मानवाधिकारों को व्यापार के लिए बने अंतर्राष्ट्रीय श्रम मानकों से भी जोड़ा जाए। इससे जो देश उचित श्रम मानक का उल्लंघन करेंगे, उनके आयात पर पाबंदी लग सकेगी। अब तक भारतीय श्रम संघों ने इसका विरोध किया है क्योंकि यह औद्योगिक देशों के उत्पादन को तो सुरक्षा देता है परंतु मजदूरों के हितों पर कुठाराघात करता है। वैश्विक प्रभाव वाले संकटों का सामना अंतर्राष्ट्रीय एकता द्वारा ही संभव है, जिसके मार्ग में अनेकानेक बाधाएँ हैं, परन्तु भारतीय श्रमिक संघर्षशील हैं और अपने हितों पर चोट करने वाली शक्तियों के विरुद्ध हमेशा से ही संघर्ष किया है। भारतीय श्रम संघों ने लोक उद्यमों के निजीकरण के प्रवाह को संघर्ष द्वारा धीमा करने में सफलता पाई है। मजदूर संगठनों की इस शक्ति का अंदाजा इसी बात से लगाया जा सकता है कि सरकार चाह कर भी अनेक सार्वजनिक उपक्रमों का विनिवेश नहीं कर पा रही है परन्तु यह भी सच है कि जिन क्षेत्रों में निजीकरण की प्रक्रिया स्थिर है, वहाँ पूर्व के निजीकरण के बुरे अनुभवों का प्रभाव सरकार पर अधिक दिखता है क्योंकि ग्रेट ईस्टर्न जैसे खाली कराए गए भवनों आदि के लिए किराएदार नहीं मिल पा रहे हैं। इसके अतिरिक्त सरकार के अन्दर अंतर्विरोधों में वृद्धि के कारण भी यह प्रक्रिया धीमी हुई है। अतः देश के पूंजीवादी स्वरूप में अपनी सभी कमजोरियों को दूर कर सौदेबाजी की शक्ति का विकास करना अपरिहार्य हो गया है।

वर्तमान श्रम संघ आंदोलन की एक महत्त्वपूर्ण विशेषता यह परिलक्षित हुई है कि श्रम संघ औद्योगिक कार्यवाही हेतु परंपरागत माँगों यथा, मजदूरी, कार्य की दशाओं आदि के साथ–साथ सरकारी नीति यथा, विनिवेश, निजीकरण आदि उद्देश्यों का शीघ्रता एवं दृढ़तापूर्वक त्याग करने लगे हैं। कुछ श्रम संघ तो मजदूरी में कटौती तथा स्थिर मजदूरी (wage freeze) के लिए भी तैयार हैं, क्योंकि बदलते परिदृश्य में कार्य सुरक्षा का अभाव तथा रोजगार में बढ़ते खतरों के कारण श्रम संघों की स्थिति कमजोरी हुई है। नवीन आर्थिक युग में न्यायपालिका, कार्यपालिका, विधायिका, नियोजक, भू–स्वामी, नव–उदारवादी एवं प्रतिक्रियावादी तत्व सभी श्रम संघ आन्दोलन के विरुद्ध होते जा रहें हैं और श्रम संघों को कृत्रिम एवं बाजार को विकृत कर देने वाली संस्था मान रहे हैं। विपरीत परिस्थितियों के कारण औद्योगिक विवाद की घटनाओं में कमी आई है। अधिकांश लम्बी चलने वाली हड़ताल श्रमिकों के पक्ष में परिणाम देने में असफल रही है। स्वैच्छिक सेवा निवृत्ति (VRS) में कर्मचारियों को प्रताड़ित करने तथा हिंसा की धमकी देकर सेवा निवृत्ति के लिए मजबूर किए जाने की घटनाओं की चर्चा भी श्रम संघ कार्यकर्ता दबी जुबान से करते हैं, निजी क्षेत्रों के साथ–साथ लोक उपक्रमों में बढ़ती मजदूरी भिन्नता और बड़े पैमाने पर बेकारी एवं छंटनी के विरुद्ध श्रम संघों ने मौन धारण कर लिया है। औद्योगिक संस्थान के बंद हो जाने के भय से हड़ताल या अन्य औद्योगिक कार्यवाही से श्रम संघ कतराने लगे हैं तथा कार्य एवं सेवा की येन–केन प्रकारेण सुरक्षा को ही अपना मुख्य ध्येय मान लिया है। इस प्रकार की कार्यवाही का उदाहरण भारतीय एल्युमीनियम कंपनी के निजीकरण के प्रश्न पर की

गई हड़ताल में देखा गया है। सरकारी सेवकों द्वारा राजस्थान आंदोलन, उत्तर प्रदेश में बिजली कर्मियों द्वारा हड़ताल, सरकारी कर्मियों द्वारा केरल में हड़ताल इसी प्रकार के अन्य उदाहरण हैं। वर्ष 2003 में तमिलनाडु में तेरह लाख सरकारी कर्मियों एवं शिक्षकों के अनिश्चितकालीन हड़ताल पर तमिलनाडु सरकार ने प्रतिबंध लगा दिया और 'रूल ऑफ कंडक्ट' में हड़ताल का प्रावधान रहते हुए भी सर्वोच्च न्यायालय ने इस मामले में निर्णय करते हुए कहा है कि "सरकारी कर्मियों को हड़ताल करने का कोई मौलिक, कानूनी या नैतिक अधिकार नहीं है।" इस फैसले के बाद तमिलनाडु सरकार ने तिस्मा (TISMA) 2002 का प्रयोग करते हुए कर्मचारियों एवं शिक्षकों के करीब 2,300 नेताओं को गिरफ्तार कर लिया और करीब 1.7 लाख कर्मियों को बर्खास्त कर दिया। श्रम संघ आंदोलन के लिए यह एक बड़ा भारी धक्का था। कामगार विरोधी न्यायिक फैसलों से नियोजकों को भी आक्रामक रुख अपनाने का प्रोत्साहन मिला है और नियोजक गैर–कानूनी तौर पर तालाबंदी करने लगे, मजदूरों को बर्खास्त करने लगे अथवा उद्योग बंद करने लगे।

यह सत्य है कि वैश्विक प्रतियोगिता के दौर में किसी भी औद्योगिक संस्थान को श्रम संघों की आपसी खींचतान या अन्य कारणों से कमजोर करना स्वयं श्रमिकों के लिए ही घातक सिद्ध होगा। अतः बदले हुए परिदृश्य में श्रम संघों को अपने कार्यक्रमों में सकारात्मक परिवर्तनकर्ता की भूमिका अदा करनी चाहिए। श्रम संघ आन्दोलन की राह में मुश्किलें हमेशा से ही रही हैं। उदारीकरण, निजीकरण एवं वैश्वीकरण के युग में भी हैं और इस माहौल में ऐसा होता ही रहेगा, जिसके खिलाफ संघर्ष भी किए जाते रहेंगे। जैसे–जैसे शोषण बढ़ेगा, मजदूरों में एकता भी बढ़ेगी और श्रम संघ आन्दोलन को बल मिलता जाएगा। नई आर्थिक नीति लागू होने के बाद देश में सैकड़ों बिलियन डॉलर विदेशी पूंजी का निवेश हुआ। देश की अर्थव्यवस्था वैश्विक अर्थव्यवस्था में बदल गई परंतु श्रमिकों की दशा में कोई सकारात्मक बदलाव नहीं हुए। इसके विपरीत लाखों कारखाने भी बंद हो गए। बेकारी एवं आर्थिक असंतुलन की स्थिति में मालिक क्रमशः समृद्ध और मजदूर बदहाल होते जा रहे हैं। बावजूद इसके यह दुष्प्रचार भी किया जा रहा है कि श्रमिकों की बढ़ती हुई कठिनाइयों में रुचि नहीं लेने के कारण बड़ी संख्या में श्रमिक यूनियन छोड़ रहे हैं और यूनियनों की ताकत कमजोर होती जा रही है। इसे एक विश्वव्यापी घटना बताते हुए कहा जा रहा है कि ब्रिटेन एवं अमेरिका में भी तेजी से यूनियन कमजोर होती जा रही हैं और यूनियनों के इस तरह क्षीण होते जाने से ही स्वयंसेवी संगठनों में वृद्धि तेज हुई है। यद्यपि असंगठित क्षेत्रों में ये स्वयंसेवी संगठन काम कर रहे हैं और कुछ हद तक लोगों में चेतना फैलाने में इन्हें सफलता भी मिली है, परंतु विदेशी धन पर आश्रित रहने के कारण ये लम्बे समय तक प्रभावी विचारधारा की चुनौती का मुकाबला करने में सक्षम होंगे, यह संदेहास्पद है। परंतु यह सच है कि ट्रेड यूनियनें अपनी ही नौकरशाही का शिकार हैं। वे नई राजनीति को समझ नहीं पा रही हैं अथवा जानबूझकर अनजान बनी हुई हैं। संगठित क्षेत्र के संकटों, प्रतिष्ठानों की रुग्णता एवं तालाबंदी जैसी समस्याओं के प्रति इनका अब तक जो रुख रहा है, उसी से

इनकी रणनीति के सतहीपन का पता लग जाता है। भारत में औद्योगिक मंदी, स्वैच्छिक सेवानिवृत्ति आदि के बहाने कर्मचारियों को नौकरी छोड़ने पर बाध्य किया जा रहा है, लेकिन ट्रेड यूनियनें कंपनियों द्वारा स्वयं को रुग्ण घोषित करने और सरकार द्वारा स्वैच्छिक सेवानिवृत्ति योजना के बहाने कर्मचारियों की छंटनी करने जैसी धोखेबाजी से लोगों को आगाह करने में असफल रही हैं।

इस प्रक्रिया में एक रचनात्मक हस्तक्षेप यह हो सकता था कि घाटे में दिखाकर बेचे जाने वाले उद्योगों को मजदूर स्वयं अपने हाथों में लेते, उन्हें कोऑपरेटिव बनाकर चलाते। कंपनियों के रुग्ण होकर बंद होते जाने पर यूनियनों ने कोऑपरेटिव प्रबंधन की बात सोची भी तो बहुत देर से और मनमाने ढंग के साथ, फलस्वरूप नतीजा उपयोगी नहीं रहा।

यद्यपि जुलाई 2005 में गुड़गाँव (हरियाणा) के होंडा मोटर्स के छंटनीग्रस्त सैकड़ों कर्मचारियों ने लगातार तीन महीनों तक आन्दोलन कर विदेशी बहुराष्ट्रीय कंपनी के विरुद्ध संघर्ष कर पुनर्बहाली में सफलता प्राप्त की है, परन्तु गुड़गाँव की यह घटना उदारीकरण का एक स्वाभाविक नतीजा साबित हुई है। यह केवल उदाहरण मात्र बनकर नहीं रह जाए, इसके लिए श्रम संघों को काफी जद्दोजहद झेलनी पड़ेगी क्योंकि श्रम कानूनों में ढील देकर एक ओर श्रम समस्याओं की गंभीरता को बढ़ाया जा रहा है तो दूसरी ओर श्रम संघ आंदोलन को नजरअंदाज किया जा रहा है। नई आर्थिक नीतियाँ और देशी–विदेशी ताकतें कामगार के हितों के खिलाफ सक्रिय हैं, अतः यह पूँजीवादी व्यवस्था न केवल मजदूरों के श्रम का शोषण कर रही है बल्कि यह मनुष्य के श्रम को पूरी तरह खारिज करने पर आमादा है, जिसका प्रबल विरोध कामगार ही कर सकते हैं। कामगारों में सम्पूर्ण सामाजिक ढाँचे को बदल देने की शक्ति निहित होती है, क्योंकि उन्हें सामाजिक एवं राजनीतिक व्यवस्था से अलग नहीं किया जा सकता।

हाल के दिनों में राष्ट्रीय स्तर पर आंदोलन एवं संघर्ष आयोजित करने के साथ–साथ मजदूर वर्ग के हितों की रक्षा के लिए श्रम संघों द्वारा अनेक आन्दोलनों चलाए गए हैं, जिनमें असंगठित क्षेत्र में काम करने वाले मजदूरों को संगठित करने और कामगार महिलाओं के बीच काम करने पर बल दिया गया है। वर्ग संघर्ष के इस दौर में जानबूझकर श्रमिकों को संगठित और असंगठित करार कर उनमें भेद किया जा रहा है, जबकि उनके संकटों में कोई विरोधाभास नहीं है। ऐसे में यदि इन दोनों क्षेत्रों के श्रमिक साथ–साथ आन्दोलन करने का निर्णय करें तो निश्चय ही आगामी दिनों में भारत में सही मायनों में व्यवस्थित और परिपक्व तथा मजबूत श्रम संघ आन्दोलन की नींव रखी जा सकेगी। सभी ट्रेड यूनियनों तथा जनसंगठनों को साथ लाकर एकजुट आंदोलन आयोजित करने की प्रक्रिया अभी जारी है, इसके लिए जनसंगठनों के राष्ट्रीय मंच (NPMO) को मजबूत किया जा रहा है ताकि सम्पूर्ण जनता को पूँजीवादी व्यवस्था के खिलाफ लामबंद किया जा सके। इतना होते हुए भी ट्रेड यूनियन वर्तमान आर्थिक व्यवस्था के खिलाफ नेतृत्वकारी भूमिका निभाने में तभी समर्थ हो सकेंगे, जब मजदूर वर्ग के बीच से ही नेतृत्व पैदा हो। मजदूरों की अगुआई

करने वाले वामपंथी दल की प्रतिबद्धता बदल गई है। अतः जब तक ऐसा नहीं होता है प्रतीक्षा ही करनी पड़ेगी। वास्तव में ट्रेड यूनियन ही अभी तक तीसरी दुनिया के कामगारों का प्रतिनिधित्व करती हैं और इस आंदोलन के समक्ष चुनौती यह है कि श्रमिक संगठन वामपंथी दलों के समान कार्यकर्ता आधारित आन्दोलन चलाने में समर्थ नहीं हैं। यदि वे ऐसा कर पाते तो निश्चय ही यह वर्तमान नवीन आर्थिक दबावों का एक राजनीतिक जवाब बन सकता है।

श्रम संघवाद और केन्द्रीय श्रम संगठन

जैसा कि पहले ही बतलाया जा चुका है कि भारतीय श्रम संघ आन्दोलन इटली और फ्रांस के श्रमिक आन्दोलन से बहुत कुछ मिलता–जुलता है। उन देशों में एक तो श्रम संघों का बाहुल्य है, दूसरे उनकी गतिविधियाँ, राजनीतिक गतिविधियों से प्रभावित होती है। ठीक यही दोनों बातें भारतीय श्रमिक आन्दोलन के साथ भी लागू होती हैं। हमारे देश में श्रमिक संघों के चार केन्द्रीय संगठन हैं– (1) अखिल भारतीय मजदूर कांग्रेस, (2) भारतीय राष्ट्रीय मजदूर कांग्रेस, (3) हिन्द मजदूर सभा, एवं (4) संयुक्त श्रमिक संघ सभा। ये सभी श्रमिक संघ न्यूनाधिक रूप से राजनीतिक दलों द्वारा प्रभावित हैं। जिस प्रकार फ्रांस में सी.टी.डी. सर्वाधिक प्राचीन श्रमिक संगठन है, उसी प्रकार अखिल भारतीय मजदूर कांग्रेस भारत का सर्वाधिक प्राचीन संगठन है। 1947 तक भारतीय मजदूरों का यही केवल एक केन्द्रीय संगठन था। भारतीय स्वतंत्रता के पश्चात् यह चार संगठनों में विभाजित हो गया। किन्तु यह बात भी सत्य है कि अपनी स्थापना से लेकर अन्तिम विघटन तक यह अनेक मतवाले श्रमिकों का एक ढीला संगठन मात्र था। इसके संस्थापकों का यह उद्देश्य था कि विभिन्न स्तर पर श्रमिक संघ के क्रियाकलापों का इसके माध्यम से समन्वय किया जाए। सम्भवतः उन लोगों ने कभी भी यह नहीं सोचा कि इसका उद्देश्य अपनी इकाइयों को अनुशासित करना भी है। संगठनात्मक ढिलाई के कारण ही राजनीतिक क्रियाकलापों को भी इसके सदस्यों द्वारा बढ़ावा मिलता रहा। किन्तु इस प्रकार की वैचारिक विभिन्नताओं के बावजूद 1926 तक इस श्रमिक संघ के अन्तर्गत कोई स्पष्ट दरार नहीं परिलक्षित हुई। उस समय तक इस श्रमिक संघ के नेताओं से केवल यह अपेक्षा की जाती थी कि वे चाहे राजनीति करें या न करें किन्तु उनका लक्ष्य केवल यही होना चाहिए कि वे अपनी सुविधानुसार श्रमिकों के कल्याण हेतु आवश्यक कार्य करते रहें। सन् 1925 में भारतीय साम्यवादी दल का गठन हो चुका था। 1931 में भारतीय मजदूर आन्दोलन में जो विभाजन हुआ वह भारतीय राष्ट्रीय कांग्रेस में होने वाले विभाजन की एक परछाई मात्र था। उस समय तक कांग्रेस भी एक ढीला संगठन मात्र था जो उन सभी लोगों के क्रियाकलापों का पथ–प्रदर्शन करता था, जो ब्रिटिश साम्राज्य के विरुद्ध संघर्षरत थे। उस समय तीन प्रकार के श्रमिक संघ विशेष रूप से सक्रिय थे– (1) कम्युनिस्टों द्वारा निर्देशित आर.टी.यू.सी., (2) मध्यकार्मिकों द्वारा संचालित इण्डियन फेडरेशन आफ ट्रेड यूनियन, और (3) क्रान्तिकारियों द्वारा संचालित तथा कांग्रेस पार्टी के दक्षिणपंथी सदस्यों द्वारा सहायता प्राप्त अखिल भारतीय मजदूर कांग्रेस। ऑल इण्डिया रेलवेमेन्स फेडरेशन भी अपनी

सदस्यता बढ़ा रहा था और इसका झुकाव कांग्रेस पार्टी के समाजवादी सदस्यों की ओर था।[47] इस सम्पूर्ण अवधि में अहमदाबाद की टेक्सटाइल लेबर एसोसिएशन क्रमिक रूप से महात्मा गाँधी के नेतृत्व में संगठित हो रही थी और ठोस सदस्य संख्या के बावजूद मुख्य श्रम आन्दोलन के प्रवाह से अपने को कुछ विरत ही रखती थी। किन्तु 1934 से 37 के बीच ए.आई.टी.यू.सी. में कम्युनिस्टों का प्रभाव कुछ कम हुआ और समाजवादियों का प्रभाव निरन्तर बढ़ता गया। 1934 में भारतीय राजनीतिक क्षितिज पर कांग्रेस सोशलिस्ट पार्टी एवं कम्युनिस्ट पार्टी का उदय हुआ। इसी वर्ष कांग्रेस सोशलिस्ट पार्टी और ए.आई.टी.यू.सी. में एक समझौता हुआ, जिसके अनुसार सी.एस.सी. ने अपने श्रमिक संघों को ए.आई.टी.यू.सी. से सम्बद्ध किया और उसके केन्द्रीय श्रमिक संगठन के रूप में महत्त्व प्रदान किया। दूसरी ओर ए.आई.टी.यू.सी.[48] ने सी.एस.सी. को श्रमिक वर्ग के हित रक्षण हेतु गठित राजनीतिक दल के रूप में स्वीकार किया। 1934 से 37 के बीच सोशलिस्ट पार्टी ने आर.टी.यू.सी., आई.एफ.टी.यू. तथा ए.आई.टी.यू.सी. के बीच एकता स्थापन हेतु प्रयास किया।[49] इस प्रकार 1938 के नागपुर सेशन में ए.आई.टी.यू.सी. में पूर्णतया एकता स्थापित हो गई। किन्तु यह एकता एक प्रकार से औपचारिक मात्र ही थी। इस प्रकार ए.आई.टी.यू.सी. की एकता राजनीतिक दलों की एकता पर आधारित थी। इस पराश्रयिता के लिए कई तत्व जिम्मेदार थे। उदाहरणार्थ, (1) भारतीय मजदूर वर्ग की सामान्य कमजोरी, (2) भारतीय स्वतंत्रता संग्राम, एवं (3) श्रम संघों पर राजनीति का प्रभाव।[50] उस समय ए.आई.टी.यू.सी. में कुछ मध्यममार्गी उच्चकोटि के नेता थे, किन्तु वे श्रमिक आंदोलन का संचालन वाणिज्य स्तर पर करना चाहते थे। पर देश की राजनीतिक लहर ने उनके प्रयासों को प्रभावहीन कर दिया। ए.आई.टी.यू.सी. के प्रभाव क्षेत्र से बाहर अहमदाबाद की टेक्सटाइल लेबर एसोसिएशन गांधीयन विचारधारा के आधार पर कार्य करती रही। उसका यह विश्वास था कि श्रमिक आन्दोलन को राजनीति से अलग ही रहना चाहिए।[51] किन्तु इस एसोसिएशन का यह भी विश्वास था कि श्रमिक क्षेत्र में कार्यरत राजनीतिक नेता कुछ अपरोक्ष माध्यमों से कांग्रेस (अखिल भारतीय कांग्रेस कमेटी) की परम्पराओं के अनुसार प्रशिक्षण प्राप्त कर सकते हैं। इस विश्वास के आधार पर 1937 में हिन्दुस्तान मजदूर सेवक संघ की स्थापना हुई। इस संघ का लक्ष्य स्वर्गीय सरदार बल्लभ भाई पटेल की अध्यक्षता में गठित गांधी सेवा संघ की श्रम उप–समिति के कार्यों को बढ़ाना था। एच.एम.एस.एस. की स्थापना के पश्चात् सरदार पटेल उसके अध्यक्ष हो गए। प्रोफेसर एन.जी. रंगा के अनुसार 1938 के पूर्व गांधीवादी श्रमिक संघ नेताओं को महात्मा गांधी द्वारा सुझाये मार्ग पर किसी राष्ट्रीय स्तर के श्रमिक संगठन की स्थापना की आवश्यकता महसूस नहीं हुई। उन्होंने एच.एम.एस.एस. की स्थापना केवल श्रमिकों के प्रशिक्षण हेतु की थी किन्तु 1937–38 के बीच जब अधिकांश प्रान्तों में कांग्रेस सरकारें पदारूढ़ थीं और कम्युनिस्टों द्वारा संचालित श्रमिक संघों ने हड़ताल आरम्भ कर दी, तो कांग्रेस नेताओं ने भी एच.एम.एस.एस. की आवश्यकता को महसूस किया और उसके झण्डे के नीचे घूमना प्रारम्भ किया।[52]

उस समय तक एच.एम.एस.एस. का प्रभाव केवल अहमदाबाद तक ही केन्द्रित था, किन्तु ज्यों ही इसने अखिल भारतीय स्तर पर कार्य प्रारम्भ किया इसके द्वारा श्रम आन्दोलन में कार्यरत राजनीतिक समूहों को प्रभावित किया जाना प्रारम्भ हुआ। 1938 में अखिल भारतीय मजदूर कांग्रेस के 17वें अधिवेशन में कुछ सदस्यों ने इस प्रकार के श्रमिक संघ के गठन पर कुछ आपत्ति की, किन्तु एन.एम. जोशी ने यह कहकर इस मामले को शान्त कर दिया कि श्रमिक संघ के गठन पर किसी व्यक्ति का एकाधिकार नहीं होना चाहिए।[53] 1938 तक तो ए.आई.टी.यू.सी. के विभिन्न समूहों में एकता थी, क्योंकि उसके सभी उपसमूह कम से कम ब्रिटिश साम्राज्यवाद के खिलाफ युद्ध की भावना से एक–दूसरे से जुड़े हुए थे, किन्तु 1937 में जब कांग्रेस मंत्रिमंडल विभिन्न प्रान्तों में पदारूढ़ हुआ तो यह सन्तुलन डगमगाने लगा। 1939 में जब द्वितीय विश्वयुद्ध छिड़ा तो विभिन्न राजनीतिक दलों में ब्रिटिश साम्राज्यवाद के प्रति विरोध की भावना में भी परिवर्तन हुआ, सम्भवतः कांग्रेस के भविष्य से ईर्ष्या करते हुए कम्युनिस्ट पार्टी ने युद्धकाल में ब्रिटिश शासन को सहयोग प्रदान किया। क्रान्तिकारियों (रेडिकल्स) ने 1941 में एक अलग श्रमिक संघ (इण्डियन फेडरेशन ऑफ लेबर) का निर्माण कर युद्ध सम्बन्धी सरकारी प्रयासों को सहयोग देना प्रारम्भ किया। इस प्रकार रेडिकल्स के अलग श्रम संघ संचालन की स्थिति में और राष्ट्रीयतावादियों तथा समाजवादियों द्वारा सत्याग्रह आन्दोलन में भाग लेकर जेल चले जाने की स्थिति में कम्युनिस्टों को अखिल भारतीय मजदूर कांग्रेस पर कब्जा करने का अच्छा अवसर हाथ लगा। जब तक समाजवादी और राष्ट्रीयतावादी नेता जेल से निकले (1945), रेडिकल्स और कम्युनिस्टों ने अपना संगठन पर्याप्त मजबूत बना लिया। अब नेशनलिस्ट और समाजवादियों के पास केवल दो विकल्प शेष रहे– (1) पुनः अखिल भारतीय मजदूर कांग्रेस में वापस आ जाएं, अथवा (2) अपना नया संगठन स्थापित करें। उस समय देश की राजनीतिक स्थिति में बहुत तेजी से परिवर्तन हो रहा था और उसका प्रभाव श्रमिक आन्दोलन पर भी पड़ रहा था। देश के स्वतन्त्र होने और कांग्रेस सरकार के गठन की स्थिति सामने आने वाली थी।

देश की स्वतंत्रता प्राप्ति के पूर्व तो अधिकांश राजनीतिक और श्रमिक नेताओं के क्रियाकलाप 'स्वतंत्रता प्राप्ति के उद्देश्य की सामान्यता' के कारण न्यूनाधिक रूप में एकरूप थे। किन्तु स्वतंत्रता के पश्चात् विभिन्न नेतृत्व वर्ग के सैद्धान्तिक मतभेद उभरकर सामने आए। फलस्वरूप श्रमिक आन्दोलन, जो पूर्णतया राजनीतिक आन्दोलन से प्रभावित था, में भी फूट की स्थिति उत्पन्न हुई। इन्हीं परिस्थितियों में भारतीय राष्ट्रीय मजदूर कांग्रेस का गठन हुआ। मई 1947 में भारत स्वतंत्र तो नहीं हुआ था, किन्तु इस प्रकार की संभावनाएँ सर्वत्र व्याप्त हो गई थीं। केन्द्र में एक अन्तरिम सरकार थी और प्रान्तों में एक वर्ष पहले से ही लोकप्रिय सरकार पदारूढ़ हो गई थी। देश में सर्वत्र आशा का वातावरण था। किन्तु बहुत से नेता इस बात की अनुभूति कर चुके थे कि किस प्रकार अखिल भारतीय मजदूर कांग्रेस के सदस्य श्रमिकों को कम्युनिस्ट नेताओं ने ब्रिटिश शासन को सहयोग देने के लिए उत्साहित किया। इस परिप्रेक्ष्य में

बहुत दिनों से इस बात पर विचार–विमर्श हो रहा था कि अखिल भारतीय मजदूर कांग्रेस में शुद्धता लाई जाए और उसके गैर जनतान्त्रिक तथा राष्ट्र विरोधी क्रियाकलापों को समाप्त किया जाए। किन्तु इन सभी विचार–विमर्शों से यह निष्कर्ष निकला कि अन्तर्राष्ट्रीय साम्यवादियों के द्वारा निर्देशित भारतीय साम्यवादियों के दक्षतापूर्ण प्रयासों के कारण यह सम्भव नहीं हो सकता।[54] इस सम्बन्ध में यह विवाद अभी तक बना हुआ है कि एच.एम.एस.एस. ने ए.आई.टी.यू.सी. के माध्यम से कम्युनिस्टों के बढ़ते हुए प्रभाव को कम करने के लिए एक अलग श्रमिक संगठन के गठन की आवश्यकता महसूस की अथवा स्वतन्त्र भारत में मजदूर संघ की नवीन भूमिका के निर्वाह हेतु इस प्रकार की आवश्यकता महसूस की गई। प्रोफेसर आरनेटी के अनुसार स्वतंत्रता संग्राम के समय अपने आन्दोलन में विशेष गति लाने के लिए राष्ट्रीय नेताओं ने श्रमिक संघ का सहयोग प्राप्त किया। किन्तु स्वतंत्रता प्राप्ति के पश्चात् शासनारूढ़ होने के बाद मजदूर आन्दोलन द्वारा अपने शासन में सहयोग प्राप्ति हेतु उसे नए सिरे से गठित किया।[55] इस प्रकार इण्टक के निर्माण के पूर्व कांग्रेस वर्किंग कमेटी द्वारा 13 अगस्त 1946 की बैठक में एक प्रस्ताव पारित कर श्रम आन्दोलन में लगे हुए सभी नेताओं को यह सलाह दी गई कि वे एच.एम.एस.एस. द्वारा सुझाए गए रास्ते पर चलें। इसके बाद 3 मई 1947 को सरदार बल्लभभाई पटेल की अध्यक्षता में आयोजित एक सम्मेलन में आचार्य जे.बी. कृपलानी ने इण्टक का उद्घाटन किया। सम्मेलन में पं. जवाहरलाल नेहरू, जगजीवन राम, अरुणा आसफ अली, कमलादेवी चट्टोपाध्याय तथा अशोक मेहता आदि उच्च कोटि के अनेक कांग्रेस नेता उपस्थित थे। इसके अतिरिक्त सर्वश्री हरिहर नाथ शास्त्री, खण्डूभाई देसाई तथा वासवदा आदि कुछ चोटी के श्रमिक नेता भी इस सम्मेलन में उपस्थित थे। इस सम्मेलन में देश के लगभग 200 श्रमिक संघों[56] के प्रतिनिधि उपस्थित थे और इसी सम्मेलन के माध्यम से अहमदाबाद टेक्सटाइल लेबर एसोसिएशन ने अपने 55,000 सदस्यों के साथ पहली बार इण्टक के रूप में गठित एक अखिल भारतीय फेडरेशन की सदस्यता ग्रहण की।

स्वतंत्रता प्राप्ति एवं महात्मा गांधी की मृत्यु के पश्चात् कांग्रेस समाजवादी दल में भी सैद्धान्तिक मतभेद उत्पन्न हो गया। इसके फलस्वरूप मार्च 1948 में नासिक कॉन्वेंशन के समय समाजवादी दल कांग्रेस पार्टी से अलग हो गया।[57] इस विलगाव के फलस्वरूप श्रमिक आन्दोलन में भी विलगाव आया और समाजवादियों ने हिन्द मजदूर पंचायत की स्थापना की। इस संगठन के गठन के कुछ ही दिनों पश्चात् इण्डियन फेडरेशन ऑफ लेबर के नेता भी इस संगठन में सम्मिलित हो गए। इस विलयन के फलस्वरूप हिन्द मजदूर पंचायत का नाम परिवर्तित कर हिन्द मजदूर सभा रख दिया गया। उस समय मृणालकांति घोष के नेतृत्व में बंगाल में भी श्रमिकों का एक सुदृढ़ संगठन स्थापित था। जो न तो अखिल भारतीय मजदूर कांग्रेस की विचारधारा से सहमत था और न भारतीय राष्ट्रीय मजदूर कांग्रेस की विचारधारा से।[58] स्वाभाविक रूप से यह संगठन किसी तीसरे राष्ट्रीय स्तर के श्रमिक संगठन के गठन की प्रतीक्षा में था। हिन्द मजदूर सभा की स्थापना के पश्चात् इसमें विलयन की बात स्वाभाविक रूप

से इस संगठन (बंगाल स्थित श्रमिक संगठन) के समक्ष आई। किन्तु वैचारिक मतभेदों के कारण दोनों संगठनों का विलयन नहीं हो पाया। बंगाल का श्रमिक संगठन निम्नलिखित वैचारिक आधार पर विलयन करना चाहता था[59]–

1. समाजवादी समाज की स्थापना – समाजवादी समाज की स्थापना तो दोनों दल चाहते थे किन्तु समाजवादी समाज के साथ वे (बोस ग्रुप) 'जनतांत्रिक' शब्द नहीं जोड़ना चाहते थे, क्योंकि इस शब्द के जोड़ने का अर्थ यह हुआ कि समाज में जनतंत्र के मूल्यों का अभाव है। पर समाजवादी लोग 'जनतांत्रिक समाजवादी समाज' की स्थापना के नाम पर जोर दे रहे थे।
2. श्रम संघ को वे वर्ग संघर्ष के एक अस्त्र के रूप में प्रयोग करना चाहते थे।
3. श्रम संघ आंदोलन में सभी श्रमिक संगठनों के प्रतिनिधित्व हेतु वैधानिक गारंटी चाहते थे। श्रम संघ को राजनीतिक प्रभावों से मुक्त रखना चाहते थे।
4. विवादों को 75 प्रतिशत बहुमत के आधार पर स्थापित सामूहिक समझौते के माध्यम से हल करना चाहते थे।

समाजवादी दल द्वारा उक्त सैद्धान्तिक विचारों को स्वीकार न किए जाने के कारण बोस ग्रुप ने अपना अलग ऑल इण्डिया फेडरेशन निर्मित किया। हिन्द मजदूर सभा के अधिवेशन की समाप्ति के पश्चात् एक यूनाइटेड ट्रेड यूनियन कमेटी का निर्माण किया गया जिसने आगे चलकर यूनाइटेड ट्रेड यूनियन कांग्रेस की स्थापना (1949) का मार्ग प्रशस्त किया। प्रोफेसर के.टी. शाह और स्वर्गीय एम.के. बोस क्रमशः इसके अध्यक्ष और महामंत्री चुने गए।

इस प्रकार यह स्पष्ट है कि चारों केन्द्रीय श्रम संगठनों की स्थापना की पृष्ठभूमि में राजनीतिक प्रेरणा काम कर रही थी। 1947 में कांग्रेस पार्टी के नेताओं के राजनीतिक प्रभाव से जब इण्टक की स्थापना हुई तो उसके प्रति भी गैर इण्टक श्रमिक संघ नेताओं की अनेक प्रतिक्रियाएँ हुईं। इण्डियन फेडरेशन ऑफ लेबर के महामंत्री वी.बी. कार्निक ने 1947 में ही लिखा कि श्रमिक संघ नेताओं को आज कुछ आधारभूत समस्याओं का सामना करना पड़ रहा है। यदि यह आन्दोलन राष्ट्रीय आन्दोलन के साथ ही चलता रहेगा तो अन्ततोगत्वा यह राष्ट्रीयतावादी नेताओं का लेबर फ्रंट बनकर रह जाएगा। आज राष्ट्रीयतावादी नेता सत्तारूढ़ हैं, उन्हें स्वतन्त्र श्रमिक संघ आन्दोलन के विकास से अपने अस्तित्व को खतरा महसूस होता है। अतः वे परोपजीवी श्रमिक आन्दोलन के संचालन का प्रयास कर रहे हैं। केन्द्रीय और राज्य सरकार के मंत्रियों द्वारा केन्द्रीय श्रमिक संगठन की स्थापना का केवल यही अर्थ प्रतीत होता है।[60] कुछ वर्ष बाद अखिल भारतीय मजदूर कांग्रेस के महामंत्री श्री डांगे (1952) ने भी इण्डियन लेबर कॉन्फ्रेंस के बारहवें अधिवेशन में कांग्रेस सरकार के मन्त्रियों पर यह दोषारोपण किया कि वे इण्टक एवं अन्य श्रमिक संगठनों के साथ समानता की नीति न अपनाकर भेदभाव की नीति अपनाते हैं।[61] महाराष्ट्र प्रान्त के तत्कालीन श्रम मंत्री डॉ. शान्तिलाल शाहा द्वारा इन आरोपों का जोरदार ढंग से खण्डन किया गया, किन्तु प्रोफेसर आरनेटी ने कुछ उदाहरणों के द्वारा इस केन्द्रीय संगठन (इण्टक) का सम्बन्ध राज्य और केन्द्रीय सरकार के मंत्रियों से स्थापित करने का प्रयास किया है।[62] अस्तु, यह बात तो स्वीकार

करनी ही पड़ेगी कि भारतीय श्रम संघ आन्दोलन राजनीतिक नेताओं की गतिविधियों से प्रभावित है। यद्यपि श्रमिक संघों के संविधान में राजनीति से सम्बन्ध स्थापन का कोई विशिष्ट और स्पष्ट उल्लेख नहीं है, किन्तु अपरोक्ष रूप से यह बात होती ही रहती है।

केन्द्रीय श्रमिक संघों की वैचारिक पृष्ठभूमि

केन्द्रीय श्रमिक संगठनों का विभाजन केवल राजनीतिक आधार पर ही नहीं हुआ है वरन् वैचारिक आधार पर भी हुआ है। इन श्रमिक संगठनों के वैचारिक आधार का स्पष्टीकरण उनकी गतिविधियों और क्रियाकलापों से तो नहीं हो पाता है, किन्तु उनके संविधान में जो लक्ष्य निर्धारित किए गए हैं, उनके द्वारा उनकी विचारधारा एवं सिद्धान्तों का स्पष्टीकरण होता है। यद्यपि सैद्धान्तिक दृष्टि से भी श्रमिक संघों के लक्ष्यों में कुछ साम्यता है। उदाहरणार्थ, सभी श्रमिक संघ समाजवाद, वर्गविहीन समाज एवं राष्ट्रीयकरण के पक्ष में हैं, किन्तु इस समता के बावजूद उनके उद्देश्यों में कुछ विभेद है। उदाहरणार्थ, इण्टक के संविधान में निम्नलिखित लक्ष्य निर्धारित किए गए हैं– (1) ऐसी समाज व्यवस्था की स्थापना करना, जिसके अन्तर्गत सदस्यों के सर्वांगीण विकास में किसी प्रकार बाधा न उत्पन्न हो। इस समाज में सामाजिक, आर्थिक एवं राजनीतिक शोषण तथा असमानता का अन्त हो, आर्थिक क्रियाओं में लाभार्जन के उद्देश्यों का निराकरण हो और समाज में तानाशाही ढंग से सत्ता की प्राप्ति की सम्भावनाओं का विनाश हो, (2) उपर्युक्त लक्ष्यों की तीव्रतर गति से प्राप्ति हेतु औद्योगिक प्रतिष्ठान के स्वामित्व को राज्य के हाथों में स्थानान्तरित करना, (3) समाज को इस प्रकार संगठित करना कि पूर्णतम रोजगार और मानव शक्ति के सर्वोत्तम उपभोग की सम्भावनाओं की प्राप्ति हो, (4) औद्योगिक प्रतिष्ठानों के प्रशासन में श्रमिक संघों के अधिकाधिक सहयोग का अर्जन, एवं (5) श्रमिक वर्ग के सामाजिक नागरिक तथा राजनीतिक हितों का रक्षण और विकास। इस प्रकार इण्टक के आधारभूत लक्ष्य सर्वोदय दर्शन से अनुप्राणित हैं।[63] वर्तमान सामाजिक व्यवस्था में श्रमिक परिवर्तन का भी इण्टक पक्षधर है। इसी कारण इसके संविधान में हर प्रकार की असमानता के प्रगतिशील ढंग से निराकरण करने की बात कही गई है। किन्तु सर्वोदय के आदर्शों पर चलते हुए गांधी दर्शन के अनुरूप वर्गविहीन समाज की स्थापना की बात की जाती है न कि मार्क्स दर्शन के अनुरूप। इस सम्बन्ध में उल्लेखनीय है कि गांधी जी सम्पूर्ण समाज के आर्थिक जीवन का समाजीकरण नहीं करना चाहते थे, क्योंकि ऐसी स्थिति में व्यक्तित्व–विकास का यथेष्ट अवसर प्राप्त नहीं हो सकता है। इसीलिए इस श्रमिक संघ (इण्टक) ने औद्योगिक प्रतिष्ठान को राज्य के स्वामित्व में रखते हुए उस पर यथोचित नियंत्रण की बात कही है। इसके अतिरिक्त इण्टक के संविधान की धारा (4), जिसके अन्तर्गत श्रमिकों के सहभाजन और नियंत्रण की बात कही गई है, गांधी जी ट्रस्टीशिप के सिद्धांत के अधिक निकट हैं। इण्टक वर्ग संघर्ष को बढ़ावा न देकर वर्ग सहयोग पर जोर देता है। इसके अनुसार नियोक्ता एवं नियुक्त का संघर्ष केवल बाह्य संघर्ष है।[64]

अखिल भारतीय मजदूर संघ (ए.आई.टी.यू.सी.) के संविधान के अनुसार उसके चार आधारभूत लक्ष्य हैं– (1) भारत में समाजवादी समाज की स्थापना, (2) यथासम्भव उत्पादन विवरण एवं विनिमय के साधनों का समाजीकरण करना, (3) श्रमिक वर्ग की

आर्थिक एवं सामाजिक स्थितियों में सुधार, एवं (4) नियुक्ति से सम्बंधित सभी मामलों में श्रमिकों के स्वार्थ एवं अधिकारों का रक्षण और विकास। जिस प्रकार इण्टक के सिद्धान्तों की व्याख्या सर्वोदय दर्शन के माध्यम से की जाती है, उसी प्रकार अखिल भारतीय मजदूर कांग्रेस के दर्शन की व्याख्या मार्क्सवादी दर्शन द्वारा की जा सकती है।[65]

हिन्द मजदूर सभा के संविधान के अनुसार उसका मुख्य लक्ष्य जनतांत्रिक एवं समाजवादी सरकार की स्थापना है। इस हिन्द मजदूर सभा ने 'समाजवादी' समाज के प्रत्यय को 'जनतांत्रिक' शब्द से विशेषित किया है। इस प्रकार इस श्रमिक संघ ने अपने लक्ष्यों को समाजवाद के साथ ही साथ जनतंत्र के रंग में रंगने का प्रयास किया है, क्योंकि इस संगठन का विश्वास था कि मार्क्सवाद के प्रभाव से समाज में जनतांत्रिक मूल्यों का तिरोधान हो जाता है।

यूनाइटेड ट्रेड यूनियन कांग्रेस ने अपने तीन लक्ष्य निर्धारित किए हैं– (1) भारत में समाजवादी समाज की स्थापना, (2) भारत में श्रमिक और किसान राज्य की स्थापना, एवं (3) उत्पादन विक्रय एवं विनिमय के साधनों का राष्ट्रीयकरण एवं समाजीकरण।

केन्द्रीय श्रमिक संगठनों के लक्ष्यों में वर्णित उपर्युक्त विभेदों के अतिरिक्त हड़ताल, वर्ग संघर्ष तथा कुछ अन्य महत्त्वपूर्ण विषयों के सम्बंध में उनके विचारों और अभिगमों में कुछ और भी स्पष्ट अन्तर है। उदाहरणार्थ इण्टक विवाचन पर अत्यधिक बल देता है जो अहमदाबाद के मजदूर महाजन संघ के अनुभव की देन है।[66] इण्टक के अनुसार पूँजी और श्रम के बीच के विवाद को विवाचन के माध्यम से ही शान्तिपूर्ण ढंग से सुलझाया जा सकता है। इसी कारण यह श्रमिक संगठन हड़ताल के अधिकारों की प्राप्ति पर जोर न देकर न्याय की प्राप्ति के अधिकारों पर अधिक बल देता है। इण्टक के अनुसार हड़ताल एक ब्रह्मास्त्र है। इसका प्रयोग उसी समय किया जाना चाहिए, जब अन्य अस्त्रों का प्रभाव न पड़ता हो।[67] इसी कारण औद्योगिक विवाद अधिनियम (1947) में विवाचन एवं अधिनिर्णयन का जो प्रावधान किया गया है, उसे इण्टक ने बहुत प्रसन्नता से स्वीकार किया और अखिल भारतीय मजदूर कांग्रेस ने उसका (मुख्यतया अधिनिर्णयन का) अत्यधिक विरोध किया। इस सन्दर्भ में हिन्द मजदूर सभा की स्थिति को स्पष्ट करते हुए अशोक मेहता ने भी कहा था कि विवाचन के सिद्धान्त द्वारा औद्योगिक श्रम संघ का भविष्य ही नष्ट हो जाएगा। अनावश्यक रूप से विवादों को बार–बार विवचान हेतु प्रेषित करने से वे श्रमिक संघ जो सामाजिक एवं आर्थिक परिवर्तन के गतिशील उपकरण का कार्य करते हैं, पूर्णतया अप्रभावशाली हो जाएँगे। हिन्द मजदूर सभा सिद्धान्ततः विवाचन के विरुद्ध है और अखिल भारतीय मजदूर कांग्रेस भी कुछ नीति विषयक दृष्टि से इसका विरोध करती है। अखिल भारतीय मजदूर कांग्रेस ने अनिवार्य विवाचन की आलोचना करते हुए कहा था कि औद्योगिक विवाद अधिनियम 1947 तथा इस प्रकार के अन्य अधिनियमों को तुरन्त बदल देना चाहिए। ये अधिनियम इतने बुरे हैं कि कोई बुद्धिमान व्यक्ति इनमें कोई संशोधन नहीं कर सकता है। ये अधिनियम इसलिए नहीं बुरे हैं कि इनके नियामक अच्छे अधिनियमों का निर्माण नहीं कर सकते थे, वरन् वे इसलिए बुरे हैं

कि उनका निर्माण बुरे उद्देश्य को ध्यान में रखकर किया गया।[68] यूनाइटेड ट्रेड यूनियन कांग्रेस (यूटक) अनिवार्य विवाचन के प्रावधान का स्वागत करता है किन्तु उसे आपत्ति इस बात की है कि अधिनिर्णयन हेतु विवादों के प्रेषण का अधिकार केवल सरकार को ही है।[69]

वर्ग संघर्ष एवं सामूहिक सौदेबाजी के प्रति भी विभिन्न केन्द्रीय संगठनों की विचारधाराओं में एकरूपता नहीं है। सर्वोदय की ओर दार्शनिक सुझाव होने के कारण इण्टक वर्ग संघर्ष के दर्शन पर विश्वास न कर वर्ग सहयोग के दर्शन पर विश्वास करता है और अन्य केन्द्रीय श्रमिक संगठन वर्ग संघर्ष की विचारधारा के पोषक हैं। उन्हें सामूहिक सौदेबाजी और वर्ग संघर्ष में कोई अन्तर नहीं प्रतीत होता। यू.टी.यू.सी. के नेता ने चार्ल्स ए. मायर्स को एक साक्षात्कार में बतलाया कि हम लोग वर्ग संघर्ष में विश्वास करते हैं, सामूहिक सौदेबाजी में नहीं। हम लोगों का विश्वास है कि राजनीतिक विचारों के प्रचार हेतु भी सशक्त श्रमिक संघ की आवश्यकता होती है। इसमें सन्देह नहीं कि हम अपने राजनीतिक विचारों का प्रचार करते हैं किन्तु इसके बावजूद श्रमिक हम लोगों के क्रियाकलापों में अभिरुचि लेते हैं क्योंकि वे अपने वेतन में वृद्धि चाहते हैं।[70]

इस प्रकार हम यह कह सकते हैं कि इण्टक सर्वोदय के लक्ष्यों की प्राप्ति करना चाहता है, इस प्रकार वह वर्ग सहयोग और स्वैच्छिक विवेचन के सिद्धांत पर विश्वास करता है।[71] यह साम्यवाद विरोधी है। ए.आई.टी.यू.सी. के अतिरिक्त अन्य सभी श्रमिक संगठनों के प्रति इसकी अभिवृत्ति पितृवादी है। सर्वश्रेष्ठ प्रतिनिधि फेडरेशन होने के कारण यह कभी–कभी अपनी शक्ति की प्रस्थिति के आधार पर बात करता है। ए.आई.टी.यू.सी. साम्यवादी दर्शन से प्रभावित है, अतः यह वर्ग संघर्ष की विचारधारा का पोषक है। राष्ट्रीयकरण के सिद्धांत का प्रतिपादक है, और इन्दिरा कांग्रेस की बहुत सी नीतियों का वह पोषक था। किन्तु इससे पहले की कांग्रेस सरकार का तो वह आलोचक था। वह हिन्द मजदूर सभा तथा ए.टी.यू.सी. के साथ अपनी एकता चाहता है किन्तु वे दो केन्द्रीय श्रमिक संगठन इस प्रकार की एकता के विरोधी हैं। हिन्द मजदूर सभा समाजवादी विचारधारा की पोषक है। इण्टक की नीतियों से उसकी नीतियों को कोई मेल नहीं, साथ ही वह ए.आई.टी.यू.सी. की भी विरोधी है। यद्यपि व्यक्तिगत आधार पर बम्बई और कलकत्ता में इन दोनों श्रमिक संघों के नेताओं के कुछ कार्यक्रम के सम्बंध में एकता की बात नहीं थी।[72] किन्तु सब कुछ मिलाकर इस श्रमिक संघ के नेता कम्युनिस्टों से किसी भी कीमत पर नहीं मिलना चाहते हैं। यह अहिंसा पर विश्वास करता है और यह विश्वास उसे सैद्धान्तिक दृष्टि से अन्य संगठनों की अपेक्षा इण्टक के अधिक समीप लाता है।[73] यू.टी.यू.सी., इण्टक और साम्यवाद दोनों की विचारधाराओं का विरोधी है। वह श्रमिक संघ को राजनीतिक सम्बद्धता से अलग करना चाहता है। यह क्रान्तिकारी गैर कम्युनिस्ट और इण्टक विरोधी है। इस प्रकार वह एच.एम.सी. के अपेक्षाकृत अधिक समीप है।

इसमें सन्देह नहीं कि प्रत्येक केन्द्रीय श्रमिक फेडरेशन की अपनी, विचारधारा, आधार तथा अनुस्थापन है। किन्तु कार्यात्मक स्थिति में, विशेषकर आन्दोलन की स्थिति में इन केन्द्रीय संगठनों के सदस्य श्रमिक संघ इन विचारधाराओं एवं आदर्शों से पूर्णतया परिचालित नहीं हो पाते हैं। यह बात विशेषकर भारतीय परिवेश में ही अधिक चरितार्थ होती है, यहाँ के श्रमिक संघ सिद्धान्तों को नजरअन्दाज कर अपने नेताओं के आन्तरिक दबावों एवं खींचतान से अधिक प्रभावित होते हैं। यह बात सभी केन्द्रीय संगठनों और उनकी इकाइयों के कार्य व्यवहारों पर लागू होती है।

केन्द्रीय श्रमिक संगठन

उपर्युक्त चार प्रमुख केन्द्रीय श्रमिक संगठनों के अतिरिक्त पिछले दो दशकों में कुछ अन्य केन्द्रीय श्रमिक संगठनों का गठन किया गया है, जिनका विवरण निम्नलिखित है–

1. भारतीय मजदूर संघ

इसका गठन जनसंघ द्वारा 23 जुलाई, 1955 को किया गया। इस पाँचवें राष्ट्रीय संगठन के संगठनकर्ताओं का यह विचार था कि अन्य केन्द्रीय संगठन वास्तविक रूप से राष्ट्रीय भावनाओं का प्रतिनिधित्व नहीं करते हैं। इस संघ का मुख्य लक्ष्य है– भारतीय ढंग से वर्गविहीन समाज की स्थापना। इसकी प्राप्ति निम्नलिखित माध्यमों से की जाती है–

1. मानवशक्ति एवं साधनों का पूर्ण उपयोग, जिससे पूर्ण सेवायोजन एवं अधिकतम उत्पादन सम्भव हो सके।
2. लाभ–भावना को सेवा भावना द्वारा पुनःस्थापित करना तथा आर्थिक प्रजातंत्र की स्थापना करना, जिससे सभी वैयक्तिक नागरिकों और सम्पूर्ण देश को धन के समान वितरण से लाभ हो।
3. स्वायत्त औद्योगिक समुदायों का विकास करना, जो राष्ट्र का पूर्वांक होगी और जिसमें उद्योग से सम्बद्ध सभी व्यक्ति सम्मिलित होंगे।

राष्ट्रवाद और प्रजातंत्र की भावनाओं के अनुकूल संघ सभी वैध और शान्तिपूर्ण साधनों का प्रयोग करेगा। हड़ताल को यह संगठन अपनी मांगों की पूर्ति हेतु अन्तिम अस्त्र के रूप में प्रयोग करना चाहता है। यह महासंघ श्रमिकहित को राष्ट्रीय हित के रूप में स्वीकार करता है तथा पूँजीवाद और समष्टिवाद से पूर्णतया अलग रहते हुए श्रमिक साझेदारी का आग्रह करता है। इसका विश्वास है कि सतत् हड़ताल एवं 'हड़ताल का सर्वथा अभाव' इन दोनों चरम सीमाओं के बीच अत्यावश्यक होने पर हड़ताल का मध्य मार्ग अपनाया जा सकता है।

2. हिन्द मजदूर पंचायत

भारत में हिन्द मजदूर सभा तथाकथित समाजवादी दल से प्रभावित श्रमिक संघ था। किन्तु जब पी.एस.पी. से डाक्टर राममनोहर लोहिया के नेतृत्व में कुछ सदस्यों ने अलग होकर क्रान्तिकारी समाजवादी दल का गठन किया तो हिन्द मजदूर सभा का विघटन

भी स्वाभाविक हो गया। राजनीतिक स्तर पर पार्टी के विभाजन के कुछ दिनों के पश्चात् हिन्द मजदूर सभा का भी विभाजन हुआ। फलस्वरूप पी. डेमेलो तथा जार्ज फर्नांडीस के नेतृत्व में बहुत से श्रमिक नेताओं ने हिन्द मजदूर सभा से अलग होकर हिन्द मजदूर पंचायत का गठन किया। इस संगठन के द्वारा बढ़ती हुई कीमतों के विरोध में बम्बई बन्द का सफल आयोजन किया गया था। देश में पाँचवें महानिर्वाचन के पश्चात् जनता पार्टी केन्द्र में सत्तारूढ़ हुई। इसके विभिन्न घटकों के प्रभाव से संचालित श्रमिक संघों की एकता की बात कुछ लोग उठा रहे हैं, किन्तु अभी तो इस दिशा में कोई उल्लेखनीय प्रगति नहीं हुई है।

3. सी.आई.टी.यू. (सेंटर ऑफ इंडियन ट्रेड यूनियंस)

इस केन्द्र का यह विश्वास है कि श्रमिक वर्ग का शोषण तभी समाप्त हो सकता है जबकि उत्पादन, वितरण एवं विनिमय के समस्त साधनों का समाजीकरण किया जाए और समाजवादी राज्यों की स्थापना की जाए। श्रमिकों के अविवेक एवं सामाजिक अधिकारों में राज्य नियोक्ता या अन्य किसी अभिकरण द्वारा किए गए हस्तक्षेप का विरोध करता है और श्रमिकों के अधिकारों (हड़ताल का अधिकार भी सम्मिलित) और जिम्मेदारियों को और अधिक व्यापक बनाने का प्रयास करता है। श्रमिक वर्ग के तात्कालिक स्वार्थों की पूर्ति हेतु सी.आई.टी.यू. की यह मांग है कि (i) सभी एकाधिकार प्रणाली के प्रतिष्ठानों का राष्ट्रीयकरण किया जाए जो श्रमिक वर्ग का शोषण करते हैं; व (ii) ऐसे समस्त औद्योगिक प्रतिष्ठानों का राष्ट्रीयकरण किया जाए जो बहुत मुनाफा कमाते हैं और श्रमिकों का शोषण करते हैं। सी.आई.टी.यू. सरकार की उन समस्त नीतियों के विरुद्ध संघर्ष करना चाहता है जो जनतांत्रिक श्रमिक संघ आन्दोलन का दमन करती हैं। यह ऐसी आर्थिक नीतियों का भी विरोध करता है, जिसके माध्यम से पूँजीपतियों के स्वार्थों की रक्षा होती है और मुद्रा प्रसार होता है। यह शासन तंत्र का प्रतिस्थापन जनतांत्रिक शासन तंत्र द्वारा करना चाहता है। अन्त में उसका यह अडिग विश्वास है कि वर्ग संघर्ष के बिना कोई सामाजिक क्रांति नहीं हो सकती है।

4. एन.एफ.आई.टी.यू. (नेशनल फ्रण्ट ऑफ इण्डियन ट्रेड यूनियन)

इस केन्द्र की स्थापना 1967 में हुई। इसका यह दावा है कि भारत में यही केन्द्रीय श्रम संगठन ऐसा है, जिस पर किसी राजनीति, दल, नियोक्ता या सरकार का किसी प्रकार का नियंत्रण नहीं है। यह संगठन कुछ आध्यात्मिक मूल्यों से प्रभावित है और श्रमिक संघों के राजनीतिक स्वरूप का विरोध करता है। यह 'वर्ल्ड कानफेडरेशन ऑफ लेबर' से संबंधित है जो तीन अन्तर्राष्ट्रीय संगठनों में से एक संगठन है।

5. एन.एल.ओ. (नेशनल लेबर आर्गनाइजेशन)

इण्टक से अलग होकर अहमदाबाद के टेक्सटाइल लेबर एसोसिएशन ने नेशनल लेबर आर्गनाइजेशन नामक एक अलग राष्ट्रीय श्रम संघ फेडरेशन की स्थापना की। उक्त फेडरेशन के लगभग वही उद्देश्य हैं, जो टी.एल.ए. के उद्देश्य हैं। इनमें सम्मिलित हैं—

(i) श्रमिकों में एकता, बन्धुत्व, सहयोग एवं सेवा की भावना का विकास करना, (ii) आन्तरिक प्रयासों द्वारा श्रमिकों की प्रस्थिति एवं रहन–सहन के स्तर को ऊँचा उठाना, (iii) श्रमिकों में अपनी जिम्मेदारी निर्वाह की भावना का विकास, (iv) श्रमिकों हेतु उचित मजदूरी एवं कार्य दशाओं की प्राप्ति हेतु व्यवस्था करना (v) श्रमिकों की परिवेदनाओं का निराकरण करना, श्रम प्रबंध के बीच जनित विवादों को पारस्परिक वार्ता से सुलझाना और वार्ता की असफलता की स्थिति में विवाचन संयंत्र का सहारा लेना, (vi) वैधानिक हड़तालों की सफल समाप्ति हेतु प्रयास करना, (vii) श्रम शक्ति के नागरिक एवं राजनीतिक स्वार्थों की पूर्ति, एवं (viii) औद्योगिक प्रतिष्ठानों का अन्ततोगत्वा राष्ट्रीयकरण।

इस संगठन का श्रम दर्शन गांधी जी द्वारा प्रतिपादित श्रम दर्शन पर आधारित है और यह संगठन अपने लक्ष्यों की प्राप्ति हेतु सत्य एवं अहिंसा के उपकरण का सहारा लेना चाहता है।

राष्ट्रीय श्रम आयोग के कार्यकाल में यद्यपि सी.आई.टी.यू.सी. की स्थापना तो नहीं हुई थी, किन्तु कुछ प्रमुख फेडरेशनों (ए.आई.टी.यू.सी., इण्टक, एच.एम.एस तथा यूटक आदि) के संविधानों की समीक्षा करने के उपरान्त उनकी विचारधाराओं के सम्बंध में आयोग ने निष्कर्ष निकाला था कि केन्द्रीय फेडरेशनों के आर्थिक एवं सामाजिक लक्ष्यों में कोई विशेष अन्तर नहीं है। किन्तु इन लक्ष्यों की प्राप्ति हेतु उनके द्वारा अपनाए जाने वाले साधनों में अन्तर है, कहना नहीं होगा इन साधनों का कम महत्त्व नहीं है। यद्यपि इस प्रकार के अन्तर का प्रमुख आधार उन राजनीतिक दलों की विचारधाराएँ हैं, जिनसे वे सम्बद्ध हैं किन्तु कम से कम एक प्रमुख उपकरण–सीधी कार्यवाही के उपयोग के सम्बन्ध में तो सभी श्रमिक संघ सहमत हैं। पर उस बात पर सहमति नहीं है कि सीधी कार्यवाही किस समय और किस परिस्थिति में की जानी चाहिए। तथापि हम उस एकमत्य के महत्त्व को कम नहीं करते हैं। वास्तव में इस प्रकार का एकमत्य भी उतना ही महत्त्वपूर्ण है, जितना कि संगठन के लक्ष्यों के सम्बंध में स्थापित एकमत्य।

श्रमिक संघों की राजनीतिक सम्बद्धता एवं नेतृत्व

सम्भवतः आज सम्पूर्ण विश्व के श्रम संघ आन्दोलन पर राजनीति का रंग चढ़ा हुआ है। चूँकि श्रमिक संघों के क्रियाकलाप अधिकांश स्थितियों में सरकार के निर्णयों से प्रभावित होते हैं, अतः इन निर्णयों को प्रभावित करने के लिए श्रमिक संघ राजनीतिक दलों की सहायता प्राप्त करने का प्रयास करते हैं। विकासशील देशों में श्रमिकों के समक्ष अनेक समस्याएँ विद्यमान रहती हैं और ये समस्याएँ उसी समय सुलझ सकती हैं जब सरकार स्वयं ही श्रमिकों के कल्याण हेतु पहल करे। नाउल्स के अनुसार विकासशील क्षेत्रों में श्रमिक संघ स्वयं श्रम अशान्ति से सम्बंधित विभिन्न कारणों का निराकरण नहीं कर सकते हैं। वे स्वयं ही औद्योगीकरण, कृषिपरक पुनर्संगठन, राष्ट्रीय आत्मनिर्णय तथा भूमि एवं कर सम्बंधी संशोधन नहीं कर सकते हैं, न तो वे शहरों की गन्दी बस्तियों का पुनरुद्धार कर सकते हैं और न सम्प्रेषण में ही सुधार कर सकते हैं। चूँकि इन बातों के

कारण श्रम असन्तोष का जनन होता है और श्रमिकों के मानस में इन बातों का विशेष महत्त्व होता है, अतः सामूहिक सौदेबाजी की अपेक्षा राजनीतिक क्रियाकलापों पर विशेष बल दिया जाता है, क्योंकि उन्हीं के माध्यम से इन समस्याओं का निराकरण सम्भव है।[74] विकासशील देशों में श्रमिक संघों और राजनीति के मध्य उतना ही घनिष्ठ सम्बंध होता है जितना गरीबी एवं पिछड़ेपन के बीच होता है।[75] भारत में श्रमिक संघों की उत्पत्ति ही राजनीति की गोद में हुई है और राजनीतिक नेताओं द्वारा ही उनका भरण–पोषण किया जा रहा है।[76] श्रमिक संघों की राजनीतिक शक्ति राजनीतिक दलों को अपनी ओर आकृष्ट करती है क्योंकि राजनीतिक दलों को एक ही स्थान पर इतना संगठित समर्थन अन्यत्र नहीं मिल पाता है। दूसरी ओर श्रमिक संघ भी राजनीतिक दलों की सहायता प्राप्ति हेतु इच्छुक रहते हैं ताकि उनकी सहायता से वे राष्ट्रीय आय में पर्याप्त हिस्सा पा सकें।[77] वे राजनीतिक दलों की सहायता से सरकार एवं प्रबंधक पर अधिकाधिक दबाव डालने में समर्थ होते हैं।

व्यवसाय संघ एवं राजनीतिक दलों के सम्बंध में कुछ महत्त्वपूर्ण अध्ययन किए गए। इस सम्बंध में कुछ स्पष्ट निष्कर्षों का विवरण निम्नलिखित हैं–

1. डाक्टर पट्टाभिरमन[78] के अनुसार भारत में व्यवसाय संघों के बाहुल्य का राजनीतिक दलों से सीधा सम्बंध है। राजनीतिक दलों की प्रतिद्वन्द्विता के कारण उनमें जो बिखराव पैदा होता है, उसके फलस्वरूप वे श्रमिक संघों को भी अपने ढंग से संगठित करते हैं।[79]
2. श्रम संघवाद की मिट्टी तो श्रमिक हैं, किन्तु उसका कुम्हार किसी राजनीतिक दल का सदस्य है, जो अपने राजनीतिक स्वार्थों के अनुसार उस मिट्टी से श्रम संघवाद का निर्माण करता है।[80]
3. श्रमिक संघ के लिए राजनीतिक विधियों का प्रयोग लाभकारी हो सकता है, किन्तु यदि श्रमिक संघ राजनीतिक युद्ध में स्वयं भी सक्रिय शक्ति की भूमिका अदा करने लगते हैं तो उन उद्देश्यों को आघात पहुँचता है। यह बात अनुभवों से सीखी जा सकती है।[81]
4. राजनीतिक संघों ने श्रम संघवाद के विकास को अवरुद्ध कर दिया है। इनके प्रभाव से आज श्रम संघवाद के परिवेश में इतनी उथल–पुथल हो गई है कि केवल श्रमिकों के द्वारा परिचालित और उन्हीं के द्वारा संगठित तथा उन्हीं के नेतृत्व में श्रम संघवाद के आन्दोलन का विकास असम्भव सा हो गया है। इस सम्बन्ध में डॉ. पट्टाभिरमन ने बासवदा के एक व्याख्यान का उद्धरण दिया है जिसके अन्तर्गत उन्होंने कहा है कि श्रम संघ श्रमिकों के शोषण के निरोध हेतु प्रयुक्त एक आवश्यक उपकरण है। किन्तु इनको प्रभावशाली बनाने के लिए आवश्यक है कि शोषण से उनकी रक्षा की जाए।[82]

कानपुर के श्रमिक संघों का एक घनीभूत अध्ययन करते हुए डॉ. एस.एम. पाण्डेय का यह निष्कर्ष था कि श्रमिक संघवाद के राजनीतिक चरित्र का विकास अपरिहार्य है और उसके माध्यम से सम्पूर्ण आन्दोलन में कमजोरी आ जाती है।[83] कानपुर में श्रमिक

संघ राजनीतिक दलों से बहुत ही निकट से सम्बंधित हैं और राजनीतिक नेता आज भी श्रमिक संघों पर अपना वर्चस्व स्थापित किए हुए हैं।[84]

भारत सरकार की श्रम नीति ने भी राजनीतिक दलों एवं श्रमिक संघों को एक स्थान पर लाने में महत्त्वपूर्ण योगदान दिया है। व्यवसाय संघ अधिनियम, 1926 के अन्तर्गत यह प्रावधान किया गया है कि श्रमिक संघ अपने सदस्यों के राजनीतिक एवं राजकीय स्वार्थों की पूर्ति हेतु अलग से एक कोष का निर्माण कर सकता है।

भारतीय स्वतंत्रता आंदोलन के लक्ष्यों को राजनीतिक दलों की भाँति बहुत अंशों में श्रमिक संगठनों द्वारा भी अपनाया गया। राजनीतिक नेताओं की दृष्टि में श्रमिक संगठनों को राजनीतिक आन्दोलन में लाना भी उतना ही महत्त्वपूर्ण लक्ष्य था, जितना कि श्रमिकों की मजदूरी वृद्धि एवं रहन–सहन की दशाओं में सुधार। वास्तव में उपनिवेशवाद की स्थिति में जब राष्ट्रीय आकांक्षाएँ आत्मनिर्भर होने के लिए जोर मार रही हों, श्रमिक संघ न तो इस प्रकार के राजनीतिक संघर्ष की धारा से अपने को अलग रख सकते हैं और न अकेले में ही अपने लक्ष्यों की प्राप्ति हेतु सफल प्रयास कर सकते हैं। अतः इस स्थिति में श्रमिक संघ एवं राजनीतिक दलों की परस्पर सम्बद्धता आवश्यक हो जाती है। स्वतंत्रता प्राप्ति के पश्चात् भारतीय राजनीतिक दल अनेक टुकड़ों में विभाजित हो गए। स्वतंत्रता प्राप्ति के पूर्व तक तो सभी दलों का एकमात्र उद्देश्य स्वतंत्रता की प्राप्ति था किन्तु इस लक्ष्य की प्राप्ति के पश्चात् समाजवाद, साम्यवाद, जनतंत्र एवं धर्मपरायण दल अपनी–अपनी विचारधारा के आधार पर राजनीति में अपने वर्चस्व स्थापन का प्रयास करने लगे। अपने इस प्रयास एवं प्रतिस्पर्धा में सफलता की प्राप्ति हेतु उन्हें श्रमिक संगठनों का सहयोग प्राप्त करना भी आवश्यक हो गया। कांग्रेस पार्टी जो सत्तारूढ़ थी, उसे भी अपनी विचारधारा के प्रसार एवं अपनी सत्ता के अनुरक्षण हेतु श्रमिक संघ जैसे सशक्त समूह का आश्रय लेना आवश्यक था। फलस्वरूप उसने भी अपनी सरकार के संरक्षण में इण्टक नामक केन्द्रीय श्रम संघ फेडरेशन की स्थापना की। इस प्रकार भारत के स्वातंत्र्योत्तर काल में श्रमिक संघ एवं राजनीतिक दलों का सहयोग बरकरार रहा। आज हमारे देश का प्रत्येक राजनीतिक दल अधिकाधिक श्रमिक संगठनों को अपने नियंत्रण में रखना चाहता है। आज भारत में जो प्रमुख केन्द्रीय फेडरेशन हैं, वे किसी न किसी राजनीतिक दल से सम्बद्ध हैं। उदाहरणार्थ, (1) इण्टक – इण्डियन नेशनल कांग्रेस, (2) ए.आई.टी.यू.सी. – कम्युनिस्ट पार्टी ऑफ इण्डिया, (3) एच.एम.एस. – सोशलिस्ट पार्टी एण्ड संयुक्त सोशलिस्ट पार्टी, (4) सी.आई.टी.यू. – कम्युनिस्ट पार्टी आफ इण्डिया (मार्क्सिस्ट), (5) भारतीय मजदूर संघ – भारतीय जनता पार्टी, एवं (6) यूटक – वामपंथी क्रांतिकारी पार्टियाँ। यद्यपि सभी केन्द्रीय फेडरेशन इस बात की दुहाई देते रहते हैं कि वे किसी राजनीतिक दल से सम्बद्ध नहीं हैं और सभी राजनीतिक दल भी इस बात की दुहाई देते हैं कि वे किसी मजदूर संघ को नियंत्रित नहीं करते हैं। भारतीय श्रमिक संघ का इतिहास इस बात का साक्षी है कि जब कभी किसी नवीन केन्द्रीय संगठन का गठन किया गया तो यह बात दोहराई गई कि अमुक संगठन सरकार, राजनीतिक दल अथवा नियोक्ताओं के प्रभाव

से मुक्त रह कर श्रमिकों का कल्याण करना चाहता है।[85] किन्तु वास्तविकता यह है कि प्रत्येक फेडरेशन किसी न किसी राजनीतिक दल से अवश्य सम्बद्ध रहता है। राजनीतिक दलों के माध्यम से श्रमिक संघों को सक्षम नेतृत्व, प्रशिक्षित संगठनकर्ता अथवा वैचारिक निर्देशन की प्राप्ति होती है। राष्ट्रीय श्रम आयोग ने विभिन्न केन्द्रीय फेडरेशनों के विभिन्न राजनीतिक दलों के साथ औपचारिक एवं अनौपचारिक सम्बंधों पर प्रकाश डालते हुए कहा है कि राजनीतिक दल इन फेडरेशनों को अपनी शक्ति का मुख्य स्रोत समझते हैं।[86] विश्व के बहुत से अन्य देशों में भी राजनीतिक दल एवं श्रमिक संघ परस्पर एक–दूसरे के सहयोग से कार्य करते हैं। ग्रेट ब्रिटेन में ब्रिटिश ट्रेड यूनियन कांग्रेस और लेबर पार्टी का बहुत ही नजदीक का सम्बंध है। वास्तविकता यह है कि ब्रिटिश लेबर पार्टी का निर्माण ब्रिटिश ट्रेड यूनियन कांग्रेस द्वारा किया गया है और उसी श्रमिक संघ द्वारा लेबर पार्टी को अभी तक आर्थिक स्रोत एवं सदस्यता की उपलब्धि होती है। कम्युनिस्ट देशों में इस प्रकार का सम्बन्ध और भी प्रगाढ़ हो जाता है और यह बात कही जाती है कि वहाँ पर कम्युनिस्ट पार्टी के अतिरिक्त श्रमिक संघ का कोई अलग अस्तित्व नहीं है। इस प्रकार भारत का अनुभव अपने में कोई अपवाद नहीं है।

किन्तु इस सम्बंध में ब्रिटेन और भारत की स्थिति में कुछ आधारभूत अन्तर है। ब्रिटेन में तो श्रमिक संघों द्वारा राजनीतिक दल का नियंत्रण किया जाता है, पर भारत में राजनीतिक दल ही श्रमिक संघ का नियंत्रण करते हैं। यद्यपि यह बात पूर्णतया सत्य नहीं है कि हमारे देश में श्रमिक संघों का नियन्त्रण राजनीतिक दलों द्वारा किया जाता है, वास्तविक स्थिति यह है कि दो निकाय एक साथ मिलकर कार्य करते हैं तो दोनों ही न्यूनाधिक रूप में एक–दूसरे का नियंत्रण करते हैं।

भारत में राजनीतिक दल एवं श्रमिक संगठनों की पारस्परिक निर्भरता ने अधिकांश श्रमिक नेताओं को राजनीति में प्रवेश हेतु उत्साहित किया। व्यवसाय संघों को राजनीतिक क्रियाकलापों का एक प्रसार मात्र समझा जाता है। फलस्वरूप श्रमिक संघ एवं राजनीतिक नेताओं में एक बहुत नजदीक सम्बंध विकसित हुआ। इस सम्बंध में कुछ विधायी और कुछ अविधायी तरीके से श्रमिक संघ राजनीतिक क्रियाकलापों में सहभाजन के माध्यम से कुछ आर्थिक सुरक्षा की प्राप्ति करते हैं। सम्बंधित राजनीतिक दलों द्वारा श्रमिक संघ की मांगों के प्रति जनमत का निर्माण किया जाता है और आवश्यकतानुसार इस उद्देश्य की पूर्ति हेतु सरकार पर भी दबाव डाला जाता है। राजनीतिक नेताओं के सहयोग से सामूहिक सौदेबाजी की स्थिति में श्रमिक संघ प्रबंध पक्ष के समान शक्ति का अर्जन करता है। इसके अतिरिक्त राजनीतिक नेता श्रमिक संघों में राजनीतिक एवं सामाजिक चेतना का विकास करते हैं। जहाँ तक राजनीतिक नेताओं के श्रमिक संघों पर पड़ने वाले अविधायी प्रभावों का सम्बंध है, हम अधिकांशतया यह देखते हैं कि श्रमिक संघों के दिन–प्रतिदिन के क्रियाकलापों में राजनीतिक लक्ष्यों का श्रमिक संघ विषयक लक्ष्यों के ऊपर वर्चस्व स्थापित रहता है। एक राजनीतिक दल से सम्बद्ध व्यवसाय संघ को उसका (उक्त राजनीतिक दल का)

विरोधी राजनीतिक दल सत्तारूढ़ होने पर हानि पहुँचाता है। कभी–कभी एक राजनीतिक दल विदेशी शक्तियों के निर्देशन में कार्य करता है और उक्त दल से सम्बंधित व्यवसाय संघ भी विदेशी शक्ति के निर्देशों से प्रभावित होता है। बाह्य राजनीतिक नेताओं की उपस्थिति में व्यवसाय संघों का आन्तरिक नेतृत्व सम्यक रूप से विकसित होने का अवसर नहीं प्राप्त करता है। श्रमिक संघ का पदाधिकारी कोई राजनीतिक नेता एक ही साथ राजनीति एवं श्रम संघवाद दोनों के साथ न्याय नहीं कर पाता है। कभी–कभी राजनीतिक नेताओं के मतभेदों के कारण अनावश्यक रूप से श्रम संघ आन्दोलन का विखण्डन होने लगता है।[87] सामान्यतया तृतीय श्रेणी के राजनीतिक नेता श्रम संघवाद की शरण लेते हैं। इस प्रवृत्ति के फलस्वरूप 'घेराव' और 'बन्द' आदि समस्याएँ उत्पन्न होती हैं और श्रम–प्रबंध सम्बंधों में अनावश्यक रूप से कटुता उत्पन्न होती है।

भारतीय श्रम संगठनों को राजनीतिक संगठन कहा जाता है। राल्फ जेम्स[88] ने स्पष्ट रूप से यह बात कही है कि भारतीय श्रमिक संगठन राजनीतिक दलों के हथियार के रूप में प्रयुक्त किए जाते हैं। यद्यपि अधिकांश श्रमिक नेता इस कथन का घोर विरोध करते हैं। हिन्द मजदूर सभा के एक महामंत्री वी.आर. तुलपुले[89] ने यह दावा किया है कि उनका केन्द्रीय फेडरेशन किसी भी राजनीतिक दल से संबंधित नहीं है। उन्होंने यह बात स्वीकार की है कि हिन्द मजदूर सभा एक समाजवादी मजदूर संघ है, किन्तु उनके अनुसार यह एक राजनीतिक समाजवादी मजदूर संघ नहीं है। इसी प्रकार दूसरे फेडरेशन भी यह दावा करते हैं कि उनका अलग संविधान है और स्वतंत्र अस्तित्व है। किन्तु इस सत्य से कोई इनकार नहीं कर सकता कि अधिकांश महत्त्वपूर्ण राजनीतिक नेताओं ने हमारे देश में मजदूर संघों के महत्त्वपूर्ण पदों पर कभी न कभी काम किया है। साथ ही यह बात भी सत्य है कि अधिकांश श्रमिक संघ नेता व्यवसाय संघ को अपने राजनीतिक कैरियर की शुरुआत के रूप में लेते हैं। अतः यह कहा जा सकता है कि हमारे देश का श्रमिक संघ आन्दोलन राजनीतिक दलों और उनके नेताओं का अनुयायी मात्र रह गया है। भारतीय कांग्रेस पार्टी के राष्ट्रवादी नेताओं ने श्रमिक संगठनों की शक्ति का उपयोग स्वतंत्रता आंदोलन में किया। साम्यवादी नेताओं ने श्रमिक शक्ति का उपयोग वर्ग संघर्ष एवं क्रांति के एक उपकरण के रूप में किया। समाजवादी नेताओं ने उस शक्ति का उपयोग देश में समाजवादी सरकार की स्थापना हेतु किया। इन सभी राजनीतिक नेताओं ने अपनी विचारधाराओं के अनुरूप श्रमिक संघ के क्रियाकलापों को अलग–अलग ढंग से रंग दिया। स्वतंत्रता के पश्चात् ए.आई.टी.यू.सी. का नेतृत्व पूर्णतया साम्यवादी दल के हाथ में आ गया और इस फेडरेशन के माध्यम से उस दल के नेताओं ने पूँजीवाद के विरुद्ध आन्दोलन प्रारम्भ किया। इस दल के नेता श्री रणदिवे का यह कथन है कि हड़ताल जब हिंसात्मक तरीके से आयोजित की जाएगी, तभी इसके माध्यम से शक्ति का अर्जन किया जा सकता है।[90] 1958 में ऑल इण्डिया कांग्रेस कमेटी ने जो प्रस्ताव पारित किया था, उसमें भी श्रम–प्रबंध संघर्षों की झलक दिखाई पड़ती है। उक्त प्रस्तावों में यह बात भी

कही गई थी कि कांग्रेस पार्टी का कोई भी सदस्य इण्टक की किसी शाखा की स्थापना के अतिरिक्त अन्य कोई श्रमिक संघ स्थापित नहीं कर सकता है।[91]

उपर्युक्त उदाहरणों से यह बात स्पष्ट है कि राजनीतिक नेताओं ने श्रमिक संघ आन्दोलन में सदैव ही एक महत्त्वपूर्ण भूमिका का निर्वाह किया। इन नेताओं ने श्रमिक संघों की शक्तियों का अपने स्वार्थ हेतु सदैव प्रयोग किया।[92] एक प्रमुख श्रमिक संघ के नेता ने यह बात स्पष्ट रूप से स्वीकार की है कि श्रमिक संघों के उच्चस्तरीय नेता सदैव ही राजनीतिक दलों से सम्बंधित होते हैं और वे श्रमिक संघ विषयक क्रियाकलापों को अपने राजनीतिक क्रियाकलापों के एक अंग के रूप में निष्पादित करते हैं।[93] किन्तु यह कोई आवश्यक नहीं कि श्रमिक संघों के सभी नेता राजनीतिज्ञ ही हों। इसमें सन्देह नहीं कि कुछ नेता तो पूर्णतया ट्रेड यूनियनिस्ट कहे जा सकते हैं, किन्तु उनकी प्रस्थिति सदैव ही राजनीतिक नेताओं की अपेक्षा नीची होती है।[94]

अतः यह स्पष्ट है कि भारतीय श्रमिक आन्दोलन की एक बहुत बड़ी समस्या यह है कि उन पर राजनीतिक दलों का अत्यधिक प्रभाव है।[95] इमरजेंसी के पूर्व कुछ इंटक नेता यह कहा करते थे कि उनका फेडरेशन कांग्रेस दल से सम्बंधित नहीं है। इमरजेंसी के पश्चात् जनता शासन में पुनः कुछ इण्टक नेताओं ने यह कहना आरम्भ किया कि वे किसी दल से सम्बंधित नहीं हैं।[96] पर कांग्रेस (आई) के पुनः पदारूढ़ होने के पश्चात् इण्टक ने अपने को पूर्णतया इस दल से सम्बद्ध कर लिया। वास्तव में विकासशील अर्थव्यवस्था के देशों में छात्र एवं श्रमिकगण राजनीतिक आन्दोलन की अग्नि में सबसे तेज जलने वाले पदार्थ होते हैं। अतः राजनीतिक दलों को अपने हित साधन हेतु इस ईंधन का उपयोग करना ही पड़ता है।

राजनीतिक सम्बद्धता का प्रभाव

इसमें सन्देह नहीं कि भारत में श्रम संघवाद के विकास पर राजनीतिक नेताओं का अत्यधिक प्रभाव पड़ा है। इस सम्बंध में सबसे उल्लेखनीय बात यह है कि श्रमिक संघों में विखण्डन की प्रक्रिया सदैव राजनीतिक नेताओं द्वारा ही लाई गई है। राजनीतिक नेताओं के निहित स्वार्थों के फलस्वरूप बहुत से श्रमिक संघों का उद्योग, प्रतिष्ठान एवं राष्ट्र के स्तर पर जन्म हुआ। श्रमिक संघों की परस्पर विरोधी विचारधाराओं का सदस्यों की भक्ति, श्रमिक संघों की प्रबन्ध व्यवस्था और सरकार की श्रमिक संघ विषयक नीतियों पर पर्याप्त प्रभाव पड़ा है। सामान्यतया श्रम संघ के नेता अपने अनुयायियों के साथ एक दल से दूसरे दल में सम्मिलित होते रहते हैं। श्रमिक संघों का सामान्य सदस्य अपने नेताओं की राजनीतिक विचारधाराओं से कोई सरोकार नहीं रखता है। वे ऐसे व्यवसाय संघ के नेताओं को वरीयता देते हैं, जो उनकी इच्छाओं को बहुत ही प्रभावपूर्ण ढंग से पूरा करने में समर्थ होते हैं। अशोक मेहता के अनुसार श्रमिक संघों की बहुलता ने सदस्यों में श्रम संघ विशेष के प्रति समुचित भक्ति की भावना के विकास में बाधा पहुँचाई है और आन्दोलन के अन्तर्गत श्रमिक नेताओं का समुचित विकास नहीं हो पाया है।[97] फलस्वरूप श्रम आन्दोलन बाह्य नेताओं पर आश्रित होने के लिए बाध्य हो गया। बाह्य नेता श्रम संघवाद के ऊपर ही पूरा समय लगाने में केवल इसलिए समर्थ

नहीं होते हैं कि राजनीतिक दलों का भी उनके समय पर उसी प्रकार का दावा विद्यमान रहता है, वरन् इसका एक प्रमुख कारण यह भी है कि एक ही साथ वे कई पदों पर आरूढ़ रहते हैं। फलस्वरूप ऐसे लोगों का बहुत ही आंशिक समय एवं ध्यान श्रम संघ विषयक क्रियाकलापों पर लग पाता है।[98] राजनीतिक नेतृत्व के कारण श्रम संघ विषयक संघर्षों का भी जनन होता है, बहुत श्रम संघवाद भी जनित होता है, जिसके फलस्वरूप श्रम संघ आन्दोलन अन्ततोगत्वा कमजोर हो जाता है और प्रबन्ध यही निश्चय नहीं कर पाता है कि किस श्रम संघ के साथ सौदेबाजी करें।

दूसरी ओर श्रम संघवाद की राजनीतिक सम्बद्धता के कुछ विधायी प्रभाव भी देखने को मिलते हैं। उच्चस्तरीय बाह्य श्रम संघ के नेता जो राजनीतिक उत्क्रम में उच्चतर स्थान रखते हैं, अपने प्रभावों के माध्यम से श्रमिकों हेतु सरकार से अधिक सुविधा की व्यवस्था कराते हैं। दूसरी बात यह है कि अभी तक श्रम संघ का नेतृत्व पूर्णतया परिपक्व नहीं हो पाया है, फलस्वरूप उनकी परिपक्वता की क्षतिपूर्ति बाह्य राजनीतिक नेताओं के माध्यम से की जाती है। आज प्रबंध एवं नियोक्ता की तुलना में श्रम संघ की सौदेबाजी की शक्ति बहुत ही कमजोर है, और इस कमजोरी की स्थिति में बाह्य राजनीतिक नेताओं के प्रभाव का सम्बल लेकर ही श्रमिक संघ समानता के आधार पर प्रबंध के साथ सौदेबाजी करने में समर्थ होते हैं। इसके अतिरिक्त श्रम संघ को संगठनात्मक दृष्टि से भी सशक्त बनाने में राजनीतिक नेताओं ने महत्त्वपूर्ण योगदान दिया है। इन नेताओं ने ऐसे स्थानों पर भी श्रमिक संघों की स्थापना की है, जहाँ इसके पूर्व कोई भी श्रमिक संघ विद्यमान नहीं था। इस प्रकार इन नेताओं के प्रयासों की बदौलत ही हमारा श्रम संघ आन्दोलन केवल 50 या 60 वर्षों में इतना सक्षम हो पाया है। सम्भवतः विश्व के किसी देश में जहाँ संगठित श्रम शक्ति सम्पूर्ण श्रम शक्ति की तुलना में इतनी कम होगी, श्रम संघ आन्दोलन ने श्रम अधिनियमों एवं सरकार की नीतियों पर इतना प्रभाव नहीं डाला होगा। राजनीतिक प्रभाव से ही देश में 1947 के पश्चात् इतने संरक्षात्मक अधिनियमों का निर्माण हो पाया। इसके अतिरिक्त राजनीतिक प्रतिस्पर्द्धा से विभिन्न राजनीतिक दल अधिकाधिक श्रमिकों की सहायता कर उनके विश्वास अर्जन का प्रयास करते हैं, फलस्वरूप औद्योगिक श्रमिक अनपेक्षित रूप से लाभान्वित होते हैं।[99] इस सम्बंध में अन्तिम महत्त्वपूर्ण बात यह है कि राजनीतिक दलों द्वारा श्रमिक संघों की दृष्टि से उदारता एवं व्यापकता का समावेश किया गया है। उदाहरणार्थ, किसी प्रतिष्ठान में स्थापित श्रमिक संघ सामूहिक सौदेबाजी के माध्यम से केवल अपने सदस्यों की मजदूरी में ही वृद्धि करना चाहता है, उसे इस बात की चिन्ता नहीं रहती है कि इस मजदूरी वृद्धि से उपभोक्ता वस्तुओं की लागत में जो वृद्धि होगी, उसका सम्पूर्ण समाज पर क्या प्रभाव होगा। किन्तु राजनीतिक दल समाज के हित की उपेक्षा नहीं कर सकता। इस प्रकार राजनीतिक दलों के प्रभाव से श्रम संघ आन्दोलन में उदारता एवं दृष्टि की व्यापकता उत्पन्न होती है।

अन्त में हम यह कह सकते हैं कि श्रमिक संघ और राजनीति परस्पर एक दूसरे पर निर्भर हैं। एक ओर तो राजनीतिक नेताओं ने व्यवसाय संघों की स्थापना और

विकास में मदद की है और दूसरी ओर राजनीतिक नेताओं के निहित स्वार्थों ने इसके स्वस्थ विकास में बाधा पहुँचाई है। परस्पर विरोधी राजनीतिक विचारधारा के कारण एक ही प्रतिष्ठान में कई श्रमिक संघों का गठन होता है और उनके द्वारा श्रम संघ के परस्पर संघर्षों का ही जनन नहीं होता है, वरन् कुछ राजनीतिक दल एवं उनके नेता तो विदेशी शक्तियों के इशारे पर भी हमारे श्रमिक संघों के क्रियाकलापों का संचालन करते हैं। राजनीतिक स्वार्थ, पूर्व नियोजन का अभाव और जल्दी में किए गए निर्णयों के कारण हड़ताल एवं 'बन्द' आए दिन असफल होते हैं। फलस्वरूप न केवल राजनीतिक नेता वरन् श्रमिक संघ भी सामान्यजन की दृष्टि में प्रतिष्ठाहीन हो जाते हैं। आज वह समय आ गया है, जब श्रमिक संघ एवं उसके नेताओं को अपने क्रियाकलापों को राजनीतिक प्रभावों से मुक्त करना।[100] किन्तु राजनीतिक प्रभाव को पूर्णतया समाप्त नहीं किया जा सकता, क्योंकि कभी–कभी श्रमिक संघ राजनीतिक नेताओं के माध्यम से सरकार पर दबाव डालकर अपने लक्ष्यों की प्राप्ति करते हैं। दूसरी बात यह है कि आज के युग में आर्थिक एवं गैर–आर्थिक क्रियाकलापों तथा राजनीतिक एवं गैर–राजनीतिक क्रियाकलापों में स्पष्ट अन्तर की रेखा खींचना अति कठिन कार्य है। अतः यदि श्रमिक संघों के क्रियाकलापों को प्रतिबंधित कर उसे पूर्णतया आर्थिक बनाने का ही प्रयास किया जाए तो उसका प्रभाव अतिसीमित होगा। लास्की के अनुसार श्रमिक संघों द्वारा जो भी समस्या उठाई जाए उसका सम्बंध अंततोगत्वा अतिमहत्त्वपूर्ण आर्थिक प्रश्नों से होना चाहिए। अतः यह आवश्यक है कि श्रमिक संघों की एक दीर्घकालीन नीति एवं दर्शन हो और श्रमिक संघ के क्रियाकलाप उसी नीति द्वारा परिचालित हों।[101] श्रमिक संघों का एक महत्त्वपूर्ण कार्य यह है कि उसके द्वारा राजनीतिक परिवेश में आर्थिक नीतियों का निर्धारण किया जाए। नियोक्ता और श्रमिक के अधिकारों के निर्धारण एवं उन्हें परिभाषित करने के लिए राज्य की सत्ता का उपयोग होना चाहिए।[102] इस परिप्रेक्ष्य में यह कहा जाता है कि श्रमिक संघों का उपयोग राजनीतिक स्वार्थों की पूर्ति हेतु नहीं होना चाहिए, पर राजनीतिक सक्षमता की प्राप्ति के अभाव में श्रमिक संघ राज्य शक्ति को प्रभावित कर अपने कुछ महत्त्वपूर्ण उद्देश्यों की पूर्ति भी नहीं कर सकते हैं।

इस सम्बंध में एक प्रश्न और भी विचारणीय है कि यदि राजनीतिक दल श्रमिक संघों से अपना सम्बंध विच्छेद कर लें तो ऐसी स्थिति में विभिन्न श्रमिक संघों के उद्देश्यों की दृष्टि से भले ही एकता स्थापित हो जाए पर क्या श्रमिक संघ भी राजनीतिक क्रियाकलापों से अपना सम्बंध पूर्णतया तोड़ पाएंगे? इसका उत्तर 'नहीं' में ही दिया जा सकता है। ऐसी स्थिति में भी राज्य पर अपना प्रभाव कायम रखने के लिए श्रमिक संघ या तो कोई अलग से अपना राजनीतिक दल गठित कर सकते हैं अथवा अपने उद्देश्यों एवं लक्ष्यों के अनुकूल किसी राजनीतिक दल से स्वयं ही अपने को सम्बद्ध कर लेंगे। विश्व के कुछ अन्य देशों के उदाहरण इस बात की पुष्टि करते हैं। ब्रिटेन के श्रमिक संघों ने स्वयं ही अपनी लेबर पार्टी बना ली है और अमेरिकी श्रमिक संघ आज डेमोक्रेटिक पार्टी से अपने को अधिक नजदीक पाकर उसी से जुड़ते चले जा रहे हैं।

भारत में यदि विभिन्न राजनीतिक दल श्रमिक संघों को अपने प्रभाव से मुक्त कर दें तो दोनों में से कोई एक बात हो सकती है। ऐसी स्थिति में अच्छा यही होगा कि ब्रिटेन की भाँति भारत के श्रमिक संघ भी अपना राजनीतिक दल गठित कर लें।

श्रम आन्दोलन का नेतृत्व

सक्षम श्रम संघवाद की एक मुख्य अपेक्षा यह है कि दक्ष नेतृत्व का विकास किया जाए। किन्तु भारतीय श्रमिकों की निम्नतर शैक्षणिक प्रस्थिति, संकीर्ण वर्गवाद पर आश्रितता और सेल्फ हेल्प की परंपरा का अभाव आदि ऐसे कारक हैं, जिन्होंने स्वस्थ श्रम संघ नेतृत्व के विकास को सदैव ही बाधित किया है। भारतीय श्रमिक संघों के साथ एक और कठिनाई यह है कि श्रम संघ के नेतृत्व हेतु भारतीय परिवेश में बहुत ही उच्च योग्यता की अपेक्षा होती है। आज श्रम सम्बंधों हेतु भारत में अंग्रेजी ही मुख्य भाषा है, जो सामान्य श्रमिकों को बहुत ही अच्छे ढंग से ज्ञात नहीं है। इसके अतिरिक्त श्रम सम्बंधों हेतु बहुत ही व्यापक स्तर पर नियमों एवं अधिनियमों के ज्ञान की अपेक्षा होती है और श्रम प्रबन्ध के दोनों ही पक्ष अधिकांश स्थितियों में कानूनी उपागम का ही सहारा लेने के लिए तैयार रहते हैं, हम सामान्य श्रमिक से यह अपेक्षा नहीं कर सकते हैं कि इतने वृहत स्तर पर उसे कानूनी दाँवपेंचों का ज्ञान हो। इसके अतिरिक्त अभिजात्य प्रबंध वर्ग एवं सामान्य श्रमिकों के बीच सामाजिक दूरी बहुत ज्यादा होती है तथा भारत में वर्ग सम्बंधों के बीच अधिकार एवं पारस्परिक विभेद की भावना भी बहुत ही गहराई तक प्रविष्ट रहती है। इन कारकों के कारण भारतीय श्रमिक संघों का अधिकांश नेतृत्व बाह्य होता है।[103] किन्तु ये बाह्य नेता न तो शिक्षाशास्त्री होते हैं और न सामाजिक कार्यकर्ता। इस प्रकार के अधिकांश नेता या तो वकील होते हैं अथवा किसी राजनीतिक दल के नेता होते हैं अथवा कोई ऐसे प्रभावशाली व्यक्ति होते हैं, जिनके साथ श्रमिक संघ के जुट जाने से उसकी प्रस्थिति एवं महत्त्व इतना बढ़ जाता है कि सम्बंधित प्रबंध उक्त श्रम संघ को स्वीकृति एवं मान्यता प्रदान करने लगता है।[104]

श्रमिक संघ श्रमिकों एवं कामगारों का एक सक्रिय एवं उद्देश्यपूर्ण संगठन है। उसे नेतृत्व की अवश्यमेव अपेक्षा होती है।[105] सम्भवतः श्रमिक संघ नेतृत्व एक प्रक्रिया है, जिसके अन्तर्गत अनुयायियों के बीच विचारों का आदान–प्रदान होता है।[106] भारतीय श्रम संघ नेतृत्व केवल उन्हीं लक्ष्यों की प्राप्ति नहीं करना चाहता है, जो नेताओं एवं श्रम संघ के सदस्यों द्वारा सामान्य रूप से स्वीकृत होता है, वरन् वह उन लक्ष्यों की प्राप्ति का प्रयास करता है जो उसके एवं उसके राजनीतिक दल की दृष्टि से ही महत्त्वपूर्ण नहीं होता है, वरन् सामान्य श्रमिक की दृष्टि से भी महत्त्वपूर्ण होता है। किन्तु बहुत सी स्थितियों में श्रमिक संघों के विकास एवं कल्याण सम्बंधी लक्ष्यों की अपेक्षा व्यक्तिगत एवं राजनीतिक लक्ष्यों को श्रमिक संघ के नेताओं द्वारा अधिक महत्त्व दिया जाने लगता है। इसके अतिरिक्त कुछ बाहरी नेता ऐसे भी होते हैं, जो कि श्रमिक संघों के नेतृत्व का अपनी रोजी–रोटी के एक साधन के रूप में उपयोग करने लगते हैं।[107]

श्रमिक संघ नेतृत्व का अर्थ निरूपण

मोटे तौर पर नेतृत्व की जो सामान्य परिभाषा दी जाती है, वही श्रमिक संघ के नेतृत्व के परिप्रेक्ष्य में भी लागू होती है। इस परिप्रेक्ष्य से इसे एक प्रक्रिया का कार्य कहा जा सकता है, जिसके माध्यम से एक संगठित समूह के क्रियाकलापों को लक्ष्य निर्धारण एवं लक्ष्य की प्राप्ति हेतु प्रभावित किया जाता है।[108] इस प्रकार व्यवसाय संघ के नेतृत्व से भी यह अपेक्षा की जाती है कि वह उन सभी तीन आधारभूत शर्तों की पूर्ति करे, जिसकी अपेक्षा नेतृत्व विषयक सम्बंधों को कायम रखने के लिए की जाती है। ये शर्तें निम्नलिखित हैं–

1. नेतृत्व के अस्तित्व हेतु समूह का अस्तित्व आवश्यक शर्त है। इस दृष्टि से श्रमिक संघ मजदूरी उपार्जकों का एक सतत् एवं ऐच्छिक संघ है।[109]
2. सामान्य लक्ष्य की प्राप्ति सम्बंधी कार्यवाही नेतृत्व की दूसरी महत्त्वपूर्ण अपेक्षा है। इस दृष्टि से व्यवसाय संघ भी एक समूह या एसोसिएशन है, जो श्रमिकों को कार्य जीवन की दशाओं में सुधार हेतु प्रयत्नशील रहता है।[110]
3. नेतृत्व सम्बंधी सम्बंधों को कायम रखने के लिए तीसरी प्रमुख अपेक्षा होती है, जिम्मेदारियों में विभेद करना। इस दृष्टि से श्रमिक संघ के सामान्य सदस्यों से श्रमिक संघ के नेताओं का विभेद इस आधार पर किया जा सकता है कि वे लक्ष्यों के निर्धारण एवं उनकी प्राप्ति में सामान्य सदस्यों की अपेक्षा अधिक प्रभाव डालते हैं। इस सम्बंध में लिपसेट का यह कथन है कि श्रमिक संघ के नेता अपनी जीवन शैली एवं विचारशैली की दृष्टि से सामान्य श्रमिकों से कुछ भिन्न हो जाते हैं।[111]

इस प्रकार श्रमिक संघ के नेतृत्व को एक अन्तर्वैयक्तिक प्रभाव के रूप में भी परिभाषित किया जा सकता है, जो कुछ विशेष स्थितियों में डाला जाता है और सम्प्रेषण द्वारा उसका निर्देशन किया जाता है।[112] इसमें सन्देह नहीं कि श्रमिक संघ का नेता एक प्रभावशाली व्यक्ति होता है और श्रमिक या अन्य सदस्य किसी विशेष परिस्थिति में उसके द्वारा प्रभावित होते हैं। इस प्रकार श्रमिक संघ के परिप्रेक्ष्य में नेतृत्व एक कार्य है जिसके माध्यम से लोगों को कुछ विशिष्ट लक्ष्यों की प्राप्ति की ओर ले जाया जाता है।[113] दूसरे शब्दों में यह कहा जा सकता है कि श्रमिक संघ का नेतृत्व एक ऐसा कार्य है, जिसके माध्यम से श्रमिकों को प्रभावित करते हुए उन्हें अपेक्षित लक्ष्य की प्राप्ति तक ले जाया जाता है।[114]

नेतृत्व के सम्बंध में निरूपित सभी चार चर – नेता, अनुयायी, स्थिति और कार्य–श्रमिक संघ के परिप्रेक्ष्य में और अधिक प्रभावशाली भूमिका का निर्वाह करते हैं। इनमें सन्देह नहीं कि श्रमिक संघ का मूल निर्माता कार्यशाला, प्रतिष्ठान, खदान या उद्योग होता है। इन्हीं की परिस्थितियों के कारण श्रम संघ अस्तित्व में आते हैं और नेता केवल इस प्रकार के श्रमिक संघों की उत्पत्ति की औपचारिक घोषणा मात्र कर देता है।[115] इस प्रकार श्रमिक संघ का नेता सम्पूर्ण समूह का सर्वाधिक महत्त्वपूर्ण व्यक्ति होता है और समूह के लक्ष्यों की प्राप्ति कराने में सर्वाधिक महत्त्वपूर्ण भूमिका अदा करता है। इस प्रकार यह कहा जा सकता है कि श्रमिक संघ का नेता वह व्यक्ति

होता है जिसमें दूसरों को प्रभावित करने की योग्यता, बौद्धिक क्षमता, निर्णय करने की क्षमता, कार्यक्षमता आदि अनेक योग्यताएँ विद्यमान रहती हैं। उसका केवल यही कार्य नहीं है कि इस बात का अनुमान करे कि आगे क्या होने वाला है, वरन् उसके भी आगे की बातों का अनुमान उसे लगाते रहना चाहिए, इस प्रकार श्रमिक संघ के नेता में नेतृत्व सम्बंधी सभी गुण विद्यमान होने चाहिए।[116]

श्रमिक संघ नेतृत्व के कुछ प्रमुख पक्ष

आज हमारे देश के राजनीतिज्ञों में श्रमिक संघ का नेता बनना एक फैशन सा हो गया है। सम्भवतः औद्योगिक प्रतिष्ठानों की कार्य प्रणाली, श्रम अधिनियमों एवं श्रम समस्याओं का बहुत ही अल्प ज्ञान तथा बहुत ही निम्न स्तर की सामाजिक शिक्षा के बावजूद बहुत से व्यक्ति अपनी निजी शैली में श्रमिकों के कल्याण के प्रमुख रक्षक बन जाते हैं।[117] श्रम संघ के नेतृत्व की उत्पत्ति एवं विकास हेतु बहुत से कारक जिम्मेदार होते हैं, जैसे प्रबंध का सशक्त विरोध एवं संरक्षण, राजकीय अधिकारियों का उदार पितृत्व, श्रमिकों को दी गई सेवाएँ तथा श्रमिक संघों से किया गया अनौपचारिक अनुबंध इत्यादि। जैपाल सिंह[118] ने पंजाब के 300 श्रमिक नेताओं का 1980 में एक अध्ययन किया, उनके अध्ययन से श्रमिक संघ एवं उसके नेतृत्व की जो कुछ प्रमुख विशेषताएँ सामने आई, उनका संक्षिप्त विवरण नीचे दिया जा रहा है– श्रमिक संघ के नेताओं को भरण–पोषण हेतु बहुत कम वेतन दिया जाता है, इसका एक कारण तो यह है कि श्रमिक संघों की मासिक आय बहुत कम है। दूसरी बात यह है कि अधिकांश सदस्य सदस्यता शुल्क नहीं देते हैं। वास्तव में सम्पूर्ण श्रम समुदाय अन्न का अभाव, वित्त के अभाव तथा गरीबी की अन्य विषमताओं से ग्रस्त है। इसका प्रभाव प्रकारान्तर से श्रम संघ के सामान्य नेताओं पर भी पड़ता है, इन्हीं समस्याओं के सुलझाव के लिए एवं उत्पादकता वृद्धि हेतु एक क्रान्तिकारी सामाजिक परिवर्तन की अपेक्षा होती है।

तीन–चौथाई से अधिक श्रमिक नेता ग्रामीण अंचल से आए हुए हैं। अपने गाँवों की प्रतिकूल आर्थिक स्थिति के कारण उन्हें औद्योगिक केन्द्रों में आने को बाध्य होना पड़ा। उन्हें स्वयं ही आर्थिक एवं सामाजिक असमायोजन की स्थिति से गुजरना पड़ रहा है, श्रम संघ का नेतृत्व तो उन्होंने रोजी और रोटी के एक साधन के रूप में स्वीकार किया है। न तो उन्हें नेतृत्व एवं संगठन सम्बंधी कुशलताओं का व्यावहारिक ज्ञान है और न श्रम कानूनों के सम्बंध में ही वे पूर्णतया विज्ञ हैं। ऐसी स्थिति में वे नेता जिनमें अपेक्षाकृत अधिक ज्ञान और शिक्षा विद्यमान है, अधिक सफल हो रहे हैं।

श्रमिक संघों का वर्तमान मॉडल न तो सहनिर्णय के सिद्धान्त पर आधारित है और न श्रम व प्रबंध के बीच होने वाली सामूहिक सौदेबाजी के सिद्धान्त पर। न तो ये श्रम संघ शुद्ध स्वार्थ समूह के रूप में कार्य कर रहे हैं और न वर्ग संघर्ष की ओर ही उनमें झुकाव है। ऊपर से वे सामाजिक परिवर्तन लाने का दावा कर रहे हैं। इस प्रकार कुल मिलाकर श्रमिक संघ एवं उनके नेता दोनों ही गुमराह हैं। यदि ऐसे व्यक्ति जो अपेक्षाकृत अच्छी शिक्षा प्राप्त किए हुए हैं, औद्योगीकरण एवं नगरीकरण से जनित

समस्याओं का मुकाबला करने के लिए श्रमिक संघों का गठन करते हैं, तो उन्हें यह महसूस होता है कि परंपरागत समाज की बहुत सी विशेषताएँ श्रमिक संघों के विवेकशील क्रियाकलापों के सम्पादन में बाधा पहुँचा रही हैं। परम्परागत रूप से किसी विशेष आपदा का सामना करने के लिए लश्कर या जत्थों के रूप में श्रमिक संघों के निर्माण की बात की जाती है और उनके संगठन की निरन्तरता की बात तो कोई सोचता भी नहीं है। अधिकांश श्रमिक संघ नेता स्वयं भी परंपरागत कार्य प्रणाली के अनुसार कार्य करना चाहते हैं। श्रमिक संघों के पदों पर निरन्तर रूप से बने रहने के लिए परंपरागत कार्यशैली भले ही विशेष रूप से सहायक हो, किन्तु संगठनात्मक सक्षमता की दृष्टि से इस प्रकार की कार्य प्रणाली का प्रभाव नकारात्मक ही पड़ता है। अधिकांश स्थितियों में वे औद्योगिक विवादों में द्विपक्षीय वार्ता न कर कानूनी दांव–पेंच का सहारा लेते हैं और गुटबन्दियों तथा पारस्परिक प्रतिद्वन्द्विताओं के निरन्तर शिकार बने रहते हैं।

अधिकांश श्रमिक संघ के नेता अपनी राजनीतिक आकांक्षाओं की पूर्ति को विशेष महत्त्व देते हैं। राजनीतिक नेता ही उनके 'रिफरेंस मॉडल' का कार्य करते हैं। ऐसा लगता है कि वर्तमान परिवेश में वही श्रमिक संघ का नेता अधिक सक्षम एवं सफल हो सकता है जो सरकार को अधिक प्रभावित कर उसके माध्यम से अपने उद्देश्यों की पूर्ति करा ले। गवेषक के अनुसार इन समस्याओं का सुलझाव तभी संभव है जब स्वयं नेता ही अपनी परंपरागत कार्यशैली को त्याग दे। उन्हें साधु या चमत्कारी नेता के समान कार्य करने का लोभ छोड़ देना चाहिए। साथ ही श्रमिक संघ के साथ बिरादरीवाद की भावना से कार्य करने पर भी कोई उपलब्धि हासिल नहीं हो सकती है। उनसे वर्तमान संक्रमणकालीन स्थिति में अपेक्षाकृत अधिक विवेकशील कार्य प्रणाली को अपनाने की अपेक्षा है।[119]

यद्यपि व्यवसाय संघ आन्दोलन श्रमिकों से ही सम्बंधित है, किन्तु उसे राजनीतिक क्रियाकलापों तथा समाज के विभिन्न लोगों से अपना सम्बंध बनाए रखना चाहिए। इस प्रकार के सम्बन्धों से जनित जनमत एवं राजनीतिक दबाव के द्वारा श्रमिक संघों की व्यवहार प्रणाली अधिक प्रभावशाली हो जाती है। श्रमिक संघ के नेतृत्व का सम्बंध श्रमिक, प्रबन्ध और समाज के विभिन्न सदस्यों से होता है, जिनके लक्ष्य अधिकांश स्थितियों में परस्पर विरोधी होते हैं और नेताओं को इस प्रकार के मतभेदों को दूर करना पड़ता है।[120] इस प्रकार भारतीय श्रम संघ के नेतृत्व को श्रमिकों, प्रबंधकों एवं समाज के लक्ष्यों को व्यक्तिगत एवं सामाजिक लक्ष्यों के साथ समायोजित करना पड़ता है, जो एक कठिन कार्य है। इस प्रकार की कठिन भूमिका के निर्वाह के कारण श्रमिक संघों का नेतृत्व एक पूर्णकालिक वृत्तिक कार्य हो गया है।[121]

भारत में श्रमिक संघ का नेतृत्व श्रमिकों के कल्याण का एक साधन नहीं रह गया है, वरन् यह स्वयं अपने में एक लक्ष्य बन गया है। राजनीतिक नेताओं की भाँति श्रमिक संघों के नेता भी येन केन प्रकारेण अपने लक्ष्यों की प्राप्ति करना चाहते हैं। कभी–कभी वे अपने अनुयायियों को ऐसे लक्ष्यों की प्राप्ति हेतु अनुप्राणित करते हैं, जिनका कोई

सामाजिक औचित्य नहीं है। इस प्रकार की स्थिति के निराकरण हेतु श्रमिक संघ के सदस्यों को एक सामाजिक चेतना के विकास की आवश्यकता होती है, ताकि वे स्वाभाविक नेता एवं छद्मभेषी नेता में अन्तर कर सकें। श्रमिक संघ के एक अच्छे नेता से यह अपेक्षा की जाती है कि वह सामाजिक एवं वैयक्तिक लक्ष्यों के बीच एकरूपता स्थापित करे और इस प्रकार अपने सदस्यों की अभिवृत्ति, मूल्य एवं व्यवहार प्रतिमानों में इस प्रकार का परिवर्तन लाए कि श्रमिकगण व्यवसाय संघ आन्दोलन में अधिकाधिक सहभाजन करने लगें और साथ ही वे विकास के क्रियाकलापों में भी अधिकतम योगदान दे सकें।

श्रमिक संघ के नेताओं के सम्बंध में सेठ और जैन[122] द्वारा किए गए एक अध्ययन से यह निष्कर्ष निकला कि स्थानीय श्रमिक संघ के नेता मुख्यतया श्रमिकों के हितरक्षण, प्रबंध तक अपेक्षाकृत आसानी से पहुँचने की कामना, प्रबंध से मान्यता प्राप्ति और श्रमिकों की परिवेदनाओं के सफल सुलझाव के जनित आन्तरिक सन्तुष्टि की प्राप्ति हेतु इस कार्य को अपनाते हैं। आचार्जी[123] के अनुसार सात कारकों से लोग श्रमिक संघों का नेतृत्व ग्रहण करना चाहते हैं– (i) प्रबंध द्वारा दण्डित होने पर लोग बदला लेने के लिए श्रमिक संघों के नेता बन जाते हैं, (ii) कुछ लोग स्वतंत्रता संग्राम के दिनों में नेता एवं राजनीतिक कार्यकर्ता थे। उन लोगों का ऐसा विचार था कि श्रमिक नेतृत्व के माध्यम से वे अपनी योग्यताओं का अपेक्षाकृत अच्छे ढंग से उपयोग कर पाएंगे, (iii) कुछ लोगों का सम्बंध किसी विशेष राजनीतिक दल से होता है और वे यह महसूस करते हैं कि श्रमिक संघ के नेतृत्व के माध्यम से वे संगठित श्रम शक्ति का राजनीतिक क्रियाकलापों में उपयोग कर सकेंगे, (iv) कुछ लोग शोषण के विरुद्ध श्रम शक्ति की सेवा करने के लिए श्रमिक संघ का नेतृत्व ग्रहण करते हैं, (v) कुछ लोग श्रमिक संघ के नेतृत्व के माध्यम से प्रबंध के अति नजदीक पहुँचना चाहते हैं, (vi) श्रमिक नेतृत्व के माध्यम से कुछ लोग अपनी प्रतिष्ठा में वृद्धि करना चाहते हैं, एवं (vii) कुछ लोगों ने श्रमिक संघ के कार्यालय में वेतनभोगी कर्मचारी के रूप में अपना कार्य प्रारम्भ किया और उनके कार्य से श्रमिक इतने प्रभावित हुए कि वे अन्ततोगत्वा श्रमिक संघों के नेता बन गए। श्रम प्रबंध सम्बंधों के सामाजिक पक्षों के अध्ययन हेतु गठित राष्ट्रीय श्रम आयोग के अध्ययन दल का यह निष्कर्ष था कि श्रमिक संघ के नेताओं का मुख्य लक्ष्य स्वयं अपने भौतिक लक्ष्यों की प्राप्ति करना होता है। वैद का यह मत है कि कुछ लोग श्रमिक संघों की एकता एवं राजनीतिक सम्बद्धता के विकास हेतु श्रमिक संघों का नेतृत्व ग्रहण करते हैं।[124] सामान्य श्रमिक की दृष्टि से श्रमिक या श्रमिक नेता के तीन मुख्य कार्य हैं– (अ) श्रमिक की आर्थिक एवं अनुबंध जन्य दशाओं में सुधार करना, (ब) श्रमिकों का हित रक्षण एवं उनके लिए प्रबंध से लड़ाई लेना, एवं (स) श्रमिकों को अपेक्षाकृत अच्छी कार्यदशाएँ उपलब्ध करना।[125] तथापि इस सम्बंध में हमारे पास पर्याप्त प्रमाण उपलब्ध हैं कि सामान्य श्रमिक अपने नेताओं एवं उनके लक्ष्यों से पूर्णतया सन्तुष्ट नहीं हैं। इस सम्बंध में सेठ ने अपने एक अध्ययन से यह निष्कर्ष निकाला कि बहुत से श्रमिकों में केवल राजनीतिक श्रम नेताओं पर ही अविश्वास नहीं है, वरन् वे

सामान्य श्रम नेताओं को भी अविश्वास की दृष्टि से देखते हैं। उनका यह विश्वास है कि ये नेता, अपने निजी स्वार्थों की तुष्टि हेतु सामान्य श्रमिक वर्ग के स्वार्थों की निरंतर उपेक्षा करते हैं।[126] श्रमिक संघों के सम्बंध में की गई एक केस स्टडी के आधार पर गोपाल कृष्णन[127] ने यह निष्कर्ष निकाला था कि उनमें आन्तरिक जनतंत्र की भावना ही विद्यमान नहीं रहती। सदस्य संकुचित व्यक्तिगत स्वार्थों के लिए लड़ते रहते हैं। अग्रवाल का यह मत है कि अधिकांश स्थितियों में बाहरी श्रमिक संघ के नेता भी अपने व्यक्तिगत स्वार्थों को श्रमिक संघ के स्वार्थों की अपेक्षा अधिक महत्त्व देते हैं।[128]

उपर्युक्त अध्ययनों के आधार पर यह बात स्पष्ट रूप से कही जा सकती है कि सामान्य श्रमिकों में अपने श्रमिक नेताओं की कार्य प्रणाली और उनके कार्य लक्ष्यों के प्रति अतिशय असन्तोष है। यद्यपि श्रमिक संघ के नेताओं का यह कथन है कि उनके लक्ष्य और कार्य श्रमिकों के हितों की रक्षा हेतु ही संचालित होते हैं, किन्तु सामान्य श्रमिक इस बात को स्वीकार नहीं करता।

श्रमिक संघों का बाह्य नेतृत्व

भारतीय श्रम संघ आन्दोलन बाह्य नेतृत्व से अत्यधिक प्रभावित है। आन्दोलन के प्रारम्भिक चरण में इस प्रकार के बाह्य नेता श्रमिकों के कल्याण में अत्यधिक अभिरुचि रखते थे। इनमें से अधिकांश नेताओं ने श्रम संघ आन्दोलन एवं राष्ट्रीय स्वतंत्रता आन्दोलन दोनों में ही सक्रिय भूमिका अदा की। स्वतंत्रता प्राप्ति के पश्चात् इनमें से बहुतों ने श्रमिकों में पूर्ण तादात्मीकरण कर लिया और दूसरे कुछ नेता पूर्णतया राजनीति में उतर गए, पर कुछ नेता श्रम संघ एवं राजनीति दोनों ही क्षेत्रों में जमे रह गए। इस स्थिति के कारण श्रम संघ आन्दोलन में बाहरी नेताओं का तादात्मीकरण अति कठिन हो गया।[129]

वैधानिक दृष्टि से श्रम संघ की कार्यकारिणी के एक तिहाई सदस्य या नेता[130] बाहर से आने चाहिए। इस प्रकार के नेता उस उद्योग में कार्यरत नहीं होते हैं, जिससे श्रमिक संघ सम्बंधित हैं।[131] किन्तु सरकार इस प्रावधान से छूट भी दे सकती है। इस प्रकार बाहरी नेताओं की संख्या में वृद्धि हो सकती है और श्रमिक संघ के नीति–निर्धारण में बाहरी नेताओं का प्रभाव अधिक हो सकता है। किन्तु इस सम्बन्ध में प्राप्त आँकड़ों से यह स्पष्ट होता है कि श्रमिक संघों की कार्यकारिणी में मुश्किल से 10 प्रतिशत नेता बाहरी होंगे।[132] पर बाह्य नेताओं का व्यक्तित्व अपेक्षाकृत इतना अधिक प्रभावशाली होता है कि श्रमिक संघों की कार्यकारिणी की निर्णय प्रक्रिया में उनकी अपेक्षाकृत अधिक महत्त्वपूर्ण भूमिका होती है।

प्रश्न यह है कि बाह्य नेता कौन होते हैं। अधिकांश स्थितियों में वे ऐसे व्यक्ति होते हैं जो राजनीतिक दलों से आए रहते हैं और कुछ लोग राजनीतिक दलों से अलग होते हैं। ऐसे लोगों की अपनी निजी राजनीतिक महत्त्वाकांक्षा होती है। कुछ लोग तो ऐसे भी होते हैं जो बिना किसी राजनीतिक भेदभाव के सभी श्रमिकों के कल्याण में अभिरुचि रखते हैं, उसके विपरीत कुछ ऐसे लोग भी होते हैं, जो न तो किसी राजनीतिक अभिप्रेरणा से प्रभावित होते हैं, न श्रमिकों के कल्याण में ही उनकी

अभिरुचि होती है, वे स्वयं अपने निजी स्वार्थों के हित साधने में अभिरुचि रखते हैं। कुछ नेता किसी भी राजनीतिक दल से सम्बद्ध न होने के बावजूद अपना केन्द्रीय फेडरेशन चलाते हैं। आज के युग में लगभग सभी केंद्रीय फेडरेशन अधिकाधिक श्रमिक संघों को अपने साथ सम्बद्ध कर अपने को प्रतिनिधि श्रम संघ फेडरेशन करार देना चाहते हैं। ऐसी स्थिति में किसी सक्षम राजनीतिक दल से सम्बद्ध हुए बिना इन लक्ष्यों की प्राप्ति सम्भव नहीं है। केवल ऐसे ही स्थान एवं परिस्थिति में स्वतंत्र नेताओं द्वारा केन्द्रीय फेडरेशन का संचालन हो सकता है, जहाँ राजनीतिक दलों का कोई महत्त्वपूर्ण प्रभाव नहीं है। कुछ असम्बद्ध श्रमिक संघ डिफेंस एवं राजकीय सेवाओं में भी स्थापित रहते हैं। कुछ श्रमिक संघों के नेताओं की कार्यशैली ऐसी होती है कि वे किसी भी केन्द्रीय फेडरेशन के साथ अपने को सम्बद्ध नहीं कर पाते हैं, अतः इस परिस्थिति में वे राजनीतिक दलों से असम्बद्ध होकर कार्य करते हैं। इस प्रकार यह बात भी उल्लेखनीय है कि कुछ बहुत ही महत्त्वपूर्ण श्रमिक नेताओं का वर्ग किसी भी राजनीतिक दल की पहुँच के बाहर है। अतः श्रमिक संघों की राजनीतिक सम्बद्धता के विषय में किए गए किसी विचार–विमर्श के अन्तर्गत निर्दलीय श्रम संघ नेताओं के महत्त्व को नजरअन्दाज नहीं करना चाहिए। किन्तु इसका यह अर्थ नहीं कि इस प्रकार के नेताओं की कोई राजनीतिक आकांक्षा नहीं होती है, अथवा इस प्रकार का नेतृत्व केवल आन्तरिक ही होता है।

प्रथम दृष्टि में तो यह बात बहुत ही अच्छी लगती है कि श्रमिक संघों में कुछ ऐसे भी नेता हैं जो किसी भी राजनीतिक दल से सम्बद्ध नहीं होते हैं, किन्तु इसके अस्वस्थ परिणामों पर भी ध्यान देना पड़ेगा। इस कार्य व्यवहार के फलस्वरूप राष्ट्रीय फेडरेशनों की शक्ति में ही कमी नहीं आती है, वरन् बहुत से निहित स्वार्थों के वशीभूत धूर्त लोग भी छद्मवेष में इस प्रकार के श्रमिक संघों में सम्मिलित हो जाते हैं। इसके अतिरिक्त असम्बद्ध श्रमिक संघों के स्वतंत्र नेताओं में आत्मत्याग की भावना भी राजनीतिक नेताओं की अपेक्षा बहुत कम होती है।

बहुत से बाहरी नेता काफी शिक्षित होते हैं और कुछ नेता तो जीविकोपार्जन हेतु श्रमिक संघों पर आश्रित भी नहीं रहते हैं। इस प्रकार के बहुत से नेता तो अपनी जीविका अर्जन वकालत या डॉक्टरी आदि व्यवसायों के माध्यम से करते हैं। यदि इस प्रकार के श्रमिक नेता जीविकोपार्जन हेतु श्रमिक संघों पर आश्रित भी रहते हैं, तो केवल एक श्रमिक संघ पर आश्रित न रहकर कई श्रमिक संघों पर आश्रित रहते हैं। इस प्रकार के बहुत से नेताओं के पीछे तो राष्ट्रीय स्वतंत्रता संग्राम अथवा अन्य किसी क्षेत्र में त्याग का एक लम्बा इतिहास विद्यमान रहता है और बहुत से नेता तो उसी पूँजी पर अभी तक जीवित हैं। किन्तु नए नेताओं के बारे में यह बात लागू नहीं होती है। ये लोग तो व्यक्तिगत एवं राजनीतिक महत्त्वाकांक्षाओं से अत्यधिक अभिप्रेरित होते हैं।

श्रमिक संघों में बाह्य नेताओं का अस्तित्व सदा से ही विवादास्पद रहा है। उन पर मुख्य रूप से इस कारण आक्रमण किया जाता है कि उनका मुख्य उद्देश्य श्रमिकों का कल्याण नहीं बल्कि अपना राजनीतिक एवं अन्य स्वार्थ होता है।[133] फलस्वरूप वे

श्रमिकों का प्रकारान्तर से शोषण करते हैं। उनका श्रमिक वर्ग से कोई तादात्मीकरण नहीं हो पाता है, श्रमिकों की आवश्यकताओं का भी उन्हें पूर्ण ज्ञान नहीं होता है, श्रम समस्याओं से भी वे पूर्णतया विज्ञ नहीं होते हैं। औद्योगिक संगठन एवं श्रम संघ आन्दोलन की ऐतिहासिक पृष्ठभूमि से भी वे पूर्ण अवगत नहीं होते हैं। वे सामान्य श्रमिकों में मतभेद एवं फूट पैदा करते रहते हैं। बहु श्रम संघवाद को बढ़ावा देते रहते हैं, श्रम संघवाद को वे राजनीतिक लक्ष्य की प्राप्ति की एक सीढ़ी मात्र समझते हैं और अपने व्यक्तिगत स्वार्थ एवं विकास के लक्ष्यों से सदैव ही परिचालित रहते हैं। इस प्रकार के बाह्य नेताओं के क्रियाकलापों का एक प्रभाव तो बहुत ही स्पष्ट रूप से यह दिखाई देता है कि इनके कारण श्रमिक संघ आन्दोलन का कई बार राजनीतिक आधार पर विभाजन हुआ। बाह्य नेताओं के विरुद्ध सबसे महत्त्वपूर्ण दोषारोपण यह किया जाता है कि इनके माध्यम से कभी–कभी श्रम संघ आन्दोलन विदेशी इशारों पर नाचने लगता है। इसका सबसे प्रमुख उदाहरण साम्यवादी प्रभाव से संचालित श्रम संघ की गतिविधियाँ हैं। किन्तु इस सम्बंध में एक बात यह देखने को मिलती है कि जब श्रम संघ आन्दोलन में उग्रता एवं हिंसात्मक उभार आता है तो उसका सम्बन्ध राजनीतिक और विशेषकर साम्यवादी प्रभाव से जोड़ा जाने लगता है। पर वास्तव में भारतीय औद्योगिक प्रतिष्ठानों की कार्यदशाएँ, नियोक्ताओं की अभिवृत्ति, उनकी कार्मिक नीतियाँ और पर्यवेक्षकों के माध्यम से श्रमिकों के साथ किए गए व्यवहार आदि कुछ ऐसे कारक हैं जो श्रम संघ आन्दोलन को अपने आप हिंसा एवं उग्रता के रंग में रंग देते हैं। अतः कुछ अंश में यह बात तो निश्चित रूप से कही ही जा सकती है कि श्रमिक संघों की उग्रता एवं दिन–प्रतिदिन की कार्य प्रणाली पर सदैव राजनीतिक प्रभावों का ही वर्चस्व स्थापित नहीं रहता है, वरन् उनकी स्वयं की स्थितियाँ एवं कार्य परिवेश ही विशेष रूप से उनकी कार्यशैली के नियामक होते हैं। पर दूसरी ओर इस सत्य की भी उपेक्षा नहीं की जा सकती है कि श्रमिक संघों की कार्य प्रणाली पर राजनीतिक क्रियाकलापों का महत्त्वपूर्ण प्रभाव पड़ता है। यदि देश या उसके किसी विशेष क्षेत्र में सामान्य हड़तालों की आवृत्ति का विश्लेषण किया जाएगा और इस बात का भी विश्लेषण किया जाए कि ये हड़तालें किस उद्देश्य से हुई हैं तो राजनीतिक कारकों का महत्त्व अपने आप स्पष्ट हो जाएगा। इस सम्बन्ध में यह बात विशेष रूप से उल्लेखनीय है कि आज शुद्ध एवं सामान्य श्रमिक संघ की समस्या और राजनीतिक समस्या का विभेद धीरे–धीरे कठिन होता जा रहा है। बहुत से देशों में तो श्रमिक संघों के आन्तरिक नेता भी राजनीतिक सम्बद्धता का विकास कर रहे हैं। ऐसी स्थिति में जहाँ राजनीति जीवन के हर स्तर पर छाई हुई है, श्रमिक संघों का कोई भी नेता हो, कुछ न कुछ राजनीतिक रंग में अवश्य ही रंग जाएगा। किन्तु भारत एवं अन्य विकासशील देशों में श्रमिक संघों पर विकसित देशों की अपेक्षा राजनीति का रंग बहुत पहले चढ़ गया। यह बात तो कही ही जा सकती है कि सभी चीजें इस बात पर बहुत अंश में निर्भर हैं कि व्यक्ति की अभिरुचि एवं उसका चरित्र क्या है?[134] इसके कुछ विधायी पक्ष भी हैं। श्रमिक संघ आन्दोलन में बाहरी नेताओं का महत्त्व इसलिए बढ़ जाता है कि उनकी शैक्षणिक प्रस्थिति अपेक्षाकृत उच्च स्तर की होती है, वे समझदार होते हैं, श्रम समस्याओं के सम्बंध में

विशेषज्ञता अर्जित किए होते हैं। वर्तमान सामाजिक समस्याओं पर उनकी पकड़ भी अच्छी होती है, उनका सम्बंध बहुत ही व्यापक होता है, उनमें जनजातियों को अनुप्राणित करने की शक्ति होती है, विवादों से लड़ने की उनमें कानूनी क्षमता होती है और श्रमिकों के कार्य हेतु उनमें पूर्णकालिक समर्पण की भावना होती है। इस प्रकार यह कहा जा सकता है कि श्रमिक संघ अभी इस स्थिति में नहीं आए हैं कि वे बाहरी नेताओं की सहायता के बिना सक्षम ढंग से कार्य करने में समर्थ हों। इसके अतिरिक्त इस प्रकार के नेताओं पर किसी प्रकार का वैधानिक प्रतिबंध आई.एल.ओ. के उस कान्वेंशन (नं. 88) के खिलाफ होगा जिसके अन्तर्गत श्रमिकों को संघ बनाने एवं उन्हें संगठित होने के अधिकार को प्रदान करने की संस्तुति की गई है। राष्ट्रीय श्रम आयोग ने इस परिप्रेक्ष्य में संविधान की धारा 19 का उल्लेख किया है, जो वैधानिक प्रतिबंध के विरुद्ध है। आयोग ने बाह्य श्रम नेताओं की समस्या से निपटने के लिए बहुत ही उपयोगी सुझाव दिए हैं। उदाहरणार्थ, (1) श्रमिक शिक्षा के प्रावधानों को और अधिक प्रभावशाली बनाना, (2) अनुचित श्रम व्यवहारों के हेतु कठोर दण्ड की व्यवस्था करना, (3) एक व्यक्ति को एक ही साथ श्रमिक संघ एवं राजनीति दोनों ही क्षेत्रों में पद की प्राप्ति न होने देना, (4) श्रमिक संघों की कार्यकारिणी में एक चौथाई से अधिक स्थान बाहरी नेताओं को न दिया जाना, एवं (5) वे सदस्य जो पहले श्रमिक संघ के सदस्य थे, प्रतिष्ठान में कार्य करते थे और अब प्रतिष्ठान की सेवा से निवृत्त हो गए हैं, उन्हें भी आन्तरिक सदस्य के रूप में स्वीकार करना।

यद्यपि आज स्थितियाँ बदल गई हैं, तथापि श्रमिक संघों से बाह्य नेतृत्व को पूर्णतया समाप्त नहीं किया जा सकता है। कोई नियोक्ता केवल बाहरी नेताओं की समाप्ति के आधार पर ही अपने औद्योगिक प्रतिष्ठान में शान्ति स्थापित नहीं कर सकता है। किन्तु यह बात भी सत्य है कि अभी तक नियोक्ता सामान्य कामगार के साथ बराबरी के स्तर पर वार्ता नहीं करना चाहता है। इसके अतिरिक्त श्रमिक संघों की आर्थिक स्थिति भी ऐसी नहीं है कि वे पूर्णकालिक कर्मचारियों की नियुक्ति कर अपने कार्यालय के क्रियाकलापों का संचालन कर सकें। अतः कोई वैधानिक अधिनियम बाह्य नेतृत्व को पूर्णतया समाप्त नहीं कर सकता।[135] दूसरी बात यह है कि यदि श्रमिक संघ जनतांत्रिक ढंग से कार्य करते हैं और पदाधिकारियों का निर्वाचन नियमित रूप से होता है और सामान्य सदस्य को पदाधिकारियों के चुनाव में अपना मत देने की पूर्ण स्वतंत्रता मिली रहेगी तो आन्तरिक एवं बाह्य नेतृत्व का विवाद अर्थहीन हो जाएगा। जब नेता ऊपर से लादा जाता है और सामान्य सदस्य को नेता के चयन हेतु अधिकार प्राप्त नहीं रहता है तो औद्योगिक समाज एवं सम्पूर्ण समाज का ध्यान इस तथ्य की ओर आकृष्ट होता है।

अच्छा यह होगा कि इस समस्या को यथास्थान छोड़ दिया जाए। विधायी बात यह है कि आन्तरिक नेतृत्व को सशक्त बनाया जाए। श्रमिक शिक्षा एवं नेतृत्व का प्रशिक्षण आदि कार्य इस सम्बंध में कारगर हो सकते हैं। बाह्य नेतृत्व कोई अनपेक्षित दोष नहीं है जब तक कि स्वस्थ आन्तरिक नेतृत्व का विकास नहीं होता है, बाह्य नेतृत्व

के साथ समायोजन करना ही होगा। केनेडी का कथन है कि कुल मिलाकर वे अधिकांश उच्चस्तरीय श्रमिक संघ नेताओं के कठिन परिश्रम, योग्यता और श्रम संघवाद के हित रक्षण के प्रति समर्पण की भावना से अत्यधिक प्रभावित हुए हैं। सभी बातों को एक परिप्रेक्ष्य में रखकर यह कहा जा सकता है कि भारत इस अर्थ में भाग्यशाली है, उसके श्रमिक संघों का नेतृत्व ऐसे व्यक्तियों के हाथ में है, जिनका श्रम संघवाद का प्रत्यय बहुत ही उदार है और वे राष्ट्रीय समस्याओं के प्रति भी सचेत हैं।[136]

आज हमारे देश में श्रमिक संघ नेतृत्व एक संक्रमणकालीन स्थिति से गुजर रहा है। आज हमारे पास न तो परंपरा है और न विवेक। प्रश्न यह है कि जब इस संगठन की उपयोगिता किसी विपत्ति की स्थिति में ही सामान्य श्रमिकों को अनुभूत होती है और इस प्रकार के संघों के क्रियाकलापों में सहभाजन का औचित्य केवल परंपरा के आधार पर ही स्थापित किया जा सकता है, तो कुछ व्यक्ति इस प्रकार की भूमिकाओं को क्यों वरीयता देंगे? वास्तव में अधिकांश लोगों के लिए यह एक 'साइड–रोल' है। इस प्रकार के अधिकांश व्यक्तियों की मुख्य भूमिका या तो एक राजनीतिज्ञ की होती है अथवा प्रतिष्ठान के एक पूर्णकालिक श्रमिक की होती है। मुख्य भूमिका से इस प्रकार के विचलन की व्याख्या इमाइल दुर्खीम की 'डीवियेण्ट बिहैवियर' (deviant behaviour) की विचारधारा की सहायता से की जा सकती है। सामान्य प्रतिमानों से विचलन का सामाजिक परिवर्तन में एक महत्त्वपूर्ण स्थान होता है। इसके माध्यम से नवीन प्रतिमानों के अभ्युदय का मार्ग प्रशस्त होता है।[137] इस परिप्रेक्ष्य में यह कहा जा सकता है कि हमारे श्रमिक संघ के नेताओं की कार्य की मुख्य धारा परिवर्तन की ओर जा रही है। दक्षिण–पूर्व एशिया के श्रमिक संघों के कमजोर एवं मुलायम संगठन कुछ समाजशास्त्रियों को यह अनुमान करने का अवसर प्रदान करते हैं कि यह एक ढीली संरचना का समाज है। डी.एम. मिलर के अनुसार प्रतिस्पर्धात्मक राजनीति की प्रथम मंजिल पर संगठित समाज में विखण्डन होता है।[138] किंतु यदि कोई समाज पाश्चात्य समाज की भाँति संगठित नहीं है तो इसका यह अर्थ नहीं कि वह असंगठित या बहुत ही ढीले प्रकार से संगठित है। वास्तव में भारतीय समाज जाति एवं रिश्ते (kinship) आदि के माध्यम से अपने तरीके से संगठित हैं। इस प्रकार की प्रणाली के अन्तर्गत व्यक्तिवाद को अधिक महत्त्व न देकर व्यक्तियों के एक–दूसरे के साथ स्थापित सम्बंधों को महत्त्व दिया जाता है। अतः परम्परागत प्रतिमानों से विचलन के कारण अनेक प्रकार की कठिनाइयों का जनन होता है और इस समाज में सामाजिक परिवर्तनकर्ता की भूमिका का निर्वाह आसान कार्य नहीं है।

नेतृत्व की कार्य प्रणाली पर वैधानिक कार्य पर्यावरण का प्रभाव

स्वतंत्रता प्राप्ति के बाद की राजकीय श्रम नीति का मूल तत्त्व है, श्रमिकों के लिए औद्योगिक शान्ति एवं न्यायोचित व्यवहार की उपलब्धि। इस हेतु कानून द्वारा समुचित लाभ की उपलब्धि और विवादों के सुलझाव हेतु उचित संयंत्र की व्यवस्था सरकार द्वारा की जाती है। इस फ्रेमवर्क ने श्रमिक संघों के नेताओं के क्रियाकलापों को कानूनी चैनल

में ढालने में महत्त्वपूर्ण भूमिका अदा की है। इस परिप्रेक्ष्य में निम्नलिखित उपलब्धियाँ हुई हैं–

1. कानूनी परिवेश के विभिन्न तत्वों ने नेताओं को यह अवसर दिया है कि सरकार के माध्यम से नियोक्ताओं को इस प्रकार प्रभावित करें कि अधिकांश स्थितियों में श्रमिकों को वे सुविधाएँ और अधिकार प्राप्त हो जाएँ, जिनके वे अधिकारी हैं।[139] विवाद सुलझाव संयंत्र के माध्यम से उपयुक्त सक्षमता के अभाव में भी श्रमिक संघ अपने सदस्यों के विवादों के सुलझाव में सफल हो जाते हैं। इस प्रकार विवाद सुलझाव संयंत्र ने नेताओं को एक लक्ष्य एवं कार्य पद्धति प्रदान की है, जिसके आधार पर कार्य करते हुए वे श्रमिक संघ के लक्ष्यों एवं अपेक्षाओं की पूर्ति करते हैं।
2. किंतु एक ओर जहाँ लीगल फ्रेमवर्क **(legal framework)** समुचित शक्ति के अभाव में भी श्रमिक संघों को श्रम कानूनों के सम्बंध में सक्षम बना देता है, वहीं दूसरी ओर वह कागजी श्रम संघ को बढ़ावा देता है। कानून के अन्तर्गत एक वकील और सात अन्य व्यक्ति हस्ताक्षर कर श्रम संघ का गठन कर सकते हैं और उसके माध्यम से विवाद खड़ा किया जा सकता है। यह कानूनी आधार किसी सशक्त हड़ताल को अवैध करार दे सकता है और सौदेबाजी की दिशा में किए गए प्रयासों को भी अनुपयुक्त करार दे सकता है। अतः सशक्त श्रम संघ भी अन्य विधियों को त्याग कर कानूनी संयंत्र का द्वार खटखटाना अधिक बुद्धिमानी समझते हैं।
3. कानूनी ढांचे में आज श्रमिक नेताओं के मूल्यों में भी परिवर्तन हुआ है। 1930 से 1947 के बीच श्रमिक नेता अपनी बातों द्वारा यह गर्व प्रदर्शित करते थे कि किस प्रकार उन्होंने किसी हड़ताल को सफल ढंग से आयोजित किया और श्रमिकों की मांगों के समक्ष नियोक्ता को झुकना पड़ा। आज स्थिति यह है कि श्रमिक नेता इस बात में गर्व का अनुभव करते हैं कि किस प्रकार उन्होंने अमुक मामले में एडजार्नमेंट ले किया, और किस प्रकार गैर–कानूनी हड़ताल को कानूनी दाँव–पेंच से लीगल करार दिया। इस प्रकार श्रम संगठन के कौशल की अपेक्षा श्रमिक नेताओं से यह अपेक्षा की जा रही है कि कानूनी दाँव–पेंच में माहिर हों।
4. कानूनी परिवेश एवं श्रमिक नेताओं की कानूनी दक्षता के अर्जन की अभिरुचि के विकास में गांधी जी के अहिंसा के सिद्धांत ने भी प्रकारान्तर से योगदान दिया है। हड़ताल एवं तद्जनित हिंसात्मक माध्यम से अपनी मांगों की पूर्ति हेतु गांधी जी ने श्रमिक संघों को हतोत्साहित किया और उसके बदले में स्वैच्छिक विवाचन और अधिनिर्णयन संयंत्र का सहारा लेने की सलाह दी थी। उनके प्रभाव से निर्मित वर्तमान कानून के अन्तर्गत स्वैच्छिक विवाचन न होने की स्थिति में विवाद संराधन एवं अधिनिर्णयन में भेजा जाता है। इस आदर्शात्मक मूल्य से प्रभावित होकर औद्योगिक विवादों के सुलझाव हेतु हड़ताल आदि सीधी कार्यवाही न कर उसे शान्तिपूर्ण सुलझाव हेतु कानूनी संयंत्रों के पास ही भेजना अधिक महत्त्वपूर्ण

समझा जाता है। फलस्वरूप कानूनी दाँव–पेंच में कुशल श्रमिक नेताओं का महत्त्व बढ़ जाता है।

5. कानूनी संरचना अपने आप में आत्मानुरक्षण की एक प्रणाली बन जाती है। पर्यावरण के माध्यम से उसे कुछ आरम्भिक सटीकता की प्राप्ति होती है और स्वयं अपने अस्तित्व के माध्यम से यह सीधी कार्यवाही का एक शान्तिपूर्ण विकल्प बन जाती है। एक बार जब इसका प्रयोग नेताओं द्वारा कर लिया जाता है, तो उन्हें ऐसा आभास होता है कि यह एक अपेक्षाकृत सहज एवं उपलब्धिमूलक उपागम है। इस अनुभूति के द्वारा यह विश्वास जनित होने लगता है कि श्रमिक संघ एक वैधानिक सेवा है। इस प्रकार यह चक्र नेताओं को लीगल चैनल में अपने आप फँसाता चला जाता है।

कानूनी ढांचे की दूसरी प्रमुख विशेषता यह है कि इसके द्वारा श्रमिक संघ तो कमजोर हो जाते हैं और नेता सशक्त हो जाते हैं। जब श्रमिक संघ के नेता कानूनी संयंत्र के माध्यम से ही अपने सदस्यों एवं स्वयं अपने लक्ष्यों को प्राप्त होता हुआ देखते हैं तो श्रमिक संगठनों की आन्तरिक ताकत को नजरअन्दाज करने लगते हैं। निम्नलिखित आधारों पर इस तर्क की पुष्टि होती है–

1. कानूनी ढ़ाँचे द्वारा नेता तो सशक्त हो जाते हैं पर श्रमिक केन्द्र कमजोर हो जाते हैं क्योंकि इस स्थिति में यह अनुभव किया जाता है कि श्रमिक संगठनों को अपने सदस्यों के हितों की रक्षा हेतु सीधी कार्यवाही तो करनी नहीं पड़ती है, केवल कानून के आधार पर या तो द्विपक्षीय वार्ता करनी पड़ती है या संराधन या अधिनिर्णयन संयंत्रों का सहारा लेना पड़ता है। अतः श्रमिक संघ के सदस्यों को आन्तरिक रूप से संगठित करते हुए उसकी ताकत की वृद्धि की कोई आवश्यकता तो महसूस नहीं की जाती है। वरन् श्रमिक संगठन के लक्ष्यों की पूर्ति हेतु कानूनी दाँव–पेंच में माहिर एवं प्रभावशाली व्यक्तित्व वाले नेताओं की आवश्यकता मात्र होती है, जो द्विपक्षीय वार्ता एवं संराधन आदि स्थितियों में श्रमिकों के पक्ष को सक्षम ढंग से प्रस्तुत कर सकें एवं अपनी वाणी एवं सम्पूर्ण व्यक्तित्व से नियोक्ताओं के प्रतिनिधियों को प्रभावित कर सकें। इस हेतु आन्तरिक नेता अपेक्षाकृत कम सक्षम होते हैं, क्योंकि अन्ततोगत्वा वे नियोक्ता के अधीन होते हैं, उनके कुछ कार्यों को नियोक्ता द्वारा आपत्तिजनक कार्य करार दिया जा सकता है, पर यदि वही कार्य कोई बाहरी नेता द्वारा किया जाता है तो नियोक्ता उसके विरुद्ध कोई कार्यवाही नहीं कर पाता है।

2. कानूनी ढांचे द्वारा श्रमिक संघों में एक लीडरशिप एलीट (leadership elite) का विकास होता है। श्रमिक संघों के सामान्य सदस्य, विशेषकर ब्ल्यू कलर के सदस्य एलीट (elite) की श्रेणी में नहीं आ पाते हैं। नेतृत्व सम्बंधी जिम्मेदारियों का सक्षमता से संपादन हेतु अंग्रेजी के अच्छे ज्ञान, समीचीन श्रम कानूनों की जानकारी एवं कुछ केस लॉ की जानकारी और विवादों को प्रजेण्ट करने एवं संगठन करने की कानूनी दक्षता अपेक्षित होती है। इस प्रकार कानूनी ढांचे के

परिप्रेक्ष्य में नेताओं में ऐसे गुणों एवं योग्ताओं की अपेक्षा होती है, जो उस कार्य समूह में नहीं पाया जाता है, जो औद्योगिक संगठनों में विद्यमान रहता है।

3. कानूनी ढांचे के कारण नेताओं का ध्यान श्रम संगठन विषयक क्रियाकलापों से हटकर न्यायालयों की ओर ही अधिक केन्द्रित हो जाता है। नेता अपने एवं अपने सदस्यों के बीच विद्यमान दूरी को पूरा करने में बहुत ही कम समय देते हैं। लेबर कोर्ट एवं कांसिलिएशन में नेताओं द्वारा जो समय लगाया जाता है, वह श्रमिकों के हित के लिए ही हो सकता है, किन्तु यह समय श्रमिकों के साथ तो व्यतीत नहीं किया जाता है। इसके अतिरिक्त लीगल फ्रेम की प्रमुख अपेक्षा कानूनी दाँव–पेंच में सिद्धहस्तता है, न कि सदस्यों का श्रम संघ के प्रति समय, ऊर्जा एवं भक्ति के माध्यम से समर्पण।

इस प्रकार कानूनी ढांचे ने एक प्रकार से श्रमिक संघों के अस्तित्व का प्रतिस्थापन ऐसे नेताओं द्वारा कर दिया है जो कानूनी कुशलताओं एवं राजनीतिक प्रभावों से युक्त हों। श्रमिकों को अब अपने संगठन में जाने से अधिक सुविधाजनक रास्ता इन्हीं के पास जाना प्रतीत होता है। सामान्यतया इस प्रकार के नेता कागज पर ही श्रमिक संघों का प्रतिनिधित्व संराधन एवं विवाचन संयंत्र में करते रहते हैं और बदले में श्रमिकों से पारिश्रमिक लेते हैं। कम से कम श्रमिक संघों से यह अपेक्षा तो अवश्य ही की जानी चाहिए कि वे अपने सदस्यों की सामूहिक शक्ति का उपयोग करते हुए कुछ लक्ष्यों की प्राप्ति करें। पर कानूनी सेवाओं के अन्तर्गत सामान्य श्रमिकों की सामूहिक शक्ति के उपयोग का कोई अवसर ही विद्यमान नहीं रहता है। श्रमिक संघ के नेता से कम से कम यह अपेक्षा तो अवश्य ही की जाती है कि वे अपने में और श्रमिक संघ के सदस्यों में समर्पण की भावना का विकास करें, पर कानूनी नेता को अपने सदस्यों में कमिटमेंट के विकास की कोई आवश्यकता ही महसूस नहीं होती है। वे तो कानूनी अधिवक्ता मात्र हो गए हैं, फीस लेकर अपने सदस्यों के हित का संरक्षण कानून के माध्यम से करते हैं। औद्योगिक विवाद अधिनियम के अन्तर्गत निर्मित नियमों के माध्यम से संराधन एवं अधिनिर्णयन की कार्यवाहियों में कानूनी अधिवक्ताओं का प्रयोग वर्जित कर दिया गया है। अतः छद्मवेषी कानूनी अधिवक्ता ही श्रमिक संघ के नेता के रूप में इन संयंत्रों में श्रमिकों के पक्ष का प्रतिनिधित्व करते हैं।

अन्त में हम इस निष्कर्ष पर पहुँचते हैं कि कानूनी संरचना ने श्रमिक संघ के नेतृत्व के सम्पूर्ण परिवेश को ही परिवर्तित कर दिया है। आज वे श्रमिक संघ जो सरकार की नीतियों का अनुकरण करते हुए चलते हैं, उनके नेताओं हेतु संगठनात्मक योग्यता का कोई महत्त्व नहीं रह गया है। वे कानूनी दक्षता एवं राजनीतिक प्रभाव से युक्त होते हैं और श्रमिक अपने आप ही उनके इर्द–गिर्द घूमते रहते हैं। दूसरी ओर वे श्रमिक नेता जो सरकार की नीतियों के विरोधी होते हैं और कानून के ठेकेदार सरकारी अधिकारियों की उन पर विशेष कृपा दृष्टि नहीं होती है, उन्हें अपने एवं अपने सदस्यों के लक्ष्यों की प्राप्ति हेतु सीधी कार्यवाही का अधिक सहारा लेना पड़ता है, फलस्वरूप वे अपने श्रमिक संघों को संगठनात्मक दृष्टि से सशक्त बनाने का अधिक प्रयास करते हैं।

श्रमिक संघों की प्रबन्ध प्रणाली

औद्योगिक प्रतिष्ठानों की प्रबन्ध व्यवस्था के समान ही श्रम संघ के प्रबन्ध हेतु भी एक सक्षम प्रणाली के निर्माण की आवश्यकता होती है। अन्य मानवीय संगठनों की भाँति श्रमिक संघ की भी सर्वाधिक महत्त्वपूर्ण सम्पदा उसकी मानवीय सम्पदा है। श्रमिक संघ की प्रबन्ध व्यवस्था के आधार पर ही उसकी सक्षमता का निर्धारण होता है। श्रमिक संघ का सम्पूर्ण संगठन मानवीय कल्याण हेतु ही निर्मित होता है, अस्तु, श्रमिक संघ के लिए मानवीय साधनों के प्रबन्ध के कौशल में दक्षता अर्जन अति आवश्यक हो जाता है। इस सम्बंध में सर्वाधिक महत्त्वपूर्ण बात यह है कि श्रमिक संघ के निर्वाचित प्रतिनिधि प्रबन्ध की कार्यात्मक जिम्मेदारी नहीं ले सकते हैं, क्योंकि वे सामान्य सदस्यों के प्रति निर्णयकर्ता होते हैं। निर्वाचित सदस्यों की सर्वप्रथम जिम्मेदारी यह होती है कि वे विभिन्न कार्यात्मक जिम्मेदारियों के निर्वाह हेतु उचित व्यक्तियों का किस प्रकार चुनाव करें। किन्तु अधिकांश श्रमिक संघ इस जिम्मेदारी का सक्षम ढंग से निर्वाह नहीं कर पाते हैं। इस सम्बन्ध में दो प्रकार की प्रवृत्तियाँ दिखाई पड़ती हैं। कुछ श्रमिक संघ के नेता या प्रतिनिधि तो बहुत ही सांवेगिक ढंग से साधारण और निर्धन श्रमिकों की सेवा हेतु अपना सब कुछ अर्पण कर देते हैं और सभी प्रकार की जिम्मेदारियों का वे स्वयं ही निर्वाह करना चाहते हैं, चाहे वे उस जिम्मेदारी के निर्वाह में सक्षम हों या नहीं। वे श्रमिक संघों का सदस्यता शुल्क इकट्ठा करने से लेकर सरकार की विभिन्न समितियों में श्रमिकों के प्रतिनिधित्व तक सभी जिम्मेदारियों का निर्वाह करते हैं। फलस्वरूप किसी भी जिम्मेदारी का सक्षम ढंग से निर्वाह नहीं हो पाता है। दूसरी ओर श्रमिक संघ के कुछ ऐसे नेता होते हैं जो एक बार पदग्रहण करने के पश्चात् अपने को 'निरंकुश बॉस' समझने लगते हैं और उनकी यह इच्छा होती है कि सभी लोग उनके प्रति सम्मान अर्पित करें। इस सम्बन्ध में वास्तविक एवं रचनात्मक उपाय यह है कि इस समस्या के प्रति संस्थागत उपागम अपनाया जाए, जिसमे अन्तर्गत श्रमिक संघों के कार्यों का उचित ढंग से विभाजन किया जाए, इसके लिए कार्यात्मक जिम्मेदारियों का निर्वाह करने वाले कर्मियों की आवश्यकता होती है। इसके अतिरिक्त एक सक्षम श्रमिक संघ को मानव सम्बंध विषयक कौशल की भी अपेक्षा होती है। वास्तव में भर्ती, प्रशिक्षण मानव शक्ति नियोजन तथा वेतन निर्धारण आदि कार्यों के सम्पादन हेतु श्रमिक संघों को उसी प्रकार के मानव सम्बंध विषयक कौशल की अपेक्षा होती है जिस प्रकार के कौशल की अपेक्षा औद्योगिक प्रतिष्ठानों में प्रबन्ध की होती है। अभिकर्मियों के साथ कार्य हेतु भी मानव सम्बन्ध विषयक कौशल की अपेक्षा होती है। वास्तव में मानवीय सम्बन्ध और औद्योगिक सम्बन्ध विषयक क्रियाकलापों का निष्पादन श्रमिक संघ द्वारा अपेक्षाकृत अधिक दक्षता से किया जाना चाहिए क्योंकि इन्हीं क्षेत्रों में प्रबंध की कमियों की ओर श्रम संघ इंगित करता है और आवश्यकतानुसार इस उद्देश्य की पूर्ति हेतु अन्य कार्यवाही करता है। संक्षेप में एक श्रमिक संघ औद्योगिक सम्बन्ध और कार्मिक प्रबंध के क्षेत्र में औद्योगिक प्रतिष्ठान के दोषयुक्त व्यवहारों की ओर इंगित करने का तब तक अधिकारी नहीं हो सकता है जब तक कि वह स्वयं ही इन क्षेत्रों में आदर्श व्यवहार प्रस्तुत नहीं करे।

आज हमारे देश में बहुत से ऐसे श्रमिक संघ हैं जिनमें कार्यरत अभिकर्मियों की स्थिति सामन्तवादी युग के दासों से भी गई गुजरी है। उन्हें सप्ताह में कोई छुट्टी नहीं मिलती, कार्य के घंटों का भी निर्धारण नहीं हुआ है, न तो उन्हें पेंशन की व्यवस्था है और न प्रॉविडेंट फण्ड की। ऐसी स्थिति में इन श्रमिक संघों के नेता प्रतिष्ठान प्रबन्ध से सामान्य अभिकर्मियों के लिए इन सुविधाओं की मांग किस नैतिक आधार पर कर सकते हैं? वास्तव में आज के जनतांत्रिक युग में श्रमिक संघों को भी अपने में परिवर्तन लाना होगा। योग्यता मापन, प्रशिक्षण, मानव शक्ति नियोजन तथा उचित क्षतिपूर्ति के माध्यम से श्रमिक संघों को औद्योगिक प्रतिष्ठानों की अपेक्षा अपने कार्मिक प्रबन्ध को और भी सक्षम ढंग से विकसित करना चाहिए, तभी वे इस दिशा में प्रतिष्ठान के प्रबन्धकों से और अधिक मांग कर सकते हैं। पाश्चात्य देशों के श्रमिक संगठन इस दिशा में काफी आगे हैं और उनका कार्मिक विभाग सर्वोत्तम निष्पत्ति करता है, हमें यही आशा अपने देश के श्रमिक संघों के कार्मिक प्रबन्ध विभाग से भी करनी चाहिए।

श्रम संघ अपने अधिकारियों को अनेक प्रकार की जिम्मेदारियाँ देता है। इन जिम्मेदारियों का वितरण सामान्य रूप से यूनियन के अध्यक्ष एवं सचिव के बीच किया जाता है। यदि किसी श्रमिक संघ के अन्तर्गत कोई ऐसा अभिकर्मी नहीं होता है जो बाहरी लोगों के साथ सम्पर्क स्थापित कर सके तो इस स्थिति में श्रमिक संघ किसी बाह्य व्यक्ति को अपनी कार्यकारिणी में एक महत्त्वपूर्ण पद पर नियुक्त कर उसी के माध्यम से इस जिम्मेदारी का निर्वाह कराता है। वास्तव में श्रमिक संघ की कार्यकारिणी का निर्माण बहुत ही सावधानीपूर्वक किया जाना चाहिए और इसमें विभिन्न योग्यताओं को रखने वाले अभिकर्मी को रखना चाहिए। अधिकांश श्रमिक संघों को प्रबन्ध के साथ होने वाली प्रतिस्पर्धा में विजय प्राप्ति हेतु सरकार के माध्यम से प्रबन्ध पर दबाव डालना पड़ता है। इस उद्देश्य की पूर्ति हेतु उसे एक सशक्त बाह्य अभिकरण की आवश्यकता होती है। इसी कारण अधिकांश श्रमिक संघों के अध्यक्ष बाहर के व्यक्ति होते हैं।

श्रमिक संघों की आन्तरिक शक्ति इस बात पर निर्भर करती है कि किस अंश तक इस प्रकार के श्रमिक संघ अपने सदस्यों की आशाओं की पूर्ति कर पा रहे हैं। श्रमिक संघ के सदस्य अपने संघ की सफलता का माप इस आधार पर करते हैं कि किस सीमा तक उनकी आर्थिक मांगों की पूर्ति में सफलता प्राप्त हुई है और किस सीमा तक प्रबन्ध के निरंकुश व्यवहारों पर अंकुश लगाया गया है। श्रमिक संघ को अपनी सफलता हेतु दूसरी और तीसरी पंक्ति के कुछ सशक्त नेताओं की आवश्यकता होती है। अधिकांश श्रमिक सदस्य प्रबन्ध के शोषण युक्त व्यवहार से त्राण हेतु श्रमिक संघों की शरण में जाते हैं। इसी कारण अधिकांश श्रमिक संघों के बाह्य पदाधिकारी दिन–प्रतिदिन के क्रियाकलापों के संचालन की जिम्मेदारी पूर्णतया आन्तरिक नेताओं के ऊपर छोड़ देते हैं और जब कभी यूनियन उनसे किसी प्रकार के सहयोग की आकांक्षा करता है तो उसे सहयोग को देने के लिए वे तैयार रहते हैं।

श्रम संघ का प्रबन्ध पूर्णतया वैयक्तिक होता है और नेता की व्यक्तिगत कार्यशैली के आधार पर उसका संचालन किया जाता है। इस सम्बन्ध में ईश्वर दयाल और बलदेव

राज शर्मा ने एक अध्ययन के आधार पर यह निष्कर्ष निकाला कि श्रम संघ का आन्तरिक नेतृत्व तो कार्य संगठन के भीतर से ही प्रदत्त किया जाता है।[140] आन्तरिक नेतृत्व श्रम संघ के सामान्य क्रियाकलापों का संचालन करता है किन्तु कभी–कभी कुछ आवश्यक मामलों में और विशेषकर किसी खतरनाक स्थिति से निबटने के लिए नेतृत्व बाह्य नेतृत्व की सहायता लेता रहता है। सामान्यतया बाहरी नेता अध्यक्ष पद पर आसीन रहता है। अधिकांश औपचारिक अवसरों पर अध्यक्ष का उपयोग किया जाता है। इसके अतिरिक्त सरकार से सम्पर्क स्थापित करने एवं किसी विशेष मामले में सामान्य सदस्यों को प्रभावित करने के लिए भी आन्तरिक नेतृत्व अध्यक्ष की सेवाओं का उपयोग करता है।

सामान्य रूप से श्रमिक संघ अपने कार्यों के संचालन हेतु दो प्रकार की सेवाओं का उपयोग करता है– (1) लिपिकीय सेवाएँ, जिसके द्वारा श्रमिक संघ के अभिलेखों को तैयार किया जाता है और सदस्य संख्या एवं सदस्य शुल्क आदि का विवरण तैयार किया जाता है, एवं (2) अंशकालिक कानूनी सहायता, कुछ विवादों में श्रमिक संघ को इस प्रकार के बाह्य कानून विशेषज्ञों की सहायता से अपने पक्ष का प्रस्तुतीकरण करना पड़ता है। किन्तु अधिकांश स्थितियों में आन्तरिक श्रमिक संघ के नेताओं द्वारा ही इस जिम्मेदारी का निर्वाह किया जाता है। कुछ स्थानीय श्रमिक संघ अपने राज्य एवं केन्द्र स्तरीय शाखाओं में नियुक्त पूर्णकालिक विधि–विशेषज्ञों की सहायता से इस जिम्मेदारी का निर्वाह करते हैं। इसके अतिरिक्त श्रमिक संघों के प्रबन्ध की किसी औपचारिक प्रणाली का हमारे देश में विकास नहीं हो पाया है। ईश्वर दयाल[141] एवं बलदेव राज शर्मा ने कुछ ऐसे कारणों का निरूपण किया है जिनके कारण इस प्रकार का विकास सम्भव नहीं हो पाया है। ये निम्नलिखित हैं–

1. भारतीय श्रमिक संघ में नेतृत्व का विकास या तो वैयक्तिक प्रयासों के द्वारा हुआ है अथवा किसी उच्च नेता के संरक्षण के द्वारा हुआ है। जिस प्रकार उद्यमकर्ता औद्योगिक प्रतिष्ठान की स्थापना के बाद अपने आप अर्जन की चिन्ता अधिक करते हैं और प्रशासन के औपचारिक स्वरूप पर विशेष ध्यान नहीं देते हैं, उसी प्रकार श्रमिक संघ के नेताओं ने भी संगठन के विकास पर कभी भी विशेष बल नहीं दिया। औद्योगिक प्रतिष्ठान का विकास जब एक सीमा तक पहुँच जाता है तो उसका पुनर्संगठन कर विकास की अपेक्षाओं की पूर्ति की जाती है। किन्तु औद्योगिक श्रम संघों के विकास क्रम में इस प्रकार की स्थिति अभी आई ही नहीं, फलस्वरूप श्रम संघ औपचारिक प्रबन्ध प्रणाली की स्थापना की बात भी नहीं सोचते।
2. श्रमिक संघों का एक आधारभूत मूल्य यह है कि उनका कार्य एक प्रकार की सेवा है, वह वृत्ति नहीं है। इस मूल्य के आधार पर यदि श्रमिक संघ का कोई नेता जीवन निर्वाह हेतु अपेक्षित मानदेय से अधिक धनराशि अपने वेतन के रूप में लेता है तो उसे अच्छी दृष्टि से नहीं देखा जाता है। इस मूल्य के कारण श्रमिक संघों के वृत्तिक विकास में अनेक प्रकार की बाधाएँ आई हैं–
   (अ) श्रमिक संघ के नेताओं को दीर्घगामी और वृत्तिक लक्ष्य की प्राप्ति हेतु समय नहीं मिलता है। वे परिवेदना निवारण, प्रदर्शनों के आयोजन तथा प्रदर्शन

आदि कार्यों में अधिक समय लगाते हैं। उनके लिए दीर्घगामी लक्ष्यों की अपेक्षा तात्कालिक लक्ष्य ही अधिक महत्त्वपूर्ण होते हैं।

(ब) श्रमिक संघों की आर्थिक आय का उपयोग केवल आन्दोलन तथा कानूनी सहायता आदि मदों में ही किया जाता है। प्रशासकीय मामलों में व्यय की कोई आवश्यकता नहीं समझी जाती है। चूँकि श्रम संघ व वार्ता हेतु प्रबन्ध को किसी विशेषज्ञ की आवश्यकता नहीं होती है, अतः श्रमिक संघ भी सामूहिक सौदेबाजी या अन्य वार्ताओं हेतु किसी विशेषज्ञ की नियुक्ति नहीं करते हैं।

(स) स्थानीय या राष्ट्रीय स्तर पर श्रम संघ के नीति निर्धारण हेतु किसी विशेष तैयारी की आवश्यकता नहीं समझी जाती है। श्रमिक संघों का मुख्य कार्य है अपने सदस्यों हेतु आर्थिक लाभ की प्राप्ति एवं प्रबन्ध के निरंकुश व्यवहारों से श्रमिक संघों की रक्षा। इन्हीं लक्ष्यों के प्रति श्रमिक संघ के सदस्यों की भी विशेष अभिरुचि होती है। अस्तु, इस समस्यामूलक तात्कालिक उपागम के कारण श्रमिक संघ के स्थायी एवं दीर्घकालीन लक्ष्यों को नजरअन्दाज कर दिया जाता है।

3. अधिकांश श्रमिक संघों के आर्थिक स्रोत बहुत ही सीमित होते हैं, अतः वे इस स्थिति में नहीं होते हैं कि दीर्घकालीन लक्ष्यों की प्राप्ति हेतु धन व्यय कर सकें।
4. श्रमिक संघों का कोई स्वतंत्र अस्तित्व अभी तक हमारे देश में विकसित नहीं हो पाया है। लगभग सभी श्रमिक संघ किसी राजनीतिक दल से औपचारिक या अनौपचारिक रूप से सम्बद्ध हैं और उन्हीं राजनीतिक दलों की नीतियों के अनुरूप अपने क्रियाकलापों का संचालन करते हैं। ऐसी स्थिति में उन्हें किसी स्वतंत्र नीति के निर्माण की आवश्यकता ही महसूस नहीं होती है और इस आवश्यकता की पूर्ति हेतु किसी विशेषज्ञ संगठन के निर्माण की आवश्यकता भी श्रमिक संघों द्वारा महसूस नहीं की जाती है।
5. अन्य प्रबंध प्रणालियों की भाँति श्रमिक संघ भी एक व्यक्ति अथवा कुछ निश्चित व्यक्तियों के इशारे पर कार्य करते हैं। सम्पूर्ण संगठन में अधिकारों और जिम्मेदारियों का वितरण बहुत कम होता है। इस स्थिति में संगठन के क्रियाकलापों के संचालन हेतु किसी औपचारिक संगठन की आवश्यकता महसूस नहीं होती है। संगठन में सत्ता का केन्द्रीकरण और सम्बंधों का व्यक्तिगत आधार पर निरूपण यही दो विशेषताएँ समस्त श्रमिक संगठनों में पाई जाती हैं। इस परिप्रेक्ष्य में किसी सशक्त संगठन के अभाव और नेतृत्व में परिवर्तन की प्रक्रिया के कारण श्रम संघ के अस्तित्व हेतु सदैव ही एक खतरा मौजूद रहता है।

सशक्त प्रबन्ध प्रणाली का विकास

शर्मा और दयाल[142] ने अपने अध्ययन द्वारा यह निष्कर्ष निकाला कि स्वतंत्रता प्राप्ति के पश्चात् श्रमिक संघ आन्दोलन के विकास में अपेक्षित गति नहीं आ पाई है। 30 वर्षों के

त्वरित औद्योगिक विकास के उपरान्त भी श्रमिक आन्दोलन में बिखराव की गति तीव्रतर होती जा रही है। इस परिप्रेक्ष्य में श्रमिक संघ की प्रबंध प्रणाली को और सशक्त बनाने के लिए उपर्युक्त दोनों श्रम विशेषज्ञों ने कुछ सुझाव दिए हैं। उनके अनुसार श्रम संघ की प्रबंध प्रणाली औद्योगिक एवं वाणिज्य संगठनों की प्रबंध प्रणाली से कुछ भिन्न होनी चाहिए। श्रमिक संघ के उच्चाधिकारियों का चयन नहीं किया जाता है, वे निर्वाचन के माध्यम से आते हैं अतः वाणिज्य प्रतिष्ठान के उच्चाधिकारियों की अपेक्षा इन्हें अपने सहकर्मियों की सन्तुष्टि की ओर अधिक ध्यान देना होता है। श्रम संघ के नेताओं को अपने सहकर्मियों की भावनाओं की जानकारी हेतु बहुत ही तीव्र घ्राण शक्ति की अपेक्षा होती है। साथ ही उन्हें प्रबन्ध के साथ वार्ता में भी दक्ष होना चाहिए। इसके अतिरिक्त उनमें ऐसी योग्यता भी विद्यमान होनी चाहिए कि वे श्रम संघ के सदस्यों को प्रभावित कर सकें। अन्तिम और सर्वाधिक महत्त्वपूर्ण बात यह है कि उनमें प्रशासकीय नेतृत्व की योग्यता भी विद्यमान होनी चाहिए। संगठनात्मक स्तर पर श्रम संघ के नेतृत्व से प्रबन्ध के क्षेत्र में निम्नलिखित अपेक्षाएँ की जाती हैं–

1. यथासम्भव संगठन के आन्तरिक स्रोतों के द्वारा योग्य नेतृत्व की आपूर्ति, ताकि श्रमिक संघ का स्थायित्व बना रहे एवं विकास की गति में कोई बाधा न आए।
2. द्वितीय एवं तृतीय श्रेणी के नेतृत्व एवं सामान्य श्रमिकों को इस प्रकार प्रशिक्षण दिया जाए कि वे स्थानीय एवं राष्ट्रीय स्तर की समस्याओं का सामना करने के लिए अपेक्षित योग्यताओं का अपने में विकास कर सकें।
3. वृत्तिक श्रमिक संगठनों का विकास।
4. श्रम संघ को आधार प्रदान करने के लिए उपयुक्त श्रम दर्शन का विकास।
5. उद्योग के विकास की आवश्यकता के अनुरूप उचित नीतियों का विकास, साथ ही श्रमिक संघ, उद्योग और राष्ट्रीय लक्ष्यों की अपेक्षाओं में सन्तुलन का स्थापन। इस उद्देश्य की प्राप्ति हेतु श्रमिक संघ को विशेषज्ञ सेवाओं की आवश्यकता होती है।

कुछ स्थितियों में श्रमिक संघों के उच्चाधिकारी इस प्रकार की अपेक्षाओं से अवगत तो अवश्य रहते हैं, किन्तु इनकी प्राप्ति हेतु कोई प्रयास नहीं करते हैं। जब तक श्रमिक संघों का राष्ट्रीय नेतृत्व इस परिप्रेक्ष्य में सम्यक् अध्ययन कर उचित कार्यक्रम नहीं बनाता है, तब तक किसी ठोस उपलब्धि की आशा नहीं की जा सकती। आज के युग में श्रमिक संघों के वृत्तिक विकास में तीन प्रकार की बाधाएँ स्पष्ट रूप से परिलक्षित होती हैं– (1) श्रमिक संघों की अस्तित्व रक्षण की प्रवृत्ति तथा पारस्परिक द्वेष एवं संघर्ष। इस प्रवृत्ति के परिणामस्वरूप विभिन्न श्रमिक संघ अपने सदस्यों के हितों के रक्षण हेतु हर प्रकार का प्रयास करते हैं, चाहे सदस्यों ने अनुचित कार्य किया हो या उचित। इस प्रकार श्रमिक संघों की दृष्टि केवल समस्यामूलक रह जाती है, उनमें विकासमूलक नेतृत्व विकसित नहीं हो पाता है। (2) भारतीय उद्योगों का प्रबन्ध सामान्य रूप से औद्योगिक सम्बन्ध के प्रति तात्कालिक और अस्थायी दृष्टि अपनाता है। फलस्वरूप मजदूरी, कार्य मूल्यांकन अभिप्रेरणा आदि के प्रति विशेषज्ञ सेवाओं के माध्यम से कोई स्थायी नीति नहीं अपनाता है। ऐसी स्थिति में श्रमिक संघ भी इन

समस्याओं के अध्ययन एवं सौदेबाजी हेतु विशेषज्ञ सेवाओं की कोई आवश्यकता महसूस नहीं करते हैं। इस प्रकार विशेषज्ञ एवं वृत्तिक सेवाओं के विकास हेतु बहुत कम अवसर उपलब्ध हो पाते हैं। (3) श्रमिक संघ अपने क्रियाकलापों में कल्याणात्मक पक्ष को अधिक महत्त्व देते हैं और इसके उद्देश्य की पूर्ति हेतु उन्हें वृत्तिक एवं प्राविधिक सेवाओं के महत्त्व का कोई बोध नहीं हो पाता है। यदि श्रमिक संघ कल्याणात्मक उपागम के स्थान पर वृत्तिक उपागम द्वारा अपने क्रियाकलापों का सम्पादन करें तो निश्चय ही अधिक कुशल मानवीय अभिकर्मी उनकी ओर आकृष्ट होंगे, वे अधिक सक्षम ढंग से अपनी जिम्मेदारियों का निर्वाह कर पाएंगे और श्रमिक संघों की प्रबन्ध व्यवस्था भी सक्षम होगी।

उपर्युक्त कारकों के बावजूद श्रमिक संघ निम्नलिखित दो उपायों द्वारा सक्षम प्रबन्ध प्रणाली का विकास कर सकते हैं–

1. प्रतिष्ठान एवं क्षेत्रीय स्तर पर सामान्य श्रमिकों के प्रशिक्षण हेतु अपेक्षाकृत अधिक अच्छी व्यवस्था।
2. श्रम संघ की विचारधारा में विश्वास करने वाले लोगों को आकर्षित कर राष्ट्रीय एवं प्रादेशिक स्तर के संगठनों के वृत्तिक विकास हेतु अभिप्रेरित करना।

श्रमिक संघ से सम्बन्धित विविध विचारधाराएँ

श्रमिक संघ की उत्पत्ति, लक्ष्य एवं कार्य के सम्बंध में अनेक विचारधाराओं का निरूपण किया गया है। कुछ प्रमुख विचारधाराएँ निम्नलिखित हैं–

क्रान्तिकारी विचारधारा

इस विचारधारा का प्रतिपादन कार्ल मार्क्स के द्वारा किया गया है। उनके द्वारा रचित 'फिलॉसफी ऑफ पॉवर्टी' (1947) 'दि कम्युनिस्ट मेनिफेस्टो' (1847) तथा प्रथम अन्तर्राष्ट्रीय श्रम संघ का उद्घाटन भाषण (1864) इस विचारधारा के प्रमुख स्रोत हैं। 'कम्युनिस्ट मेनिफेस्टो' में उन्होंने लिखा है कि उद्योग के विकास के साथ ही प्रोलेटरियेट (proletariat) की संख्या में वृद्धि होगी और बड़े समूहों में उनका केन्द्रीकरण होता जाएगा, उनकी शक्ति में भी उत्तरोत्तर वृद्धि होगी। इसके फलस्वरूप व्यक्तिगत श्रमिक और पूँजीपति के बीच जो संघर्ष होता था, वह दो वर्गों के संघर्ष का रूप ले लेगा। तब श्रमिक पूँजीपति के विरोध में संगठन (श्रमिक संघ) का निर्माण करने लगेंगे, वे अपनी मजदूरी की दर को ऊँचा उठाने के लिए संगठित होंगे और समय–समय पर बगावत करने के लिए अपने संगठन को और अधिक स्थायी बनाएँगे।[143] इस प्रकार क्रान्तिकारी विचारधारा का मूल तत्व है बुर्जुआ और प्रोलेटरियेट के बीच का वर्ग संघर्ष। इस संघर्ष के फलस्वरूप सर्वहारा वर्ग उदय का होता है और वह कुछ सामान्य उद्देश्यों, यथा मजदूरी की वृद्धि, बर्जुआ को उखाड़ फेंकने, उत्पादन के साधनों को सामान्य स्वामित्व के अन्तर्गत लाने के लिए और सभी वर्गों की आर्थिक समानता की पूर्ति हेतु एकत्रित होते हैं। लेनिन के अनुसार यह आर्थिक संघर्ष राजनीतिक विशेषताओं को ग्रहण कर लेता है और श्रमिकों की मांगों को वैधानिक एवं प्रशासकीय तरीकों से मनवाने का प्रयास किया जाता है।

मार्क्सवादी विचारधारा के प्रमुख प्रवर्तक लेनिन का यह मत है कि श्रमिकों की समस्या का एकमात्र हल यही है कि वे उच्च वेतन और अच्छी कार्य दशाओं की प्राप्ति हेतु एक साथ मिलकर संघर्ष करें। हड़ताल के विधायी पक्ष पर प्रकाश डालते हुए उन्होंने लिखा है कि इसके माध्यम से श्रमिकों का ध्यान एक के बाद दूसरी बुराइयों के ऊपर जाता है, जिनसे श्रमिक वर्ग ग्रस्त है ... हड़ताल के माध्यम से श्रमिक को यह ज्ञान होता है कि इन बुराइयों को कैसे दूर करें। यदि हड़ताल सफल होती है तो इसके माध्यम से श्रमिकों की एकता से जनित शक्ति का द्योतन होता है।[144] लेनिन किसी एक नियोक्ता के विरुद्ध ही हड़ताल के आयोजन पर जोर नहीं देते हैं, वरन् वे समस्त नियोक्ता वर्ग के विरुद्ध हड़ताल को आयोजित करने पर बल देते हैं।[145] वर्तमान समाज की शोषण व्यवस्था से श्रमिकों की रक्षा हेतु वे सम्पूर्ण सामाजिक एवं राजनीतिक प्रणाली के विरुद्ध संघर्ष करने की सलाह देते हैं।

लेनिन के अनुसार श्रमिक अपनी आर्थिक स्वतंत्रता तब तक नहीं प्राप्त कर सकते हैं जब तक वे राज्य के क्रियाकलापों को प्रभावित न करें। श्रमिक जब पूँजीवाद के विरुद्ध संघर्ष करते हैं तो वे अपने आप ही राज्य के विरुद्ध भी संघर्षरत हो जाते हैं, अतः श्रमिकों के लिए सबसे आवश्यक बात यह है कि वे राजनीतिक स्वतंत्रता की प्राप्ति करें। इसके साथ ही उन्होंने उस सामाजिक प्रणाली में भी आमूल परिवर्तन हेतु श्रमिकों का आह्वान किया है, जिसके अन्तर्गत सम्पत्ति विहीन वर्ग को अपना सब कुछ सम्पत्तिशाली वर्ग के हाथ बेच देने के लिए बाध्य होना पड़ता है। लेनिन केवल श्रमिक की दशाओं में सुधार ही नहीं चाहते थे वरन् एक सम्पूर्ण सामाजिक क्रान्ति हेतु श्रमिक वर्ग और मजदूर वर्ग का आह्वान करते हैं।[146]

लेनिन के अनुसार ट्रेड यूनियन के माध्यम से आर्थिक संघर्ष का संचालन होना चाहिए, किन्तु वे यह पसंद नहीं करते थे कि केवल सोशल डेमोक्रेट ही श्रम संघ के सदस्य हों, क्योंकि इसका प्रभाव यह होगा कि श्रमिक संघ का जन सामान्य से सम्पर्क टूट जाएगा। उनके अनुसार प्रत्येक श्रमिक को, जो नियोक्ता और सरकार के विरुद्ध संघर्ष करना चाहता है, श्रमिक संघ का सदस्य हो जाना चाहिए। इस प्रकार वे सामान्य जन को श्रमिक संघ का सदस्य बनाना चाहते थे किन्तु उसका नियंत्रण कुछ थोड़े से अनुभवी और योग्य व्यक्तियों के दल के हाथ में रखना चाहते थे। अन्ततोगत्वा वे राज्य की सम्पूर्ण शक्ति को सोवियत संघ के किसानों और मजदूरों के हाथ में स्थानान्तरित करना चाहते थे।

औद्योगिक जनतंत्र की विचारधारा

इस विचारधारा के प्रतिपादक सिडनी और बेट्रिस वेव हैं। इस विचारधारा के अन्तर्गत यह विश्वास किया जाता है कि श्रमिक संघ इतना सशक्त हो जाएगा कि वह औद्योगिक प्रतिष्ठानों में श्रमिकों को अधिकाधिक लाभ प्रदत्त करने एवं जनतंत्र के स्थापन हेतु नियोक्ता को बाध्य करेगा। वेव के अनुसार श्रमिक संघ एवं वृत्तिक संघों के रूप में संगठित श्रमिकों का लक्ष्य केवल मजदूरी में वृद्धि और कार्य के घण्टों में कमी ही नहीं है, वरन् इसका उद्देश्य समाज का पुनर्निर्माण है और पूँजीपतियों तथा लाभ अर्जकों

की राष्ट्रीय उद्योगों और सेवाओं से समाप्ति है, और ऐसे लोगों की संख्या को क्रमिक रूप से कम करना है जो काम न करने पर भी केवल स्वामित्व के आधार पर अपना जीवन निर्वाह करते हैं।[147]

श्रमिक संघों के कुछ तात्कालिक और कुछ दीर्घकालीन लक्ष्य होते हैं, पहले प्रकार के लक्ष्यों का सम्बंध मजदूरी वृद्धि एवं काम के घण्टों में कमी हेतु दिन–प्रतिदिन के किए जाने वाले संघर्षों से है और दूसरे प्रकार के लक्ष्यों का सम्बंध पूँजीवादी प्रणाली की समाप्ति से है। इस लक्ष्य की पूर्ति हेतु श्रमिकों से यह अपेक्षा की जाती है कि वे एक राजनीतिक दल के रूप में संगठित हों।[148]

सिलचर के अनुसार श्रमिक संघों द्वारा कुछ कार्य–नियमों, परंपराओं और औद्योगिक न्यायशास्त्र की कुछ प्रणालियों का विकास किया जाता है। ये नियम और परम्पराएँ श्रमिकों को उसी प्रकार का संरक्षण प्रदान करती हैं, जिस प्रकार का संरक्षण कानून द्वारा सामान्य नागरिकों को प्रदान किया जाता है।[149]

श्रमिक संघ द्वारा उद्योग के नियंत्रण की विचारधारा

इस विचारधारा के जनक सी.डी.एच. कोल हैं। उनके अनुसार संघवाद श्रमिकों के लिए उच्चतर वेतन की ही मांग नहीं करता है, वरन् यह सम्पूर्ण उद्योग का नियंत्रण चाहता है। इसके अन्तर्गत व्यक्ति को केवल एक नागरिक या उपभोक्ता ही नहीं समझा जाता है, वरन् उसके कार्य को उसके जीवन का मूल तत्व समझते हुए उसी के हितसाधन की दृष्टि से उद्योग का पुनर्गठन किया जाता है, न कि उपभोक्ता के स्वार्थों की दृष्टि से। इस विचारधारा के अन्तर्गत श्रमिक संघों से यह अपेक्षा की जाती है कि वे उद्योग के नियंत्रण हेतु अपना वर्ग संघर्ष जारी रखें, किन्तु वे सम्पूर्ण राष्ट्र के नियंत्रण हेतु प्रयास न करें।

शक्ति सम्बंधी विचारधारा

इस विचारधारा के अनुसार श्रमिक संघ आवश्यक रूप से शक्ति के संगठन हैं और वे समाज तथा उद्योग पर अधिकाधिक प्रभाव डालने का प्रयास करते हैं। हार्डमैन[150] के अनुसार श्रमिक संघ का मुख्य लक्ष्य वाणिज्य प्रतिष्ठान के संचालन में संतोषप्रद अंश की प्राप्ति है। श्रम संघ का जन्मजात लक्ष्य संगठन के माध्यम से शक्ति का जनन एवं संचय मात्र है। सी राइट मिल्स के अनुसार भी श्रमिक संघ ऐसे संगठन हैं, जिनका मुख्य लक्ष्य शक्ति का संचय एवं प्रयोग है।[151]

कार्यात्मक विचारधारा

इस विचारधारा के प्रतिपादक पार्कर[152], क्लिंटन, गोल्डेन तथा स्टेवर्ग[153] और हाक्सी[154] आदि विचारक हैं। इनके अनुसार औद्योगिक संगठन की जटिलता और नियुक्ति तथा कार्य की दशाओं के कारण श्रमिकों को अनेक प्रकार की आवश्यकताओं की अनुभूति होती है। श्रमिक संघ इन आवश्यकताओं की पूर्ति हेतु प्रयास करते हैं।

वाणिज्य सम्बंधी विचारधारा

इस विचारधारा का प्रतिपादन सैमुअल गोम्पर्स तथा जान मिशेल आदि विचारकों के द्वारा किया गया है। इस विचारधारा के अन्तर्गत श्रमिक अपने संघ को वाणिज्य अभिकर्ता के रूप में देखते हैं, जो कार्य की दशाओं और कार्य सम्बंधों के विषय में श्रमिकों की ओर से प्रबन्ध से सौदेबाजी करते हैं।[155]

मनोवैज्ञानिक विचारधारा

इस विचारधारा का प्रतिपादन सेलिग पर्लमैन द्वारा किया गया है। इन्होंने श्रमिक संघों की भूमिका में मनोवैज्ञानिक कारकों की भूमिका को सर्वाधिक महत्त्वपूर्ण बतलाया है। पर्लमैन के अनुसार श्रमिक संघ की उत्पत्ति श्रमिकों के नैराश्यपूर्ण दृष्टिकोण के कारण होती है। समाज में नियोजन के अधिकाधिक अवसरों की उपलब्धि के बावजूद श्रमिकों को नियुक्ति हेतु बहुत ही कम अवसर उपलब्ध होते हैं। रोजगार का अभाव ही श्रमिक संघों की उत्पत्ति का मूल कारण बन जाता है। पर्लमैन[156] के अनुसार श्रमिक आन्दोलन पर तीन तत्वों का प्रभाव पड़ता है– (1) पूँजीवाद की विरोधशक्ति–पूर्व स्थापित स्थिति में पूँजीवाद अपने अस्तित्व को कायम रखने के लिए यथाशक्ति प्रयास करता है और श्रमिक संघ का विकास नहीं होने देता है, (2) बौद्धिक वर्ग द्वारा श्रमिक आन्दोलन पर प्रभाव स्थापन की मात्रा–बौद्धिक वर्ग श्रमिक आन्दोलन पर नियंत्रण कर पूँजीवाद का विरोध तो करना चाहता है, किन्तु वह पूँजीवाद द्वारा जनित प्रतिरोध शक्ति की अपेक्षा श्रमिकों द्वारा लाए गए क्रान्तिकारी परिवर्तन को अधिक महत्त्व देता है, एवं (3) श्रमिक संघ की मानसिक परिपक्वता की मात्रा–श्रमिक संघ किस सीमा तक कार्य के अभाव के प्रति सचेत है। इस विचारधारा के अनुसार श्रमिक आन्दोलन को पूँजीवाद के साथ–साथ बौद्धिक विरोध का भी सामना करना पड़ता है।

पर्यावरण सम्बंधी विचारधारा

इस विचारधारा के प्रतिपादक जान आर. कामन्स[157] हैं। उनके अनुसार श्रमिक संघ के विकास में पर्यावरण जनित स्थितियाँ बहुत ही निर्णायक भूमिका अदा करती हैं। फिलिप्स[158] एस. फोर्नर के अनुसार श्रमिक आन्दोलन श्रमिक संघ के निर्माण एवं उसकी नीतियों को पर्यावरण में व्यवहृत करने की प्रयोगात्मक प्रक्रिया है। कामन्स के अनुसार पूँजीवाद के विरुद्ध श्रम आन्दोलन एक प्रतिक्रिया और प्रतिवाद मात्र है।[159]

प्राविधिक विचारधारा

इस विचारधारा का प्रतिपादन फ्रैंक[160] टैनेनबाम द्वारा किया गया है। उनका विचार है कि श्रम आन्दोलन का मूल कारक मशीन है। जब उत्पादन के प्राविधिक तरीकों द्वारा स्वचलन का विकास होता है तो श्रमिक अपनी उपयोगिता को खो देता है और अपनी सहायता हेतु समाज की ओर दृष्टि उठाता है, फलस्वरूप श्रमिक आन्दोलन का श्रीगणेश होता है। श्रमिक संघ एक अभिकर्ता के रूप में उत्पादन प्रणाली में धीरे–धीरे परिवर्तन लाते हैं। श्रमिक संघ सामूहिक सौदेबाजी के द्वारा एक प्रस्थितियुक्त समाज

का निर्माण करते हैं और एक क्रान्ति विरोधी शक्ति का प्रतिनिधित्व करते हैं। टैनेनबाम के अनुसार श्रमिक संघ आन्दोलन एक क्रान्ति विरोधी एवं कट्टरपंथी आन्दोलन है।

न्यास का सिद्धान्त

यह सिद्धान्त गांधी जी द्वारा प्रतिपादित किया गया है। इस सिद्धान्त की व्याख्या पहले ही की जा चुकी है।

सामाजिक सम्बन्ध विचारधारा

इस विचारधारा का प्रतिपादन हेराल्ड जी. लास्की द्वारा किया गया है। उन्होंने श्रम नीति का सम्बंध सम्पूर्ण सामाजिक सम्बंध से जोड़ा है। श्रम संघ का लक्ष्य केवल आर्थिक मोर्चे पर ही युद्ध नहीं होता है। वरन प्रत्येक खतरनाक बिन्दु पर श्रमिक संघ की शक्ति को राजनीतिक दृष्टि से पुनर्परिभाषित किया जाता है ताकि वह उत्पादन के साथ प्रसूत नवीन सम्बंधों का निर्वाह कर सकें।[161]

बहुकारक विचारधारा

यह विचारधारा इस मान्यता पर आधारित है कि श्रमिक संघ के विकास की पृष्ठभूमि में अनेक कारक विद्यमान होते हैं, कुछ कारक दूसरे कारकों की अपेक्षा किसी विशेष स्थिति में अधिक दबाव डालते हैं और सामाजिक परिवर्तनों के साथ इन कारकों में भी परिवर्तन होता है।[162] अतः श्रमिक संघों का विश्लेषण इसी विचारधारा के आधार पर किया जाना चाहिए।

श्रमिक संघों की मान्यता

मान्यता प्राप्त श्रमिक संघ वे श्रमिक संघ हैं जो सरकार के किसी कानून, नीति या अन्य किसी त्रिपक्षीय नीति, नियोक्ता या सरकार द्वारा मान्यता प्रदत्त होते हैं। ऐसे श्रमिक संघ को यह अधिकार होता है कि किसी विवाद के सम्बंध में उसके प्रतिनिधि नियोक्ता या नियोक्ता संघ से जो समझौता करे वह समझौता उन श्रमिकों पर लागू होगा जो उस मान्यता प्राप्त श्रम संघ के सदस्य नहीं हैं। इसके अतिरिक्त मान्यता प्राप्त श्रम संघ के सदस्यों का सदस्यता शुल्क नियोक्ता उनके वेतन से काट कर सम्बंधित श्रमिक संघ के खाते में जमा कर देता है। अतः ऐसे श्रम संघ सदस्य शुल्क एकत्रीकरण की जिम्मेदारी से मुक्त रहते हैं। इस प्रकार के श्रमिक संघ को नियोक्ता द्वारा समुचित कार्यालय एवं नोटिस बोर्ड की सुविधा भी प्रदान की जाती है।

भारतीय व्यवसाय संघ अधिनियम, 1926 और औद्योगिक विवाद अधिनियम, 1947 के अन्तर्गत श्रमिक संघों की आवश्यक मान्यता हेतु कोई प्रावधान नहीं है किन्तु इस दिशा में समुचित अधिनियम की आवश्यकता बहुत दिनों से महसूस की जा रही है और सरकार को इस हेतु कारगर कदम उठाने के लिए बहुत सी कमेटियों ने संस्तुतियाँ दी हैं। 1950 में सरकार ने इण्डियन ट्रेड यूनियन एक्ट पारित किया, जिसके अन्तर्गत श्रमिक संघों की अनिवार्य मान्यता हेतु प्रावधान किया गया था। किन्तु अधिनियम का अनेक क्षेत्रों द्वारा कड़ा विरोध किया गया, फलस्वरूप वह कार्यान्वित नहीं हो पाया।

आगे चलकर द्वितीय पंचवर्षीय योजना के अन्तर्गत व्यवसाय संघों की अनिवार्य मान्यता हेतु संस्तुति की गई।[163] स्टैंडिंग लेबर कमेटी (18वाँ सेशन) तथा राष्ट्रीय श्रम आयोग ने भी सौदेकारी अभिकर्ता के रूप में श्रमिक संघों की अनिवार्य मान्यता हेतु संस्तुति की। किन्तु इस सम्बंध में सरकार का रुख कभी भी आलोचना से परे नहीं रहा। ऐसा समझा जाता था कि सरकार को यह भय था कि इस प्रकार के अधिनियमित प्रावधान के पश्चात् साम्यवादी शक्तियों से परिचालित श्रमिक संघों का औद्योगिक प्रतिष्ठानों में वर्चस्व स्थापित हो जाएगा।[164] ए.आई.टी.यू.सी. के प्रतिनिधियों ने तो यहाँ तक आरोप लगाया है कि सरकार अपने पक्षपातपूर्ण रवैये द्वारा प्रत्येक राज्य में इण्टक को ही मान्यता प्राप्त प्रतिनिधि श्रम संघ करार करने का प्रयास करती है।[165]

इण्टक ने श्रमिक संघों की अनिवार्य मान्यता हेतु अधिनियमित प्रावधान की मांग तो अवश्य की, किन्तु इस कार्य हेतु गुप्त मतदान के उपयोग की पद्धति का विरोध किया। प्रतिनिधि संघ के निर्धारण हेतु उसने यह सुझाव दिया कि फिजिकल वेरीफिकेशन अथवा चेक ऑफ पद्धति से (स्वतंत्र अधिकारी द्वारा सदस्यता शुल्क भुगतान करने वाले सदस्यों की संख्या को सत्यापित करना) इस समस्या का समाधान किया जा सकता है।

सार्वजनिक क्षेत्र में औद्योगिक प्रतिष्ठानों की जैसे–जैसे अधिक स्थापना होने लगी, वैसे–वैसे इस बात की सम्भावना में भी वृद्धि होने लगी कि महत्त्वपूर्ण औद्योगिक प्रतिष्ठानों में आक्रामक श्रमिक संघों द्वारा औद्योगिक विकास में गतिरोध उत्पन्न किया जाएगा। इसके अतिरिक्त सरकार के समक्ष दो और समस्याएँ विद्यमान थीं– (1) औद्योगिक प्रतिष्ठानों में स्थापित श्रमिक संघों में पारस्परिक संघर्ष इस सीमा तक बढ़ने लगे कि प्रतिनिधि श्रम संघ की उपलब्धि भी अनिश्चित सी हो गई है, तथा (2) वे श्रमिक संघ जो सरकार की औद्योगिक नीतियों के प्रति आस्थावान हैं, उनकी स्थिति अपेक्षाकृत कमजोर है। अस्तु, सरकार ने यही उचित समझा कि नियोक्ता और विभिन्न श्रमिक संघों को वार्ता हेतु स्वतंत्र छोड़ दिया जाए। ऐसी स्थिति में नियोक्ता स्वयं ही आवश्यकतानुसार सम्बंधित श्रमिक संघों अथवा सामान्य श्रमिकों से वार्ता करेगा और समयानुसार अपने आप ही प्रतिनिधि श्रम संघ का विकास होगा, जिसके क्रियाकलापों में अधिकांश श्रमिकों की आस्था होगी। किन्तु सरकार को बहुत शीघ्र एक ऐसी पद्धति की आवश्यकता महसूस हुई जिसके द्वारा ऐसे श्रमिक संघ केन्द्रों की स्थापना की जाए, जिनकी औद्योगिक सम्बन्ध विषयक नीतियों में दृढ़ आस्था हो और जो अन्तर्श्रम संघ संघर्ष की स्थिति में भी अपना अस्तित्व कायम रख सकें। इस परिप्रेक्ष्य में 1958 में आचार संहिता का निर्माण किया गया, जिसका श्रमिक संघ और प्रबंध दोनों को ही पालन करना था। इस संहिता के साथ श्रमिक संघों के लिए अन्तर्श्रम संघ आचारों का भी निर्माण किया गया। इस आचार संहिता के अन्तर्गत श्रमिक संघों की मान्यता हेतु पाँच शर्तों का निर्माण किया गया– (1) किसी श्रमिक संघ को तभी मान्यता प्राप्त हो सकती है जब वह पंजीकरण की तिथि से एक वर्ष बाद तक कार्य कर चुका हो। किन्तु जहाँ एक ही श्रमिक संघ हो, वहाँ यह शर्त नहीं लागू होती; (2) उसी श्रमिक संघ को

मान्यता प्रदान की जा सकती है जिसकी सदस्य संख्या दूसरे श्रमिक संघों की सदस्य संख्या से अधिक हो किन्तु प्रतिष्ठान की कुल सदस्य संख्या की कम से कम 15 प्रतिशत हो; (3) यदि किसी स्थान पर एक ही उद्योग से सम्बंधित कई प्रतिष्ठान स्थापित हैं और कोई श्रमिक संघ एक औद्योगिक श्रमिक संघ के रूप में मान्यता प्राप्त करना चाहता है, तो उस स्थान पर उक्त उद्योग में कार्यरत कुल श्रमिकों के 25 प्रतिशत श्रमिक उक्त श्रम संघ के सदस्य होने चाहिए और दूसरे श्रमिक संघों की सदस्य संख्या स्थानीय आधार पर उस श्रमिक संघ की सदस्य संख्या से कम हो; (4) किसी उद्योग या प्रतिष्ठान में यदि कई श्रमिक संघ स्थित हैं तो उसी श्रमिक संघ की मान्यता प्रदान की जाएगी जिसकी सदस्य संख्या सर्वाधिक हो; एवं (5) यदि किसी श्रमिक संघ को मान्यता प्रदान कर दी जाती है तो यह मान्यता कम से कम दो वर्ष तक कायम रहनी चाहिए।

इसके साथ ही सरकार ने यह शर्त भी लगा दी कि उसी श्रमिक संघ को मान्यता प्रदान की जाएगी जो अनुशासन संहिता के अन्य आचारों का पालन करता हो।[166] इस शर्त के पश्चात् सरकार की श्रम नीति के अनुसार मान्यता प्राप्त श्रम संघ के लिए आचार संहिता का पालन करना अनिवार्य हो गया। यद्यपि इसमें सन्देह नहीं कि ये अपेक्षाएँ कुछ अधिक ऊँची थीं।

अन्तर्श्रम संघ आचार संहिता का उद्देश्य श्रम संघ के पारस्परिक सम्बंधों को विधायी स्वरूप प्रदान करना था। इसके माध्यम से श्रमिक संघ से यह अपेक्षा की जाती है कि वे अपनी सदस्य पंजिका पर ऐसे सदस्यों को पंजीकृत न करें, जो दूसरे श्रमिक संघों के सदस्य हैं, दूसरे श्रमिक संघ के सदस्यों को अपनी सदस्यता स्वीकार करने के लिए बलात् बाध्य न करें, जनतांत्रिक मूल्यों एवं क्रियाकलापों पर विश्वास रखें तथा पिछड़े और अज्ञानी श्रमिकों का शोषण न करें। किन्तु ये अपेक्षाएँ आदर्श और नैतिकता के अधिक समीप हैं और वास्तविक व्यवहार से कुछ दूर हैं। इस सम्बन्ध में तीसरी पंचवर्षीय योजना में कहा गया है कि अन्तर्श्रम संघ संघर्ष इस सीमा तक पहुँच गया है कि तीन वर्ष पूर्व श्रमिकों के प्रतिनिधियों ने जिन आचार संहिताओं को स्वीकार किया, वे पूर्णतया उपेक्षित हो गई हैं।[167]

किन्तु इस कोड के विभिन्न उपबन्ध श्रमिक संघों की मान्यता की समस्या के हल हेतु अप्रभावी साबित हुए। हिन्द मजदूर सभा के अध्यक्ष श्री एन्थेनी पिल्लई के अनुसार (1960) बहुत से प्रतिनिधि श्रमिक संघों को मान्यता प्रदान नहीं की गई और सार्वजनिक क्षेत्र के प्रतिष्ठानों ने इस कोड को स्वीकृति प्रदान नहीं की।[168] अखिल भारतीय मजदूर कांग्रेस तथा हिन्द मजदूर सभा का यह भी आरोप था कि सरकार श्रमिक संघों की मान्यता के सम्बंध में औद्योगिक शान्ति के मूल्य पर इण्टक का पक्षपात कर रही है।[169]

श्रमिक संघों की मान्यता की स्वैच्छिक प्रणाली तभी सफल हो सकती है जब श्रम और प्रबन्ध दोनों ही पक्ष इस हेतु पूर्णतया उत्सुक हों। इसके साथ ही यह बात भी आवश्यक है कि प्रतिस्पर्द्धात्मक श्रमिक संघ पारस्परिक समझौता करें। किन्तु आज के राजनीतिक परिवेश में यह बात लगभग असम्भव सी प्रतीत होती है। इसके अतिरिक्त

इस सम्बंध में एक और भी कठिनाई है। कोड के अनुसार सामूहिक सौदेबाजी हेतु ऐसे श्रमिक संघ को प्रतिनिधि श्रमिक संघ करार दिया जा सकता है जिसकी सदस्य संख्या कुल श्रमिकों की सदस्य संख्या की 15 प्रतिशत से ऊपर हो। किन्तु केनेडी के अनुसार सदस्यों की संख्या के सत्यापन में अनेक प्रकार की विसंगतियाँ उत्पन्न हो जाती हैं। एक ही नाम कई श्रमिक संघों की सदस्य पंजिका पर लिखे होते हैं।[170] प्रथम राष्ट्रीय श्रम आयोग भी इस समस्या का स्पष्ट रूप से निराकरण नहीं कर सका। उसका सुझाव था कि राष्ट्रीय और राज्य स्तर पर औद्योगिक सम्बन्ध आयोग का गठन किया जाए और वही आयोग यह निश्चय करे कि प्रतिनिधि श्रम संघ के सदस्यों का निर्धारण प्रत्यक्षीकरण के आधार पर किया जाए या गुप्त मतदान के आधार पर।[171] किन्तु तत्कालीन कांग्रेस सरकार इस प्रकार के आयोग का वैधानिक ढंग से गठन नहीं कर पाई।

राष्ट्रीय श्रम आयोग (1969) की सिफारिशें

राष्ट्रीय श्रम आयोग, 1969 ने श्रम संघों की मान्यता तथा उनके प्रतिनिधि स्वरूप के निर्धारण के प्रश्न पर विस्तार से विचार किया। इस सम्बन्ध में आयोग की महत्त्वपूर्ण सिफारिशें निम्नलिखित हैं–

(i) निर्दिष्ट मात्रा से अधिक पूँजी अथवा 100 या अधिक कर्मचारी नियुक्त करने वाले सभी उपक्रमों में केन्द्रीय नियम के अधीन श्रम संघों की मान्यता को अनिवार्य बना देना वांछित होगा। एकमात्र सौदेबाजी एजेंट के रूप में नियोजक से मान्यता चाहने वाले श्रम संघों को प्रतिष्ठान में काम कर रहे कम–से–कम 30 प्रतिशत श्रमिकों की सदस्यता प्राप्त होनी चाहिए। स्थानीय क्षेत्र के उद्योग में मान्यता चाहने के लिए सदस्यता कम–से–कम 25 प्रतिशत होनी चाहिए।

(ii) श्रम संघ के प्रतिनिधि स्वरूप को निर्धारित करने का अधिकार प्रस्तावित राष्ट्रीय/राज्य औद्योगिक सम्बन्ध आयोग को होगा। आयोग इस सम्बन्ध में निर्णय सदस्यता अभिलेखों की जांच या आवश्यकता पड़ने पर गुप्त मतदान द्वारा करेगा। गुप्त मतदान में सभी कर्मचारी भाग लेंगे। आयोग श्रम संघों के विभिन्न पहलुओं पर विचार कर सकता है; जैसे (1) बहुसंख्यक श्रम संघ के रूप में मान्यता का स्तर तय करने के लिए आधार जैसे– कारखाना, केंद्र या उद्योग, (2) सामूहिक सौदेबाजी के लिए बहुसंख्यक संघ को मान्यता प्राप्त संघ के रूप में प्रमाणित करना, और (3) आम तौर पर संबद्ध दूसरे सामान्य मामले।

(iii) मान्यता प्राप्त श्रम संघ को कानून के अंतर्गत कुछ अन्य अधिकार और सुविधाएँ दी जानी चाहिए; जैसे एकाकी प्रतिनिधित्व अधिकार सेवा की शर्तों और दशाओं पर सामूहिक समझौते का अधिकार, उपक्रम के अहाते में सदस्यता शुल्क एकत्र करने का अधिकार, ज्यादतियों की जाँच करने का अधिकार, कारखाने के अहाते में अपने श्रमिक सदस्यों के विभागीय प्रतिनिधियों के साथ विचार–विमर्श आयोजित करने का अधिकार, पूर्व समझौते के अनुसार अपने किसी भी सदस्य

के कार्यस्थल का निरीक्षण करने और मालिक–मजदूर–शिकायत समितियों और द्विदलीय समितियों में अपने प्रतिनिधि मनोनीत करने का अधिकार।

(iv) अल्पसंख्यक श्रम संघों को केवल श्रम न्यायालय के समक्ष अपने सदस्यों की बर्खास्तगी और नौकरी से हटाने के मामलों का प्रतिनिधित्व करने का अधिकार दिया जाना चाहिए। कहना नहीं होगा कि आयोग की इन सिफारिशों का क्रियान्वयन सरकार द्वारा नहीं किया गया।

श्रम एक कानकरेंट विषय होने के कारण कुछ राज्य सरकारों ने भी इस संबन्ध में अपने अधिनियम पारित किए। 1971 में महाराष्ट्र रिक्ग्नीशन ऑफ ट्रेड यूनियन ऐक्ट पारित किया गया। इसके अन्तर्गत यह प्रावधान है कि यदि किसी श्रमिक संघ के पास लगातार छः माह तक प्रतिष्ठान में कार्यरत श्रमिकों की कुल संख्या के 30 प्रतिशत सदस्य विद्यमान हों तो वह इण्डस्ट्रियल कोर्ट में मान्यता प्राप्त श्रम संघ के रूप में पंजीकरण हेतु आवेदन पत्र दे सकता है। इण्टक के अतिरिक्त अन्य सभी व्यवसाय संघों ने इसे एक काला विधेयक करार दिया, क्योंकि इसके अन्तर्गत श्रमिक संघों पर सरकार का आवश्यकता से अधिक नियंत्रण स्थापित हो जाता था और श्रमिकों की सदस्य संख्या के सत्यापन के आधार पर सदस्य संख्या के निर्धारण की जो व्यवस्था थी, उसे भी दोषयुक्त करार दिया गया। इसी प्रकार के अधिनियम राजस्थान और मध्य प्रदेश में भी पारित किए गए। पश्चिम बंगाल और केरल में (उस समय दोनों प्रान्तों में साम्यवादी सरकार थी) एक अधिनियम पारित कर गुप्त मतदान द्वारा श्रमिक संघों को मान्यता देने की व्यवस्था की गई थी। किन्तु इस अधिनियम को राष्ट्रपति का अनुमोदन प्राप्त नहीं हो सका।

1972 में तीन (इण्टक, ए.आई.टी.यू.सी., एच.एम.एस.) केन्द्रीय व्यवसाय संघ के प्रतिनिधियों ने श्रमिक संघ की मान्यता के प्रश्न पर आंशिक रूप से सहमति प्राप्त की। इस सहमति के अन्तर्गत प्रारम्भिक स्थिति में सदस्यता शुल्क भुगतान करने वाले सदस्यों की संख्या के आधार पर बहुमत का निर्धारण किए जाने की व्यवस्था थी, किन्तु बहुत ही सटीक प्रतिफल की प्राप्ति हेतु गुप्त मतदान की व्यवस्था थी। यह फार्मूला भी बहुत जटिल था, अतः व्यवहृत न हो सका।

केन्द्रीय सरकार के स्तर पर आचार संहिताओं की असफलता के बावजूद निहित स्वार्थों के दबाव में श्रमिक संघों की मान्यता के प्रति दोहरी नीति के कारण बहुत दिनों तक श्रमिक संघों की मान्यता के सम्बन्ध में कोई वैधानिक कदम नहीं उठाया गया। फलस्वरूप श्रमिक संघों को मान्यता देने के सम्बंध में नियोक्ताओं को पूरी स्वतंत्रता थी। यहाँ तक कि एक प्रतिष्ठान में एक ही यूनियन होने के बावजूद उसे मान्यता प्राप्त नहीं हो सकी। कुछ स्थितियों में तो नियोक्ताओं ने किसी श्रमिक संघ को मान्यता प्रदान करने से इनकार कर दिया क्योंकि उनका यह कथन था कि प्रतिष्ठान में कई श्रम संघ हैं, किसे मान्यता प्रदान की जाए। कुछ स्थितियों में नियोक्ताओं ने अपने प्रतिष्ठान के सभी श्रमिक संघों को मान्यता प्रदान कर दी। फलस्वरूप मान्यता प्रदान करने का कार्य केवल औपचारिकता ही रह गया।

1978 में जनता पार्टी सरकार ने संसद में व्यापक औद्योगिक सम्बंध विधेयक प्रस्तुत किया। इस अधिनियम के अन्तर्गत सामूहिक सौदेबाजी हेतु वार्ताकारी इकाई के रूप में श्रमिक संघ को मान्यता देने का प्रावधान था। उक्त विधेयक के अनुसार कोई भी पंजीकृत व्यवसाय संघ उपयुक्त सरकार के पास अपने को वार्ताकारी इकाई के रूप में प्रमाणीकरण हेतु आवेदन पत्र दे सकता है। उपयुक्त सरकार को जब इस बात का विश्वास हो जाएगा कि प्रार्थी किसी अन्य दृष्टि से अयोग्य नहीं है तो वह इस आशय से लेबर ट्रिब्यूनल को आवेदन पत्र प्रेषित कर सकता है कि वह आवश्यक तथ्यों की जाँच कर सम्बंधित व्यवसाय संघ को वार्ताकारी इकाई प्रमाणित करे। लेबर ट्रिब्यूनल सम्बंधित सरकार के आदेशानुसार प्रत्यक्ष प्रमाणीकरण अथवा गुप्त मतदान द्वारा यह निश्चय करेगा कि प्रार्थी व्यवसाय संघ को वार्ताकारी इकाई प्रमाणित किया जाए या नहीं। यह आवश्यक नहीं कि आवेदनकर्ता अभिकरण को ही वार्ताकारी इकाई का प्रमाण पत्र दिया जाए, वरन् कोई भी श्रम संघ वार्ताकारी श्रम संघ का प्रमाण पत्र पा सकता है, यदि प्रतिष्ठान में कार्यरत कुल कर्मचारियों में 65 प्रतिशत कर्मचारी उक्त व्यवसाय संघ के सदस्य हों। यदि किसी औद्योगिक प्रतिष्ठान में श्रमिकों के कल्याण हेतु केवल एक ही व्यवसाय संघ कार्यरत है और उसके सदस्यों की संख्या प्रतिष्ठान में कार्यरत कुल कर्मचारियों की संख्या की 45 प्रतिशत हो तो उसे एकमात्र वार्ताकारी इकाई करार दिया जा सकता है। यदि किसी प्रतिष्ठान में किसी व्यवसाय संघ के सदस्यों की संख्या 65 प्रतिशत न हो किन्तु 50 प्रतिशत या उससे अधिक हो तो उसे मुख्य वार्ताकारी इकाई करार दिया जा सकता है। यदि किसी औद्योगिक प्रतिष्ठान में किसी व्यवसाय संघ के सदस्यों की संख्या 65 प्रतिशत या 50 प्रतिशत नहीं है, वहाँ सौदेबाजी हेतु वार्ताकारी इकाई के गठन करने का प्रावधान किया गया था। इस इकाई की सदस्य संख्या का निर्धारण औद्योगिक प्रतिष्ठान में कार्यरत कुल श्रमिकों की संख्या के आधार पर किया जाने वाला था। इस इकाई के निर्धारित सदस्यों का चुनाव एकल संक्रमणीय मत के आधार पर किए जाने वाले गुप्त मतदान के आधार पर करने का प्रावधान था। यद्यपि इस प्रकार की सौदेबाजी की इकाई के गठन से एक प्रतिष्ठान में कई श्रमिक संघों के गठन की प्रक्रिया पर कोई प्रतिबंध नहीं लगने वाला था, तथापि इसके माध्यम से सामूहिक सौदेबाजी के क्रियाकलापों के विकास को अवश्य ही गति प्राप्त होती। इसी प्रकार इस विधेयक के अन्तर्गत एकमात्र वार्ताकारी इकाई अथवा मुख्य वार्ताकारी इकाई हेतु श्रमिकों की संख्या का न्यूनतम प्रतिशत बहुत ही ऊँचा था तथापि श्रमिक संघों की मान्यता के सम्बंध में इस विधेयक के माध्यम से अधिनियमित प्रयास किया गया था, जो निश्चय ही सराहनीय था, पर जनता सरकार ने लगभग एक वर्ष तक इस विधेयक को संसद में लटकाए रखा और सरकार भंग हो जाने पर विधेयक भी अपने आप समाप्त हो गया तथा श्रमिक संघों की मान्यता के सम्बंध में अधिनियमित प्रयास का सवाल अब भी अपने स्थान पर बना हुआ है।

जनता सरकार के पतन के पश्चात् केन्द्र में सत्तारूढ़ कांग्रेस (आई) की सरकार ने अप्रैल 1982 में औद्योगिक विवाद अधिनियम और भारतीय व्यवसाय अधिनियम से

सम्बंधित दो संशोधित विधेयक संसद में प्रस्तुत किए। किन्तु उनके अन्तर्गत श्रमिक संघ की अधिनियमित मान्यता हेतु कोई प्रावधान नहीं किया गया। सबसे महत्त्वपूर्ण बात यह है कि विभिन्न केन्द्रीय फेडरेशनों ने अनेक मुद्दों पर प्रस्तावित विधेयकों का विरोध किया है और इस सम्बन्ध में संसद के समक्ष प्रदर्शन भी किया जाने वाला था, किन्तु किसी फेडरेशन ने विधेयक में श्रमिक संघों की मान्यता के प्रावधान की उपेक्षा के सम्बन्ध में आपत्ति नहीं उठाई। इससे स्पष्ट है कि हमारी संस्कृति ही अधिकारवादी संस्कृति है। इस परिप्रेक्ष्य में हमारे श्रम प्रबन्ध भी अपनी समस्याओं का सामूहिक सौदेबाजी एवं अन्य जनतांत्रिक तरीकों से सुलझाव न कर इस हेतु सरकारी अधिनिर्णयन संयंत्र के हस्तक्षेपों को ही अधिक पसन्द करते हैं। इसी कारण संशोधित औद्योगिक विवाद सम्बंधी विधेयक में अधिनिर्णयन संयंत्र को अधिक सक्षम बनाने का प्रयास किया गया है। किन्तु सितम्बर 1982 में आयोजित राष्ट्रीय त्रिपक्षीय श्रम सम्मेलन में 'चेक ऑफ पद्धति' के आधार पर बहुमत प्राप्त श्रमिक संघ की मान्यता हेतु संस्तुति की गई।

श्रमिक संघों की मान्यता के सम्बंध में 1982 की स्टैण्डिंग लेबर कमेटी में भी विचार हुआ और इस सम्बंध में व्यापक संस्तुति देने के लिए सनत् मेहता की अध्यक्षता में एक कमेटी गठित की गई। उक्त कमेटी की संस्तुतियों के आधार पर 1989 में एक व्यापक औद्योगिक सम्बंध विधेयक प्रस्तुत किया गया, जिसमें प्रथम राष्ट्रीय श्रम आयोग की संस्तुतियों के आधार पर ही श्रमिक संघों की मान्यता के निर्धारण का प्रावधान किया गया था। किन्तु सदस्य संख्या का निर्धारण चेक ऑफ पद्धति द्वारा किए जाने की बात कही गई थी। साथ ही यह प्रावधान भी जोड़ा गया था कि यदि किसी श्रमिक संघ की सदस्य संख्या कुल श्रमिकों की 30 प्रतिशत नहीं होगी तो बारगेनिंग कौंसिल का गठन किया जाएगा। बिल को सेलेक्ट कमेटी में भेजा गया, किन्तु उसी समय तत्कालीन प्रधानमंत्री स्व. राजीव गांधी ने चुनाव की घोषणा की। चुनाव में राजीव गांधी की सरकार के पराजित होने के पश्चात् विधेयक पारित नहीं हो पाया।

दूसरे राष्ट्रीय श्रम आयोग (2002) की सिफारिशें

दूसरे राष्ट्रीय श्रम आयोग, 2002 ने प्रतिनिधि श्रम संघ के चयन तथा उसकी मान्यता के लिए कानूनी कदम उठाने का सुझाव दिया है। आयोग ने अपने प्रस्तावित श्रम सम्बन्ध विधेयक में प्रतिनिधि श्रम संघ के चयन और मान्यता से संबंधित महत्त्वपूर्ण उपबंधों को शामिल किया है, जिनमें निम्नलिखित का विशेष रूप से उल्लेख किया जा सकता है।[172]

(i) सामूहिक सौदेबाजी के प्रयोजन के लिए सौदेबाजी अभिकर्ता के निर्धारण हेतु चंदा कटौती (check-off) प्रणाली को आधार बनाना चाहिए।

(ii) जहाँ ऐसे श्रम संघ को स्थापन के कामगारों का 66 प्रतिशत का बहुमत प्राप्त है, वहाँ उसे एकल सौदेबाजी–अभिकर्ता समझा जाएगा। अगर किसी भी श्रम संघ को 66 प्रतिशत का बहुमत प्राप्त नहीं है, वहाँ कामगारों के 25 प्रतिशत से अधिक

बहुमत प्राप्त करने वाले श्रम संघों को सौदेबाजी मंडल में प्रतिनिधित्व दिया जाएगा।

(iii) रेलवे, डाक कार्यालय, कोयला खान तथा कई राज्यों में संचालित रहने वाले उद्योगों के लिए गुप्त मतदान (secret ballot) तर्कपूर्ण नहीं है, तथा यह वित्तीय दृष्टिकोण से भी कठिन प्रक्रिया है।

(iv) 300 या इससे अधिक संख्या में कामगारों को नियोजित करने वाले स्थापनों में चंदा कटौती अनिवार्य की जानी चाहिए। जिन स्थापनों में कामगारों की संख्या 300 से कम है, उनमें चंदा कटौती लागू करने का प्रयास करना चाहिए या सौदेबाजी–अभिकर्ता के निर्धारण का कार्य प्रस्तावित श्रम सम्बन्ध आयोग (Labour Relations Commission) पर छोड़ देना चाहिए। श्रम सम्बन्ध आयोग इसके लिए गुप्त मतदान की पद्धति को अपनाने के लिए स्वतंत्र होगा।

(v) जब किसी श्रम संघ को मान्यता मिलती है तो वह मान्यता चार वर्षों तक बनी रहेगी। मान्यता प्राप्त संघ द्वारा किया गया समझौता चार वर्षों की अवधि तक लागू रहेगा। इस अवधि में कोई भी श्रम संघ मान्यता का दावा पेश नहीं कर सकता।

(vi) प्रस्तावित श्रम सम्बन्ध आयोग उद्योग के स्तर पर होने वाले विवादों से संबंधित सौदेबाजी पर भी ध्यान देगा। लेकिन जहाँ तक संभव हो, मजदूरी, भत्तों, कार्य के घंटों, छुट्टी, अवकाश–दिन, सामाजिक सुरक्षा, स्वास्थ्य एवं सुरक्षा, उत्पादकता, मानवशक्ति समायोजन, पारी में कार्य आदि विषयों से संबंधित सौदेबाजी या निर्णयन प्रतिष्ठान के स्तर पर ही होना चाहिए।[173]

आयोग की सिफारिशें आज भी सरकार के पास विचाराधीन हैं।

उपर्युक्त विवेचना से स्पष्ट है कि देश में समय–समय पर प्रतिनिधि श्रम संघ के चयन एवं उसकी मान्यता के लिए अकानूनी कदम तो उठाए गए हैं तथा इस सम्बन्ध में श्रम आयोगों द्वारा सुझाव भी दिए जाते रहे हैं, लेकिन अभी तक इसके लिए कानूनी कदम नहीं उठाए गए हैं। देश की विद्यमान औद्योगिक सम्बन्ध प्रणाली में प्रतिनिधि श्रम संघ के चयन, उसके लिए आधार की स्वीकृति, उसकी मान्यता, अल्पसंख्यक श्रम संघों के अधिकारों तथा इनसे संबंधित अन्य पहलुओं को विनियमित करने के लिए कानूनी कदम उठाने की आवश्यकता है। अनुभव के आधार पर उसमें आवश्यक संशोधन किए जा सकते हैं।

भारत में श्रमिक संघों का समुचित विकास न होने के कारण

भारत में श्रम संघ आन्दोलन का इतिहास सन् 1885 ई. से प्रारंभ होता है। अतः पिछले एक सौ पच्चीस वर्षों में भारतीय श्रम संघ आंदोलन का पर्याप्त विकास हुआ है। आज 40 हजार से अधिक पंजीकृत श्रम संघ देश में कार्य कर रहे हैं तथा अनेक राष्ट्रीय श्रम महासंघ बनाए जा चुके हैं। विद्वानों के अनुसार आज श्रम संघों का विकास केवल चीनी, वस्त्र, लोहा एवं इस्पात जैसे उद्योगों में ही नहीं बल्कि अन्य कई क्षेत्रों में भी हुआ है, जैसे–सरकारी विभागों, विद्यालयों एवं विश्वविद्यालयों, यातायात, स्वास्थ्य एवं चिकित्सा, बैंकिंग एवं बीमा तथा अन्य व्यावसायिक संस्थानों में भी श्रम संघ स्थापित हो

चुके हैं। इस प्रकार भारत में श्रम संघ आंदोलन का काफी विकास हुआ है, परंतु यह विकास पश्चिमी देशों, जैसे अमेरिका, इंग्लैण्ड, फ्रांस, जर्मनी, ऑस्ट्रेलिया आदि के श्रम संघ आंदोलन के विकास की तुलना में काफी पीछे है, जिसके कारण समुचित विकास के बावजूद भारतीय श्रम संघ आंदोलन को प्रभावी नहीं कहा जाता है।

वस्तुतः भारतीय श्रम संघ आंदोलन कई महत्त्वपूर्ण मोड़ों से गुजरा है। अतः इसकी कई महत्त्वपूर्ण विशेषताएँ भारतीय श्रम संघों की कमजोरी बन गई, जिससे भारत में श्रम संघ आंदोलन के विकास में बाधा उत्पन्न हुई है और इन्हीं सब कारणों से भारत में श्रम संघ आंदोलन प्रभावी नहीं रहा है। इसे स्पष्ट करने के लिए मुख्य रूप से निम्नलिखित कारकों का उल्लेख किया जा सकता है–

1. राजनीतिक दलबंदी

स्वतंत्रता संग्राम के पूर्व भारतीय श्रम संघ आंदोलन का एक राष्ट्रवादी चरित्र था, परंतु स्वाधीनता के बाद यह खंडित हो गया और राजनीतिक दलों के अनुपात में श्रम संघ बंटने लगे। राजनीतिक दलों से सम्बद्धता के कारण श्रम संघ अपने प्राथमिक कार्यों को भूलकर राजनीतिक कार्यों में लग गए, जिससे श्रम संघों की पहचान राजनीतिक दलों की एक शाखा के रूप होने लगी। परंतु इसके लिए श्रम संघ अधिनियम, 1926 भी काफी जिम्मेदार है क्योंकि यह श्रम संघों को एक अलग राजनीतिक कोष के निर्माण की इजाजत देता है।

इस कमजोरी को दूर करने के लिए विद्वानों ने सुझाव दिया है कि श्रम संघ अधिनियम में संशोधन द्वारा श्रम संघों के राजनीतिक अधिकार को प्रतिबंधित कर दिया जाना चाहिए तथा मजदूरों को इस प्रकार शिक्षित किया जाना चाहिए कि राजनीतिक कार्य उन लोगों का प्राथमिक कार्य नहीं है।

2. बाहरी नेतृत्व

भारत में श्रम संघ आंदोलन का विकास स्वतंत्रता आंदोलन के साथ विकसित हुआ। राजनीतिक नेताओं को अनुयायियों तथा श्रमिकों को प्रभावशाली नेतृत्व की आवश्यकता ने दोनों को एक साथ कर दिया। फलस्वरूप आज भी अधिकांश श्रम संघों का नेतृत्व बाहरी व्यक्तियों अथवा राजनीतिक नेताओं द्वारा किए जाते हैं। एक सर्वेक्षण के अनुसार लगभग 70 प्रतिशत श्रम संघों का नेतृत्व बाहरी व्यक्तियों द्वारा किया जाता है। इससे श्रम संघों में बहुत–सी कमजोरियाँ आती हैं क्योंकि बाहरी नेतृत्व श्रमिकों के समय, शक्ति एवं साधनों का अपने स्वार्थ की पूर्ति हेतु अपव्यय करते हैं। श्रम संघ अधिनियम 1926 में भी 50 प्रतिशत बाहरी लोगों को श्रम संघ के पदाधिकारी बनने हेतु प्रावधान किया गया था, जो अब घटकर 33 प्रतिशत हो गया है। फलस्वरूप अधिकांश श्रम संघों का नेतृत्व आज बाहरी लोगों के हाथ में है और राजनीतिक दलों में मतभेद एवं विभाजन का सीधा असर श्रम संघों पर पड़ता है जिससे श्रम संघ आंदोलन के विकास में बाधा पहुँचती है। राजनीतिक श्रम संगठन को समाप्त करने तथा श्रम संघों को नियमित करने के उद्देश्य से श्रम सम्बन्ध एवं श्रम संघ विधेयक, 1982 सरकार के समक्ष

लाया गया था, परंतु स्वार्थ में अंधे बाहरी नेतृत्व ने अपने व्यापक प्रभाव का प्रयोग किया। फलस्वरूप श्रम संगठनों द्वारा इस विधेयक का भारी विरोध किया गया, जिसके कारण यह विधेयक आज तक पारित नहीं हो पाया है।

इस कमजोरी को दूर करने के लिए राष्ट्रीय श्रम आयोग ने सुझाव दिया है कि श्रम संघ अधिनियम में 50 प्रतिशत बाहरी व्यक्तियों के पदाधिकारी बनने का प्रावधान धीरे–धीरे समाप्त कर दिया जाना चाहिए। अन्य विद्वानों ने श्रमिकों को शिक्षित करने, उनमें आंतरिक नेतृत्व पैदा करने तथा इस हेतु पर्याप्त प्रशिक्षण दिए जाने पर भी बल देने को आवश्यक बताया है।

3. श्रम संघों की बहुलता

राजनीतिक दलबंदी एवं बाहरी नेतृत्व के कारण श्रम संघों में कई समूह, यथा नए एवं पुराने कर्मचारी, ऊँची एवं नीची जाति के कर्मचारी, विरोधी विचारधारा के कर्मचारी आदि बन जाते हैं और प्रतिद्वंद्विता के कारण अलग–अलग श्रम संघों का निर्माण कर लेते हैं, फलस्वरूप छोटे–छोटे श्रम संघों की बहुलता हो जाती है। विद्वानों के अनुसार आज देश में आवश्यकता से अधिक श्रम संघ स्थापित हो गए हैं, जिससे उनकी शक्ति विभाजित हुई है, सदस्यता शुल्क के बँट जाने से श्रम संघों की वित्तीय स्थिति कमजोर होती है। 1970 में श्रम संघों द्वारा प्रस्तुत की गई वार्षिक विवरणी (Annual Return) के आधार पर निष्कर्ष निकाला गया कि कुल श्रम संघों में 71 प्रतिशत श्रम संघों की सदस्यता 300 से भी कम है। 81 प्रतिशत श्रम संघों की सदस्यता 500 से भी कम है। केवल 1.9 प्रतिशत श्रम संघ ही ऐसे पाए गए जिनकी सदस्यता 5,000 से अधिक थी। इसके लिए श्रम संघ अधिनियम 1926 भी उत्तरदायी है, क्योंकि यह कम–से–कम सात व्यक्तियों द्वारा मिलकर श्रम संघ बना लेने का प्रावधान करता है।

इस कमजोरी को दूर करने के लिए राष्ट्रीय श्रम आयोग ने एक कानून पारित करने का सुझाव दिया है। सरकार भी इस दिशा में गंभीरतापूर्वक विचार कर रही है और शीघ्र ही विस्तृत औद्योगिक सम्बन्ध अधिनियम पारित करने की घोषणा की है।

4. श्रम संघ प्रतिद्वंद्विता

राजनीतिक सम्बद्धता एवं बाहरी नेतृत्व के कारण एक ओर जहाँ श्रम संघों की बहुलता उत्पन्न हुई वहीं दूसरी ओर इन सब श्रम संघों में आपसी प्रतिद्वंद्विता तथा किसी भी श्रम संघ में आंतरिक उथल–पुथल प्रारंभ हुई है, जो भारतीय श्रम संघ आंदोलन का सबसे कमजोर पक्ष साबित हुआ है। राष्ट्रीय श्रम आयोग ने भी कहा है कि हमारे देश में श्रम संघ अपना अधिकांश समय, साधन एवं ऊर्जा आपसी प्रतिद्वंद्विता में ही समाप्त कर देते हैं। एक संघ दूसरे संघ से अथवा एक ही संघ में भिन्न–भिन्न समूह आपस में झगड़ते हैं, जिससे श्रम संघ कमजोर होता है।

इस कमजोरी को दूर करने के लिए विद्वानों ने राय दी है कि ऐसे मामलों को राष्ट्रीय श्रम महासंघ के पास विचारार्थ भेज देना चाहिए तथा वहाँ समाधान नहीं होने पर मामले को सीधे श्रम न्यायालय में भेज दिया जाना चाहिए।

5. सामूहिक समझौता संबंधी विधान का अभाव

सामूहिक सौदेबाजी श्रम संघों के स्वास्थ्य का पर्याय होती है क्योंकि मजबूत श्रम संघ ही मजबूत सेवायोजक से कार्य दशाओं एवं अन्य शर्तों पर वार्तालाप करने में सक्षम हो सकते हैं, परंतु दुर्भाग्यवश भारतीय श्रम संघ आंदोलन श्रम संघों की बहुलता, मान्यता की समस्या, कमजोर वित्तीय स्थिति, आपसी प्रतिद्वंद्विता, बाहरी नेतृत्व, अशिक्षा आदि कमजोरियों से ग्रसित होने के कारण सामूहिक सौदेबाजी में सक्षम नहीं हो पाया। परंतु इसके लिए सरकार भी उत्तरदायी है क्योंकि औद्योगिक विवाद अधिनियम में श्रम कारणों (labour causes) के निबटारे हेतु अनिवार्य पंच निर्णय पर अधिक बल दिया गया है और सामूहिक सौदेबाजी को स्वतंत्र रूप से विकसित होने के लिए ऐच्छिक एवं स्वतंत्र छोड़ दिया गया है। यद्यपि अमेरिका, ब्रिटेन, कनाडा, जर्मनी, स्वीडन आदि देशों में सामूहिक सौदेबाजी हेतु कानूनी प्रावधान किए गए हैं, परंतु भारत में राष्ट्रीय स्तर पर ऐसे प्रयासों का घोर अभाव है।

इस कमजोरी को दूर करने के लिए विद्वानों ने राय दी है कि सरकार को सामूहिक सौदेबाजी के विकास हेतु अन्य देशों की तरह राष्ट्रीय स्तर पर एक विस्तृत कानून पारित करना चाहिए।

6. श्रम संघों का असमान विकास

भारतीय श्रम संघ आंदोलन की एक प्रमुख विशेषता यह है कि भारत में श्रम संघों का विकास सभी उद्योगों में समान रूप से नहीं हो पाया है। सूती वस्त्र उद्योग, जूट उद्योग, लोहा एवं इस्पात, इंजीनियरिंग उद्योग, बागान, परिवहन आदि उद्योगों में श्रम संघों का यथोचित विकास संभव हुआ है, परंतु कार्यालय कर्मचारियों, लघु उद्योग, घरेलू उद्योग आदि में श्रम संघों का पर्याप्त विकास संभव नहीं हो पाया है। यद्यपि जिन संस्थानों में श्रम संघों का यथोचित विकास हुआ है, वहाँ भी श्रमिकों की सदस्य संख्या भिन्न–भिन्न उद्योगों में भिन्न–भिन्न है। कहीं यह 25 प्रतिशत है, कहीं 33 प्रतिशत तो कहीं 60 प्रतिशत है। इसी प्रकार अधिकांश श्रम संघ नगरीय क्षेत्रों में ही केन्द्रित हैं। फलस्वरूप श्रम संघों का प्रभाव सीमित हो जाता है इसके लिए श्रम संघों की राजनीतिक संबद्धता एवं बाहरी नेतृत्व काफी अंशों तक उत्तरदायी है।

श्रम संघ आन्दोलन के विकास में इस बाधा को दूर करने के लिए विद्वानों ने राय दी है कि श्रम संघों में आंतरिक नेतृत्व उत्पन्न किया जाए, श्रम संघ कार्यों के विस्तार द्वारा सदस्यता में वृद्धि की जाए तथा असंगठित क्षेत्रों में भी श्रम संघों के विकास हेतु कदम उठाए जाएं।

7. प्रजातांत्रिक ढंग से कार्य करने का अभाव

भारत में श्रम संघों की एक बड़ी कमजोरी अप्रजातांत्रिक ढंग से कार्य करना भी रहा है। प्रायः श्रम संघों में प्रजातांत्रिक ढंग से कार्य करने का अभाव पाया जाता है। न तो समय पर पदाधिकारियों का चुनाव किया जाता है और न ही कानूनी प्रावधानों का सही रूप से पालन ही किया जाता है। फलस्वरूप अविश्वास एवं जड़ता उत्पन्न होती है और

श्रम संघों का विकास अवरुद्ध हो जाता है। चूँकि श्रम संघ एक प्रजातांत्रिक संस्था होती है अतः इसे प्रजातांत्रिक मूल्यों का सम्मान अवश्य करना चाहिए।

इस कमजोरी को दूर करने के लिए विद्वानों ने राय दी है कि केवल ऐसे श्रम संघों का ही पंजीकरण किया जाना चाहिए जिनका अपना संविधान हो और वे उसका अक्षरशः पालन करते हों। इसके अभाव में पंजीयन रद्द कर दिया जाना चाहिए। साथ ही प्रजातांत्रिक तरीके से समय पर चुनाव एवं निर्णय के पूर्व श्रमिकों से विचार–विनिमय हेतु प्रावधान भी सुनिश्चित किए जाने चाहिए।

8. श्रमिकों की अशिक्षा

भारतीय श्रम संघ आंदोलन के विकास मार्ग में श्रमिकों की अशिक्षा एक प्रधान बाधा रही है। प्रायः श्रम संघ के कार्यों एवं महत्त्वों के विषय में श्रमिक जानकारी नहीं रखते और श्रम संघ गतिविधियों को अपने उद्देश्यों की पूर्ति में निरर्थक मानते हैं, फलस्वरूप श्रम संघ आंदोलन को श्रमिकों का सक्रिय सहयोग नहीं मिल पाता है, जिससे श्रम संघ प्रभावहीन सिद्ध होते हैं।

इस कमजोरी को दूर करने के लिए यद्यपि शिक्षा योजना चलाई जा रही है, परंतु इसे अधिक प्रभावी बनाने के लिए श्रम संघ नेताओं द्वारा सक्रिय रूप से जागरण अभियान चलाया जाना चाहिए।

9. नियोजकों का असहयोगी रुख

भारतीय श्रम संघ आंदोलन की धीमी प्रगति का एक मुख्य कारण नियोजकों का श्रम संघों के प्रति असहयोगी रवैया एवं उचित दृष्टिकोण का अभाव बताया जाता है। वे श्रम संघों को अनिवार्य रूप से केवल मांगों के लिए हड़ताल एवं हुड़दंग मचाने वाली संस्था मानते हैं। डैंकर्ट (Dankart) ने अपनी पुस्तक 'कन्टेम्परेरी यूनियनिज्म' में कहा है कि श्रम संघों को तीन अवस्थाओं से गुजरना होता है–

1. शोषण की अवस्था (Stage of Supression)
2. धैर्य की अवस्था (Stage of Tolerance)
3. सहयोग की अवस्था (Stage of Co-operation)

जब श्रम संघ तीसरी अवस्था से गुजरता है, तो सेवायोजक एवं मजदूरों में मैत्रीपूर्ण सम्बन्ध कायम हो जाता है और इस स्थिति में श्रम संघों का समुचित विकास होता है, परंतु दुर्भाग्यवश भारतीय श्रम संघ आंदोलन इस तीसरी अवस्था में नहीं आ सका है।

इस कमजोरी को दूर करने के लिए विद्वानों ने सुझाव दिया है कि सेवायोजकों को अपने दृष्टिकोण में परिवर्तन लाना चाहिए। सरकार भी इसी उद्देश्य को ध्यान में रखते हुए 'प्रबंध में श्रमिकों की सहभागिता' की अनेक योजनाएँ लागू करने का प्रयास कर चुकी है।

इस प्रकार उपर्युक्त विवेचन से यह स्पष्ट हो जाता है कि भारतीय श्रम संघ आंदोलन की कुछ विशेषताएँ इसके विकास के मार्ग में मुख्य अवरोधक बनी हुई हैं,

जिसके कारण श्रम संघों के समुचित विकास के बावजूद यह प्रभावशाली नहीं हो सका है। अतः श्रम संघ अधिनियम, 1946 में व्यापक संशोधन, आंतरिक नेतृत्व को प्रोत्साहन, श्रम संघों के संयुक्त मोर्चे का विकास, श्रम संघों को वित्तीय सहायता एवं वेतनभोगी कार्यकर्ताओं की व्यवस्था, श्रम संघों को मान्यता दिए जाने का कानूनी प्रावधान आदि उपायों द्वारा भारतीय श्रम संघ आंदोलन को रचनात्मक ढंग से विकसित किया जा सकता है। चूँकि अब रूस एवं चीन में लेनिन एवं माओ के सिद्धांत अप्रासंगिक हो गए हैं, अतः श्रम संघ आंदोलन में प्रजातांत्रिक प्रक्रियाओं को स्थान मिलना आवश्यक है और बदले हुए आर्थिक परिवेश में यदि श्रम संघ अपनी परंपरागत भूमिका को बदलते हैं और राष्ट्र के विकास के साथ सहयोगी रुख अपनाते हैं, शहरी एवं ग्रामीण श्रमिकों में नेतृत्व का विकास कर उन्हें अपने अधिकार एवं दायित्व का बोध कराते हैं तो कोई कारण नहीं है कि भारत का श्रम संघ आंदोलन प्रभावशाली साबित नहीं हो।

श्रमिक संघों की प्रतिद्वंद्विता

सामान्यतया, दो या दो अधिक श्रम संघों के बीच प्रतियोगी संघर्ष की स्थिति श्रम संघ प्रतिद्वंद्विता कहलाती है। परंतु यह संघर्ष एक ही श्रम संघ के अंदर निर्मित विभिन्न श्रमिक समूहों के बीच भी हो सकता है। पुनेकर साहब ने श्रम संघ प्रतिद्वंद्विता की चर्चा करते हुए कहा है कि श्रम संघ की प्रतिद्वंद्विता ऐसी स्थिति का उल्लेख करती है जहाँ श्रम संघ एक–दूसरे को अपना विरोधी समझते हैं। अर्थात् श्रम संघ प्रतिद्वंद्विता से ऐसी स्थिति का बोध होता है, जिसमें विभिन्न उद्देश्य के लिए जब कई श्रम संघ एक साथ प्रयत्नशील होते हैं, तो उनमें एक–दूसरे को परास्त करने या आगे निकलने की भावना विकसित होती है और सभी श्रम संघ चूँकि एक ही लक्ष्य को पाना चाहते हैं, जो केवल किसी भी एक संघ को ही प्राप्त हो सकता है; अतः उस लक्ष्य की प्राप्ति हेतु सभी श्रम संघ एक–दूसरे से संघर्ष करते हैं और अपना प्रभुत्व सिद्ध कर स्वयं को उस लक्ष्य का हकदार साबित करना चाहते हैं, जिससे बहुत ही विकट स्थिति उत्पन्न हो जाती है, यह स्थिति प्रतिद्वंद्विता कहलाती है।

राष्ट्रीय श्रम आयोग ने श्रम संघ प्रतिद्वंद्विता के सम्बन्ध में विचार व्यक्त करते हुए कहा है कि जब किसी उद्योग में एक से अधिक श्रमिक संघ संगठित होते हैं और जब एक–दूसरे से प्रतिस्पर्धा करते हैं तो श्रम संघ प्रतिद्वन्द्विता जनित होती है।

इस प्रकार कहा जाता है कि दो या दो से अधिक श्रमिक संघ के विभिन्न समूह या गुट जब एक ही उद्देश्य की प्राप्ति के लिए आपस में संघर्ष या प्रतियोगिता करते हैं, तो इसे श्रम संघ प्रतिद्वंद्विता कहा जाता है। श्रम संघ प्रतिद्वंद्विता में निम्न तत्व शामिल होते हैं–

1. इसमें दो या दो से अधिक श्रम संघ अथवा एक ही संघ के दो या दो से अधिक समूह शामिल रहते हैं।
2. इनके बीच प्रतियोगिता एवं संघर्ष होता है।
3. यह प्रतियोगिता एवं संघर्ष किसी एक ही उद्देश्य की प्राप्ति के लिए होते हैं।

4. इसमें अपने–अपने कार्यकलापों द्वारा एक–दूसरे की उपेक्षा करना अथवा मात देने की भावना काम करती है।
5. इसमें आपसी दुश्मनी, अविश्वास, मत भिन्नता तथा एकता का अभाव पाया जाता है।

प्रभाव

श्रम संघ प्रतिद्वंद्विता भारतीय श्रम संघ आंदोलन की एक गंभीर समस्या है। भारतीय श्रमिकों की अशिक्षा एवं अज्ञानता, उनकी अपरिपक्वता, विभिन्नता (heterogeneity) तथा राजनीतिक लगाव के कारण ऐसी प्रतिद्वंद्विता को बढ़ावा मिल रहा है। इससे स्वस्थ श्रम संघवाद के विकास में बाधा उत्पन्न हुई है तथा इसके कारण श्रमिकों का हित, श्रम संघ का उद्देश्य, औद्योगिक शांति तथा विस्तृत अर्थों में राष्ट्रीय हितों का अहित होता है। यही कारण है कि श्रम संघ प्रतिद्वंद्विता को देश के लिए एक अभिशाप कहा जाता है। विद्वानों ने इसे औद्योगिक सम्बन्ध के लिए कोढ़ कहा है क्योंकि ऐसी स्थिति में किसी भी उद्योग में औद्योगिक शांति की स्थापना नहीं की जा सकती है।

इस प्रकार श्रम संघ प्रतिद्वंद्विता के केवल बुरे प्रभाव होते हैं। इसके विभिन्न प्रभावों एवं दुष्परिणामों में मुख्य रूप से निम्नलिखित का उल्लेख किया जा सकता है–

1. स्वस्थ श्रम संघवाद के विकास में बाधा

श्रम संघ प्रतिद्वंद्विता आपसी फूट एवं कलक को जन्म देती है, जिससे श्रम संघ टूटते हैं अथवा एक ही श्रम संघ में भिन्न–भिन्न विचार वाले भिन्न–भिन्न समूहों का सृजन होता है, जिसके कारण श्रमिकों की एकता नष्ट हो जाती है, उसकी सौदेबाजी शक्ति कमजोर होती है, संघ की वित्तीय स्थिति कमजोर होती है। फलस्वरूप स्वस्थ श्रम संघवाद के विकास में बाधा उत्पन्न होती है।

2. शक्ति का अभाव

प्रतिद्वंद्विता के कारण श्रम संघों का विभिन्न गुट एक–दूसरे के प्रभाव को कम करने का प्रयत्न करते हैं, जिससे उनका सारा समय, शक्ति एवं साधन आपसी झगड़े में व्यय होते हैं फलस्वरूप श्रम संघों की अपने उद्देश्यों की प्राप्ति की दिशा में शक्ति क्षीण होती है।

3. सामूहिक सौदेबाजी के विकास में बाधा

प्रतिद्वंद्विता से वातावरण में सामूहिक सौदेबाजी का विकास असंभव है क्योंकि नियोजक प्रत्येक श्रम संघ एवं गुटों से अलग–अलग वार्ता नहीं कर सकता है।

4. प्रतिनिधि श्रम संघ के निर्धारण में कठिनाई

प्रतिद्वंद्विता से श्रमिकों के बीच आपसी घृणा व द्वेष बढ़ जाते हैं। फलस्वरूप प्रतिनिधि श्रम संघ का निर्धारण एक समस्या बन जाती है क्योंकि एक को प्रतिनिधि श्रम संघ बनाए जाने पर दूसरे समूह उसे पसंद नहीं करते हैं और उसे इसकी मान्यता नहीं देते।

5. नियोजक को लाभ

यद्यपि प्रतिद्वंद्विता के कारण औद्योगिक कार्यवाहियाँ यथा–हड़ताल, तालाबंदी आदि जाते हैं, परन्तु नियोजक को प्रतिद्वंद्विता का यह लाभ मिलता है कि उसे किसी (श्रम संघ) से वार्ता करने की जरूरत नहीं पड़ती।

6. श्रमिकों के मनोबल में कमी

प्रतिद्वंद्विता के कारण श्रम संघों की स्थिति ढीली रहती है वहीं श्रमिकों को कई कठिनाइयाँ झेलनी पड़ती हैं। फलस्वरूप श्रमिकों के मनोबल में कमी आती है।

7. अनुचित श्रम व्यवहारों को प्रोत्साहन

प्रतिद्वंद्विता की स्थिति में सम्बन्धों को नियमित किए जाने का प्रयत्न नहीं किया जाता है। फलस्वरूप अनुचित श्रम व्यवहारों को प्रोत्साहन मिलता है, जिससे औद्योगिक सम्बन्ध खराब होते हैं और औद्योगिक सम्बन्ध की समस्या उत्पन्न होती है।

8. विवादों के निबटारे में कठिनाई

प्रतिद्वंद्विता की स्थिति में सुलह अधिकारी अथवा अधिकरणों (tribunals) को विवादों के निबटारे में काफी कठिनाई होती है क्योंकि विवाद से सम्बद्ध कामगारों के वास्तविक प्रतिनिधिक श्रम संघ का निर्धारण करना अत्यंत कठिन हो जाता है।

इस प्रकार श्रम संघ प्रतिद्वंद्विता एवं गुटबंदी के बहुआयामी दुष्प्रभाव होते हैं, जिसमें श्रमिक, श्रमिक संघ, उद्योग एवं अंतिम रूप से राष्ट्र भी बुरी तरह से प्रभावित होता है क्योंकि औद्योगिक अशांति से उत्पादन घटते हैं जिससे राष्ट्रीय आय भी घट जाती है।

श्रम संघ प्रतिद्वंद्विता के प्रकार

श्रम संघ प्रतिद्वंद्विता निम्नलिखित दो प्रकार की होती हैं–

1. अन्तर–संघीय प्रतिद्वंद्विता (Inter-Union Rivalry)

अंतर संघीय प्रतिद्वंद्विता बहु श्रम संघवाद (Multi Unionism) का द्योतक है अर्थात् जब एक ही संघ उद्योग में एक से अधिक श्रम संघ स्थापित हो जाते हैं और वे समान उद्देश्य, जैसे सदस्यता, प्रतिनिधि श्रम संघ की मान्यता आदि, हेतु एक–दूसरे से प्रतियोगिता करने लगते हैं तथा एक–दूसरे से जीतने के लिए वैध तथा अवैध सभी प्रकार के हथकंडे अपनाते हैं तो इसे अंतर संघीय प्रतिद्वंद्विता कहा जाता है।

भारत में प्रायः प्रत्येक उद्योग में कई–कई श्रम संघ पाए जाते हैं, अतः यहाँ अंतर संघीय प्रतिद्वंद्विता की समस्या पाई जाती है।

2. श्रम संघ आभ्यन्तर प्रतिद्वंद्विता (Intra-Union Rivalry)

अंतरसंघीय प्रतिद्वंद्विता दलबंदी (factionalism) का द्योतक है अर्थात् जब एक ही श्रम संघ के अंतर्गत विभिन्न गुट (groups) निर्मित हो जाते हैं और वे सभी अपने गुट के

प्रभुत्व की राजनीति करने लगते हैं अथवा अपने–अपने गुट के नेता गुट के नेता को ही श्रम संघ का वास्तविक नेता साबित करने के लिए वैध तथा अवैध सभी प्रकार के हथकंडे अपनाते हैं, तो इस आभ्यन्तर प्रतिद्वंद्विता को अंतः संघीय प्रतिद्वंद्विता कहा जाता है।

भारत में अंतः संघीय प्रतिद्वंद्विता की समस्या गंभीर है, जाति, धर्म, भाषा, नए एवं पुराने कर्मचारी आदि आधारों पर एक ही श्रम संघ में कई–कई गुट निर्मित हो जाते हैं। पारस्परिक एकता के अभाव में मतभेदों में वृद्धि होती है। कभी–कभी मत भिन्नता इतनी प्रचंड हो जाती है कि श्रम संघ का विभाजन हो जाता है, यही कारण है कि इसे श्रम संघ आभ्यंतर या दलबंदी (factionalism) के नाम से भी जाना जाता है।

श्रम संघ प्रतिद्वंद्विता के कारण

श्रम संघ प्रतिद्वंद्विता तथा गुटबंदी भारतीय श्रम संघ आंदोलन की एक प्रमुख समस्या है, जो धीरे–धीरे गंभीर होती जा रही है। इस समस्या के मूल कारण निम्नलिखित हैं–

1. **अन्तर संघीय प्रतिद्वंद्विता** – श्रम संघों का राजनीतिक दलों से सम्बन्ध उसे दलगत राजनीति में घसीट लेता है, फलस्वरूप राजनीतिक दलों के अनुपात में उनमें विभाजन हो जाता है और राजनीति से प्रेरित होकर आपसी द्वेष, घृणा एवं संघर्ष के शिकार हो जाते हैं।
2. **बाहरी नेतृत्व** – बाहरी नेता अपना प्रभाव क्षेत्र बढ़ाने के उद्देश्य से श्रम संघों के शीर्ष पदाधिकारी बन जाते हैं और अपनी स्वार्थ सिद्धि हेतु श्रम संघों का शोषण करते हैं, जिससे श्रम संघ अपने उद्देश्यों से भटक जाता है और सदस्य असंतुष्ट रहने लगते हैं। नेतृत्व के प्रति अविश्वास एवं विश्वास श्रम संघ में भिन्न–भिन्न गुटों का निर्माण करते हैं फलस्वरूप श्रम संघ प्रतिद्वंद्विता प्रारंभ हो जाती है।
3. **दलबंदी या गुटबाजी** – एक ही श्रम संघ में श्रमिक सदस्यों का अनेक गुटों में विभाजित होकर निर्णय अथवा संघकार्य संपादित करना गुटबाजी या दलबंदी कहलाता है। प्रायः श्रम संघ के अंदर जाति, धर्म, संप्रदाय, भाषा, क्षेत्र अथवा नए एवं पुराने कर्मचारी के आधार पर कई–कई गुटों का निर्माण हो जाता है, जिससे उनकी एकता भंग हो जाती है और वे पारस्परिक हित एवं वर्चस्व की राजनीति में लिप्त हो जाते हैं, जिसके फलस्वरूप श्रम संघ प्रतिद्वंद्विता का जन्म होता है।
4. **नियोक्ता की दोषपूर्ण नीति** – अधिकांश नियोजक आज भी श्रमिक संघों को अपने हितों का विरोधी समझते हैं। फलस्वरूप वे श्रमिक संघों में फूट डालने का प्रयास करते हैं। कभी किसी एक श्रम संघ को समर्थन देते हैं तो कभी दूसरे श्रम संघ का पक्ष लेते हैं। अनुशासन संहिता के प्रावधानों के अनुसार प्रतिनिधि श्रम संघ को मान्यता प्रदान नहीं करते हैं और अक्सर प्रतिद्वंद्वी श्रम संघों की स्थापना को प्रोत्साहित करते हैं, जिससे श्रम संघ प्रतिद्वंद्विता में वृद्धि होती है। श्रमिकों की शक्ति इसमें नष्ट होती है जिससे नियोक्ता लाभान्वित होता है।

5. **सरकार की दोषपूर्ण नीति** – भारत में कानूनी व्यवस्था भी श्रम संघों को मजबूती एवं चट्टानी एकता के लिए कोई प्रेरणा नहीं देती है। इसके विपरीत श्रम संघ अधिनियम, 1926 में सात व्यक्तियों द्वारा मिलकर श्रम संघ स्थापित करने का प्रावधान श्रम संघों की बहुलता का कारण बना है तथा ऐच्छिक पंजीयन के कारण पंजीकृत एवं अपंजीकृत श्रम संघ का अस्तित्व बना हुआ है। सरकार ने अभी तक श्रम संघ मान्यता के सम्बन्ध में राष्ट्रीय स्तर पर कोई कानून नहीं बनाया है। इस प्रकार सरकार की दोषपूर्ण नीति भी श्रम संघ प्रतिद्वंद्विता में वृद्धि का मुख्य कारण है।
6. **राजनीतिक दलों का स्वार्थ** – विभिन्न राजनीतिक दल धन, जन, बल तथा मत के प्रलोभन से श्रम संघों के नेतृत्व की इच्छा रखते हैं। औद्योगिक श्रमिकों के बीच अपना आधार मजबूत करने के लिए सभी राजनीतिक दल प्रयत्न करते हैं। फलस्वरूप श्रमिक विभिन्न विचारों से प्रेरित होकर भिन्न–भिन्न श्रम संघों में विभाजित हो जाते हैं, उनकी एकता नष्ट हो जाती है और वे प्रतिद्वंद्विता में लिप्त हो जाते हैं।
7. **सहनशीलता का अभाव** – प्रजातांत्रिक संस्थाओं की शक्ति के लिए स्वस्थ प्रतिद्वंद्विता एवं विरोध आवश्यक होता है, परंतु इसका प्रभाव तब घातक हो जाता है, जब ये व्यक्तिगत विचारों से प्रेरित होते हैं। इसके अतिरिक्त श्रम संघ नेताओं में व्यक्तिगत विरोध अथवा अपने गुट का विरोध करने की दक्षता भी निम्न होती है, जिससे बार–बार संघर्ष पैदा होता है।
8. **सीमित सदस्यता क्षेत्र** – प्रायः सभी श्रम संघ अपनी–अपनी शक्ति बढ़ाने के लिए प्रयत्नशील रहते हैं, परंतु सदस्य संख्या सीमित होती है अतः इसी सीमित क्षेत्र में सभी श्रम संघों द्वारा सक्रियता दिखाने के कारण प्रतिद्वंद्विता एवं आपसी होड़ में वृद्धि होती है।
9. **श्रमिकों की अशिक्षा** – श्रम संघ कार्यों एवं इसके महत्त्वों के बारे में भारतीय श्रमिक जानकारी नहीं रखते हैं, जिसके कारण वे श्रम संघों की बैठकों एवं सभाओं में अधिक रुचि नहीं लेते हैं। फलस्वरूप आंतरिक नेतृत्व का विकास नहीं हो पाता है और संघ भी प्रजातांत्रिक ढंग से संचालित नहीं हो पाता है। चूँकि बाहरी नेतृत्व का महत्त्व एवं स्वार्थ तभी सिद्ध हो सकता है जब अशांति उत्पन्न होती हो। अतः लड़ाकू प्रतिद्वंद्वी संघवाद की प्रक्रिया प्रारंभ होती है, जिससे प्रतिद्वंद्विता में वृद्धि होती है।

इस प्रकार श्रम संघ प्रतिद्वंद्विता के अनेकानेक कारण होते हैं, परंतु ये कारण एक–दूसरे से पूर्णतया स्वतंत्र नहीं हैं। ये सभी कारण अलग–अलग उद्योगों अथवा केन्द्रों में अलग–अलग सापेक्षिक महत्त्व रखते हैं। फलस्वरूप कोई कारण कहीं अधिक प्रभाव रखता है तो कहीं कम। यही कारण है कि समय, स्थान, उद्योग एवं परिस्थितियों के अनुरूप श्रम संघ प्रतिद्वंद्विता की स्थिति में भिन्नता पाई जाती है।

श्रमिक संघों की उभरती हुई प्रवृत्तियाँ

ऐतिहासिक दृष्टि से श्रमिक संघ वर्ग संघर्ष के एक उपकरण हैं जिनकी विचारधारा पूँजीवाद की विरोधी और श्रमिकों की हित रक्षक भी हैं। औद्योगीकरण की प्रारंभिक स्थिति में श्रमिकों की सामाजिक एवं आर्थिक स्थितियाँ इतनी दयनीय थीं कि उनके विरुद्ध आवाज उठाने के लिए श्रमिक संघों का अभ्युदय हुआ। औद्योगीकरण की प्रारंभिक स्थिति के नियोक्ता अतिशय सशक्त थे और उन्हें सरकार का भी समर्थन प्राप्त था, फलस्वरूप उनके द्वारा किया गया श्रमिकों का शोषण भी अपनी चरम सीमा पर था। अतः कुछ संतोषजनक मजदूरी एवं कार्यदशाओं की प्राप्ति हेतु श्रमिक संघों के माध्यम से मजदूरों को संगठित होना पड़ा। देश जब स्वतंत्र हुआ तो कल्याणकारी एवं जनतंत्र की भावना से सरकार श्रमिक संघों की पक्षधर हो गई। किन्तु नई औद्योगिक एवं आर्थिक नीतियों के लागू होने पर सरकार पुनः नियोक्ताओं की पक्षधर हो गई। इस प्रकार शक्ति संतुलन पुनः नियोक्ताओं के पक्ष में होता गया। इसके प्रमुख कारण हैं – रूस में साम्यवाद की समाप्ति, सामाजिक एवं आर्थिक शक्तियों का बाजार, अर्थव्यवस्था की ओर झुकाव। इसके अतिरिक्त वैश्वीकरण के विरोधियों द्वारा बाजार अर्थव्यवस्था का कोई विकल्प न प्रस्तुत कर पाना, श्रमिक संघों का राजनीतिक दलों से विरसन, उदारीकरण, आकस्मिक एवं अनुबंधित श्रम को बढ़ावा इत्यादि कारकों ने श्रमिक संघों की शक्ति को आज कमजोर कर दिया है। श्रमिक संघों की मोलभाव की क्षमता में भी कमी आई है।

हमारे देश में श्रमिक संघों के आविर्भाव के समय से ही उनका नेतृत्व मध्यम वर्ग के हाथ में था जो समाज के प्रतिनिधियों और राजनीतिक नेताओं के रूप में श्रमिक संघों को बढ़ावा देते थे। किन्तु ऐसे लोगों को इस बात का सही ढंग से ज्ञान नहीं था कि श्रमिक वास्तव में चाहते क्या हैं। जैसा कि रामास्वामी (1988) ने ठीक ही कहा है कि अधिकांश श्रमिक संघों के नेता स्वभाव से जनतांत्रिक नहीं हैं और श्रमिकों की ओर से वे स्वयं ही विभिन्न निर्णय कर लेते हैं। इसके साथ ही राजनीति से प्रतिबद्ध नेता श्रमिकों के स्वार्थ को नजरअंदाज कर स्वयं अपने स्वार्थों की पूर्ति करना चाहते हैं। किन्तु आज कुछ नवस्थापित औद्योगिक प्रतिष्ठानों में ऐसे कुछ नवीन तरीके के श्रमिक संघों का अभ्युदय हो रहा है जो बाहरी नेताओं को कोई महत्त्व नहीं देते हैं। उनका मुख्य लगाव उन्हीं मुद्दों से होता है जो श्रमिकों एवं उद्योग से जुड़े होते हैं और वृहद् समाज के अन्य मुद्दों से कोई सरोकार नहीं रखना चाहते हैं। इस प्रकार एक ओर तो बाहरी नेता पुराने श्रमिक संघों के सर्वोच्च पदों पर आसीन हैं और दूसरी ओर ऐसे नवस्थापित श्रमिक संघ विद्यमान हैं, जहाँ बाहरी नेताओं को कोई महत्त्व नहीं दिया जाता है। इन स्थितियों के कारण आज श्रमिक संघों के नेतृत्व में तेजी से बदलाव हो रहा है।[174]

संयुक्त सोवियत रूस के विखण्डन एवं साम्यवाद की समाप्ति से उद्योग स्तर के श्रमिक संघ अब कमजोर होते जा रहे हैं तथा श्रमिक संघों के क्रियाकलाप अब प्रतिष्ठान स्तर तक ही सिमटते जा रहे हैं। अमेरिका एवं जर्मनी के प्रतिमानों पर

संगठित वाणिज्यमूलक श्रमिक संघ ही आज भविष्य के श्रमिक संघों के प्रतिमानों के द्योतक बनते जा रहे हैं। अतः आज श्रमिक संघ जिस प्रतिष्ठान में स्थापित हैं, वहीं की उपलब्धियाँ उनकी सफलता की कसौटी बनती जा रही हैं और सामाजिक बदलाव से आज उनका सरोकार समाप्त होता जा रहा है। प्रश्न यह है कि क्या आज दूसरे श्रमिक संघों एवं राजनीतिक दलों के प्रभाव से पूर्णतया अलग श्रमिक संघों का अस्तित्व भविष्य में एक लम्बे समय तक बना रहेगा।

अभिनवभूत के कुछ अनुभव

आज औद्योगिक प्रतिष्ठानों में नवीनतम कम्प्यूटराइज्ड प्रौद्योगिकी का प्रयोग हो रहा है, इसके फलस्वरूप प्रोडक्शन वर्कर की भूमिका अति संकुचित होती जा रही हैं और उसका श्रमिक संघों पर भी अतिशय ऋणात्मक प्रभाव पड़ रहा है। आज श्रमिक संघों का अस्तित्व उन्हीं देशों में विशेष रूप से विद्यमान है जहाँ वे उत्पादकता वृद्धि में विशेष रूप से योगदान देते हैं। इससे नियोक्ता के विरोध सम्बंधी क्रियाकलापों को अपनाने वाले श्रमिक संघों का आधार खिसकता जा रहा है। उदाहरणार्थ 1960 के दशक में अमेरिका में श्रमिक संघों की जो सदस्य संख्या थी, 1991 में उसकी 12 प्रतिशत हो गई तथा यह आशा की जाती है कि 21वीं सदी के द्वितीय दशक में वह केवल 5 प्रतिशत रह जाएगी। किन्तु ऐसे देशों में श्रमिक संघों की सदस्य संख्या में कोई गिरावट नहीं हुई जिन्होंने प्रबंध के साथ सहयोगी अभिवृत्ति अपनाई। ऐसे देशों के उदाहरण हैं – स्वीडन, जर्मनी, कनाडा और जापान। भारत में श्रमिक संघ अब भी औद्योगिक सम्बंधों के प्ल्यूरलिस्टिक प्रत्ययों से जुड़े हुए हैं। कहना नहीं होगा कि 80 के दशक के अन्त तक तो सरकार ने श्रमिक संघों और उनकी इस अभिवृत्ति का समर्थन किया। किन्तु 1990 के दशक में सरकार ने श्रमिक संघों की जगह नियोक्ताओं को सहारा देना प्रारम्भ किया और श्रमिक संघों की सदस्य संख्या में गिरावट आई। श्रमिक संघों की प्रभावोत्पादकता की वृद्धि हेतु 1978 और 1988 के बिल, 1986 के स्टैंडिंग लेबर कान्फ्रेंस की संस्तुतियों को अमलीजामा पहनाने का प्रयास डिसप्यूट अमेण्डमेंट बिल 1988 द्वारा किया गया। किन्तु कोई भी प्रस्ताव या विधेयक पारित नहीं हुआ। आगे चलकर इण्डियन लेबर कान्फ्रेंस की बैठक में रंगराजन कमेटी की संस्तुतियों के क्रियान्वयन के सम्बंध में भी निर्णय नहीं हो पाया। इस प्रकार औद्योगिक सम्बंधों में श्रमिक संघों की भूमिका हाशिये पर जाती हुई नजर आ रही है। छोटे स्तर पर होने वाले कुछ अध्ययनों से यह भी लगता है कि श्रमिक संघों की भूमिका को दबाया जा रहा है। 80 के दशक में तालाबन्दी और प्रतिष्ठानों की बन्दी में बहुत अधिक इजाफा हुआ। श्रमिक संघों की कुछ भूमिकाएं, जैसे मजदूरी, बोनस और ओवर टाइम, बीमार प्रतिष्ठानों की बन्दी न रुक पाई और न वे आर्थिक दृष्टि से इन प्रतिष्ठानों को पुनर्जीवित करने में समर्थ हो पाए। श्रमिक संघ यह नहीं चाहते थे कि बहुराष्ट्रीय कम्पनियाँ निर्बाध रूप से हमारे देश में प्रवेश कर पाएँ। किन्तु ऐसी कम्पनियों का उच्चतर वेतन एवं आकर्षक आनुषंगिक लाभ भारतीय कर्मचारियों को आकर्षित करने लगे और श्रमिक संघ भी इस आकर्षण को रोक नहीं पाए।

श्रमिक संघ सामान्य रूप से तो यह चाहते हैं कि छोटे औद्योगिक प्रतिष्ठानों द्वारा उत्पादन हो किन्तु वे यह भी नहीं चाहते हैं कि बड़ी क्षमता वाले प्रतिष्ठान अपने बहुत से क्रियाकलापों की आउटसोर्सिंग पर छोटे प्रतिष्ठान के रूप में अपनी रीस्ट्रक्चरिंग करें। श्रमिक संघ निजीकरण के तो प्रबल विरोधी हैं किन्तु वे यह बात स्वीकार नहीं करते हैं कि सार्वजनिक क्षेत्र में जो घाटा हो रहा है, उसके लिए वहाँ की स्थितियाँ ही जिम्मेदार हैं और उन स्थितियों के निर्माण में वे (श्रमिक संघ) स्वयं भी जिम्मेदार हैं। श्रमिक संघ औद्योगिक संगठन की पुनर्सरचना और डाउन साइजिंग के विरोधी हैं। वे यह भी नहीं चाहते हैं कि औद्योगिक प्रतिष्ठानों के नौकरशाही मूलक संगठनों के निर्माण की व्यवस्था में बदलाव आए और उनके स्थान पर कांटिजेंसी मूलक ढीले संगठनों का निर्माण हो, वे आउटसोर्सिंग तथा कानट्रैक्टिंग को भी पसंद नहीं करते हैं। इसी प्रकार वे यह भी नहीं चाहते हैं कि औद्योगिक प्रतिष्ठानों की स्थायी श्रम शक्ति के स्थान पर अस्थायी, आकस्मिक एवं अनुबंधित श्रमिकों की नियुक्ति हो। वैश्वीकरण के कारण स्थायी श्रम शक्ति का प्रतिस्थापन जिस अस्थायी और अनुबंधित श्रम शक्ति से हो रहा है उसे वे पसंद नहीं कर सकते। श्रमिक संघ यह भी जानते हैं कि नव–स्थापित औद्योगिक प्रतिष्ठान बिना श्रम संघ के ही कार्य करना चाहते हैं और विदेशी कम्पनियाँ यदि हमारे देश के किसी पहले से स्थापित प्रतिष्ठान में निवेश करना चाहती हैं तो सबसे पहले वे यह देखती हैं कि वहाँ श्रमिक संघ तो सक्रिय रूप से कार्यरत नहीं हैं। ये सारे कारक अब श्रमिक संघों को यह अनुभूत कराने लगे हैं कि वे अब स्पेण्ट अप फोर्स हो गए हैं। किन्तु इस तथ्य से कोई असहमत नहीं हो सकता है कि जब तक गरीबी और शोषण औद्योगिक प्रतिष्ठानों में विद्यमान रहेगा, श्रमिक संघों का अस्तित्व बना रहेगा।

श्रमिक संघों की नवीन आर्थिक नीतियों के प्रति अभिवृत्ति पूर्णतया ऋणात्मक थी और उसके फलस्वरूप श्रमिक औद्योगिक जगत के हाशिये पर आ गए। किन्तु देश की नवीन आर्थिक नीतियों के प्रति श्रमिक संघों में कुछ बदलाव आ रहा है। श्रमिक संघ आज यह महसूस करते हैं कि वैश्विक आर्थिक नीतियों के परिप्रेक्ष्य में अब उनके पास बहुत अधिक विकल्प नहीं बचा हुआ है।

नई औद्योगिक और आर्थिक नीति के परिप्रेक्ष्य में सरकार ऊहापोह की स्थिति में पड़ी हुई है। एक ओर तो वह श्रमिक संघों को यह आश्वासन देती है कि ऐसी नीति के लागू होने के बावजूद तथा सामाजिक सुरक्षा का नियमन अब सरकार द्वारा ही किया जा रहा है और यूनियन केवल श्रमिकों की दैनन्दिन समस्याओं को ही देखते हैं। यद्यपि कुछ नव–स्थापित प्रतिष्ठानों में मानव संसाधन प्रबंध के नवीन दर्शन से प्रभावित होकर प्रबंध स्वयं ही प्रोएक्टिव भूमिका अदा करते हुए श्रमिक की समस्याओं के समाधान में स्वयं ही आगे आ रहा है। ऐसे प्रतिष्ठानों के श्रमिक यह महसूस करते हैं कि जब जितना हम चाहते हैं उससे अधिक स्वयं प्रबंध ही अपनी ओर से देने की पहल करता है तो श्रमिक संघ की क्या आवश्यकता। नवीन प्रौद्योगिकी के प्रतिष्ठान में प्रयोग के बारे में भी श्रमिक संघ ढुलमुल नीति अपनाए हुए हैं। इस प्रकार सब कुछ मिलाकर यही

कहा जा सकता है कि प्रौद्योगिकी के फ्रण्ट पर श्रमिक संघों का प्रभाव कम होता जा रहा है।

कुछ क्षेत्रों में यह विभ्रम फैलाया जा रहा है कि श्रमिक संघों का प्रतिस्थापन एन.जी.ओ. या सेल्फ हेल्प ग्रुप द्वारा हो जाना चाहिए। किन्तु यह बात बहुत युक्तिसंगत प्रतीत नहीं होती है। नवीन औद्योगिक परिवेश में श्रमिक संघों की आवश्यकता मानवीय रक्षा युक्ति के रूप में होती रहेगी। यद्यपि इस आवश्यकता में कुछ नवीन अनुस्थापन या सुधार की अपेक्षा बनी रहेगी। भविष्य में श्रमिक संघ और श्रम आंदोलन को ऐसे नियोजन के अवसरों के सृजन में प्रबंध को सहायता देनी पड़ेगी जिनके द्वारा सही और अर्थपूर्ण कार्य हो रहा हो। श्रम संघों के समक्ष भविष्य में कुछ और भी महत्त्वपूर्ण मुद्दे उभरकर सामने आने वाले हैं जैसे महिलायें, असंगठित श्रमिक और अनौपचारिक क्षेत्र के श्रमिक। इसी के साथ श्रमिक संघों से यह भी अपेक्षा की जाती है कि श्रमिकों की समस्याओं के प्रति अपेक्षाकृत अधिक तेजी और जिम्मेदारी पूर्ण ढंग से प्रतिक्रिया करें तथा श्रम आंदोलन का जनतंत्रीकरण करें।

नई औद्योगिक नीति और उसका श्रमिक संघों पर प्रभाव

1990 के दशक में भारत सरकार ने नई औद्योगिक नीति एवं नई आर्थिक नीति का क्रियान्वयन किया। इस नीति के कारण श्रमिक संघों के समक्ष एक नवीन चुनौती आ खड़ी हुई। नई औद्योगिक नीति के परिप्रेक्ष्य में श्रमिक संघों की ऊहापोह और उलझाव को प्रकट करते हुए तुलपुले[175] ने कहा है कि औद्योगिक प्रतिष्ठानों में अतिशय प्रगत प्रौद्योगिकी के अबाध प्रवाह से बहुत से विद्यमान पदों एवं कार्यों को समाप्त कर दिया। उत्पादकता के अर्थशास्त्र पर इसका अति जटिल प्रभाव पड़ा। श्रमिकों की बारगेनिंग पॉवर पर भी इसका प्रभाव पड़ा। नई औद्योगिक नीति के परिप्रेक्ष्य में प्रौद्योगिकी के समस्त प्रश्न पर श्रम संघ क्या अभिवृत्ति अपनाएंगे यह एक बहुत ही कठिन प्रश्न है।

सार्वजनिक क्षेत्र के औद्योगिक प्रतिष्ठानों की बन्दी का श्रमिक संघों ने प्रारंभ में एकजुट होकर विरोध किया। किन्तु इनके द्वारा एक लम्बे समय तक श्रम प्रबंध सम्बंधों में सरकार श्रमिक संघों की पक्षधर नहीं रह गई। नई आर्थिक एवं नई औद्योगिक नीतियों के लागू हो जाने के पश्चात् श्रम प्रबंध सम्बंधों पर सरकार आज नियोक्ता की पक्षधर होती जा रही है और नए आर्थिक परिवेश में श्रमिक अकेले पड़ते जा रहे हैं।

श्रमिक संघों के समक्ष चुनौतियाँ

1. आज अधिकांश प्रतिष्ठानों में श्रमाधिक्य को कम करने के लिए वी.आर.एस. और छंटनी का प्रयोग किया जा रहा है और बहुत से बीमार उद्योग बन्द होते जा रहे हैं। ये सारी बातें श्रम विरोधी हैं और श्रमिक संघ इन्हें रोक न पाने के कारण श्रमिक की दृष्टि में महत्त्वहीन होता जा रहा है। द्वितीय राष्ट्रीय श्रम आयोग की संस्तुतियाँ भी श्रमिक संघों के लिए विशेष सहायक नहीं हैं। क्योंकि एक तो उसने श्रमिकों की छंटनी का पूरा अधिकार नियोक्ता को दे दिया है और सरकार से अनुमति लेने की आवश्यकता ही नहीं रह गई है। दूसरे श्रम प्रबंध सम्बंधों के

नियमन में श्रमिक संघों के पास सबसे महत्त्वपूर्ण अस्त्र हड़ताल था, अब आयोग ने उस पर भी प्रतिबंध लगा दिया है। आयोग की सिफारिशों के अनुसार हड़ताल उसी समय वैध होगी जब 51 प्रतिशत श्रमिक गुप्त मतदान के माध्यम से उसके पक्षधर हों। इस प्रकार आज श्रमिक संघ पूर्वापेक्षा कमजोर महसूस कर रहे हैं।

2. आर्थिक उदारीकरण से संगठित क्षेत्र में जॉब की कमी हुई और उससे श्रमिक संघों को विशेष हानि हुई। श्रमिक संघों की सदस्य संख्या और स्वयं श्रमिक संघों की संख्या में गिरावट आती रही है। दूसरी बात यह है कि सूचना प्रौद्योगिकी के बढ़ते हुए प्रभाव से प्रतिष्ठान में नॉलेज वर्कर की संख्या में वृद्धि हो रही है जो व्यक्तिगत स्तर पर नियोक्ता से सौदेबाजी कर अपनी सेवा की शर्तों में परिवर्तन कराते रहते हैं और सामान्य श्रमिक संघों को वे कोई महत्त्व नहीं देते हैं।

3. आज औद्योगिक प्रतिष्ठानों में वी.आर.एस. के साथ ही अनिवार्य सेवानिवृत्ति योजना भी बहुत तेजी से चल रही है। टेक्सटाइल जैसे उद्योगों में वी.आर.एस. पूर्णतया विफल रहा है और सी.आर.एस ने अधिकांश श्रमिकों को परेशानी में डाल दिया है। पिछले दरवाजे से भी बहुत से श्रमिकों की छंटनी हो रही है। श्रमिकों को रीडिप्लायमेंट कुछ स्थानों पर दिया जा रहा है। पर ऐसे कार्य हैं जो पहले कार्य से पूर्णतया भिन्न हैं और श्रमिक उस कार्य को कर नहीं पा रहे हैं। इसी प्रकार कुछ प्रतिष्ठानों में बड़े पैमाने पर श्रमिकों का दूरस्थ अंचलों में स्थानान्तरण किया जा रहा है और वहाँ जाने के बजाय श्रमिक नौकरी छोड़ रहे हैं। प्रतिष्ठानों को बीमार घोषित कर काम बन्द कर दिया जाता है, मर्जर के माध्यम से बहुत से श्रमिक कार्यविहीन हो रहे हैं। हमारे पुराने श्रमिक संघ इन समस्याओं से संघर्ष नहीं कर पा रहे हैं।

एक समस्या यह है कि वी.आर.एस. लेकर जाने वाले श्रमिक क्या करेंगे। इस सम्बंध में जो तथ्य उपलब्ध हैं, उनसे ज्ञात होता है कि बहुत कम श्रमिक लाभप्रद स्वरोजगार में लगे हुए हैं। रीडिप्लायमेंट भी बहुत ही कम श्रमिकों का हो पाया है। वी.आर.एस. की स्थिति में उचित भुगतान की भी समस्या सामने है। सरकार एक ओर तो कहती है कि कोई भी श्रमिक सड़क पर नहीं आएगा, दूसरी ओर वह नियोक्ताओं को यह आश्वासन देती है कि सरकार की औद्योगिक नीति में परिवर्तन होगा तो उन्हें (नियोक्ताओं) घाटे पर चलने वाली फैक्ट्रियों को बन्द करने तथा श्रमाधिक्य की छंटनी का पूरा अधिकार दिया जाएगा। यह बात भी सही है कि सरकार ने अभी तक व्यापक स्तर पर इन समस्याओं से निपटने का प्रयास नहीं किया वरन् वह इक्के–दुक्के रूप में कुछ कदम उठा लेती है। राष्ट्रीय नवीनीकरण कोष (नेशनल रिन्यूअल फण्ड) की स्थापना मुख्य रूप से छंटनीकृत श्रमिकों को मौद्रिक क्षतिपूर्ति के लिए की गई थी। पर यह योजना भी विशेष कारगर नहीं हुई तथा यह फण्ड भी अब समाप्त कर दिया गया है। सरकार स्वैच्छिक सेवानिवृत्ति के समय कर्मचारियों को प्रतिवर्ष की सेवा हेतु 45 दिन का वेतन क्षतिपूर्ति के रूप में देना चाहती है और श्रमिक संघ इससे और अधिक धनराशि की मांग कर रहे थे। तत्कालीन एन.डी.ए. की सरकार ने इस समस्या के

सुलझाव हेतु 1999 में द्वितीय राष्ट्रीय श्रम आयोग के गठन की अधिसूचना जारी की। कमीशन की यह संस्तुति थी कि प्रतिष्ठानों की बन्दी के सम्बंध में औद्योगिक विवाद अधिनियम का अध्याय 5 उन्हीं प्रतिष्ठानों में लागू होगा जहाँ 300 (पहले 100 का प्रावधान था) श्रमिक कार्यरत हों। छंटनी हेतु सरकार की अनुमति का प्रावधान समाप्त करने की संस्तुति आयोग ने की थी। उसके अनुसार घाटे में चल रहे प्रतिष्ठान यदि जीवित रहने के लिए अपनी पुनर्संरचना कर रहे हैं तो उन्हें श्रमाधिक्य की छंटनी का अधिकार प्राप्त होगा किन्तु प्रतिष्ठान यदि घाटे में चल रहा है तो छंटनीकृत श्रमिक को प्रत्येक वर्ष (या उसकी आधे से अवधि तक) के कार्य हेतु 45 दिन का वेतन क्षतिपूर्ति के रूप में देय होगा किन्तु यदि प्रतिष्ठान लाभ अर्जन कर रहा है फिर भी श्रमिकों की छंटनी की जाने वाली है तो नियोक्ता की प्रत्येक वर्ष के कार्य हेतु छंटनीकृत श्रमिक को 60 दिन का वेतन भुगतान करना होगा। किन्तु इन संस्तुतियों को अभी तक कानूनी जामा नहीं पहनाया गया।

श्रमिक संघों की समस्याएँ

नई औद्योगिक नीति एवं वैश्वीकरण के कारण श्रमिक संघों के समक्ष कुछ नई समस्याएँ आ खड़ी हुईं। ये समस्याएँ हैं– (1) आज श्रमिक संघों की सदस्य संख्या घट रही है क्योंकि अधिकांश औद्योगिक प्रतिष्ठानों में आज डाउनसाइजिंग (downsizing) हो रही है। फलस्वरूप जब औद्योगिक प्रतिष्ठानों में श्रमिकों की संख्या घट रही है तो श्रमिक संघों के सदस्य भी कम हो रहे हैं, (2) कुछ औद्योगिक प्रतिष्ठानों के प्रबंधक स्वयं ही अपनी ओर से पहल करते हुए प्रोएक्टिव रूप से श्रमिकों का कल्याण कर रहे हैं, बिना श्रमिकों द्वारा मांग किए हुए ही उनके वेतन में वृद्धि कर रहे हैं। ऐसी स्थिति में वहाँ के मजदूरों का झुकाव श्रमिक संघों की ओर न होकर प्रबंध की ओर होता जा रहा है, (3) आज के बदलते हुए युग की यह मांग है कि श्रम और प्रबंध आपस में सहयोग करते हुए उत्पादकता की वृद्धि करें। किन्तु श्रमिक संघ एक लम्बे अर्से से प्रबंध विरोधी भूमिका अपनाए हुए हैं। उनके लिए अब प्रबंध को सहयोग देना कठिन हो रहा है, एवं (4) स्वतंत्रता प्राप्ति के पश्चात् आज श्रमिक संघ असंगठित क्षेत्र के श्रमिकों की ओर भी अपना ध्यान केन्द्रित कर रहे हैं। उनकी संख्या कुल श्रम शक्ति की 93 प्रतिशत है। वे यह महसूस करते हैं कि उनकी जो भी उपलब्धि है उसे वे बहुत दिनों तक कायम नहीं रख सकते, जब तक कि वे असंगठित क्षेत्र के श्रमिकों की ओर ध्यान नहीं देंगे। इसीलिए आज श्रमिक संघ एन.जी.ओ. की सहायता से आकस्मिक, अस्थायी, खेतिहर और अनौपचारिक क्षेत्र के मजदूरों हेतु सामाजिक सुरक्षा, न्यूनतम मजदूरी और सामाजिक न्याय की प्राप्ति हेतु प्रयत्नशील हैं।

आज श्रमिक संघ अपने में ऐसी क्षमता का विकास भी कर रहे हैं कि वे वृत्तिक रूप से कम्पनी का प्रबंधन कर सकें। अतः वे कंपनी के भ्रष्टाचार और प्रबंध के क्षेत्र में अपना ध्यान केंद्रित कर रहे हैं। आज औद्योगिक अस्तित्व रक्षण हेतु श्रमिकों द्वारा किए जाने वाले प्रबंध का आंदोलन जोर पकड़ता जा रहा है। **इस सम्बंध में कमानी ट्यूब** का

श्रमिक संघों द्वारा प्रबंध सबसे महत्त्वपूर्ण उदाहरण है। यद्यपि वैश्वीकरण द्वारा प्रबंध को यह अवसर मिला है कि अपना बिजनेस नवीन क्षितिज तक पहुँचाए, किन्तु साथ ही आज एक प्रतिस्पर्धात्मक संस्कृति का भी जनन हुआ है जहाँ उत्पादकता, गुणात्मकता, कार्यक्षमता, रचनात्मकता और नवीनता को विशेष महत्त्व दिया जा रहा है। अतः संगठनों से अपेक्षा की जा रही है कि वे एक ऐसी संस्कृति का निर्माण करें जहाँ अभिप्रेरणा, सशक्तीकरण, प्रतिबद्धता और अपेक्षाकृत अधिक खुली एवं सहभागी संस्कृति का विकास हो सके। वैश्वीकरण के पश्चात् सहभागी प्रबंध की संस्कृति के विकास की आवश्यकता आज अधिक तेजी से महसूस की जा रही है। यद्यपि आज भी सहभागी संस्कृति के महत्त्व को श्रम एवं प्रबंध पूर्णरूपेण स्वीकार नहीं कर रहे हैं, किन्तु बहुत से ऐसे उदाहरण आज विद्यमान हैं जहाँ सहभागी मॉडल का औद्योगिक सम्बंध देखने को मिलता है। अतः आज श्रमिक संघों से यह आशा की जाती है कि अपने कुछ सदस्यों में प्रबंधकीय सक्षमता का विकास करें और श्रम प्रबंध सहयोग तथा द्विपक्षीय वार्ता को बढ़ावा दें।

श्रमिक संघों की कुछ उपलब्धियाँ

नई आर्थिक नीति के परिप्रेक्ष्य में आज बहुत से श्रमिक संघ एक साथ मिलकर कार्य कर रहे हैं और उन्होंने कुछ उपलब्धियाँ भी अर्जित की हैं। ऐसी कुछ उपलब्धियों का विवरण निम्नलिखित है–

1. सिक इण्डस्ट्रीज कम्पनीज एक्ट, 1986 का संशोधन और सार्वजनिक क्षेत्र की बीमार इकाइयों का भी उसके अन्तर्गत प्रेषण।
2. प्रतिष्ठानों में प्रवेश पाने तथा वहाँ से निकलने की बाधाओं को दूर करने में आंशिक सफलता तथा राष्ट्रीय नवीनीकरण कोष की स्थापना जो यद्यपि आज बन्द हो गया है।
3. औद्योगिक समितियों का पुनर्गठन तथा विशिष्ट त्रिपक्षीय समिति की स्थापना।
4. बोर्ड ऑफ इंडस्ट्रियल एण्ड फाइनेंशियल रिहैबिलिटेशन के पास बीमार सार्वजनिक उद्योगों का प्रेषण एवं उसकी संस्तुति के आधार पर आर्थिक सहायता प्राप्त कर उन उद्योगों में से कुछ को पुनर्जीवित करना।
5. वी.आर.एस. की क्षतिपूर्ति को छंटनी की क्षतिपूर्ति से तीन गुना करना और ऐसी क्षतिपूर्ति को आयकर से मुक्ति दिलाना।

श्रमिक संघ एवं प्रबंध से सम्बंधित कुछ समस्याएँ

जहाँ तक श्रमिक संघ और प्रबंध के सम्बंधों की बात है, यह एक तथ्य है कि कुछ श्रमिक संघ प्रबंध से उत्पादकता से जुड़ा समझौता कर रहे हैं। कुछ श्रमिक संघ नई औद्योगिक नीति एवं आर्थिक नीति के प्रावधानों के क्रियान्वयन में प्रबंध का सहयोग कर रहे हैं। किन्तु श्रम एवं प्रबंध सम्बंधी कुछ और भी महत्त्वपूर्ण समस्याएँ हैं जो निकट भविष्य में आ सकते हैं। दयाल[176] ने उन समस्याओं को निम्नलिखित रूप में प्रस्तुत किया है–

1. श्रमिक संघ समाज की जनतांत्रिक संरचना के निर्माण में किस प्रकार योगदान दे सकता है, क्या अभी तक श्रमिक संघों ने इस दिशा में कोई कार्य किया है।
2. श्रमिक किस प्रकार शक्ति एवं अधिकार मूलक अनुस्थापन से सहयोगात्मक विकास के अभिगम की ओर उन्मुख हो सकता है।
3. क्या श्रमिक संघ एवं प्रबंध कर्मचारियों की वित्तीय आवश्यकताओं से ऊपर उठकर उनकी विकासात्मक आवश्यकताओं की ओर ध्यान देंगे।

   भविष्य के आर्थिक एवं औद्योगिक पर्यावरण में अपनी भूमिकाओं के निर्धारण हेतु श्रमिक संघों को इन प्रश्नों पर विचार करना होगा। इन प्रश्नों के अतिरिक्त कुछ महत्त्वपूर्ण संराधन की कार्यवाहियों में सरकार की सिमटती हुई भूमिकाओं द्वारा यह संकेत मिल रहा है कि सरकार अब श्रमिक संघों को पूर्व की भाँति आवश्यकता से अधिक संरक्षण प्रदान नहीं कर रही है। सरकार भी आज इस दबाव में है कि वह प्रतिष्ठान की बन्दी और अधिक श्रमिकों की छंटनी हेतु नियोक्ताओं को छूट दे ताकि वह देशी और विदेशी पूँजी को अधिक से अधिक आकर्षित कर सके। सार्वजनिक क्षेत्र का जो निजीकरण हो रहा है, उसके कारण स्थायी श्रम शक्ति के स्थान पर अस्थायी श्रम शक्ति की संख्या बढ़ रही है, जो अपने को पूर्णतया असुरक्षित महसूस करते हैं और श्रमिक संघों की सदस्यता ग्रहण करने में भी उन्हें डर लगता है। इसी प्रकार महिला श्रमिकों की संख्या भी औद्योगिक प्रतिष्ठानों में बढ़ रही है। 1999 में संगठित औद्योगिक क्षेत्र में कुल 13.9 प्रतिशत महिला श्रम शक्ति कार्यरत थी। आज यह संख्या बढ़कर 16.6 प्रतिशत (2004–05) हो गई है। ऐसे श्रमिक भी अपने को श्रमिक संघों से दूर ही रखते हैं। इस प्रकार कैजुअलाइजेशन एवं फेमिलाइजेशन का भी श्रमिक संघों के क्रियाकलापों पर ऋणात्मक प्रभाव पड़ा है।
4. प्रतिष्ठानों में नवीन प्रौद्योगिकी के प्रबंध से भी श्रम शक्ति और श्रमिक संघों पर ऋणात्मक प्रभाव पड़ा है। जैसा कि पहले ही बतलाया जा चुका है कि नई प्रौद्योगिकी के प्रबंध से बहुत से श्रमिक बेकार हो गए हैं और श्रमिक संघ असहाय होकर उनकी दुर्दशा को देखता रहा। फलस्वरूप अन्य श्रमिकों की दृष्टि में श्रमिक संघों का महत्त्व कम हुआ। दूसरी बात यह हुई कि नवीन प्रौद्योगिकी के प्रयोग हेतु जिन अभिकर्मियों को प्रतिष्ठान में प्रवेश दिया, वे अपने को एलीट क्लास का अभिकर्मी समझने लगे। सामान्य श्रमिकों और श्रमिक संघों से उनकी दूरी बढ़ी। फलस्वरूप श्रमिक संघ भी कमजोर होने लगे।
5. बहुराष्ट्रीय कम्पनियों के प्रबंध से भी श्रमिक संघों की चुनौतियाँ बढ़ीं। इन कम्पनियों के विवादों में अन्तिम निर्णय करने का अधिकार जिन अधिकारियों में निहित है, वे देश से बहुत दूर दूसरे देशों में कार्यरत हैं। हमारे श्रमिक संघ के नेताओं की उनसे सम्यक् ढंग से वार्ता नहीं हो पाती। फलस्वरूप ऐसी कम्पनियों में कार्यरत कर्मचारियों की दृष्टि में भी श्रमिक संघ महत्त्वहीन हो गए हैं।

श्रमिक संघों की नवीन रणनीतियाँ

उपर्युक्त समस्याओं के परिप्रेक्ष्य में यह नहीं समझ लेना चाहिए कि वैश्वीकरण की स्थिति में श्रमिक संघों का अस्तित्व समाप्तप्राय है। श्रमिक संघों की आवश्यकता और महत्त्व अब पहले से भी बढ़ गया है। आज उन्हें अपनी भूमिकाओं में कुछ बदलाव करना पड़ रहा है। वे शक्ति सम्पन्न इकाई के स्थान पर एक कमजोर सौदेकारी अभिकर्ता बन गए हैं, वे हड़ताली न रहकर कान्सेन्सस बिल्डर बनते जा रहे हैं। वास्तव में आज उपयुक्त श्रमिक संघों की आवश्यकता पहले की अपेक्षा बहुत बढ़ गई है। पर उन्हें कुछ नवीन रणनीतियों को अपनाने की आवश्यकता है। ऐसी कुछ रणनीतियाँ निम्नलिखित हैं–

1. आज श्रमिक संघों से यह अपेक्षा की जा रही है कि वे नियोक्ताओं से संघर्ष न कर उनके साथ सहयोग की नीति अपनाएँ।
2. क्लोजर (closure) एवं बड़े पैमाने की छंटनी की समस्या से निजात पाने के लिए श्रमिक संघ बचाओ समिति का निर्माण कर रहे हैं जिसमें प्रतिष्ठान में सभी श्रमिक संघ एकजुट होकर नियोक्ता से वार्ता करते हुए समस्या के समाधान का कोई मार्ग निकालते हैं।
3. श्रमिक संघों के कड़े विरोध के बावजूद जब प्रबंध द्वारा प्रयुक्त विभिन्न रणनीतियों के कारण श्रमिकों की सेवाओं की समाप्ति की स्थिति आ जाती है तो श्रमिक संघ कुछ लचीले कदम उठाते हैं। वे श्रमिकों को वी.आर.एस. के लिए राजी करते हैं और नियोक्ता को भी इस बात के लिए राजी करते हैं कि वी.आर.एस. हेतु समुचित क्षतिपूर्ति दें।
4. आज बहुत से श्रमिक संघ अपनी राजनीतिक सम्बद्धता की ओर ध्यान दिए बिना नियोक्ताओं से स्थानीय स्तर पर वार्ता करते हैं और उनका प्रयास यह होता है कि किसी प्रकार सीधी वार्ता या संराधन के माध्यम से अपने सदस्यों की समस्याओं का सुलझाव करें।
5. श्रमिक संघ अब बाह्य नेतृत्व का भरोसा न कर आन्तरिक नेतृत्व का ही सहारा अधिक ले रहे हैं। इस प्रकार प्रतिष्ठान स्तर पर नियोक्ता से सौदेबाजी करते समय वे बहुत से राजनीतिक दबाव से मुक्त होकर प्रतिष्ठान स्तर की समस्याओं पर ही अपना ध्यान केन्द्रित करते हैं। किन्तु इस सम्बंध में सबसे बड़ी समस्या यह उत्पन्न हो रही है कि आन्तरिक नेताओं पर सामान्य श्रम समुदाय का भरोसा बहुत शीघ्रता से उठता रहता है और आन्तरिक नेतृत्व में बदलाव होता रहता है।
6. केन्द्रीय स्तर पर गठित श्रमिक संघ फेडरेशन एक साथ मिलकर राष्ट्रीय स्तर पर पूँजीवाद और वैश्वीकरण का सामना कर रहे हैं। ऐसे बहुत से उदाहरण आज मिल रहे हैं जिनमें बी.एम.एस., इण्टक, सीटू, ए.आई.टी.यू.सी और एन.एम.एस. ने एक साथ मिलकर ऐसे कानूनों और नीतियों का विरोध किया, जो श्रम विरोधी हैं। वे यह महसूस कर रहे हैं कि उन्हें आज बड़े दुश्मन का मुकाबला करना है। ऐसे में उन्हें एक साथ आना होगा।

7. श्रमिक संघ यह महसूस कर रहे हैं कि उन्हें पहले की अपेक्षा आज सामान्य जन समुदाय के समर्थन की अधिक आवश्यकता है। श्रमिक संघ आज यह महसूस कर रहे हैं कि उन्हें मजदूरी वृद्धि एवं कार्य दशाओं के सुधार तक ही अपने को सीमित नहीं रखना होगा, वरन् उन्हें बेरोजगारी, गरीबी, मानवाधिकार, कार्य की सुरक्षा, सामाजिक सुरक्षा, न्यूनतम मजदूरी, रीडिप्लायमेण्ट, निजीकरण, अनुबंधित श्रम, दुर्घटनाओं से सुरक्षा, स्वास्थ्य रक्षण, श्रमिक के दूरगामी आर्थिक स्वार्थ पर ध्यान देना होगा। ये कार्य इतने व्यापक हैं कि इनकी पूर्ति हेतु सामान्यजन का समर्थन और एन.जी.ओ. की सहायता लेकर अपने उद्देश्यों एवं क्रियाकलापों का प्रभावी ढंग से संचालन करें।

श्रमिक संघों से की गई प्रत्याशाएँ

उपर्युक्त वैचारिक पृष्ठभूमि में यह बात तो स्पष्ट है कि नई औद्योगिक नीति समय की मांग थी और श्रमिक संघ का विरोध करने के बावजूद कुछ सफलता प्राप्त नहीं कर सके। अतः उक्त नीति से समायोजन हेतु श्रमिक संघों से निम्नलिखित भूमिकाओं के निर्वाह की प्रत्याशा इडोवेन[177] के अनुसार की जा सकती है–

(i) श्रमिक संघों से यह आशा की जाती है कि वे तथ्यों पर आधारित विश्लेषणात्मक कौशल का विकास करें ताकि वे सक्षम श्रम नीति के निर्माण में सरकार एवं नियोक्ता की सहायता कर सकें। ऐसी नीति द्वारा केवल उत्पादकता क्षेत्र की पुनर्संरचना नहीं होगी वरन् नियोजन एवं आय अर्जन क्षेत्र में धनात्मक वृद्धि होगी और सेवा क्षेत्र तथा अनौपचारिक क्षेत्रों पर भी इसका विधायी प्रभाव पड़ेगा।

(ii) श्रमिक संघों से यह भी आशा की जाती है कि वे मानवीय स्थितियों का मूल्यांकन करें, विशेषकर केवल अपने सदस्यों के रहन–सहन के स्तर का ही मूल्यांकन न करें वरन् अन्य गरीब जनों के रहन–सहन के स्तर का भी मूल्यांकन करें।

(iii) श्रमिक संघों से यह भी आशा की जाती है कि वे प्रबंध को प्राविधिक परिवर्तनों के लाने, उत्पादकता वृद्धि और द्विपक्षीय वार्ताओं में सक्रिय भूमिका अदा करने में सहायता दें।

अन्त में यह कहा जा सकता है कि पीटर ड्रकर की इस भविष्यवाणी पर विचार करने का अब समय नहीं रहा, जिसमें उन्होंने कहा था कि निकट भविष्य में औद्योगिक परिवेश से श्रमिक संघों का अस्तित्व पूर्णतया समाप्त हो जाएगा। यदि हम इस भविष्यवाणी को सही नहीं मानें तब भी श्रमिक संघों को आज अपने आन्तरिक जनतन्त्र पर विशेष ध्यान देने की आवश्यकता है। साथ ही नेतृत्व विकास, श्रमिक निकाय एवं श्रमिक संघों के क्रिया कलापों में श्रमिकों के सक्रिय सहभाजन आदि मुद्दों पर आज श्रमिक संघों को विशेष ध्यान देने की आवश्यकता है। उन्हें देश के सामाजिक और आर्थिक विकास पर भी विशेष ध्यान देने की आवश्यकता है। वास्तव में वैश्वीकरण के युग में श्रमिक संघों की जिम्मेदारियों में पूर्वापेक्षा आज अधिक वृद्धि हुई है। द्विपक्षीय सहयोग की संस्कृति को उसी समय एक गति मिल सकती है जब श्रम एवं प्रबन्ध दोनों इस कार्य में सक्रिय सहयोग दें।[178]

टिप्पणियां

1. सिडनी एण्ड बेट्रिस वेब्स : हिस्ट्री ऑफ ट्रेड यूनियनिज्म, लांगमैन्सग्री एण्ड कम्पनी, लंदन, 1920, पृ. 1।
2. अमेरिकन फेडरेशन ऑफ लेबर, अमेरिकन फेडरेशनिस्ट, अगस्त, 1928, पृ. 919।
3. कोल, सी.डी.एच., पूर्वोद्धृत, पृ. 13।
4. लेस्टर, आर.ए. : इकोनोमिक्स ऑफ लेबर, मैकमिलन एण्ड कं., न्यूयॉर्क, 1941।
5. डैकर्ट ई. कलाइड : कन्टेम्परेरी यूनियनिज्म इन दि यूनाइटेड स्टेट्स प्रेंटिस हॉल, न्यूयार्क, 1948, पृ. 1।
6. फिलप्पो, ई.बी. : प्रिंसिपल्स ऑफ परसनेल मैनेजमेंट, टोक्यो, 1976, पृ. 469।
7. पुनेकर, एस.डी. : ट्रेड यूनियनिज्म इन इण्डिया, 1948, पृ. 17।
8. लास्की, एच.के. : ट्रेड यूनियन इन दि न्यू सोसायटी, लंदन, 1950, पृ. 22।
9. सेक्शन 2 (एच) दि ट्रेड यूनियन एक्ट, 1926।
10. लास्की, एच.के. : ट्रेड यूनियन इन दि न्यू सोसायटी, लंदन, 1950, पृ. 28।
11. सिंह, सुरेन्द्र : इण्डस्ट्रियल रिलेशन एण्ड पर्सनल मैनेजमेंट इन इण्डिया, 1977, पृ. 167।
12. सिंह, सुरेन्द्र : इण्डस्ट्रियल रिलेशन एण्ड परसनेल मैनेजमेंट इन इण्डिया, 1977, पृ. 170।
13. प्रोसीडिंग्स ऑफ दि सेमीनार ऑन सोशल रिस्पांसिबिलिटीज ऑफ ट्रेड यूनियन, आप–सिट., पृ. 18।
14. मोहनदास, एस.आर. : इण्डस्ट्रियल रिलेशन इन इण्डिया, बाम्बे, 1977, पृ. 27।
15. पिल्लई, पी.एम. कृष्ण : कलेक्टिव बारगेनिंग एप्रोचेज एण्ड गेन, इण्डस्ट्रियल रिलेशन, सितम्बर–अक्टूबर, 1970, पृ. 262।
16. एलेक्जेण्डर, केनेथ : कलेक्टिव बारगेनिंग, इण्डस्ट्रियल लेबर इन इण्डिया (एड.), बी.बी. सिंह, 1963, पृ. 305।
17. जान प्राइस : ब्रिटिश ट्रेड यूनियन्स, पृ. 34।
18. वेब : इण्डस्ट्रियल डेमोक्रेसी, 823।
19. तृतीय पंचवर्षीय योजना, पृ. 255।
20. ए.आई.टी.यू.सी. : प्रॉब्लम्स ऑफ इण्डस्ट्रियल रिलेशन इन इण्डिया, पृ. 63।
21. इण्टक रिप्लाइज यू दि क्वेश्चयनायर ऑफ एन.एल.सी., पृ. 26।
22. एच.एम.एस. : मेमोरैण्डम यू.एन.एल.सी., पृ. 23।
23. मेहता, अशोक : डायनामिक्स ऑफ लेबर मूवमेंट, इन द इण्डियन जर्नल ऑफ लेबर इकोनोमिक्स, अप्रैल, 1966, पृ. 11।
24. मेहता : दि रोल ऑफ ट्रेड यूनियन्स इन अण्डर डेवलप्ड कन्ट्रीज, इन हारपर एण्ड घोष; प्राब्लम्स ऑफ इकोनोमिक ग्रोथ, पृ. 94।

25. **अग्निहोत्री**, वी. : सम एसपेक्ट्स ऑफ ट्रेड यूनियनिज्म इन इण्डिया, पृ. 430, इन इण्डियन लेबर जर्नल, जून, 1962।
26. रिपोर्ट ऑफ दि नेशनल कमीशन ऑन लेबर, पृ. 287।
27. डनलप, जे.टी. : डेवलपमेंट ऑफ लेबर आर्गनाइजेशन, इन रिचर्ड ए. लेस्टर एण्ड जोसेफ सिस्टर (एड.) इन साइट इण्टू लेबर इश्यू, पृ. 163–196।
28. जोसेफ सिस्टर : दि लॉजिक एण्ड यूनियन ग्रोथ, जर्नल ऑफ पोलिटिकल इकोनोमी।
29. इरविंग, वर्नस्टेन : दि ग्रोथ ऑफ अमेरिकन यूनियन्स, अमेरिकन इकोनोमिक रिव्यू, जून, 1954।
30. जूलियस रेजलर : यूनियन ग्रोथ रीकांसिडर्ड (एम एस)।
31. डनलप, जे.टी. : डेवलपमेंट आफ लेबर आर्गनाइजेशन, पूर्वोद्धृत, पृ. 184।
32. गिरि, बी.पी. : लेबर प्राब्लम्स इन इण्डिया, पृ. 1।
33. कार्निक, वी.बी. : इण्डियन ट्रेड यूनियन, ए सर्वे, मानकतालाज, बाम्बे, 1966, पृ. 1।
34. झा, एस.सी. : दि इण्डियन ट्रेड यूनियन मूवमेन्ट, 1971, पृ. 89।
35. एस.डी. पुनेकर : ट्रेड यूनियनिज्म इन इण्डिया, न्यू बुक कम्पनी, बाम्बे, 1948, पृ. 53–55।
36. एस.डी. पुनेकर : पूर्वोद्धृत पुस्तक, पृ. 4।
37. उपर्युक्त, पृ. 56।
38. एस.डी. पुनेकर : ट्रेड यूनियन मूवमेंट इन इण्डिया, इन बी.बी. सिंह (एड) इण्डस्ट्रियल लेबर इन इण्डिया, एशिया पब्लिशिंग हाउस, बॉम्बे, 1963, पृ. 56।
39. कार्निक, वी.बी. : इण्डियन ट्रेड यूनियन, ए सर्वे, मानकतालाज, बॉम्बे, 1966, पृ. 27।
40. कार्निक, वी.बी. : इण्डियन ट्रेड यूनियन, ए सर्वे, मानकतालाज, बॉम्बे, 1966, पृ. 27।
41. एस.डी. पुनेकर : ट्रेड यूनियन मूवमेंट इन इण्डिया, इन बी.बी. सिंह (एड) इण्डिस्ट्रियल लेबर इन इण्डिया, एशिया पब्लिशिंग हाउस, बाम्बे, 1963, पृ. 445।
42. कॉम्पिटीशन मास्टर, अगस्त, 1972, पृ. 48।
43. *हिन्दुस्तान टाइम्स*, फरवरी, 16, 1976।
44. *इण्डियन एक्सप्रेस*, मार्च 22, 1977।
45. वही, मार्च 28, 1977।
46. वही, मार्च 24, 1970।
47. आस्कर, ए. आरनेटी : जाब्स एण्ड वर्कर्स इन इण्डिया, पृ. 105–6।
48. सालरोज : सोशलिस्ट इन सादर्न एशिया, 1959, पृ. 20।
49. जयप्रकाश नारायण : टुवर्ड्स स्ट्रगल्स (1946), अध्याय 5, स्पेशलिस्ट यूनिटी इन इण्डिया।
50. यूनिटी एण्ड डिसयूनिटी इन यूरोपियन लेबर (1953), पृ. 38।

51. आर्टिकल बाई रिचड एल पार्क : लेबर एण्ड पॉलिटिक्स इन इण्डिया, फॉर ईस्टर्न सर्वे : अमेरिकन इन्स्टीट्यूट आफ पैसफिक रिलेशन, अगस्त 10, 1949, वाल्यूम 18, नं. 16।
52. रंगा, एन.जी. : ब्राड बेस्ड ट्रेड यूनियनिज्म पॉलिटिकल ट्रेड इन इण्डियन लेबर मूवमेंट, प्लानिंग फॉर लेबर, (ए सिम्पोजियम), 1974, पृ. 137।
53. मेहत्राज : इण्डियन एनुअल रजिस्टर वाल्यूम 1 (जनवरी–जून, स्पेशली दि समरी आफ दि प्रोसीडिंग्स आफ दि नागपुर सेशन आफ ए.आई.टी.यू.सी.)।
54. सम फैक्ट्स एबाउट इण्टक : ऐन इण्टक पब्लिकेशन (1959), पृ. 11।
55. आरनेटी पूर्वोद्धृत, पृ. 118।
56. सोमन, आर.जे. : पीसफुल इण्डस्ट्रियल रिलेशन : देयर साइंस एण्ड टेक्निक (1957), पृ. 313।
57. आर्टिकिल बाई थामस ए. रूसेच : डायनमिक्स आफ सोशलिस्ट लीडरशिप इन लीडरशिप एण्ड पॉलिटिकल इंस्टीट्यूशन इन इण्डिया, एडिटेड बाई रिचर्ड एल. पार्क एण्ड इटेन टिंकर, (1960)।
58. बोस, एम.के. : पार्टीज एण्ड पैराडाक्सेज : प्लान आफ ए लेबर पार्टी, यूनाइटेड ट्रेड यूनियन कांग्रेस (1953), पृ. 2।
59. यूटक (हैण्डबिल) यूनाइटेड ट्रेड यूनियन कमेटी .... व्हाई?
60. कार्निक, वी.बी. : दि ट्रेड यूनियन मूवमेंट प्लानिंग फॉर लेबर : ए सिम्पोजियम (1947), पृ. 162–63।
61. गवर्नमेंट आफ इण्डिया–प्रोसीडिंग्स ऑफ दि इण्डियन लेबर कॉन्फ्रेंस, बारहवाँ अधिवेशन (1952), पृ. 38।
62. आरनेटी, पूर्वोद्धृत, पृ. 119।
63. सोमन, आर.जे. : पूर्वोद्धृत, पृ. 312।
64. रिपोर्ट ऑफ दि इण्टक सिक्सथ एनुअल सेशन, दिसम्बर, 1953, पृ. 24।
65. इन दोनों दार्शनिक विचारधाराओं की व्याख्या अन्यत्र की गई है।
66. सुबास कन्नप्पन : दि गांधीयन मॉडल आफ यूनियनिज्म इन ए डेवलपिंग सोसायटी।
67. दि क्रिटिक ऑफ इण्टक : ऐन इण्टक पब्लिकेशन, पृ. 6।
68. गवर्नमेंट ऑफ इण्डिया – प्रोसीडिंग्स ऑफ दि इण्डियन लेबर कान्फ्रेंस, ट्वेल्थ सेशन, (1952)।
69. चार्ल्स, ए. मार्य : इण्डस्ट्रियल रिलेशन इन इण्डिया, पृ. 142
70. वही, पृ. 142।
71. टू दि क्रिटिक्स ऑफ इण्टक, पूर्वोद्धृत, पृ. 5।
72. इकोनोमिक एण्ड पॉलिटिकल वीकली, सितम्बर, 17, 1977।

73. मन्थली जनता, दि ऑफिशियल आर्गन ऑफ पी.एस.पी., वॉल्यूम 10, नं. 47, दिसम्बर 18, 1955।

74. नाउल्स डब्ल्यू.एच. : इण्डस्ट्रियल कानफ्लिक्ट एण्ड दि यूनियन इन डब्ल्यू. ई. मूर एण्ड ई.ए.एस. फ्लैडमैन (एड), लेबर कमिटमेंट एण्ड सोशल चेंज इन डेवलपिंग एरियाज, सोशल सर्विस रिसर्च कौंसिल, न्यूयार्क, 1960।

75. हेराल्ड क्रौच : ट्रेड यूनियन एण्ड पालिटिक्स इन इण्डिया, पृ. 279।

76. वही, पृ. 273।

77. अग्रवाल, आर.डी. : पॉलिटिकल डाइमेंशन ऑफ ट्रेड यूनियन्स इन आर.डी. अग्रवाल (एड) डायनामिक्स ऑफ लेबर रिलेशन, 1974, पृ. 67—68।

78. पट्टाभिरमन : पॉलिटिकल डाइमेंशन ऑफ इण्डियन ट्रेड यूनियन्स, एशिया, 1967।

79. वही, पृ. 125।

80. वही, पृ. 160।

81. पट्टाभिरमन : पोलिटिकल डाइमेंशन ऑफ इण्डियन ट्रेड यूनियन्स, एशिया, 1967, पृ. 152।

82. क्वोटेड इन आई.सी.एफ., ए.आर.ओ. बुलेटिन, न्यू देलही, VI पी. जनवरी, 1958।

83. पाण्डेय, एस.एम. : ऐज लेबर आर्गनाइजेज, श्रीराम सेन्टर फॉर इण्डस्ट्रियल रिलेशन, न्यू देलही, 1970।

84. वही, पृ. 204।

85. स्टेटमेंट आफ एम.एन. राय एट दि टाइम ऑफ दी इस्टैब्लिशमेंट ऑफ इण्डियन फेडरेशन आफ लेबर, बुलेटिन नं. 1, अक्टूबर, 1942, एज क्वोटेड बाई बी.बी. कार्निक इन 'इण्डियन ट्रेड यूनियन्स : ए सर्वे, पृ. 132—33'।

86. रिपोर्ट ऑफ दि नेशनल कमीशन ऑन लेबर, 1969, पृ. 283।

87. मायर्स, सी.ए. : लेबर प्रॉब्लम्स इन दि इण्डस्ट्रियलाइजेशन आफ इण्डिया कैम्ब्रिज, 1967, पृ. 30।

88. पोलिटिक्स एण्ड ट्रेड यूनियनिज्म इन इण्डिया, फॉर ईस्टर्न सर्वे, मार्च 1958, पृ. 41।

89. वही।

90. रमन, पट्टाभि : पॉलिटिकल इनवॉल्वमेंट ऑफ इण्डियन ट्रेड यूनियन्स, बाम्बे, एशिया, 1967, पृ. 30।

91. सी.एफ. चार्ल्स ए. मायर्स : इण्डस्ट्रियल रिलेशन इन इण्डिया, 1964, पृ. 78।

92. सी.एफ. : साउट साइड लीडरशिप आफ ट्रेड यूनियनस, ए सर्वे, लेबर गजट, बाम्बे, 1938, नं. 3, पृ. 356।

93. माथरान वेबर : पार्टी पालिटिक्स इन इण्डिया, प्रिंस्टन यूनिवर्सिटी प्रेस, 1957, पृ. 34—35।

94. रमन; पूर्वोद्धृत, पृ. 54—55।

95. पुनेकर एण्ड माधुरी : ट्रेड यूनियन लीडरशिप इन इण्डिया, पूर्वोद्धृत, चैप्टर 3।

96. चटर्जी, एन.एन. : मैनेजमेंट आफ पर्सनल इन इण्डियन एण्टरप्राइजेज, 1978, पृ. 392।
97. मेहता, अशोक : टुवर्ड्स ट्रेड यूनियन यूनिटी, हिन्द मजदूर, जनवरी–फरवरी, 1953, पृ. 29।
98. केनेडी, बी.डी. : यूनियन, एम्प्लायर एण्ड दि गवर्नमेंट, मानकताला, बॉम्बे, 1966, पृ. 10।
99. भारत में श्रम संघ आन्दोलन के जनक एन.एन. जोशी का कथन है कि श्रमिकों का राजनीतिक दल शोषण नहीं करते हैं वरन् श्रमिक ही राजनीतिक दलों का शोषण करते हैं। यदि कोई श्रमिक संघ श्रमिकों का हितसाधन नहीं कर पाता है तो सामान्य श्रमिक तुरन्त ही दूसरे राजनीतिक दल से सम्बद्ध श्रम संघ के प्रति अपनी भक्ति स्थापित कर लेते हैं।
100. गिरि, वी.वी. : लेबर प्रॉब्लम्स इन इण्डियन इण्डस्ट्रीज, पृ. 53।
101. लास्की, एच.जे. : ट्रेड यूनियन इन दि न्यू सोसायटी, लंदन, 1954, पृ. 178।
102. लास्की, उपर्युक्त, पृ. 178।
103. केनेडी, बी.डी. : यूनियन, इम्प्लायर एण्ड दि गवर्नमेंट, मानकताला, बाम्बे, 1966, पृ. 86।
104. इण्डियन वर्कर, नवम्बर 8, 1976।
105. क्लाइड, ई. डैकर्ट : कंटेम्परेरी यूनियनिज्म, इन दि यूनाइटेड स्टेट्स, प्रेंटिसहाल, न्यूयार्क, 1948, पृ. 198।
106. बोगार्ड्स, ई.एस. : लीडर्स एंड लीडरशिप, अप्लेटन, न्यूयॉर्क, 1964, पृ. 6।
107. पुनेकर, एस.डी. एण्ड माधुरी : ट्रेड यूनियन लीडरशिप इन इण्डिया : ए सर्वे, बॉम्बे, 1967, पृ. 129।
108. स्टागडिल, आर.एम. : 'लीडरशिप, मेम्बरशिप एण्ड आर्गनाइजेशन', इन ब्राउन एण्ड काह्न, दि इण्टरस्टेट प्रिंटर एण्ड पब्लिशर्स, आई.एन.सी., 1958, पृ. 50।
109. सिडनी एण्ड वेव : हिस्ट्री ऑफ ट्रेड यूनियनिज्म, लांगमैन ग्लेन को. लंदन, 1959, पृ. 1।
110. एलेन, वी.एल. : ट्रेड यूनियन लीडरशिप, लांगकैन्सग्रीन एण्ड कम्पनी लंदन, 1957, पृ. 30.
111. लिपसेट, एस.एम. : दि पॉलिटिकल प्रोसेस इन दि ट्रेड यूनियन्स : ए थियरेटिकल स्टेटमेंट इन लेबर एण्ड ट्रेड यूनियनिज्म बाई लेनसन एण्ड लिपिसेट, जानविली एण्ड सन्स, आई.एन.सी, न्यूयॉर्क, 1960, पृ. 221–22।
112. टानेनबाम, पूर्वोद्धृत, पु. 24।
113. पूर्वोद्धृत।
114. आर्डवेटीड : दि आर्ट ऑफ लीडरशिप, मैकग्राहिल, पृ. 20।
115. टानेनबाम, एफ. : ए फिलॉसफी ऑफ लेबर, न्यूयॉर्क, 1952, पृ. 60।
116. एलेन, वी.एल : पूर्वोद्धृत, पृ. 1।
117. बोगार्ड्स, ई.एस. : 'लीडर्स एण्ड लीडरशिप', अप्लेटन, न्यूयॉर्क, 1964, पृ. 6।
118. सिंह, जे. : इण्डियाज ट्रेड यूनियन लीडर्स, नेशनल पब्लिशिंग हाउस, दिल्ली, 1980, पृ. 226–227।

119. सिंह, जे. : इण्डियाज ट्रेड यूनियन लीडर्स, नेशनल पब्लिशिंग हाउस, दिल्ली, 1980, पृ. 227।

120. टानेनबाम, आर (एट–एल) : लीडरशिप एण्ड आर्गनाइजेशन, मैक्ग्राहिल, न्यूयॉर्क, पृ. 3।

121. पुनेकर (एट–एल) पूर्वोद्धृत, पृ. 3।

122. सेठ, एन.आर. एण्ड जैन, एस.पी : 'दि स्टेटस एण्ड रोल ऑफ लोकल लीडर्स' इण्डियन जरनल ऑफ इण्डस्ट्रियल रिलेशन्स, वॉल्यूम 4, नं. 1, 1968।

123. आचार्जी., एन. : ट्रेड यूनियन लीडरशिप प्रोफाइल, न्यू देलही, अम्बिका पब्लिशर, 1980।

124. वैद, के.एन. : 'व्हाई वर्कर्स ज्वॉइन यूनियन्स', इण्डियन जर्नल ऑफ इंडस्ट्रियल रिलेशन्स, वॉल्यूम 1, 1964।

125. शर्मा, बी.आर. : 'यूनियन इनवाल्वमेंट' इण्डियन जर्नल ऑफ इण्डस्ट्रियल रिलेशन्स वॉल्यूम 6 नं. 4, 1970।

126. सेठ, एन.आर. एण्ड जैन, एस.पी : 'दि स्टेटस एण्ड रोल ऑफ लोकल यूनियन लीडर्स' इण्डियन जरनल ऑफ इण्डस्ट्रियल रिलेशन्स, वॉल्यूम 4, नं. 1, 1968।

127. गोपालकृष्णन : 'डेमोक्रेसी एण्ड ओलीगार्ची इन ट्रेड यूनियन्स : एक केस स्टडी', इण्डियन मैनेजर्स, वा. 6, नं. 2, 1975।

128. अग्रवाल, ओ.पी. : इण्डस्ट्रियल रिलेशन्स इन एम.पी., इण्डियन जर्नल ऑफ कॉमर्स, वा. 25, नं. 87, 1970।

129. रिपोर्ट ऑफ दि नेशनल कमीशन ऑन लेबर, पृ. 288।

130. सेक्शन 22, दि ट्रेड यूनियन एक्ट, 1926।

131. उपर्युक्त, सेक्शन 7 (ई)।

132. गवर्नमेंट ऑफ इण्डिया : रिपोर्ट ऑफ दि नेशनल कमीशन ऑन लेबर 1969, पृ. 290।

133. हेराल्ड कौच : ट्रेड यूनियन एण्ड पॉलिटिक्स इन इंडिया, बॉम्बे, 1966, पृ. 281।

134. हेराल्ड कौच : ट्रेड यूनियन एण्ड पॉलिटिक्स इन इंडिया बॉम्बे, 1966, पृ. 281।

135. रिपोर्ट ऑफ दि इण्डियन नेशनल ट्रेड यूनियन कान्फ्रेंस (12वाँ सेशन), पृ. 161।

136. केनेडी, बी.डी. : यूनियन, एम्प्लॉयर एण्ड दि गवर्नमेंट, मानकताला, बाम्बे, 1966, पृ. 94।

137. दुर्खीम, ई. : दि रूल्स ऑफ सोशियोलॉजिकल मेथड (इजर्मन) एडिटेड बाई रेनकोनिंग (थर्ड एडिशन), लूथर हैण्ड बरलिन, 1970, पृ. 160–61।

138. मिलर, डी.एफ. : फ्रैक्शन इन इण्डियन विलेज पॉलिटिक्स, इन पैसिफिक अफेयर्स, वा. 38, 1965, पृ. 31।

139. दयाल, भाई. : कांसट्रैट ऑफ लेजिस्लेशन ऑन आर्गनाइजेशनल एफेक्टिवनेस।

140. शर्मा एण्ड दयाल : मैनेजमेंट ऑफ ट्रेड यूनियन्स, एस.आर.सी. पब्लिकेशन, न्यू देलही, 1976।

141. शर्मा एण्ड दयाल : मैनेजमेंट ऑफ ट्रेड यूनियन्स, एस.आर.सी. पब्लिकेशन, न्यू देलही, 1976, पृ. 60।

142. शर्मा एण्ड दयाल : मैनेजमेंट ऑफ ट्रेड यूनियन्स, एस.आर.सी. पब्लिकेशन, न्यू देलही, 1976, पृ. 63।

143. कार्ल मार्क्स एण्ड फेड्रिक एंजित्स : मेनिफेस्टो ऑफ कम्युनिस्ट पार्टी।

144. हैमण्ड, टी.टी. : लेनिन ऑन ट्रेड यूनियन्स एण्ड रिवॉल्यूशन, 1893—1917, कोलम्बिया यूनिवर्सिटी प्रेस, न्यूयॉर्क, 1957, पृ. 5।

145. वही, पृ. 14।

146. वही, पृ. 23।

147. सिडनी एण्ड बेट्रिस वेब, पूर्वोद्धृत, पृ. 717—18।

148. झा, एस.सी. : दि इण्डियन यूनियन मूवमेंट, कलकत्ता, 70, पृ. 17।

149. सिल्वर, एच.एस. : दि चैलेंजेज आफ इण्डस्ट्रियल रिलेशन, न्यूयार्क, 1947।

150. हार्डमैन, जे.वी.एस. : लेबर इन मिड पैसेज, हारवर्ड बिजनेस रिव्यू, जनवरी—फरवरी, 1953।

151. मिल्स, राइट सी. : दि न्यू मेन ऑफ पावर, न्यूयॉर्क, 1948, पृ. 7।

152. पार्कर, एच. : कैजुअल लेबर एण्ड अदर एसेज, न्यूयॉर्क, 1920।

153. गोल्डेन, सी. एण्ड स्टेनवर्ग, एच.जे. : दि डाइनामिक्स आफ इण्डस्ट्रियल डेमोक्रेसी, न्यूयॉर्क, 1942।

154. हाक्सी, आर.एफ. : ट्रेड यूनियनिज्म इन यूनाइटेड स्टेट्स न्यूयॉर्क, 1921।

155. डेलयाडर में पर्सनल मैनेजमेंट एण्ड इण्डस्ट्रियल रिलेशन (1667) नामक पुस्तक से उद्धृत, पृ. 163।

156. सेलिंग पर्लमैन : ए थियरी आफ लेबर मूवमेंट, न्यूयार्क 1949, पृ. 10।

157. कामन्स, जे.आर. : लेबर मूवमेंट, पृ. 682।

158. फिलिप्स, एस. फोर्नर : हिस्ट्री ऑफ लेबर मूवमेंट इन दि यूनाइटेड स्टेट्स, न्यूयॉर्क, 1947, पृ. 10।

159. कामन्स, जे.आर. : लेबर मूवमेंट, पृ. 682।

160. टेनेनबाम : लेबर मूवमेंट इट्स कांजरवेटिव फंक्शन एण्ड सोशल कांसीक्वेंसेज, न्यूयॉर्क, 1921, पृ. 29।

161. लास्की, एच.जे. : ट्रेड यूनियन इन दि न्यू सोसायटी, लंदन, 1954, पृ. 172।

162. मार्क पर्लमैन : लेबर यूनियन थियरीज इन अमेरिका, 1958।

163. गवर्नमेंट आफ इण्डिया, सेकंड फाइव ईयर प्लान 1956, पृ. 573।

164. मायर्स एण्ड कनप्पन (1970) इण्डस्ट्रियल रिलेशन इन इण्डिया, एशिया पब्लिशिंग हाउस, पृ. 362।

165. ए.आई.टी.यू.सी. : रिपोर्ट ऑफ सेक्रेटरियेट 1973, कलकत्ता, पृ. 88।

166. गवर्नमेंट ऑफ इण्डिया, मिनिस्ट्री आफ लेबर एण्ड एम्प्लायमेंट, इम्प्लीमेंटेशन एण्ड इवैलुएशन डिवीजन, इम्प्लीमेंटेशन एण्ड इवैलुएशन मशीनरी, इट्स फंक्शन एण्ड प्रोसीजर, सेकण्ड फाइव ईयरप्लान एडिशन, अक्टूबर, 1963, पृ. 18।

167. थर्ड फाइव ईयर प्लान, पृ. 251।

168. हिन्द मजदूर सभा : रिपोर्ट ऑफ दि एर्थ एनुअल कान्वेंशन, पृ. 18।

169. हिन्द मजदूर सभा : रिपोर्ट ऑफ दि टेन्थ एर्थ एनुअल कान्वेंशन (आफ. सिट), पृ. 73।

170. केनेडी, वी.डी. : यूनियन्स, एम्प्लायर्स एण्ड दि गवर्नमेंट (1966), पृ. 81–82।

171. रिपोर्ट ऑफ दि नेशनल कमीशन ऑन लेबर, पृ. 1।

172. रिपोर्ट ऑफ दि नेशनल कमीशन ऑन लेबर।

173. रिपोर्ट ऑफ दि नेशनल कमीशन ऑन लेबर।

174. रामास्वामी, ई.ए. : वर्कर्स कांसियसनेस एण्ड ट्रेड यूनियन रिस्पांस, ऑक्सफोर्ड यूनिवर्सिटी प्रेस, न्यू देलही, 1988।

175. तुलपुले, बी (1992), न्यू इण्डस्ट्रियल पालिसी, इस्ट्रक्चरल एडजस्टमेंट इन इंडिया, इण्डियन वर्कर, अगस्त 17, पृ. 21–16।

176. दयाल भाई (1993), इमर्जिंग डिमाण्ड ऑन ट्रेड यूनियन्स, इण्डियन जरनल ऑफ ट्रेड यूनियन्स, वॉल्यूम 24, नं. 2, अक्टूबर, 1993।

177. इडोवेन, आर.डी. : एडजस्टमेण्ट विथ फेस स्टिलरिलेमेण्ट आर ओवर टेकेन बाई वर्ल्ड डेवलपमेण्ट, वा. 19 (9), पृ. 1835–46।

178. ड्रकर पीटर एफ, मैनेजमेण्ट, टास्क रिसपांसिबिलिटीज एण्ड प्रैक्टिसेज, इण्डियन एडिशन, पृ. 23ए 1975।

9

औद्योगिक विवाद

अर्थ निरूपण

औद्योगिक सम्बन्ध विषयक साहित्य के कुछ लेखकों ने 'औद्योगिक अशान्ति', 'औद्योगिक विवाद' तथा 'औद्योगिक संघर्ष', तीनों ही शब्दों को एक–दूसरे के समानार्थक के रूप में प्रयुक्त किया है। अन्ततोगत्वा तीनों ही शब्दावलियों के अन्तर्गत विवाद को अतिशय महत्त्व प्रदान किया जाता है। अतः यहाँ हम औद्योगिक विवाद एवं उसके विभिन्न पक्षों का विस्तृत विवेचन करेंगे।

औद्योगिक अशान्ति और औद्योगिक संघर्ष में बहुत ही सूक्ष्म अन्तर है। औद्योगिक अशान्ति एक मनोवैज्ञानिक शब्द है। इसके द्वारा असंतुष्टि की भावनाओं की बाह्य अभिव्यक्ति होती है। याडर ने अशान्ति को एक ऐसे व्यवहार के रूप में परिभाषित किया है, जिसके द्वारा आधारभूत मानवीय इच्छाओं की असन्तुष्टि का द्योतन होता है।[1] पीटरसन[2] के अनुसार उसके द्वारा उस सतत् संघर्ष का द्योतन होता है, जो उन्नति प्राप्ति हेतु किया जाता है। अशान्ति का प्रारम्भ एक व्यक्ति से होता है और अन्ततः यह पूरे समाज में व्याप्त हो सकती है।

औद्योगिक संघर्ष एवं औद्योगिक विवाद में यद्यपि कोई स्पष्ट अन्तर नहीं है, तथापि यह कहा जा सकता है कि औद्योगिक विवाद द्वारा औद्योगिक संघर्ष की वैधानिक रूप से अभिव्यक्ति होती है। औद्योगिक विवाद अधिनियम 1947 के अनुसार औद्योगिक विवाद का अर्थ किसी ऐसे विवाद या मतभेद से है, जो नियोक्ता और नियुक्त के बीच अथवा नियोक्ता और नियोक्ता के बीच या कामगार और कामगार के बीच उत्पन्न होता है। इसका सम्बन्ध रोजगारहीनता या रोजगार अथवा कार्य की शर्तों से है।[3]

न्यायालयों के द्वारा औद्योगिक विवाद शब्द की व्याख्या विभिन्न स्थितियों के परिप्रेक्ष्य में अलग–अलग ढंग से की गई है। इस सम्बन्ध में किए गए कुछ प्रमुख निर्णयों के आधार पर औद्योगिक विवाद के स्वरूप के निर्धारण के सम्बन्ध में निम्नलिखित बातों का उल्लेख किया जा सकता है[4]–

1. औद्योगिक विवाद के द्वारा बड़ी संख्या में कार्यरत ऐसे श्रमिकों को प्रभावित होना चाहिए, जिनका सामुदायिक स्वार्थ हो और सामान्यहित की दृष्टि से एक वर्ग के रूप में श्रमिकों के अधिकारों पर प्रभाव पड़ना चाहिए।
2. विवाद को औद्योगिक श्रम संघ अथवा पर्याप्त संख्या में श्रमिकों के द्वारा उठाया जाना चाहिए।
3. व्यक्तिगत परिवेदनाओं को भी विवाद का रूप देने के लिए यह आवश्यक है कि पर्याप्त संख्या में श्रमिकों द्वारा उसे उठाया जाए, ताकि वह परिवेदना एक सामान्य शिकायत का रूप ले।
4. विवाद से संबंधित विविध पक्षों का विवाद से सीधा सम्बन्ध होना चाहिए।
5. यदि विवाद प्रारम्भ में एक वैयक्तिक विवाद था और सरकार द्वारा अधिनिर्णयन में भेजे जाने की तिथि तक यदि वह वैयक्तिक विवाद ही बना रहा, तो उसे औद्योगिक विवाद नहीं कहा जा सकता है।

सन् 1962 में औद्योगिक विवाद अधिनियम में संशोधन कर उसके साथ धारा 2–अ जोड़ दी गई। इस संशोधन के फलस्वरूप यदि किसी कर्मचारी की सेवा समाप्ति सम्बन्धी कोई विवाद होगा और उसे कोई श्रमिक संघ अथवा श्रमिकों की पर्याप्त संख्या के द्वारा नहीं उठाया जाएगा तो भी उसे औद्योगिक विवाद करार दिया जाएगा। किन्तु इस संशोधन के बावजूद कुछ स्थितियाँ अभी भी विवादास्पद बनी हुई हैं और उनमें यह निर्णय नहीं हो पाता है कि विवाद को औद्योगिक विवाद करार दिया जाए या नहीं। ऐसी कुछ स्थितियों का विवरण नीचे दिया गया है–

(अ) यदि किसी विवाद से बहुत ही थोड़े से व्यक्ति संबंधित हैं और उस विवाद का सम्पूर्ण औद्योगिक प्रतिष्ठान के ऊपर कोई स्पष्ट प्रभाव नहीं पड़ रहा है, तब भी क्या उसे इस आधार पर औद्योगिक विवाद कहा जा सकता है कि उसे एक श्रम संघ अथवा पर्याप्त संख्या में श्रमिकों के द्वारा उठाया गया है?

(ब) क्या किसी विशेष औद्योगिक प्रतिष्ठान में कार्यरत श्रमिक की समस्या को औद्योगिक विवाद के रूप में कोई बाहरी श्रम संघ उठा सकता है? यदि हाँ, तो इस प्रकार के श्रम संघ की क्या योग्यता होनी चाहिए और किन परिस्थितियों में वह विवाद को उठा सकता है?

(स) यदि किसी श्रमिक का व्यक्तिगत रूप से अपने नियोक्ता से कोई विवाद है और विवाद उठने के पश्चात् वह श्रमिक किसी बाहरी श्रम संघ का सदस्य बन जाए तो क्या वह श्रम संघ विवाद उठा सकता है?

न्यायसंगत बात यही है कि किसी विषय को उसी समय औद्योगिक विवाद करार दिया जाए, जब उस विवाद के कारण प्रतिष्ठान की कार्य प्रणाली 'किसी प्रकार

प्रभावित होती हो, इस बात का कोई महत्त्व नहीं है कि उक्त विवाद से कितने व्यक्ति सम्बद्ध हैं। यदि विवाद के कारण एक गम्भीर समस्या उत्पन्न हो रही हो और उसका उत्पादन तथा औद्योगिक अनुशासन पर गहरा प्रभाव पड़ रहा हो तो निश्चित रूप से उसे औद्योगिक विवाद करार दिया जाना चाहिए। औद्योगिक विवाद में बाह्य व्यक्तियों का हस्तक्षेप यथासंभव कम होना चाहिए।

औद्योगिक विवाद अधिनियम के अन्तर्गत औद्योगिक विवाद की जो परिभाषा दी गई है, उसे और स्पष्ट करने के लिए कुछ प्रमुख शब्दों का अर्थ निरूपण आवश्यक है, जैसे नियोक्ता, कामगार और उद्योग इत्यादि। इनका अर्थ निरूपण नीचे किया जा रहा है।

नियोक्ता ... इनका तात्पर्य व्यक्तिगत रूप से एक नियोक्ता संघ अथवा नियोक्ताओं के समूह से है। जहाँ कोई कार्य औद्योगिक प्रतिष्ठान, राज्य या केन्द्रीय सरकार के किसी विभाग द्वारा संचालित किया जाता है, वहाँ नियोक्ता से तात्पर्य ऐसे व्यक्ति से है, जिसे उद्योग के संचालन का अधिकार दिया गया है। यदि किसी व्यक्ति को इस प्रकार का अधिकार नहीं दिया गया हो तो नियोक्ता से तात्पर्य संबंधित विभाग के प्रधान से होता है। यदि कोई औद्योगिक प्रतिष्ठान किसी स्थानीय निकाय के द्वारा संचालित किया जाता है, तो नियोक्ता से तात्पर्य उस निकाय के अधिशासी अधिकारी से होता है।[5] अधिनियम के अन्तर्गत यदि कोई नियोक्ता अपनी सम्पत्ति और देवताओं का स्थानान्तरण कर देता है, तब भी वह नियोक्ता बना रह जाता है।[6] न्यायालयों के अन्तर्गत यदि कोई 'बेनामदार' श्रमिकों को परेशान करने के लिए 'ट्रान्सफर डीड' करता है, तो वही नियोक्ता बन जाता है।[7] किन्तु एक राजकीय कोलिवरी का प्रबन्धक किसी श्रमिक को सस्पेण्ड कर सकता है, पर इसके बाद उसे नियोक्ता नहीं कहा जा सकता है।[8] किसी प्रतिष्ठान के स्थानान्तरण के बाद यदि कोई नियोक्ता बन जाता है तो वह कर्मचारियों की विगत सेवाओं के लिए भी जिम्मेदार होता है।[9] किन्तु यदि वह केवल प्रतिष्ठान और मशीनरी को ही क्रय करता है तो इस प्रकार की जिम्मेदारी से मुक्त रहता है।[10]

अधिनियम के अन्तर्गत नियुक्त या कामगार से तात्पर्य ऐसे व्यक्ति से है, जो किसी उद्योग में कुशल या अकुशल, शारीरिक, पर्यवेक्षीय, प्राविधिक या लिपिकीय कार्य हेतु नियुक्त किया गया हो। अधिनियम के उद्देश्यों के अन्तर्गत यदि कोई व्यक्ति किसी विवाद के फलस्वरूप छंटनी कर दिया गया है तो उसे भी मजदूर करार दिया जाएगा। किन्तु ऐसे व्यक्ति को कामगार नहीं करार दिया जा सकता–

1. जिसकी सेवाएँ आर्मी अधिनियम, 1950 या एयरफोर्स अधिनियम, 1950 या नेवी अधिनियम, 1957 के द्वारा परिचालित होती हैं।
2. जो पुलिस सेवा या जेल प्रशासन सेवा के अन्तर्गत कार्यरत हैं।
3. जो प्रशासकीय या प्रबन्धकीय पद पर कार्यरत हों।
4. जो पर्यवेक्षकीय पद पर कार्य कर रहा हो किन्तु उसका वेतन 500 रुपए प्रति माह से अधिक हो।[11]

किसी उद्योग के अन्तर्गत नियुक्त कोई मजदूर यदि उद्योग के परिसर के बाहर भी कहीं कार्य हेतु रखा जाता है तो उसे अधिनियम के अन्तर्गत कामगार ही समझा जाएगा।[12] उदाहरणार्थ, एक चमड़ा निर्माण करने वाले औद्योगिक प्रतिष्ठान में मजदूर के रूप में नियुक्त एक अभिकर्मी को माली के पद पर कार्य करने के बावजूद श्रमिक करार दिया गया।[13] इसी प्रकार स्थिर वेतन पर सेल्समैन के रूप में कार्य करने वाले अभिकर्मी, नियंत्रण और सम्प्रेषण के अधिकारों से विहीन फोरमैन[14] तथा टाइम कीपर आदि को भी अधिनियम के अन्तर्गत मजदूर करार दिया जाएगा।[15] यदि किसी व्यक्ति के कार्य के स्वरूप तथा जिम्मेदारी की सीमा को देखते हुए उसे पर्यवेक्षक करार दिया जाता है, तो वह अधिनियम के अर्थों में कामगार नहीं कहा जा सकता है।[16] पदनाम से यदि कोई व्यक्ति प्रबन्धक या अधिकारी प्रतीत होता है किन्तु उसके कार्य का स्वरूप लिपिकीय है तो उसे अधिनियम के अर्थों में कामगार या श्रमिक समझा जाएगा। उदाहरणार्थ, एक बैंक का सहायक केवल लिपिकीय कार्य करता है तो उसे कामगार ही करार दिया जाएगा।[17] इसी प्रकार यदि किसी व्यक्ति को संगीत वाद्य–वादन के लिए भी नियुक्त किया जाए तो भी अधिनियम के अर्थों में उसे कामगार ही करार दिया जा सकता है।[18]

भारत के श्रम मंत्रालय को समय–समय पर ऐसे सुझाव मिलते हैं कि औद्योगिक विवाद अधिनियम, 1947 की धारा 2 (स) के अन्तर्गत औद्योगिक विवाद की जो परिभाषा दी गई है उसमें संशोधन किया जाए। इसके अतिरिक्त यह माँग की जाती रही है कि ऐसे पर्यवेक्षकीय कर्मचारियों को भी कामगार की श्रेणी में रखा जाए, जिनका वेतन 1,000 रुपये प्रतिमाह तक हो। इसके अन्तर्गत यह बात भी तर्कसंगत प्रतीत नहीं होती है कि एयरलाइंस के इंजीनियर और पायलट को तो कामगार की श्रेणी में सम्मिलित कर लिया जाए और प्रबन्धकीय, प्रशासकीय और पर्यवेक्षकीय कर्मचारी, जो उपर्युक्त कर्मचारियों से कम वेतन प्राप्त करते हैं, कामगार की श्रेणी में न रखे जाएँ। इसके साथ ही मेडिकल रिप्रजेंटेटिव तथा औषधि निर्माण उद्योग के विक्रेताओं को भी कामगार की श्रेणी में रखने की माँग कुछ स्रोतों द्वारा की जा रही है। इन्हीं माँगों के परिप्रेक्ष्य में राष्ट्रीय श्रम आयोग का यह सुझाव था कि औद्योगिक विवाद अधिनियम के अन्तर्गत मजदूर की परिभाषा कार्य और वेतन दोनों की शर्तों के परिप्रेक्ष्य में की जानी चाहिए। प्रबन्धकीय एवं प्रशासकीय कर्मचारियों को तो वेतनमान का ध्यान दिए बिना इस परिभाषा से अलग रखा जाना चाहिए। साथ ही एक निश्चित सीमा से अधिक वेतन पाने वाले पर्यवेक्षकीय कर्मचारियों को भी इस परिभाषा के अन्तर्गत नहीं रखना चाहिए। 500 रुपए प्रति माह की वेतन सीमा को इस प्रकार ऊँचा उठा देना चाहिए ताकि बहुत ऊँचा वेतन पाने वाले ऐसे औद्योगिक अभिकर्मी को अधिनियम के अन्तर्गत संरक्षण प्रदान करने की समस्या ही समाप्त हो जाए। वेतन सीमा की वृद्धि की बात का औचित्य इस तथ्य पर आधारित है उन्नत प्रौद्योगिकी से युक्त अधिकांश औद्योगिक प्रतिष्ठानों में उन्नत कौशल से युक्त अधिकांश श्रमिकों (विशेषकर पर्यवेक्षकीय कर्मचारियों) का वेतन 500 रुपये से अधिक है।[19]

विश्व के अधिकांश देशों में पर्यवेक्षकीय, प्रबन्धकीय एवं प्रशासकीय अभिकर्मियों को श्रमिक की परिभाषा से बाहर रखा गया है। संभवतः इसी परिप्रेक्ष्य में राष्ट्रीय श्रम आयोग ने हमारे देश में भी इन अभिकर्मियों को इस परिभाषा के क्षेत्र से बाहर रखा है। इस अलगाव का एक और कारण यह है कि इन तीनों श्रेणी के अभिकर्मी नियोक्ता की ओर से प्रबन्ध की नीतियों एवं कार्यक्रमों का निर्माण एवं क्रियान्वयन करते हैं। अतः बहुत अंश में ये ही अभिकर्मी नियोक्ता से प्रतीत होते हैं। ऐसी स्थिति में उन्हें श्रमिक कहना तो उचित नहीं होगा।

राष्ट्रीय श्रम आयोग की संस्तुति का कार्यान्वयन तो नहीं किया गया किन्तु सरकार इधर कुछ समय से यह बात अवश्य महसूस कर रही थी कि चूँकि बोनस अधिनियम के अन्तर्गत 1,600 रुपये तक वेतन वाले कर्मचारी श्रमिक की परिभाषा में आते हैं। अतः औद्योगिक विवाद अधिनियम के अन्तर्गत भी श्रमिक की परिभाषा में कुछ परिवर्तन होना चाहिए। फलस्वरूप 1978 में जनता सरकार द्वारा प्रस्तावित व्यापक औद्योगिक सम्बन्ध विधेयक में 'श्रमिक' की परिभाषा में निम्नलिखित परिवर्तन किया गया–

> औद्योगिक विवाद अधिनियम 1947 के अन्तर्गत मजदूर (वर्कमैन) के लिए कामगार शब्द का प्रयोग किया गया है। किन्तु उक्त विधेयक में इस स्थान पर कर्मचारी (एम्प्लाई) शब्द का प्रयोग किया गया है। पूर्वापेक्षा इस विधेयक में कर्मचारी शब्द का अर्थ अधिक व्यापक है। उसके अन्तर्गत ऐसे पर्यवेक्षकीय अभिकर्मी भी आ जाते हैं जिनकी मजदूरी प्रति माह 1,000 रुपये से अधिक नहीं है। इसके अतिरिक्त ऐसे कर्मचारी भी उसके अन्तर्गत आ जाते हैं, जो विक्रय सम्बन्धी कार्य, वृत्तिक कार्य या मनोरंजन कार्य में नियोजित हैं। साथ ही प्राविधिक कार्य में रत ऐसे अभिकर्मी भी विधेयक के अन्तर्गत 'कर्मचारी' करार दिए गए थे, जो 3,000 रुपये प्रति माह या उससे अधिक वेतन प्राप्त करते हों। यह प्रावधान बहुत अंश में न्यायोचित प्रतीत नहीं होता था। प्राविधिक अभिकर्मी भी 'कर्मचारी' करार दिए जा सकते हैं, किन्तु उनका वेतन भी उतना ही होना चाहिए, जो 'कर्मचारी' करार दिए पर्यवेक्षकीय अभिकर्मी को प्राप्त होता है।

कहना नहीं होगा कि जनता सरकार के पतन के पश्चात् विधेयक पारित नहीं हो सका और स्थिति पूर्ववत ही बनी हुई है। भारत की तत्कालीन केन्द्रीय सरकार ने अप्रैल 1982 में औद्योगिक विवाद सम्बन्ध एक नवीन विधेयक संसद में प्रस्तुत किया (औद्योगिक विवाद, संशोधन विधेयक, 1982)। संसद के अधिवेशन में वह विधेयक पारित भी कर दिया गया। इसके अन्तर्गत 'मजदूर' के लिए 'कामगार' शब्द का ही प्रयोग किया गया। विधेयक के अर्थों में 'कामगार' कोई भी व्यक्ति हो सकता है (अपरेंटिस भी), जो किसी उद्योग में शारीरिक, अकुशल, कुशल, प्राविधिक, क्लेरिकल या पर्यवेक्षकीय कार्य हेतु भाड़े पर रखा गया हो या पुरस्कार के आधार पर रखा गया हो। अभियोजन की शर्तें चाहें तो स्पष्ट रूप से निरूपित की गई हों, अथवा रोजगार के अर्थों में ही निहित हों। औद्योगिक विवाद के सम्बन्ध में कोई कार्यवाही करने के लिए

'कामगार' की परिभाषा के अन्तर्गत किसी भी ऐसे व्यक्ति को सम्मिलित किया जा सकता है, जो किसी विवाद के सम्बन्ध में निष्कासित या छँटनी कर दिया गया हो अथवा जिसकी छँटनी या निष्कासन के कारण विवाद उत्पन्न हुआ हो। किन्तु इसके अन्तर्गत ऐसे व्यक्ति सम्मिलित नहीं किए जा सकते हैं–

1. जो एयरफोर्स अधिनियम, 1950 या आर्मी एक्ट 1950 या नेवी एक्ट, 1957 के अन्तर्गत आते हों, या
2. जो पुलिस सेवा के अन्तर्गत कार्यरत हों अथवा जो पुलिस प्रशासन या जेल विभाग के कोई अधिकारी हों, या
3. जो मुख्य रूप से प्रबन्धकीय या प्रशासकीय पद पर कार्यरत हैं, या
4. जो पर्यवेक्षकीय पदों पर कार्यरत हों और 1,600 रुपए प्रति माह से अधिक वेतन प्राप्त नहीं करते हों और अपने कार्य के स्वरूप या अधिकारों के आधार पर प्रबन्धकीय प्रकृति का कार्य करते हों।[20]

इस प्रकार उस संशोधित बिल के अन्तर्गत 1,600 रुपए प्रति माह तक वेतन प्राप्त पर्यवेक्षकीय कर्मचारियों को भी कामगार की श्रेणी में रख लिया गया। उद्योग से तात्पर्य किसी वाणिज्य, व्यवसाय या प्रतिष्ठान से है, जहाँ नियोक्ता और कामगार पारस्परिक सहयोग से किसी उपयोगी और लाभप्रद वस्तु या सेवा की उत्पत्ति करते हैं।[21] जनता सरकार द्वारा प्रस्तावित व्यापक औद्योगिक सम्बन्ध विधेयक, 1978 के अन्तर्गत उद्योग की जो परिभाषा की गई थी वह फरवरी 1978 में उच्चतम न्यायालय द्वारा दी गई उद्योग की परिभाषा से बहुत कुछ प्रभावित है। अधिनियम के उद्देश्यों और कारणों के कथन के अन्तर्गत यह बात स्पष्ट कर दी गई थी कि शैक्षणिक संस्थानों तथा चिकित्सालयों के कर्मचारियों को मनमानी कार्यवाही से संरक्षण देने के लिए उनकी वैयक्तिक तथा सामूहिक शिकायतों के निवारण हेतु प्रक्रिया तथा प्रशासन तन्त्र का उपबन्ध करने के लिए एक अलग विधि होनी चाहिए। इन बातों को ध्यान में रखते हुए सन्दर्भित विधेयक में 'उद्योग' शब्द का व्यापक विस्तार और विर्निदिष्ट किया गया। विधेयक के अनुसार उद्योग से तात्पर्य ऐसे व्यवस्थित क्रियाकलाप से है, जो किसी नियोजक और उसके कर्मचारियों (चाहे वे कर्मचारी नियोक्ता द्वारा सीधे नियुक्त किए गए हों अथवा किसी अभिकरण जिसके अन्तर्गत ठेकेदार भी सम्मिलित हैं, के द्वारा या उसके मार्फत नियोजित किए गए हों) के पारस्परिक सहयोग से किया जा रहा हो और जिसका उद्देश्य मानवीय आवश्यकताओं या इच्छाओं की (जो धार्मिक और आध्यात्मिक प्रकृति की न हो) पूर्ति हेतु वस्तुओं और सेवाओं का उत्पादन या वितरण करना हो। यह कोई आवश्यक नहीं कि इस प्रकार के क्रिया कलाप में किसी पूँजी का विनियोग किया गया हो और लाभ या हानि की आशा की जाती है। बंगलौर वाटर सप्लाई और सीवेज बोर्ड तथा बी.ए. राजप्पा तथा उनके साथियों (1978) के विवाद में सुप्रीम कोर्ट ने उद्योग के सम्बन्ध में दी गई पहले की सभी परिभाषाओं पर पुनः विचार किया और अन्त में सात सदस्यीय बैंच ने 'उद्योग' की निम्नलिखित परिभाषा दी–

(क) 1. जहाँ एक क्रमबद्ध क्रिया–कलाप का

2. नियोक्ता एवं कामगार के सहयोग से संगठन किया जाता है।
3. जिसका उद्देश्य किसी वस्तु या सेवा का उत्पादन या वितरण होता है। जिसके द्वारा किसी मानवीय आवश्यकता या इच्छा की संतुष्टि होती है, किन्तु यह इच्छा आध्यात्मिक या धार्मिक नहीं होनी चाहिए, उसे प्रथम दृष्ट्या उद्योग करार दिया जा सकता है।

(ख) उद्योग का संचालन संयुक्त, निजी या सार्वजनिक किसी भी क्षेत्र में किया जाए, किन्तु उसके अन्तर्गत लाभ या किसी प्रकार की वस्तु की प्राप्ति का कोई महत्त्व नहीं होता है।

(ग) मुख्य रूप से नियोक्ता एवं नियुक्त के सम्बन्धों के ऊपर विशेष ध्यान दिया जाता है।

(घ) यदि संगठन किसी प्रकार का वाणिज्यिक संगठन है, तो उसे इस आधार पर उद्योग की परिभाषा से बाहर नहीं किया जा सकता है कि उसके द्वारा दान या कल्याण सम्बन्धी कार्य किया जाता है।

उद्योग की उपर्युक्त परिभाषा ऑस्ट्रेलियन अधिनियम द्वारा दी गई उद्योग की परिभाषा से बहुत कुछ मिलती है। इस परिभाषा के अनुसार 'उद्योग' श्रम और पूँजी की सहभागिता का परिणाम है और सहयोग एवं सहभागिता के द्वारा ही औद्योगिक उत्पादन होता है। उद्योग की यही आधारभूत कसौटी है। चूँकि वकील या इसी श्रेणी का कोई वृत्तिक अभिकर्मी वैयक्तिक कार्य करता है अतः उसकी उत्पत्ति व्यक्तिगत उत्पत्ति ही करार दी जा सकती है।

उक्त निर्णय के द्वारा एक अन्य प्रकार के परीक्षण पर भी विचार किया गया है। जब एक नियोक्ता और उसके मजदूरों के बीच कोई औद्योगिक विवाद उत्पन्न होता है, उसे उद्योग के भीतर ही समझना चाहिए और इस सम्बन्ध में कोई अन्य धारणा नहीं बनानी चाहिए। इस निर्णय के अनुसार कुछ विशिष्ट प्रकार के सवेतन फंक्शन को ही उद्योग के क्षेत्र से बाहर समझना चाहिए। सरकार के किसी प्रतिष्ठान द्वारा संचालित किसी कल्याणात्मक अथवा आर्थिक कार्य को उद्योग के क्षेत्र से बाहर नहीं समझना चाहिए। मुख्य न्यायाधीश का यह मत था कि उद्योग के क्षेत्र से बाहर के कार्य को राज्य कार्य (government function) कहना अधिक उचित होगा। इस प्रकार अनुच्छेद 310 और 311 के अन्तर्गत आने वाली या उसी प्रकार की अन्य सेवाओं को उद्योग के क्षेत्र से बाहर समझना चाहिए। बहुत सी जनोपयोगी सेवाएँ, जो राजकीय अभिकरणों द्वारा संचालित होती हैं, अधिनियम के अन्तर्गत उद्योग समझी जाती हैं। अतः यह बात गलत है कि राज्य द्वारा संचालित उद्योगों को अधिनियम के क्षेत्र से बाहर समझा जाए, जब तक कि इस आशय के विशिष्ट अधिनियमित प्रावधानों का निर्माण न किया जाए। यह निर्णय किया गया कि स्थानीय निकाय का टैक्स विभाग उद्योग समझा जाए।

उक्त निर्णय के अनुसार (क) वृत्तिक संस्थान, (ख) क्लब, (ग) शैक्षणिक संस्थान, (घ) सहकारी संस्थान, (ङ) गवेषणात्मक संस्थाएँ, (च) चैरिटेबल प्रोजेक्ट, तथा (छ) अन्य किण्डेड उद्यमों को भी उद्योग की श्रेणी में रखा जा सकता है। निर्णय के अनुसार वृहत्

क्लबों को उद्योग करार दिया जा सकता है, क्योंकि उनकी सदस्यता जनसामान्य के लिए खुली रहती हैं। न्यायालय ने मद्रास जिमखाना क्लब (1968) और क्रिकेट क्लब ऑफ इण्डिया के विवाद के सम्बन्ध में किए गए निर्णयों को ओवर रूल करते हुए उन्हें उद्योग करार दिया। सुप्रीम कोर्ट के पहले के निर्णयों का अतिक्रमण करते हुए (जिसके अन्तर्गत शैक्षणिक संस्थान एवं विश्वविद्यालयों को उद्योग की श्रेणी में नहीं रखा गया था– यूनिवर्सिटी ऑफ देहली वर्सेज रामनाथ) इस निर्णय में इन्हें भी उद्योग की श्रेणी में रखा गया, यदि इनके द्वारा (क) में वर्णित तीनों कसौटियों को पूरा किया जाता हो। यह बात कहना कि एक विश्वविद्यालय 'उद्योग' नहीं है, एक अलग बात है और यह बात कहना कि चूँकि विश्वविद्यालय के अधिकांश कर्मचारी अध्यापक होते हैं, अतः वे मजदूर की श्रेणी में नहीं आते हैं एक अलग बात है। 'उद्योग' की परिभाषा की यह कसौटी नहीं है कि बहुसंख्यक कर्मचारी अधिनियम के लाभों को प्राप्त करें वरन् मुख्य कसौटी यह है कि उक्त संस्था या अभिकरण का मुख्य कार्य क्या है? विश्वविद्यालय की स्थिति में उसका प्रमुख कार्य शिक्षा प्रदान करना है, जो समुदाय की एक सेवा है। अतः विश्वविद्यालय भी उद्योग है। उसके अतिरिक्त यदि विश्वविद्यालय में 50 बसें और ड्राइवर हों तथा वर्कशॉप एवं टेक्नीशियन हों तो उन्हें अधिनियम के लाभों की प्राप्ति से वंचित नहीं किया जा सकता है। इसी प्रकार शोध संस्थान भी उद्योग करार दिए जा सकते हैं, भले ही वे बिना किसी लाभ की भावना से संचालित होते हों। शोध संस्थान भी ऐसे संगठन हैं, जो क्रमबद्ध क्रियाकलापों का संचालन करते हैं, ऐसे क्रिया कलाप श्रम एवं प्रबन्ध के सहयोग से संचालित होते हैं और इनके शोध कार्यों से व्यक्ति, उद्योग एवं राष्ट्र तीनों ही लाभान्वित होते हैं। इस प्रकार उद्योग की तीनों कसौटियों की पूर्ति इनके द्वारा की जाती है और इन्हें अधिनियम के अन्तर्गत उद्योग की श्रेणी में रखा जाना चाहिए।

अप्रैल, 1982 में औद्योगिक विवाद अधिनियम का जो संशोधित विधेयक संसद में पारित किया गया था, उसमें भी उद्योग की परिभाषा का आधार उच्चतम न्यायालय का उक्त निर्णय ही था, किन्तु उसके अन्तर्गत निम्नलिखित श्रेणी के अभिकरणों को उद्योग नहीं करार दिया गया–

1. कोई कृषि सम्बन्धी क्रिया कलाप जो किसी एकीकृत विधि से सम्पादित नहीं किया जा रहा हो।
2. चिकित्सालय या डिस्पेन्सरी।
3. शैक्षणिक, वैज्ञानिक, गवेषणात्मक प्रशिक्षण सम्बन्धी संस्थान।
4. ऐसे संस्थान, जिनका स्वामित्व और प्रबन्ध दान एवं सामाजिक कल्याण सम्बन्धी संगठनों के हाथों में हो।
5. खादी एवं ग्रामोद्योग।
6. सरकार के कुछ ऐसे कार्य जिन्हें उसका सावरेन फंक्शन करार दिया जाता है, उसके अन्तर्गत केन्द्रीय सरकार के प्रतिरक्षा, गवेषणा तथा एटॉमिक एनर्जी सम्बन्धी विभागों के कार्य सम्मिलित हैं।

7. सहकारी समिति द्वारा संचालित कोई कार्य। ऐसी सहकारी समिति में 10 से कम व्यक्तियों को कार्यरत नहीं होना चाहिए। इस प्रकार स्पष्ट है कि इस नवीनतम विधेयक की उद्योग की परिभाषा उतनी व्यापक नहीं है जितनी कि 1978 में उच्चतम न्यायालय के निर्णय के अन्तर्गत दी गई थी।

रोजगार या अभियोजन शब्द को अधिनियम के अन्तर्गत यद्यपि परिभाषित नहीं किया गया है तथापि सामान्य रूप से इसका अर्थ सेवा के ऐसे अनुबन्ध से है जो नियोक्ता और नियुक्त के बीच किया जाता है और जिसके अन्तर्गत कामगार नियोक्ता के पर्यवेक्षण और नियंत्रण में कार्य करने को राजी होता है।[22] सेवा के अनुबन्ध की मुख्य कसौटी यह है कि कामगार अपने निजी श्रम का अनुबन्ध करता है। यह अनुबन्ध टाइम अथवा पीस दोनों ही आधार पर किए गए श्रम के लिए होता है। औद्योगिक विवाद की अधिनियमित परिभाषा के अन्तर्गत 'श्रम की स्थिति' शब्द का उल्लेख भी अत्यन्त महत्त्वपूर्ण अर्थों में किया गया है।[23] कार्य कुछ निश्चित स्थितियों में किया जाना है। उस स्थिति का विशिष्ट उल्लेख कुछ अंश में सेवा सम्बन्धी अनुबन्ध के अन्तर्गत किया जाता है। कुछ अंश का निरूपण स्थायी आदेश अधिनियम के माध्यम से होता है। कार्य की स्थिति से संबंधित विभिन्न तथ्यों के सम्बन्ध में विवाद खड़ा हो सकता है। उदाहरणार्थ, छुट्टी के सम्बन्ध में उठाए गए विवाद का सम्बन्ध कार्य या सेवा की स्थिति से है।[24]

अधिनियमित परिभाषा के अन्तर्गत उल्लिखित किसी व्यक्ति से अर्थ किसी भी सामान्य श्रमिक या अभिकर्मी से नहीं है।[25] यहाँ किसी व्यक्ति से तात्पर्य ऐसे व्यक्ति से है जिसके अभियोजन या अभियोजनहीनता या अभियोजन की शर्तों के सम्बन्ध में मजदूरों के एक वर्ग के रूप में सीधी एवं समुचित अभिरुचि हो और जिनके साथ उनके स्वार्थों की निरन्तरता जुड़ी हुई है।[26]

विवाद किस सम्बन्ध में उठाया जा सकता है?

यह कोई आवश्यक नहीं है कि विवाद सीधे ही नियोक्ता और नियुक्त के बीच उठाया जाए। नियोक्ता द्वारा नियुक्त श्रमिक ऐसे व्यक्ति के सम्बन्ध में भी विवाद उठा सकते हैं, जो अधिनियम के अर्थों में श्रमिक न हों, वरन् ऐसा व्यक्ति हो, जिसके अभियोजन में श्रमिकों के एक वर्ग की सम्यक् अभिरुचि हो।[27] इसके अतिरिक्त कार्यरत श्रमिकों द्वारा ऐसे श्रमिक के बारे में भी विवाद उठाया जा सकता है, जो विवाद उठाए जाने के समय नियोक्ता का कामगार न हो[28], किन्तु विवाद उठाए जाने वाले श्रमिक और नियोक्ता के बीच किसी न किसी समय स्वामी और सेवक का सम्बन्ध अवश्य विद्यमान होना चाहिए।[29] मृत श्रमिक के सम्बन्ध में कोई औद्योगिक विवाद नहीं उठाया जा सकता है।[30] छँटनीकृत कर्मचारी की पुनर्नियुक्ति हेतु भी विवाद उठाया जा सकता है, क्योंकि छँटनी मात्र से नियोक्ता और नियुक्त का सम्बन्ध समाप्त नहीं हो जाता है।[31] अधिनियम के अन्तर्गत वर्तमान नियुक्ति के सम्बन्ध में ही विवाद नहीं उठाया जा सकता है, वरन् भविष्य की अनुमानित नियुक्ति के सम्बन्ध में भी विवाद उठाया जा सकता है।

विवाद कैसे उठाया जा सकता है?

श्रमिक वर्ग द्वारा माँग के प्रस्तुतीकरण मात्र से ही विवाद का अस्तित्व स्वीकार कर लिया जाता है। माँग मौखिक रूप से भी की जा सकती है।[32] जहाँ 'लॉ ऑफ एजेन्सी' का प्रयोग होता है, वहाँ यह आवश्यक नहीं कि विवाद संबंधित श्रमिक अथवा श्रम संघ द्वारा ही उठाया जाए।[33] विवाद सीधे नियोक्ता के समक्ष प्रस्तुत न कर, संराधन अधिकारी के समक्ष प्रस्तुत किया जा सकता है।[34] श्रमिक या श्रमिक संघ के द्वारा यदि कोई माँग प्रस्तुत की जाती है और प्रबन्ध द्वारा अस्वीकृत कर दी है तो वह विवाद का रूप ग्रहण कर लेती है।[35]

इस तथ्य का निर्धारण करने के लिए कि औद्योगिक विवाद का अस्तित्व है या नहीं, यह देखना पड़ेगा कि विवाद व्यक्तिगत है या सामूहिक। किन्तु इसका यह अर्थ नहीं कि माँग सामूहिक रूप से की जानी चाहिए, अकेले कोई कामगार विवाद उठा सकता है।[36] जनता सरकार द्वारा औद्योगिक सम्बन्धों के विषय में व्यापक विधेयक संसद में प्रस्तुत किया गया था, उसमें व्यक्तिगत विवादों को औद्योगिक विवादों के रूप में स्वीकार करने का स्पष्ट प्रावधान था, किन्तु अब तक के अधिनियमित प्रावधानों के अन्तर्गत इलाहाबाद हाईकोर्ट का यह मत है कि कोई एक कर्मचारी भी औद्योगिक विवाद खड़ा कर सकता है। पर उच्चतम न्यायालय के एक निर्णय के अनुसार व्यक्तिगत कर्मचारी और नियोक्ता के बीच जनित कोई विवाद तब तक औद्योगिक विवाद नहीं करार दिया जा सकता है, जब तक कि उसके कारणों का समर्थन एवं प्रतिपादन अन्य श्रमिकों द्वारा नहीं किया जाए।[37] एक अन्य निर्णय के अनुसार यदि कोई विवाद आरम्भ में केवल एक श्रमिक द्वारा उठाया जाता है और आगे चलकर भी श्रमिक संघ अथवा कुछ और श्रमिकों के द्वारा उसका समर्थन नहीं किया जा सकता है तो वह औद्योगिक विवाद नहीं करार दिया जा सकता है।[38] इस प्रकार स्पष्ट है कि न्यायिक मतानुसार व्यक्तिगत रूप से एक नियोक्ता एवं नियुक्ति के बीच उठने वाले विवाद को औद्योगिक विवाद अधिनियम, 1947 की धारा 2(क) के अन्तर्गत औद्योगिक विवाद नहीं करार दिया जा सकता है, किन्तु 1965 में औद्योगिक विवाद अधिनियम की उक्त धारा में संशोधन कर यह प्रावधान किया गया कि सेवा समाप्ति या निष्कासन से संबंधित व्यक्तिगत विवादों को भी औद्योगिक विवाद करार दिया जाएगा। इस सम्बन्ध में जैसा कि पहले ही लिखा जा चुका है, जनता सरकार द्वारा प्रस्तावित औद्योगिक सम्बन्ध विधेयक, 1978 के अन्तर्गत यह प्रावधान किया गया था कि व्यक्तिगत श्रमिक की पदोन्नति और स्थानान्तरण सम्बन्धी विवाद भी औद्योगिक विवाद करार दिए जा सकते हैं।

औद्योगिक विवादों के विषय

यह आवश्यक नहीं कि ऐसे ही विवादों को औद्योगिक विवाद करार दिया जाए जिसमें संबंधित कर्मचारी या कर्मचारियों का सीधा स्वार्थ जुड़ा हो। यदि कामगार अपने देश के बाहर के श्रमिकों की स्थिति से परिवेदना का अनुभव करते हैं तो उस आधार पर वे

औद्योगिक विवाद खड़ा नहीं कर सकते हैं। इसके अतिरिक्त श्रमिक की परिवेदना किसी ऐसे विषय से संबंधित नहीं होनी चाहिए जिसका निराकरण संबंधित नियोक्ता के द्वारा नहीं किया जा सकता है।[39]

अतः जैसा कि पहले कहा जा चुका है कि किसी कर्मचारी की नियोजन, अनियोजन, नियुक्ति की शर्तें, कार्य या श्रम की दशाओं आदि के सम्बन्ध में नियोक्ता और नियुक्त के बीच में जनित मतभेद को औद्योगिक विवाद की परिभाषा के अन्तर्गत सम्मिलित किया जाता है।

औद्योगिक विवाद अधिनियम के अर्थ में कुछ निश्चित कार्यों को औद्योगिक विवाद करार दिया जाता है। जैसे, नगर महापालिका के विद्युत उत्पादन विभाग के कर्मचारियों का बोनस सम्बन्धी विवाद,[40] निष्कासित कर्मचारियों की पुनः नियुक्ति सम्बन्धी विवाद[41], गैर कानूनी हड़ताल के कारण होने वाले नुकसान के सम्बन्ध में जनित विवाद[42], श्रमिकों की छुट्टी के सम्बन्ध में जनित विवाद[43], न्यायोचित या गैर न्यायोचित तालाबन्दी के कारण जनित विवाद[44], प्रतिष्ठान की बन्दी के कारण प्राप्त क्षतिपूर्ति के सम्बन्ध में जनित विवाद[45], न्यूनतम मजदूरी से ऊपर मजदूरी निर्धारण के सम्बन्ध में जनित विवाद[46], बोनस ग्रेच्युटी, पेंशन और प्रॉविडेण्ट फण्ड से संबंधित विवाद[47], किन्तु प्रतिष्ठान की वास्तविक बन्दी के पश्चात् कर्मचारियों की सेवाओं की समाप्ति[48], अथवा किसी कर्मचारी को नियोक्ता द्वारा नियुक्ति का आश्वासन देने के बावजूद नियुक्त न किया जाना[49], तथा इस प्रकार के कुछ अन्य कार्यों को औद्योगिक विवाद के अन्तर्गत सम्मिलित नहीं किया जा सकता।

संरक्षित कामगार

औद्योगिक विवाद अधिनियम 1947 की धारा 33(3) के अनुसार संरक्षित श्रमिक वे कामगार हैं जो प्रतिष्ठान से संबंधित किसी पंजीकृत श्रमिक संघ की कार्यकारिणी के सदस्य हैं या अन्य पदाधिकारी के रूप में नियमानुसार मान्यता प्राप्त हैं। ऐसे कामगारों की कुल संख्या प्रतिष्ठान की कुल श्रमशक्ति का 1 प्रतिशत हो सकती है। किसी भी स्थिति में यह संख्या 5 से कम नहीं और 100 से अधिक नहीं होनी चाहिए। ऐसे कामगारों को नियोजक द्वारा विवाद की स्थिति में किसी भी प्रतिक्रियात्मक कार्यवाही से सुरक्षा प्राप्त है। न तो उनकी सेवा समाप्ति की जा सकती है और न उनकी सेवा शर्तों में बदलाव किया जा सकता है, जब तक कि उस सक्षम अधिकारी से इस सम्बन्ध में अनुमति न ले ली जाए, जिसके समक्ष विवाद लम्बित है।

औद्योगिक विवादों के प्रमुख स्वरूप

भारतीय वाङ्गमय में हड़ताल की अवधारणा का उल्लेख सर्वप्रथम कौटिल्य के अर्थशास्त्र में किया गया है। कौटिल्य ने सामूहिक प्रयासों के माध्यम से श्रमिकों की स्वार्थपूर्ति की प्रक्रिया को वैधानिक दृष्टि से न्यायोचित करार दिया है और ऐसे सामूहिक प्रयास को उन्होंने दण्डनीय करार दिया है, जिसके माध्यम से नियोक्ता को क्षति पहुंचाई जाती है–

"संघा त्रिक्षहा सम्भूय समुदादरो मा यथा।
सम्भाहियाम् वेदानाम समाम मा विभाजरम्।।"

किन्तु औद्योगिक क्रान्ति के पश्चात् ब्रिटिश पूँजीपतियों द्वारा भारत में जिस उद्योगवाद को आरम्भ किया गया, उसमें बहुत दिनों तक हड़ताल की प्रक्रिया का ज्ञान लोगों को नहीं था। प्रथम महायुद्ध के पूर्व तक अधिकांश भारतीय श्रमिकों को यह बात ज्ञात नहीं थी कि हड़ताल के माध्यम से नियोक्ता पर दबाव डालकर अपने भाग्य में सुधार किया जा सकता है। इस प्रकार की प्रक्रिया का भारतीय औद्योगिक प्रतिष्ठानों में बहुत ही कम प्रयोग किया जाता था। इस सम्बन्ध में उपलब्ध प्रतिवेदनों को देखने से ज्ञात होता है कि सर्वप्रथम इम्प्रेस मिल, नागपुर में 1877 में हड़ताल हुई थी। 1949 में अन्तर्राष्ट्रीय श्रम संगठन ने एक प्रस्ताव पारित कर श्रमिक और नियोक्ता को अपने हितों की रक्षा हेतु संगठित होकर कार्यवाही करने का मार्ग प्रशस्त किया। स्वतंत्रता प्राप्ति के बाद भारतीय संविधान के अनुच्छेद 19 के अन्तर्गत नागरिकों को शान्तिपूर्ण ढंग से एकत्रित होकर कार्य करने का अधिकार दिया गया। कुछ न्यायालयों के अनुसार इस अनुच्छेद के द्वारा श्रमिकों को हड़ताल करने का अधिकार प्राप्त नहीं होता है किन्तु तत्कालीन मुख्य न्यायाधीश श्री छागला ने यह निर्णय दिया था कि "हड़ताल के अन्तर्गत कोई अवैधानिक तत्त्व समाविष्ट नहीं है। कॉमन लॉ के अन्तर्गत श्रमिक को अपनी इच्छानुसार कार्य न करने पूरा अधिकार प्राप्त है।"

हड़ताल - अर्थ निरूपण

औद्योगिक विवाद अधिनियम, 1947 के अनुसार हड़ताल का अर्थ किसी उद्योग में नियुक्त व्यक्तियों के एक समूह द्वारा सम्मिलित रूप से कार्य विराम है, या ऐसे व्यक्तियों के द्वारा जो कार्य पर नियुक्त हैं, या मिल–जुलकर कार्य कर रहे हैं, रोजगार पाने या कार्य पर लगे रहने से एकमत होकर या सामान्य समझदारी के अन्तर्गत कार्य करने से इकार करना है। उक्त अधिनियमन के अनुसार 'तालाबन्दी' का अर्थ उस स्थान को बन्द कर देने से है जहाँ कार्य हो रहा है, या नियोक्ता द्वारा कार्य स्थगन करना या ऐसे व्यक्तियों को कार्य पर लगाने से इनकार करना है, जो उसके द्वारा नियुक्त किए गए थे।

इस प्रकार हड़ताल और तालाबन्दी दोनों ही परिस्थितियों में क्रमशः कामगार एवं नियोक्ता का लक्ष्य होता है, कार्य को रोककर दबाव के द्वारा उचित सुविधाओं की प्राप्ति करना। इसीलिए प्रोफेसर वैरियर ने उन्हें एक ही सिक्के के दो पहलू कहा है। अतः इस अध्याय में हड़ताल के अन्तर्गत ही दोनों प्रक्रियाओं का विवेचन करेंगे।

औद्योगिक विवाद अधिनियम के अन्तर्गत दी गई उपर्युक्त परिभाषा अधिकांश विद्वानों द्वारा मान्य है। राष्ट्रीय श्रम आयोग के अनुसार उक्त परिभाषा अति व्यापक है, उसमें किसी प्रकार के परिवर्तन की आवश्यकता नहीं है। किन्तु आयोग ने 'धीरे काम करो' अथवा 'नियम के अनुसार कार्य करो' को स्थायी आदेश अधिनियम के अन्तर्गत दुराचरण की संज्ञा देने की संस्तुति की है। भारत की जनता सरकार ने औद्योगिक सम्बन्ध विषयक व्यापक अधिनियम बनाने के लिए एक समिति का गठन किया था।

उक्त समिति के प्रतिवेदन के अन्तर्गत भी हड़ताल की उपर्युक्त परिभाषा को मान्यता प्रदान की गई है। किन्तु समिति के कुछ सदस्यों का मत था कि 'आंशिक स्थगन' (पार्टियल सेसेशन) के स्थान पर केवल बन्दी या 'सेसेशन' शब्द रखा जाए, ताकि स्थिति और अधिक स्पष्ट हो। इसी प्रकार कुछ सदस्यों का यह सुझाव था कि 'धीरे काम करो' को वैधानिक हड़ताल की संज्ञा न देकर दुराचरण की संज्ञा दी जाए।

उपर्युक्त परिभाषा के विवेचन से स्पष्ट है कि हड़ताल की प्रक्रिया के तीन प्रमुख तत्त्व हैं– (1) कामगार एवं नियोक्ता का अस्तित्व जो रोजगार सम्बन्धों में परस्पर आबद्ध हों, (2) विवाद का अस्तित्व, एवं (3) कार्य के सामान्य दिनों और घण्टों में श्रमिकों के द्वारा कार्य न किया जाना। इस प्रकार कार्य स्थगन कुछ मिनटों के लिए भी हो सकता है। यह कार्य स्थगन औद्योगिक प्रतिष्ठान के एक भाग में भी हो सकता है, जिसे 'बैठकी' कह सकते हैं। यह कोई आवश्यक नहीं है कि इस प्रकार का कार्य स्थगन सामूहिक रूप से सम्पूर्ण प्रतिष्ठान में एक साथ ही हो। सामूहिक रूप से अवकाश हेतु आवेदन देना भी एक प्रकार की हड़ताल है। आंशिक रूप से कार्य करने से इनकार करना भी हड़ताल है। सामान्य रूप से यदि समयोपरि कार्य किया जाता है और किसी स्थिति विशेष में उक्त कार्य से इनकार कर दिया जाए तो उसे भी हड़ताल की ही संज्ञा दी जा सकती है।

उपर्युक्त परिभाषाओं से स्पष्ट है कि यह कोई आवश्यक नहीं कि किसी औद्योगिक विवाद के पश्चात् ही हड़ताल हो। (i) हड़ताल के अस्तित्व हेतु सर्वप्रथम एवं सर्वाधिक आवश्यक तत्त्व यह है कि कार्य की बन्दी हो जाए अथवा श्रमिकों द्वारा सामूहिक रूप से कार्य करने से इनकार कर दिया जाए। न्यायालयों के निर्णयों के अनुसार भूख हड़ताल को भी उसी समय हड़ताल की संज्ञा दी जा सकती है, जब उसके साथ कार्य की भी बन्दी हो जाए। न्यायालयों का यह भी मत है कि आंशिक रूप से कार्य की बन्दी को हड़ताल कहा जा सकता है। जब कार्य को निलम्बित कर दिया जाता है, तो इस बात का कोई विशेष महत्त्व नहीं होता है कि श्रमिक औद्योगिक प्रतिष्ठान में उपस्थित हुए या नहीं। अतः 'स्टे इन स्ट्राइक' को भी प्राविधिक रूप से हड़ताल ही कहा जा सकता है। आंशिक रूप से कार्य की बन्दी का अर्थ यह है कि श्रमिक अपने कार्य के एक अंश को पूरा नहीं करते हैं, अतः 'धीरे काम करो' कुछ भिन्न है। 'धीरे काम करो' की स्थिति में श्रमिक इतनी मन्द गति से कार्य करते हैं कि कार्य की स्वाभाविक गति बहुत कम हो जाती है। 'धीरे काम करो' हड़ताल नहीं है, वरन् यह एक प्रकार का दुराचरण है। (ii) हड़ताल की परिभाषा का दूसरा महत्त्वपूर्ण तत्त्व यह है कि कार्य की बन्दी एक ही साथ बहुत से श्रमिकों के द्वारा की जाए। सब कुछ मिलाकर हड़ताल की स्थिति में यह बात स्पष्ट होनी चाहिए कि श्रमिकों का एक बड़ा समूह कार्य बन्दी कर रहा है। हड़ताल ऐसी स्थिति में जब किसी कार्य बन्दी से श्रमिकों की एक विशाल संख्या का सम्बन्ध हो, वहाँ ऐसा प्रभाव मौजूद होना चाहिए, जिसके द्वारा इस तथ्य की पुष्टि हो सके कि सामान्य समझदारी के परिणामस्वरूप अधिकांश श्रमिक कार्य से अनुपस्थित थे। (iii) हड़ताल का तीसरा आवश्यक तत्त्व यह है कि इसके लिए

कोई न्यूनतम अवधि निर्धारित नहीं रहती है। जब कभी श्रमिकों के द्वारा हड़ताल का नोटिस जारी हो जाता है, और नोटिस की अवधि की समाप्ति के पश्चात् कार्य की बन्दी हो जाती है, तो वह हड़ताल की परिभाषा के अन्तर्गत सम्मिलित किया जाएगा। इस प्रकार यदि समस्त श्रमिक वर्ग अपने उच्चाधिकारियों के समक्ष प्रदर्शन करता है तो वह भी हड़ताल ही कही जाएगी क्योंकि इस प्रकार का प्रदर्शन भी एक पूर्व निर्धारित एवं पूर्व नियोजित कार्यबन्दी ही है। सामूहिक रूप से छुट्टी हेतु दिया गया आवेदन पत्र भी हड़ताल ही है। आंशिक रूप से कार्य से इनकार करना भी एक प्रकार की हड़ताल है। नार्थब्रुक जूट कं. और उसके कर्मचारियों के विवाद में श्रमिकों ने अतिरिक्त कार्य करने से इनकार कर दिया और नियोक्ता के पास कानून के अन्तर्गत ऐसा कोई अधिकार नहीं था कि उससे इस प्रकार का अतिरिक्त कार्य कराएँ। उच्चतम न्यायालय का यह मत था कि इस प्रकार से श्रमिकों द्वारा कार्य से इनकार करना हड़ताल की परिभाषा के अन्तर्गत नहीं आता है। सिद्धान्त यह है कि हड़ताल के अन्तर्गत श्रमिक उन्हीं कार्यों को करने से इनकार कर सकता है, जिन्हें नियोक्ता को कराने का अधिकार है और श्रमिक उन कार्यों को करने के लिए कार्यानुबन्ध के अन्तर्गत बाध्य हैं। जहाँ तक समयोपरि कार्य का सम्बन्ध है, फैक्ट्री एक्ट तथा शॉप एक्ट आदि में इसका प्रावधान है, किन्तु इसके बावजूद श्रमिक समयोपरि कार्य हेतु बाध्य नहीं है। किन्तु यदि किसी औद्योगिक प्रतिष्ठान में समयोपरि कार्य एक सामान्य व्यवहार हो गया है, तो ऐसी स्थिति में श्रमिक सामूहिक रूप से ऐसे कार्य को करने से इनकार करते हैं तो इस स्थिति को हड़ताल की संज्ञा दी जा सकती है। यदि हड़ताल के समय कामगार हिंसात्मक व्यवहार एवं तोड़फोड़ का मार्ग अपनाते हैं तो उस अवधि के वेतन से उन्हें वंचित करने का अधिकार नियोक्ता को प्राप्त हो जाता है।

जब ट्रिब्यूनल इस निष्कर्ष पर पहुँचता है कि कुछ श्रमिकों ने ऐसी भीड़ में कोई सक्रिय भूमिका नहीं निर्वाह की तो ऐसी स्थिति में मात्र भीड़ में मौजूदगी के आधार पर यह निर्णय नहीं किया जा सकता है कि उन श्रमिकों ने अवैधानिक हड़ताल में भाग लिया (सीतापुर शुगर वर्क्स लि. वर्सेज स्टेट ऑफ बिहार ए.आई.आर. 1958, पटना 120)। कर्मचारी पूर्णतया नियमों के अनुसार कार्य करते हुए बहुत मन्द कार्य निष्पत्ति देते हैं और जन सामान्य को उसके कारण असुविधा होती है, तो उसे हड़ताल नहीं कहा जा सकता है।

हड़ताल का अधिकार

कामगारों को प्राप्त हड़ताल का अधिकार मौलिक अधिकार नहीं है। फलस्वरूप औद्योगिक विवाद अधिनियम की धारा 22, 23 एवं 24 द्वारा इस अधिकार को नियन्त्रित किया गया है। परन्तु यह गैर मान्यता प्राप्त नहीं है। इस प्रकार यह एक सापेक्षिक अधिकार है। जो दूसरों के अधिकार की प्रतिष्ठा को ध्यान में रखकर किया जाता है। गाँधी जी ने भी श्रमिकों की न्यायोचित माँगों की पूर्ति हेतु अन्य सभी उपायों के निष्फल हो जाने पर हड़ताल के अधिकार को मान्यता प्रदान की है।

कुछ देशों में हड़ताल जननीति के प्रतिकूल समझी जाती है। लगभग 60 वर्ष पूर्व दक्षिण कोरिया के एक न्यायालय ने यह निर्णय दिया था कि हड़ताल विवादों के सुलझाव का एक प्राचीन उपाय है। दोनों ही पक्षों के लिए यह एक खर्चीला तरीका है और समुदाय के लिए हानिकारक है। इसके अन्तर्गत विवेक और न्याय के स्थान पर बल का प्रयोग किया जाता है। किन्तु जनतांत्रिक देशों में हड़ताल के अधिकार को मान्यता प्रदान की गई है। भारतीय संविधान में इस बात का स्पष्ट उल्लेख किया गया है कि किसी भी व्यक्ति को किसी पेशे को चुनने, किसी भी स्थान पर शान्तिपूर्ण ढंग से एकत्रित होने, विचार–विमर्श करने तथा मत प्रकट करने की स्वतंत्रता है। इंग्लैण्ड के गृह सचिव ने एक बार कहा था कि "प्रत्येक व्यक्ति को सरकार या दूसरे व्यक्ति के खिलाफ प्रदर्शन करने का अधिकार है, लेकिन स्थान, सार्वजनिक व्यवस्था और शान्ति को ध्यान में रखकर ही काम करना चाहिए जिससे शान्ति भंग और दूसरे लोगों को असुविधा न हो।" श्रमिक अपनी न्यायोचित माँगों की पूर्ति हेतु हड़ताल अथवा किसी अन्य सामूहिक प्रयास का सहारा ले सकते हैं। किसी विशेष सामाजिक प्रणाली पर स्थापित सामाजिक, आर्थिक और राजनीतिक चरों के आधार पर यह स्वतंत्रता जगह–जगह पर एक दूसरे से भिन्न होती है।

वास्तव में विभिन्न काल एवं परिवेश में हड़ताल की प्रकृति एवं सामाजिक प्रभाव भिन्न–भिन्न तरह का था। उन्नीसवीं सदी के प्रथमार्द्ध में हड़ताल को भगवान के नियमों के विरुद्ध एक षड्यंत्र मात्र समझा जाता था। भीषण आर्थिक मन्दी और समाजवाद की विचारधारा के विकास के साथ हड़तालियों के मानस में बहुत अंश तक आत्म चेतना का विकास हुआ। और जन सामान्य के मानस में इसके (हड़ताल) प्रति सहानुभूति की भावना का उदय हुआ किन्तु बीसवीं सदी के प्रथम दशक में, जब कालक्रम से श्रमिक संघ राजनीति में प्रवेश कर गए, संघवादी आन्दोलनों ने हड़ताल सम्बन्धी गतिविधियों को राजनीतिक रंग देना प्रारम्भ कर दिया। औद्योगिक प्रतिष्ठानों में कार्यरत श्रमिकों ने अपनी कार्य दशाओं के निर्धारण में अपनी आवाज को महत्त्व देने की बात पर भी बल दिया। प्रोफेसर कोल के अनुसार, कानून की निगाह में भले ही श्रम एवं प्रबन्ध बराबर के भागीदार हैं, किन्तु वास्तव में, उनमें समानता नहीं होती है। अनुबन्ध के अनुसार श्रमिकों को प्रबन्धक या नियोक्ता की आज्ञा का पालन करना आवश्यक होता है। नियोक्ता, श्रमिकों को आदेश देता है, जिसे या तो श्रमिकों को पालन करना होता है अथवा हड़ताल का रास्ता अपनाना पड़ता है। गाँधी जी का भी यही मत था कि हड़ताल श्रमिकों का जन्मसिद्ध अधिकार है।

हड़ताल और तालाबन्दी के कारण उत्पादन नहीं हो पाता है। इसका प्रभाव न केवल नियोक्ता एवं श्रमिक के ऊपर पड़ता है, वरन् सम्पूर्ण उपभोक्ता समाज और राज्य की अर्थव्यवस्था भी उससे प्रभावित होती है। इसी कारण भारत जैसे जनतांत्रिक देश में कभी–कभी हड़ताल और तालाबन्दी पर मोरोटोरियम लगाने की बात की जाती है। आपातकालीन स्थिति में भारतीय संविधान के अनुच्छेद 19 को स्थगित किया गया था। वास्तव में आज के युग में औद्योगिक प्रतिष्ठानों की पूँजी निवेश व्यवस्था में पहले की

अपेक्षा अधिक परिवर्तन हुआ है। आज हमारे देश में भी अधिकांश विशाल औद्योगिक प्रतिष्ठान या तो सार्वजनिक क्षेत्र में स्थापित होते हैं, अथवा निजी क्षेत्र में पब्लिक फाइनेन्स कॉरपोरेशन या व्यक्तिगत अंश धारकों के पूँजी निवेश के द्वारा स्थापित हुए हैं। उनमें कार्यरत सभी नियुक्त चाहे वे प्रबन्धक हों या सामान्य श्रमिक, पीटर ड्रकर के अनुसार, एम्प्लाई सोसायटी के सदस्य होते हैं। इस प्रकार सामान्य श्रमिक का भी प्रतिष्ठान के प्रति वही रागात्मक सम्बन्ध होना चाहिए जो उच्च प्रबन्धकीय अभिकर्मी का होता है। ऐसी स्थिति में श्रमिक वर्ग को भी हड़ताल के अस्त्र का सहारा किसी अपरिहार्य स्थिति में ही लेना चाहिए। किन्तु व्यवहार में यह स्थिति उत्पन्न नहीं हो पाई है। श्रम एवं प्रबन्ध दोनों वर्गों के बीच अब भी पर्याप्त दूरी बनी हुई है। श्रम वर्ग जहाँ अपने लिए अधिकाधिक सुविधाओं एवं मजदूरी की वृद्धि की अपेक्षा रखता है, वहाँ प्रबन्ध वर्ग प्रतिष्ठान हेतु अधिकाधिक लाभ की कामना करता है। इस उद्देश्य की पूर्ति हेतु उत्पादन के सभी साधनों की लागत पर प्रबन्ध वर्ग नियंत्रण लगाना चाहता है, पर इस नियंत्रण की प्रवृत्ति के बावजूद आज उत्पादन के सभी साधनों की लागत में पर्याप्त वृद्धि हुई है। अतः श्रम की लागत में भी पर्याप्त वृद्धि होना स्वाभाविक है। किन्तु श्रम इस बढ़ी हुई लागत को न्यायोचित ढंग से तभी प्राप्त कर सकता है, जबकि उसे आवश्यकतानुसार हड़ताल करने का अधिकार प्राप्त हो। दूसरी बात यह है कि हड़ताल मजदूरी निर्धारण प्रक्रिया का एक अंग है। इसके द्वारा मोल–भाव प्रक्रिया में श्रम एवं प्रबन्ध दोनों के बलाबल का परीक्षण होता है। हड़ताल की स्थिति में जैसे–जैसे समय बीतता जाता है, मजदूरी की बचत द्वारा जमा की गई धन राशि समाप्त होने लगती है, प्रबन्ध के घाटे में भी वृद्धि होती है। फलस्वरूप श्रम संघ की माँगों में भी कुछ कमी आती है और प्रबन्ध भी अपनी पूर्व निर्धारित दृढ़ता में कुछ कमी कर समझौता करना चाहता है। अन्त में कुछ न कुछ हल निकलता है। इस प्रकार हड़ताल श्रम प्रबन्ध के बीच आर्थिक समझौते के एक उत्प्रेरक का कार्य करती है और सामूहिक सौदेबाजी की प्रक्रिया का एक अपरिहार्य अंग है। हड़ताल के अधिकार का औचित्य इस बात से भी प्रमाणित होता है कि औद्योगिक विवाद अधिनियम के अन्तर्गत प्रविधित विभिन्न संयंत्रों के उपयोग से जब श्रमिकों की माँगों की पूर्ति नहीं हो पाती है तो हड़ताल को अंतिम संयन्त्र के रूप में प्रयुक्त किया जा सकता है। हड़ताल विहीन समाज एक कोरी कल्पना मात्र है। गिरि के अनुसार, हड़ताल एवं तालाबन्दी पर प्रतिबन्ध के द्वारा एक आर्टिफिशियल शान्ति की स्थापना होगी और युद्धविराम का वातावरण बनेगा। हड़ताल के अधिकार की मान्यता आइ.ई.एल.ओ. के कन्वेंशन के द्वारा की गई।

किन्तु हाव्सन आदि कुछ लोगों का यह मत है कि हड़ताल और तालाबन्दी का अधिकार समाप्त हो जाना चाहिए। यह एक गैर न्यायोचित और अमानवीय कार्य है, क्योंकि इसके कारण श्रमिकों को अपार कष्ट का सामना करना पड़ता है। इसके अन्तर्गत श्रम एवं पूँजी की व्यर्थ ही क्षति होती है। यह एक समाज विरोधी व्यवहार है और इसके माध्यम से समाज की एकता नष्ट होती है। वास्तव में हड़ताल के द्वारा जनोपयोगी सेवाओं में जो व्यतिक्रम उत्पन्न होता है, उससे समाज कल्याण प्रभावित

होता है। इसी कारण राष्ट्रीय श्रम आयोग ने जनोपयोगी सेवाओं में हड़ताल को पूर्णतया प्रतिबन्धित कर देने का सुझाव दिया था और जनता शासन द्वारा औद्योगिक सम्बन्धों के ऊपर जो व्यापक बिल प्रस्तुत किया गया था, उसमें भी इसी प्रकार का प्रावधान था। किन्तु इस सम्बन्ध में प्रोफेसर लास्की का यह मत है कि हड़ताल की स्थिति में सामान्य जनता उदासीन रहती है, किन्तु यदि हड़ताल द्वारा सामान्य जन का भी हित प्रभावित होता है तो विवादास्पद मुद्दा सामान्य चर्चा का विषय बन जाता है। फलस्वरूप जनहित की दृष्टि से दोनों ही पक्षों को न्यायोचित समझौते हेतु नैतिक रूप से बाध्य होना पड़ता है। प्रोफेसर सी.डी.एच. कोल के अनुसार जनहितकारी सेवाओं के नाम पर हड़ताल का विरोध सामाजिक प्रणाली में होने वाले परिवर्तन का विरोध है। यदि जनता श्रमिकों के शोषण का विरोध नहीं करती है तो उसके पास इस शोषण के विरुद्ध श्रमिकों द्वारा उठाए जाने वाले कदम के विरोध का कोई नैतिक आधार नहीं है, जब तक समाज में असमानता और अन्याय का अस्तित्व कायम रहेगा, हड़ताल भी होती रहेगी।

किन्तु उच्चतम न्यायालय ने कामेश्वर सिंह बनाम बिहार राज्य के विवाद में यह निर्णय किया कि हड़ताल करना मौलिक अधिकार नहीं है। भारतीय संविधान के अनुच्छेद 19 (1) अ तथा स में प्रदत्त अधिकारों में इस प्रकार के अधिकार का समावेश नहीं है। शान्तिपूर्ण ढंग से सीमित मात्रा में प्रदर्शन करने का अधिकार विचार व्यक्त करने के अन्तर्गत आता है, उस पर रोक लगाना अनुचित है। किन्तु उच्चतम न्यायालय हड़ताल के अधिकार को मान्यता प्रदान नहीं करता है।

हड़ताल के अधिकार के सम्बन्ध में अमेरिका में दो भिन्न–भिन्न मत हैं। चेम्बरलैन और कुन आदि कुछ प्रमुख श्रम विशेषज्ञों का यह मत है कि किसी भी क्षेत्र में श्रमिकों के हड़ताल सम्बन्धी अधिकार को पूर्णतया प्रतिबन्धित करना उचित नहीं होगा। दूसरी ओर टेलर कमेटी और अन्य कमीशन ने जनोपयोगी सेवाओं में हड़ताल को पूर्णतया प्रतिबन्धित करने का सुझाव दिया है। इंग्लैण्ड में हड़ताल करने के अधिकार को कुछ हद तक मान्यता प्रदान की गई। लार्ड डेनिंग ने मारनन बनाम फ्राई के विवाद में अपना मत प्रकट करते हुए लिखा है कि कर्मकारों को हड़ताल करने का अधिकार है, बशर्ते वे पहले इस आशय का नोटिस दें।

किसी श्रमिक को केवल इसी आधार पर निष्कासित नहीं किया जा सकता है कि उसने एक गैर–न्यायोचित हड़ताल में भाग लिया। यद्यपि, इसमें संदेह नहीं कि कुछ विशिष्ट स्थितियों में न्यायोचित हड़ताल में सहभाजन की स्थिति में श्रमिक को निष्कासित करने का अधिकार है–

(i) जब हड़ताल बोनाफाइड न हो

(ii) जब इसके आयोजन का उद्देश्य श्रमिकों के वेतन एवं कार्यदशाओं में सुधार न होकर कुछ शर्तों का पालन हो। गैर न्यायोचित हड़ताल की स्थिति में भी सभी दशाओं में स्वामी और सेवक का सम्बन्ध पूर्णरूपेण समाप्त नहीं हो जाता है। इस सम्बन्ध में यह बात भी उल्लेखनीय है कि गैर–न्यायोचित हड़ताल सभी स्थितियों में अवैधानिक करार दी जा सकती है, जबकि वह विभिन्न प्रावधानों के प्रतिकूल हो।

अन्त में हम कह सकते हैं कि हड़ताल का अधिकार मानवतावाद एवं न्याय के मूल्यों पर आधारित है। तथापि जनहित में इस अधिकार पर निम्नलिखित प्रतिबंध लगाए जा सकते हैं–

(i) हड़ताल का आधारभूत उद्देश्य श्रमिकों की आर्थिक स्थिति में सुधार अथवा उद्योग की वित्तीय स्थिरता होना चाहिए।

(ii) हड़ताल और तालाबन्दी के द्वारा औद्योगिक विवाद अधिनियम के प्रावधानों का उल्लंघन नहीं होना चाहिए।

(iii) हड़ताल की आधारभूत माँगों या उद्देश्यों का सम्बन्ध श्रमिकों के प्रत्यक्ष हितों से इतर किसी अन्य राजनीतिक स्वार्थों से नहीं जुड़ा होना चाहिए।

(iv) हड़ताल के अस्त्र का प्रयोग उसी समय किया जाना चाहिए जबकि औद्योगिक विवाद के सुलझाव हेतु प्रयुक्त अन्य विधियों से सफलता नहीं मिल रही हो।

उपर्युक्त सुझावों के अतिरिक्त इस सम्बन्ध में राष्ट्रीय श्रम आयोग द्वारा सुझाए गए निम्नलिखित सुझावों को भी ध्यान में रखना चाहिए–

(i) आवश्यक उद्योगों और सेवाओं में जहाँ कार्यबन्दी के कारण राष्ट्र की सुरक्षा को खतरा उत्पन्न हो जाता है, श्रमिकों के हड़ताल के अधिकार में कटौती अवश्य होनी चाहिए, किन्तु विवाद के सुलझाव हेतु कोई प्रभावकारी वैकल्पिक व्यवस्था होनी चाहिए। संसद में अधिनियम बनाकर ऐसे आवश्यक उद्योगों की सूची बना ली जानी चाहिए।

(ii) हड़ताल के पूर्व गुप्त मतदान द्वारा यह निश्चय हो जाना चाहिए कि दो–तिहाई कामगार हड़ताल के पक्ष में हैं। 1982 में आयोजित राष्ट्रीय त्रिपक्षीय सम्मेलन में भी इस सुझाव की पुष्टि की गई।

अन्त में हम नवल एस. टाटा के मतों का उल्लेख करते हुए इस प्रकरण की समाप्ति करेंगे–

(i) संविधान में कार्य का अधिकार एक आधारभूत अधिकार होना चाहिए। किसी भी श्रमिक को ऐसी हड़ताल के समय काम करने से रोका नहीं जाना चाहिए, जिसका समर्थन गुप्त मतदान द्वारा दो–तिहाई श्रमिकों ने नहीं किया हो।

(ii) यदि औद्योगिक विवाद सम्बन्धी अधिनियम एवं स्वैच्छिक संयंत्रों के माध्यम से विवाद का हल नहीं हो पाता है, तो श्रमिकों को हड़ताल करने का पूर्ण अधिकार प्राप्त होना चाहिए।

(iii) नियोक्ता को भी तालाबन्दी का अधिकार प्राप्त होना चाहिए किन्तु इसके पूर्व औद्योगिक विवादों के सुलझाव हेतु प्रविधित अन्य संयन्त्रों का उपयोग कर लिया जाना चाहिए।

हड़ताल और तालाबन्दी पर प्रतिबन्ध

हड़ताल के अधिकार को मान्यता देने के बावजूद औद्योगिक शान्ति स्थापना एवं देश की उत्पादकता में वृद्धि को ध्यान में रखते हुए सरकार ने वैधानिक दृष्टि से इस अधिकार को प्रतिबन्धित करने का समय–समय पर प्रयास किया है। सर्वप्रथम ट्रेड

डिस्प्यूट एक्ट 1929 के अन्तर्गत यह प्रावधान किया गया कि जनोपयोगी सेवाओं में यदि 14 दिन के नोटिस के बिना हड़ताल की जाएगी तो उसे अवैध करार दिया जाएगा। सहानुभूति हड़ताल को भी अवैधानिक करार दिया गया। डिफेंस ऑफ इण्डिया रूल के अन्तर्गत प्रविधित नियम 81–अ के अन्तर्गत (जिसका क्रियान्वयन द्वितीय विश्व युद्ध के समय किया गया) जनोपयोगी एवं गैर–जनोपयोगी दोनों ही प्रकार की सेवाओं में 14 दिन के नोटिस के बगैर हड़ताल को अवैध करार दिया गया। हड़ताल को उस स्थिति में भी प्रतिबन्धित किया जाता है, ज़बकि कोई विवाद कोर्ट ऑफ इन्क्वायरी को सुपुर्द कर दिया गया हो अथवा संराधन या अधिनिवेदन में प्रेषित कर दिया गया हो, या संराधन या अधिनिवेदन में उसकी कार्यवाही लंबित है, अथवा संराधन या अधिनिवेदन की कार्यवाही तो समाप्त हो गई हो, किन्तु उसके बाद दो माह की अवधि नहीं बीती हो तो हड़ताल नहीं की जा सकती है।

औद्योगिक विवाद अधिनियम, 1944 की धारा 23 के अन्तर्गत निम्नलिखित स्थितियों में हड़ताल या तालाबन्दी को प्रतिबन्धित कर दिया गया है–

(i) यदि कोई विवाद समझौता बोर्ड के समक्ष विचारार्थ पड़ा हुआ है अथवा समझौते की कार्यवाही की समाप्ति के सात दिन बाद तक टाटा आयरन एण्ड स्टील कम्पनी बनाम वर्क मेन में निर्णीत किया गया कि बिना नोटिस दिए तालाबन्दी अवैध होगी।

(ii) यदि कोई विवाद न्याय निर्णयन के लिए किसी श्रम न्यायालय, अधिकरण या राष्ट्रीय अधिकरण के समक्ष लम्बित है, तो उसके दौरान और उक्त न्यायालय द्वारा पंचाट दिए जाने के दो माह बाद तक भी हड़ताल वर्जित है। केमिकल्स एण्ड फर्टिलाइजर्स ऑफ इण्डिया लि. बनाम डी.जी. क्वायर और अन्य के विवाद में निर्णीत किया गया कि बिना नोटिस दिए तालाबन्दी अवैध होती है।

(iii) यदि कोई विवाद पंच निर्णय या विवाचन में लम्बित है अथवा उसकी कार्यवाही की समाप्ति के दो माह बाद तक हड़ताल या तालाबन्दी निषिद्ध है, किन्तु यह निषिद्धता तभी कारगर होगी, जबकि औद्योगिक विवाद अधिनियम की धारा 10–ए की उप–धारा 3–अ के अन्तर्गत अधिसूचना जारी कर दी गई हो।

(iv) निर्णय या पंचाट के प्रवर्तन की कालावधि में यदि कोई पंचाट लागू है, या प्रश्नास्पद है तो हड़ताल निषिद्ध होगी।

उपर्युक्त नियम हड़ताल और तालाबन्दी के लिए समान रूप से लागू होते हैं। इसके अतिरिक्त धारा 22 में हड़ताल निषिद्ध है, जब तक कि कुछ शर्तों का पालन नहीं किया जाता है। जनोपयोगी सेवाओं के सामाजिक एवं राष्ट्रीय महत्त्व को देखते हुए निम्नलिखित नियमों के पालन किए बिना वहाँ पर हड़ताल निषिद्ध कर दी गई है–

(क) नियोजक या स्वामी को हड़ताल करने के छह माह पूर्व हड़ताल की सूचना दिए बिना या उसके पश्चात्।

(ख) उक्त सूचना देने की अवधि के अन्तर्गत।

(ग) उक्त सूचना में उल्लिखित हड़ताल की तारीख के अवसान के पूर्व।

(घ) समझौता अधिकारी के समक्ष समझौता कार्यवाहियों के लम्बित रहते हुए या ऐसी कार्यवाहियों की समाप्ति के बाद सात दिन तक हड़ताल करके संविदा भंग नहीं करेगा। ठीक यही नियम लोकोपयोगी सेवाओं से संबंधित नियोजक के लिए भी लागू होगा जो तालाबन्दी के उद्देश्य को क्रियान्वित करना चाहता है।

इस धारा के अन्तर्गत हड़ताल या तालाबंदी का नोटिस उस समय आवश्यक नहीं होगा, जहाँ पहले से ही किसी जनोपयोगी सेवा में हड़ताल या तालाबन्दी की स्थिति विद्यमान है, किन्तु नियोक्ता इस प्रकार की हड़ताल या तालाबन्दी की सूचना संबंधित अधिकारी को उसी दिन दे देगा, जिस दिन इसकी घोषणा की जाती है। यदि कोई नियोक्ता अपने नियुक्त से इस प्रकार का कोई नोटिस उप–धारा (i) के अन्तर्गत प्राप्त करता है अथवा उप–धारा (2) के अन्तर्गत किसी नियोक्ता को इस प्रकार का नोटिस देता है, तो वह समुचित सरकार या उसके द्वारा निर्धारित अधिकारी को इस नोटिस की सूचना पाँच दिन के भीतर अवश्य दे देगा।

अवैध हड़ताल

भारत में किसी भी हड़ताल को तब तक दुराचरण नहीं कहा जाता है, जब तक कि वह अवैध नहीं करार दी जाती है। यदि कोई हड़ताल या तालाबन्दी औद्योगिक विवाद अधिनियम की धारा 22 और 23 का अतिक्रमण करती है तो उसे अवैध करार दिया जाएगा। इसके अतिरिक्त स्थायी आदेशों के प्रावधानों का अतिक्रमण करने वाली हड़तालों को भी अवैध करार दिया जाएगा। यदि नियोक्ता और श्रमिकों के प्रतिनिधियों में इस प्रकार का कोई इकरारनामा हो जाता है कि वे किसी विशेष मामले में किसी विशेष अवधि तक हड़ताल नहीं करेंगे तो ऐसी स्थिति में इस इकरारनामे की शर्तों को भंग कर यदि कोई हड़ताल की जाती है तो उसे भी अवैध करार दिया जाएगा। इसके अतिरिक्त यदि कोई हड़ताल मजदूरी तथा कार्य दशाओं से इतर किसी अन्य माँग की पूर्ति हेतु की जाती है तो उसे भी अवैध करार दिया जाएगा और संबंधित कर्मचारियों की सेवाएँ समाप्त हो सकती हैं।

कुछ समय के लिए ही क्यों न हो, बिना पूर्व सूचना के काम बन्द करने को अवैध हड़ताल की संज्ञा दी जाती है। जैसा कि महालक्ष्मी कॉटन मिल्स में कार्यरत उसके कर्मकार के निर्णय से इस बात की पुष्टि होती है, जहाँ काम कुछ समय के लिए ही बन्द कर दिया गया था। हड़ताल अवैध होने की कसौटी लम्बा समय नहीं है, अपितु नोटिस का न देना है। समन्वित रूप से नियोजक को प्रतिगृहीत करने से इनकार करना अवैध हड़ताल के अन्तर्गत आता है, भले ही कुछ समय के लिए काम बन्द कर दिया गया था। टेक्सटाइल इण्डस्ट्री में नोटिस न देकर हड़ताल करना अवैध होगा।

बकिंघम एण्ड कर्नाटक कम्पनी लि. बनाम बकिंघम एण्ड कर्नाटक कम्पनी लि. के कर्मकार के निर्णय से इसकी पुष्टि होती है, जिसमें बिना सूचना के दो घण्टे कर्मकार

द्वारा काम बन्द कर देने को अधिकरण ने हड़ताल नहीं माना, किन्तु अपील में उच्चतम न्यायालय ने निर्णय किया कि इस प्रकार की कार्यबन्दी कार्य की निरन्तरता को भंग करना है, अतः हड़ताल है। काम का बन्द करना ही इसकी कसौटी है। केवल दो कर्मचारियों की अनुपस्थिति को हड़ताल नहीं कहेंगे। स्टैंडर्ड वैकुअम ऑयल मिल्स बनाम गुना सीलन व अन्य के विवाद में श्रमिकों ने एक मई को 'मई दिवस' मानने की माँग की। किन्तु नियोजक ने इस माँग को अस्वीकृत कर दिया। कुछ श्रमिकों ने छुट्टी ले ली, जिसे हड़ताल करार देने की प्रार्थना की गई। पर उसे हड़ताल नहीं माना गया। इंग्लैण्ड में मर्चेण्ट शिपिंग एक्ट, 1970 की धारा 42 में 48 घण्टे की पूर्व सूचना देकर तथा जहाज को समीपस्थ बन्दरगाह में सुरक्षित डाल कर समुद्री कामगार हड़ताल पर जा सकते हैं। भारत में ऐसा उपबन्ध नहीं है। नोटिस देकर उसी दिन हड़ताल करना अवैध हड़ताल के समान है।

कभी–कभी और कुछ विशिष्ट स्थितियों में अवैधानिक हड़तालों को भी उचित ठहराया जाता है। वास्तव में इस सदी के पाँचवें दशक से भारतीय औद्योगिक जगत में इस प्रकार के प्रश्न पूछे जाने लगे हैं। कुछ श्रमिक संघों ने अपने संगठित प्रयासों के माध्यम से अपनी अनौचित्य पूर्ण माँगों की पूर्ति हेतु भी नियोक्ताओं को सामूहिक सौदेबाजी करने को बाध्य किया। पंजाब नेशनल बैंक के एक विवाद में अपीलेट ट्रिब्यूनल ने यह निर्णय किया कि यदि कोई हड़ताल औद्योगिक विवाद अधिनियम की धारा 22 और 23 का उल्लंघन करती है तो उसे अधिनियम के अर्थों में गैर न्यायोचित करार दिया जा सकता है, किन्तु अन्य दृष्टियों से उसे उचित ही करार दिया जाएगा। यदि कोई हड़ताल नियोजक के बर्बरतापूर्ण व्यवहार के विरुद्ध की जाती है और उसमें भाग लेने वाले श्रमिकों को निष्कासित कर दिया जाता है, तो सामाजिक न्याय के नवीनतम प्रत्यय के परिप्रेक्ष्य में उस हड़ताल को भी गैर न्यायोचित करार दिया जाएगा।

उच्चतम न्यायालय ने कुछ विशिष्ट स्थितियों में अवैधानिक हड़ताल को भी न्यायोचित करार दिया। उदाहरणार्थ स्वदेशी इण्डस्ट्रीज लि. के सिल्क यूनिट के 230 श्रमिकों ने इस आधार पर हड़ताल की कि नियोक्ता उनके श्रम संघ की माँगों के सम्बन्ध में वार्ता करने को तैयार नहीं थे। लेबर अपीलेट ट्रिब्यूनल ने श्रमिकों की माँगों को उचित करार दिया। उच्चतम न्यायालय ने भी इस निर्णय की पुष्टि की। उच्चतम न्यायालय के मतानुसार सामूहिक सौदेबाजी वेतन, महंगाई भत्ता, बोनस, छुट्टी तथा कार्य की दशाओं में सुधार का प्रयास श्रमिक संघ का आधारभूत लक्ष्य है। किन्तु यदि प्रबन्ध इस सम्बन्ध में वार्ता करने को भी तैयार नहीं है, तो संबंधित श्रम संघ द्वारा हड़ताल के अधिकार का प्रयोग प्रथम दृष्टया न्यायोचित है।

स्पष्ट है कि हड़ताल श्रमिक के अस्त्रागार का बहुमूल्य अस्त्र है। यदि शान्तिपूर्ण और प्रतिबन्धित तरीके से न्यायोचित माँगों की पूर्ति एवं आधारभूत परिवेदनाओं की अभिव्यक्ति हेतु इस अस्त्र का प्रयोग किया जाता हो तो इसे सर्वथा न्यायोचित करार दिया जा सकता है। अतः श्रमिक को किसी ऐसी माँग की पूर्ति हेतु हड़ताल नहीं करने

चाहिए जो न्यायोचित न हो तथा नियोक्ता को भी शान्तिपूर्ण एवं न्यायोचित माँगों की पूर्ति हेतु की गई हड़ताल में भाग लेने वाले श्रमिक को निष्कासित नहीं करना चाहिए, भले ही वह हड़ताल वैधानिक न हो।

अवैध हड़तालों में सहभाजन

जो भी कर्मकार हड़ताल में सम्मिलित होगा या उसे भड़काने का प्रयास करेगा, उसे अधिनियम के अन्तर्गत बनाए गए उपनियमों के अनुसार समुचित रूप से दण्डित करने की व्यवस्था की गई है। धारा 26 में यह स्पष्ट कहा गया है कि कोई भी कर्मकार जो इस अधिनियम के अनुसार अवैध हड़ताल प्रारम्भ करता है, उसे कायम रखता है, या उसके विस्तार के निमित्त अन्य कार्य करता है, उसे एक माह तक के कारगार की सजा या 50 रुपये तक आर्थिक दण्ड या दोनों ही दिया जा सकता है। किस प्रकार की सजा देगा अधिक विवेकपूर्ण होगा, यह परीक्षण न्यायालय के विवेक एवं निर्णय पर निर्भर करता है, सजा एक दिन, एक घण्टे, एक हफ्ते या कुछ दिन के लिए दी जा सकती है। लेकिन कारावास एक मास से अधिक के लिए नहीं दिया जा सकता है। इसी प्रकार अर्थदण्ड 1 रुपये से 50 रुपये तक दिया जा सकता है किन्तु 50 रुपये से अधिक नहीं लगाया जा सकता है। 27 जुलाई 1981 को आवश्यक सेवा निवर्तन अध्यादेश के अन्तर्गत हड़ताल को दण्डनीय अपराध करार दिया गया और इस प्रकार के मामले में सरसरी तौर पर मुकदमा चलाने का प्रावधान किया गया। इस आदेश के अन्तर्गत हड़ताल के आयोजकों और हड़ताली कर्मचारियों के विरुद्ध कड़ी कार्यवाही करने के लिए सरकार को व्यापक अधिकार प्रदान किए गए हैं। उनकी सेवा समाप्त की जा सकती है और उन्हें बिना वारण्ट के गिरफ्तार किया जा सकता है। इस अध्यादेश में हड़तालियों को अधिकतम छः मास के कारावास की सजा और एक हजार रुपए का दण्ड दिया जा सकता है। इसी तरह घोषित अवैध हड़ताल के सहायकों के लिए अधिकतम एक वर्ष कैद की सजा और 2 हजार रुपये जुर्माने की व्यवस्था है। इस अध्यादेश के अन्तर्गत वे सभी सेवाएँ शामिल हैं जो जम्मू–कश्मीर को छोड़कर केन्द्र के नियंत्रण में हैं। दण्ड व्यवस्था से संबंधित ये उपबन्ध असंवैधानिक नहीं हैं।

हड़ताल की कार्यवाहियों में संबंधित हड़ताली का व्यवहार एवं तालाबन्दी तथा अन्य प्रकार का आचरण उसे दण्डित करने का आधार होगा। इसी प्रकार अवैध कार्य करने वाले नियोजक या प्रतिष्ठान के स्वामी को 1 माह की सजा दी जा सकती है, जो नियोजक के आचरण तथा अपराध की गम्भीरता पर निर्भर करती है। 'अन्दर रहो', 'कलमबन्द हड़ताल' या 'बैठे रहो हड़ताल' भी अवैध हो सकती है और उसके लिए संबंधित व्यक्ति को दण्डित किया जा सकता है अपराध की गम्भीरता के बचाव में उपस्थित किया जाने वाला यह तर्क मान्य न होगा कि हड़ताल शान्तिपूर्ण ढंग से नियोजित की गई थी और नियोजक ने उस पर कोई भी अनुशासनात्मक कार्यवाही न करने का निश्चय किया है। इंग्लैण्ड में 1875 तक हड़तालियों के विरुद्ध दण्ड विधान ही मुख्य अस्त्र था। इसके पहले हड़ताल को दो रूप में अपराध माना जाता था – एक

तो अवैधानिक अपराध (illegal crime), दूसरे आपराधिक षड्यन्त्र (criminal conspiracy)। इसके लिए वहाँ जो दण्ड व्यवस्था थी वह संशोधित रूप में अब भी विद्यमान है। हड़ताल अवैध कार्य है, उसके लिए दण्ड विधान होना आवश्यक है। कामेश्वर सिंह बनाम बिहार राज्य में उच्चतम न्यायालय के निर्णय से भी इस तथ्य की पुष्टि होती है कि किसी व्यक्ति का हड़ताल करने या उसमें भाग लेने का मूलभूत अधिकार नहीं है और यह अनुच्छेद 19(I) (अ) और (स) के अन्तर्गत अधिकारों में नहीं आता है। सीमित मात्रा में ही प्रदर्शन करने का अधिकार विचार व्यक्त करने के अन्तर्गत आता है। उस पर रोक लगाना संवैधानिक है। इतना ही नहीं, अवैध हड़ताल को भड़काने या उसे कायम रखने के निमित्त आर्थिक सहायता प्रदान करने वाले व्यक्ति भी दण्ड के भागी होंगे। कोई भी व्यक्ति जानबूझ कर किसी अवैध हड़ताल या तालाबन्दी के लिए रुपया खर्च नहीं करेगा और न उसे बढ़ावा देने के लिए प्रत्यक्ष रूप से आर्थिक सहायता करेगा। स्टेट बैंक बॉम्बे बनाम कानफील्ड हालैण्ड में स्पष्ट किया गया है कि यह उपबन्ध हड़ताल के अवैध होने पर भी लागू होगा। हड़ताल या तालाबन्दी आर्थिक सहायता और भड़काने या प्रोत्साहन देने से बढ़ाई जा सकती है। इन दोनों प्रकार की सहायताओं को अधिनियम निषिद्ध करता है। इसके विपरीत आचरण करने वालों को क्रमशः धारा 27 और 28 के अन्तर्गत दण्डित होना पड़ेगा। धारा 27 के अनुसार वे सभी व्यक्ति छः माह के कारावास या 1 हजार रुपये तक दण्ड के भागी होंगे, लेकिन तभी जब हड़ताल या तालाबन्दी अधिनियमानुसार अवैध है। उच्चतम न्यायालय ने इस धारा को संविधान के अनुच्छेद 19(I) (अ) तथा 19(I) (स) में प्रदत्त मूलाधिकार न उल्लंघन करने वाला घोषित किया है। धारा 28 के अनुसार कुछ शर्तों के रहने पर संबंधित व्यक्ति को छः माह के कारागार तथा 100 रुपये के जुर्माने से दण्डित किया जा सकता है–

(i) संबंधित व्यक्ति ने हड़ताल या तालाबन्दी को बढ़ावा देने के लिए आर्थिक सहायता प्रदान की है।
(ii) उसने ऐसा कार्य जानबूझकर किया है।
(iii) आर्थिक सहायता का उद्देश्य हड़ताल या तालाबन्दी कायम रखना है।
(iv) हड़ताल या तालाबन्दी अवैध रही है।

कुछ विवादों में उच्च न्यायालय ने यह निर्णय किया कि स्थायी आदेशों के अभाव में किसी औद्योगिक प्रतिष्ठान में कार्यरत श्रमिक किसी अवैधानिक हड़ताल में यदि भाग लेता है, तो उसका कार्य अवैध नहीं ठहराया जा सकता है। उदाहरणार्थ, आई.एन.एच. प्रेस, दिल्ली के एक विवाद में उच्चतम न्यायालय ने यह निर्णय दिया कि यदि कोई श्रमिक अन्य श्रमिकों को हड़ताल में भाग लेने के लिए धमकी देकर बाध्य नहीं करता है और प्रतिष्ठान के स्थायी आदेश के अन्तर्गत अवैधानिक हड़ताल में भाग लेने पर स्पष्ट रूप से प्रतिबन्ध न लगाया गया हो तो संबंधित श्रमिक को केवल इसी आधार पर निष्कासित नहीं किया जा सकता है कि उसने अवैधानिक हड़ताल में भाग लिया। किन्तु कुछ विवादों में ट्रिब्यूनल तथा न्यायालयों ने श्रमिकों को केवल अवैधानिक

हड़तालों में भाग लेने के कारण निष्कासित कर दिया। उदाहरणार्थ, मॉडल मिल्स के विवाद में प्रबन्धक ने एक कैलेण्डर मशीन पर जहाँ तीन आदमी काम करते थे, दो श्रमिक ही रखने का आदेश दिया, क्योंकि प्रबन्धक की निगाह में वहाँ केवल दो व्यक्तियों के लिए ही कार्यभार पर्याप्त था। संबंधित श्रमिकों ने प्रबन्धक के इस आदेश के विरोध में काम करना बन्द कर दिया। प्रबन्ध ने इस आदेश को अवैधानिक करार कर संबंधित श्रमिकों को कार्य से निष्कासित कर दिया। श्रमिकों ने इस आदेश को निरस्त करने के लिए सहायक श्रमायुक्त के पास आवेदन–पत्र दिया, किन्तु उन्होंने प्रबन्ध के आदेश को न्यायोचित करार दिया। आगे चलकर राज्य के औद्योगिक न्यायाधिकरण ने इस आदेश को निरस्त कर दिया, किन्तु उच्चतम न्यायालय ने पुनः प्रबन्ध के आदेश को न्यायोचित ठहराया, क्योंकि इस प्रकार अवैधानिक हड़ताल में भाग न लेने का प्रावधान स्थायी आदेश के अन्तर्गत किया गया था।

जहाँ श्रमिक अवैधानिक हड़ताल में भाग लेने के साथ अन्य प्रकार के भी दुराचरण करते हैं, वहाँ उनके निष्कासन की पुष्टि श्रम न्यायालयों के द्वारा भी की जाती है। उदाहरणार्थ, कालिन्दी बनाम टाटा लोकोमोटिव के विवाद में श्रमिकों के ऊपर चार प्रकार के आरोप थे–

(i) अवैधानिक हड़ताल में सहभाजन।
(ii) निर्धारित कार्यस्थल को छोड़ देना।
(iii) अन्य श्रमिकों को हड़ताल हेतु उत्साहित करना।
(iv) अन्य श्रमिकों को धमकी देना।

अनुशासनात्मक कार्यवाही के अन्तर्गत प्रबन्ध द्वारा की गई घरेलू जाँच की कार्यवाही में भी चौथे दुराचरण को प्रमाणित नहीं किया जा सका। किन्तु तीन दुराचरणों के आधार पर ही प्रबन्ध ने संबंधित श्रमिकों को निष्कासित कर दिया और उच्चतम न्यायालय ने भी निष्कासन को न्यायोचित करार दिया।

अवैधानिक हड़तालों में सहभाजन के आधार पर श्रमिकों के निष्कासन के सम्बन्ध में मद्रास उच्च न्यायालय का मत है कि इस सम्बन्ध में कोई निश्चित और दृढ़ नियम नहीं है। जिन कम्पनियों के स्थायी आदेशों में अवैधानिक हड़तालों में भाग लेने पर दण्ड की स्पष्ट व्यवस्था है, वहाँ तो ऐसे आचरण पर श्रमिकों का निष्कासन किया जा सकता है, किन्तु जिन कम्पनियों के स्थायी आदेशों के अन्तर्गत इस प्रकार की स्पष्ट व्यवस्था नहीं है, वहाँ पर सेवानुबन्ध की पूर्ति और हड़ताल की अन्य परिस्थितियों को देखते हुए निर्णय किया जा सकता है।

कुछ विशिष्ट प्रकार की हड़तालें

कार्यस्थल पर बैठ जाना या धरना देना (Sit-down or Stay-in Strike)

यदि श्रमिकों का एक समूह, कुछ निश्चित लाभ की प्राप्ति हेतु उक्त वाणिज्य प्रतिष्ठान पर बल पूर्वक अधिकार प्राप्त कर लेता है और प्रतिष्ठान या कार्यशाला में अपने को स्थापित कर मालिक, प्रबन्धक या अन्य ऐसे कर्मचारियों का प्रवेश निषेध कर देता है, जो कार्य

करना चाहते हैं, तो इस स्थिति को 'सिट–डाउन स्ट्राइक' की संज्ञा दी जाती है। और भी विशिष्ट अर्थों में इस प्रकार की हड़ताल में न केवल परम्परागत हड़ताल के ही तत्त्व विद्यमान रहते हैं, वरन् नियोक्ता की सम्पत्ति पर अवैध ढ़ंग से कब्जा भी कर लिया जाता है। इस सम्बन्ध में अमेरिका के फैनस्टील मेटलर्जिकल कॉरपोरेशन का विवाद उल्लेखनीय है। उक्त कम्पनी में 1937 में सिट डाउन स्ट्राइक का आरम्भ हुआ। इसका कारण यह था कि प्रबन्धकों ने बाहरी श्रम संघ को मान्यता प्रदान नहीं की और कुछ जासूसों के द्वारा श्रम संघ में मतभेद पैदा करने का प्रयास किया। यूनियन के अध्यक्ष को श्रमिकों से अलग एक अन्य कार्यालय में कार्य करने को बाध्य किया गया। फलस्वरूप श्रम संघ ने प्रबन्ध के दो महत्त्वपूर्ण भवनों पर कब्जा कर सिट डाउन स्ट्राइक प्रारम्भ की। हड़ताली श्रमिकों ने उन भवनों को खाली करने से इनकार कर दिया, उनके अन्य साथी बाहर से उनके लिए भोजन आदि की व्यवस्था करते थे। इस हड़ताल के माध्यम से श्रमिकों ने न केवल नियोक्ता की सम्पत्ति पर गलत ढंग से अधिकार कर लिया, वरन् कुछ हिंसात्मक तरीकों का भी प्रयोग किया। औपचारिक रूप से प्रबन्ध द्वारा निष्कासन का आदेश तथा उपयुक्त अधिकारी द्वारा बलात अधिग्रहण के विरुद्ध निषेधाज्ञा की प्राप्ति के पश्चात् भी श्रमिकों ने हड़ताल जारी रखी। उच्च न्यायालय ने इस प्रकार की हड़ताल को अवैधानिक करार दिया। किन्तु नेशनल लेबर रिलेशन बोर्ड का मत था कि नियोक्ता ने उचित मत प्राप्त श्रम संघ को मान्यता न प्रदान कर सामूहिक सौदेबाजी की प्रक्रिया में बाधा उपस्थित की। अस्तु बोर्ड ने सभी निष्कासित श्रमिकों को कार्य पर पुन प्रतिष्ठित करने का अधिकार दिया। किन्तु सर्वोच्च न्यायालय ने लेबर रिलेशन बोर्ड के फैसले को निरस्त कर दिया।

लुडविग के अनुसार फैनस्टील के निर्णय के द्वारा अमेरिकीय श्रम क्षेत्र में एक दुर्भाग्यपूर्ण अध्याय का समापन हुआ। किन्तु साथ ही उनका यह भी विचार था कि इस प्रकार की 'सिट डाउन स्ट्राइक' के द्वारा केवल श्रम नेतृत्व के गैर–कानूनी कार्यों का ही बोध नहीं होता है वरन् इसके मूल में और भी कारण विद्यमान हैं। उद्योग के विकास में श्रम और पूँजी का एक समान महत्त्व होता है, किन्तु यदि हमारे कानून ऐसे दोषपूर्ण हैं कि उनके द्वारा पूँजी को अधिक महत्त्व प्राप्त हो जाता है और ऐसी स्थिति में यदि पूँजीपति या नियोक्ता स्वयं भी श्रम की न्यायोचित माँगों का ध्यान नहीं रखेंगे तो बहुत दिनों तक इस स्थिति से बचाव नहीं हो सकता है।

भारत में पंजाब नेशनल बैंक और उसके श्रमिकों के बीच होने वाले विवाद में इस प्रकार की हड़ताल के विभिन्न पक्षों पर समुचित प्रकाश पड़ता है। 18 अप्रैल 1951 को बैंक के कुछ कर्मचारियों ने 'पेन डाउन स्ट्राइक' प्रारम्भ की। वे अपनी सीट पर बैठे थे और कोई कार्य नहीं करते थे। यद्यपि औद्योगिक अधिनियम की धारा 23(बी) के अन्तर्गत इस प्रकार की हड़ताल अवैधानिक थी, किन्तु यह हड़ताल पूर्णतया अहिंसात्मक एवं शान्तिपूर्ण थी। बैंक प्रबन्धकों ने इस मामले के सम्बन्ध में कोई जाँच न कर हड़ताल के सहभागी समस्त कर्मचारियों को निष्कासित कर दिया। विवाद के अधिनिर्णयन के समय इण्डस्ट्रियल ट्रिब्यूनल ने निष्कासन के आदेश को वैध करार

दिया, क्योंकि संबंधित कर्मचारियों ने अवैधानिक हड़ताल में भाग लिया था। श्रमिकों की ओर से लेबर अपीलेट ट्रिब्यूनल में अपील की गई। ट्रिब्यूनल में केवल 14 श्रमिकों के निष्कासन को वैध ठहराया गया क्योंकि उन्होंने न केवल अवैध हड़ताल में भाग लिया वरन् कुछ ऐसे पैम्फलेट भी निकाले जो बैंक की प्रतिष्ठा और साख को आघात पहुँचाते थे। अन्य 136 श्रमिकों का निष्कासन अवैध ठहराया गया, क्योंकि इन लोगों ने अवैध हड़ताल में भाग तो अवश्य लिया था। किन्तु इनका व्यवहार बहुत ही शान्तिपूर्ण एवं अहिंसात्मक था। प्राचीन स्वामी एवं सेवक सम्बन्ध के नियमों के अनुसार भले ही ये लोग दोषी करार दिए जा सकते थे, किन्तु सामाजिक न्याय के आधुनिक नियमों के अनुसार ये लोग निर्दोष थे। इस निर्णय के फलस्वरूप यूनियन एवं प्रबन्ध दोनों ही पक्षों ने उच्चतम न्यायालय में अपील की। यूनियन अपने शेष 14 सदस्यों की भी बहाली चाहता था और प्रबन्ध सभी 150 कर्मचारियों का निष्कासन चाहता था। उच्चतम न्यायालय ने लेबर अपीलेट ट्रिब्यूनल के निर्णय को न्यायोचित ठहराया। उच्चतम न्यायालय के समक्ष प्रबन्ध पक्ष की ओर से अमेरिका की फैनस्टील कम्पनी के विवाद का भी उदाहरण प्रस्तुत किया गया था। किन्तु न्यायालय का यह मत था कि फैनस्टील के विवाद में श्रमिकों ने न केवल नियोक्ता की सम्पत्ति का बलात् अधिग्रहण कर लिया था वरन् हिंसात्मक आचरणों का भी सहारा लिया तथा उपयुक्त अधिकारी की निषेधाज्ञा का उल्लंघन किया। पर पंजाब नेशनल बैंक के विवाद में श्रमिकों की हड़ताल शान्तिपूर्ण एवं अहिंसात्मक थी।

अतः यह स्पष्ट है कि 'सिट–डाउन स्ट्राइक' में भाग लेने वाले श्रमिक यदि शान्तिपूर्ण ढंग से हड़ताल करते हैं और हड़ताल को बढ़ावा देने अथवा अन्य श्रमिकों को इसमें भाग लेने हेतु अनुप्राणित करने का आरोप उन पर नहीं है तो उन्हें तब तक निष्कासित नहीं किया जा सकता है जब तक कि कम्पनी के स्थायी आदेश में केवल अवैधानिक हड़ताल में भाग लेने पर निष्कासन की व्यवस्था न की गई हो। उच्चतम न्यायालय ने स्वदेशी इण्डस्ट्रीज के विवाद में भी ऐसा ही निर्णय दिया था। पश्चिमी बंगाल के औद्योगिक न्यायालय ने 'सिटडाउन स्ट्राइक' से संबंधित एक अन्य विवाद में यह निर्णय दिया कि कार्यस्थल पर यदि श्रमिक कार्य के समय बैठे रहते हैं तो इस बैठकी को घुसपैठ (ट्रेस पास) नहीं करार दिया जा सकता है। किन्तु इस सम्बन्ध में प्रोफेसर एमिन्स का मत है कि कानून के अन्तर्गत बने हुए नियमों का आर्थिक प्रभाव भी होता है। ऐसे नियमों का निर्माण हवा में नहीं होता है। भारत के उच्चतम न्यायालय को पंजाब नेशनल बैंक के विवाद के सम्बन्ध में अपना निर्णय देते हुए इस बात पर भी विचार करना चाहिए था कि इसका आर्थिक परिणाम क्या होगा।

सहानुभूति हड़ताल

लुडविग टेलर के अनुसार सहानुभूतिपूर्ण हड़ताल एक ऐसी हड़ताल है जिसमें हड़ताल करने वाले कर्मचारी की स्वयं अपनी कोई परिवेदना या माँग नहीं होती है, वरन् वह दूसरों की माँगों की पूर्ति में प्रत्यक्ष या अपरोक्ष रूप से सहायता देने के लिए हड़ताल

करता है। इस प्रकार की हड़ताल एक प्रकार से नियोक्ता के अधिकारों पर अन्यायपूर्ण आक्रमण मात्र है। इण्डस्ट्रियल ट्रिब्यूनल बम्बई ने इस प्रकार की सहानुभूति हड़ताल को दुराचरण करार दिया है। वास्तविक व्यवहार में परिस्थितिजन्य कई तत्वों के आधार पर यह निर्णय किया जाता है कि सहानुभूतिपूर्ण हड़ताल दुराचरण है या नहीं। उदाहरणार्थ, मॉडल मिल के पूर्वोद्धृत मामले में जहाँ पर कैलेंडर मशीन में काम करने वाले तीन श्रमिकों में से एक श्रमिक को कम कर दिया गया था और कार्यभार की वृद्धि के विरोध में न केवल उक्त मशीन पर काम करने वाले श्रमिकों ने ही हड़ताल की थी वरन् कुछ अन्य सहकर्मियों ने भी सहानुभूति हड़ताल की। प्रबन्ध ने अवैधानिक हड़ताल में भाग लेने के कारण ऐसे श्रमिकों का भी निष्कासन कर दिया। उच्चतम न्यायालय ने भी इस निर्णय को वैध करार दिया, क्योंकि कम्पनी के स्थायी आदेश में अवैधानिक हड़ताल में सहभाजन को अनुचित करार दिया गया था। इसके विपरीत वेंकिटा स्वामी नायडू बनाम जयहिंद मोटर के विवाद में मोटर चालकों ने समयोपरि कार्य से इनकार कर दिया और उन्हें निलंबित कर दिया गया। फलस्वरूप उनकी सहानुभूति में कुछ अन्य श्रमिकों ने भी हड़ताल प्रारम्भ की और उन्हें भी निलम्बित कर दिया गया। उच्चतम न्यायालय ने इस निलम्बन को अवैध ठहराया। न्यायालय के मतानुसार प्रबन्ध को कोई अधिकार नहीं था कि वह मोटर चालकों को समयोपरि कार्य हेतु बाध्य करे। इस परिस्थिति में श्रमिकों को निलम्बन काल के वेतन के साथ बहाली का आदेश प्राप्त हुआ।

धीरे काम करो

यदि कोई कर्मचारी जानबूझकर धीरे–धीरे कार्य करता है और अपने कार्य को समय से पूरा नहीं करता है तो उसे कर्तव्य पालन न करने का दोषी ठहराया जा सकता है। कार्य और समय दोनों ही आधारों पर मजदूरी करने वाले श्रमिक से नियोक्ता एक औसत गति और कौशल की आशा करता है। इस प्रकार यदि कोई श्रमिक सामान्य स्थिति में है और जानबूझकर उचित कौशल तथा गति से कार्य नहीं करता है, तो उसे धीरे काम करने के कारण दोषी ठहराया जा सकता है। भारत शुगर मिल्स के विवाद में उच्चतम न्यायालय का मत था कि श्रमिक यदि नियोक्ता से किसी कारण असन्तुष्ट रहते हैं तो वे जानबूझकर धीरे–धीरे काम करते हुए उत्पादन में विलम्ब और कमी करते हैं, किन्तु वे पूर्णरूप से काम पर लगे रहने का दावा करते हुए पूरा वेतन भी लेना चाहते हैं। वास्तव में 'धीरे काम करो' की पद्धति पूर्ण हड़ताल की अपेक्षा अधिक हानिप्रद है। पूर्ण हड़ताल की स्थिति में तो मशीनें पूर्णतया बन्द रहती हैं "किन्तु धीरे काम करो की स्थिति में मशीनें अपेक्षाकृत कम गति से चलती हैं", जिसके फलस्वरूप मशीन के विभिन्न पुर्जों को अधिक नुकसान होता है। इन सभी कारणों से 'धीरे काम करो' को एक गम्भीर अपराध समझा जाता है और इसके लिए सामान्य रूप से निष्कासन का दण्ड दिया जाता है।

इस प्रकार भारतीय औद्योगिक परिवेश में 'धीरे काम करो' को विशेष मान्यता नहीं मिली है। स्थायी आदेश अधिनियम के अन्तर्गत इस कार्य को दुराचरण समझा गया है और इसके लिए आवश्यकतानुसार निष्कासन का दण्ड भी प्रविधित किया गया है।

किन्तु वास्तविक व्यवहार में कुछ मिश्रित प्रेरणाओं और प्रतिक्रियाओं के फलस्वरूप कुछ न्यायाधिकरणों और न्यायालयों में इसके पक्ष में निर्णय दिया गया है। उदाहरणार्थ, भारत शुगर मिल के विवाद में 21 श्रमिकों पर यह आरोप था कि उन्होंने 'धीरे काम करो' के आन्दोलन में भाग लिया था। उच्चतम न्यायालय में इन श्रमिकों की ओर से यह कहा गया कि चूंकि ये लोग श्रम संघ के क्रिया कलापों में भाग लेते थे, अतः प्रबन्ध ने इन्हें दण्डित करने के लिए 'धीरे काम करो' का झूठा आरोप लगाया है। किन्तु अन्य साक्ष्यों के आधार पर उच्चतम न्यायालय ने यह निर्णय दिया कि 21 में से 13 श्रमिकों ने 'धीरे काम करो' आन्दोलन में भाग लिया था। इसे गंभीर दुराचरण समझा गया और उन सभी श्रमिकों के निष्कासन के आदेश को वैध करार दिया गया। किन्तु वाल्वर हैम्पटन आयरन एण्ड स्टील कम्पनी बनाम पश्चिम बंगाल सरकार के विवाद में कुछ श्रमिकों के विरुद्ध कम्पनी का यह आरोप था कि इन्होंने धीरे काम किया, अतः उन्हें निष्कासन का दण्ड दिया गया, परन्तु इण्डस्ट्रियल ट्रिब्यूनल ने अपने समक्ष प्रस्तुत साक्ष्यों के आधार पर यह निर्णय दिया कि श्रमिकों के विरुद्ध आरोप सिद्ध नहीं हो पा रहे हैं अतः उसने उनकी (श्रमिकों की) बहाली का आदेश दिया। कम्पनी द्वारा कलकत्ता उच्च न्यायालय में अपील की गई किन्तु वहाँ भी इण्डस्ट्रियल ट्रिब्यूनल के निर्णय की पुष्टि की गई।

औद्योगिक विवादों की रोकथाम और सुझाव

औद्योगिक विवादों की रोकथाम और सुलझाव हेतु हमारे देश में कुछ अधिनियमित और कुछ अनियमेतर संयन्त्र उपलब्ध हैं। कुछ संयत्रों के द्वारा विवादों की रोकथाम की जाती है और कुछ के द्वारा विवादों का सुलझाव किया जाता है। कुछ संयन्त्र द्विपक्षीय हैं और कुछ त्रिपक्षीय हैं।

औद्योगिक विवादों की रोकथाम से सम्बन्धित संयन्त्र

सामूहिक सौदेबाजी

विवादों की रोकथाम एवं सुलझाव का यह एक द्विपक्षीय संयन्त्र है। इसके अन्तर्गत श्रमिक पक्ष एवं नियोक्ता पक्ष के प्रतिनिधि आमने–सामने बैठकर किसी विवादास्पद मुद्दे के सुलझाव हेतु बात करते हैं और किसी समझौते पर पहुँचने का प्रयास करते हैं। इस संयन्त्र के द्वारा संबंधित पक्ष कुछ नियमों का भी निर्माण करते हैं, जिसके द्वारा श्रम प्रबन्ध सम्बन्धों का नियमन होता है। विवादों के सुलझाव हेतु यह सबसे महत्त्वपूर्ण विधि है, क्योंकि श्रम एवं प्रबन्ध जब पारस्परिक सहमति से विवाद सुलझाते हैं और श्रम प्रबन्ध सम्बन्धों के नियमन हेतु नियमों का निर्माण करते हैं तो उनके आधार पर दोनों पक्षों में पारस्परिक सौहार्द विकसित होता है और आगे भी विवाद नहीं होते हैं। इसीलिए विवाद सुलझाव हेतु यह विधि अधिनिर्णयन की अपेक्षा अच्छी समझी जाती है। इसके अन्तर्गत विवाद का निरोध एवं सुलझाव दोनों ही होता है। यदि किसी प्रतिष्ठान में विवाद की संभावना है और ऐसी स्थिति में दोनों पक्ष सामूहिक सौदेबाजी के द्वारा

विवाद के कारणों के परिप्रेक्ष्य में समझौता कर लेते हैं तो विवाद नहीं होता है। दूसरी स्थिति यह है कि विवाद हो जाने के पश्चात् दोनों पक्ष आपस में सामूहिक सौदेबाजी कर विवाद सुलझाते हैं। इस विधि की सबसे बड़ी कठिनाई यह है कि एक प्रतिष्ठान में कई श्रमिक संघ होते हैं और श्रमिक संघों की मान्यता का कोई प्रावधान न होने के कारण प्रतिनिधि श्रम संघ का न तो अस्तित्व विद्यमान होता है और न सौदेबाजी हो पाती है। इस विधि का विस्तृत विवरण आगे के अध्याय में दिया गया है।

प्रबन्ध व्यवस्था में श्रमिकों का सहभाजन

प्रबन्ध व्यवस्था में श्रमिकों के सहभाजन का लक्ष्य यद्यपि औद्योगिक विवादों का सुलझाव न होकर जनतांत्रिक मूल्यों के आधार पर श्रम एवं प्रबन्ध के बीच सौहार्दपूर्ण सम्बन्ध का स्थापन करना, उत्पादकता वृद्धि एवं कल्पनात्मक सुविधाओं को बढ़ावा देना है, तथापि जब इसके माध्यम से श्रम एवं प्रबन्ध के बीच सौहार्दपूर्ण सम्बन्ध स्थापित होंगे, तो औद्योगिक विवादों की रोकथाम अपने आप हो जाएगी। इस विधि का विस्तृत विवरण अलग अध्याय में दिया गया है।

कार्य समिति

औद्योगिक विवादों की रोकथाम का यह सबसे महत्त्वपूर्ण संयन्त्र है। यह एक वैधानिक निकाय है, जिसका प्रावधान औद्योगिक विवाद अधिनियम, 1947 के अन्तर्गत किया गया है। इस प्रकार की समिति में श्रम एवं प्रबन्ध दोनों के सदस्य होते हैं। इसकी स्थापना प्रत्येक ऐसी औद्योगिक इकाई में होनी चाहिए, जहाँ 100 या उससे अधिक कामगार कार्यरत हों। इसके निम्नलिखित उद्देश्य हैं–

(i) दिन–प्रतिदिन के कार्यों में श्रम एवं प्रबन्ध के बीच तनावों एवं विवादों की रोकथाम हेतु सक्षम परिवेदना समिति का गठन।

(ii) श्रम प्रबन्ध के बीच एकता एवं विधायी सम्बन्धों को कायम रखने के लिए उचित उपायों को अपनाना।

(iii) स्वैच्छिक रूप से विवादों की रोकथाम एवं सुलझाव की भावना का विकास।

कार्य समिति का गठन

किसी औद्योगिक इकाई की कार्य समिति में नियोक्ता एवं श्रम दोनों के प्रतिनिधि सम्मिलित होते हैं। दोनों के प्रतिनिधियों की संख्या बराबर होती है। कार्य समिति का गठन इस प्रकार होना चाहिए कि विभिन्न श्रेणी के श्रमिकों का उसमें प्रतिनिधित्व हो। सदस्यों की संख्या 20 से अधिक नहीं होनी चाहिए। नियोक्ताओं के प्रतिनिधियों का नामांकन प्रबन्धकीय, टेक्नीकल एवं पर्यवेक्षकीय श्रेणी के ऐसे कर्मचारियों में से किया जाना चाहिए, जो श्रमिकों के सम्पर्क में रहते हों। यदि संबंधित औद्योगिक इकाई में श्रमिक संघ विद्यमान हैं तो आधे सदस्य पंजीकृत श्रमिक संघों के सदस्यों में से चुने जाने चाहिए और आधे सदस्य ऐसे श्रमिकों में से चुने जाने चाहिए जो किसी श्रमिक संघ के सदस्य नहीं हैं। यदि संबंधित इकाई में एक से अधिक श्रमिक संघ हैं और कुल श्रमिकों के

आधे से अधिक श्रमिक ऐसे पंजीकृत श्रमिक संघों के सदस्य हैं तो केन्द्रीय नियम के अनुसार इनमें से आनुपातिक रूप से निर्धारित श्रमिकों का चुनाव गुप्त मतदान के द्वारा होना चाहिए।

मूल्यांकन

स्वतंत्रता प्राप्ति के 60 वर्ष बाद तक कार्य समितियों के द्वारा औद्योगिक विवादों की रोकथाम और सुलझाव की दिशा में अभी भी कोई ठोस कार्य नहीं हो पाया। श्रम एवं प्रबन्ध दोनों ही ऐसी समितियों के गठन में विशेष अभिरुचि नहीं लेते। सबसे बड़ी कठिनाई श्रमिक प्रतिनिधियों के चयन की है। प्रत्येक पंजीकृत श्रमिक संघ में जितने वास्तविक सदस्य होते हैं, उससे बहुत अधिक संख्या में ऐसे सदस्य होते हैं, जो बिल्कुल फर्जी होते हैं। अतः नियोक्ता न तो पंजीकृत श्रमिक संघों की सदस्य संख्या का निर्धारण कर पाता है और न उनमें से कार्य समिति के सदस्यों का नामांकन कर पाता है।

स्थायी आदेश

इनका सृजन औद्योगिक रोजगार (स्थायी आदेश) अधिनियम, 1946 के अन्तर्गत किया गया है। इनका उद्देश्य औद्योगिक प्रतिष्ठानों में विवादों की रोकथाम है। इन आदेशों के अन्तर्गत औद्योगिक सम्बन्धों के द्वारा नियमन हेतु व्यवस्था की गई है। इन आदेशों के अन्तर्गत नियोक्ता से यह अपेक्षा की जाती है कि संबंधित प्रतिष्ठान में नियोजन की शर्तों, परिवेदनाओं, सेवाओं से निष्कासन, दुराचरण एवं अनुशासनात्मक कार्य पद्धति का निरूपण कर स्थानीय स्तर पर सक्षम राजकीय अधिकारी द्वारा श्रमिक संघों के तद्संबंधित अभिमतों के परिप्रेक्ष्य में उनका अनुमोदन कराकर उनकी सूचना प्रतिष्ठान में कार्यरत पंजीकृत श्रमिक संघों को देते हुए सूचना बोर्ड पर उनका प्रसारण कर दे। यही मुद्दे औद्योगिक सम्बन्ध एवं विवाद के सक्षम मुद्दे होते हैं। अधिनियम के तहत श्रम एवं प्रबन्ध दोनों से अपेक्षा की जाती है कि इन आदेशों के अनुसार अपनी जिम्मेदारियों का निर्वाह करें और श्रमिकों से अपेक्षा की जाती है कि उन आदेशों के तहत जिन कार्यों को दुराचरण करार किया गया है, उन्हें न करें। अन्यथा नियोक्ता उनके विरुद्ध अनुशासनात्मक कार्यवाही कर उनकी सेवा समाप्ति या दूसरे दण्ड उन्हें दे सकता है। किन्तु दुराचरण के लिए नियोक्ता संबंधित श्रमिक को तब तक दण्डित नहीं कर सकता है, जब तक कि प्राकृतिक न्याय के सिद्धान्तों के अन्तर्गत संबंधित श्रमिक को चार्जशीट देकर दुराचरण के बारे में सक्षम जांच अधिकारी से जाँच की कार्यवाही पूरी नहीं करा लेता है। इस प्रकार यह अधिनियम औद्योगिक के निरोध हेतु एक सक्षम संयन्त्र है और यह वैधानिक रूप से श्रम प्रबन्ध के व्यवहारों का नियमन करता है। इस प्रकार इन आदेशों के द्वारा विवादों का विरोध होता है और अच्छे औद्योगिक सम्बन्धों का विकास होता है। कानूनी दृष्टि से ऐसे स्थायी आदेश उन्हीं औद्योगिक प्रतिष्ठानों में लागू होते हैं, जहाँ कम से कम 100 श्रमिक कार्यरत हों।

अनुभवों से यह ज्ञात हुआ है कि स्थायी आदेशों के अन्तर्गत श्रमिकों की विभिन्न श्रेणियाँ, उनका वेतनक्रम, छुट्टी के नियम, कार्य की पालियां, अनुपस्थिति, दुराचरण

आदि के जो प्रावधान नियत किए गए हैं, उन्हें संबंधित प्रतिष्ठान के श्रमिकों एवं नियोक्ताओं को सुदृढ़ता से पालन करना पड़ता है। जब दोनों पक्ष इन नियमों का पालन करेंगे तो उनके व्यवहारों का अपने आप नियंत्रण होगा और औद्योगिक विवाद की रोकथाम संभव हो सकेगी।

स्थायी आदेशों के सम्बन्ध में नियोक्ता के निम्नलिखित कर्तव्य हैं–

(i) सर्टिफाइंग आफिसर के समक्ष स्थायी आदेश के ड्राफ्ट को प्रस्तुत करना।
(ii) स्थायी आदेशों के सक्षम अधिकारी द्वारा पंजीकृत हो जाने के पश्चात् नियोक्ता से यह अपेक्षा की जाती है कि इन आदेशों का सक्षम ढंग से पालन करे।
(iii) सर्टिफाइंग आफिसर के अनुमोदन के आधार पर आवश्यकतानुसार स्थायी आदेशों का संशोधन करे।
(iv) पंजीकृत और अनुमोदित स्थायी आदेश की प्रतियों को सभी विभागों में भेज दे तथा अंग्रेजी भाषा और उस भाषा में जिसे संबंधित इकाई के बहुसंख्यक सदस्य समझते हैं, आदेशों की एक प्रतिलिपि उस प्रवेश द्वार पर चिपका दे जिससे बहुसंख्यक श्रमिक प्रतिष्ठान में प्रवेश करते हैं।

इस सम्बन्ध में श्रमिकों से निम्नलिखित अपेक्षाएँ की जाती हैं–

(i) स्थायी आदेश के विभिन्न प्रावधानों का कड़ाई से पालन करें, विशेषकर ऐसे दुराचरण न करे, जिनका विवरण स्थायी आदेशों में दिया गया है।
(ii) यदि इन आदेशों में कोई संशोधन हुआ हो तो उनका भी पालन करे।

चूंकि स्थायी आदेश श्रम एवं प्रबन्ध दोनों पक्षों को यह आदेश देते हैं कि उन्हें क्या करना चाहिए और क्या नहीं। इस प्रकार उनके व्यवहारों का नियमन होता है और विवाद उत्पन्न होने की सम्भावनाओं का प्रतिबन्धन होता है।

परिवेदना निवारण

परिवेदना वह असन्तोष है जो कार्य स्थिति में श्रमिक को नियोक्ता या अन्य कर्मी के व्यवहार के कारण उत्पन्न होता है और उस असन्तोष का न केवल श्रमिक पर प्रभाव पड़ता है वरन सम्पूर्ण प्रतिष्ठान पर उसका प्रभाव पड़ता है। यदि सही समय पर परिवेदनाओं का निराकरण नहीं किया जाएगा तो वे विवादों का रूप ले सकती हैं। इस प्रकार परिवेदनाओं के सक्षम ढंग से निराकरण से औद्योगिक विवाद प्रतिबन्धित हो सकते हैं।

परिवेदना निवारण पद्धति

हमारे देश के अधिकांश औद्योगिक प्रतिष्ठानों में 1957 के पहले परिवेदनाओं के निवारण हेतु किसी पद्धति का निर्माण नहीं हुआ था। छिटपुट रूप से परिवेदनाओं का निराकरण प्रतिष्ठान स्तर पर किया जाता था, किन्तु 1957 के भारतीय श्रम सम्मेलन में परिवेदनाओं के निराकरण हेतु एक आदर्श पद्धति निर्मित की गई और सभी प्रतिष्ठानों से अपेक्षा की गई कि इसी आधार पर अपने यहाँ भी एक परिवेदना निवारण पद्धति निर्मित कर लें। आदर्श परिवेदना निवारण पद्धति के अन्तर्गत परिवेदना ग्रस्त सबसे

पहले अपनी परिवेदना उस अधिकारी के पास प्रस्तुत करेगा जो संबंधित विभाग के लिए इस हेतु अधिकृत है। 48 घण्टे के भीतर उस अधिकारी को निर्णय कर संबंधित व्यक्ति को सूचित कर देना होगा, किन्तु यदि वह व्यक्ति उससे संतुष्ट नहीं है अथवा उक्त अधिकारी निर्धारित समय में निर्णय नहीं कर पाता है, तो वह व्यक्ति विभागीय हेड के पास आवेदन पत्र देगा। विभागीय हेड 72 घण्टे के भीतर उक्त मामले में अपना निर्णय संबंधित परिवेदना ग्रस्त व्यक्ति को सम्प्रेषित कर देगा। यदि उक्त निर्णय से भी संबंधित व्यक्ति असंतुष्ट होगा अथवा यथासमय उसे निर्णय की सूचना नहीं मिली तो वह परिवेदना समिति में आवेदन–पत्र देगा। परिवेदना समिति में श्रम एवं प्रबन्ध दोनों पक्षों के प्रतिनिधि होते हैं। परिवेदना समिति को सात दिन के भीतर उक्त मामले में निर्णय करना होगा। परिवेदना समिति का सर्वसम्मत निर्णय दोनों पक्षों को मान्य होगा, किन्तु निर्णय यदि सर्वसम्मति से नहीं होगा तो परिवेदना समिति उक्त मामले के सभी पहलुओं एवं समस्त विचार–विमर्श का विवरण सर्वोच्च प्रबन्ध के पास भेज देगी। सर्वोच्च प्रबन्ध इस सम्बन्ध में तीन दिन के भीतर अपना निर्णय करे। यदि संबंधित श्रमिक उक्त निर्णय से संतुष्ट नहीं होता तो एक रिवीजन पिटीशन सर्वोच्च प्रबन्ध के पास भेज सकता है। इस सम्बन्ध में वह श्रमिक संघ के किसी पदाधिकारी के साथ प्रबन्ध से व्यक्तिगत रूप से मिल सकता है। सर्वोच्च प्रबन्ध को सात दिन के भीतर इस सम्बन्ध में निर्णय करना होगा। इस स्थिति में सर्वोच्च प्रबन्ध उस श्रमिक संघ के पदाधिकारियों से बात कर विवाद को पंचनिर्णय में भेजने का निर्णय भी कर सकता है। सब कुछ मिलाकर यदि श्रमिक संतुष्ट नहीं हुआ तो किसी श्रमिक संघ या श्रमिकों की एक बड़ी संख्या के साथ विवाद को संराधन संयन्त्र के पास भेज सकता है।

आदर्श परिवेदना निवारण पद्धति के आधार पर सभी औद्योगिक प्रतिष्ठानों से यह आशा की गई थी कि अपने यहाँ परिवेदना निवारण पद्धति का गठन करें। बहुत से प्रतिष्ठानों ने इस दिशा में कारगर कदम उठाए। 1982 में औद्योगिक विवाद अधिनियम का संशोधन कर औद्योगिक प्रतिष्ठानों में परिवेदना निवारण तन्त्र या परिवेदना अधिकारी की नियुक्ति को अनिवार्य कर दिया गया है। पर इस प्रावधान का कारगर ढंग से क्रियान्वयन अभी तक नहीं हो पाया है।

औद्योगिक विवादों के निरोध एवं सुलझाव हेतु प्रयुक्त नैतिक अभिगम

हमारे देश में औद्योगिक विवादों की सुलझाव प्रणाली के ऊपर गाँधी जी की विचारधारा का अत्यधिक प्रभाव पड़ा। अहमदाबाद के मजदूर महाजन संघ की विचारधारा और कार्य प्रणाली इसके उदाहरण हैं। उक्त श्रमिक संघ के प्रमुख नेता श्री गुलजारी लाल नन्दा के केन्द्रीय श्रम मन्त्रित्व काल में इण्डियन लेबर कान्फ्रेंस ने अपने 16वें अधिवेशन में औद्योगिक विवादों के निरोध एवं सुलझाव हेतु अनुशासन संहिता को अपनाया। इस संहिता के अन्तर्गत श्रम प्रबन्ध सम्बन्धों के स्वैच्छिक ढंग से नियमन का प्रयास किया गया। इसके अन्तर्गत श्रम और प्रबन्ध दोनों पक्षों से यह अपेक्षा की गई थी कि वे दूसरे पक्ष की आवश्यकताओं और उनके परिप्रेक्ष्य में अपने कर्तव्यों का स्वयं ही निर्धारण करें।

इस प्रकार की अनुशासन संहिताओं को समस्त केन्द्रीय श्रम संगठनों और नियोक्ता संघों ने स्वीकार किया। रेलवे और रक्षा मन्त्रालय देश के संभवतः सबसे बड़े नियोक्ता हैं, इन्होंने इन संहिताओं को अपनाने से प्रारम्भ में तो इनकार किया, किन्तु बाद में कुछ परिवर्तनों के साथ इनके द्वारा भी संहिताओं को स्वीकार किया गया। पर बड़े–बड़े बन्दरगाहों के अन्तर्गत इन संहिताओं को स्वीकृति प्राप्त नहीं हो सकी। ये संहिताएं केवल भारत जैसे देश में ही किसी प्रकार स्वीकृत और प्रयुक्त हो सकती हैं, जहाँ अहिंसा, स्वैच्छिक विवाचन एवं सहन्यास के आदर्शों की प्रतिष्ठा की जाती है। भारत में यह अपने ढंग का एक अनोखा प्रयोग था, जिसके अन्तर्गत नैतिक प्रावधानों के द्वारा वर्ग संघर्ष एवं औद्योगिक संघर्ष के निराकरण की कल्पना की गई और सामूहिक सौदेबाजी को इनकी अपेक्षा कम महत्त्व दिया गया।

अनुशासन संहिता का निरूपण कई अनुभागों के अन्तर्गत किया गया है। प्रथम अनुभाग के अन्तर्गत नियोक्ता, श्रमिक एवं सरकार के कार्यों और जिम्मेदारियों का निरूपण किया गया है। दूसरे अनुभाग में प्रबन्ध और श्रम पक्ष के सामान्य कर्तव्यों और चौथे अनुभाग में श्रमिकों के कर्तव्यों का निरूपण किया गया है। अनुशासन संहिताओं के अन्तर्गत श्रमिक के संघों की मान्यता हेतु राष्ट्रीय स्तर की स्वीकृत शर्तों का निरूपण किया गया है। इसके अतिरिक्त कोड के अन्तर्गत आदर्श परिवेदना निवारण पद्धति भी निर्मित की गई है। इस प्रकार यह कोड अपने में औद्योगिक सम्बन्धों के लगभग सभी क्रिया कलापों को समाहित किए हुए है।

इसके कुछ प्रमुख अनुभागों का उल्लेख नीचे किया जा रहा है–

उद्योगों में अनुशासन को कायम रखने हेतु

(i) औद्योगिक प्रतिष्ठानों (सार्वजनिक एवं निजी दोनों ही क्षेत्रों में स्थापित) में श्रम और नियोक्ता दोनों पक्षों को सही रूप में दूसरे पक्ष के ऐसे अधिकारों एवं जिम्मेदारियों को मान्यता प्रदान करना, जिनका निर्धारण कानून द्वारा या सामूहिक समझौतों के द्वारा किया जाता है।

(ii) दोनों पक्षों के द्वारा अपने कर्तव्यों का स्वेच्छा एवं सही ढंग से निर्वाह।

केन्द्रीय एवं राज्य सरकारों से अपेक्षा की गई कि श्रम कानूनों के प्रशासन हेतु जिस संयन्त्र का निर्माण उन्होंने किया है, उसके क्रियाकलापों का परीक्षण करें और आवश्यकतानुसार उसमें सुधार करें।

उद्योग में अनुशासन को कायम रखने के लिए प्रबन्ध एवं श्रम पक्ष दोनों ही पक्षों ने इस बात की स्वीकृति प्रदान की

(i) किसी भी औद्योगिक समस्या के सम्बन्ध में एकतरफा विचार नहीं किया जाना चाहिए और उचित स्तर पर विवादों को सुलझाया जाना चाहिए।

(ii) विवादों के सुलझाव हेतु प्रयुक्त वर्तमान संयन्त्र का उपयोग और भी त्वरित गति से किया जाना चाहिए।

(iii) कोई भी हड़ताल और तालाबन्दी सम्यक् सूचना के बिना नहीं होनी चाहिए।
(iv) जनतांत्रिक सिद्धान्तों पर विश्वास करते हुए दोनों पक्षों ने निश्चय किया कि भविष्य में होने वाले समस्त विवादों और मतभेदों को वे पारस्परिक वार्ता संराधन एवं स्वैच्छिक विवाचन के माध्यम से सुलझाएँगे।
(v) कोई भी पक्ष बल प्रयोग, घेराव या हड़ताल या अन्य किसी अवैधानिक साधन का प्रयोग नहीं करेगा।
(vi) दोनों ही पक्ष व्यर्थ की मुकदमेबाजी, बैठकी एवं तालाबंदी का प्रयोग नहीं करेंगे।
(vii) दोनों ही पक्ष सभी स्तरों पर रचनात्मक सहयोग को बढ़ावा देंगे और पारस्परिक स्वीकृत समझौतों का पालन करेंगे।
(viii) पारस्परिक स्वीकृति के आधार पर दोनों ही पक्ष एक परिवेदना निवारण पद्धति का विकास करेंगे, जिसके द्वारा परिवेदना की त्वरित जाँच एवं निवारण का मार्ग प्रशस्त होगा।
(ix) परिवेदना निवारण की विभिन्न मंजिल पर चलते हुए परिवेदनाओं का निराकरण किया जाएगा। किसी भी स्थिति में मनमाने ढंग से कार्य करते हुए कोई पक्ष इस पद्धति का अतिक्रमण नहीं करेगा।
(x) प्रबन्ध पक्ष एवं श्रमिक पक्ष अपने सहभागियों को अनुशासन संहिताओं के अनुकूल आचरण की शिक्षा देगा।

प्रबन्ध पक्ष इस बात के लिए तैयार था कि

(i) श्रमिकों के कार्यभार में तब तक वृद्धि नहीं करेगा जब तक कि इस सम्बन्ध में पूर्ण सहमति नहीं प्राप्त कर ली गई हो।
(ii) श्रमिकों के प्रति किसी दुराचरण को बढ़ावा नहीं देगा। उदाहरणार्थ, यदि श्रमिक अपनी इच्छानुसार किसी श्रमिक संघ का सदस्य बन रहा है तो उस पर किसी प्रकार का दबाव नहीं डालेगा। श्रमिकों के प्रति अपने अधिकारों का कभी दुरुपयोग नहीं करेगा।
(iii) विवादों के सुलझाव एवं पंचाटों के क्रियान्वयन हेतु त्वरित कदम उठाएगा।
(iv) किसी सार्वजनिक या खुले स्थान पर अनुशासन संहिता के प्रावधान को प्रदर्शित कराएगा।
(v) तत्काल बर्खास्तगी तथा चेतावनी और निलम्बन के बाद की गई बर्खास्तगी के अन्तर के औचित्य को श्रमिकों को बतलाएगा और बर्खास्त श्रमिक को परिवेदना निवारण पद्धति से निर्धारित विधियों से अपील का अवसर प्रदान करेगा।
(vi) ऐसी स्थिति में अपने अधिकारियों एवं प्रबन्ध पक्ष के अन्य सदस्यों के खिलाफ अनुशासनहीनता की कार्यवाही तत्काल करेगा, जब यह ज्ञात हो जाए कि श्रमिकों द्वारा की गई अनुशासनहीनता के लिए बहुत कुछ वे ही जिम्मेदार हैं।
(vii) इण्डियन लेबर कान्फ्रेंस की 1958 की बैठक की स्वीकृत शर्तों के आधार पर श्रमिक संघों को मान्यता प्रदान करेगा।

श्रमिक संघ इस बात के लिए तैयार थे कि

(i) माँगों की पूर्ति हेतु किसी प्रकार की शारीरिक शक्ति का उपयोग नहीं करेंगे।
(ii) गैर शान्तिपूर्ण प्रदर्शन नहीं करेंगे।
(iii) श्रमिक संघ के सदस्य किसी कर्मचारी को उसके कार्य के समय श्रम संघ विषयक किसी कार्य में तब तक नहीं लगाएँगे, जब तक कि इस सम्बन्ध में कोई समझौता नहीं हुआ हो।
(iv) दुराचारी श्रम व्यवहारों को हतोत्साहित करेंगे। उदाहरणार्थ– कर्तव्य की उपेक्षा, असावधानीपूर्वक कार्य, सम्पत्ति को नुकसान, सामान्य कार्य में व्यतिक्रम तथा अवज्ञा आदि को बढ़ावा नहीं देंगे।
(v) पंचाटों और समझौतों के क्रियान्वयन हेतु त्वरित कदम उठाएँगे।
(vi) अनुशासन संहिता के प्रमुख उपबन्धों को सार्वजनिक स्थल पर प्रदर्शित करेंगे।
(vii) आचार संहिताओं की आत्मा के प्रतिकूल काम करने वाले श्रम संघ के पदाधिकारियों के विरुद्ध उचित कदम उठाएगे।

अनुशासन संहिताओं के कार्य

अनुशासन संहिताओं का प्रमुख कार्य था, संघर्ष के सुलझाव हेतु किसी उपयुक्त विकल्प का प्रस्तुतीकरण। प्रारम्भ में इन संहिताओं ने संघर्षों के सुलझाव के क्षेत्र में महत्त्वपूर्ण कार्य किया। जून 1958 के पश्चात् कार्य के दिवसों में होने वाली हानियों में कमी हुई। अनुशासन संहिता के लागू होने के प्रारम्भिक छः माह में 47,01,136 कार्य दिवसों की हानि हुई थी, किन्तु इसके बाद के छः माह में केवल 23,55,056 कार्य दिवसों की हानि हुई। किन्तु यह प्रभाव बहुत दिनों तक कायम नहीं रह सका। 1965 में आयोजित एक विचार गोष्ठी में तत्कालीन श्रम मंत्री ने इस तथ्य को स्वीकार किया कि कार्य के दिवसों में होने वाली हानि की मात्रा में वृद्धि हुई। वास्तव में नन्दा जी के श्रम मंत्री पद से हटने के बाद उनके उत्तराधिकारियों ने अनुशासन संहिताओं के क्रियान्वयन पर विशेष बल नहीं दिया। अनुशासन संहिताओं के क्रियान्वयन हेतु राज्य और केन्द्र स्तर पर जिस संयन्त्र का निर्माण किया है, उससे सर्वप्रथम यह अपेक्षा की जाती है कि अपनी विभिन्न शाखाओं से प्राप्त प्रतिवेदनों की पहले छानबीन करें और तब नियोक्ताओं और श्रमिकों के राष्ट्रीय स्तर के संगठनों को आवश्यक कार्यवाही हेतु अपना प्रतिवेदन भेजें। आचार संहिताओं के क्रियान्वयन हेतु यद्यपि कोई संवैधानिक शक्ति विद्यमान नहीं है, तब भी ऐसे नियोक्ता या नियोक्ता संघ अथवा श्रम संघ जो इन आचार संहिताओं का उल्लंघन करते हैं, उनकी भर्त्सना की जाती है और आवश्यकतानुसार उनकी वृद्ध संगठनों से आचार संहिताओं के उल्लंघन की सूचना बहुत कम प्राप्त होती है।

आचार संहिताओं के द्वारा कुछ अंश में एक लाभ तो अवश्य हुआ कि श्रमिक संघों की मान्यता प्राप्ति हेतु कोई अधिनियमित प्रावधान के अभाव में आचार संहिताओं के द्वारा निर्धारित शर्तों के आधार पर बहुत से श्रमिक संघों को मान्यता प्राप्त हुई। बहुत से औद्योगिक प्रतिष्ठानों में आदर्श परिवेदना निवारण पद्धति के आधार पर भी परिवेदनाओं का निवारण किया जाता है।

राष्ट्रीय श्रम आयोग के अनुसार संहिताओं को बहुत ही सीमित अंश में सफलता प्राप्त हुई। स्पष्ट रूप से ये संहिताएं औद्योगिक सम्बन्ध विषयक समस्याओं का कोई उत्तर नहीं हैं। आयोग के शब्दों में कोड में जंग लग गया है और विभिन्न पक्ष इसे अपनाने में कोई उत्सुकता प्रदर्शित नहीं करते हैं, वरन वे इसके प्रति उदासीनता की प्रवृत्ति अपनाए हुए हैं। जहाँ तक अनुशासन संहिताओं के भविष्य का प्रश्न है, आयोग के समक्ष प्रस्तुत साक्षियों का यह स्पष्ट मत था कि इसके प्रमुख उपबन्धों को वैधानिक जामा पहनाया जाए। ऐसे कुछ प्रमुख उपबन्ध हैं–

1. सौदेबाजी अभिकर्ता के रूप में श्रमिक संघों को मान्यता प्रदान करना।
2. परिवेदना निवारण संयन्त्र की स्थापना।
3. सम्यक सूचना के अभाव में हड़ताल तथा तालाबन्दी पर रोक।
4. दुराचरणों के लिए दण्ड।
5. स्वैच्छिक विवाचन की व्यवस्था।

पाँचवें उपबन्ध को तो औद्योगिक विवाद अधिनियम को संशोधित कर पहले ही वैधानिक रूप दिया गया है। शेष चार उपबन्धों को यद्यपि केन्द्रीय अधिनियम में सम्मिलित नहीं किया गया है, किन्तु महाराष्ट्र रिक्नीशन ऑफ यूनियन एण्ड प्रोमोशन ऑफ अनफेयर लेबर प्रैक्टिस एक्ट, 1971 के अन्तर्गत उन्हें सम्मिलित कर लिया गया है।

संहिताओं का प्रभाव आज भी किसी न किसी रूप में बना हुआ है। केन्द्रीय श्रम एवं रोजगार मंत्रालय के एक प्रतिवेदन के अनुसार अनुशासन संहिता और 'औद्योगिक शान्ति प्रस्ताव' औद्योगिक सम्बन्धों को कायम रखने के लिए नियोक्ताओं और श्रमिकों को प्रभावित करने में बहुत अंश तक सफल रहे। 1975 में घोषित आपातकालीन स्थिति में इन संयन्त्रों को और अधिक बल मिला।

नियोक्ताओं और श्रमिकों के केन्द्रीय संगठनों के अतिरिक्त अब तक 180 से अधिक व्यक्तिगत नियोक्ताओं और 166 ऐसे श्रम संघों द्वारा इन आचार संहिताओं को स्वीकृति प्राप्त हो चुकी है जो किसी केन्द्रीय श्रम संगठन के सदस्य नहीं थे। रेलवे, डाक तथा बन्दरगाहों और केन्द्रीय रक्षा मन्त्रालय के अन्तर्गत कार्यरत औद्योगिक प्रतिष्ठानों के अतिरिक्त अन्य साधनों पर कोड का उपयोग सार्वजनिक क्षेत्र के समस्त उपक्रमों द्वारा किया जाता रहा है। रक्षा उत्पादन मंत्रालय ने भी अब अपने ऐसे औद्योगिक प्रतिष्ठानों में कोड को लागू करने की बात स्वीकार कर ली है जो कम्पनी या कॉरपोरेशन के रूप में कार्य करते हैं, यद्यपि इस स्थिति में कोड में आवश्यकतानुसार कुछ परिवर्तन की भी बात कही गई है। इसी प्रकार सरकार और भी ऐसे संगठनों को कोड को अपनाने के लिए अभिप्रेरित कर रही है, जिन्होंने अब तक उसे नहीं अपनाया है। उदाहरणार्थ, इण्डियन बैंक एसोसिएशन तथा ऑल इण्डिया बैंक एसोसिएशन ने इस कोड को स्वीकार कर लिया है, किन्तु उसके कुछ प्रमुख उपबन्धों यथा, श्रमिक संघों की मान्यता की शर्तों के सम्बन्ध में, अभी भी संशय बना हुआ है।

केन्द्रीय सरकार के श्रम मन्त्रालय के प्रतिवेदनों से यह बात स्पष्ट हो जाती है कि कोड अब महत्त्वहीन होता जा रहा है। मंत्रालय के केन्द्रीय कार्यान्वयन एवं मूल्यांकन

विभाग द्वारा कोड के प्रावधानों की देखरेख की जाती है। उक्त विभाग के वार्षिक प्रतिवेदन (1980–81) के अनुसार 1980 में केन्द्रीय क्रियान्वयन और मूल्यांकन विभाग ने 17 श्रमिक संघों को अनुशासन संहिता (कोड) के अन्तर्गत मान्यता दी। 1980 में सात ऐसे व्यवसाय संघ थे जो बहुमत प्राप्त थे और उनकी मान्यता हेतु संस्तुति की गई पर, मान्यता नहीं मिली। 18 विवादों में मन्त्रालय ने विभिन्न प्रतिष्ठानों में कार्यरत व्यवसाय संघों की सदस्यता का सत्यापन किया था। मंत्रालय ने 16 विवादों में राज्य सरकारों/केन्द्रीय सरकार/पब्लिक या प्राइवेट प्रतिष्ठानों को व्यवसाय संघों को मान्यता देने/न देने और मान्यता प्राप्त व्यवसाय संघों के अधिकारों के सम्बन्ध में सुझाव दिया था। कहना नहीं होगा कि इन आंकड़ों से यह बात स्पष्ट हो गई है कि अनुशासन संहिताएं महत्त्वहीन हो गई हैं।

अनुशासन संहिता के अन्तर्गत स्वैच्छिक विवाचन

अनुशासन संहिता एवं औद्योगिक शांति प्रस्ताव 1962 के अन्तर्गत स्वैच्छिक विवाचन के माध्यम से विवादों के सुलझाव पर बल दिया गया है। महात्मा गाँधी के औद्योगिक सम्बन्ध दर्शन का यही मूलमन्त्र था। महात्मा गाँधी हड़ताल के माध्यम से औद्योगिक विवाद का सुलझाव नहीं करना चाहते थे। अहमदाबाद के मिल मजदूरों को सम्बोधित करते हुए उन्होंने कहा था कि मैं यह जानता हूँ कि हड़ताल श्रमिक का जन्म सिद्ध अधिकार है। किन्तु यदि पूँजीपति विवाचन के सिद्धान्तों को स्वीकार कर लेता है, तो हड़ताल को एक अपराध समझा जाना चाहिए। औद्योगिक अशान्ति के सम्बन्ध में गाँधीजी जीवन पर्यन्त इस सिद्धान्त पर अडिग रहे। 1942 में मद्रास में श्रमिकों के एक समूह को सम्बोधित करते हुए उन्होंने कहा कि जैसे–जैसे श्रमिक संगठित होते जाते हैं हड़ताल की आवृत्ति में भी कमी होती जानी चाहिए। श्रमिकों के मानसिक एवं सामूहिक विकास में प्रगति होने के साथ–साथ विवाचन के माध्यम से हड़ताल के सिद्धान्तों का प्रतिस्थापन हो जाना चाहिए और अब इस प्रकार का समय आ गया है। गुलजारी लाल नन्दा पर गाँधी जी की श्रम नीतियों का अतिशय प्रभाव था। इसी कारण उनके केन्द्रीय श्रम मंत्रित्व काल में जब अनुशासन संहिता का निर्माण हुआ तो इसके अन्तर्गत स्वैच्छिक विवाचन को सम्यक् महत्त्व दिया गया।

किन्तु वास्तविक व्यवहार में स्वैच्छिक विवाचन के अन्तर्गत विवादों का सुलझाव कारगर ढंग से नहीं हो पाया। श्रम मंत्रालय के 1975–76 के वार्षिक प्रतिवेदन से ज्ञात होता है कि केन्द्रीय सरकार के अधिकार क्षेत्र में आने वाले 1,087 विवादों में उस वर्ष (1975) संराधन के माध्यम से समझौता नहीं हो पाया और श्रम एवं प्रबन्ध पक्ष पारस्परिक सहमति के आधार पर उनमें से केवल 14 विवादों के स्वैच्छिक विवाचन के माध्यम से सुलझाव हेतु राजी हुए। 1979 में 5,680 विवादों में संराधन के माध्यम से समझौता नहीं हो पाया और उनमें केवल 191 विवादों के स्वैच्छिक विवाचन के माध्यम से सुलझाव हेतु दोनों पक्ष राजी हुए। कहना नहीं होगा कि ये आंकड़े विशेष उत्साहवर्धक नहीं हैं। भारत में विशेषकर नियोक्ताओं ने स्वैच्छिक विवाचन की दिशा में कभी भी उत्साह प्रदर्शित नहीं किया। वे इसकी अपेक्षा अनिवार्य विवाचन को अधिक

वरीयता देते हैं। श्रमिक संघ जब गैर लाभपरक स्थिति में होते हैं तो वे मुकदमेबाजी की अपेक्षा स्वैच्छिक विवाचन को वरीयता देते हैं।

आवश्यक सेवा अनुरक्षण अधिनियम, 1981

इस अधिनियम का उद्देश्य आवश्यक सेवाओं में हड़तालों पर रोक और औद्योगिक विवादों पर रोक लगाना है। अधिनियम के अन्तर्गत गैर–कानूनी हड़ताल करने या प्रोत्साहित करने वाले व्यक्तियों को भी दण्डित करने का प्रावधान है। रेलवे, डाकतार, बन्दरगाह, हवाई अड्डा, बैंकिंग, पेट्रोलियम का उत्पादन, शोधन, वितरण एवं विक्रय, सार्वजनिक सफाई तथा केन्द्र सरकार के अन्तर्गत आने वाले अस्पतालों को अनिवार्य सेवाओं में शामिल किया गया। केन्द्र सरकार अन्य सेवाओं को भी आवश्यक सेवा घोषित कर सकती है। सरकार जनहित में किसी भी सेवा में 6 माह तक हड़ताल पर रोक लगा सकती है।

औद्योगिक विवादों के सुलझाव हेतु प्रयुक्त त्रिपक्षीय संयन्त्र

जब किसी औद्योगिक प्रतिष्ठान में विवाद उत्पन्न हो जाता है तो उसके सुलझाव का प्रयास मुख्यतया औद्योगिक विवाद अधिनियम के अन्तर्गत उपलब्ध संयन्त्रों के माध्यम से किया जाता है किन्तु औद्योगिक विवादों के सुलझाव हेतु सामूहिक सौदेबाजी सर्वाधिक महत्त्वपूर्ण संयन्त्र है। इस संयन्त्र का विस्तृत विवरण आगे के अध्याय में किया गया है। उक्त संयन्त्र के अतिरिक्त इस सम्बन्ध में प्रयुक्त अन्य संयन्त्रों का विवरण निम्नलिखित है–

संराधन संयन्त्र

औद्योगिक विवाद अधिनियम 1947 के अन्तर्गत यह प्रावधान है कि जब कोई विवाद औद्योगिक प्रतिष्ठान में उत्पन्न होता है तो उसके सुलझाव हेतु प्रतिष्ठान स्तर पर द्विपक्षीय प्रयास होने पर सफलता नहीं मिलती है अथवा द्विपक्षीय प्रयास होता ही नहीं है और कोई विवादास्पद क्षेत्रीय संराधन संयन्त्र के पास विवाद को सुलझाव हेतु ले जा सकता है। जनोपयोगी सेवाओं में जब हड़ताल का नोटिस श्रमिक संघ द्वारा नियोक्ता को दिया जाता है तो उक्त नोटिस की एक प्रति दूसरे दिन क्षेत्रीय संराधन कार्यालय में अवश्य भेज दी जानी चाहिए और संराधन अधिकारी को उक्त विवाद में हस्तक्षेप कर संराधन कराना आवश्यक हो जाता है। संराधन का अर्थ 'समझौता' होता है। संराधन के माध्यम से दोनों पक्ष संराधन अधिकारी के प्रयास से अपने आप किसी समझौते पर पहुंचने का प्रयास करते हैं। संराधन संयन्त्र के दो प्रमुख अंग हैं, उनका विवरण निम्नलिखित है–

संराधन अधिकारी

औद्योगिक विवाद अधिनियम 1947 के अन्तर्गत उपयुक्त सरकार को यह अधिकार है कि अपने अधिकार में आने वाले विभिन्न क्षेत्रों में समुचित संख्या में समझौता अधिकारी या संराधन अधिकारी की नियुक्ति करे। उस क्षेत्र के किसी औद्योगिक प्रतिष्ठान में यदि

कोई ऐसा विवाद उत्पन्न हो जाने की संभावना है जिसके कारण हड़ताल या तालाबन्दी हो सकती है या कोई ऐसा विवाद उत्पन्न हो गया है जिसके अन्तर्गत हड़ताल या तालाबन्दी की स्थिति उत्पन्न हो गई है तो कोई विवादास्पद पक्ष विवाद में समझौता हेतु संबंधित समझौता अधिकारी के यहाँ आवेदन पत्र दे सकता है और संबंधित अधिकारी उस आवेदन पत्र पर विचार करते हुए संराधन की कार्यवाही आरम्भ कर दोनों पक्षों को नोटिस दे सकता है। इसके अतिरिक्त यदि कोई पक्ष विवाद के सम्बन्ध में आवेदन पत्र नहीं दे और संराधन अधिकारी को यह ज्ञात हो कि उसके क्षेत्र के किसी प्रतिष्ठान में विवाद उत्पन्न हो गया है तो वह स्वयं ही पहल कर विवाद में हस्तक्षेप करता है। किसी भी स्थिति में वह दोनों पक्षों को नोटिस भेजकर एक निश्चित समय पर उन्हें अपने कार्यालय बुला सकता है और उनसे सामूहिक या व्यक्तिगत रूप से अलग–अलग वार्ता कर विवाद सुलझाव हेतु उन्हें स्वैच्छिक रूप से समझौते पर पहुँचने के लिए राजी कर सकता है।

समझौता मण्डल

जब विवाद से संबंधित कोई व्यक्ति सरकार के पास यह आवेदन–पत्र देता है कि समझौता अधिकारी पर उसका विश्वास नहीं है या अन्य किसी उपयुक्त कारण से वह समझौता अधिकारी को बदलना चाहता है। तो इस स्थिति में उपयुक्त सरकार संबंधित विवाद में समझौता करने के लिए समझौता मण्डल का गठन कर सकती है। समझौता मण्डल में दोनों पक्षों के एक–एक या दो–दो प्रतिनिधि होते हैं जिनका नामांकन संबंधित पक्ष करता है। इसके अतिरिक्त सरकार द्वारा नामित एक निरपेक्ष व्यक्ति उस बोर्ड का चेयरमैन होता है। यदि संबंधित पक्ष अपने प्रतिनिधियों का नामांकन निर्धारित समय पर नहीं करते हैं तो सरकार स्वयं ही उनका नामांकन कर सकती है। ऐसे बोर्ड को सिविल कोर्ट का अधिकार प्राप्त होता है। वह सम्मन भेजकर दोनों पक्षों के प्रतिनिधियों को अपने समक्ष उपस्थित कर सकता है और शपथ देकर उनका बयान ले सकता है।

संराधन अधिकारी के कर्तव्य

1. यदि संराधन अधिकारी के कार्यक्षेत्र में स्थापित किसी औद्योगिक प्रतिष्ठान में विवाद की स्थिति विद्यमान है या औद्योगिक विवाद होने की संभावना है तो संराधन अधिकारी समझौते हेतु उक्त विवाद में हस्तक्षेप कर सकता है। किन्तु यदि विवाद लोकोपयोगी सेवा से संबंधित है तो वह अवश्य ही उस विवाद में हस्तक्षेप करेगा।
2. किसी विवाद में बिना विलम्ब के समझौते हेतु समझौता अधिकारी से यह अपेक्षा की जाती है कि विवाद के सभी पहलुओं की छानबीन करे और दोनों पक्षों को एक न्यायोचित समझौते की मंजिल तक लाए।
3. यदि संराधन की कार्यवाही के दौरान दोनों पक्षों के बीच समझौता हो जाता है तो संराधन अधिकारी से अपेक्षा की जाती है कि उस सम्बन्ध में समुचित प्रतिवेदन तैयार कर सरकार के पास भेजे और समझौते का मसौदा **(Memorandum of**

Settlement) बनाकर दोनों पक्षों के हस्ताक्षर करा ले और स्वयं भी उस पर हस्ताक्षर करे।

4. यदि समझौता नहीं होता है तो संराधन अधिकारी से अपेक्षा की जाती है कि पूरे मामले की विस्तृत रिपोर्ट तैयार कर समुचित सरकार के संबंधित अधिकारी को भेज दे। उसमें यह भी लिखे कि किन कारणों से समझौता नहीं हो पाया।
5. संबंधित सरकार को जब यह प्रतिवेदन प्राप्त होता है तो उस पर विचार कर या तो विवाद को अधिनिर्णयन हेतु लेबर कोर्ट या ट्रिब्यूनल में भेज दिया जाता है। यदि नहीं भेजा जाता है तो संबंधित पक्षों को इसकी सूचना दी जाती है।

संराधन की कार्यवाही के प्रारम्भ होने के 14 दिन के भीतर प्रतिवेदन सरकार के पास प्रेषित हो जाना चाहिए। विशेष स्थिति में संराधन की कार्यवाही की अवधि बढ़ाई जा सकती है। पर इसका समुचित कारण संराधन अधिकारी के पास होना चाहिए।

संराधन मण्डल के कर्तव्य

(i) जब कोई विवाद समझौता मण्डल के समक्ष प्रस्तुत होता है तो मण्डल का यह कर्तव्य है कि विवाद के सभी पहलुओं की समुचित जाँच कर अपेक्षित सूचनाओं की प्राप्ति के उपरान्त दोनों पक्षों को इस प्रकार अनुप्राणित करे कि वे स्वयं ही विवाद में समझौता कर लें।

(ii) यदि विवाद में समझौता हो जाता है तो बोर्ड से यह अपेक्षा की जाती है कि उपयुक्त सरकार के पास समझौते का विवरण भेज दे और समझौता प्रपत्र (Memorandum of Settlement) तैयार कर दोनों विवादास्पद पक्षों के साथ ही बोर्ड के सभी सदस्य भी उस पर हस्ताक्षर कर दें।

(iii) यदि बोर्ड के प्रयासों के द्वारा समझौता नहीं हो पाता है तो यह अपेक्षा की जाती है कि बोर्ड उपयुक्त सरकार के पास विवाद के स्वरूप, उसके कारण और समझौते हेतु किए गए प्रयास तथा समझौता न हो पाने के समुचित कारणों का विवरण उपयुक्त सरकार के उपयुक्त अधिकारी के पास भेज दे। समझौते की कार्यवाही प्रारम्भ होने के दो माह के भीतर यह प्रतिवेदन सरकार के पास अवश्य ही पहुँच जाना चाहिए।

(iv) उपयुक्त सरकार का सक्षम अधिकारी विवाद के प्रतिवेदन की छानबीन करता है। इसके बाद यदि उचित समझता है तो अधिनिर्णियन हेतु विवाद को लेबर कोर्ट या ट्रिब्यूनल में भेज देता है अन्यथा विवाद को रिकॉर्ड में रख लेता है और संबंधित पक्षों को विवाद के न प्रेषण की सूचना दे देता है।

(v) विवाद की कार्यवाही की समाप्ति का प्रतिवेदन सक्षम सरकार के पास दो माह के भीतर अवश्य भेज देना चाहिए। यदि उस अवधि से अधिक विलम्ब होता है तो तीनों पक्षों की सहमति के पश्चात् ही कार्यवाही की अवधि बढ़ानी चाहिए और प्रतिवेदन उपयुक्त सरकार के सक्षम अधिकारी को प्रेषित किया जाना चाहिए।

सुलह अधिकारी या सुलह बोर्ड के समक्ष यदि कोई विवाद लम्बित है तो उस अवधि तक इस विषय से संबंधित किसी मामले को लेकर हड़ताल या तालाबन्दी नहीं हो सकती है।

जाँच न्यायालय

यह तंत्र औद्योगिक विवादों का निपटारा स्वयं नहीं करता है, बल्कि संबंधित विवाद की जाँच–पड़ताल करके उपयुक्त सरकार को विवाद सुलझाने की कार्यवाही हेतु जाँच रिपोर्ट प्रस्तुत कर देता है।

गठन : औद्योगिक विवाद से संबंधित किसी भी मामले की जाँच–पड़ताल हेतु उपयुक्त सरकार अधिसूचना जारी कर जाँच समिति या जाँच न्यायालय को नियुक्त कर सकती है।

संरचना : जाँच समिति में एक स्वतंत्र व्यक्ति की नियुक्ति की जाती है, परंतु यदि उपयुक्त सरकार उचित समझे तो एक से अधिक व्यक्तियों की नियुक्ति भी की जा सकती है तथा उनमें से किसी एक को सभापति नियुक्त किया जा सकता है।

कार्य : सुलह बोर्ड के समान जाँच न्यायालय या जाँच समिति न्यूनतम कार्यवाहक संख्या *(quorum)* पूरा होने पर सभापति या किसी सदस्य की अनुपस्थिति या स्थान रिक्त रहने पर भी कार्यवाही संपन्न कर सकती है, परन्तु सरकार के स्पष्ट निर्देश के आलोक में ऐसा नहीं भी कर सकती है।

जाँच समिति का मुख्य कार्य विवादों से संबंधित मामलों की गहन जाँच के उपरान्त उपयुक्त सरकार को रिपोर्ट प्रदान करना होता है। यह निर्णय नहीं दे सकती है। परन्तु इसे सिविल कोर्ट के समस्त अधिकार प्राप्त होते हैं, जैसे अनिवार्य उपस्थिति, प्रपत्रों की जाँच इत्यादि।

निर्धारित अवधि : सामान्यतया जाँच न्यायालय को अपनी रिपोर्ट जाँच प्रारम्भ होने के 6 माह के अंदर भेजनी होती है।

जाँच समिति के कार्यों के दौरान श्रमिकों एवं नियोजकों के निम्न अधिकारों पर कोई प्रभाव नहीं पड़ेगा–

1. हड़ताल पर जाने का श्रमिक का अधिकार।
2. तालाबन्दी करने का नियोजक का अधिकार।
3. धारा–33 के अन्तर्गत नियोजक द्वारा श्रमिकों को पदच्युत करने या दंड देने का अधिकार आदि।

अधिनिर्णयन संयन्त्र

इसके अन्तर्गत तीन संयन्त्र आते हैं, जिनका विवरण निम्नलिखित है–

श्रम न्यायालय

श्रम न्यायालय औद्योगिक विवादों का निपटारा करने वाला एक अधिनिर्णय तंत्र (adjudicating machinery) या न्यायिक तंत्र है। उपयुक्त सरकार राजपत्र में

अधिसूचना के द्वारा आवश्यकतानुसार एक या अधिक श्रम न्यायालयों की नियुक्ति कर सकती है।

संरचना : श्रम न्यायालयों में उपयुक्त सरकार द्वारा केवल एक ही व्यक्ति की नियुक्ति की जाती है, जो पीठासीन अधिकारी **(Presiding Officer)** के नाम से जाना जाता है। अधिनियम की धारा 7(3) के अनुसार श्रम न्यायालय के अध्यक्ष (पीठासीन अधिकारी) पद पर नियुक्ति हेतु निम्न योग्यता का होना अनिवार्य है–

1. उच्च न्यायालय में न्यायाधीश रहा हो।
2. तीन वर्षों तक जिला जज या अतिरिक्त जिला जज रहा हो।
3. न्यूनतम सात वर्षों तक लगातार न्यायिक सेवा में रहा हो।
4. न्यूनतम पाँच वर्षों तक प्रांतीय कानून के अन्तर्गत गठित किसी श्रम न्यायालय में पीठासीन अधिकारी रहा हो, आदि।

कार्य : श्रम न्यायालय एक स्थायी तंत्र होता है, जो न्यायालय के समान कार्य करता है; जो निम्नलिखित हैं–

1. श्रम न्यायालय सिविल कोर्ट द्वारा अपनाई जाने वाली समस्त कार्यवाहियों को अपनाता है।
2. यह किसी भी भेजे गए विवाद पर निर्णय देने हेतु उत्तरदायी होता है।
3. यह अधिनिर्णयन का तरीका अपनाता है तथा इसके निर्णय को **(award)** अधिनिर्णय या पंचाट कहा जाता है।
4. यह पंचाट विवाद के दोनों पक्षों पर बाध्यकारी होगा, जो कम से कम एक वर्ष अवश्य लागू रहेगा।

उपयुक्त सरकार श्रम न्यायालय में केवल उन्हीं मामलों को भेजती है जो अधिनियम की अनुसूची II के अन्तर्गत आते हैं। अनुसूची II मुख्य रूप से स्थायी आदेश एवं अनुशासनात्मक कार्यवाही को ही शामिल करती है। उपयुक्त सरकार अधिनियम की अनुसूची III के वैसे मामलों को भी श्रम न्यायालय में निर्णय हेतु भेज सकती है, जिसमें 100 या इससे कम व्यक्ति संलग्न होते हैं या प्रभावित होते हैं।

निर्धारित समय: श्रम न्यायालय को निर्णय देने हेतु अधिनियम में कोई समय निर्धारित नहीं किया गया है, परन्तु विवाद भेजते समय उपयुक्त सरकार निश्चित अवधि में निर्णय देने का उल्लेख भी कर देती है, जिसे वह घटा या बढ़ा भी सकती है।

औद्योगिक न्यायाधिकरण

औद्योगिक न्यायाधिकरण श्रम न्यायालय के समान ही एक न्यायिक तंत्र होता है, उपयुक्त सरकार द्वारा राजपत्र में अधिसूचना द्वारा औद्योगिक न्यायाधिकरण की नियुक्ति की जाती है। उपयुक्त सरकार आवश्यकतानुसार कुछ स्थायी औद्योगिक न्यायाधिकरणों की स्थापना भी कर सकती है।

संरचना (*Composition*): औद्योगिक न्यायाधिकरण में भी श्रम न्यायालय के समान एक पीठासीन अधिकारी की नियुक्ति उपयुक्त सरकार द्वारा की जाती है जो कम से कम निम्नलिखित अर्हता रखने वाले व्यक्ति हो सकते हैं–

1. उच्च न्यायालय में न्यायाधीश रहा हो।
2. कम से कम तीन वर्षों तक जिला जज या अतिरिक्त जिला जज रहा हो।

उपयुक्त सरकार यदि उचित समझे तो पीठासीन अधिकारी (Presiding Officer) की सहायता हेतु दो न्याय सहायकों (Assessors) की नियुक्ति भी कर सकती है।

कार्य (*Function*): औद्योगिक न्यायाधिकरण के कार्य श्रम न्यायालय के समान ही होते हैं और इसे समान अधिकार एवं दायित्व प्राप्त होते हैं, परन्तु कार्य क्षेत्र में भिन्नता होती है।

कार्यक्षेत्र (*Scope*): औद्योगिक न्यायाधिकरण का कार्यक्षेत्र अधिनियम की अनुसूची II (दो) एवं अनुसूची III (तीन) दोनों से ही संबंधित मामले होते हैं। अतः उपयुक्त सरकार औद्योगिक न्यायाधिकरण में अनुसूची II और अनुसूची III में उल्लिखित मामलों से संबंधित विवादों को निर्णय हेतु भेज सकती है।

राष्ट्रीय न्यायाधिकरण

राष्ट्रीय न्यायाधिकरण भी श्रम न्यायालय एवं औद्योगिक न्यायाधिकरण की भाँति एक न्यायिक तंत्र होता है, जिसकी नियुक्ति हमेशा केन्द्रीय सरकार द्वारा राजकीय पत्र में अधिसूचना द्वारा की जाती है।

संरचना (*Composition*): राष्ट्रीय न्यायाधिकरण में भी केवल एक व्यक्ति को पीठासीन अधिकारी (Presiding Officer) के रूप में केन्द्र सरकार द्वारा नियुक्त किया जाता है। राष्ट्रीय न्यायाधिकरण के पीठासीन अधिकारी के लिए उच्च न्यायालय में न्यायाधीश होना या रह चुकना आवश्यक है। केन्द्र सरकार आवश्यकतानुसार दो न्याय सहायकों की भी नियुक्ति कर सकती है, जो राष्ट्रीय न्यायाधिकरण को सलाह एवं सहायता प्रदान करेगा।

कार्य (*Function*): राष्ट्रीय न्यायाधिकरण को भी एक श्रम न्यायालय एवं औद्योगिक न्यायाधिकरण की भांति समस्त अधिकार एवं दायित्व प्राप्त होते हैं तथा कार्यावधि भी समान होती है, परन्तु कार्यक्षेत्र में अन्तर होता है।

कार्यक्षेत्र (*Scope*): राष्ट्रीय न्यायाधिकरण का गठन केन्द्र सरकार द्वारा किया जाता है, अतः इसका कार्यक्षेत्र विस्तृत रूप से समस्त देश को शामिल करता है। केन्द्र सरकार निम्नलिखित मामलों को राष्ट्रीय न्यायाधिकरण में निर्णय हेतु भेज सकती है–

1. ऐसे मामले, जो केन्द्र सरकार की राय में राष्ट्रीय महत्त्व के हों, तथा
2. ऐसे मामले जो एक से अधिक राज्यों में स्थित औद्योगिक प्रतिष्ठानों से संबंधित हों अथवा प्रभावित होते हैं।

अधिनियम की धारा 7(c) के अन्तर्गत पीठासीन अधिकारी हेतु कुछ अयोग्यता, जैसे यदि उनकी आयु 65 वर्ष या अधिक हो अथवा वह स्वतंत्र या निष्पक्ष व्यक्ति नहीं

हो आदि निर्धारित की गई है, जिसके होने पर उस व्यक्ति को इस पद पर नियुक्त नहीं किया जा सकता है।

स्वैच्छिक विवाचन या पंच निर्णय (Voluntary Arbitration)

अधिनियम के अन्तर्गत अनिवार्य न्यायाधिकरण (compulsory adjudication) के अतिरिक्त स्वैच्छिक न्यायाधिकरण (voluntary adjudication) की भी व्यवस्था की गई है, जिनमें अपेक्षाकृत कम समय एवं कम व्यय में विवादों का निर्णय संभव होता है अधिनियम के अन्तर्गत इस सम्बन्ध, में मुख्य रूप से निम्न प्रावधान किए गए हैं–

1. किसी विद्यमान अथवा आशंकित औद्योगिक विवाद के पक्षकार आपसी सहमति से किसी भी व्यक्ति के पास पंच निर्णय हेतु जाने में स्वतंत्र हैं।
2. परन्तु पंच निर्णय हेतु वे तभी आगे बढ़ सकते हैं, जब संबंधित विवाद श्रम न्यायालय, औद्योगिक न्यायाधिकरण अथवा राष्ट्रीय न्यायाधिकरण में नहीं भेजा गया हो।
3. आपसी सहमति से किसी पंच के पास जाने का निर्णय लिखित रूप में होना चाहिए, जिसकी एक प्रति समझौता अधिकारी को देना आवश्यक है। जब वह उस पर हस्ताक्षर एवं मुहर लगा देता है तो कार्यचाही पूरी हो जाती है।
4. उपयुक्त सरकार एक माह के अन्दर शासकीय गजट में अधिसूचना द्वारा पंच का नाम प्रकाशित करेगी।
5. पंच दोनों पक्षों को अच्छी तरह सुन–समझ कर अपना निर्णय (award) उपयुक्त सरकार को भेज देता है, परन्तु इसके लिए कोई निश्चित समय सीमा निर्धारित नहीं की गई है।
6. उपयुक्त सरकार इस विवाचन पंचाट (award arbitration) को शासकीय गजट में प्रकाशित कर देती है।
7. यह विवाचन पंचाट शासकीय गजट में प्रकाशन के तीन महीने के अन्दर लागू हो जाता है।

इस प्रकार औद्योगिक विवाद अधिनियम 1947 के अन्तर्गत भारत सरकार ने औद्योगिक विवादों की रोकथाम एवं निपटारे हेतु बहुत संतुलित ढंग से व्यवस्था प्रदान की है, जिससे उनकी संतुलित श्रमनीति का स्पष्ट बोध होता है। पहले चरण में कार्य समिति की स्थापना द्वारा विवादों की रोकथाम हेतु प्रयास किया जाता है। जब विवाद उत्पन्न हो जाते हैं तो दूसरे चरण में सुलह अधिकारी एवं सुलह बोर्ड द्वारा सामूहिक समझौते को प्रश्रय दिया जाता है। तीसरे चरण में गूढ़ विवादों की जाँच हेतु जाँच न्यायालय का प्रावधान है, इस बीच विवाद के पक्षकारों को स्वैच्छिक रूप से पंच निर्णय हेतु विवाद किसी भी व्यक्ति के पास ले जाने की स्वतंत्रता होती है। इसके उपरांत ही चौथे चरण में औद्योगिक विवाद को अधिनिर्णयन (adjudication) हेतु श्रम न्यायालय, औद्योगिक न्यायाधिकरण अथवा राष्ट्रीय न्यायाधिकरण के समक्ष भेजा जाता है। इस प्रकार यह अधिनियम कुल आठ तंत्रों के माध्यम से औद्योगिक विवादों के अनिवार्य निपटारे का प्रावधान करता है।

संघर्ष के सुलझाव हेतु प्रयुक्त व्यवहारविज्ञान मूलक उपागम

औद्योगिक सम्बन्ध के क्षेत्र में संघर्षों के समन नामक एक नवीन विचारणीय क्षेत्र का आज आविर्भाव हुआ है। इस क्षेत्र में आज बहुत से व्यवहार वैज्ञानिक कार्यरत हैं। अमेरिकीय व्यवहार वैज्ञानिकों ने 'कॉनफ्लिक्ट रीजोलूशन' नामक एक पत्रिका का प्रकाशन भी प्रारम्भ कर दिया है। उस पत्रिका की विचार पद्धति व्यवहार वैज्ञानिकों द्वारा स्वीकृत कुछ अनुमानों पर आधारित है। उदाहरणार्थ इसके अन्तर्गत इस तथ्य का प्रतिपादन किया गया है कि बहुत से प्रतिमान और प्रक्रियाएँ जो संघर्ष की विशेषताओं का एक क्षेत्र में द्योतन करती हैं, दूसरे क्षेत्र में होने वाले संघर्षों का भी द्योतन होता है। उदाहरणार्थ श्रम संघों के संघर्ष और राज्य के सीमा संघर्षों के स्वरूप में कोई विशेष अन्तर नहीं होता है। अतः संघर्ष के सम्बन्ध में एक व्यापक विचारधारा के विकास की आवश्यकता है। उक्त पत्रिका में प्रकाशित दूसरी विचारधारा संघर्ष के सामाजिक उद्देश्यों पर प्रकाश डालती है। अर्थात् उसके अन्तर्गत इस तथ्य का प्रतिपादन किया गया है कि जब हम मानवीय अनुभवों की ओर दृष्टिपात करते हैं तो ज्ञात होता है कि कुछ संघर्ष बहुत अधिक फलदायी होते हैं और कुछ संघर्ष ऐसे नहीं होते हैं। कुछ संघर्ष प्रक्रियाओं के माध्यम से सुलझाव एवं एकीकरण का मार्ग प्रशस्त होता है और कुछ संघर्षों के माध्यम से अलगाव एवं विनाश होता है। यद्यपि हम इस बात में विश्वास करते हैं कि स्वयं अपने लिए ही ज्ञान की प्राप्ति आवश्यक है, इसी आधार पर क्रमबद्ध एवं सुरक्षित ज्ञान का विकास होता है, किन्तु हम उसकी व्यावहारिक उपयोगिताओं के प्रति भी उदासीन नहीं होते हैं। हम संघर्ष के प्रत्येक क्षेत्र में अन्तर्दृष्टि एवं ज्ञान के विकास की आशा करते हैं क्योंकि हमें विश्वास है कि सभी क्षेत्रों से अर्जित अनुभव एवं ज्ञान के आधार पर हम संघर्ष एवं युद्ध का विरोध करते हैं।

उपर्युक्त वैचारिक पृष्ठभूमि में श्रम प्रबन्ध के बीच जनित संघर्ष के सुलझाव हेतु हम 'श्रम वार्ता' की व्यवहार विज्ञानमूलक पद्धति पर विचार करेंगे, जो सामाजिक वार्ता का एक उदाहरण मात्र है। इस उपागम की मूल मान्यता यह है कि दो या दो से अधिक सामाजिक इकाइयों की सोद्देश्य अन्तर्क्रिया, अपने पारस्परिक निर्भरता की शर्तों को पुनर्परिभाषित कर सकती है। इस प्रकार की वार्ता हेतु 'सामाजिक वार्ता' की शब्दावली का प्रयोग कर सकते हैं, क्योंकि इस प्रक्रिया में प्रवृत्ति मूलक और संगठन मूलक पक्षों पर विशेष बल देते हैं, जिन्हें सौदेबाजी के सम्बन्ध में निरूपित दूसरी विचारधाराओं के अन्तर्गत नजरअन्दाज कर दिया जाता है।

यह बात कई तथ्यों के आधार पर कही जा सकती है कि श्रम वार्ता/लेबर निगोसिएशन/सामाजिक वार्ता का प्रतिनिधित्व करती है। सबसे बड़ी बात तो यह है कि 'लेबर निगोसिएशन' के अन्तर्गत वे सभी जटिलताएँ विद्यमान होती हैं, जो सोशल निगोसिएशन के अन्तर्गत पाई जाती हैं।

लेबर निगोसिएशन के अन्तर्गत जो विचारणीय विषय होते हैं, उनमें संघर्ष एवं सहयोग दोनों ही तत्त्व विद्यमान होते हैं, जो एक साथ ही अपने आत्मस्वार्थ के रक्षण एवं संयुक्त समस्या की प्रक्रिया में रत होने के कार्य द्वारा सौदेबाजी की व्यूह रचना और पद्धति के चयन में अतिशय बाधक होते हैं।

लेबर निगोसिएशन के अन्तर्गत कुछ मूलभूत विषयों पर ही पारस्परिक विचारों का आदान–प्रदान नहीं होता, वरन् इसके अन्तर्गत दोनों पक्षों की अभिवृत्ति, भावनाओं और विचारों की अभिव्यक्ति की शैली का भी अत्यधिक महत्त्व होता है। लेबर निगोसिएशन की विभिन्न विशेषताओं द्वारा अभिवृत्ति के क्षेत्र को बहुत ही ऊँचा उठा लिया जाता है। इसके अन्तर्गत निहित विभिन्न विचारणीय विषयों में मानवीय मूल्य भी निहित होते हैं और इन विषयों को सुलझाने की पद्धति का प्रभाव सम्पूर्ण सम्बन्धों पर पड़ता है। इस हेतु जिन उपकरणों का चयन किया जाता है, वे कुछ ऐसी मान्यताओं से जुड़े होते हैं, जो सम्बन्धों की शैली पर अत्यधिक प्रभाव डालते हैं। किसी समझौते के सम्बन्ध में प्रारम्भ की गई बातों के द्वारा दोनों पक्षों के बीच विचारों का आदान–प्रदान प्रारम्भ होता है और समझौतों की शर्तों की पूर्ति दोनों पक्षों के सम्बन्धों पर निर्भर होती है। इसके अतिरिक्त यह बात भी सत्य है कि दोनों पक्षों का सम्बन्ध सामान्य, विशिष्ट, निरन्तर और लम्बी अवधि तक का होता है।

लेबर निगोसिएशन के अन्तर्गत चार प्रकार के क्रियाकलापों की प्रणालियाँ निहित हैं। प्रत्येक प्रणाली की अपनी कुछ निजी विशेषताएँ होती हैं और प्रत्येक प्रणाली के अपने कुछ निजी कार्य उपकरण होते हैं। हम प्रत्येक प्रणाली को एक उप–प्रक्रिया के रूप में अविहित करेंगे। इनका संक्षिप्त विवरण निम्नलिखित है–

वितरणात्मक सौदेबाजी

इस प्रक्रिया के अन्तर्गत 'गेम थियरी' के आधार पर कार्य होता है। इसके अन्तर्गत एक पक्ष के लाभ से दूसरे पक्ष की हानि होती है। दोनों पक्ष एक सामान्य स्वार्थ के विषय क्षेत्र के ऊपर वार्ता करते हैं, जिसके अन्तर्गत दोनों पक्षों के स्वार्थ परस्पर एक–दूसरे के विरोधी होते हैं। एक पक्ष के लाभ होने से दूसरे पक्ष की हानि होती है। इस आधार पर इसे 'विन एण्ड लूज' बारगेनिंग की संज्ञा दी जाती है।

एकीकृत सौदेबाजी

इस उप–प्रक्रिया के अन्तर्गत ऐसी कार्य प्रणाली का सहारा लिया जाता है, जिसके माध्यम से दोनों पक्षों के स्वार्थों में एकात्मकता स्थापित होती है, अर्थात् वार्ता के माध्यम से दोनों ही पक्ष लाभान्वित होते हैं। यह प्रक्रिया बहुत कुछ उत्पादकता मूलक सौदेबाजी से मेल खाती है, जिसके अंतर्गत दोनों पक्ष परस्पर वार्ता के द्वारा ऐसा समझौता करते हैं, जिसके द्वारा न केवल श्रमिक की मजदूरी और आनुषंगिक लाभों में वृद्धि होती है, वरन् प्रतिष्ठान की उत्पादकता में भी वृद्धि होती है। इस प्रकार ऐसी वार्ता से दोनों पक्ष लाभान्वित होते हैं। इसी आधार पर इसे 'विन, विन' बारगेनिंग की संज्ञा दी जाती है।

अभिवृत्ति पुनर्संरचना

श्रम प्रबन्ध के बीच वार्ता का क्षेत्र केवल आर्थिक समस्याओं और श्रम प्रबन्ध दोनों ही पक्षों के अधिकारों और कर्तव्यों तक ही सीमित नहीं होता है, वरन् इस वार्ता के द्वारा

श्रम प्रबन्ध को दोनों ही पक्षों के बीच पारस्परिक सम्बन्धों में भी सुधार लाकर उसे अपेक्षाकृत अधिक विधायी बनाया जाता है। विशेषकर उनके बीच मित्रता, द्वेष, विश्वास, आदर और सहयोग तथा संघर्ष की प्रवृत्ति को प्रभावित किया जाता है। इस सम्बन्ध में एम. स्केलमैन का नाम विशेष रूप से उल्लेखनीय है, जिन्होंने सर्वप्रथम इस तथ्य का प्रतिपादन किया कि वार्ता या निगोसिएशन एक ऐसा अवसर और परिवेश है, जिसके माध्यम से दो समूहों के आंतरिक तनाव में कमी आती है। 1947 में उन्होंने वार्ताकारी पक्षों से यह आग्रह किया कि वे वार्ता प्रक्रिया को एक सामाजिक और मानसिक प्रक्रिया के रूप में देखें, जिसके माध्यम से तनाव का शमन हो। इस प्रकार वार्ता की प्रारम्भिक स्थिति से ही वार्ताकारों को इस बात का अनुमान होने लगता है कि इस वार्ता के माध्यम से वेतन और कार्य की दशाओं के सम्बन्ध में ही नवीन अनुबन्ध का निर्माण नहीं होगा, वरन् श्रम और प्रबन्ध के बीच स्थापित सम्बन्धों में भी सुधार होगा।

अन्तर्संगठनात्मक सौदेबाजी

उपर्युक्त तीनों प्रक्रियाओं को पुनर्संराधन की प्रक्रिया कहा जा सकता है, जो श्रम एवं प्रबन्ध के बीच संपन्न होती है। इन दोनों पक्षों के बीच होने वाली वार्ता के दौरान एक–दूसरे प्रकार की कार्य प्रणाली भी सम्पन्न होती है, जिसके द्वारा श्रम संघ एवं कम्पनी के बीच एकमत्य स्थापित होता है। सामान्यतया वार्ता की स्थिति में श्रम संघ और प्रबन्ध दोनों ही पक्ष अपने विचारों का आदान–प्रदान करते हैं। इन दोनों के अपने निजी संगठनों में भी मतैक्य नहीं होता है। विशेषकर यह बात श्रम संघ पक्ष के अन्तर्गत परिलक्षित होती है। श्रम पक्ष का जो संगठन वार्ता हेतु उपस्थित होता है, उसमें एक श्रम संघ या कई श्रमिक संघों के प्रतिनिधि होते हैं और उनमें विविध मुद्दों पर भी मत वैभिन्य होता है। ऐसी स्थिति में मुख्य वार्ताकार का प्रमुख कार्य यह होता है कि विभिन्न श्रमिक संघों के प्रतिनिधियों में एक तो अन्तर्संगठनात्मक एकता स्थापित करे और उसके आधार पर प्रबन्ध पक्ष के, मुख्य वार्ताकार से एकमत्य स्थापित करे। इस प्रकार अन्ततोगत्वा सामूहिक वार्ता या सौदेबाजी के माध्यम से विभिन्न संगठनों में पारस्परिक एकरूपता भी कुछ अंश में स्थापित होती है।

अन्ततोगत्वा हम कह सकते हैं कि उपर्युक्त चारों क्रियाओं के संश्लेषण के द्वारा श्रम वार्ता या लेबर निगोसिएशन की प्रक्रिया सम्पन्न होती है। प्रथम उपक्रिया के अन्तर्गत जहाँ दो संषर्घरत पक्षों के पारस्परिक मतभेद और परस्पर विरोधी स्वार्थों में एकरूपता स्थापित होती है और दोनों पक्ष अपने स्वार्थों की पूर्ति में समर्थ होते हैं। तीसरी प्रक्रिया के द्वारा एक–दूसरे के प्रति परस्पर विरोधी मनोवृत्तियों में भी परिवर्तन होता है और दोनों पक्षों को भविष्य में एक–दूसरे के साथ परस्पर सहयोग के साथ कार्य करने का मार्ग प्रशस्त होता है। चौथी प्रक्रिया के द्वारा एक औद्योगिक प्रतिष्ठान में स्थापित विभिन्न श्रमिक संघों के संगठनों में सहयोग एवं एकरूपता स्थापित होती है, जिसके आधार पर न केवल सशक्त श्रम संघवाद का विकास होता है, वरन् प्रबन्ध पक्ष को भी प्रतिनिधि श्रम पक्ष से वार्ता कर समस्याओं के सुलझाव एवं सहयोग की प्राप्ति का अवसर मिलता है।

इस प्रकार व्यवहार वैज्ञानिकों का संघर्ष सुलझाव मूलक उपागम मुख्य रूप से वाल्टन एवं मेकर्सी द्वारा प्रतिपादित मॉडल पर आधारित है। इस मॉडल के अन्तर्गत 6 प्रमुख स्वतंत्र चरों का निरूपण किया गया है, जो आश्रित चरों से विधायी रूप से सम्बद्ध होते हैं और इन दोनों के सहयोग से वार्ता की समस्याओं के सुलझाव की आशा की जाती है। समस्या सुलझाव की विधि का इस प्रकार प्रयोग किया जाता है कि दोनों ही पक्ष उससे लाभान्वित होते हैं। समस्या सुलझाव की विधि द्वारा अनुबन्ध की क्रियाशीलता को बढ़ावा मिलता है। कम्पनी को स्थिरता प्राप्त होती है तथा श्रमिकों का मनोबल भी ऊँचा उठता है।

इस मॉडल द्वारा इस बात का द्योतन होता है कि उस स्थान पर समस्या सुलझाव की प्रक्रिया की सफलता की सम्भावनाओं में अधिक वृद्धि हो जाती है जहाँ

1. सम्पूर्ण सम्बन्धों के बीच कुछ शर्तें एवं व्यवहार विद्यमान होते हैं; तथा
2. वार्ताकारी दल द्वारा कुछ निश्चित कार्य पद्धतियों का प्रयोग किया जाता है।

दोनों दलों के भीतर एवं बाहर अच्छे सम्बन्धों की स्थापना अति आवश्यक है।

उनके प्रत्यात्मक मॉडल में निम्नलिखित स्वतंत्र चरों को सम्मिलित किया गया था–

1. *सहकारी कार्यात्मक सम्बन्ध* – वार्ताकारी दलों में समस्या सुलझाव हेतु संयुक्त प्रयास करने हेतु यह आवश्यक है कि उनके बीच सहयोग का कोई माध्यम विद्यमान हो, इस दृष्टि से पारस्परिक विश्वास, प्रतिद्वन्द्वी वार्ताकारों की दक्षता के प्रति आदर, दूसरे पक्ष के साथ घनिष्ठ सम्बन्ध स्थापन, कुछ अंश तक मित्रतापूर्ण व्यवहार तथा सहयोगी अभिप्रेरणात्मक अभिवृत्ति आदि कारकों का विशेष महत्त्व है।

वाल्टन और मेकर्सी ने अभिवृत्तिमूलक संरचना के निरूपण में चार या पाँच तत्वों को विशेष महत्त्व दिया है। 'नानडिस्ट्रीब्यूटिव बारगेनिंग' के सम्बन्ध में उनका यह मत था कि इस प्रक्रिया की सफलता हेतु एक न्यूनतम अंश तक दोनों पक्षों में एक–दूसरे के प्रति विश्वास जनित होना चाहिए। इस बात की पुष्टि जर्जिन के द्वारा किए गए कुछ अध्ययनों से होती है, जिसके अन्तर्गत उनका यह निष्कर्ष था कि दोनों पक्ष उसी स्थिति में अधिकाधिक अर्जित कर सकते हैं, जब दोनों में एक–दूसरे के प्रति विश्वास जनित हो।

इसके पूर्व ट्रेसी द्वारा किए गए कुछ अध्ययनों से इस तथ्य का प्रतिपादन होता है कि दोनों पक्षों में एक–दूसरे के प्रति विश्वास के साथ ही आदर भी जनित होना चाहिए। कुछ दूसरे परीक्षकों से इस बात की पुष्टि होती है कि 'समादर' या 'सम्मान' एक अलग स्वतंत्र चर है। यद्यपि मित्रता की भावना का समस्या सुलझाव में कोई स्पष्ट महत्त्व नहीं है किन्तु इसकी अनुपस्थिति में समस्या और अधिक उलझ जाती है। गिली और जानसन ने गैर श्रम प्रबन्ध परिवेश में की गई एक गवेषणा के आधार पर यह निष्कर्ष निकाला कि मित्रता का सम्बन्ध विरोधियों की अभिवृत्तिमूलक संरचना से होता है।

इसी प्रकार जब तक एक पक्ष दूसरे पक्ष की वैधानिकता को स्वीकार नहीं करेगा, तब तक समस्या सुलझाव की दिशा में कोई महत्त्वपूर्ण कदम नहीं उठाया जा सकता है। वाल्टन और मेकर्सी के अनुसार नॉन डिस्ट्रीब्यूटिव बारगेनिंग की सफलता हेतु यह आवश्यक है कि दोनों पक्षों में एक सहयोगात्मक एवं अभिप्रेरणात्मक अभिवृत्ति का विकास हो। दोनों पक्षों में अपनी समस्याओं के सुलझाव हेतु अपेक्षित इच्छाशक्ति भी विद्यमान होनी चाहिए। हीले ने रचनात्मक सामूहिक सौदेबाजी के सम्बन्ध में किए गए कुछ अध्ययनों के आधार पर यह निष्कर्ष निकाला कि सबसे आवश्यक तत्त्व यह है कि दोनों पक्षों में पारस्परिक निर्णय एवं पारस्परिक आस्था की भावना का विकास होना चाहिए।

2. *पूर्व अनुमानित मान्यता एवं अनुमोदन* – मुख्य वार्ताकार को अधिकांश स्थितियों में परस्पर विरोधी दबावों का सामना करना पड़ता है। यदि मुख्य वार्ताकार को पहले से ही इस बात का अनुमान हो जाता है कि उसके सहयोगियों की किसी विषय विशेष के प्रति क्या अभिवृत्ति होगी तो समस्या का सुलझाव आसान हो जाता है। वाल्टन एवं मेकर्सी का मत है कि मुख्य वार्ताकार अभिकर्मी बीच का व्यक्ति होता है और उसमें इस प्रकार की योग्यता विद्यमान होनी चाहिए कि वह परस्पर विरोधी दबावों में सन्तुलन स्थापित कर सके।

3. *वार्ताकारों का वृत्तिक अनुस्थापन* – वाल्टन और मेकर्सी का मत है कि वे वार्ताकार, जिनकी वार्ता की प्रक्रिया के प्रति अपेक्षाकृत आस्था होती है, वार्ता को अधिक सफल बना देते हैं। वह व्यक्ति जो अनुबन्धों के सम्बन्ध में की जाने वाली वार्ता को ही अपनी प्रमुख जिम्मेदारी समझता है, उसे ऐसे व्यक्तियों की अपेक्षा सफलता प्राप्ति हेतु अधिक अवसर उपलब्ध होते हैं, जो इस प्रकार के कार्य को अपनी द्वितीय जिम्मेदारी समझता है।

4. *मुख्य वार्ताकारों के बीच लम्बी अवधि से स्थापित सम्बन्ध* – यदि श्रम एवं प्रबन्ध दोनों ही पक्षों के मुख्य वार्ताकार पहले से ही बहुत लम्बी अवधि से वार्ता कर रहे हों, तो सफलता की सम्भावनाओं में अपेक्षाकृत अधिक वृद्धि हो जाती है, क्योंकि सहयोग के तत्त्वों और विश्वास एवं आदर की भावनाओं का भी धीरे–धीरे विकास होता है। अतः पारस्परिक वार्ता या नॉन डिस्ट्रीब्यूटिव बारगेनिंग की सफलता तभी संभव है जबकि दोनों पक्षों के मुख्य वार्ताकार बहुत लम्बी अवधि से एक–दूसरे से वार्ता कर रहे हों।

5. *सम्पर्कों की बारम्बारिता एवं खुला सम्प्रेषण* – समस्या सुलझाव में सफलता की प्राप्ति हेतु दोनों पक्षों में सहयोगात्मक सम्बन्ध ही केवल आवश्यक नहीं है, वरन् वाल्टन एण्ड मेकर्सी के अनुसार दोनों पक्षों में अधिकाधिक सम्पर्क और खुले सम्प्रेषण की भी अधिकाधिक आवश्यकता है। लेखकों ने सम्प्रेषण के कुछ विशिष्ट पक्षों पर प्रकाश डाला है। इस प्रकार के कुछ प्रमुख तत्त्व हैं–

1. सूचनाओं की अधिकाधिक प्राप्ति।
2. विभिन्न समस्याओं के स्पष्टीकरण की योग्यता।

3. बिना किसी पूर्वाग्रह के विषयों की छानबीन।
4. दबाव से मुक्ति।
5. दोनों पक्षों के बीच अधिकाधिक अनौपचारिक सम्पर्क इत्यादि।

हीले के अनुसार अधिकाधिक अनौपचारिक सम्पर्क के माध्यम से रचनात्मक सामूहिक सौदेबाजी का मार्ग प्रशस्त होता है। इस प्रकार के सम्पर्कों के अन्तर्गत दिन–प्रतिदिन के कार्यों में सुधार हेतु किए गए निरन्तर सम्पर्क भी आते हैं। वास्तव में दोनों पक्षों के मुख्य वार्ताकार केवल वर्तमान की समस्याओं के सुलझाव तक ही अपने को सीमित नहीं रखते हैं, वरन् भविष्य की समस्याओं पर भी अपना ध्यान केन्द्रित करते हैं। इस दृष्टि से उनके अनौपचारिक सम्पर्क एवं खुले सम्प्रेषण का अत्यधिक महत्त्व है।

6. *दलीय नीति एवं प्रशासन* – यदि संगठन की नीति एवं प्रशासन को प्रबन्ध अपना विशेषाधिकार समझता रहेगा तो सामूहिक सौदेबाजी या वार्ता के अन्तर्गत समस्या सुलझाव की सम्भावनाओं की अधिक वृद्धि संभव नहीं है। इसके विपरीत यदि प्रबन्ध पक्ष सम्पूर्ण संगठन को एक दल के रूप में लेकर दलगत नीतियों एवं लक्ष्यों की प्राप्ति हेतु श्रमिक संघ के सदस्यों से सहयोग की अपेक्षा करेगा तो सामूहिक सौदेबाजी को अपने आप सफलता मिलेगी और समस्या सुलझाव का मार्ग प्रशस्त होगा।

अंत में हम कह सकते हैं कि सामूहिक सौदेबाजी के व्यवहार विज्ञान द्वारा प्रयुक्त मॉडल का प्रयोग भारतीय परिवेश में भी किया जाना चाहिए, इससे दोनों ही पक्ष लाभान्वित होंगे।

टिप्पणियां

1. याडर डेल, लेबर इकोनॉमिक्स एण्ड लेबर प्रॉब्लम्स, न्यूयार्क मैकग्राहिल बुक कम्पनी, 1939, पृ. 67–68।
2. पीटरसन एफ., कॉलेज ऑफ इण्डस्ट्रियल अर्नटेस्ट, दि. एनल्स, मार्च, 1951, पृ. 25।
3. सेक्शन 2 (के) इण्डस्ट्रियल डिस्प्यूट एक्ट, 1947।
4. कुन्दन टेक्सटाइल्स वर्सेज इण्डस्ट्रियल ट्रिब्यूनल ए.आई.आर. (1951) मद्रास 616, दीना कुची टी स्टेट वर्सेज दि मैनेजमेण्ट, ए.आई.आर. 1951, एस.सी. 533; बॉम्बे यूनियन ऑफ जर्नलिज्म वर्सेज दि हिन्दू (1961) 11, एल.एल., 436, वर्कमैन वर्सेज धरमपाल प्रेमचन्द (1965) 1, एल.एल.जे. 668; वर्कमैन ऑफ इण्डियन एक्सप्रेस न्यूजपेपर वर्सेज दि मैनेजमेण्ट (1970) 11 एल.एल.जे. 132।
5. सेक्शन 2 (जी) (2) एण्ड (2) आलसो सेक्शन 2 (1) यू.पी. इण्डस्ट्रियल डिस्प्यूट एक्ट, 1947।
6. भारत बैंक लिमिटेड, 1953, एल.ए.सी. 53,1952 (2) एल. जे. 420।
7. बी.बी. नरवाटे, छाया टॉकीज, 1953 एल.ए.सी. 67।
8. स्टेट रेलवे कोलियरीज; 1953, एल.ए.सी. 405, 1952 (2) एल.एल.जे. 23।

9. बॉम्बे मेटल लिमिटेड 1953 (1) एल.एल.जे. 14 बॉम्बे एच.सी.।
10. मोतीचन्द सिल्क मिल्स 1954 (1) एल.एल.जे. 763।
11. सेक्शन 2 (एस) इण्डस्ट्रियल डिस्प्यूट एक्ट, 1947।
12. दीवान शुगर मिल्स वर्सेज मजदूर सभा, 1952, एल.एल.जे. 805, 1952, एल.ए.सी. 187।
13. श्री भिखारी कानपुर वर्सेज मेसर्स कूपर एलेन एण्ड कम्पनी, 1952 एल.ए.सी. 298।
14. एम.ए. मजवार वर्सेज जनरल मोटर्स लिमिटेड, 7 एफ.जे.आर. 149।
15. ईस्ट इण्डिया इण्डस्ट्रीज वर्सेज इण्डस्ट्रियल ट्रिब्यूनल मद्रास, 1954, एल.एल.जे. 418।
16. रामनी वर्सेज गोविन्दन ए.आई.आर., 1959, कर 329, भारत बैंक लि. वर्सेज एम्प्लायी, 1955।
17. पंजाब नेशनल बैंक वर्सेज वर्कमैन, 1953, एल.ए.सी., आई.एल.ए.टी. 664।
18. भारत ब्रास बैण्ड वर्सेज देयर वर्कमैन, 1950 (1) एल.एल.जे. 1947।
19. रिकमेण्डेशन नं. 100, नेशनल कमीशन ऑन लेबर, 1969।
20. सेक्शन 2 (जे) इण्डस्ट्रियल डिस्प्यूट (अमेण्डमेण्ट) बिल, 1982।
21. सेक्शन 2 (जे) इण्डस्ट्रियल डिस्प्यूट एक्ट, 1947।
22. सुखनन्दन ठाकुर वर्सेज स्टेट ऑफ बिहार ए.आई.आर. 35, पृ. 21।
23. दी यूनाइटेड कॉमर्शियल बैंक लिमिटेड, देहली वर्सेज श्रीनाथ गुप्त 1952, एल.ए.सी. 1981।
24. जे.के. कॉटन मैन्युफैक्चरिंग लिमिटेड वर्सेज देयर वर्कमेन, एल.एल.जे., 657।
25. दि यूनाइटेड कॉमर्शियल बैंक लिमिटेड देहली वर्सेज केदारनाथ गुप्ता, 4 एफ.जे.आर. 318 एल.ए.टी।
26. असम चाय कर्मचारी संघ वर्सेज दीमाकुची टी स्टेट, 1957 (1) एल.एल.जे. 500।
27. वर्कमेन ऑफ देहिमपारा टी स्टेट वर्सेज देहिमपारा टी स्टेट 1958–II एल.एल.जे. 498: 1958 (एस.सी.) 1026।
28. काम कन्सट्रक्शन कम्पनी वर्सेज इट्स वर्कमेन 1958–II एल.एल.जे. 660: 15 एफ.जे.आर. 231।
29. स्टेट ऑफ मद्रास 10, एफ.जे.आर. 159, हेमिल्टन एण्ड कम्पनी 10, एफ.जे.आर. 451, 1956 एल.ए.सी. 462।
30. 1960(II) एल.एल.जे. 233।
31. कानपुर टेनरी लिमिटेड 1931, इनलैण्ड जनरल नैविगेशन एण्ड रेलवे कं. एस.सी.सी.ए. 151, 64, 1964।
32. स्टेट ऑफ बॉम्बे वर्सेज इण्डियन इनेमल वर्क कम्पनी लि., 1953।
33. 1952 एल.ए.सी. 107–1952(I) एल.एल.जे. 615।

34. सिनेमा टॉकीज 1952, एल.ए.सी. 235–1952(I) एल.एल.जे. 649।

35. सा–सा महूद वर्क्स यूनियन वर्सेज दि स्टेट ऑफ बिहार, 4 एफ.ओ.आर. 46 (एच.सी. पटना)।

36. स्वदेशी कॉटन मिल कम्पनी लिमिटेड वर्सेज वर्कमेन 1953, एल.ए.सी. 136: 1953।

37. राम विलास, सर्विस लिमिटेड वर्सेज दि स्टेट ऑफ मद्रास, 9 एफ.जे.आर. 160, 2, एफ.जे.आर. 204; राधाकृष्ण मिल्स लिमिटेड वर्सेज दि स्टेट ऑफ मद्रास, 9 एफ.डी.आर. 125।

38. स्टैंडर्ड वैकुअम ऑयल कं. लिमिटेड वर्सेज इण्डस्ट्रियल ट्रिब्यूनल अर्नाकुलम–4, एफ.जे.आर. 101।

39. सेन एन.के. एण्ड अदर्स वर्सेज एल.ए.टी. एण्ड अदर्स 1953–I, एल.एल.जे. 61

40. 1957 (एस.सी.) 110।

41. एफ.जे.आर. 32, एच.सी. कोलकाता।

42. 1958 (एस.सी.) 104, 1952 एल.ए.सी. 188।

43. 1955–I, एफ.एल.जे. 657।

44. 1954–I, एल.एल.जे. 286।

45. बेनेट कोलमैन एण्ड कम्पनी लिमिटेड वर्सेज पेपर एम्प्लाई 1955–4, एल.एल.जे. 258।

46. 1958–II एल.एल.जे. 74।

47. 1958–II एल.एल.जे. 618।

48. बनारस आइस फैक्ट्री लिमिटेड वर्सेज वर्कमैन 1957, एस.सी. 168।

49. वर्कर्स ऑफ सागर टॉकीज वर्सेज ओडियन सिनेमा मद्रास एण्ड अदर्स, 1957–I एल.एल.जे. 639।

10

सामूहिक सौदेबाजी

कुछ श्रम विशेषज्ञों का यह मत है कि सामूहिक सौदेबाजी का नाम बदल कर द्विपक्षीय वार्ता रख दिया जाना चाहिए क्योंकि सौदेबाजी के अन्तर्गत क्रेता और विक्रेता दोनों पक्ष किसी वस्तु की कीमत के बारे में मोल भाव करते हैं। किन्तु विक्रेता को इस बात की पूरी स्वतंत्रता रहती है कि अपनी वस्तु उसी क्रेता को बेचे या अन्यत्र दूसरे क्रेता को बेच दे। इसी प्रकार क्रेता को भी बात की पूरी स्वतंत्रता रहती है कि वह सम्बंधित विक्रेता से वस्तु क्रय करे या अन्यत्र दूसरे विक्रेता से वस्तु क्रय करे। पर औद्योगिक प्रतिष्ठान में जब कार्य–दल या उसके प्रतिनिधि श्रमिक संघ और नियोक्ता के बीच सौदेबाजी या श्रमिकों की मजदूरी की कीमत के बारे में मोल भाव होता है तो नियोक्ता को यह स्वतंत्रता नहीं होती है कि यदि मजदूर गण अपने श्रम की अधिक कीमत या मजदूरी की माँग रहे हैं तो वह उन्हें छोड़कर दूसरे मजदूरों को कम मजदूरी पर रखकर अपना उत्पादन कार्य कराए, वरन् उसे उन्हीं मजदूरों से काम कराना होता है। इसी प्रकार श्रमिक समूह को भी यह विकल्प नहीं होता कि अपनी माँग के अनुरूप मजदूरी न मिलने पर सम्बंधित नियोक्ता को छोड़कर अन्यत्र दूसरे नियोक्ता के यहाँ काम करे। इस प्रकार उसी नियोक्ता और श्रमिक वर्ग के बीच निरन्तर वार्ता होती रहती है। इसीलिए सामूहिक सौदेबाजी शब्द के स्थान पर द्विपक्षीय वार्ता की शब्दावली का प्रयोग अधिक उचित प्रतीत होता है। इसी आधार पर आई.एल.ओ. के सामूहिक सौदेबाजी के स्थान पर 'बाई पार्टाइट निगोसिएशन' की शब्दावली का प्रयोग किया है (कलेक्टिव बारगेनिंग, ए वर्कर्स एजूकेशन मैनुअल 1960, आई.एल.ओ.)। इस प्रकार आज सामूहिक सौदेबाजी के स्थान पर द्विपक्षीय वार्ता की शब्दावली का ही अधिक प्रयोग किया जा रहा है।

अर्थ निरूपण

सामूहिक सौदेबाजी के अर्थ निरूपण के सम्बन्ध में कुछ प्रमुख विचारकों के मत निम्नलिखित हैं–

1. *रिचड्र्सन* के मतानुसार, सामूहिक सौदेबाजी तब सम्पन्न होती है जब श्रमिक या श्रमिक संघ के प्रतिनिधि सौदेकारी की एक इकाई के रूप में एक नियोक्ता या नियोक्ता समूह से वार्ता करता है और उस वार्ता का उद्देश्य कार्य समूह की कार्य दशाओं के बारे में समझौते तक पहुँचना होता है (एन इन्ट्रोडक्शन ऑफ दि स्टडी ऑफ इण्डस्ट्रियल रिलेशन्स पृ. 229)।

2. *सेगिन पर्लमैन* का मत है कि सामूहिक सौदेबाजी किसी औद्योगिक प्रतिष्ठान में न केवल मजदूरी और कार्य दशाओं को उन्नत बनाने का एक साधन है, वरन् यह एक प्रविधि है, जिसके द्वारा एक हीन सामाजिक वर्ग, सामाजिक प्रभुसत्ता में अपने उचित अंश की प्राप्ति हेतु अथवा अपने सदस्यों के कल्याण, स्वतंत्रता एवं सुरक्षा की प्राप्ति हेतु निरन्तर दबाव डालता है। (पिल्लई, पी.एन.के., कलेक्टिव बारगेनिंग – एप्रोचेज एण्ड गेन्स, इण्डस्ट्रियल रिलेशन्स सितम्बर–अक्टूबर 1970, पृ. 261)।

3. *आई.एल.ओ.* के अनुसार, सामूहिक सौदेबाजी नियमों के निर्माण की एक प्रक्रिया है। सामूहिक सौदेबाजी का मुख्य उद्देश्य नियमों का निर्माण है जिनके द्वारा नियोजन सम्बन्धों का निर्धारण किया जाता है और श्रम तथा प्रबन्ध के बीच द्विपक्षीय सम्बन्धों का भी स्थापन किया जाता है (कलेक्टिव बारगेनिंग इन इण्डस्ट्रियलाइज्ड मार्केट इकोनामीज, जेनेवा पृ. 7, आई.एल.ओ. 1973)।

इस प्रकार, सामूहिक सौदेबाजी की परिभाषा के मुख्य बिन्दु निम्नलिखित हैं–

1. सामूहिक सौदेबाजी या द्विपक्षीय वार्ता एक ऐसी वार्ता है जो नियोक्ता, नियोक्ता समूह या नियोक्ता संगठन (जो वार्ता का एक पक्ष है) तथा श्रम समूह के प्रतिनिधियों या श्रमिक संघ के प्रतिनिधियों (जो वार्ता का दूसरा पक्ष है) के बीच होती है, जिसका उद्देश्य होता है–
   (अ) कार्य दशाओं एवं नियोजन की शर्तों का निर्धारण।
   (ब) श्रमिक एवं नियोक्ता के बीच सम्बन्धों का नियमन।
   (स) नियोक्ता एवं नियोक्ता संघ तथा श्रमिक एवं श्रमिक संघों के बीच सम्बन्धों का नियमन।
2. इस प्रक्रिया के अन्त में सामान्यतया दोनों पक्षों के बीच समझौता होता है, जिसे सामूहिक समझौता कहते हैं।
3. सामान्यतया इस प्रक्रिया में सरकार भी तीसरे खिलाड़ी के रूप में सम्मिलित होती है।
4. सामूहिक सौदेबाजी का मुख्य उद्देश्य नियमों का निर्माण होता है। समझौते के द्वारा नियोजन सम्बन्धों के बारे में विशेष रूप से नियम निर्मित किए जाते हैं। ये नियम पारस्परिक सहमति के आधार पर बनते हैं।
5. इसके अन्तर्गत लोगों के सम्वेग जुड़े होते हैं। साथ ही उनकी तर्कपूर्ण अन्तर्क्रियाएँ भी उसमें निहित होती हैं।

6. सामूहिक सौदेबाजी एक गलत नाम है, इसका नाम बदलकर द्विपक्षीय वार्ता हो जाना चाहिए।
7. बहुत से श्रम विशेषज्ञों ने सौदेबाजी के आर्थिक एवं राजनीतिक पहलुओं पर विशेष बल दिया है। उदाहरणार्थ डनलप आदि विशेषज्ञों ने आर्थिक पक्ष पर विशेष बल दिया जबकि रास आदि विशेषज्ञों ने उसके राजनीतिक पक्ष पर विशेष बल दिया है।
8. बहुत सी स्थितियों में आर्थिक एवं सामाजिक कारकों की गतिशीलता एक साथ मिलकर सामूहिक सौदेबाजी के प्रतिफलों का निर्धारण करती है।

सामूहिक सौदेबाजी का स्वरूप

सामूहिक सौदेबाजी या द्विपक्षीय वर्ता के माध्यम से पद्धति मूलक नियम या मूलभूत नियमों का निर्माण होता है। पद्धति मूलक नियमों के द्वारा समझौतों की व्याख्या की जाती है और उन्हें लागू किया जाता है। इसके अतिरिक्त ऐसे नियमों के द्वारा संघर्षों का भी सुलझाव किया जाता है जबकि पद्धति मूलक नियम मूलभूत समझौतों से सम्बन्ध रखते हैं। इसके अन्तर्गत सेवायोजन की शर्तों का निर्धारण तथा प्रबंधकीय सम्बन्ध (नियंत्रण, स्थानान्तरण एवं पदोन्नति इत्यादि) विषयक कार्य आते हैं।

वार्ता या सामूहिक सौदेबाजी को लेन–देन की प्रक्रिया के रूप में देखा जाता है, किन्तु बहुत–सी स्थितियों में इसे प्रक्रिया के रूप में देखा जाता है। बहुत सी स्थितियों में इस प्रक्रिया के द्वारा श्रम एवं प्रबन्ध के बीच विवाद उत्पन्न हो जाता है। किन्तु इस सम्बन्ध में यह बात भी उल्लेखनीय है कि कंपनी को जीवित रखने और अपने सदस्यों (कर्मचारियों) की रोजी–रोटी को बनाए रखने के लिए कभी–कभी ऐसे समझौते पर भी हस्ताक्षर करने पड़ते हैं जो उसे पसन्द नहीं हैं।

औद्योगिक नियोजन सम्बन्धों (industrial employment relations) और प्रौद्योगिकी के निरन्तर विकास के कारण देश के कुछ भागों में सामूहिक सौदेबाजी सामाजिक परिवर्तन का अभिन्न अंग बन गई है। विभिन्न देशों और विभि-न समयों में सामूहिक सौदेबाजी के अध्ययन से यह ज्ञात होता है कि आर्थिक संस्थागत और राजनीतिक पर्यावरण का सामूहिक सौदेबाजी के उन प्रयासों पर प्रभाव पड़ता है जिसे उसके द्वारा आर्थिक क्रियाकलापों के निष्पादन और श्रमिक के कल्याण हेतु किया जाता है।

किन्तु सामूहिक सौदेबाजी की सबसे बड़ी चुनौती इस बात में निहित है कि किस प्रकार उत्पादन लागत में कटौती के अभिगम को मूल्य निर्माण एवं मूल्य वृद्धि से जोड़ा जा सकता है। अर्थात् किस प्रकार परम्परागत सौदेबाजी का बदलाव उत्पादकता मूलक सौदेबाजी में किया जाए। यह बात उल्लेखनीय है कि कल्याणकारी राज्य एवं साम्यवादी विचारधारा के कारण नियोजन की शर्तों का निर्धारण केवल माँग एवं पूर्ति और शक्ति संतुलन (balance of power) के द्वारा निर्धारित नहीं हो रहा है, वरन् उसके निर्धारण में नैतिक मूल्यों तथा न्यूनतम रहन–सहन के स्तर का भी प्रभाव पड़ रहा है। बाजार की शक्तियों के प्रभाव में वृद्धि हो जाने के कारण भी मजदूरी निर्धारण की प्रक्रिया में बदलाव आया है। आज इस बात का महत्त्व घट गया है कि प्रत्येक को उसी

आवश्यकताओं के अनुरूप भुगतान किया जाए और उसके स्थान पर इस बात पर बल दिया जा रहा है कि प्रत्येक को उसके कौशल, प्रयास, जिम्मेदारी और कार्य की शर्तों के अनुरूप भुगतान किया जाए। समान मूल्य के कार्य हेतु समान मजदूरी का आई.एल.ओ. का जो कन्वेंशन है, वह इसी कसौटी पर आधारित है।

वैश्वीकरण के परिप्रेक्ष्य में सामूहिक सौदेबाजी में होने वाले परिवर्तनों को सामाजिक, आर्थिक एवं राजनीतिक दृष्टिकोण से देखा जा सकता हे। सामाजिक दृष्टि से आज श्रम समूह एवं श्रमिक संघों के प्रभाव में कमी आई है, किन्तु व्यक्तिगत दृष्टि से वह कर्मचारी जो कम्प्यूटर में दक्ष है, उसकी शक्ति में आज वृद्धि हुई है। आर्थिक दृष्टि से आज उत्पादकता मूलक सौदेबाजी के प्रभाव में वृद्धि हो रही है। राजनीतिक दृष्टि से बाहरी राजनीतिक नेताओं का प्रभाव आज सामूहिक सौदेबाजी में कम हुआ है और आंतरिक नेताओं का प्रभाव बढ़ता जा रहा है। 1980 के दशक के अन्त और 90 के दशक के प्रारम्भ से औद्योगिक प्रतिष्ठान में स्थायी एवं नियमित श्रमिकों की संख्या में गिरावट आने लगी और आकस्मिक एवं अनुबंधित श्रमिकों की संख्या में वृद्धि होने लगी। प्रारम्भ में तो श्रमिक संघों ने ऐसे अनुबंधित श्रमिकों को कोई महत्त्व नहीं दिया। किन्तु बाद में श्रमिक संघों ने यह महसूस किया कि ऐसे अनुबंधित श्रमिक ही प्रतिष्ठानों में रह जाएँगे। अतः श्रमिक संघ भी अनुबंधित श्रमिकों को अपना सदस्य बनाने लगे।

सामूहिक सौदेबाजी के स्तम्भ

सामूहिक सौदेबाजी कुछ महत्त्वपूर्ण स्तम्भों या खूँटों पर आधारित है। इनका विवरण निम्नलिखित है–

सरकार

पाश्चात्य देशों में सामूहिक सौदेबाजी एक प्रगत तरीके से सम्पन्न होती है, जिसमें सरकार की भूमिका होती है किन्तु कम्युनिस्ट देशों में सामूहिक सौदेबाजी के लिए अनुमति ही प्रदान नहीं की जाती है। संक्रमणकालीन अर्थव्यवस्थाओं (जैसे पूर्व सोवियत संघ) और पाश्चात्य प्रभाव वाले यूरोपीय क्षेत्रों में भी सामूहिक सौदेबाजी की जाती है। केन्द्रीय नियोजित अर्थव्यवस्था वाले देशों में सरकार को यह भय रहता है कि यदि सम्बंधित नियोक्ता एवं श्रमिक संघों को सामूहिक सौदेबाजी की जिम्मेदारी दे दी जाएगी तो मजदूरी दरों एवं श्रम इकाई के स्तरों पर विसंगति उत्पन्न हो सकती है। अतः सरकार को स्वयं ही मजदूरी का नियमन करना चाहिए।

जनतांत्रिक देशों में सामूहिक सौदेबाजी में सरकार की अहम् भूमिका होती है। जनतांत्रिक सरकारें इस बात में विश्वास करती हैं कि यह जन नीति जो सौहार्दपूर्ण एवं सहयोगी सम्बन्ध विकसित करती है, उसके माध्यम से श्रमिकों एवं नियोक्ताओं के सशक्त एवं आत्मनिर्भर संगठनों का विकास होगा। कुछ केन्द्रों में श्रम नीतियों में मजदूरी एवं कार्य दशाओं के अतिरिक्त अन्य मुद्दों पर सामूहिक समझौते नहीं किए जाते हैं।

नियोक्ता/प्रबंधक

अभिनवभूत में नियोक्ताओं द्वारा श्रमिक संघों से कुछ माँगों की प्राप्ति की जाती थी। उनके सम्बन्ध में नियोक्ता उन श्रमिक संघों से वार्ता करते थे और उन्हें कुछ देते थे। किन्तु उसके बदले में प्रबन्ध श्रमिकों से न तो कोई माँग करता था और न कुछ उससे प्राप्त होता था। पर पिछले एक दो दशकों से सामूहिक सौदेबाजी की टेबल पर प्रबन्ध भी अपनी माँग रखते हैं और कुछ देने के बदले में कुछ पाना भी चाहते हैं। अतः सामूहिक सौदेबाजी आज लेन–देन की एक प्रक्रिया हो गई है, जिसमें प्रबन्ध की महत्त्वपूर्ण भूमिका होती है।

श्रमिक एवं श्रमिक संघ

यह बात सामान्य रूप से स्वीकार की जाती है कि आज के युग की आर्थिक एवं सामाजिक दृष्टि से यदि श्रमिक संगठित नहीं हैं या वे श्रमिक जो संगठित क्षेत्र में नहीं हैं और उनका कोई श्रमिक संघ नहीं बना हुआ है, वे सामूहिक सौदेबाजी के माध्यम से न तो नियोक्ता पर कोई दबाव डाल सकते हैं और न नियोक्ता से कुछ प्राप्त कर सकते हैं। इसका अपवाद केवल अति उच्च स्तर के प्राविधिक प्रतिष्ठानों में उपलब्ध है जहाँ अति उच्च स्तरीय प्राविधिक योग्यता वाले अभिकर्मी कोई यूनियन ज्वाइन नहीं करते हैं वरन् अपनी योग्यता के आधार पर अकेले ही सौदेबाजी करते हैं। अधिकांश श्रमिकों के लिए आज भी उनके श्रमिक संघों के माध्यम से जो सामूहिक सौदेबाजी की जाती है वही उनकी मजदूरी वृद्धि एवं कार्य दशाओं में सुधार हेतु एकमात्र संयंत्र है। बारगेनिंग में जितना समन्वय एवं केन्द्रीकरण होगा, उतना ही मजदूरी का अभिनवीनीकरण होगा और मजबूत तथा सशक्त दोनों ही स्तर के श्रमिक संगठनों में सदस्यों की मजदूरी में एकरूपता के अवसर विद्यमान होंगे।

उपभोक्ता और समुदाय

जहाँ प्रबन्ध एवं श्रम संघ सामूहिक सौदेबाजी करते हैं तो उसका प्रभाव समुदाय एवं उपभोक्ता के स्वार्थों पर भी पड़ता है। 1970 के दशक के उत्तरार्ध में जीवन बीमा निगम एवं कर्मचारी संघ के बीच एक समझौता हुआ जिसके अन्तर्गत निगम के बढ़े हुए लाभ में उपभोक्ताओं की भी भागीदारी तय की गई थी। किन्तु इसका प्रतिफल यह हुआ कि 1981 में सरकार ने एक संशोधन पारित किया जिसके अन्तर्गत निगम को भविष्य में सामूहिक समझौता करने से प्रतिबंधित कर दिया गया। इस प्रकार अधिकांश समझौतों में अभी तक उपभोक्ता एवं समुदाय के स्वार्थों की उपेक्षा की गई है।

सामूहिक सौदेबाजी के सिद्धान्त

सामूहिक सौदेबाजी कुछ सिद्धान्तों पर आधारित है। इसके कुछ प्रमुख सिद्धान्त निम्नलिखित हैं–

जनतंत्र का सिद्धान्त

सामूहिक सौदेबाजी की प्रक्रिया पूर्णतया जनतांत्रिक सिद्धान्तों पर आश्रित है। कामन लॉ के अन्तर्गत प्रबन्ध एकतरफा निर्णय किया करता था। किन्तु श्रम प्रबन्ध सम्बन्धों के

अन्तर्गत जब जनतांत्रिक मूल्यों का प्रवेश हुआ तो यह बात महसूस की जाने लगी कि श्रमिक एक खरीदी हुई वस्तु नहीं है, जिसका प्रबन्ध अपनी इच्छानुसार प्रयोग कर सकता है, वरन् वह एक मानवीय प्राणी है, इस आधार पर वह प्रतिष्ठा का पात्र है और श्रम प्रबन्ध के बीच जो सम्बन्ध है और श्रमिकों के मामले में जो निर्णय किए जाते हैं, उनमें श्रमिकों के प्रतिनिधियों का भी सहभाजन होना चाहिए। यदि श्रमिक की मजदूरी कम है, उसकी कार्य दशाएं संतोषप्रद नहीं हैं तो उसे इस सम्बन्ध में आवाज उठाने का पूरा अधिकार है और ये सारा कार्य श्रमिक एवं प्रबन्ध के प्रतिनिधियों के द्वारा द्विपक्षीय वार्ता के माध्यम से सुलझाया जाना चाहिए।

सहयोग का सिद्धान्त

सामूहिक सौदेबाजी सहयोग एवं सहकार के सिद्धान्तों पर आधारित है। सामूहिक समझौते तभी हो सकते हैं जब श्रम एवं प्रबन्ध परस्पर सहयोग से कार्य करें। इस दृष्टि से पारस्परिक विश्वास, मित्रतापूर्ण व्यवहार, एक–दूसरे की क्षमताओं एवं दक्षताओं का आदर आदि तत्त्व सामूहिक सौदेबाजी की सफलता के मूल मंत्र हैं।

व्यावसायिकता का सिद्धान्त

वार्ता प्रक्रिया की सफलता हेतु दोनों ही पक्षों के प्रतिनिधियों में कुछ वृत्तिक या व्यावसायिक प्रतिबद्धता होनी चाहिए। इसके अभाव में यह वार्ता सफल नहीं हो सकती है। दोनों पक्षों में कुछ ऐसे विशेषज्ञ होने चाहिए, जिन्हें विभिन्न मुद्दों का सम्यक् ज्ञान (जैसे उत्पादकता लाभ, सरप्लस वैल्यू इत्यादि का ज्ञान) तथा कौशल होना चाहिए अन्यथा वार्ता सफल नहीं हो सकती।

संतुलन का सिद्धान्त

दोनों पक्षों के वार्ताकारों को परस्पर विरोधी मुद्दों को स्वीकृति प्रदान करनी चाहिए। साथ ही उनके बीच कुछ ऐसा तालमेल बिठाना चाहिए कि दोनों पक्षकारों के बीच सन्तुलन स्थापित हो और वार्ता की कार्यवाही आगे बढ़े।

दल निर्माण का सिद्धान्त

सामूहिक सौदेबाजी की सफलता के लिए यह आवश्यक है कि श्रम एवं प्रबन्ध दोनों पक्ष अपने को एक–दूसरे से अलग नहीं समझें वरन् दोनों ही पक्ष एक ही दल के सदस्य हैं। कुछ मुद्दों पर जब उनके बीच विरोध है तो उसे पारस्परिक सहमति से ही सुलझाया जा सकता है। यदि यह टीम भावना श्रम प्रबन्ध के बीच आ जाएगी, तभी दोनों पक्ष मिलकर गतिरोध दूर करते हुए पारस्परिक सहमति से समझौता कर सकते हैं।

लेन और देन का सिद्धान्त

सामूहिक सौदेबाजी की सफलता का यह एक मूलभूत सिद्धान्त है। इस सिद्धान्त के अन्तर्गत इस बात में विश्वास किया जाता है कि वार्ता तभी सफल हो सकती है जबकि दोनों पक्ष इस तथ्य में विश्वास करें कि उन्हें कुछ पाना भी है और कुछ देना भी है।

उदाहरणार्थ श्रमिक पक्ष को एक ओर तो अपने सदस्यों की मजदूरी वृद्धि के रूप में कुछ पाना है, वहीं दूसरी ओर उसे उत्पादकता वृद्धि के रूप में कुछ देना भी है।

सामाजिक जिम्मेदारी का सिद्धान्त

सामूहिक सौदेबाजी की सफलता हेतु यह आवश्यक है कि नियोक्ता पक्ष इस बात को स्वीकार करे कि उसकी जिम्मेदारी केवल शेयर होल्डर्स तक ही सीमित नहीं है वरन् यह श्रमिकों, उपभोक्ताओं एवं समाज के प्रति भी जिम्मेदार है। इस दृष्टि से श्रमिकों को मजदूरी वृद्धि एवं अन्य माँगों की पूर्ति हेतु उसे स्वयं ही आगे आना चाहिए। दूसरी ओर श्रमिक संघ को भी यह समझना चाहिए कि उनकी जिम्मेदारी केवल अपने सदस्यों की मजदूरी एवं अन्य हितलाभों तक ही सीमित नहीं है। वरन् प्रतिष्ठान की उत्पादकता वृद्धि एवं उसकी प्रगति हेतु भी वे जिम्मेवार हैं। इस दृष्टि से उन्हें प्रबन्ध के साथ समझौता करते हुए उसके सहयोग से ही आगे बढ़ना चाहिए।

सामाजिक न्याय का सिद्धान्त

नियोक्ता को सामाजिक न्याय के सिद्धान्त के आधार पर सामूहिक सौदेबाजी करनी चाहिए। उसे यह महसूस करना चाहिए कि श्रमिक उनकी अपेक्षा बहुत ही गरीब एवं कमजोर है। अतः सामूहिक सौदेबाजी के माध्यम से उन्हें उतना ही नहीं मिलना चाहिए, जितना न्यायोचित है वरन् न्याय से आगे बढ़कर जो संभव है उसे श्रमिकों को देते हुए समझौता करना चाहिए।

सामूहिक सौदेबाजी की वैचारिक पृष्ठभूमि

कुछ विद्वानों की दृष्टि में सामूहिक सौदेबाजी पारस्परिक बीमा एवं वैधानिक कानूनों का विकल्प मात्र है। वेब्स ने सामूहिक सौदेबाजी को सामूहिक समानता और वैयक्तिक सौदेबाजी का विकल्प माना है।[1] किन्तु फ्लैण्डर्स वेब्स के विचार से सहमत नहीं हैं। वे वेब्स के इस विचार को किसी भी स्थिति में स्वीकार करने को तैयार नहीं हैं कि सामूहिक सौदेबाजी और वैयक्तिक सौदेबाजी एक ही स्तर पर बिठाई जा सकती हैं। फ्लैण्डर्स सामूहिक सौदेबाजी को एक संस्था या व्यवस्था के रूप में देखते हैं।[2] उनके अनुसार उक्त व्यवस्था के अन्तर्गत मुख्य रूप से दो बातें आती हैं– (1) इसके माध्यम से नियमों का निर्माण किया जाता है, तथा (2) यह अपने संगठन के बीच के शक्ति सम्बन्ध को समाविष्ट करती है।

इस वैचारिक पृष्ठभूमि में यहाँ सामूहिक सौदेबाजी के सम्बन्ध में प्रतिपादित कुछ प्रमुख विचारधाराओं का विश्लेषण किया जाता है।

वेब्स की विचारधारा

उन्नीसवीं सदी के अन्त तक सिडनी और बेट्रिस वेब्स द्वारा सामूहिक सौदेबाजी की विचारधारा का प्रतिपादन किया गया। इसे श्रमिक संघों के द्वारा प्रतिपादित एक विधि के रूप में स्वीकार किया गया, जिसके माध्यम से सदस्यों के कार्य की दशाओं का अनुरक्षण एवं विकास किया जा सकता है। उनके विश्लेषण के अनुसार सामूहिक

सौदेबाजी पारस्परिक बीमा और अधिनियमित प्रावधानों का एक वैकल्पिक रूप है। इन सभी विधियों के निर्माण का मूल उद्देश्य था कि इनके द्वारा श्रमिक संघों के परिलक्षित क्रियाकलापों का श्रेणीकरण किया जाए। उनका यह निष्कर्ष था कि श्रमिक संघों का केवल यही लक्ष्य नहीं होता है कि वे अपने संगठन के निर्माण सम्बन्धी क्रियाकलापों का संचालन करें, वरन् इसके अतिरिक्त उनके (श्रमिक संघों के) कुछ और भी लक्ष्य होते हैं, जैसे (1) अपने सदस्यों को विभिन्न प्रकार की सुविधाएँ प्रदान करना, (2) अपने सदस्यों के लिए नियोक्ताओं से सौदेबाजी करना, तथा (3) ऐसे अधिनियमों को पारित कराने के लिए सरकार पर दबाव डालना, जिनके माध्यम से श्रमिकों के स्वार्थ की पूर्ति होती हो। अलग–अलग श्रमिक संघ अलग–अलग लक्ष्यों पर एक–दूसरे की अपेक्षा अधिक बल देते हैं। सब कुछ मिलाकर यह बात तो स्पष्ट ही है कि वेब्स ने सामूहिक सौदेबाजी को व्यवसाय संघ की एक विधि के रूप में ही केवल स्वीकार किया। किन्तु इस प्रकार की सामूहिक सौदेबाजी में उन्होंने नियोक्ता के हित को पूर्णतया नजरअन्दाज कर दिया।

वास्तव में वेब्स ने सामूहिक सौदेबाजी का प्रयोग पूर्णतया उसके शाब्दिक अर्थ में ही किया। श्रमिक अपने नियोक्ता से व्यक्तिगत रूप से सौदेबाजी करने की अपेक्षा जब सामूहिक रूप से सौदेबाजी करते हैं तो उसके हितों की पूर्ति पूर्वापेक्षा अधिक होती है। यद्यपि नियोक्ता यह बात शायद ही कभी पसन्द करेंगे कि उनके कर्मचारी सशक्त एवं सामूहिक ढंग से सौदेबाजी करें। किन्तु वेब्स इस बात को भी स्वीकार करते हैं कि सामूहिक सौदेबाजी श्रमिकों की इच्छाओं के विपरीत उन पर प्रत्यारोपित कर दी जाती है। इस प्रकार इस विचारधारा की सबसे बड़ी कमी यह है कि यह श्रमिक संघों के क्रियाकलापों की एक पद्धति मात्र ही रह गई है। इसके अन्तर्गत नियोक्ताओं की भूमिका को पूर्णतया नजरअन्दाज कर दिया गया है।[3]

चेम्बरलैन की विचारधारा

सामूहिक सौदेबाजी की परम्परागत विचारधारा के विभिन्न दोषों को देखते हुए चेम्बरलैन ने इस सम्बन्ध में एक सर्वमान्य परिभाषा के निरूपण का प्रयास किया।[4] उनका यह मत था कि सामूहिक सौदेबाजी के सम्बन्ध में प्रतिपादित सभी विचारधाराओं को तीन भागों में बाँटा जा सकता है– (1) श्रम के विक्रय हेतु किए जाने वाले सम्बन्ध का एक माध्यम (Marketing Theory), (2) औद्योगिक सरकार का एक स्वरूप (Government Theory), तथा (3) प्रबन्ध का एक माध्यम (Management Theory)। अमेरिकी परिवेश में चेम्बरलैन ने इन्हें क्रमशः मार्केटिंग गवर्नमेण्टल तथा मैनेजरियल थियरी के नाम से अविहित किया।

जहाँ तक उनकी मार्केटिंग थियरी का सम्बन्ध है वह तो वेब्स द्वारा निरूपित सामूहिक सौदेबाजी की विचारधारा से बहुत कुछ मेल खाती है, यद्यपि चेम्बरलैन का विशेष सम्बन्ध उस विचारधारा के अनुबन्धात्मक पक्ष से था, और वेब्स ने इसे सामूहिक सौदेबाजी की एक प्रक्रिया के रूप में स्वीकार किया, जिसके द्वारा यह निर्धारित किया गया है कि वर्तमान श्रम शक्ति एवं नव–उपलब्ध श्रम शक्ति के द्वारा किन शर्तों के

अंतर्गत कम्पनी को निरन्तर श्रमिकों की आपूर्ति होती रहेगी।[5] गवर्नमेण्टल थियरी से उनका तात्पर्य उन अनुबन्धों से है, जिनका निर्धारण श्रम एवं प्रबन्ध की पारस्परिक सहमति के द्वारा होता है, और जिनके माध्यम से औद्योगिक सरकार के विभिन्न अंगों की रचना की जाती है और अध्ययन हेतु निर्मित नियमों की व्याख्या एवं कार्यान्वयन हेतु उपर्युक्त संयंत्रों का निर्माण किया जाता है।[6] प्रबंधकीय विचारधारा के अन्तर्गत श्रमिक संघ और कम्पनी के बीच कार्यात्मक सम्बन्ध पर विशेष बल दिया जाता है। इसके अन्तर्गत दोनों ही पक्ष व्यापक हित से संबंधित विषयों पर एकीकृत होकर निर्णय करते हैं।[7] इसमें सन्देह नहीं कि कभी–कभी श्रम पक्ष बहुत से प्रबंधकीय हितों की उपेक्षा करता है, किन्तु इस बात का कोई विशेष महत्त्व नहीं है, क्योंकि अपनी प्रकृति से सामूहिक सौदेबाजी का संयंत्र प्रबंधकीय भूमिका अदा करता है। वास्तव में, यही संयंत्र औद्योगिक प्रतिष्ठान का वास्तविक प्रबंधक है, क्योंकि इसके द्वारा श्रम प्रबन्ध से सम्बंधित आधारभूत विषयों के सम्बन्ध में निर्णय किया जाता है।[8]

चेम्बरलैन का यह मत है कि ये विचारधाराएँ सामूहिक सौदेबाजी के विकास की विभिन्न मंजिलों की सूचक हैं। प्रारम्भ में श्रम एवं प्रबन्ध के बीच जो सौदेबाजी होती थी, उसके द्वारा श्रमिकों के विक्रय की शर्तों का निर्धारण होता था, अगली मंजिल में चलकर श्रम एवं प्रबन्ध के बीच नामित मजदूरी एवं अन्य विवादों का सुलझाव भी सामूहिक सौदेबाजी द्वारा होने लगा। इस हेतु संयुक्त प्रबन्ध समितियों का भी निर्माण होने लगा। यहीं से गवर्नमेण्ट थियरी का प्रारंभ होता है। आगे की स्थिति में चलकर प्रबन्ध की आंतरिक निर्णय प्रक्रिया सम्बन्धी क्रियाकलापों में भी श्रमिकों का कुछ हस्तक्षेप होने लगा है और उनके हस्तक्षेप से इस क्षेत्र में जब कुछ समझौते होने लगे तो प्रबंधकीय विचारधारा का प्रारम्भ हुआ।

इसके अतिरिक्त इन विचारधाराओं के सम्बन्ध में एक और बात भी उल्लेखनीय है। ये विचारधाराएँ केवल इसी तथ्य का द्योतन नहीं करती हैं कि सामूहिक सौदेबाजी के क्षेत्र में क्या होता है, वरन् वे इस तथ्य पर भी प्रकाश डालती हैं कि सामूहिक सौदेबाजी के क्षेत्र में क्या होना चाहिए। विपणनमूलक विचारधारा इस सिद्धान्त पर आधारित है कि नियोक्ता एवं कर्मचारियों के बीच होने वाली व्यक्तिगत सौदेबाजी की असमानताओं को दूर करने के लिए सामूहिक सौदेबाजी अति आवश्यक है। गवर्नमेण्टल थियरी के पीछे नियोक्ता की औद्योगिक प्रभुसत्ता में कर्मचारियों के सहभाजन का सिद्धान्त कार्य करता है। चेम्बरलैन के अनुसार इस सिद्धान्त के दो पक्ष हैं– (1) नियोक्ता को पारस्परिक स्वीकृति के आधार पर निर्मित औद्योगिक स्व–शासन (industrial self-government) के निर्माण हेतु अपने अधिकारों का सहभाजन श्रमिकों के साथ करना चाहिए, तथा (2) श्रमिकों की आत्म–स्वायत्तता (self-autonomy) का रक्षण होना चाहिए। अंतिम अर्थात् मैनेजरियल थियरी के पीछे यह तथ्य काम करता है कि वे लोग जो औद्योगिक प्रतिष्ठान के क्रियाकलापों के अपरिहार्य अंग हैं, उन्हें भी कम से कम अपने सम्बन्ध में किए जाने वाले निर्णयों के सम्बन्ध में अपना विचार अभिव्यक्त करने का अवसर होना चाहिए। चेम्बरलैन की विपणन सम्बन्धी विचारधारा की

आलोचना उसी आधार पर की जाती है, जिस आधार पर वेब्स के सिद्धान्त की, की जाती है। उनकी गवर्नमेण्टल थियरी के अन्तर्गत सामूहिक सौदेबाजी के पद्धतिमूलक नियमों पर अधिक बल दिया जाता है और इस तथ्य को नजरअन्दाज कर दिया जाता है कि विपणनमूलक सम्बन्धों के निरूपण में किसी संस्था के द्वारा सारभूत नियमों का भी निर्माण किया जाता है। इसमें सन्देह नहीं कि विभिन्न उप–प्रणलियों में संबंधित पक्षों के द्वारा पद्धतिमूलक नियमों और सारभूत नियमों को अलग–अलग महत्त्व दिया जाता है, किन्तु दोनों प्रकार के नियमों के एक साथ उपस्थिति न होने पर सामूहिक सौदेबाजी का अस्तित्व समाप्त हो जाता है। उनकी प्रबन्धकीय विचारधारा बहुत अंशों में एक आदेशात्मक विचारधारा है।

डनलप की विचारधारा

डनलप द्वारा औद्योगिक संम्बन्ध प्रणाली के सम्बन्ध में जिस विचारधारा का प्रतिपादन किया गया, उससे इस क्षेत्र की बहुत–सी अनेकरूपताओं को एकीकृत करने मे मदद मिली। डनलप का यह विचार था कि प्रत्येक औद्योगिक सम्बन्ध प्रणाली के अन्तर्गत तीन समूह के कर्ता होते हैं– (1) श्रमिक और उनके संगठन, (2) प्रबन्ध और उसके संगठन, और (3) कार्यस्थल से संबंधित राजकीय अभिकरण और कार्य समुदाय। प्रत्येक औद्योगिक सम्बन्ध प्रणाली कुछ जटिल नियमों का निर्माण करती है, जिसके द्वारा कार्य समुदाय का संचालन होता है। विभिन्न प्रणालियों में ये नियम विभिन्न प्रकार के स्वरूप ग्रहण कर सकते हैं जैसे समझौता, प्रस्थितियाँ, व्यवस्था, नियमन, पंचाट नीति और व्यवहार तथा रीति–रिवाज। औद्योगिक सम्बन्ध प्रणाली के अन्तर्गत यह आशा की जाती है कि विभिन्न कर्ता एक कार्य परिवेश के अन्तर्गत पारस्परिक रूप से प्रतिस्पर्द्धा करते हैं। कार्य परिवेश का निर्माण तीन अन्तर्संबंधित सन्दर्भों के द्वारा होता है– (1) प्रौद्योगिकी विपणन, (2) सत्ता सम्बन्ध, तथा (3) कर्ताओं की प्रस्थिति। सम्पूर्ण औद्योगिक सम्बन्ध प्रणाली के विभिन्न उपांग एक विशेष विचारधारा के माध्यम से परस्पर एक–दूसरे से आबद्ध रहते हैं। औद्योगिक सम्बन्ध की इस प्रणालीमूलक विचारधारा के परिप्रेक्ष्य में सामूहिक सौदेबाजी के सम्बन्ध में डनलप का यह विचार है कि सौदेकारी प्रक्रिया के अन्तर्गत दोनों पक्षों के द्वारा सर्वप्रथम वरीयताओं का निर्धारण किया जाता है। सामूहिक सौदेबाजी के अन्तर्गत यह सर्वाधिक जटिल कार्य है। इसके अतिरिक्त सामूहिक सौदेबाजी की प्रक्रिया के अन्तर्गत तीन और भी महत्त्वपूर्ण तत्त्व सम्मिलित होते हैं– (1) श्रमिक संघों के द्वारा अपनी कुछ प्राथमिकताओं की अस्वीकृति, (2) प्रबन्ध पक्ष की प्राथमिकताओं का मूल्यांकन, और (3) वास्तविक रूप से बारगेनिंग टेबल पर सौदेबाजी की प्रक्रिया सम्पन्न करना। समझौतों के उपयोग एवं प्रशासन में भी यही प्रक्रिया सम्मिलित रहती है।[9]

डनलप की विचारधारा के अन्तर्गत वेब्स की परम्परागत विचारधारा के योगदान को पूर्णतया नजरअन्दाज कर दिया गया है। श्रम विपणन के दो महत्त्वपूर्ण पक्ष हैं – मजदूरी नियोक्ता के लिए लागत है और आय कर्मचारियों के लिए लागत है। साधारण

दृष्टि से इस तथ्य पर विचार करने पर यह कहा जा सकता है कि दोनों पक्षों की ओर से स्वार्थों की एकरूपता पर दृष्टिपात करना आसान है। किन्तु वास्तविक स्थिति कुछ और ही है। श्रमिक पक्ष के भीतर तो कई उपसमूह विद्यमान रहते ही हैं और उनके स्वार्थों में भी संघर्ष तथा वैभिन्नता विद्यमान रहती ही है। प्रबन्ध पक्ष के स्वार्थों में भी उत्क्रमीय रूप से भिन्नता होती है। अतः प्राथमिकता के स्थापन की समस्या दोनों पक्षों की दृष्टि से अति जटिल समस्या होती है।[10]

व्यवहार विज्ञानमूलक विचारधारा

औद्योगिक सम्बन्धों के क्षेत्र में जॉन डनलप द्वारा प्रतिपादित औद्योगिक सम्बन्ध प्रणाली (industrial relations system) की विचारधारा ने एक नवीन युग का सूत्रपात किया। इस कार्य के माध्यम से औद्योगिक सम्बन्ध विषयक बहुत से परस्पर विरोधी प्रत्ययों को एकरूपता के सूत्र में पिरोया गया। किन्तु डनलप द्वारा प्रतिपादित अभिगम के अन्तर्गत औद्योगिक सम्बन्धों की संरचना को विशेष महत्त्व प्रदान किया गया। इस क्रम में वाल्टन और मेकर्सी तथा कुछ अन्य व्यवहार–वैज्ञानिकों ने औद्योगिक सम्बन्धों की महत्ता का विशेष रूप से निरूपण किया। प्रोफेसर डनलप ने एक नवोदित आंतरिक औद्योगिक संरचना का उल्लेख किया, जिसे उन्होंने "वेब ऑफ रूल्स" की संज्ञा दी और पर्यावरण में व्यापक परिप्रेक्ष्य में उसकी व्याख्या की। इस विचारधारा के अन्तर्गत निरूपित आश्रित एवं स्वतंत्र चर दोनों ही संरचनात्मक प्रयास हैं। इसके विपरीत, वाल्टन एवं मेकर्सी ने उन नियमों के निर्माण पर अत्यधिक बल दिया, जो इन संरचनाओं के बीच स्थापित कड़ियों के एक विशेष अंग हैं। इस प्रकार वाल्टन और मेकर्सी तथा डनलप दोनों ही संगठन के लक्ष्यों तथा संरचनाओं के अस्तित्व को स्वीकार करते हैं, और यह भी स्वीकार करते हैं कि इन नियमों में अन्तःपरिवर्तन होते रहते हैं। पर प्रश्न यह है कि वह कौन–सी प्रक्रिया है, जिसके माध्यम से इन नियमों में निरन्तर परिवर्तन होते रहते हैं? डनलप ने इस प्रश्न के उत्तर में नियम निर्माण प्रक्रिया (rule-making process) का नाम लिया है। किन्तु वाल्टन और मेकर्सी इस प्रश्न के उत्तर में लक्ष्यमूलक क्रियाकलापों का सहारा लेते हैं। वे श्रम प्रबन्ध सम्बन्धों को एक प्रकार का उपकरण समझते हैं, जिसकी अभिकल्पना न्यूनाधिक बुद्धिमत्तापूर्ण ढंग से की जा सकती है और न्यूनाधिक विशेषतापूर्ण पद्धति से उसका क्रियान्वयन हो सकता है।

वाल्टन और मेकर्सी ने श्रम और प्रबन्ध के बीच जनित संघर्ष के सुलझाव हेतु श्रम वार्ता की व्यवहार विज्ञानमूलक पद्धति पर विशेष बल दिया, जिसे उन्होंने सामाजिक वार्ता का एक उदाहरण करार किया। इस अभिगम की मूल मान्यता यह है कि दो या दो से अधिक जनित सामाजिक इकाइयों की सोद्देश्य अन्तर्क्रिया अपनी पारस्परिक अन्तर्निर्भरता की शर्तों को पूर्ण परिभाषित करने का प्रयास करती है। यहाँ सामाजिक वार्ता के पद का चयन इसलिए करते हैं क्योंकि इसमें व्यवहारमूलक और प्रकृतिमूलक और संगठनात्मक पक्षों पर अत्यधिक बल दिया गया है, जिन्हें उद्देश्यों के सम्बन्ध में स्थापित दूसरी विचारधाराओं के अन्तर्गत नजरअन्दाज कर दिया गया है। लेबर निगोसिएशन सामाजिक वार्ता का ही एक पक्ष है। इसके अन्तर्गत चार प्रकार से

क्रियाकलापों की प्रणालियाँ निहित हैं। प्रत्येक प्रणाली की अपनी कुछ निजी विशेषताएँ हैं और प्रत्येक प्रणाली के अपने कुछ कार्य उपकरण हैं। सामूहिक सौदेबाजी की स्थिति में दो जटिल इकाइयाँ अपने स्वार्थों के सम्बन्ध में वार्ता करती हैं, और दोनों पक्षों के सदस्य इस वार्ता के सम्बन्ध में अत्यधिक अभिरुचि लेते हैं। इस वार्ता का वार्ताकारों के ऊपर सम्यक् प्रभाव पड़ता है। वार्ता का यह पक्ष वार्ताकारों के समक्ष अपनी कुछ माँगें रखता है और सौदेकारी के कार्य को अत्यधिक जटिल बना देता है। इस क्रम में वार्ता की चार उप–प्रणालियों का निरूपण वाल्टन और मेकर्सी द्वारा किया गया है, जिनका विवरण नीचे दिया जा रहा है–

1. *वितरक सौदेबाजी* – इस विधि के अन्तर्गत एक जटिल कार्य प्रणाली के माध्यम से एक पक्ष ऐसे लक्ष्यों को प्राप्त करना चाहता है, जो दूसरे पक्ष के स्वार्थ के प्रतिकूल हों। सामान्यतया श्रम प्रबन्ध के बीच होने वाली वार्ता के मध्य इसी प्रकार की उप–क्रिया का सहारा लिया जाता है। इसके अन्तर्गत श्रम पक्ष चाहता है कि सौदेबाजी के माध्यम से उसे अधिकाधिक लाभ और सुविधाओं की प्राप्ति हो और इसके बदले में भले ही प्रबन्ध पक्ष को घाटा उठाना पड़े। दूसरी ओर प्रबन्ध पक्ष चाहता है कि सौदेबाजी के माध्यम से उसी को अधिकाधिक लाभ और श्रमिकों को यथाशक्ति कोई फायदा न मिल सके। अर्थात् इस प्रकार की सौदेबाजी के अन्तर्गत गेम थियरी की नियत राशि (fixed sum) की विचारधारा लागू होती है, जिसके अन्तर्गत एक पक्ष के लाभ से दूसरे पक्ष को हानि होती है। इसी कारण इस पद्धति को जीतो और हारो (win and lose) बारगेनिंग की संज्ञा दी जाती है। दोनों पक्ष एक सामान्य क्षेत्र के सम्बन्धों पर वार्ता करते हैं, जिसके अन्तर्गत दोनों पक्षों के स्वार्थ परस्पर एक–दूसरे के विरोधी होते हैं। एक पक्ष के लाभ होने की स्थिति में दूसरे पक्ष को हानि होती है।
2. *समन्वयी सौदेबाजी* – इस उप प्रक्रिया के अन्तर्गत ऐसी कार्य प्रणाली का सहारा लिया जाता है, जिसके माध्यम से दोनों पक्षों के स्वार्थों में एकरूपता स्थापित हो सके, अर्थात् वार्ता के माध्यम से दोनों पक्ष लाभान्वित हो सकें। दोनों प्रकार की उप प्रक्रियाएँ (डिस्ट्रीब्यूटिव और इण्टीग्रेटिव) संयुक्त निर्णय प्रक्रियाएँ हैं। यद्यपि इन दोनों प्रक्रियाओं में पर्याप्त भिन्नता है, तथापि इसमें सन्देह नहीं कि विभिन्न स्थितियों के प्रति वे विवेकपूर्ण प्रक्रियाएँ हैं।

   वार्ता की स्थिति में इण्टीग्रेटिव क्षमता का परिलक्षण उन स्थानों पर होता है, जब समस्या का स्वरूप इस प्रकार का होता है, जिसका सुलझाव इस ढंग से किया जाए कि दोनों पक्ष उससे लाभान्वित हों, अथवा यदि एक पक्ष को कोई लाभ हो रहा है तो उसी अंश में दूसरे पक्ष को हानि न हो। इसको गेम थियरी के अन्तर्गत 'वैरिडेग सम गेम' कहते हैं।
3. *अभिवृत्तिक नियमीकरण* – डिस्ट्रीब्यूटिव और इण्टीग्रेटिव बारगेनिंग का सम्बन्ध आर्थिक समस्याओं और श्रम प्रबन्ध का सम्बन्ध दोनों से होता है। सामान्यतया श्रम प्रबन्ध वार्ता के अन्तर्गत इन्हीं बातों को विशेष महत्त्व प्रदान किया जाता है।

किन्तु अन्य विषयों के अतिरिक्त श्रम और प्रबन्ध के बीच वार्ता का एक और विषय है– दोनों पक्षों के बीच स्थापित सम्बन्धों को प्रभावित करना विशेषकर उनकी भिन्नता, द्वेष, आदर, संघर्ष और सहयोग की प्रवृत्तियों को प्रभावित करना। इसे एटि्टूयूडिनल स्ट्रक्चरिंग **(attitudinal structuring)** या अभिवृत्तिक नियमीकरण कहते हैं। यद्यपि उनके बीच स्थापित सम्बन्धों पर अनेक कारकों का प्रभाव पड़ता है (जैसे आर्थिक और प्राविधिक कारक, मुख्य सहयोगियों का व्यक्तित्व, दोनों पक्षों में व्याप्त सामाजिक विश्वास प्रणाली) तथापि दोनों ही वार्ताकारी पक्ष वार्ता में प्रयुक्त अन्तर्क्रिया का लाभ उठा सकते हैं, जिसके माध्यम से दोनों पक्षों की प्रवृत्तियों में परिवर्तन आता है। अब पूर्व की भाँति दोनों पक्ष परस्पर एक दूसरे को अपना विरोधी नहीं वरन् सहयोगी समझने लगते हैं।

दोनों ही पक्षों के बीच अभीष्ट सम्बन्ध प्रतिमानों की स्थापना में अभिवृत्तिक नियमीकरण का सर्वाधिक महत्त्व है। श्रम प्रबन्ध के प्रतिनिधि जब किसी विशेष प्रश्न पर पारस्परिक वार्ता करते हैं तो इस वार्ता के दौरान उन्हें इस प्रकार के पर्याप्त अवसर प्राप्त होते हैं, जिसके द्वारा उन दोनों की एक–दूसरे के प्रतिस्थापित पूर्व धारणाओं में परिवर्तन होता है। वार्ता की कई विशेषताओं के द्वारा इस प्रकार के परिवर्तन का मार्ग प्रशस्त होता है। ऐसा परिवर्तन वार्ताकारों की कुशलताओं और संवेदनाओं के अनुसार हानिकारक और लाभकारक दोनों प्रकार का हो सकता है। संभवतः इस प्रकार की वार्ता की सबसे प्रमुख विशेषता यह होती है कि अनुबंधों के सम्बन्ध में की जाने वाली वार्ता के दौरान दोनों पक्षों के उच्च अधिकारियों के बीच कई बार घनिष्ठ रूप से बातचीत होती है। ऐसी स्थिति में दोनों पक्षों की एक–दूसरे के सम्बन्ध में पूर्व स्थापित धारणाओं और प्रवृत्तियों में परिवर्तन के अत्यधिक अवसर प्राप्त होते हैं।

इस सम्बन्ध में वी.एम. स्केलमैन का नाम मुख्य रूप से उल्लेखनीय है, जिन्होंने सर्वप्रथम इस तथ्य का बड़े ही जोरदार ढंग से प्रतिपादन किया कि वार्ता या निगोसिएशन एक ऐसा अवसर या परिवेश है, जिसके माध्यम से दो समूहों के आंतरिक तनाव में कमी आती है। 1947 में उन्होंने वार्ताकारी पक्षों से यह आग्रह किया था कि वार्ता प्रक्रिया को एक सामाजिक और मानसिक प्रक्रिया के रूप में देखें, जिसके माध्यम से तनाव का शमन होता है। इस प्रकार वार्ता की प्रारम्भिक स्थिति में ही वार्ताकारों को इस बात का अनुमान होने लगता है कि वार्ता के माध्यम से कार्य और वेतन की दशाओं के सम्बन्ध में ही नवीन अनुबंधों का निर्माण नहीं होगा, वरन् श्रम प्रबन्ध के बीच स्थापित सम्बन्धों में भी सुधार होगा।[11]

यदि श्रम और प्रबन्ध के बीच अपेक्षाकृत अधिक सहयोगात्मक सम्बन्ध होगा तो उन्हें अपनी समस्याओं को पारस्परिक सहयोग के वातावरण में हल करने का अवसर मिलेगा और इण्टीग्रेटिव बारगेनिंग का कार्य प्रशस्त होगा। दूसरी ओर यदि दोनों पक्षों के बीच स्थापित सम्बन्धों में पूर्वापेक्षा अधिक प्रतिस्पर्द्धा का समावेश होगा, तो दोनों पक्षों के संगठनों के आंतरिक सम्बन्ध और भी दृढ़ होंगे।

अतः आवश्यकतानुसार सहयोगात्मक और प्रतिस्पर्द्धात्मक दोनों ही सम्बन्धों का अपना–अपना महत्त्व है। इस प्रकार वार्ताकारी पक्ष विभिन्न कारकों और लक्ष्यों के परिप्रेक्ष्य में यह निर्णय करते हैं कि अपने सम्बन्धों को दृढ़ बनाएँ अथवा उन्हें उसी प्रकार कायम रखें अथवा पूर्व स्थापित सम्बन्धों में किसी प्रकार के तनाव का समावेश न करें।

किसी वार्ताकारी पक्ष द्वारा यदि दूसरे पक्ष के प्रति स्थापित विश्वास, मित्रता तथा आशा की भावना में कुछ परिवर्तन लाना हो तो सबसे पहले उससे यह अपेक्षा की जाती है कि वह इन भावनाओं की उपयोगिता का भलीभाँति परीक्षण कर ले। वार्ताकार का एक प्रमुख कार्य यह है कि वर्तमान प्रकृति के परिप्रेक्ष्य में स्थिति का भलीभाँति निरूपण कर लें। चूँकि अभिवृत्तियों को प्रत्यक्ष रूप में नहीं देखा जा सकता है, अतः प्रत्येक विपक्षी से यह आशा की जाती है कि वह अपने प्रतिद्वन्द्वी के व्यवहार तथा बातचीत एवं अन्य सूत्रों के आधार पर उसकी आधारभूत अभिवृत्ति का अनुस्थापन करे। तत्पश्चात् आवश्यकतानुसार अपनी बातचीत एवं व्यवहारों से अपने प्रतिद्वन्द्वी की अभिवृत्ति एवं व्यवहार में परिवर्तन लाने का प्रयास करे। यदि एक बार किसी आधारभूत अभिवृत्ति में परिवर्तन हो जाता है तो आशा की जाती है कि उसके व्यवहारों में व्यापक परिवर्तन किया जा सकता है। इस प्रकार के परिवर्तन लाने के लिए तो सर्वप्रथम बैलेंस थियरी के अन्तर्गत प्रयुक्त युक्तियों का प्रयोग करना चाहिए।

4. *अन्तःसंगठनात्मक सौदेबाजी* – उपर्युक्त तीनों प्रक्रियाओं को पुनर्संराधन की प्रक्रिया कहा जा सकता है, जो श्रम संघ एवं प्रबन्ध के बीच सम्पन्न होती हैं। इन दोनों के बीच होने वाली वार्ता के दौरान एक–दूसरे प्रकार की कार्य प्रणाली भी सम्पन्न की जाती है, जिसके माध्यम से श्रम संघ एवं कम्पनी के बीच एकमत्य स्थापित होता है। सामान्यतया वार्ता के मध्य श्रम संघ और प्रबन्ध दोनों पक्ष अपने विचारों का आदान–प्रदान करते हैं। इन दोनों के अपने निजी संगठनों में भी मत–भिन्नता होती है। विशेषकर यह बात श्रम संघ पक्ष के अन्तर्गत परिलक्षित होती है। श्रम पक्ष का जो संगठन वार्ता हेतु उपस्थित होता है, उसमें एक श्रम संघ का या कई श्रमिक संघों के प्रतिनिधि होते हैं और उनमें विभिन्न विषयों पर मत–भिन्नता होती है। ऐसी स्थिति में, मुख्य वार्ताकार का प्रमुख कार्य यह होता है कि विभिन्न श्रमिक संघों के प्रतिनिधियों में एक तो अन्तर्संगठनात्मक एकता स्थापित करे और दूसरे उसके आधार पर प्रबन्ध पक्ष के मुख्य वार्ताकार से एकमत्य स्थापित करे। इन लक्ष्यों की प्राप्ति हेतु मुख्य वार्ताकार को निम्नलिखित वृत्तियों का सहारा लेना पड़ता है–

- अपने पक्ष के मुख्य वार्ताकारों की माँगों को तब तक वह स्थायी मान्यता नहीं प्रदान करता है, जब तक कि उसे विश्वास नहीं हो जाता है कि विपक्षी प्रतिनिधि उक्त माँगों को स्वीकार कर लेंगे।

- मुख्य वार्ताकार अपने प्रतिनिधियों को इस बात के लिए राजी कर सकता है कि आवश्यकतानुसार अपनी माँगों में संशोधन कर लें।
- मुख्य वार्ताकार सम्पूर्ण परिवेश को ऐसी संरचना में ढाल सकता है कि सहभागी सदस्य अपने आप ही अपनी अपेक्षाओं में परिवर्तन हेतु पहल करें।
- मुख्य वार्ताकार अपने पक्ष के प्रतिनिधियों की अपेक्षाओं और वास्तविक प्रतिफल के बीच उत्पन्न अन्तर का विवेकीकरण कर सकता है, अर्थात् वह वास्तविक एवं अपेक्षित उपलब्धि के अन्तर को स्वीकार करते हुए उन कारकों को स्पष्ट कर सकता है, जिसकी वजह से इस अन्तर को कम नहीं किया जा सकता है।
- मुख्य वार्ताकार वास्तविक उपलब्धि का विवरण यथार्थ से अधिक बढ़ा–चढ़ाकर दे सकता है, ताकि उसके समूह के सदस्यों को अपेक्षाकृत कम असन्तुष्टि का बोध हो।
- इसके अतिरिक्त कभी–कभी वार्ताकार युक्तिपूर्ण (tactful) ढंग से वार्ता करते हुए अपने प्रतिनिधियों को यह स्पष्ट कर सकता है कि वह अपने साथियों की सन्तुष्टि हेतु बहुत सामान्य ढंग से वार्ता कर रहा है, पर उसके व्यवहारों को गम्भीर व्यवहार समझने की आवश्यकता नहीं है।

यद्यपि अन्तर्संगठनात्मक सौदेबाजी की आवश्यकता श्रम एवं प्रबन्ध दोनों ही पक्षों के वार्ताकारों को महसूस होती है, किन्तु श्रम संघ के वार्ताकारों के लिए इस प्रकार की सौदेबाजी का विशेष महत्त्व है, और उनके लिए इस प्रकार की सौदेबाजी का सफल निर्वाह एक चुनौती भी है।

विभिन्न उप-क्रियाओं का संश्लेषण

उपर्युक्त सभी उप–प्रक्रियाओं का विवरण वाल्टन और मेकर्सी के अतिरिक्त अन्य श्रम वेत्ताओं ने भी दिया है। उदाहरणार्थ डिस्ट्रीब्यूटिव बारगेनिंग के परिप्रेक्ष्य में 'कमिटमेण्ट टेक्टिस' का विवरण शैलिंग[12] ने दिया है और स्टीवेंस[13] ने इस प्रक्रिया की गत्यात्मकताओं का विवेचन किया है। इसी क्रम में पेन[14] और कुछ अन्य विचारकों[15] ने डिस्ट्रीब्यूटिव बारगेनिंग के व्याख्यात्मक मॉडल का निर्माण किया। पीटर[16] ने भी इस उपप्रक्रिया के विकास में महत्त्वपूर्ण योगदान दिया।

इण्टीग्रेटिव बारगेनिंग की प्रक्रिया के सम्बन्ध में भी पर्याप्त विचार हुए हैं। उदाहरणार्थ, मेरी पार्कर फोलेट[17] ने इण्टीग्रेटिव बारगेनिंग के प्रत्यय का प्रयोग किया है। इसी प्रकार अमेरिका के नेशनल प्लानिंग एसोसिएशन ने कॉलेज ऑफ इण्डस्ट्रियल पीस[18] नामक एक अध्ययन के अन्तर्गत इस बात को बहुत ही अच्छे ढंग से स्पष्ट करने का प्रयास किया है कि किस प्रकार कुछ फर्म सामूहिक सौदेबाजी के अन्तर्गत श्रम और प्रबन्ध दोनों ही पक्षों को एकीकृत (इण्टीग्रेट) करने में जुटी हुई हैं।

जहाँ तक तीसरी उप–प्रक्रिया अर्थात् 'एटिट्यूडिनल स्ट्रक्चरिंग' का सम्बन्ध है, इस सम्बन्ध में भी कुछ श्रम विशेषज्ञों द्वारा महत्त्वपूर्ण कार्य किया गया है। उदाहरणार्थ, एन.पी.ए. के उपर्युक्त अध्ययन के अन्तर्गत गारफील्ड और ह्वाइट[19] बक्के और

लेस्टर[20] तथा हारविशन ओर कोलमैन[21] ने कुछ कुछ विशेष प्रकार के वार्ताकारी सम्बन्धों को संरक्षित करने का प्रयास किया और इस उद्देश्य की प्राप्ति हेतु कुछ युक्तियों के प्रयोग का सुझाव भी दिया।

इसी प्रकार बहुत से लेखकों ने अन्तर्संगठनात्मक सौदेबाजी का उल्लेख किया है, जो विभिन्न दलों की अन्तर्क्रियाओं के द्वारा उत्पन्न होती है। उदाहरणार्थ, वेबर[22] ने उस प्रक्रिया के अध्ययन का प्रयास किया, जिसके माध्यम से श्रमिक संघ सौदेबाजी के दौरान निर्णय करता है। इसके अतिरिक्त, श्रम संघ के दूसरे पक्षों के सम्बन्ध में भी विचार करते हुए बहुत से अध्ययनों में अन्तर्संगठनात्मक सौदेबाजी के सम्बन्ध में कुछ बहुत ही उपयोगी तथ्यों का प्रतिपादन किया गया है।[23]

उपर्युक्त विवेचन के संदर्भ में चारों उपप्रक्रियाओं के संश्लेषण के सम्बन्ध में कुछ आधारभूत प्रश्न उठ खड़े होते हैं– (1) डिस्ट्रीब्यूटिव बारगेनिंग की स्थिति में कमिटमेण्ट की क्या मात्रा होनी चाहिए, (2) इण्टीग्रेटिव बारगेनिंग की स्थिति में सम्प्रेषण की किन विधियों का प्रयोग होना चाहिए, (3) एटिट्यूडिनल स्ट्रक्चरिंग के अन्तर्गत विश्वास का क्या स्तर होना चाहिए, एवं (4) अन्तर्संगठनात्मक सौदेबाजी की स्थिति से उक्त प्रश्न एक–दूसरे से किस प्रकार अन्तर्सम्बन्धित हो सकते हैं। इन प्रश्नों का उत्तर निम्नलिखित है–

1. समर्पण की मात्रा – डिस्ट्रीब्यूटिव बारगेनिंग की स्थिति में वार्ताकार प्रारम्भ से ही कुछ मुद्दों पर अति दृढ़ समर्पण की भावना का विकास करता है। सामान्यतया ऐसे मामलों में वह और उसके प्रतिद्वन्द्वी आरम्भ से ही परस्पर विरोधी रुख अख्तियार करते हैं। उपर्युक्त सम्प्रेषण के माध्यम से इस प्रकार के समर्पण या कमिटमेण्ट की सूचना वह विरोध पक्ष को देता है और आवश्यकतानुसार वह स्वयं के औचित्य का विवेकीकरण भी करता है। इण्टीग्रेटेड अथवा एकीकृत सौदेबाजी की दृष्टि से जब हम समर्पण या कमिटमेण्ट पर विचार करते हैं तो कुछ नवीन तथ्य सामने आते हैं। एकीकृत सौदेबाजी की यह अपेक्षा होती है कि दोनों पक्ष बारगेनिंग टेबल पर समस्याओं को रखें, उनके प्रतिफल या अंतिम सुलझाव को नहीं। उसके अतिरिक्त यदि दोनों पक्ष बारगेनिंग टेबल पर अपेक्षाकृत अधिक विषयों को रखते हैं, तो उनकी संयुक्त उपलब्धि की सम्भावना अधिक हो जाती है। ऐसी स्थिति में यदि दोनों पक्ष कुछ मुद्दों पर बहुत ही दृढ़ कमिटमेण्ट रखकर सौदेबाजी हेतु आएँगे, और अपने पूर्व निर्धारित निश्चय में परिवर्तन नहीं करना चाहेंगे, तो सौदेबाजी की सम्भावना अति क्षीण हो जाएगी।

इसी प्रकार एटिट्यूडिनल स्ट्रक्चरिंग की दृष्टि से कुछ समस्याएँ हैं, जो सौदेबाजी की शर्तों को प्रभावित करती हैं। यदि दोनों पक्षों में से कोई पक्ष अथवा दोनों पक्ष बहुत ही दृढ़ कमिटमेण्ट के साथ सौदेबाजी की टेबल पर आएँगे और पूर्व निर्धारित कदम से तनिक भी विचलित नहीं होना चाहेंगे तो ऐसी स्थिति में दोनों पक्षों की अभिवृत्ति में कोई परिवर्तन संभव नहीं है। अन्तर्संगठनात्मक सौदेबाजी का भी कमिटमेण्ट के प्रतिमान से बहुत ही दृढ़ सम्बन्ध है। यदि दोनों ही पक्ष धीरे–धीरे अपनी पूर्व निश्चित माँगों में परिवर्तन करते रहते हैं तो उनकी व्यवहारमूलक प्रत्याशाओं की पूर्ति अति सरल हो जाती है। वास्तव में सौदेबाजी की स्थिति में दोनों पक्षों के मुख्य

वार्ताकारों से यह आशा की जाती है कि आरम्भ में बहुत ही ऊँची अपेक्षाएँ प्रस्तुत करें, किन्तु धीरे–धीरे अपने पक्ष के अन्य प्रमुख सहभागियों को वास्तविकता का बोध कराते हुए इस सौदेबाजी की अपेक्षित एवं उचित स्थिति में आ जाएँ। कुछ तो ऐसी स्थिति में रहकर वार्ता करते हैं जिसके अन्तर्गत उनके प्रमुख सहायक वास्तविकता का पहले ही बोध किए रहते हैं और इस स्थिति में अंतिम समझौता उनकी पूर्वापेक्षा के अधिकतम अनुरूप होता है।

एक पक्ष की प्रतिबद्धता (commitment) की रणनीति (strategy) का दूसरे पक्ष की क्षमता पर अति जटिल प्रभाव पड़ता है। यदि एक पक्ष कुछ मुद्दों पर आरम्भ से ही प्रतिबद्ध हैं तो उसके फलस्वरूप दूसरे पक्ष को भी परेशानी हो सकती है और एकमत्य स्थापित नहीं हो सकता है।

2. खुला सम्प्रेषण – 'इण्टीग्रेटिव बारगेनिंग' की स्थिति में वार्ताकारों के समक्ष एक महत्त्वपूर्ण प्रश्न यह उठ खड़ा होता है कि निर्णय सम्बन्धी प्रक्रिया में किस अंश तक वे खुले सम्प्रेषण का प्रयोग करें, किस सटीक एवं पूर्ण ढंग से पार्टी के लोग उन्हें अपेक्षित सूचनाएँ प्रदान करें, विकल्पों की प्राप्ति में वे किस अंश तक स्पष्ट एवं खुले व्यवहार का प्रयोग करें और कितने खुले रूप में वे अपने विभिन्न क्रियाकलापों के अन्तर्गत वरीयताओं का निर्धारण करें।

एकीकृत सौदेबाजी की प्रभावोत्पादकता की दृष्टि से पार्टी के लिए यह आवश्यक होगा कि वह अपने पक्ष अथवा विपक्ष के सभी मुद्दों को स्पष्ट एवं खुला रखे। स्पष्ट रूप से समस्या सुलझावमूलक बातें कही जानी चाहिए। विशेषकर वितरक सौदेबाजी की स्थिति में तो सम्प्रेषण में पूर्णतया एकरूपता पाई जानी चाहिए। इसके अतिरिक्त निर्णय प्रक्रिया में सम्प्रेषण की स्पष्टता का दोनों पक्षों पर बहुत ही कारगर प्रभाव पड़ता है। इस प्रभाव के फलस्वरूप दोनों पक्षों के पारस्परिक सम्बन्धों में सुधार होता है। उनकी पूर्व निर्मित पारस्परिक अभिवृत्तियों में भी परिवर्तन होता है।

कभी–कभी खुले एवं स्पष्ट सम्प्रेषण के फलस्वरूप अन्तर्संगठनात्मक सौदेबाजी की समस्याओं का जनन होता है। सामान्यतया, प्रमुख वार्ताकार यह चाहता है कि अपने पक्ष के अन्य प्रतिनिधियों को वार्ता के समस्त भेद न बतलाए कभी–कभी तो वह वास्तविक उपलब्धियों को कुछ बढ़ा–चढ़ाकर बतलाता है। यदि पूर्णतया खुले परिवेश में वार्ता की जाएगी तो ऐसी वार्ता हर स्थिति में नहीं हो पाएगी। वैचारिक दृष्टि से तो इण्ट्रा ऑर्गनाइजेशनल और इण्टीग्रेटिव दोनों प्रकार की सौदेबाजी हेतु खुले सम्प्रेषण की बात कही जाती है। किन्तु व्यावहारिक दृष्टि से यह बात संभव नहीं हो पाती है।

3. विश्वास की मात्रा – श्रम प्रबन्ध सम्बन्धों के बीच यद्यपि बहुत से अभिवृत्तिमूलक तत्त्व निहित होते हैं, किन्तु एक प्रमुख तत्त्व है विश्वास की मात्रा। इसके अतिरिक्त कुछ और भी अनुकूल अभिवृत्तियों का महत्त्व होता है क्योंकि वे भी सहभागियों के विश्वास के स्तर को प्रभावित करती हैं। प्रश्न यह है कि कोई पक्ष दूसरे पक्ष में विश्वास की भावना जनित करने के लिए किस अंश तक खतरा मोल लेना चाहेगा। स्पष्टतया इस प्रश्न का उत्तर है कि जब किसी पक्ष को यह महसूस होता है

कि दूसरे पक्ष से सम्बन्ध सुधारने में उसकी अधिक भलाई है तो वह अपने प्रति दूसरे पक्ष का विश्वास अर्जित करने के लिए अधिकाधिक खतरा लेने के लिए तैयार रहता है।

इण्टीग्रेटिव बारगेनिंग की स्थिति में एक पक्ष के लिए दूसरे पक्ष का विश्वास अर्जन करना अत्यन्त कठिन हो जाता है। इस प्रकार की सौदेबाजी की स्थिति में दोनों पक्षों के स्वार्थों में संघर्ष छिड़ा रहता है। एक पक्ष दूसरे पक्ष की कीमत पर अपने स्वार्थों की पूर्ति करना चाहता है। ऐसी स्थिति में दोनों पक्षों में परस्पर विश्वास की भावना जगाना अत्यन्त कठिन हो जाता है तथापि इस प्रकार की सौदेबाजी की स्थिति में भी विश्वास का अतिशय महत्त्व होता है। इसके द्वारा ही दोनों पक्ष सौदेबाजी के नियमों के अनुसार कार्यवाही शुरू करते हैं। ट्रस्ट या विश्वास की स्थिति में ही दोनों पक्ष एक–दूसरे के साथ कुछ अलिखित समझौता करते हैं और उस पर कायम रहते हैं।

इण्टीग्रेटिव बारगेनिंग की स्थिति में ट्रस्ट का विशेष महत्त्व होता है। इसके माध्यम से दोनों पक्षों के परस्पर संघर्षमूलक व्यवहारों का शमन होता है और दोनों पक्षों की संयुक्त उपलब्धियों में वृद्धि होती है जो परस्पर एक–दूसरे के विश्वास पर आधारित होती है। इसके अतिरिक्त दोनों ही पक्षों में जितना अधिक विश्वास एवं विधायी भावनाओं का एक–दूसरे के प्रति विकास होगा, उतनी ही अधिक गम्भीरता से दोनों पक्ष एक–दूसरे के सहयोग से समस्या सुलझाव हेतु प्रयत्नशील होंगे।

अन्तर्संगठनात्मक सौदेबाजी की स्थिति में भी विश्वास की अत्यन्त विधायी भूमिका होती है। इसके आधार पर ही दोनों प्रमुख वार्ताकार अपने पक्ष के प्रतिनिधियों एवं स्वयं एक–दूसरे से विधायी सम्बन्ध स्थापित कर सौदेबाजी के लक्ष्यों की प्राप्ति कर सकते हैं। अतः यह बात सत्य है कि श्रम प्रबन्ध की वार्ता में ट्रस्ट या विश्वास का अतिशय महत्त्व होता है।

4. आंतरिक नियंत्रण की मात्रा – सामूहिक सौदेबाजी की सफलता हेतु आवश्यक है कि दोनों पक्षों के मुख्य वार्ताकार अन्य प्रतिनिधियों पर नियंत्रण करें और आवश्यकतानुसार उन्हें अनुशासित भी रखें। इस नियंत्रण के आधार पर मुख्य वार्ताकार अन्तर्संगठनात्मक द्वन्द्वों का सुलझाव कर सकते हैं। डिस्ट्रीब्यूटिव बारगेनिंग की स्थिति में सामान्यतया नियंत्रण के द्वारा बहुत लाभ प्राप्त होता है किन्तु कभी–कभी यह हानिकारक भी होता है।

नियंत्रण का अर्थ है आदेश देना एवं अनुशासित रखना। इस प्रकार का संगठनात्मक नियंत्रण उस समय विशेष उपयोगी होता है, जब प्रमुख वार्ताकार या किसी एक पक्ष का नेता अपने सहयोगियों द्वारा की गई आशाओं की उपेक्षा करके अधिक उपलब्धि अर्जित करना चाहता है। ऐसी स्थिति में मुख्य वार्ताकार कुछ ऐसे व्यवहारों का प्रदर्शन करता है, जिसके माध्यम से उस पक्ष की सौदेबाजी में वृद्धि होती है। उदाहरणार्थ, श्रम संघ के अन्य सदस्य यदि हड़ताल नहीं करना चाहते हैं, किन्तु इस इच्छा के बावजूद इस सम्बन्ध में अंतिम निर्णय का भार अपने नेता पर डालते हैं तो नेता हड़ताल की धमकी देकर अपनी वार्ता शक्ति में वृद्धि कर लेता है। इस प्रकार सौदेबाजी की स्थिति में उसे और अधिक उपलब्धि हासिल होती है। किन्तु यदि नेता अपनी शक्ति का सही अनुमान न

लगाते हुए अपने सहयोगियों पर नियंत्रण कर गलत निर्णय कर लेता है, तो उस पक्ष को नुकसान पहुँचता है।

इण्टीग्रेटिव या एकीकृत बारगेनिंग की स्थिति में नियंत्रण के तत्त्व का अत्यधिक महत्त्व होता है। यदि दोनों पक्षों के नेताओं अथवा प्रमुख वार्ताकारों का अपने पक्ष के अन्य अभिकर्मियों पर नियंत्रण होता है, तो केन्द्रीकृत निर्णय के आधार पर दोनों पक्षों के नेता आपस में मिलकर ऐसा समझौता कर सकते हैं, जो दोनों पक्षों के लिए उपयोगी होगा।

अन्तर्संगठनात्मक वार्ता या सौदेबाजी की स्थिति में नियंत्रण के तत्व की प्रमुख भूमिका होती है। यदि दोनों पक्षों के प्रमुख वार्ताकार अपने प्रमुख सहयोगियों पर पूर्णतया नियंत्रण रखेंगे तो अन्तर्संगठनात्मक सौदेबाजी की समस्या का अपने आप सुलझाव हो जाएगा और परस्पर विश्वास के वातावरण में दोनों पक्ष पारस्परिक वार्ता से जनित उपलब्धियों का अधिकाधिक अर्जन कर सकेंगे।

उपर्युक्त विवेचन के आधार पर श्रम प्रबन्ध की पारस्परिक वार्ता या सौदेबाजी के आधार पर व्यवहार सम्बन्धी कुछ प्रमुख अनुमानों का हम नियंत्रण करते हैं। उदाहरणार्थ, डिस्ट्रीब्यूटिव बारगेनिंग की स्थिति में हम यह अनुमान लगा लेते हैं कि दोनों पक्षों के लक्ष्य परस्पर विरोधी होंगे। इसी प्रकार इण्टीग्रेटिव बारगेनिंग की स्थिति में हम यह अनुमान लगा लेते हैं कि श्रम और प्रबन्ध दोनों के लक्ष्य परस्पर एक–दूसरे के सहयोगी भी हो सकते हैं।

संक्षेप में, हम इस वार्ता के आधार पर यह अनुमान लगा सकते हैं कि विभिन्न स्थितियों में लोग किस प्रकार का व्यवहार और अंतःक्रिया करते हैं।

फ्लैण्डर्स की विचारधारा

सामूहिक सौदेबाजी के सम्बन्ध में फ्लैण्डर्स का यह विचार है कि यह श्रम प्रबन्ध एवं श्रम विपणन के नियमन की एक संस्था है। किन्तु इस प्रकार जब सामूहिक सौदेबाजी का क्षेत्र अधिक व्यापक हो जाता है और इसके द्वारा केवल श्रम विपणन व्यवस्था का नियमन न होकर श्रम प्रबन्ध व्यवस्था का नियमन होने लगता है, तो उसकी आधारभूत विशेषताओं में परिवर्तन होने लगता है और इससे अनेक प्रकार की माँग की जाने लगती है इस संस्था के द्वारा मजदूरी का भी नियमन होता है, जो आर्थिक दृष्टि से प्रबन्धकीय एवं विपणनमूलक कार्य है। इसका विपणनमूलक कार्य यह है कि स्थान, प्रतिष्ठान और पेशे की दृष्टि से श्रम बाजार को व्यवस्थित करें और इसका प्रबन्धकीय कार्य यह है कि निष्पत्ति को पुरस्कृत करते हुए प्रबन्ध की सेवा करें। दोनों ही प्रकार के कार्यों का सामूहिक सौदेबाजी के द्वारा संयुक्त रूप से नियमन होता है, किन्तु एक प्रकार के कार्य नियमन का जो स्वरूप और क्षेत्र होगा, वह दूसरे प्रकार के कार्य हेतु उपयुक्त करार नहीं दिया जा सकता है।

सामूहिक सौदेबाजी की आधुनिक विचारधारा के सम्बन्ध में दो और बातें भी विशेष रूप से उल्लेखनीय हैं। डनलप के अनुसार उनमें से प्रथम बात यह है कि इस प्रक्रिया का एक ऐसा सामाजिक योगदान है, जिसका अभी तक महत्त्व ही नहीं अंकित

हो सका। उन्होंने इस योगदान को और अधिक स्पष्ट करते हुए लिखा है कि श्रम एवं प्रबन्ध दोनों ही समूह की बनावट में आंतरिक रूप से अतिशय वैषम्य विद्यमान होता है। श्रमिकों के प्रतिनिधि एक साथ ही कई माँगें पेश करते हैं और सामान्यतया उन मांगों के सम्बन्ध में नियोक्ता संघ की प्रतिक्रिया में भी एकरूपता नहीं होती। अतः इस परिप्रेक्ष्य में सामूहिक सौदेबाजी के तीन कार्य हो सकते हैं– (1) श्रमिक संघ की विभिन्न माँगों में प्राथमिकता का निर्धारण; (2) उन माँगों एवं अपेक्षाओं के सम्बन्ध में नियोक्ता संघ अथवा प्रबन्धकों के प्रतिनिधियों में प्राथमिकता का निर्धारण; तथा (3) श्रम एवं प्रबन्ध दोनों की प्राथमिकताओं में सन्तुलन का स्थापन।

दूसरी बात यह है कि सामूहिक सौदेबाजी दो प्रकार के संगठनों के बीच शक्ति सन्तुलन का कार्य करती है। वास्तव में न तो श्रमिक पक्ष के पास ही अधिकारों का एकाधिकार होता है, और न प्रबन्धक पक्ष के पास ही। एक ही प्रतिष्ठान में कई श्रम संघ कार्यरत होते हैं, अथवा एक श्रमिक संघ के कई अंग होते हैं। उनमें अधिकारों की खींचातानी होती रहती है। इसी प्रकार प्रबन्ध के भी विभिन्न अंगों एवं उपांगों में अन्तर्विरोध होता है। सामूहिक सौदेबाजी की स्थिति में दोनों ही पक्ष अपने– अपने अधिकारों का एकाकार कर इस प्रकार का व्यवहार करते हैं मानो उनकी एक सामूहिक इच्छा है और इस प्रकार सामूहिक सौदेबाजी की स्थिति में शक्ति का सन्तुलन होता है।

आर्थिक दृष्टि से श्रमिक संघ नियोक्ताओं से सौदेबाजी नहीं करते हैं। वे केवल श्रम बाजार में प्रतिस्पर्द्धा और सौदेबाजी नियम हेतु सामूहिक समझौतों के सम्बन्ध में वार्तालाप करते हैं। चूँकि सामूहिक समझौता एक प्रकार का संयुक्त रूप से सहमत नियम है और अधिकार का बहुत ही डिप्लोमेटिक ढंग से प्रयोग कर समझौते तक पहुँचा जाता है। अतः श्रमिक संघ मुख्यतया एक राजनीतिक संस्था के रूप में कार्य करते हैं।

इस प्रकार औद्योगिक प्रतिष्ठानों में श्रमिक संघ की भूमिका केवल श्रमिकों के विक्रय तक ही सीमित नहीं होती है, वरन् वह संगठन के संस्थागत हितों से भी संबंधित होती है। उसका स्वार्थ इस बात में भी निहित होता है कि वह अपने क्रियाकलापों के माध्यम से औद्योगिक प्रतिष्ठानों के अस्तित्व को अक्षुण्ण रखे और यथाशक्ति उसके विकास में सहायता दे। इस दृष्टि से श्रमिक संघ अपने सदस्यों की आर्थिक उपलब्धि में सहायता करें, वरन् उसका महत्त्व इस बात में निहित है कि वह अपने सदस्यों की प्रतिष्ठा एवं आत्मसम्मान की रक्षा करे। इसी कारण सफेदपोश श्रमिक भी श्रम संघ के सदस्य बनना चाहते हैं। ऐसे श्रमिक केवल श्रम बाजार के नियमन हेतु ही चिन्तित नहीं होते हैं, वरन् श्रम प्रबन्ध सम्बन्धों के नियमन हेतु भी चिन्तित होते हैं, ताकि उनकी प्रस्थिति एवं सुरक्षा अक्षुण्ण बनी रहे। यह तभी संभव है जब श्रमिक संघ अपने सदस्यों के कार्य नियमन का सहभाजन कर सकें। सामूहिक सौदेबाजी के माध्यम से इसी उद्देश्य की पूर्ति होती है।

उपर्युक्त पाँचों विचारधाराएँ यद्यपि कुछ अंश में एक–दूसरे से भिन्न हैं, तथापि कुछ अंशों में उनमें एकरूपता भी विद्यमान है। यह बात स्पष्ट है कि नए विचारकों की विचारधाराओं पर पहले वाले विचारकों का गहरा प्रभाव पड़ा है।

वेब्स की परम्परागत विचारधाराओं में औद्योगिक सम्बन्धों के अन्तर्गत विद्यमान कुछ प्रक्रियाओं के बीच अन्तर को स्पष्ट किया गया है। ये प्रक्रियाएँ हैं– वैयक्तिक सौदेबाजी, विवाचन, संराधन, वैधानिक अधिनियमन एवं खुला संघर्ष। व्यक्तिगत सौदेबाजी को एक विधि के रूप में देखा गया है, जिसके अन्तर्गत व्यक्तिगत श्रमिक एवं नियोक्ता के बीच अनुबन्ध किया जाता है। सामूहिक सौदेबाजी के अन्तर्गत नियोक्ता एवं श्रमिकों के बीच सामूहिक रूप से अनुबन्ध किया जाता है और इस अनुबन्ध के माध्यम से श्रमिकों की सेवा की शर्तों का निरूपण किया जाता है।[24] संराधन एवं विवाचन प्रक्रियाएँ यद्यपि सामूहिक सौदेबाजी से अलग की प्रक्रियाएँ हैं, किन्तु इनके माध्यम से भी सामूहिक सौदेबाजी को बढ़ावा मिलता है। सामूहिक सौदेबाजी और प्रत्यक्ष युद्ध में भी अन्तर किया जा सकता है। सामूहिक सौदेबाजी एक कूटनीतिक प्रक्रिया है और खुला युद्ध या 'प्रत्यक्ष युद्ध' एक संघर्षात्मक प्रक्रिया है, जिसमें दोनों पक्षों को नुकसान पहुँचता है।[25] इसके अन्तर्गत संबंधित पक्षों के पास सदैव ही यह विकल्प विद्यमान रहता है कि वे मामले का लड़कर सामना करें।[26] कभी–कभी ऐसी स्थितियाँ आ जाती हैं कि सामूहिक सौदेबाजी की समाप्ति के पश्चात् हड़ताल या तालाबन्दी की स्थिति आ सकती है। किन्तु वेब्स के अनुसार सामूहिक सौदेबाजी का सबसे दोषपूर्ण पक्ष यह अनुमान है कि इसका अन्त हड़ताल और तालाबन्दी के रूप में ही होगा।[27]

फ्लैण्डर्स ने वेब्स की विचारधारा को सामूहिक सौदेबाजी की परम्परागत विचारधारा करार दिया।[28] उनके अनुसार यह विचारधारा भ्रमात्मक एवं अपर्याप्त है क्योंकि इसके माध्यम से संस्था के बारे में बहुत कम बातें प्रकाश में आती हैं। वेब्स ने सामूहिक सौदेबाजी को पूर्णतया एक आर्थिक प्रक्रिया के रूप में ही देखा। उन्होंने इसके गैर–आर्थिक पक्ष को पूर्णतया नजरअन्दाज कर दिया। फलस्वरूप उस सामूहिक गत्यात्मकता की पूर्णरूपेण उपेक्षा की गई जो सामूहिक सौदेबाजी की स्थिति में विद्यमान रहती है। फ्लैण्डर्स के मतानुसार व्यक्तिगत सौदेबाजी एक विपणनमूलक प्रक्रिया या आर्थिक प्रक्रिया है और सामूहिक सौदेबाजी एक राजनीतिक प्रक्रिया है जो अपने साथ अधिकार एवं नियमों के निर्माण की प्रक्रिया को समाहित किए रहती है। उनके अनुसार सामूहिक सौदेबाजी के माध्यम से व्यक्तिगत सौदेबाजी की प्रक्रिया का नियमन होता है न कि प्रतिस्थापन।[29]

व्लेन और जेनार्ड का इस सम्बन्ध में यह मत है कि व्यक्तिगत सौदेबाजी भी नियमों के निर्माण की एक प्रक्रिया है, क्योंकि व्यक्तिगत श्रमिक एवं नियोक्ता के बीच भी अनुबन्ध के माध्यम से रोजगार के नियमों का निर्माण कराया जाता है। इस उपागम के अन्तर्गत सामूहिक सौदेबाजी को राजनीतिक अधिकार के रूप में देखा जाता है। यह बात वास्तव में एक बहुत बड़ी भूल है। वास्तव में कर्मचारियों अथवा श्रमिक संघों के लिए इस प्रकार

के अधिकार का प्रमुख आधार पूर्णतया आर्थिक ही होता है। इस दृष्टि से वेब्स द्वारा सामूहिक सौदेबाजी को एक आर्थिक क्रियाकलाप करार देना बहुत अंश में औचित्यपूर्ण है।[30] वाल्टन एवं मेकर्सी द्वारा प्रतिपादित व्यवहार मूलक सौदेबाजी आज के युग की अपेक्षाओं के विशेष अनुरूप है।

सौदेबाजी के विभिन्न स्वरूप

सौदेबाजी के कई स्वरूप होते हैं कुछ प्रमुख स्वरूप या तरीकों का विवरण निम्नलिखित है–

1. वितरक सौदेबाजी – यह एक प्रकार की हार और जीत मूलक सौदेबाजी है। ऐसी सौदेबाजी में समझौता इस प्रकार से होता है जिसमें एक पक्ष की जीत और दूसरे पक्ष की हार होती है। इसकी आधारभूत मान्यता यह है कि दो या दो से अधिक सामाजिक इकाइयों की सोद्देश्यपूर्ण अन्तर्क्रिया उनकी पारस्परिक निर्भरता की शर्तों को पुनः परिभाषित करती है। सामूहिक सौदेबाजी का एक पक्ष जनतांत्रिक ढंग से गठित श्रमिक संघ है और दूसरा पक्ष प्रबन्ध है जो शेयर होल्डर्स का प्रतिनिधि है। दोनों के बीच अन्तर्निर्भरता की कुछ शर्तें होती हैं। प्रबन्ध को अपने उत्पादन हेतु श्रमिक की आवश्यकता होती है और श्रमिक को अपने रोजगार हेतु सेवायोजक या प्रबंधक की आवश्यकता होती है। किन्तु उनकी पारस्परिक अन्तर्निर्भरता की शर्तों का समय–समय पर निर्धारण होता रहता है। इस प्रकार की पारस्परिक अन्तर्निर्भरता के निर्धारण में कुछ ऐसी भी शर्तें आ सकती हैं, जहाँ एक पक्ष को लाभ होने से दूसरे पक्ष का नुकसान हो सकता है। यही स्थिति वितरक सौदेबाजी में उत्पन्न होती है। अर्थशास्त्र में जहाँ श्रमिक परम्परागत रूप से कम वेतन पाते हैं और उन्हें जीवन निर्वाह मजदूरी नहीं मिलती है, वहाँ यदि नियोक्ता अधिक लाभ प्राप्त नहीं करता है तब भी सौदेबाजी का स्वरूप वितरक हो जाता है। यह परम्परागत सौदेबाजी है, जहाँ श्रमिक संघ यह चाहता है कि उसकी सभी या अधिकांश माँगों की पूर्ति नियोक्ता करे और उसके बदले में उसे (श्रमिक संघ की) नियोक्ता के लिए कुछ नहीं करना पड़े। दूसरी ओर नियोक्ता पक्ष यह चाहता है कि सामूहिक समझौते के अन्तर्गत उसे श्रमिक संघ की कोई भी अतिरिक्त माँग को स्वीकार न करना पड़े, और श्रमिक संघ संतुष्ट होकर हड़ताल की माँग वापस ले।

वितरक सौदेबाजी ऐसी स्थिति में होती है, जहाँ दोनों पक्षों के स्वार्थ एक दूसरे के विपरीत हों। यह एक कल्याणात्मक स्थिति है, जहाँ एक पक्ष यह चाहता है कि वह ऐसे लक्ष्यों की प्राप्ति कर ले जो दूसरे पक्ष के हितों के विपरीत हो। इस प्रकार की सौदेबाजी में श्रमिक संघ प्रबन्ध से अधिकतम लाभ लेना चाहता था। उसे इस बात से कोई सरोकार नहीं था कि उसकी माँग की पूर्ति से प्रबन्ध का घाटा उठाना पड़ेगा। दूसरी ओर प्रबन्ध श्रमिक संघों की न्यूनतम संभव माँगों की पूर्ति करना चाहता था। इस प्रकार की सौदेबाजी में गेम थियरी की 'फिक्स एप्रोच' काम करती है जिसके अन्तर्गत एक पक्ष को लाभ और दूसरे पक्ष की हानि होती थी। दोनों पक्ष सामान्य मुद्दों पर

सौदेबाजी करते हैं, जहाँ एक पक्ष को जब लाभ होता है तो दूसरे पक्ष को हानि क्योंकि दोनों पक्षों के स्वार्थ परस्पर विरोधी होते हैं।

विवरणात्मक सौदेबाजी की स्थिति में दोनों पक्ष कुछ मुद्दों पर पूर्णतया दृढ़ होते थे और उन मुद्दों पर किसी भी प्रकार से झुकने को तैयार नहीं होते हैं। इस प्रकार चूँकि दोनों पक्षों के स्वार्थ एक–दूसरे के विपरीत होते हैं और दोनों पक्षों का परस्पर एक–दूसरे के प्रति विश्वास नहीं होता है। इस कारण सौदेबाजी अधिकांश स्थितियों में असफल हो जाती है।

इस प्रकार की सौदेबाजी में यह आवश्यक है कि दोनों पक्षों के नेता अपने पक्ष के सदस्यों पर नियंत्रण रखें और अनुशासन बनाए रखें।

2. समन्वयी सौदेबाजी – यह सौदेबाजी समस्या सुलझाव मूलक अभिगम है। दोनों पक्षों का समस्याओं से सामान्य लगाव होता है। दोनों ही पक्ष समस्या के सुलझाव हेतु पारस्परिक सहयोग से प्रयास करते हैं। एकीकृत सौदेबाजी किसी कार्यात्मक समस्या के सुलझाव हेतु किया गया एक विवेकशील प्रयास है। इस प्रकार की सौदेबाजी के अन्तर्गत जो समझौते होते हैं, उससे दोनों पक्ष लाभान्वित होते हैं। एक पक्ष को जो उपलब्धि होती है, उसी के अनुसार दूसरे पक्ष को भी उपलब्धि होती है।

इस वार्ता की प्रक्रिया में एक ऐसे क्षेत्र का निर्धारण किया जाता है जिसमें दोनों पक्षों का स्वार्थ जुड़ा होता है। इसके द्वारा दोनों पक्षों में कुछ एकता स्थापित हो जाती है। दोनों पक्ष यह चाहते हैं कि समझौते के ऐसे क्षेत्र का चुनाव करें जहाँ दोनों पक्षों को लाभ हो। उदाहरणार्थ ऐसा समझौता हो सकता है, जिसके अन्तर्गत कामगारों को अधिक से अधिक उत्पादन कर नियोक्ता की उत्पादकता और लाभ में वृद्धि करना हो और बढ़ी हुई उत्पादकता के अनुपात में नियोक्ता द्वारा श्रमिकों को अधिकाधिक वेतन एवं महंगाई भत्ता दिया जाए। इस प्रकार ऐसे समझौते में मजदूरी एवं महंगाई भत्ते को उत्पादकता से जोड़ा जाना चाहिए। जिस सीमा तक उत्पादकता बढ़ेगी, उसी सीमा तक मजदूरी में भी वृद्धि होगी। इस प्रकार के समझौते से नियोक्ता एवं श्रमिक संघ दोनों को ही लाभ होता है। इसी कारण इसे 'विन एण्ड विन बारगेनिंग' कहते हैं। यह सौदेबाजी ऐसी स्थितियों में होती है जहाँ दोनों ही पक्ष लाभान्वित हों। इस प्रकार की सौदेबाजी में किसी भी पक्ष से यह आशा नहीं की जाती है कि वह अपनी किसी माँग की पूर्ति हेतु पूर्णतया प्रतिबद्ध हो, अन्यथा किसी समझौते तक पहुँचना बहुत ही कठिन हो जाएगा। दोनों पक्षों को खुले मस्तिष्क से सौदेबाजी हेतु आना चाहिए। दूसरी बात यह है कि दोनों पक्षों में खुला और स्पष्ट सम्प्रेषण होना चाहिए। तीसरी बात यह है कि दोनों पक्षों को एक–दूसरे के ऊपर विश्वास होना चाहिए। चौथी और सर्वाधिक महत्त्वपूर्ण बात यह है कि दोनों पक्षों का प्रमुख वार्ताकारों और वार्ता में भाग लेने वाले अपने सहयोगियों के ऊपर नियंत्रण होना चाहिए और उन्हें एक अनुशासन में रखते हुए वार्ता की जानी चाहिए।

3. अभिवृत्ति पुनर्सरचना – इस प्रकार की सौदेबाजी के अन्तर्गत दोनों पक्ष यह महसूस करते हैं कि दूसरा पक्ष ईमानदार और सहयोगी है। उदाहरणार्थ प्रबन्ध जब

बढ़ी हुई उत्पादकता के अनुपात में मजदूरों की मजदूरी में ईमानदारी पूर्वक इजाफा करता है तो श्रमिक पक्ष और मजदूर संघ यह महसूस करते हैं कि प्रबंध पक्ष ईमानदार है और बढ़ी हुई मजदूरी में उनकी (मजदूरों की) ईमानदारी पूर्ण ढंग से दिखाई देती है। दूसरी ओर प्रबन्ध भी यह महसूस करता है कि श्रमिक ईमानदारी पूर्वक मजदूरी वृद्धि हेतु प्रतिबद्ध है। दोनों पक्षों की परस्पर ऋणात्मक अभिवृत्तियाँ धनात्मक अभिवृत्तियों में बदल जाती हैं। इस प्रकार दोनों पक्षों की अभिवृत्तियों की पुनर्संरचना होती है तथा श्रम प्रबन्ध का संघर्ष सहयोग में बदल जाता है।

4. अन्तर्संगठनात्मक सौदेबाजी – व्यवहारमूलक सौदेबाजी की यह चरम परिणति है। जब श्रम एवं प्रबन्ध दोनों पक्षों की अभिवृत्तियों में विधायी परिवर्तन हो जाता है तो दोनों पक्षों के स्वार्थ परस्पर एकाकार होकर संगठन के स्वार्थों से जुड़ जाते हैं। दोनों पक्ष उस स्थिति में सौदेबाजी के अन्तर्गत ऐसा समझौता करना चाहते हैं, जिससे दोनों पक्षों का ही नहीं वरन् सम्पूर्ण संगठन का लाभ हो। दोनों पक्ष अपने स्वार्थों के बारे में न सोचकर सम्पूर्ण संगठन के बारे में सोचने लगते हैं। कहना नहीं होगा कि श्रम प्रबन्ध की वार्ता या सौदेबाजी की यही अंतिम परिणति है।

5. केन्द्रीकृत और विकेन्द्रीकृत सौदेबाजी – केन्द्रीकृत सौदेबाजी का अर्थ है उद्योग के स्तर पर की जाने वाली सौदेबाजी और विकेन्द्रीकृत सौदेबाजी का अर्थ है प्रतिष्ठान के स्तर पर की जाने वाली वार्ता। केन्द्रीकृत सौदेबाजी में एक उद्योग की विभिन्न इकाइयों के प्रबंधकों के प्रतिनिधि एक पक्षकार होते हैं और उक्त उद्योग की विभिन्न इकाइयों के श्रमिक संघों के प्रतिनिधि वार्ता के दूसरे पक्षकार होते हैं। सौदेबाजी के दौरान मजदूरी, कार्य दशाएँ और उत्पादकता आदि सभी कारकों को एक साथ रखकर उन पर विचार किया जाता है। इस प्रकार उद्योग स्तर पर जो समझौता होता है, दोनों पक्षों की विभिन्न इकाइयों से यह अपेक्षा होती है कि वे इन समझौतों का सक्षमता से क्रियान्वयन करें। यह बारगेनिंग हेतु किया गया एक अच्छा प्रयास है। उच्चतम न्यायालय का यह निर्देश भी है कि मजदूरी का निर्धारण उद्योग स्तर पर सामूहिक सौदेबाजी के द्वारा होना चाहिए। इस प्रकार की सौदेबाजी के सम्बन्ध में दूसरी महत्त्वपूर्ण बात यह है कि वे प्रतिष्ठान जहाँ श्रमिक संघ अपेक्षाकृत कमजोर हैं, वहाँ के मजदूर भी इस प्रकार की सौदेबाजी के द्वारा वही मजदूरी एवं कार्य दशाएँ प्राप्त कर सकते हैं जो सशक्त श्रम संघ वाले प्रतिष्ठानों में कार्यरत श्रमिकों को प्राप्त होता है। किन्तु इस प्रकार की सौदेबाजी की एक बहुत बड़ी कमजोरी यह है कि चूँकि उद्योग के स्तर पर अधिकांश स्थितियों में श्रमिक संघों की मान्यता नहीं होती है। अतः इस स्तर पर की गई सौदेबाजी के अन्तर्गत होने वाले समझौतों को अधिकांश नियोक्ता क्रियान्वित नहीं करते हैं। दूसरी परेशानी यह है कि इस प्रकार के समझौतों में अधिकांशतया राष्ट्रीय स्तर के श्रमिक संघ सहभाजन करते हैं। किन्तु श्रमिक संघों में उद्योग के आधार पर सदस्यता निर्धारित नहीं रहती है। कभी–कभी तो राष्ट्रीय स्तर के श्रमिक संघों में यह विवाद उत्पन्न हो जाता है कि किसी उद्योग स्तर पर होने वाली सौदेबाजी में वे कितने–कितने सदस्य भेजें। इसी कारण आज ऐसी सौदेबाजी में कमी आ रही है।

किन्तु स्टील, सीमेंट और कोयला आदि उद्योगों में राष्ट्रीय स्तर पर द्विपक्षीय वार्ता के द्वारा पाँच वर्षों के लिए मजदूरी एवं कार्य दशाओं का निर्धारण होता है। यह सौदेबाजी नेशनल ज्वाइण्ट कन्सल्टेटिव कमेटी के द्वारा होती है। ऐसी कमेटी में किसी उद्योग से सम्बंधित देश के सभी महत्त्वपूर्ण प्रतिष्ठानों के श्रमिक संघ एवं नियोक्ता के प्रतिनिधि रहते हैं। साथ ही केन्द्रीय श्रम मंत्रालय के मंत्री या कमिश्नर इस कमेटी के समन्वयक होते हैं, जो इस प्रकार की बैठकों का आयोजन करते हैं। पाँच वर्ष के समझौते की अवधि का जब एक वर्ष बच जाता है तो कमेटी के समन्वयक नई कमेटी के गठन हेतु देश के सभी सार्वजनिक एवं निजी क्षेत्र के प्रतिष्ठानों के नियोक्ताओं को अपना प्रतिनिधि भेजने के लिए पत्र लिखते हैं। साथ ही उन प्रतिष्ठानों में कार्यरत राष्ट्रीय स्तर के सभी श्रमिक संघों के प्रतिनिधियों को भी पत्र लिखते हैं, जिनके मार्ग व्यय का भुगतान प्रतिष्ठान के नियोक्ता ही करते हैं। इस प्रकार से गठित समिति की बैठक कई बार विभिन्न स्थानों पर होती है। अन्त में पाँच वर्ष के लिए दोनों पक्षों के बीच समझौता होता है जिस पर केन्द्रीय श्रम मंत्रालय के अधिकारी भी हस्ताक्षर करते हैं और यह एग्रीमेण्ट सेटिलमेण्ट में बदल जाता है जो पाँच वर्षों के लिए लागू होता है। इस प्रकार सम्बंधित उद्योग के सभी प्रतिष्ठानों हेतु पाँच वर्षों के लिए मजदूरी एवं कार्य दशाओं का निर्धारण हो जाता है

इस प्रकार राष्ट्रीय स्तर पर मजदूरी निर्धारण हेतु यह एक अच्छा प्रयास है जिसके द्वारा ऐसे औद्योगिक प्रतिष्ठानों के श्रमिक भी लाभान्वित होते हैं जहाँ श्रमिक संघ कमजोर होते हैं किन्तु उद्योग के स्तर पर होने वाली सौदेबाजी में कुछ स्थानीय मुद्दों की उपेक्षा होती है।

केन्द्रीकृत सौदेबाजी स्थानीय या क्षेत्रीय आधार पर भी आयोजित की जाती है। उदाहरणार्थ अहमदाबाद या मुम्बई में जहाँ बहुत अधिक संख्या में टेक्सटाइल मिलों की इकाइयाँ स्थापित हैं, सभी इकाइयों के नियोक्ता और श्रमिक संघों के प्रतिनिधि क्षेत्रीय आधार पर सौदेबाजी करते हैं। सरकार एवं उच्चतम न्यायालय ने रीजन और इण्डस्ट्री के आधार पर मजदूरी निर्धारण की जो नीति निर्धारित की है, उसी के अनुसार यह सौदेबाजी है। मुम्बई और अहमदाबाद में क्षेत्रीय आधार पर नियोक्ताओं ने अपना संघ गठित किया है, जैसे 'मिल ओनर्स एसोसिएशन, मुम्बई'। इन क्षेत्रों में श्रमिक संघों को भी स्थानीय आधार पर या तो अनुशासन संहिता या राज्य श्रम संघ अधिनियमों के आधार पर मान्यता प्राप्त है। जैसे 'महाराष्ट्र मिल मजदूर संघ' जो बी.आई.आर. एक्ट के अन्तर्गत मान्यता प्राप्त है। अतः ऐसे संघ मजदूरी निर्धारण हेतु बहुत ही महत्त्वपूर्ण प्रतिनिधि इकाइयाँ हैं किन्तु इधर कुछ वर्षों में ऐसी सौदेबाजी की गति में बहुत गिरावट आई है।

जहाँ तक विकेन्द्रीकृत सौदेबाजी का सवाल है प्रतिष्ठान स्तर की सौदेबाजी में वह परिलक्षित होती हैं। आज राष्ट्रीय स्तर या उद्योग स्तर की बारगेनिंग के स्थान पर प्रतिष्ठान स्तर की सौदेबाजी अधिक हो रही है। ऐसी सौदेबाजी में नियोक्ता के प्रतिनिधि प्रतिष्ठान के सर्वोच्च प्रबंधक द्वारा नामित किए जाते हैं और श्रमिकों के

प्रतिनिधि या तो मान्यता प्राप्त श्रम संघ (जहाँ ऐसे श्रम संघ विद्यमान हैं) के द्वारा नामित किए जाते हैं या प्रतिष्ठान में विद्यमान सभी श्रम संघ पारस्परिक सहमति से अपने प्रतिनिधि चुन लेते हैं। ऐसी प्रतिष्ठान स्तर की विकेन्द्रीकृत सौदेबाजी आज अपेक्षाकृत अधिक हो रही है। इसमें अन्य बातों के साथ–साथ श्रमिकों की स्थानीय समस्याओं को भी ध्यान में रखा जाता है।

६. उत्पादकतामूलक सौदेबाजी – यह सौदेबाजी बहुत कुछ समन्वयी सौदेबाजी से मिलती–जुलती है। दोनों प्रकार की वार्ताओं में यह स्वीकार कर लिया जाता है कि चूँकि जीवन निर्वाह लागत में वृद्धि हुई है, अतः उसे न्यूट्रलाइज करने के लिए मजदूरी एवं महंगाई भत्ते में भी वृद्धि होनी चाहिए। किन्तु इस प्रकार की वार्ताओं में इस बात पर भी विचार किया जाता है कि क्या प्रबन्ध अधिक मजदूरी या महंगाई भत्ता देने की स्थिति में है। अधिकांश स्थितियों में प्रबन्ध मजदूरी या महंगाई भत्ते की वृद्धि हेतु आर्थिक रूप से सक्षम नहीं होता है। ऐसी स्थिति में यह समझौता होता है कि श्रमिक अधिक परिश्रम कर पहले प्रतिष्ठान की उत्पादकता में वृद्धि करें और जिस सीमा तक वे उत्पादकता में वृद्धि करते जाएँगे, उसी सीमा तक उनकी मजदूरी एवं महंगाई भत्ते में भी वृद्धि होती जाएगी। किन्तु इस प्रकार की सौदेबाजी वहीं सफल होती है जहाँ दोनों पक्षों के बीच सौहार्दपूर्ण सम्बन्ध हों और दोनों ही पक्ष एक–दूसरे पर विश्वास करें।

7. कनवर्टिव बारगेनिंग – इस प्रकार की सौदेबाजी कर्नाटक आदि कुछ प्रदेशों में विशेष रूप से प्रचलित है। चूँकि केन्द्रीय स्तर पर श्रमिक संघों की मान्यता हेतु किसी प्रकार का अधिनियमित प्रावधान नहीं है और अधिकांश राज्य सरकारों ने भी श्रमिक संघों की मान्यता हेतु अपना कोई अधिनियमित प्रावधान नहीं किया है। अतः ऐसे प्रतिष्ठानों में जहाँ यह महसूस किया जाता है कि विवादों के सुलझाव हेतु अधिनिर्णय सामूहिक सौदेबाजी की अपेक्षा अधिक अच्छा तरीका है, प्रबन्ध ऐसे कुछ श्रमिक संघ के नेताओं से विवाद की स्थिति में अनौपचारिक रूप से वार्ता करता है, जिनके श्रमिक संघों का प्रतिष्ठान में विशेष महत्त्व है। इस प्रकार की वार्ता के दौरान यदि श्रमिक संघ के नेताओं एवं प्रबन्ध के बीच कोई समझौता अनौपचारिक रूप से हो जाता है तो यह निश्चय किया जाता है कि इस समझौते की घोषणा न कर इसे गोपनीय रखा जाएगा। इस बीच दोनों विवादास्पद पक्षों में से कोई एक पक्ष विवाद सुलझाव हेतु स्थानीय समझौता अधिकारी के पास आवेदन पत्र देता है कि वह विवाद में हस्तक्षेप कर उसके सुलझाव हेतु प्रयास करे। फलस्वरूप समझौता अधिकारी दोनों पक्षों को अपने कार्यालय में बुलाता है और एक दो बार की बैठक में तो दोनों पक्ष अपने–अपने अड़ियल रुख को अपनाने का नाटक रचते हैं, फिर तीसरी या चौथी बैठक में दोनों पक्ष उन्हीं आधारों पर समझौता हेतु राजी हो जाते हैं, जो उन्होंने पहले ही अनौपचारिक रूप से तय कर रखा था। इस प्रकार पूर्व अनौपचारिक एग्रीमेण्ट समझौता–अधिकारी के समक्ष तीनों पक्षों के हस्ताक्षर से सेटिलमेण्ट में बदल जाता है और यह सेटिलमेण्ट प्रतिष्ठान के सभी श्रमिकों पर लागू होता है, भले ही उनके श्रमिक संघ के प्रतिनिधियों

ने उस समझौते पर हस्ताक्षर नहीं किए हों। इस प्रकार एग्रीमेण्ट के सेटिलमेण्ट में बदलाव को कनवर्टिव बारगेनिंग कहते हैं।

8. कोलीशन बारगेनिंग – जहाँ किसी मान्यता प्राप्त श्रम संघ का अस्तित्व विद्यमान नहीं होता है और श्रम तथा प्रबन्ध दोनों ही विवाद का सामूहिक सौदेबाजी के माध्यम से सुलझाव चाहते हैं, वहाँ विभिन्न श्रमिक संघ के प्रतिनिधि मिलकर एक कोलीशन या संकुल बना लेते हैं और उसी के द्वारा विवाद के सुलझाव हेतु प्रबन्ध से सामूहिक सौदेबाजी करते हैं। इस प्रकार की सौदेबाजी के द्वारा जो समझौता होता है, वह अधिकांश श्रमिक संघों को स्वीकार होता है क्योंकि लगभग सभी महत्त्वपूर्ण श्रमिक संघों के प्रतिनिधि उस कोलीशन में रहते हैं, जिसके द्वारा प्रबन्ध से सौदेबाजी होती है।

9. कनसेशनल बारगेनिंग – सौदेबाजी की स्थिति में दोनों पक्षों के बीच जब इस प्रकार का समझौता होता है कि एक पक्ष को कुछ शर्तों के पालन में छूट दी जाती है तो वह कनसेशनल बारगेनिंग कही जाती है। उदाहरण के लिए यदि प्रबन्ध कुछ श्रमिकों की सेवाएँ समाप्त करना चाहता है और श्रमिक संघ किसी की सेवा समाप्ति नहीं चाहते हैं तो ऐसी स्थिति में कभी–कभी ऐसा समझौता हो सकता है कि सभी की सेवाएँ बरकरार रहेंगी, किन्तु श्रमिकों को अपनी कुल मजदूरी में से 20 प्रतिशत की कटौती या कनसेशन करना होगा, या उनका महंगाई भत्ता फ्रीज हो जाएगा और आगे उसमें वृद्धि नहीं होगी। इसी प्रकार प्रबन्ध भी श्रमिकों को कुछ शर्तों के पालन में छूट देकर समझौता कर सकता है।

आज वैश्वीकरण के कारण श्रम प्रबन्ध सम्बन्धों में भी परिवर्तन आया है। वैश्वीकरण एवं कम्प्यूटराइज्ड प्रौद्योगिकी के प्रयोग के कारण पुरानी प्रौद्योगिकी का प्रयोग करने वाले प्रतिष्ठान विश्व बाजार में खड़े नहीं हो पा रहे हैं, वे बीमारी के कगार पर हैं। अतः अपने अस्तित्व की रक्षा करने के लिए कभी–कभी वे श्रमिक संघों से ऐसी सौदेबाजी करते हैं कि वे जो मजदूरी श्रमिकों को उनके काम के बदले में देते हैं उसमें कुछ छूट प्राप्त हो। इस प्रकार नियोक्ताओं को सामूहिक समझौतों के अन्तर्गत यह अधिकार प्राप्त हो जाता है कि वे आवश्यकतानुसार श्रमिकों की मजदूरी या महंगाई भत्ते में कटौती कर सकें।

सफल सामूहिक सौदेबाजी की पूर्वापेक्षाएँ

सफल सामूहिक सौदेबाजी की कुछ पूर्वापेक्षाएँ होती हैं। ऐसी कुछ पूर्वापेक्षाओं का विवरण निम्नलिखित है–

1. सामूहिक सौदेबाजी की सफलता हेतु यह आवश्यक है कि श्रमिक संघ एवं नियोक्ता दोनों की अभिवृत्तियों में कुछ विधायी परिवर्तन हो। दोनों पक्षों को यह बात समझ लेनी चाहिए कि सामूहिक सौदेबाजी की चरम परिणति यह है कि दोनों पक्षों के बीच मुकदमेबाजी नहीं होगी वरन् पारस्परिक सहयोग की भावना का विकास होगा।

2. नियोक्ता एवं श्रमिक संघ जब सामूहिक सौदेबाजी हेतु एक–दूसरे के समीप आते हैं तो उस समय श्रमिक संघों को वहीं माँगें प्रस्तुत करनी चाहिए जिनकी पूर्ति नियोक्ता के लिए संभव है। उन्हें बहुत अधिक माँगें प्रस्तुत नहीं करनी चाहिए।
3. यथासंभव सामूहिक सौदेबाजी प्रतिष्ठान स्तर पर होनी चाहिए जहाँ सौदेकारी अभिकर्ता की भलीभाँति मान्यता होनी चाहिए।
4. समझौते की टेबल पर श्रमिक संघों के प्रतिनिधि के रूप में जो टीम उपस्थित हो उसमें कुछ ऐसे सदस्य होने चाहिए जो उत्पादकता के विशेषज्ञ हों, कुछ अर्थशास्त्री हों और कुछ ऐसे वृत्ति अभिकर्मी हों, जो वार्ता की कला में पूर्णतया विज्ञ हों।
5. दोनों पक्षों को इस बात का सदैव ध्यान रखना चाहिए कि गैर न्यायोचित श्रम व्यवहारों का कभी भी व्यवहार न करें।
6. यदि वार्ता के दौरान कोई समझौता हो जाता है तो उसे पूर्णतया लिखित हो जाना चाहिए और दोनों पक्षकारों के उस पर हस्ताक्षर हो जाने चाहिए। यदि समझौता नहीं होता है तो दोनों पक्षों को इस बात के लिए तैयार रहना चाहिए कि विवाद को पंचनिर्णयन या संराधन में भेजा जाए। यदि दोनों पक्ष संराधन या पंचनिर्णयन हेतु तैयार नहीं हों तो श्रमिक संघ को हड़ताल करने और नियोक्ता को तालाबन्दी करने की स्वतंत्रता होनी चाहिए।
7. सामूहिक सौदेबाजी के द्वारा यदि कोई समझौता हो जाता है तो दोनों पक्षों को उसका आदर करना चाहिए और उसका क्रियान्वयन किया जाना चाहिए।

आई.आई.पी.एम. ने सामूहिक सौदेबाजी की सफलता हेतु निम्नलिखित पूर्वापेक्षाओं का निरूपण किया है–

1. श्रमिक संघों की मान्यता हेतु समुचित प्रावधान होना चाहिए।
2. औद्योगिक विवाद अधिनियम 1947 के अन्तर्गत यह प्रावधान जोड़ लिया जाना चाहिए कि कोई भी विवाद तब तक संराधन या पंचनिर्णयन में नहीं भेजा जा सकता है, जब तक कि उस विवाद के सम्बन्ध में सामूहिक सौदेबाजी न हो जाए।
3. केवल मान्यता प्राप्त श्रमिक संघ ही नहीं होना चाहिए वरन् ऐसे श्रमिक संघ हों जो श्रमिकों का सही ढंग से प्रतिनिधित्व करते हों।
4. प्रबन्ध को प्रगतिशील होना चाहिए और उसमें यह भावना विद्यमान होनी चाहिए कि प्रतिष्ठान का संचालन श्रम एवं प्रबन्ध के पारस्परिक सहयोग से हो।
5. श्रम एवं प्रबन्ध दोनों में एक–दूसरे के अधिकारों एवं कर्तव्यों को पारस्परिक रूप से मान्यता देने की भावना विद्यमान होनी चाहिए।
6. यदि किसी कम्पनी में कई इकाइयाँ हैं तो कारपोरेट मैनेजमेण्ट को सम्बंधित इकाई को सामूहिक सौदेबाजी हेतु पूरा अधिकार देना चाहिए।
7. दोनों पक्षों में यह भावना होनी चाहिए कि तथ्यों का सही ढंग से पता लगाएँ और आवश्यकतानुसार वार्ता में नए अभिगमों का प्रयोग करें।

सामूहिक सौदेबाजी के कुछ सकारात्मक क्रिया-कलाप

वार्ता एक प्रक्रिया है जिसमें दो या दो से अधिक पक्ष जिनका एक ही स्वार्थ या परस्पर विरोधी स्वार्थ होता है एक साथ आते हैं और इस उद्देश्य से एक–दूसरे से वार्ता करते हैं कि समझौते पर पहुँच सकें। इसके अन्तर्गत जो वार्ता होती है उसके अन्तर्गत उद्देश्यपूर्ण ढंग से चीजों को प्रस्तुत किया जाता है और रचनात्मक समझौता होता है। इसके अन्तर्गत पाँच मुख्य क्रिया–कलाप सम्मिलित हैं–

1. *उद्देश्यपूर्ण प्रतिफल की प्राप्ति* – दोनों पक्ष लागत और प्रतिफल का विश्लेषण करते हैं और ऐसे लक्ष्यों की प्राप्ति करते हैं, जो दोनों पक्षों के स्वार्थों की पूर्ति करते हैं।

2. *दोनों पक्षों के बीच शक्ति संतुलन को प्रभावित करना* – सामूहिक सौदेबाजी के पूर्व दोनों ही पक्ष सामान्यतया यह समझते हैं कि वे एक–दूसरे से अधिक शक्तिशाली हैं किन्तु सामूहिक सौदेबाजी की टेबल पर दोनों पक्ष आते हैं उनकी शक्तियों का पारस्परिक सन्तुलन हो जाता है। ऐसी स्थिति न होने पर सौदेबाजी में बहुत सी कठिनाइयाँ उत्पन्न होती हैं।

3. *पर्यावरण को प्रभावित करना* – सामूहिक सौदेबाजी के पूर्व ऐसा वातावरण तैयार हो जाना चाहिए कि प्रबन्ध एवं श्रमिक संघ में विधायी सम्बन्ध स्थापित हो और श्रमिक संघ तथा उसके सदस्यों के बीच भी पारस्परिक विश्वसनीयता स्थापित हो जाना चाहिए।

4. *घटकों को प्रभावित करना* – सामूहिक सौदेबाजी की सफलता हेतु यह आवश्यक है कि उसके दोनों घटकों विशेषकर श्रमिक संघों का नेतृत्व अधिक सशक्त बन जाए, ताकि मजदूरों को अधिक लाभ सौदेबाजी के माध्यम से हो सके।

5. *सामूहिक सौदेबाजी की कार्य पद्धति को प्रभावित करना* – इस चरण में सामूहिक सौदेबाजी की कार्य पद्धति को अधिकाधिक लचीला बना कर समझौतों का प्रयास किया जाता है। इस बिन्दु के अन्तर्गत निम्नलिखित बातें आ सकती हैं–

(अ) दीर्घकालीन सम्बन्धों को कायम रखने के लिए प्रतिफल की अपेक्षा प्रक्रिया अधिक महत्त्वपूर्ण है।

(ब) अस्थायी उपलब्धि बहुत ही कम समय तक कायम रह सकती है किन्तु प्रक्रिया सही और सटीक होगी, तो लोगों में विश्वास एवं समझदारी विकसित होगी जो सभी लोगों के लिए उपयोगी सिद्ध होगी।

(स) विभिन्न प्रकार के क्रियाकलापों की अपेक्षा प्रतिफल अधिक अपेक्षित है।

(द) सामूहिक सौदेबाजी में पारस्परिक लेन–देन का अधिक महत्त्व है।

वार्ता का प्रतिफल

सामूहिक सौदेबाजी के दौरान जो वार्ता होती है उसका प्रतिफल निम्नलिखित में कोई स्थिति हो सकती है–

(i) *जीतो और हारो* – इस प्रकार की सौदेबाजी में दोनों वार्ताकारी यथा यह सोचते हैं कि किसी प्रकार वार्ता में विजय पानी ही है।

(ii) *हारो और जीतो* – इस प्रकार की वार्ता में एक पक्ष को बहुत कुछ मिल जाता है किन्तु दूसरे पक्ष को थोड़ा बहुत नुकसान होता है।

(iii) *हारो और हारो* – दोनों पक्ष एक–दूसरे के प्रति कड़ा रुख अपनाते हुए अपनी बात को स्वीकार कराने पर अड़े रहते हैं। फलस्वरूप कोई समझौता नहीं होता है और दोनों पक्षों की हार होती है।

(iv) *जीतो और जीतो* – इस स्थिति में दोनों पक्ष पारस्परिक उपलब्धि पर बल देते हुए कुछ इस प्रकार समझौता करते हैं, जिससे दोनों पक्षों की जीत होती है।

सामूहिक सौदेबाजी की प्रक्रिया

सामूहिक सौदेबाजी की प्रक्रिया तीन चरणों में पूरी होती है, जिन्हें क्रमशः (1) तैयारी, (2) सौदेबाजी, और (3) समाप्ति तथा समझौता (closure and agreement) कहा जाता है।

प्रथम चरण अर्थात् तैयारी (preparation) के अन्तर्गत निम्नलिखित क्रियाकलापों को सम्पन्न किया जाता है–

(अ) *सूचनाओं का संकलन* – विभिन्न आयामों के बारे में तथ्यों को प्रस्तुत करने की आवश्यकता होती है ताकि उनके आधार पर माँगों को एक मजबूत दिशा प्रदान की जाए।

(ब) *तथ्यों का निर्धारण* – सभी तथ्यों के आधार पर यह निर्धारित किया जाता है कि किसी पक्ष का सौदेबाजी में क्या लक्ष्य होगा।

(स) *प्राथमिकताओं का निर्धारण* – विभिन्न लक्ष्यों के बीच यह प्राथमिकता निर्धारित की जाती है कि किन लक्ष्यों की पूर्ति अवश्य होनी चाहिए।

(द) *दूसरे पक्ष का मूल्यांकन* – इस चरण में इस बात का मूल्यांकन किया जाता है कि दूसरे पक्ष के कौन से सम्भावित वार्ताकार होंगे और उनकी प्राथमिकता क्या होगी? यदि दूसरा पक्ष प्रबन्ध होगा तो श्रमिक पक्ष यह तय करेगा कि प्रबन्ध पक्ष उसकी कौन सी माँग स्वीकार कर सकता है।

(य) *विस्तार का निर्धारण* – इस चरण में यह निर्धारित किया जाता है कि सम्बंधित पक्ष के विभिन्न सदस्य किस स्थिति में सवाल उठाएँगे।

(र) द्वितीय चरण अर्थात् सौदेबाजी के अन्तर्गत निम्नलिखित क्रिया–कलाप होते हैं। जब दोनों पक्षों के बीच सौदेबाजी चल रही हो तो उसमें निम्नलिखित बातों पर विशेष ध्यान दिया जाना चाहिए–

   (अ) दोनों पक्षों के बीच उस समय कोई सौदेबाजी नहीं हो सकती है जब कोई एक पक्ष ऐसा दृढ़ कदम उठा लेता है जिसमें किसी भी स्थिति में कोई परिवर्तन नहीं करना चाहते हैं।

   (ब) सौदेबाजी की स्थिति में दोनों पक्षों को समझौता करने और वैकल्पिक माँग प्रस्तुत करने के लिए तैयार होना चाहिए।

   (स) यदि सौदेबाजी के दौरान ऐसी स्थिति आ जाती है कि एक पक्ष के पूर्णतया हठ–पूर्ण कदम उठाने के कारण सौदेबाजी में गतिरोध उत्पन्न हो जाता है

तो सौदेबाजी समाप्त नहीं कर देनी चाहिए वरन् किसी वैकल्पिक रास्ते की तलाश करनी चाहिए।

(द) सौदेबाजी के दौरान यह प्रयास होना चाहिए कि वास्तविक मुद्दों पर विचार किया जाए सांवेगिक एवं व्यक्तिगत मामलों से दोनों पक्षों को ऊपर उठना चाहिए।

(य) किसी व्यक्ति विशेष के ऊपर सामूहिक सौदेबाजी में ध्यान केन्द्रित न कर वास्तविक समस्याओं के ऊपर ध्यान केन्द्रित होना चाहिए।

(र) सौदेबाजी के प्रारम्भ में उन विषयों पर विचार करना चाहिए जिनमें समझौता होने की अधिक सम्भावना रहती है।

सामूहिक सौदेबाजी की सफलता एवं असफलता के कारक

(i) सामूहिक सौदेबाजी की प्रक्रिया में ज्ञान, जानकारी एवं कौशल का अत्यधिक महत्त्व है। ये कारक जितने सक्षम होंगे सामूहिक सौदेबाजी की सफलता के अवसर उतने ही बढ़ जाएँगे।

(ii) केन्द्रीकरण बनाम विकेन्द्रीकरण एवं अधिकारों का भारेपण – यदि सामूहिक सौदेबाजी किसी प्रतिष्ठान या इकाई स्तर पर हो रही है और सम्बंधित इकाई मुख्य अधिशासी को समुचित अधिकारों का भारेपण नहीं किया गया है, सभी अधिकार कारपोरेट या बोर्ड स्तर के अधिकारियों में ही केन्द्रीकृत हैं तो सामूहिक सौदेबाजी सफल नहीं हो सकती क्योंकि प्रतिष्ठान स्तर के प्रबंधकीय प्रतिनिधि कोई निर्णय नहीं कर पाते।

(iii) मुख्य वार्ताकार का अपने पक्ष के अन्य सदस्यों पर नियंत्रण और अनुशासन युक्त वार्ता को बढ़ावा।

धैर्य एवं मर्यादापूर्ण आचरण का प्रयोग

सामूहिक सौदेबाजी की सफलता हेतु यह भी कहा जाता है कि दोनों पक्ष धैर्य के साथ कार्य करें और एक–दूसरे के साथ मर्यादापूर्ण आचरण का प्रयोग करें। इस सम्बन्ध में कुछ अन्य बातें भी महत्त्वपूर्ण हैं–

1. *पीछे की बेंच से निर्देश* – सामूहिक सौदेबाजी के दौरान एक पक्ष का कोई वार्ताकार जब अपनी बातें कहता है तो उस समय पीछे की बेंच से उसे कुछ निर्देश दिए जाते हैं। यह अनुचित है, ऐसे व्यवहारों पर नियंत्रण होना चाहिए।

2. *सूचनाओं के सहभाजन में खुलापन और पारदर्शिता* – दोनों पक्षों में सामूहिक सौदेबाजी से यह अपेक्षा की जाती है कि वे सूचनाओं को सही ढंग से और खुले रूप से पारदर्शितापूर्ण तरीके से दें ताकि उनके आधार पर सही ढंग से निर्णय किया जाए।

3. *सौदेबाजी की समाप्ति और समझौता* – यह तीसरा चरण है। इसके अन्तर्गत निम्नलिखित क्रियाकलाप सम्पन्न होते हैं। सौदेबाजी की जब समाप्ति होती है और दोनों पक्षों के बीच कोई समझौता होता है तो उस समय निम्नलिखित बातों को ध्यान में रखा जाता है–

1. समझौते के क्षेत्र को परिभाषित किया जाना चाहिए और यह निश्चित होना चाहिए कि यह समझौता किस पर लागू होगा।
2. समझौता कितने समय के लिए प्रभावी होगा, यह बात भी निश्चित हो जानी चाहिए।
3. जो समझौते होते हैं उन्हें स्पष्ट रूप से लिपिबद्ध हो जाना चाहिए।
4. समझौते के क्रियान्वयन में यदि कोई शर्त जुड़ी हो तो उसका भी स्पष्ट उल्लेख होना चाहिए।
5. यदि समझौते की व्याख्या और उसके क्रियान्वयन में कोई समस्या आती है तो उसके निस्तारण के तरीके का निर्धारण होना चाहिए।
6. समझौते को औपचारिक रूप देने के पूर्व सम्बंधित पक्ष के प्रतिनिधियों से यह अपेक्षा है की जाती है कि वे अपने पक्ष के सभी महत्त्वपूर्ण लोगों से समझौते के मुख्य बिन्दुओं के सम्बन्ध में विचार विमर्श कर लें।
7. समझौतों पर कानूनी दायरे में ही हस्ताक्षर होने चाहिए और आवश्यकतानुसार उनका पंजीकरण हो जाना चाहिए।
8. समझौते की प्रतिलिपि सभी सदस्यों को दे दी जाए।

सामूहिक सौदेबाजी की नई प्रवृत्तियाँ

विरमानी के अनुसार, श्रम प्रबन्ध सम्बन्धों के संशोधन में सामूहिक सौदेबाजी असफल रही है, अतः इस पर ध्यान देने की आवश्यकता है। इस सम्बन्ध में उन्होंने निम्नलिखित दो बातों का उल्लेख किया है–

(i) आज बहुत से प्रतिष्ठानों की पुनर्संरचना प्रबन्ध कर रहा है और इस कार्य में वह न तो श्रमिक संघों से परामर्श कर रहा है और न सामूहिक सौदेबाजी कर रहा है।

(ii) श्रम प्रबन्ध सम्बन्धों के कुछ विषय जो पहले बारगेनिंग की श्रेणी में आते थे अब बारगेनिंग से अलग हो गए हैं।

(iii) आज उत्पादन का एक बड़ा भाग ठेकेदारों के द्वारा कराया जा रहा है, आकस्मिक एवं अस्थायी श्रमिकों की संख्या तेजी से बढ़ रही है। फलस्वरूप स्थायी और नियमित श्रमिकों का अस्तित्व प्रतिष्ठानों से समाप्त होता जा रहा है। ऐसी स्थिति में सामूहिक सौदेबाजी की आवश्यकता भी समाप्त होती जा रही है।

आज यदि सामूहिक समझौते हो रहे हैं तो उनमें कुछ ऐसी धाराएँ जुड़ती जा रही हैं जो पूर्णतया गैर परम्परागत हैं। जैसे कुछ इस प्रकार के समझौते हो रहे हैं जिनमें हितलाभों के निर्धारण में उम्र का भेदभाव बढ़ रहा है, आश्रितों के निर्धारण में लिंग सम्बन्धी भेदभाव, श्रमिकों को दिए जाने वाले अधिकांश भत्तों (इनमें आवासीय भत्ता और बच्चों की शिक्षा सम्बन्धी भत्ता शामिल है) का श्रमिकों की उपस्थिति के आधार पर निर्धारण हो रहा है। गर्भवती महिलाओं को कम्प्यूटर टर्मिनल के समक्ष कार्य से मनाही, दो इकाइयों का मर्जर, कार्य व्यवहारों के परिवर्तन के सम्बन्ध में धाराओं का निर्धारण, बिना प्रशासकीय (राजकीय) अनुमति के छंटनी और जबरन छुट्टी, कैश बेनिफिट का फ्रिंज बेनिफिट में बदलाव इत्यादि।

सामूहिक सौदेबाजी के क्षेत्र में बहुत से दूरगामी समझौते हो रहे हैं किन्तु यह अपेक्षा की जाती है कि उनका अनुमोदन इण्डस्ट्रियल एवं फाइनेंशियल रिहैबिलिटेशन बोर्ड के द्वारा किया जाए, जैसे जॉब में कटौती, मजदूरी में कटौती, महंगाई भत्ते में वृद्धि न किया जाना, अन्य भत्ते एवं वेतन में वृद्धि न किया जाना, कुछ निश्चित अवधि के लिए श्रमिक संघों के अधिकारों का विलम्बन इत्यादि।

1990 तक हुए लगभग 300 सामूहिक समझौते के विश्लेषण से सामूहिक सौदेबाजी के क्षेत्र में निम्नलिखित प्रवृत्तियाँ देखने को मिल रही हैं–

1. *केन्द्रीकरण से विकेन्द्रीकरण* – प्लान्ट के आधार पर होने वाली सौदेबाजी उद्योग एवं क्षेत्र के आधार पर होने वाली सौदेबाजी को प्रतिस्थापित कर रही है। इसके कारण सामूहिक सौदेबाजी के क्षेत्र में नियोक्ता संघों एवं राष्ट्रीय स्तर के श्रमिक संघों की भूमिका में कटौती हो रही है।
2. *सामूहिक सौदेबाजी के स्थान पर व्यक्तिगत समझौता* – आज बहुत से प्रतिष्ठानों में सामूहिक समझौतों के स्थान पर व्यक्तिगत समझौता हो रहा है।
3. *मजदूरी एवं वेतन में समानता के स्थान पर असमानता* – आज निजी क्षेत्र में अधिकांश समझौते ऐसे हो रहे हैं जिनके अन्तर्गत अधिकारियों एवं श्रमिकों के वेतन में बहुत अन्तर दिखलाई पड़ता है। अधिकारियों के वेतन में मजदूरों के वेतन की अपेक्षा बहुत अधिक वृद्धि हुई है।
4. *हितलाभों के प्रति स्थिर अभिगम के स्थान पर कैफेटीरिया अभिगम* – आज अधिकारियों के वेतन में तो कैफेटीरिया अभिगम का प्रयोग होता ही है अर्थात् उन्हें कोई स्थिर वेतन न देकर उनकी आवश्यकताओं के आधार पर वेतन एवं हितलाभ दिया जाता है। अब चूँकि श्रमिक भी ब्ल्यू कलर के न रहकर ह्वाइट कलर के हो गए हैं। अतः उनका वेतन भी अधिकारियों की भाँति कैफेटीरिया पर्क्स के आधार पर निर्धारित हो रहा है।
5. *ऊँची मजदूरी एवं अपेक्षाकृत अधिक कार्य नियंत्रण* – आज ऐसे समझौते हो रहे हैं जिनमें श्रमिकों का वेतन तो बढ़ रहा है किन्तु उनके कार्य के घण्टों में भी वृद्धि हो रही है तथा उनकी उपस्थिति एवं कार्य व्यवहारों पर प्रबंधकीय नियंत्रण की वृद्धि सम्बन्धी समझौते हो रहे हैं।
6. *कनसेशनल बारगेनिंग* – उन प्रतिष्ठानों में जहाँ नौकरियों के कम होने की सम्भावना बढ़ गई है, वहाँ कनसेशनल बारगेनिंग हो रही है अर्थात् बारगेनिंग के माध्यम से ऐसे समझौते हो रहे हैं, जहाँ श्रमिकों की मजदूरी या वेतन में तो कटौती हो रही है किन्तु उनकी सेवाएँ बरकरार रखी जा रही हैं।
7. *अन्तर्राष्ट्रीय स्तर की सौदेबाजी* – आज देश में वैश्वीकरण के माध्यम से बहुराष्ट्रीय कम्पनियों का पर्याप्त मात्रा में प्रवेश हुआ। ऐसी कम्पनियों के सर्वोच्च अधिकारी अपने मूल विदेशी केन्द्रों में रहते हैं। नीतिगत मामलों में सौदेबाजी या समझौते करने का उन्हें ही अधिकार होता है। ऐसी स्थिति में बहुत से नीतिगत विवादों में अन्तर्राष्ट्रीय स्तर के समझौते होते जा रहे हैं।

भारत में सामूहिक सौदेबाजी

भारत में संभवतः 1952 में सामूहिक सौदेबाजी का आरम्भ हुआ और अगले कुछ वर्षों में इसका महत्त्व बढ़ता गया। इस सम्बन्ध में लेबर ब्यूरो में जो तथ्य उपलब्ध हैं उनसे यह ज्ञात होता है कि हमारे देश में सामूहिक सौदेबाजी का सम्यक् रूप से विकास नहीं हुआ है। तथापि यह बात तो स्पष्ट है कि मजदूरी एवं कार्य दशाओं के निर्धारण के सम्बन्ध में हमारे देश में कई स्थानों पर सामूहिक सौदेबाजी हुई। प्रथम राष्ट्रीय श्रम आयोग के अनुसार हमारे देश में अधिकांश स्थितियों में प्रतिष्ठान स्तर पर ही सामूहिक सौदेबाजी हुई किन्तु अहमदाबाद एवं मुम्बई के औद्योगिक केन्द्रों में टेक्सटाइल्स उद्योग इण्डस्ट्री लेवल की बारगेनिंग हुई है। इसके अतिरिक्त असम के चाय बागानों एवं कोयला उद्योग में भी इण्डस्ट्री के स्तर पर सौदेबाजी हुई। इसके अतिरिक्त नए उद्योगों– केमिकल्स, फर्टिलाइजर्स, ऑयल रिफाइनरीज, एल्यूमीनियम तथा विद्युत उपकरण निर्माण उद्योग में इस प्रकार की सौदेबाजी एक सामान्य बात हो गई है। इसी प्रकार पोर्ट और डाक आदि प्रतिष्ठानों में भी ऐसी सौदेबाजी की प्रवृत्ति बढ़ रही है। कुछ ऐसे मामलों में, जो सभी बन्दरगाहों को प्रभावित करते हैं, अखिल भारतीय स्तर पर समझौते हो रहे हैं। बैंकिंग इण्डस्ट्रीज में भी प्रबन्ध एवं यूनियन के बीच कुल अखिल भारतीय स्तर के समझौते हुए हैं। एल.आई.सी. में यद्यपि नियोक्ताओं के द्वारा स्वचालन के प्रयोग से कई बार श्रम प्रबन्ध सम्बन्धों में गतिरोध हुआ, अन्य कई मामलों में श्रम और प्रबन्ध के बीच कुछ महत्त्वपूर्ण समझौते हुए।

एम्प्लायर्स फेडरेशन ऑफ इण्डिया ने सूती वस्त्र उद्योग (बम्बई), चाय बागान उद्योग (कर्नाटक और तमिलनाडु), जूट उद्योग (कलकत्ता) में हुए सामूहिक समझौतों का विश्लेषण करते हुए यह निष्कर्ष निकाला कि समझौतों के विषयों को मुख्य रूप से दो श्रेणियों में बाँटा जा सकता है– एक श्रेणी के समझौतों का प्रभाव कर्मचारियों के कार्य व्यवहारों पर पड़ता है और दूसरी श्रेणी के समझौतों का सम्बन्ध कर्मचारियों के विश्राम और छुट्टियों से है। मजदूरी बोनस और महंगाई भत्ते से सम्बंधित समझौते जो क्रमशः 9659, 53 और 50 के समझौतों के मुख्य विषय हैं, प्रथम श्रेणी के समझौतों में आते हैं और 40, 36 तथा 26 समझौते द्वितीय श्रेणी के समझौतों के अन्तर्गत आते हैं। इस सम्बन्ध में यह बात भी उल्लेखनीय है कि कार्य का वर्गीकरण तथा ओवर टाइम के सम्बन्ध में भी कई समझौतों में निर्णय किए गए।

कुल मिलाकर एम्प्लायर्स फेडरेशन ने समझौतों का जो विवरण दिया है उसके विश्लेषण से निम्नलिखित निष्कर्ष निकलते हैं–

1. अधिकांश समझौते इकाई या प्रतिष्ठान के आधार पर किए गए हैं किन्तु कुछ समझौते उद्योग के आधार पर भी किए गए हैं, उदाहरणार्थ अहमदाबाद की सूती मिलों के एम्प्लायर्स एसोसिएशन और टेक्सटाइल लेबर एसोसिएशन के बीच के समझौते।
2. आज सामूहिक सौदेबाजी के विषय क्षेत्र में भी विस्तार हुआ है, जो नए समझौते हुए हैं उनके अन्तर्गत बोनस, उत्पादकता, आधुनिकीकरण, स्थायी आदेश एवं स्वैच्छिक सेवानिवृत्ति आदि विषय सम्मिलित हो रहे हैं।

3. आज समझौते की अवधि दीर्घकालीन होती जा रही है। ऐसे समझौते दो वर्ष से लेकर पाँच वर्ष के लिए होते जा रहे हैं।
4. प्रत्येक वर्ष पूर्व वर्ष की अपेक्षा अधिक समझौते हो रहे हैं।
5. विभिन्न तरीके के संयुक्त परामर्श के द्वारा भी समझौतों की संख्या में वृद्धि हो रही है।

सामूहिक समझौतों के अन्तर्गत कुछ और भी नवीन प्रवृत्तियाँ दृष्टिगोचर हो रही हैं। जैसे कुछ समझौतों में श्रमिक संघों ने प्रबन्ध को अधिकृत कर दिया है, जैसे प्रबन्ध उत्पादन वृद्धि हेतु नए नियमों को बनाने, अनुशासन सम्बन्धी नियम बनाने और प्रतिष्ठान को नए तरीके से संचालित करने से सम्बंधित नियमों के निर्माण हेतु अधिकृत हो गया है। प्रबन्ध को यह भी अधिकार मिल गया है कि न्यायोचित कारणों से श्रमिकों की सेवाएँ समाप्त कर दे। सौदेबाजी हेतु श्रमिक संघों की मान्यता का अधिकार भी कुछ स्थानों पर उसे मिल गया है।

भारत में सामूहिक सौदेबाजी की संरचना का केन्द्रीकरण एवं तद्‌जनित समस्याएँ

सौदेबाजी की संरचना की कोई सामान्य स्वीकृत परिभाषा नहीं है। अधिकांश श्रम अर्थशास्त्री सौदेबाजी संरचना का तात्पर्य सौदेबाजी की इकाई से लगाते हैं। डेवी के अनुसार सौदेबाजी की इकाई का तात्पर्य श्रमिकों के प्रतिनिधित्व के एक क्षेत्र से है, जिसका एक सामूहिक उद्देश्य होता है।[31] यह परिभाषा संयुक्त राज्य अमेरिका के लेबर रिलेशन एक्ट की शब्दावली पर आधारित है। चेम्बरलैन और कुन सौदेबाजी की इकाई से तात्पर्य उन नियोक्ताओं और नियुक्तों से लेते हैं जिन पर सामूहिक समझौते लागू होते हैं।[32] किन्तु वास्तविक व्यवहार में वे केवल वैधानिक रूप से निर्धारित इकाइयों के सम्बन्ध में विचार–विमर्श नहीं करना चाहते हैं वरन् व्यवहार एवं पारस्परिक सहमति से निर्मित इकाइयों के सम्बन्ध में भी विचार–विमर्श करना चाहते हैं।[33] यह प्रवृत्ति इस बात की द्योतक है कि सामाजिक सौदेबाजी की संरचना के प्रत्यय के निरूपण में अन्य तत्वों का भी महत्त्व होता है। आरनोल्ड वेबर के अनुसार इन तत्वों के अन्तर्गत सौदेबाजी की इकाई का आकार, सौदेबाजी अभिकर्ता के कार्य क्षेत्र के अन्तर्गत निर्णय करने का अधिकार और अभिकर्ता–इकाइयाँ एवं उस संयंत्र को सम्मिलित किया जा सकता है, जिसके द्वारा एक इकाई के निर्णय को दूसरी इकाई के अन्तर्गत स्थानान्तरित किया जाता है। यद्यपि अभिकर्ता इकाई का आकार किसी कानून अथवा अन्य उपयुक्त प्राधिकारी के द्वारा निर्धारित होता है, किन्तु वास्तविक व्यवहार में श्रम अथवा उत्पादन बाजार के प्रभाव से उसका प्रसार या संकुचन हो सकता है। इस प्रकार की इकाई के द्वारा किए गए समझौते कभी–कभी संबंधित पक्षों के विषय क्षेत्र से बाहर जाकर दूसरे प्रकार के उद्योगों को भी प्रभावित करते हैं।

सौदेबाजी की संरचना में सौदेकारी इकाइयों की बहुलता

सौदेकारी इकाई का प्रत्यय एक सरल प्रत्यय नहीं है। एक सौदेकारी संरचना के अन्तर्गत बहुत सी इकाइयाँ होती हैं, जो एक–दूसरे से सामाजिक वैधानिक एवं आर्थिक

कारकों के द्वारा जुड़ी होती हैं। अमेरिकन परिवेश में वेबर ने चार प्रकार की इकाइयों का निरूपण किया है– (1) अनौपचारिक समूह, (2) वैधानिक रूप से निर्धारित इकाइयाँ, (3) वार्ताकारी इकाई, एवं (4) प्रत्यक्ष प्रभाव की इकाइयाँ।[34] वैधानिक या औपचारिक रूप से निर्धारित सौदेकारी की इकाइयों को अनौपचारिक समूहों के अस्तित्व का बोध हो सकता है, जो अनाधिकार या मौखिक समझौते करके उन्हें लागू करते हैं। इंग्लैण्ड में कार्यशाला स्तर पर अपेक्षाकृत निम्न प्रबन्ध के साथ की गई सौदेबाजी की प्रवृत्ति ने औपचारिक सौदेबाजी के साथ ही अनौपचारिक सौदेबाजी की प्रवृत्ति के विकास को गति दी है। चेम्बरलैन के अनुसार इस प्रकार के समझौते को लागू न करने पर प्रभावित पक्ष के द्वारा असहयोग की धमकी दी जाती है।[35]

अमेरिका में बेगनर एक्ट के लागू होने के समय से ही वैधानिक रूप से गठित सौदेकारी की इकाइयों की स्थापना हो गई थी तथा इण्डस्ट्रियल रिलेशन एक्ट के लागू होने के पश्चात् इस प्रकार की इकाइयों की स्थापना इंग्लैण्ड में हुई। भारतवर्ष में इस प्रकार की इकाइयों की स्थापना हेतु अभी तक किसी प्रकार का कानून नहीं बन पाया है।

वास्तविक रूप से वार्ताकारों की संरचना वैधानिक इकाइयों से भिन्न प्रकार की होती है। प्रबन्ध एवं संगठन की संगठनात्मक संरचना वार्ताकारी इकाई को प्रभावित करती है।

प्रत्यक्ष प्रभाव की इकाइयों के अन्तर्गत वे सभी इकाइयाँ आती हैं जो कि वार्ताकारी इकाइयों के द्वारा किए गए मूलभूत समझौते से प्रभावित होती हैं। इस प्रकार के प्रत्यक्ष प्रभाव की इकाइयों का कार्यक्षेत्र बहुत कुछ श्रम एवं उत्पादकीय वस्तुओं के बाजार तथा सौदेबाजी के स्वरूप से प्रभावित होता है।

सौदेकारी इकाई का क्षेत्र

सामान्यतया सौदेकारी इकाइयों के दो प्रकार होते हैं – क्राफ्ट यूनिट और कॉम्प्रीहेंसिव यूनिट। क्राफ्ट यूनिट के अन्तर्गत वे श्रमिक आते हैं जो एक विशेष प्रकार का कार्य सम्पादित करते हैं। कॉम्प्रीहेंसिव यूनिट के अन्तर्गत सभी प्रकार के श्रमिक आते हैं, चाहे उनका कार्य किसी कौशल विशेष से संबंधित है अथवा नहीं। इन दोनों प्रकार की इकाइयों के मध्य कुछ और भी इकाइयाँ आती हैं, जिनमें थोड़ा बहुत अन्तर होता है। सौदेकारी इकाई का तादात्म्यीकरण नियोक्ताओं के समूहों से भी होता है। इस प्रकार की इकाइयों का क्षेत्र केवल एक विभाग तक फैला हो सकता है अथवा सम्पूर्ण उद्योग ही इसके कार्यक्षेत्र के अन्तर्गत आ सकता है।[36] सौदेकारी इकाइयों के प्रकार और क्षेत्र का मेल कई प्रकार से हो सकता है। उदाहरणार्थ किसी विशेष क्राफ्ट से संबंधित श्रमिक केवल एक ही प्रतिष्ठान तक अपनी वार्ता का क्षेत्र सीमित रख सकते हैं अथवा कई प्रतिष्ठानों तक उनके क्षेत्र का प्रसार हो सकता है। इसी प्रकार नियोक्ता भी एक प्रतिष्ठान अथवा कई प्रतिष्ठानों से संबंधित हो सकते हैं। कॉम्प्रीहेंसिव इकाई भी एक प्लाण्ट अथवा कई प्लाण्टों तक अपने कार्य क्षेत्र का प्रसार कर सकती है।

भारत में सौदेकारी की इकाइयाँ

भारत में अधिकांश सौदेकारी इकाइयाँ कॉम्प्रीहेंसिव इकाई हैं। शिल्प या क्राफ्ट इकाइयाँ अभी विकसित नहीं हुई हैं। परिवहन उद्योग में उन्हें मान्यता प्राप्त है। कॉम्प्रीहेंसिव इकाइयों के अधिक विकास का मुख्य कारण यह है कि अधिकांश श्रमिक संघों ने शिल्प या पेशे का भेदभाव किए बिना सभी प्रकार के श्रमिकों के हेतु अपनी सदस्यता खुली रखी है। अधिकांश बाहरी नेताओं के द्वारा औद्योगिक प्रतिष्ठानों में श्रमिक संघों का गठन किया जाता है और इस प्रकार के नेता किसी शिल्प विशेष के आधार पर श्रमिक संगठनों के गठन में अभिरुचि नहीं रखते। नियोक्ताओं की शक्ति का मुकाबला करने के लिए प्रतिष्ठान के सभी श्रमिकों को वे संगठित करना चाहते हैं। इसके अतिरिक्त भारत के अधिकांश प्राचीन उद्योगों में सामान्यतया अकुशल या अर्धकुशल श्रमिक ही कार्य करते हैं और कार्य–निष्पादन हेतु उन्हें किसी विशेष प्रकार की कुशलता की अपेक्षा नहीं होती है। 'टिस्को' आदि अत्यधिक विकसित औद्योगिक प्रतिष्ठानों में जहाँ अधिकांशतया कुशल श्रमिक कार्यरत हैं, श्रमिकों को एक ही श्रम संगठन के अन्तर्गत लाने का प्रयास किया जाता है। रेलवे के श्रमिक भी शिल्प के आधार पर संगठित न होकर रेलवे बोर्ड के क्षेत्र के आधार पर संगठित होते हैं। नियोक्तागण भी एक ही श्रमिक संघ से वार्ता करना अधिक सुविधाजनक समझते हैं। इस सम्बन्ध में कोई व्यापक एवं व्यवस्थित सर्वेक्षण नहीं हुआ है, जिसके आधार पर सौदेबाजी इकाइयों के आकार का विश्लेषण किया जा सके। यद्यपि राष्ट्रीय श्रम आयोग की कुछ कमेटियों ने इस सम्बन्ध में अध्ययन अवश्य किया है, किन्तु उनके आधार पर कोई व्यापक और आधारभूत नतीजा नहीं निकाला जा सकता।

सौदेकारी इकाइयों में केन्द्रीकरण की प्रवृत्ति

चूँकि भारत में सौदेकारी की इकाइयों का विकास कॉम्प्रीहेंसिव श्रम संघ के आधार पर हुआ है, अतः वार्ताकारी इकाइयों में केन्द्रीकरण की प्रवृत्ति धीरे–धीरे बढ़ती गई। इस प्रकार का केन्द्रीकरण चार दिशाओं में हुआ है – (1) कम्पनी के आधार पर विकसित बहु प्रतिष्ठान इकाइयाँ, (2) बहु नियोक्ता इकाइयाँ, (3) केन्द्रीय एवं राज्य कर्मचारियों की केन्द्रीयकृत वार्ताकारी इकाइयाँ, एवं (4) दूसरे श्रमिक संघों के द्वारा निर्धारित प्रतिमान पर सौदेकारी का अपनाया जाना।

(1) एक कम्पनी के अन्तर्गत स्थापित विभिन्न प्रतिष्ठानों के हेतु की गई एक ही केन्द्रीयकृत सौदेकारी की इकाई की संरचना का विकास ऐसे स्थानों पर होता है, जहाँ श्रमिक संघ सभी प्रतिष्ठानों में कार्यरत श्रमिकों को सौदेबाजी हेतु एक स्थान पर लाने में सफल हो जाते हैं। इण्डियन ऑयल कारपोरेशन, हिन्दुस्तान लीवर, आई.सी.ई., इण्डियन ऑक्सीजन तथा ब्रुक बाण्ड कम्पनी में इस प्रकार की सौदेबाजी होती है। ऐसी स्थिति में श्रमिक संघों को अपनी संगठनात्मक संरचना के विस्तार हेतु बाध्य किया जाता है ताकि वे नियोक्ताओं का मुकाबला कर सकें। चूँकि इस प्रकार की कम्पनियों के अन्तर्गत स्थापित विभिन्न प्रतिष्ठानों के सम्बन्ध में निर्णय करने का अधिकार कम्पनी के सर्वोच्च

अधिकारी को दिया जाता है, अतः उसका मुकाबला करने के लिए यह आवश्यक है कि श्रमिक संघ भी अपनी केन्द्रीकृत वार्ताकारी इकाई का निर्माण करें। स्टेट रोड ट्रान्सपोर्ट कारपोरेशन तथा स्टेट इलेक्ट्रिसिटी बोर्ड आदि कम्पनियों के राष्ट्रीयकरण के कारण इनमें केन्द्रीकृत सौदेबाजी की आवश्यकता महसूस हुई। इस प्रकार केन्द्रीकृत सौदेबाजी की संरचना की स्थापना का एक कारण यह है कि इनके द्वारा राष्ट्रीय विपणन के लिए वस्तुओं का उत्पादन किया जाता है और उत्पादित वस्तुओं और कच्चे माल के क्रय–विक्रय की नीति कम्पनी में स्थापित सभी प्रतिष्ठानों हेतु उच्च स्तर से निर्धारित होती है। ऐसी स्थिति में उच्चतम अधिकारियों के लिए एक ही प्रकार की श्रम सम्बन्धी नीति का निर्धारण उपयोगी होता है।[37] वेबर के अनुसार ऐसे स्थानों पर जहाँ बहुत से औद्योगिक प्रतिष्ठानों के स्वामित्व वाली किसी कम्पनी के द्वारा एक ही प्रकार की वस्तु का उत्पादन किया जाता है, वहाँ औद्योगिक सम्बन्धों का भी एक ही प्रकार से निरूपण अति उपयोगी होता है।[38] किन्तु रोहतास इण्डस्ट्रीज जैसी कम्पनियों में, जहाँ विभिन्न प्रतिष्ठानों के माध्यम से चीनी, सीमेण्ट और तेल इत्यादि कई वस्तुओं का उत्पादन किया जाता है, इस प्रकार की केन्द्रीकृत इकाई का निर्माण औद्योगिक सम्बन्धों के लिए विशेष उपयोगी नहीं होता है।

(2) विपणन की शक्ति के द्वारा ही बहुनियोक्ता सौदेकारी इकाइयों का भी निर्माण हुआ। एक ही प्रकार के शिल्प से सम्बंधित औद्योगिक प्रतिष्ठान के नियोक्ता आपस में मिलकर बहुनियोक्ता सौदेकारी इकाई का निर्माण करते हैं। शिल्प के आधार पर गठित श्रम संघ, श्रम बाजार में अपना वर्चस्व स्थापित करने हेतु एक साथ संगठित होते हैं और उनका मुकाबला करने के लिए नियोक्ताओं को भी संगठित होना पड़ता है। इसके अतिरिक्त उत्पादकीय वस्तुओं के विपणन की प्रतिस्पर्धा से बचने के लिए कॉम्प्रीहेंसिव प्रकार के नियोक्ता भी कभी–कभी केन्द्रीकृत सौदेकारी इकाइयों का निर्माण करते हैं। ऐसी इकाइयों के अन्तर्गत ऐसे सभी नियोक्ता आ जाते हैं जिन्हें उत्पादकीय वस्तु के विपणन में प्रतिस्पर्धा करनी होती है।[39] नियोक्ता किसी क्षेत्र या उद्योग मजदूरी के आधार पर प्रतिस्पर्धा कायम करने के लिए संयुक्त सौदेकारी का सहारा लेते हैं। इसके फलस्वरूप व्यक्तिगत नियोक्ता को मजदूरी में कटौती करने का अवसर नहीं मिलता है और दूसरे कमजोर श्रमिक संघों को समान वेतन दर की प्राप्ति का अवसर मिलता है।

इस प्रवृत्ति से ऐसे श्रमिक संघों को विशेष लाभ होता है जिन्हें उद्योग के स्तर पर मान्यता प्राप्त होती है और उनके विरोधी श्रमिक संघ भी उस उद्योग के कुछ प्रतिष्ठानों में मान्यता प्राप्त किए रहते हैं। उदाहरणार्थ, बम्बई इण्डस्ट्रियल रिलेशन एक्ट के अन्तर्गत राष्ट्रीय मिल मजदूर संघ को महाराष्ट्र में सूती वस्त्र उद्योगों के लिए प्रतिनिधि श्रम संघ की मान्यता प्राप्त है। यद्यपि गिरनी कामगार यूनियन तथा अन्य श्रमिक संघों को इस उद्योग के कुछ प्रतिष्ठानों में बहुमत सदस्यता प्राप्त है, किन्तु इसके बावजूद वे क्षेत्र के आधार पर उस उद्योग के हेतु प्रतिनिधि श्रम संघ की प्रस्थिति नहीं प्राप्त कर पाते। केरल में राज्य श्रम विभाग के प्रयास से अधिकांश उद्योगों में इण्डस्ट्रियल

रिलेशन कमेटी के द्वारा सौदेबाजी होती है, जिसके अन्तर्गत उद्योग के आधार पर नियोक्ताओं और श्रमिक संघों की प्रतिनिधि इकाइयाँ सौदेबाजी करती हैं।

(3) केन्द्रीय और राज्य सरकारों के कर्मचारी भी अपने वेतन, महंगाई भत्ते और कार्य दशाओं में सुधार हेतु केन्द्रीयकृत सौदेकारी इकाई के माध्यम से वार्ता करते हैं। 1930 में रेलवे उद्योग में रेलवे बोर्ड का तथा ए.आई.आर.एफ. के बीच द्विपक्षीय वार्ता का सूत्रपात किया गया। इस प्रकार की समिति की स्थापना का निर्णय एक महीने की अवधि के बाद किया गया। ए.आई.आर.एफ. के द्वारा 1940 के दशक में रेलवे के अन्तर्गत श्रम सम्बन्धों के निरूपण हेतु एक स्थायी द्विपक्षीय संयंत्र के निर्माण की निरन्तर माँग की गई और 1952 में एक तीन स्तरीय औपचारिक द्विपक्षीय वार्ताकार संयंत्र का निर्माण किया गया। 1950 में पोस्ट एवं टेलीग्राफ तथा प्रतिरक्षा उत्पादन प्रतिष्ठानों हेतु भी ऐसे संयंत्रों का गठन किया गया। किन्तु 1960 की हड़ताल के पश्चात् इन दोनों उद्योगों में श्रमिक संघ की मान्यता को निरस्त कर दिया गया। 1960 की जुलाई की हड़ताल के पश्चात् केन्द्रीय सरकार के कर्मचारियों ने द्विपक्षीय वार्ता हेतु और केन्द्रीय संयंत्रों के निर्माण का बीजारोपण किया। उनके प्रयासों के फलस्वरूप 1960 में ब्रिटिश ज्वाइण्ट इण्डस्ट्रियल कौंसिल की भाँति भारत में भी ज्वाइण्ट कन्सल्टेटिव मशीनरी (जे.सी.एम.) का गठन किया गया। इस मशीनरी के फलस्वरूप केन्द्रीय सरकार के कर्मचारियों हेतु केन्द्रीकृत सौदेकारी या वार्ता का श्रीगणेश हुआ। इस प्रकार की सौदेबाजी इकाइयों के केन्द्रीकरण की प्रवृत्ति का प्रभाव धीरे–धीरे विभिन्न राज्यों के कर्मचारियों पर भी पड़ा और राज्यों के कर्मचारियों के श्रम संघ गठित होने लगे, जो धीरे–धीरे सशक्त भी होने लगे। इस प्रकार के श्रमिक संघों ने भी वार्ता के अधिकार की माँग की, जिसका प्रारम्भ में सम्बंधित सरकारों के द्वारा विरोध किया गया, फलस्वरूप इन श्रमिक संघों को लड़ाइयाँ भी लड़नी पड़ीं। स्टेट इलेक्ट्रिसिटी बोर्ड तथा स्टेट ट्रान्सपोर्ट कारपोरेशन के कर्मचारियों ने अपनी अलग–अलग वार्ताकारी इकाइयों का गठन किया। केन्द्रीकरण की बढ़ती हुई प्रवृत्ति एवं प्रबन्ध तथा श्रमिक संगठनों के निर्णय करने के अधिकार का क्रमिक रूप से केन्द्रीकरण होने के कारण इस प्रवृत्ति को विशेष बढ़ावा मिला।

(4) 1960 से भारत में सौदेबाजी के क्षेत्र में एक नवीन प्रवृत्ति का विकास हुआ – प्रतिमान निर्धारण एवं प्रतिमान के अनुकरण की प्रवृत्ति। प्रारम्भ में केन्द्रीय सरकार के कर्मचारियों के प्रतिनिधि सम्बंधित उच्चाधिकारियों के साथ समझौता कर अपने वेतन एवं महँगाई भत्ते का पुनर्निरूपण करते हैं, तत्पश्चात् उसी प्रतिमान के आधार पर प्रान्तीय सरकार के कर्मचारी भी महँगाई भत्ता तथा अन्य सविधाओं के सम्बन्ध में सौदेबाजी के माध्यम से उपयुक्त अधिकारियों से समझौता करते हैं और उसी के आधार पर विश्वविद्यालयों, महाविद्यालयों एवं स्थानीय निकाय के कर्मचारियों के द्वारा भी सौदेबाजी की जाती है। इस प्रकार एक स्थान पर वेतन एवं कार्य की दशाओं के सम्बन्ध में जो समझौता होता है, वह कालक्रम से अन्य स्थानों के कर्मचारियों को भी उसी प्रतिमान पर सौदेबाजी हेतु प्रेरित करता है।

मजदूरी मण्डल एवं सौदेकारी इकाइयों का केन्द्रीकरण

मजदूरी मण्डलों की स्थापना के पश्चात सामूहिक सौदेबाजी के क्षेत्र में त्रिपक्षीय औद्योगिक फोरमों का विकास हुआ।[40] इस प्रकार के वेतन मण्डलों ने दो प्रकार की केन्द्रीकरण की प्रवृत्ति का विकास किया– (1) मजदूरी तथा महँगाई भत्ता आदि का निर्धारण अब प्रतिष्ठान स्तर पर न होकर उद्योग के स्तर पर होने लगा। सिन्हा के अनुसार इस प्रवृत्ति के कारण प्रतिष्ठान स्तर पर सौदेबाजी के क्षेत्र का अत्यधिक संकुचन हो गया।[41] इस सम्बन्ध में आगे की प्रवृत्तियों के सम्बन्ध में भविष्यवाणी करते हुए उन्होंने कहा कि[42] अब प्रतिष्ठान स्तर पर कल्याणात्मक सुविधाएँ आनुषंगिक लाभ तथा कार्य के घण्टे और परिवेदनाओं के सम्बन्ध में ही सौदेबाजी हो सकेगी है। (2) मजदूर मण्डलों की स्थापना के कारण श्रमिक संघों को उद्योग के आधार अपने फेडरेशन बनाने पड़ेंगे ताकि वे इन मण्डलों में अपना प्रतिनिधित्व करा सकें। जैसे–जैसे इस प्रकार के फेडरेशनों की शक्ति में वृद्धि होती जाएगी, उनमें ऐसी प्रवृत्ति का विकास होगा कि वे मजदूरी मण्डलों की परिधि से बाहर जाकर उद्योग के आधार पर सौदेबाजी कर सकें। इस सम्बन्ध में स्टील उद्योग हेतु नेशनल ज्वाइण्ट कंसल कमेटी का गठन एक जीवित उदाहरण है, जिसने जून 1979 में लौह उद्योग के श्रमिकों के वेतन और महँगाई भत्ता तथा अन्य कार्यजन्य सुविधाओं के सम्बन्ध में उद्योग के आधार पर श्रमिक एवं प्रबन्ध के प्रतिनिधियों के बीच समझौता कराया। इसने लौह उद्योग में श्रम प्रबन्ध सम्बन्ध विषयक विभिन्न समस्याओं के सम्बन्ध में निरन्तर वार्ता हेतु अलग से एक संयंत्र का विकास किया। आपातकालीन स्थिति में इस प्रकार की केन्द्रीकृत द्विपक्षीय वार्ता हेतु केन्द्र और राज्यों में नेशनल अपेक्स का गठन हुआ था। किन्तु जनता सरकार ने उन्हें भंग कर दिया।

केन्द्रीकृत सौदेबाजी

कोयला तथा खाद्य सामग्री के होलसेल ट्रेड में केन्द्रीकृत सौदेबाजी के विकास हेतु पर्याप्त अवसर विद्यमान हैं। कोयला के क्षेत्र में उद्योग के आधार पर गठित कोलियरी मजदूर संघ का अस्तित्व विद्यमान है, जो अधिकांश कोयला खदानों के श्रमिकों को अपने अन्तर्गत समेट लेता है। सरकार के द्वारा कोयला उद्योग के अधिग्रहण के पश्चात् इस प्रवृत्ति का और अधिक विकास हुआ है।

आज के युग में न केवल श्रम प्रबन्ध द्वारा सौदेबाजी की इस केन्द्रीकृत प्रकृति को बढ़ावा दिया जा रहा है वरन् इण्डियन लेबर कान्फ्रेंस[43] तथा राष्ट्रीय श्रम आयोग[44] ने भी इस प्रवृत्ति को प्रोत्साहन दिया है। भारत सरकार ने रेलवे के श्रमिकों को श्रेणी के आधार पर मान्यता न देकर इस प्रवृत्ति के विकास का मार्ग प्रशस्त किया है। राजनीतिक दल भी अपने श्रमिक सदस्यों को शिल्प के आधार पर गठित करने का बहुत ही कम प्रयास करते हैं। इन सभी तत्वों के द्वारा सौदेबाजी के केन्द्रीकरण की प्रवृत्ति को बढ़ावा मिलता है।

केन्द्रीकरण का औचित्य

श्रम और प्रबन्ध दोनों ही संस्थागत दृष्टि से अपनी कमजोर इकाइयों को सुरक्षा हेतु उद्योग के आधार पर एकरूपता से सौदेबाजी करना चाहते हैं। इसके अतिरिक्त बहुनियोक्ता वाले प्रतिष्ठानों अथवा विशाल औद्योगिक प्रतिष्ठानों को इस प्रवृत्ति से एक और लाभ भी मिलता है। यदि प्रतिस्पर्धा से मजदूरी को हटा दिया जाता है तो नियोक्ता या उच्च प्रबन्ध सक्षम प्रबन्ध प्रणाली तथा उच्चकोटि की वस्तुओं के उत्पादन एवं वितरण सम्बन्धी अन्य क्रियाकलापों की ओर अपना ध्यान आकृष्ट करते हैं। साथ ही उद्योग के आधार पर सौदेबाजी करने पर मुद्रा प्रसार एवं संकुचन की स्थिति में मजदूरी दर में स्थिरता बनी रहेगी। इसके अतिरिक्त एक ही बार जब केन्द्रीकृत सौदेबाजी होगी तो अनेक स्थानों पर प्रतिष्ठान के आधार पर सौदेबाजी की आवश्यकता नहीं रह जाएगी, फलस्वरूप कार्य की बन्दी की दर में भी कमी आएगी। अंतिम और सबसे महत्त्वपूर्ण बात यह है कि उद्योग के स्तर पर यदि मजदूरी की एकरूपता स्थापित कर ली जाती है, तो कार्य के मानकीकरण एवं उत्पादकता में वृद्धि संभव हो सकती है।[45]

केन्द्रीकृत सौदेबाजी की समस्याएँ

केन्द्रीकृत सौदेबाजी से एक ओर जहाँ कुछ लाभ है वहीं दूसरी ओर इससे हानियाँ भी होती हैं। इसके माध्यम से नियोक्ता पक्ष एवं श्रमिक पक्ष केन्द्रीकृत आधार पर एक–दूसरे के हितों के देखते हुए सौदेबाजी करते हैं और उपभोक्ताओं के हितों की उपेक्षा करते हैं। इसके साथ ही यह बात भी सत्य है कि सौदेबाजी चाहे कितनी ही परिपक्व हो पर वह स्थानीय स्तर पर अनौपचारिक श्रम समूहों की समस्याओं एवं स्वार्थों को तुष्ट नहीं कर सकती है। इसके अतिरिक्त इस पद्धति के अन्तर्गत यद्यपि कार्यवाही अपेक्षाकृत कम होती है, किन्तु उसका प्रभाव बहुत ही दूरगामी होता है। इस प्रवृत्ति के फलस्वरूप सौदेकारी की इकाई की संरचना में लचीलापन नहीं आ पाता है, जिसके माध्यम से नवीनतम प्राविधिक परिवर्तनों के साथ समायोजन किया जा सके। अंतिम और सर्वाधिक महत्त्वपूर्ण बात यह है कि इस प्रवृत्ति के फलस्वरूप औद्योगिक सम्बन्धों के जनतांत्रिक मूल्यों को आघात पहुँचता है। इस प्रवृत्ति के फलस्वरूप निर्णय का अधिकार प्रतिष्ठान स्तर के श्रमिक संघ के सदस्य से हटकर उच्च श्रम संगठनों के फेडरेशन तक पहुँच जाता है।

इसमें सन्देह नहीं कि मजदूरी नीति, पेंशन, बेरोजगारी लाभ, चिकित्सकीय सुविधाओं तथा वरिष्ठता आदि के निर्धारण की समस्याओं के सम्बन्ध में केन्द्रीकृत सौदेबाजी अधिक प्रभावपूर्ण हो सकती है, किन्तु मजदूरी भुगतान की पद्धति, अभिप्रेरणात्मक प्रणाली, स्थानान्तरण, कल्याणात्मक प्रावधान आदि समस्याओं के सम्बन्धों मे स्थानीय स्तर पर ही सौदेबाजी उचित होगी। केन्द्रीकरण की इस प्रवृत्ति के फलस्वरूप स्थानीय श्रम संघों का महत्त्व बहुत ही कम हो गया है। केन्द्रीकृत श्रम संघ की संरचना के सम्बन्ध में अपना मत व्यक्त करते हुए बूक्स ने कहा है कि इस प्रवृत्ति के फलस्वरूप श्रमिक संघ के उच्चाधिकारियों ने सामान्य श्रमिक सदस्यों के ऊपर मसीहा जैसा अधिकार जमा रखा है।[46]

भारत में बहुसंख्यक श्रम संघों का अस्तित्व इस बात का द्योतक है कि सामान्य मजदूर श्रमिक संघों की एकाधिकारवादी प्रवृत्ति से अत्यधिक असन्तुष्ट हैं। एक श्रम संघ से उपेक्षित होने पर अपनी आवाज को बुलन्द करने हेतु मजदूर दूसरे श्रम संघ की सदस्यता ग्रहण करते हैं। इस प्रकार शिल्प और पेशे के आधार पर संगठित श्रम संघ एक केन्द्रीकृत औद्योगिक श्रम संघ से उपेक्षित होकर विरोधी श्रम संघ के माध्यम से अपनी आवाज को केन्द्रीकृत सौदेकारी संयंत्र के समक्ष रखने का प्रयास करते हैं। इसके अतिरिक्त केन्द्रीकृत सौदेबाजी के अन्तर्गत विशेषज्ञ के ज्ञान को अतिशय महत्त्व दिया जाता है। इसके फलस्वरूप ऐसी संरचना के अन्तर्गत कानूनी अधिवक्ताओं, अर्थशास्त्रियों एवं श्रम सम्बन्ध परामर्शदाताओं का महत्त्व दिनोंदिन बढ़ता जा रहा है। श्रमिक संघ के नेता अब स्वतंत्र वार्ताकारी अभिकर्ता नहीं रह गए हैं। ऐसे विशेषज्ञ, चाहे कितने भी सज्ञत हों किन्तु श्रमिकों के अनौपचारिक समूहों की भावनाओं एवं आकांक्षाओं का वे पूर्णतया प्रतिनिधित्व नहीं कर सकते।

एक बात और। इस प्रकार की केन्द्रीकृत सौदेकारी संरचना में सरकार का हस्तक्षेप दिनों दिन बढ़ता जाता है। इस प्रवृत्ति के फलस्वरूप श्रम प्रबन्ध की स्वतंत्र सौदेबाजी की आत्मा तिरस्कृत हो जाती है। सरकार का हस्तक्षेप दो कारणों से अत्यधिक अपेक्षित होता है– श्रम प्रबन्ध के एकाधिकार प्राप्त प्रतिनिधि अपने पारस्परिक स्वार्थों की दृष्टि से ही समझौता करते हैं, सामान्य उपभोक्ता के हितों को वे पूर्णतया नजरअन्दाज कर देते हैं। श्रम, प्रबन्ध या दोनों पक्षों में किसी एक की हठवादिता के कारण यदि समझौता नहीं होता है और हड़ताल की स्थिति उत्पन्न हो जाती है तो न केवल औद्योगिक शान्ति वरन् समाज की शान्ति और स्थिरता भी प्रभावित होती है।

श्रम संघों की संगठनात्मक संरचना में होने वाली केन्द्रीकरण की प्रवृत्ति और अधिकांश मामलों पर उच्चाधिकारियों को निर्णय करने का अधिकार देने की प्रवृत्ति, स्थानीय श्रम संघों और अनौपचारिक समूहों की आवाजों के परिसीमन तथा श्रमिक संघों के केन्द्रीय संगठनों की शक्ति में वृद्धि और विशेषज्ञों के प्रभाव में वृद्धि आदि कारकों ने विशाल औद्योगिक श्रम संघों की प्रवृत्ति को बढ़ावा दिया है। भारत में इस प्रवृत्ति का द्योतन बहुसंख्यक श्रम संघ एवं श्रम संघ के नेतृत्व के बाहुल्य के माध्यम से होता है। इस प्रकार का विघटन दो दिशाओं में होता है–

(i) उन स्थानों में जहाँ बहुनियोक्ताओं द्वारा क्षेत्रीय या राष्ट्रीय स्तर पर सौदेबाजी की जाती है, वहाँ स्थानीय आधार पर सौदेबाजी प्रारम्भ हो सकती है। विशेषकर ऐसे स्थानों में, जहाँ किसी उद्योग विशेष हेतु सौदेबाजी करने के लिए एक श्रमिक संघ को मान्यता प्राप्त रहती है और किसी प्रतिष्ठान विशेष में उसके प्रतिद्वन्द्वी श्रमिक संघ का वर्चस्व स्थापित है तो वह प्रतिद्वन्द्वी श्रम संघ संबंधित नियोक्ता को अपने साथ अलग से सौदेबाजी करने के लिए बाध्य कर सकता है।[47]

केरल में इण्डस्ट्रियल रिलेशन कमेटी के क्रियाकलापों का सर्वेक्षण करते हुए के.आर. नायर का यह अनुभव था कि स्थानीय नियोक्ता अपने प्रतिष्ठा के बहुमत प्राप्त श्रम संघ को किसी माँग को इस आधार पर ठुकरा देते थे कि मामला

आई.आर.सी. (इण्डस्ट्रियल रिलेशन कमेटी) के विचाराधीन है। इसका परिणाम यह हुआ कि स्थानीय श्रम संघ ने विरोध स्वरूप हड़ताल आदि सीधी कार्यवाहियों का सहारा लिया।

(ii) दूसरे प्रकार का विघटन अनौपचारिक समूहों के द्वारा किए गए विद्रोह में परिलक्षित होता है। कार्य समूहों का निर्माण शिफ्ट, उम्र, लिंग, जाति, शिल्प अथवा पेशे के आधार पर होता है। ब्रिटेन आदि स्थानों में जहाँ औपचारिक सौदेबाजी की संरचना अतिशय केन्द्रीभूत है और उद्योग के आधार पर होने वाली सौदेबाजी का वर्चस्व है, कार्यशाला स्तर की सौदेबाजी के ऊपर उद्योग के आधार पर होने वाली सौदेबाजी का नियंत्रण धीरे–धीरे कम होता जा रहा है।[48] ट्रेड यूनियन और एम्प्लायर्स एसोसिएशन अनौपचारिक कार्य समूहों द्वारा की गई अनौपचारिक सौदेबाजी को नियंत्रित नहीं कर पाते हैं, ऐसे अनौपचारिक समूह उद्योग के आधार पर स्थापित सौदेबाजी संरचना के कार्य क्षेत्र के बाहर समझौता कर सकते हैं, और इन समझौतों का यद्यपि कोई अभिलेख नहीं होता है तथापि ये समझौते प्रभावपूर्ण होते हैं।[49]

अन्त में हम कह सकते हैं कि सौदेकारी इकाइयों के केन्द्रीकरण एवं विकेन्द्रीकरण दोनों ही प्रकार की प्रवृत्तियों के अपने दोष एवं गुण हैं। आदर्श स्थिति यह होगी कि यदि श्रम एवं प्रबन्ध दोनों ही पक्ष समझौतों में एकरूपता चाहते हों तो यथाशक्ति इस दिशा में प्रयास किया जाए और लचीलापन एवं विविधता के मूल्यों को भी स्थानीय आधार एवं आवश्यकता के अनुरूप कायम रखा जाए।[50]

केन्द्रीकरण या विकेन्द्रीकरण अथवा एकरूपता और अनेकरूपता का फार्मूला स्थिति विशेष के अनुसार भिन्न–भिन्न होगा। बहुनियोक्ता अथवा कम्पनी के आधार पर की जाने वाली सौदेबाजी में आधारभूत नीतियों के सम्बन्ध में केन्द्रीभूत निर्णय का प्रयास होना चाहिए और उनके क्रियान्वयन के सम्बन्ध में स्थानीय आधार पर निर्णय करने का प्रयास करना चाहिए।[51] उच्चस्तरीय एवं स्थानीय स्तर की सौदेबाजी हेतु अलग–अलग विषयों के निर्धारण के सम्बन्ध में डेवी का यह सुझाव है कि मजदूरी नीति, पेंशन, ग्रुप लाइफ इन्श्योरेंस तथा स्वास्थ्य एवं कल्याण योजनाओं आदि के सम्बन्ध में उच्च स्तर पर वार्ता होनी चाहिए। क्योंकि इन सभी विषयों हेतु विशेषज्ञों की सेवाओं की आवश्यकता होती है। साथ ही सभी प्रतिष्ठानों में इस सम्बन्ध में अपनाई जाने वाली नीतियों में एकरूपता होनी चाहिए। भारतीय परिवेश में महंगाई भत्ता, नगर क्षतिपूर्ति भत्ता तथा बोनस आदि मामलों में भी उच्चस्तरीय वार्ता होनी चाहिएं। इसके विपरीत मजदूरी भुगतान की पद्धति, कार्यभार, प्रलोभन योजना तथा पदोन्नति सम्बन्धी नीतियों के सम्बन्धों में स्थानीय आधार पर वार्ता होनी चाहिए। ब्रुक्स के अनुसार अनिवार्य विवाचन अथवा सरकारी हस्तक्षेप द्वारा स्वतंत्र सामूहिक सौदेबाजी की जड़ पर आघात पहुँचता है। अतः उन्होंने प्लाण्ट के आधार मतभेदों के साथ पुनर्समझौते पर बल दिया है।[52]

औद्योगिक श्रम संघवाद के परिप्रेक्ष्य में क्राफ्ट और कुशल श्रमिकों के स्वार्थ के रक्षण हेतु बेल का यह सुझाव था कि शिल्प समूहों को औद्योगिक श्रम संघ एवं वृत्तिक संघ दोनों को ही सदस्यता अपनानी चाहिए।[53] उनके अनुसार औद्योगिक श्रम संघ एवं शिल्प श्रम संघ के क्रियाकलापों में स्पष्ट रूप से विभेद स्थापित होना चाहिए। शिल्प श्रम संघों को प्राविधिक प्रशिक्षण तथा क्राफ्टमैनशिप की मानकता की स्थापना हेतु प्रयास करना चाहिए और औद्योगिक श्रम संघों को मजदूर एवं कार्य की दशाओं के सम्बन्ध में नीतियों के निरूपण पर विशेष बल देना चाहिए। वास्तविक वार्ता के प्रारम्भ होने के पूर्व ही औद्योगिक श्रम संघों को शिल्प श्रम संघों के प्रतिनिधियों के साथ अग्रिम वार्ता कर लेनी चाहिए। इस सम्बन्ध में टेक्सटाइल लेबर एसोसिएशन अहमदाबाद का उदाहरण अनुकरणीय है। दूसरा उदाहरण ब्रिटिश रेलवे का है, जहाँ नेशनल यूनियन ऑफ रेलवे मैन (एन.यू.आर.), जो कि एक इण्डस्ट्रियल यूनियन है, वार्ताकारी संयंत्र के अन्तर्गत क्राफ्ट यूनियन के साथ बैठकर वार्ता करता है। भारतीय रेलवे के इण्डस्ट्रियल फेडरेशन तथा यूनियन भी शिल्प अथवा श्रेणी के आधार पर निर्मित श्रमिक संघों के साथ सम्बन्ध स्थापित कर उनके साथ–साथ बैठकर प्रबन्ध से सौदेबाजी कर सकते हैं। यद्यपि इसमें सन्देह नहीं कि इस स्थिति में वार्ताकारी इकाई की संरचना कुछ अधिक बड़ी हो जाएगी और किसी निर्णय पर पहुँचने में विलम्ब होगा, पर इस प्रकार की वार्ता के पश्चात् होने वाले समझौते अपेक्षाकृत अधिक स्थायी होंगे।

सामूहिक सौदेबाजी एवं अधिनिर्णयन संयंत्र

औद्योगिक विवादों के सुलझाव हेतु सामान्यतया प्रतिष्ठान स्तर पर सामूहिक सौदेबाजी के संयंत्र का प्रयोग किया जाता है, किन्तु यदि सामूहिक सौदेबाजी का प्रयोग विवाद, सुलझाव हेतु नहीं किया जाता है, या उसके द्वारा विवाद में समझौता नहीं हो पाता है तो औद्योगिक विवाद अधिनियम, 1947 के प्रावधानों के अन्तर्गत विवाद संराधन संयंत्र से होते हुए अधिनिर्णयन के स्तर तक पहुँचता है, जहाँ विवाद के दोनों पक्षों की बातों को सुनने के उपरान्त न्यायाधीश उस सम्बन्ध में अपना निर्णय देता है। इस प्रकार सामूहिक सौदेबाजी और अधिनिर्णयन संयंत्र दोनों के माध्यम से विवाद का सुलझाव होता है। दोनों ही संयंत्रों के कुछ गुण और दोष हैं, जिनका विवरण निम्नलिखित है–

1. यदि सामूहिक सौदेबाजी के माध्यम से हुए समझौते से विवाद का सुलझाव होता है तो दोनों पक्षों में परस्पर सद्भाव जनित होता है और सम्बन्ध विधायी होने लगते हैं। ऐसी स्थिति में भविष्य में विवाद कम उठते हैं किन्तु अधिनिर्णयन के माध्यम से विवाद सुलझाव हेतु जो निर्णय दिए जाते हैं उसमें एक पक्ष की जीत और दूसरे पक्ष की हार होती है, फलस्वरूप दोनों पक्षों के बीच वैमनस्य बढ़ता है।
2. सामूहिक सौदेबाजी की विधि में जनतंत्र के तत्त्व विद्यमान रहते हैं क्योंकि दोनों ही पक्षों की सहमति से समझौता होता है जबकि अधिनिर्णय में एक तीसरा पक्ष विवाद के बारे में अपने ढंग से निर्णय दे देता है, जिसमें जनतंत्र का कोई भी तत्त्व विद्यमान नहीं रहता है।

3. समय और साधनों की दृष्टि से सामूहिक सौदेबाजी एक मितव्ययी तरीका है जबकि विवाद को अधिनिर्णयन में पहुँचने में ही बहुत समय लगता है और निर्णय आने में और भी विलम्ब होता है। निर्णय या पंचाट के निर्गत होने के पश्चात् उसे लागू होने में भी बहुत समय लगता है।
4. सामूहिक सौदेबाजी के अन्तर्गत विवाद के बारे में दोनों पक्ष सहमत होकर समझौता करते हैं, अतः वह समझौता शीघ्र लागू हो जाता है, जबकि अधिनिर्णयन के पंचाटों को पर्याप्त विलम्ब से सरकार के भयवश लागू किया जाता है।
5. दास के अनुसार सामूहिक सौदेबाजी का एक महत्त्वपूर्ण राजनीतिक पक्ष यह है कि इसके माध्यम से श्रम संघवाद को बढ़ावा मिलता है जबकि अधिनिर्णयन संयंत्र में श्रम संघवाद को बढ़ावा देने की कोई बात नहीं होती है।
6. सामूहिक सौदेबाजी के द्वारा किए गए समझौतों के पश्चात् श्रम प्रबन्ध सम्बन्धों में अधिकाधिक धनात्मक पक्ष का समावेश होता है जबकि अधिनिर्णयन के द्वारा विवादों के सम्बन्ध में किए गए पंचाटों से श्रम प्रबन्ध समझौतों में ऋणात्मक पक्षों का समावेश होता है।

किन्तु कुछ दृष्टियों से अधिनिर्णयन सामूहिक सौदेबाजी की दृष्टि से अधिक विधायी है। ऐसे कुछ बिन्दु निम्नलिखित हैं–

1. अधिनिर्णयन संयंत्र के अन्तर्गत यदि विवाद लम्बित है तो सम्बंधित विषय में हड़ताल और तालाबन्दी प्रतिबंधित हो जाती है। किन्तु सामूहिक सौदेबाजी में विवाद विचारणीय होने की स्थिति में भी हड़ताल हो सकती है।
2. अधिनिर्णयन के द्वारा विवाद का हल तीसरे पक्ष के द्वारा किए जाने के कारण श्रम एवं प्रबन्ध विवाद की स्थिति में शान्त रहते हैं जबकि सामूहिक सौदेबाजी एक ओर चलती रहती है और दूसरी ओर हड़ताल भी होती रहती है।
3. अधिनिर्णयन संयंत्र के द्वारा जो निर्णय होता है वह सभी नियोक्ता एवं श्रमिकों पर लागू होता है, जबकि सामूहिक सौदेबाजी, यदि मान्यता प्राप्त श्रम संघ से न की जाए तो उसके समझौते केवल उसी श्रमिक संघ के सदस्यों पर लागू होंगे, जिसके प्रतिनिधियों ने वह समझौता किया है।

उपर्युक्त विवेचन से स्पष्ट है कि अलग–अलग दृष्टियों से सामूहिक सौदेबाजी एवं अधिनिर्णयन संयंत्र दोनों का ही महत्त्व है। किन्तु सामूहिक सौदेबाजी की विधि एक जनतांत्रिक विधि है और इसके द्वारा यदि विवाद में पारस्परिक सहमति से समझौता है तो प्रतिष्ठान में स्थायी शान्ति स्थापित होती है। इसी कारण प्रथम राष्ट्रीय श्रम आयोग एवं द्वितीय राष्ट्रीय श्रम आयोग दोनों ने ही यह सुझाव दिया था कि प्रतिष्ठान में यदि कोई विवाद होता है तो उसे सबसे पहले समझौते हेतु सामूहिक सौदेबाजी में भेजा जाना चाहिए। यदि वहाँ समझौता नहीं होता है तभी विवाद संराधन या अधिनिर्णयन में भेजा जा सकता है।

टिप्पणियां

1. एलेन फ्लैण्डर्स (एड.), कलेक्टिव बारगेनिंग, पृ. 11।
2. एलेन फ्लैण्डर्स (एड.), कलेक्टिव बारगेनिंग, पृ. 13।
3. एलेन फ्लैण्डर्स (एड.), कलेक्टिव बारगेनिंग, सेलेक्टेड रीडिंग (पेंगुइन बुक लन्दन; 1968), पृ. 11।
4. चेम्बरलैन, एन.एन.डब्ल्यू., कलेक्टिव बारगेनिंग (मैक ग्रा हिल, न्यूयार्क, 1951), पृ. 121।
5. चेम्बरलैन, उपर्युक्त।
6. चेम्बरलैन, 'कांस्टीट्यूशनल गवर्नमेण्ट इन अमेरिकन इण्डस्ट्रीज', अमेरिकन इकोनामिक रिव्यू, वा. 12, 1922), पृ. 61।
7. उपर्युक्त, पृ. 137।
8. चेम्बरलैन, एन.डब्ल्यू., दि यूनियन चैलेंजेज टू मैनेजमेण्ट (हार्पर, 1948), पृ. 198।
9. डनलप जे.टी., इण्डस्ट्रियल रिलेशन सिस्टम (होलट रेनहर्ट एण्ड विनसन आई.एन.सी., न्यूयार्क, 1959), पृ. VIII–IX।
10. डनलप जे.टी., 'दि सोशल यूटिलिटी ऑफ कलेक्टिव बारगेनिंग', अलमेन (एड.) चैलेंजेज टू कलेक्टिव बारगेनिंग (प्रण्टिस हाल, एन.जे., 1967), पृ. 163।
11. स्केलमैन वी.एम., स्केलमैन के. एण्ड एच.एस. फुलर, प्राब्लम्स इन लेबर निगोसिएशन (1959), पृ. 58।
12. शेलिंग टी.सी., स्ट्रेटजी ऑफ कानफ्लिक्ट (केम्ब्रिज कास, हारवर्ड यूनिवर्सिटी प्रेस, 1960)।
13. स्टीवेंस सी.एम., स्ट्रेटजी ऑफ कलेक्टिव बारगेनिंग निगोसिएशन (न्यूयार्क मेक ग्रा हिल, 1962)।
14. जान पेन, दि वेजटेट अण्डर कलेक्टिव बारगेनिंग (ट्रांस, टी.एस. प्रेस्टन, केम्ब्रिज मास, हारवर्ड यूनिवर्सिटी प्रेस, 1969)।
15. चेम्बरलैन एन. डब्ल्यू., कलेक्टिव बारगेनिंग (न्यूयॉर्क, मेकग्रा हिल बुक कम्पनी, 1951)।
16. पीटर एडवर्ड, स्ट्रेटजी एण्ड टेक्टिस इन लेबर निगोसिएशन (न्यू लन्दन कान : नेशनल फोरमैन्स इंस्टीट्यूट, 1955)।
17. मेरी पार्कट फोलेट, 'डायनामिक एडमिनिस्ट्रेशन', दि कलेक्टेड पेपर्स ऑफ मेरी पार्कट फोलेट (एड्स), (न्यूयार्क हार्पर एण्ड रा., 1942)।
18. गोल्डेन सी.एस. एण्ड पार्कट बी.डी. (एड्स), कॉलेज ऑफ इण्डस्ट्रियल पीस अण्डर कलेक्टिव बारगेनिंग (न्यूयार्क, नेशनल प्लानिंग एसोसिएशन, हार्पर रा., पब्लिशर्स, इन कारपारेटेड, 1958)।
19. गारफील्ड एस. एण्ड ह्वाइट एन. डब्ल्यू., दि कलेक्टिव बारगेनिंग प्रासेस : ए ह्यूमन रिलेशन एनालिसिस, 1950, पृ. 5–10।

20. बक्के ई., डब्ल्यू. म्यूचुअल सरवाइबल, दि गोल ऑफ यूनियन एण्ड मैनेजमेण्ट, 1946।
21. हारविंशन एफ.एच. एण्ड कोलमैन के.आर., गोल्स एण्ड स्ट्रेटजी इन कलेक्टिव बारगेनिंग, न्यूयॉर्क हार्पर एण्ड रा. पब्लिशर्स, इन कारपोरेट, 1951।
22. वेबर ए.आर., यूनियन डिसीजन मेकिंग इन कलेक्टिव बारगेनिंग (अरवाना, इंस्टीट्यूट ऑफ लेबर एण्ड इण्डस्ट्रियल रिलेशन्स, यूनिवर्सिटी ऑफ इलियोन्वाइस)।
23. सेलेस एण्ड स्ट्रास, दि लोकल यूनियन, इट्स प्लेस इन दि इण्डस्ट्रियल प्लाण्ट 1953 (न्यूयार्क, हार्पर एण्ड रा. पब्लिशर्स)।
24. एस. एण्ड बी. वेब्स, इण्डस्ट्रियल डेमोक्रेसी (1902), पृ. 173।
25. एस. एण्ड बी. वेब्स, इण्डस्ट्रियल डेमोक्रेसी (1902), पृ. 238–40।
26. एस. एण्ड बी. वेब्स, इण्डस्ट्रियल डेमोक्रेसी (1902), पृ. 184।
27. व्लेन ए.एन.जे. एण्ड जेनार्ड जे., 'इण्डस्ट्रियल रिलेशन थियरी, ए क्रिटिकल रिव्यू', ब्रिटिश जर्नल ऑफ इण्डस्ट्रियल रिलेशन्स, वा. 7, नं. 3, 1970, पृ. 403।
28. फ्लैण्डर्स ए., 'कलेक्टिव बारगेनिंग, ए थियरेटिकल एनालिसिस', ब्रिटिश जर्नल ऑफ इण्डस्ट्रियल रिलेशन्स, वा. 1, 1968।
29. फ्लैण्डर्स ए., इण्डस्ट्रियल रिलेशन्स ह्वाट इज रोग विथ दि सिस्टम (फ्रेबर एण्ड फ्रेबर्स; 1968, पृ. 28।
30. व्लेन ए.एन.जे. एण्ड जेनार्ड जे., 'इण्डस्ट्रियल रिलेशन थियरी, ए क्रिटिकल रिव्यू', ब्रिटिश जर्नल ऑफ इण्डस्ट्रियल रिलेशन्स, वा. 7, नं. 3, 1970, पृ. 404।
31. डेवी एच. डब्ल्यू. कान्टेम्पोरेरी क्लेकिटव बारगेनिंग।
32. चेम्बरलैन, एन.एन.डब्ल्यू. एण्ड कुन जे. डब्ल्यू., कलेक्टिव बारगेनिंग, पृ. 233।
33. वेबर ए.आर. (एड), दि स्ट्रक्चर ऑफ कलेक्टिव बारगेनिंग, पृ. XV, XVI।
34. वेबर ए.आर. (एड), दि स्ट्रक्चर ऑफ कलेक्टिव बारगेनिंग, पृ. XVIII, XIX।
35. चेम्बरलैन, एन.एन.डब्ल्यू. उपर्युक्त, पृ. 13।
36. चेम्बरलैन, एन.एन.डब्ल्यू. एण्ड कुन जे. डब्ल्यू., पूर्वोद्धृत, पृ. 234–235।
37. पीटर हेनेल, यूनियन पॉलिसी एण्ड दि साइज ऑफ बारगेनिंग यूनिट, इन अरनाल्ड आर वेबर (एड.) दि स्ट्रक्चर ऑफ कलेक्टिव बारगेनिंग, पृ. 116।
38. वेबर ए.आर. पूर्वोद्धृत।
39. चेम्बरलैन, एन.एन.डब्ल्यू., डिटरमिनेण्ट ऑफ कलेक्टिव बारगेनिंग स्ट्रक्चर इन आरनोल्ड आर वेबर (एड) दि स्ट्रक्चर ऑफ कलेक्टिव बारगेनिंग, पृ. 4–5।
40. सिन्हा, जी.पी. प्रॉबल्म्स ऑफ कलेक्टिव बारगेनिंग, पृ. 8–9 (पेपर प्रजेण्टेड एट दि एनुअल कान्फ्रेंस ऑफ दि इण्डियन इंस्टीट्यूट ऑफ परसनेल मैनेजमेण्ट, एट जमशेदपुर फरवरी 21–23, 1964)।
41. सिन्हा, जी.पी. प्रॉबल्म्स ऑफ कलेक्टिव बारगेनिंग, पृ. 11।

42. उपर्युक्त, पृ. 11।

43. गवर्नमेण्ट ऑफ इण्डिया, रिपोर्ट ऑफ दि नेशनल कमीशन आन लेबर, पृष्ठ–282, पैरा 20–21।

44. उपर्युक्त।

45. हेराल्ड डब्ल्यू, डेवी पूर्वोद्धृत, पृ. 93–94।

46. डब्ल्यू. ब्रूक्स जी. यूनियन एण्ड स्ट्रक्चर ऑफ कलेक्टिव बारगेनिंग, आरनोल्ड एण्ड वेबर (एड) दि स्ट्रक्चर ऑफ कलेक्टिव बारगेनिंग, पृ. 137।

47. गवर्नमेण्ट ऑफ इण्डिया, रिपोर्ट ऑफ दि नेशनल कमीशन आन लेबर, पृ. 331, पैरा 23–24।

48. हर मेजेस्ट्री स्टेशनरी ऑफिस, रिपोर्ट ऑफ दि रायल कमीशन ऑन ट्रेड यूनियन एण्ड एम्प्लायर्स एसोसिएशन, पृ. 18।

49. उपर्युक्त, पृ. 27।

50. हेराल्ड डब्ल्यू. डेवी पूर्वोद्धृत, पृ. 358।

51. हेराल्ड डब्ल्यू. डेवी पूर्वोद्धृत, पृ. 358।

52. ब्रुक्स जी. डब्ल्यू., "यूनियन्स एण्ड स्ट्रक्चर ऑफ कलेक्टिव बारगेनिंग इन 'आरनोल्ड आर वेबर (एड) 'दि स्ट्रक्चर ऑफ कलेक्टिव बारगेनिंग", पृ. 140।

53. बेल जे.डी.एम., इण्डस्ट्रियल 'यूनियनिज्म, ए क्रिटिकल एनलिसिस इन डब्ल्यू.ई.जे. मैककार्वी (एड) ट्रेड यूनियन्स, पृ. 131.

11

औद्योगिक प्रतिष्ठानों की प्रबन्ध व्यवस्था में श्रमिकों का सहभाजन

आज के औद्योगिक समाज में 'औद्योगिक प्रजातंत्र' एवं सामाजिक न्याय सम्बन्धी मूल्यों को अत्यधिक महत्त्व दिया जा रहा है। फलस्वरूप 'प्रबन्ध व्यवस्था में श्रमिकों के सहभाजन' की बात जोर पकड़ती जा रही है। विभिन्न देशों की सामाजिक एवं आर्थिक नीतियों के अनुसार 'श्रम प्रबन्ध सहभाजन' व्यवस्था को भिन्न–भिन्न रूपों में देखा जाता है। अतः इसकी अवधारणा का स्पष्ट निरूपण करने के पूर्व उसकी पृष्ठभूमि में कार्य करने वाली कुछ प्रमुख व्यवस्थाओं का विवरण समीचीन होगा। वी.पी. सिंह के अनुसार 'प्रबन्ध व्यवस्था में श्रमिकों के सहभाजन' की अवधारणा के विकास में निम्नलिखित चार विचारधाराओं का प्रमुख योगदान है।[1]

1. संघाधिपत्यवाद और श्रेणी समाजवाद सम्बन्धी विचारधारा – इन दोनों विचारधाराओं के अन्तर्गत यह बात स्वीकार की जाती है कि राष्ट्रीयकरण के पश्चात् औद्योगिक प्रतिष्ठानों की प्रबन्ध व्यवस्था संगठित श्रम संगठनों के हाथ में आ जाएगी[2], पर इसके बाद की प्रक्रिया के सम्बन्ध में दोनों विचारधाराओं में मतैक्य नहीं है। संघाधिपत्यवाद के अन्तर्गत राज्य के प्रति अराजकतावादी दृष्टिकोण अपनाया गया है। उसके विपरीत श्रेणी समाजवादियों ने राज्य एवं स्थानीय प्रशासन के जनतंत्रीकरण तथा औद्योगिक प्रतिष्ठानों पर उपभोक्ता और उत्पादनकर्ताओं के सहयोगात्मक नियंत्रण पर बल दिया। राज्य के द्वारा उत्पादन के साधनों के नियंत्रण पर जोर दिया गया और श्रेणी के द्वारा 'उत्पादन कार्य' के नियंत्रण पर बल दिया गया।[3] संघाधिपत्यवाद के अन्तर्गत औद्योगिक जनतंत्र को संसदीय जनतंत्र की अपेक्षा अधिक

महत्त्व दिया गया और यह आह्वान किया गया कि औद्योगिक श्रम संघवाद को एक क्रान्तिकारी शक्ति के रूप में विकसित किया जाए, जो कुछ संघाधिपत्यवादियों के अनुसार आगे चलकर राज्य का स्थान ले लेगा।[4] श्रेणी समाजवाद के अधिवक्ताओं का विचार था कि श्रेणी के रूप में परिचित श्रम संगठन, राज्य से उद्योग एवं सेवाओं की प्रशासन की माँग करेंगे और राज्य उनको अधिकार के साथ ही साथ जनसामान्य के प्रति सामाजिक जिम्मेदारी भी प्रदान करेगा।[5] इस प्रकार शारीरिक एवं मानसिक श्रम में कार्यरत श्रमिकों से गठित श्रेणी को एक ऐसी जनतांत्रिक संस्था के रूप में देखा गया, जिसका उद्देश्य था राज्य के सहयोग के साथ कार्य करना। पर उपर्युक्त दोनों विचारधाराएँ केवल कुछ शिक्षाविद्ों का ही ध्यान अपनी ओर आकृष्ट कर सकीं, किसी देश की श्रम नीति पर उनका कुछ भी प्रभाव नहीं पड़ सका। संघाधिपत्यवादियों की असफलता का कारण यह था कि राज्य के प्रति उनका दृष्टिकोण अराजकतावादी था। श्रेणी समाजवादियों की असफलता का कारण यह था कि वे भविष्य की सामाजिक संरचना के सम्बन्ध में एक मत स्थिर नहीं कर सके।[6]

2. समाजवादी विचारधारा – इस विचारधारा के अन्तर्गत, सामाजिक जनतंत्र के विकास हेतु प्रबन्ध व्यवस्था में श्रमिकों का सहभाजन आवश्यक कदम समझा जाता है। इस सहभाजन का कई दृष्टियों से महत्त्व है। आर्थिक दृष्टि से समाज के पुनर्निर्माण हेतु उत्पादन एवं विनिमय के साधनों का राष्ट्रीयकरण आवश्यक है। राष्ट्रीयकृत सम्पत्ति की प्रबन्ध व्यवस्था एवं प्रशासन व्यवस्था में भिन्नता हो सकती है पर राष्ट्रीयकरण का लक्ष्य अधिकतम सामाजिक कल्याण ही है न कि अधिकतम आर्थिक लाभ। इस सामाजिक कल्याण की प्राप्ति तभी संभव है जबकि प्रबन्ध व्यवस्था में श्रमिकों का सहभाजन हो। सामाजिक एवं राजनीतिक दृष्टि से भी प्रबन्ध व्यवस्था में श्रमिकों के सहभाजन का अत्यधिक महत्त्व है। साम्यवाद के अन्तर्गत अन्ततोगत्वा राज्य की समाप्ति एवं समाज द्वारा उसके कार्यों के सम्पादन की कल्पना की जाती है। इस प्रक्रिया में प्रबन्ध व्यवस्था में श्रमिकों के सहभाजन का कार्य अत्यधिक महत्त्वपूर्ण है। श्रमिकों का सहभाजन स्वशासी समितियों के द्वारा होता है। इन समितियों के सदस्यों को स्थानीय स्थितियों का राजकीय समितियों के सदस्यों की अपेक्षा अच्छा ज्ञान होता है। ऐसी समितियाँ रचनात्मक विचारधाराओं एवं कार्यों पर आधारित होती हैं। इनके द्वारा नीचे से सामाजिक जनतंत्र का निर्माण प्रारम्भ होता है। धीरे–धीरे राज्य द्वारा सम्पादित बहुत सी अपेक्षाओं की पूर्ति भी इन समितियों के द्वारा होने लगती है। ये समितियाँ न तो मालिकों की प्रतिनिधि होती हैं, न उत्पादन के साधनों का स्वामित्व करती हैं वरन् ये समुदाय के प्रतिनिधि के रूप में उत्पादन की इकाई का प्रबन्ध करती हैं। अतएव समाजवादी विचारधारा के अन्तर्गत प्रबन्ध व्यवस्था में श्रमिकों के सहभाजन के द्वारा कुछ समस्याओं, यथा कार्यात्मक प्रतिनिधित्व, राज्य एवं श्रम संघों के सम्बन्ध इत्यादि का कार्यात्मक रूप से हल किया जाता है।

मनोवैज्ञानिक दृष्टि से समाजवादी विचारधारा के अन्तर्गत प्रबन्ध में श्रमिकों के सहभाजन का विशेष महत्त्व है। इसके द्वारा व्यक्तिगत रूप से सम्पत्ति की अवाप्ति के

स्थान पर सामूहिक सम्पत्ति की भावना का विकास होता है। फलस्वरूप श्रमिकों में रचनात्मक प्रबन्ध की भावना का प्रस्फुटन होता है और वे अधिक उत्साह से उत्पादन प्रक्रिया में रत होते हैं।

3. गांधीयन विचारधारा – प्रारम्भ में गाँधी जी मशीनों द्वारा उत्पादन के पक्ष में नहीं थे क्योंकि उनके द्वारा उद्योगवाद का जन्म होता है जिसकी विशेषताएँ हैं– (1) लाभ अर्जन, (2) शक्ति का केन्द्रीकरण, और (3) मानवीय शोषण।[7] कालान्तर में उनकी इस विचारधारा में संशोधन हुआ और उन्होंने ऐसी मशीनों का स्वागत किया जिनके द्वारा श्रम और समय की बचत होती है। एक निश्चित सीमा तक उत्पादन का केन्द्रीकरण और निजी स्वामित्व उन्हें ग्राह्य था, ताकि श्रमिकों की प्रस्थिति को ऊँचा उठाकर सहस्वामी के स्तर तक ला दिया जाए। इस प्रकार मालिक और मजदूर दोनों ही न केवल एक–दूसरे के लिए हों वरन् पूरे समुदाय के लिए ट्रस्टी का कार्य करें।[8] पर यदि मिल मालिक ट्रस्टी की भाँति कार्य नहीं करते हैं तो गाँधी जी औद्योगिक प्रतिष्ठानों का राष्ट्रीयकरण करना चाहेंगे। ऐसे राष्ट्रीयकृत औद्योगिक प्रतिष्ठान अत्यन्त आकर्षक एवं आदर्श स्थिति में कार्य करते हुए लाभ के लिए नहीं वरन् समस्त मानवता के कल्याण के लिए कार्य करेंगे।[9] ऐसे प्रतिष्ठानों की प्रबन्ध व्यवस्था में श्रमिकों के चुने हुए प्रतिनिधियों का भी प्रतिनिधित्व होगा। इस विचारधारा के अनुसार 'ग्रामीण जनतंत्र' की भाँति 'औद्योगिक प्रतिष्ठान जनतंत्र' का निर्माण होगा। ऐसे जनतंत्र में श्रमिकों के प्रतिनिधियों को प्रबन्ध व्यवस्था के प्रशासन का वही अधिकार प्राप्त होगा, जो मालिकों अथवा राज्य के प्रतिनिधियों को प्राप्त होगा। पर महात्मा गाँधी की यह भी कल्पना थी कि धीरे–धीरे राज्य के कार्यों का तिरोधान हो जाएगा और उसका स्थान स्वैच्छिक संघ ले लेंगे। श्रम संघ ऐसे ही स्वैच्छिक संघों का एक स्वरूप है। यद्यपि गाँधी जी की उपर्युक्त विचारधारा अभी तक व्यवहार रूप में परिणत न हो पाई, तथापि इसमें सन्देह नहीं कि इसके सैद्धान्तिक विवेचन से प्रबन्ध व्यवस्था में श्रमिक सहभाजन की प्रक्रिया को नवीन दिशा प्राप्त होती है।

4. उदारवादी विचारधारा – गैर समाजवादी देशों में प्रबन्ध व्यवस्था में श्रमिकों के सहभाजन का सर्वाधिक उदार तरीका है – संयुक्त सलाह प्रणाली। टी.ई. चेस्टर[10] के अनुसार 'संयुक्त सलाह' किसी निर्णय करने के पूर्व प्रबन्धकों द्वारा श्रमिकों से ली जाने वाली ऐसी सलाह है, जिसके द्वारा प्रबंधक श्रमिकों के विचारों से अवगत हो जाते हैं और अपनी समस्याओं और उद्देश्यों की सम्यक् व्याख्या भी श्रमिकों से कर लेते हैं। ब्रिटिश औद्योगिक परिवेश में 'सलाह' का अर्थ सहनिर्णय से नहीं है।[11] संयुक्त सलाह सामूहिक सौदेबाजी से भी भिन्न है, क्योंकि इसके अन्तर्गत सामान्यतया 'मजदूरी' और 'कार्य की दशाओं' को नहीं लिया जाता है, जो सामूहिक सौदेबाजी का विषय है। संयुक्त सलाह के तीन प्रमुख उद्देश्य होते हैं– (1) उत्पादकता वृद्धि एवं प्रतिष्ठान, श्रमिक एवं समुदाय को लाभान्वित करना, (2) औद्योगिक प्रतिष्ठानों के प्रशासन तथा प्रबन्ध में श्रमिकों को अपेक्षाकृत अधिक प्रभावशाली ढंग से अपनी भूमिका समझाने में सहायता देना, एवं (3) श्रमिक के आत्म प्रदर्शन की इच्छा को सन्तुष्टि प्रदान करना।

संयुक्त सलाह की प्रक्रिया की सफलता हेतु श्रमिक शिक्षा और सशक्त तथा मान्य श्रम संगठनों की महती आवश्यकता है।

आज के युग में समाजवाद एवं औद्योगिक गणतन्त्र के प्रभाव से प्रबन्ध व्यवस्था में श्रमिकों का सहभाजन श्रम नीति का आवश्यक अंग बन गया है। अब वे दिन बीत गए जब यह कहा जाता था कि प्रबन्धक का कार्य है, अत्यन्त प्रभावपूर्ण ढंग से औद्योगिक प्रतिष्ठानों का संचालन करना और श्रम संघों का कार्य है श्रमिकों की मजदूरी एवं कार्य की दशाओं में अधिकाधिक सुधार लाना। वरन् आज के औद्योगिक प्रतिष्ठानों की प्रबन्ध व्यवस्था में श्रम एवं प्रबन्ध दोनों के सक्रिय सहयोग की आवश्यकता है। हाँ, यह बात अवश्य है कि यह सहभाजन देश और काल के परिवेश में एक–दूसरे से कुछ भिन्न प्रकार का हो सकता है।

उपर्युक्त विचारधाराओं के संदर्भ में डा. मेहत्राज ने 'सहभाजन' को औद्योगिक जनतंत्र का आधारभूत सिद्धान्त करार दिया है। उनके अनुसार इस प्रक्रिया के अन्तर्गत किसी औद्योगिक प्रतिष्ठान की प्रबन्ध व्यवस्था के हर स्तर पर निर्णय करने के अधिकार में श्रमिकगण अपने उचित प्रतिनिधियों के माध्यम से सहभाजन करते हैं।[12] वास्तव में प्रबन्ध व्यवस्था में श्रमिकों का सहभाजन रचनात्मक और मनोवैज्ञानिक प्रक्रिया है, इसके द्वारा श्रमिकों और प्रबन्धकों में तादात्म्य सम्बन्ध का विकास होता है। इसके द्वारा श्रमिक और प्रबंधक दोनों अपनी रचनात्मक क्षमताओं को संगठन के सामान्य लक्ष्यों की प्राप्ति की दिशा में लगाते हैं।[13]

सहभागी प्रबन्ध की अवधारणा

सहभागी प्रबन्ध की अवधारणा को भारत में 'प्रबन्ध में श्रम सहभाजन' के नाम से अविहित किया जाता है। जीवन टानिक के अनुसार प्रबन्ध में श्रम सहभाजन अनेक रूपों में पाया जाता है। एक स्थिति में तो श्रमिक केवल प्राविधिक स्थिति कह सकते हैं। दूसरी स्थिति में श्रमिक औद्योगिक प्रतिष्ठान की सामाजिक स्थिति और संगठन में पूर्णरूप से सहभाजन करता है। इस स्थिति को 'श्रमिक की सरकार' की स्थिति कह सकते हैं। संयुक्त प्रबन्ध की स्थिति, प्रबन्ध में श्रम सहभाजन की प्रारम्भिक स्थिति है और श्रमिक सरकार की स्थिति श्रम सहभाजन की अंतिम स्थिति है।[14] भारत में 'सहभागी प्रबन्ध' की वर्तमान अवधारणा संयुक्त प्रबन्ध और 'श्रमिक सरकार' की अवधारणाओं के बीच की अवधारणा है। अस्तु इसे एक ऐसी व्यवस्था के रूप में परिभाषित कर सकते हैं, जिसके अन्तर्गत श्रमिक को प्रबंधकीय उत्क्रम के विभिन्न स्तरों में निर्णयों को प्रभावित करने का अवसर प्राप्त होता है, इस प्रकार उसे प्रबन्धकीय अधिकार एवं जिम्मेदारियों में हिस्सा बँटाने का अवसर प्राप्त हो जाता है। के.सी. अलैक्जैण्डर ने लगभग इन्हीं अर्थों में इस अवधारणा को स्पष्ट किया है। उनके अनुसार, "किसी प्रबन्ध को हम उस समय सहभागी प्रबन्ध कह सकते हैं, जब उसके अन्तर्गत किसी स्तर या क्षेत्र में श्रमिकों को प्रबंधकीय निर्णय की प्रक्रिया को प्रभावित करने का अवसर प्राप्त होता है, अथवा यदि प्रबन्ध अपने उच्चाधिकार में श्रमिकों को

सहभाजन का अवसर प्रदान करना है।"[15] परन्तु वे सभी प्रक्रियाएँ जिनके द्वारा श्रमिक प्रबन्ध के निर्णयों को प्रभावित करता है, प्रबंधकीय जिम्मेदारियों के निर्वाह में हाथ बँटाता है, अथवा प्रबंधकीय उच्चाधिकार का उपभोग करता है, सहभागी प्रबन्ध की संस्था के अन्तर्गत आती है।

प्रबन्ध में श्रमिकों के सहभाजन के उद्देश्य

भारत की द्वितीय पंचवर्षीय योजना के अनुसार इस व्यवस्था का उद्देश्य प्रतिष्ठान स्तर पर श्रम एवं प्रबन्ध के मध्य सहयोग स्थापित करना है ताकि (1) प्रतिष्ठान के कर्मचारियों व सामान्य समाज के लाभ हेतु उत्पादकता में वृद्धि की जा सके, (2) उद्योग के संचालन तथा उत्पादन विधियों के सम्बन्ध में कर्मचारियों को उनकी भूमिका से भलीभाँति अवगत कराया जा सके, और (3) कर्मचारियों की आत्माभिव्यक्ति की इच्छा को सन्तुष्ट किया जा सके, ताकि वे औद्योगिक शान्ति, अच्छे सम्बन्ध एवं सहयोग की दिशा में अग्रसर हो सकें। इस प्रकार की योजना के द्वारा संगठन के सदस्यों की केवल आर्थिक आवश्यकताओं को ही मान्यता प्रदान करने की बात नहीं सोची जाती है वरन् उनकी सामाजिक एवं मनोवैज्ञानिक आवश्यकताओं की तुष्टि का भी प्रयास किया जाता है। इन उद्देश्यों की पूर्ति के परिणामस्वरूप अभिकर्मियों में प्रतिष्ठान के प्रति व्यक्तिगत रूप से लगाव एवं तादात्म्यीकरण की वृद्धि होती है। फलस्वरूप उनकी कार्य क्षमता एवं प्रतिष्ठान की उत्पादकता में वृद्धि होती है।[16] सहभागी प्रबन्ध की वकालत विक्टर एच. व्रूम (1956), रेनिस लिकर्ट (1961), राबर्ट ब्लेक (1960) तथा डगलस मैकग्रीकर (1960) आदि विद्वानों के द्वारा दी की गई है, इसके माध्यम से प्रतिष्ठान के श्रमिक सदस्यों को प्रबन्ध की प्रक्रिया से सम्बंधित कर, उनकी मानवीय भावनाओं और आकांक्षाओं को ध्यान में में रखते हुए उन्हें इस योग्य बनाया जाता है कि वे प्रतिष्ठान के सामाजिक स्वास्थ्य एवं कार्यक्षमता में विधायी रूप से योगदान कर सकें।[17] जार्ज स्ट्रास ने सहभाजन के लक्ष्यों की व्याख्या करते हुए कहा है कि 'सहभाजन' शक्ति सन्तुलन का एक स्वरूप है, जिसके द्वारा प्रबन्ध अपने अधीनस्थों को अपेक्षाकृत अधिक स्वायत्तता प्रदान करता है, फलस्वरूप ऐसे व्यक्तियों को विशेष सन्तुष्टि प्राप्त होती है जो आत्म स्वातंत्र्य की इच्छा रखते हैं।[18] प्रौद्योगिकी के विकास के लिए यही बात आवश्यक नहीं है कि श्रम प्रबन्ध के बीच संघर्षों का निराकरण हो, वरन् उत्पादन के विभिन्न पक्षों में रचनात्मक सहयोग तथा जनतंत्रात्मक सम्बन्ध स्थापन भी आवश्यक है।[19] श्रम सहभाजन के द्वारा औद्योगिक जनतंत्र की प्राप्ति की दिशा में एक प्रयास किया गया। औद्योगिक प्रतिष्ठान के निर्णय की प्रक्रिया के अन्तर्गत इस अवधारणा के प्रयोग के द्वारा महान सामाजिक परिवर्तन का सूत्रपात हुआ है। इसके द्वारा सत्तात्मक औद्योगिक सरकार का पतन एवं जनतंत्रात्मक सरकार का अभ्युदय हुआ है।

आर्थिक, मनोवैज्ञानिक एवं सामाजिक दृष्टिकोण से प्रबन्ध में कर्मचारियों की **सहभाजन व्यवस्था के निम्नलिखित उद्देश्य हैं–**

आर्थिक दृष्टिकोण से इस व्यवस्था का उद्देश्य श्रम एवं प्रबन्ध में सहयोग की स्थापना द्वारा उत्पादकता वृद्धि का मार्ग प्रशस्त करना है। प्रबन्ध को यह बात सहर्ष स्वीकार करनी चाहिए कि प्रतिष्ठान की प्रगति एवं समृद्धि में श्रमिकों का सहभाजन होना चाहिए। उत्पादन की गति में वृद्धि किए बिना सन्तोषजनक प्रगति नहीं हो सकती है।

मनोवैज्ञानिक दृष्टिकोण से यह बात स्वीकार करनी होगी कि श्रमिक के मानस में भी प्रस्थिति एवं महत्ता अर्जन करने की भावना विद्यमान रहती है। इस उद्देश्य की पूर्ति हेतु प्रबन्ध व्यवस्था में श्रमिकों का सहभाजन अत्यावश्यक हो जाता है। अतएव मनोवैज्ञानिक दृष्टि से इस व्यवस्था का उद्देश्य मानवीय तत्त्व को मान्यता प्रदान करना, कार्य में गर्व की भावना उत्पन्न करना, आत्माभिव्यक्ति के लिए स्वतंत्रता एवं अवसर प्रदान करना और श्रम तथा प्रबन्ध के हितों का एकीकरण करना है।

सामाजिक दृष्टिकोण से औद्योगिक प्रतिष्ठान एक ऐसी सामाजिक संस्था है, जिसमें श्रमिक, नियोक्ता, समुदाय एवं राष्ट्र–सभी की घनीभूत अभिरुचि होती है। उत्पादन एवं कार्यक्षमता की वृद्धि तभी संभव है जब श्रम एवं प्रबन्ध के बीच सौहार्दपूर्ण सम्बन्ध हो। इस दृष्टि से दोनों दलों को पारस्परिक रूप से विचारों का आदान–प्रदान करते हुए औद्योगिक शान्ति और सम्बन्ध कायम रखने के लिए कार्य करना चाहिए। इसलिए सामाजिक दृष्टि से प्रबन्ध में श्रमिकों के सहभाजन का उद्देश्य है– (1) मानवतावाद की भावना की स्वीकृति एवं अभिवृद्धि करना, व (2) श्रमिक को आत्माभिव्यक्ति का अवसर प्रदान करते हुए औद्योगिक समाज में उपयोगी ढंग से जीवनयापन में सहायता देना।

उपर्युक्त तीनों उद्देश्य अतिमहत्त्वपूर्ण और पारस्परिक रूप से एक–दूसरे पर निर्भर हैं। इनका सम्मिलित परिणाम संघर्षों की रोकथाम एवं औद्योगिक प्रगति में तीव्रता लाना है और इस प्रकार सम्पूर्ण औद्योगिक समाज की प्रगति को गति प्रदान करना है।

सहभाजन का स्तर

डॉ. मेहत्राज ने सहभाजन के निम्नलिखित पाँच स्तर निर्धारित किए हैं[20]

1. *सूचनात्मक सहभाजन–* इसके अन्तर्गत श्रमिकों के प्रतिनिधि औद्योगिक प्रतिष्ठानों की प्रबन्ध परिषद् या समिति के सदस्य तो अवश्य होते हैं पर उन्हें प्रतिष्ठान के विभिन्न विकासात्मक पहलुओं के सम्बन्ध में सूचना मात्र दी जाती है। सहभाजन का यह अति न्यूनतम स्वरूप है, क्योंकि श्रमिक प्रतिनिधियों को सूचनाओं की आलोचनात्मक विवेचना करने एवं इस सम्बन्ध में प्रबन्धकों को अन्य कार्यवाही हेतु बाध्य करने का कोई अधिकार प्राप्त नहीं होता है।
2. *परामर्श सहभाजन–* इसके अन्तर्गत प्रबंधकों द्वारा जलपान गृह तथा अन्य श्रम कल्याण सम्बन्धी प्रावधानों के कार्यान्वयन में श्रमिकों के प्रतिनिधियों की सलाह ली जाती है। यह आवश्यक नहीं है कि इन सलाहों को शत–प्रतिशत स्वीकार कर लिया जाए। तथापि इसमें सन्देह नहीं कि औद्योगिक प्रतिष्ठानों की श्रम

कल्याण नीतियों के निर्धारण में इन सलाहों का कुछ महत्त्व होता है। प्रथम प्रकार के सहभाजन की अपेक्षा यह सहभाजन अधिक महत्त्वपूर्ण है, क्योंकि इसके अन्तर्गत श्रमिक केवल सूचना ही प्राप्त नहीं करते हैं, वरन् सलाह भी देते हैं।

3. *साहचर्य सहभाजन* – इसके अन्तर्गत प्रबन्ध द्वितीय प्रकार के सहभाजन की अपेक्षा अधिक क्षेत्रों में श्रमिक प्रतिनिधियों का सुझाव प्राप्त करते हैं। श्रम कल्याणात्मक प्रावधानों के अतिरिक्त उत्पादन विधि, विक्रय प्रणाली, संगठन एवं प्रतिष्ठान की सामान्य क्रिया–विधियों के सम्बन्ध में सुझाव प्राप्त किया जाता है। पूर्वोक्त दोनों प्रकार की सहभाजन पद्धतियों की अपेक्षा यह अधिक प्रभावशाली पद्धति है, क्योंकि इसके अन्तर्गत श्रमिक की प्रतिष्ठान से संबंधित अधिकाधिक पहलुओं की मात्र जानकारी ही नहीं दी जाती है, वरन् विभिन्न समस्याओं के सम्बन्ध में आवश्यक विचार–विमर्श के उपरान्त वे अपनी सलाह भी देते हैं, जिनमें से कुछ सलाहों को कार्यान्वित किया जाता है।
4. *प्रशासकीय सहभाजन* – इसके अन्तर्गत प्रबन्धकों द्वारा किए गए निर्णयों के कार्यान्वयन की जिम्मेदारी ऐसी समितियों को दी जाती है, जिनके श्रमिकगण भी सदस्य होते हैं। निरीक्षण, दुर्घटनाओं से सुरक्षा, व्यावसायिक प्रशिक्षण, नव शैक्ष्य प्रशिक्षण कार्य के घंटों का निर्धारण आदि विषयों का क्रियान्वयन ऐसी समितियों के द्वारा किया जाता है। पूर्वोल्लिखित सहभाजन की अन्य पद्धतियों की अपेक्षा इस पद्धति के अन्तर्गत श्रमिकों को अपेक्षाकृत अधिक जिम्मेदारी और अधिकार प्राप्त होता है और प्रशासकीय एवं निरीक्षकीय अधिकारों के कार्यान्वयन के सम्बन्ध में श्रमिकों को अपेक्षाकृत अधिक स्वायत्तता प्राप्त होती है।
5. *निर्णयात्मक सहभाजन* – इसके अन्तर्गत किसी औद्योगिक प्रतिष्ठान की आर्थिक, प्रशासकीय या अन्य सामान्य समस्याओं के बारे में अंतिम निर्णय ऐसी परिषद् या समिति के द्वारा किया जाता है, जिसमें श्रमिकों के प्रतिनिधि होते हैं। ऐसे निर्णय केवल सुझाव मात्र न होकर अंतिम निर्णय होते हैं। यह सर्वोच्च कोटि का सहभाजन है, क्योंकि इसके अन्तर्गत सत्ता और जिम्मेदारी का पूर्ण डेलीगेशन ऐसी समिति या परिषद् को किया जाता है, जिसके सदस्य श्रमिकों के प्रतिनिधि भी होते हैं। के.सी. अलैक्जैण्डर[21] ने सामूहिक सौदेबाजी को प्रबन्ध व्यवस्था में श्रमिकों में सहभाजन के एक नवीन स्तर के रूप में स्वीकार किया है। उनके अनुसार सामूहिक सौदेबाजी और संयुक्त निर्णय प्रक्रिया (मेह्त्राज[22] द्वारा प्रतिपादित निर्णयात्मक सहभाजन, डेल[23] के द्वारा प्रतिपादित संयुक्त निर्णय और डोरेका[24] के द्वारा प्रतिपादित विचार सहभाजन) सहभाजन के उच्चतर स्वरूप हैं क्योंकि इनके माध्यम से श्रमिक प्रतिनिधि प्रबंधकीय निर्णयों की अपेक्षाकृत अधिक प्रभावित करते हैं। जीवनटानिक के अनुसार प्रबन्ध व्यवस्था में श्रमिकों के सहभाजन की प्रक्रिया की उपलब्धियों का आकलन इस आधार किया जा सकता है कि इसके द्वारा उत्पादन की सामाजिक प्रणाली में, आधारभूत से किस सीमा तक परिवर्तन आया है। इस दृष्टि से उन्होंने सहभाजन के दो मॉडल बनाए हैं,

प्रथम 'यूनिलैटरल मॉडल' और द्वितीय 'को–आपरेटिव मॉडल'। 'यूनिलैटरल मॉडल' के अन्तर्गत श्रमिक निर्णय प्रक्रिया में प्रबन्ध के साथ सहभाजन न कर स्वयं ही प्रतिष्ठान स्तर से लेकर आर्थिक प्रणाली के स्तर तक सभी क्रियाकलापों का नियंत्रण करते हैं। 'को–आपरेटिव मॉडल' के अन्तर्गत इस बात को स्वीकार किया जाता है कि यद्यपि श्रम और पूँजी अपने आप में स्वतंत्र इकाई हैं, किन्तु उत्पादन प्रक्रिया में दोनों ही इकाइयों को पारस्परिक रूप से एक–दूसरे के साथ सहयोग स्थापित करना पड़ता है, तभी समाज के लिए आवश्यक वस्तुओं और सेवाओं का निर्माण हो पाता है। इस प्रकार दोनों तत्वों का स्थायी सह–अस्तित्व होता है। श्रम और पूँजी का सहयोग एक ऐसा विकल्प है, जो समाज के संगठन को स्थायित्व प्रदान कर सकता है। सहकारात्मक सहभाजन (co-operative participation) की उत्पत्ति उस समय होती है, जब श्रम आन्दोलन अति उग्र होकर वर्ग संघर्ष का स्वरूप ग्रहण करने लगता है। इस 'मॉडल' के अन्तर्गत स्वामी और प्रबन्धक की भूमिका सर्वाधिक महत्त्वपूर्ण होती है। एक ओर जहाँ नियोक्ता को उत्पादन प्रणाली में श्रमिकों की भूमिका के महत्त्व की स्थापना करनी पड़ती है, वहीं दूसरी ओर समाज के अन्तर्गत वह श्रमिक की भूमिका और कार्य का महत्त्व स्थापित करता है। उत्पादन प्रक्रिया में श्रम एवं प्रबन्ध द्वारा स्थापित द्विपक्षीय सहकार के अतिरिक्त 'त्रिपक्षीय सहकार' भी होता है, जिसके अन्तर्गत राज्य तृतीय पक्ष की भूमिका का निर्वाह करता है। राज्य के सहभाजन का स्वरूप अधिनियम भी हो सकता है और परामर्शदाता के रूप में भी हो सकता है। केनीथ ऐडम[25] के अनुसार औद्योगिक उत्पादन की प्रक्रिया में 'सहभाजन' की अवधारणा का विकास उस समय हुआ, जब कार्यरत समूह को यह महसूस हुआ कि उनके ज्ञान, बुद्धि और कौशल का प्रभाव उन लोगों पर भी पड़ता है, जिन्हें निर्णय की जिम्मेदारी दी जाती है। इस आधार पर उन्होंने इस विचारधारा की अभिकल्पना की कि औद्योगिक प्रतिष्ठान में सहनिर्णय की स्थिति तब उत्पन्न हो सकती कि किसी स्तर पर सहभाजन न किया जाता हो। एन.के. सिंह[26] ने सहभाजन को एक निरन्तर क्रम में देखा है। उनके अनुसार इसके तीन स्वरूप हो सकते हैं– (1) स्वामित्व, जैसा यूगोस्लावाकिया में 'सेल्फ मैनेजमेंट' सिस्टम के अन्तर्गत होता है, (2) पारस्परिक लक्ष्य निर्धारण–संचालक मण्डल में श्रमिकों का प्रतिनिधित्व, एवं (3) परामर्श मात्र। इण्टरनेशनल इंस्टीट्यूट ऑफ लेबर स्टडीज[27] के द्वारा 'बोर्ड ऑफ डायरेक्टर' मैनेजर और 'सुपरवाइजर' तीनों स्तरों के प्रबन्धकीय निर्णयों में श्रमिकों के सहभाजन पर विचार किया गया है। उक्त इन्स्टीट्यूट के अनुसार सहभाजन अति उच्च स्तर का भी हो सकता है, जिसके अन्तर्गत प्रतिष्ठान के संचालक मण्डल में श्रमिकों का प्रतिनिधित्व होता है। किन्तु इस स्थिति के बावजूद प्रबन्ध का स्वरूप अतिशय सत्तात्मक हो सकता है। दूसरी ओर केवल कार्यशाला स्तर पर ही सहभाजन हो सकता है और इसमें भी सामान्य श्रमिकों

को यह अनुभूति हो सकती है कि उसके विचारों और सुझावों से प्रबन्ध प्रभावित हो रहा है।

उपर्युक्त सभी विचारकों के मतों में बहुत कुछ समता है। डोटेका, डेल, मेह्त्राज तथा अलेक्जैण्डर ने सहभाजन के विविध स्तरों का विभाजन इस आधार पर किया है कि श्रमिकों को निर्णय प्रक्रिया में सहभाजन की छूट किस सीमा तक प्राप्त होती है। इस दिशा में सर्वाधिक महत्त्वपूर्ण योगदान टानिक और ऐडम का है। इन लोगों ने सहभाजन के स्तरों का मूल्यांकन इस आधार करने का प्रयास किया है कि इसके द्वारा किस सीमा तक उत्पादन की सामाजिक प्रणाली में आधारभूत परिवर्तन होता है। पर सामूहिक सौदेबाजी को सहभाजन के एक स्तर के रूप में स्वीकार करना एक विवादास्पद विषय है। वाकर और बेलकोम्ब ने ब्रिटिश औद्योगिक प्रतिष्ठानों में संयुक्त सलाह सम्बन्धी विविध अभियन्त्रों का अध्ययन करते हुए यह निष्कर्ष निकाला कि निगोसिएशन (सामूहिक सौदेबाजी) और सहकार या सहभाजन में आधारभूत भिन्नता है क्योंकि इन दोनों स्थितियों में श्रम प्रबन्ध की कार्य प्रणाली प्रस्थिति, अधिकार तथा जिम्मेदारी की भावना में पर्याप्त अन्तर पाया जाता है।[28]

प्रबन्ध व्यवस्था में श्रमिकों के सहभाजन के स्तर को और अधिक स्पष्ट करने के लिए कुछ विद्वानों ने सिस्टम थियरी का सहारा लिया है। सिस्टम थियरी को औद्योगिक सम्बन्ध के क्षेत्र में जान डवलप के द्वारा प्रयोग किया गया। उन्होंने इस सम्बन्ध में चार अवधारणाओं, यथा लागत, रूपान्तरण, प्रतिफल तथा प्रतिसम्भरण का निरूपण किया। परमेश्वर राव[29] ने इस आधार पर एक नवीन मॉडल का निरूपण किया है। 'इनपुट' के अन्तर्गत उन्होंने उन एक्टर्स को रखा है, जो प्रबन्ध सहभाजन में भाग लेते हैं। ऐसे एक्टर्स तीन प्रकार के होते हैं– (1) श्रमिक (व्यक्तिगत श्रमिक और श्रम संघ), (2) प्रबन्ध (व्यक्तिगत प्रबन्धक और प्रबन्ध वर्ग), व (3) सरकार (अधिनियम और परामर्श)। रूपान्तरण के अन्तर्गत उन्होंने सहभाजन के विषय, स्तर और चरण, नियुक्ति, अनुस्थापन, पदोन्नति, स्थानान्तरण, प्रशिक्षण, छँटनी, अनुशासन, निष्कासन, सुरक्षा व्यवस्था, कार्यभार निर्धारण, औद्योगिक विवाद, पूँजी निवेश, मूल्य निर्धारण तथा विपणन व्यवस्था, आदि के सम्बन्ध में की जाने वाली निर्णय प्रक्रिया आदि को रखा है। सहभाजन कार्यशाला स्तर पर भी हो सकता है और उच्च प्रबन्ध के स्तर पर भी हो सकता है। सहभाजन की प्रकृति आर्थिक, राजनीतिक और मनोवैज्ञानिक तीनों प्रकार की हो सकती हैं सहभाजन के चार चरण हो सकते हैं– (1) सामूहिक सौदेबाजी, (2) निर्णयात्मक सहभाजन, (3) सहयोगी और परामर्शदात्री सहभाजन, व (4) सूचनात्मक सहभाजन। सहभाजन के प्रतिफल के रूप में (1) कुछ नियमों और कार्य पद्धतियों का निर्माण होता है, (2) उत्पादकता में वृद्धि होती है, तथा (3) विभिन्न स्तर के अभिकर्मियों को सन्तुष्टि प्राप्त होती है और विकास के अवसरों की उपलब्धि होती है। सम्पूर्ण प्रक्रिया के प्रतिसम्भरण के रूप में उपभोक्ताओं को राहत मिलती है।

हमारे देश में श्रम और प्रबन्ध की मनःस्थिति, योग्यता, कौशल एवं अन्य स्थितियों के परिप्रेक्ष्य में कार्यशाला स्तर का सहभाजन सर्वाधिक उपयोगी है। इस स्तर पर श्रम

और प्रबन्ध के बीच न्यूनतम मात्रा में द्वन्द्व होता है और इस स्तर की विभिन्न समस्याओं को श्रमिक अपेक्षाकृत आसानी से समझ जाता है। उनके सहभाजन के प्रतिफल को सटीक ढंग से परिभाषित किया जा सकता है। इस स्तर पर निर्णयात्मक सहभाजन भी हो सकता है। कार्यशाला स्तर से ऊँचा उठने पर प्रतिष्ठान के स्तर के सहभाजन की बात आती है, किन्तु इस दिशा में दूसरे देशों के अनुभव बहुत उत्साहवर्धक नहीं हैं। उदाहरणार्थ, यूगोस्लाविया में जहाँ औद्योगिक प्रतिष्ठानों का स्वामित्व भी श्रमिकों के ही हाथ में है, केवल 15 से 25 प्रतिशत श्रमिक ही यह अनुभव करते हैं कि प्रतिष्ठान के संचालन में उनका कुछ हाथ है। इसी प्रकार ब्रिटेन के इंगलिश चाइना क्ले में भी 15 प्रतिशत से अधिक श्रमिक यह नहीं चाहते हैं कि उन्हें प्रतिष्ठान स्तर की प्रबन्ध व्यवस्था में सहभागी बनाया जाए।[30] कुछ श्रम विशेषज्ञों का मत है कि इस स्तर पर केवल सूचनात्मक सहभाजन ही संभव है।

आज औद्योगिक परिवेश में एक नवीन स्तर के सहभाजन की बात कही जा रही है। इसे इक्विटी पार्टिसिपेशन (equity participation) की संज्ञा दी जा रही है। इस सहभाजन की व्याख्या करते हुए प्रमुख प्रबन्ध विशेषज्ञ पी.एल. टण्डन[31] ने कहा है कि अब समय आ गया है, जब सार्वजनिक क्षेत्र में स्थापित प्रतिष्ठानों को वास्तव में 'पब्लिक सेक्टर' का जामा पहना दिया जाना चाहिए। सरकार ने इन प्रतिष्ठानों में अपने शेयर के रूप में जिस पूँजी का निवेश किया है, उसे सामान्य अभिकर्मियों एवं जनता को स्थानान्तरित कर दिया जाना चाहिए। एम.आर. शेरवानी के अनुसार भी सहभाजन का सबसे अच्छा स्वरूप स्वयं श्रमिकों का स्वामित्व है। उन्होंने अपनी जीप फ्लैश लाइट कम्पनी में इस प्रकार का प्रयोग किया था, जिसमें आशातीत सफलता प्राप्त हुई। विश्लेषणात्मक दृष्टि से यदि श्रमिक प्रतिष्ठान की पूँजी निवेश में भी सहभाजन करेंगे तो इस प्रकार के सहभाजन में मनोवैज्ञानिक विशेषताओं के साथ ही राजनीतिक विशेषताओं का भी समावेश होगा और वह सहभाजन सहयोगात्मक या परामर्शदायी न होकर निर्णयात्मक हो जाएगा।[32]

सहभाजन की ऐतिहासिक पृष्ठभूमि

औद्योगिक प्रतिष्ठानों में सहभाजन की विचारधारा का प्रादुर्भाव श्रम संघवाद, औद्योगिक प्रजातन्त्र एवं सामाजिक न्याय के मूल्यों के सम्मिलित प्रभाव से हुआ। इस दिशा में सर्वप्रथम प्रयत्न प्रथम विश्व युद्ध के समय ह्विटले कमेटी ने किया। उक्त समिति ने नियोक्ताओं तथा श्रमिकों के सम्बन्धों में सुधार करने और इन दोनों पक्षों से सम्बन्धित विभिन्न पहलुओं पर विचार–विमर्श हेतु संयुक्त औद्योगिक परिषदों की स्थापना की सिफारिश की। प्रथम विश्वयुद्ध के पश्चात् औद्योगिक संस्थानों में कार्य परिषद् स्थापित करने के लिए कई देशों ने कानून भी पारित किया। जर्मनी में 1922 में ऐसे नियम बनाए गए जिसके अन्तर्गत कार्य समितियों को यह अधिकार दिया गया कि वे प्रत्येक प्रतिष्ठान की निरीक्षकीय समिति के अन्तर्गत दो श्रमिक प्रतिनिधियों को भी पूर्णकालिक रूप से कार्य हेतु नियुक्त करें। द्वितीय महायुद्ध के पश्चात् इस दिशा में कुछ और

कारगर कदम उठाये गए और रूस के लौह औद्योगिक प्रतिष्ठानों में सह–प्रबन्ध प्रणाली का प्रयोग प्रारम्भ हुआ। 1952 में वर्क्स कांस्टीट्यूशन एक्ट पारित किया गया। यद्यपि इस अधिनियम का उद्देश्य श्रम प्रबन्ध के बीच सहयोग की अभिवृद्धि करना था, पर इसके द्वारा इस तथ्य के निर्धारण में भी सहायता मिली कि कौन से कार्य प्रबन्धकों द्वारा सम्पादित होने चाहिए और कौन से कार्य श्रम कार्य समितियों द्वारा सम्पादित होने चाहिए। उद्योग में कर्मचारियों की सम्बद्धता को कायम रखने के लिए दो योजनाएँ लागू की गईं, प्रथम कार्य परिषद् और द्वितीय उन्नत लाभ विभाजन योजना। जर्मनी के श्रम अधिनियम कर्मचारियों को केवल प्रबन्ध में ही हिस्सा बँटाने का अवसर प्रदान नहीं करते हैं, वरन् कारखाने की सम्पूर्ण व्यवस्था तथा स्वामित्व और प्रबन्ध में सहभाजन का अवसर प्रदान करते हैं।

ब्रिटेन में निजी और सार्वजनिक दोनों क्षेत्रों के उद्योगों की प्रबन्ध व्यवस्था में कर्मचारियों को सम्मिलित करने के लिए संयुक्त सलाहकार समितियाँ स्थापित की जाती हैं। इन समितियों में मिल मालिक तथा श्रमिक दोनों के प्रतिनिधि होते हैं। यूगोस्लाविया की प्रणाली स्वयं प्रबन्ध संचालन प्रणाली कहलाती है जिसके अन्तर्गत श्रमिक व्यक्तिगत पूँजीपतियों से बात न कर स्वयं ही अपने–अपने कारखानों का प्रबन्ध करते हैं। देश में समस्त उद्योगों को राष्ट्रीय सम्पत्ति घोषित कर दिया गया है। उनका प्रबन्ध श्रमिकों की समितियाँ (अ) श्रमिक परिषद्, और (ब) प्रबन्ध समिति करती है। स्वीडन, कनाडा तथा बेल्जियम आदि देशों में भी उद्योगों के प्रबन्ध में कर्मचारियों के भाग लेने की योजनाएँ लागू हो गई हैं।

भारत में प्रबन्ध सहभाजन

भारत में इस विचारधारा के श्रीगणेश का श्रेय महात्मा गाँधी को दिया जा सकता है। गाँधी जी ने कार्य की प्रतिष्ठा पर विशेष जोर दिया और प्रत्येक व्यक्ति को समान महत्त्व और प्रस्थिति प्रदान करने पर भी जोर दिया। उनके अनुसार प्रबन्ध सहभाजन प्रस्थिति की समानता, कार्य की प्रतिष्ठा और श्रम तथा प्रबन्ध की अभिरुचियों के पारस्परिक आदान–प्रदान पर निर्भर है। उन्होंने 1937 में ही प्रबन्ध सहभाजन पर जोर दिया। 13 फरवरी, 1937 के हरिजन में उन्होंने लिखा है कि औद्योगिक प्रतिष्ठान हेतु यह आवश्यक है कि कामगार को भी शेयर होल्डरों के समान समझा जाए और औद्योगिक प्रतिष्ठान के विभिन्न क्रियाकलापों की सम्यक् जानकारी प्राप्ति का उन्हें अधिकार दिया जाए।

स्वतन्त्रता प्राप्ति के पूर्व इस दिशा में व्यावहारिक रूप से कोई कारगर कदम नहीं उठाया जा सका। 1947 में औद्योगिक विवाद अधिनियम पारित किया गया। उक्त अधिनियम के अन्तर्गत उपबन्धित कार्य समितियों की स्थापना का मुख्य उद्देश्य प्रबन्ध एवं श्रमिकों के बीच उत्पन्न विवादों का तात्कालिक निपटारा करना और शान्तिपूर्ण औद्योगिक सम्बन्धों का विकास करना था, किन्तु इस व्यवस्था ने उद्योग में मानवीय तत्त्व को मान्यता प्रदान करते हुए कर्मचारियों को आत्माभिव्यक्ति का अवसर प्रदान

किया। यद्यपि टाटा आयरन एण्ड स्टील कंपनी, जमशेदपुर तथा एल्यूमीनियम वर्क्स, बेलूर के औद्योगिक प्रतिष्ठानों में इस प्रकार के सहभाजन के उदाहरण बहुत पहले से ही मिलते हैं और 1938 से ही देहली क्लाथ मिल (डी.सी.एम.) के संचालक मण्डल में श्रमिकों का एक प्रतिनिधि चुनकर भेजा जाता था, पर राष्ट्रीय स्तर पर इस प्रकार के सहभाजन की दिशा में सर्वप्रथम प्रयास 1956 की औद्योगिक नीति सम्बन्धी प्रस्तावों के द्वारा किया गया। प्रस्तावों में यह स्पष्ट उल्लेख है कि एक सामाजिक जनतंत्र के अन्तर्गत श्रमिक विकास के सामान्य कार्य का सहभागी है और उसे विशेष उत्साह के साथ इस प्रकार के कार्यों में भाग लेना चाहिए। प्रबन्ध व्यवस्था में श्रमिक और प्राविधिक व्यक्तियों की संयुक्त सलाह का अधिकाधिक प्रावधान होना चाहिए। इस दिशा में सार्वजनिक क्षेत्रों में स्थापित प्रतिष्ठानों द्वारा विशेष उदाहरण प्रस्तुत किया जाना चाहिए। द्वितीय पंचवर्षीय योजना में औद्योगिक प्रतिष्ठानों में श्रमिकों द्वारा प्रबन्ध सहभाजन में भाग लेने के सम्बन्ध में कहा गया है कि एक समाजवादी समाज की रचना लाभकारी सिद्धान्तों पर नहीं की जा सकती। उसके लिए समाज सेवा के सिद्धान्तों को अपनाना पड़ेगा। इसके लिए श्रमिक को ऐसा अवसर प्रदान किया जाना चाहिए कि उसे इस बात की अनुभूति हो कि वह प्रगतिशील राष्ट्र के निर्माण में अपना योगदान दे रहा है। प्रजातांत्रिक समाज संगठित करने से पहले औद्योगिक प्रजातन्त्र की स्थापना अति आवश्यक है। द्वितीय योजना के सफल संचालन के लिए कर्मचारियों को प्रबन्ध में अधिकाधिक सहयोग अनिवार्य है। इससे उत्पादन में वृद्धि होगी। श्रमिक उद्योगों के विषय में अधिक जानकारी प्राप्त कर सकेंगे। साथ ही श्रमिकों को अपनी भावनाओं को व्यक्त करने का अवसर मिलेगा, जिससे औद्योगिक शान्ति स्थापित होगी। तृतीय पंचवर्षीय योजना में निजी क्षेत्र में स्थापित औद्योगिक प्रतिष्ठानों की उपयोगिता के सम्बन्ध में कहा गया कि सामाजिक व्यवस्था की संरचना में निजी क्षेत्र के उद्योगों को भी समायोजित करने का सबसे अच्छा तरीका यह है कि उनकी प्रबन्ध व्यवस्था में श्रमिकों को सहभाजन का अवसर प्रदान किया जाए। इस प्रकार विभिन्न योजनाओं में श्रमिकों की सहभाजन व्यवस्था पर जोर देने से यह बात तो स्पष्ट हो जाती है कि इस व्यवस्था के प्रति सरकार का अनुस्थापन धीरे–धीरे मजबूत होता गया।[33]

भारत में इस विचारधारा के विकास में न केवल सरकार का ही अमूल्य योगदान रहा, वरन् श्रम संघ प्रबन्ध तथा कुछ स्वतंत्र विचारकों ने इस कार्य में अमूल्य सहयोग प्रदान किया। इसका उद्देश्य था औद्योगिक प्रतिष्ठानों में श्रमिकों की प्रस्थिति को ऊँचा उठाना, औद्योगिक समस्याओं के निराकरण में जनतांत्रिक व्यवहारों का अधिकाधिक प्रयोग करना, उत्पादकता वृद्धि हेतु श्रम तथा प्रबन्ध की क्षमता और बुद्धि का विकास करना।[34] भारत में इस विचारधारा का क्रियान्वयन 'कार्य समिति' संयुक्त प्रबन्ध परिषद् तथा अन्य द्विपक्षीय वार्ता व्यवस्थाओं के माध्यम से किया गया। यहाँ सहभागी प्रबन्ध के अन्तर्गत मुख्य रूप से 'कार्य समिति' तथा संयुक्त प्रबन्ध परिषद् के ही क्रियाकलापों का विश्लेषण किया गया है। सामूहिक सौदेबाजी को एक अलग विषय के रूप में स्वीकार करते हुए उसका अलग से विवेचन किया जा चुका है।

कार्य समितियाँ

भारतीय औद्योगिक प्रतिष्ठानों की प्रबन्ध व्यवस्था में श्रमिकों के सहभाजन का सर्वप्रथम उदाहरण कार्य समितियों के क्रियाकलापों के अन्तर्गत प्राप्त होता है। इन कार्य समितियों का प्रावधान औद्योगिक विवाद अधिनियम 1947 के अन्तर्गत किया गया। इस अधिनियम के अनुसार प्रत्येक औद्योगिक प्रतिष्ठान में जहाँ 100 या अधिक श्रमिक कार्य करते हैं, कार्य समिति की व्यवस्था आवश्यक है। कार्य समिति में श्रमिक व प्रबन्ध दोनों पक्षों के प्रतिनिधियों की संख्या एक सी होती है। श्रमिक प्रतिनिधियों का चुनाव औद्योगिक प्रतिष्ठान के पंजीकृत श्रम संघों के अधिकारियों की सलाह से किया जाना चाहिए। औद्योगिक प्रतिष्ठान में यदि किसी विवाद की आशंका हो तो कार्य समिति की बैठक विवाद से पूर्व होनी चाहिए और दोनों पक्षों की स्थिति विशेष से संबंधित मतभेदों को पारस्परिक विचार–विमर्श द्वारा तय कर लेना चाहिए, ताकि विवाद न उत्पन्न होने पाए। इस प्रकार इस समिति के माध्यम से श्रम और प्रबन्ध दोनों पक्षों में एकता स्थापित होगी और औद्योगिक शान्ति स्थापन का मार्ग प्रशस्त होगा। कार्य समिति का प्रावधान संयुक्त सलाह के प्रोत्साहन हेतु किया गया था। अधिनियम के अन्तर्गत कार्य समितियों की भूमिका को विशिष्ट रूप से निरूपित नहीं किया गया था और अनेक विषयों पर विचार–विमर्श हेतु उनसे आशा की जाती थी, फलस्वरूप उनकी भूमिका में पर्याप्त रूप से अस्पष्टता का समावेश हो गया। 1959 में भारतीय श्रम सम्मेलन ने कार्य समिति के निर्माण एवं कार्य के निर्धारण हेतु कुछ विशिष्ट सिद्धान्तों का निरूपण करने के लिए एक समिति गठित की। उक्त समिति का सुझाव था कि कार्य समितियों को कार्य की दशाओं, श्रमिक सुविधाओं, दुर्घटनाओं का निरोध, अवकाश, श्रम कल्याण कोष का प्रशासन, अल्प बचत, शिक्षा तथा मनोरंजन सम्बन्धी सुविधाओं के विषय में विचार–विमर्श करना चाहिए। सामूहिक सौदेबाजी तथा कार्य समिति के अन्तर्गत विचार–विमर्श हेतु किए जाने वाले विषयों के बीच एक विभाजक रेखा खींचने का प्रयास भी उक्त सम्मेलन में किया गया।

कार्य समितियों की प्रगति के मूल्यांकन हेतु कई प्रयास किए गए हैं। किन्तु वैधानिक प्रावधान के बावजूद बहुत से औद्योगिक प्रतिष्ठानों में कार्य समितियों का निर्माण नहीं किया गया। 1951 तक देश में केवल 1,142 कार्य समितियों की ही स्थापना हो पाई थी। 1959–60 तक लगभग 4,730 इकाइयों में इस प्रकार की समितियों की स्थापना होनी थी, पर केवल 2574 इकाइयों में इस प्रकार की समितियाँ स्थापित हो पाई थीं।[35] भारत सरकार के श्रम और रोजगार मंत्रालय द्वारा इस सम्बन्ध में किए गए सर्वेक्षण से ज्ञात हुआ कि बम्बई की गैर सूती मिलों में कुल 46 कार्य समितियाँ हैं, उनमें से 50 प्रतिशत समितियाँ पूर्णतया निष्क्रिय हैं।[36] उत्तर प्रदेश के कल्याण अधिकारियों की भूमिका एवं प्रस्थिति के सम्बन्ध में किए गए एक अध्ययन से यह ज्ञात हुआ कि ये किसी भी प्रतिष्ठान में कार्य नहीं कर रही हैं। अधिकांश प्रतिष्ठानों में इस प्रकार की समिति का कोई अस्तित्व नहीं है।[37]

यद्यपि कार्य समितियों की प्रगति के मूल्यांकन हेतु उपर्युक्त अध्ययन पर्याप्त नहीं है तथापि उनके द्वारा बहुत अंश में इस मत की पुष्टि अवश्य हो जाती है कि ये समितियाँ अप्रभावशाली हैं। मानवीय प्रेरणा और इच्छा शक्ति से असंबंधित, किसी संरचना को ऊपर से आरोपित कर देने के फलस्वरूप एक अप्रभावी संयंत्र का निर्माण मात्र हुआ। कार्य समिति के निर्माण के समय उससे जो आशाएँ की गई थीं, वे व्यवहार रूप में परिणित न हो सकीं।[38] के.एन. सुब्रह्मण्यन के अनुसार अधिनियमित रूप से स्थापित कार्य समितियों में से केवल 25 प्रतिशत कार्य समितियाँ ही अपनी जिम्मेदारी का निर्वाह कुशलता पूर्वक कर रही हैं।[39]

विरोधी श्रम संगठनों के पारस्परिक संघर्ष एवं नियोक्ताओं द्वारा उनके प्रति अपनाई जाने वाली उदासीनता के कारण कार्य समितियों की प्रस्थिति भी महत्त्वहीन हो जाती है। कार्य समितियों की भूमिकाओं के सम्बन्ध में उत्पन्न भ्रम और विभिन्न उद्देश्यों की पूर्ति हेतु उनके प्रयोग से भी कुछ कठिनाइयाँ उत्पन्न हो जाती हैं। इस समिति में विभिन्न दलों के प्रतिनिधियों के उचित प्रतिनिधित्व का प्रश्न भी कठिनाइयाँ उत्पन्न कर देता है। अभी तक सौदेबाजी के पूर्ण अधिकार हेतु किसी श्रम संघ को मान्यता देने की विधि का निर्धारण नहीं हो पाया है। इसके साथ ही सर्वाधिक महत्त्वपूर्ण कठिनाई यह है कि प्रतिष्ठान स्तर पर श्रम प्रबन्ध सम्बन्धों का स्वस्थ रूप से विकास नहीं हो पाया है। फलस्वरूप दोनों पक्ष अपने को एक–दूसरे का विरोधी समझते हैं तथा कार्य समिति के प्रयासों को सफलता नहीं मिल पाती है। सामान्यतया कार्य समितियों की बैठकों में श्रम और प्रबन्ध ऐसे विवादास्पद विषयों को उठा देते हैं, जिन पर कार्य समिति में विचार नहीं होना चाहिए, फलस्वरूप कार्य समिति की रचनात्मक प्रगति में बाधा उत्पन्न हो जाती है। अधिकांश औद्योगिक प्रतिष्ठानों में यही निर्णय नहीं हो पाता है कि कौन सा विषय कार्य समिति के विचार क्षेत्र के अन्तर्गत आना चाहिए और कौन सा विषय सामूहिक सौदेबाजी के विचार क्षेत्र के अन्तर्गत आना चाहिए। वास्तव में कार्य समितियों के क्रियाकलापों को रचनात्मक मोड़ देने के लिए एक अन्य प्रभावशाली संयंत्र की आवश्यकता है, जो समय–समय पर उन्हें परामर्श देता रहे।[40]

संयुक्त प्रबन्ध परिषद्

प्रबन्ध में श्रमिकों के सहभाजन की योजना को व्यावहारिक रूप देने तथा इस सम्बन्ध में उत्पन्न होने वाली समस्याओं के सम्बन्ध में आवश्यक सूचना प्राप्त करने के लिए 1956 में भारत सरकार ने केन्द्रीय श्रम मंत्रालय के तत्कालीन सचिव श्री विष्णु सहाय की अध्यक्षता में 10 सदस्यों का एक अध्ययन मण्डल पश्चिमी यूरोप के देशों में भेजा। उक्त अध्ययन मण्डल ने 1957 में अपना प्रतिवेदन प्रस्तुत किया। इस प्रतिवेदन में संयुक्त प्रबन्ध परिषदों को श्रम प्रबन्ध सहभाजन की मुख्य इकाई के रूप में स्वीकार किया गया। प्रतिवेदन की कुछ मुख्य संस्तुतियाँ निम्नलिखित हैं–

1. इस योजना को लागू करने से पूर्व शिक्षा आन्दोलन आवश्यक है।

2. यह योजना किन–किन उद्योगों में लागू हो, यह निर्णय करने का अधिकार सरकार को होना चाहिए। यह प्रणाली उन्हीं उद्योगों में चालू की जाए जिनका प्रबन्ध सर्वश्रेष्ठ हो, छोटे उद्योगों को इसमें शामिल नहीं किया जाना चाहिए।
3. दोनों पक्षों के रुख में परिवर्तन होना आवश्यक है अर्थात् श्रमिकों और मालिकों में स्वेच्छापूर्वक सहयोग होना चाहिए।
4. यदि उद्योग या कारखाने की कई शाखाएँ हों तो उनके लिए एक ही 'संयुक्त परिषद्' होनी चाहिए। इन संयुक्त परिषदों से कारखानों में काम के नियम, छँटनी, विवेकीकरण, कारखाने की बन्दी, नए तरीके अपनाने और बहाली तथा दण्ड आदि के सम्बन्ध में परामर्श किया जाना चाहिए।
5. अध्ययन दल की रिपोर्ट में कहा गया है कि अनेक देशों की प्रबन्ध परिषदों में श्रमिकों तथा मालिकों की संख्या बराबर–बराबर रखी गई है, किन्तु दल के मतानुसार यह आवश्यक नहीं, क्योंकि निर्णय आपस के सहयोग तथा समझौते के अनुसार होना चाहिए, न कि 'वोटों' के आधार पर। इन परिषदों में शिल्पियों अथवा टेक्नीकल श्रमिकों को अवश्य लेना चाहिए।
6. सामूहिक सौदेबाजी के मामलों को परिषदों के अधिकार क्षेत्र से बाहर रखना चाहिए।
7. इन परिषदों को यह भी अधिकार होना चाहिए कि वे उद्योग की आर्थिक स्थिति, बाजार की हालत, उत्पादन और बिक्री के कार्यक्रम, कारखाने के संचालन, आय–व्यय और वार्षिक चिट्ठों आदि की जानकारी प्राप्त करें तथा सुझाव दें।
8. इन संयुक्त प्रबन्ध परिषदों की स्थापना का प्रमुख उद्देश्य यह है कि श्रम एवं पूँजी में सम्पर्क रहे। श्रमिकों के रहन–सहन के स्तर में सुधार हो और कर्मचारियों को कार्य के बारे में सुझाव देने के लिए प्रोत्साहित किया जाए। कारखाने से संबंधित अधिनियमों तथा प्रसंविदाओं को तैयार करने में सहायता दी जाए।
9. प्रबन्ध परिषदों में उत्साह पैदा करने के लिए उन्हें संचालन या प्रशासन का कुछ काम सौंपना चाहिए।
10. श्रमिकों की शिक्षा के प्रबन्ध के लिए त्रिदलीय संगठन हो और इस काम के लिए मालिकों और कर्मचारियों के संगठनों, विश्वविद्यालयों और गैर सरकारी संस्थाओं से मदद ली जाए।

उसी वर्ष श्रम सम्मेलन ने उक्त प्रतिवेदन की मुख्य संस्तुतियों को स्वीकार कर लिया। विस्तृत रूप से इस योजना पर विचार करने के लिए 12 सदस्यों की एक त्रिदलीय समिति गठित की गई। समिति की संस्तुति थी कि प्रारम्भ में यह योजना केवल 12 उद्योगों पर लागू की जाए। संयुक्त प्रबन्ध परिषदों की कार्य प्रणाली की वर्तमान योजना बहुत कुछ इस समिति की संस्तुतियों पर ही आधारित है, जिसे बाद में चलकर त्रिदलीय राष्ट्रीय विचार गोष्ठियों में संशोधित किया गया।[41]

संयुक्त प्रबन्ध परिषदों की स्थापना का मुख्य उद्देश्य प्रबन्ध एवं श्रमिकों के बीच सौहार्दपूर्ण सम्बन्ध स्थापित करना, दोनों के बीच विश्वास की भावना जाग्रत करना,

उत्पादकता वृद्धि करना, श्रमिक के लिए अपेक्षाकृत अधिक कल्याण की सुविधाओं की व्यवस्था करना और उन्हें प्रबन्ध को जिम्मेदारियों को समझने और उनमें भाग लेने के सम्बन्ध में उचित प्रशिक्षण देना है।[42] प्रथम विचार गोष्ठी में इन समितियों के सम्यक संचालन हेतु कुछ आधारभूत तत्वों पर जोर दिया गया। विचार गोष्ठी का यह दृढ़ मत है कि संयुक्त परिषद् पारस्परिक विश्वास और सद्भावना के वातावरण में विकसित हो सकते हैं। इसके लिए नियोक्ता एवं श्रम संघों की मनोवृत्तियों में क्रमिक सुधार होना आवश्यक है, विचार गोष्ठी में यह महसूस किया गया कि दोनों पक्षों को, इस योजना की सफलता हेतु निरन्तर शिक्षण देना आवश्यक है।[43] द्वितीय विचार गोष्ठी में (1960) यह महसूस किया गया कि संयुक्त परामर्श का अग्रगामी चरण समाप्त हो गया है और इस योजना का प्रसारण अधिकाधिक इकाइयों में होना चाहिए। पर साथ ही यह भी बात स्वीकार की गई कि योजना को स्वैच्छिक रूप से अपनाया जाना चाहिए।[44] सरकार द्वारा यह व्यवस्था की गई कि इस योजना के सफल संचालन हेतु विभिन्न औद्योगिक केन्द्रों पर श्रमिक संगठनों एवं नियोक्ता संघों के सदस्यों में से कुछ नए नामों का एक पैनल बनाया जाए ताकि किसी कठिनाई की स्थिति में ऐसे लोगों से परिषद् सलाह ले सके। इस प्रकार राष्ट्रीय श्रम आयोग का यह मत है कि विविध उपायों के द्वारा इस योजना के प्रभावी कार्यान्वयन हेतु अधिकाधिक प्रयास किया गया।[45]

तृतीय पंचवर्षीय योजना में भी औद्योगिक शान्ति एवं सहयोग को बढ़ावा देने के लिए तथा श्रम प्रबन्ध में अधिकतम सहयोग हेतु अधिकाधिक औद्योगिक प्रतिष्ठानों में इस प्रकार की परिषदों के गठन पर जोर दिया गया और यह आशंका व्यक्त की गई कि कुछ ही दिनों में ऐसी परिषद् औद्योगिक प्रतिष्ठानों का सामान्य अंग बन जाएगी।[46] 1967 के अन्त तक 47 सार्वजनिक क्षेत्र के औद्योगिक प्रतिष्ठानों में इस प्रकार की संयुक्त प्रबन्ध परिषदों की स्थापना हो गई थी। इसके अतिरिक्त स्टेट बैंक ऑफ इण्डिया के द्वारा अपने केन्द्रीय कार्यालय में एक केन्द्रीय परामर्शदात्री समिति एवं मण्डलीय कार्यालयों में मण्डलीय परामर्शदात्री समितियों की स्थापना हो चुकी थी।

संयुक्त प्रबन्ध परिषदों के कार्य

(अ) परामर्श सम्बन्धी कार्य – निम्नलिखित विषयों पर प्रतिष्ठान के प्रबंधकों द्वारा परिषद् से सलाह ली जाएगी–

1. स्थायी आदेश के प्रशासन एवं संशोधन के बारे में परामर्श।
2. सेवानिवृत्ति, छँटनी से संबंधित मामलों में परामर्श।
3. अभिनवीकरण विषयक मामलों में परामर्श।
4. कार्य बन्द करने, कार्य के घंटों में कमी करने तथा पूर्णतः कार्य स्थगन सम्बन्धी मामलों में परामर्श।

(ब) सूचनाओं की प्राप्ति तथा उन पर विचार–विमर्श कर आवश्यकतानुसार सलाह विषयक कार्य

1. औद्योगिक प्रतिष्ठानों की सामान्य स्थिति के सम्बन्ध में सूचना एवं विचार–विमर्श।

2. बाजार–उत्पादन तथा विक्रय कार्यक्रम की स्थिति के सम्बन्ध में परामर्श।
3. औद्योगिक प्रतिष्ठान के संगठन तथा सामान्य कार्य निष्पादन के सम्बन्ध में परामर्श।
4. औद्योगिक प्रतिष्ठान की आर्थिक स्थिति को प्रभावित करने वाले कारकों तथा परिस्थितियों के सम्बन्ध में परामर्श।
5. उत्पादन तथा कार्य विधियों के सम्बन्ध में परामर्श।
6. वार्षिक आय–व्ययक, हानि–लाभ संबंधित पत्रादि एवं उनका विवरण।
7. कम्पनी के विस्तार एवं पुनर्निर्माण की दीर्घकालीन योजनाएँ।
8. ऐसे अन्य विषय जो दोनों पक्षों के द्वारा स्वीकृत हों।

(स) प्रशासकीय कार्य

1. कल्याणकारी कार्यों का प्रशासन।
2. सुरक्षात्मक उपायों का पर्यवेक्षण।
3. व्यावसायिक प्रशिक्षण तथा नवशैक्ष्य प्रशिक्षण सम्बन्धी योजनाएँ।
4. कार्य के घण्टे, छुट्टी तथा अवकाश सम्बन्धी तालिकाओं का निर्माण एवं कार्यान्वयन।
5. मूल्यवान सुझावों के लिए श्रमिकों को पुरस्कार वितरण।
6. अन्य विषय।

मजदूरी, बोनस आदि विषय, जो सामूहिक सौदेबाजी के अन्तर्गत आते हैं, इन परिषदों के कार्य क्षेत्र के अन्तर्गत सम्मिलित नहीं किए गए। व्यक्तिगत परिवेदनाएँ भी इसके कार्य क्षेत्र के बाहर हैं। संक्षेप में 'श्रमिकों एवं नियोजकों के बीच नवीन अधिकारों का सृजन' प्रबन्ध परिषदों के कार्य क्षेत्र के अन्तर्गत सम्मिलित नहीं किया जाता है।[47]

योजना की प्रगति का मूल्यांकन

1973 में तत्कालीन श्रम मंत्री श्री खडिलकर ने कहा था कि भारत में प्रबन्ध व्यवस्था में श्रमिकों के सहभाजन की योजना सफल नहीं रही।[48] इस कथन का सत्यापन इस तथ्य से हो जाता है कि 1959 में पूरे देश में केवल 23 प्रबन्ध परिषदें स्थापित थीं, यह संख्या 1970–71 में बढ़कर केवल 150 तक पहुँची। 1964 तक उत्तर प्रदेश के किसी औद्योगिक प्रतिष्ठान में इस प्रकार की परिषद् स्थापित नहीं थी। श्री ज्ञानचन्द के अनुसार किसी भी बड़े प्रतिष्ठान ने इस योजना के कार्यान्वयन में अभिरुचि नहीं ली।[49]

हिन्दुस्तान एयर क्राफ्ट, नैवेली लिग्नाइट, भारत हैवी इलेक्ट्रिकल्स, भारत इलेक्ट्रॉनिक्स, हिन्दुस्तान शिपयार्ड, दि रिजर्व बैंक आफ इण्डिया, इण्डियन एयर लाइन्स कारपोरेशन आदि सभी प्रतिष्ठान इस योजना से पृथक रहे और प्रयोगात्मक रूप से भी इस सम्बन्ध में किसी समिति का गठन नहीं किया। केवल टाटा आयरन एण्ड स्टील कम्पनी, जमशेदपुर में यह योजना कुछ सफल रही है।[50] एसोसिएटेड सीमेंट कम्पनी, बिरला तथा विमको एवं अन्य बड़े संगठनों के प्रतिष्ठानों ने अपने कर्मचारियों को सूचित भी नहीं किया कि उन्हें अपने कल्याणकारी कार्यों के लिए

योजनाएँ बनानी चाहिए तथा कार्य करते समय होने वाली दुर्घटनाओं से बचने के लिए सुरक्षात्मकं उपाय करने चाहिए।

डॉ. जे.एल. धोलकिया ने अहमदाबाद की आठ इकाइयों में समितियों का अध्ययन कर पता लगाया गया कि 'अनुकूल वातावरण' के होते हुए योजना अपने प्रवर्तकों की आकांक्षाओं की पूर्ति में असमर्थ रही। इस प्रयोग से न तो श्रमिक की उत्पादकता में वृद्धि हुई और न ही सहभागियों में सामाजिक सहभागिता का विचार जाग्रत हुआ। संयुक्त प्रबन्ध बहुत सीमित स्तर पर लागू किया गया। श्रमिक की सहभागिता जटिल प्रबंधकीय समस्याओं तथा औद्योगिक सम्बन्धों के सुधार में रामबाण सिद्ध नहीं हुई।[51]

भारत सरकार के श्रम मंत्रालय द्वारा इस योजना की प्रगति का कई बार अध्ययन एवं मूल्यांकन किया जा चुका है। भारत सरकार द्वारा 1965 में इस प्रकार के 30 अध्ययनों का प्रतिवेदन प्रकाशित किया गया था। यद्यपि ये अध्ययन अति सहानुभूतिपूर्ण दृष्टिकोण से किए गए थे तथापि इनसे यही निष्कर्ष निकलता है कि औद्योगिक प्रतिष्ठानों की कार्य पद्धति पर इस योजना का कोई महत्त्वपूर्ण प्रभाव नहीं पड़ता है।[52]

राष्ट्रीय श्रम आयोग के अनुसार संयुक्त प्रबन्ध परिषदों के वर्तमान स्वरूप के प्रति श्रम प्रबन्ध अथवा सरकार तीनों पक्षों का कोई विशेष सहयोग नहीं नजर आता है। जहाँ पर इस प्रकार की परिषदें स्थापित भी हैं, वहाँ पर इनकी कार्य प्रणाली सन्तोषजनक नजर नहीं आती। यद्यपि श्रमिकों एवं प्रबन्धकों के केन्द्रीय संगठनों के प्रतिनिधियों द्वारा राष्ट्रीय सम्मेलनों और समितियों में इस योजना की सराहना की गई है, पर व्यवहार में वे इसके प्रति विशेष सहयोगात्मक दृष्टिकोण नहीं अपनाते। जागरूक एवं प्रगतिशील नियोक्ताओं ने तो अपने प्रतिष्ठानों में मान्यता प्राप्त श्रम संघ के प्रतिनिधियों से सलाह हेतु स्वयं अपनी परामर्श पद्धति निर्धारित कर रखी है और वे संयुक्त प्रबन्ध परिषदों को केवल दिखावा मात्र मानते हैं। इसके अतिरिक्त ऐसे प्रतिष्ठानों में जहाँ औद्योगिक सम्बन्ध सौहार्दपूर्ण नहीं हैं और कार्य समिति, परिवेदना निवारण पद्धति तथा श्रम संगठनों को मान्यता देने की पद्धति पूर्णरूप से विकसित नहीं हो पाई है, वहाँ संयुक्त प्रबन्ध परिषदों से सुचारु रूप से कार्य की आशा नहीं की जा सकती। बहुत से नियोक्ता तो संयुक्त प्रबन्ध परिषदों का विरोध केवल इसीलिए करते हैं कि इनकी स्थापना प्रबन्ध में श्रमिकों की सहभाजन योजना के अन्तर्गत हुई है। वास्तविक रूप से इस योजना के अन्तर्गत स्थापित प्रबन्ध परिषदों को केवल सलाह देने एवं सूचना प्राप्ति का अधिकार प्राप्त है, तथापि केवल योजना के शीर्षक 'प्रबन्ध में श्रमिकों का सहभाजन' के कारण ही वे इसका विरोध करते हैं। इसके विपरीत श्रम संगठन के प्रतिनिधि प्रबन्ध परिषदों के अन्तर्गत कुछ अन्य विषयों को भी रखना चाहते हैं और प्रबन्ध परिषद् का क्षेत्र अति सीमित समझते हैं। सब कुछ मिलाकर वे प्रबन्ध परिषदें कहीं भी विशेष सफलता नहीं प्राप्त कर सकी हैं।[53]

संयुक्त प्रबन्ध परिषदों के भविष्य के सम्बन्ध में आयोग का मत है कि अब श्रम संघ को मान्यता देने की प्रणाली का चलन स्वतः ग्राह्य व्यवहार हो जाएगा तो प्रबन्ध तथा श्रम संघ पारस्परिक सहयोग की दिशा में स्वतः क्रियाशील होंगे और संयुक्त प्रबन्ध

परिषदों की स्थापना करना पसन्द करेंगे। तब तक प्रबंधक और श्रम संघ यदि चाहें तो कार्य समिति की शक्ति में विस्तार कर अधिकाधिक सहयोग प्राप्त कर सकते हैं। किसी भी दिशा में द्विपक्षीय सलाह व्यवस्था से संयंत्र स्तर पर उद्देश्य पूर्ति नहीं हो सकती।

भारतीय नियोक्ता संघ द्वारा 1966 में आयोजित एक गोष्ठी में इस योजना के अन्तर्गत स्थापित परिषदों के सम्बन्ध में निम्नलिखित मत व्यक्त किए गए थे– (1) भारत में कोई प्रतिनिधि श्रम संघ नहीं है। श्रमिक मूलतः मजदूरी एवं वित्तीय लाभों में रुचि रखते हैं और ये विषय मूलक प्रबन्ध परिषदों के कार्यक्षेत्र के अन्तर्गत नहीं आते हैं, अतः कोई पक्ष इन परिषदों की आवश्यकता अनुभव नहीं करता। (2) संयुक्त प्रबन्ध परिषदों एवं कार्य समितियों के क्रियाकलाप ठीक ढंग से विभाजित नहीं हैं, जिससे कई बार कार्यों में दोहराव हो जाता है और असंगतियाँ उत्पन्न होती हैं। यदि श्रम व प्रबन्ध में पहले से ही अच्छे सम्बन्ध स्थापित हैं तो ये समितियाँ व्यर्थ सी हो जाती हैं।[54]

इंटक का भी यही मत है कि योजना की प्रगति बहुत धीमी है। इंटक के अनुसार, "कार्य समितियाँ तथा संयुक्त प्रबन्ध समितियाँ असफल रही हैं। कार्य समितियाँ वैधानिक इकाइयाँ हैं, किन्तु इनके द्वारा अपने उद्देश्यों की पूर्ति नहीं हो पाती है।"[55] हिन्द मजदूर सभा भी इस योजना को असफल ही समझती है।

राष्ट्रीयकृत बैंकों के निदेशक मण्डल में कर्मचारियों का प्रतिनिधित्व

1969 के बैंकों के राष्ट्रीयकरण के पश्चात् सरकार ने यह निर्देश दिया कि सभी बैंकों के निदेशक मण्डलों में कर्मचारियों का प्रतिनिधि होना चाहिए। इस प्रकार के दो निदेशक होने चाहिए। एक के द्वारा कर्मचारियों एवं दूसरे के द्वारा ऑफिसरों का प्रतिनिधित्व होना चाहिए। इस योजना के अन्तर्गत सम्बंधित बैंकों में कार्यरत श्रमिक संघों की सदस्यता का मूल्यांकन, प्रतिनिधि श्रमिक संघ की पहचान एवं उसके द्वारा नामित तीन व्यक्तियों के पैनल से एक व्यक्ति का निदेशक नियुक्त किया जाना। ऐसे निदेशकों का कार्यकाल तीन वर्षों का होगा। किन्तु यह योजना बहुत बड़ी हो गई क्योंकि श्रमिक संघों की सदस्यता का सत्यापन बहुत ही कठिन था।

इसी के साथ सरकार ने बहुत से सार्वजनिक उद्योगों के निदेशक मण्डलों में श्रमिकों के प्रतिनिधियों की नियुक्ति भी प्रारंभ की। किन्तु ऐसे निदेशकों का उन प्रतिष्ठानों में कार्यरत श्रमिक संघों से कोई सीधा सम्बन्ध नहीं था। बहुत से राष्ट्रीय व्यवसाय संघ केन्द्रों के प्रतिनिधियों को इस हेतु नियुक्त किया गया। इसके अतिरिक्त इन प्रतिनिधियों की भूमिकाएँ और प्रकार्य भी बहुत स्पष्ट नहीं था।

बीस-सूत्रीय कार्यक्रमों के अन्तर्गत सहभाजन

1975 में संविधान को संशोधित कर डायरेक्टिव प्रिंसिपल्स के अन्तर्गत धारा 43–ए जोड़ी गई। इसके अन्तर्गत यह प्रावधान किया गया कि उपयुक्त अधिनियमित प्रावधानों के द्वारा विभिन्न औद्योगिक प्रतिष्ठानों की प्रबन्ध व्यवस्था में श्रमिकों के सहभाजन की व्यवस्था की जाएगी। इसके फलस्वरूप मैन्युफैक्चरिंग और माइनिंग के उन प्रतिष्ठानों में जहाँ 500 या अधिक कर्मचारी कार्यरत थे, शॉप फ्लोर स्तर एवं प्लाण्ट स्तर पर

प्रबन्ध व्यवस्था में श्रमिकों के सहभाजन की योजना 1975 में लागू की गई। इन स्तर पर क्रमशः कार्यशाला परिषद् एवं प्रबन्ध परिषद् के गठन का प्रावधान किया गया। इन परिषदों का मुख्य कार्य उत्पादन और उत्पादकता को बढ़ाना, दुर्घटनाओं से सुरक्षा व्यवस्था को सुदृढ़ करना तथा मशीन एवं मानवशक्ति का सक्षम ढंग से उपयोग करना था।

प्रबन्ध व्यवस्था में श्रमिकों के सहभाजन हेतु 1977 की योजना

उपर्युक्त योजना से मिलती–जुलती एक और योजना सरकार ने 1977 में बनाई जो वाणिज्य प्रतिष्ठानों और सेवा सम्बन्धी उन प्रतिष्ठानों पर लागू होती थी जहाँ 100 से अधिक कर्मचारी कार्यरत थे। ये दोनों योजनाएँ आपातकाल के दौरान तो श्रम एवं प्रबन्ध दोनों को कुछ महत्त्वपूर्ण लगीं। किन्तु आपातकाल की समाप्ति के पश्चात् दोनों ही योजनाएँ प्रभावहीन हो गईं। इसके अतिरिक्त इन्दिरा गांधी सरकार के स्थान पर जनता पार्टी सरकार के पदारूढ़ होने का भी इन योजनाओं पर प्रभाव पड़ा। 1977 में पदारूढ़ जनता पार्टी की सरकार के इस हेतु राज्य प्रबंधकों एवं श्रमिक संघों के प्रतिनिधियों के एक त्रिपक्षीय निकाय का गठन किया। उक्त निकाय ने कार्यशाला (sheep floor), प्रतिष्ठान (plant) और बोर्ड तीनों ही स्तरों पर द्विपक्षीय सहभाजन पर बल दिया। किन्तु सरकार बहुत दिनों तक नहीं चली और सिफारिशें क्रियान्वित नहीं हो पाईं।

1983 की योजना

1983 में इस सम्बन्ध में एक दूसरी नई योजना लागू की गई। इसको सभी सार्वजनिक क्षेत्र के प्रतिष्ठानों में लागू किया गया। केवल वे ही प्रतिष्ठान इस योजना के प्रभाव में नहीं आए जिन्हें सरकार ने छूट दे दी। इस योजना के समुचित रूप से क्रियान्वयन हेतु केन्द्रीय सरकार के श्रम मंत्रालय ने एक स्थायी त्रिपक्षीय समिति का गठन किया जिसका कार्य इस योजना के क्रियान्वयन हेतु समुचित सुझाव देना था। योजना का प्रशासन सम्बंधित मंत्रालयों के ऊपर छोड़ दिया, जिनके द्वारा ये योजनाएँ संचालित होती थीं। अगले दशक तक लगभग आधे सार्वजनिक क्षेत्र के प्रतिष्ठानों ने इसे लागू किया किन्तु अब यह योजना भी कारगर नहीं रह गई है।

इक्विटी में श्रमिकों का सहभाजन (1985)

1985–86 में केन्द्र सरकार के वार्षिक आय–व्ययक में यह व्यवस्था की गई कि कम्पनियों के कुल शेयर का 5 प्रतिशत श्रमिकों को आवंटित किया जाए। आशा की जाती थी कि इस योजना से प्रबन्ध व्यवस्था में श्रमिकों के सहभाजन को बढ़ावा मिलेगा।

1990 का बिल

विश्वनाथ प्रताप के प्रधानमंत्रित्व में जब 1989 में जनता दल (यूनाइटेड) की सरकार बनी तो एक राष्ट्रीय सेमिनार की संस्तुतियों के आधार पर राज्यसभा में 1990 में प्रबन्ध

व्यवस्था में श्रमिकों के सहभाजन के सम्बन्ध में कानून बनाने के लिए एक बिल प्रस्तुत किया गया, जिसमें बोर्ड, प्लाण्ट और शॉप फ्लोर तीनों स्तरों पर श्रमिकों के सहभाजन का उपबन्ध किया गया था। किन्तु सरकार के अनपेक्षित पतन के कारण यह बिल भी पारित नहीं हो पाया।

उपर्युक्त सभी प्रयास सरकार के द्वारा किए गए। श्रम एवं प्रबन्ध के द्वारा विशेष पहल नहीं की गई। अतः ये सभी प्रयास विशेष सफल नहीं हो पाए।

इस सम्बन्ध में अच्छा यह होता कि श्रमिक संघ एवं प्रबन्ध स्वयं ही इस दिशा में प्रयास करते और प्रबंध व्यवस्था में श्रमिकों के सहभाजन हेतु कोई ठोस कदम उठाते। कुछ प्राइवेट हाउसेज जैसे श्रीराम ग्रुप ने अपनी कम्पनी के निदेशक मण्डल में श्रमिक का भी एक प्रतिनिधि रखा, किन्तु यह प्रयास भी विशेष फलदायी नहीं सिद्ध हुआ। तथापि टिस्को आदि कम्पनियों में सहभाजन की प्रक्रिया बहुत पहले ही प्रारम्भ कर दी गई थी और अभी तक चल रही है। आज भी हमारे देश में कुछ ऐसी कम्पनियाँ हैं जिनका शेयर वर्कर को–ऑपरेटिव के हाथ में है। ऐसी को–ऑपरेटिव पर बहुमत प्राप्त श्रम संघ प्रमुख है और उसके द्वारा बहुत से महत्त्वपूर्ण प्रबंधकीय निर्णय प्रभावित होते हैं।

जब कम्पनी के प्रबन्ध मण्डल (बोर्ड) में श्रमिकों का भी निदेशक रहेगा तो उसे कम्पनी की सभी महत्त्वपूर्ण योजनाओं के बारे में जानकारी होनी चाहिए। पर प्रबंधक को यह भय बना रहता है कि कुछ छोटे–छोटे स्वार्थों के लिए श्रमिक प्रतिनिधि सूचनाओं को सार्वजनिक कर देंगे और उससे बहुत क्षति पहुँचेगी।

कम्पनी के प्रबन्ध मण्डल में किसी श्रमिक की जब एक निदेशक के रूप में नियुक्ति होती है तो उसके व्यक्तित्व के विघटित होने की भी आशंका उत्पन्न हो जाती है। निदेशक होने पर वह अपने को प्रबन्ध का अंग समझने लगता है जबकि श्रमिक संघ उसे अपना अंग समझते हैं। दोनों जिम्मेदारियों में वह सम्यक् समन्वयन स्थापित करने के प्रयास में व्यक्तित्व के बिखराव की समस्या से ग्रस्त हो जाता है। वास्तव में यह एक कठिन समस्या है।

प्रबन्ध व्यवस्था में श्रमिकों के सहभाजन हेतु किए गए उपर्युक्त सभी प्रयासों के पुनरीक्षण के पश्चात् यही निष्कर्ष निकलता है कि इस प्रकार के प्रयास एवं योजनाएँ हमारे देश के औद्योगिक प्रतिष्ठानों में अभी तक सफल नहीं हो पाई हैं।

प्रबन्ध व्यवस्था में श्रमिकों के सहभाजन हेतु किए गए प्रयासों की विफलता के कारण

(i) प्रबन्ध व्यवस्था में श्रमिकों के सहभाजन हेतु समुचित अभिवृत्ति एवं मूल्यों का हमारे देश में अभाव।

(ii) कुछ सर्वोच्च प्रबंधक यह नहीं चाहते हैं कि उनके विचारों में कनिष्ठ प्रबंधक सहभाजन करें और वे यह भी नहीं चाहते हैं कि कनिष्ठ प्रबंधकों को कोई महत्त्वपूर्ण अधिकार डेलीगेट किया जाए। ऐसे में सामान्य श्रमिकों या श्रमिक संघ के सदस्यों के साथ प्रबन्ध व्यवस्था में सहभाजन करने का प्रश्न ही उनके लिए नहीं उठता है।

(iii) प्रबन्ध व्यवस्था में श्रमिकों का सहभाजन कुछ श्रमिकों या श्रमिक संघ के सदस्यों को भूमिका मूलक संघर्षों से भी ग्रस्त कर लेता है। यदि कोई श्रमिक संघ का सदस्य कम्पनी के निदेशक मण्डल का सदस्य हो जाता है तो उसकी प्रस्थिति बहुत ऊँची उठ जाती है। कम्पनी में जिस अधिकारी के अधीन वह काम करता है उससे भी ऊँची उसकी प्रस्थिति हो जाती है। ऐसी स्थिति में वह निदेशक मण्डल की ऊँची प्रस्थिति और अपने कार्य की नीची प्रस्थिति के बीच समायोजन स्थापित नहीं कर पाता है तथा भूमिका मूलक संघर्षों से ग्रस्त हो जाता है। इन्हीं कारणों से बहुत से श्रमिक कम्पनी के निदेशक मण्डल का सदस्य बनना नहीं चाहते हैं।

(iv) यह एक सामान्य सिद्धान्त है कि अधिकार और जिम्मेदारी साथ–साथ चलती हैं। किन्तु निदेशक मण्डल में जो श्रमिक सदस्य होता है वह बहुत से अधिकार मूलक प्रस्ताव तो रखता है किन्तु उन प्रस्तावों के क्रियान्वयन हेतु उसकी कोई जिम्मेदारी नहीं होती। इसी कारण बहुत से सर्वोच्च प्रबंधक ऐसे प्रतिनिधियों को विशेष बढ़ावा और महत्त्व नहीं प्रदान करना चाहते हैं।

(v) श्रमिक संघ भी बहुत सी स्थितियों में प्रबन्ध व्यवस्था में श्रमिकों का सहभाजन नहीं चाहते हैं क्योंकि इस प्रकार के सहभाजन से श्रम प्रबन्ध के बीच सहयोग उत्पन्न होगा। जबकि श्रमिक संघ यह चाहते हैं कि श्रम और प्रबन्ध के बीच संघर्ष बना रहे। इसी संघर्ष पर ही उनकी दृष्टि में उनका अस्तित्व टिका हुआ है।

(vi) प्रबन्ध व्यवस्था में श्रमिकों के सहभाजन में वर्ग संघर्ष की भावनाओं के कारण भी बाधा उत्पन्न होती है। प्रबन्ध सामान्य रूप से ये चाहता है कि श्रमिक अधिकाधिक उत्पादन करें और लाभ का अधिकांश भाग उसे (प्रबंधक को) ही मिले जबकि श्रमिक कम काम करते हुए अधिक वेतन और अधिक लाभ चाहते हैं। ये दोनों परस्पर विरोधी भावनाएँ वर्ग संघर्ष को जन्म देती हैं। ऐसी स्थिति में श्रम प्रबन्ध सहयोग हेतु दोनों पक्ष सहभागी प्रबन्ध के द्वारा एक–दूसरे के अनुरूप ही नहीं आना चाहते हैं।

(vii) प्रबन्ध व्यवस्था में श्रमिकों के लिए सहभाजन की व्यवस्था तृतीय पक्ष (सरकार) के द्वारा लागू की गई। सरकार ने श्रम एवं प्रबन्ध की इस प्रकार की योजनाओं में संलग्नता को ध्यान दिए बिना लागू कर दिया। परिणामस्वरूप ये योजनाएँ सफल नहीं हो पाईं। जब तक श्रम एवं प्रबन्ध दोनों पक्ष स्वयं अपनी ओर से इस प्रकार की योजनाओं के संचालन हेतु पहल नहीं करेंगे ऐसी योजनाएँ सम्यक ढंग से लागू नहीं हो सकतीं।

(viii) हमारी औद्योगिक संस्कृति ने अभी भी जनतंत्र के मूल्यों को नहीं अपनाया है वहाँ मास्टर और सर्वेण्ट रिलेशनशिप का मूल्य ही अधिक प्रभावशाली है। ऐसी स्थिति में बराबरी के स्थान पर प्रबन्ध व्यवस्था में श्रमिकों का सहभाजन प्रबन्ध को स्वीकार नहीं है।

(ix) वास्तव में श्रमिक एवं उनकी यूनियन इस प्रकार की योजनाओं में विशेष अभिरुचि नहीं लेते हैं। वे मजदूरी वृद्धि में ही विशेष अभिरुचि रखते हैं। चूँकि उपर्युक्त सभी योजनाओं के कार्यक्षेत्र से मजदूरी वृद्धि का मसला बाहर कर दिया गया है।

अतः श्रमिक एवं उनके यूनियन ऐसी योजनाओं के संचालन में विशेष अभिरुचि नहीं लेते।

(x) ऐसी योजनाओं में श्रमिक प्रतिनिधियों का चयन भी एक समस्या है क्योंकि वैधानिक दृष्टि से मान्यता प्राप्त श्रम संघ के गठन का प्रावधान अभी तक नहीं हो पाया है। इस प्रकार की सहभागी प्रबंधकी योजनाओं में यह भी प्रावधान नहीं है कि श्रमिकों के प्रतिनिधि गुप्त मतदान से चुने जाएँ। अतः जो प्रतिनिधि श्रम या श्रम संघ के द्वारा इन योजनाओं में प्रतिनिधित्व हेतु भेजे जाते हैं, उनके चयन के औचित्य पर दूसरे श्रमिक या श्रमिक संघ सवाल उठाते रहते हैं।

(xi) अधिकांश श्रमिक संघ राजनीतिक दलों से सम्बद्ध हैं। जब उनके प्रतिनिधि सहभागी प्रबन्ध की विभिन्न कमेटियों में भाग लेते हैं तो वे श्रमिकों के स्वार्थ की अपेक्षा अपने राजनीतिक स्वार्थों को देखने लगते हैं। फलस्वरूप सहभागी प्रबन्ध के लक्ष्यों को स्वस्थ ढंग से प्राप्त करने में उनका सहयोग नहीं मिल पाता।

(xii) जब श्रमिक संघ के नेता अपने श्रम संघों के प्रबन्ध में जनतांत्रिक मूल्यों का पालन नहीं करते हैं तो सवाल यह है कि प्रबन्ध व्यवस्था में श्रमिक संघों के सहभाजन में वे किस अंश तक जनतांत्रिक मूल्यों का पालन करेंगे।

(xiii) इसके अतिरिक्त एक महत्त्वपूर्ण बात यह है कि अधिकांश श्रमिक संयुक्त परिवारों से आते हैं, जहाँ उनके बारे में सभी चीजें उनके माता–पिता के द्वारा निर्णीत होती हैं और वे उनकी आज्ञाओं के अनुसार काम करते हैं। अतः उसी तरह वे यह भी चाहते हैं कि उच्चाधिकारी आज्ञा दे और वे उसके अनुसार काम करें, आत्म निर्णय की बात वे नहीं सोचते हैं।

प्रबन्ध में श्रमिकों के सहभाजन की पूर्वापेक्षाएँ

यद्यपि हमारे देश के बहुत से सार्वजनिक एवं निजी क्षेत्र के औद्योगिक प्रतिष्ठानों में सहभागी संस्कृति अपनी जड़ें जमा चुकी है किन्तु सब कुछ मिलाकर तस्वीर बहुत उत्साहवर्धक नहीं है। यह बात कही जाती है कि हमारे देश में प्रबन्ध व्यवस्था में श्रमिकों का सहभाजन तभी सफल हो सकता है जब कुछ पूर्वापेक्षाओं की पूर्ति की जाए। ऐसी कुछ पूर्वापेक्षाएँ निम्नलिखित हैं—

1. औद्योगिक प्रतिष्ठानों में अति हारमोनिक्स पर्यावरण होना चाहिए, जहाँ श्रम एवं प्रबन्ध सहयोग अति उच्च स्तर का हो और श्रम प्रबन्ध संघर्ष अति न्यून स्तर का हो।
2. श्रम एवं प्रबन्ध द्वारा अपनाए गए अभिगमों में एकरूपता होनी चाहिए। इस बात पर पूर्ण सहमति होनी चाहिए कि सहभागी प्रबन्ध के विभिन्न सहयोगी किस प्रकार कार्य करेंगे।
3. श्रम एवं प्रबन्ध दोनों पक्षों का योजना की उपादेयता में विश्वास होना चाहिए।
4. प्रबन्ध व्यवस्था में श्रमिकों के सहभाजन की अवधारणा का व्यापक प्रचार होना चाहिए ताकि श्रम एवं प्रबन्ध दोनों इसके महत्त्व को समझें और इसके क्रियान्वयन में सहयोग दें।

5. सहभाजन वास्तव में होना चाहिए। सहभागी संयंत्र की कई बार बैठक होनी चाहिए और इसके निर्णयों का अवश्यमेव क्रियान्वयन होना चाहिए।
6. दोनों पक्षों को स्पष्ट रूप से इस बात को महसूस करना चाहिए कि जो निर्णय करने जा रहे हैं वे बहुत ही स्पष्ट हों और वास्तविकता पर आधारित हों।
7. सहभाजन के लक्ष्य एवं स्वरूप स्पष्ट पर्यावरणीय प्रतिक्रियाओं पर आधारित होने चाहिए और उसमें दोनों पक्षों के स्वार्थों का जुड़ाव होना चाहिए।
8. सहभाजन की प्रणाली सामूहिक सौदेबाजी की परिपूरक होनी चाहिए।
9. सहभागी योजनाएँ विकासात्मक होनी चाहिए अर्थात् प्रारम्भ में उसकी शुरुआत कार्यशाला स्तर से होनी चाहिए। तत्पश्चात् उसे प्रतिष्ठान एवं बोर्ड स्तर पर लागू किया जाना चाहिए।
10. दोनों सहभागी दलों का एक–दूसरे के प्रति पारस्परिक विश्वास होना चाहिए।
11. श्रमिक संघ एवं प्रबन्ध दोनों को सहभाजन को सफल बनाने में पारस्परिक सहयोग देना चाहिए।
12. दोनों पक्षों के प्रतिनिधियों को इस सम्बन्ध में सक्षम प्रशिक्षण देना चाहिए।
13. दोनों पक्षों के बीच खुले एवं पारदर्शी रूप से सूचनाओं का आदान–प्रदान होना चाहिए।
14. प्रबन्ध को एक मूल्यांकन प्रणाली विकसित करनी चाहिए ताकि सहभाजन की प्रभावोत्पादकता का मूल्यांकन हो सके।
15. प्रतिष्ठान में श्रमिक संघ की मान्यता की व्यवस्था होनी चाहिए, और उसी के द्वारा नामित प्रतिनिधियों को सहभागी प्रबन्ध की विभिन्न समितियों में भाग लेना चाहिए। यदि यह संभव नहीं है तो इस हेतु श्रमिक संघ के प्रतिनिधियों का चुनाव गुप्त मतदान के आधार पर होना चाहिए।
16. यह बात सही है कि मजदूरी एवं वेतन सहभागी प्रबन्ध के एजेण्डा में नहीं आते हैं। ऐसी स्थिति में कल्याण सम्बन्धी बहुत ही व्यापक पहलुओं को इसके एजेण्डा में सम्मिलित किया जाना चाहिए।
17. श्रमिक संघों को जनतांत्रिक मूल्यों के प्रति पूर्णतया समर्पित होना चाहिए। उन्हें प्रबन्ध में ही सहभागी नहीं वरन् अपने पदाधिकारियों का चयन और विभिन्न मुद्दों पर निर्णय भी जनतांत्रिक तरीके से करना चाहिए।
18. प्रबन्ध को सभी अधिकारों को अपने में समेटने का मोह छोड़कर यथासंभव सहभागी प्रबन्ध को बढ़ावा देना चाहिए।
19. श्रमिकों को हर स्तर पर जनतंत्र का प्रशिक्षण देना चाहिए। उनमें इस भावना का विकास होना चाहिए कि संयुक्त परिवार से भी यदि वे आए हैं, जहाँ परिवार का मुखिया ही सभी प्रकार का निर्णय करता है और उन्हें उन निर्णयों के अनुसार कार्य करना होता है। किन्तु वे उत्पादन के प्रमुख अंग हैं। अतः इस सम्बन्ध में उनके भी अधिकार हैं और उन अधिकारों का प्रयोग करते हुए ही उन्हें कार्य करना चाहिए।

सहभाजन के विविध स्वरूप

आज हमारे देश में प्रबन्ध व्यवस्था में श्रमिकों का सहभाजन निम्नलिखित तरीकों से होता है– (1) कार्य समिति, (2) संयुक्त परिषद्, (3) यूनिट कौंसिल, (4) प्लांट कौंसिल, (5) शॉप कौंसिल, (6) क्वालिटी सर्किल, (7) बोर्ड स्तर पर प्रबन्ध व्यवस्था में श्रमिकों का सहभाजन, एवं (8) शेयर कैपिटल के माध्यम से सहभाजन।

कार्य समितियाँ

इनका विवरण इस अध्याय में पहले ही दिया जा चुका है।

संयुक्त परिषद्

इस प्रकार की परिषद् उन संगठनों में विद्यमान हैं, जिनकी शाखाएँ राज्य के कई स्थानों पर विद्यमान हैं जैसे– एल.आई.सी. और स्टेट बैंक ऑफ इण्डिया। प्रत्येक डिवीजन या जोन में जहाँ इस प्रकार की कम्पनियों की शाखाएँ कार्यरत हैं और वहाँ 100 या उससे अधिक कर्मचारी कार्यरत हैं। इस प्रकार की संयुक्त परिषदें स्थापित हैं। इस प्रकार की परिषदों की कुछ प्रमुख विशेषताएँ निम्नलिखित हैं–

(i) प्रत्येक संगठन अपने श्रमिक संघों या श्रमिकों के परामर्श से यह निर्धारित करेगा कि उसके द्वारा दी जाने वाली विभिन्न प्रकार की सेवाओं हेतु कितनी संयुक्त समितियों का गठन किया जाएगा।

(ii) प्रत्येक संयुक्त परिषद् में वही सदस्य होंगे जो वास्तव में उस संगठन या सेवा में कार्यरत हों। इसके अतिरिक्त प्रत्येक संगठन या सेवा यह निर्धारित करेगा कि यहाँ गठित संयुक्त परिषद् के कितने सदस्य होंगे। किसी भी स्थिति में परिषद् की सदस्य संख्या बहुत अधिक नहीं होनी चाहिए।

(iii) कौंसिल का कार्यकाल दो वर्ष का होगा।

(iv) किसी संगठन/सेवा या उसके किसी जोन या क्षेत्र के अन्तर्गत स्थापित संयुक्त परिषद् में उसका चीफ एग्जीक्यूटिव ही परिषद् का चेयरमैन होगा।

(v) संयुक्त परिषद् अपने एक सदस्य को सेक्रेटरी नियुक्त करेगी, जो मीटिंग का एजेण्डा और उसकी कार्यवाहियों का विवरण तैयार करेगा।

(vi) संयुक्त परिषद् की बैठक आवश्यकतानुसार कभी भी हो सकती है, किन्तु तीन माह में कम से कम एक बार अवश्य होगी।

(vii) कौंसिल के सभी निर्णय आम सहमति से होंगे न कि वोटिंग के द्वारा।

संयुक्त परिषद् के कार्य

(i) यूनिट कौंसिल के स्तर पर जो समस्याएँ नहीं सुलझ पाई हैं, उन्हें सुलझाना।

(ii) यूनिट के स्तर पर गठित कौंसिलों के क्रियाकलापों का पुनरीक्षण।

(iii) कार्य की सामान्य दशाओं में सुधार।

(iv) कार्य दिवसों एवं छुट्टियों की अनुसूची बनाना।

(v) उन मामलों पर निर्णय करना, जिनका कर्मचारियों के निष्पादन पर प्रभाव पड़ता है।

यूनिट कौंसिल

ज्वाइण्ट कौंसिल की सफलता से प्रभावित होकर सार्वजनिक क्षेत्र के कामर्शियल संगठनों के उन प्रतिष्ठानों में जहाँ बहुत बड़े पैमाने पर पब्लिक डीलिंग हो रही हो, जनवरी 1977 से यूनिट कौंसिल स्थापित करने का निश्चय किया। ऐसी यूनिट वहीं स्थापित हो सकती है जहाँ 100 या उससे अधिक कर्मचारी कार्यरत हों। ऐसे संगठन होटल, रेस्टोरेण्ट्स, वायुयान सेवा, सामुद्रिक सेवा एवं रेल सेवा हो सकते हैं।

यूनिट कौंसिल की प्रमुख विशेषताएँ

(i) यूनिट कौंसिल में श्रम एवं प्रबन्ध दोनों के प्रतिनिधि बराबर संख्या में होते हैं। यह कौंसिल उसी संगठन या संगठन के किसी विभाग में गठित होती है जहाँ 100 या अधिक श्रमिक कार्यरत होते हैं।

(ii) ऐसी किसी समिति के सदस्यों की संख्या संगठन का सर्वोच्च प्रबन्ध श्रमिक संघों के परामर्श से निर्धारित करता है। पर यह संख्या किसी भी स्थिति में 100 से अधिक नहीं होनी चाहिए।

(iii) इस कौंसिल में प्रबन्ध के प्रतिनिधियों का नामांकन सर्वोच्च प्रबन्ध के द्वारा किया जाता है।

(iv) प्रबन्ध से यह आशा की जाती है कि वह मान्यता प्राप्त श्रमिक संघ या पंजीकृत श्रमिक संघों अथवा संगठन के उस यूनिट के सदस्यों से परामर्श कर (जहाँ कौंसिल का गठन होना है) श्रमिक सदस्यों को कौंसिल में नामित करें।

(v) कौंसिल का अध्यक्ष प्रबंधकों का प्रतिनिधि होगा और उपाध्यक्ष श्रमिकों का प्रतिनिधि होगा।

(vi) ऐसी कौंसिल की बैठक एक माह में कम से कम एक बार अवश्य होनी चाहिए।

यूनिट कौंसिल के कार्य

(i) संगठन में ऐसी स्थितियों का निर्माण करना, जिसके अन्तर्गत अधिकतम उत्पादकता संभव हो।

(ii) ऐसे क्षेत्र की पहचान करना जहाँ एक लम्बे समय से घटिया किस्म की सेवाएँ दी जा रही हैं, उन सेवाओं में सुधार लाना।

(iii) इस बात के लिए आश्वस्त होना कि श्रम प्रबन्ध के बीच सम्यक् सम्प्रेषण हो रहा है।

(iv) स्वास्थ्य सुरक्षा एवं कल्याणात्मक सेवाओं में सुधार लाना।

प्लांट कौंसिल

13 दिसम्बर 1985 को श्रमिकों के एक समूह की दिल्ली में हुई बैठक में प्लांट कौंसिल के गठन का सुझाव दिया गया था। सभी सार्वजनिक क्षेत्र के प्रतिष्ठानों में (जहाँ इस सम्बन्ध में छूट नहीं दी गई है) यह योजना लागू है।

योजना की प्रमुख विशेषताएँ

(i) सम्पूर्ण प्लाण्ट के लिए एक प्लांट कौंसिल होगी।

(ii) ऐसी कौंसिल में कम से कम 6 और अधिक से अधिक 18 सदस्य होने चाहिए। श्रम एवं प्रबन्ध दोनों के सदस्यों की संख्या बराबर होनी चाहिए। प्रबंधकों के सदस्यों में से एक–तिहाई पर्यवेक्षकों के प्रतिनिधि होने चाहिए। यदि प्रतिष्ठान के कुल श्रमिकों में 15 प्रतिशत संख्या महिलाओं की है तो एक महिला प्रतिनिधि भी होना चाहिए।

(iii) वही लोग इस कौंसिल के सदस्य होंगे जो वास्तव में प्रतिष्ठान में कार्यरत हों।

(iv) प्लांट का मुख्य अधिशासी इस समिति का अध्यक्ष होगा और उपाध्यक्ष श्रमिकों का प्रतिनिधि होगा।

(v) यह कौंसिल अपने एक सदस्य को सेक्रेटरी नियुक्त करेगी जो ऑफिसियल कार्यों की जिम्मेदारी सम्भालेगा।

प्लांट कौंसिल के कार्य

(i) आपरेशनल फंक्शन का क्षेत्र

- स्थानीय स्थितियों को ध्यान में रखते हुए उत्पादन योजना का निर्धारण।
- मासिक लक्ष्यों का नियोजन, क्रियान्वयन एवं प्राप्ति हेतु कदम उठाना।
- उत्पादकता में सुधार लाना।

(ii) वाणिज्यिक वित्तीय क्षेत्र

- लाभ एवं हानि तथा बैलेंस शीट का पुनरीक्षण।

(c) कार्मिकों से सम्बंधित समस्याएँ

- अनुपस्थिति से सम्बंधित समस्याएँ।
- महिला श्रमिकों की विशेष समस्याएँ।

(iv) कल्याणात्मक क्षेत्र

- स्वास्थ्य चिकित्सा, आवागमन एवं अन्य कल्याणात्मक सुविधाओं का पुनरीक्षण एवं क्रियान्वयन।
- सुरक्षा सम्बन्धी सुविधाएँ।
- टाउनशिप का प्रशासन।

(v) पर्यावरणीय क्षेत्र

- पर्यावरण सम्बन्धी संरक्षा।

(vi) शॉप कौंसिल

मुख्य विशेषताएँ

- प्रत्येक ऐसी इकाई में जहाँ 500 या अधिक कर्मचारी कार्यरत हैं नियोक्ताओं को शॉप कौंसिल बनानी होगी। यह शॉप कौंसिल प्रत्येक विभाग या शॉप के लिए बनेगी। किन्तु यदि विभाग या शॉप छोटा होगा तो दो शाप को मिलाकर एक शॉप कौंसिल बनेगी।

- ऐसी कौंसिल में नियोक्ता एवं श्रमिक दोनों के ही प्रतिनिधि होंगे। नियोक्ता अपने प्रतिनिधियों का निर्धारण करेगा और कर्मकार के प्रतिनिधियों का नामांकन भी नियोक्ता ही करेगा। किन्तु इस हेतु वह मान्यता प्राप्त श्रम संघ या पंजीकृत श्रम संघ या पर्याप्त मात्रा में श्रमिकों से परामर्श करेगा।
- शॉप कौंसिल का चेयरमैन प्रबन्ध का सदस्य होगा और वाइस चेयरमैन श्रमिकों का सदस्य होगा।
- कौंसिल की बैठक अधिक से अधिक बार होगी। किन्तु माह में कम से कम एक बार अवश्य होगी।

शॉप कौंसिल के कार्य

- उत्पादकता के लक्ष्यों की प्राप्ति में प्रबंधकों एवं श्रमिकों को सहायता देना,
- अनुपस्थिति का नियंत्रण।
- सुरक्षा उपायों का प्रावधान।
- प्रतिष्ठान के सक्षम संचालन हेतु कल्याणात्मक सुविधाओं हेतु सुझाव।
- सम्प्रेषण के समुचित प्रवाह हेतु प्रोत्साहन।
- कार्य प्रणाली का प्रारूपण एवं क्रियान्वयन।

(vii) क्वालिटी सर्किल

क्वालिटी सर्किल की अवधारणा क्वालिटी कण्ट्रोल से विकसित हुई है। संगठन का एक लक्ष्य होता है व्यापक रूप से क्वालिटी नियंत्रण। ताकि वह बाजार एवं सेवाओं की न केवल जाँच कर सके, वरन् वह उन सेवाओं का विकास एवं प्रारूपण भी कर सके जिससे उपभोक्ताओं को संतोष मिले। पाश्चात्य देशों में इन उद्देश्यों की प्राप्ति क्वालिटी कण्ट्रोल के द्वारा करता है। जापान में इस लक्ष्य की पूर्ति क्वालिटी सर्किल के द्वारा होती है।

क्वालिटी सर्किल कर्मचारियों का एक समूह होता है, जिसकी बैठक कार्य क्षेत्र की समस्याओं के सुलझाव हेतु निरन्तर होती रहती है। यह समूह निरन्तर संगठन के आधार पर नियंत्रण सम्बन्धी कार्यों का संचालन करता है। इसके माध्यम से वे आत्म विश्वास, पारस्परिक विश्वास, साथ ही कर्मचारियों और उत्पाद पर भी नियंत्रण रखते हैं। सामान्यतया एक ही क्षेत्र से 6 से 12 सदस्य मिलकर क्वालिटी सर्किल का निर्माण करते हैं। इन सदस्यों को समस्या सुलझाव, क्वालिटी कण्ट्रोल एवं समूह की प्रक्रिया के बारे में प्रशिक्षण दिया जाता है। क्वालिटी सर्किल केवल सुझाव या नियंत्रण की प्रणाली नहीं है, वरन् उसका कार्यक्षेत्र और अधिक विस्तृत है।

(viii) प्रबन्ध के निदेशक मण्डल में श्रमिकों का प्रतिनिधित्व

सार्वजनिक क्षेत्र के उद्यमों के बारे में एडमिनिस्ट्रेटिव रिफार्म कमेटी ने जो संस्तुतियाँ की थीं, सरकार ने सिद्धान्त रूप में यह स्वीकार कर लिया कि प्रतिष्ठानों के निदेशक मण्डल में श्रमिकों का प्रतिनिधित्व होना चाहिए। इस प्रकार की योजना जो हमारे देश में लागू हुई थी, उसके कुछ महत्त्वपूर्ण बिन्दु निम्नलिखित हैं–

1. निदेशक मण्डल में श्रमिकों का जो प्रतिनिधि होगा, वह वही व्यक्ति होगा जो प्रतिष्ठान में वास्तव में काम करता है।
2. प्रारम्भ में यह घोषणा उन्हीं प्रतिष्ठानों में लागू की गई जहाँ 1,000 से अधिक कर्मचारी कार्यरत थे।
3. यह योजना तभी लागू की जा सकती है, जबकि प्रतिष्ठान के 51 प्रतिशत कर्मचारी गुप्त मतदान के माध्यम से इस योजना के समर्थन में अपना मत दें।
4. श्रमिक निदेशक का चयन कम्पनी के सभी श्रमिकों के द्वारा गुप्त मतदान से किया जाना चाहिए।
5. वह व्यक्ति जो श्रमिक निदेशक चुना गया है उसे औद्योगिक सम्बन्ध एवं मानव संसाधन प्रबन्ध के विभिन्न पक्षों का सम्यक् प्रशिक्षण दिया जाना चाहिए।
6. कम्पनी के निदेशक मण्डल में विद्यमान श्रमिक निदेशक को सदैव इस बात का प्रयास करना चाहिए, उसके द्वारा कम्पनी की गोपनीय सूचनाओं का प्रकटन नहीं किया जाए।

योजना का क्रियान्वयन

प्रारम्भ में राष्ट्रीयकृत बैंकों ने इस योजना के क्रियान्वयन में विशेष अभिरुचि दिखाई। जैसा कि पहले ही लिखा जा चुका है कि राष्ट्रीयकृत बैंक का मान्यता प्राप्त श्रमिक संघ इस हेतु तीन कर्मचारियों का नाम सरकार के पास भेजेगा और सरकार उनमें से एक व्यक्ति को कर्मचारी निदेशक नियुक्त करेगी। बहुत से सार्वजनिक क्षेत्र के औद्योगिक प्रतिष्ठानों में भी श्रमिक प्रतिनिधि निदेशक बनाए गए। किन्तु इस योजना का गहराई से अध्ययन नहीं किया। तथापि यह कहा जाता है कि जब कार्य समिति एवं संयुक्त प्रबन्ध परिषदों की योजना सफल नहीं हो पाई तो निदेशक मण्डल में श्रमिकों के प्रतिनिधित्व की योजना से भी किसी महत्त्वपूर्ण उपलब्धि की आशा नहीं की जा सकती।

(ix) शेयर कैपिटल में श्रमिकों का सहभाजन

सच्चर समिति की यह संस्तुति थी कि कम्पनियों को अपने शेयर में 5 से 10 प्रतिशत भाग अपने प्रतिष्ठान के कर्मचारियों हेतु आवंटित करना चाहिए। इतना शेयर पहले कम्पनी को अपने कर्मचारियों हेतु आवंटित करना चाहिए और उनके अस्वीकार करने पर ही यह शेयर किसी अन्य को आवंटित किया जा सकता है। यह भी संस्तुति की गई कि कम्पनी को इस हेतु कर्मचारियों को 12,000 रुपये तक ऋण दिया जा सकता है।

अभी तक इस योजना की भी कोई विशेष उपलब्धि नहीं दिखाई दी।

निष्कर्ष

सैद्धान्तिक रूप से इन परिषदों की उपयोगिता की उपेक्षा नहीं की जा सकती। इसमें सन्देह नहीं कि व्यावहारिक रूप से इन्हें अभी भारत में विशेष सफलता नहीं मिली है पर साथ ही इस तथ्य से भी इनकार नहीं किया जा सकता है कि इंग्लैण्ड और अमेरिका आदि औद्योगिक दृष्टि से विकसित राष्ट्रों में जब संयुक्त सलाह प्रणाली के विकास में

एक लम्बा अर्सा लग गया, तो भारत जैसे औद्योगिक दृष्टि से पिछड़े देश में, जहाँ अभी श्रम संघों और सामूहिक सौदेबाजी का स्वस्थ ढंग से विकास नहीं हो पाया है, संयुक्त सलाह प्रणाली के विकास में अपेक्षाकृत अधिक विलम्ब अवश्यम्भावी है। योजना की सफलता का मुख्य आधार है – श्रम और प्रबन्ध के बीच सहयोग की भावना का विकास। पर औद्योगिक प्रतिष्ठानों में कार्यरत श्रम और प्रबन्ध दोनों के स्वार्थों में एकरूपता की बहुत ही कम सम्भावना विद्यमान रहती है, परिणामस्वरूप सहयोग की अपेक्षा द्वन्द्व के अवसर अधिक उत्पन्न हो जाया करते हैं। नियोक्ता अधिक एवं त्वरित लाभ चाहता है और श्रमिक आराम और अधिक मजदूरी चाहता है। दोनों बातें एक–दूसरे के विपरीत हैं, फलस्वरूप द्वन्द्वात्मक स्थिति उत्पन्न हो जाती है और श्रम प्रबन्ध सहयोग तथा सहभाजन की योजना सफल नहीं हो पाती।

दूसरी प्रमुख बात यह है कि औद्योगिक प्रतिष्ठानों में यह योजना तो स्वैच्छिक रूप से चलायी जाती है पर श्रम और प्रबन्ध दोनों पक्षों में से कोई भी पक्ष स्वेच्छा से इस योजना के संचालन के पक्ष में नहीं है। इस योजना के आरम्भ का श्रेय केन्द्रीय सरकार को है और इसमें सन्देह नहीं कि सरकार स्वयं इसके लिए बहुत इच्छुक है।

पर जिनके द्वारा यह योजना संचालित होने वाली है, यदि वे दोनों पक्ष कोई अभिरुचि प्रदर्शित नहीं करते तो इस योजना के संचालन का कोई अर्थ नहीं प्रतीत होता है। परिणामस्वरूप अधिकांश स्थानों पर केवल कागज पर ही यह योजना चल रही है। इस सम्बन्ध में महत्त्वपूर्ण बात यह है कि औद्योगिक प्रतिष्ठान की अधिकार संरचना इस प्रकार होती जा रही है कि सत्ता का अति उच्च स्तर पर केन्द्रीकरण होता चला जा रहा है। अधिकांश प्रतिष्ठानों में प्रबन्धकीय कार्य में केन्द्रीकरण होता चला जा रहा है। अधिकांश प्रतिष्ठानों में प्रबन्धकीय कार्य में रत अभिकर्मियों को निर्णय करने अथवा प्रबन्ध कार्य में सहभाजन का उपयुक्त अवसर नहीं दिया जाता है, ऐसी स्थिति में, स्वैच्छिक रूप से, श्रमिकों के लिए प्रबन्ध में सहभाजन की आशा मृगमरीचिका मात्र है।

उपर्युक्त तथ्यों के अतिरिक्त इस योजना की सफलता के लिए कुछ और भी तत्त्व प्रमुख रूप से जिम्मेदार हैं। भारत में अभी तक औद्योगिक जनतंत्र की भावना का सम्यक् रूप से विकास नहीं हो पाया है – भारतीय प्रबंधकों की मनोवृत्ति अभी ऐसी नहीं बन पाई है कि श्रमिकों को अपने समान समझें। अभी तक औद्योगिक सम्बन्ध बहुत अंशों में मालिक और मजदूर का ही सम्बन्ध है, ऐसी स्थिति में सह–प्रबन्ध या सहभाजन की भावना अपने आप तिरोहित हो जाती है। इसके साथ ही श्रमिक प्रबन्धकों को सद्भावना की दृष्टि से नहीं देखते, बल्कि वे प्रबन्धकों को अपना शोषक समझते हैं, श्रम संगठन भी राजनीतिक दलों से अधिक प्रभावित रहते हैं, ऐसी स्थिति में राजनीतिक दलों के नेता यदि श्रमिकों के प्रतिनिधि के रूप में किसी प्रबन्ध कार्य में भाग लेने के लिए जाते हैं तो वे श्रमिक के स्वार्थ के प्रति कम जागरूक रहते हैं और अपनी पार्टी के स्वार्थ के प्रति अधिक जागरूक रहते हैं, फलस्वरूप अर्थ का अनर्थ हो जाता है।

इस सम्बन्ध में एक और बात विशेष रूप से उल्लेखनीय है। वर्तमान प्रबन्ध एक जटिल वृत्ति है, इसके लिए सम्यक् प्रशिक्षण एवं तद्जनित ज्ञान और कौशल की अपेक्षा

होती है। श्रम संगठन के पदाधिकारी इस प्रकार के ज्ञान एवं कौशल से वंचित होते हैं, ऐसी स्थिति में उनसे प्रबन्ध में सहभाजन की आशा नहीं की जा सकती।

भारतीय औद्योगिक प्रतिष्ठान की सामाजिक जलवायु अभी तक औद्योगिक जनतंत्र की योजनाओं के कार्यान्वयन के अनुकूल नहीं हो पाई है। हम अभी बहुत ही अल्पकाल से वृहत् उद्योगों का संचालन कर रहे हैं। हमारा श्रम संघ आन्दोलन अभी तक कोई स्वरूप ग्रहण नहीं कर पाया है। श्रमिक हमेशा अधिक वेतन एवं अन्य सुविधाओं की बात करते हैं। प्रतिष्ठान की आर्थिक स्थिति एवं उत्पादकता में वृद्धि से उन्हें कोई सरोकार नहीं है। जब तक इन दोनों का निराकरण नहीं हो जाता, तब तक हम प्रबन्ध में श्रमिकों के सहभाजन की योजना की सफलता की आशा नहीं कर सकते।

वास्तव में प्रबन्ध में श्रम सहभाजन की योजना तभी सफल हो सकती है, जब स्वयं प्रबन्धक इस योजना के महत्त्व को समझें। इसके लिए सर्वप्रथम उन्हें जनतंत्र की भावनाओं को वास्तविक रूप से स्वीकार करना चाहिए। जब देश ने जनतंत्र को अपने संविधान के द्वारा अपना लिया है, तो हमारे नियोक्ताओं को भी यह बात स्वीकार कर लेनी चाहिए कि जनतंत्र की भावनाएँ केवल लोक प्रशासन तक नहीं सीमित रह जाएँगी वरन् औद्योगिक प्रतिष्ठानों के प्रशासन को भी वे देर–सबेर अपने आवरण में समेट लेंगी। ऐसी स्थिति में स्वैच्छिक रूप से इस दिशा में पहल करना श्रेयष्कर मार्ग है। श्रम परामर्श एवं सहयोग इस जनतंत्र की प्राप्ति का प्रथम चरण है। भारत में संयुक्त प्रबन्ध परिषदों के द्वारा इस मंजिल की प्राप्ति की दिशा में प्रयास किया गया है, अतः प्रबन्धकों को इस प्रयास में सम्यक् सहयोग देना चाहिए।

श्रम और प्रबन्ध दोनों को यह स्वीकार करना पड़ेगा कि औद्योगिक प्रतिष्ठान विभिन्न समुदायों का एक कामनवेल्थ है, जिसके कुछ सामान्य सामाजिक उद्देश्य होते हैं। अस्तु, दोनों ही पक्षों का एक सन्तुलित दृष्टिकोण होना चाहिए। प्रबन्धकों द्वारा अधिकाधिक लाभ तथा श्रमिकों द्वारा अधिकाधिक वेतन एवं अन्य सुविधाओं की प्राप्ति की आकांक्षा पर स्वतः अंकुश लगाना होगा। इस स्थिति के बाद ही पारस्परिक सद्भाव का विकास हो सकता है।

हमारे देश में संयुक्त प्रबन्ध परिषदों की असफलता का एक ही कारण यह भी है कि श्रम और प्रबन्ध दोनों के प्रतिनिधियों के मानस में इन परिषदों के उद्देश्य स्पष्ट रूप से अंकित नहीं थे और न उद्देश्यों में तारतम्य और एकरूपता ही थी। प्रबन्धकों का विचार था कि इन परिषदों के द्वारा वे औद्योगिक विवादों से छुटकारा पा जाएँगे और श्रमिकों का ख्याल था कि इन परिषदों के माध्यम से वे अधिकाधिक माँगों की पूर्ति करा लेंगे। परिणामस्वरूप इन परिषदों के उद्देश्यों की पूर्ति न हो सकी। भारत में प्रबन्ध परिषदों की सफलता हेतु उपर्युक्त दोषों के निराकरण के अतिरिक्त निम्नलिखित बातों पर ध्यान देना होगा–

1. परिषद् का उद्देश्य है उत्पादन वृद्धि।
2. श्रम संघ के नेताओं को इसके अन्तर्गत किसी औद्योगिक विवाद को नहीं लाना चाहिए।

3. प्रबन्धकों को परिषद् की बैठकों के अन्तर्गत प्रतिष्ठान की कार्य प्रणाली से संबंधित समस्त सूचना देने के लिए तैयार रहना चाहिए और श्रमिक द्वारा इन सूचनाओं का जिम्मेदारी तथा विश्वसनीयता से उपयोग करना चाहिए।
4. प्रबन्धकों को अपनी कार्य प्रणाली के द्वारा श्रमिकों में यह विश्वास उत्पन्न करना चाहिए कि वे न्याय एवं ईमानदारी से कार्य कर रहे हैं।
5. श्रम और प्रबन्ध दोनों को अपनी जिम्मेदारियों के प्रति सचेत होना चाहिए। इस दिशा में उच्च प्रबन्ध एवं श्रम संगठनों की भूमिका अति महत्त्वपूर्ण है। श्रम संगठनों को अपने सदस्यों में तथा उच्च प्रबन्धकों को अपने नीचे के प्रबन्धकों में इस जिम्मेदारी की भावना का विकास करना चाहिए।
6. प्रबन्ध के निम्न स्तरों पर भी प्रबन्ध परिषदों का गठन होना चाहिए, जिनमें निम्न श्रेणी के प्रबन्धक एवं श्रम संघ के नीचे के अधिकारियों को भाग लेना चाहिए और औद्योगिक प्रतिष्ठानों से संबंधित कम महत्त्वपूर्ण विषयों पर ऐसी परिषदों के द्वारा विचार–विमर्श किया जाना चाहिए।

संयुक्त प्रबन्ध परिषद् प्रबन्ध में श्रमिकों के सहभाजन का प्रथम चरण है, हमें इससे आगे कुछ कदम बढ़ाना चाहिए। इस दिशा में भारत सरकार ने हिन्दुस्तान एन्टीबायोटिक्स पिम्प्री के संचालन मण्डल में श्रमिकों के प्रतिनिधित्व का प्रावधान कर महत्त्वपूर्ण कदम उठाया है, हम आशा करते हैं कि सार्वजनिक क्षेत्र में स्थापित अन्य औद्योगिक प्रतिष्ठानों में भी शीघ्रातिशीघ्र यह व्यवस्था की जाएगी।

भारत में आज सहभागी प्रबन्ध एक नवीन दिशा की ओर अग्रसर हो रहा है। मई 1977 में आयोजित त्रिदलीय सम्मेलन में यह निश्चय किया गया था कि इस विषय में और अधिक गहराई तक प्रवेश हेतु एक समिति का गठन होना चाहिए। यह भी निश्चय किया गया था कि सहभागी प्रबन्ध का ट्रस्टीशिप के प्रत्यय के परिप्रेक्ष्य में अध्ययन किया जाए और शैक्षणिक संस्थाओं का भी इस अध्ययन में सहयोग प्राप्त किया जाए। इस परिप्रेक्ष्य में तत्कालीन केन्द्रीय श्रम मंत्री रवीन्द्र वर्मा की अध्यक्षता में एक समिति का गठन किया गया। समिति का कार्यक्षेत्र अति व्यापक था। सहभाजन की आवश्यकता क्या है, सहभाजन किस विधि से किया जा सकता है? कम्पनी के इक्विटी शेयरों में श्रमिक किस प्रकार सहभाजन कर सकते हैं, सहभाजन केवल स्वैच्छिक रूप से होना चाहिए या वैधानिक आधार पर भी सहभाजन की व्यवस्था होनी चाहिए आदि कुछ प्रमुख मुद्दों पर समिति को अपनी संस्तुति देनी थी। उक्त समिति ने अपने प्रतिवेदन में प्रबन्ध व्यवस्था में श्रमिकों के सहभाजन के किसी वैधानिक योजना को लागू करने पर विशेष बल दिया। साथ ही यह बात भी स्पष्ट कर दी गई कि इस प्रकार की योजना को अपेक्षाकृत अधिक लचीला होना चाहिए, ताकि विभिन्न प्रकार के प्रतिष्ठान अपनी अपेक्षाओं के अनुसार इसे कार्यान्वित कर सकें। इस प्रकार की योजना को लागू करते समय निजी, सार्वजनिक एवं सहकारी क्षेत्र के प्रतिष्ठानों में किसी प्रकार का अन्तर नहीं करना चाहिए। अधिकांश सदस्यों का यह सुझाव था कि सहभाजन की तीन–स्तरीय योजना – कारपोरेट स्तर, प्लांट स्तर और शॉप फ्लोर स्तर – लागू होनी चाहिए। यदि

किसी प्रतिष्ठान में कार्यशालाओं के आकार अपेक्षाकृत अधिक वृहत् हों तो वहाँ वर्क सेण्टर स्तर पर भी इस योजना को लागू किया जा सकता है। इस सम्बन्ध में सार्वजनिक क्षेत्र के एक प्रतिनिधि का यह सुझाव था कि यदि प्रतिष्ठान स्तर पर सामूहिक सौदेबाजी के संयन्त्र के माध्यम से कहीं पर पहले से ही सहभाजन हो रहा हो तो वहाँ पर इस योजना के अन्तर्गत पार्टिसिपेटिव फोरम का निर्माण एवं उसके कार्यक्षेत्र का निर्धारण बहुत ही सोच–विचार कर किया जाना चाहिए। उक्त प्रतिनिधि का यह भी सुझाव था कि प्रतिष्ठान में सहभाजन की एक सामान्य संस्कृति के निर्माण पर भी बल देना चाहिए। समिति का यह सर्वमान्य सुझाव था कि सामूहिक सौदेबाजी के अभिकर्ता एवं विभिन्न सहभागी फोरमों के प्रतिनिधियों में स्वार्थ की दृष्टि से तादात्म्य स्थापित होना चाहिए। यथासंभव सहभाजन के विभिन्न स्तरों पर श्रमिकों का प्रतिनिधित्व ऐसे व्यक्तियों के माध्यम से होना चाहिए जो वास्तव में संबंधित प्रतिष्ठान के श्रमिक हैं। श्रमिक और प्रबन्ध के प्रतिनिधियों में समानता होनी चाहिए। इस प्रकार के सहभाजन संयन्त्रों में निरीक्षकों और मध्यम प्रबन्ध के अभिकर्मियों का अलग से प्रतिनिधित्व होना चाहिए।

परिषद् द्वारा सहभाजन हेतु विचारार्थ विषयों में महँगाई भत्ता एवं मजदूरी को सम्मिलित नहीं किया गया। उत्पादकता वृद्धि प्रलोभन, कम्पनी के लाभ और हानि का विवरण, अनुपस्थिति, स्थानान्तरण एवं पदोन्नति की नीति, हड़ताल और तालाबन्दी की धमकी सम्बन्धी मामले, आकस्मिक श्रमिकों की नियुक्ति तथा सामाजिक सुरक्षा एवं कल्याणात्मक क्रियाकलापों के प्रशासन सम्बन्धी विषयों पर सहभाजन के विभिन्न स्तरों पर विचार–विमर्श किया जाएगा। मजदूरी और बोनस आदि मामलों पर सामूहिक सौदेबाजी के अन्तर्गत विचार–विमर्श किया जाएगा।

सहभाजन के अन्तर्गत सूचनाओं का पूर्णरूपेण आदान–प्रदान होगा ताकि संयुक्त निर्णय एवं उनका संयुक्त क्रियान्वयन संभव हो सके। समिति के अधिकांश सदस्यों का यह मत था कि इक्विटी पार्टिसिपेशन स्वैच्छिक होना चाहिए न कि इसे वैधानिकता का जामा पहना दिया जाना चाहिए। औद्योगिक प्रतिष्ठानों के प्रबन्ध में श्रमिकों की सहभाजन सम्बन्धी उक्त योजना के क्रियान्वयन एवं नियंत्रण हेतु केन्द्रीय एवं राज्य स्तर पर एक त्रिपक्षीय संगठन का निर्माण होना चाहिए, जिसके कुछ सदस्य वृत्तिक विशेषज्ञ होने चाहिए। इस प्रकार यह स्पष्ट है कि इस समिति की सबसे महत्त्वपूर्ण संस्तुति यह थी कि व्यवस्था में श्रमिकों के सहभाजन हेतु अधिनियमित प्रावधान किए जाने चाहिए। वर्तमान कांग्रेस सरकार के भूतपूर्व श्रम मंत्री ने इस सम्बन्ध में आवश्यकतानुसार अधिनियम बनाने का प्रावधान करने का आश्वासन भी दिया है।[56] इस सम्बन्ध में एक और बात भी उल्लेखनीय है। इण्टक के इक्कीसवें अधिवेशन में अध्यक्षीय पद से भाषण देते हुए श्री भगवती ने कहा था– "सहभागी प्रबन्ध का कालक्रम से इस प्रकार विकास होना चाहिए कि श्रमिक स्वयं ही प्रतिष्ठान के संचालन की जिम्मेदारी अपने ऊपर ले लें।"[57] किन्तु 'वर्कर्स सेल्फ गवर्नमेण्ट' की अवधारणा तो 'मोनिज्म' की अवधारणा पर आधारित है। हमारे देश में इसके स्थान पर सहभागी प्रबन्ध का प्रत्यय अधिक

व्यावहारिक है, जिसके अन्तर्गत श्रम और प्रबन्ध दोनों के अस्तित्व को स्वीकार किया जाता है। भारत की सम्पूर्ण सामाजिक, आर्थिक और राजनीतिक संरचना 'द्वैतवाद' पर आधारित है। यदि हमें यूगोस्लाविया के मार्ग पर चलना है तो हमें अपनी पूर्व स्थापित परम्पराओं को समाप्त करना पड़ेगा। यदि हमें अपनी प्रणाली में कोई परिवर्तन करना है तो हम एक कुशल श्रमिक के रूप में प्रबन्धक के विशेषाधिकारों को पूर्णतया नजरअन्दाज नहीं कर सकते हैं। किन्तु आज का प्रबन्ध एक प्रकार की संक्रमणकालीन स्थिति से गुजर रहा है, यह स्थिति विश्वव्यापी है। भारत ही नहीं वरन् ब्रिटेन में भी सहभागी प्रबन्ध को एक ठोस स्वरूप देने का प्रयास किया जा रहा है। जिस प्रकार भारत में आज सच्चर कमेटी के प्रतिवेदन पर बहुत ही गम्भीरतापूर्वक विचार किया जा रहा है, उसी प्रकार इंग्लैण्ड में बुलक कमेटी की रिपोर्ट पर विचार हो रहा है। जिस प्रकार ब्रिटिश पार्लियामेण्ट में इण्डस्ट्रियल डेमोक्रेसी से सम्बंधित विधेयक के प्रस्तुतीकरण पर विचार हो रहा है, उसी प्रकार हमारे भूतपूर्व श्रम मंत्री की अध्यक्षता में गठित भारत की 17–सदस्यीय समिति भी इस प्रकार के बिल की सम्भावनाओं पर विचार कर रही थी।

प्रश्न यह है कि इस प्रकार के सहभाजन की क्रिया में श्रमिकों का प्रतिनिधित्व श्रमिक संघों के माध्यम से होना चाहिए अथवा उनका सीधा निर्वाचन होना चाहिए। दूसरा प्रश्न यह है कि इस प्रकार का सहभाजन किस स्तर पर होना चाहिए और यदि श्रमिक प्रतिनिधि सामान्य श्रमिकों का विश्वास खो देते हैं तो उस स्थिति में क्या होगा। साथ ही यह समस्या है कि प्रबन्धकों और पर्यवेक्षकों के प्रतिनिधित्व का क्या स्वरूप होगा। इसमें तो सन्देह नहीं, अधिकार सहभाजन के सम्बन्ध में हम एक नवीन मॉडल का प्रयोग शीघ्र ही अपने देश में करेंगे। किन्तु इस मॉडल का अभी तक निरूपण नहीं हो पाया है। कम से कम यह मॉडल टेलरमेड होना चाहिए ताकि आज की अपेक्षाओं की पूर्ति कर सके।

आज प्रबन्ध व्यवस्था में श्रमिकों के सहभाजन की दिशा में इंग्लैण्ड में जो कुछ हो रहा है उसके आधार पर दो निष्कर्ष निकाले जा सकते हैं– (1) सहभाजन का अधिकार सामान्य श्रमिकों के हाथ में नहीं रह जाएगा, वरन् यह धीरे–धीरे श्रमिक संघों के हाथ में स्थानान्तरित होता चला जाएगा, एवं (2) इस प्रकार के अधिकारों के स्थानान्तरण से उद्योग में निर्माणकारी प्रवृत्तियों की अपेक्षा विघटनकारी प्रवृत्तियों को बढ़ावा मिलेगा।

भारत में सहभागी प्रबन्ध के विकास में कुछ और भी बाधाएँ हैं। पीटर ड्रकर ने एक बार लिखा था कि जहाँ प्रबन्ध व्यवस्था में श्रमिकों के सहभाजन की योजना लागू की जाती है, वहाँ प्रबन्धक और अधिक अधिकार सम्पन्न होते जाते हैं। भारत में यह बात शत–प्रतिशत लागू हो रही है। अभी तक श्रमिक या श्रम संघ इस योजना की आवश्यकता स्वयं नहीं महसूस करते हैं और सरकार इस योजना को आदर्श योजना के रूप में लागू करती जा रही है, फलस्वरूप इसकी सफलता भी केवल कागज पर ही दिखाई देती है। कुछ व्यवहार वैज्ञानिकों ने अपनी गवेषणाओं से यह निष्कर्ष निकाला है कि भारतीय श्रमिक अब भी अभिप्रेरणात्मक दृष्टि से हर्जवर्ग द्वारा निरूपित हाइजिन

फैक्टर्स से ही प्रभावित होते हैं। अर्थात् वे अभी तक कार्यजन्य सन्तुष्टि तथा प्रबन्ध व्यवस्था में सहभाजन आदि कारकों से उतने अभिप्रेरित नहीं होते हैं, जितना कार्य की सुरक्षा, वेतन तथा पर्यवेक्षक के व्यवहार आदि तत्वों से अभिप्रेरित होते हैं। कार्य संस्कृति की दृष्टि से भी अधिकांश श्रमिक ऐसी पारिवारिक संस्कृति से आए होते हैं, जहाँ परिवार के मुखिया का निर्णय ही उनके लिए शिरोधार्य होता है, उन्हें आँख मूँद कर उस निर्णय का पालन करना पड़ता है। औद्योगिक प्रतिष्ठानों में भी अधिकांश भारतीय श्रमिक उसी पितृत्व युक्त संस्कृति की अपेक्षाओं से पारिचालित होते हैं और वे पर्यवेक्षक अथवा अन्य उच्चाधिकारियों से ही निर्णय की अपेक्षा करते हैं, स्वयं निर्णय में सहभाजन की अभिरुचि उनमें बहुत कम होती है।

दूसरी बात यह है कि प्रबन्ध के विशेषाधिकार के नाम पर हमारे देश के औद्योगिक प्रबन्ध के उत्क्रम में अधिकार का विभाजन इस प्रकार से हुआ है कि मध्यम और निम्न श्रेणी के प्रबन्धकों को तो निर्णय में सहभाजन का कोई अवसर ही नहीं दिया जाता, ऐसी स्थिति में सामान्य श्रमिक द्वारा प्रबन्धकीय निर्णय में सहभाजन की तो कल्पना भी नहीं की जा सकती।

दूसरी ओर श्रम संघ की ओर से भी अनेक बाधाएँ हैं। एक तो श्रमिक संघ स्वयं ही अपने क्रियाकलापों और नीति विषयक निर्णयों में सामान्य श्रमिकों को सहभाजन का अवसर नहीं देते हैं। दूसरे श्रमिक संघ सहभाजन को श्रम संघ के क्रियाकलापों में एक अवरोधमात्र समझते हैं। यदि श्रमिक प्रतिनिधियों को प्रबन्ध व्यवस्था में सहभाजन का अवसर भी दिया जाता है तो वे सम्पूर्ण औद्योगिक प्रतिष्ठान के हित में कोई बात नहीं करते, वे केवल श्रमिकों का ही हित देखते हैं। इस दिशा में सरकार भी कुछ अंश में दोषी है क्योंकि हमारे देश में प्रतिनिधि श्रम संघ की मान्यता का अभी तक कोई प्रभावशाली अधिनियमित प्रावधान नहीं हो पाया है, अधिकांश प्रतिष्ठानों में स्वस्थ सामूहिक सौदेबाजी के विकास की दिशा में भी अभी तक सन्तोषजनक प्रगति नहीं हो पाई है, संयुक्त परामर्शदात्री संयन्त्र भी अभी तक प्रभावशाली ढंग से कार्य नहीं कर रहे हैं ऐसी स्थिति में सहभागी प्रबन्ध के लक्ष्यों की प्राप्ति एक मृगमरीचिका मात्र ही होगी।

भारतीय परिवेश में सहभागी प्रबन्ध व्यवस्था का सफल संचालन तभी संभव है जब हम उसे सामूहिक सौदेबाजी की एक अनुपूरक व्यवस्था के रूप में स्वीकार करें। इसके लिए आवश्यक है कि देश में सशक्त एवं प्रतिनिधि श्रम संघों का विकास हो और सरकार द्वारा उनकी मान्यता प्राप्ति हेतु समुचित व्यवस्था हो। जनता सरकार द्वारा प्रस्तावित औद्योगिक सम्बन्ध विधेयक में इस दिशा में कुछ महत्त्वपूर्ण प्रावधान किए गए थे। किन्तु उस विधेयक का भाग्य भी अधर में लटक गया।

औद्योगिक संगठनों के उत्क्रम में एक व्यक्ति कुछ अभिकर्मियों से ऊँचा होता है और कुछ अभिकर्मियों के अधीन होकर उसे कार्य करना पड़ता है। किन्तु न्यूनतम स्तर के ऑपरेटर तो किसी भी अभिकर्मी के ऊपर नहीं होते हैं, उन्हें सदैव ही निर्देशित होना पड़ता है। संभवतः औद्योगिक प्रतिष्ठानों के प्रबन्ध में हाथार्न के अध्ययनों के द्वारा सबसे पहले कार्य स्थिति में व्यक्तिगत कारकों के महत्त्व को स्वीकार किया। आगे चल कर

इस तथ्य का प्रतिपादन इस तरह से किया गया कि कार्य स्थिति में यदि स्वायत्तता और जिम्मेदारी के तत्वों की प्राप्ति होगी, तो इसका प्रभाव मनोबल एवं उत्पादकता पर पड़ेगा। आगे चल कर मास्लो की (need) नीड हायरार्ची थियरी, हर्जवर्ग की मोटीवेशन और हाइजिन थियरी तथा मैकगीकर की एक्स और वाई थियरी के द्वारा भी कार्य में स्वायत्तता और मानवीय सम्बन्धों के महत्त्व का प्रतिपादन किया गया। तत्पश्चात् रेनिस लिकर्ट ने भी इस तथ्य का प्रतिपादन किया कि ऐसे स्थानों पर, जहाँ प्रबंधक या पर्यवेक्षक कार्य समूह के एक नेता के रूप में कार्य करते हुए अपने सदस्यों की समस्याओं का सुलझाव कर उन्हें सम्बल प्रदान करने का प्रयास करता हैं, वहाँ पर उच्चतर मनोबल और निष्पत्ति की प्राप्ति होती है। ये सभी विचारधाराएँ प्रागमेटिक उपागमों पर आधारित हैं और वे श्रमिकों के व्यवहारों और उन कारकों पर सम्यक् प्रकाश डालती हैं जो उन्हें प्रभावित करते हैं।

उपर्युक्त वैचारिक पृष्ठभूमि में औद्योगिक संगठनों की प्रबन्ध व्यवस्था में श्रमिकों के सहभाजन का औपचारिक और संस्थागत माध्यम है – संयुक्त प्रबन्ध परिषद् और सामूहिक सौदेबाजी। दूसरा तरीका अनौपचारिक सहभाजन का है, जो जनतान्त्रिक पर्यवेक्षण के द्वारा सम्पन्न होता है। इस सम्बन्ध में स्वायत्त कार्य समूह योजना एक नवीनतम प्रभावशाली प्रयास है, इसके माध्यम से कार्य स्थिति में श्रमिकों को जिम्मेदारी पूर्ण ढंग से सोचने और व्यवहार करने का अवसर प्रदान किया जाता है। कार्यशाला स्थल पर किए गए निर्णयों में श्रमिकों के सहभाजन की महत्ता को साम्यवादी देशों में भी स्वीकार किया जा रहा है। वैचारिक दृष्टि से उन देशों में श्रमिकों को ही प्रतिष्ठान के स्वामी के रूप में स्वीकृति प्रदान की जा रही है। दूसरी ओर पाश्चात्य देशों में लिकर्ट द्वारा प्रतिपादित सिस्टम और मैकगीकर द्वारा प्रतिपादित थियरी वाई की विचारधाराओं से प्रभावित होकर अर्द्ध स्वायत्तशासी कार्य समूहों की कार्य प्रणाली का उपयोग एक प्रयोग के तौर पर प्रारम्भ हुआ। इस सम्बन्ध में टॉविस्टाक इन्स्टीट्यूट द्वारा अहमदाबाद की सूती मिलों और ब्रिटेन की कोयला खदानों में किए गए प्रयोग और हंसफास पल्प पेपर मिल में किया गया नार्बे का प्रयोग इत्यादि उल्लेखनीय हैं।

उपर्युक्त तथा कुछ अन्य प्रयोगों के आधार पर आज पाश्चात्य औद्योगिक परिवेश में, अनौपचारिक रूप से सहभागी प्रबन्ध की भावनाओं के विकास से संगठनों की कार्य संरचना का इस प्रकार से पुनर्संगठन किया जा रहा है कि कार्य समूह स्वायत्तशासी बन सकें। इस प्रकार के स्वायत्तशासी कार्य समूह के अनेक लाभ हैं, जिनका संक्षिप्त विवरण निम्नलिखित है–

1. अर्द्ध स्वायत्तशासी कार्य समूहों का निर्माण कार्य के प्राविधिक एवं सामाजिक दोनों पक्षों के मिश्रण से किया जाता है। इसे 'सोसियोटेक्निकल' डिजाइन के नाम से अभिहित किया जाता है। इसके अन्तर्गत कार्य का प्राविधिक पक्ष जैसे प्रतिष्ठान की डिजाइन और 'ले आउट' तथा सामाजिक पक्ष जैसे संगठनात्मक संरचना, चयन, प्रशिक्षण तथा 'टीम बिल्डिंग' आदि को सम्मिलित किया जाता है।

2. इसमें सन्देह नहीं कि कार्य समूह के उपागम के अन्तर्गत कार्य संरचना के ऊपर श्रमिकों का नियंत्रण पूर्वापेक्षा अधिक हो जाता है। फलस्वरूप उनकी उच्चस्तरीय इगो नीड तथा दूसरों से सम्बन्ध स्थापन की आवश्यकता की पूर्ति पूर्वापेक्षा अधिक हो जाती है।
3. कार्य समूह के उपागम के अन्तर्गत श्रमिकों के कौशल सम्बन्धी विकास की क्षमता, आत्म निर्णय का अधिकार तथा कार्य के माध्यम से सम्मान की प्राप्ति होती, इसके द्वारा 'जॉब इनरिचमेन्ट' (job enrichment) की भावनाओं में भी वृद्धि होती है।
4. बहुत अंशों में कार्य समूह का उपागम 'जॉब इनरिचमेण्ट' के उपागम की अपेक्षा अधिक प्रभावकारी होता है क्योंकि 'जॉब इनरिचमेण्ट' के अन्तर्गत नियोजन क्रियान्वयन एवं मूल्यांकन आदि प्रबन्धकीय कार्यों का श्रमिकों के द्वारा संचालन किया जाता है और इस विशेषता को कार्य समूह के उपागम के अन्तर्गत भी सम्मिलित कर लिया जाता है। दूसरी बात यह है कि कार्य समूह के उपागम के अन्तर्गत व्यक्ति के स्थान पर सम्पूर्ण दल को सम्मिलित किया जाता है। इस प्रकार नौकरशाही के 'ऑटोमाइजेशन' के सिद्धान्त का प्रतिस्थापन 'होलिस्टिक उपागम' द्वारा होने लगता है।

अनौपचारिक रूप से औद्योगिक संगठनों के कार्य परिवेश में श्रमिकों के सहभाजन की योजना को और अधिक सक्षम बनाने हेतु प्रबन्धकीय प्रतिक्रियाओं में कुछ परिवर्तन की अपेक्षा होती है। इस सम्बन्ध में निम्नलिखित बातें विशेष रूप से उल्लेखनीय हैं। कार्य के ऊपर मानवीय नियंत्रण को भी अधिक बढ़ाने के लिए प्रबन्ध से यह अपेक्षा की जाती है कि वह निम्नलिखित कदम उठाएँ—

(अ) कार्य समूह की डिजाइन प्रबन्ध से यह अपेक्षा करती है कि कार्य की भौतिक दशाओं से श्रमिकों के मानस में जो बिरसन की भावनाएँ उत्पन्न होती हैं, उनकी प्रबन्धकों को सम्यक् जानकारी हो, और श्रमिकों की अपनी प्रस्थिति एवं स्वायत्तता के प्रति जो कुण्ठित इच्छाएँ होती हैं, उन्हें प्रबन्धक यथाशक्ति दूर करें।

(ब) स्वीडन में प्रयुक्त वाल्वो प्लान के अन्तर्गत उत्पादन की प्रविधियों को न्यूनाधिक रूप से मानवीय नियंत्रण के अन्तर्गत लाया जाता है। भारतीय प्रबन्धकों को भी इस प्रविधि का प्रयोग करना चाहिए।

(स) उत्पादन प्रौद्योगिकी में परिवर्तन करने की पहल प्रबन्ध पक्ष के द्वारा ही की जाती है। अतः प्रबन्ध को प्रौद्योगिक परिवर्तन द्वारा ऐसे कार्य परिवेश का निर्माण करना चाहिए, जो गैर सामाजिक नहीं हो और कार्यस्थिति में श्रमिक अकेला ही नहीं पड़ जाए।

(द) प्रबन्ध की पर्यवेक्षकीय शैली में ऐसा परिवर्तन होना चाहिए कि वह अपने को डिक्टेटर न समझ कर कोऑर्डिनेटर समझे। उसे आर्थिक जीवन में श्रमिकों के आत्म निर्णय के महत्त्व को अनुभूत करते हुए यथाशक्ति उन्हें (श्रमिकों को) स्वायत्तशासी बनाने का प्रयास करना चाहिए।

(य) प्रबन्ध से ये भी अपेक्षा की जाती है कि वह श्रमिकों की बदलती हुई आकांक्षाओं के प्रति सज्ञत हो और उसी के अनुरूप अपने कार्य व्यवहारों का निरूपण करे।

(र) प्रबन्ध द्वारा संगठनात्मक संरचना का इस प्रकार निरूपण किया जाना चाहिए कि वह श्रमिकों की जीवन शैली के अनुरूप हो, ताकि कार्य स्थिति में उन्हें (श्रमिकों को) कार्य जीवन के गुणात्मक मूल्यों की प्राप्ति हो सके। इस प्रकार यदि कार्यशाला स्तर पर कार्य समूह को इस प्रकार संगठित और नियोजित करना हो कि अनौपचारिक रूप से श्रमिकों को अपनी कार्य प्रणाली में अधिकाधिक निर्णय का अधिकार प्राप्त हो तो कम से कम दो बातों की अपेक्षा होती है– (i) प्रबन्ध को इस प्रकार का प्रयोग करने हेतु तैयार रहना चाहिए वह श्रमिकों को 'मैन' समझे और 'हैण्ड' नहीं समझे तथा उत्क्रमीय संगठन को गैर नौकरशाही स्वरूप प्रदान करे, व (ii) श्रमिकों को ऐसे प्रयास हेतु तैयार रहना चाहिए कि वे संगठनात्मक आवश्यकताओं की पूर्ति के साथ आत्म विकास के लक्ष्यों की भी अधिकाधिक प्राप्ति करें।

टिप्पणियां

1. सिंह, वी.वी. : 'इण्डस्ट्रियल लेबर इन इण्डिया', 1963, पृ. 409।
2. कोल, सी.डी.एच. : 'सेल्फ गवर्नमेंट इन इण्डस्ट्री', लंदन, 1922, पृ. 263।
3. कोटेड इन स्नोडेन पी., सोशियलिज्म एण्ड सिंडीकलिज्म, लंदन, पृ. 207।
4. कोल, जी.डी.एच. : 'सोशलिस्ट थॉट', दि सेकेण्ड इन्टर नेशनल, 1889, 1914, पार्ट–1, लंदन, 1956, पृ. 239।
5. कोल, जी.डी.एच. : 'सोशलिस्ट थॉट', दि सेकेण्ड इन्टर नेशनल, 1889, 1914, पार्ट–1, लंदन, 1956, पृ. 239।
6. कोल, जी.डी.एच. : 'डेवलपमेंट ऑफ सोशलिज्म ड्यूरिंग दि फर्स्ट फिफ्टी ईयर्स (दि वेब मेमोरियल लेक्चर, 1951), लंदन, 1952, पृ. 15।
7. धवन जी., 'थियोलिटिकल फिलॉसफी ऑफ महात्मा गाँधी, अहमदाबाद,1957, पृ. 285; 313–15।
8. यंग इण्डिया, वॉल्यूम 3, पृ. 736।
9. वही, वॉल्यूम 2, पृ. 1130।
10. कोटेड वाई.वी.वी. सिंह, इन एप्रोचेज टू वर्कर्स पार्टिसिपेशन (इण्डस्ट्रियल लेबर इन इण्डिया, पृ. 415.)।
11. को–डिटरमिनेशन मीन्स 'कोमैनेजमेण्ट', देखिए दि इण्डियन जर्नल ऑफ लेबर इकोनॉमिक्स, नं. 2 एण्ड 3, जुलाई–अक्टूबर, 1959, पृ. 193–95।
12. मेह्त्राज, वी.जी.–'वर्कर्स पार्टिसिपेशन इन मैनेजमेण्ट'।

13. कुलकर्णी, वी.आर. : वर्कर्स पार्टिसिपेशन इन मैनेजमेण्ट, इण्डस्ट्रियल रिलेशन नं. 3, मई–जून, 1972, पृ. 61।

14. जीवन टानिक, वर्कर्स पार्टिसिपेशन इन मैनेजमेण्ट आइडियल एण्ड रियलिटी इन इण्डिया, श्रीराम सेण्टर फॉर इण्डस्ट्रियल रिलेशन, नई दिल्ली, 1969।

15. अलैक्जैण्डर, के.सी.–पार्टिसिपेटिव मैनेजमेण्ट : दि इण्डियन एक्सपीरियेन्स, श्रीराम सेण्टर फॉर इण्डस्ट्रियल रिलेशन्स एण्ड ह्यूमन रिसोर्सेज, नई दिल्ली।

16. सेकेण्ड फाइव ईयर प्लान 1956, पृ. 577।

17. अलैक्जैण्डर, के.सी.–पार्टिसिपेटिव मैनेजमेण्ट : दि इण्डियन एक्सपीरियेन्स, श्रीराम सेण्टर फॉर इण्डस्ट्रियल रिलेशन्स एण्ड ह्यूमन रिसोर्सेज, नई दिल्ली, 1972।

18. स्ट्रास, जार्ज, सम नोट्स ऑन पावर क्वलाइजेशन इन दी सोशल साइंस ऑफ आर्गनाइजेशन, इंगिल बुक क्लिफ, प्रेंटिस हाल।

19. सेठी, कृष्णा सी. : वर्कर्स पार्टिसिपेशन इन मैनेजमेण्ट, ए रिपोर्ट एण्ड ए व्यू प्वाइन्ट, इण्डियन जर्नल ऑफ इण्डस्ट्रियल रिलेशन, वॉल्यूम 9, नं. 2, पृ. 313–321।

20. मेहत्राज, बी.जी.–वर्कर्स पार्टिसिपेशन इन मैनेजमेण्ट, पृ. 18–20।

21. अलैक्जैण्डर, के.सी.–पार्टिसिपेटिव मैनेजमेण्ट : दि इण्डियन एक्सपीरियेन्स, श्रीराम सेण्टर फार इण्डस्ट्रियल रिलेशन्स एण्ड ह्यूमन रिसोर्स, नई दिल्ली।

22. मेहत्राज, बी.जी.–पूर्वोद्धृत।

23. अर्नेस्ट डेल–इनक्रीजिंग प्रोडक्टिविटी थ्रू लेबर मैनेजमेंट कोआपरेशन, इण्डस्ट्रियल एण्ड लेबर रिव्यू, वॉल्यूम 3, नं. 1, अक्टूबर, 1949।

24. डोरेका डी स्वीनिज, लेबर एण्ड मैनेजमेंट इन ए कॉमन इण्टरप्राइज, कैम्ब्रिज हारवर्ड यूनिवर्सिटी प्रेस, 1949।

25. कोटेड फ्रॉम केनीथ एडम, दि इंटरडिपेंडेंस ऑफ पार्टिसिपेशन, दि इण्डस्ट्रियल पार्टिसिपेशन, समर, 1975, पृ. 3–5।

26. सिंह, एन.के.– 'फ्राम वर्कर्स कमेटी टू बोर्ड ऑफ डायरेक्टर्स', वर्कर्स पार्टिसिपेशन इन इण्डिया, लोक 1, 3 जून, 1975, पृ. 41–44।

27. इंटरनेशनल इंस्टीट्यूट ऑफ लेबर स्टडीज, बुलेटिन नं. 2, फरवरी, 1967, 'वर्कर्स पार्टिसिपेशन इन मैनेजमेंट', पृ. 64–125।

28. इंटरनेशनल इंस्टीट्यूट ऑफ लेबर स्टडीज, पूर्वोद्धृत।

29. परमेश्वर राव, लेवेल ऑफ वर्कर्स पार्टिसिपेशन इन मैनेजमेंट, एन एनालिटिकल फ्रेम वर्क, इण्डियन जर्नल ऑफ इण्डस्ट्रियल रिलेशन, जनवरी, 1977, पृ. 305।

30. कोटेड इन इण्डस्ट्रियल पार्टिसिपेशन, विण्टर, 1974–75, पृ. 17।

31. टण्डन, पी.एल.–पार्टिसिपेशन इन टू–डेज, नेशनल कान्फ्रेंस ऑन पब्लिक इण्टरप्राइज, आर्गनाइज्ड बाई स्टैण्डिंग कान्फ्रेंस ऑफ पब्लिक इण्टरप्राइज, स्टेट्समैन, 14 अप्रैल, 1976।

32. शेरवानी, एम.आर.–वर्कर्स पार्टिसिपेशन इन मैनेजमेंट, इण्डियन मैनेजमेंट, फरवरी, 1976, पृ. 11–13।

33. जीवनटानिक–वर्कर्स पार्टिसिपेशन इन मैनेजमेंट, आइडियल एण्ड रियलिटी, श्रीराम सेण्टर फॉर इण्डस्ट्रियल रिलेशन, नई दिल्ली।

34. कनप्पन, सुब्बैया–वर्कर्स पार्टिसिपेशन इन मैनेजमेंट, रिव्यू ऑफ इण्डियन एक्सपीरियेन्स, बुलेटिन, इण्टरनेशनल इंस्टीट्यूट फार लेबर स्टडीज, 1968.

35. रिपोर्ट ऑफ दि नेशनल कमीशन आन लेबर, पृ. 342।

36. मिनिस्ट्री ऑफ लेबर एण्ड एम्प्लायमेंट, 1959, 79।

37. कल्याण अधिकारी की प्रस्थिति एवं भूमिका के सम्बन्ध में लेखक द्वारा किया गया शोध, 1979, आई.आई.पी.एम. बोकारो।

38. निशीत, आर.डे.–एन अप्रोच टू दि प्रॉब्लम ऑफ इण्डस्ट्रियल रिलेशन, इन 'इशू इन इण्डियन लेबर पॉलिसी' (एड जौहरी सी.के.) श्रीराम सेंटर फॉर इण्डस्ट्रियल रिलेशन, न्यू देहली, पृ. 64–104।

39. सुब्रह्मण्यन, के.एन.–लेबर मैनेजमेंट इन इण्डिया, 1967, पृ. 266।

40. कनप्पन, पूर्वोद्धृत लेख।

41. प्रथम विचार गोष्ठी 1958 में आयोजित की गई, जिसमें उन इकाइयों के श्रम प्रबन्ध प्रतिनिधियों ने भाग लिया, जिसमें यह योजना लागू थी। विचार गोष्ठी में योजना के कार्यान्वयन सम्बन्धी विविध पहलुओं पर विचार किया गया, द्वितीय विचार गोष्ठी में विभिन्न समितियों से प्राप्त अनुभवों पर पुनर्विचार किया गया।

42. रिपोर्ट ऑफ दि नेशनल कमीशन ऑन लेबर, पृ. 344।

43. राष्ट्रीय श्रम आयोग द्वारा उद्धृत, पृ. 344।

44. पिली, एम.बी. द्वारा "ज्वॉइंट कौंसिल आफ मैनेजमेंट इन इण्डियन इण्डस्ट्री : एन इवैलुएशन" नामक लेख में उद्धृत, इण्डियन मैनेजमेंट, अक्टूबर, 1973, पृ. 9।

45. रिपोर्ट ऑफ दि नेशनल कमीशन ऑन लेबर, पृ. 344।

46. उपर्युक्त प्रतिवेदन में उद्धृत, पृ. 344।

47. रिपोर्ट ऑफ दि नेशनल कमीशन ऑन लेबर, पृ. 352 (अपेंडिक्स 1, रिफरेंस पैरा 24–10)।

48. श्री जे.पी. श्रीवास्तव द्वारा 'पार्टिसिपेशन' नामक लेख में उद्धृत, इण्डस्ट्रियल रिलेशन, वॉल्यूम 15, नं. 4, जुलाई–अगस्त, 1973, पृ. 3।

49. ज्ञानचन्द्र–इण्डस्ट्रियल डेमोक्रेसी, इण्डियन जर्नल ऑफ लेबर इकोनामिक्स, 1962, पृ. 22–23।

50. रूद्रवासबराज, एम.एन., ई.ए.एम.एन. एक्सपेरीमेंट इन इण्डियन सेटिंग, इण्डियन मैनेजमेंट, मार्च, 74, पृ. 5।

51. मेमोरिया एवं दशोरा–सेविवर्गीय प्रबन्ध, पृ. 645।

52. पीपली, ज्वाइंट कौंसिल आफ मैनेजमेंट इन इण्डियन इण्डस्ट्रीज : एन इवैलुएशन, इण्डियन मैनेजमेंट, अक्टूबर, 1973, पृ. 17।
53. रिपोर्ट ऑफ दि नेशनल कमीशन ऑन लेबर, पृ. 345।
54. मेमोरिया और दशोरा द्वारा सेविवर्गीय प्रबन्ध नामक पुस्तक में उद्धृत, पृ. 647।
55. उपर्युक्त पुस्तक में उसी पृष्ठ पर उद्धृत।
56. इकोनामिक टाइम्स 5 जनवरी, 1982।
57. क्वोटेड इन एडिटोरियल परसनेल, न्यूज वॉल्यूम II, नं. 3, सितम्बर, 1978।

12

राज्य और औद्योगिक सम्बन्ध विषयक नीति

अन्य सार्वजनिक जननीतियों की भाँति श्रम नीति पर भी समाज के सामाजिक, आर्थिक, सांस्कृतिक पर्यावरण का प्रभाव पड़ता है। अस्तु, भारत की श्रम नीति के निरूपण के पूर्व पर्यावरण से सम्बन्धित उपर्युक्त कारकों को उनकी पृष्ठभूमि में छिपे हुए ऐतिहासिक परिवेश की सम्यक् जानकारी आवश्यक है। श्रम नीति के इर्द–गिर्द का सामाजिक, आर्थिक, राजनीतिक और सांस्कृतिक परिवेश इतना जटिल और गत्यात्मक है कि इस अध्याय में उसका सम्यक् निरूपण नहीं किया जा सकता है। तथापि यहाँ हम उसके कुछ मुख्य पक्षों पर प्रकाश डालने का प्रयास करेंगे।

देश जब स्वतंत्र हुआ तो उस समय हमें अपनी परम्पराओं से आनुवंशिक रूप से प्राप्त पितृत्व, सहनशीलता, सामाजिक उत्क्रम आदि मूल्यों का निर्वाह तो करना ही पड़ा, साथ ही ब्रिटेन की उदारवादी परम्पराओं से जनित सामाजिक मूल्य तथा कांग्रेस के जनतांत्रिक समाजवाद के मूल्य भी हमारे समक्ष विद्यमान थे। स्वतंत्र भारत के सत्तारूढ़ नेता कल्पनात्मक और आदर्शात्मक विचारधाराओं से इतने प्रभावित थे कि वे सम्पूर्ण देश को एक ऐसी सामाजिक संरचना में ढाल देना चाहते थे, जो भूत की समृद्धि और भविष्य की आकांक्षाओं के अनुकूल हो। इस प्रकार के समाज की रचना का आभास भारतीय संविधान में भी मिलता है, जिसके अन्तर्गत स्वतंत्रता, समानता और प्रस्थिति एवं उन्नति के समान अवसरों की प्राप्ति तथा आर्थिक और सामाजिक न्याय की बात कही गई है। राज्य से यह अपेक्षा की गई है कि वह सभी नागरिकों के लिए जीविकोपार्जन के साधन, रोजगार के अवसरों और सामाजिक सुरक्षा की प्राप्ति करे। 1954 में संसद द्वारा कल्याणकारी राज्य और समाजवादी समाज की स्थापना के लक्षण

को अपनाकर संविधान के मार्गदर्शक सिद्धान्तों को और ठोस रूप दे दिया गया। इस प्रकार संविधान के मार्गदर्शक सिद्धान्तों और संसद द्वारा पारित विधेयकों के माध्यम से राज्य को एक ऐसे समाज के निर्माण की जिम्मेदारी दी गई, जिसके द्वारा समाज की सामाजिक, आर्थिक, राजनीतिक और संस्थागत संरचना में परिवर्तन कर इगैलिटेरियन सोसायटी की स्थापना के लक्ष्य निर्धारित किए गए। इस प्रकार सरकार ही अर्थव्यवस्था की सर्वोच्च नियंत्रक बन बैठी और राष्ट्रीय आर्थिक नियोजन के युग का प्रारम्भ हुआ। इस परिप्रेक्ष्य में सरकार की श्रम सम्बन्ध विषयक नीति के तीन लक्ष्य निरूपित किए जा सकते थे– (1) श्रमिकों के कल्याण की दिशा में अधिकाधिक प्रयास करना, (2) श्रम संघ के विकास एवं क्रियाकलापों का नियमन, एवं (3) औद्योगिक उपक्रमों और श्रम संघों के बीच स्वस्थ सम्बंध स्थापन।

कल्याणकारी समाज में जहाँ सरकार को आर्थिक और सामाजिक उत्तरदायित्वों के निर्वाह की प्रमुख जिम्मेदारी दी जाती है, जन नीति का निर्माण केवल वर्तमान पर्यावरण के सन्दर्भ में ही नहीं किया जाता है वरन् राष्ट्रीय लक्ष्यों की प्राप्ति हेतु भविष्य में होने वाले सामाजिक एवं आर्थिक परिवर्तनों के परिप्रेक्ष्य में भी इन नीतियों का निरूपण किया जाता है। औद्योगिक सम्बन्ध विषयक नीति का निरूपण एक ओर तो श्रम प्रबन्ध सम्बन्धों के नियमन हेतु किया जाता है और दूसरी ओर इसके द्वारा अन्तर्संगठनात्मक व्यवहारों में भी अपेक्षित परिवर्तन लाने की कल्पना की जाती है। श्रम सम्बन्ध विषयक नीति के इस दूसरे पक्ष की उत्पत्ति सरकार द्वारा अभिनीत परिवर्तनकारी अभिकर्ता की भूमिका के कारण होती है। इस श्रेणी में सरकार द्वारा अभिनीत कुछ प्रमुख भूमिकाएँ आती हैं– (1) एक आदर्श नियोक्ता की भूमिका, (2) तृपक्षीय अभिकर्ता के रूप में श्रम प्रबन्ध सम्बन्धों के बीच हस्तक्षेप, (3) आचार संहिताओं का निर्माण और क्रियान्वयन, (4) अनुशासन संहिताओं का निर्माण और क्रियान्वयन, (5) कार्यशाला स्तर पर संयुक्त प्रबन्ध परिषदों का निर्माण, एवं (6) कुछ सार्वजनिक उपक्रमों के प्रबन्ध मण्डल में श्रमिकों के प्रतिनिधित्व की व्यवस्था इत्यादि। इस प्रकार की नीतियों के माध्यम से सरकार व्यवहार प्रतिमानों के अन्तर और आन्तरिक संगठनों के निर्माण का प्रयास करती है, श्रम प्रबन्ध सम्बन्धों में परिवर्तन लाना चाहती है और रोजगार की शर्तों तथा श्रम प्रबन्ध सम्बन्धों का नियमन करना चाहती है।

अमेरिका आदि कुछ जनतांत्रिक देशों में श्रम प्रबन्ध सम्बन्धों के निरूपण में इस सीमा तक सरकार के हस्तक्षेप को सहन नहीं किया जाता, किन्तु भारत में सरकार का यह व्यवहार न केवल सामाजिक रूप से ग्राह्य व्यवहार है, वरन् जनता सरकार से इस प्रकार के हस्तक्षेप की अपेक्षा भी करती है। हमारे देश में चाहे विकास की समस्या हो, चाहे बेरोजगारी या जनसंख्या की समस्या हो, या सूखा अथवा शिक्षा के स्तर में होने वाली गिरावट की समस्या हो अथवा औद्योगिक अशान्ति या हड़ताल की समस्या हो, उसकी समस्त जिम्मेदारी सरकार के ऊपर ही आरोपित की जाती है। अस्तु, जब इस प्रकार के आर्थिक और सामाजिक परिवर्तनों से जनित व्याधियों की जिम्मेदारी सरकार के ऊपर थोपी जाती है तो स्वाभाविक रूप से उससे यह भी आशा की जाती है कि वह

अपने नियमन तथा नियंत्रण सम्बंधी नीतियों के माध्यम से ऐसी स्थितियों में हस्तक्षेप करे। इस प्रकार की सामाजिक प्रवृत्ति को ही देश में श्रम अधिनियमों के बाहुल्य हेतु जिम्मेदार ठहराया जा सकता है।

वर्तमान परिवेश में जब नियोजित अर्थव्यवस्था के माध्यम से समृद्धिशाली समाज के निर्माण की जिम्मेदारी सरकार ने स्वयं अपने ऊपर ली है, तो स्वाभाविक रूप से उसे ऐसी सामाजिक घटनाओं और क्रियाकलापों के निरोध हेतु भी सक्षम कदम उठाना पड़ेगा, जिनके द्वारा नियोजित अर्थव्यवस्था के उत्पादकता सम्बन्धी लक्ष्य की प्राप्ति में बाधा पड़ती है। इस प्रकार सरकार से यह अपेक्षा की जाती है कि वह औद्योगिक शान्ति की स्थापना एवं श्रम प्रबंध सम्बन्धों के नियमन हेतु सामूहिक सौदेबाजी पर अधिक भरोसा न कर संराधन संयंत्र का अधिकाधिक सहारा ले और हड़तालों का नियंत्रण करे। इस सम्बंध मे चार्ल्स ए. मायर्स ने एक सक्षम उच्चाधिकारी के कथन का उद्धरण दिया है, यदि आपका उद्देश्य देश में सशक्त श्रम संघ आन्दोलन का विकास करना है तो आपको श्रम संघों कं दुराचरण सम्बंधी व्यवहारों से रक्षा करनी होगी, और गुप्त मतदान द्वारा सामूहिक सौदेबाजी हेतु प्रतिनिधि श्रम संघ की स्थापना करनी होगी। किन्तु यदि आप नियोजित अर्थव्यवस्था के भीतर त्वरित आर्थिक विकास करना चाहते हैं तो आप ये कार्य नहीं कर सकते। ऐसी स्थिति में आपको औद्योगिक प्रतिष्ठानों में अनुशासन की व्यवस्था करनी पड़ेगी। सम्भवतः आज से 20 वर्ष बाद जब हम हड़ताल को सहन करने में समर्थ हो जाएँगे तभी हम सामूहिक सौदेबाजी के संयंत्र के उपयोग में सक्षम हो सकेंगे।[1]

इस प्रकार भारत की श्रम नीति का सर्वाधिक महत्त्वपूर्ण तत्व यह है कि औद्योगिक शान्ति को बनाए रखने के लिए सरकार विशेष रूप से जिम्मेदार है, किन्तु देश में विकसित संगठित श्रम शक्ति पर कम्युनिस्टों का अभी भी अपेक्षाकृत अधिक प्रभाव है। इसलिए सरकार इसलिए श्रम संघों को मान्यता देने के सम्बन्ध में अनिवार्य अधिनियमित प्रावधान एवं गुप्त मतदान के माध्यम से सामूहिक सौदेबाजी हेतु प्रतिनिधि श्रम संघ के निर्वाचन के प्रावधान से कतराती रही है कि ऐसी स्थिति में कम्युनिस्ट पार्टी से प्रभावित श्रम संघ आन्दोलन और अधिक सशक्त एवं उग्र हो जाएगा। फलस्वरूप औद्योगिक शांति खतरे में पड़ जाएगी और उत्पादकता में भी कमी होगी।

औद्योगिक शांति एवं व्यवस्था हेतु सरकार के तीन उपागम थे– (1) औद्योगिक शांति व्यवस्था हेतु अधिनियमों का निर्माण, (2) श्रम प्रबन्ध सम्बन्धों के नियमन हेतु अधिनियमों का निर्माण, एवं (3) औद्योगिक शान्ति की स्थापना में स्वैच्छिक प्रयासों को बढ़ावा देना। प्रथम श्रेणी में औद्योगिक विवाद अधिनियम आता है। दूसरी श्रेणी में स्थायी आदेश अधिनियम, कारखाना अधिनियम तथा न्यूनतम वेतन अधिनियम आदि आते हैं। तीसरी श्रेणी में अनुशासन संहिता, आचार संहिता, परिवेदना निवारण पद्धति तथा औद्योगिक प्रतिष्ठानों की प्रबन्ध व्यवस्था में श्रमिकों के सहभाजन आदि प्रावधानों को सम्मिलित किया जा सकता है।

देश की श्रम शक्ति अभी तक आन्तरिक संघर्ष एवं एक–दूसरे श्रमिक संघों के बीच जनित संघर्षों से इस प्रकार ग्रस्त है कि देश में सशक्त श्रम आन्दोलन एवं सामूहिक सौदेबाजी हेतु उपयुक्त परिवेश का अभी तक विकास ही नहीं हो पाया। प्रथम पंचवर्षीय योजना के ड्राफ्ट में इस बात की स्पष्ट स्वीकृति है कि सामूहिक सौदेबाजी का विकास सशक्त श्रम संघों के माध्यम से ही हो सकता है, किन्तु श्रम संघ प्रबन्ध की अपेक्षा सदैव ही एक कमजोर पक्ष समझा जाता है। अतः इस कमजोर पक्ष की शक्ति सन्तुलन एवं इसके साथ न्यायोचित व्यवहार करने के लिए श्रम प्रबन्ध सम्बन्धों के बीच सरकार को हस्तक्षेप करना पड़ता है।[2]

इसी प्रकार देश की श्रम नीति के निरूपण में कुछ पर्यावरण जनित कारकों (राष्ट्रीय सामाजिक एवं आर्थिक लक्ष्य, परिवर्तनकारी अभिकर्ता के रूप में सरकार की भूमिका, सरकार द्वारा किए जाने वाले हस्तक्षेपों की सामाजिक मान्यता, उत्पादकता वृद्धि एवं औद्योगिक शान्ति हेतु सरकार की जिम्मेदारी) की भी महत्त्वपूर्ण भूमिका रही है। इसके अतिरिक्त कुछ और कारक भी इस नीति के नियमन में अपनी भूमिका अदा कर सकते थे। उदाहरणार्थ प्रबन्ध स्वयं प्रतिनिधि श्रम संघ को मान्यता प्रदान कर उसके द्वारा सामूहिक सौदेबाजी को बढ़ावा दे सकता था। प्रबन्ध के द्वारा श्रमिकों में आन्तरिक नेतृत्व के विकास की प्रवृत्ति को भी बढ़ावा मिल सकता था। किन्तु इस दिशा में अधिकांश प्रबन्धकों द्वारा कोई सराहनीय प्रयास नहीं किया गया। जब तक प्रबन्ध श्रमिक संघों के साथ रचनात्मक व्यवहार नहीं करता है, उनको उत्पादन प्रक्रिया में सहभागी के रूप में मान्यता प्रदान नहीं करता है और इस बात की अनुभूति नहीं करता है कि श्रमिक संघों के प्रति भी उसकी सामाजिक जिम्मेदारी है, तब तक सरकार द्वारा निर्मित श्रम संघ नीति कोई महत्त्वपूर्ण उपलब्धि अर्जित नहीं कर सकती है।

उपर्युक्त विवरणों से स्पष्ट है कि देश में श्रम प्रबन्ध सम्बन्धों का निरूपण राज्य द्वारा अपनाई जाने वाली श्रम नीति के आधार पर ही होता रहा है। इस श्रम नीति की सबसे बड़ी विशेषता यह रही है कि इसके द्वारा श्रम संघ आन्दोलन को सशक्त बनाने[3] और द्विपक्षीय वार्ता या सामूहिक सौदेबाजी के माध्यम से श्रम प्रबन्ध सम्बंधों के नियमन का कभी भी ठोस प्रयास नहीं किया गया।[4] स्वतंत्रता प्राप्ति के पूर्व राज्य की श्रम नीति के दो उद्देश्य थे– (1) औद्योगिक पर्यावरण का नियोक्ताओं द्वारा किए जाने वाले दुरुपयोग से संरक्षण हेतु श्रमिकों के लिए न्यूनतम संवैधानिक व्यवस्था करना, और (2) श्रम प्रबन्ध संघर्षों से जनित अशान्ति से राज्य में कानून और व्यवस्था की रक्षा करना।[5] इसके अतिरिक्त तत्कालीन ब्रिटिश सरकार की श्रम नीति का एक उद्देश्य यह भी था कि लंकाशायर और मैनचेस्टर के सूती मिल मालिकों के हितों की भारतीय सूती मिलों की प्रतिस्पर्द्धा से रक्षा प्रदान करना।

इस सदी के द्वितीय दशक के पश्चात् जब श्रम आन्दोलन के क्षेत्र में कम्युनिस्टों का प्रभाव बढ़ने लगा तो राज्य की श्रम नीति का उद्देश्य औद्योगिक विवादों का सुलझाव भी हो गया।[6] इस नीति के फलस्वरूप श्रम संघ आन्दोलन और सामूहिक सौदेबाजी को

विशेष बल प्राप्त नहीं हो सका। स्वतंत्रता प्राप्ति के पश्चात भी राज्य द्वारा अपनाई गई श्रम नीति से श्रम आन्दोलन और सामूहिक सौदेबाजी को कोई विशेष गति प्राप्त नहीं हुई। तथापि स्वतंत्रता प्राप्ति के पूर्व और पश्चात् की श्रम नीतियों में पर्याप्त अन्तर था। स्वतंत्रता प्राप्ति के पूर्व राज्य द्वारा अपनाई गई श्रम नीति तटस्थतावाद के सिद्धान्तों से अधिक प्रभावित है। राज्य शान्ति और व्यवस्था को कायम रखने हेतु ही श्रम प्रबन्ध सम्बंधों के बीच हस्तक्षेप करता था। श्रम कल्याण के प्रति वह बहुत उदासीन था।[7] किन्तु स्वातंत्र्योत्तर काल में राज्य की श्रम नीति का उद्देश्य श्रमिकों के हित रक्षण और कल्याण तक ही सीमित नहीं रहा, वरन् औद्योगिक शान्ति और व्यवस्था को विकसित करते हुए ऐसी स्थितियों का निर्माण भी इस नीति का लक्ष्य बन गया, जिनके द्वारा योजना के उत्पादकीय लक्ष्यों की प्राप्ति हो सके। यहाँ हम स्वतंत्रता प्राप्ति के पूर्व और पश्चात् राज्य द्वारा अपनाई गई श्रम नीतियों की समीक्षा करेंगे।

स्वतंत्रता प्राप्ति के पूर्व राज्य की श्रम नीति

ब्रिटिश शासन में सरकार की श्रम नीति का उद्देश्य केवल कानून एवं व्यवस्था को कायम रखना था। इस प्रकार के नीतिपरक उद्देश्यों पर कुछ अंश में लंकाशायर के सूती मिल मालिकों का स्वार्थ, राष्ट्रीय स्वतंत्रता संग्राम, आई.एल.ओ. के द्वारा पारित किए गए कान्वेंशन और कम्युनिस्टों के प्रभाव से परिचालित श्रम आन्दोलनों का भी प्रभाव था।

देश में निर्मित प्रारम्भिक श्रम अधिनियम (वर्कमैन ब्रीच ऑफ काण्ट्रैक्ट एक्ट, 1859 व एम्प्लायर्स एण्ड वर्कमैन डिस्प्यूट एक्ट, 1860) तो उपनिवेशवादी सरकार द्वारा किए गए शान्ति एवं सुरक्षा व्यवस्था के प्रतीक मात्र थे। यदि श्रम संघ के द्वारा नियोक्ता की सम्पत्ति को क्षति पहुँचाई जाती है अथवा नियोक्ता के अनुबन्धित अधिकारों में हस्तक्षेप किया जाता हो, तो इन अधिनियमों के अन्तर्गत श्रम संघ के पदाधिकारियों को दण्डित किया जा सकता था।[8]

भारत में सूती मिलों की स्थापना हो जाने एवं अपेक्षाकृत सस्ती दर पर श्रम शक्ति की उपलब्धि से लंकाशायर की मिलों में निर्मित सूती वस्त्र भारतीय मिलों में निर्मित वस्त्रों की अपेक्षा महंगे पड़ने लगे। इस स्थिति के निराकरण हेतु लंकाशायर के सूती मिल मालिकों ने भारत के सेक्रेटरी ऑफ स्टेट पर दबाव डालकर भारतीय श्रमिकों के लिए भी औद्योगिक प्रतिष्ठान अधिनियम के निर्माण की मांग की, जिसके माध्यम से कार्य के घण्टों का परिसीमन हो सके एवं स्त्री और बाल श्रमिकों के कार्य की दशाओं का नियमन हो सके। इस मांग के फलस्वरूप भारत में औद्योगिक कारखाना 1881 का निर्माण हुआ, जिसका आगे चलकर 1891 और 1911 में संशोधन किया गया। तत्पश्चात् प्रथम महायुद्ध के समय तक किसी अन्य श्रम विधान का देश में निर्माण नहीं हुआ। युद्धोपरान्त इण्डियन नेशनल कांग्रेस द्वारा आयोजित स्वतन्त्रता संग्राम आन्दोलन से प्रभावित होकर 1918 में अहमदाबाद में टेक्सटाइल लेबर एसोसिएशन की स्थापना हुई। उसी वर्ष मद्रास टेक्सटाइल यूनियन की भी स्थापना

हुई तथा 1920 में ए.आई.टी.यू.सी. की स्थापना हुई। इन श्रमिक संघों के साथ ही प्रतिष्ठान एवं स्थानीय आधार पर अन्य श्रमिक संघों की स्थापना हुई। फलस्वरूप हड़ताल की गति में बाढ़ सी आ गई। 1921 में औद्योगिक अशान्ति अपनी चरम सीमा पर थी और 376 कार्य बन्दियाँ हुई।[9] लगभग इसी अवधि में भारत आई.एल.ओ. का सदस्य बन गया। इन दोनों कारकों के परिणामस्वरूप देश में कुछ महत्त्वपूर्ण श्रम अधिनियमों का निर्माण हुआ। उदाहरणार्थ, औद्योगिक कारखाना अधिनियम, 1922, खदान अधिनियम, 1923, कामगार क्षतिपूर्ति अधिनियम, 1923, व्यवसाय संघ अधिनियम, 1926 और ट्रेड डिस्प्यूट एक्ट, 1929।

उपर्युक्त अधिनियमों में औद्योगिक सम्बंध विषयक नीति की दृष्टि से व्यवसाय संघ अधिनियम, 1926 और ट्रेड डिस्प्यूट एक्ट, 1929 का अत्यधिक महत्त्व है। व्यवसाय संघ अधिनियम के अन्तर्गत किन्हीं सात सदस्यों के पंजीकृत श्रम संघ के निर्माण का प्रावधान किया गया। इस अधिनियम के प्रावधानों के अन्तर्गत पंजीकृत श्रम संघ के पदाधिकारियों को अनुबन्धों के उल्लंघन की स्थिति में सिविल कोर्ट द्वारा दण्डित नहीं किया जा सकता है। ट्रेड डिस्प्यूट एक्ट के माध्यम से उपर्युक्त सरकार को यह अधिकार प्राप्त हो गया कि वह किसी भी विवाद को कोर्ट ऑफ इन्क्वायरी को रेफर कर दे। अथवा यदि दोनों पक्ष सहमत हो जाएँ तो विवाद को बोर्ड ऑफ कांसिलिएशन को रेफर किया जा सकता है। इस अधिनियम के द्वारा ब्रिटिश ट्रेड डिस्प्यूट एण्ड ट्रेड यूनियन एक्ट 1927[10] की भाँति जनोपयोगी सेवाओं में की जाने वाली हड़तालों को दण्डनीय अपराध करार दिया गया। किन्तु इस अधिनियम के कई दोष थे। कोर्ट ऑफ इन्क्वायरी के निष्कर्षों का दोनों पक्षों के आचारों पर कोई कारगर प्रभाव नहीं पड़ता था। तत्कालीन प्रान्तीय सरकारों द्वारा संराधन संयंत्र के क्रियाकलापों के संचालन में कोई विशेष सहायता नहीं मिली थी। प्रान्तीय स्वायत्तता की अधिघोषणा के पूर्व श्रम एक सुरक्षित विषय समझा जाता था और विधि मंत्री के नियंत्रण के परे था। फलस्वरूप श्रम नीति का सम्बंध कानून एवं व्यवस्था के अनुरक्षण तक भी सीमित समझा जाता था।[11]

1931 में रॉयल लेबर कमीशन का प्रतिवेदन प्रकाशित हुआ। इसके अन्तर्गत व्यवसाय सम्बंधी विवादों के सुलझाव के लिए एक स्थायी संवैधानिक संयंत्र के निर्माण की संस्तुति की गई। कोर्ट ऑफ इन्क्वायरी के स्थान पर परमानेन्ट ट्रिब्यूनल की नियुक्ति की संस्तुति की गई। इसके साथ ही श्रम प्रबंध के बीच सौहार्दपूर्ण सम्बंध स्थापन हेतु कार्य समिति और कल्याण अधिकारी की नियुक्ति की भी संस्तुति की गई। 1934 में महाराष्ट्र सरकार द्वारा पारित बॉम्बे ट्रेड डिस्प्यूट कांसिलिएशन एक्ट के अन्तर्गत शाही श्रम आयोग की इन सभी संस्तुतियों को अधिनियमित रूप प्रदान किया गया। 1939 में भारतीय ट्रेड डिस्प्यूट कांसिलिएशन एक्ट के अन्तर्गत शाही श्रम आयोग की इन सभी संस्तुतियों को अधिनियमित रूप प्रदान किया गया। 1939 में भारतीय ट्रेड डिस्प्यूट एक्ट को संशोधित कर औद्योगिक विवादों के सुलझाव हेतु संराधन अधिकारियों की नियुक्ति की संस्तुति की गई। 1938 में बम्बई अधिनियम को भी

संशोधित किया गया। इसके फलस्वरूप नियोक्ताओं और व्यवसाय संघों से यह अपेक्षा की गई कि वे कार्य की शर्तों में परिवर्तन सम्बंधी मांगों की पूर्व सूचना दे दें, ताकि हड़ताल या तालाबन्दी के पूर्व समझौते का मार्ग प्रशस्त किया जा सके। इस अधिनियम की सबसे महत्त्वपूर्ण विशेषता यह थी कि इसके अन्तर्गत तीन श्रेणी के व्यवसाय संघों का निरूपण किया गया– (1) प्रतिनिधि श्रम संघ का प्रावधान, जिसके अंतर्गत प्रतिष्ठान की पूर्ण कार्य शक्ति के 25 प्रतिशत सदस्य हों, (2) पंजीकृत श्रम संघ, जिसकी सदस्यता पूर्ण कार्य शक्ति की 5 प्रतिशत हो और जिसे नियोक्ता द्वारा मान्यता प्राप्त हो, एवं (3) योग्यता प्राप्त श्रम संघ, जिसकी सदस्यता पूर्ण श्रम शक्ति की 5 प्रतिशत हो और जिसे नियोक्ता द्वारा मान्यता प्राप्त नहीं हो। इस अधिनियम के अन्तर्गत औद्योगिक न्यायालय की स्थापना का भी प्रावधान किया गया है। इस अधिनियम का सबसे महत्त्वपूर्ण पक्ष यह है कि इसके आधार पर निर्मित संराधन एवं विवाचन संयंत्र द्वारा देश में औद्योगिक सम्बंध विषयक संविधान को एक नवीन दिशा मिली।

द्वितीय महायुद्ध के समय औद्योगिक अशांति को प्रतिबंधित कर उत्पादकता को विशेष गति को देने के लिए जनवरी 1942 में डिफेंस ऑफ इण्डिया रूल 81–ए लागू किया गया। इसके द्वारा संबंधित सरकारों को यह अधिकार दिया गया कि वे विवादों को संराधन और अनिवार्य अधिनिर्णयन हेतु प्रेषित कर सकती हैं और इन संयंत्रों की कार्यवाही के समय हड़ताल और तालाबंदी अवैध समझी जाएगी। 1941 में बम्बई अधिनियम को संशोधित कर सरकार को यह अधिकार दिया गया कि वह किसी भी विवाद को औद्योगिक न्यायालय में विचारार्थ प्रेषित कर सकती है, यदि उस विवाद के द्वारा औद्योगिक शांति में व्यवधान उत्पन्न हो जाने की आशंका हो और उसका प्रभाव व्यापक स्तर पर पड़ने वाला हो। इस निर्बन्धात्मक नीति के फलस्वरूप 1943 से 45 के बीच मानवीय दिवसों में होने वाली क्षति में पर्याप्त कमी हुई।[12]

युद्धकाल में औद्योगिक शान्ति बनाए रखने के लिए सरकार ने शाही आयोग की संस्तुतियों के आधार पर श्रम प्रबन्ध और सरकार के प्रतिनिधियों की एक त्रिदलीय परिषद् बनाने का निश्चय किया। इसके तीन उद्देश्य निर्धारित किए गए– (1) श्रम अधिनियम विषयक विभिन्न प्रस्तावों पर विचार, (2) सरकार को श्रम सम्बंधी विभिन्न नियमों के निर्माण में परामर्श, तथा (3) श्रम सम्बंधी समस्याओं से सम्बद्ध विभिन्न पक्षों में सहयोग और समझदारी की भावना का विकास। इस परिप्रेक्ष्य में 1942 में श्रम प्रबन्ध और सरकार के प्रतिनिधियों का एक सम्मेलन बुलाया गया। इसे इण्डियन लेबर कॉन्फ्रेंस के नाम से अभिहित किया गया। तत्पश्चात् इस प्रकार का सम्मेलन प्रतिवर्ष होने लगा। इस सम्मेलन की स्थायी समिति की बैठक निरन्तर होती रहती है। श्रम अधिनियमों के विकास में इण्डियन लेबर कान्फ्रेंस और स्टैण्डिंग कमेटी की महत्त्वपूर्ण भूमिका रही है।[13]

1946 में सरकार ने स्थायी आदेश अधिनियम (1946) पारित कर श्रम सम्बंध विषयक नीति को एक नवीन दिशा प्रदान की। सामूहिक सौदेबाजी के अभाव में इन

आदेशों के द्वारा रोजगार की शर्तों और श्रम प्रबन्ध के सम्बंधों के नियमन में विशेष सहायता मिली। अधिनियम के अन्तर्गत ऐसे औद्योगिक प्रतिष्ठानों में जहाँ 100 या उससे अधिक संख्या में श्रमिक कार्यरत हों, नियोक्ता के लिए रोजगार और सेवा की विभिन्न शर्तों के सम्बंध में स्थायी आदेश का निर्माण कर उसे सम्बंधित श्रमायुक्त से प्रमाणित कराकर श्रमिकों को भी विधिवत रूप से अवगत कराने का प्रावधान किया गया। स्थायी आदेशों के अन्तर्गत छुट्टी के नियम, वेतन, भुगतान की सूचना, निलम्बन निष्कासन, परिवेदना निवारण पद्धति तथा दुराचरण को परिभाषित किया जाता है। 1946 में हड़तालों की संख्या में अत्यधिक वृद्धि हो जाने के कारण सरकार ने औद्योगिक संयंत्र को अधिक सशक्त बनाने का निश्चय किया। फलस्वरूप 1947 में औद्योगिक विवाद अधिनियम पारित किया गया। यद्यपि इस अधिनियम का लक्ष्य था कि औद्योगिक विवादों को नवीन उपागम से हल किया जाए, किन्तु इस अधिनियम के द्वारा सरकार की श्रम नीति में कोई महत्त्वपूर्ण परिवर्तन नहीं हुआ। वास्तव में ट्रेड डिस्प्यूट एक्ट 1929 और डिफेंस ऑफ इण्डिया रूल 81–ए के अधिकांश उपबन्धों को सम्मिलित कर इस अधिनियम का निर्माण किया गया। तथापि औद्योगिक विवादों के निरोध एवं सुलझाव हेतु इस अधिनियम में दो महत्त्वपूर्ण संयंत्रों की व्यवस्था की गई – कार्य समिति और औद्योगिक न्यायाधिकरण। इस अधिनियम के अन्तर्गत उपबन्धित विभिन्न संयंत्रों (कार्य समिति, संराधन और अधिनिर्णयन आदि) का विवरण अन्य अध्यायों में दिया गया है। इस अधिनियम के द्वारा हड़ताल और तालाबंदी पर भी पर्याप्त नियंत्रण लगा दिया गया।

स्वतंत्रता प्राप्ति के पूर्व की उपर्युक्त श्रम नीति बहुत अंश में दूरदर्शी उपनिवेशवादी साम्राज्य की श्रम नीति थी। इसके अन्तर्गत इस बात को स्वीकार कर लिया गया था कि श्रम संघवाद और श्रम प्रबन्ध सम्बन्ध अविकसित हैं और अविकसित ही रह जाएँगे। विभिन्न अधिनियमों के द्वारा श्रम संघ और सामूहिक सौदेबाजी के विकास की दिशा में कोई भी प्रयास नहीं किया गया। केवल हड़तालों को नियंत्रित किया गया। सरकार की भूमिका पितृत्ववादी रही। उसने औद्योगिक प्रतिष्ठानों में सेवा की शर्तों की केवल न्यूनतम अपेक्षाओं की पूर्ति हेतु व्यवस्था की और औद्योगिक विवादों के अधिनिर्णयन का कार्य किया।

स्वातंत्र्योत्तर काल की नीति

स्वतंत्रता प्राप्ति के पश्चात् सरकार ने श्रम प्रबन्ध सम्बन्धों के बीच दो प्रकार के विषयी उद्देश्यों से हस्तक्षेप करने का प्रयास किया–

1. रोजगार की शर्तों और श्रम प्रबन्ध सम्बन्धों का विधायी रूप से निर्माण एवं विकास करते हुए उत्पादन संयंत्र के अबाध संचालन में सहायता करते हुए उत्पादकता के नियोजित लक्ष्यों की प्राप्ति करना।
2. समाजवादी समाज के निर्माण के राष्ट्रीय लक्ष्यों के परिप्रेक्ष्य में श्रमिकों के हितों का रक्षण एवं विकास।

किन्तु इस अवधि में भी श्रम नीति के द्वारा श्रम संघों को सशक्त बनाने एवं सामूहिक सौदेबाजी के विकास की दिशा में कोई महत्त्वपूर्ण पहल नहीं की गई। इस अवधि में सरकार द्वारा निरूपित श्रम नीति के दो उद्देश्य हो सकते हैं–

1. श्रम कल्याण की सुविधाओं के विकास हेतु निर्मित श्रम नीति।
2. शान्तिपूर्ण औद्योगिक सम्बन्धों के विकास हेतु निर्मित श्रम नीति।

स्वतंत्रता प्राप्ति के पूर्व आयोजित राष्ट्रीय आन्दोलनों के समय में श्रम कल्याण के सम्बंध में कुछ महत्त्वपूर्ण प्रस्ताव पारित किए गए थे। उदाहरणार्थ, कराची प्रस्ताव में आधारभूत अधिकारों की प्राप्ति का निश्चय किया गया था और 1931 में बम्बई में यह निश्चय किया गया कि राज्य श्रमिकों के हितों की रक्षा करेगा और उपयुक्त अधिनियमों तथा अन्य माध्यमों से उनके लिए जीवन निर्वाह मजदूरी, कार्य की स्वस्थ दशाएँ, सीमित घण्टे, श्रम विवादों के सुलझाव हेतु सक्षम संयंत्र की व्यवस्था तथा वृद्धावस्था, बीमारी एवं बेरोजगारी आदि आपदाओं से प्रसूत आर्थिक प्रभावों से संरक्षण प्रदान करेगा।[14] इसी क्रम में 1946 में कांग्रेस कार्य समिति ने सरकार एवं नियोक्ताओं से यह आग्रह किया था कि श्रमिक वर्ग की उपयुक्त आवश्यकताओं एवं आकांक्षाओं की पूर्ति हेतु उनके द्वारा त्वरित कदम उठाया जाना चाहिए।[15]

उपर्युक्त अधिघोषणाओं के परिप्रेक्ष्य में 1951 के औद्योगिक नीति–विषयक प्रस्तावों में श्रमिकों के जीवन निर्वाह की दशाओं में सुधार की बात कही गई है। स्वतंत्रता प्राप्ति के पश्चात् निर्मित विभिन्न अधिनियमों के माध्यम से श्रम कल्याण का मार्ग प्रशस्त किया गया। उदाहरणार्थ औद्योगिक प्रतिष्ठान अधिनियम 1948 के अन्तर्गत सप्ताह में प्रत्येक श्रमिक के लिए 48 घण्टे का कार्य निर्धारण, एक दिन का साप्ताहिक विश्राम, वार्षिक सवेतन अवकाश तथा समयोपरि कार्य के लिए दुगुनी दर से मजदूरी के भुगतान की व्यवस्था की गई। इसके अतिरिक्त इस अधिनियम के अन्तर्गत 500 या उससे अधिक श्रमिकों को नियुक्त करने वाले औद्योगिक प्रतिष्ठानों में कल्याण अधिकारी की नियुक्ति का प्रावधान किया गया है, जिसके कार्य हैं– (1) औद्योगिक सम्बंधों में सुधार, (2) संयुक्त परामर्श व्यवस्था का विकास, (3) प्रबंधकों को उपयुक्त श्रम नीति के निर्माण हेतु सहायता देना और श्रम प्रबन्ध के बीच स्वस्थ सम्प्रेषण की व्यवस्था करना, (4) स्वास्थ्य, सुरक्षा और कल्याण सम्बंधी अधिनियमित अपेक्षाओं की पूर्ति में प्रबन्ध को सहायता देना, (5) प्रतिष्ठान के कल्याणात्मक प्रावधानों के विकास में सहायता देना, एवं (6) प्रबन्ध को श्रमिकों के प्रशिक्षण और शिक्षण हेतु सलाह देना, खदान अधिनियम के अन्तर्गत भी कल्याण अधिकारी से इसी प्रकार के कार्यों की अपेक्षा की गई है।

1947–48 में सरकार द्वारा कर्मचारी राज्य बीमा अधिनियम पारित किया गया, जिसके माध्यम से श्रमिकों को चिकित्सकीय सुविधाएँ प्रदान की गई और बीमारी, मातृत्व तथा औद्योगिक दुर्घटनाओं से सुरक्षा के लिए व्यवस्था की गईं। 1952 में पारित कर्मचारी भविष्य निधि अधिनियम के माध्यम से श्रमिकों को वृद्धावस्था से सुरक्षा की

व्यवस्था की गई। इसी प्रकार कोल माइन्स प्राविडेण्ट फण्ड एण्ड बोनस एक्ट तथा कुछ अन्य अधिनियमों के द्वारा औद्योगिक श्रमिकों को सामाजिक सुरक्षा प्रदान की गई।[16]

उपर्युक्त अधिनियमित प्रावधानों के अतिरिक्त सरकार के द्वारा श्रम कल्याण हेतु बहुत सी गैर अधिनियमित योजनाएँ भी चलाई गईं, जैसे गन्दी बस्तियों की सफाई, औद्योगिक आवास योजना, श्रमिक शिक्षा योजना इत्यादि। ये सभी अधिनियमित एवं गैर अधिनियमित प्रावधान श्रमिकों के कल्याण की दिशा में महत्त्वपूर्ण कदम हैं, किन्तु इन प्रावधानों के बावजूद आर्थिक विकास का स्तर अपेक्षाकृत न्यून होने के कारण श्रमिक विशेष रूप से लाभान्वित नहीं हो सके। औद्योगिक शान्ति एवं श्रम प्रबंध के बीच सौहार्दपूर्ण सम्बंध स्थापन सम्बंधी नीति के अन्तर्गत स्वतंत्रता प्राप्ति के प्रारम्भिक वर्षों में सरकार ने अनिवार्य अधिनिर्णयन से ऊपर उठकर द्विपक्षीय प्रयासों को सशक्त करने का प्रयास किया। इस दिशा में कुछ अधिनियमित कदम भी उठाए गए। 1947 में व्यवसाय संघ अधिनियम, (1926) को संशोधित किया गया और संशोधित अधिनियम में नियोक्ताओं द्वारा प्रतिनिधि श्रम संघों को अनिवार्य रूप से मान्यता देने की व्यवस्था की गई। विवाद की स्थिति में श्रम न्यायालय को प्रतिनिधि श्रम संघ के स्वरूप के निर्धारण का अधिकार दिया गया। मान्यता प्राप्त श्रम संघों को रोजगार की शर्तों के सम्बंध में नियोक्ताओं से वार्ता का अधिकार दिया गया। इसके अतिरिक्त किसी अधिनियम के अन्तर्गत नियोक्ताओं एवं श्रमिकों के कुछ व्यवहारों को दुराचरण के अन्तर्गत रखा गया। इस अधिनियम के अन्तर्गत बेगनर एक्ट (1935) के समान ही विभिन्न प्रावधानों की व्यवस्था की गई, जिसे अमेरिकी श्रम संघवाद का मैग्नाकार्टा कहा जाता है। किन्तु इस अधिनियम का नोटिफिकेशन कर इसे कार्यान्वित नहीं किया जा सका। केनेडी के अनुसार इसके लिए श्रम प्रबंध एवं सरकार तीनों ही पक्ष कुछ अंश में जिम्मेदार हैं।[17]

उपर्युक्त अधिनियम के द्वारा औद्योगिक सम्बन्धों को नवीन दिशा प्रदान करने में असफल होने पर सरकार ने इस सम्बन्ध में 1950 में पुनः दो विधेयकों का निर्माण किया– (1) औद्योगिक सम्बन्ध विधेयक, और (2) व्यवसाय संघ विधेयक। इन विधेयकों के अन्तर्गत प्रतिनिधित व्यवसाय संघ को सोल बारगेनिंग एजेण्ट के रूप में प्रमाणित करने का प्रावधान था। सौदेबाजी के प्रावधान को अनिवार्य स्वरूप प्रदान किया गया था। इस सम्बंध में एक पक्ष द्वारा सूचना प्राप्त होने पर दूसरे पक्ष को सात दिन के भीतर उसका उत्तर देना अनिवार्य था। सौदेबाजी की प्रक्रिया को सात दिन की अधिकतम अवधि में सम्पन्न हो जाना था। सामूहिक सौदेबाजी की कार्यवाही की अवधि में हड़ताल और तालाबन्दी वर्जित थी। यद्यपि इण्टक ने ऊपरी तौर पर इस बिल का अनुमोदन किया था, किन्तु उसके अध्यक्ष खण्डूभाई देसाई का कथन था कि संराधन और विवाचन का सिद्धान्त गांधी जी के द्वारा प्रविधित किया गया है और हमारे देश में वह सफल प्रमाणित हुआ है और सामूहिक सौदेबाजी का सिद्धान्त हमारे देश के अनुकूल नहीं है।[18] अन्ततोगत्वा ये दोनों विधेयक पारित नहीं हो सके, क्योंकि ऐसी

आशंका थी कि कांग्रेस सरकार एवं इण्टक आन्दोलन पर कम्युनिस्टों (ए.आई.टी.यू.सी.) का प्रभाव बढ़ जाएगा।[19]

प्रथम राष्ट्रीय श्रम आयोग द्वारा संस्तुत नीति

1966 में केन्द्रीय सरकार ने गजेन्द्र गडकर की अध्यक्षता में राष्ट्रीय श्रम आयोग का गठन किया। आयोग को देश की श्रम नीति का विभिन्न दृष्टिकोण से परीक्षण कर उपयुक्त संस्तुति देनी थी। आयोग ने अपना प्रतिवेदन 1969 में प्रस्तुत किया, किन्तु उक्त प्रतिवेदन में संस्तुत श्रम प्रबंध विषयक नीतियों को तत्कालीन कांग्रेस सरकार कार्यान्वित नहीं कर पाई। सम्भवतः इसके पीछे वही कारण छिपे हुए थे, जो ट्रेड यूनियन बिल 1950 का कार्यान्वयन न होने के पीछे विद्यमान थे। 1977 के पश्चात् देश में जनता सरकार सत्तारूढ़ हुई, यद्यपि तत्कालीन श्रम मंत्री रवीन्द्र वर्मा ने स्पष्ट रूप से इस बात की घोषणा की कि श्रम आयोग की संस्तुतियाँ आज के समय के लिए महत्त्वहीन हो गई हैं तथापि उन्होंने 1978 के वर्षाकालीन संसदीय अधिवेशन में जो व्यापक औद्योगिक सम्बन्ध विधेयक प्रस्तुत किया वह राष्ट्रीय श्रम आयोग की संस्तुतियों से बहुत अंश में प्रभावित था। अतः यहाँ हम औद्योगिक सम्बन्ध नीति विषयक राष्ट्रीय श्रम आयोग की संस्तुतियों को प्रस्तुत करेंगे–

1. राष्ट्रीय श्रम आयोग ने औद्योगिक विवादों के सुलझाव हेतु सामूहिक सौदेबाजी की आवश्यकता एवं महत्त्व को स्वीकार किया और साथ ही यह भी संस्तुत किया कि सामूहिक सौदेबाजी का तत्काल ही अधिनिर्णयन के द्वारा प्रतिस्थापन नहीं होना चाहिए। आयोग का सुझाव था कि प्रतिनिधि श्रम संघों को सौदेबाजी हेतु सोल बारगेनिंग एजेण्ट करार दिया जाए और हड़ताल तथा तालाबन्दी के अधिकारों का परसीमन कर दिया जाए।
2. आयोग की यह संस्तुति थी कि सरकार कानून बनाकर ऐसे प्रतिष्ठानों में श्रमिक संघों को अनिवार्य रूप से मान्यता देने का प्रावधान करे जहाँ 100 या अधिक श्रमिक कार्यरत हैं। यदि कोई श्रमिक संघ व्यक्तिगत रूप से किसी प्रतिष्ठान के नियोक्ता से बारगेनिंग एजेण्ट के रूप में मान्यता प्राप्त करना चाहता है और प्रतिष्ठान में कार्यरत कुल श्रम शक्ति के 30 प्रतिशत श्रमिक उक्त श्रम संघ के सदस्य हैं तो नियोक्ता द्वारा उसे सौदेबाजी अभिकर्ता की मान्यता दी जा सकती है। यदि किसी स्थान में किसी उद्योग विशेष में कार्यरत कुछ श्रमिकों के 25 प्रतिशत श्रमिक किसी व्यवसाय संघ के सदस्य हों तो उसे स्थानीय स्तर पर मान्यता प्राप्त हो सकती है। आयोग द्वारा प्रस्तावित औद्योगिक श्रम आयोग को यह अधिकार देने का सुझाव दिया गया था कि वह गुप्त मतदान या प्रत्यक्ष प्रमाणीकरण की विधि द्वारा किसी प्रतिष्ठान में बहुमत प्राप्त श्रम संघ का चुनाव करे। अल्पमत प्राप्त श्रम संघों को भी यह अधिकार देने का सुझाव दिया गया था कि वे अपने निष्कासित सदस्यों के विवाद को श्रम न्यायालय में प्रस्तुत करें।

आवश्यक सेवाओं का उत्पादन करने वाले प्रतिष्ठानों में हड़ताल और तालाबन्दी पर रोक लगाने का सुझाव आयोग ने दिया था। आयोग के अनुसार ऐसी सेवाओं से सम्बंधित प्रतिष्ठान में जनित औद्योगिक विवादों का सुलझाव सामूहिक सौदेबाजी, संराधन विवाचन तथा अधिनिर्णयन संयंत्र के माध्यम से किया जाना चाहिए। अन्य सेवाओं में हड़ताल और तालाबन्दी के पूर्व विपक्ष को यथासमय सूचित कर देना चाहिए। मान्यता प्राप्त श्रमिक संघ के द्वारा हड़ताल की सूचना देने के पूर्व अपने सदस्यों से गुप्त मतदान कराना चाहिए और यदि बहुमत हड़ताल के पक्ष में हो तभी इस प्रकार की सूचना दी जानी चाहिए।

आयोग ने औद्योगिक विवादों के सुलझाव हेतु संराधन संयंत्र को पर्याप्त महत्त्व दिया, किन्तु उसका सुझाव था कि यह संयंत्र सरकार के नियंत्रण में सक्षम ढंग से कार्य नहीं कर सकता। अतः इसका संचालन प्रस्तावित स्वायत्तशासी औद्योगिक सम्बंध आयोग द्वारा होना चाहिए, आयोग ने विवाचन के सम्बंध में कोई संस्तुति नहीं की। आयोग का यह सुझाव था कि राष्ट्रीय महत्त्व के विवादों के सुलझाव हेतु केन्द्रीय सरकार द्वारा औद्योगिक सम्बन्ध आयोग का गठन किया जाना चाहिए। इसके अतिरिक्त प्रत्येक राज्य में इस प्रकार के आयोगों का गठन कर उन विवादों का इनके माध्यम से हल करना चाहिए, जिन्हें हल करने का समुचित अधिकार अभी तक सरकार को दिया गया था। इस प्रकार के आयोगों के तीन मुख्य कार्य होंगे– (1) संराधन, (2) औद्योगिक विवादों का अधिनिर्णयन, व (3) किसी श्रमिक संघ को प्रतिनिधि श्रम संघ का प्रमाण पत्र देना।

आयोग का यह सुझाव था कि कार्य समिति का गठन केवल उन्हीं औद्योगिक प्रतिष्ठानों में किया जाना चाहिए, जहाँ मान्यता प्राप्त श्रम संघ विद्यमान हों। इस समिति में श्रमिक सदस्यों का नामांकन मान्यता प्राप्त श्रम संघ के द्वारा किया जाना चाहिए। जब श्रमिक संघों को मान्यता देने का कार्य प्रभावशाली ढंग से किया जाने लगेगा तो श्रम प्रबंध पारस्परिक महत्त्व के मामलों के सुलझाव में संयुक्त परामर्श परिषदों की स्थापना कर एक–दूसरे की सहायता करने लगेंगे। जब तक संयुक्त प्रबन्ध परिषदों की स्थापना नहीं होती है तब तक मान्यता प्राप्त श्रमिक संघ और प्रबन्ध दोनों ही पक्ष कार्यसमिति के अधिकारों का ही विस्तार कर अपेक्षाकृत अधिक अंश में सहयोग एवं परामर्श के क्रियाकलापों का विकास कर सकते हैं।

आयोग का यह सुझाव था कि परिवेदना निवारण पद्धति को अपेक्षाकृत सरल होना चाहिए और इसके अंतर्गत कम से कम एक बार अपील करने का सम्बन्धित श्रमिक को अवसर प्राप्त होना चाहिए। इस प्रकार की पद्धति के माध्यम से व्यक्तिगत श्रमिक को सन्तुष्टि, प्रबन्ध को अपने अधिकारों के प्रयोग हेतु पर्याप्त अवसर एवं श्रम संघ के सहभाजन का अवसर प्राप्त होना चाहिए। ऐसे औद्योगिक प्रतिष्ठानों में जहाँ 100 या अधिक श्रमिक कार्यरत हों, परिवेदना निवारण हेतु एक औपचारिक पद्धति की स्थापना अवश्य होनी चाहिए।

इस प्रकार राष्ट्रीय श्रम आयोग ने देश में विद्यमान श्रम नीति से बहुत आगे कदम बढ़ाकर अपनी संस्तुतियाँ दीं। इसके द्वारा प्रतिनिधि श्रम संघ को सोल बारगेनिंग एजेण्ट के रूप में मान्यता देने का अधिनियमित प्रावधान किया गया। इसके साथ उसने हड़ताल के अधिकार को भी बहुत अंशों में कायम रखा। इस कार्य में आयोग ने बहुत ही सावधानी पूर्वक कदम उठाया था। आयोग का मत था कि अनिवार्य अधिनिर्णयन को पूर्णतया समाप्त नहीं कर दिया जाना चाहिए। इसलिए उसने आवश्यक सेवाओं में हड़ताल को पूर्णतया प्रतिबंधित कर दिया और अन्य प्रकार की सेवाओं में 30 दिन तक हड़ताल का प्रावधान किया, जिसके बाद विवाद को अधिनिर्णयन हेतु प्रेषित कर दिया जाएगा। आयोग को यह आशा थी कि सोल बारगेनिंग एजेण्ट के रूप में श्रमिक संघों की मान्यता और हड़ताल के सीमित अधिकार के फलस्वरूप अनिवार्य अधिनिर्णयन के संयंत्र का महत्त्व अपने आप धीरे–धीरे समाप्त हो जाएगा। आयोग की यह संस्तुति थी कि हड़ताल तभी की जा सकती है जबकि दो–तिहाई सदस्य गुप्त मतदान द्वारा इसके पक्ष में निर्णय करें। इस सुझाव को श्रम संघों ने गैर जनतांत्रिक करार देते हुए इसका प्रबल विरोध किया था। आयोग का यह सुझाव था कि प्रतिनिधि श्रम संघ का निर्धारण राज्य औद्योगिक सम्बंध आयोग या तो गुप्त मतदान के द्वारा करेगा अथवा श्रम संघों की सदस्यता के अभिलेखों को जाँच कर उसके आधार पर करेगा। किन्तु इस सम्बन्ध में गुप्त मतदान का सुझाव ही अधिक महत्त्वपूर्ण था। अन्त में यह तो कहना ही पड़ेगा कि आयोग द्वारा संस्तुत श्रम नीति भी बहुत अंश में पूर्व नीतियों की भाँति दो विरोधी तत्वों की खिचड़ी मात्र थी। एक ओर उसने जहाँ श्रमिक संघों की अधिनियमित मान्यता और प्रतिनिधि श्रम संघ के निर्धारण के माध्यम से सामूहिक सौदेबाजी को प्रोत्साहन देने की बात की, वहीं उसने अनिवार्य अधिनिर्णयन को भी कायम रखा। किन्तु एक बात उसने अवश्य की कि अधिनिर्णयन संयंत्र को उसने सरकार के नियंत्रण में न रख कर स्वतंत्र औद्योगिक सम्बंध आयोग के नियंत्रण में रखा।

सरकार की औद्योगिक सम्बन्ध विषयक नीति और औद्योगिक विवादों की नई प्रवृत्तियाँ

किसी समाज में उच्चतर उत्पादकता की प्राप्ति तभी संभव है, जब औद्योगिक सम्बंध सौहार्दपूर्ण हों। इस परिप्रेक्ष्य में यदि हम अपने देश में पिछले दो दशकों के औद्योगिक सम्बन्धों पर दृष्टिपात करते हैं तो स्पष्ट रूप से यह ज्ञात होता है कि इस सम्बंध में कुछ नवीन चुनौतियाँ उभरकर सामने आ रही हैं, जिनके कारण देश के श्रम विशेषज्ञों एवं नियोजन के नीति निर्धारकों को नए तरीके से सोचने को मजबूर होना पड़ रहा है। 1961 से 1990 में हमारे देश में होने वाले औद्योगिक विवादों, उनमें संलग्न श्रमिकों की संख्या एवं हानि होने वाले मानवीय दिवसों की संख्या का विवरण निम्नलिखित सारिणी द्वारा प्रस्तुत किया जा रहा है–

सारिणी 1

1961–10 तक देश में होने वाले औद्योगिक विवादों में श्रमिकों की संलग्नता एवं मानवीय दिवसों की हानियाँ (प्रतिशत में)

वर्ष	विवादों की संख्या (प्रतिशत में)			सम्मिलित श्रमिकों की संख्या (प्रतिशत में)			मानवीय दिवसों की हानि संख्या (प्रतिशत में)		
1	2	3	4	5	6	7	8	9	10
1961	91.4	8.6	100.0	84.4	15.6	100.0	60.4	39.6	100.0
1962	93.6	6.4	100.0	81.6	18.4	100.0	82.6	17.4	100.0
1963	92.7	7.3	100.0	87.2	12.8	100.0	68.2	31.8	100.0
1964	92.1	7.9	100.0	87.3	12.7	100.0	74.1	25.9	100.0
1965	92.5	7.5	100.0	89.7	10.3	100.0	71.4	28.6	100.0
1966	92.1	7.9	100.0	89.5	10.5	100.0	74.9	25.1	100.0
1967	86.4	13.6	100.0	89.9	10.1	100.0	61.6	38.4	100.0
1968	88.3	11.7	100.0	87.8	12.2	100.0	64.2	35.8	100.0
1969	89.2	10.8	100.0	92.3	7.7	100.0	81.3	18.7	100.0
1970	89.9	10.1	100.0	84.9	15.1	100.0	71.7	28.3	100.0
1971	90.0	10.0	100.0	91.4	8.6	100.0	71.3	28.7	100.0
1972	88.1	11.9	100.0	84.9	15.1	100.0	66.9	23.1	100.0
1973	87.8	12.2	100.0	92.7	7.3	100.0	67.2	32.8	100.0
1974	85.4	14.6	100.0	94.9	5.1	100.0	83.6	13.4	100.0
1975	84.6	15.4	100.0	90.3	9.7	100.0	76.3	23.7	100.0
1976	85.1	14.9	100.0	74.7	23.3	100.0	22.0	78.0	100.0
1977	86.3	13.7	100.0	87.2	12.8	100.0	53.0	47.0	100.0
1978	86.7	13.3	100.0	88.2	11.8	100.0	54.4	45.5	100.0
1979	88.8	11.2	100.0	94.5	5.5	100.0	81.6	18.4	100.0
1980	87.6	12.4	100.0	87.4	12.6	100.0	54.8	45.2	100.0
1981	86.7	13.3	100.0	79.4	20.6	100.0	58.0	42.0	100.0
1982	81.7	18.3	100.0	81.1	18.9	100.0	69.8	30.2	100.0
1983	80.1	19.9	100.0	79.9	20.1	100.0	53.2	46.8	100.0
1984	80.7	19.3	100.0	88.6	11.4	100.0	71.3	28.7	100.0
1985	77.2	22.8	100.0	81.4	18.6	100.0	39.2	60.8	100.0
1986	77.1	22.9	100.0	87.8	12.2	100.0	57.5	42.5	100.0
1987	74.9	25.1	100.0	84.5	15.5	100.0	39.7	60.3	100.0
1988	74.7	25.3	100.0	78.7	21.3	100.0	36.9	63.1	100.0
1989	78.5	21.5	100.0	अनुपलब्ध	–	100.0	35.0	65.0	100.0
1990	76.4	23.6	100.0	अनुपलब्ध	–	100.0	43.3	56.7	100.0
2010	77.0	20.0	100.0	अनुपलब्ध	–	100.0	42.1	48.7	100.0

स्त्रोतः सी.एफ.आई.ई. द्वारा प्राप्त तथ्यों के आधार वेसिक स्टैटिक्स रिलेटेड टू रिलेटेड टू इण्डियन इकोनॉमी (2011)।

1961 से 1975 के बीच हड़ताल के कारण कुल मानवीय दिवसों की 60 से 80 प्रतिशत हानि हुई और जबकि लॉक हाउट के कारण 16 से 40 प्रतिशत तक की हानि हुई। श्रमिकों ने मुख्यतया उच्चतर मजदूरी और महंगाई भत्ते की प्राप्ति, छंटनी का विरोध परिवेदना निवारण तथा सेवा की शर्तों एवं दशाओं में सुधार हेतु हड़तालों का आयोजन किया। किन्तु 1975 में आपातकाल की घोषणा के पश्चात् हड़ताल प्रतिबन्धित हो गई। इस प्रवृत्ति के फलस्वरूप नियोक्ताओं की ओर से उठाए गए विवादों की संख्या में वृद्धि हुई। 1976 में तालाबन्दी के कारण 9.9 मीलियन मानवीय दिवसों की हानि हुई, जबकि हड़ताल के कारण इस अवधि में केवल 2.8 मिलियन दिवसों की हानि हुई। इसके पश्चात् 1977 से 1979 के बीच जनता पार्टी के शासनारूढ़ होने के पश्चात् स्थिति में परिवर्तन हुआ। सरकार विरोधी प्रमुख मजदूर संघ इंटक ने विशेष रूप से हड़तालों का आयोजन किया और अपने अस्तित्व एवं महत्त्व को बरकरार रखने के लिए एच.एम.एस., सीटू तथा ए.आई.टी.यू.सी. ने इन हड़तालों का समर्थन किया। फलस्वरूप मानवीय दिवसों की हानि में आशातीत वृद्धि हुई और 1979 में हड़ताल के कारण होने वाली इस प्रकार के मानवीय दिवसों की हानियाँ 35.8 मिलियन पहुँच गईं, किन्तु इसके विपरीत तालाबन्दी के कारण होने वाली मानवीय दिवसों को हानि केवल 8.1 प्रतिशत रही। सापेक्षिक शब्दावली में हड़ताल के कारण 82 प्रतिशत मानवीय दिवसों की हानियाँ हुईं और तालाबन्दी के कारण इस अवधि में केवल 8.1 प्रतिशत मानवीय दिवसों की हानि हुई।

1980 में कांग्रेस सरकार के पुनः पदारूढ़ होने के पश्चात् इस प्रवृत्ति में बदलाव आया। अब तालाबन्दी का अनुपात ऊँचा उठने लगा। किन्तु दत्ता सामन्त के नेतृत्व में बॉम्बे टेक्सटाइल्स कामगार श्रमिकों की हड़ताल के कारण 1982 में 41.40 मिलियन मानवीय दिवसों तथा 1983 में 13.38 मिलियन मानवीय दिवसों की हानि हुई। इस गैर जिम्मेदार एवं दीर्घावधि हड़ताल से कामगार वर्ग का बहुत बड़ा नुकसान हुआ। इससे यह प्रमाणित हुआ कि श्रम नेताओं के अहम् की तुष्टि के लिए मजदूर वर्ग को अब भी बलि का बकरा बनाया जा रहा है। इस हड़ताल की विफलता के बाद नियोक्ताओं द्वारा मजदूरों को दण्डित किया जाना प्रारम्भ हुआ और तत्कालीन प्रधानमंत्री श्री राजीव गांधी ने भी 1985 में निजी क्षेत्र के अनुकूल आर्थिक नीतियों का श्रीगणेश किया। इसके बाद हड़ताल की संख्या घटती ही गई।

1985 के बाद नियोक्ताओं द्वारा की गई तालाबन्दी की संख्या में निरन्तर वृद्धि हुई। मानवीय दिवसों की हानि में तालाबन्दी का योगदान पूर्वापेक्षा बहुत अधिक हो गया। 1988 में 63 प्रतिशत मानवीय दिवसों की हानि केवल तालाबन्दी के कारण हुई। 1989 में इस प्रकार से होने वाली मानवीय दिवसों की हानि 65 प्रतिशत हो गई। उपर्युक्त सारिणी 1 का यदि अन्य दृष्टि से विवेचन किया जाए तो स्पष्ट हो जाएगा कि 1961–65 की अवधि में देश में होने वाली मानवीय दिवसों की हानि की 72 प्रतिशत हानि हड़ताल के कारण हुई और 1971–75 की अवधि में यह प्रतिशत 75 रहा, किन्तु 1976–80 के बीच देश में होने वाली कुल मानवीय दिवसों की हानि में हड़ताल से होने वाली हानि का प्रतिशत घटकर 60 हो गया तथा 1986–90 के बीच यह प्रतिशत घटकर 45 रह गया। इसके विपरीत देश में औद्योगिक विवादों के कारण होने वाली

मानवीय दिवसों की कुल हानि में तालाबन्दी के कारण होने वाली हानि का प्रतिशत निरन्तर ऊँचा उठता गया। 1971–75 के बीच यह प्रतिशत 25 था और 1986–90 के बीच बढ़कर 55 हो गया। इसके बाद इस संख्या में वृद्धि हो रही है। इस प्रकार यह स्पष्ट है कि आज औद्योगिक विवादों एवं तद्जनित मानवीय दिवसों की हानि में नियोक्ताओं का योगदान निरन्तर अधिक होता जा रहा है।

तालाबन्दी की समस्या का सर्वाधिक महत्त्वपूर्ण कारण है औद्योगिक प्रतिष्ठानों के बीमार होने की प्रवृत्ति में निरन्तर वृद्धि। बीमार उद्योगों की समस्या के कारण न केवल तालाबन्दी में वृद्धि हुई है वरन् औद्योगिक प्रतिष्ठानों की बन्दी भी बहुत ही बड़े पैमाने पर होने लगी है। इस समस्या का विवरण आगे की पंक्तियों में दिया जा रहा है।

औद्योगिक प्रतिष्ठानों की बन्दी

औद्योगिक बीमारी ही औद्योगिक प्रतिष्ठानों की बन्दी का संभवतः सर्वाधिक महत्त्वपूर्ण कारक है। औद्योगिक बीमारी के सम्बन्ध में किए गए अधिकांश अध्ययनों तथा रिजर्व बैंक द्वारा इस सम्बन्ध में किए गए पुनरीक्षणों से यह बात स्पष्ट होती है कि ऐसे प्रतिष्ठानों ने बैंकों से बहुत अधिक ऋण लिया था, किन्तु इस सम्बंध में उतना ही महत्त्वपूर्ण यह तथ्य भी है कि इन बीमार प्रतिष्ठानों में कार्यरत बहुत बड़ी श्रम शक्ति को बेरोजगार होकर रोजी–रोटी की समस्या से जूझना पड़ रहा है। 1980 से 88 की अवधि में बीमार इकाइयों की संख्या 24,550 से बढ़कर 2.19 लाख हो गई। यह वृद्धि प्रतिवर्ष 35 प्रतिशत की दर से हुई है। कहना नहीं होगा कि इन बीमार प्रतिष्ठानों में 99

सारिणी 2

भारत में बीमार उद्योगों की वृद्धि और बैंक का बकाया ऋण

विवरण	*बड़ी इकाइयाँ*	*मध्यम इकाइयाँ*	*छोटी इकाइयाँ*	*योग*
दिसम्बर 1980 तक बीमार	409	992	23,149	24,550
उद्योगों की सं.	(1.7%)	(4.1%)	(94.3%)	(100%)
दिसम्बर 1984 तक	545	1,287	91,450	93,282
जून 1988 तक	1,172	743	3,17,430	21,935
	(0.5%)	(0.4%)	(99.1%)	(100%)
वृद्धि दर	9.7	3.9	35.9	34.9
बैंक बकाया ऋण				
दिसम्बर 1980 तक	1,342	178	306	1,826
	(73.5%)	(9.7%)	(16.7%)	(100%)
दिसम्बर 1984 तक	2,330	429	880	3,638
जून 1988 तक	3,026	1922	1,980	6,928
	(43.7%)	(27.7%)	(28.6%)	(100%)
1980 से 88 की अवधि में वृद्धि	16.1	9.7	27.4	17.9
2000 से 2008 तक	17.1	8.6	26.4	12.9

स्रोतः भारत सरकार के इकोनॉमिक सर्वे का 2009–10 का अंक तथा पहले के अंकों में उपलब्ध तथ्यों के आधार पर।

प्रतिशत लघु क्षेत्र के प्रतिष्ठान हैं। बड़े पैमाने के बीमार प्रतिष्ठान यद्यपि कुल बीमार प्रतिष्ठानों का 0.5 प्रतिशत हैं, किन्तु बैंक के कर्ज की दृष्टि से कुल कर्ज में ऐसे प्रतिष्ठानों के कर्ज का प्रतिशत 44 है। छोटे पैमाने के बीमार उद्योग 99 प्रतिशत हैं किन्तु बैंक के बीमार उद्योग सम्बंधी कुल कर्ज में उनका प्रतिशत 20 ही है।

बंदी से प्रभावित श्रमिकों की अनुमानित संख्या

भारत में उद्योगों की बीमारी से प्रभावित श्रमिकों का कोई सटीक विवरण उपलब्ध नहीं है। डॉ. दिलीप स्वामी ने औद्योगिक प्रतिष्ठानों की बीमारी एवं तद्जनित बंदी से प्रभावित श्रमिकों की अनुमानित संख्या के निरूपण का प्रयास किया है किन्तु वह पूर्णतया व्यापक और विश्वसनीय नहीं कहा जा सकता है तथापि इस सम्बन्ध में सी.एम.आई.ई. द्वारा जो तथ्य प्रदत्त किए हैं, उनका विवरण निम्नलिखित सारिणी में दिया गया है–

सारिणी 3

बीमार एवं कमजोर इकाइयों की संख्या तथा टेक्सटाइल एवं गैर टेक्सटाइल क्षेत्र के बंद उद्योगों में औसत रोजगार (बड़े एवं मध्यम स्तर के उद्योगों का नान एस.एस.आई. सेक्टर)

राज्य	*बीमार टेक्सटाइल*	*गैर–टेक्सटाइल*	*कमजोर टेक्सटाइल*	*गैर–टेक्सटाइल*	*टेक्सटाइल इकाई में औसत रोजगार*	*गैर–टेक्सटाइल इकाई में औसत रोजगार*
आन्ध्र प्रदेश	4	65	6	46	480	263
असम	–	4	–	30	–	25
बिहार	3	27	1	10	600	382
गुजरात	55	79	32	31	1,594	257
हरियाणा	7	27	2	13	2,550	51
कर्नाटक	12	63	8	32	575	26
केरल	5	28	5	24	1,000	45
मध्य प्रदेश	8	28	9	13	1,300	97
महाराष्ट्र	57	129	47	109	2,159	34
उड़ीसा	1	11	6	18	1,331	301
पंजाब	7	15	3	7	1,331	34
राजस्थान	10	27	4	11	711	20
तमिलनाडु	22	92	9	39	533	69
उत्तर प्रदेश	10	60	18	54	2,130	65
पश्चिम बंगाल	13	150	10	102	1,971	158
अन्य	7	72	11	33	1,311	40
योग	221	827	171	572	–	–

स्रोतः सी.एम.आई.ई. द्वारा प्राप्त तथ्यों के आधार पर बेसिक स्टैटिस्टिक्स रिलेटेड टू इण्डियन इकोनॉमी (2011)।

प्रतिष्ठानों की बन्दी के कारण प्रभावित होने वाले श्रमिकों की अनुमानित संख्या 296 लाख है, जिनमें से 20.1 लाख श्रमिक लघु क्षेत्र में आगामी वर्षों में रोजगार विहीन हो जाएँगे और 5.5 लाख श्रमिक बड़े एवं मध्यम आकार के प्रतिष्ठानों में रोजगार विहीन हो जाएँगे और लगभग 4 लाख (13.5%) श्रमिक कमजोर इकाइयों में छंटनी के खतरे से ग्रस्त हो जाएँगे। इस प्रकार लगभग 8 मिलियन श्रमिकों की रोजगारहीनता एक चुनौतीपूर्ण समस्या होगी।

इस स्थिति की सबसे बड़ी विडम्बना यह है कि बड़े एवं मध्यम आकार के उद्योगों में रोजगार विहीन श्रमिकों की क्षतिपूर्ति हेतु जो थोड़ा बहुत प्रावधान है लघु उद्योगों के लिए वह भी प्रयुक्त नहीं है। जून 1988 से दिसम्बर 1988 तक बीमार इकाइयों की संख्या 2.19 लाख से 2.49 तक पहुँच गई। ये इकाइयाँ तेजी से बन्द हो रही हैं और लघु उद्योगों में यह बात विशेष रूप से दृष्टिगोचर हो रही है। इसका एक बहुत बड़ा कारण यह है कि छोटी श्रेणी के कुछ धूर्त उद्यमकर्ता सरकार की विभिन्न योजनाओं के तहत उद्योग लगाने के लिए बैंक से ऋण एवं अनुदान आदि के रूप में धनराशि प्राप्त कर लेते हैं और कुछ दिन दिखावे के लिए उद्योग चलाते हैं तथा छद्म रूप से धीरे–धीरे सभी पूँजी अन्य कार्यों में स्थानान्तरित कर औद्योगिक इकाइयों को बन्द कर देते हैं। किन्तु उनमें कार्यरत श्रमिकों के लिए तो रोजी–रोटी की समस्या आ खड़ी होती है।

औद्योगिक प्रतिष्ठानों की बन्दी और कानूनी प्रावधान

प्रश्न यह उठता है कि बन्दी की स्थिति में कानूनी प्रावधानों से श्रमिकों को क्या कोई सुरक्षा मिलती है। 1957 में सरकार ने औद्योगिक विवाद अधिनियम को संशोधित कर प्रतिष्ठान की बन्दी की स्थिति में सम्बंधित कर्मचारी को नोटिस एवं क्षतिपूर्ति देने का प्रावधान किया, किन्तु न्यायालय ने इन प्रावधानों को वैध नहीं ठहराया, यद्यपि छंटनी की स्थिति में ये प्रावधान वैध करार दिए गए।

इस दोष के निराकरण हेतु भारत सरकार ने औद्योगिक विवाद अधिनियम में धारा 25 (10) को जोड़कर बन्दी के सम्बंध में एक महत्त्वपूर्ण परिवर्तन किया। इस संशोधित प्रावधान के फलस्वरूप ऐसे कारखानों में जहाँ 300 से अधिक कामगार कार्यरत हैं बन्दी के पूर्व नियोक्ता को इस सम्बंध में सरकार की अनुमति प्राप्त करना आवश्यक हो गया। यदि बन्दी का कारण संतोषप्रद नहीं होगा तो सरकार प्रतिष्ठान बन्द करने की अनुमति नहीं दे सकती। यदि नियोक्ता सरकार की आज्ञा का इस सम्बंध में उल्लंघन करता है तो उसे आर्थिक दण्ड और जेल भेजा जा सकता है। 1984 से धारा 25(0) का क्षेत्र ऐसे कारखानों तक विस्तारित कर दिया गया जहाँ 100 श्रमिक कार्यरत हैं।

किन्तु कानून की उपेक्षा करते हुए नियोक्ताओं द्वारा निरन्तर इन प्रावधानों के परिणामों से बचने का प्रयास हो रहा है। इस सम्बंध में दिसम्बर 1989 में सोशल मूवमेंट्स, ह्यूमन राइट्स एण्ड दि ला विषय पर आयोजित विचार गोष्ठी में प्रस्तुत कुछ वृत्त अध्ययनों (केस स्टॅडीज) का उल्लेख समीचीन होगा।

1. **आंशिक बन्दी**–हिन्दुस्तान लीवर ने 1988–89 में सेवरी प्लान्ट के 10 विभागों को बंद करने का निर्णय किया और 3,000 श्रमिकों में से 900 श्रमिकों को स्वैच्छिक रूप से सेवानिवृत्ति हेतु बाध्य किया। आगे चलकर 600 और श्रमिकों की छंटनी के उद्देश्य से रिन डिपार्टमेंट को बंद कर 300 श्रमिकों के रीडिप्लॉयमेण्ट (re-deployment) का निश्चय किया। न्यायालय में यह चुनौती दी गई कि हिन्दुस्तान लीवर ने रिन डिपार्टमेण्ट की बंदी हेतु धारा 25(0) के अन्तर्गत सरकार से अनुमति नहीं ली। पर जज ने रिट एडमिट नहीं किया। उसका कहना था कि जब कोई छंटनी हुई नहीं तो बंदी का सवाल ही नहीं है। किन्तु इस निर्णय के अन्तर्गत यह बात पूर्णतया नजरअन्दाज कर दी गई कि रीडिप्लॉयमेंट केवल देर से की गई छंटनी मात्र है। यद्यपि रिन विभाग के आधे श्रमिक दूसरे विभाग में रीडिप्लॉय हो गए, किन्तु उन्हें सरप्लस श्रमिक करार दिया गया। इसका अर्थ यह हुआ कि भविष्य में उनकी छंटनी हो जाएगी।
2. **बन्दी के एक साधन के रूप में सेवानिवृत्ति बनाम तालाबंदी का उपयोग**–बम्बई के मर्फी प्रतिष्ठान में प्रबंध को यह भय था कि सरकार प्रतिष्ठान की बंदी की अनुमति नहीं प्रदान करेगी। अतः उसने तालाबंदी एवं स्वैच्छिक सेवानिवृत्ति को बढ़ावा दिया तथा अंतर्श्रम संघ का भी दबाव मूलक प्रविधि के रूप में उपयोग किया। तालाबंदी के समय में भी प्रबंध ने सब–कॉण्ट्रैक्टर्स से मर्फी टेलीविजन एवं रेडियो सेट्स का निर्माण कराकर उस पर अपनी मुहर लगा कर विक्रय का कार्य चालू रखा। फलस्वरूप कुल 2500 श्रमिकों में से केवल 497 श्रमिक ही प्रतिष्ठान में रह गए तथा प्रबंध ने येन–केन प्रकारेण बी.आई.आर.एफ. द्वारा मर्फी प्रतिष्ठान को 1988 में बीमार प्रतिष्ठान घोषित करा लिया।
3. **उप–ठेकेदारी**–आज यह प्रवृत्ति भी बढ़ती जा रही है कि बड़ी फर्में अपनी उत्पादन लागत को कम करने के लिए छोटी फर्मों द्वारा अपना उत्पादन करा लेती हैं और यूनियनों से जुड़े हुए श्रमिकों को स्वैच्छिक रूप से सेवानिवृत्ति लेने को बाध्य करती हैं। कानून उपठेकेदारी के सम्बन्ध में पूर्णतया शान्त है और प्रबन्ध बिना अपनी किसी प्रकार की हानि के तालाबंदी घोषित कर सकता है या हड़ताल का सामना कर सकता है। श्रमिक संघ भी कानूनी लड़ाई लड़ने में अपना कोई लाभ नहीं देखता है अतः वह उपठेकेदारों के अन्तर्गत कार्यरत श्रमिकों के संघीकरण में ही व्यस्त हो जाता है।
4. **स्वामित्व का स्थानान्तरण**–औद्योगिक विवाद अधिनियम की धारा 25(0) के अन्तर्गत प्रतिष्ठान की बंदी हेतु उपयुक्त सरकार से अनुमति प्राप्त करना आवश्यक है। किन्तु उसके अन्तर्गत किसी कम्पनी के स्वामित्व में परिवर्तन हेतु अनुमति की कोई आवश्यकता नहीं है। नए मालिक के लिए सभी श्रमिकों की सेवाओं को बरकरार रखना आवश्यक नहीं है। अतः बहुत सी स्थितियों में प्रतिष्ठानों के स्वामित्व का स्थानान्तरण कर अनावश्यक श्रमिकों की छंटनी कर दी जाती है।

5. **पूर्ण बंदी**–कमानी ट्यूब और मफतलाल इंजीनियरिंग वर्क्स का मामला सर्वविदित है। श्रमिकों ने प्रबंध के विरुद्ध एक लम्बी लड़ाई लड़ी। कमानी ट्यूब के मामले में उच्चतम न्यायालय के हस्तक्षेप से श्रमिकों की सहकारी समिति बनाकर उसी को प्रतिष्ठान के संचालन की जिम्मेदारी दे दी गई। इधर हाल में मफतलाल इंजीनियरिंग में भी लम्बे अरसे के संघर्ष के उपरान्त श्रमिकों के स्वामित्व का कारपोरेशन बना दिया गया। प्रबंध पूर्णबंदी चाहता था। 'हवाइस्ट ओ मैकेनिकल' का मामला भी श्रमिक सहकारी समिति के अधीन देने हेतु बी.आई.आर.एफ. के विचाराधीन है।

उपर्युक्त कुछ मामले केवल दिखावा मात्र हैं। वास्तविक स्थिति यह है कि बहुत से प्रतिष्ठानों में प्रबन्ध विभिन्न तरीकों से श्रमिकों की छंटनी, स्वैच्छिक सेवानिवृत्ति और मजदूरी में कटौती कर रहा है।

आठवें दशक के अन्त से हमारे देश के श्रमिक संघ, देश में औद्योगिक प्रतिष्ठानों की बीमारी एवं तद्जनित श्रमिकों की रोजगारहीनता पर विशेष ध्यान दे रहे हैं। इस समस्या के निराकरण हेतु इन श्रमिक संघों के द्वारा बहुत से सुझाव भी दिए जा रहे हैं। कुछ प्रमुख सुझाव निम्नलिखित हैं–

(i) बोर्ड ऑफ इण्डस्ट्रियल एण्ड फाइनेंशियल रीकांस्ट्रक्शन (बी.आई.आर.एफ.) को और अधिक अधिकार दिया जाना चाहिए। उन्हें केवल परामर्शदात्री निकाय न होकर कानूनी अधिकारों से भी युक्त होना चाहिए, ताकि वे बीमार औद्योगिक प्रतिष्ठानों के मामले में हस्तक्षेप कर सकें और यथा–शक्ति प्रतिष्ठानों को बीमार होने से रोक सकें।

(ii) सिक इण्डिस्ट्रियल कम्पनीज एक्ट, 1986 में भी दोष हैं। अतः उसमें भी संशोधन की आवश्यकता है। उदाहरणार्थ–

(अ) सिका (सिक इण्डस्ट्रियल कम्पनीज एक्ट) के कार्यक्षेत्र में वही प्रतिष्ठान आते हैं जहाँ लगातार पिछले दो वर्षों से वित्तीय घाटा हो रहा है और शेयर कैपिटल तथा रिजर्व में भी कमी आई हो, ऐसी कम्पनी को लगातार 7 वर्षों से अस्तित्व में होना चाहिए। दूसरा प्रावधान कुछ अनावश्यक लगता है, क्योंकि बहुत सी कम्पनियाँ इस परिधि में नहीं आती हैं।

(ब) सिका का अधिकार क्षेत्र बड़े प्रतिष्ठानों (जिनमें 100 या अधिक श्रमिक कार्यरत हैं) तक सीमित है, जबकि 99 प्रतिशत बीमार इकाइयाँ लघु क्षेत्र में कार्यरत हैं। अतः धारा 25(0) को संशोधित कर सभी बीमार इकाइयों को सिका के अधिकार क्षेत्र में ला देना चाहिए।

(स) अभी तक बीमार औद्योगिक प्रतिष्ठान के मामले को बी.आई.आर.एफ. के विचारार्थ प्रेषण का अधिकार केवल सरकार को ही है। व्यवसाय संघ यह प्रयास कर रहे हैं कि बीमार उद्योगों के मामलों को विचारार्थ बी.आई.आर.एफ. में प्रेषण का अधिकार उन्हें भी दिया जाना चाहिए और

यदि वे प्रथम दृष्टया कुप्रबंध का मामला साबित कर सकें तो इस सम्बन्ध में आवश्यक इनक्वायरी का अधिकार भी वे चाहते हैं।

6. यदि औद्योगिक प्रतिष्ठान की बीमारी हेतु कुप्रबंध को जिम्मेदार ठहराया जाता है तो बी.आई.एफ.आर. इस सम्बंध में तभी जाँच कर सकता है जब उसे समुचित लिखित तथ्य प्राप्त हों। कहना नहीं होगा कि प्रबंध श्रमिक संघों को इस प्रकार की कोई जानकारी देता ही नहीं, फिर वे ऐसे तथ्य कहाँ से प्रस्तुत कर सकते हैं। पी.आर. रामकृष्ण नायर के विवाद में उच्चतम न्यायालय ने यह रूलिंग दी थी कि अंशधारक तो बिखरे हुए होते हैं और कम्पनी के भाग्य से सबसे अधिक लगाव श्रमिकों का होता है। श्रमिक ही कम्पनी की जीवन रेखा है और उन्हें कम्पनी के मामलों में हस्तक्षेप का पूर्ण अधिकार है। इसी प्रकार 1988 में व्हाइट ओ मीच यूनियन के विवाद में बम्बई उच्च न्यायालय ने यह निर्णय दिया था कि श्रमिक को औद्योगिक प्रतिष्ठान की बीमारी सम्बंधी विवादों में न केवल हस्तक्षेप करने का अधिकार है, वरन् उन्हें इस प्रकार के विवाद में बाकायदा पार्टी होना चाहिए। इन निर्णयों के परिप्रेक्ष्य में कानून को संशोधित कर औद्योगिक प्रतिष्ठानों के बारे में श्रमिकों को पूर्व सूचना प्राप्त करने का अधिकार दिलाना चाहिए। उन्हें और उनकी यूनियनों को इन सूचनाओं के आधार पर कार्य करने का भी अधिकार दिया जाना चाहिए।

7. औद्योगिक विवाद अधिनियम को समुचित तरीके से संशोधित कर किसी कम्पनी के स्वामित्व के स्थानान्तरण की स्थिति में श्रमिकों के साथ और अच्छे बर्ताव की व्यवस्था होनी चाहिए। इस सम्बन्ध में यूनाइटेड किंगडम का ट्रांसफर ऑफ अण्डरटेकिंग रेगूलेशन (1981) अनुकरणीय है, जिसके अन्तर्गत स्वामित्व स्थानान्तरण होने वाली कम्पनी के श्रमिक अपने आप स्वामित्व ग्रहण करने वाली कम्पनी के कर्मचारी हो जाते हैं। उक्त अधिनियम के अन्तर्गत स्थानान्तरण सम्बंधी मामले को लेकर किए गए निष्कासन को गैर न्यायोचित करार दिया जाता है।

8. औद्योगिक विवाद अधिनियम की धारा 25(0) के अन्तर्गत यह प्रावधान भी सम्मिलित कर लिया जाना चाहिए कि यदि किसी कम्पनी के कार्यस्थल में भी परिवर्तन करना है, तो सरकार से इस सम्बन्ध में अनुमति प्राप्त कर लेनी चाहिए। इस प्रकार के परिवर्तन की स्वीकृति देने के पूर्व सरकार भी आवश्यक रूप से श्रमिकों एवं श्रमिक संघों से उस सम्बंध में उनके विचारों की जानकारी कर यथोचित निर्णय करे।

9. वर्तमान समय में 12 संस्थानों को ऑपरेटिंग एजेन्सी के रूप में अधिसूचित किया गया है। ये अभिकरण बीमार इकाइयों का मूल्यांकन करते हैं और इन इकाइयों के ट्रस्टी के रूप में भी कार्य करते हैं और वायबिलिटी रिपोर्ट की भी जाँच करते हैं। किन्तु यह देखा गया है कि ये अभिकरण अधिकांश स्थितियों में मूकदर्शक की भूमिका अदा करते हैं तथा बीमार इकाइयों के प्रबंधक कच्चा माल और बहुमूल्य

मशीनें आदि को धीरे–धीरे अलग कर लेते हैं। अतः यह सुझाव दिया जाता है कि 'ऑपरेटिंग एजेन्सी' के प्रकार्यों का सम्पादन भी बी.आई.आर.एफ. के द्वारा होना चाहिए और वायबिलिटी रिपोर्ट को सही तरीके से जाँच करने के लिए सक्षम विशेषज्ञों की व्यवस्था होनी चाहिए।

सरकार की भूमिका

औद्योगिक उत्पादन जगत में 1975 और 1985–90 के बीच तालाबंदियों में सर्वाधिक वृद्धि हुई। 1985–90 के बीच उदारीकरण की पॉलिसी की घोषणा हुई और निजी क्षेत्र का उत्पादन में महत्त्व बढ़ गया। विगत महानिर्वाचन के बाद कांग्रेस सरकार के पदारूढ़ होने के पश्चात् इन दोनों बातों में और अधिक इजाफा हुआ है। निजी क्षेत्र में औद्योगिक बीमारी की वृद्धि, अधिकांश सार्वजनिक क्षेत्र के प्रतिष्ठानों में निरन्तर घाटा तथा स्वैच्छिक सेवानिवृत्ति की नीति के औचित्यीकरण आदि कारकों के कारण सार्वजनिक क्षेत्र के प्रतिष्ठान अब यह विश्वास करने लगे हैं कि आगे के वर्षों में राज्य अपने विकास हेतु निजी क्षेत्र पर अधिकाधिक निर्भर होता जाएगा। किन्तु इस नीति के कारण आज नियोक्ता बहुत अंश में श्रम प्रबंध सम्बन्धों के सन्दर्भ में आक्रामक हो गए हैं और कामगार तथा मजदूर संघ रक्षात्मक नीति अपनाने को बाध्य होते जा रहे हैं। नियोक्ता उप–ठेकेदारी (सब कॉन्ट्रैक्टिंग), स्वैच्छिक सेवानिवृत्ति योजना, पिछड़े क्षेत्र में उद्योग स्थापन का लाभ देने के लिए प्रतिष्ठान के लोकेशन में परिवर्तन तथा श्रमिकों की छंटनी हेतु स्वामित्व का स्थानान्तरण आदि प्राविधियों का श्रमिकों के विरुद्ध उपयोग कर रहे हैं। बॉम्बे सूती मिल मजदूरों की हड़ताल की असफलता के कारण श्रमिकों का मनोबल अपेक्षाकृत कुछ और गिरा है और हड़ताल के हथियार की धार भी पूर्वापेक्षा कुछ भोंथरी हो गई है। दूसरी ओर श्रमिकों की कमजोर स्थिति को देखते हुए नियोक्ताओं द्वारा की जाने वाली तालाबन्दी और प्रतिष्ठान बन्दी की प्रवृत्ति को और अधिक प्रोत्साहन दिया जा रहा है। इसकी पुष्टि इस तथ्य से हो जाती है कि 1986–90 के बीच 56 प्रतिशत मानवीय दिवसों को हानि तालाबन्दी की वजह से हुई है और आज लगभग तीस लाख श्रमिक बीमार औद्योगिक प्रतिष्ठानों में रोजगार से वंचित होने की स्थिति में आ गए हैं। स्थिति यहाँ तक भयावह है कि वामपंथी दलों की तत्कालीन पश्चिम बंगाल सरकार भी इस समस्या पर काबू पाने में अपने को असमर्थ महसूस कर रही थी। इस बात की पुष्टि इस तथ्य से होती है कि 1989 में पश्चिम बंगाल में 99 प्रतिशत मानवीय दिवसों की हानि केवल तालाबन्दी की वजह से हुई।

स्वतंत्र भारत के संविधान के अनुसार हमारा देश एक समाजवादी गणतन्त्र राज्य है, जिसकी किसान, मजदूर तथा कमजोर वर्गों के संरक्षण एवं विकास की विशेष जिम्मेदारी है। किन्तु आज की तिथि में मजदूर वर्ग में यह विश्वास क्रमिक रूप से घर करता जा रहा है कि सरकार उनकी अपेक्षा नियोक्ता वर्ग के हितों की रक्षा हेतु विशेष उद्यत है। अन्तर्राष्ट्रीय मुद्राकोष एवं विश्व बैंक के दबाव एवं उदारीकरण की नीति के फलस्वरूप सरकार रुग्ण उद्योगों के उपचार के स्थान पर उनकी बन्दी पर जोर दे रही

है और प्रकारान्तर से श्रमिकों की छंटनी एवं गोल्ड शेक हैंड पॉलिसी आदि के नाम पर श्रमिकों के नियोक्ता द्वारा स्वैच्छिक सेवानिवृत्ति हेतु प्रोत्साहन की योजना को हवा दे रही है।

सरकार, यदि मजदूर वर्ग का वास्तव में हित रक्षण चाहती है तो कानूनी व्यवस्था में परिवर्तन कर उसे श्रमिकों के अनुकूल बनाने की आवश्यकता है। इस सम्बंध में निम्नलिखित सुझाव दिए जा सकते हैं–

1. औद्योगिक विवाद अधिनियम की धारा 25(0) में संशोधन कर इसका विस्तार छोटे पैमाने की इकाइयों तक कर देना चाहिए।
2. औद्योगिक विवाद अधिनियम के अन्तर्गत प्रतिष्ठान की बन्दी के सम्बन्ध में 'जनहित' का जो प्रावधान है, उसे समाप्त कर दिया जाना चाहिए।
3. कानून के अन्तर्गत प्रतिष्ठान की बंदी को पुनः परिभाषित किया जाना चाहिए। ताकि यह बात स्पष्ट हो सके कि 'औद्योगिक प्रक्रिया रुक गई है', न कि केवल एक औद्योगिक स्थान पर उससे सम्बंधित प्रतिष्ठान का उत्पादन बन्द कर दिया गया है।
4. वर्तमान कानून उप–ठेकेदारी के सम्बंध में पूर्णतया मौन है, जिसका उपयोग नियोक्ता पेरैण्ट प्लाण्ट को श्रमिक संगठनों के दबाव से मुक्ति दिलाने के लिए करते हैं। कानून के अन्तर्गत यह प्रावधान होना चाहिए कि जब तक कि प्रतिष्ठान की नियोजन क्षमता का पूरा–पूरा उपयोग नहीं हो जाता है तब तक उपठेकेदारी न की जाए।
5. कानून के माध्यम से श्रमिकों एवं उनके संघों को यह अधिकार भी होना चाहिए कि वे अपने कार्यस्थल से सम्बंधित सभी सूचनाओं को प्राप्त कर सकें।
6. यदि किसी कम्पनी के स्वामित्व का स्थानान्तरण हो रहा है तो कानून द्वारा ऐसी व्यवस्था होनी चाहिए कि पूर्व स्वामित्व में कार्यरत सभी कर्मचारियों को अपने आप नए स्वामित्व के अन्तर्गत स्थानान्तरित कर दिया जाए और इस बहाने किसी कर्मचारी की छंटनी न हो।
7. औद्योगिक विवाद अधिनियम की धारा 25(0) में संशोधन कर यह व्यवस्था की जानी चाहिए कि यदि कोई कम्पनी अपना कार्यस्थल भी बदलना चाहती है तो इसके लिए उपयुक्त सरकार से पूर्व अनुमति प्राप्त कर लें।
8. कानून द्वारा बी.आई.आर.एफ. के स्वरूप में परिवर्तन कर उसे एक संस्तुतिकारी निकाय मात्र न रखकर अधिकारयुक्त एक ऐसा निकाय बना दिया जाना चाहिए जो कुप्रबंध के लिए दोषी नियोक्ताओं एवं प्रबंधकों के विरुद्ध कार्रवाई कर सके। उसे उपचारक चिकित्सा की विधियों का ही प्रयोग न कर निरोधक चिकित्सा की विधियों का भी प्रयोग करना चाहिए।
9. श्रमिक तथा श्रमिक संघों को भी यह अधिकार दिया जाना चाहिए कि प्रतिष्ठान के कुप्रबंध या बीमारी की आशंका की स्थिति में सीधे बी.आई.आर.एफ. के पास अपील कर सकें।

सरकार की नई औद्योगिक नीति के परिप्रेक्ष्य में औद्योगिक सम्बन्ध विषयक समस्याएँ

कांग्रेस के नेतृत्व वाली वर्तमान संप्रग सरकार के पदारूढ़ होने के बाद औद्योगिक सम्बन्ध विषयक सरकार की नीति का सबसे महत्त्वपूर्ण मुद्दा नई औद्योगिक नीति और आर्थिक नीति रही है। इस नीति के आधारभूत तत्त्व हैं: बड़े पैमाने पर उदारीकरण (liberalization), बहुराष्ट्रीय कम्पनियों को ऐसे क्षेत्रों में भी पूँजी निवेश का अबाध आमंत्रण, जो अब तक उनकी पहुँच के बाहर थे, और 51 प्रतिशत तक विदेशी इक्विटी की अनुमति। श्रमिक संघों ने इस आर्थिक एवं औद्योगिक नीति का जमकर विरोध किया। उनके विरोध का मुख्य मुद्दा यह है कि आर्थिक संकट से उबरने के नाम पर सरकार विश्व बैंक और अन्तर्राष्ट्रीय मुद्रा कोष के हाथों में खेल रही है। सरकार के समक्ष आर्थिक कठिनाइयों में एक महत्त्वपूर्ण कठिनाई बीमार औद्योगिक इकाइयों की है, जो मुख्य रूप से सार्वजनिक क्षेत्र से सम्बन्धित हैं। पिछले बजट में इनके लिए एक नेशनल रिन्यूवल फण्ड की स्थापना की गई, जिसका ऊपरी उद्देश्य तो बीमार सार्वजनिक क्षेत्र के प्रतिष्ठानों का नवीनीकरण करना है, पर वास्तविक उद्देश्य इन उद्योगों में कार्यरत श्रमिकों को कुछ क्षतिपूर्ति देकर उनकी सेवा की निवृत्ति करना और औद्योगिक इकाई को बन्द करना है। मजे की बात यह है कि विश्व बैंक भी इस कोष में धन देकर इसे बढ़ावा दे रहा है। इसी बीच तत्कालीन वित्त मंत्री ने बैंकाक में विश्व बैंक और अन्तर्राष्ट्रीय मुदा कोष प्रमण्डल की बैठक के पश्चात् यह घोषणा की कि सार्वजनिक क्षेत्र की बीमार इकाइयों को बन्द कर दिया जाएगा। इससे श्रमिक संघ और अधिक सजग हो गए और उन्होंने बीमार प्रतिष्ठानों की बन्दी तथा श्रमिकों की सम्भावित बेरोजगारी के विरुद्ध राष्ट्रव्यापी एक दिवसीय बन्दी का आह्वान किया। इस बन्दी के माध्यम से सार्वजनिक क्षेत्र के औद्योगिक प्रतिष्ठानों को बी.आई.आर.एफ. के अन्तर्गत लाने का विरोध किया गया। इस आशय का बिल तो पारित हो गया, किन्तु प्रधानमंत्री ने किसी कर्मचारी को रोजगार विहीन न होने का आश्वासन दिया और एक उच्च स्तरीय विशेष त्रिदलीय समिति का गठन किया। कहना नहीं होगा कि इस समिति में श्रमिक संगठनों को प्रर्याप्त प्रतिनिधित्व मिला है। इस त्रिदलीय समिति की एक दो बैठकें भी हुई हैं। इस समिति ने इस आशय का प्रस्ताव पारित किया है कि किसी भी बीमार इकाई के मामले को बी.आई.आर.एफ. को सुपुर्द करने के पूर्व उसे त्रिदलीय समिति को विचारार्थ सुपुर्द किया जाना चाहिए और उसकी संस्तुतियों के आधार पर ही बी.आई.आर.एफ. को आगे की कार्यवाही करनी चाहिए। सरकार ने अभी तक तो इस सम्बन्ध में कुछ आश्वासन नहीं दिया है पर 6 फरवरी 1992 को राज्य के श्रम मंत्रियों के एक सम्मेलन के उद्घाटन भाषण में तत्कालीन प्रधानमंत्री ने बात की स्पष्ट रूप से घोषणा की कि औद्योगिक प्रतिष्ठानों (विशेषकर सार्वजनिक क्षेत्र के) की मानवीय पूँजी की गुणवत्ता के विकास एवं उनके संरचनात्मक परिवर्तन के बावजूद मजदूरों के हितों की पूर्णरूपेण रक्षा की जाएगी और उन्हें रोजगाररहित नहीं होने दिया जाएगा।

सरकार की औद्योगिक सम्बन्ध विषयक नीति के नए आयाम

1988 में तत्कालीन कांग्रेस सरकार ने औद्योगिक सम्बन्ध विधेयक का जो नया मसौदा संसद में प्रस्तुत किया था वह सरकार भंग हो जाने के कारण पारित नहीं हो सका। तत्पश्चात् पदारूढ़ राष्ट्रीय मोर्चा की सरकार ने औद्योगिक सम्बन्ध विषयक विभिन्न पहलुओं पर विचार करते हुए एक नवीन विधेयक का प्रारूप तैयार करने के लिए इंटक के अध्यक्ष रामानुजम् की अध्यक्षता में एक पैनल का गठन किया। उक्त पैनल ने अपनी प्रारम्भिक बैठकों में तो यह निश्चय किया कि औद्योगिक विवाद अधिनियम, 1947, स्थायी आदेश अधिनियम, 1946 तथा व्यवसाय संघ अधिनियम आज अपनी उपयोगिता खो बैठे हैं और आज एक ऐसे विधेयक की आवश्यकता है जो कार्य संस्कृति में परिवर्तन एवं विकास करने में सफल हो। किन्तु अन्तिम रूप से इस सम्बंध में पैनल ने जो संस्तुतियाँ दीं, उनके कुछ अंश तो सदस्यों द्वारा सर्वसम्मति से स्वीकार किए थे, किन्तु कुछ अंशों के सम्बंध में सभी सदस्य एकमत नहीं थे। उस पैनल की संस्तुतियों पर राज्यों के श्रममंत्रियों के चालीसवें सम्मेलन में 6 फरवरी 1992 को विचार किया गया। सम्मेलन में औद्योगिक सम्बन्ध विषयक नवीन कानून के प्रारूप में ऐसी संस्तुतियों को सम्मिलित करने की स्वीकृति दी गई जो सर्वसम्मति से तय की गई थी और शेष संस्तुतियों को इण्डियन लेबर कॉन्फ्रेंस की आगामी बैठक में विचारार्थ रखने का सुझाव दिया गया था।

औद्योगिक सम्बन्ध विषयक कानून में राज्यों के श्रम मंत्रियों के सम्मेलन में निम्नलिखित संस्तुतियों को सम्मिलित करने की स्वीकृति दी गई–

1. व्यवसाय संघों का आवश्यक रूप से पंजीकरण।
2. पंजीकरण हेतु सदस्यों की न्यूनतम संख्या का निर्धारण।
3. व्यवसाय संघों की दोहरी सदस्यता तथा जाति, धर्म, समुदाय एवं नस्ल के आधार पर गठित होने वाले व्यवसाय संघों पर प्रतिबन्ध।

इसके अतिरिक्त इस बात पर भी सहमति हुई कि व्यवसाय संघों की कार्यकारिणी समिति में बाहरी सदस्यों की संख्या आधी से कम कर एक तिहाई कर दी जाए। पश्चिम बंगाल के श्रम मंत्री के अतिरिक्त अन्य राज्यों के श्रम मंत्री इस बात पर सहमत थे कि चिकित्सालय एवं शैक्षणिक संस्थानों को उद्योग को परिभाषा में सम्मिलित नहीं किया जाए। इस प्रकार उन्हें औद्योगिक विवाद अधिनियम के प्रभाव क्षेत्र से बाहर रखा जाए। तत्कालीन श्रम मंत्री श्री संगमा के अनुसार सम्मेलन में यह निश्चय किया गया कि चिकित्सक एवं शिक्षकों की परिवेदनाओं के निराकरण हेतु एक अलग विधेयक लाया जाए।

रामानुजम् पैनल के ऐसे सुझावों के बारे में, जो सर्वसम्मति से नहीं दिए गए थे, विचार कर अपनी संस्तुति के साथ इंडियन लेबर कॉन्फ्रेंस की आगामी बैठक में रखने के लिए पाँच सदस्यों की एक समिति गठित की गई।

पश्चिम बंगाल के श्रम मंत्री के अतिरिक्त अन्य राज्यों के श्रममंत्रियों ने नेशनल रिन्यूवल फण्ड की अवधारणा को भी स्वीकार कर लिया। पर उनकी यह इच्छा थी कि

इस फण्ड का उपयोग श्रमिकों के पुनर्प्रशिक्षण एवं उनकी कुशलताओं को ऊँचा उठाने के लिए ही किया जाना चाहिए, ताकि श्रमिकों को लाभयुक्त रोजगार के अवसरों की प्राप्ति हो सके।

सम्मेलन में सर्वसम्मति से यह भी स्वीकार किया गया कि न्यूनतम मजदूरी 111 रुपये प्रतिदिन से बढ़ाकर 120 रुपये प्रतिदिन कर दी जाए और इस मजदूरी का प्रत्येक तीन वर्ष में पुनरीक्षण किया जाए।

सम्मेलन का उद्घाटन करते हुए प्रधानमंत्री ने इस बात पर विशेष बल दिया था कि अर्थव्यवस्था के संरचनात्मक समायोजन में श्रमिकों के हितों की रक्षा का सदैव ध्यान रखा जाएगा।

इस प्रकार इस सम्मेलन में व्यवसाय संघों की मान्यता एवं सामूहिक सौदेबाजी के माध्यम से विवादों के सुलझाव सम्बन्धी औद्योगिक सम्बन्ध विषयक सर्वाधिक महत्त्वपूर्ण मुद्दे को अभी पूर्णतया अछूता रखा गया। आशा है भविष्य में आयोजित होने वाली इंडियन लेबर कॉन्फ्रेंस सम्भवतः इस पर विचार करे। पर एक बात स्पष्ट है– आज औद्योगिक सम्बन्धों का प्रमुख मुद्दा मजदूरी एवं तद्संम्बधी विवाद नहीं रह गया है, वरन् आज विशेषकर सार्वजनिक क्षेत्र की बीमार इकाइयों की बंदी या उनमें होने वाली छंटनी के कारण श्रमिकों की राष्ट्रीय स्तर की बेरोजगारी औद्योगिक सम्बंधों की सर्वाधिक चुनौतीपूर्ण समस्या है। इस सम्बन्ध में बी.आई.एफ.आर तथा नेशनल रिन्यूवल फण्ड एवं सरकार द्वारा नियुक्त स्पेशल टाइपार्टाइट समिति आदि संयंत्रों पर सभी श्रम विशेषज्ञों का ध्यान केन्द्रित है। श्रमिक संघों के प्रतिनिधि यह मांग कर रहे हैं कि राष्ट्रीय नवीनीकरण कोष (नेशनल रिन्यूवल फण्ड) का उपयोग यदि श्रमिकों के प्रशिक्षण एवं उनके पुनर्रोजगार हेतु किया जाएगा तो उसका स्वागत है अन्यथा यदि उसका उपयोग बीमार उद्योग को बंद कर उसमें कार्यरत श्रमिकों को सेवानिवृत्ति के हेतु क्षतिपूर्ति देने के लिए किया जाएगा तो वे उसका विरोध करेंगे। सरकार के प्रधानमंत्री और श्रममंत्री तो श्रमिकों के हितों की रक्षा की बार–बार दुहाई दे रहे हैं और यह आश्वासन दे रहे हैं कि किसी भी बीमार इकाई को बी.आई.आर.एफ. के अंतर्गत लाने के पूर्व उस पर त्रिपक्षीय समिति को विचार करने का अवसर देंगे। औद्योगिक सम्बंधों की इस ज्वलन्त समस्या के सम्बन्ध में सरकार की वास्तविक नीति के बारे में तो भविष्य ही बता सकता है।

अन्त में एक बात और। यदि सरकार अपनी नवीन औद्योगिक नीति पर कायम रहना चाहती है और इस परिप्रेक्ष्य में उदारीकरण तथा बीमार औद्योगिक प्रतिष्ठानों की बंदी की नीति को बढ़ावा देना चाहती है, तो इसी के अनुरूप उसे अपनी औद्योगिक सम्बन्ध विषयक नीति में भी संशोधन करना होगा। फिर बीमार उद्योगों में कार्यरत श्रम शक्ति के हितों की रक्षा पर तो एक प्रश्नवाचक चिन्ह लग ही जाएगा। इस सम्बंध में भारत सरकार के श्रम सचिव श्री वी.पी. सहानी ने आल इण्डिया मैन्युफैक्चरिंग ऑर्गनाइजेशन की एक बैठक को अभिनवभूत में सम्बोधित करके यह संकेत दिया था

कि सरकार संसद के आगामी अधिवेशन में औद्योगिक सम्बंधों के ऊपर एक व्यापक विधेयक प्रस्तुत करेगी, जो व्यवसाय संघ अधिनियम 1926 तथा औद्योगिक विवाद अधिनियम 1947 का सम्मिलित रूप से स्थान ग्रहण करेगा। उक्त अधिनियम के अन्तर्गत वर्तमान औद्योगिक विवाद अधिनियम के नोटिस ऑफ चेंज, ले ऑफ, छंटनी और बन्दी सम्बंधी प्रावधानों का पुनरीक्षण किया जाएगा।[20] स्पष्ट है कि इन प्रावधानों को या तो समाप्त कर या संशोधित करके सरकार नवीन औद्योगिक नीति के अनुकूल बनाना चाहती थी। ऐसी स्थिति में बीमार या बन्द उद्योगों के हितों की पूर्णरूपेण आशा एक मृगमरीचिका होगी। इस सम्बंध में जो नवीनतम तथ्य सामने आए हैं, उनसे ज्ञात होता है कि इण्डियन लेबर कॉन्फ्रेंस की सन्दर्भित बैठक हो गई और उसमें रामानुजम् समिति की अधिकांश संस्तुतियाँ स्वीकार कर ली गईं। किन्तु औद्योगिक सम्बन्ध विषयक कोई नवीन विधेयक अभी तक प्रस्तुत नहीं किया जा सका है तथापि श्रम मंत्री एवं सरकार के उच्चाधिकारियों के वक्तव्यों से यही ज्ञात होता है कि सरकार औद्योगिक सम्बन्ध विषयक एक नवीन विधेयक संसद में शीघ्र ही प्रस्तुत करेगी, किन्तु नवीन औद्योगिक नीति एवं भारतीय संविधान की धारा 19(1) (जी) की अपेक्षाओं के अनुरूप उसके अन्तर्गत नियोक्ता को अपने प्रतिष्ठान की बन्दी का पूर्ण अधिकार होगा, सरकार का इस सम्बन्ध में कोई हस्तक्षेप नहीं होगा। ऐसी स्थिति में स्वाभाविक है कि बहुत से श्रमिक रोजी–रोटी विहीन हो जाएँगे। इस आधार पर केन्द्रीय श्रमिक संगठन राष्ट्रव्यापी आन्दोलन भी कर सकते हैं।

अन्ततोगत्वा यह स्पष्ट है कि सरकार की नवीन औद्योगिक एवं आर्थिक नीति के परिप्रेक्ष्य में एक ओर नियोक्ता जहाँ संविधान के अधिकारों की दुहाई देने लगे हैं, प्रतिष्ठान की स्थापना के साथ ही उसकी बन्दी के भी पूर्णरूपेण अधिकार मांग रहे हैं। वहीं दूसरी ओर श्रमिक संगठनों की मांग है कि रोजगार को पूरी सुरक्षा प्रदान की जाए। सरकार दोनों में से किसी भी मांग को अस्वीकृत करने की स्थिति में नहीं है। फलस्वरूप औद्योगिक सम्बंध विषयक श्रमिक संघों की मांगों को अस्वीकृत करने की स्थिति में नहीं है। इस प्रकार औद्योगिक सम्बंध विषयक सरकार की नीति अभी भी त्रिशंकु की स्थिति में लटकी हुई है। ऐसी स्थिति में स्पष्ट है कि सरकार की कानूनी पहल के साथ व्यवहार विज्ञान मूलक उपागमों के द्वारा ही औद्योगिक सम्बन्धों को विधायी परिणति दी जा सकती है।

द्वितीय राष्ट्रीय श्रम आयोग द्वारा संस्तुत श्रम नीति

द्वितीय श्रम आयोग ने मुख्यतया औद्योगिक प्रतिष्ठानों में जबरी छुट्टी, छंटनी और प्रतिष्ठानों की बन्दी के बारे में अपनी नीति घोषित की। इसके अतिरिक्त उद्योग में श्रमिकों की न्यूनतम संख्या, कामगार के स्थान पर मजदूर शब्द का प्रयोग, हड़ताल और श्रमिक संघों की मान्यता के सम्बंध में अपनी संस्तुतियाँ दीं। इनका विवरण भारत में श्रम विधानों के विकास नामक अध्याय में दिया गया है।

उदारीकरण एवं राज्य की बदलती हुई भूमिका

भारतीय औद्योगिक प्रतिष्ठानों में होने वाले संरचनात्मक परिवर्तनों के कारण देश में वृहत् स्तर की आर्थिक नीति में महत्त्वपूर्ण परिवर्तन हो रहा है। ऐसे कुछ परिवर्तन हैं: (1) बाजार अर्थव्यवस्था केन्द्रीय रूप से नियोजित अर्थव्यवस्था न रहकर अब विकेन्द्रीकृत हो रही है, (2) वैश्वीकरण के साथ निर्यात मूलक नीति अपनाई जा रही है, (3) संगठित क्षेत्र में रोजगार की बढ़ोतरी न होना और गरीबी तथा बेरोजगारी को बढ़ावा, (4) निजी क्षेत्र को विकास का इंजन समझा जाना, (5) राज्य क्षेत्र के आर्थिक एवं औद्योगिक उद्यमों में उत्पादकता की वृद्धि, (6) औद्योगिक बीमारी दर में वृद्धि, (7) कार्य एवं आपकी सुरक्षा में कमी, एवं (8) महिलाओं के रोजगार प्राप्ति के अवसरों में कमी। इन परिवर्तनों के कारण आज सामाजिक एवं श्रम सम्बंधी मामलों में राज्य की भूमिका के पुनः मूल्यांकन की आवश्यकता है।

मोटे तौर से उदारीकृत अर्थव्यवस्था में राज्य की बदलती हुई भूमिका निम्नलिखित है—

1. कुछ लोग यह कह रहे हैं कि औद्योगिक सम्बंधों में राज्य सक्रिय भूमिका के निर्वाह से हटता जा रहा है। वास्तव में ऐसी कोई बात देखने को नहीं मिल रही है। उदारीकरण के इस युग में राज्य से यह अपेक्षा की जा रही है कि वह श्रम प्रबन्ध सम्बंधों में और सक्रिय भूमिका अदा करे। यद्यपि उसकी भूमिका में कुछ परिवर्तन की अपेक्षा है अब उसे नियंत्रण इनेवलर की भूमिका अदा करनी चाहिए।
2. उदारीकरण के परिप्रेक्ष्य में औद्योगिक प्रतिष्ठानों की छंटनी, बन्दी और जबरी छुट्टी के सम्बंध में तो सरकार को उदार होना चाहिए और इन पर सरकारी स्वीकृति का प्रतिबंध हटा लेना चाहिए। सरकार कुछ दबावों के कारण इस दिशा में विधायी कदम नहीं उठा रही है। किन्तु सामूहिक समझौतों एवं वी.आर.एस. द्वारा निजी क्षेत्र के उद्यमकर्ता श्रमाधिक्य से मुक्ति पाने का प्रयास कर रहे हैं।
3. यह बात सत्य है कि लेबर मार्केट और औद्योगिक सम्बंध (कानून और नीतियाँ) विषयक नीतियों में व्यापक आर्थिक उदारीकरण से समायोजन नहीं स्थापित कर रही है। दक्षिण पूर्व एशिया के कुछ देशों में उदारीकरण के परिप्रेक्ष्य में ऐसी नीतियाँ अवश्य अपनाई जा रही हैं, किन्तु भारत में अभी इस दिशा में बहुत कुछ करने को शेष है।
4. उदारीकरण के परिप्रेक्ष्य में यह बात तो सत्य है कि विश्व के अन्य विकासशील एवं विकसित देशों की भाँति औद्योगिक सम्बंधों के बीच राज्य अपनी भूमिका सक्षम ढंग से निर्वाह नहीं कर पा रहा है किन्तु राज्य जो नहीं कर रहा है वह कार्य उपभोक्ता एवं न्यायालय कर रहे हैं। जब उपभोक्ता के अधिकार एवं श्रमिकों के अधिकार में संघर्ष होता है तो उपभोक्ता के अधिकारों को अधिक तरजीह दी जाती है।

5. उदारीकरण के युग में सरकार यह दावा कर रही है कि वह ऐसी नीति अपना रही है जिसके अन्तर्गत औद्योगिक विवादों के सुलझाव से अधिक उनके निरोध पर बल दिया जा रहा है। पर सरकार ने अपने क्रियाकलापों के माध्यम से इस सम्बंध में अभी तक कोई ठोस उदाहरण प्रस्तुत नहीं किया।
6. उदारीकरण एवं वैश्वीकरण के इस युग में नवीन प्रौद्योगिकी के कारण सरप्लस हुए श्रमिकों की स्किल ट्रेनिंग पर सरकार बहुत बल दे रही है, ताकि नवीन कौशल युक्त श्रमिक पुनः रोजगार प्राप्त कर सकें। इस सम्बंध में समझौते भी सामूहिक सौदेबाजी द्वारा हुए। पर इन प्रयासों का कोई ठोस प्रतिफल अभी देखने को नहीं मिल रहा है।
7. सरकार मजबूत लेबर मैनेजमेण्ट रिलेशंस की बात तो आज बहुत कर रही है। पर इस सम्बंध में कोई ठोस परिणाम अभी तक दिखाई नहीं पड़ता। सबसे महत्त्वपूर्ण बात तो यह है कि अभी तक श्रमिक संघों की मान्यता का प्रावधान केन्द्रीय स्तर पर अधिनियमित रूप से नहीं हो पाया। ऐसी स्थिति में न तो स्वस्थ सामूहिक सौदेबाजी होगी और न विवादों का विधायी तरीके से सुलझाव होगा।
8. सबसे बड़ी बात यह है कि सरकार ने औद्योगिक सम्बंध नीति में सुधार हेतु अभी तक कोई ठोस कदम नहीं उठाया। जब तक सरकार ऐसी सुधारात्मक नीति नहीं बनाएगी, जिसके अन्तर्गत श्रम, प्रबंध और सरकार एक सोशल पैक्ट बनाकर औद्योगिक सम्बंधों को विधायी रूप देने का प्रयास नहीं करेंगे, तब तक बहुत कुछ नहीं हो सकता।
9. श्रमिक संघों से सम्बंधित कानून औद्योगिक विवाद हड़ताल, तालाबन्दी, श्रम नीति, श्रम प्रशासन, राजकीय अभिकरणों की भूमिका, आयोगों एवं समितियों की भूमिका के सम्बंध में राज्य को और स्पष्ट एवं कारगर नीति अपनाने की आज आवश्यकता है।
10. वैश्वीकरण का श्रमिक संघ, हड़ताल, तालाबन्दी, औद्योगिक विवाद और सामूहिक सौदेबाजी पर प्रभाव पड़ रहा है। पर सरकार ने अभी तक इस सम्बंध में कोई भी ठोस नीति नहीं अपनाई। सबसे महत्त्वपूर्ण बात यह है कि औद्योगिक विवाद अधिनियम 1947 का अध्याय पाँच है, जो अभी भी पहले जैसा पड़ा हुआ है। इसके कारण वैश्वीकरण की नीति में गति मिलाते हुए चलने में छंटनी और बन्दी की समाप्ति के सम्बंध में सरकार की अनुमति प्राप्ति की व्यवस्था में अब भी बाधा उत्पन्न हो रही है।

टिप्पणियां

1. मायर्स, चार्ल्स ए. : इण्डस्ट्रियल रिलेशन इन इण्डिया, 1960, पृ. 210।
2. पॉलिसी स्टेटमेण्ट फर्स्ट फाइव ईयर प्लान।

3. मायर्स, चार्ल्स ए. : इण्डस्ट्रियल रिलेशन इन इण्डिया, 1960, पृ. 291।
4. नार्मन एफ. डफ्टी : इण्डस्ट्रियल रिलेशन इन इण्डिया, 1964, पृ. 119।
5. मायर्स, चार्ल्स ए. : इण्डस्ट्रियल रिलेशन इन इण्डिया, 1960, पृ. 242।
6. कुमार, सी.बी. : डेवलपमेंट ऑफ इण्डस्ट्रियल रिलेशन इन इण्डिया, 1961, पृ. 160।
7. गवर्नमेण्ट ऑफ इण्डिया, लेबर इन्वेस्टिगेशन कमेटी, मेन रिपोर्ट, न्यू देहली, 1946, पृ. 10।
8. एलन ग्लेडहिल : दि रिपब्लिक ऑफ इण्डियाः दि डेवलपमेंट ऑफ इट्स लॉ एण्ड कांस्टीट्यूशन, लंदन, 1951, पृ. 254।
9. रिपोर्ट ऑफ दि रॉयल कमीशन ऑन लेबर इन इण्डिया, पृ. 335।
10. अग्निहोत्री, वी. : इण्डस्ट्रियल रिलेशन इन इण्डिया, 1970, पृ. 88।
11. कुमार, सी.बी. : डेवलपमेंट ऑफ इण्डस्ट्रियल रिलेशन इन इण्डिया, 1961 पृ. 108–109।
12. मायर्स, चार्ल्स ए. : इण्डस्ट्रियल रिलेशन इन इण्डिया, 1960, पृ. 121 एवं 247।
13. कुमार पूर्वोद्धृत, पृ. 200–201, परसनेल मैनेजमेंट इन इण्डिया, पृ. 46–47 (आई.आई.पी.एम.)।
14. इण्डियन नेशनल कांग्रेस, रिजोलूशन ऑफ इकोनॉमिक पॉलिसी एण्ड प्रोग्राम 1924, 54, न्यू देहलीः ऑल इण्डिया कांग्रेस कमेटी, 1954, पृ. 3।
15. केशकर, वी.बी. : कांग्रेस हैण्डबुक, इलाहाबादः ऑल इण्डिया कांग्रेस कमेटी, पृ. 273–275।
16. अग्रवाल, आर.डी. : इकोनॉमिक एसपेक्ट ऑफ वेलफेयर स्टेट ऑफ इण्डिया 1967 अध्याय 6।
17. केनेडी, वी.डी. : यूनियन एम्प्लायर्स एण्ड गवर्नमेण्ट, 1966 पृ. 274।
18. मायस, चार्ल्स ए. : इण्डस्ट्रियल रिलेशन इन इण्डिया, 1960, पृ. 274।
19. दफ्टी पूर्वोद्धृत, पृ. 103, केनेडी, वी.डी. : यूनियन एम्प्लॉयर्स एण्ड गवर्नमेण्ट, 1966 पृ. 42।
20. इण्डियन वर्कर, 17 फरवरी, 1992।

खण्ड 2

श्रम कल्याण एवं औद्योगिक सम्बन्धों का वैधानिक पक्ष

13

भारत में श्रम विधानों की उत्पत्ति और विकास

भारत में श्रम विधानों की उत्पत्ति

भारत में श्रम विधानों की उत्पत्ति हम 1837 ई. में देख सकते हैं, जब ब्रिटेन में दासता की समाप्ति से सम्बन्धित अधिनियम पारित हुआ। इस अधिनियम के पारित हो जाने के पश्चात् ब्रिटेन में उपनिवेशों के विभिन्न अनुबंधों के तहत भारतीय श्रमिकों की नियुक्ति होने लगी। वैसे जहाँ तक भारत के भीतर अधिनियमों की शुरुआत का सवाल है, इनका विवरण नीचे दिया जा रहा है–

1. भारत में सबसे पहला अधिनियम जो बहुत अंश में श्रम अधिनियम कहा जा सकता है, वह 1850 में पारित किया गया, जिसका नाम था प्रशिक्षु अधिनियम 1850। इसके द्वारा जो बच्चे दान के द्वारा लाए गए थे या भिक्षावृत्ति करते हुए पकड़े गए थे, उन्हें प्रशिक्षण देकर किसी कार्य में लगाने का प्रयास किया गया।
2. भारत में सबसे पहले सूती मिल की स्थापना 1851 में हुई। इसकी स्थापना नाना भाई नामक एक स्थानीय व्यापारी ने की थी। इस उद्योग का हमारे देश में बहुत तेजी से विकास हुआ और 1881 में यहाँ पर 18 सूती मिलें स्थापित हो गई थीं, जिनमें 10,000 श्रमिक कार्यरत थे। इन मिलों में कार्यरत श्रमिकों का वेतन और कार्यदशाएँ बहुत ही दयनीय थीं। इसका बहुत ही दारुण चित्र मेजर मनरो द्वारा बाम्बे सूती मिलों के प्रशासन सम्बन्धी प्रतिवेदन में प्रस्तुत किया गया।

   इस समय इंग्लैण्ड में स्थापित सूती मिलों के श्रमिकों हेतु कुछ कानून लागू हो गए थे। इन कानूनों के अनुपालन में नियोक्ताओं का धन व्यय होता था।

फलस्वरूप वहाँ उत्पादन लागत बढ़ जाती थी और वहाँ के बने सूती कपड़े जब भारत में आते थे तो भारतीय मिलों के सूती कपड़ों की अपेक्षा वे महंगे पड़ते थे। इसी परिप्रेक्ष्य में इंग्लैण्ड के सूती मिल मालिकों ने लन्दन स्थित भारत के सेक्रेटरी ऑफ स्टेट से मिलकर वहाँ की (भारत के) सूती मिलों में भी श्रम कानूनों को लागू करने हेतु दबाव डाला। अतः मेजर मनरो की रिपोर्ट तथा ब्रिटिश मिल मालिकों के दबाव से भारत सरकार ने एक आयोग का गठन किया, जिसका यह उद्देश्य था कि इस बात के सम्बन्ध में अपनी राय दे कि क्या भारतीय श्रमिकों की कार्य दशाओं में सुधार हेतु कानून बनाना आवश्यक है। उक्त आयोग ने यह संस्तुति दी कि भारत में इस सम्बन्ध में कोई कानून बनाने की आवश्यकता नहीं है। भारत में सूती मिलों की स्थापना के पूर्व इंग्लैण्ड की सूती मिलों के मालिक ही भारत में सूती वस्त्रों के एकमात्र आपूर्तिकर्ता थे, किन्तु जब भारत में भी सूती मिलें स्थापित हो गईं तो दोनों के बीच सूती वस्त्रों की बिक्री में प्रतिस्पर्धा बढ़ गई। इंग्लैण्ड में श्रम कानूनों के लागू हो जाने के कारण सूती वस्त्रों के निर्माण की लागत बढ़ गई, क्योंकि वहाँ के श्रमिकों अपेक्षाकृत अधिक मजदूरी देनी पड़ती थी। इस कारण इंग्लैण्ड के मिल मालिकों ने सेक्रेटरी ऑफ स्टेट पर पुनः दबाव डालकर भारतीय सूती मिलों के श्रमिकों के हेतु कानून बनाकर मजदूरी और वेतन बढ़ाने पर जोर दिया। फलस्वरूप 1881 में प्रथम भारतीय कारखाना अधिनियम पारित किया गया। किन्तु इस अधिनियम द्वारा भारतीय सूती मिलों में कार्यरत बालकों एवं युवा मजदूरों के वेतन और कार्यदशाओं में कोई महत्त्वपूर्ण सुधार नहीं हुआ और इंग्लैण्ड के सूती मिल मालिकों के स्वार्थों की पूर्ति नहीं हो पाई।

3. इंग्लैण्ड स्थित सूती मिलों के मालिकों के निरन्तर दबाव और बर्लिन में आयोजित अन्तर्राष्ट्रीय श्रम सम्मेलन के दबाबों के कारण कारखाना अधिनियम 1891 में पुनः संशोधन किया गया और उसके फलस्वरूप 9 वर्ष से कम आयु के बालकों को कारखाने में कार्य से प्रतिबंधित कर दिया गया और कार्य की निरन्तर अवधि में एक दिन के साप्ताहिक विश्राम का प्रावधान किया गया। सभी विनिर्माण इकाइयाँ, जिनमें 50 या अधिक श्रमिक कार्यरत थे, फैक्ट्री के परिमापन के अन्तर्गत आ गए। महिलाओं एवं बच्चों को रात्रि 8 बजे से प्राप्तः 7 बजे तक कारखाने में कार्य करने से प्रतिबंधित कर दिया गया।
4. 1918 में भारत सरकार द्वारा दूसरे फैक्ट्री कमीशन की नियुक्ति हुई। उक्त कमीशन की संस्तुतियों एवं आई.एल.ओ. की संस्तुतियों के आधार पर 1922 में फैक्ट्री एक्ट में पुनः संशोधन किया गया।
5. खदान के क्षेत्र में सर्वप्रथम अधिनियम 1923 में पारित हुआ, जिसके द्वारा खदान श्रमिकों की कार्य दशाओं के नियमन का प्रयास किया। इस अधिनियम में आगे चलकर 1936 और 1946 के बीच कई संशोधन किए गए। इन संशोधनों द्वारा श्रमिकों की सुरक्षा का प्रावधान, विभिन्न प्रावधानों के सक्षम नियंत्रण हेतु उपयुक्त प्रावधान, शिशुगृह, शौच गृह और स्थान गृह की भी व्यवस्था की गई।

6. बागान के क्षेत्र में टी डिस्ट्रिक्ट इमीग्रैण्ट लेबर एक्ट, 1932 में पारित किया गया। यह अधिनियम रायल कमीशन आन लेबर की संस्तुति के आधार पर बनाया गया। इस अधिनियम के द्वारा 1901 के अनुबंध के अन्तर्गत जो दण्ड का प्रावधान था वह समाप्त कर दिया गया। उक्त अनुबंध के अन्तर्गत किसी श्रमिक के अनुबंधित हो जाने के पश्चात् वहाँ से आने पर प्रतिबंध लगा दिया गया। किन्तु उक्त अनुबंध की समाप्ति के पश्चात् श्रमिकों को तीन वर्ष तक बागान में कार्य कर लेने के पश्चात् अपने मूल आवास पर आने की स्वतंत्रता हो गई। किन्तु यदि कोई श्रमिक चाहे तो तीन वर्ष के पश्चात् भी बागान में कार्य करता रह सकता है।
7. मजदूरी के क्षेत्र में मजदूरी भुगतान अधिनियम, 1936 में पारित किया गया। इस अधिनियम के अन्तर्गत नियोक्ताओं के लिए किसी श्रमिक को एक माह की सेवा की समाप्ति के पश्चात् अगले माह की 7 तारीख तक नकद वेतन का भुगतान आवश्यक हो गया। अधिनियम के अन्तर्गत किसी श्रमिक के वेतन से अधिकाधिक कटौती के अतिरिक्त अन्य कोई कटौती नहीं की जा सकती।
8. सामाजिक सुरक्षा के क्षेत्र में कामगार क्षतिपूर्ति अधिनियम, 1923 में पारित किया गया। इस अधिनियम के अन्तर्गत श्रमिक की स्थाई अपंगता की स्थिति में क्षतिपूर्ति की व्यवस्था है और उसकी मृत्यु के उपरान्त उसके आश्रितों को क्षतिपूर्ति की व्यवस्था है।

1919 से 1937 के बीच श्रम विधानों का विकास

(i) इस अवधि में गवर्नमेंट ऑफ इण्डिया अमेंडमेंट एक्ट, 1919 पारित किया गया। इसके फलस्वरूप केन्द्रीय सरकार को श्रम सम्बंधी सभी विषयों में कानून बनाने का अधिकार प्राप्त हुआ। साथ ही प्रान्तीय सरकारों को भी श्रम से सम्बन्धित उन विषयों पर कानून बनाने का अधिकार प्राप्त हुआ जो उसके क्षेत्र में आते थे। किन्तु प्रान्तीय सरकार उन विषयों पर कोई ऐसा कानून नहीं बना सकती थी, जो केन्द्रीय सरकार के कानून के विरोध में हो। इस अवधि के कुछ प्रमुख श्रम विधानों का विवरण निम्नलिखित है–
   (अ) फैक्ट्रीज एक्ट, 1922।
   (ब) इण्डियन माइन्स एक्ट, 1936।
   (स) वर्कमेन्स कम्पेंसेशन एक्ट, 1923।
   (द) ट्रेड यूनियन एक्ट, 1926।
   (य) ट्रेड डिस्प्यूट एक्ट, 1929 (इस अधिनियम के अन्तर्गत सरकार को यह अधिकार प्राप्त हुआ कि किसी विवादास्पद विषय पर समझौता मण्डल का गठन कर विवाद को समझौता हेतु उसे सुपुर्द कर दिया जाए। इसके अतिरिक्त किसी विवादास्पद मामले में छानबीन कर आवश्यक तथ्यों के प्रस्तुतीकरण हेतु विवाद कोर्ट ऑफ इन्क्वायरी को सुपुर्द किया जा सके।)

(ii) 1927 में रायल कमीशन ऑन लेबर की स्थापना हुई। 1929–30 में उक्त कमीशन की रिपोर्ट प्रकाशित हुई। उसकी संस्तुतियां श्रमिकों की दृष्टि से अति महत्त्वपूर्ण प्रमाणित हुईं। कुछ प्रमुख संस्तुतियाँ निम्नलिखित हैं–

(i) जॉबर के स्थान पर लेबर ऑफिसर की नियुक्ति।

(ii) कार्यसमिति का गठन।

(iii) संराधन या समझौता हेतु स्थायी संयंत्र का गठन।

(iv) विवादों में अभिनिर्णयन हेतु औद्योगिक न्यायाधिकरण का गठन।

(iii) औद्योगिक सम्बन्ध एवं व्यवसाय संघ विषयक अधिनियम

(अ) 1926 में ट्रेड यूनियन एक्ट पारित किया गया, उसके द्वारा पंजीकृत श्रम संघ के गठन का कार्य प्रशस्त हुआ। पंजीकृत श्रमिक संघों के कार्यकारिणी के सदस्यों को क्रिमिनल कांसपरेसी से सुरक्षा प्रदान की गई।

(ब) 1929 में ट्रेड डिस्प्यूट एक्ट पारित किया गया, जिसके द्वारा सम्बन्धित सरकारों को यह अधिकार प्राप्त हुआ कि किसी विवाद की स्थिति में वह समझौता मण्डल का गठन कर विवाद में समझौते हेतु उस बोर्ड को विवाद सुपुर्द कर दें। साथ ही सरकार आवश्यकतानुसार कोर्ट ऑफ इन्क्वायरी का भी गठन कर सकती थी और किसी विवाद के कारणों को जानने एवं उसके सुलझाव हेतु उचित उपायों की संस्तुति की जिम्मेदारी उस कोर्ट ऑफ इन्क्वायरी को दे सकती थी।

1934 में बॉम्बे ट्रेड डिस्प्यूट एक्ट पारित किया गया, जो बॉम्बे प्रान्त में ही लागू हुआ। इसके अन्तर्गत केन्द्रीय ट्रेड डिस्प्यूट एक्ट से हटकर यह प्रावधान किया कि विवाद की स्थिति में नए सिरे से उसे उक्त विवाद विशेष हेतु समझौता मण्डल का गठन नहीं किया जाएगा, वरन् स्थायी रूप से विभिन्न क्षेत्रों में संराधन अधिकारियों की नियुक्ति कर दी जाएगी जो विवाद की स्थिति में अपने विवेकानुसार तुरंत हस्तक्षेप कर समझौता कराने का प्रयास करेंगे। महाराष्ट्र प्रान्त के मुख्यालय अर्थात् बम्बई में लेबर कमिश्नर की नियुक्ति की जाएगी, जो मुख्य समझौता अधिकारी होगा और प्रान्त के विभिन्न औद्योगिक केन्द्रों पर समझौता अधिकारियों की नियुक्ति होगी जो अपने क्षेत्र के विवादों का संराधन करेंगे। 1938 में बाम्बे ट्रेड डिस्प्यूट एक्ट का संशोधन कर यह प्रावधान किया गया कि उद्योगों में कार्यरत कर्मचारियों की मजदूरी में यदि कोई परिवर्तन किया जाए तो उसकी सूचना सम्बन्धित कामगार को पहले ही दे दी जाए। 1939 में केन्द्रीय ट्रेड डिस्प्यूट एक्ट में भी संशोधन कर यह प्रावधान किया गया है कि विवाद होने की स्थिति में उक्त विवाद के संराधन या समझौता हेतु संराधन मण्डल के गठन के स्थान पर बाम्बे की भाँति इस अधिनियम के अन्तर्गत भी स्थायी रूप से संराधन अधिकारियों की नियुक्ति कर दी जाए, जो विवाद की स्थिति में अपने विवेक के अनुसार तुरन्त हस्तक्षेप करेंगे।

(iv) कारखानों के सम्बन्ध में किए गए विधान
रायल कमीशन की संस्तुतियों के आधार पर 1934 में कारखाना अधिनियम में भी संशोधन किया गया। इस संशोधन के अनुसार कारखानों को दो भागों में बाँटा गया– (क) सीजनल फैक्ट्रीज जो वर्ष में 180 दिन से अधिक कार्य नहीं करेंगी, एवं (ख) गैर–मौसमी (नॉन सीजनल) फैक्ट्रीज जो वर्ष में छः माह से अधिक समय तक कार्य करेंगी। अधिनियम के अन्तर्गत स्वास्थ्य सुरक्षा एवं कल्याण का प्रावधान भी कारखानों में कार्यरत श्रमिकों हेतु किया गया, किन्तु ये प्रावधान पर्याप्त नहीं थे। इसी कारण आगे चलकर 1948 में संशोधित कारखाना अधिनियम पारित किया गया।

द्वितीय महायुद्ध और उसके बाद की स्थिति

द्वितीय महायुद्ध काल में औद्योगिक शान्ति को कायम रखने के लिए डिफेंस ऑफ इण्डिया एक्ट की धारा 81 के साथ 81–अ जोड़ दिया गया। इसके द्वारा सरकार को यह अधिकार प्राप्त हुआ कि किसी भी औद्योगिक प्रतिष्ठान में विवाद होने पर उक्त विवाद को वह संराधन हेतु संराधन अधिकारी के पास भेज सकती है और उस विवाद के कारण यदि हड़ताल या तालाबन्दी हो रही है या होने वाली है तो उस पर प्रतिबंध लग जाएगा। श्रम–प्रबंध सम्बन्धों में सरकार का यह एक महत्त्वपूर्ण हस्तक्षेप मूलक प्रावधान था। इस काल में श्रम प्रबंध सम्बन्ध मूलक कुछ और भी प्रावधान किए गए जिनका विवरण निम्नलिखित है–

त्रिपक्षीय श्रम सम्मेलन

रॉयल कमीशन ऑन लेबर और 1940 में आयोजित श्रम मंत्रियों के सम्मेलन की संस्तुतियों के आधार पर अन्तर्राष्ट्रीय श्रम संगठन के प्रतिमानों के परिप्रेक्ष्य में भारत में भी एक त्रिपक्षीय श्रम सम्मेलन के गठन का निश्चय किया गया। फलस्वरूप 1942 में इण्डियन लेबर कॉन्फ्रेंस की स्थापना हुई। इस सम्मेलन की पहली बैठक 1944 में हुई, जिसके अन्तर्गत विभिन्न श्रम अधिनियमों के क्रियाकलापों का मूल्यांकन किया गया।

श्रम अन्वेषण समिति की बैठक

1946 में श्रम अन्वेषण समिति की बैठक रेंज की अध्यक्षता में हुई। इस समिति के निर्णयों के आधार पर स्वाधीनता पूर्व कुछ महत्त्वपूर्ण विधान निर्मित किए गए, जिनमें कुछ महत्त्वपूर्ण विधान हैं–

1. अभ्रक खान श्रम कल्याण कोष।
2. औद्योगिक नियोजन अधिनियम (स्थायी आदेश) 1946।
3. औद्योगिक विवाद अधिनियम 1947।

स्वातंत्र्योत्तर काल में श्रम विधान

देश की स्वतंत्रता के पूर्व भारतीय राष्ट्रीय कांग्रेस के कई सम्मेलनों में अपनी श्रम नीतियों का उल्लेख किया था और तत्सम्बन्धी प्रस्ताव भी पारित किए थे। इनमें 1931

में कराची से पारित किए प्रस्ताव अतिमहत्त्वपूर्ण हैं। देश की स्वतंत्रता के पश्चात् जब कांग्रेस पार्टी सत्ता में आई तो उसने श्रम से सम्बन्धित अपनी महत्त्वपूर्ण नीतियों को संविधान में शामिल किया। स्वतंत्रता प्राप्ति के पश्चात् सरकार द्वारा निर्मित बहुत सी नीतियों, आयोगों एवं पंचवर्षीय योजनाओं का भी श्रम विधानों पर प्रभाव पड़ा। स्वतंत्रता के पश्चात् श्रम विधानों को प्रमाणित करने वाले कुछ महत्त्वपूर्ण कारकों का विवरण निम्नलिखित है–

(अ) भारतीय संविधान में श्रम सम्बन्धी उपबंध

इनका विवरण दिया जा चुका है।

(ब) आयोगों एवं समितियों की सिफारिशें

स्वतंत्रता प्राप्ति के पश्चात् देश में श्रम सम्बन्धी विषयों की जाँच करने और सुधार के लिए सुझाव देने के उद्देश्य से समय–समय पर विशेष आयोगों एवं समितियों का गठन किया गया। इनमें मुख्य हैं– (i) उचित मजदूरी समिति; (ii) बोनस आयोग; (iii) राष्ट्रीय श्रम आयोग, श्रम कल्याण समिति इत्यादि। इन आयोगों एवं समितियों के परिप्रेक्ष्य में कई श्रम अधिनियम बनाए गए एवं कई अधिनियमों में संशोधन किए गए।

(स) पंचवर्षीय योजनाएँ

भारत की पंचवर्षीय योजनाओं में भी श्रम सम्बन्धी नीतियों एवं कार्यक्रमों को विशेष महत्त्व दिया गया है। इन नीतियों एवं कार्यक्रमों को लागू करने के लिए भी श्रम विधान बनाए गए और कुछ पुराने श्रम अधिनियमों में संशोधन किए गए।

(द) अन्य घटनाएँ

संगठित श्रमिकों की संख्या में वृद्धि राजनीतिक दलों एवं श्रम संघों के बीच गहरे सम्बन्ध, श्रम संघ के नेताओं की सम्मानजनक प्रस्थिति, श्रम एवं समाज कल्याण के क्षेत्र में राज्य की बढ़ती हुई भूमिका, अन्तर्राष्ट्रीय श्रम संगठनों के साथ गहरे सम्बन्ध की स्थापना, प्रौद्योगिक परिवर्तनों, आर्थिक सुरक्षा पर निरन्तर बल तथा कई अन्य कारकों का भी स्वतंत्रता प्राप्ति के पश्चात् विधानों पर प्रभाव पड़ा।

स्वतंत्रता प्राप्ति के पश्चात् के कुछ श्रम विधानों का विवरण निम्नलिखित है–

1. स्वतंत्रता प्राप्ति के पश्चात् कारखाना अधिनियम को संशोधित कर एक नया कारखाना अधिनियम 1998 में लागू किया गया। इसके अन्तर्गत स्वास्थ्य सुरक्षा एवं कल्याण के नवीन उपबन्ध किए गए। उन कारखानों में जहाँ 500 या उससे अधिक मजदूर कार्यरत हों कल्याण अधिकारी की नियुक्ति का भी प्रावधान किया गया।
2. सामाजिक सुरक्षा के क्षेत्र में एक महत्त्वपूर्ण कदम उठाते हुए 1948 में कर्मचारी राज्य बीमा अधिनियम पारित किया गया, जिसके अन्तर्गत बीमारी, दुर्घटना, आकस्मिक मृत्यु, अन्त्येष्टि एवं बेरोजगारी भत्ता आदि का प्रावधान किया गया।

3. इसी अवधि में कुछ महत्त्वपूर्ण राष्ट्रीय श्रम संघ केन्द्रों की स्थापना की गई जैसे– (i) इण्डियन नेशनल ट्रेड यूनियन कांग्रेस (भारतीय राष्ट्रीय कांग्रेस पार्टी से सम्बद्ध); (ii) हिन्द मजदूर सभा (समाजवादी पार्टी से सम्बद्ध); (iii) ए.आई.टी.यू.सी. (भारतीय कम्युनिस्ट पार्टी से सम्बद्ध), यू.टी.यू.सी. (सुभाष चन्द्र बोस के अनुयायियों द्वारा बनाया गया यूनियन) इत्यादि।
4. व्यवसाय संघ अधिनियम, 1926 एवं औद्योगिक विवाद अधिनियम, 1947 में अलग–अलग संशोधन कर क्रमशः यह प्रावधान किया गया था कि बहुमत प्राप्त व्यवसाय संघ को मान्यता प्रदान की जाए एवं औद्योगिक विवाद को संराधन एवं अभिनिर्णयन में प्रेषण के पूर्व उनके सम्बन्ध में सामूहिक सौदेबाजी के माध्यम से समझौता करने का अवश्य प्रदान किया जाए और समझौता न होने पर ही विवाद को अभिनिर्णयन में भेजा जाए। किन्तु ये संशोधन लागू नहीं हो पाए।
5. 1948 में न्यूनतम मजदूरी अधिनियम पारित किया गया जिसके द्वारा असंगठित श्रम के श्रमिकों हेतु न्यूनतम मजदूरी का प्रावधान किया गया।
6. 1952 में संशोधित खदान अधिनियम अस्तित्व में आया, जिसके द्वारा कारखाना अधिनियम 1948 के प्रतिमानों के आधार पर स्वास्थ्य सुरक्षा एवं कल्याण का व्यापक प्रावधान किया गया। कल्याण अधिकारी का भी प्रावधान किया गया।
7. 1951 में बागान अधिनियम संशोधित रूप में अस्तित्व में आया, जिसके अन्तर्गत भी स्वास्थ्य सुरक्षा एवं कल्याण प्रावधान कारखाना अधिनियम, 1948 के प्रतिमानों के आधार पर अस्तित्व में आया।
8. सामाजिक सुरक्षा के क्षेत्र में कर्मचारी भविष्य निधि अधिनियम, 1952 भी एक मील के पत्थर के रूप में सामने आया। इसके द्वारा कर्मचारियों के वेतन से एक निश्चित प्रतिशत धनराशि की कटौती की जाती है और उतनी ही धनराशि नियोक्ता भी उक्त कर्मचारी के भविष्य निधि खाते में जमा करता है। कर्मचारी की सेवानिवृत्ति की आयु तक यह कटौती की जाती है और सूद सहित सम्पूर्ण योग कर्मचारी को दे दिया जाता है।
9. 1958 में इण्डियन लेबर कान्फ्रेंस की बैठक में अनुशासन संहिता का निर्माण हुआ। जिसके अन्तर्गत औद्योगिक प्रतिष्ठानों में श्रम प्रबंध को पारस्परिक सहयोग से कार्य करने की बात कही गई। विवाद की स्थिति में दोनों पक्षों को सामूहिक सौदेबाजी के द्वारा विवाद सुलझाव की बात कही गई। इस हेतु श्रमिक संघों की मान्यता की कसौटी निर्धारित की गई, जिसके आधार पर नियोक्ता श्रमिक संघों को मान्यता देगा और मान्यता प्राप्त श्रम संघ के प्रतिनिधियों से सामूहिक सौदेबाजी होगी।
10. 1961 में मातृत्व हितलाभ अधिनियम पारित किया गया, जिसके द्वारा औद्योगिक प्रतिष्ठानों में कार्यरत गर्भवती महिलाओं को हितलाभ देने का प्रावधान किया गया। यह अधिनियम उन औद्योगिक प्रतिष्ठानों में लागू होता है जहाँ कर्मचारी राज्य बीमा अधिनियम लागू नहीं हो पाया।

11. 1965 में बोनस भुगतान अधिनियम पारित किया गया, जिसके माध्यम से कर्मचारियों को नियमित वेतन के अतिरिक्त 8.8 प्रतिशत से लेकर 20 प्रतिशत तक बोनस देने का प्रावधान किया गया।

12. 1967 में प्रथम राष्ट्रीय श्रम आयोग का गठन किया गया, जिसकी संस्तुतियाँ 1970 में प्रकाशित की गईं। उक्त आयोग की कुछ प्रमुख संस्तुतियाँ निम्नलिखित हैं–

    (i) व्यवसाय संघ अधिनियम, 1926, स्थायी आदेश अधिनियम, 1946 तथा औद्योगिक विवाद अधिनियम, 1947 के उपबंधों को एक साथ मिलाकर एक व्यापक अधिनियम बनाने की संस्तुति की गई।

    (ii) व्यवसाय संघ अधिनियम को संशोधन कर यह प्रावधान किया गया कि किसी भी व्यवसाय के पंजीकरण हेतु उसके सदस्यों की संख्या कुल श्रमिकों की संख्या की 10 प्रतिशत (इनमें जो कम हो) होनी चाहिए। व्यवसाय संघों की कार्यकारिणी में बाहरी सदस्यों की संख्या कार्यकारिणी के कुल सदस्यों की संख्या की एक–तिहाई से अधिक नहीं होनी चाहिए।

    (iii) कोई भी विवाद संराधन में तभी भेजा जा सकता है जब सामूहिक सौदेबाजी के अन्तर्गत विवाद में समझौता नहीं हुआ है। इस हेतु व्यवसाय संघों की मान्यता एवं प्रतिनिधि श्रम संघ के निर्धारण हेतु भी आयोग ने संस्तुति की थी। उक्त संस्तुति के अनुसार (i) यदि किसी औद्योगिक प्रतिष्ठान में एक ही श्रमिक संघ कार्यरत है और उसने प्रतिष्ठान में एक वर्ष तक यदि कार्य कर लिया हो तो उसे मान्यता प्राप्त श्रम संघ करार किया जाए, (ii) अन्य स्थितियों में किसी प्रतिष्ठान में कार्यरत कुल श्रमिक संघों में वह श्रमिक संघ जिसकी सदस्य संख्या सबसे अधिक है और कुल श्रमिकों की कम से कम 30 प्रतिशत हो, उसे मान्यता प्राप्त श्रमिक संघ करार दिया जाए, तथा (iii) यदि किसी स्थान पर एक ही उद्योग से सम्बन्धित कई कारखाने कार्यरत हैं तो उनमें कार्यरत कुल श्रमिकों में जिस श्रमिक संघ या व्यवसाय संघ की सदस्य संख्या सबसे अधिक हो और कुल श्रमिकों की कम से कम 25 प्रतिशत हो तो उस श्रम संघ को स्थानीय स्तर पर मान्यता प्राप्त संघ करार दिया जा सकता है।

    (iv) आवश्यक सेवाओं में हड़ताल और तालाबन्दियों पर प्रतिबंध और उनके विवादों को सीधे अभिनिर्णयन में ले जाने का प्रावधान।

    (v) यदि किसी औद्योगिक प्रतिष्ठान में हड़ताल होनी है, तो उसके पूर्व उस प्रतिष्ठान का मान्यता प्राप्त श्रमिक संघ गुप्त मतदान कराएगा और 61 प्रतिशत श्रमिक हड़ताल के पक्षधर हैं, तो सम्बन्धित श्रमिक संघ हड़ताल का नोटिस देगा।

(vi) राष्ट्रीय एवं राज्य स्तरों पर औद्योगिक सम्बन्ध आयोगों की स्थापना होगी जिसके तीन कार्य होंगे– (i) व्यवसाय संघों की मान्यता; (ii) विवादों का संराधन, व (iii) विवादों का अधिनिर्णयन।

(vii) किसी प्रतिष्ठान में प्रतिनिधि श्रम संघ का निर्धारण औद्योगिक सम्बन्ध आयोग या तो गुप्त मतदान या सदस्यों की संख्या के भौतिक मूल्यांकन के आधार पर करेगा।

(viii) औद्योगिक प्रतिष्ठानों का संराधन एवं अभिनिर्णयन सरकार के नियंत्रण में नहीं रहेगा, वरन् वह संबंधित औद्योगिक सम्बन्ध आयोग के नियंत्रण में होगा, किन्तु आयोग की अधिकांश संस्तुतियाँ लागू नहीं हो पाईं।

13. 1970 में कान्ट्रैक्ट लेबर (रेगुलेशन एण्ड एबालीशन) एक्ट लागू किया गया। जिसके अन्तर्गत यह प्रावधान किया गया है कि कॉन्ट्रैक्ट पर नियुक्त श्रमिकों को भी श्रम कल्याण एवं सुरक्षा हेतु वही सुविधाएँ उपलब्ध कराई जाएँगी जो नियमित श्रमिकों को प्राप्त हैं।

14. 1974 में कारखाना अधिनियम, 1948 को संशोधित कर यह प्रावधान किया गया कि जिन कारखानों में 1,000 श्रमिक कार्यरत हों, वहाँ एक सुरक्षा अधिकारी की नियुक्ति की जाए।

15. 1976 में बॉण्डेड लेबर (एबॉलीशन) सिस्टम अधिनियम पारित किया गया। इसके तहत बंधुआ श्रम का उन्मूलन करने और बंधुआ मजदूरी की पहचान एवं उनके पुनर्स्थापन का प्रावधान किया गया।

16. 1976 में औद्योगिक विवाद अधिनियम को संशोधित कर उसके अन्तर्गत अध्याय 5ब जोड़ दिया गया। इसके अन्तर्गत यह प्रावधान है कि जिस औद्योगिक प्रतिष्ठान में 100 या उससे अधिक श्रमिक हों वहाँ छंटनी, जबरी छुट्टी या प्रतिष्ठान की बन्दी के पूर्व समुचित पूर्व अनुमति लेनी आवश्यक होगी।

17. 1976 में ही समान मजदूरी अधिनियम पारित किया गया, जिसके अन्तर्गत यह प्रावधान किया गया कि स्त्री और पुरुष को समान कार्य हेतु समान मजदूरी दी जाए।

18. 1980 में आवश्यक सेवा अनुरक्षण अधिनियम पारित किया गया। इसके अन्तर्गत सम्बन्धित सरकारों को यह अधिकार मिला कि वे किसी भी सेवा को आवश्यक सेवा करार देकर 6 माह तक उसमें हड़ताल को निषिद्ध कर सकती हैं।

19. 1986 में बाल श्रम (प्रतिबंध एवं नियमन अधिनियम पारित किया गया) जिसके द्वारा 14 वर्ष के कम उम्र के बालकों को श्रमिक कार्य करने से निषिद्ध किया गया।

1990 में भारत सरकार ने नवीन आर्थिक एवं औद्योगिक नीति लागू की। इस नई औद्योगिक नीति के अन्तर्गत केवल 8 प्रकार के उद्योगों (जैसे एटमिक एनर्जी और स्पेस रिसर्च इत्यादि) को ही सरकार के नियंत्रण में रखा गया और शेष सभी उद्योगों को निजी क्षेत्र के लिए खोल दिया गया। उद्योगों की लाइसेंस नीति को अति सरल बना

दिया गया। विदेशी निवेश को अत्यधिक बढ़ावा दिया गया। विदेशी निवेशकों को नई कम्पनी स्थापित करने या भारत स्थित किसी कम्पनी के 51 प्रतिशत शेयर क्रय कर उसका संचालन अपने हाथ में लेने का मार्ग प्रशस्त किया गया।

आयात नीति को सरल बनाते हुए विदेशी मशीनरी का आयात आसान कर दिया गया। इसका परिणाम यह हुआ कि देश में बहुत सी विदेशी कम्पनियाँ स्थापित हो गई हैं, जिनमें उच्चकोटि की कम्प्यूटराइज्ड मशीनों का प्रयोग हो रहा है और बहुत कम संख्या में श्रमिक ऐसे कारखानों में कार्यरत हैं। ऐसी कम्पनियों के उत्पाद देश में उसी क्षेत्र में पहले से कार्यरत भारतीय कम्पनियों के उत्पाद की तुलना में सस्ते एवं उम्दा किस्म के हैं। फलस्वरूप बहुत सी भारतीय कम्पनियाँ बन्द होने लगीं। इसी कठिनाई से निजात पाने के लिए कुछ कम्पनियों ने नवीन कम्प्यूटराइज्ड मशीनों से काम लेना प्रारम्भ किया और बड़े पैमाने पर श्रमिकों की छंटनी का प्रयास किया, किन्तु संशोधित अधिनियमित प्रावधानों के परिप्रेक्ष्य में इस हेतु उन्हें सरकार की स्वीकृति प्राप्त करने की आवश्यकता महसूस हुई। पर सरकार बहुत सी स्थितियों में ऐसी अनुमति नहीं दे रही है। सरकार ने इस समस्या के सुलझाव हेतु एक नेशनल रिन्यूवल फण्ड की स्थापना की, जिसके दो उद्देश्य थे (i) स्वैच्छिक सेवानिवृत्ति हेतु कर्मचारियों को बढ़ावा देना और इस कोष से उन्हें क्षतिपूर्ति देकर गोल्डन हैण्ड शेक ऑफ पॉलिसी को बढ़ावा देना, एवं (ii) कर्मचारियों को नए सिरे से उपयुक्त प्रशिक्षण देकर उन्हें दूसरे काम में लगाना **(re-demployment)** करना। इसी बीच सिक इण्डस्ट्री कम्पनी एक्ट (1986) को संशोधित कर सार्वजनिक क्षेत्र के, औद्योगिक क्षेत्र के, औद्योगिक प्रतिष्ठानों को भी इसके अधिकार क्षेत्र में ला दिया गया। किन्तु इसके अन्तर्गत कार्यरत बोर्ड ऑफ इण्डस्ट्रियल एवं फाइनेंशियल रिहैबिलिटेशन की कार्य प्रणाली बहुत ही धीमी है। फलस्वरूप बहुत से उद्योग एक लम्बे समय से बन्द हैं और उनके बारे में सम्बन्धित बोर्ड की कार्यवाही लम्बित पड़ी हुई है। वैसे नेशनल रिन्यूवल फण्ड का लाभ भी अधिकांश प्रतिष्ठानों के श्रमिकों के द्वारा नहीं उठाया गया और यह फण्ड भी समाप्त कर दिया गया। वैश्वीकरण के पश्चात् बीमार औद्योगिक प्रतिष्ठानों की बन्दी और श्रमाधिक्य की छंटनी श्रम, प्रबंध एवं सरकार के लिए एक चुनौती बन गई। क्योंकि विश्व के अधिकांश देशों में औद्योगिक प्रतिष्ठानों की बन्दी और श्रमाधिक्य की छंटनी सम्बन्धित नियोक्ता के अधिकार क्षेत्र में आती है। भारत में यह अनुमति सरकार के हाथ में है। सरकार की अनुमति न मिलने के कारण बहुत से बीमार उद्योग एक लम्बे समय से घाटे में चल रहे हैं। श्रमाधिक्य की छंटनी न कर पाने के कारण बहुत से प्रतिष्ठानों का अभिनवीकरण नहीं हो पा रहा है। देश की एन.डी.ए. सरकार ने इस समस्या के सुलझाव हेतु समुचित सुझाव देने के लिए 1999 में द्वितीय राष्ट्रीय श्रम आयोग का गठन किया। उसका प्रतिवेदन 2002 में प्रकाशित हुआ पर उस सम्बन्ध में भी अभी तक कोई विशेष कार्यवाही नहीं हुई। उक्त कमीशन की कुछ प्रमुख सिफारिशों का विवरण नीचे दिया जा रहा है–

1. सभी अधिनियमों में 'श्रमिक' या 'मजदूर' या 'कामगार' शब्द के लिए 'वर्कर' शब्द का प्रयोग होना चाहिए।
2. औद्योगिक विवाद अधिनियम 1947 में उद्योग शब्द की जो परिभाषा दी गई है, उसे स्वीकार करते हुए यह संस्तुति की गई, जिस उद्योग में कम से कम 20 श्रमिक कार्यरत हों, उसे ही सम्बन्धित अधिनियम में उद्योग के अन्तर्गत सम्मिलित किया जाएगा।
3. विद्यमान श्रम कानूनों को (i) औद्योगिक सम्बन्ध, (ii) मजदूरी; (iii) सामाजिक सुरक्षा, तथा (iv) कल्याण कार्य की मुख्य श्रेणियों में रखा जा सकता है।
4. 19 या उससे कम संख्या में श्रमिकों को नियोजित करने वाले स्थापनों को असंगठित तथा 19 से अधिक संख्या में कामगारों को नियोजित करने वाले स्थापनों को संगठित क्षेत्र कहा जाएगा।
5. असंगठित क्षेत्र अर्थात् 19 से कम संख्या में नियोजित करने वाले प्रतिष्ठानों में एक विशेष अम्ब्रेला टाइप के श्रम कानून बनाने की आवश्यकता है। इस कानून में प्रतिष्ठानों के पंजीकरण, सुरक्षा, स्वास्थ्य, कल्याण स्वास्थ्य, कार्य के घण्टों, छुट्टी, मजदूरी के भुगतान, जबरी छुट्टी, छंटनी, व्यक्तिगत तथा सामूहिक विवादों के निबटान तथा सामाजिक सुरक्षा से सम्बन्धित उपबंध होंगे।
6. औद्योगिक विवाद अधिनियम, 1947, व्यवसाय संघ अधिनियम, 1926, औद्योगिक नियोजन (स्थायी आदेश) अधिनियम, 1946 तथा औद्योगिक सम्बन्ध से सम्बन्धित अन्य अधिनियमों के उपबन्धों को एक ही एकीकृत अधिनियम के अन्तर्गत रखने की आयोग ने संस्तुति की।
7. केन्द्रीय स्तर पर औद्योगिक न्यायाधिकरण तथा राष्ट्रीय न्यायाधिकरण की जगह राष्ट्रीय श्रम सम्बन्ध आयोग तथा राज्य स्तर पर भी श्रम सम्बन्ध आयोग के गठन की संस्तुति की गई। नई अधिनिर्णय व्यवस्था में श्रम न्यायालयों तथा लोक अदालतों की भूमिका को भी महत्त्व दिया गया। संराधन संयंत्र के संचालन की जिम्मेदारी कार्यपालिका के अन्तर्गत ही रखने की संस्तुति की गई।
8. केवल मान्यता प्राप्त श्रम संघ ही हड़ताल की घोषणा कर सकते हैं। इसके लिए सम्बन्धित व्यवसाय संघ द्वारा गुप्त मतदान कराना आवश्यक होगा। इस मतदान में प्रतिष्ठान के सभी कर्मचारी भाग लेंगे। यदि 51 प्रतिशत या अधिक कर्मचारी हड़ताल के सम्बन्ध में मतदान करते हैं, तभी हड़ताल की जा सकती है। श्रमिक संघ की मान्यता के सम्बन्ध में आयोग की संस्तुतियों के अनुसार यदि किसी औद्योगिक इकाई में सम्बन्धित केन्द्रीय या राज्य औद्योगिक सम्बन्ध निकाय के प्रतिनिधियों ने यदि चेक ऑफ पद्धति के आधार पर यह निष्कर्ष निकाला कि किसी श्रमिक संघ की सदस्य संख्या उक्त औद्योगिक स्थापन में कार्यरत कुल श्रमिकों की 66 प्रतिशत है तो उक्त संघ को मान्यता प्रदान की जा सकती है। यदि किसी श्रमिक संघ की सदस्य संख्या इतनी नहीं है तो वार्ताकारी इकाई का गठन किया जा सकता है। उक्त यूनिट में उन सभी श्रमिक संघों का आनुपातिक

प्रतिनिधित्व होगा, जिनकी सदस्य संख्या कुल श्रमिकों की 25 प्रतिशत या अधिक है।

9. यदि किसी औद्योगिक इकाई को बन्द करना है और वहाँ 300 या अधिक श्रमिक कार्यरत हैं, तो बन्दी की तिथि के 90 दिन पूर्व उपयुक्त सरकार के पास आवेदन पत्र देना चाहिए। यदि वहाँ से 60 दिन के भीतर अनुमति सम्बन्धी कोई पत्र नहीं प्राप्त होता है तो प्रतिष्ठान को नियोक्ता बन्द कर सकता है।
10. प्रतिष्ठान में 300 या अधिक श्रमिक कार्यरत हैं तो प्रतिष्ठान की बन्दी के दो माह पूर्व सम्बन्धित कामगारों को सूचित कर देना चाहिए। उन्हें प्रत्येक वर्ष या उसके 6 माह से अधिक अवधि के कार्य हेतु 30 दिन की क्षतिपूर्ति देनी चाहिए। यदि स्थापन लाभ पर चल रहा है तो ऐसी स्थिति में सम्बन्धित इकाई के श्रमिकों को बन्दी की स्थिति में 45 दिन का वेतन प्रतिवर्ष कार्य की दर से भुगतान करना चाहिए।
11. यदि प्रतिष्ठान में श्रमाधिक्य की छंटनी करनी है तो इस हेतु उपयुक्त सरकार की अनुमति प्राप्त करना आवश्यक नहीं होगा। किन्तु छंटनी के पूर्व दो माह की सूचना सम्बन्धित श्रमिकों को देनी होगी और उन्हें प्रत्येक पूरे वर्ष (या 6 माह से अधिक) के कार्य हेतु 45 दिन का वेतन क्षतिपूर्ति के रूप में देना होगा। यदि प्रतिष्ठान मुनाफे पर चल रहा है तो 60 दिन का वेतन प्रत्येक वर्ष के कार्य हेतु क्षतिपूर्ति के रूप में देना होगा।
12. 20 या उससे अधिक संख्या में श्रमिकों को नियोजित करने वाली औद्योगिक इकाइयों में स्थायी आदेश लागू करना होगा।
13. औद्योगिक विवादों के निबटान या श्रम कानूनों से सम्बन्धित अन्य न्यायिक कार्यों के निष्पादन को प्रभावपूर्ण बनाने के लिए अखिल भारतीय श्रम न्यायिक सेवा के गठन की भी संस्तुति आयोग ने की थी।

कहना नहीं होगा कि उक्त संस्तुतियों में से किसी भी संस्तुति का अभी तक क्रियान्वयन नहीं हुआ।

14

कारखाना अधिनियम, 1948

देश की स्वतंत्रता के समय से ही यह बात चर्चित हो गई कि स्वतंत्र भारत के संविधान के अनुसार देश एक कल्याणकारी एवं जनतांत्रिक देश होगा। इस परिप्रेक्ष्य में श्रमिकों को शोषण से सुरक्षा एवं श्रम कल्याण की व्यापक व्यवस्था हेतु संशोधित कारखाना अधिनियम सितंबर 1948 में संविधान सभा में पारित किया गया और अप्रैल 1949 में लागू किया गया। इस अधिनियम में 1954, 1976 तथा 1987 में संशोधन किया गया। इस अधिनियम का मुख्य उद्देश्य कारखानों एवं विनिर्माण प्रक्रिया में कार्यरत श्रमिकों की कार्यदशाओं को नियमित करना, कारखानों में नियोजित श्रमिकों को सुरक्षा प्रदान करना तथा स्वास्थ्य एवं कल्याण की न्यूनतम अपेक्षाओं की पूर्ति करना था। उसके अतिरिक्त श्रमिकों के कार्य के घण्टे अवकाश, बाल श्रमिकों एवं किशोरों के नियोजन आदि से सम्बन्धित प्रावधान भी इसके उद्देश्यों में सम्मिलित हैं।

क्षेत्र

यह अधिनियम जम्मू एवं कश्मीर को छोड़कर शेष समस्त भारत के ऐसे कारखानों में लागू है, जहाँ कम से कम 10 श्रमिक किसी शक्ति की सहायता से या कम से कम 20 श्रमिक बिना किसी मशीन की सहायता से किसी विनिर्माण प्रक्रिया में कार्यरत हैं। वैसे राज्य सरकारों को यह अधिकार है कि वे निर्धारित संख्या से कम श्रमिकों को नियोजित करने वाले प्रतिष्ठानों में भी इसे लागू कर सकती हैं। किन्तु खदान, रेलवे रनिंग शेड होटल, तथा भोजनालयों पर यह कानून लागू नहीं होता है। इसी प्रकार सेना में कार्यरत किसी अभिकर्मी को इस अधिनियम के अन्तर्गत श्रमिक करार नहीं किया जा सकता है।

प्रमुख परिभाषाएँ

कारखाना

कोई भी ऐसा परिसर जहाँ 10 व्यक्ति कार्य कर रहे हैं अथवा पिछले 12 माह में किसी दिन कार्य किए हों और जिसके किसी भाग में शक्ति की सहायता से विनिर्माण प्रक्रिया चल रही हो, अथवा कोई भी परिसर जहाँ 20 या अधिक व्यक्ति कार्य कर रहे हों अथवा पिछले माह में किसी दिन कार्य किए हों और जिसके किसी भी भाग में बिना पावर या शक्ति के विनिर्माण प्रक्रिया चल रही हो, कारखाना कहलाएगा।

राज्य सरकार को यह अधिकार है कि ऐसे परिसर को भी कारखाना करार दे दे, जहाँ उपर्युक्त संख्या से कम व्यक्ति कार्य कर रहे हों, किन्तु उसके किसी भाग में पावर या बिना पावर की सहायता के विनिर्माण प्रक्रिया चल रही हो, बशर्ते वह कार्य किसी एक परिवार के सदस्य ही नहीं कर रहे हों।

विनिर्माण प्रक्रिया

इस प्रक्रिया के अन्तर्गत निम्नलिखित क्रियाएँ आती हैं–

(i) किसी वस्तु या पदार्थ के प्रयोग, विक्रय परिवहन या व्ययन की दृष्टि से उसका निर्माण, परिवर्तन, अलंकरण, परिष्करण, बैंकिंग, स्नेहन, धुलाई, विघटन उन्मूलन या अन्य प्रकार से अभिक्रियान्वयन या अनुकूलन करने के लिए की गई कोई प्रक्रिया।

(ii) तेल, जल, मल या अन्य पदार्थ उद्वाहित करने के लिए कोई प्रक्रिया।

(iii) शक्ति का उत्पादन, रूपान्तरण या संचरण करने हेतु कोई प्रक्रिया।

(iv) मुद्रण के लिए टाइप, कम्पोज करने, लेटर प्रेस, शिला मुद्रण (lithography) प्रकाशोत्कीर्ण या अन्य वैसी ही प्रक्रिया द्वारा मुद्रण या जिल्दसाजी करने के लिए किया गया कोई कार्य।

(v) पोतों या जलयानों का निर्माण, पुनर्निर्माण, मरम्मत, पुनर्मरम्मत, परिष्कृत या विघटित करने के लिए कोई प्रक्रिया।

(vi) शीतागार में किसी वस्तु के परीक्षण या भण्डारण करने के लिए कोई प्रक्रिया।

परिसंकटमय प्रक्रिया

इसका तात्पर्य किसी उद्योग के सम्बंध में एक ऐसी प्रक्रिया या क्रियाकलाप से है, जिसका उल्लेख अधिनियम की प्रथम अनुसूची में किया गया है, जहाँ पर जब तक विशेष सावधानी नहीं बरती जाए उसमें प्रयोग किए गए कच्चे माल या मध्यवर्ती या तैयार माल या उसका बहिर्स्राव उसमें कार्यरत व्यक्तियों के स्वास्थ्य को प्रभावित करता हो तथा सामान्य वातावरण को प्रदूषित करता हो। राज्य सरकार अपने गजट में नोटिफिकेशन प्रथम अनुसूची में सम्मिलित विषयों में संशोधन कर सकती है।

किशोर

कोई ऐसा व्यक्ति जिसने 15 वर्ष की आयु पार कर ली हो, किन्तु उसकी आयु अभी 18 वर्ष नहीं हुई हो।

कैलेण्डर वर्ष

12 माह की वह अवधि जो 1 जनवरी से प्रारम्भ होती है।

बालक

एक ऐसा व्यक्ति जिसने अपनी आयु का 15वां वर्ष पूरा नहीं किया है।

अल्पवय व्यक्ति

ऐसा व्यक्ति जो या तो बालक या किशोर हो।

वयस्क

ऐसा व्यक्ति जिसने अपनी आयु का 18वां वर्ष पूरा कर लिया है।

श्रमिक

ऐसा व्यक्ति जो किसी विनिर्माण प्रक्रिया या मशीनरी में या विनिर्माण प्रक्रिया के लिए प्रयुक्त परिसर के किसी भाग की सफाई में या विनिर्माण प्रक्रिया या विनिर्माण प्रक्रियाधीन विषयवस्तु के प्रासंगिक अथवा या उससे सम्बद्ध किसी अन्य कार्य में नियोजित हो, चाहे उसकी जानकारी नियोजक को हो या नहीं या उसका नियोजक सीधे या किसी अभिकरण के द्वारा हुआ हो या उसे पारिश्रमिक पर या बिना किसी पारिश्रमिक के नियोजित किया गया हो। किन्तु केन्द्रीय सरकार के सशस्त्र बल का कोई सदस्य इस परिभाषा के अन्तर्गत नहीं आता है।

अनुमोदन, अनुज्ञापन और पंजीकरण

यह एक नया अनुबंध है। इसके अन्तर्गत राज्य सरकारों को यह अधिकृत किया जाता है कि कारखाने के पंजीकरण के सम्बंध में नियम बनाएँ। साथ ही साथ कारखानों के अनुज्ञापन एवं अनुमोदन के सम्बंध में भी उन सरकारों को नियम बनाने हैं, ताकि स्वास्थ्य, सुरक्षा एवं कल्याण विषयक अनुबंधों का क्रियान्वयन सुनिश्चित किया जा सके। किसी भी प्रतिष्ठान के कार्यस्थल (जहाँ उसे स्थापित किया जाना है) तथा उसके कंसट्रक्शन हेतु राज्य सरकार या मुख्य निदेशक कारखाना का अनुमोदन आवश्यक है। पंजीकरण और लाइसेंसिंग निर्धारित शुल्क के भुगतान के पश्चात् किया जाता है। कारखाने के नवीनीकरण के समय भी निर्धारित शुल्क का भुगतान करना होता है।

प्रमाणित शल्य चिकित्सक

अधिनियम के अन्तर्गत राज्य सरकार को चिकित्सा व्यवसायियों में से प्रमाणकर्ता शल्य चिकित्सकों को नियुक्त करने की शक्ति प्राप्त है। प्रमाणकर्ता शल्य चिकित्सक

अधिनियम के अधीन अल्प आयु व्यक्तियों की परीक्षा, प्रमाणीकरण, संकटपूर्ण उपजीविकाओं या प्रक्रियाओं में लगे व्यक्तियों की परीक्षा तथा विनिर्माण प्रक्रियाओं के कारण होने वाली बीमारी, स्वास्थ्य की क्षति तथा अल्पायु कर्मचारियों के स्वास्थ्य को क्षतिग्रस्त करने वाले कामों से सम्बद्ध चिकित्सकीय पर्यवेक्षण के कार्य सम्पन्न करते हैं।

स्वास्थ्य तथा सुरक्षा सम्बंधी प्रावधान

कारखाना अधिनियम, 1948 के अन्तर्गत स्वास्थ्य एवं सुरक्षा तथा कल्याण हेतु व्यापक प्रावधान किए गए हैं। इनका विवरण निम्नलिखित है–

स्वास्थ्य सम्बन्धी प्रावधान

1. **सफाई** – हर कारखाने को साफ रखना आवश्यक है। उसे किसी शौचालय या अन्य प्रकार के अपदूषण से उत्पन्न दुर्गन्ध से मुक्त रखना चाहिए। इस सम्बंध में कम से कम निम्नलिखित उपायों को अपनाना आवश्यक है– (i) काम करने के कमरों के फर्शों, बेंचों, सीढ़ियों और रास्तों से कूड़ों और कचरे के ढेर को बुहार कर या अन्य कारगर तरीकों से हटाना आवश्यक है; (ii) प्रत्येक कमरे के फर्श की एक सप्ताह में कम से कम एक बार अवश्य धुलाई की जानी चाहिए, इस हेतु गैर संक्रामक पदार्थों का प्रयोग करके फर्श को संक्रामकता से मुक्त किया जाना चाहिए, (iii) जहाँ फर्श भीग जाता हो वहाँ पर जल निकासी की समुचित व्यवस्था होनी चाहिए, एवं (iv) कारखाने के प्रत्येक भाग में कम से कम 14 माह में एक बार सफेदी या रंग–रोगन होना चाहिए। कारखाने के उस भाग में जहाँ डिसटेम्पर या जल रंग से रंग किया गया हो, प्रत्येक तीन वर्ष में एक बार रंग किया जाएगा और छः माह में एक बार सफाई की जाएगी। कारखानों के सभी खिड़की, दरवाजों अथवा वार्निश या पेण्ट किए गए हिस्सों में प्रत्येक पाँच वर्षों में पुनः वार्निश या पेण्ट किया जाना चाहिए।
2. **कचरे एवं बहिर्स्राव का निष्कासन** – कारखानों की विनिर्माण प्रक्रिया में निकलने वाले कचरे एवं बहने वाले मलबे के उचित ढंग से निष्पादन की व्यवस्था का प्रावधान है। उन्हें हानिकारक नहीं होने देने के सम्बंध में राज्य सरकार आवश्यक नियम अथवा प्राधिकारी का अनुमोदन विहित कर सकती है।
3. **संवातन एवं तापमान** – कारखाने में स्वच्छ वायु के आवागमन और ताप के नियंत्रण हेतु अधिनियम के अन्तर्गत निम्नलिखित प्रावधान किए गए हैं–
    1. स्वच्छ वायु के संचरण द्वारा कमरों में समुचित संवातन की व्यवस्था का प्रावधान होना चाहिए।
    2. कारखानों की छत एवं दीवार ऐसी सामग्री से बनी होनी चाहिए, जिसमें तापमान बढ़े नहीं और यथासम्भव कम बना रहे।
    3. कार्य की प्रकृति के कारण ऊँचे तापमान उत्पन्न होने वाली प्रक्रिया को अन्य कमरों से अलग किया जाए और उसके गर्म भागों का रोधन

(insulation) कर अन्य प्रभावी ढंग से ऊँचे तापमान उत्पन्न करने वाली प्रक्रिया को काम के कमरे से पृथक किया जाए।

4. राज्य सरकारों को यह अधिकार होगा कि वह पर्याप्त संवातन के मानक निर्धारित कर सकती है।
5. प्रत्येक फैक्ट्री में जहाँ विनिर्माण प्रक्रिया द्वारा धूल और धूम निकलती हो, जो कार्यरत श्रमिकों के लिए क्षतिकारक हो, तो उसको सांस में जाने या उसके संचयन को रोकने के लिए प्रभावपूर्ण उपाय करना आवश्यक होगा।
6. जिन कारखानों में वायु की नमी कृत्रिम रूप से बढ़ाई जाती है, वहाँ नमीकरण को बढ़ाने के कई पहलुओं के सम्बंध में राज्य सरकार नियमन बना सकती है जैसे नमीकरण के भाग, वायु की नमी को कृत्रिम रूप से बढ़ाने के तरीके तथा वायु की नमी के परीक्षण आदि के सम्बंध में नियम बनाए जा सकते हैं।
7. कारखाने के किसी भी कमरे में श्रमिकों की इतनी भीड़ नहीं की जाएगी कि वहाँ कार्यरत कर्मचारियों के स्वास्थ्य पर उसका ऋणात्मक प्रभाव पड़े। प्रत्येक कामगार के लिए 500 घन फुट (कारखाना अधिनियम, 1948 लागू होने के पूर्व स्थापित कारखानों के लिए 350 घन फुट) स्थान की व्यवस्था होनी चाहिए।
8. कारखाने के प्रत्येक भाग में प्राकृतिक अथवा प्रभावकारी प्रकाश की व्यवस्था की जानी चाहिए। इसमें बाधा पहुँचाने वाले कारकों जैसे चकाचौंध एवं छाया से कारखानों को मुक्त किया जाएगा। राज्य सरकार किसी भी निर्माण प्रक्रिया के लिए पर्याप्त और उचित प्रकाश से सम्बद्ध मानक निर्धारित कर सकती है।
9. कारखानों में सुविधाजनक बिन्दुओं पर पीने के स्वच्छ जल की पर्याप्त व्यवस्था की जाएगी, जिसकी शौचालय, मूत्रालय आदि गन्दे स्थानों से कम से कम 20 फीट दूरी रहेगी और वहाँ सामान्य रूप से समझी जाने वाली भाषा में 'पीने का जल' लिखा होना चाहिए। 250 या अधिक श्रमिकों के नियोजित होने की दशा में कर्मियों के दौरान पीने के जल को ठण्डा रखने की व्यवस्था की जाएगी।
10. कारखानों में पर्याप्त संख्या में पुरुषों और महिलाओं के लिए अलग–अलग हवादार एवं रोशनी युक्त शौचालय एवं मूत्रालय बनाने की व्यवस्था की जाएगी, जो काम करने वाले कमरे से जुड़ा नहीं होगा तथा उसकी सफाई हेतु कर्मचारियों की नियुक्ति का प्रावधान किया गया है। जिन कारखानों में 250 या अधिक श्रमिक कार्यरत हों वहाँ भीतरी फर्श और 3 फीट की ऊँचाई तक की दीवार टाइल्स द्वारा अनुरक्षित की जाएगी, जिसे सप्ताह में एक दिन रोगानुराशियों (disnifactants) से साफ किया जाएगा। राज्य सरकारें

इसकी संख्या एवं सफाई से सम्बद्ध अन्य बातों के सम्बंध में नियम बना सकती हैं।

11. प्रत्येक कारखाने में सुविधाजनक स्थानों पर पर्याप्त संख्या में थूकदान की व्यवस्था की जानी चाहिए, जिसे साफ एवं स्वास्थ्यकर रखा जाएगा। यदि कोई श्रमिक थूकदान रहते हुए भी अन्यत्र थूकता है तो उस पर 5 रुपया तक दण्ड लगाया जा सकता है।

सुरक्षा सम्बंधी उपबंध

श्रमिकों को दुर्घटना से बचाने के लिए सुरक्षा के उपायों की व्यवस्था कारखाना अधिनियम 1948 के अन्तर्गत की गई है। ये उपबंध सम्बंधित अधिनियम के अध्याय IV एवं V में उल्लिखित हैं। कुछ प्रमुख उपबंधों का विवरण नीचे दिया गया है–

1. **मशीनरी को घेरना** – नियोक्ता द्वारा अपने कारखानों में लगी मशीनों के गतिशील भाग की घेराबंदी आवश्यक है।
2. **गतिमान मशीनरी पर या उसके पास काम** – कारखानों में जो गामी मशीनें लगी हुई हैं, उस या उसके नजदीक केवल विशेषज्ञ श्रमिक ही कार्य कर सकता है। इस प्रकार के विशेषज्ञ श्रमिकों को इस कार्य हेतु ही नियोजित किया जाता है। ऐसे विशेषज्ञों को चुस्त पोशाक पहननी चाहिए।
3. **खतरनाक मशीनों पर अल्पवय व्यक्तियों का नियोजन** – अधिनियम के अन्तर्गत खतरनाक मशीनों पर अल्पवय व्यक्तियों के नियोजन को प्रतिबंधित किया गया है, लेकिन यदि प्रशिक्षण हेतु उनका नियोजन आवश्यक हो तो उस स्थिति में समुचित मार्गदर्शन एवं पर्यवेक्षण के साथ उनका नियोजन किया जा सकता है।
4. **आघात गियर एवं बिजली काटने के लिए युक्तियाँ** – प्रत्येक कारखाने में उपयुक्त आघात गियर या अन्य यांत्रिक साधनों को चालन पट्टी के चलाने के लिए प्रयोग किया जाना चाहिए। हर कारखाने में आघात के समय चालू मशीनरी से बिजली काटने के लिए प्रत्येक कमरे में उपयुक्त युक्तियों की व्यवस्था की जाएगी। जहाँ बिजली काटने के लिए ऐसी युक्ति का प्रबंध किया गया हो जो असावधानी से बन्द–चालू स्थिति में बदल सकते हैं जहाँ सुरक्षित रूप से ताला लगाने की व्यवस्था की जाएगी।
5. **स्वक्रिय मशीनें** – यदि कारखाने में स्वक्रिय मशीनें लगी हों तो उनकी दूरी दीवार से कम से कम 45 सेण्टीमीटर होनी चाहिए। साथ ही ऐसी मशीनों पर अनुभवी एवं विशेषज्ञ व्यक्तियों को ही काम पर लगाया जाए।
6. **नई मशीनों का आवेष्टन** – यदि कोई कारखाना एक अप्रैल 1949 से पहले स्थापित किया गया है और वहाँ बिना ढंकी मशीनें लगी हों तो उन मशीनों को ढकना आवश्यक है। यदि कोई कारखाना 1 अप्रैल 1949 के बाद बना है तो वहाँ ढंकी हुई

मशीनें ही लगाई जाएँगी। कानून में कहा गया है कि बिना ढंके स्वचालित या शक्ति से चालित मशीन का क्रय–विक्रय अपराध है। इस सम्बंध में राज्य सरकार नियम बना सकती है।

7. **रुई धनकियों के पास स्त्रियों और बालकों के नियोजक का प्रतिषेध** – यदि किसी कारखाने के अन्तर्गत रूई धुनाई का कार्य होता है, तो उसके नजदीक या वहाँ पर महिला या बाल श्रमिकों को नियोजित नहीं किया जा सकता है।

8. **उत्तोलक और उत्थापक** – किसी कारखाने में यदि उत्तोलक एवं कारवाहक या उत्थापक लगे हों तो उनका निरीक्षण छः माह के बाद अवश्य कराना चाहिए। इस सम्बंध में नियोजक द्वारा एक अलग रजिस्टर रखा जाना चाहिए।

9. **उत्थापक यंत्र जंजीर एवं रस्सियाँ इत्यादि** – यदि किसी कारखाने में उत्थापक यंत्र जंजीर एवं रस्सियों का प्रयोग होता है तो उनका परीक्षण 12 माह में एक बार अवश्य कराया जाना चाहिए। साथ ही इनसे 6 मीटर दूर तक के क्षेत्र को प्रतिबंधित करार दिया जाना चाहिए जहाँ सामान्य श्रमिक नहीं जा सकते।

10. **घूमने वाली मशीनें** – यदि किसी कारखाने में घिसाई, पिसाई, शान लगाना तथा दाँती का कार्य यदि हो तो उस स्थिति में मशीन की गति को निर्धारित कर दिया जाना चाहिए तथा उस गति सीमा को मशीन के ऊपर लिख दिया जाना चाहिए।

11. **दाब यंत्र** – यदि किसी मशीन का कोई भाग वायुमण्डलीय दबाव से अधिक दबाव पर काम करता है, तो उस स्थिति में ऐसी व्यवस्था की जाएगी कि श्रमिकों को दुर्घटना से बचाया जाए। राज्य सरकार इस सम्बंध में नियम बना सकती है।

12. **फर्श, सीढ़ियों और पहुँच के स्थान** – कारखानों के समस्त फर्श, गलियारे एवं आने जाने के रास्ते और सीढ़ियाँ बहुत ही मजबूती से बने होने चाहिए। यदि काम पर लगे किसी व्यक्ति को अपने कार्यस्थल की ऊँचाई से गिर जाने की सम्भावना हो तो वहाँ सुरक्षा हेतु बाड़ लगाने की व्यवस्था होनी चाहिए या अन्य आवश्यक उपाय कर देना चाहिए।

13. **स्थिर पात्र, गर्त और चहवटे इत्यादि** – यदि कारखाने के अन्तर्गत किसी हौज, नाली या फर्श में सुराग किया गया है तो उसे ढंकने की समुचित व्यवस्था होनी चाहिए ताकि दुर्घटना न हो।

14. **अत्यधिक भार** – किसी भी श्रमिक से नियोजक अत्यधिक भार ढोने या उठाने के लिए नहीं कह सकता है। राज्य सरकारें इस आशय का नियम बना सकती हैं कि किसी श्रमिक को अधिक से अधिक कितने वजन का भार ढोना या उठाना चाहिए।

15. **आँखों की सुरक्षा** – कारखानों में कार्य से उत्पन्न गैस, धूल तथा प्रकाश इत्यादि से श्रमिकों की आँख को सुरक्षित रखने के उद्देश्य से नियोजक को चश्मा या अन्य यंत्र प्रदान किया जाना चाहिए।
16. **खतरनाक धुएँ तथा गैस इत्यादि से सुरक्षा** – यदि किसी कारखाने में कार्य के कारण खतरनाक गैस या धुआँ इत्यादि उत्पन्न हो तो उससे श्रमिकों को बचाने के लिए नियोक्ता को उचित उपाय अपनाए जाने चाहिए और उन उपायों की उपादेयता का समय–समय पर परीक्षण किया जाएगा।
17. **वहनीय प्रकाश का प्रयोग** – किसी अवरुद्ध स्थान के भीतर 24 वोल्ट से अधिक वहनीय विद्युत नहीं दी जा सकती है, जब तक पर्याप्त युक्तियों की व्यवस्था नहीं की गई हो। अगर परिसर स्थान के भीतर ज्वलनशील गैस, धुआँ या धूल के विद्यमान होने की सम्भावना है तो केवल फ्लेम प्रूफ लैम्प का ही प्रयोग किया जा सकता है।
18. **विस्फोटक या ज्वलनशील धूल और गैस इत्यादि** – कारखाने के भीतर यदि किसी स्थान पर अति ज्वलनशील या विस्फोटक धूल या गैस आदि निकल रही हो तो उसे यथासम्भव रोकने का प्रयास किया जाना चाहिए। इस सम्बंध में प्रावधान के अन्तर्गत छूट देने का अधिकार राज्य सरकारों को है।
19. **आग लगने की स्थिति में सावधानियाँ** – आग लगने पर उससे बचने के उद्देश्य से नियोजक द्वारा अग्निशामक यंत्र की व्यवस्था की जाएगी। साथ ही उसकी सूचना सभी को उपलब्ध कराने की दृष्टि से अलार्म की भी व्यवस्था की जाएगी।

    प्रत्येक कारखाने में यह सुनिश्चित किया जाएगा कि वहाँ के कर्मकार आग लगने की स्थिति में बच निकलने के सभी साधनों से पूर्णतया विज्ञ हैं। इस सम्बंध में राज्य सरकार आवश्यक नियम बना सकती है।
20. **भवनों या मशीनरी की सुरक्षा और स्थिरता की परख** – यदि निरीक्षण के दौरान किसी भवन का कोई भाग या किसी मशीन के टूटने या गिरने की सम्भावना हो तो उस स्थिति में कारखाना निरीक्षक वहाँ कार्य रोकने का आदेश दे सकता है।
21. **सुरक्षा अधिकार** – प्रथम राष्ट्रीय श्रम आयोग की संस्तुतियों के परिप्रेक्ष्य में कारखाना अधिनियम में संशोधन पर यह व्यवस्था की गई है कि यदि किसी कारखाने में 1,000 या अधिक श्रमिक कार्यरत हों तो वहाँ सुरक्षा अधिकारी की नियुक्ति होनी चाहिए।

भोपाल गैस त्रासदी के पश्चात् सुरक्षा के कुछ अतिरिक्त अधिनियमित प्रावधान कारखाना अधिनियम 1948 के अन्तर्गत जोड़ दिए गए। ऐसे कुछ अतिरिक्त प्रावधानों का विवरण निम्नलिखित है–

1. **खतरनाक संक्रियाएँ** – जिन कारखानों में खतरनाक कार्य हो उनकी सूची तैयार की जाएगी तथा उससे सम्बंधित नियम बनाकर राज्य सरकार उस कारखाने में लागू कर सकती है।
2. **कतिपय दुर्घटनाओं तथा रोगों की सूचना** – कारखाने में किसी भी दुर्घटना या कारखाने से सम्बंधित किसी रोग की जानकारी नियोजक द्वारा श्रमिकों को दी जाएगी। साथ ही उसकी सूचना राज्य सरकार को भी दी जाएगी।
3. **दुर्घटना या रोग सम्बंधी मामलों में जाँच की शक्ति** – राज्य सरकारों को दुर्घटना या बीमारी के सम्बंध में जाँच–पड़ताल करने का अधिकार प्राप्त है। साथ ही कानून में यह भी कहा गया है कि केन्द्र सरकार दुर्घटना या बीमारी के सम्बंध में जाँच करा सकती है।
4. **दुर्घटनास्थल पर मूल्यांकन कमेटी का गठन** – राज्य सरकार के द्वारा खतरनाक प्रकृति वाले उद्योगों के लिए एक समिति बनाई जाएगी, जिसके अध्यक्ष मुख्य कारखाना निरीक्षक होंगे, यह समिति खतरनाक प्रक्रिया वाले उद्योगों की जाँच तथा निरीक्षण आदि का कार्य करेगी।

कल्याण सम्बन्धी प्रावधान

सामान्यतः किसी भी कारखाने के अंतर्गत दो प्रकार की कल्याण सुविधा प्रदान की जाती हैं। वैसे कल्याण सुविधा जो कारखाना अधिनियम, 1948 में उल्लेखित हो, उसे कानून सम्मत सुविधा कहा जाता है। इसके अतिरिक्त कारखाने के अंतर्गत श्रमिकों को कुछ अतिरिक्त कल्याण सुविधा नियोजक द्वारा प्रदान की जाती हैं, उन्हें ऐच्छिक कल्याण सुविधा कहा जाता है। इसके अलावा अन्य एजेंसियों द्वारा या श्रम संघों के द्वारा उपलब्ध कराई जाने वाली कल्याण सुविधा भी ऐच्छिक कल्याण सुविधा कहलाती है। कानून के अंतर्गत जो कल्याण सुविधाएँ देने की बात कही गई है, वे निम्नलिखित हैं–

(i) **स्नान की सुविधा** – कहा गया है कि कार्यरत श्रमिकों के लिए स्नान की सुविधा प्रदान की जाएगी, जो पुरुष एवं महिला श्रमिकों के लिए अलग–अलग होगी।

(ii) **कपड़े रखने एवं सुखाने की सुविधा** – जो भी श्रमिक स्नान की सुविधा का प्रयोग करते हों उनके भीगे कपड़ों को सुखाने के लिए तथा सूखे कपड़ों को रखने के लिए नियोजक उचित सुविधा प्रदान करेगा।

(iii) **बैठने की सुविधा** – कार्य के दौरान यदि कोई श्रमिक खड़ा होकर काम कर रहा हो तो कानून के अंतर्गत उन श्रमिकों को बैठने के लिए नियोजक उचित व्यवस्था करेगा ताकि उन्हें कोई अवसर प्राप्त हो तो थोड़ा आराम कर सकें या बैठ सकें। इस संदर्भ में मुख्य कारखाना निरीक्षक नियोजक को आवश्यक सलाह प्रदान कर सकते हैं।

(iv) **प्राथमिक उपचार सामग्री** – सामान्यतः प्रत्येक 150 श्रमिक पर नियोजक प्राथमिक उपचार सामग्री की व्यवस्था करेगा, जहाँ 500 श्रमिक कार्यरत हो वहाँ नियोजक एम्बूलेंस रूम की व्यवस्था करेगा। राज्य सरकार को यह अधिकार है कि वे चिकित्सकीय देखभाल के लिए मेडिकल या पैरामेडिकल कर्मचारियों की संख्या सुनिश्चित करे।

(v) **कैन्टीन** – जहाँ भी 250 श्रमिक सामान्य रूप से नियोजित होंगे वहाँ नियोजक द्वारा कैन्टीन की व्यवस्था की जाएगी। इसके अन्तर्गत नियोजक द्वारा भवन, फर्नीचर क्रॉकरी आदि प्रदान की जाएगी। इस सम्बंध में राज्य सरकार अन्य नियम बना सकती है।

(vi) **ठहराव, विश्राम कक्ष एवं भोजन कक्ष** – कानून में कहा गया है कि जिस कारखाने में 150 श्रमिक कार्यरत होंगे, वहाँ नियोजक ठहराव, विश्राम कक्ष एवं भोजन कक्ष की सुविधा प्रदान करेगा। यदि नियोजक द्वारा कैंटीन की सुविधा प्रदान की गई हो तो इस स्थिति में उपरोक्त उपबंध में छूट दी गई है।

(vii) **शिशु गृह** – जिस कारखाने में कम से कम 30 महिला श्रमिक कार्यरत होंगी, वहाँ महिला श्रमिकों की छः वर्ष से कम आयु के बच्चों को कार्य के दौरान रखने के लिए शिशु–गृह की व्यवस्था की जाएगी। बच्चों की देखभाल के लिए प्रशिक्षित दाई रखी जाएगी तथा बच्चों के लिए नियोजक द्वारा दूध, बिस्कुट, खिलौने, यूनिफार्म इत्यादि प्रदान किए जाएँगे।

(viii) **कल्याण पदाधिकारी** – जिस कारखाने में 500 या अधिक श्रमिक कार्यरत हों, वहाँ वेलफेयर ऑफिसर की नियुक्ति नियोजक द्वारा की जाएगी। उनकी योग्यता उपयुक्त सरकार निर्धारित करती है।

(ix) **कल्याण सम्बंधी नियम बनाने का अधिकार** – किसी भी प्रकार का अन्य कल्याण सम्बन्धी नियम बनाने का अधिकार राज्य सरकार को सौंपा गया।

भोपाल गैस त्रासदी के परिणामों के परिप्रेक्ष्य में कारखाना अधिनियम, 1948 के अन्तर्गत परिसंकटमय प्रक्रियाओं के बारे में एक नया अध्याय 1987 में जोड़ दिया गया। उक्त अध्याय में परिसंकटमय प्रक्रियाओं के बारे में अनेक प्रावधान किए गए हैं–

अन्य विवरण

संदर्भित अधिनियम के अन्तर्गत श्रमिकों हेतु कुछ अधिकारों से एक दायित्वों का भी निरुपण किया गया है। जहाँ तक दायित्वों का सम्बंध है प्रथम दायित्व तो यह है कि कारखानों में श्रमिकों की स्वास्थ्य सुरक्षा और कल्याण हेतु प्रयोग की जाने वाली वस्तुओं का दुरुपयोग न करें। बिना किसी तर्कपूर्ण कारण के ऐसी बात नहीं करें जिससे सम्बंधित श्रमिक को स्वयं या अन्य व्यक्तियों के खतरे में पड़ने की सम्भावना हो। इसी प्रकार अधिनियम के अन्तर्गत श्रमिकों को कुछ अधिकार भी दिए गए हैं, जैसे– कार्यस्थल, स्वास्थ्य एवं सुरक्षा के बारे में अधिष्ठाता से सूचना पाने का अधिकार,

कारखानों में स्वास्थ्य एवं सुरक्षा के प्रावधानों के अधिनियमित प्रावधानों से कम होने पर कारखाना निरीक्षक/सहायक निदेशक कारखाना के समक्ष सम्बंधित मामले को प्रस्तुत करना।

उपयुक्त दायित्वों एवं अधिकारों के अतिरिक्त अधिनियमित प्रावधानों के समुचित पालन न होने पर दण्ड की भी व्यवस्था है। अधिनियम के उपबंधों तथा उनके अधीन बनाए गए नियमों या दिए गए आदेशों का उल्लंघन करने वाले अधिष्ठाता या प्रबंधक को दो वर्ष तक के कारावास या 1 लाख रुपये तक के जुर्माने या दोनों को दण्डित किया जा सकता है। खतरनाक प्रक्रियाओं से सम्बंधित उपबंधों तथा उनके अंतर्गत बनाए गए नियमों के उल्लंघन के फलस्वरूप मृत्यु या गंभीर चोट उत्पन्न करने वाली दुर्घटना की स्थिति में जुर्माने की राशि क्रमशः 25,000 रुपये और 5,000 तक हो सकती है। परिसंकटमय पदार्थों या प्रक्रियाओं के सम्बंध में सात वर्षों तक कारावास व 2 लाख रुपये तक के जुर्माने से दंडित किया जा सकता है। अधिनियम में निरीक्षक के कार्य में बाधा पहुँचाने या रिकार्ड न प्रस्तुत करने के दोषी व्यक्तियों को छः माह के कारावास या 10,000 रुपये तक जुर्माना लगाया जा सकता है। न्यायालय अधिनियम के अधीन अपराधों पर केवल कारखाना निरीक्षक द्वारा या उसकी पूर्वानुमति से किए गए परिवादों के आधार पर ही विचार कर सकता है।

आलोचना

कारखाना अधिनियम, 1948 में लागू हुआ। उस समय देश जनतंत्र एवं कल्याणकारी राज्य की देहरी पर खड़ा था। उस समय से आज की परिस्थितियों में अत्यधिक परिवर्तन हो गया। अतः समय के अनुसार अधिनियम में कुछ कमियाँ भी दिखाई पड़ रही हैं। ऐसी कुछ कमियों का विवरण निम्नलिखित है–

(i) **असंतोषजनक मानक** – कल्याण स्वास्थ्य एवं सुरक्षा हेतु अधिनियम में जो मानक निर्धारित किए गए हैं, वे अन्य देशों की अपेक्षा निम्न स्तर के हैं। आई.एल.ओ. की अपेक्षाएँ भी इन प्रावधानों के सम्बंध में अपेक्षाकृत ऊँची हैं।

(ii) **विशेषकर सुरक्षा के क्षेत्र में कम प्रभावी अधिनियम** – भोपाल गैस त्रासदी के बाद यह महसूस किया गया कि हमारे देश में विशेषकर सुरक्षा संबंधी जो अधिनियमित प्रावधान हैं, वे सक्षम नहीं है। उन्हें और अधिक सक्षम बनाने की आवश्यकता है।

(iii) **असंतोषप्रद निरीक्षण** – कारखाना अधिनियम के विभिन्न प्रावधानों के क्रियान्वयन को सुनिश्चित करने के लिए निरीक्षकों की व्यवस्था है। किन्तु आज की तिथि में कारखानों की संख्या में तो निरन्तर वृद्धि हुई है। पर उस क्रम में निरीक्षकों की संख्या में वृद्धि नहीं हुई है। अतः पर्याप्त निरीक्षण नहीं होने के कारण नियोक्ता बहुत से प्रावधानों का उल्लंघन करते हैं, पर उन्हें दण्डित नहीं किया जाता है।

(iv) **विनिर्माण प्रक्रिया की दोषपूर्ण परिभाषा** – विनिर्माण प्रक्रिया की जो परिभाषा अधिनियम में दी गई है वह भी दोषपूर्ण है। अतः बहुत से कारखानों में विनिर्माण प्रक्रिया तो होती है, पर वे अधिनियम के क्षेत्र में नहीं आते हैं।

(v) **कार्य के घण्टों का अधिक होना** – बहुत से देशों में अब श्रमिकों को सप्ताह में पांच दिन और 40 घण्टे ही कार्य करना पड़ता है। किन्तु हमारे देश में भी अधिनियमित रूप से श्रमिकों को सप्ताह में 48 घण्टे और प्रतिदिन 9 घण्टे तक कार्यस्थल पर उपस्थित रहना पड़ता है।

द्वितीय राष्ट्रीय श्रम आयोग ने कारखाना अधिनियम, 1948 के स्थान पर ऐसे श्रम कानून बनाने की अनुशंसा की है, जो 20 या 20 से अधिक संख्या में श्रमिकों को नियोजित करने वाले सभी कारखानों, बागानों, खानों, भवन निर्माण, अस्पताल, नर्सिंग होम, सिनेमा, बीड़ी, सिगार, मोटर परिवहन, वायु यातायात, गोदी, बन्दरगाह, जल यातायात आदि में समान रूप से लागू हो। आयोग ने सभी पुराने श्रम कानूनों को निम्नलिखित छः श्रेणियों में विभाजित कर सार्वभौमिक कानून बनाने की अनुशंसा की ताकि वैश्वीकरण से उत्पन्न हुई स्थितियों का सामना किया जा सके। ये विषय हैं– (i) कार्य की दशाएँ, (ii) सुरक्षा, (iii) मजदूरी, (iv) सामाजिक सुरक्षा, (v) औद्योगिक सम्बंध एवं सामाजिक न्याय, तथा (vi) निवारक कानून। प्रस्तावित अधिनियम के प्रारूप में शामिल किए जाने वाले विषयों में मुख्य होंगे – स्थापनों का पंजीकरण, कार्य के घण्टे, विश्राम अन्तराल, विस्तृति (spread over), साप्ताहिक अवकाश का दिन, पाली के कार्य, अतिकाल, बालकों और स्त्रियों का नियोजन, सवेतन अग्रिम छुट्टी, आकस्मिक छुट्टी कल्याण बागान श्रमिकों के लिए आवासीय सुविधा तथा ठेका श्रमिकों की कार्य दशाएँ इत्यादि।

आयोग ने कार्य स्थलों पर सुरक्षा सुनिश्चित करने के लिए अलग से एक सार्थक (omnibus) कानून बनाने की अनुशंसा की थी। इस कानून के अधीन विभिन्न क्रिया कलापों के लिए अलग–अलग नियम एवं विनियम बनाने होंगे।

परिसंकटमय प्रक्रियाओं से संबद्ध उपबंध

साइट अप्रेजल समितियों का गठन

राज्य सरकार परिसंकटमय प्रक्रियाओं वाले कारखाने की प्रारंभिक अवस्थिति (location) या उसके विस्तार से संबद्ध अनुमति के लिए आवेदन पर परामर्श देने के उद्देश्य से स्थल मूल्यांकन समिति का गठन कर सकती है। समिति में निम्नलिखित सदस्य होंगे–

(i) राज्य का मुख्य कारखाना निरीक्षक – अध्यक्ष।

(ii) केंद्रीय जल प्रदूषण निवारण एवं नियंत्रण बोर्ड का एक प्रतिनिधि।

(iii) केंद्रीय वायु प्रदूषण निवारण एवं नियंत्रण बोर्ड का एक प्रतिनिधि।

(iv) राज्य जल प्रदूषण निवारण एवं नियंत्रण बोर्ड का एक प्रतिनिधि।

(v) राज्य वायु प्रदूषण निवारण एवं नियंत्रण बोर्ड का एक प्रतिनिधि।
(vi) राज्य के पर्यावरण विभाग का एक प्रतिनिधि।
(vii) भारत सरकार के मौसम विभाग का एक प्रतिनिधि।
(viii) व्यावसायिक स्वास्थ्य के क्षेत्र से एक विशेषज्ञ।
(ix) राज्य सरकार के नगर योजना विभाग का एक प्रतिनिधि।
(x) राज्य सरकार द्वारा सहयोजित (co-opted) अधिक से अधिक पाँच अन्य सदस्य, जिनमें एक कारखानों की परिसंकटमय प्रक्रियाओं में विशिष्टता प्राप्त वैज्ञानिक, एक उस स्थानीय प्राधिकरण का प्रतिनिधि, जिसके क्षेत्र में कारखाना है तथा तीन अन्य ऐसे व्यक्ति होंगे, जिन्हें राज्य सरकार योग्य समझती है।

स्थल मूल्यांकन समिति परिसंकटमय प्रक्रिया वाले कारखाने से संबद्ध कारखाने की स्थापना के आवेदन का परीक्षण कर अपनी अनुशंसा राज्य सरकार को आवेदन प्राप्त करने की तिथि से 90 दिनों के अंदर देगी। जब ऐसे कारखाने का स्वामित्व या नियंत्रण केंद्रीय सरकार या उसकी किसी कंपनी या निगम में निहित है, तो राज्य सरकार समिति में केंद्र सरकार द्वारा नाम निर्दिष्ट व्यक्ति को भी सहयोजित करेगी। समिति आवेदक से कारखाने से संबद्ध कोई भी जानकारी प्राप्त कर सकती है। जहाँ ऐसे कारखाने की स्थापना या विस्तार के लिए राज्य सरकार द्वारा आवेदन को स्वीकृति मिल गई है, वहाँ आवेदक को केंद्रीय या राज्य के जल और वायु प्रदूषण बोर्ड से पुनः स्वीकृति लेने की आवश्यकता नहीं है।

अधिष्ठाता द्वारा खतरनाक परिस्थितियों के बारे में अनिवार्य रूप से जानकारी दिया जाना

अधिनियम की धारा 41–बी के अनुसार, परिसंकटमय प्रक्रियावाले प्रत्येक कारखाने के अधिष्ठाता को विहित रूप में कारखाने में नियोजित कर्मकारों, मुख्य कारखाना निरीक्षक, संबंधित स्थानीय प्राधिकरण तथा आसपास की आम जनता को खतरों से संबंधित सभी जानकारी देना आवश्यक है। इसमें वस्तुओं या पदार्थों के विनिर्माण, परिवहन, भंडारण तथा अन्य प्रक्रियाओं से कर्मकारों के उच्छन्न (exposer) होने या हथालने से उत्पन्न स्वास्थ्य के खतरों तथा उनसे बचने के उपायों से संबंधित जानकारी सम्मिलित होगी। इसमें कूड़े–करकट की मात्रा, विशिष्ट (specification), अन्य विशेषताओं एवं उनके व्ययन (disposal) के तरीके का भी उल्लेख रहेगा।

परिसंकटमय कारखाने के पंजीयन के समय अधिष्ठाता उसमें काम करने वाले कर्मकारों के स्वास्थ्य एवं सुरक्षा के सम्बन्ध में विस्तार से नीति बनाएगा तथा उसकी सूचना मुख्य कारखाना निरीक्षक और स्थानीय प्राधिकारी को देगा। नीति में बाद में किए गए परिवर्तन की भी सूचना देना आवश्यक है। अधिष्ठाता के लिए यह भी आवश्यक है कि वह मुख्य कारखाना निरीक्षक की अनुमति से स्थल पर अपनाई जाने वाली आपात–योजना एवं विपत्ति नियंत्रण कार्यक्रम बनाए तथा कर्मकारों एवं आसपास

की आम जनता को दुर्घटना की स्थिति में सुरक्षात्मक उपायों से अवगत कराए। अधिष्ठाता को प्रक्रिया की प्रकृति एवं विस्तृत विवरणी की सूचना भी निर्धारित अवधि के अंदर देना आवश्यक है। सूचना नहीं देने पर कारखाने के लिए दिए गए लाइसेंस को रद्द किया जा सकता है। अधिष्ठाता के लिए यह भी आवश्यक है कि वह मुख्य कारखाना निरीक्षक की अनुमति से कारखाने के अंदर खतरनाक पदार्थों के हथालने, प्रयोग, परिवहन, भंडारण तथा कारखाने के बाहर इनके व्ययन के सम्बन्ध में उपायों की योजना बनाए और इसके बारे में कर्मकारों और आसपास की जनता को विहित ढंग से जानकारी दे।

अधिष्ठाता की सम्बन्धित विभाग में विशिष्ट जिम्मेदारी

धारा 41–सी के अनुसार, परिसंकटमय प्रक्रियाओं वाले कारखाने के अधिष्ठाता के लिए निम्नलिखित विशिष्ट दायित्वों को निभाना आवश्यक है–

(i) कारखाने के ऐसे सभी कर्मकारों के सम्बन्ध में सही एवं अद्यतन स्वास्थ्य सम्बन्धी या चिकित्सकीय रिकॉर्ड रखना, जिन्हें वहाँ विनिर्मित, संगृहीत, हाथ से उपयुक्त तथा परिवहित रासायनिक, विषैले या अन्य हानिकारक पदार्थों से गंभीर जोखिम की आशंका हो।

(ii) ऐसे व्यक्तियों को नियुक्त करना, जिन्हें परिसंकटमय पदार्थों को हाथ से प्रयोग करने की योग्यता और अनुभव हो और जो ऐसे प्रयोग के पर्यवेक्षण में सक्षम हों। अगर नियुक्त किए जाने वाले व्यक्ति की योग्यता तथा अनुभव से संबद्ध कोई प्रश्न उठता हो, तो इस सम्बन्ध में मुख्य कारखाना निरीक्षक का निर्णय अंतिम होगा।

(iii) कार्यस्थल पर कर्मकारों को विहित तरीके से रक्षा के लिए आवश्यक सुविधाएँ प्रदान करना; तथा

(iv) परिसंकटमय पदार्थ को हथालने और उसका प्रयोग करने वाला काम सुपुर्द करने के पहले, काम पर बने रहने के दौरान तथा काम बंद करने के बाद निर्धारित अंतरालों पर कर्मचारियों के चिकित्सकीय परीक्षण की व्यवस्था करना।

जाँच समिति नियुक्त करने से संबद्ध केंद्र सरकार की शक्ति

धारा 41–डी के अन्तर्गत परिसंकटमय प्रक्रिया वाले कारखाने में घटने वाली किसी असाधारण घटना (dangerous occurrence) की स्थिति में केंद्र सरकार जाँच समिति नियुक्त कर सकती है। समिति में एक अध्यक्ष और दो अन्य सदस्य होंगे। समिति के विचारार्थ विषय तथा सदस्यों की पदावधि का निर्धारण परिस्थिति की आवश्यकताओं को ध्यान में रखते हुए केंद्र सरकार करेगी। समिति का मुख्य कार्य कारखाने में पालन किए जाने वाले स्वास्थ्य एवं सुरक्षा के सम्बन्ध में जाँच करना तथा विहित उपायों या मानकों के अपनाए जाने की विफलता या लापरवाही सम्बन्धी कारणों का पता लगाना है जिनके फलस्वरूप कर्मकार या आसपास के लोग प्रभावित हुए हैं या हो सकते हैं।

समिति भविष्य में ऐसी असाधारण घटना की पुनरावृत्ति को रोकने से संबद्ध सुझाव भी देगी। समिति की अनुशंसाओं का स्वरूप सलाहकारी होता है।

आपातकालीन मानक

धारा 41–ई के अनुसार, जब केन्द्र सरकार इस बात से संतुष्ट है कि किसी परिसंकटमय प्रक्रिया या ऐसी प्रक्रियाओं के किसी वर्ग के सम्बन्ध में कोई मानक विहित नहीं किए गए हैं या विहित किए गए मानक अपर्याप्त हैं, तो वह कारखाना सलाह–सेवा और श्रम संस्थानों के महानिदेशक (Director General of Factory Advice Service and Labour Institute) या किसी अन्य विशिष्ट संस्था को ऐसी प्रक्रियाओं के सम्बन्ध में उपयुक्त आपातकालीन मानक तैयार करने के लिए निदेश दे सकती है। जब तक इन आपातकालीन मानकों को नियमों में सम्मिलित नहीं किया जाता, तब तक वे नियमों की तरह ही प्रभावी रहेंगे।

रासायनिक एवं विषैले पदार्थों के उच्छादन की अनुज्ञेय सीमाएँ

धारा 41–एफ तथा अधिनियम की दूसरी अनुसूची के अनुसार, विनिर्माण प्रक्रियाओं के अंतर्गत, चाहे वे परिसंकटमय हों अथवा नहीं, रासायनिक तथा विषैले पदार्थों के उच्छादन की अधिकतम अनुज्ञेय सीमाएँ अधिनियम की दूसरी अनुसूची में निर्दिष्ट की गई हैं। केंद्र सरकार विशिष्ट संस्थाओं या इस क्षेत्र में विशेषज्ञों से वैज्ञानिक प्रमाण मिलने पर उन्हें क्रियान्वित करने के लिए अनुसूची में उपयुक्त परिवर्तन कर सकती है।

सुरक्षा प्रबंध में कर्मकारों की भागीदारी

धारा 41–जी के अनुसार, प्रत्येक ऐसे कारखाने में जिसमें परिसंकटमय प्रक्रिया होती है या जहाँ खतरनाक पदार्थ व्यवहृत होते हैं या हाथ से प्रयोग में लाए जाते हैं, वहाँ अधिष्ठाता के लिए सुरक्षा समिति का गठन करना आवश्यक है। सुरक्षा समिति में कर्मकारों और प्रबंध के प्रतिनिधि बराबर–बराबर की संख्या में होंगे। समिति का मुख्य कार्य कार्यस्थल पर समुचित सुरक्षा तथा अनुरक्षण के लिए कर्मकारों और प्रबंध के बीच सहयोग प्रोत्साहित करना है। समिति की संरचना, सदस्यों की पदावधि तथा उनके अधिकार एवं कर्तव्य राज्य सरकार द्वारा विहित किए जाएँगे। राज्य सरकार लिखित रूप से कारणों का उल्लेख करते हुए किसी कारखाने में सुरक्षा समिति के गठन से छूट दे सकती है।

आसन्न खतरे की चेतावनी देने के बारे में कर्मकारों का अधिकार

धारा 41–एच के अनुसार, अगर किसी खतरनाक प्रक्रिया वाले कारखाने में नियोजित कर्मकारों को युक्तियुक्त (reasonable) आशंका हो कि किसी दुर्घटना तथा प्रक्रिया से उनके जीवन या स्वास्थ्य को आसन्न खतरे की सम्भावना है, तो वे उसकी सूचना कारखाने के अधिष्ठाता, एजेंट, प्रबंधक या अन्य प्रभारी व्यक्ति तथा कारखाना निरीक्षक को दे सकते हैं। ऐसी सूचना कर्मकारों द्वारा स्वयं प्रत्यक्ष रूप से या सुरक्षा समिति के

अपने प्रतिनिधियों के माध्यम से दी जा सकती है। अगर अधिष्ठाता या अन्य प्रभारी व्यक्ति समझता है कि इस आसन्न खतरे की संभावना है, तो उसका कर्तव्य होगा कि वह इस सम्बन्ध में तत्काल उपचारी कदम उठाए और इसकी रिपोर्ट निकटतम कारखाना निरीक्षक को दे। जब वह कर्मचारियों द्वारा आशंकित खतरे के बारे में संतुष्ट नहीं है, तो वह इसकी सूचना निकटतम कारखाना निरीक्षक को अविलम्ब देगा जिसका निर्णय अंतिम होगा।

परिसंकटमय प्रक्रियाओं से संबद्ध उपबंध अधिनियम, 1987 में किए गए संशोधन द्वारा जोड़े गए। इन नए उपबंधों का मुख्य उद्देश्य खतरनाक प्रक्रियाओं वाले कारखानों में कर्मकारों एवं आसपास की जनता के स्वास्थ्य की रक्षा करना तथा खतरनाक घटनाओं एवं प्रक्रियाओं से उन्हें सुरक्षा प्रदान करना है। इन संशोधनों के अंतर्गत खतरनाक प्रक्रियाओं के सम्बन्ध में सरकार और उसके प्राधिकारियों को महत्त्वपूर्ण शक्तियाँ दी गई हैं।

कल्याण संबंधी उपबंध

यूं तो कारखाना अधिनियम, 1948 के स्वास्थ्य, सुरक्षा, कार्य के घंटों, सवेतन छुट्‌टी आदि से संबद्ध उपबंधों का भी उद्देश्य कारखानों में कार्यरत श्रमिकों का कल्याण है, फिर भी अधिनियम में कल्याण सम्बन्धी कुछ विशेष उपबंध 'कल्याण' शीर्षक से एक अलग अध्याय में रखे गए है। 'कल्याण' के अध्याय में सम्मिलित किए गए उपबंध निम्नांकित रूप में हैं–

धुलाई की सुविधाएँ (धारा 42)

प्रत्येक कारखाने में वहाँ के कर्मकारों के उपयोग के लिए धुलाई की पर्याप्त और उपयुक्त सुविधाओं की व्यवस्था करना आवश्यक है। पुरुष और स्त्री कर्मकारों के लिए अलग–अलग पर्दायुक्त सुविधाएँ उपलब्ध कराई जाएँगी। इन सुविधाओं को साफ रखा जाएगा और ये सहजता से उपलब्ध होंगी। राज्य सरकार धुलाई की सुविधाओं के समुचित और उपयुक्त मानक विहित कर सकती है।

वस्त्रों को रखने और सुखाने की सुविधाएँ (धारा 43)

राज्य सरकार कारखानों में काम के घंटों के दौरान न पहने जाने वाले वस्त्रों को रखने और गीले कपड़ों को सुखाने के लिए समुचित स्थानों की व्यवस्था से संबद्ध नियम बना सकती है।

बैठने की सुविधाएँ (धारा 44)

प्रत्येक कारखाने में खड़े होकर काम करने के लिए बाध्य सभी कर्मकारों के बैठने के लिए उपयुक्त व्यवस्था की जाएगी, जिससे वे काम के दौरान उपलब्ध विश्राम के अवसरों का लाभ उठा सकें। अगर मुख्य कारखाना निरीक्षक की राय में किसी विनिर्माण प्रक्रिया (manufacturing process) में लगे या किसी विशेष कमरे में काम

करने वाले कर्मकार बैठकर अपना काम दक्षता से कर सकते हैं, तो वह कारखाने के अधिष्ठाता (caretaker) को ऐसे काम में लगे या काम करने वाले सभी कर्मकारों के बैठने की व्यवस्था के लिए आदेश दे सकता है। राज्य सरकार को इस सम्बन्ध में छूट देने की शक्ति प्राप्त है।

प्राथमिक उपचार-साधन (धारा 45)

कारखानों में प्रत्येक डेढ़ सौ कर्मकारों के लिए कम से कम एक की दर से प्राथमिक उपचार बक्से या कपबोर्ड (cupboard) रखे जाएँगे। इन्हें सारे काम के घंटों के दौरान आसानी से उपलब्ध होना चाहिए। इनमें विहित अंतर्वस्तुओं (prescribed contents) के अतिरिक्त कुछ नहीं रखा जाएगा। प्रत्येक प्राथमिक उपचार बक्सा या कपबोर्ड को एक अलग से उत्तरदायी व्यक्ति के प्रभार में रखा जाएगा, जिसे राज्य सरकार द्वारा मान्यता प्राप्त प्राथमिक उपचार चिकित्सा का प्रमाण–पत्र प्राप्त हो। ऐसे व्यक्ति को कारखाने के काम के घंटों के दौरान सदा आसानी से उपलब्ध रहना चाहिए। प्रत्येक कारखाने में जिसमें सामान्यतः 500 से अधिक कर्मकार नियोजित हों, वहाँ विहित आकार एवं विहित साजो–सामान से युक्त एक एंबुलैंस कक्ष (ambulance room) रखा जाएगा। इसे विहित चिकित्सकीय और परिचर्या–कर्मचारियों के प्रभाव में रखा जाएगा। ये सुविधाएँ भी कारखाने में काम करने के घंटों के दौरान सुगमतापूर्वक उपलब्ध कराई जाएंगी।

कैंटीन की सुविधाएँ (धारा 46)

ऐसे प्रत्येक कारखाने में जहाँ 250 से अधिक कर्मकार सामान्यतः नियोजित हों, वहाँ राज्य सरकार नियमों द्वारा अधिष्ठाता को कर्मकारों के उपयोग के लिए कैंटीन की व्यवस्था करने के लिए बाध्य कर सकती है। ऐसे नियमों में जिन विषयों को सम्मिलित किया जा सकता है, उनमें महत्त्वपूर्ण हैं– कैंटीन की व्यवस्था की तिथि, उसके निर्माण तथा साजो–सामान के बारे में मानक, उपलब्ध खाद्य पदार्थ और उनके दाम, कैंटीन के लिए प्रबंधक समिति के गठन, व्यय की वे मदें, जिन्हें खाद्य पदार्थों के खर्च निर्धारित करने में हिसाब में नहीं लिया जाएगा और जिन्हें नियोजक वहन करेगा तथा कैंटीनों की संख्या।

आश्रय, विश्राम कक्ष और भोजन कक्ष (धारा 47)

ऐसे कारखाने जिसमें 150 से अधिक कर्मकार सामान्यतः नियोजित हों, वहाँ उनके उपयोग के लिए उपयुक्त आश्रय या विश्राम कक्ष और भोजन कक्ष की व्यवस्था करना भी अनिवार्य है। भोजन कक्ष में पेयजल की व्यवस्था करना आवश्यक है। अधिनियम के अधीन बनाई गई कैंटीन को आश्रय या विश्राम कक्ष तथा भोजन कक्ष माना जा सकता है। जहाँ भोजन कक्ष की व्यवस्था की गई हो, वहाँ कोई भी कर्मकार काम के कमरे में खाना नहीं खाएगा। राज्य सरकार आश्रयों, विश्राम कक्षों और भोजन कक्षों

के निर्माण तथा उनमें प्रयोग किए जाने वाले साजो–सामान के बारे में मानक विहित कर सकती है।

शिशु कक्ष (धारा 48)

प्रत्येक कारखाने में, जिसमें तीस से अधिक स्त्री कर्मकार सामान्यतः नियोजित हैं, वहाँ उनके छः वर्ष से कम आयु के बच्चों के लिए उपयुक्त शिशु गृह की व्यवस्था करना अनिवार्य है। शिशु गृहों में पर्याप्त जगह, पर्याप्त प्रकाश और संवातन का होना आवश्यक है। शिशु गृहों में बालकों और शिशुओं को प्रशिक्षित स्त्रियों की देखरेख में रखा जाएगा। राज्य सरकार शिशु गृहों के सम्बन्ध में नियम बना सकती है। ये नियम शिशु गृह के निर्माण, उसके साजो–सामान के मानकों, अतिरिक्त सुविधाओं, मुफ्त दूध या उपहार की व्यवस्था, माताओं के लिए अपने बच्चों को दूध पिलाने के लिए अंतरालों की व्यवस्था आदि विषयों पर बनाए जा सकते हैं।

कल्याण अधिकारी (धारा 49)

प्रत्येक कारखाने में जिसमें 500 या उससे अधिक कर्मकार सामान्यतः नियोजित हैं, अधिष्ठाता (occupier) के लिए उसमें विहित संख्या में कल्याण अधिकारियों को नियुक्त करना आवश्यक है। राज्य सरकार को कल्याण अधिकारियों के कर्तव्य, अर्हताएँ (qualifications) और सेवा की शर्तें विहित करने की शक्ति प्राप्त है।

कल्याण संबंधी नियम बनाने की शक्ति (धारा 50)

राज्य सरकार कल्याण सम्बन्धी उपबंधों के अनुपालन से छूट तथा कल्याणार्थ व्यवस्थाओं के प्रबंध में कर्मकारों के प्रतिनिधित्व से संबद्ध नियम बना सकती है। (धारा 50)

वयस्क कर्मकारों के काम के घंटे

वयस्क कर्मकारों के दैनिक काम के घंटे (धारा 54)

किसी भी कारखाने में वयस्क कर्मकारों से 9 घंटे दैनिक से अधिक न तो काम लिया जाएगा और न ही इसके लिए उन्हें अनुमति दी जाएगी। लेकिन, कुल दैनिक घंटों का योग सप्ताह में 48 घंटे से अधिक नहीं होना चाहिए। मुख्य कारखाना निरीक्षक की पूर्व अनुमति से पारियों के बदलने की सुविधा के लिए इस अवधि को बढ़ाया जा सकता है।

वयस्क कर्मकारों के साप्ताहिक काम के घंटे (धारा 51)

किसी भी कारखाने में वयस्क कर्मकारों से सप्ताह में 48 घंटे से अधिक न तो काम लिया जाएगा और न ही इसके लिए उन्हें अनुमति दी जाएगी।

विश्राम अंतराल (धारा 55)

किसी भी कारखाने में वयस्क कर्मकारों के प्रतिदिन के काम की कालावधि (periods of work) इस प्रकार नियत की जाएगी कि कोई भी कालावधि पाँच घंटों से अधिक की

नहीं हो। किसी भी दिन कोई भी कर्मकार पांच घंटे से अधिक समय तक काम तब तक नहीं कर सकता, जब तक उसे कम से कम आधे घंटे का विश्राम–अंतराल नहीं मिल चुका हो। राज्य सरकार या राज्य सरकार के नियंत्रण में मुख्य कारखाना निरीक्षक को शक्ति प्राप्त है कि विशेष स्थितियों में इस उपबंध से छूट दे, लेकिन किसी भी दशा में अंतराल के बिना काम के घंटों की संख्या 6 से अधिक नहीं होगी।

विस्तृति (धारा 56)

कारखानों में किसी वयस्क कर्मकार के नाम की कालावधि इस प्रकार व्यवस्थित की जाएगी कि उसके विश्राम के लिए अंतरालों सहित विस्तृति (spreadover) किसी भी दिन साढ़े दस घंटे से अधिक की नहीं हो। लेकिन, मुख्य कारखाना निरीक्षक लिखित रूप में उल्लिखित कारणों से विस्तृति को बढ़ाकर बारह घंटे तक कर सकता है।

साप्ताहिक अवकाश दिन (धारा 52)

अधिनियम के अधीन कारखानों के कर्मकारों को सप्ताह में कम से कम एक दिन का अवकाश दिवस देना आवश्यक है। सामान्यतः कर्मकारों से सप्ताह के पहले दिन तब तक न तो काम लिया जाएगा और न ही इसके लिए उन्हें अनुमति दी जाएगी, जब तक उनके लिए उस दिन से ठीक पहले या बाद के तीन दिन पूरे दिन के लिए अवकाश दिवस की व्यवस्था न की गई हो। कारखाने के प्रबंधक के लिए कर्मकारों और कारखाना निरीक्षक को साप्ताहिक अवकाश दिवस या उसके लिए प्रतिस्थापित दिवस (substitute day) की पूर्व सूचना देना आवश्यक है। लेकिन, साप्ताहिक अवकाश दिवस का प्रतिस्थापन इस तरह नहीं किया जा सकता कि किसी भी कर्मकार को बिना पूरे दिन का अवकाश के लगातार इस दिनों की अवधि तक काम करना पड़े।

धारा 52–53, अगर अधिनियम के अधीन बनाए गए नियम या दिए गए आदेश के अंतर्गत दी गई छूट के परिणामस्वरूप कोई कर्मकार अधिकृत साप्ताहिक अवकाश दिवसों से वंचित हो जाता है, तो उसे उस महीने में या उसके ठीक बाद के दो महीनों के अंदर प्रतिकारात्मक (compensatory) अवकाश दिवस उपलब्ध कराना आवश्यक है।

इसी प्रकार धारा 57 के अनुसार, जहाँ कारखाने में कोई कर्मकार ऐसी पारी में काम करता है, जिसका विस्तार मध्यरात्रि के बाद तक होता है, वहाँ उसके लिए साप्ताहिक अवकाश दिवस की कालावधि पारी की समाप्ति से लगातार 24 घंटों की होगी।

दैनिक और साप्ताहिक कार्य के घंटों, विश्राम-अंतराल, विस्तृति और साप्ताहिक अवकाश दिवस से संबद्ध उपबंधों में छूट

जैसा कि ऊपर के उप–शीर्षकों 1, 3 और 4 में उल्लेख किया गया है, कुछ स्थितियों में दैनिक कार्य के घंटों, विश्राम अंतराल तथा विस्तृति से संबद्ध उपबंधों में छूट दी जा

सकती है। इनके अतिरिक्त अधिनियम में कुछ विशेष प्रकार के कर्मकारों, कार्यों तथा स्थितियों का उल्लेख किया गया है, जिनके सम्बन्ध में काम के घंटों में छूट देने के लिए राज्य सरकार नियम बना सकती है। निम्नलिखित प्रकार के कर्मकारों के सम्बन्ध में विश्राम अंतराल और अधिकतम दैनिक और साप्ताहिक कार्य के घंटों तथा विस्तृति से छूट के लिए राज्य सरकार नियम बना सकती है–

(i) किसी कारखाने में पर्यवेक्षण (supervision) या प्रबंध के पद या गोपनीय पद पर नियोजित कर्मकार।

(ii) अति आवश्यक मरम्मतों में लगे कर्मकार।

(iii) वे कर्मकार, जो ऐसे प्रारंभिक या पूरक कामों में लगे हैं, जिन्हें कारखाने के साधारण कार्यचालन के लिए अधिकतम काम के घंटों की सीमाओं के बाहर जारी रखना आवश्यक है।

(iv) रुक–रुककर चलने वाले कामों पर लगे कर्मकार, जिन्हें विश्राम के लिए निर्धारित अधिकतम सीमा से अधिक अवधि तक विश्राम के अवसर अनिवार्यतः मिल जाते हैं।

(v) ऐसे कामों में लगे कर्मकार, जिन्हें तकनीकी कारणों से निरंतर किया जाना आवश्यक है।

(vi) रेलवे माल डिब्बों, लारियों और ट्रकों को भरने या खाली करने में लगे कर्मकार, या

(vii) राज्य सरकार द्वारा अधिसूचित राष्ट्रीय महत्त्व के काम में लगे कर्मकार।

इनके अतिरिक्त, राज्य सरकार निम्नलिखित प्रकार के कर्मकारों के सम्बन्ध में छूट के लिए आवश्यक नियम बना सकती है।

(i) साप्ताहिक कार्य के घंटों तथा साप्ताहिक अवकाश दिवस सम्बन्धी उपबंधों से अतिरिक्त छूट

(क) ऐसे कर्मकार, जो प्राथमिक आवश्यकता की उन चीजों के निर्माण और प्रदाय में लगे हों, जिनका हर दिन निर्माण या प्रदाय आवश्यक हो।

(ख) नियत मौसमों के अतिरिक्त नहीं चलाई जा सकने वाली विनिर्माण प्रक्रियाओं में लगे कर्मकार।

(ii) साप्ताहिक अवकाश तथा विश्राम अंतराल सम्बन्धी उपबंधों से अतिरिक्त छूट–
ऐसी विनिर्माण प्रक्रिया में लगे कर्मकार जो प्राकृतिक शक्तियों (natural forces) की अनियमित क्रिया पर निर्भर समयों के सिवाय नहीं चलाई जा सकती।

(iii) साप्ताहिक कार्य के घंटों, साप्ताहिक अवकाश दिवस तथा दैनिक कार्य के घंटों से संबद्ध उपबंधों से अतिरिक्त छूट–
इंजन–कक्षों या बॉयलर–घरों या शक्ति–संयंत्र या संचारण–मशीनरी के काम में लगे कर्मकार; तथा

(iv) साप्ताहिक कार्य के घंटों तथा विस्तृति से संबद्ध उपबंधों से अतिरिक्त छूट–

समाचार पत्रों के मुद्रण में लगे कर्मकार, जिनका काम मशीनरी के ठप हो जाने के कारण रुक जाता है।

उपर्युक्त प्रकार के कर्मकारों के काम के घंटों की अधिकतम सीमाओं से छूट देने के लिए नियम बनाते समय निम्नलिखित शर्तें लागू रहेंगी (धारा 64)–

(i) दैनिक कार्य के घंटों की कुल संख्या 10 से अधिक नहीं होगी।

(ii) विश्राम के लिए अंतराल सहित विस्तृति दैनिक बारह घंटों से अधिक की नहीं होगी।

(iii) अतिकाल (overtime) सहित साप्ताहिक कार्य के घंटों की कुल संख्या 60 से अधिक नहीं होगी।

(iv) अतिकाल के घंटों की कुल संख्या किसी एक तिमाही में 50 से अधिक नहीं होगी।

काम के घंटों से छूट देने के लिए बनाए गए ये नियम अधिकतम पाँच वर्षों तक ही लागू हो सकते हैं।

इनके अतिरिक्त, राज्य सरकार या राज्य सरकार के नियंत्रण में मुख्य कारखाना निरीक्षक को किसी कारखाने में काम के असाधारण दबाव की स्थिति का सामना करने के लिए लिखित आदेश द्वारा कार्य के साप्ताहिक घंटों, कार्य के दैनिक घंटों और विस्तृति की अधिकतम सीमाओं तथा साप्ताहिक छुट्टी से संबद्ध उपबंधों से छूट देने की शक्ति प्राप्त है। लेकिन, छूट के लिए आदेश देते समय इस बात का ध्यान रखना आवश्यक है कि (क) कार्य के दैनिक घंटों की संख्या 10 से अधिक नहीं हो, (ख) विश्राम के लिए अंतराल सहित विस्तृति किसी एक दिन में बारह घंटों से अधिक नहीं हो, (ग) अतिकाल के साथ काम के साप्ताहिक घंटों की कुल संख्या 60 से अधिक नहीं हो, तथा (घ) किसी एक तिमाही में अतिकाल के घंटों की कुल संख्या 50 से अधिक नहीं हो।

स्त्रियों के कार्य के घंटों से संबद्ध अतिरिक्त प्रतिबंध

धारा 66 के अनुसार, काम के घंटों तथा उनसे छूट से संबद्ध उपबंध पुरुष और स्त्री कर्मकारों के साथ समान रूप से लागू होने हैं, लेकिन स्त्रियों के कार्य के घंटों के सम्बन्ध में कुछ अलग से भी प्रतिबंध लगाए गए हैं। स्त्री कर्मकारों से कार्य के विहित अधिकतम दैनिक घंटों, अर्थात 9 घंटे दैनिक से अधिक की छूट नहीं दी जा सकती। स्त्री कर्मकारों से 7 बजे प्रातः और 7 बजे संध्या के बीच के घंटों के अतिरिक्त किसी अन्य समय में काम नहीं लिया जाएगा और न ही इसके लिए उन्हें अनुमति दी जाएगी। राज्य सरकार इस अवधि में परिवर्तन कर सकती है, लेकिन किसी भी दशा में स्त्रियों से रात्रि 11 बजे से प्रातः 5 बजे के बीच के घंटों में काम नहीं लिया जा सकता। स्त्रियों के लिए पारी परिवर्तन भी साप्ताहिक अवकाश या अन्य अवकाश दिवस की व्यवस्था के बाद ही किया जा सकता है। राज्य सरकार नियम बनाकर मत्स्य संसाधन (fish-curing) या मत्स्य डिब्बाबंदी (fish-canning) के कारखानों में कच्चे माल को नुकसान से बचाने के लिए स्त्रियों के कार्य के विहित अधिकतम घंटों तथा समयों से छूट दे सकती है।

अतिकाल के लिए अतिरिक्त मजदूरी

धारा 59 के अनुसार, अगर कारखाने में नियोजित कोई कर्मकार दैनिक 9 घंटे या साप्ताहिक 48 घंटे से अधिक अवधि तक काम करता है, तो उसे अतिकाल काम के लिए उसकी मजदूरी की सामान्य दर से दुगुनी दर पर मजदूरी दी जाएगी। जहाँ कर्मकारों को मजदूरी का भुगतान मात्रानुपाती दर (piece-rate) के आधार पर किया जाता है, वहाँ उसकी समतुल्य कालानुपाती दर (time-rate) वह दर होगी, जो अतिकाल काम किए जाने वाले महीने के ठीक पूर्ववर्ती महीने के दौरान दैनिक उपार्जनों का औसत है। मजदूरी की सामान्य दर की गणना में आधारभूत मजदूरी (basic wage) तथा अन्य अधिकृत भत्ते सम्मिलित किए जाएँगे, लेकिन उसमें बोनस और अतिकाल काम के लिए दी जाने वाली मजदूरी को सम्मिलित नहीं किया जाएगा। राज्य सरकार को रियायती दरों पर उपलब्ध खाद्यान्न और अन्य वस्तुओं के लाभों के नकद समतुल्य (cash equivalent) निर्धारित करने तथा इस उपबंध के अनुपालन हेतु रजिस्टर रखने आदि से संबद्ध नियम बनाने की शक्ति प्राप्त है।

परस्परव्यापी पारियाँ

धारा 58 के अनुसार, किसी कारखाने में पारियों की इस प्रकार की व्यवस्था से काम नहीं लिया जाएगा कि एक ही समय, एक ही प्रकार के काम पर कर्मकारों की एक से अधिक टोली लगी हो।

वयस्कों के लिए काम की कालावधि की सूचना

धारा 61 व 108 के अन्तर्गत, प्रत्येक कारखानों में वयस्कों के प्रतिदिन के काम करने की कालावधि (periods) की सूचना प्रदर्शित करना आवश्यक है। यह कालावधि इस प्रकार पहले से ही नियत रहेगी कि अधिनियम के दैनिक एवं साप्ताहिक कार्य के घंटों, साप्ताहिक अवकाश दिवस, विश्राम–अंतराल, विस्तृति तथा परस्परव्यापी पारियों (overlapping shifts) से संबद्ध प्रावधानों का उल्लंघन नहीं हो। कारखानों में इन्हीं कालावधियों के दौरान काम होगा। इस सूचना में पारियों में काम के लिए कर्मकारों के समूहों, अन्य प्रकार के काम के लिए समूहों, टोलियों आदि का भी उल्लेख रहेगा।

वयस्क कर्मकारों का रजिस्टर

धारा 61, 62 व 63 के अनुसार, प्रत्येक कारखाने में प्रबंधक के लिए वयस्क कर्मकारों का रजिस्टर रखना आवश्यक है। इसमें निम्नलिखित बातों का उल्लेख होगा–

(i) कारखाने के प्रत्येक वयस्क कर्मकार का नाम।

(ii) उसके काम की प्रकृति।

(iii) उस समूह का नाम, जिसमें उसे सम्मिलित किया गया है।

(iv) अगर समूह पारियों में काम करता है, तो उस टोली का नाम जिसमें उसे रखा गया है।

(v) अन्य विहित बातें। किसी कर्मकार से कारखाने में तब तक काम नहीं लिया जाएगा, जब तक उसके नाम तथा उससे संबद्ध अन्य बातें रजिस्टर में प्रविष्ट नहीं कर दी गई हों। साथ ही, कर्मकारों से कारखाने में प्रदर्शित कालावधि की सूचना और वयस्क कर्मकारों के रजिस्टर में की गई प्रविष्टियों के अनुसार ही काम लिया जाएगा।

अल्पवय व्यक्तियों का नियोजन

बालकों के नियोजन का प्रतिबंध

अधिनियम की धारा 67 के अनुसार, किसी भी बालक को जिसने अपना चौदहवाँ वर्ष पूरा नहीं किया हो, किसी कारखाने में काम के लिए नियोजित नहीं किया जाएगा और न ही इसके लिए उसे अनुमति दी जाएगी।

अल्पवय व्यक्तियों का नियोजन और योग्यता प्रमाणपत्र

ऐसे बालकों को, जिन्होंने अपना चौदहवाँ वर्ष पूरा कर लिया हो या किशोरों (15 वर्ष से अधिक और 18 वर्ष से कम उम्र के व्यक्ति) को कारखाने में तभी नियोजित किया जा सकता है, जब उनके सम्बन्ध में प्रबंधक के पास प्रमाणकर्ता सर्जन (certifying surgeon) द्वारा निर्गत योग्यता प्रमाणपत्र हों तथा ऐसे व्यक्ति कार्य के समय इस आशय का टोकन रखते हों।

अल्पवय व्यक्तियों के कारखाने में नियोजन के पूर्व प्रमाणकर्ता सर्जन द्वारा योग्यता प्रमाणपत्र प्राप्त कर लेना आवश्यक है। योग्यता प्रमाणपत्र के लिए आवेदन अल्पवय व्यक्ति स्वयं या उसके माता–पिता या संरक्षक या कारखाने के प्रबंधक दे सकते हैं। आवेदन के साथ प्रबंधक द्वारा इस आशय का दस्तावेज देना भी आवश्यक है कि वह ऐसे व्यक्ति को योग्यता प्रमाणपत्र मिलने पर कारखाने में नियोजित कर लेगा। आवेदन की प्राप्ति के बाद प्रमाणकर्ता सर्जन उस व्यक्ति की परीक्षा करेगा और कारखाने में काम करने के लिए उसकी योग्यता निर्धारित करेगा। परीक्षा की समाप्ति कर प्रमाणकर्ता सर्जन निम्नांकित प्रमाणपत्र दे सकता है–

(i) *बालक के रूप में कारखाने में काम करने का योग्यता प्रमाणपत्र* – अगर परीक्षा के बाद प्रमाणकर्ता सर्जन पाता है कि अल्पवय व्यक्ति चौदह वर्ष का हो चुका है और उसने विहित शारीरिक मान (prescribed physical standard) प्राप्त कर लिए हैं, तो वह उसे बालक के रूप में कारखाने में काम करने के लिए योग्यता प्रमाणपत्र दे सकता है।

(ii) *वयस्क के रूप में कारखाने में काम करने का योग्यता प्रमाणपत्र* – अगर परीक्षा के बाद प्रमाणकर्ता सर्जन पाता है कि अल्पवय व्यक्ति ने अपना पन्द्रहवाँ वर्ष पूरा कर लिया है और वह कारखाने में पूरे दिन का काम करने

में समर्थ है, तो वह उसे वयस्क के रूप में काम करने के लिए योग्यता प्रमाणपत्र दे सकता है।

इसी प्रक्रिया के अनुसार योग्यता प्रमाणपत्र का नवीकरण (renewal) भी होता है।

योग्यता प्रमाणपत्र उसके जारी करने की तिथि से बारह महीने की अवधि तक मान्य होता है। अगर प्रमाणकर्ता सर्जन की राय में योग्यता प्रमाणपत्र पाने वाला व्यक्ति कारखाने में काम करने लायक नहीं रह गया है, तो वह उसे रद्द कर सकता है। अगर प्रमाणकर्ता सर्जन योग्यता प्रमाणपत्र देने से इनकार करता है या उसे रद्द करता है, तो उपयुक्त व्यक्ति के अनुरोध पर वह उसके कारणों को लिखकर देगा। योग्यता प्रमाणपत्र पाने वाला व्यक्ति केवल निर्धारित शर्तों के अनुसार ही कारखाने में काम कर सकता है।

योग्यता प्रमाणपत्र पाने वाले किशोरों (adolescents) को अधिनियम के अधीन काम के घंटों तथा मजदूरी सहित वार्षिक छुट्टी से संबद्ध उपबंधों के लिए वयस्क समझा जाएगा। दूसरे शब्दों में, ऐसे किशोरों के साथ अधिकतम दैनिक एवं साप्ताहिक कार्य के घंटे, विश्राम–अंतराल, साप्ताहिक अवकाश दिवस, विस्तृति तथा सवेतन वार्षिक छुट्टी से संबद्ध उपबंध उसी प्रकार लागू होंगे, जिस प्रकार वे वयस्क कर्मकारों के साथ लागू होते हैं। लेकिन, जब तक कोई किशोरों सत्रह वर्ष का नहीं हो गया हो, तब तक उसे कारखानों में रात्रि में नियोजित नहीं किया जा सकता। ऐसे किशोरों को, जिन्हें वयस्क के रूप में काम करने के योग्यता प्रमाणपत्र नहीं दिए गए हों, अधिनियम के लिए 'बालक' ही समझा जाएगा और उनके साथ बालकों के लिए लागू होने वाले उपबंध ही लागू होंगे (धारा 69–70)।

अगर कारखाना निरीक्षक की राय में (i) योग्यता प्रमाणपत्र के बिना कारखाने में काम करने वाला कोई व्यक्ति अल्पवय है, या (ii) योग्यता प्रमाणपत्र के साथ कारखाने में काम करने वाला कोई अल्पवय व्यक्ति उस हैसियत में काम करने के योग्य नहीं रह गया है, तो वह प्रमाणकर्ता सर्जन द्वारा उस व्यक्ति की परीक्षा के लिए आदेश दे सकता है। ऐसी स्थिति में जब तक उस व्यक्ति की जाँच नहीं हो जाती, तब तक उसे पहले रूप में नियोजित नहीं रखा जा सकता।

राज्य सरकार योग्यता प्रमाणपत्र के प्रारूप, प्रमाणपत्र की दूसरी प्रति निर्गत करने, प्रमाणपत्रों के लिए देय फीस, बालकों और किशोरों के लिए शारीरिक मान, प्रमाणकर्ता सर्जन द्वारा अपनाई जानेवाली प्रक्रिया तथा उनके कर्तव्यों के सम्बन्ध में नियम बना सकती है (धारा 76)।

बालकों के लिए काम के घंटे

धारा 71 के अनुसार, किसी भी कारखाने में बालकों से दैनिक साढ़े चार घंटों से अधिक काम नहीं लिया जा सकता। उनसे रात के दौरान (10 बजे रात से 6 बजे सुबह तक की अवधि) भी काम नहीं लिया जा सकता। बालिकाओं से केवल सुबह 8 बजे से सायं

7 बजे तक के बीच ही काम लिया जा सकता है। कारखानों में नियोजित सभी बालकों के काम करने की कालावधि दो पारियों तक ही सीमित होगी। इन पारियों में प्रत्येक की विस्तृति (spreadover) पाँच घंटों से अधिक नहीं होगी। प्रत्येक बालक को केवल एक ही टोली (relay) में नियोजित किया जाएगा। मुख्य कारखाना निरीक्षक की अनुमति के बिना इस टोली में 30 दिनों की अवधि में एक बार से अधिक परिवर्तन नहीं किया जा सकता। बालकों के लिए भी साप्ताहिक अवकाश दिवस की व्यवस्था की जाएगी तथा इस सम्बन्ध में उनके लिए किसी प्रकार की छूट नहीं दी जाएगी। किसी भी बालक को किसी कारखाने में ऐसे दिन काम करने की अनुमति नहीं दी जाएगी, जिस दिन वह पहले ही किसी अन्य कारखाने में काम करता रहा हो।

बालकों के काम की कालावधि की सूचना

धारा 72 व 74 के अनुसार, बालकों के लिए काम की कालावधि की विहित सूचनाएँ देना तथा उन्हें स्पष्ट रूप में प्रदर्शित करना आवश्यक है। कालावधि अधिनियम के उपबंधों के अनुसार ही बनाई जाएगी।

बालक कर्मकारों का रजिस्टर

धारा 73 व 74 के अनुसार, प्रत्येक कारखाने में, जिसमें बालक नियोजित है, प्रबंधक के लिए बालक कर्मकारों का रजिस्टर रखना आवश्यक है। इस रजिस्टर में निम्नलिखित बातों का उल्लेख रहेगा– (i) कारखाने के प्रत्येक बालक कर्मकार का नाम, (ii) उसके कार्य की प्रकृति, (iii) उस समूह का नाम, जिसमें उसे सम्मिलित किया गया है, (iv) जहाँ काम पारियों में होता है, उस टोली का नाम जिसमें उसे रखा गया है, तथा (v) उसके योग्यता प्रमाणपत्र की संख्या। ऐसे प्रत्येक रजिस्टर को काम के दौरान सभी समयों में कारखाना निरीक्षक के लिए उपलब्ध होना चाहिए।

किसी बालक कर्मकार को कारखाने में तब तक नियोजित नहीं किया जा सकता, जब तक उसका नाम रजिस्टर में प्रविष्ट नहीं कर लिया गया हो। रजिस्टर के प्रारूप तथा उसके रखे जाने के तरीके आदि के सम्बन्ध में राज्य सरकार नियम बना सकती है।

कारखाना अधिनियम के अधीन बालकों के नियोजन से संबद्ध उपबंध बालश्रम (प्रतिषेध एवं विनियम) अधिनियम, 1986 के उपबंधों के अतिरिक्त होंगे।

सवेतन वार्षिक छुट्टी

सवेतन वार्षिक छुट्टी की दर

कारखाने का प्रत्येक कर्मकार, जिसने, किसी कैलेंडर वर्ष (जनवरी से दिसंबर) के दौरान 240 या उससे अधिक दिनों तक काम किया है, बाद के कैलेंडर वर्ष के दौरान निम्नलिखित दर से मजदूरी सहित छुट्टी का अधिकारी होता है–

(i) वयस्क के लिए – पूर्ववर्ती कैलेंडर वर्ष के दौरान उसके द्वारा किए गए काम के प्रत्येक 20 दिनों के लिए एक दिन।
(ii) बालक के लिए – पूर्ववर्ती कैलेंडर वर्ष के दौरान उसके द्वारा किए गए काम के प्रत्येक 15 दिनों के लिए एक दिन।

योग्यता की शर्तें

धारा 79(1–3) के अनुसार, पूर्ण सवेतन वार्षिक छुट्टी के हकदार होने के लिए कर्मकार को पूर्ववर्ती कैलेंडर वर्ष में 240 दिनों तक काम कर चुकना आवश्यक है। उपर्युक्त 240 दिनों की गणना में (i) किसी समझौते, संविदा या स्थायी आदेशों के अधीन अनुज्ञात (permissible) जबरी छुट्टी (lay-off), (ii) स्त्री कर्मकारों के मामले में अधिकतम 12 सप्ताह की प्रसूति छुट्टी तथा (iii) छुट्टी उपयोग किए जाने वाले वर्ष के पूर्व से उपार्जित छुट्टी (earned leave) के दिनों को सम्मिलित किया जाएगा। कर्मकार को दी जाने वाली सवेतन वार्षिक छुट्टी के बीच आने वाले अवकाश के दिनों की गणना नहीं होगी। अगर किसी कर्मकार की नौकरी कैलेंडर वर्ष के बीच में होती है, तो वह उस वर्ष के अवशिष्ट भाग के दिनों की कुल संख्या के दो तिहाई के लिए काम करने पर संवेतन छुट्टी का हकदार हो जाता है।

सेवोन्मुक्त (discharged), पदच्युत (dismissed), नौकरी छोड़ देने वाले या वार्धक्य (superannuation) प्राप्त करने वाले कर्मकार निर्धारित अवधि तक काम नहीं कर चुकने पर भी सवेतन छुट्टी के हकदार होते हैं। कर्मकार की मृत्यु की स्थिति में भी निर्धारित अवधि तक काम कर चुकने की शर्त लागू नहीं होती तथा मृत कर्मकार का वारिस सवेतन छुट्टी के बदले मजदूरी का हकदार होता है।

नहीं ली गई छुट्टी का आगामी वर्ष में जोड़ा जाना

धारा 79(5) के अनुसार, अगर कोई कर्मकार किसी वर्ष अपनी सारी सवेतन छुट्टी नहीं लेता हो, तो न ली गई छुट्टी को आने वाले वर्ष की छुट्टी में जोड़ दिया जाएगा। इस प्रकार, अगले वर्ष में जोड़ी जाने वाली छुट्टी वयस्कों के लिए 30 और बालकों के लिए 40 दिनों से अधिक नहीं हो सकती। लेकिन, अगर किसी कर्मकार द्वारा दिए गए सवेतन छुट्टी के आवेदन को किसी स्वीकृत योजना या अधिनियम के उपबंधों के प्रतिकूल अस्वीकृत किया गया हो तो ऐसी अस्वीकृत छुट्टी को बिना किसी सीमा के आगे बढ़ाया जा सकता है।

छुट्टी के लिए आवेदन

धारा 79(6) के अनुसार, सवेतन छुट्टी के लिए आवेदन छुट्टी पर जाने के कम से कम 15 दिन पहले प्रबंधक के पास भेजना आवश्यक है, लेकिन औद्योगिक विवाद अधिनियम, 1947 (industrial disputes act, 1947) में परिभाषित 'लोकोपयोगी सेवाओं' में ऐसा आवेदन छुट्टी आरम्भ करने के दिन से कम से कम 30 दिन पहले देना

आवश्यक है। सवेतन वार्षिक छुट्टी वर्ष में अधिकतम तीन बार ली जा सकती है। बीमारी के कारण छुट्टी के आवेदन के लिए समय सम्बन्धी सीमाएँ लागू नहीं होंगी।

सवेतन वार्षिक छुट्टी के नियमन के लिए योजना

धारा 79(8–9) के अनुसार, किसी कारखाने में काम की निरंतरता कायम रखने के उद्देश्य से कारखाने का अधिष्ठाता (occupier) या प्रबंधक (manager) औद्योगिक विवाद अधिनियम, 1947 के अधीन गठित कार्य समिति या किसी अन्य अधिनियम के अधीन गठित अन्य समिति, या इनके अभाव में कर्मकारों के प्रतिनिधियों की सहमति से छुट्टी के नियमन की योजना मुख्य कारखाना निरीक्षक के पास स्वीकृति के लिए भेज सकता है। इस प्रकार की स्वीकृत योजना 12 महीने तक लागू रहती है, लेकिन संबद्ध समिति या कर्मकारों की सहमति से इस अवधि को एक समय अधिकतम 12 महीने की अतिरिक्त अवधि के लिए बढ़ाया जा सकता है। सामान्यतः उपर्युक्त योजना के अधीन व्यवस्था को छोड़कर अन्य स्थितियों में समय पर दिए गए सवेतन छुट्टी के आवेदन को अस्वीकृत नहीं किया जाएगा।

सवेतन छुट्टी से संबद्ध उपबंधों का लागू नहीं होना

धारा 84 के अनुसार, कारखाना अधिनियम के सवेतन वार्षिक छुट्टी सम्बन्धी उपबंध उन दशाओं में लागू नहीं होंगे, जिनमें कर्मकार किसी विधि, अधिनिर्णय (award), समझौते (agreement), सुलह (settlement) या सेवा संविदा (contract of service) के अंतर्गत अधिक लाभप्रद तथा अधिक लंबी अवधि तक सवेतन वार्षिक छुट्टी के हकदार हैं। इन दशाओं में कर्मकार दीर्घतर वार्षिक छुट्टी के ही हकदार होंगे, न कि इस अधिनियम के उपबंधों के अनुसार। लेकिन, अगर अधिनिर्णय, समझौते, सुलह या सेवा संविदा में अधिनियम की किन्हीं संबद्ध बातों का उल्लेख नहीं किया गया हो, या अगर उसमें अधिनियम के उपबंधों की तुलना में निम्नतर स्तर के लाभ उपलब्ध हों, तो उन स्थितियों में अधिनियम के ही सवेतन वार्षिक छुट्टी सम्बन्धी उपबंध लागू होंगे। सवेतन छुट्टी से संबद्ध कारखाना अधिनियम के उपबंध सरकार द्वारा प्रशासित रेलवे के किसी कारखाने में ऐसे कर्मकारों के साथ लागू नहीं होते, जो केंद्रीय सरकार द्वारा अनुमोदित छुट्टी के नियमों के अधीन आते हैं (धारा 78)। जहाँ राज्य सरकार संतुष्ट है कि किसी कारखाने में कर्मकारों के लिए लागू सवेतन छुट्टी सम्बन्धी उपबंधों से छूट दे सकती है तथा इस सम्बन्ध में शर्तें भी निर्धारित कर सकती है।

छुट्टी के दौरान मजदूरी

धारा 80 के अुनसार, सवेतन छुट्टी की अवधि में देय मजदूरी की दैनिक दर कर्मकार द्वारा छुट्टी के ठीक पहले महीने में उसके द्वारा वास्तव में काम किए गए दिनों में कुल पूर्णकालिक उपार्जनों (full-time earnings) के दैनिक औसत के बराबर होती है। इन पूर्णकालिक उपार्जनों में अतिकाल मजदूरी और बोनस को सम्मिलित नहीं किया

जाएगा, लेकिन उनमें महँगाई भत्ते और खाद्यान्नों तथा अन्य वस्तुओं के रियायती विक्रय के लाभों के नकद समतुल्य (cash equivalent) को सम्मिलित किया जाएगा। रियायती विक्रय के लाभों के नकद समतुल्य का निर्धारण मानक परिवार (standard family) की अधिकतम अनुज्ञेय (admissible) मात्रा को ध्यान में रखकर किया जाएगा। मानक परिवार में कर्मकार, उसकी पत्नी या उसके पति और 14 वर्ष से कम उम्र वाले दो बालकों, अर्थात तीन वयस्क उपभोग इकाइयों (adult consumption units) को सम्मिलित किया जाएगा। राज्य सरकार खाद्यान्न और अन्य वस्तुओं के रियायती विक्रय से उत्पन्न लाभों के नकद भुगतान की गणना तथा विहित रजिस्टर रखने के सम्बन्ध में नियम बना सकती है।

अग्रिम का भुगतान

धारा 81 के अन्तर्गत, अगर किसी वयस्क कर्मकार को कम से कम 4 दिनों तथा बालक कर्मकार को कम से कम पांच दिनों की सवेतन छुट्टी स्वीकृत की गई हो, तो उसे छुट्टी की अवधि के लिए देय मजदूरी का भुगतान छुट्टी आरम्भ होने के पहले कर देना आवश्यक है।

भुगतान नहीं की गई मजदूरी की वसूली

धारा 82 के अनुसार, अगर कोई नियोजक अधिनियम के सवेतन वार्षिक छुट्टी से संबद्ध उपबंधों के अधीन देय राशि का भुगतान नहीं करता है, तो उससे मजदूरी भुगतान अधिनियम, 1936 के अंतर्गत विलंबित मजदूरी के रूप में वसूल किया जा सकता है।

नियम बनाने की शक्ति

धारा 83 के अनुसार, राज्य सरकार कारखानों के प्रबंधकों को सवेतन छुट्टी से संबद्ध रजिस्टर रखने के निर्देश एवं उसे निरीक्षकों द्वारा परीक्षा के लिए उपलब्ध कराने से संबद्ध नियम बना सकती है।

छूट देने की शक्ति

धारा 84 के अनुसार, जिन कारखानों में छुट्टी सम्बन्धी नियम इस अधिनियम के उपबंधों से अधिक उदार है, उन्हें राज्य सरकार सवेतन छुट्टी से संबद्ध किसी भी उपबंध से छूट दे सकती है।

अन्य उपबंध

कर्मकारों के दायित्व

अधिनियम में कारखानों में काम करने वाले कर्मकारों के कुछ दायित्व भी विहित किए गए हैं। इनमें निम्नलिखित सम्मिलित हैं–

(i) कारखाने में कर्मकारों के स्वास्थ्य, सुरक्षा या कल्याण के लिए प्रयोग की जाने वाली वस्तुओं से जान–बूझकर हस्तक्षेप या उनका दुरुपयोग नहीं करना।

(ii) जानबूझकर या बिना किसी तर्कपूर्ण कारण के ऐसी बात नहीं करना, जिससे उसे स्वयं या अन्य व्यक्तियों के खतरे में पड़ने की संभावना हो, तथा

(iii) कारखाने में कर्मकारों के स्वास्थ्य या सुरक्षा हेतु रखे गए किसी उपकरण या अन्य वस्तुओं के प्रयोग की जान–बूझकर उपेक्षा नहीं करना।

कर्मकार द्वारा इस सम्बन्ध में बनाए गए किसी नियम का उल्लंघन करना दंडनीय अपराध है।

कर्मकारों के अधिकार

धारा 111–ए के अनुसार, कारखाने के प्रत्येक कर्मकार को अग्रलिखित अधिकार उपलब्ध हैं–

(i) कार्यस्थल, स्वास्थ्य एवं सुरक्षा के सम्बन्ध में अधिष्ठाता से सूचना प्राप्त करने का अधिकार।

(ii) जहाँ संभव हो, कारखाने के भीतर कर्मकारों के स्वास्थ्य एवं सुरक्षा सम्बन्धी प्रशिक्षण पाने का अधिकार।

(iii) मुख्य कारखाना निरीक्षक द्वारा स्वीकृत किसी प्रशिक्षण केंद्र या संस्था में कर्मकारों के स्वास्थ्य एवं सुरक्षा में प्रशिक्षण प्राप्त करने का अधिकार, तथा।

(iv) कारखाने में स्वास्थ्य की रक्षा या सुरक्षा की अपर्याप्त व्यवस्था के मामले को प्रत्यक्ष रूप से या अपने प्रतिनिधि के माध्यम से कारखाना निरीक्षक के समक्ष रखने का अधिकार।

शास्तियाँ

अधिनियम में विभिन्न उपबंधों के उल्लंघन के लिए दंडों/शास्तियों (penalties) का भी विस्तार से उल्लेख है। सामान्यतः, अधिनियम के उपबंधों तथा उसके अधीन बनाए गए नियमों या दिए गए आदेशों के उल्लंघन करने वाले अधिष्ठाता और प्रबंधक को दो वर्षों तक के कारावास तथा एक लाख रुपये तक के जुर्माने या दोनों से दंडित किया जा सकता है। अपराधों की दोष सिद्धि के बाद दोहराने से दोषी को उल्लंघन के प्रत्येक दिन के लिए एक हजार रुपये से दंडित किया जा सकता है। खतरनाक प्रक्रियाओं से संबद्ध उपबंधों तथा उनके अंतर्गत बनाए गए नियमों के उल्लंघन के फलस्वरूप मृत्यु या गंभीर शारीरिक चोट उत्पन्न करने वाली दुर्घटना की स्थिति में जुर्माने की राशि क्रमशः पच्चीस हजार तथा पाँच हजार रुपये है। परिसंकटमय प्रक्रियाओं या पदार्थों से संबद्ध उपबंधों के उल्लंघन करने के दोषी को सात वर्ष तक का कारावास तथा 2 लाख रुपये तक के जुर्माने से दंडित किया जा सकता है। अधिक गंभीर तथा दोहराए गए अपराधों के लिए अभियुक्त को अधिक जुर्माने तथा अधिक अवधि के कारावास से दंडित किया जा सकता है। अधिनियम में निरीक्षक के कार्य में बाधा पहुँचाने तथा

रिकार्ड या दस्तावेज नहीं पेश करने के दोषी व्यक्तियों को 6 महीनों तक के कारावास या दस हजार रुपये तक के जुर्माने या दोनों से दंडित किया जा सकता है। थूकदान से अलग थूकने, अधिनियम या इसके अधीन बनाए गए नियमों के उल्लंघन करने, दूसरे कर्मकार के शारीरिक योग्यता प्रमाणपत्र को प्रयोग में लाने, अपने दायित्वों की अवहेलना करने के दोषी कर्मकारों को 5 रुपये से 1,000 रुपये तक के जुर्माने या 2 या 3 महीने के बीच के कारावास या दोनों से दंडित किया जा सकता है। न्यायालय अधिनियम के अधीन अपराधों पर केवल कारखाना निरीक्षक द्वारा या उसकी पूर्व अनुमति से किए गए परिवादों के आधार पर ही विचार कर सकता है (धारा 92, 94–99, 105–106)।

विवरणियाँ

धारा 110 के अनुसार, राज्य सरकार नियम बनाकर कारखानों के स्वामियों, अधिष्ठाताओं या प्रबंधकों को विहित विवरणियाँ देने के लिए बाध्य कर सकती है।

नियम बनाने तथा निर्देश देने की शक्ति

धारा 112–113 के अनुसार, राज्य सरकार को इस अधिनियम को प्रभावी रूप से लागू करने के लिए नियम बनाने की शक्ति प्राप्त है। केन्द्रीय सरकार इस अधिनियम के उपबंधों के निष्पादन के सम्बन्ध में राज्य सरकार को निर्देश दे सकती है।

अन्य उपबंध

धारा 91, 101, 102 व 107 के अनुसार, अधिनियम के अन्य उपबंध कारखानों में व्यवहृत पदार्थों के नमूने लेने की शक्ति, अधिष्ठाता या प्रबंधक को कतिपय दायित्वों से छूट, न्यायालय द्वारा आदेश देने की शक्ति तथा अपील से संबद्ध हैं।

कार्यान्वयन एवं आलोचना

असंतोषजनक न्यूनतम मानक

कारखाना अधिनियम एक संरक्षात्मक अधिनियम है। अन्य संरक्षात्मक अधिनियमों की तरह कारखाना अधिनियम का मुख्य उद्देश्य कारखानों में कार्यरत कर्मकारों के कार्य की दशाओं से संबद्ध न्यूनतम मानकों (minimum standards) की स्थापना करना है। इसी उद्देश्य को ध्यान में रखते हुए अधिनियम में स्वास्थ्य, सुरक्षा, कल्याण, काम के घंटे, बालकों और स्त्रियों के नियोजन, सवेतन वार्षिक छुट्टी आदि से संबद्ध न्यूनतम मानकों की स्थापना की गई है। नियोजक इन मानकों से उच्च स्तर की दशाएँ उपलब्ध करा सकते हैं तथा श्रम संघ भी उनके लिए माँग कर सकते हैं। व्यवहार में, अधिकांश भारतीय कारखानों में कर्मकारों को अधिनियम द्वारा प्रदत्त न्यूनतम मानक ही उपलब्ध हो सके हैं।

विश्व के कई विकसित देशों में औद्योगिक, प्रौद्योगिक एवं आर्थिक विकास के साथ–साथ कारखाना अधिनियमों, सामूहिक समझौतों या अन्य तरीकों से कारखानों में कार्य की दशाओं में निरंतर सुधार हुए हैं और उनसे संबद्ध मानक ऊँचे उठे हैं। इस क्षेत्र में अंतराष्ट्रीय श्रम संगठन (International Labour Organization) ने भी समय–समय पर अभिसमय (conventions) तथा सिफारिशें (recommendations) पारित की हैं, जिनमें कई के मानक ऊँचे स्तर के हैं। इनके फलस्वरूप कई देशों में कार्य की दशाओं से कार्य के घंटे अधिकतम छः तथा साप्ताहिक कार्य के घंटे 40 तक हो गए हैं, जबकि भारतीय कारखाना अधिनियम में ये अब भी दैनिक 9 और साप्ताहिक 48 हैं। राष्ट्रीय श्रम आयोग (1969) ने भी अपनी रिपोर्ट में सुझाव दिया था– "पहले चरण में प्रति सप्ताह 45 कार्य के घंटे कर दिए जाएँ और दूसरे चरण में इसे और कम करके 40 सप्ताह कर दिया जाए।" आयोग के अनुसार, "ऐसे उद्योगों में जहाँ घृणित प्रक्रिया की देखरेख करनी पड़ती हो अथवा जहाँ कामगारों को धुएँ या गैस में काम करना हो, कार्य के घंटे तत्काल कम कर दिए जाने चाहिए।" कई देशों में कारखानों में नियोजन की निम्नतम उम्र 15 तथा कुछ में 17 वर्ष तक है, लेकिन भारतीय कारखाना अधिनियम में यह अब भी 14 वर्ष है। कई देशों में कारखानों के कर्मकारों को सप्ताह में दो दिनों के अवकाश दिवस उपलब्ध हैं, जबकि भारत के कारखाना अधिनियम में सप्ताह में केवल एक ही अवकाश दिवस की व्यवस्था है। इसी तरह, कई देशों में सफाई, संवातन, तापमान, प्रकाश, आर्द्रता, पेयजल, कैंटीन, शिशु गृह, प्राथमिक उपचार, चिकित्सकीय जाँच तथा सुरक्षा से संबद्ध मानक कारखाना अधिनियम के मानकों से बहुत ऊँचे हैं। कारखाना अधिनियम, 1948 के कई उपबंध पुराने पड़ गए हैं। देश की आर्थिक एवं औद्योगिक प्रगति तथा औद्योगिक श्रमिकों की प्रस्थिति एवं शक्ति को ध्यान में रखते हुए कारखाना अधिनियम के मानकों में सुधार लाने की आवश्यकता है।

कारखानों में सुरक्षा सुनिश्चित करने में कम प्रभावी

भारत में पहला विस्तृति कारखाना अधिनियम, 1934 में बनाया गया, जिसे 1948 में दूसरे विस्तृति कारखाना अधिनियम से विस्थापित किया गया। 1948 के अधिनियम में सुरक्षा सम्बन्धी अनेक महत्त्वपूर्ण उपबंध सम्मिलित किए गए तथा उनमें बाद में कई परिवर्तन किए गए। इस अवधि में औद्योगिक उत्पादन में कई नई प्रक्रियाओं (processes) और संक्रियाओं (operations) का प्रयोग होने लगा। कारखाना अधिनियम के सुरक्षा सम्बन्धी उपबंध एवं उनमें किए गए संशोधन इन प्रक्रियाओं एवं संक्रियाओं से उत्पन्न होने वाले खतरों के नियंत्रण में प्रभावी नहीं हो सके हैं। मुख्य कारखाना निरीक्षकों के सम्मेलनों में भी स्वीकार किया गया है कि देश में ऐसे कई उद्योगों की स्थापना हुई है, जिनके खतरों का पहले ज्ञान नहीं था। 1948 में भोपाल यूनियन कार्बाइड की हृदय विदारक घटना ने यह साबित कर दिया कि उद्योगों में होने वाली घटनाओं या दुर्घटनाओं से कर्मकारों के अतिरिक्त अड़ोस–पड़ोस के जन–समुदाय के

जीवन भी खतरे में पड़ सकते हैं। कारखाना अधिनियम कई प्रकार के उद्योगों में सुरक्षा सुनिश्चित करने में असमर्थ रहा है।

अपर्याप्त निरीक्षण

प्रारंभ से ही कारखाना अधिनियम के कार्यान्वयन में निरीक्षण का कार्य असंतोषजनक रहा है। 1948 में मूल अधिनियम में निरीक्षण के कार्य निष्पादित करने के लिए राज्य सरकार को मुख्य कारखाना निरीक्षक तथा उसके द्वारा निर्धारित संख्या में निरीक्षकों की नियुक्ति का अधिकार दिया गया। प्रत्येक जिले के जिलाधिकारी भी उस जिले के कारखाना निरीक्षक होते हैं। अधिनियम में निरीक्षकों की संख्या निर्धारित करने के लिए कसौटियों का उल्लेख नहीं किया गया है। अधिकांश राज्यों में कारखाना निरीक्षकों की संख्या अपर्याप्त रही है। पंचवर्षीय योजनाओं के औद्योगिक विकास के कार्यक्रमों के फलस्वरूप देश में कारखानों की संख्या में निरंतर वृद्धि होती गई है, लेकिन कारखानों में निरीक्षण का कार्य शिथिल होता गया है। प्रति निरीक्षक कारखानों की संख्या 1946 में 234, 1954 में 205, 1956 में 222 तथा 1962 में 247 थी। राष्ट्रीय श्रम आयोग (1969) के अनुसार– "आँकड़ों से पता चलता है कि 1959 में लगभग 2 प्रतिशत फैक्टरियों का तीन से अधिक बार निरीक्षण किया गया, 4 प्रतिशत का तीन बार, 20 प्रतिशत का दो बार और 52 प्रतिशत का एक बार निरीक्षण किया गया और शेष 22 प्रतिशत का एक बार भी निरीक्षण नहीं किया गया।"

1977 से 1992 की अवधि में देश के कुल कारखानों में निरीक्षित कारखानों का प्रतिशत प्रतिवर्ष 52 और 75 के बीच रहा है। यह प्रतिशत 1995 में 55, 1996 में 59, 1997 में 68, 1998 में 55, 1999 में 47 तथा 2000 में 57 था। असम, बिहार, दिल्ली, गोआ, पंजाब तथा केरल में निरीक्षित कारखानों का प्रतिशत अधिकांश वर्षों में 50 से भी कम रहा है। कई कारखानों में निरीक्षण का कार्य केवल औपचारिक रूप से ही संपन्न किया जाता रहा है। निरीक्षण को और प्रभावी बनाने के उद्देश्य से अधिनियम में 1976 में महत्त्वपूर्ण संशोधन किए गए, जिसके अनुसार राज्य सरकारों द्वारा उचित संख्या में अपर मुख्य कारखाना निरीक्षक, संयुक्त मुख्य निरीक्षक, उप मुख्य निरीक्षक तथा अपर निरीक्षकों आदि की नियुक्ति की व्यवस्था की गई, लेकिन अभी तक अधिकांश राज्यों में ऐसे निरीक्षकों की नियुक्ति पर्याप्त संख्या में नहीं हो पाई है। समुचित निरीक्षण के अभाव में अधिनियम के उपबंधों का व्यापक उल्लंघन होता रहा है।

सीमित विस्तार क्षेत्र

जैसा कि इस अध्याय के 'परिभाषा' शीर्षक वाले खण्ड 1 में कहा गया है, अधिनियम शक्ति की सहायता में चलाई जाने वाली विनिर्माण प्रक्रिया वाले ऐसे परिसरों में लागू होता है, जिनमें 10 या इससे अधिक कर्मकार नियोजित हों या पिछले 12 महीनों में किसी दिन भी नियोजित रहे हों। बिना शक्ति के चलाई जाने वाली विनिर्माण प्रक्रिया वाले परिसरों के लिए यह संख्या 20 है। देश में अनेक ऐसे प्रतिष्ठान हैं, जिनमें

खतरनाक विनिर्माण प्रक्रियाएँ होती हैं, लेकिन वे कारखाना अधिनियम के दायरे में नहीं आते। साथ ही, अधिनियम में विनिर्माण प्रक्रिया की परिभाषा में कई नई प्रक्रियाओं का उल्लेख नहीं है, जिससे कई नियोजक ऐसे प्रतिष्ठानों को अधिनियम के अधीन नहीं मानते। इसके अतिरिक्त, अधिनियम कारखानों में नियोजित कई श्रेणियों के कर्मकारों पर भी लागू नहीं होता।

कार्य की दशाओं से संबद्ध कई बातों का समावेश न होना

अधिनियम में कार्य की दशाओं से संबद्ध कई बातों का उल्लेख नहीं किया गया है। कारखानों में कार्यरत कर्मकारों का स्वास्थ्य और सुरक्षा अधिनियम में उल्लिखित बातों के अतिरिक्त कई अन्य कारकों पर भी निर्भर करती है। विनिर्माण प्रक्रियाओं एवं उत्पादन संक्रियाओं के जटिल होने के इन कारकों को भी अधिनियम के दायरे में लाना आवश्यक है। विशेषकर, अधिनियम में सुरक्षा अधिकारियों की नियुक्ति के सम्बन्ध में स्पष्ट नीति, विभिन्न श्रेणियों के कारखाना निरीक्षकों की नियुक्ति के सम्बन्ध में विशेष निर्देश, सुरक्षा समिति के गठन, खतरनाक प्रक्रियाओं एवं संक्रियाओं का और भी स्पष्ट उल्लेख, कार्य के घंटों एवं स्वास्थ्य सम्बन्धी अन्य बातों को सम्मिलित करना आवश्यक है। अधिनियम के उल्लंघन को रोकने के लिए अधिक तीव्र दंड का प्रावधान तथा उल्लंघन के अपराधों की कार्रवाई के लिए सरल प्रक्रिया व्यवस्था आवश्यक है।

अनावश्यक छूट

जैसा कि उल्लेख किया जा चुका है, राज्य सरकार या मुख्य कारखाना निरीक्षक को अधिनियम के विभिन्न उपबंधों, जैसे स्वास्थ्य, सुरक्षा, कार्य के घंटे आदि से संबद्ध कई क्षेत्रों में छूट देने की शक्ति प्राप्त है। व्यवहार में, नियोजक इन प्रावधानों का लाभ उठाकर छूट पा लेते हैं, जिससे कर्मकारों के हितों की अवहेलना होती है। इन छूटों को सीमित करना अति आवश्यक है।

कारखाना अधिनियम एक अत्यंत ही महत्त्वपूर्ण अधिनियम है। इसके प्रभावी क्रियान्वयन के लिए नियमों तथा संहिताओं में निरंतर सुधार एवं स्पष्टता की आवश्यकता है। इस सम्बन्ध में विशेषज्ञों की सेवाओं का अधिक से अधिक लाभ लेने का प्रयास करना बहुत लाभदायक होगा।

द्वितीय राष्ट्रीय श्रम आयोग (2002) की सिफारिशें

द्वितीय राष्ट्रीय श्रम आयोग (2002) ने कार्य के घंटों, कार्य की भौतिक दशाओं, सवेतन वार्षिक छुट्टी, बालकों एवं स्त्रियों के नियोजन, सवेतन छुट्टी, अवकाश दिन, विस्तृति, कल्याण आदि से संबंधित विभिन्न श्रेणियों के उद्योगों या स्थापनों, जैसे–कारखानों, बागानों, खानों, भवन एवं निर्माण, बीड़ी और सिगार, मोटर परिवहन, वायु यातायात, पतन और गोदियों, जल यातायात, सिनेमा, अस्पताल एवं नर्सिंग होम आदि के लिए छिटपुट ढंग से बनाए गए अधिनियमों की जगह एक सार्विक (omnibus) अधिनियम

बनाने की अनुशंसा की है। यह प्रस्तावित अधिनियम विभिन्न श्रेणियों के स्थापनों में समान रूप से लागू होगा। आयोग ने इस तरह के कानून का प्रारूप भी तैयार किया है। प्रस्तावित अधिनियम के प्रारूप में शामिल किए गए विषयों में मुख्य हैं – स्थापनों का पंजीकरण, कार्य के घंटे, विश्राम अंतराल, विस्तृति, साप्ताहिक अवकाश दिन, पाली में कार्य, अतिकाल, बालकों और स्त्रियों का नियोजन, सवेतन अर्जित छुट्टी, आकस्मिक छुट्टी, कल्याण, बागान श्रमिकों के लिए आवासीय सुविधा तथा ठेका श्रमिकों के कार्य की दशाएँ। यह कानून 20 या इससे अधिक संख्या में कामगारों को नियोजित करने वाले स्थापनों में लागू होगा।

आयोग ने कार्य स्थलों पर सुरक्षा सुनिश्चित करने के लिए अलग से एक सार्विक (omnibus) कानून बनाने की अनुशंसा की है। इस सुरक्षा कानून के अधीन विभिन्न क्रियाकलापों के लिए अलग–अलग नियम एवं विनियम बनाने होंगे।

15

औद्योगिक विवाद अधिनियम, 1947

प्रमुख उद्देश्य

औद्योगिक विवाद अधिनियम, 1947 का प्रमुख उद्देश्य है ऐसे संयंत्रों की व्यवस्था करना, जिसके अन्तर्गत न्यायोचित एवं समानता के आधार पर औद्योगिक न्यायाधिकरण द्वारा विवादों का सुलझाव किया जाए। इस अधिनियम के निर्माण के पीछे यह भावना छिपी हुई है कि विवाद का सुलझाव हड़ताल या तालाबंदी द्वारा शक्ति परीक्षण के माध्यम से किए जाने से अच्छा यह होगा कि पंचनिर्णय या द्विपक्षीय वार्ता के माध्यम से विवाद का सुलझाव किया जाए।

कुछ प्रमुख परिभाषाएँ

उद्योग

उद्योग की परिभाषा सम्बंधित अधिनियम में 1947 में दी गई थी। उसके अन्तर्गत उद्योग से तात्पर्य ऐसे कार्य से समझा गया था जिसके अन्तर्गत आवश्यक रूप से लाभार्जन होता हो। किन्तु 1978 में बंगलौर वाटर सप्लाई एण्ड सीवेज अण्डरटेकिंग बनाम राजयप्पा और उनके साथियों के विवाद में उच्चतम न्यायालय ने उद्योग की परिभाषा देते हुए कहा था कि कोई भी स्थान जहाँ नियोक्ता एवं कामगार का क्रमबद्ध सम्बंध पाया जाता हो, जिसके माध्यम से किसी वस्तु या सेवा का उत्पादन किया जाता हो और उससे किसी मानवीय आवश्यकता की पूर्ति होती हो, तो वह उद्योग कहलाएगा। किन्तु जिस सेवा का उत्पादन किया जाता है, वह धार्मिक या आध्यात्मिक प्रकृति की नहीं होनी चाहिए। किसी उद्योग द्वारा उत्पादित वस्तुओं और सेवाओं से लाभ हो भी सकता है और नहीं भी हो सकता है। इस परिभाषा के

अन्तर्गत क्लब, शिक्षण संस्थान, चिकित्सालय और दातव्य संस्थान भी उद्योग की परिभाषा के अन्तर्गत आ जाते हैं। इसी परिप्रेक्ष्य में औद्योगिक विवाद अधिनियम को 1982 में संशोधित कर दिया गया। उक्त संशोधित अधिनियम में (1) उद्योग का अर्थ नियोक्ता एवं कामगारों के बीच किए जाने वाले क्रमबद्ध क्रियाकलाप से लगाया गया है (चाहे वे कामगार सीधे नियोक्ता द्वारा नियुक्त किए गए हों अथवा किसी अन्य अभिकरण द्वारा नियुक्त हों, जिसमें ठेकेदार भी सम्मिलित हैं), (2) जिसके द्वारा किसी मानवीय आवश्यकता या इच्छा की पूर्ति हेतु किसी सेवा या वस्तु का उत्पादन, आपूर्ति या वितरण किया जाता है, (3) किन्तु ऐसी सेवा आध्यात्मिक या धार्मिक प्रकृति की नहीं होनी चाहिए, (4) ऐसे कार्य में कोई पूंजी लगाई गई हो या नहीं, (5) उसने कोई लाभ हो रहा है या नहीं, एवं (6) संसद में जब उक्त संशोधित अधिनियम से सम्बंधित विधेयक प्रस्तुत किया गया तो उसके प्राक्कथन में कह दिया गया था कि चिकित्सालय एवं शैक्षणिक संस्थान इस विधेयक में सम्मिलित नहीं किए जाएँगे। उनके लिए अलग विधेयक लाया जाएगा।

उद्योग के अन्तर्गत श्रमिक बोर्ड के कार्य तथा किसी प्रतिष्ठान द्वारा चलाए जा रहे विक्रय या व्यापार कार्य सम्मिलित हैं, किन्तु निम्नलिखित कार्य सम्मिलित किए गए हैं–

1. दूसरे कार्य की प्रधानता वाले समेकित रूप से चलाए जाने वाले कृषि कार्य को छोड़कर अन्य सभी प्रकार के कार्य।
2. चिकित्सालय या औषधालय।
3. शिक्षा, विज्ञान अनुसंधान तथा प्रशिक्षण से सम्बद्ध संस्थाएँ।
4. खादी अथवा ग्रामीण उद्योग।
5. सरकार के सम्प्रभु कार्यों से सम्बद्ध कार्य, जैसे केन्द्रीय सरकार के विभागों द्वारा चलाए गए रक्षा अनुसंधान, अणुशक्ति तथा अन्तरिक्ष से सम्बद्ध कार्य।
6. किसी सहकारी संस्था या क्लब या इस तरह के अन्य संस्था द्वारा किया जाने वाला ऐसा कार्य जिसमें 10 या 10 से अधिक व्यक्ति नियोजित हों।

औद्योगिक विवाद

औद्योगिक विवाद से तात्पर्य नियोक्ता और नियोक्ता के बीच या नियोक्ता और कर्मकारों के बीच या कर्मकारों और कर्मकारों के बीच के किसी ऐसे विवाद या मतभेद से है, जो किसी व्यक्ति के नियोजन या अनियोजन या नियोजन की शर्तों या कार्य की दशाओं से सम्बंधित है।

औद्योगिक विवाद की उपर्युक्त परिभाषा अति व्यापक है और उसके अन्तर्गत किसी विवाद को तभी औद्योगिक विवाद माना जाएगा जबकि वह निम्नलिखित शर्तों को पूरा करे–

1. औद्योगिक विवाद किसी उद्योग में नियोक्ता और नियोक्ता, नियोक्ता एवं कामगार अथवा कामगार एवं कामगार के बीच कोई ऐसे मतभेद पर विवाद है जो किसी व्यक्ति के नियोजन, अनियोजन, सेवा की शर्तों का कार्य दशाओं से सम्बंधित है।

2. औद्योगिक विवाद द्वारा बड़ी संख्या में कार्यरत ऐसे श्रमिकों को प्रभावित होना चाहिए जिनका सामूहिक स्वार्थ हो और विवाद द्वारा सामान्य हित की दृष्टि से एक वर्ग के रूप में श्रमिकों के अधिकारों पर प्रभाव पड़ता हो।
3. विवाद को किसी श्रमिक संघ या पर्याप्त संख्या में श्रमिकों द्वारा उठाया जाना चाहिए।
4. व्यक्तिगत परिवेदनाओं को विवाद का रूप देने के लिए यह आवश्यक है कि पर्याप्त संख्या में श्रमिकों द्वारा उन्हें उठाया जाए।
5. नियोक्ता एवं कामगार के बीच कोई अनुबंधनात्मक सम्बंध होना चाहिए। नियोक्ता का सम्बंध किसी ट्रेड या बिजनेस या विनिर्माण से होना चाहिए और कामगार को नियोक्ता के प्रतिष्ठान में नियुक्त होना चाहिए।
6. विवाद से सम्बंधित विभिन्न पक्षों का विवाद से सीधा सम्बंध होना चाहिए।
7. विवाद का सम्बंध किसी ऐसे उद्योग से होना चाहिए जो वर्तमान में कार्यरत है। किसी मृत औद्योगिक प्रतिष्ठान या ऐसा औद्योगिक प्रतिष्ठान जो अस्तित्व में ही नहीं आया है, उससे सम्बंधित विवाद को औद्योगिक विवाद नहीं कहा जाएगा।
8. यदि विवाद प्रारम्भ में एक वैयक्तिक विवाद था और सरकार द्वारा अधिनिर्णयन में भेजे जाने की तिथि तथा वह वैयक्तिक विवाद ही बना रह गया तो उसे औद्योगिक विवाद नहीं कहा जा सकता है।

1962 में औद्योगिक विवाद अधिनियम में संशोधन कर उसके साथ धारा 2–अ जोड़ दी गई। इस संशोधन के फलस्वरूप यदि किसी कर्मचारी की सेवा समाप्ति से सम्बंधित कोई विवाद होगा और उसे किसी श्रमिक संघ या श्रमिक की पर्याप्त संख्या द्वारा नहीं उठाया जाएगा, तो भी उसे औद्योगिक विवाद कहा जाएगा। किन्तु इस संशोधन के बावजूद कुछ स्थितियाँ अभी भी ऐसी बनी हुई हैं, जिनमें यह निर्णय नहीं हो पाता है कि विवाद को औद्योगिक विवाद करार किया जाए या नहीं। ऐसी कुछ स्थितियाँ निम्नलिखित हैं–

(अ) यदि किसी विवाद से बहुत थोड़े व्यक्ति सम्बंधित हैं, और उस विवाद का सम्पूर्ण औद्योगिक प्रतिष्ठान के ऊपर कोई स्पष्ट प्रभाव नहीं पड़ रहा है तब भी क्या इस आधार पर उसे औद्योगिक विवाद कहा जा सकता है कि उसे श्रम संघ या पर्याप्त संख्या में श्रमिकों द्वारा उठाया गया है?

(ब) क्या किसी औद्योगिक प्रतिष्ठान में कार्यरत किसी श्रमिक के विवाद को कोई बाहरी श्रमिक संघ औद्योगिक विवाद के रूप में उठा सकता है?

(द) यदि औद्योगिक विवाद की एक व्यापक व्याख्या की जाए तो उसका सम्पूर्ण औद्योगिक प्रणाली पर क्या प्रभाव होगा?

न्यायसंगत बात यही है कि किसी विषय को किसी समय एक औद्योगिक विवाद करार दिया जाए जबकि उस विवाद के कारण प्रतिष्ठान की कार्य प्रणाली किसी प्रकार प्रभावित हो रही हो। इस बात का कोई महत्त्व नहीं है कि उस विवाद से कितने व्यक्ति सम्बद्ध हैं? यदि विवाद के कारण एक गम्भीर समस्या उठ रही हो और उसका उत्पादन

और औद्योगिक सम्बंधों पर एक गहरा प्रभाव पड़ रहा हो, तो उसे निश्चित रूप से औद्योगिक विवाद करार दिया जाना चाहिए, औद्योगिक विवाद में बाह्य व्यक्तियों का हस्तक्षेप कम से कम होना चाहिए, वैसे बाहरी श्रमिक संघ विवाद तो उठाते ही रहते हैं।

जबरी छुट्टी

जबरी छुट्टी का अर्थ है किसी नियोजक द्वारा कोयला, बिजली या कच्चे माल की कमी या स्टाक जमा होने या प्राकृतिक आपदा या अन्य कारणवश किसी ऐसे कामगार को नियोजन से अलग करना या नियोजन में असफल या असमर्थ होना, जिसका नाम उस औद्योगिक प्रतिष्ठान के मस्टररोल में दर्ज है, जिसकी छंटनी नहीं हुई है, जबरी छुट्टी के समय सम्बंधित कर्मचारी को अपने वेतन एवं महंगाई भत्ते की आधी राशि देय होती है।

तालाबंदी

इसका अर्थ नियोजन के स्थान को बन्द कर देना, कार्य को निलम्बित कर दिया जाना या नियोक्ता द्वारा अपने नियुक्त कुछ व्यक्तियों से कार्य नहीं लिया जाना है। तालाबन्दी हड़ताल के ठीक उल्टा कदम है। तालाबन्दी में नियोक्ता कार्य बन्द करता है और हड़ताल में कामगार। तालाबंदी की स्थिति में कामगारों को वेतन नहीं दिया जाता है। इस स्थिति में नियोक्ता कामगारों या उनकी यूनियन के किसी क्रियाकलाप के आधार पर यह महसूस करता है कि कार्य की बन्दी ही सुरक्षित रास्ता है।

हड़ताल

इसका अर्थ है कामगारों के एक निकाय द्वारा किसी प्रतिष्ठान में काम से मनाही करना। काम की इस मनाही का अर्थ होता है किसी सोची समझी समझदारी के अन्तर्गत नियोक्ता से विरोध हेतु कार्य से मना करना। इसके अन्तर्गत 'कॉम्बिनेशन' और 'कानसर्ट' का तत्व अवश्य विद्यमान रहता है। केवल कार्य से अनुपस्थित होना ही हड़ताल नहीं है। इसके अन्तर्गत नियोक्ता के प्रति कम्बाइण्ड रूप से विरोध प्रकट करते हुए कार्य से मनाही का तत्व अवश्य विद्यमान होना चाहिए। हड़ताल यदि अवैध भी होती है, तब भी वह नियोजक और कामगारों के सम्बंध को समाप्त नहीं कर देती है।

कामगार

कामगार से ऐसे व्यक्ति का बोध होता है, जो किसी उद्योग में कुशल या अकुशल, शारीरिक, पर्यवेक्षकीय शारीरिक या लिपिक सम्बंधी कार्य के लिए भाड़े या पुरस्कार पर नियोजित किया गया है, चाहे उसके नियोजन की शर्तें स्पष्ट हों या अस्पष्ट। इस अधिनियम के अन्तर्गत की जाने वाली कार्यवाही के लिए ऐसा व्यक्ति भी कर्मकार की श्रेणी में आता है, जो किसी विवाद के कारण पदच्युत या सेवा मुक्त कर दिया गया हो या जिसकी छंटनी कर दी गई हो। किन्तु निम्नलिखित श्रेणी के व्यक्ति कामगार की परिभाषा में नहीं आते हैं–

1. सशस्त्र सेना बल का कोई सदस्य।
2. पुलिसकर्मी या जेल का कोई कर्मचारी।
3. औद्योगिक प्रतिष्ठानों में कार्यरत वे कर्मचारी जो प्रशासनिक, प्रबंधकीय या पर्यवेक्षकीय जिम्मेदारियों का निर्वाह करते हों और जिनका वेतन 1,600 रुपये प्रतिमाह से अधिक हो, कामगार की श्रेणी में नहीं आते हैं, किन्तु जो कर्मचारी पर्यवेक्षकीय प्रकृति का कार्य करते हों और उनका वेतन 1,600 रुपये प्रतिमाह से अधिक नहीं है, वे कामगार की परिभाषा में आते हैं।

छंटनी

नियोक्ता द्वारा आवश्यकता से अधिक (सरप्लस) कामगारों को निर्धारित क्षतिपूर्ति एवं निर्धारित अवधि का नोटिस देकर जब कार्य से अलग कर दिया जाता है तो उसे छंटनी कहते हैं। किन्तु ऐसे कर्मचारी जो स्वतः सेवानिवृत्त हो जाते हैं, अनुशासनात्मक कार्यवाही के आधार पर दण्डित होकर सेवा से निष्कासित हो जाते हैं या अत्यधिक बीमारी की स्थिति में चिकित्सक द्वारा जब प्रमाण पत्र मिलता है कि कर्मकार कार्य करने के लायक नहीं है, तब उनकी सेवा समाप्ति कर दी जाती है तो उन्हें छंटनीकृत कर्मचारी नहीं कहा जाता है। छंटनी से पूर्व सम्बंधित कामगार को एक माह का नोटिस और जितने वर्षों तक उसने कार्य किया है प्रत्येक पूर्ण वर्ष या उसके आधे से अधिक तक के कार्य के लिए 15 दिन का वेतन दिया जाता है।

नियोक्ता

केन्द्रीय या राज्य सरकार के किसी विभाग या प्राधिकारी के अधीन चलाए जाने वाले उद्योग के सम्बंध में नियोजक या इसके लिए विहित अधिकारी या जहाँ कोई प्राधिकारी विहित नहीं है, वहाँ विभाग का प्रधान नियोक्ता होता है। किसी स्थानीय प्राधिकारी द्वारा या उसकी ओर से चलाए जाने वाले उद्योग के सम्बंध में नियोक्ता उस प्राधिकारी का मुख्य कार्यवाहक अधिकारी समझा जाएगा। अन्य स्थितियों में नियोजक को समान अर्थों में समझा जाएगा। अन्य अर्थों में किसी औद्योगिक प्रतिष्ठान का वह भी अभिकर्मी जो प्रशासकीय प्रकृति का कार्य करता है या जिसमें दूसरों को आदेश देकर कार्य कराने का अधिकार होता है, नियोक्ता की श्रेणी में आता है।

अधिनियम के अन्तर्गत निर्धारित प्राधिकारियों का विवरण

औद्योगिक विवाद अधिनियम के अन्तर्गत कुछ प्राधिकारी भी नियुक्त किए गए हैं, उनका विवरण निम्नलिखित है–

परिवेदना निवारण अधिकारी

औद्योगिक विवाद अधिनियम 1947 को संशोधित कर 1982 में यह प्रावधान किया गया कि प्रत्येक औद्योगिक प्रतिष्ठान में, जहाँ 50 या अधिक कामगार कार्य कर रहे हैं या पिछले 12 माह में किसी दिन कार्य किए हों एक परिवेदना निवारण समिति का गठन किया जाएगा। जिसके क्रियाकलाप इस सम्बंध में उपयुक्त सरकारों के द्वारा बनाए गए

नियमों द्वारा परिचालित होंगे। कोई भी व्यक्ति विवाद सर्वप्रथम परिवेदना समिति में भेजा जाएगा, यदि उसके द्वारा विवाद के सम्बंध में जो निर्णय दिया गया है, वह दोनों पक्षों को या दोनों में से किसी एक पक्ष को स्वीकार नहीं होगा, तभी वह विवाद संराधन (conciliation) या अधिनिर्णयन (adjudication) में भेजा जाएगा।

कार्य समिति

प्रत्येक औद्योगिक प्रतिष्ठान में जहाँ कामगार कार्यरत हैं, एक कार्य समिति का गठन किया जाएगा। इसमें श्रम एवं प्रबंध दोनों के प्रतिनिधियों की संख्या बराबर होगी और कुल मिलाकर ऐसी समिति में सदस्यों की संख्या 20 से अधिक नहीं होगी।

यह एक परामर्शदात्री निकाय होगा, जिसके प्रकार्य यद्यपि पूर्णतया स्पष्ट नहीं हैं तथापि यह तो कहा ही जा सकता है कि उसका मुख्य उद्देश्य श्रम प्रबंध के बीच की विवाद–जन्य स्थितियों को समाप्त करना है और श्रम प्रबंध के बीच सौहार्दपूर्ण सम्बंध स्थापन करना है।

जैसा कि औद्योगिक विवाद अधिनियम, 1947 में विहित है, नियोक्ता को ही इस समिति के गठन हेतु पहल करनी होगी और मुख्य जिम्मेदारी का निर्वाह करना होगा। कार्य समिति के सम्बंध में विस्तृत विवरण औद्योगिक विवाद शीर्षक अध्याय में दिया गया है।

संराधन अधिकारी

इस प्राधिकारी का गठन औद्योगिक विवादों में सुलह या संराधन कराने के लिए किया गया है। राज्य सरकारों को यह अधिकार दिया गया है कि औद्योगिक विवादों के सुलझाव हेतु विभिन्न औद्योगिक क्षेत्रों में एक या एक से अधिक संराधन अधिकारियों की नियुक्ति करे। एक संराधन अधिकारी या तो एक विशिष्ट क्षेत्र या विशिष्ट उद्योग हेतु नियुक्त हो सकता है। संराधन अधिकारी का मुख्य कर्तव्य यह है कि उसके क्षेत्र के किसी औद्योगिक प्रतिष्ठान में श्रम और प्रबंध के बीच यदि कोई विवाद उत्पन्न होता है तो दोनों विवादास्पद पक्षों से एक साथ बात कर या अलग–अलग और आवश्यकतानुसार एक साथ बात कर दोनों पक्षों को इस प्रकार प्रेरित करे कि वे सम्बंधित विवाद में अपने आप ही एक समझौते पर पहुँच जाएँ। ऐसे समझौते पर पहुँचें, जो कि न्यायोचित हो और दोनों पक्षों को ग्राह्य हो। संराधन अधिकारी को अधिनिर्णयन का कोई अधिकार नहीं होता है, वह विवाद में समझौते हेतु केवल दोनों पक्षों को परामर्श मात्र दे सकता है। वह दोनों पक्षों के बीच पंचनिर्णयकर्ता नहीं होता है वरन् वह दोनों पक्षों के बीच समझौता करने का प्रयास कर सकता है।

समझौता मण्डल

(i) **नियुक्ति** – अवसर पड़ने पर केंद्रीय या राज्य सरकार किसी औद्योगिक विवाद का निबटारा कराने के लिए राजकीय गजट में अधिसूचना जारी कर समझौता बोर्ड की नियुक्ति कर सकती है।

समझौता बोर्ड में एक स्वतंत्र अध्यक्ष तथा सरकार द्वारा निर्धारित दो या चार की संख्या में अन्य सदस्य होंगे, जिनमें विवाद के दोनों पक्षकारों के प्रतिनिधि बराबर–बराबर की संख्या में होंगे। अगर कोई पक्षकार अपने प्रतिनिधि के बारे में समय पर सिफारिश नहीं करता, तो सरकार ऐसे प्रतिनिधि को स्वयं नियुक्त कर सकती है। अध्यक्ष या किसी अन्य सदस्य की अनुपस्थिति या उसके स्थान के रिक्त होने पर भी समझौता बोर्ड कार्य कर सकता है (धारा 5)।

(ii) **समझौता बोर्ड को विवाद का निर्देशन** – सुलह बोर्ड में किसी औद्योगिक विवाद के प्रेक्षण की शक्ति समुचित सरकार, अर्थात् अपने–अपने अधिकार क्षेत्र में केन्द्रीय या राज्य सरकार को प्राप्त है। किसी औद्योगिक विवाद को सुलह बोर्ड के पास भेजने के लिए उसके पक्षकार मिलकर या अलग से आवेदन दे सकते हैं और अगर सरकार इस बात से संतुष्ट है कि आवेदन देने वाले व्यक्ति प्रत्येक पक्ष की बहुसंख्या का प्रतिनिधित्व करते हैं, तो वह विवाद को सुलह बोर्ड के पास निर्देशित कर देगी। जहाँ किसी औद्योगिक विवाद को समझौता बोर्ड के पास निर्देशित किया गया है, वहाँ सरकार उस विवाद के विषयों को लेकर जारी रहने वाली हड़ताल या तालाबंदी पर रोक लगा सकती है।

(iii) **कर्तव्य** – समझौता बोर्ड के कर्तव्य समझौता अधिकारी के कर्तव्यों की तरह हैं।[1] समझौता बोर्ड के लिए अपनी रिपोर्ट विवाद के निर्देशन की तिथि से दो महीने या सरकार द्वारा निर्धारित अवधि या उससे कम अवधि के अंदर सरकार के पास भेजना आवश्यक होता है। सरकार के लिए सुलह बोर्ड की रिपोर्ट का प्रकाशन उसकी प्राप्ति की तिथि के एक महीने के अंदर कर देना आवश्यक है (धारा 13, 16–17)।

(iv) **शक्तियाँ** – संसाधन बोर्ड के सदस्यों को वे सभी शक्तियाँ प्राप्त रहती हैं जो संसाधन–अधिकारी को प्राप्त हैं।[2] इनके अतिरिक्त, समझौता बोर्ड द्वारा की जाने वाली जाँच भारतीय दंड संहिता के अर्थों में न्यायिक जांच (judicial inquiry) समझी जाती है।

(v) **समझौते कार्यवाही का प्रारंभ और उसकी समाप्ति** – सामान्यतः समझौते की कार्यवाही उस स्थिति से प्रारम्भ समझी जाती है, जिस तिथि को समझौता अधिकारी पक्षकारों को इस आशय की लिखित सूचना देता है। लोकोपयोगी सेवा से सम्बद्ध किसी विवाद की स्थिति में समझौता कार्यवाही उस दिन प्रारंभ समझी जाती है, जिस दिन समझौता अधिकारी हड़ताल या तालाबंदी का नोटिस प्राप्त करता है। जहाँ किसी विवाद को सुलह बोर्ड के पास निर्देशित किया जाता है,

वहाँ समझौता कार्यवाही निर्देशन की तिथि से प्रारंभ समझी जाती है। समझौता कार्यवाही निम्नांकित प्रकार से समाप्त समझी जाती है– (i) जहाँ समझौता हो गया हो, वहाँ समझौते के ज्ञापन पर पक्षकारों के हस्ताक्षर हो जाने पर, (ii) जहाँ समझौता नहीं हो सका हो, वहाँ सरकार द्वारा समझौता अधिकारी की रिपोर्ट प्राप्त हो जाने पर, (iii) समझौता बोर्ड की रिपोर्ट प्रकाशित हो जाने पर, तथा (iv) जब विवाद को जाँच–न्यायालय या अधिनिर्णयन प्राधिकारी के पास निर्देशित कर दिया गया हो (धारा 20)।

(vi) **समझौता द्वारा बाध्य होने वाले व्यक्ति** – समझौते कार्यवाही के दौरान होने वाले समझौते को छोड़कर अन्य प्रकार का समझौता केवल पक्षकारों पर ही बाध्यकारी होता है। समझौता कार्यवाही के दौरान किया गया समझौता निम्नलिखित व्यक्तियों पर बंधनकारी होता है–

(i) विवाद के सभी पक्षकारों पर,

(ii) उन सभी पक्षकारों पर, जिन्हें समझौता कार्यवाही में विवाद के पक्षकारों के रूप में बुलाया गया है,

(iii) अगर पक्षकार नियोजक है, तो उसके वारिस (heir), उत्तराधिकारी (successor) तथा समानुदेशितों (assigns) पर लागू होता है एवं,

(iv) अगर पक्षकार कर्मकार हैं, तो सम्बद्ध प्रतिष्ठान में विवाद के दिन काम करने वाले तथा बाद में नियोजित होने वाले सभी व्यक्तियों पर।

(vii) **समझौते के उल्लंघन के लिए दण्ड** – समझौते के उपबंधों के उल्लंघन के लिए दोषी को अधिकतम छः महीने के कारावास या एक हजार रुपये के जुमाने या दोनों से दंडित किया जा सकता है। अपराध को दोहराने पर दोषी को उल्लंघन के प्रत्येक दिन के लिए 200 रुपये का अतिरिक्त अर्थदंड दिया जा सकता है (धारा 29)।

जाँच न्यायालय

(i) **नियुक्ति और गठन** – केंद्रीय और राज्य सरकारें अपने–अपने अधिकार क्षेत्र में आवश्यकतानुसार किसी औद्योगिक विवाद से जुड़े हुए या सुसंगत प्रतीत होने वाले किसी मामले की जाँच के लिए जाँच न्यायालय का गठन कर सकती है। जाँच न्यायालय में एक निष्पक्ष व्यक्ति या एक से अधिक निष्पक्ष व्यक्ति हो सकते हैं। जहाँ जाँच न्यायालय में एक से अधिक निष्पक्ष व्यक्ति होते हैं, वहाँ एक को सभापति नियुक्त किया जाएगा (धारा 6)।

(ii) **कर्तव्य** – जाँच न्यायालय का कार्य उसे निर्दिष्ट किए गए मामले की जाँच करना तथा उस सम्बन्ध में अपनी रिपोर्ट सरकार के पास भेजना है। साधारणतः, जाँच न्यायालय को अपनी रिपोर्ट जाँच प्रारंभ होने के छः महीने के अंदर भेजनी होती है। जाँच न्यायालय की रिपोर्ट लिखित होती है और उस पर सभी सदस्यों

के हस्ताक्षर जरूरी हैं। सरकार के लिए जाँच न्यायालय की रिपोर्ट उसकी प्राप्ति के तीस दिनों के अंदर प्रकाशित करना आवश्यक है (धारा 14, 16)।

(iii) **शक्तियाँ** – जाँच–न्यायालय को वे समस्त शक्तियाँ प्राप्त हैं, जो अधिनिर्णयन प्राधिकारियों को प्राप्त रहती हैं (धारा 11)।[3]

अधिनिर्णयन के प्राधिकारी

जब विवाद में कोई समझौता नहीं हो पाता है तो अधिनिर्णयन के अन्तर्गत विवादों के न्याय निर्णयन का प्रावधान किया गया है। कुछ विशेष स्थितियों में विवाद सीधे अधिनिर्णयन में भेज दिया जाता है। वैसे अधिनियम के अन्तर्गत अधिनिर्णयन हेतु तीन संयंत्र निर्मित किए जाते हैं, जिनका विवरण निम्नलिखित हैं–

(अ) श्रम न्यायालय

श्रम न्यायालय अधिनियम के अन्तर्गत गठित न्याय निर्णयन का एक संयंत्र है। 1956 में अधिनियम में संशोधन कर इस प्रावधान को अधिनियम में जोड़ा गया। श्रम न्यायालय का गठन राज्य सरकार की इच्छा पर निर्भर है। यह एक सदस्यीय न्यायालय है। इसका न्यायाधीश या प्रीसाइडिंग ऑफिसर वह व्यक्ति होता है, जिसने भारत में न्यायाधीश के किसी पद पर कम से कम चार वर्ष तक कार्य किया हो, अथवा वह व्यक्ति जो राज्य सरकार के किसी अधिनियम के अन्तर्गत गठित श्रम न्यायालय का प्रीसाइडिंग ऑफिसर रह चुका हो। यह न्यायालय उन्हीं मामलों में कोई निर्णय करेगा जो अधिनियम की अनुसूची 2 में दिए गए हैं। अनुसूची 2 के अन्तर्गत आने वाले विषय हैं–(अ) स्थायी आदेशों के अन्तर्गत नियोजक द्वारा पारित किए गए आदेशों का औचित्य या वैधता, (ब) स्थायी आदेशों को लागू करना तथा उनकी व्याख्या, (स) कर्मकारों को पदच्युति के सम्बन्ध में निर्णय, जिसके अन्तर्गत अवैध रूप से पदच्युत किए गए कामगारों को पुनः स्थापन या राहत का दिया जाना शामिल है, (द) किसी प्रथागत रियायत या राहत को वापस लिए जाने की स्थिति के सम्बन्ध में निर्णय, (य) हड़ताल या तालाबंदी की वैधता या अवैधता, एवं (र) अधिनियम की तीसरी अनुसूची को छोड़कर अन्य मामले।

श्रम न्यायालय का कर्तव्य अधिनियम की दूसरी अनुसूची में उल्लिखित विषयों पर अधिनिर्णय देना तथा अधिनियम के अंतर्गत सुपुर्द किए गए अन्य कार्य संपन्न करना है। अधिनियम की दूसरी अनुसूची में निम्नलिखित विषय सम्मिलित हैं– (1) स्थायी आदेशों (standing orders) के अधीन नियोजक द्वारा पारित किए गए आदेशों का औचित्य या वैधता, (2) स्थायी आदेशों को लागू करना तथा उनकी व्याख्या, (3) कर्मकारों को अलग या पदच्युत किया जाना, जिसके अंतर्गत अवैध रूप से पृथक किए गए कर्मकारों का पुनःस्थापन (reinstatement) या राहत का दिया जाना शामिल है, (4) किसी प्रथागत रियायत या विशेषाधिकार को वापस लिया जाना, (5) हड़ताल या

तालाबंदी की अवैधता या वैधता, तथा (6) अधिनियम की तीसरी अनुसूची में उल्लिखित मामलों को छोड़कर अन्य सभी मामले (धारा 7, 15 दूसरी अनुसूची)।

(ब) औद्योगिक न्यायाधिकरण

(i) **नियुक्ति** – केन्द्रीय या राज्य सरकार अपने–अपने अधिकार क्षेत्र में एक या अधिक अधिकरण की नियुक्ति कर सकती है।

अधिकरण में भी केवल एक ही व्यक्ति होता है। अधिकरण के पीठासीन अधिकारी के लिए योग्यताएँ हैं– (1) उच्च न्यायालय का न्यायाधीश होना या रह चुकना, या (2) कम से कम तीन वर्षों तक जिला जज या अतिरिक्त जिला जज रह चुकना। सरकार अधिकरण के पीठासीन अधिकारी (Presiding Officer) को सलाह देने के लिए आवश्यकतानुसार दो व्यक्तियों को निर्धारक (assessors) के रूप में नियुक्त कर सकती है।

(ii) **कर्तव्य** – अधिकरण का कर्तव्य अधिनियम की दूसरी तथा तीसरी अनुसूचियों में उल्लिखित विषयों पर अधिनिर्णय देना तथा अधिनियम के अंतर्गत सुपुर्द किए जाने वाले अन्य कार्य संपादित करना है। तीसरी अनुसूची में अग्रलिखित विषय सम्मिलित हैं– (1) मजदूरी, जिसके अंतर्गत भुगतान की अवधि तथा उसका तरीका शामिल है, (2) प्रतिकारात्मक (compensatory) तथा अन्य भत्ते, (3) कार्य के घंटे तथा विश्राम अंतराल, (4) सवेतन अवकाश तथा छुट्टी, (5) बोनस, लाभ में भागीदारी, भविष्य निधि तथा उपादान (gratuity), (6) स्थायी आदेशों के अनुसार कार्य को छोड़कर अन्य प्रकार से पारी (shift) में काम, (7) श्रेणियों के अनुसार वर्गीकरण, (8) अनुशासन के नियम, (9) युक्तिकरण (rationalisation), (10) कर्मकारों की छंटनी तथा प्रतिष्ठान को बंद किया जाना तथा, (11) अन्य विहित मामले (धारा 15, तीसरी अनुसूची)।

(स) राष्ट्रीय अधिकरण

राष्ट्रीय अधिकरण की नियुक्ति केंद्रीय सरकार कर सकती है। राष्ट्रीय अधिकरण में केवल एक ही व्यक्ति हो सकता है। राष्ट्रीय अधिकरण में पीठासीन अधिकारी के लिए उच्च न्यायालय का न्यायाधीश होना या रह चुकना आवश्यक है। केंद्रीय सरकार राष्ट्रीय अधिकरण को सलाह देने के लिए आवश्यकतानुसार दो निर्धारकों की नियुक्ति कर सकती है।

राष्ट्रीय अधिकरण ऐसे विवादों पर अधिनिर्णय दे सकता है, जो केंद्रीय सरकार की राय में राष्ट्रीय महत्त्व के हों या उनकी प्रकृति ऐसी है कि एक से अधिक राज्यों में अवस्थित औद्योगिक प्रतिष्ठानों का उनमें कोई हित हो या वे उनसे प्रभावित हो सकते हों।

(i) **श्रम न्यायालय तथा अधिकरण के पीठासीन अधिकारियों की अयोग्यताएँ** – श्रम न्यायालय, अधिकरण तथा राष्ट्रीय अधिकरण के पीठासीन अधिकारी के

पद पर ऐसे व्यक्तियों को नियुक्त नहीं किया जा सकता, जो स्वतंत्र नहीं हैं या जिन्होंने 65 वर्ष की उम्र प्राप्त कर ली हो।

(ii) **अधिनिर्णयन प्राधिकारियों के पास विवादों का प्रमाण** – किसी विद्यमान या आशंकित विवाद को अधिनिर्णय प्राधिकारियों, अर्थात् श्रम न्यायालय, अधिकरण या राष्ट्रीय अधिकरण के पास उपयुक्त सरकार निर्देशित कर सकती है। श्रम न्यायालय तथा अधिकरण द्वारा निर्णय किए जाने वाले औद्योगिक विवादों के विषयों का उल्लेख ऊपर किया जा चुका है। जहाँ अधिकरण द्वारा विचार किए जाने वाले विषयों से संबद्ध किसी विवाद से 100 से अधिक कर्मकारों के प्रभावित होने की सम्भावना नहीं है, तो उसे सरकार श्रम न्यायालय के पास निर्देशित कर सकती है। जहाँ किसी लोकोपयोगी सेवा में विवाद के कारण हड़ताल या तालाबंदी का नोटिस दिया जा चुका हो, वहाँ सरकार के लिए ऐसे विवाद को समझौता बोर्ड या अधिनिर्णयन प्राधिकारी के पास भेजना आवश्यक है। केंद्रीय सरकार के अधिकार क्षेत्र में आने वाले विवादों को राज्य सरकार द्वारा गठित अधिनिर्णयन प्राधिकारी के पास निर्देशित किया जा सकता है।

अगर केंद्रीय सरकार संतुष्ट है कि किसी विवाद से एक से अधिक राज्यों में स्थित औद्योगिक प्रतिष्ठान जुड़े हैं या उन्हें प्रभावित कर सकते हैं, वहाँ केंद्र सरकार उस विवाद को राष्ट्रीय अधिकरण के पास भेज सकती है, चाहे वह उस विवाद के लिए उपयुक्त सरकार हो अथवा नहीं।

अगर किसी औद्योगिक विवाद के पक्षकार संयुक्त रूप से अलग से किसी विवाद को अधिनिर्णयन प्राधिकारी के पास निर्देशित करने का अनुरोध करते हैं और आवेदन देने वाले व्यक्ति प्रत्येक पक्षकार की बहुसंख्या का प्रतिनिधित्व करते हैं, तो सरकार के लिए उसे अधिनिर्णयन प्राधिकारी के पास निर्देशित करना आवश्यक है।

सरकार के लिए अधिनिर्णयन अधिकारी को अधिनिर्णय देने की अधिकतम अवधि का उल्लेख करना आवश्यक है, लेकिन व्यक्तिगत विवादों से संबद्ध अधिनिर्णय देने की अवधि तीन महीने से अधिक नहीं हो सकती। पक्षकारों द्वारा आवेदन दिए जाने पर अधिनिर्णय देने की अवधि बढ़ाई जा सकती है। अधिनिर्णय देने की अधिकतम अवधि की समाप्ति के बाद अधिनिर्णयन प्राधिकारियों के समक्ष कार्यवाही को समाप्त नहीं समझा जाएगा।

जहाँ किसी अधिनिर्णयन प्राधिकारी के पास निर्देशित औद्योगिक विवाद के बिंदुओं का उल्लेख किया गया है, वहाँ उसे उन्हीं बिंदुओं पर ही विचार करना होगा। अगर किसी औद्योगिक विवाद से प्रत्यक्ष रूप से प्रभावित होने वाले प्रतिष्ठानों के अलावा अन्य प्रतिष्ठान भी प्रभावित हो सकते हैं, तो सरकार उन्हें भी अपने निर्देशन में सम्मिलित कर सकती है।

जब कोई औद्योगिक विवाद राष्ट्रीय अधिकरण के पास निर्दिष्ट किया गया हो, तो उस पर श्रम न्यायालय या अधिकरण विचार नहीं कर सकता।

किसी अधिनिर्णयन प्राधिकारी के समक्ष कोई भी कार्यवाही केवल इसीलिए समाप्त नहीं समझी जाएगी कि विवाद से संबद्ध किसी श्रमिक पक्षकार की मृत्यु हो गई है।

जब किसी औद्योगिक विवाद को किसी अधिनिर्णयन प्राधिकारी को निर्दिष्ट किया गया है, वहाँ सरकार ऐसे विवाद से संबद्ध जारी हड़ताल या तालाबंदी पर रोक लगा सकती है।

अधिनिर्णयन प्राधिकारियों की शक्तियाँ

श्रम न्यायालय, अधिकरण और राष्ट्रीय अधिकरण को निम्नलिखित शक्तियाँ प्राप्त रहती हैं–

(i) श्रम न्यायालय, अधिकरण और राष्ट्रीय अधिकरण के पीठासीन अधिकारी किसी विवाद की जाँच के लिए संबद्ध प्रतिष्ठान के परिसर में सूचना के बाद प्रवेश कर सकते हैं।

(ii) उन्हें ही वाद के परीक्षण के सिलसिले में किसी व्यक्ति को हाजिर कराने तथा उसकी शपथ पर परीक्षा करने, दस्तावेजों को पेश कराने, गवाहों की परीक्षा करने के लिए कमीशन निकालने तथा अन्य विहित बातों के लिए सिविल प्रक्रिया संहिता, 1908 (Civil Procedure Code, 1908) के अंतर्गत सिविल न्यायालय की सभी शक्तियाँ प्राप्त रहती हैं।

(iii) उनके द्वारा की जाने वाली जाँच को न्यायिक कार्यवाही समझा जाता है।

(iv) वे अपने समक्ष कार्यवाही में विशेष सलाह देने के लिए विशेष योग्यता वाले निर्धारक नियुक्त कर सकते हैं।

(v) श्रम न्यायालय, अधिकरण तथा राष्ट्रीय अधिकरण के पीठासीन अधिकारी भारतीय दंड संहिता के अर्थों में लोकसेवक होते हैं।

(vi) उन्हें अपने समक्ष कार्यवाही के लिए खर्च निर्धारित करने की शक्ति प्राप्त है।

(vii) किसी कर्मकार को नौकरी से हटाए जाने या उसे बर्खास्त करने से संबद्ध विवाद की स्थिति में अधिनिर्णयन कार्यवाही के दौरान वे उसे फिर से नौकरी पर लगाने, उसे अन्य प्रकार से राहत देने या हल्का दंड देने का आदेश दे सकते हैं।

श्रम न्यायालय, अधिकरण या राष्ट्रीय अधिकरण के पंचाट को सरकार द्वारा उसकी प्राप्ति के 30 दिनों के अंदर प्रकाशित करना अनिवार्य है (धारा 17)।

साधारणतः, अधिनिर्णय उसके प्रकाशन की तारीख से तीस दिनों के बीत जाने पर लागू हो जाता है। जहाँ विवाद में केंद्रीय या राज्य सरकार ही एक पक्षकार है, तो वह राष्ट्रीय अर्थव्यवस्था या सामाजिक न्याय को प्रभावित करने वाले सार्वजनिक आधारों को ध्यान में रखते हुए यह घोषणा कर सकती है कि वह उपर्युक्त तीस दिनों की अवधि बीत जाने पर लागू होगा। ऐसी स्थिति में अधिनिर्णय के प्रकाशन की तिथि

से 90 दिनों के अंदर सरकार अधिनिर्णय को नामंजूर करने या उसमें संशोधन करने से संबद्ध आदेश दे सकती है। सरकार के लिए आदेश की प्रति और अधिनिर्णय को विधानमंडल (राज्य सरकार के पक्षकार होने पर) या संसद (केंद्रीय सरकार के पक्षकार होने पर) के समक्ष प्रथम उपलब्ध अवसर पर रखना आवश्यक है। अधिनिर्णय विधानमंडल या संसद में रखे जाने के 15 दिनों के बाद लागू हो जाता है। जहाँ अधिनिर्णय को नामंजूर या संशोधित करने के आदेश नहीं दिए गए हैं, वहाँ वह अधिनिर्णय को नहीं लागू करने की सरकारी घोषणा के 90 दिनों के बीत जाने पर लागू हो जाता है।

अधिनिर्णयन कार्यवाही विवाद के निर्देशन की तिथि से आरम्भ समझी जाती है तथा उस तारीख को समाप्त समझा जाता है, जिस दिन अधिनिर्णय अनुपालनीय हो जाता है।

साधारणतः, अधिनिर्णय उसके अनुपालनीय होने के दिन से एक वर्ष की अवधि के लिए लागू रहता है। सरकार इस अवधि को घटा और बढ़ा सकती है। अधिनिर्णय के लागू रहने की अवधि एक–एक वर्ष करके अधिकतम तीन वर्षों के लिए बढ़ाई जा सकती है। जब अधिनिर्णय के लागू रहने की अवधि के बीत जाने पर पक्षकार अधिनिर्णय को समाप्त करने का नोटिस देते हैं, तब भी वह नोटिस के दो महीनों बाद तक भी लागू रहता है।

स्वैच्छिक विवाचन या पंच निर्णय

अगर किसी विद्यमान या आशंकित औद्योगिक विवाद के पक्षकार सहमत हों, तो वे लिखित करार से विवाचन के लिए निर्देशित करने का अनुरोध कर सकते हैं। लेकिन, ऐसा निर्देशन तभी किया जा सकता है, जब विवाद को श्रम न्यायालय, अधिकरण या राष्ट्रीय अधिकरण को निर्देशित नहीं किया गया हो। करार में ही विवाचक के नाम का उल्लेख करना आवश्यक है। श्रम न्यायालय, अधिकरण या राष्ट्रीय अधिकरण के पीठासीन अधिकारी या सुलह अधिकारी भी विवाचक हो सकते हैं। अगर किसी विवाद को एक से अधिक सम संख्या (even number) में विवाचकों को निर्देशित किया जाता है, तो उनमें एक अधिनिर्णायक (umpire) के रूप में काम करेगा।

विवाचन के लिए समझौता विहित प्रपत्र में होगा तथा उस पर पक्षकारों के हस्ताक्षर भी होंगे। विवाचन समझौते की एक प्रति को सरकार तथा सुलह अधिकारी के पास भेजना आवश्यक है। सरकार विवाचन समझौते को उसकी प्राप्ति के दिन से एक महीने के अंदर राजकीय गजट में प्रकाशित करेगी। जहाँ सरकार इस बात से संतुष्ट है कि विवाद को विवाचन के लिए निर्देशित करने वाला प्रत्येक पक्षकार उसकी बहुसंख्या का प्रतिनिधित्व करता है, वहाँ वह इस आशय की अधिसूचना जारी करेगी और विवाद से सम्बद्ध पक्षकारों को भी सुनवाई के अवसर दिलाएगी।

विवाचक का काम विवाद की जाँच करना तथा पंच निर्णय या विवाचन अधिनिर्णय (arbitration award) देना है। जब किसी विवाद को विवाचक के पास निर्देशित किया गया है, तब सरकार उस विवाद से सम्बद्ध चल रही किसी हड़ताल या तालाबंदी पर रोक लगा सकती है (धारा 10A)।

साधारणतः विवाचन अधिनिर्णय विवाद विवाचन भेजने के लिए किए जाने वाले समझौते के पक्षकारों पर लागू होता है, लेकिन अगर सरकार ने अधिसूचना द्वारा यह घोषित कर दिया हो कि समझौते का प्रत्येक पक्षकार अपनी बहुसंख्या का प्रतिनिधित्व करता है तथा उससे प्रभावित होने वाले अन्य पक्षकारों को भी सुनवाई का अवसर दे दिया गया है, तो विवाचन अधिनिर्णय ऐसे सभी व्यक्तियों पर लागू होगा, जिन पर अधिनिर्णय (adjudication award) लागू होता है।[4]

विवाचन अधिनियम के प्रकाशन तथा उसके लागू रहने की कालावधि से संबद्ध उपबंध अधिनिर्णय से संबद्ध उपबंधों की तरह है।[5]

अधिनियम के अन्तर्गत सेवा की शर्तों में परिवर्तन

अधिनियम की धारा 9–अ के अन्तर्गत कोई नियोक्ता किसी कामगार के कार्य की शर्तों में तब तक परिवर्तन नहीं करेगा, जब तक कि वह इस आशय का नोटिस सम्बंधित कामगार को नहीं दे देगा। इस नोटिस को दे देने के 21 दिन के पश्चात् ही इस प्रकार का परिवर्तन किया जा सकता है। किन्तु यदि इस प्रकार के कार्य की शर्तों में परिवर्तन इस कारण किया जा रहा है कि संराधन संयंत्र के समक्ष ऐसा कोई सेटलमेण्ट हुआ है या अधिनिर्णयन संयंत्र के इस आशय का कोई निर्णय नहीं हुआ है तो इस प्रकार का नोटिस देने की आवश्यकता नहीं होगी।

संराधन, विवाचन या अधिनिर्णयन की स्थिति में सेवा की शर्तों को अपरिवर्तित रखना

अधिनियम की धारा 33 के अन्तर्गत यह प्रावधान है कि यदि कोई विवाद (धारा 33) संराधन, विवाचन या अधिनिर्णयन में लम्बित है तो नियोक्ता उक्त विवाद से सम्बंधित कामगारों की सेवा की शर्तों में परिवर्तन या उन कामगारों का निष्कासन तब तक नहीं कर सकता है, जब तक कि विवाद के बारे में निर्णय न हो जाए। विशेष परिस्थिति में वह समुचित सरकार से अनुमति प्राप्त कर सेवा की शर्तों में परिवर्तन कर सकता है।

अधिनिर्णयन संयंत्र के अन्तर्गत दिए गए पंचाटों की अवधि एवं उनके लागू करने की शक्ति

प्रत्येक पंचाट एक वर्ष तक सबसे पहले लागू होता है। किन्तु समुचित सरकार किसी पंचाट की अवधि बढ़ा भी सकती है। किन्तु अवार्ड या पंचाट की समाप्ति के दो माह पूर्व सम्बंधित पक्षों में से कोई एक पक्ष यदि पंचाट की समाप्ति का नोटिस दे देता है तो उसकी अवधि नहीं बढ़ाई जा सकती है। कोई भी पंचाट गजट में प्रकाशित होने के 30 दिन की अवधि की समाप्ति के पश्चात् लागू हो जाता है।

हड़ताल और तालाबंदी के सम्बंध में अधिनियम में प्रावधान

जैसा कि पहले ही लिखा जा चुका है कि हड़ताल का अर्थ है किसी उद्योग में नियोजित व्यक्तियों के निकाय द्वारा मिलकर काम बन्द कर देना या नियोजित या नियोजन में लगे व्यक्तियों द्वारा किसी काम को करते रहने या नियोजन स्वीकार करने से इनकार करना। हड़ताल में सम्मिलित व्यक्ति एक सामान्य समझदारी के अन्तर्गत नियोक्ता के प्रति अपना विरोध करने के लिए काम बन्द करते हैं। हड़ताल की इस परिभाषा के तीन आधारभूत तत्व हैं– (1) कामगारों में कार्य की क्षमता विद्यमान होना; (2) कार्य को सम्मिलित रूप से बन्द किया जाना या सम्मिलित रूप से कार्य से इनकार करना, व (3) कार्य का जान–बूझकर एक साथ मिलकर न किया जाना। कॉनसर्टेड एक्शन का अर्थ है जान–बूझकर एक सामान्य समझदारी के अन्तर्गत सभी लोगों द्वारा मिल जुलकर काम को बन्द कर देना। 'रिफ्यूजल टू वर्क' का अर्थ है नियोक्ता के प्रति विरोध प्रगट करना। कामगार किसी अन्य कारण से भी काम नहीं कर सकते हैं, किन्तु हड़ताल की स्थिति में काम न करने से नियोक्ता के प्रति विरोध प्रकट होता है। इसी प्रकार मात्र कार्य से अनुपस्थित होना ही हड़ताल नहीं है, वरन् इसके अन्तर्गत नियोक्ता के प्रति किसी विरोध की भावना की भी अभिव्यक्ति होनी चाहिए। उच्चतम न्यायालय के बहुत से निर्णयों द्वारा इस तथ्य की पुष्टि होती है कि हड़ताल में कार्य सम्मिलित रूप से बन्द कर देना और नियोक्ता के प्रति असंतोष प्रकटीकरण दोनों ही बातें सम्मिलित हैं। इसी प्रकार न्यायालयों के निर्णयों से इस तथ्य की भी पुष्टि होती है कि **'स्टे इन'** स्ट्राइक अवैध है, क्योंकि उस स्थिति में सम्बंधित कामगारों की स्थिति **'ट्रेसपासर'** की है। जब कार्य करने की मंशा नहीं होती है तो नियोक्ता एवं कामगार का विधायी सम्बंध भी निलम्बित हो जाता है। यह बात भी सत्य है कि हड़ताल के समय जो कामगार उस हड़ताल में सम्मिलित होते हैं, उन्हें वेतन नहीं मिलता है।

हड़ताल और तालाबंदी पर प्रतिबंध

विशिष्ट प्रतिबंध

अधिनियम की धारा 10(3) के अन्तर्गत किसी भी सरकार को यह अधिकार है कि वह किसी विवाद को अधिनिर्णय में प्रेषण करने के पश्चात् उक्त विवाद के सम्बंध में चल रही हड़ताल और तालाबंदी पर प्रतिबंध लगा दे।

सामान्य प्रतिबंध

अधिनियम की धारा 23 के अन्तर्गत यह प्रावधान है कि यदि कोई विवाद संराधन या अधिनिर्णयन या विवाचन में लम्बित है तो उससे सम्बंधित विषय पर कोई नियोक्ता तालाबंदी या कोई श्रमिक संघ हड़ताल का आयोजन नहीं कर सकता है, जनोपयोगी सेवाओं में भी ऐसी सेवाओं की सूची अधिनियम के अन्तर्गत दी गई है। हड़ताल या तालाबंदी के आयोजन पर भी प्रतिबंध अधिनियम के अन्तर्गत लगाया गया है। ऐसी सेवाओं में हड़ताल से पूर्व सम्बंधित श्रमिक संघ को छः सप्ताह की सूचना नियोक्ता को

देनी चाहिए। ऐसी सूचना देने की 14 दिन की अवधि के भीतर की जाने वाली हड़ताल भी प्रतिबंधित है। ठीक यही बातें तालाबंदी की स्थिति में नियोक्ता के लिए लागू होती हैं।

अवैध हड़ताल और तालाबंदी

1. यदि कोई हड़ताल या तालाबंदी औद्योगिक विवाद अधिनियम की धारा 22 और 23 का उल्लंघन करती है तो वह अवैध है। अर्थात् यदि जनोपयोगी सेवाओं से सम्बंधित प्रतिष्ठानों में छः सप्ताह का नोटिस दिए बगैर हड़ताल हो रही है या यदि कोई विवाद संराधन विवाचन या अधिनिर्णयन संयंत्र के समक्ष लम्बित है और उससे सम्बंधित विवाद को लेकर उठाई गई मांग के कारण हड़ताल हो रही है तो उस हड़ताल को अवैध हड़ताल कहा जाएगा।
2. जब सरकार ने ऐसे विवाद से सम्बंधित किसी हड़ताल या तालाबंदी पर रोक लगा दी है, जिसे संराधन, अधिनिर्णयन या विवाचन में भेजा गया है तब भी हड़ताल या तालाबंदी चालू है तो उसे अवैध माना जाएगा।
3. किसी अवैध हड़ताल के कारण घोषित तालाबंदी या अवैध तालाबंदी के कारण घोषित हड़ताल अवैध नहीं मानी जाती है।
4. अवैध हड़ताल या तालाबंदी की स्थिति में वित्तीय सहायता देना भी अवैध है।
5. अवैध हड़ताल को प्रारम्भ करने, उसे जारी रखने या उसके लिए अन्य कार्य करने पर व्यक्ति को एक माह तक के कारावास या अधिकतम 50 रुपये तक का जुर्माना या दोनों दण्ड दिया जा सकता है। अवैध तालाबंदी की स्थिति में उपर्युक्त कृत्यों के लिए अधिकतम दण्ड एक महीने के कारावास या 1,000 रुपये तक जुर्माना या दोनों हो सकता है।

   अवैध हड़ताल या तालाबंदी में भाग लेने या उकसाने या उसके लिए वित्तीय सहायता देने के दोषी व्यक्ति को अधिकतम छः माह के कारावास या 1,000 रुपये तक के जुर्माने या दोनों का दण्ड लगाया जा सकता है।
6. न्यायालयों के अभिनवभूत में हुए कुछ निर्णयों से इस तथ्य की पुष्टि हुई है कि केवल अवैध हड़ताल में भाग लेने से ही किसी व्यक्ति को दण्डित नहीं किया जा सकता है, जबकि उस व्यक्ति ने उस अवधि में कोई हिंसात्मक कार्य या अन्य कोई दुराचरण नहीं किया है।

औद्योगिक प्रतिष्ठानों में जबरी छुट्टी, छँटनी और बन्दी

अधिनियम की धारा 2(kkk) के अनुसार 'जबरी छुट्टी' (lay off) का तात्पर्य नियोजक द्वारा अपने ऐसे कर्मकारों को कार्य से लौटाना है जिनका नाम मस्टर रोल (कर्मकार पंजी) में पंजीकृत है एवं जिनकी छंटनी नहीं हुई है, जिनका कारण कोयले, विद्युतशक्ति या कच्चे माल की कमी, स्टाफ की अधिकता (जमाव) या मशीनों की टूट–फूट या प्राकृतिक विपदा या संबंधित अन्य कारण, जिस हेतु कर्मकार को कार्य देने में असफलता, इनकार या असमर्थता है।"

इस परिभाषा की व्याख्या द्वारा निम्न बातें स्पष्ट की गई हैं–

प्रत्येक कर्मकार, जिसका नाम मस्टररोल में दर्ज है, तब जबरी छुट्टी प्राप्त माना जाएगा, जब वह काम करने के लिए कार्यस्थल पर उपस्थित होता है, किन्तु निरन्तर दो घंटे के बाद भी उसे काम नहीं मिलता।

परन्तु यदि उस कर्मकार को पहली पाली में काम नहीं मिलता है तथा दूसरी पाली में बुलाया जाता है तथा कार्य दिया जाता है तो यह माना जाएगा कि उसे केवल दिन के पूर्वार्द्ध भाग के लिए कार्य से लौटाया गया था।

यदि दूसरी पाली के लिए काम करने को तैयार होने पर भी उसे काम नहीं दिया जाता है तो यह समझा जाएगा कि उस दिन उसे काम नहीं दिया गया एवं उस दिन के महंगाई भत्ते सहित पूरा मूल वेतन पाने का हकदार होगा।

अधिनियम के अध्याय 5–ए के अन्तर्गत जबरी छुट्टी के सम्बंध में धारा 25(a) से 25(e) तक प्रावधान किए गए हैं, जिन्हें संक्षेप में निम्न तरह से स्पष्ट किया जा सकता है–

1. **जबरी छुट्टी हेतु क्षतिपूर्ति** – प्रत्येक कारखाना अथवा खदान, (मौसमी स्थापना को छोड़कर) का नियोजक, जिन्होंने विगत 12 महीनों में औसतन 50 परंतु 100 से कम कर्मकार नियोजित किए हों, अपने कर्मकारों को जबरी छुट्टी की क्षतिपूर्ति का भुगतान करने के लिए उत्तरदायी हैं।

   क्षतिपूर्ति का भुगतान मूल वेतन एवं महंगाई भत्ते के 50 प्रतिशत दर से किया जाएगा। साप्ताहिक अवकाश के दिन को छोड़कर अन्य सभी दिनों की जबरी छुट्टी क्षतिपूर्ति का भुगतान किया जाएगा।

2. **जबरी छुट्टी हेतु योग्यता** – धारा 25(c) के प्रावधानों के अनुसार जबरी छुट्टी क्षतिपूर्ति का भुगतान वैसे श्रमिकों को किया जाएगा, जो निम्न शर्तों को पूरा करते हों–

   (1) जो आकस्मिक एवं बदली श्रमिक की श्रेणी में नहीं आते हों।

   (2) जो नियोजक के अधीन कम से कम एक वर्ष निरन्तर सेवा में रहे हों तथा

   (3) जिनका नाम, स्थापना या उपक्रम के मस्टररोल में अंकित हो।

3. **जबरी छुट्टी क्षतिपूर्ति हेतु अयोग्यता** – धारा 25(c) के प्रावधानों तथा धारा 25(e) के अनुसार निम्न दशाओं में श्रमिक या कर्मकार जबरी छुट्टी क्षतिपूर्ति हेतु पात्र नहीं होंगे अथवा हकदार नहीं होंगे–

   (1) जब जबरी छुट्टी की अवधि किसी 12 महीनों के समय में 45 दिन से अधिक हो गई हो तो क्षतिपूर्ति की पात्रता नहीं होगी, नियोजक ऐसी दशा में छंटनी कर सकता है।

   (2) यदि कर्मकार नियोजक के उसी प्रतिष्ठान में या पाँच मील की दूरी के अंदर स्थित उसके किसी अन्य प्रतिष्ठान में किसी ऐसे काम को करने से इनकार करता है, जिसमें विशेष कौशल की आवश्यकता नहीं हो।

(3) यदि कर्मकार सामान्य कार्य के घंटे के दौरान कम से कम एक बार कार्य हेतु संस्थान में उपस्थित होने में चूक करता है।

(4) यदि जबरी छुट्टी प्रतिष्ठान के किसी दूसरे भाग में कर्मकारों को हड़ताल या उत्पादन की गति मंद करने के कारण हुई हो।

4. **जबरी छुट्टी पर प्रतिबंध** – अधिनियम के अध्याय 5–बी में इस सम्बन्ध में विस्तृत प्रावधान दिए गए हैं, धारा 25(m) के अनुसार प्रत्येक कारखाना या खदान, (मौसमी स्थापना को छोड़कर) जिसमें पिछले 12 महीनों में औसतन 100 या अधिक कर्मकार नियोजित किए गए हों, का नियोजक उपर्युक्त सरकार अथवा अधिसूचित प्राधिकारी की पूर्वानुमति के बिना अपने कर्मकार को जबरी छुट्टी नहीं दे सकता है।

परन्तु शासन की पूर्व अनुमति वैसी दशा में आवश्यक नहीं है, जहाँ ऐसी जबरी छुट्टी शक्ति की आपूर्ति के अभाव में या प्राकृतिक आपदा के फलस्वरूप तथा खदान की स्थिति में आग, बाढ़ या ज्वलनशील गैस के फैलाव या विस्फोटन के फलस्वरूप जबरी छुट्टी देना अनिवार्य हो गया हो।

जबरी छुट्टी की अनुमति के लिए नियोजक को निर्धारित प्रारूप में समुचित कारण सहित जबरी छुट्टी प्रारंभ होने के 60 दिन के भीतर आवेदन पत्र शासन को प्रस्तुत करना होगा, जिसकी प्रति श्रमिकों को भी दी जाएगी। खदान की स्थिति में जहाँ जबरी छुट्टी आग, बाढ़ या ज्वलनशील गैस के फैलाव या विस्फोटन के फलस्वरूप दी गई हो उसे निरन्तरित रखने की अनुमति हेतु आवेदन पत्र जबरी छुट्टी प्रारंभ होने की दिनांक से 30 दिनों के भीतर प्रस्तुत करना होगा।

यदि आवेदन पत्र प्रस्तुत करने के दिनांक से 60 दिनों के भीतर शासन से कोई आदेश संसूचित नहीं किया जाता है तो यह माना जाएगा कि इस हेतु अनुमति प्रदान कर दी गई है।

छँटनी

अधिनियम के अध्याय 5–ए में छँटनी के सम्बन्ध में प्रावधान किए गए हैं। इसके अतिरिक्त कुछ संस्थापनो में छँटनी के सम्बन्ध में विशेष उपबंध अध्याय 5–बी में भी किए गए हैं। इसे निम्न तरह से स्पष्ट किया जा सकता है–

1. **कर्मकारों की छँटनी हेतु शर्तें** – ऐसे प्रतिष्ठानों में (मौसमी संस्थान को छोड़कर), जहाँ पिछले 12 महीनों में औसतन 50 परंतु 100 से कम कर्मकार नियोजित किए गए हों तथा जिन्होंने एक वर्ष की निरन्त सेवा पूरी कर ली हो; कर्मकारों की छँटनी तब तक नहीं की जाएगी जब तक निम्न शर्तें पूरी नहीं कर ली गई हों–

(1) कर्मकारों की छँटनी के कारणों का उल्लेख करते हुए एक महीने पूर्व लिखित सूचना अथवा सूचना के बदले एक महीने की मजदूरी का भुगतान कर दिया गया हो।

(2) छँटनी के समय कर्मकार को पूरी की गई लगातार सेवा के प्रत्येक वर्ष हेतु 15 दिनों की मजदूरी की दर से क्षतिपूर्ति का भुगतान कर दिया गया हो। (इस उद्देश्य से छह महीने से अधिक सेवा एक वर्ष मानी जाएगी)।

(3) समुचित सरकार या अधिकृत प्राधिकारी को निर्धारित प्रारूप में सूचना दे दी गई हो।

2. **छँटनी से संबंधित विशेष उपबंध** – ऐसे प्रतिष्ठानों में (मौसमी संस्थान को छोड़कर), जहाँ पिछले 12 महीनों में औसतन 100 या अधिक कर्मकार नियोजित किए गए हों तथा जिन्होंने एक वर्ष की निरन्तर सेवा पूरी कर ली हो; कर्मकारों की छंटनी तब तक नहीं की जाएगी जब तक निम्न शर्तें पूरी नहीं कर ली गई हों–

(1) उपयुक्त सरकार या अधिकृत प्राधिकारी से नियोजक ने प्रस्ताविक छंटनी हेतु दो माह पूर्व (60 दिन) निर्धारित प्रारूप में आवेदन द्वारा अनुमति प्राप्त कर ली हो।

यदि निर्धारित प्रारूप में आवेदन पत्र प्रस्तुत करने के उपरांत 60 दिनों के भीतर कोई आदेश संसूच्ति नहीं किया गया हो तो अनुमति प्रदान की गई मान लिया जाएगा।

(2) जहाँ अनुमति प्रदान कर दी गई हो अथवा प्रदान किया जाना संभावित हो, छँटनीशुदा श्रमिक को क्षतिपूर्ति का भुगतान कर दिया गया हो।

उपर्युक्त प्रावधानों के उल्लंघन द्वारा की गई छंटनी अवैध मानी जाएगी तथा श्रमिक को विधिअनुसार सभी लाभ प्राप्त करने की पात्रता होगी।

3. **छँटनी की प्रक्रिया** – धारा 25G के अनुसार नियोजक सामान्यतया किसी वर्ग के अंतिम नियोजित श्रमिक की छँटनी पहले करेगा, यदि इस सम्बन्ध में अन्यथा कोई समझौता नहीं किया गया हो। इस प्रकार नियोजक अंतिम आए प्रथम जाए (last come first go) के सिद्धांत का पालन करेगा।

4. **छँटनी किए गए कर्मकारों की फिर से बहाली** – जहाँ श्रमिकों की छँटनी होती है और नियोजक बहाली का प्रस्ताव लाता है तो छँटनीशुदा श्रमिक द्वारा इच्छा व्यक्त करने पर सर्वप्रथम उसकी बहाली को प्राथमिकता दी जाएगी।

बंदी

नियोजक को अपना प्रतिष्ठान स्थायी तौर पर बंद करने का परमाधिकार होता है, परन्तु औद्योगिक विवाद अधिनियम 1947 के अध्याय 5–बी के अंतर्गत इस परम अधिकार को विनियमित किया गया है।

अधिनियम की धारा 2(cc) के अनुसार, "बंदीकरण (closure) का तात्पर्य नियोजन के स्थान या उसके किसी भाग को स्थायी तौर पर बंद कर देना है।"

इस सम्बन्ध में अधिनियम के अंतर्गत निम्न प्रावधान किए गए हैं–

1. **बंदी की सूचना (धारा 25FFF)** – ऐसे प्रतिष्ठान, जहाँ पिछले 12 माह के दौरान किसी भी दिन पचास या अधिक कर्मकार नियोजित किए गए हों, का

नियोजक यदि अपना उपक्रम बंद करना चाहता है तो वह शासन को निर्धारित प्रारूप में दो महीने पूर्व (60 दिन) कारण सहित आवेदन पत्र प्रस्तुत करेगा।

2. **कर्मकारों को क्षतिपूर्ति** – जहाँ कोई उपक्रम बंद हो जाता है तो प्रत्येक कर्मकार को, जिन्होंने एक वर्ष की निरंतर सेवा पूर्ण कर ली हो, नियोजक धारा (F) (छँटनी हेतु क्षतिपूर्ति) के प्रावधान के अनुरूप नोटिस तथा क्षतिपूर्ति का भुगतान करेगा।

   परन्तु नियोजक के नियंत्रण के बाहर अपरिहार्य परिस्थितियों के कारण बंदी (closure) होने की दशा में क्षतिपूर्ति कर्मकार की औसत तीन महीने की मजदूरी से अधिक नहीं हो सकती। निम्न स्थितियों को नियोजक के नियंत्रण के बाहर अपरिहार्य कारण नहीं समझा जाएगा–

   1. आर्थिक कठिनाइयाँ,
   2. माल की बिक्री नहीं होने से उसका जमाव,
   3. पट्टे (lease) या लाइसेंस की अवधि की समाप्ति, एवं
   4. तथा, किसी खान में खनिज की समाप्ति।

3. **बंदी से संबद्ध विशेष उपबंध** – धारा 25(o) के अनुसार ऐसे उपक्रम, जहाँ पिछले 12 माह में औसतन 100 या उससे अधिक कर्मकार नियोजित किए गए हों, तथा जो मौसमी स्थापना नहीं हो, के नियोजक उपक्रम बंद करने के 90 दिन पूर्व (तीन माह पूर्व) निर्धारित प्रारूप में कारण सहित शासन को अनुमति हेतु आवेदन करेगा तथा इस आवेदन पत्र की एक प्रति श्रमिकों के प्रतिनिधियों को भी उसी समय दी जाएगी। भवन, पुल, सड़क, नहर, बाँध निर्माण में संलग्न उपक्रम के लिए नोटिस देने या शासन की अनुमति प्राप्त करने की कोई आवश्यकता नहीं है।

बंदीकरण की अनुमति हेतु आवेदन प्राप्त होने की स्थिति में उपयुक्त शासन बंदीकरण के कारण एवं तथ्यों की जाँच करेगा एवं नियोजक तथा श्रमिकों को सुनवाई का अवसर देकर अपना निर्णय देगा।

ऐसे प्रतिष्ठानों में बंदी से संबंधित अन्य उपबंध उसी प्रकार हैं, जिस प्रकार अन्य प्रतिष्ठानों के लिए विहित किए गए हैं।

अवैध रूप से बंदी (closure) के दोषी नियोजक को अधिकतम छः माह के कारावास या 5,000 रुपए का जुर्माना अथवा दोनों से दंडित किया जा सकता है।

जबरी छुट्टी, छँटनी और बन्दी के सम्बंध में द्वितीय श्रम आयोग की संस्तुतियाँ

विश्व के अधिकांश देशों में जबरी छुट्टी, छँटनी और बन्दी का अधिकार नियोक्ता को होता है। किन्तु भारत में 100 से अधिक कामगारों को नियोजित करने वाले प्रतिष्ठानों में इस सम्बंध में सरकार की अनुमति लेनी होती है। नई आर्थिक एवं औद्योगिक नीति के लागू हो जाने के पश्चात् विशेषकर देश में नवस्थापित विदेशी कम्पनियों के

नियोक्ताओं ने इस प्रावधान का बहुत विरोध किया। फलस्वरूप देश की तत्कालीन एन.डी.ए. सरकार ने इस सम्बंध में उचित परामर्श देने एवं श्रम विषयक अन्य बिन्दुओं के सम्बंध में उचित सुझाव देने के लिए 1999 में द्वितीय राष्ट्रीय श्रम आयोग का गठन किया। विशेषकर जबरी छुट्टी, छँटनी एवं बन्दी के सम्बंध में श्रम आयोग की संस्तुतियाँ निम्नलिखित हैं–

(i) बंदी के सम्बन्ध में अधिक निष्पक्ष एवं न्यायोचित मार्ग यह होना चाहिए कि नियोजक को बंदी की अनुमति दी जाए, कर्मकारों को पर्याप्त क्षतिपूर्ति मिले तथा अपील किए जाने की स्थिति में, समस्या का समाधान श्रम सम्बन्ध आयोग पर विवाचन या अधिनिर्णयन के लिए छोड़ दिया जाए।

(ii) किसी भी नियोजन के आकार के प्रतिष्ठान में छँटनी के लिए सरकार की पूर्वानुमति आवश्यक नहीं होनी चाहिए। छँटनी के मामले में कर्मकार दो महीने का नोटिस या नोटिस के बदले दो महीने की मजदूरी के हकदार होंगे। बंद किए जाने वाले प्रतिष्ठानों की तुलना में चलने वाले प्रतिष्ठानों में छँटनी के लिए क्षतिपूर्ति की दर अधिक होनी चाहिए। इसके अतिरिक्त, छँटनी से संबंधित क्षतिपूर्ति का पैमाना रुग्ण इकाइयों तथा लाभ अर्जित करने वाली इकाइयों में अलग–अलग होना चाहिए।

(iii) 300 या इससे अधिक संख्या में कर्मकारों को नियोजित करने वाले प्रतिष्ठानों के लिए, जहाँ जबरी छुट्टी की अवधि एक महीने से अधिक होती है, उपयुक्त सरकार की कार्योत्तर मंजूरी ले लेना आवश्यक होगा।

(iv) औद्योगिक विवाद अधिनियम, 1947 के अध्याय 5–बी के अधीन बंदी के लिए पूर्वानुमति ले चुकने से संबंधित उपबंध 300 या इससे अधिक संख्या में कर्मकारों को नियोजित करने वाले उन सभी स्थापनों में भी लागू कर देना चाहिए जो इस उपबंध के दायरे में नहीं आते। छँटनी और बंदी से संबंधित अधिनियम के अध्याय 5–ए में उपयुक्त परिवर्तन लाना आवश्यक होगा। छँटनी के सम्बन्ध में सरकार से पूर्वानुमति का प्रावधान किया जाएगा।

(v) छँटनी या प्रतिष्ठान की बंदी के पहले प्रत्येक नियोजक, प्रतिष्ठान के आकार को ध्यान में रखे बिना यह सुनिश्चित करेगा कि कर्मकारों को अर्जित मजदूरी, छँटनी या बंदी के लिए क्षतिपूर्ति की राशि या इस प्रकार के देय सभी अन्य बकायों का भुगतान कर दिया गया है।

(vi) कामबंदी, छँटनी या बंदी से संबंधित उपर्युक्त प्रावधानों के चलते कर्मकारों को औद्योगिक विवाद उठाने से वंचित नहीं किया जा सकता।

(vii) ऐसा रुग्ण उद्योग जो पिछले तीन वर्षों से घाटे में चल रहा तो या जो दिवालिया होने के सम्बन्ध में आवेदन दे चुका हो या जिसका व्यवसाय समेट लिया गया है तथा लाभ पर नहीं चलने वाले संस्थाओं के लिए बंदी की क्षतिपूर्ति की दर पूरी की गई, सेवा के प्रत्येक वर्ष के लिए 30 दिनों की मजदूरी होगी। ऐसी इकाइयों में छँटनी के लिए क्षतिपूर्ति की दर पूरी की गई सेवा के प्रत्येक वर्ष के लिए 45 दिनों की मजदूरी होगी।

लाभ अर्जित करने वाले संगठनों में बंदी की स्थिति में क्षतिपूर्ति की दर पूरी की गई सेवा के प्रत्येक वर्ष के लिए 45 दिनों की मजदूरी तथा छँटनी के लिए क्षतिपूर्ति की दर पूरी की गई सेवा के प्रत्येक वर्ष के लिए 60 दिनों की मजदूरी होगी। 100 से कम संख्या में कर्मकारों को नियोजित करने वाले संगठनों में क्षतिपूर्ति की दर उपरोक्त दरों की आधी होगी। लेकिन, ऐसे संगठनों के लिए छँटनी और बंदी के पहले 2 महीने का नोटिस देना या नोटिस के बदले दो महीने की मजदूरी देना आवश्यक होगा।

(viii) पूर्वानुमति से संबंधित पहले से चलती आ रही न्यूनतम सीमा–रेखा के पुनर्स्थापन, बढ़ी हुई दर से क्षतिपूर्ति देने की व्यवस्था, कर्मकारों के प्रतिनिधियों से परामर्श की अनिवार्यता (कर्मकारों को निषेधाधिकार दिए बिना), विवाद की स्थिति में श्रम सम्बंध आयोग द्वारा न्यायिक पुनर्विलोकन तथा विधिक प्रावधान या उपयुक्त सरकार द्वारा पुनर्विलोकन आदि की व्यवस्था से नियोजक कर्मचारियों की बीमा रक्षा खरीदने के लिए बाध्य होंगे।

(ix) जबरी छुट्टी के लिए क्षतिपूर्ति वर्तमान समय में प्रचलित मजदूरी के 50 प्रतिशत की दर से होगी।

(x) औद्योगिक विवाद अधिनियम, 1947 के अध्याय 5–ए को इस आशय से संशोधित किया जाए कि छँटनी और बंदी दोनों के लिए 60 दिनों के पूर्व नोटिस देना या नोटिस के बदले 60 दिनों की मजदूरी देना अनिवार्य हो।

(xi) 300 या इससे अधिक संख्या में कर्मकारों को नियोजित करने वाले स्थापनों में बंदी करने के लिए सरकार की पूर्वानुमति प्राप्त कर लेना औद्योगिक विवाद अधिनियम, 1947 के अध्याय 5–ए का एक भाग होना चाहिए। इस अधिनियम के अध्याय 5–बी को निरस्त कर देना चाहिए।

(xii) 300 या इससे अधिक संख्या में कर्मकारों को नियोजित करने वाले स्थापनों के नियोजकों को बंदी की प्रस्तावित तिथि के 90 दिन पहले उपयुक्त सरकार के पास अनुमति के लिए आवेदन देना होगा तथा इसकी प्रतिलिपि मान्यता प्राप्त सौदेबाजी अभिकर्ता को भी देनी होगी। अगर आवेदन देने की तिथि के 60 दिनों के अंदर उपयुक्त सरकार की अनुमति प्राप्त नहीं होती, तो समझा जाएगा कि बंदी की अनुमति मिल गई है।[6]

अनुचित श्रम व्यवहार

अधिनियम में नियोजकों और श्रम संघों के कई अनुचित श्रम व्यवहारों पर निषेध लगाया गया है। इनमें कई अनुशासन संहिता (Code of Discipline) में सम्मिलित हैं। इन अनुचित श्रम व्यवहारों का उल्लेख अधिनियम की पाँचवीं अनुसूची में किया गया है, जो निम्नांकित हैं–

नियोजकों और उनके संगठनों के अनुचित श्रम व्यवहार

(i) कर्मकारों को उनके संगठित होने, श्रम संघ बनाने, उनमें सम्मिलित होने या सहायता देने या सामूहिक सौदेबाजी या अन्य पारस्परिक सहायता या संरक्षा के प्रयोजनों से सम्बद्ध उनके अधिकारों के प्रयोग में हस्तक्षेप करना, रोकना या

प्रपीड़ित करना अर्थात् श्रम संघ में सम्मिलित होने वाले कर्मकार को सेवान्मुक्ति या बर्खास्तगी की धमकी देना, श्रम संघ गठित किए जाने पर तालाबंदी या बंदी की धमकी देना, श्रम संघ संगठन की निर्णायक (crucial) अवधि में संगठन को विफल करने के उद्देश्य से कर्मकारों को बढ़ी हुई दर से मजदूरी देना।

(ii) किसी श्रम संघ पर हावी होना, उसमें हस्तक्षेप करना या उसे वित्तीय या अन्य प्रकार से सहायता देना, जैसे नियोजक का अपने कर्मकारों के श्रम संघ को गठित करने में सक्रिय अभिरुचि लेना तथा कर्मकारों को संगठित करने वाले श्रम संघों में किसी एक के प्रति पक्षपात दिखाना या अनुग्रह प्रदान करना, जहाँ ऐसा श्रम संघ मान्यता प्राप्त श्रम संघ नहीं है।

(iii) कर्मकारों, का नियोजक प्रायोजित (employer sponsored) श्रम संघ गठित करना।

(iv) किसी कर्मकार के विरुद्ध भेदभाव पैदा करके किसी श्रम संघ में सदस्यता को प्रोत्साहित या हतोत्साहित करना, अर्थात् किसी कर्मकार को सेवोन्मुक्त या दंडित करना क्योंकि उसने अन्य कर्मकारों को श्रम संघ संगठित करने या उसमें शामिल होने के लिए अनुरोध किया है, अवैध हड़ताल को छोड़कर अन्य किसी प्रकार की हड़ताल में भाग लेने वाले कर्मकार को सेवोन्मुक्त या बर्खास्त करना, श्रम संघ के क्रियाकलाप में भाग लेने के कारण कर्मकारों की वरिष्ठता (seniority) के क्रम में परिवर्तन करना, कर्मकारों को श्रम संघ क्रियाकलाप के कारण ऊँचे पदों पर पदोन्नति (promotion) करने से इनकार करना, कुछ कर्मकारों को उनकी योग्यता पर विचार किए बिना तरक्की देना, जिससे कर्मकारों के बीच विभेद हो या श्रम संघ की शक्ति क्षीण हो, तथा श्रम संघ के क्रियाकलाप में भाग लेने के कारण श्रम संघ के पदाधिकारियों या सक्रिय सदस्यों को सेवोन्मुक्त करना।

(v) अग्रलिखित आधारों पर कर्मकारों को सेवान्मुक्त करना या उन्हें बर्खास्त करना– उत्पीड़ित कर, सद्भावनापूर्वक नहीं बल्कि नियोजक के अधिकारों का दिखावे से प्रयोग कर, किसी आपराधिक मामलों में मिथ्या या मनगढ़ंत साक्ष्य (evidence) पर कर्मकार को फँसाकर, स्पष्ट रूप से मिथ्या कारणों से, बिना छुट्टी की अनुपस्थिति के झूठे या मनगढ़ंत आरोप पर, घरेलू जाँच (domestic enquiry) का संचालन करने में प्राकृतिक न्याय (natural justice) के सिद्धांतों की बिल्कुल उपेक्षा करके या उसमें अनुचित रूप से जल्दबाजी करके, तथा कर्मकार के विशेष दुराचरण या उसके पहले के रिकार्ड या सेवा को ध्यान में रखे बिना मामूली या तकनीकी प्रकृति के दुराचरण के लिए अनुचित प्रकार का दंड दिलाकर।

(vi) हड़ताल तोड़ने के उद्देश्य से कर्मकार द्वारा दिए जाने वाले नियमित प्रकृति के कार्यों को समाप्त करना और उन्हें ठेकेदारों को दिलाना।

(vii) प्रबंधकीय नीति का अनुसरण करने के बहाने विद्वेषपूर्वक कर्मकार का एक स्थान से दूसरे स्थान पर तबादला करना।

(viii) वैध हड़ताल में भाग ले रहे कर्मकारों से उन्हें फिर से काम पर लगाने के लिए पूर्व शर्त के रूप में व्यक्तिगत सदाचार बॉण्ड (good conduct bond) पर हस्ताक्षर के लिए जोर देना।

(ix) योग्यता पर ध्यान दिए बिना कर्मकारों के किसी समूह के साथ पक्षपात या भेदभाव बरतना।

(x) कर्मकारों को बदली, आकस्मिक (casual) या अस्थायी कर्मकारों की तरह नियोजित करना और इन रूपों में वर्षों तक काम लेते रहना, जिससे वे स्थायी कर्मकारों की हैसियत और विशेषाधिकारों से वंचित रहें।

(xi) किसी औद्योगिक विवाद से सम्बद्ध किसी जाँच या कार्यवाही में नियोजक के विरुद्ध आयोग या प्रमाण देने के लिए किसी कर्मकार को नौकरी से हटाना या उसके साथ भेदभाव करना।

(xii) अवैध हड़ताल को छोड़कर अन्य हड़तालों के दौरान कर्मकारों की भर्ती करना।

(xiii) अधिनिर्णय, समझौता या करार को लागू करने में विफल होना।

(xiv) बल का प्रयोग करना या हिंसात्मक कार्यों में लगे रहना।

(xv) मान्यता प्राप्त श्रम संघों से सद्भावनापूर्वक सामूहिक सौदेबाजी से इनकार करना।

(xvi) अधिनियम के अधीन अवैध तालाबंदी को प्रस्तावित करना या उसे जारी रखना।

कर्मकारों और श्रम संघों के अनुचित श्रम व्यवहार

(i) अधिनियम के अधीन किसी अवैध हड़ताल में सलाह देना, सक्रिय रूप से समर्थन देना या उकसाना।

(ii) कर्मकारों को अपने संगठन बनाने, श्रम संघ में शामिल होने या नहीं होने के अधिकार के प्रयोग में कर्मकारों के साथ जोर–जबरदस्ती करना, अर्थात्– (1) श्रम संघ या उसके सदस्यों द्वारा ऐसे ढंग से धरना देना, जिससे हड़ताल में भाग न लेने वाले कर्मकार अपने काम के स्थानों में जाने से रुक जाएँ, तथा (2) किसी हड़ताल के सम्बन्ध में गैर–हड़तालियों या प्रबंधकों के विरुद्ध बल प्रदर्शन या हिंसा के कार्य में लगाना या उन्हें अभित्रास (intimidation) की धमकी देना।

(iii) मान्यता प्राप्त श्रम संघ (recognised trade union) के लिए नियोजक के साथ सद्भावनापूर्वक सामूहिक सौदेबाजी से इनकार करना।

(iv) सौदेबाजी के लिए प्रतिनिधि के प्रमाणीकरण के लिए जोर–जबरदस्ती करना।

(v) जान–बूझकर धीमे कार्य या मंद कार्य (go slow), काम करने के घंटों की समाप्ति के बाद कार्य के परिसर में धरना देना या प्रबंधकीय या अन्य कर्मचारियों के घेराव जैसे बल प्रयोग वाले कार्य करना या उन्हें प्रोत्साहित करना या उनके लिए उकसाना।

(vi) नियोजकों या प्रबंधकों के निवास स्थानों पर प्रदर्शन करना।

(vii) उद्योग से सम्बद्ध नियोजक की संपत्ति को जान–बूझकर नष्ट करने के लिए भड़काना या उसमें लगे रहना।

(viii) किसी कर्मकार को काम पर उपस्थित होने से रोकने की दृष्टि से उसे धमकी देना या उसके विरुद्ध बल प्रयोग या हिंसात्मक कार्य करना (धारा 2 (ra), 25T, पाँचवीं अनुसूची)।

उपर्युक्त अनुचित श्रम व्यवहारों के दोषी व्यक्ति को छः महीने तक के कारावास या एक हजार रुपये तक के जुर्माने या दोनों से दंडित किया जा सकता है।

टिप्पणियां

1. देखिए, पूर्वोक्त खंड (ii)
2. देखिए, पूर्वोक्त खंड (iii)
3. देखिए, उपरोक्त खंड IV (1) (ii) तथा खण्ड IV (2) (ii)
4. देखिए, पूर्वोक्त खंड IV (II)
5. देखिए, पूर्वोक्त खंड IV (7) (10)
6. भारत सरकार, श्रम मंत्रालय, रिपोर्ट ऑफ द नेशनल कमीशन ऑन लेबर, (2002), पृ. 43–45, धारा 6.85–6.91

16

श्रम संघ अधिनियम, 1926

औद्योगीकरण के प्रारंभ से ही औद्योगिक श्रमिक अपने हितों की रक्षा और उनके विकास के लिए संगठन बनाने लगे थे, लेकिन प्रारंभिक श्रम संघों को कई प्रकार की विधिक एवं अन्य अशक्तताओं का सामना करना पड़ता था। इंग्लैंड और कुछ अन्य यूरोपीय देशों में कॉमन लॉ (Common Law) के अंतर्गत श्रमिकों के संगठनों का आपराधिक षड्यंत्र (criminal conspiracy), व्यापार के अवरोध (restraint of trade) तथा संविदा के भंग (breach of contract) के आरोपों के आधार पर व्यापक रूप से दमन किया जाता था। कुछ देशों, जैसे इंग्लैंड और फ्रांस में अठारहवीं सदी के अंत तथा उन्नीसवीं सदी के प्रारंभ में बनाए गए संयोजन अधिनियमों (combination acts) के अंतर्गत श्रमिकों द्वारा बनाए गए किसी भी प्रकार के संगठन को अवैध घोषित किया गया था, तथा उनमें भाग लेने वालों को जुर्माने और कारावास का दंड दिया जाता था। श्रमिकों के संगठनों के दमन का यह सिलसिला कई यूरोपीय देशों तथा संयुक्त राज्य अमेरिका में वर्षों तक चलता रहा। श्रमिकों द्वारा लंबी अवधि तक संघर्ष के बाद ही श्रम संघों के प्रति राज्य और नियोजकों की प्रवृत्ति में परिवर्तन हुआ तथा अंत में उन्हें विधिक मान्यता मिली।

भारत में आधुनिक श्रम संघों का आगमन बहुत बाद में बीसवीं शताब्दी के दूसरे दशक में हुआ। यद्यपि भारतीय श्रम संघों को यूरोपीय देशों या अमेरिका के श्रम संघों की तरह दमन का सामना नहीं करना पड़ा, फिर भी भारतीय श्रम संघों के प्रारंभिक काल में उनके प्रति प्रशासन और कानून की प्रवृत्ति अनुकूल नहीं थी। उदाहरणार्थ, भारतीय दंड संहिता (Indian Penal Code) की धारा 120 (B) के अधीन श्रम संघों को आपराधिक षड्यंत्र का उदाहरण समझा जा सकता था। भारतीय संविदा अधिनियम

(Indian Contract Act) की धारा 27 के अंतर्गत उन्हें व्यापार का अवरोधक समझा जा सकता था।

1921 में बिन्नी एंड कंपनी तथा मद्रास लेबर यूनियन के एक मुकदमे में मद्रास उच्च न्यायालय ने इंग्लैंड के कॉमन लॉ के आधार पर मद्रास लेबर यूनियन के कार्यों को आपराधिक षड्यंत्र माना और सदस्यों को संविदा तोड़ने के लिए उकसाने के आरोप में संघ के नेताओं को कारावास दंड देने का फैसला किया। इस फैसले से श्रम संघ की गतिविधियों को गहरा आघात पहुँचा। कई श्रम संघ नेताओं ने इस फैसले पर अपनी तीव्र प्रतिक्रिया व्यक्त की, क्योंकि ब्रिटिश कानून का सहारा लेकर भारतीय श्रम संघों का दमन आसानी से किया जा सकता था। उस समय तक अधिकांश यूरोपीय देशों में श्रम संघों को विधिक मान्यता मिल चुकी थी। अंतर्राष्ट्रीय श्रम संगठन ने भी, जिसकी स्थापना 1919 में हो चुकी थी, अपनी स्थापना के प्रारंभ से ही श्रमिकों के संगठन बनाने के अधिकार की रक्षा पर भी विशेष जोर दिया। इन सारी बातों को ध्यान में रखकर भारतीय श्रम संघों के नेताओं ने देश में श्रम संघों को विधिक मान्यता और उन्हें आपराधिक एवं सिविल दायित्वों से उन्मुक्ति दिलाने के लिए विशेष कानून बनाने की मांग की।

1921 में ही अखिल भारतीय ट्रेड यूनियन कांग्रेस (AITUC) के महासचिव के प्रयासों के फलस्वरूप केन्द्रीय विधानसभा ने श्रम संघों के पंजीकरण तथा वैध श्रम गतिविधियों की संरक्षा के लिए विशेष कदम उठाने का निर्णय किया। विधानसभा के निर्णय को ध्यान में रखते हुए स्थानीय सरकारों को प्रस्तावित कानून, हड़ताल की मान्यता, सिविल तथा आपराधिक दायित्वों से श्रम संघों की संरक्षा तथा श्रम संघों के प्रबंध के सम्बन्ध में सार्वजनिक निकायों तथा निजी व्यक्तियों के विचार प्राप्त करने के प्रयास किए गए। नए नियोजकों ने श्रम संघों को विधिक मान्यता देने का खुलकर विरोध किया, जिसके फलस्वरूप इस सम्बन्ध में कानून बनाने में विलंब हुआ। 1925 में केंद्रीय विधानसभा में भारतीय श्रम संघ विधेयक पेश किया गया, जो 1926 में भारतीय व्यवसाय अधिनियम (Indian Trade Unions Act) के रूप में पारित हुआ। यह अधिनियम 1 जून 1927 को लागू हुआ। अधिनियम का मुख्य उद्देश्य श्रम संघों के पंजीकरण की व्यवस्था करना तथा पंजीकृत श्रम संघों को विधिक एवं निगमित (corporate) हैसियत प्रदान करना है। अधिनियम के अंतर्गत पंजीकृत श्रम संघों की कार्यकारिणी और सदस्यों को समुचित श्रम संघ की गतिविधियों के लिए सिविल और आपराधिक दायित्वों से उन्मुक्ति की व्यवस्था की गई है। अधिनियम में समय–समय पर कई संशोधन किए गए हैं। यह अधिनियम देश में आज भी लागू है। इसके मुख्य उपबंधों की विवेचना नीचे की जाती है।

महत्त्वपूर्ण परिभाषाएँ

1. **उपयुक्त सरकार (Appropriate Government)** – ऐसे श्रम संघों के सम्बन्ध में, जिनके उद्देश्य एक राज्य तक ही सीमित नहीं हैं, उपयुक्त सरकार केंद्रीय सरकार है और अन्य श्रम संघों के सम्बन्ध में राज्य सरकार (धारा–2)।
2. **श्रम संघ (Trade Union)** – 'श्रम संघ' से ऐसे अस्थायी या स्थायी संयोजन या समुच्चय का बोध होता है, जो मुख्यतः कर्मकारों और नियोजकों या कर्मकारों और कर्मकारों या नियोजकों और नियोजकों के बीच के सम्बन्धों को विनियमित करने या किसी व्यवसाय या कारोबार के संचालन पर प्रतिबंधक दशाओं को अधिरोपित करने के उद्देश्य से बनाया गया हो और इसमें दो या अधिक श्रम संघों का महासंघ भी सम्मिलित है। श्रम संघ के उद्देश्यों से निम्नलिखित विषय प्रभावित नहीं होते–
   (i) भागीदारों के बीच उनके अपने व्यवसाय के लिए किया गया कोई समझौता;
   (ii) नियोजक और उसके द्वारा नियोजित व्यक्तियों के बीच नियोजन के बारे में समझौता; या
   (iii) किसी कारोबार की सदिच्छा (goodwill) के विक्रय या किसी वृत्ति, व्यवसाय या हस्तशिल्प में प्रशिक्षण के सम्बन्ध में किया गया समझौता (धारा–2h)।

   'श्रम संघ' की उपर्युक्त परिभाषा में नियोजकों के संगठन भी सम्मिलित हो सकते हैं तथा उनका इस अधिनियम के अंतर्गत पंजीकरण भी हो सकता है। लेकिन, औद्योगिक सम्बन्ध या श्रम अर्थशास्त्र के दृष्टिकोण से नियोजकों के संगठन श्रम संघ नहीं समझे जाते।
3. **श्रम विवाद (Trade Dispute)** – 'श्रम विवाद' का अभिप्राय नियोजकों और कर्मकारों या कर्मकारों और कर्मकारों या नियोजकों और नियोजकों के बीच ऐसे विवाद से है, जो किसी व्यक्ति के नियोजन या अनियोजन या नियोजन की शर्तों या श्रम की दशाओं से संबद्ध हो (धारा–2(g))।
4. **कर्मकार (Workmen)** – कर्मकारों से ऐसे सभी व्यक्तियों का बोध होता है, जो व्यवसाय या उद्योग में नियोजित हों, चाहे वे उस नियोजन के नियोजक में हों या नहीं, जिसके साथ श्रम विवाद उत्पन्न हुआ है (धारा–2(g))।

श्रम संघों का पंजीकरण

1. **रजिस्ट्रारों की नियुक्ति** – केंद्र एवं राज्य सरकार श्रम संघों के लिए एक रजिस्ट्रार (Registrar of Trade Unions) की नियुक्ति करेगी। केन्द्र और राज्य सरकार श्रम संघों के अतिरिक्त रजिस्ट्रारों की नियुक्ति कर सकती है, जो रजिस्ट्रार के अधीक्षण तथा निदेशन में काम करेंगे। सरकार उन स्थानीय

सीमाओं का भी निर्धारण कर सकती है, जिनके अधीन अतिरिक्त रजिस्ट्रार और उप–रजिस्ट्रार अपनी शक्तियों और कृत्यों का प्रयोग कर सकते हैं। अपनी–अपनी सीमाओं में अतिरिक्त रजिस्ट्रार और उप–रजिस्ट्रार की ऐसी शक्तियों का प्रयोग करेंगे, जिन्हें समुचित सरकार आदेश द्वारा निर्धारित करेगी। जिस क्षेत्र में श्रम संघ का पंजीकृत कार्यालय अवस्थित है, उसके लिए अतिरिक्त रजिस्ट्रार या उप–रजिस्ट्रार को ही रजिस्ट्रार समझा जाता है (धारा–3)।

2. **पंजीकरण का तरीका** – 'श्रम संघ' के कोई भी सात या अधिक सदस्य उस संघ के नियमों पर अपने हस्ताक्षर करके तथा पंजीकरण से संबद्ध अधिनियम के अन्य उपबंधों का पालन करके उसके पंजीकरण के लिए रजिस्ट्रार के पास आवेदन दे सकते हैं। लेकिन, कर्मकारों **(workmen)** का कोई भी श्रम संघ अधिनियम के अंतर्गत तब तक पंजीकृत नहीं किया जा सकता, जब तक आवेदन की तिथि को संबंधित प्रतिष्ठान या उद्योग में काम करने वाले या नियोजित कम से कम 10 प्रतिशत या 100 सदस्य, जो भी कम हों, उसके सदस्य न हों।

अगर श्रम संघ के पंजीकृत होने के पहले उसके आधे से कम सदस्य संघ के सदस्य नहीं रह गए हों या उन्होंने संघ से अलग होने की लिखित सूचना दी हो, तो भी पंजीकरण के लिए दिए जाने वाले आवेदन को रद्द समझा जाएगा, लेकिन अगर उसके आधे से अधिक सदस्य संघ से अलग हो जाते हैं या इस आशय का लिखित आवेदन देते हैं, तो पंजीकरण के आवेदन को रद्द समझा जाएगा।

श्रम संघ के पंजीकरण के लिए दिए जाने वाले आवेदन के साथ नियमों की एक प्रतिलिपि तथा निम्नलिखित विवरणियाँ भेजना आवश्यक है–

(i) आवेदन देने वाले सदस्यों के नाम, उनके पेशे और पते।

(ii) कर्मकारों का श्रम संघ होने की स्थिति में, आवेदन देने वाले सदस्यों के नाम, पेशे तथा कार्यस्थल के पते।

(iii) श्रम संघ का नाम और उसके प्रधान कार्यालय का पता, तथा

(iv) संघ के पदाधिकारियों की पदवी **(title)**, नाम, उम्र, पते और पेशे।

जहाँ श्रम संघ पंजीकरण के आवेदन देने के एक साल पहले से ही विद्यमान रहा हो, वहाँ आवेदन के साथ संघ की आस्तियों **(assets)** और दायित्वों **(liabilities)** की साधारण विवरणी भी देना आवश्यक है (धारा–4–5)।

3. **श्रम संघ के नियमों के विषय** – पंजीकरण के हकदार होने के लिए श्रम संघ की कार्यकारिणी को अधिनियम के उपबंधों के अनुसार गठित होना तथा उसके नियमों में निम्नलिखित बातों का उल्लेख आवश्यक है–

(i) श्रम संघ का नाम।

(ii) वे सभी उद्देश्य, जिनके लिए श्रम संघ की स्थापना की गई है।

(iii) वे सभी उद्देश्य, जिन पर संघ की सामान्य निधियों से खर्च किया जा सकता है।

(iv) श्रम संघ के सदस्यों की सूची का रखा जाना तथा उसके पदाधिकारियों एवं सदस्यों द्वारा इसके निरीक्षण की पर्याप्त सुविधाएँ।

(v) संबद्ध उद्योग में वास्तव में काम करने वाले व्यक्तियों के साधारण सदस्यों के रूप में श्रम संघ में प्रवेश तथा पदाधिकारियों के रूप में अवैतनिक या अस्थायी सदस्यों के रूप में प्रवेश।

(vi) श्रम संघ के सदस्यों द्वारा चंदे का दिया जाना, जो प्रति सदस्य ग्रामीण श्रमिकों के लिए 1 रूपया अन्य असंगठित श्रमिकों के लिए 3 रूपया तथा अन्य श्रमिकों के लिए 12 रूपया वार्षिक से कम नहीं होगा।

(vii) वे शर्तें, जिनके अनुसार संघ का कोई भी सदस्य नियमों के अधीन संघ द्वारा प्रदान किए जाने वाले लाभों का हकदार होगा तथा जिनके अधीन सदस्यों पर जुर्माने पर जब्ती लगाई जा सकती है।

(viii) श्रम संघ के नियमों को संशोधित, विखंडित तथा परिवर्तित करने के तरीके।

(ix) कार्यकारिणी के सदस्यों और श्रम संघ के अन्य पदाधिकारियों को नियुक्त करने और हटाने के तरीके।

(x) वह अवधि जिसके अंतराल के बाद श्रम संघ की कार्यकारिणी के सदस्यों तथा अन्य पदाधिकारियों का निर्वाचन होगा, लेकिन यह अवधि तीन वर्षों से कम नहीं होगी।

(xi) वह तरीका, जिसके अनुसार श्रम संघ को विघटित किया जा सकता है (धारा–6)।

4. **अन्य सूचनाएँ माँगने और नाम परिवर्तन कराने की शक्ति** – श्रम संघ को पंजीकृत करने के पहले रजिस्ट्रार श्रम संघ के सम्बन्ध में अतिरिक्त जानकारी की माँग कर सकता है तथा जब तक ऐसी जानकारी नहीं मिल पाती, तब तक वह श्रम संघ को पंजीकृत करने से इनकार कर सकता है। अगर पंजीकरण के आवेदन देने वाले श्रम संघ का नाम पहले से पंजीकृत किसी श्रम संघ से इस तरह मिलता–जुलता है कि उससे लोगों को भ्रम में पड़ जाने की संभावना है, तो रजिस्ट्रार आवेदकों से श्रम संघ के नाम को परिवर्तित करने की मांग कर सकता है, और जब तक इस तरह का परिवर्तन नहीं कर लिया जाता है, तब तक वह उसे पंजीकृत करने से इनकार कर सकता है (धारा–7)।

5. **पंजीकरण** – जब रजिस्ट्रार पूरी तरह संतुष्ट है कि आवेदन देने वाले श्रम संघ ने पंजीकरण से संबद्ध अधिनियम की सभी अपेक्षाओं का अनुपालन कर लिया है, तब वह श्रम संघ के बारे में आवश्यक विशिष्टयों (particulars) को विहित रजिस्टर में अंकित कर उसे पंजीकृत कर देगा तथा पंजीकरण का प्रमाणपत्र दे

देगा। यह प्रमाण पत्र इस बात का प्रमाण होगा कि श्रम संघ इस अधिनियम के अंतर्गत समुचित रूप से पंजीकृत हो गया है।

6. **न्यूनतम सदस्यता की अनिवार्यता** – कर्मकारों के पंजीकृत श्रम संघ के लिए यह आवश्यक है कि सभी समय संबंधित प्रतिष्ठान या उद्योग में नियोजित या काम करनेवाले कर्मकारों के 10 प्रतिशत (न्यूनतम 7) या 100, जो भी कम हो, उसके सदस्य बने रहें (धारा 9 (A))।

7. **पंजीकरण का रद्द किया जाना** – रजिस्ट्रार किसी पंजीकृत श्रम संघ के पंजीकरण को निम्नलिखित स्थितियों में वापस ले सकता है या उसे रद्द कर सकता है–

   (i) अगर श्रम संघ पंजीकरण रद्द करने के लिए आवेदन देता है, लेकिन इसके सत्यापन की जाँच करना आवश्यक है।

   (ii) अगर प्रमाण पत्र कपट या भूल से प्राप्त किया गया हो या संघ अस्तित्वहीन हो गया हो या उसने अधिनियम के उपबंधों का उल्लंघन किया हो या उसने अपने किसी नियम को अधिनियम से असंगत रहने दिया हो या उसने अधिनियम के अनुसार बनाए गए नियमों को विखंडित कर दिया हो; या

   (iii) अगर रजिस्ट्रार इस बात से संतुष्ट है कि कर्मकारों के पंजीकृत श्रम संघ में आवश्यक संख्या में सदस्य नहीं रह गए हों।

   श्रम संघ द्वारा दिए जाने वाले आवेदन को छोड़कर अन्य स्थितियों से किसी श्रम संघ के पंजीकरण को वापस लेने या रद्द करने के पहले रजिस्ट्रार श्रम संघ को लिखित रूप से कम से कम दो महीने की पूर्व सूचना देगा, जिसमें पंजीकरण को वापस लेने या रद्द करने के कारणों का उल्लेख रहेगा (धारा–10)।

8. **अपील** – रजिस्ट्रार द्वारा किसी श्रम संघ को पंजीकृत करने से इनकार करने, पंजीकरण को वापस लेने या उसे रद्द करने की स्थिति में व्यथित व्यक्ति निम्नांकित न्यायालयों में अपील कर सकता है–

   (i) अगर श्रम संघ का प्रधान कार्यालय किसी प्रेसीडेंसी नगर की सीमाओं के अंदर स्थित है, तो उच्च न्यायालय में;

   (ii) जहाँ श्रम संघ का प्रधान कार्यालय ऐसे स्थान में है, जो किसी श्रम न्यायालय (Labour Court) या औद्योगिक अधिकरण (Industrial Tribunal) के अधिकार क्षेत्र में आता हो, वहाँ संबंधित श्रम न्यायालय या औद्योगिक अधिकरण (जो उपयुक्त हो) के पास।

   (iii) अन्य स्थितियों में राज्य सरकार द्वारा नियुक्त ऐसे न्यायालय में, जो अतिरिक्त या सहायक न्यायाधीश के न्यायालय से अवर (inferior) नहीं हो। अगर ऐसे न्यायालय द्वारा अपील खारिज कर दी गई हो, तो व्यथित व्यक्ति उच्च न्यायालय में अपील कर सकता है (धारा–11)।

9. **पंजीकृत कार्यालय** – पंजीकृत श्रम संघ को दिए जाने वाले सभी नोटिस और सूचनाएँ उसके पंजीकृत कार्यालय के पते से भेजी जाएंगी। प्रधान कार्यालय के पते में परिवर्तन की सूचना रजिस्ट्रार के पास परिवर्तन के चौदह दिनों के अंदर भेजना आवश्यक है (धारा–12)।
10. **कुछ अधिनियमों का पंजीकृत श्रम संघों के साथ लागू नहीं होना** – निम्नलिखित अधिनियम पंजीकृत श्रम संघों के साथ लागू नहीं होते तथा उनके अधीन श्रम संघ का पंजीकरण शून्य (void) होता है–
    (i) सोसायटी रजिस्ट्रेशन अधिनियम, 1860;
    (ii) सहकारी समिति अधिनियम, 1912; या
    (iii) कंपनी अधिनियम, 1956।

पंजीकृत श्रम संघों के अधिकार

अधिनियम के अंतर्गत पंजीकृत श्रम संघों को निम्नलिखित अधिकार उपलब्ध होते हैं–

1. **निगमित प्रस्थिति** – पंजीकृत श्रम संघ उस नाम का एक निगमित निकाय (Corporate body) होता है, जिस नाम से उसे पंजीकृत किया गया है। ऐसे श्रम संघ को शाश्वत उत्तराधिकार (perpetual succession) तथा इनकी सामान्य मुद्रा (common seal) होती है, उसे सम्पत्ति अर्जित और धारित करने तथा संविदा करने की शक्ति होती है तथा वह उस नाम से वाद चला सकता है और उस पर उस नाम से वाद चलाया जा सकता है (धारा–13)।
2. **श्रम विवादों में आपराधिक षड्यंत्र के आरोप से उन्मुक्ति** – पंजीकृत श्रम संघ के किसी भी पदाधिकारी या सदस्य को संघ के सदस्यों के बीच उसके उन उद्देश्यों को अग्रसर करने के लिए होने वाले समझौते के लिए जिन पर संघ की सामान्य निधियों को खर्च किया जा सकता है, भारतीय दंड संहिता (Indian Penal Code) की धारा 120 (B) के अधीन तब तक दंडित नहीं किया जा सकता, जब तक यह साबित नहीं हो जाए कि समझौता कोई अपराध करने के लिए हुआ है (धारा–17)।
3. **व्यवसाय में हस्तक्षेप के आरोप से उन्मुक्ति** – किसी भी पंजीकृत श्रम संघ से संबद्ध किसी विवाद को ध्यान में रखकर या उसे अग्रसर करने हेतु किसी कार्य के लिए उस श्रम संघ के किसी पदाधिकारी या सदस्य के खिलाफ सिविल न्यायालय में केवल इसी आधार पर मुकदमा नहीं चलाया जा सकता कि उस कार्य से नियोजक के व्यवसाय, कारोबार या नियोजन में या किसी अन्य व्यक्ति की अपनी पूँजी या अपने श्रम को अपनी इच्छा के अनुसार व्यय करने के अधिकार में हस्तक्षेप होता है (धारा–18 (I))।
4. **संविदा भंग के आरोप से उन्मुक्ति** – किसी भी पंजीकृत श्रम संघ से संबद्ध किसी विवाद को ध्यान में रखकर या उसे अग्रसर करने हेतु किए जाने वाले

किसी कार्य के लिए उस श्रम संघ के किसी पदाधिकारी या सदस्य के खिलाफ सिविल न्यायालय में केवल इसी आधार पर मुकदमा नहीं चलाया जा सकता कि उससे किसी कामगार को नियोजन की संविदा भंग करने की उत्प्रेरणा मिलती है (धारा–18 (I))।

5. **अपकृत्य के दायित्व से उन्मुक्ति** – अगर पंजीकृत श्रम संघ का कोई अभिकर्ता (agent) किसी श्रम विवाद के चलते अपकृत्य कर बैठता है, तो उसके लिए पंजीकृत श्रम संघ न्यायालय में किसी वाद या विधिक कार्यवाही के लिए दायी नहीं होगा, जब यह साबित हो जाए कि उस व्यक्ति ने संघ की कार्यकारिणी के ज्ञान के बिना या उसके द्वारा दिए गए आदेशों के प्रतिकूल काम किया है (धारा–18 (2))।
6. **व्यवसाय के अवरोध के आरोप से उन्मुक्ति** – पंजीकृत श्रम संघ के सदस्यों के बीच हुए किसी समझौते को केवल इसी आधार पर शून्य (void) या शून्यकरणीय (voidable) नहीं समझा जाएगा कि उस समझौते के उद्देश्यों में कोई उद्देश्य व्यापार के अवरोध में है। सिविल न्यायालय पंजीकृत श्रम संघ के किसी सदस्य को माल बेचने, व्यवसाय से संबद्ध कार्य करने, नियोजित करने या नियोजित होने या इस तरह के कोई कार्य नहीं करने से संबद्ध किसी समझौते को लागू करने या उसके उल्लंघन के लिए क्षतिपूर्ति दिलाने के लिए विधिक कार्यवाही की सुनवाई नहीं कर सकता (धारा 19)।

पंजीकृत श्रम संघों के दायित्व

अधिनियम के अनुसार पंजीकृत श्रम संघों के निम्नलिखित दायित्व होते हैं–

1. **साधारण निधियों के व्यय किए जाने वाले मदों पर रोक** – पंजीकृत श्रम संघ अपनी सामान्य निधियों से केवल निम्नलिखित उद्देश्यों की पूर्ति के लिए ही व्यय कर सकते हैं–
   - (i) पदाधिकारियों को वेतन, भत्तों और अन्य व्ययों का भुगतान।
   - (ii) श्रम संघ के प्रशासन पर होने वाला व्यय जिसमें सामान्य निधियों के लेखाओं की संपरीक्षा (audit) पर व्यय सम्मिलित है।
   - (iii) ऐसे किसी विधिक कार्यवाही के अभियोजन (prosecution) या प्रतिवाद (defence) पर होने वाला खर्च, जिसका श्रम संघ के अधिकारियों या श्रम संघ के किसी भी सदस्य और नियोजक या सदस्य द्वारा नियोजित व्यक्ति के सम्बन्धों से उत्पन्न अधिकारों की रक्षा के लिए ही होना आवश्यक है।
   - (iv) श्रम संघ या उसके किसी सदस्य की ओर से श्रम विवादों का संचालन।
   - (v) श्रम विवादों के कारण सदस्यों को होने वाली क्षति के लिए भुगतान।
   - (vi) मृत्यु, बुढ़ापा, बीमारी, दुर्घटना या बेरोजगारी की स्थितियों में सदस्यों या उनके आश्रितों को भत्तों का भुगतान।

(vii) सदस्यों के लिए जीवन बीमा अथवा बीमारी, दुर्घटना या बेरोजगारी के विरुद्ध बीमा की पॉलिसियों का दिया जाना या उनके अधीन दायित्वों को स्वीकार करना।

(viii) सदस्यों या उनके आश्रितों के लिए शैक्षिक, सामाजिक या आर्थिक हितलाभों की व्यवस्था।

(ix) नियोजकों या कर्मकारों से संबद्ध प्रश्नों पर चर्चा के लिए पत्रिकाओं का प्रकाशन।

(x) साधारणतया कर्मकारों को लाभ पहुँचाने वाले किसी भी उद्देश्य की पूर्ति के लिए अंशदान, जिन पर श्रम संघ के सामान्य कोष से खर्च किया जा सकता है, लेकिन इसके लिए श्रम संघ की कुल आय की एक–चौथाई से अधिक राशि खर्च नहीं की जा सकती।

(xi) समुचित सरकार द्वारा राजकीय गजट में अधिसूचित शर्तों के अनुसार कोई अन्य उद्देश्य (धारा–15)।

2. **राजनीतिक उद्देश्यों के लिए अलग निधि का गठन** – पंजीकृत श्रम संघ अपनी सामान्य निधियों को राजनीतिक उद्देश्यों की पूर्ति के लिए खर्च नहीं कर सकता। वह अपने सदस्यों के नागरिक और राजनीतिक हितों की रक्षा के लिए अलग से निधि का गठन कर सकता है। इस निधि से निम्नलिखित राजनीतिक उद्देश्यों की पूर्ति के लिए खर्च किया जा सकता है–

(i) संविधान के अंतर्गत गठित किसी विधायी निकाय (**legislative body**) या किसी स्थानीय प्राधिकारी (**local authority**) के सदस्य के रूप में निर्वाचन के लिए अपने उम्मीदवार या भावी उम्मीदवार द्वारा किए जाने वाले खर्च का भुगतान।

(ii) ऐसे उम्मीदवारों या भावी उम्मीदवारों के समर्थन में सभा करना, या साहित्य या दस्तावेजों का वितरण।

(iii) संविधान के अधीन गठित विधायी निकाय या स्थानीय प्राधिकारी के किसी सदस्य का भरण–पोषण।

(iv) संविधान के अधीन गठित विधायी निकाय या स्थानीय प्राधिकारी के लिए निर्वाचकों पंजीकरण व उम्मीदवारों का चयन।

(v) किसी प्रकार की राजनीतिक सभाओं का आयोजन या किसी भी प्रकार के राजनीतिक साहित्य का राजनीतिक दस्तावेजों का वितरण।

पंजीकृत श्रम संघ के किसी भी सदस्य को राजनीतिक उद्देश्यों की पूर्ति के लिए गठित निधि में अंशदान देने के लिए बाध्य नहीं किया जा सकता। जो सदस्य राजनीतिक निधि में अंशदान नहीं देते, उन्हें श्रम संघ द्वारा किए जाने वाले किसी भी लाभ से वंचित नहीं किया जा सकता या उन्हें अन्य सदस्यों की तुलना में, निधि के प्रबंध या नियंत्रण को छोड़कर, प्रत्यक्ष या परोक्ष रूप से किसी भी तरह की निर्योग्यता (**disability**) या असुविधा में

नहीं रखा जा सकता। श्रम संघ के सदस्य होने के लिए राजनीतिक कोष में अंशदान देने के शर्त नहीं रखी जा सकती (धारा–16)।

3. **पंजीकृत श्रम संघ की पुस्तकों का निरीक्षण** – पंजीकृत श्रम संघों की लेखा–बहियां और उनके सदस्यों की सूची उनके नियमों के अनुसार निर्धारित समयों में पदाधिकारियों और सदस्यों के निरीक्षण के लिए खुली रखी जाएँगी (धारा–20)।

4. **अवयस्कों के लिए श्रम संघ की सदस्यता का अधिकार** – पंद्रह वर्ष से अधिक उम्र का कोई भी व्यक्ति पंजीकृत श्रम संघ का सदस्य हो सकता है तथा उसे नियमों के अंतर्गत वे सभी अधिकार प्राप्त होंगे, जो वयस्क सदस्यों को उपलब्ध रहते हैं (धारा–21)।

5. **पंजीकृत श्रम संघ के पदाधिकारियों की अयोग्यताएँ** – निम्नांकित श्रेणियों के व्यक्ति पंजीकृत श्रम संघ के पदाधिकारी या उसकी कार्यकारिणी के सदस्य न तो हो सकते हैं और न ही चुने जा सकते हैं–
   (i) अठारह वर्ष से कम उम्र के व्यक्ति; या
   (ii) ऐसे व्यक्ति, जिन्हें भारत के किसी न्यायालय ने नैतिक अधमता (moral turpitude) के लिए दोषी ठहराया है तथा उसे कारावास से दंडित किया है। वे छोड़े जाने के बाद पाँच वर्षों की अवधि के बीत जाने पर ही श्रम संघ के पदाधिकारी या कार्यकारिणी के सदस्य हो सकते हैं (धारा–21(A))।

6. **उद्योग से संबद्ध पदाधिकारियों का अनुपात** – किसी असंगठित पंजीकृत श्रम संघ के पदाधिकारियों की कम–से–कम आधी संख्या ऐसे व्यक्तियों की होगी, जो श्रम संघ से संबद्ध उद्योग में नियोजित हैं। लेकिन, उपयुक्त सरकार आदेश द्वारा इस उपबंध से छूट दे सकती है।

   उपयुक्त सरकार राजकीय गजट में प्रकाशन कर असंगठित क्षेत्र को विनिर्दिष्ट करेगी। संगठित क्षेत्र में कर्मकारों के पंजीकृत श्रम संघ में पदाधिकारियों की एक–तिहाई या पांच (जो भी कम हो) ही बाहरी व्यक्ति हो सकते हैं। अन्य पदाधिकारियों को संबंधित प्रतिष्ठान या उद्योग में काम में लगे होना या नियोजित रहना आवश्यक है। सेवानिवृत्त या छँटनी की किए गए कर्मचारियों को बाहरी व्यक्ति नहीं समझा जाएगा।

   मंत्रिपरिषद के सदस्य या राज्य सरकार की सेवा में लाभ के पद पर काम करने वाले व्यक्ति (श्रम संघ से संबंधित प्रतिष्ठान या उद्योग के नियोजन को छोड़कर) किसी भी श्रम संघ की कार्यकारिणी के सदस्य या पदाधिकारी नहीं हो सकते (धारा–22)।

7. **नाम से परिवर्तन के लिए शर्तें** – किसी पंजीकृत श्रम संघ के नाम में परिवर्तन के लिए आवश्यक है कि उसके लिए संघ के कम से कम दो–तिहाई सदस्यों का समर्थन प्राप्त हो। इसके लिए रजिस्ट्रार के पास आवेदन देना और उससे अनुमति

प्राप्त कर लेना भी आवश्यक है। अगर श्रम संघ का नाम किसी अन्य पंजीकृत श्रम संघ के नाम से मिलता–जुलता है, तो रजिस्ट्रार नाम में परिवर्तन करने की अनमुति देने से इनकार कर सकता है। नाम में परिवर्तन के बावजूद पंजीकृत श्रम संघ अपने पुराने अधिकारों या दायित्वों से मुक्त नहीं होगा तथा उस पर पहले से चलाई जाने वाली विधिक कार्यवाही नए नाम से भी चलाई जा सकती है (धारा 23, 25, 26)।

8. **समामेलन के लिए शर्तें** – दो या दो से अधिक पंजीकृत श्रम संघों के समामेलन के लिए आवश्यक है कि उनमें प्रत्येक श्रम संघ के मत देने के अधिकारी कम–से–कम आधे सदस्य इस सम्बन्ध में होने वाले मतदान में भाग लेते हों और उनमें कम–से–कम 60 प्रतिशत सदस्य समामेलन के प्रस्ताव के पक्ष में मत देते हों। समामेलित श्रम संघ के रूप में पंजीकृत होने के लिए समामेलित होने वाले श्रम संघों में प्रत्येक के सचिव और सात सदस्यों के हस्ताक्षर से रजिस्ट्रार के पास आवेदन देना आवश्यक है। अगर रजिस्ट्रार इस बात से संतुष्ट है कि इस सम्बन्ध में अधिनियम के उपबंधों का अनुपालन किया गया है, तो उसे समामेलित श्रम संघ के रूप में पंजीकृत कर देगा। समामेलित होने वाले श्रम संघ का नाम किसी दूसरे पंजीकृत श्रम संघ से मिलता–जुलता है, तो रजिस्ट्रार उसे पंजीकृत करने से इनकार भी कर सकता है (धारा 24–26)।

9. **विघटन के लिए शर्तें** – किसी पंजीकृत श्रम संघ के विघटित होने की स्थिति में उसके सचिव एवं सात सदस्यों के हस्ताक्षर से विघटन की सूचना रजिस्ट्रार के पास विघटन की तिथि से चौदह दिनों के अंदर देना आवश्यक है। यदि रजिस्ट्रार संतुष्ट है कि विघटन संघ के नियमों के अनुसार हुआ है, तब वह विघटन को पंजीकृत कर उसकी सूचना संघ को दे देगा। संघ का विघटन रजिस्ट्रार द्वारा भेजी गई सूचना के दिन से प्रभावी होता है। अगर श्रम संघ के नियमों में विघटन की स्थिति में संघ की निधियों के बँटवारे की व्यवस्था नहीं की गई हो, तो रजिस्ट्रार उन्हें संघ के सदस्यों के बीच विहित तरीके से बाँटने का आदेश देगा (धारा 27)।

10. **विवरणियाँ** – अधिनियम के अंतर्गत पंजीकृत श्रम संघों के लिए प्रतिवर्ष रजिस्ट्रार के पास पिछले वर्ष (31 दिसंबर को समाप्त होने वाले) की सभी प्राप्तियाँ (Receipts) और व्ययों (Expenditures) तथा विहित तरीके से परीक्षित आस्तियों (Assets) और दायित्वों (Liabilities) का साधारण विवरण भेजना आवश्यक है। विवरण विहित रूप से तैयार किया जाएगा और उसमें विहित सूचनाएँ सम्मिलित की जाएँगी। साधारण विवरण के साथ उस वर्ष से संबद्ध पदाधिकारियों के परिवर्तनों तथा उस समय तक शुद्ध किए गए नियमों की एक प्रतिलिपि को भी रजिस्ट्रार के पास भेजना आवश्यक है। संघ के नियमों में किए गए परिवर्तनों को परिवर्तन किए जाने वाले दिन से पंद्रह दिनों के अंदर

कार्यान्वित करना आवश्यक है। रजिस्ट्रार या उसके द्वारा अधिकृत पदाधिकारी किसी भी उचित समय में संघ के पंजीकरण के प्रमाणपत्र, लेखा–बहियों, रजिस्टरों और अन्य दस्तावेजों का निरीक्षण कर सकता है (धारा 28)

विनियम बनाने की शक्ति

समुचित सरकार को इस अधिनियम के उपबंधों को क्रियान्वित करने के लिए विनियम बनाने की शक्ति प्राप्त है। ऐसे विनियम कई विषयों पर बनाए जा सकते हैं, जैसे–

(i) वह तरीका, जिसके अनुसार श्रम संघ के नियम पंजीकृत किए जाएँगे और उनके पंजीकरण के लिए देय शुल्क।

(ii) श्रम संघ के प्रधान कार्यालय का एक राज्य से दूसरे राज्य में बदले जाने की स्थिति में पंजीकरण का हस्तांतरण।

(iii) वह तरीका या उन व्यक्तियों की योग्यताएँ, जिनके द्वारा श्रम संघ के लेखाओं का परीक्षण होगा।

(iv) वे शर्तें जिनके अनुसार रजिस्ट्रार के पास रखे गए दस्तावेजों का निरीक्षण होगा तथा उसके लिए देय शुल्क तथा

(v) अन्य विहित बातें। अधिनियम के अधीन बनाए गए विनियमों का राजकीय गजट में प्रकाशन आवश्यक है। केन्द्र सरकार द्वारा बनाए गए विनियम को संसद में तथा राज्य सरकार द्वारा बनाए गए विनियम को विधान मंडल में रखना आवश्यक है। संसद या विधान मंडल विनियम को संशोधित कर सकते हैं। (धारा–29–30)

शास्तियाँ और प्रक्रियाएँ

पंजीकृत श्रम संघ द्वारा वार्षिकी विवरणी नहीं भेजने के लिए संघ के प्रत्येक पदाधिकारी या उसे भेजने के लिए दायी व्यक्ति या जहाँ ऐसे पदाधिकारी या व्यक्ति नहीं हैं वहाँ कार्यकारिणी के प्रत्येक सदस्य को अधिकतम 5 रुपये के जुर्माने से दाखिल किया जा सकता है। दुहराई गई चूक के लिए दोषी व्यक्ति को 5 रुपये प्रति सप्ताह की दर से अर्थदंड दिया जा सकता है, लेकिन जुर्माने की कुल राशि 50 रुपये से अधिक नहीं हो सकती।

अगर कोई व्यक्ति साधारण विवरण या नियमों में जान–बूझकर गलत सूचनाएँ देता है या उनमें कोई लोप करता है, तो उसके लिए दोषी ठहराए गए व्यक्ति को अधिकतम 500 रुपये का अर्थदंड दिया जा सकता है। अगर कोई व्यक्ति पंजीकृत श्रम संघ के किसी सदस्य को या उसकी सदस्यता के इच्छुक व्यक्ति को धोखा देने के लिए गलत सूचनाएँ या नियमों से संबद्ध गलत दस्तावेज देता है, तो उसे अधिकतम 200 रुपये का अर्थदंड दिया जा सकता है (धारा 31–32)

प्रेसिडेन्सी दंडाधिकारी या प्रथम वर्ग के दंडाधिकारी से अवर (inferior) न्यायालय इस अधिनियम के अधीन किसी अपराध पर विचार नहीं कर सकता। कोई भी न्यायालय इस अधिनियम के अधीन किसी अपराध का संज्ञान (cognizance) रजिस्ट्रार

द्वारा या उसकी पूर्व मंजूरी पर ही ले सकता है। श्रम संघ के बारे में गलत सूचना देने से संबद्ध मामले में वह व्यक्ति, जिसे गलत सूचना दी गई हो, स्वयं न्यायालय में जा सकता है। ऐसे मामलों को अपराध के दिन से छः महीने के अंदर न्यायालय में भेजना आवश्यक है (धारा 33)।

अधिनियम की कमियाँ

श्रम संघ अधिनियम 80 वर्ष पुराना हो चुका है। इसके लागू होने के बाद से अब तक श्रमिकों को संगठनों, उनके कार्यों, श्रम शक्ति की संरचना, श्रमिकों की दशाओं, औद्योगिक सम्बन्ध तथा देश की आर्थिक और राजनीतिक स्थितियों में महत्त्वपूर्ण परिवर्तन हुए हैं। लेकिन, अधिनियम में केवल छिटपुट संशोधन ही किए गए हैं। अधिनियम में व्यापक संशोधन के प्रयास समय–समय पर किए गए, लेकिन ये सभी प्रयास अभी तक विफल रहे हैं। श्रम संघ अधिनियम, 1926 की कुछ महत्त्वपूर्ण त्रुटियाँ या कमियाँ निम्नलिखित हैं–

1. **श्रम संघों के पंजीकरण का अनिवार्य नहीं होना** – इस अधिनियम के अंतर्गत श्रम संघों का पंजीकरण अनिवार्य नहीं है। इस कारण अनेक श्रम संघ अधिनियम के दायरे में नहीं आते। संविधान के अंतर्गत संगठन बनाने के अधिकार से श्रमिकों के संगठन को और भी प्रोत्साहन मिला है। पंजीकृत न होने पर भी वे नियोजकों के समक्ष अपनी माँगें पेश करते हैं, उन माँगों की पूर्ति के लिए हड़ताल और अन्य औद्योगिक कार्यवाहियों की मदद लेते हैं; सदस्यों से मनमाने ढंग से चंदा वसूल करते हैं तथा कई प्रकार के अनुचित श्रम व्यवहारों में लगे रहते हैं। कानून के दायरे से बाहर रहने के कारण उनकी गतिविधियों पर नियंत्रण रखना कठिन होता है। यद्यपि अपंजीकृत श्रम संघों को उन आपराधिक और सिविल दायित्वों से उन्मुक्ति नहीं मिलती, जो पंजीकृत श्रम संघों को उपलब्ध हैं, फिर भी व्यवहार में अपंजीकृत श्रम संघों को इससे बहुत अधिक कठिनाइयों का सामना नहीं करना पड़ता। श्रम संघों के पंजीकरण को अनिवार्य करने से उन्हें कानून से विहित दायित्वों को निबाहना पड़ेगा जिससे उनकी भूमिका अधिक उत्तरदायी और स्वस्थ होगी। राष्ट्रीय श्रम आयोग, 1969 के मत में भी "कोई संघ जो औद्योगिक सम्बन्धों की प्रणाली में भाग लेने का दावा करता है, उसे श्रम संघ कानून और उसके दायित्वों के क्षेत्र से बाहर नहीं रखा जा सकता।" आयोग ने यह भी सुझाव दिया कि "सभी कारखाना श्रमिक संघों/औद्योगिक संगठनों के लिए पंजीयन करना अनिवार्य कर देना चाहिए, लेकिन केंद्रीय संगठनों के लिए यह बाध्यता नहीं होनी चाहिए।"
2. **छोटे आकार के श्रम संघों की स्थापना को प्रोत्साहन** – 2001 के संशोधन के पहले अधिनियम के अंतर्गत किसी भी उद्योग या प्रतिष्ठान में काम करने वाले कोई भी सात व्यक्ति, जिनमें आधे बाहरी व्यक्ति हो सकते थे, श्रम

संघ बनाकर उसके पंजीकरण के लिए आवेदन दे सकते थे। अधिनियम के इस उपबंध का लाभ उठाकर एक ही प्रतिष्ठान में भी कई छोटे–छोटे श्रम संघ बनाए जाते रहे हैं और उनका अधिनियम के अधीन पंजीकरण भी होता रहा है। राष्ट्रीय श्रम आयोग (1969) ने भी स्वीकार किया है कि "बहुत बड़ी संख्या में संघ इतने छोटे हैं कि उनमें जीवन क्षमता नहीं है।" छोटे–छोटे श्रम संघ न तो अपने सदस्यों के हितों की रक्षा समुचित ढंग से कर सकते हैं और न ही श्रम संघ आंदोलन को सुदृढ़ बना सकते हैं। एक ही प्रतिष्ठान में कई श्रम संघ के बन जाने से उनके बीच प्रतिस्पर्द्धा और प्रतिद्वंद्विता बढ़ जाती है और श्रम संघ आंदोलन विभक्त हो जाता है। यही कारण है कि कई लोग श्रम संघ के पंजीकरण के लिए आवेदकों की संख्या में वृद्धि का सुझाव देते रहे हैं। राष्ट्रीय श्रम आयोग (1969) ने नए श्रम संघ की स्थापना करने वालों की न्यूनतम संख्या प्रतिष्ठान में नियोजित कर्मचारियों के 10 प्रतिशत (न्यूनतम 7) करने का सुझाव दिया है।

आयोग के सुझाव को ध्यान में रखकर अधिनियम 2001 में संशोधन कर असंगठित क्षेत्र के श्रम संघ के पंजीकरण के लिए न्यूनतम सात सदस्य तथा अन्य क्षेत्रों के श्रम संघ के लिए संबंधित प्रतिष्ठान या उद्योग में नियोजित कुल कर्मकारों के 10 प्रतिशत (न्यूनतम 7) या 100, जो भी कम हो, अनिवार्य किया गया है। इस संशोधन के संभावित प्रभाव के बारे में निश्चित रूप से कुछ कहना कठिन है।

3. **पंजीकरण के लिए निश्चित समय–सीमा नहीं होना** – अधिनियम में आवेदन देने के बाद श्रम संघों के पंजीकरण के लिए अधिकतम समय निर्धारित नहीं किया गया हैं। फलस्वरूप, कभी–कभी रजिस्ट्रार के कार्यालयों में उनके पंजीकरण में अनावश्यक रूप से बहुत अधिक समय लग जाता है। इससे श्रम संघों के बीच असंतोष बढ़ता है और वे अपने सदस्यों के हितों की रक्षा के लिए कदम उठाने में असमर्थ रहते हैं। अतः रजिस्ट्रार द्वारा श्रम संघों के पंजीकरण की अवधि की अधिकतम सीमा निर्धारित करना आवश्यक है।

4. **दुबारा पंजीकरण की सुविधा का अभाव** – जिस संघ का पंजीकरण रद्द कर दिया गया है, उसके पंजीकरण के लिए आवेदन पर दुबारा पंजीकरण की व्यवस्था नहीं है। ऐसा संभव है कि श्रम संघ अपनी पहली भूल या चूक को सुधार ले और फिर से पंजीकरण के योग्य हो जाए। इस कारण, अधिनियम में ऐसे श्रम संघों के दुबारा पंजीकरण की व्यवस्था आवश्यक है, जिसके पंजीकरण को पहले रद्द कर दिया गया है।

5. **कार्यकारिणी के विवादास्पद चुनावों से संबद्ध विवादों के सुलझाने की व्यवस्था का अभाव** – विगत वर्षों में श्रम संघों की कार्यकारिणी और पदाधिकारियों के चुनावों से संबद्ध कई विवादास्पद मामले सामने आए हैं।

वास्तविक कार्यकारिणी या पदाधिकारियों से संबद्ध प्रतिद्वंद्वी दलों के कई विवाद सिविल न्यायालयों में भी भेजे जाते हैं। इनके निबटारे में बहुत अधिक समय लग जाता है और उनमें जटिल प्रक्रियाओं से भी गुजरना होता है। ऐसे विवादास्पद मामलों को श्रम न्यायालयों या अभिकरणों में भेजने की व्यवस्था अधिक उपयुक्त प्रतीत होती है।

6. **श्रम संघों की कार्यकारिणी में बाहरी व्यक्तियों को प्रोत्साहन** – अधिनियम के अनुसार किसी पंजीकृत श्रम संघ की कार्यकारिणी में आधे सदस्य तक बाहरी व्यक्ति हो सकते हैं। आज भी श्रमिकों के बीच शिक्षा के प्रसार के बावजूद श्रम संघों की कार्यकारिणी के सदस्य और पदाधिकारी बाहरी व्यक्ति, विशेषकर राजनीतिक नेता हैं। उनमें कई संघ के सदस्यों के हितों की रक्षा पर समुचित ध्यान नहीं देते। श्रम संघों में बाहरी व्यक्तियों के होने से औद्योगिक सम्बन्ध की कई अन्य समस्याएँ भी उठ खड़ी होती हैं। अधिनियम में 2001 में किए गए संशोधन के अनुसार असंगठित क्षेत्र के पंजीकृत श्रम संघ के पदाधिकारियों की कुल संख्या के अधिकतम आधे और अन्य क्षेत्रों के पंजीकृत श्रम संघ के कुल पदाधिकारियों के अधिकतम एक–तिहाई या पांच जो भी कम हो, बाहरी व्यक्ति हो सकते हैं। इस संशोधन से श्रम संघों में आंतरिक नेतृत्व को प्रोत्साहन की संभावना बढ़ी है।
7. **रजिस्ट्रार की सीमित शक्तियाँ** – श्रम संघों के रजिस्ट्रार को अधिनियम के विभिन्न उपबंधों को प्रभावी रूप से लागू करने के लिए पर्याप्त शक्तियाँ प्राप्त नहीं हैं। इस कारण, अधिनियम का उल्लंघन करने पर भी दोषी व्यक्तियों के खिलाफ कार्यवाही करना बहुत कठिन होता है। श्रमिकों और श्रम संघों की संख्या में वृद्धि के कारण अधिनियम के प्रशासन में लगे अधिकारियों के कार्यभार निरंतर बढ़े हैं और उसके अनुपात में अधिकारियों की संख्या अपर्याप्त रही है। राष्ट्रीय श्रम आयोग (1969) के मत में, "रजिस्ट्रार के अधिकारों में वृद्धि की जानी चाहिए, जिससे नियमों का यथोचित पालन हो और सदस्यता रजिस्टर तथा लेखे का विवरण ठीक से रखा जा सके।"
8. **अप्रभावी दंड** – अधिनियम के विभिन्न उपबंधों के उल्लंघन के लिए दंड बहुत ही हल्का है। अधिकांश अपराधों के लिए बहुत ही छोटी रकम का दंड देने की व्यवस्था है, जिससे अधिनियम का व्यापक उल्लंघन होता रहता है। अधिनियम को प्रभावी रूप से लागू करने के लिए दंड व्यवस्था को अधिक कठोर करने की आवश्यकता है।
9. **विवरणी नहीं भेजने पर शिथिल नियंत्रण** – अधिनियम के अनुसार पंजीकृत श्रम संघों के लिए लेखाओं, नियमों, पदाधिकारियों, सदस्यों आदि से संबद्ध वार्षिक विवरणी भेजना अनिवार्य है। विवरणी नहीं भेजने पर श्रम संघ को अशक्तताओं का सामना नहीं करना पड़ता। विवरणी नहीं भेजने पर श्रम

संघों के बारे में सही जानकारी नहीं मिल पाती। इससे श्रम संघों और औद्योगिक सम्बन्ध के बारे में नीति बनाने और कार्यक्रमों को क्रियान्वित करने में कठिनाइयों का सामना करना पड़ता है। इस सम्बन्ध में राष्ट्रीय श्रम आयोग (1969) ने सिफारिश की है, यदि श्रम संघ वार्षिक विवरणी नहीं भेजता, तो उसके पंजीकरण को रद्द कर देना चाहिए, चाहे उसने यह चूक जान–बूझकर की हो अथवा नहीं।

10. **मान्यता सम्बन्धी उपबंधों का अभाव** – अधिनियम में यद्यपि श्रम संघों के पंजीकरण की व्यवस्था की गई है, इसमें उनकी मान्यता से संबद्ध उपबंध नहीं है। श्रम संघों के प्रतिनिधित्व के स्वरूप (representative character) तथा उनकी मान्यता से संबद्ध कुछ व्यवस्था आचार संहिता (Code of Discipline) के अंतर्गत की गई है, लेकिन उसे कानूनी रूप से लागू नहीं किया गया है। श्रम संघ सम्बन्धी कानून में श्रम संघों के प्रतिनिधिक स्वरूप के निर्धारण के लिए निश्चित आधार और तरीका का उल्लेख आवश्यक है। प्रतिनिधि श्रम संघ की नियोजक द्वारा सामूहिक सौदेबाजी और अन्य प्रयोजनों के लिए मान्यता देना भी अनिवार्य किया जाना चाहिए। इससे श्रम संघों के बीच प्रतिस्पर्द्धा और प्रतिद्वंद्विता के समाधान में काफी सहायता मिलेगी।
11. **अनुचित श्रम व्यवहारों के उल्लेख का नहीं होना** – कई श्रम संघ अपनी स्थिति का नाजायज लाभ उठाकर अपने सदस्यों और नियोजकों के साथ कई तरह के कदाचार करते रहते हैं, विश्व के कई देशों के श्रम संघ कानूनों में संघों के अनुचित श्रम व्यवहारों पर अंकुश लगाने की व्यवस्था की गई है। औद्योगिक विवाद अधिनियम, 1947 में मान्यता प्राप्त श्रम संघों के अनुचित श्रम व्यवहारों का उल्लेख किया गया है, लेकिन उसमें पंजीकृत श्रम संघों के कदाचारों की अलग से कोई चर्चा नहीं है। श्रम संघ अधिनियम में पंजीकृत श्रम संघों के अनुचित श्रम–व्यवहारों पर रोक लगाने की समुचित व्यवस्था की आवश्यकता है।

अधिनियम में व्यापक संशोधन के प्रयास

श्रम संघ अधिनियम में छोटे–छोटे संशोधन तो समय–समय होते रहते हैं, लेकिन कुछ विस्तृत संशोधन के प्रयास भी हुए हैं, जिनमें निम्नलिखित प्रमुख हैं–

1. **भारतीय श्रम संघ (संशोधन) अधिनियम, 1947** – श्रम संघ अधिनियम, 1926 में श्रम संघों के पंजीकरण की व्यवस्था है तथा पंजीकृत श्रम संघों को महत्त्वपूर्ण अधिकार दिए गए हैं, लेकिन इस अधिनियम में प्रतिनिधि श्रम संघ के चयन और उसकी मान्यता (recognition) सम्बन्धी उपबंध नहीं है। 1929 में नियुक्त रॉयल लेबर कमीशन ने प्रतिनिधि श्रम संघ को मान्यता देने के लिए कानून बनाने की सिफारिश की थी। बाद में, इस विषय पर श्रम मंत्रियों के

सम्मेलनों, स्थायी श्रम समिति तथा भारतीय श्रम सम्मेलन में कई बार विचार–विमर्श किए गए। इन निकायों, राज्य सरकारों, नियोजकों तथा श्रमिकों के प्रतिनिधियों के विचारों को ध्यान में रखते हुए, भारत सरकार ने 1946 में भारतीय श्रम संघ (संशोधन) विधेयक केंद्रीय विधानमंडल में पेश किया, जो 1947 में भारतीय श्रम संघ (संशोधन) अधिनियम के रूप में पारित हुआ। लेकिन, इस अधिनियम को अभी तक लागू नहीं किया गया है। अधिनियम के मुख्य उपबंध निम्नलिखित हैं–

(i) इस अधिनियम में नियोजक द्वारा प्रतिनिधि श्रम संघ को मान्यता देना अनिवार्य किया गया। अगर आवेदन देने वाला श्रम संघ संबद्ध प्रतिष्ठान में सभी कामगारों का प्रतिनिधि है, तो नियोजक के लिए उसे मान्यता देना अनिवार्य है।

(ii) अगर नियोजक आवेदन प्राप्त करने के तीन महीने के अंदर भी पंजीकृत श्रम संघ को मान्यता नहीं देता है, तो वह अधिनियम के अंतर्गत स्थापित श्रम न्यायालय में जा सकता है। अगर श्रम न्यायालय संतुष्ट है कि आवेदन श्रम संघ अधिनियम की सभी शर्तें पूरी करता है, तो वह उसे मान्यता देने का आदेश दे देगा।

(iii) मान्यता प्राप्त श्रम संघ की कार्यकारिणी को नियोजक के साथ नियोजन, अनियोजन, अनियोजन तथा नियोजन की शर्तों तथा कार्य की दशाओं के सम्बन्ध में सौदेबाजी करने का अधिकार होगा।

(iv) अधिनियम में मान्यता प्राप्त श्रम संघों तथा नियोजकों के कुछ अनुचित श्रम व्यवहारों का भी उल्लेख किया गया है। मान्यता प्राप्त श्रम संघों के कुछ अनुचित श्रम व्यवहार इस प्रकार हैं– (1) अनियमित हड़ताल में भाग लेना, उसे समर्थन देना तथा उसके लिए कर्मकारों को उकसाना, तथा (2) विवरणी में गलत सूचनाएँ देना। नियोजकों के अनुचित श्रम व्यवहारों में मुख्य हैं– (1) मान्यता प्राप्त श्रम संघ के किसी पदाधिकारी के साथ भेदभाव बरतना या उसे नौकरी से हटाना, और (2) श्रम संघ की स्थापना या उसके प्रशासन में हस्तक्षेप करना। अगर किसी मान्यता प्राप्त श्रम संघ को अनुचित श्रम व्यवहार के लिए दोषी ठहराया जाता है, तो उसकी मान्यता को रद्द किया जा सकता है। अनुचित श्रम व्यवहार के लिए दोषी नियोजक को अर्थदंड दिया जा सकता है।

2. **श्रम संघ विधेयक, 1950** – श्रम संघ अधिनियम, 1926 में संशोधन के प्रश्न पर 1949 में स्थायी श्रम समिति तथा श्रम मंत्रियों के सम्मेलन में फिर विचार–विमर्श हुआ। इनमें व्यक्त विचारों को ध्यान में रखते हुए 1950 में संसद में श्रम संघ विधेयक पेश किया गया, लेकिन संसद के विघटन के कारण विधेयक पारित नहीं हो सका और उसे फिर से पारित कराने का कोई प्रयास नहीं किया गया। विधेयक में श्रम संघों के पंजीकरण, उनकी मान्यता, कुछ अनुचित श्रम

व्यवहारों तथा श्रम संघों की पुस्तकों का रजिस्ट्रार द्वारा निरीक्षण आदि से संबद्ध नए उपबंध रखे गए थे।

श्रम संघों से संबद्ध महत्त्वपूर्ण विषयों, विशेषकर अनुचित श्रम व्यवहारों को नियंत्रित करने में संबद्ध कुछ उपबंध औद्योगिक विवाद अधिनियम 1982 के संशोधन से सम्मिलित किए गए। 1982 में श्रम संघ अधिनियम में संशोधन लाने के लिए संसद में एक विधेयक पेश किया गया था। विधेयक में अंतःसंघीय एवं अंतरसंघीय विवादों को निबटाने के लिए संयंत्र, पंजीकरण तथा उसे रद्द करने की विधियों में सुधार, कार्यकारिणी में बाहरी व्यक्तियों के अनुपात में कमी तथा कुछ अन्य विषयों को सम्मिलित किया गया था। लेकिन, विधेयक पारित नहीं हो सका। कुछ राज्यों के औद्योगिक सम्बन्ध अधिनियमों, जैसे महाराष्ट्र औद्योगिक सम्बन्ध अधिनियम, 1946 तथा मध्य प्रदेश औद्योगिक सम्बन्ध अधिनियम, 1960 में प्रतिनिधि श्रम संघ के चयन, श्रम संघ की मान्यता, मान्यता प्राप्त श्रम संघों के अधिकार और दायित्व आदि से संबद्ध महत्त्वपूर्ण उपबंध हैं। इन प्रयासों के बावजूद देश में श्रम संघ कानून संतोषजनक नहीं है। राष्ट्रीय श्रम आयोग (1969) ने श्रम संघ कानून में आधारभूत परिवर्तन का सुझाव दिया है, लेकिन आयोग के सुझावों को लागू करने के लिए कोई ठोस कदम नहीं उठाए गए। सरकार श्रम संघ और औद्योगिक सम्बन्ध के कानूनों में व्यापक सुधार लाने के प्रस्ताव पर समय–समय पर विचार करती रही है, लेकिन अभी तक 1926 के श्रम संघ कानून में कोई आधारभूत परिवर्तन नहीं किए जा सके हैं।

श्रम संघ विधान के संबंध में दूसरे राष्ट्रीय श्रम आयोग (2002) की सिफारिशें

दूसरे राष्ट्रीय श्रम आयोग (2002) ने देश में विद्यमान श्रम संघ विधान का कुछ गहराई से अध्ययन किया तथा इस क्षेत्र में कई महत्त्वपूर्ण सुझाव दिए हैं, जिनमें निम्नलिखित महत्त्वपूर्ण हैं–

(i) आयोग ने अलग से बनाए गए श्रम संघ विधान की जगह उसे एक व्यापक श्रम प्रबंध विधान के एक अंग के रूप में सम्मिलित करने का सुझाव दिया है। इस प्रस्तावित व्यापक विधान में श्रम संघों एवं श्रम संघ विधान से संबंधित कई विषयों को सम्मिलित किया गया है, जिनमें मुख्य हैं– श्रम संघों का पंजीकरण, सदस्यता शुल्क की अनिवार्यता, अंतःसंघीय एवं अंतसंघीय प्रतिद्वन्द्विता (inter-union and intra-union rivalries), श्रम संघों के महासंघों का पंजीकरण, अपंजीकृत श्रम संघों की निर्योग्यताएं, राजनीतिक निधि, प्रतिनिधि, श्रम संघ का निर्धारण और उसकी मान्यता, चंदा कटौती (check-off) तथा सौदेबाजी अभिकर्ता का चयन और उसके अधिकार।

(ii) असंगठित क्षेत्र के कामगारों को श्रम संघ बनाने का अधिकार होना चाहिए, चाहे उसमें नियोजक–नियोजित सम्बन्ध विद्यमान हो या नहीं। ऐसे श्रम संघों के

पंजीकरण के लिए कुल कामगारों के 10 प्रतिशत सदस्य होने की अनिवार्यता नहीं होगी।

(iii) नियोजकों के संगठनों के पंजीकरण के लिए योग्यता की विद्यमान शर्तें यथावत रह सकती हैं।

(iv) जो कर्मकार किसी श्रम संघ के सदस्य नहीं बनते, उन्हें सौदेबाजी अभिकर्ता द्वारा निर्धारित दर या सौदेबाजी समूह (negotiating college) में विद्यमान अधिकतम दर से राशि देनी होगी, जिसे कानून द्वारा स्थापित किसी कल्याण–निधि में जमा किया जा सकता है।

(v) अंतःसंघीय एवं अंतरसंघीय विवादों को किसी एक पक्षकार, पक्षकारों या राज्य द्वारा संबंधित श्रम न्यायालय के पास प्रेषित किया जा सकता है।

(vi) श्रम संघों के महासंघ तथा उनके केंद्रीय महासंघ भी 'श्रम संघ' की परिभाषा के दायरे में होंगे और वे भी प्राथमिक श्रम संघों की तरह अनुशासन में रहेंगे।

(vii) आयोग शिल्पी संघ या जाति पर आधारित श्रम संघ के पक्ष में नहीं है।

(viii) अपंजीकृत श्रम संघों को किसी भी तरह की सुविधाएँ, उन्मुक्तियाँ या अधिकार उपलब्ध नहीं होंगे।

(ix) श्रम संघ अधिनियम, 1926 के अधीन पृथक राजनीतिक निधि की स्थापना की अनिवार्यता यथावत बनी रहेगी। इस बात की सावधानी बरतनी होगी कि पंजीकृत श्रम संघ की सामान्य निधि राजनीतिक उद्देश्यों की प्राप्ति के लिए व्यक्त नहीं है।

(x) श्रम संघों के पंजीकरण एवं मान्यता से संबंधित उपायों से खंडित श्रम संघों के समेकन को प्रोत्साहन मिलेगा।

(xi) सौदेबाजी अभिकर्ता का निर्धारण चंदा कटौती (check-off) पर आधारित होगा। एकल सौदेबाजी अभिकर्ता (single negotiating agent) की मान्यता के लिए कर्मकारों का 66 प्रतिशत समर्थन आवश्यक होगा। जहाँ किसी श्रम संघ को 66 प्रतिशत कर्मकारों का समर्थन प्राप्त नहीं है, वहाँ कर्मकारों के 25 प्रतिशत समर्थन प्राप्त करने वाले श्रम संघों को सौदेबाजी समूह (negotiating college) में आनुपातिक प्रतिनिधित्व मिलना चाहिए।

(xii) रेलवे, डाक तार, कोयला खान तथा कई राज्यों में संचालित रहने वाले उद्योगों में प्रतिनिधि श्रम संघ के निर्धारण के लिए गुप्त मतदान (secret ballot) एक कठिन प्रक्रिया होगी।

(xiii) श्रम संघों की सापेक्ष शक्ति के निर्धारण के लिए चंदा कटौती (check-off) उपयोगी प्रक्रिया होगी।

(xiv) 300 या इससे अधिक संख्या में कामगारों को नियोजित करने वाले प्रतिष्ठानों में सभी पंजीकृत श्रम संघों के लिए चंदा कटौती अनिवार्य की जानी चाहिए।

(xv) 300 से कम संख्या में कामगारों के नियोजित करने वाले प्रतिष्ठानों में सौदेबाजी अभिकर्ता का निर्धारण प्रस्तावित श्रम सम्बन्ध आयोगों पर छोड़ देना चाहिए।

(xvi) जब किसी श्रम संघ को मान्यता मिल जाती है, तो वह सामान्यतः चार वर्षों तक मान्य रहेगी। इस अवधि में किसी भी श्रम संघ के दावे पर विचार नहीं किया जाएगा।

(xvii) हितों से संबंधित विषयों पर उद्योग स्तर पर होने वाली वार्ता का प्रचलन लागू रहेगा। लेकिन, मजदूरी, भत्तों, कार्य के घंटों, छुट्टी, अवकाश, सामाजिक सुरक्षा, स्वास्थ्य, सुरक्षा, उत्पादकता, पाली में कार्य, मानव शक्ति के समायोजन आदि के सम्बन्ध में सौदेबाजी या निर्णयन प्रतिष्ठान के स्तर पर अधिक उपयुक्त होगा।

आयोग की उपयुक्त सिफारिशें अब भी सरकार के विचाराधीन हैं।

17

औद्योगिक अभियोजन (स्थायी आदेश) अधिनियम , 1946

कामन लॉ के अन्तर्गत नियोक्ता को न केवल श्रमिकों के हायर एण्ड फायर का अधिकार था वरन् उसकी सेवा की शर्तों, कार्यदशाओं, वेतन एवं छुट्टियों आदि का निर्धारण भी नियोक्ता द्वारा ही होता था। किन्तु द्वितीय महायुद्ध के पश्चात् जब देश में स्वतंत्रता की लहर तेजी से उठने लगी तो उसका प्रभाव श्रमिकों पर भी पड़ा। फलस्वरूप इस सम्बंध में गम्भीरता से विचार हुआ कि राजनीतिक संविधान की भाँति एक औद्योगिक संविधान भी निर्मित हो, जिससे औद्योगिक प्रतिष्ठानों में कार्यरत श्रमिकों की सेवा की शर्तों का नियमन हो। अन्ततः सरकार ने 1945 में कर्मकारों की सेवाओं के संचालन सम्बंधी औद्योगिक नियोजन (स्थायी आदेश) से संबंधित एक बिल संविधान सभा में प्रस्तुत किया, जिसने 1946 में एक कानून का रूप लिया, जिसे औद्योगिक नियोजन (स्थायी आदेश) अधिनियम, 1946 के नाम से अविहित किया गया।

परिचय

इस कानून के सम्बन्ध में तीन महत्त्वपूर्ण बातें कही जाती हैं जो निम्नलिखित हैं–

(i) यह केन्द्र सरकार द्वारा पारित कानून है तथा इसी कारण यह पूरे देश में लागू होता है।

(ii) वैसे तो यह कानून केन्द्र सरकार द्वारा पारित किया गया है लेकिन राज्यों में इसे लागू करने की जिम्मेदारी राज्य सरकार को दी गई है।

(iii) इसे भारत का औद्योगिक सम्बंध अधिनियम कहा जाता है।

क्षेत्र एवं विस्तार

यह कानून उन सभी औद्योगिक संस्थानों (industrial establishment) में लागू होता है जहाँ विगत बारह माहों में किसी भी दिन 100 या इससे अधिक श्रमिक कार्यरत रहे हैं। यह कानून उन संस्थानों में लागू नहीं होता जहाँ Bombay Industrial Relations Act, Madhya Pradesh Industrial Employment (Standing Orders) Act या Government Service Rules लागू किया गया हो।

इसके अन्तर्गत वे सभी लोग सम्मिलित होते हैं जो कुशल, अकुशल, दस्ती, लिपिकीय या अधीक्षण कार्यों में कार्यरत हों।

लेकिन इस कानून के अन्तर्गत 1,600 रुपये से अधिक पाने वाले Supervisory तथा प्रबंधकीय व प्रशासनिक कार्य में संलग्न व्यक्ति सम्मिलित नहीं होते हैं।

कुछ परिभाषाएँ

(अ) **केन्द्रीय सरकार** – वे प्रतिष्ठान जो केन्द्रीय सरकार के अधीन कार्यरत हैं, उनके लिए उपयुक्त सरकार केन्द्रीय है। इसके अतिरिक्त रेलवे, बड़े बन्दरगाह, खदान तथा तेल क्षेत्र के लिए भी केन्द्रीय सरकार ही उपयुक्त सरकार है। शेष प्रतिष्ठानों के लिए राज्य सरकारें उपयुक्त सरकार हैं।

(ब) **प्रमाणकर्ता अधिकारी** – अधिनियम के अन्तर्गत लेबर कमिश्नर, रीजनल लेबर कमिश्नर अथवा अधिनियम के अन्तर्गत प्रमाणित करने के हेतु नियुक्त राज्य या केन्द्रीय सरकार का कोई अधिकारी (सेक्शन 2–सी)।

(स) **नियोक्ता** – अधिनियम के अन्तर्गत फैक्ट्री का मालिक नियोक्ता होता है। इसके अन्तर्गत फैक्ट्री का प्रबंधक अथवा इस उद्देश्य की पूर्ति हेतु भारत सरकार का कोई अधिकारी आता है। जहाँ इस प्रकार का कोई अधिकारी नियुक्त नहीं है वहाँ विभागीय प्रधान नियोक्ता समझा जाता है। इसके अतिरिक्त वह व्यक्ति भी नियोक्ता समझा जाता है जो कि मालिक द्वारा फैक्ट्री के निरीक्षण और नियंत्रण हेतु नियुक्त हुआ हो (सेक्शन 2–डी)।

(द) **औद्योगिक प्रतिष्ठान** – मजदूरी भुगतान अधिनियम 1936 के अन्तर्गत औद्योगिक प्रतिष्ठान की जो परिभाषा दी गई है, वह यहाँ भी लागू होती है। इसके अतिरिक्त फैक्ट्री, रेलवे तथा उन कॉन्ट्रैक्टरों द्वारा संचालित प्रतिष्ठान भी इसके अन्तर्गत सम्मिलित हो सकते हैं जो किसी फैक्ट्री के द्वारा निर्दिष्ट अनुबंध की पूर्ति हेतु कार्य करते हैं।

अधिनियम के मुख्य प्रावधान

इस अधिनियम के मुख्य प्रावधानों का विवरण निम्नलिखित है–

1. **स्थायी आदेश के ड्राफ्ट प्रावधानों का प्रस्तुतीकरण** – किसी संस्थान में जिस दिन से यह कानून लागू किया जाएगा, उसके नियोजक की यह जिम्मेदारी होगी कि नियोजन से संबंधित उन सभी मुद्दों, जिनका वर्णन कानून की अनुसूची में किया गया है, से संबंधित विषयों पर स्थायी आदेश (Standing Order) तैयार

करेंगे। स्थायी आदेश के सभी विषयों को नियोजक परिभाषित करने की कोशिश करेंगे तथा उसके प्रतिक्रिया स्वरूप दिए जाने वाले दंड को भी स्पष्ट करेंगे। नियोजक इस स्थायी आदेश की पाँच प्रतिलिपियों को तैयार कर प्रमाणीकृत प्राधिकारी (certifying authority) को सुपुर्द करेगा। कुछ विशेष परिस्थितियों में समान उद्योग के नियोजक एक संयुक्त स्थायी आदेश तैयार कर प्रमाणीकृत अधिकारी के समक्ष प्रस्तुत कर सकते हैं।

स्थायी आदेश की स्वीकृति हेतु किसी औद्योगिक प्रतिष्ठान का नियोक्ता जब अपना ड्राफ्ट प्रस्तुत करता है, तो अधिनियम की सम्बंधित अनुसूची के अनुसार उसमें निम्नलिखित तथ्यों को सम्मिलित किया जाना चाहिए–

1. कामगारों का वर्गीकरण, उदाहरणार्थ, स्थायी, अस्थायी और बदली इत्यादि।
2. उन तरीकों का विवरण जिनके द्वारा कामगारों को यह सूचना दी जाती है कि किस दिन उनकी छुट्टी है, किस दिन उन्हें वेतन प्राप्त करना है, इत्यादि।
3. शिफ्ट के कार्यकाल का विवरण।
4. उपस्थिति एवं विलम्ब से आने के सम्बंध में विवरण रखने का तरीका।
5. छुट्टी हेतु आवेदन पत्र देने की शर्तें और तरीके।
6. प्रतिष्ठान के प्रारम्भ होने और बन्द होने की तिथि, स्थायी रूप से कार्य की बन्दी, कार्य के सम्बंध में नियोक्ता के अधिकार एवं जिम्मेदारी।
7. सेवा की समाप्ति के सम्बंध में आवश्यक कार्यवाही।
8. कामगारों का निलम्बन।
9. नियोक्ता द्वारा किए गए दुराचरण या गलत ढंग से की गई निष्कासन कार्यवाही की स्थिति में नए सिरे से कार्य व्यवहार।
10. कोई अन्य मामला जो निर्दिष्ट किया गया हो।

    स्थायी आदेश के प्रारूप के साथ कर्मचारियों का व्यक्तिगत विवरण और जिस श्रमिक संघ से वे सम्बद्ध हैं, उसका भी विवरण संलग्न होना चाहिए। यदि एक ही प्रकार के प्रतिष्ठान में कई नियोक्ता विद्यमान हैं तो वे संयुक्त स्थायी आदेश प्रस्तुत कर सकते हैं।

2. **स्थायी आदेश के प्रमाणीकरण की शर्तें और विधि** – इसके अन्तर्गत निम्नलिखित महत्त्वपूर्ण बातें कही गई हैं–

(अ) जिस दिन प्रारूप स्थायी आदेश को प्रमाणीकृत अधिकारी प्राप्त करेगा, वह उसकी एक प्रतिलिपि श्रमिकों को या उनके श्रम संघ के पास भेज देगा।

(ब) इस प्रारूप स्थायी आदेश के साथ प्रमाणीकृत अधिकारी एक नोटिस श्रमिकों को या उनके श्रम संघ को भेजेगा, जिसमें यह कहा जाएगा कि श्रमिकों को या उनके श्रम संघ को यदि कोई आपत्ति हो तो वे 15 दिनों के अंदर प्रस्तुत करें।

(स) श्रमिक या श्रम संघ द्वारा किसी भी प्रकार की आपत्ति प्राप्त होने पर प्रमाणीकृत अधिकारी दोनों पक्षों को बुलाकर सौहार्दपूर्ण वार्तालाप द्वारा उचित निर्णय करने या आदेश को संशोधन करने के लिए प्रोत्साहित करेगा।

(द) अगर दोनों पक्षों में मतभेद उत्पन्न हो जाएँ तो प्रमाणीकृत अधिकारी खुद निर्णायक बनकर उचित निर्णय कर देगा।

(ई) अंततः प्रमाणीकृत अधिकारी स्थायी आदेश को सात दिनों के अन्दर प्रमाणित कर दोनों पक्षों को भेज देगा।

3. **अपील** – कहा गया है कि अगर कोई भी दल प्रमाणीकृत अधिकारी के निर्णय से संतुष्ट नहीं हो तो वे प्रमाणीकरण की सूचना प्राप्ति के 30 दिनों के अंदर अपीलीय अधिकारी के पास इसके विरुद्ध अपील कर सकता है। अपीलीय अधिकारी को यह अधिकार प्राप्त है कि वह इस स्थायी आदेश की पुष्टि कर दे या वह इसमें आवश्यक संशोधन कर सकता है।

4. **स्थायी आदेशों का क्रियान्वयन** – यह स्थायी आदेश अपने प्रमाणीकरण के 30 दिनों के अंदर लागू हो जाएगा। लेकिन इस स्थायी आदेश के विरुद्ध कोई अपील अगर अपीलीय प्राधिकारी के समक्ष की गई हो तो उस स्थिति में यह स्थायी आदेश अधिकारी के निर्णय के सात दिनों के पश्चात् लागू हो जाएगा।

5. **स्थायी आदेशों की अवधि व संशोधन की प्रक्रिया (धारा 10)** – प्रमाणित स्थायी आदेश में छः माह के अंदर कोई परिवर्तन नहीं किया जाएगा। लेकिन नियोजक और श्रमिकों के बीच कोई ऐसा करार किया गया हो तो वे आवश्यक बदलाव हेतु प्रमाणीकृत अधिकारी के पास आवेदन कर सकते हैं।

6. **स्थायी आदेशों की पंजिका** – कहा गया है कि प्रमाणीकृत अधिकारी एक पंजिका रखेगा जिसमें प्रमाणित स्थायी आदेशों (certified standing orders) का विवरण रखा जाएगा। यदि किसी भी पक्ष, यानी नियोजक या श्रमिक को इस प्रमाणित स्थायी आदेशों की प्रतिलिपि की आवश्यकता पड़े तो वह निर्धारित शुल्क जमा कर उसे प्राप्त कर सकेगा।

7. **नियोजक की बाध्यता (धारा 9)** – कहा गया है कि प्रत्येक नियोजक का यह उत्तरदायित्व होगा कि वह उस स्थायी आदेश की प्रतिलिपि को अंग्रेजी या अधिकांश श्रमिकों को पढ़ने तथा समझने लायक किसी अन्य भाषा में लिखकर मुख्य प्रवेश द्वार के सूचना पट्ट पर चिपका देगा ताकि संबंधित श्रमिक इससे अवगत हो सकें।

8. **निर्वाह भत्ता का भुगतान (धारा 10–ए)** – यदि किसी कार्मिक को निलंबित किया गया हो और उस पर लगाए गए आरोप की जाँच नहीं हुई हो या उसकी जाँच का कार्य चल रहा हो तो उस स्थिति में उस कार्मिक को निलम्बन की तिथि से 90 दिनों तक उसकी मजदूरी की 50 प्रतिशत राशि का भुगतान किया जाएगा। इसके बाद भी यदि सत्यता साबित होने में विलम्ब हो तो उसे उसकी

मजदूरी की 75 प्रतिशत राशि का भुगतान तब तक किया जाएगा, जब तक कि उसके आरोप पर कोई उचित निर्णय नहीं ले लिया जाए। यदि इस निर्वाह भत्ते से सम्बंधित कोई विवाद उत्पन्न हो जाए तो उसे श्रम न्यायालय के अंतर्गत सुलझाया जाएगा।

9. **कानून का प्रशासन (धारा 11)** – प्रत्येक सरकार अपने यहाँ प्रमाणीकृत अधिकारी तथा अपीलीय प्राधिकारी की नियुक्ति करेंगी। साधारणतया उप श्रम आयुक्त या प्रादेशिक श्रम आयुक्त को प्रामाणीकृत अधिकारी के रूप में नियुक्त किया जाता है तथा मुख्य श्रम आयुक्त को अपीलीय प्राधिकारी माना जाता है।

इन दोनों पदाधिकारियों को निर्णय करने तथा इस कानून से संबंधित सारे प्रशासनिक अधिकार प्राप्त होते हैं। इन पदाधिकारियों को निर्णय करने हेतु सिविल न्यायालय के सारे अधिकार प्राप्त होते हैं, अर्थात ये पदाधिकारी अपने निर्णय के पूर्व जाँच–पड़ताल कर सकते हैं, गवाह माँग सकते हैं, शपथ दिला सकते हैं इत्यादि।

केन्द्रीय औद्योगिक अभियोजन (स्थायी आदेश) नियमों के अन्तर्गत नमूने के स्थायी आदेश

अधिनियम के उपबंधों के क्रियान्वयन हेतु केन्द्र एवं कई राज्य सरकारों ने अपने–अपने स्थायी आदेश बनाए। इन आदेशों में कई बार संशोधन भी हुए। केन्द्रीय सरकार के द्वारा निर्मित स्थायी आदेश (जो कोयला खदानों के अतिरिक्त अन्य स्थानों पर लागू होता है) का विवरण निम्नलिखित है–

(अ) स्थायी आदेशों के लागू होने की तारीख निर्धारित होनी चाहिए।

(ब) इसके अन्तर्गत श्रमिकों का वर्गीकरण किया जाएगा जैसे– (i) स्थायी, (ii) प्रोबेशनर, (iii) बदली, (iv) अस्थायी, (v) आकस्मिक, तथा (vi) अपरेन्टिस।

(i) **स्थायी श्रमिक** – वे श्रमिक हैं जिनका नियोजन स्थायी आधार पर किया गया है। ऐसा व्यक्ति सफलता पूर्वक परिवीक्षा (Probation) की तीन माह की अवधि पूरी कर लिया होता है। इस अवधि में उसकी बीमारी, दुर्घटना, छुट्टी, हड़ताल या तालाबन्दी अथवा अन्य किसी कारण से प्रतिष्ठान की गैर स्वैच्छिक ढंग से बन्दी के कारण कोई व्यतिक्रम हुआ हो तो उसे भी इस अवधि में सम्मिलित कर लिया जाता है।

(ii) **प्रोबेशनर** – वह कामगार जो किसी स्थायी स्थान पर प्रॉविजनल रूप से नियुक्त किया जाता है, और वहाँ पर उसने तीन माह की सेवा का काल पूरा नहीं किया है उसे प्रोबेशनर कहा जाता है। ऐसे व्यक्ति से यह अपेक्षा की जाती है कि वह उसी स्थायी पद या उसी प्रकृति के किसी अन्य पद पर तीन माह की सेवा की अवधि पूरी कर ले। इस अवधि के अन्तर्गत हड़ताल, तालाबन्दी और छुट्टी आदि के कारण आने वाले व्यतिक्रम भी सम्मिलित हैं।

(iii) **बदली कामगार** – वह कामगार जो किसी स्थायी या प्रोबेशनर कामगार को किसी छुट्टी पर जाने पर उसके स्थान पर अस्थायी रूप से छुट्टी की अवधि तक कार्य हेतु किया गया है।

(iv) **अस्थायी कामगार** – वह कामगार जो किसी ऐसे कार्य हेतु नियुक्त किया गया है, जिसकी प्रकृति आवश्यक रूप से अस्थायी हो और एक सीमित अवधि के पश्चात् वह कार्य समाप्त हो जाने वाला हो।

(v) **कैजुअल कामगार** – कैजुअल कामगार वह कामगार होता है, जिसका अभियोजन कैजुअल प्रकृति का हो।

(vi) **अपरेण्टिस** – ऐसा कामगार एक प्रशिक्षु कामगार होता है, जो प्रशिक्षण अवधि में कुछ भत्ता या एलाउंस प्राप्त करता हो।

(स) टिकट – प्रतिष्ठान या कारखाने में कार्यरत प्रत्येक परमानेंट प्रोबेशनर, कैजुअल या अपरेण्टिस कामगार को एक टिकट दिया जाता है। इसका विवरण निम्नलिखित है–

(i) प्रत्येक स्थायी कर्मचारी को एक विभागीय टिकट दिया जाएगा, जिस पर उसका नम्बर लिखा होगा और किसी उपयुक्त अधिकारी द्वारा मांगने पर उसे उस टिकट को प्रस्तुत करना होगा।

(ii) बदली कामगार को भी टिकट दिया जाएगा, जिस पर उसकी प्रत्येक दिन की उपस्थिति अंकित की जाएगी और बदली की अवधि समाप्ति पर स्थायी काम मिलने पर उस टिकट को उसे वापस करना होगा।

(iii) अस्थायी कामगार को एक स्थायी टिकट दिया जाएगा, जिसे उसे अपनी सेवा समाप्ति के पश्चात् वापस कर देना होगा।

(iv) प्रत्येक कैजुअल कामगार को एक कैजुअल कार्ड दिया जाएगा, उस पर उन तिथियों की प्रविष्टि उपयुक्त अधिकारी द्वारा की जाएगी जिस दिन उसने कार्य किया था।

(v) इसी प्रकार अपरेण्टिस या प्रशिक्षु को भी एक कार्ड दिया जाएगा, जो उसे उस समय वापस करना होगा, जब उसका प्रशिक्षु काल पूरा हो जाएगा।

(द) कार्य के समय का प्रकाशन – प्रत्येक शिफ्ट में जिस समय तक कोई कामगार कार्य करता है उसे समय का विवरण तैयार कर नोटिस बोर्ड पर लगा दिया जाना चाहिए और उसकी एक प्रति विभिन्न श्रमिक संघों के कार्यालयों में भी भेज दी जानी चाहिए।

(य) छुट्टी और भुगतान दिवस का प्रकाशन – प्रतिष्ठान में जो छुट्टियाँ होनी हैं तथा मजदूरी भुगतान की जो तिथियाँ होती हैं, उन्हें भी नोटिस बोर्ड पर लगा दिया जाना चाहिए।

(र) मजदूरी दर का प्रकाशन – प्रतिष्ठान में विभिन्न श्रेणियों के सभी कामगारों की मजदूरी दर का भी निर्धारण कर नोटिस बोर्ड पर लगा दिया जाना चाहिए।

(ल) शिफ्ट का समय – यदि प्रतिष्ठान में एक से अधिक शिफ्ट में कार्य होता है तो प्रत्येक शिफ्ट का समय निर्धारित कर नोटिस बोर्ड पर लगा दिया जाना चाहिए और यह बात भी उल्लिखित होनी चाहिए कि कामगार का स्थानांतरण एक शिफ्ट से दूसरी शिफ्ट में हो सकता है। यदि किसी शिफ्ट को बन्द करना है तो उसकी सूचना भी सम्बंधित कामगारों को दो माह पूर्व दे देनी चाहिए।

(व) उपस्थिति एवं विलम्ब से आगमन – प्रतिष्ठान के सभी कामगारों से अपेक्षा की जाती है कि वे निर्धारित और अधिसूचित समय पर आएँ। यदि कामगार अनुपस्थित होते हैं या विलम्ब से आते हैं तो मजदूरी भुगतान अधिनियम, 1936 के अनुसार उनके वेतन से कटौती होनी चाहिए।

(श) सेवतन अवकाश –

(i) कारखाना अधिनियम, 1948 के अध्याय 8 के प्रावधानों के अनुसार प्रत्येक कामगार/श्रमिक को सवेतन अवकाश देय होना चाहिए।

(ii) यदि किसी कामगार को सवेतन अवकाश की आवश्यकता होगी तो उससे यह अपेक्षा की जानी चाहिए कि वह नियोक्ता या इस हेतु नियोक्ता द्वारा निर्धारित अधिकारी के पास आवेदन दे और उस अधिकारी से अपेक्षा की जाती है कि वह आवेदन प्राप्ति के एक सप्ताह के भीतर इस सम्बंध में उचित आदेश निर्गत करे। यदि ऐसा सम्भव नहीं है तो छुट्टी आरम्भ होने के कम से कम दो दिन पूर्व ही इस सम्बंध के उपयुक्त आदेश अवश्य ही निर्गत हो जाना चाहिए। यदि छुट्टी अस्वीकृत कर दी जाती है या स्थगित कर दी जाती है तो इस सम्बंध में सभी तथ्य रजिस्टर में अंकित हो जाने चाहिए।

(ष) आकस्मिक छुट्टी – कामगार को 10 दिन की आकस्मिक छुट्टी देय होती है। किन्तु एक साथ वह तीन दिन से अधिक छुट्टी नहीं ले सकता है। पर यदि वह बीमारी की अवधि में ऐसी छुट्टी लेना चाहता है तो इस अवधि में वृद्धि हो सकती है।

(स) यदि औद्योगिक प्रतिष्ठान में किसी समय आग लग जाती है, मशीनों में खराबी आ जाती है, ऊर्जा की आपूर्ति में बाधा उत्पन्न हो जाती है अथवा अन्य कोई ऐसी बाधा प्रतिष्ठान में उत्पन्न हो जाती है जो प्रबंधक या नियोक्ता के नियंत्रण से बाहर हो जाती है तो नियोक्ता बिना किसी नोटिस के प्रतिष्ठान को किसी भी अवधि के लिए बंद कर सकता है। इस सम्बंध में दो बातें विशेष रूप से उल्लेखनीय हैं–

1. कार्य के घण्टों में यदि ऐसी बन्दी होती है तो प्रभावित होने वाले कामगार को इसकी सूचना विभागीय नोटिस बोर्ड पर नोटिस लगाकर दी जा सकती है।

2. यदि इस प्रकार की बंदी अपेक्षाकृत कम समय के लिए होती है तो बंदी की अवधि को कम्पलसरी लीव समझा जाएगा, जो सवेतन या वेतन रहित हो सकती है।

(ह) **सेवा की समाप्ति** – स्थायी श्रमिकों की सेवा की समाप्ति हेतु नियोक्ता द्वारा कामगार को एक लिखित नोटिस देना अपेक्षित होगा। यदि कामगार मासिक आधार पर कार्य कर रहा है तो एक माह का नोटिस और अन्य कामगारों को दो सप्ताह का नोटिस दिया जाता है। कुछ स्थितियों में नोटिस न देकर सम्बंधित कर्मचारियों के अपेक्षित अवधि के वेतन का अग्रिम भुगतान कर दिया जाता है।

(क्ष) **दुराचरण हेतु अनुशासनात्मक कार्यवाही** – स्थायी आदेशों के प्रावधानों के अन्तर्गत कुछ क्रियाकलापों को दुराचरण समझा जाता है। ऐसे दुराचरण के लिए एक कामगार से उसके मासिक वेतन की 3 प्रतिशत धनराशि दण्ड के रूप में वसूली जा सकती है अथवा उसे निलम्बित किया जा सकता है या नोटिस देते हुए उसकी सेवाएँ समाप्त की जा सकती हैं, यदि उसे दुराचरण हेतु दोषी पाया गया। इसी प्रकार के दुराचरण का विवरण निम्नलिखित है–

(i) उच्चाधिकारियों के किसी वैधानिक आदेश की जान बूझकर अवज्ञा करना। यह कार्य कोई कामगार अकेले कर सकता है या कई कामगार मिलकर कर सकते हैं।

(ii) नियोक्ता के व्यापार सम्पत्ति के सम्बंध में चोरी या धोखाधड़ी।

(iii) नियोक्ता की सम्पत्ति या व्यापार को जान बूझकर क्षति पहुँचाना।

(iv) घूस लेना या देना अथवा अन्य कोई अवैध लालच।

(v) बिना छुट्टी के गैर हाजिर होने की आदत अथवा बिना बिना छुट्टी लिए 10 दिन तक निरंतर अनुपस्थिति।

(vi) विलम्ब से उपस्थिति की आदत।

(vii) प्रतिष्ठान में लागू किसी कानून के उल्लंघन की आदत।

(viii) कार्य के घण्टों में विवेकहीन व्यवहार।

(ix) कार्य को उपेक्षित करने की आदत।

(x) किसी ऐसे कार्य को बार–बार करना जिसे करने पर वेतन का 2 प्रतिशत एक माह में दण्ड देना पड़ सकता है।

(xi) किसी गैर कानूनी हड़ताल में भाग लेना या दूसरों को ऐसी हड़ताल हेतु प्रोत्साहित करना जो कानून के खिलाफ हो।

यदि नियोक्ता यह महसूस करता है कि दुराचरण अति गम्भीर है और सम्बंधित कामगार को दूसरों के साथ काम करना उचित नहीं है तो वह उस कामगार को निलम्बित कर सकता है। किन्तु निलम्बन की अवधि में वह निलम्बन भत्ता पाता रहेगा। निलम्बन हो या न हो किन्तु दुराचरण का आरोप लगने पर प्राकृतिक न्याय के अनुरूप जाँच की कार्यवाही चलाई जाती है। कार्यवाही के आधार पर यदि वह दुराचरण से बरी हो जाता है तो उसे निलम्बन की अवधि की शेष राशि का भी भुगतान हो जाता है। वैसे इन्क्वायरी के पश्चात् यदि कामगार को दोषी करार दिया जाता है तो नियोक्ता उसकी सेवाएँ समाप्त कर सकता है अथवा उसके पिछले

अभिलेखों और उसकी सेवाओं की समाप्ति का प्रतिष्ठान पर पड़ने वाले प्रभावों के आधार पर उसे केवल चेतावनी देकर दोष मुक्त भी किया जा सकता है। सेवा समाप्ति का नोटिस यदि कामगार को मिलता है तो 21 दिन के भीतर वह लेबर कोर्ट में उसके विरुद्ध अपील कर सकता है।

दुराचरण से सम्बंधित कुछ अन्य कार्य

औद्योगिक प्रतिष्ठानों में कामगारों के द्वारा कुछ और भी ऐसे कार्य कभी–कभी किए जाते हैं जिन्हें कानूनी रूप से दुराचरण करार किया जाता है। यद्यपि ये कार्य स्थायी आदेशों के अन्तर्गत नहीं आते हैं तथापि इस क्रम में उनका विवरण भी समीचीन होगा।

1. **धीरे काम करो** – इस स्थिति में मशीन तो चलती रहती है किन्तु कामगार बहुत ही धीमी गति से कार्य करते हैं। इस प्रकार यह कार्य हड़ताल से भी अधिक चुनौतीपूर्ण है क्योंकि इसके अन्तर्गत शक्ति (power) और क्षमता दोनों का ही दुरुपयोग होता है। ऐसे कार्य घनघोर दुराचरण है और उस कार्य में संलग्न कामगारों की सेवाएँ समाप्त की जा सकती हैं। किन्तु इस प्रकार की सेवा समाप्ति के पूर्व सम्बंधित कामगार को अभियोग पत्र देना और उसके विरुद्ध इस सम्बंध में जाँच की कार्यवाही आवश्यक होती है।
2. **अनुशासन को अतिक्रमित करने वाले कुछ अन्य आचार** – एक कामगार को यह अधिकार होता है कि नियोक्ता के विरुद्ध पुलिस में शिकायत दर्ज कराए, किन्तु यदि कामगार ने नियोक्ता के विरुद्ध पुलिस में कोई झूठी दरख्वास्त दी है तो उसे उसका परिणाम भुगतने के लिए भी तैयार रहना चाहिए।
3. **प्रतिष्ठान के परिसर से बाहर किया गया दुराचरण** – यदि कामगार ऐसा कोई कार्य करता है जिसे न्यायालय द्वारा दुराचरण करार देते हुए उसके आधार पर कामगार को दण्डित किया जाता है तो इस आधार पर उसे सम्बंधित औद्योगिक प्रतिष्ठान के द्वारा भी दण्ड दिया जा सकता है।

मूल्यांकन

भारत में यह कानून बहुत लाभप्रद एवं उपयोगी सिद्ध हुआ, क्योंकि उस समय तक देश में श्रम संघों की स्थिति ठीक नहीं थी तथा वे कमजोर स्थिति में देखे जाते थे। साथ ही श्रम संघ प्रतिद्वंद्विता भी देखी जाती थी, जिससे नियोजक अपने को मजबूत समझते थे। अतः नियोजक अपने संस्थान के लिए मनोनुकूल नियम बना लेते थे, लेकिन इस विसंगति को कानून द्वारा दूर कर दिया गया। एक तरफ जहाँ इस कानून की सराहना की जाती है वहीं दूसरी तरफ कुछ विद्वान भी इस कानून की आलोचना करते हैं, जिनमें निम्नलिखित मुख्य हैं–

(i) **योग्यता की शर्तें** – इस कानून के अंतर्गत जो योग्यता की शर्तें दी गई हैं उन्हें ठीक नहीं कहा जा सकता है। कानून में कहा गया है कि यह उन्हीं संस्थानों में

लागू होगा, जहाँ 100 या उससे अधिक व्यक्ति नियोजित किए गए हों। लेकिन वर्तमान में यदि कारखाना अधिनियम, 1948, बागान श्रमिक अधिनियम, 1951, खान अधिनियम, 1952 इत्यादि को देखें तो हम पाते हैं कि ये सभी कानून 50 से भी बहुत कम संख्या में श्रमिकों के नियोजन की स्थिति में लागू हो जाते हैं। अतः इस कानून में संशोधन करके 100 श्रमिक की योग्यता की शर्त को हटा दिया जाना चाहिए ताकि यह कानून कम श्रमिकों को नियोजित करने वाले कारखानों, बागान, खान इत्यादि में भी लागू हो जाए।

(ii) प्रमाणकर्ता पदाधिकारी या अपीलीय पदाधिकारी के कार्यकलाप – कुछ विद्वानों का मत है कि प्रमाणकर्ता पदाधिकारी या अपीलीय पदाधिकारी के कार्यकलापों में किसी निर्धारित प्रक्रिया का अभाव पाया जाता है जिसके फलस्वरूप उनका निर्णय विलम्ब से होता है या उसमें न्याय विसंगत (unjustice) होने की सम्भावना रहती है।

अतः विद्वानों का सुझाव है कि इस अधिनियम के प्रशासन का भार ऐसे व्यक्ति को सौंपा जाना चाहिए जो इसके सम्बंध में प्रशिक्षित हो एवं वह इस पर समुचित ध्यान दे सके। सामान्यतः श्रम आयुक्त के स्तर (rank) के पदाधिकारी प्रमाणकर्ता एवं अपीलीय पदाधिकारी के रूप में नियुक्त होते हैं। लेकिन इन पदाधिकारियों को कुछ अन्य श्रम कानून के अंतर्गत भी अनेक कार्य सौंपे गए हैं। अतः ऐसी स्थिति में वे इस कानून का प्रशासन सम्बन्धी कार्य करने में असमर्थ होते हैं। अतः इस कानून के अन्तर्गत सरकार द्वारा अलग से किसी व्यक्ति को नियुक्त कर तथा उन्हें उचित प्रशिक्षण देकर प्रशासन का भार सौंपा जाना चाहिए।

(iii) स्थायी आदेशों में विभिन्नता – यदि हम विभिन्न उद्योगों का अध्ययन करें तो हम पाते हैं कि अलग–अलग उद्योगों में अलग–अलग प्रकार के स्थायी आदेश लागू हैं। जिस उद्योग के अन्तर्गत श्रम संघ अपनी मजबूत स्थिति में होते हैं वहाँ वे नियोजक के साथ सामूहिक सौदेबाजी (collective bargaining) करके स्थायी आदेश के सम्बन्ध में अपने अनुकूल निर्णय करा लेते हैं। लेकिन वैसे उद्योग जहाँ श्रम संघ अपनी कमजोर स्थिति में हैं वहाँ स्थायी आदेश से संबंधित विवाद होते रहते हैं। साथ ही निर्णय के लिए सरकार पर निर्भर रहना पड़ता है।

अतः सरकार द्वारा स्थायी आदेश से संबंधित एक प्रारूप तैयार करके उसे सभी उद्योगों में लागू किया जाना चाहिए ताकि इससे संबंधित किसी भी प्रकार का मतभेद या विवाद नियोजक एवं कर्मचारी के बीच उत्पन्न नहीं हो सके तथा देश के सभी उद्योगों में एक प्रकार का स्थायी आदेश लागू किया जा सके।

(iv) कठोर दंड का अभाव – इस कानून के अन्तर्गत जो दंड की व्यवस्था की गई है वह कठोर नहीं कहा जा सकता है। अतः देश के अन्तर्गत बड़े उद्योग के नियोजक (employer) इस कानून का उल्लंघन करने से डरते नहीं हैं।

अतः इस कानून के अन्तर्गत जो दंड देने की व्यवस्था की गई है, उसको संशोधित किया जाना चाहिए तथा कठोर से कठोर दंड का प्रावधान जोड़ा जाना चाहिए, जिससे कि इस कानून का उल्लंघन रोका जा सके।

(v) इस अधिनियम के क्रियान्वयन हेतु न तो इंस्पेक्टर्स की नियुक्ति का प्रावधान है और न विभिन्न प्रतिष्ठान द्वारा प्रस्तुत स्थायी आदेशों की जाँच और प्रभावीकरण हेतु व्यापक मशीनरी ही विद्यमान हैं। अधिकांश स्थितियों में क्षेत्रीय स्तर पर कार्यरत उप श्रमायुक्त यह कार्य करते हैं। उनके पास संराधन के अतिरिक्त अन्य श्रम कानूनों के क्रियान्वयन की इतनी बड़ी जिम्मेदारी होती है कि वे ड्राफ्ट आदेशों की सम्यक् छानबीन कर उनका प्रभावीकरण ही सही ढंग से नहीं कर पाते हैं।

द्वितीय राष्ट्रीय श्रम आयोग की संस्तुतियाँ

द्वितीय राष्ट्रीय श्रम आयोग (2002) ने ऐसे औद्योगिक प्रतिष्ठानों में जहाँ 20 से 50 तक कामगार कार्य करते हैं, एक अलग से स्थायी आदेश निर्मित करने की संस्तुति की थी। इस सम्बंध में उसने एक ड्राफ्ट लॉ भी बनाया था, पर कहना नहीं होगा कि आयोग की अन्य संस्तुतियों की भाँति इस सम्बन्ध में भी सरकार ने कोई कार्यवाही नहीं की।

18

अन्तर्राष्ट्रीय श्रम संगठन

अन्तर्राष्ट्रीय श्रम संगठन (आई.एल.ओ.) वारसा की संधि के अन्तर्गत एक महत्त्वपूर्ण अन्तर्राष्ट्रीय संगठन है। इसकी स्थापना 1919 में हुई थी। वैसे विश्व स्तर पर श्रमिक की कार्य दशाओं के विपणन हेतु किसी संगठन की स्थापना की बात बहुत पहले से सोची जा रही थी। नेपोलियन युद्ध के पश्चात् रावर्ट ओवन ने वैश्विक शान्ति स्थापन हेतु श्रम की दशाओं के अन्तर्राष्ट्रीय स्तर पर नियमन पर जोर दिया था। वैसे वारसा की सन्धि के परिणामस्वरूप 28 जून 1919 को अन्तर्राष्ट्रीय श्रम संगठन की स्थापना राष्ट्र संघ लीग ऑफ नेशन के एक अंक के रूप में हुई, जिसका मुख्यालय जेनेवा में रखा गया तथा जिसका प्रथम अधिवेशन संयुक्त राज्य अमेरिका के वाशिंगटन डी.सी. में 29 अक्टूबर 1919 को सम्पन्न हुआ। 1939 में द्वितीय विश्व युद्ध के प्रारम्भ होने के पश्चात् आई.एल.ओ. का मुख्यालय जेनेवा से कनाडा के माण्ट्रीयल नामक शहर में स्थानान्तरित कर दिया गया। सन् 1944 में फिलाडेल्फिया के 26वें अधिवेशन में आई.एल.ओ. के उद्देश्यों को एक घोषणा पत्र के रूप में पुनः परिभाषित किया गया जिसे फिलाडेल्फिया घोषणा पत्र कहा गया। इस घोषणा के माध्यम से आई.एल.ओ. ने श्रम की स्वतंत्रता के सम्बंध में कुछ महत्त्वपूर्ण सिद्धान्तों को अपनाया। इनके कुछ मुख्य सिद्धान्त हैं–

1. श्रमिक कोई वस्तु नहीं है।
2. दीर्घकालीन प्रगति के लिए अभिव्यक्ति और संगठन की स्वतंत्रता आवश्यक है।
3. निर्धनता कहीं भी हो, सर्वत्र प्रगति में बाधक होती है।
4. अभाव के विरुद्ध युद्ध को विभिन्न देशों को सम्मिलित अन्तर्राष्ट्रीय प्रयासों द्वारा चलाया जाना चाहिए, जिसमें श्रमिकों और नियोजकों के प्रतिनिधि बराबरी के

स्तर पर स्वतंत्र विचार–विमर्श तथा प्रजातांत्रिक निर्णयों के माध्यम से सामान्य कल्याण के लिए सहयोग करते रहेंगे।

द्वितीय विश्वयुद्ध की समाप्ति के पश्चात् मृतप्राय लीग ऑफ नेशन के स्थान पर 1945 में संयुक्त राष्ट्र संघ की स्थापना हुई। 1945 पेरिस सम्मेलन एवं 1946 में मॉण्ट्रीयल सम्मेलन की संस्तुतियों के आधार पर आई.एल.ओ. के संविधान में संशोधन कर उसे संयुक्त राष्ट्र संघ के एक विशिष्ट अभिकरण का दर्जा दिया गया।

आई.एल.ओ. के संविधान में उसके लक्ष्यों एवं उद्देश्यों का विस्तार से उल्लेख किया गया है, जिसके आधार पर यह कहा जा सकता है कि आई.एल.ओ. का निम्नलिखित लक्ष्य है–

1. संसार के सभी देशों की श्रम नीतियों द्वारा सामाजिक न्याय को बढ़ावा देना, अन्याय, श्रमिकों की कठिनाइयाँ एवं अभावों का निवारण।
2. श्रमिकों के रहन–सहन तथा कार्य की परिस्थितियों में सुधार, जिससे सामाजिक न्याय पर आधारित विश्वव्यापी एवं चिरस्थायी शान्ति की स्थापना की जा सके।

इन उद्देश्यों की प्राप्ति हेतु अन्तराष्ट्रीय श्रम संगठन श्रम एवं समाज की दशाओं के बारे में तथ्यों का एकत्रीकरण, न्यूनतम अन्तर्राष्ट्रीय मानकों का निर्धारण तथा उनके राष्ट्रीय प्रयोग का निरीक्षण करता है।

आई.एल.ओ. के विशिष्ट उद्देश्यों में निम्नलिखित महत्त्वपूर्ण हैं–

1. कार्य के घण्टों का विनियमन।
2. श्रम आपूर्ति का विनियमन।
3. बेकारी की रोकथाम।
4. पर्याप्त निर्वाह मजदूरी की व्यवस्था।
5. बालकों, नवयुवकों एवं महिलाओं की सुरक्षा।

अंतर्राष्ट्रीय श्रम संगठन की संरचना

अंतर्राष्ट्रीय श्रम संगठन एक त्रिपक्षीय संगठन है अर्थात् इसमें नियोजक, श्रमिक एवं सरकार के प्रतिनिधि शामिल किए जाते हैं। इस संगठन के सदस्य वे राष्ट्र होते हैं, जो संयुक्त राष्ट्र संघ के सदस्य होते हैं। कोई व्यक्ति या संगठन इसके सदस्य नहीं हो सकते हैं। 31 जुलाई 1994 तक इसके सदस्य देशों की संख्या 171 थी, जो जनवरी 2002 तक 174 हो गई। भारत इसका प्रारंभ से ही एक सक्रिय सदस्य रहा है।

इस प्रकार अंतर्राष्ट्रीय श्रम संगठन विभिन्न राष्ट्रों का एक संगठन है, जो विभिन्न देशों की सरकारों द्वारा वित्तपोषित किया जाता है तथा सरकारों, नियोजकों एवं श्रमिकों के प्रतिनिधियों द्वारा प्रजातांत्रिक ढंग से नियंत्रित किया जाता है।

आई.एल.ओ. अपने समस्त कार्यों का संपादन तीन मुख्य अंगों के माध्यम से करती है–

1. अंतर्राष्ट्रीय श्रम सम्मेलन (International Labour Conference)।

2. शासी निकाय (Governing Body)।
3. अंतर्राष्ट्रीय श्रम कार्यालय (International Labour Office)।

अंतर्राष्ट्रीय श्रम सम्मेलन का सर्वोच्च नीति निर्धारक अंग होता है। शासी निकाय इसकी कार्यकारिणी होती है और अंतर्राष्ट्रीय श्रम कार्यालय इसका स्थायी सचिवालय होता है। आई.एल.ओ. के इन तीनों महत्त्वपूर्ण अंगों की संरचना एवं कार्य प्रणाली को निम्न तरह से स्पष्ट किया जा सकता है–

अंतर्राष्ट्रीय श्रम सम्मेलन

अंतर्राष्ट्रीय श्रम सम्मेलन के उद्देश्यों के लिए संसद की तरह काम करता है। इसकी बैठक (अधिवेशन) सामान्यतः वर्ष में एक बार होती है, जिसमें प्रत्येक सदस्य राष्ट्र के चार प्रतिनिधि हिस्सा लेते हैं। सरकार के दो प्रतिनिधि तथा श्रमिकों एवं नियोजकों के एक–एक प्रतिनिधि होते हैं। इन प्रतिनिधियों का मनोनयन सरकार द्वारा किया जाता है। लेकिन नियोजकों एवं श्रमिकों के प्रतिनिधियों का मनोनयन सरकार को उनके सबसे अधिक प्रतिनिधिक संगठन के परामर्श से करना आवश्यक होता है।

इसके प्रत्येक प्रतिनिधि के साथ सलाहकार भी हो सकते हैं, लेकिन उनकी संख्या कार्यसूची के प्रत्येक मद के लिए दो से अधिक नहीं हो सकती। ऐसे सलाहकार प्रतिनिधि को मत देने का अधिकार नहीं होता है, परंतु वे आमंत्रित प्रतिनिधि के अनुरोध एवं सम्मेलन के अध्यक्ष की अनुमति से बोल सकते हैं। प्रतिनिधि को इन सलाहकारों में से किसी एक को अपने बदले प्रतिनियुक्त करने का अधिकार रहता है। ऐसी स्थिति में ये सलाहकार बोल भी सकते हैं और मताधिकार का भी प्रयोग कर सकते हैं। प्रत्येक प्रतिनिधि को सभी विषयों पर व्यक्तिगत रूप से भाग लेने एवं मत देने का अधिकार प्राप्त रहता है।

आई.एल.ओ. विभिन्न अंतर्राष्ट्रीय संगठनों एवं श्रम संघ के अंतर्राष्ट्रीय निकायों के प्रतिनिधियों को सम्मेलन में हिस्सा लेने के लिए आज्ञा प्रदान कर सकता है।

अन्तर्राष्ट्रीय श्रम सम्मेलन के कार्य

1. **नीति निर्माण**–अंतर्राष्ट्रीय श्रम सम्मेलन की नीति निर्माण करने वाली संस्था होती है।
2. **अंतर्राष्ट्रीय मानक**–इसका मुख्य कार्य श्रम एवं सामाजिक विषयों पर अभिसमय (Convention) एवं सिफारिश के रूप में श्रम का अंतर्राष्ट्रीय मानक या स्तर निर्धारित करना है, जिसे सामूहिक रूप से अंतर्राष्ट्रीय श्रम संहिता (International Labour Code) कहा जाता है।
3. **योजना**–यह संगठन के चालू कार्यों एवं भावी कार्यों के लिए निर्णय (resolution) लेता है तथा शासी निकाय एवं अंतर्राष्ट्रीय श्रम कार्यालय को निर्देश देता है, साथ ही उसके कार्यों का पर्यवेक्षण करता है।
4. **बजट**–यह संगठन के वार्षिक बजट को भी निर्धारित करता है।

5. **विश्व श्रम संसद**–यह श्रम के मामलों में विश्व संसद की तरह काम करता है और निर्णय करता है।
6. **समिति का निर्णय**–यह अपनी कार्य विधि स्वयं निर्धारित करता है तथा संगठन के उद्देश्यों की प्राप्ति के लिए अन्य आवश्यक कार्य संपादित करता है। इसके लिए समितियों के गठन एवं अंतर्राष्ट्रीय संगठनों के साथ सहयोग भी करता है।

शासी निकाय

शासी निकाय अंतर्राष्ट्रीय श्रम संगठन की कार्यकारिणी के रूप में काम करता है। इसके सदस्य अंतर्राष्ट्रीय श्रम सम्मेलन द्वारा तीन वर्ष के लिए निर्वाचित होते हैं। सदस्यों की संख्या वर्तमान समय में 56 है, जिसमें 28 सरकार के 14 श्रमिकों के तथा 14 नियोजकों के प्रतिनिधि चुने जाते हैं। इन प्रतिनिधियों में से अध्यक्ष एक सरकार के प्रतिनिधियों में से तथा दो उपाध्यक्ष श्रमिकों एवं नियोजकों के प्रतिनिधियों में से केवल एक वर्ष के लिए चुने जाते हैं। शासी निकाय की बैठक एक वर्ष में तीन बार होती है।

प्रारंभ में शासी निकाय के कुल 24 सदस्य (12.6.6) ही हुआ करते थे। बाद में सदस्यों की संख्या बढ़ाकर 32 और फिर 1954 में 40 कर दी गई। सन् 1963 में 48 और 1975 में 56 (28.14.14) कर दी गई। वर्तमान में सरकार के 28 प्रतिनिधियों में से 10 प्रतिनिधियों का स्थान औद्योगिक रूप से विकसित दस प्रथम राष्ट्रों के लिए सुरक्षित होता है। प्रारंभ के दो वर्षों को छोड़कर भारत को भी शासी निकाय में सुरक्षित स्थान प्राप्त रहा है। वर्तमान समय में दस स्थायी सदस्य निम्नलिखित हैं – अमेरिका, ब्रिटेन, फ्रांस, इटली, जर्मनी, रूस, जापान, चीन एवं ब्राजील।

शासी निकाय के कार्य

1. **महानिदेशक की नियुक्ति**– शासी निकाय अंतर्राष्ट्रीय श्रम कार्यालय के महानिदेशक की नियुक्ति करता है। जिसका कार्यकाल पाँच वर्ष की अवधि तक सीमित होता है।
2. **निरीक्षण एवं नियंत्रण**– यह अंतर्राष्ट्रीय श्रम कार्यालय के क्रियाकलापों पर नियंत्रण रखता है।
3. **प्रारूप की तैयारी**– यह सम्मेलन के लिए कार्यसूची एवं वार्षिक बजट प्रतिवेदन तैयार करता है।
4. **कार्यक्रम एवं नीति निर्धारण**– यह आई.एल.ओ. के क्रियाकलापों के सम्बन्ध में प्रभावशाली कार्यक्रम बनाने एवं नीति निर्धारण के लिए उत्तरदायी होता है।
5. **समितियों का गठन एवं समन्वय**– यह औद्योगिक एवं अन्य समितियों के गठन एवं उनके कार्यों में समन्वय स्थापित करने के लिए भी उत्तरदायी होता है।

अंतर्राष्ट्रीय श्रम कार्यालय

अंतर्राष्ट्रीय श्रम कार्यालय का सचिवालय, श्रम एवं सामाजिक विषयों के सम्बन्ध में विश्व सूचना केन्द्र तथा प्रकाशन गृह के रूप में कार्य करता है। इसके मुख्य कार्यपालक पदाधिकारी महानिदेशक होते हैं, जो शासी निकाय द्वारा नियुक्त किया जाता है और वह सम्मेलन तथा शासी निकाय द्वारा निर्देशित विभिन्न कार्य संपादित करता है। वह शासी निकाय की स्वीकृति से कार्यालय के लिए पदाधिकारियों और कार्मिकों की नियुक्ति भी करता है।

अन्तर्राष्ट्रीय श्रम कार्यालय के कार्य

अन्तर्राष्ट्रीय श्रम कार्यालय श्रम से संबंधित मसलों एवं समस्याओं के निरंतर अध्ययन एवं शोध के कार्य में संलग्न रहता है तथा एक शोध केन्द्र के रूप में सेवा प्रदान करने के साथ–साथ सामाजिक एवं औद्योगिक प्रश्नों के सम्बन्ध में सूचनाओं का समायोजन गृह (clearing house) के रूप में भी कार्य करता है। इसके मुख्य कार्यों को संक्षेप में निम्न तरह से स्पष्ट किया जा सकता है।

1. **सूचना एकत्रीकरण**–यह औद्योगिक एवं श्रम के अंतर्राष्ट्रीय समायोजन से संबद्ध सभी विषयों पर सूचनाएँ एकत्र करता है तथा उन्हें विकसित करता है।
2. **प्रस्तावों की परीक्षा**–यह अभिसमय (convention) के प्रस्तावित विषयों की परीक्षा करता है।
3. **जाँच–पड़ताल**–यह शासी निकाय के निर्देश पर जाँच–पड़ताल करता है।
4. **दस्तावेज**–यह सम्मेलन की कार्यसूची से संबद्ध दस्तावेज तैयार करता है।
5. **सदस्य देशों की सहायता**–यह सदस्य देशों की सरकारों के अनुरोध पर सम्मेलन के निर्णयों को ध्यान में रखते हुए कानून और विनिमय बनाने में तथा प्रशासनिक व्यवहारों तथा निरीक्षण पद्धति में सुधार लाने से संबंधित सहायता प्रदान करता है।
6. **विशेष दायित्व का निर्वाह**– यह अभिसमयों के पालन से संबद्ध अपने दायित्वों को निभाता है।
7. **प्रकाशन कार्य**– यह अंतर्राष्ट्रीय अभिरुचि वाले श्रम, उद्योग एवं बेरोजगारी आदि विषयों पर प्रकाशन का कार्य भी करता है।

   वर्तमान समय में अंतर्राष्ट्रीय श्रम कार्यालय के प्रमुख प्रकाशन निम्न हैं–

   (1) मासिक– "International Labour Review"

   (2) पाक्षिक– "Industry and Labour"

   अन्य कई पत्रिकाएँ एवं बुलेटिन भी प्रकाशित किए जाते हैं, जैसे Year Book of Labour Statistics, Social and Labour Bulletin, आदि।

अंतर्राष्ट्रीय श्रम कार्यालय का मुख्यालय जेनेवा (स्विट्जरलैंड) में स्थित है। इसमें विभिन्न देशों के विशेषज्ञों को नियुक्त किया गया है, जिनका ज्ञान, अनुभव एवं सलाह सभी सदस्य देशों को उपलब्ध रहते हैं। विभिन्न देशों में इसकी बारह

शाखाएँ, चालीस राष्ट्रीय संवाददाता तथा छः क्षेत्रीय कार्यालय (field offices) हैं। इटली के अयूरिन शहर में इसके द्वारा International Centre for Advanced Technial and Vocational Training की स्थापना की गई है तथा मुख्यालय जेनेवा में ही International Institute for Labour Studies (IILS) की स्थापना की गई है। अंतर्राष्ट्रीय श्रम कार्यालय की भारतीय शाखा की स्थापना नई दिल्ली में सन् 1928 ई. में हुई। आई.एल.ओ. की क्रियाओं के विकेन्द्रीकरण की नीति के अंतर्गत नई दिल्ली की इस शाखा का कार्यालय 1 अप्रैल, 1970 से क्षेत्रीय कार्यालय (area office) में बदल दिया गया है, जो भारत, भूटान एवं मालदीव में आई.एल.ओ. की क्रियाओं के लिए उत्तरदायी है।

इस प्रकार स्पष्ट है कि अंतर्राष्ट्रीय श्रम संगठन श्रम एवं सामाजिक विषयों के सम्बन्ध में अपने वैश्विक दायित्व का निर्वाह महत्त्वपूर्ण ढंग से कर रहा है। इसकी संरचना प्रजातांत्रिक है और कार्य प्रणाली सुदृढ़ है, परंतु साधनों की वजह से यह संपूर्ण जगत में क्षेत्रीय कार्यालयों एवं स्थायी एजेंसियों के विस्तार में पर्याप्त सफलता प्राप्त नहीं कर सका है, फलस्वरूप सभी देशों की विशिष्ट भौतिक एवं भौगोलिक आवश्यकता के अनुरूप इसे सेवा प्रदान करने में कठिनाई होती है। यद्यपि आई.एल.ओ. विशुद्ध रूप से एक त्रिपक्षीय संगठन है, परन्तु विभिन्न राष्ट्रों द्वारा वित्त पोषित विभिन्न राष्ट्रों का यह एक सरकारी संगठन ही है। इसमें मजदूरों का प्रतिनिधित्व वास्तविक रूप से कार्यरत श्रमिकों में से नहीं होता है, बल्कि राजनीतिक श्रम संघ नेताओं में से चुनकर ही प्रतिनिधि भेजे जाते हैं। अंतर्राष्ट्रीय श्रम सम्मेलन की वार्षिक बैठक आई.एल.ओ. एवं विश्व श्रमिक समुदाय के लिए सबसे महत्त्वपूर्ण होती है, परंतु कभी–कभी इसमें अनियमितता उत्पन्न हो जाती है। पुनः इस सम्मेलन में जो अभिसमय एवं सिफारिशें पारित की जाती है, वे सामान्य रूप से सभी देशों के लिए एक समान होती है, जबकि सभी देश आर्थिक, सामाजिक, राजनीतिक, भौगोलिक आदि दृष्टि से भिन्न होते हैं। फिर भी इससे अंतर्राष्ट्रीय श्रम मानकों की स्थापना में काफी मदद मिली है और विश्व स्तर पर श्रमिकों की दशाओं में सुधार लाकर उसे समान स्तर पर लाने की प्रक्रिया तेज हुई है। यही कारण है कि जिन सामाजिक–आर्थिक कारणों से रूस की क्रांति हुई थी, उसकी पुनरावृत्ति रोकने का यह अंतर्राष्ट्रीय प्रयास अभी तक के परिणामों के अनुसार काफी हद तक सफल मालूम पड़ता है।

श्रम कल्याण तथा श्रमिक शिक्षा के क्षेत्र में कार्य

अंतर्राष्ट्रीय श्रम संगठन की स्थापना ही सभी देशों के श्रमजीवियों के प्रति सामाजिक न्याय को बढ़ावा देने, उनके प्रति अन्याय, उनकी कठिनाइयों एवं अभावों को दूर करने के उद्देश्य से की गई है, अतः इसकी समस्त गतिविधियाँ श्रम कल्याण की ओर केन्द्रित होती हैं और विभिन्न श्रम समस्याओं के सम्बन्ध में एकत्र किए गए तथ्यों के आधार पर निर्धारित अंतर्राष्ट्रीय श्रम मानकों का विभिन्न राष्ट्रों में प्रयोग तथा उसके निरीक्षण से संबंधित सभी गतिविधियों का संचालन श्रम कल्याण के उद्देश्य से ही किया जाता है। फिर भी

अंतर्राष्ट्रीय श्रम संगठन ने श्रम कल्याण की दिशा में विशिष्ट रूप से पर्याप्त पोषण, आवासीय, मनोरंजनात्मक तथा सांस्कृतिक सुविधाओं की व्यवस्था आदि पर विशेष बल दिया है। फलस्वरूप 1969 में आई.एल.ओ. ने शांति क्षेत्र में नोबल पुरस्कार भी हासिल किया था।

इस परिप्रेक्ष्य में आई.एल.ओ. का 'विश्व रोजगार कार्यक्रम' (World Employment Programme) उल्लेखनीय है। आई.एल.ओ. ने उत्पादक नियोजन में वृद्धि तथा अर्द्ध बेरोजगारी एवं बेरोजगारी दूर करने के उद्देश्य से इस कार्यक्रम को क्षेत्रीय आधार (Regional Plans) पर तीन कार्यक्रमों के द्वारा लागू किया है–

1. **The Ottawa Plan:** इसे आई.एल.ओ. ने लेटिन अमेरिकन एवं कैरीबियन देशों के लिए प्रारंभ किया है।
2. **The Asian Man Power Plan:** इसे आई.एल.ओ. ने एशिया में छः देशों के क्षेत्रीय सम्मेलन द्वारा प्रारम्भ किया।
3. **African Jobs and Skills Programmes:** यह अफ्रीका के लिए प्रस्तावित किया गया।

विगत वर्षों में विकासशील देशों की नियोजन सम्बन्धी समस्याओं पर विशेष बल दिया गया है। उत्पादक नियोजन के विस्तार के लिए संगठन द्वारा चलाई जाने वाली कुछ विशेष परियोजनाएँ निम्न हैं– (1) ग्रामीण रोजगार, लघु व हस्तशिल्प उद्योग, (2) लोक निर्माण एवं आवास के क्षेत्र में नवयुवकों की सहभागिता को प्रोत्साहन।

श्रम कल्याण के क्षेत्र में विभिन्न नीतियों एवं कार्यक्रमों की शुरुआत होने से यह आभास हो जाता है कि आई.एल.ओ. एक जीवित एवं गतिशील संस्था है। यह केवल अंतर्राष्ट्रीय मानकों के द्वारा श्रमिकों के लिए उचित व्यवहार सुरक्षित नहीं करता है, बल्कि अपने सदस्य राष्ट्रों एवं उसके नागरिकों की परिवर्तित आवश्यकताओं के अनुरूप अपने आपको बदलने के लिए निरंतर प्रयास करने वाली एक अंतर्राष्ट्रीय संगठन के रूप में उभरा है। आई.एल.ओ. द्वारा निम्न समस्याओं पर अधिक बल दिया जा रहा है– (1) पूर्ण रोजगार, (2) मानव शक्ति मूल्यांकन तथा नियोजन सूचनाएँ, (3) अवकाशकालीन प्रशिक्षण, (4) तकनीकी सहायता, (5) ग्रामीण विकास, (6) कृषि श्रमिक, (7) मजदूरी एवं जीवनयापन व्यय, (8) सामाजिक सुरक्षा, (9) श्रम प्रशासन, (10) श्रमिक शिक्षा, (11) श्रम प्रबंध सम्बन्ध, (12) श्रम शोध, एवं (13) नवयुवकों की स्वास्थ्य समस्या आदि।

श्रमिक शिक्षा के क्षेत्र में कार्य

आई.एल.ओ. श्रमिक शिक्षा के क्षेत्र में भी उल्लेखनीय कार्य कर रहा है। वास्तव में विश्व भर के श्रमिकों को एक समान स्तर पर तभी लाया जा सकता है, जब विश्व भर के श्रमिक इसके लिए जागरूक एवं मानसिक रूप से तैयार हों। अतः विश्व भर के श्रमिकों में जागृति पैदा करने के लिए तथा उनमें अधिकार एवं दायित्वों का बोध पैदा कराने के

लिए आई.एल.ओ. अनेक प्रकार के शैक्षिक कार्यक्रमों का संचालन करता है। श्रमिक शिक्षा के क्षेत्र में निम्नलिखित कार्यक्रम महत्त्वपूर्ण हैं–

1. श्रमिक शिक्षा से संबद्ध विभिन्न विषयों पर अध्ययन सामग्री तैयार करना।
2. इन तैयार सामग्रियों का प्रकाशन और उसका वितरण करना।
3. सेमिनार का आयोजन करना।
4. विशेषज्ञों की सेवाएँ उपलब्ध कराना।
5. शिक्षा वृत्ति की व्यवस्था करना।
6. शैक्षिक परियोजनाओं में तकनीकी एवं भौतिक सहभागिता की व्यवस्था करना। अन्तर्राष्ट्रीय श्रम संगठन विभिन्न देशों के कामगारों को श्रम से संबद्ध समस्याओं के अध्ययन के लिए शिक्षावृत्तियों की व्यवस्था करता है, जो प्रायः विदेशों में श्रम समस्याओं के अध्ययन आदि के लिए प्रदान की जाती हैं।

इस प्रकार स्पष्ट है कि अंतर्राष्ट्रीय श्रम संगठन ने श्रम कल्याण एवं श्रम दशाओं के क्षेत्र में उल्लेखनीय कार्य किया है। श्री गुलजारी लाल नंदा ने 1959 के 40वें वार्षिकोत्सव में कहा था कि 'आई.एल.ओ.' निश्चित रूप से अपने उद्देश्यों को पूरा करने में काफी पीछे है, परंतु श्रम जिस दिशा में आज है, आई.एल.ओ. के नहीं रहने से इससे बदतर स्थिति में रहता। इसी प्रकार 1969 में श्री वी.वी. गिरी ने भी आई.एल.ओ. के 50वें वार्षिकोत्सव में कहा था कि "आई.एल.ओ. ने अर्धशताब्दी में किए गए कार्यों से संसार भर में नाटकीय ढंग से बहुत से विकास को अंजाम दिया है, विशेषकर एशिया एवं अफ्रीका में जहाँ सामाजिक एवं आर्थिक क्षेत्रों में गंभीर परिवर्तन हुए हैं।" निश्चय ही ऐसे परिवर्तन के क्षेत्र में आई.एल.ओ. का श्रम कल्याण एवं श्रमिक शिक्षा सम्बन्धी कार्यों में महत्त्वपूर्ण योगदान है।

अंतर्राष्ट्रीय श्रम मानकों का सृजन (अभिसमय एवं सिफारिश)

अंतर्राष्ट्रीय श्रम संगठन विश्व स्तर पर गठित एक त्रिपक्षीय संगठन है, जिसमें नियोजक, श्रमिक एवं सरकार के प्रतिनिधि शामिल किए जाते हैं। यह प्रत्येक वर्ष एक आम सभा आयोजित करती है, जिसे अंतर्राष्ट्रीय श्रम सम्मेलन कहा जाता है। इसमें इन तीनों पक्षों के प्रतिनिधि शामिल होते हैं। इसकी कुल सदस्य संख्या में से दो तिहाई की उपस्थिति तथा उनमें से दो तिहाई के बहुमत से जो निर्णय किए जाते हैं, वे वैधानिक संयंत्र (legal instrument) होते हैं, जिसके दो स्वरूप होते हैं और जिन्हें अभिसमय तथा सिफारिश (convention and recommendation) कहा जाता है। इन्हें सामूहिक रूप से 'अंतर्राष्ट्रीय श्रम संहिता' अथवा 'अंतर्राष्ट्रीय श्रम मानक' की संज्ञा दी जाती है क्योंकि इसे ही आधार मानकर विश्व के सभी देशों में श्रम कानून बनाए जाते हैं। इस प्रकार आई.एल.ओ. अभिसयम एवं सिफारिश पारित कर अंतर्राष्ट्रीय श्रम मानकों का सृजन करता है।

अभिसमय एवं सिफारिश अंतर्राष्ट्रीय श्रम सम्मेलनों द्वारा अपनाए गए संकल्प के रूप में होती है। अतः कहा जा सकता है कि आई.एल.ओ. का वह विपत्र (insturment),

जो दो तिहाई सदस्यों के बहुमत से पारित किया जाता हैं, अभिसमय एवं सिफारिश कहलाते हैं। इसे सामूहिक रूप से 'अंतर्राष्ट्रीय श्रम संहिता' की संज्ञा दी जाती है। अभिसमय एवं सिफारिश में पर्याप्त भिन्नता होती है, जो निम्न विश्लेषण से स्पष्ट होती है–

अभिसमय

यदि कोई निर्णय या संकल्प अभिसमय के रूप में पारित होता है तो सदस्य राष्ट्रों के पास उसे अनुसमर्थन (ratification) हेतु भेजा जाता है। अनुसमर्थन ऐच्छिक होता है, परंतु सरकार के लिए अपने निश्चय को विधानमंडल के समक्ष स्पष्ट करना आवश्यक होता है। सामान्यतया सम्मेलन समाप्ति के 18 महीने के अंदर ही अनुसमर्थन तथा विधानमंडल के समक्ष स्पष्टीकरण करने का कार्य कर लिया जाता है। अनुसमर्थन करने की दशा में इसे संपूर्ण रूप से (in toto) अनुसमर्थन करना होता है तथा उसके उपबन्धों को भी सम्पूर्ण रूप से लागू करना होता है। अनुसमर्थन का पालन प्रायः नए अधिनियम, प्रचलित कानून में परिवर्तन अथवा प्रशासकीय पद्धतियों में परिवर्तन के द्वारा किया जाता है।

अनुसमर्थन के दस्तावेज तथा अनुसूचित अभिसमयों को लागू करने के लिए उठाए गए कदमों की सूचना वार्षिक रिपोर्टों के माध्यम से अंतर्राष्ट्रीय श्रम कार्यालय में भेजनी पड़ती है। यदि किसी सदस्य राष्ट्र द्वारा किसी अभिसमय को अनुसमर्थित नहीं किया जाता है, तो उसे अभिसमय के उपबंधों से सम्बद्ध कानूनों एवं व्यवहारों की स्थिति तथा उन्हें लागू नहीं करने के कारणों का उल्लेख करते हुए अंतर्राष्ट्रीय श्रम कार्यालय की रिपोर्ट भेजनी पड़ती है। किसी अभिसमय के प्रभावी होने के लिए अनुसमर्थनों की न्यूनतम संख्या भी निर्धारित कर दी जाती है, जो अधिकांश स्थितियों में केवल दो है।

सिफारिश

यदि कोई निर्णय या संकल्प सिफारिश के रूप में पारित होता है तो इसे भी सदस्य राष्ट्रों के पास भेजा जाता है, परंतु सिफारिशों के लिए अनुसमर्थन की आवश्यकता नहीं पड़ती है और न ही सदस्य राष्ट्रों को उन्हें लागू करने का कोई दायित्व ही रहता है। इन सिफारिशों के उपबंध केवल निर्देशक सिद्धान्त की प्रकृति के होते हैं तथा सदस्य राष्ट्रों के लिए श्रम से सम्बद्ध विषयों पर कानून और नीति बनाने तथा उसे लागू करने के लिए मार्गदर्शक का काम करती है।

सिफारिशों के लिए कोई वार्षिक प्रतिवेदन नहीं भेजना पड़ता है, परंतु शासी निकाय के अनुरोध पर उन्हें सिफारिशों के उपबंधों से सम्बद्ध विषयों पर देश में लागू कानून और व्यवहारों के बारे में रिपोर्ट भेजने की आवश्यकता पड़ सकती है।

अंतर्राष्ट्रीय श्रम सम्मेलन इन अभिसमयों एवं सिफारिशों के माध्यम से श्रम के एकरूप अंतर्राष्ट्रीय मानकों की स्थापना करता है, जो श्रम विधानों अथवा अन्य उपायों

के लिए निर्धारित किए जाते हैं। इस प्रकार ये अभिसमय एवं सिफारिश अंतर्राष्ट्रीय श्रम संहिता का निर्माण करती हैं।

अंतर्राष्ट्रीय श्रम संगठन का भारतीय श्रम विधान पर प्रभाव

भारत ने अभी तक आई.एल.ओ. के 185 कान्वेंशन में से 39 को स्वीकार किया है। जिन कान्वेंशन को सरकार ने लागू किया है, उनके सम्बंध में सरकार की यह जिम्मेदारी हो जाती है कि कानूनों एवं सामूहिक समझौतों के माध्यम से उन्हें लागू करे। भारत में इन समझौतों को अधिकांशतया श्रम कानूनों में नए प्रावधान कर लागू किया गया है। हमारे श्रम कानून बहुत से ऐसे कानूनों से भी प्रभावित हुए हैं जिन्हें लागू नहीं किया गया है। इसी प्रकार हमारे कुछ कानून आई.एल.ओ. की सिफारिश से भी प्रभावित हुए हैं। इस सम्बंध में यह बात उल्लेखनीय है जो कान्वेंशन लागू नहीं किए हैं, उनमें से अधिकांश ऐसे हैं जिनका भारतीय सन्दर्भ में कोई औचित्य नहीं है अथवा उनका सम्बंध नाविकों से है और वे तभी लागू हो सकते हैं, जबकि अन्य सम्बंधित देश भी इस सम्बंध में पहल करें। यहाँ हम यह उल्लेख करेंगे कि आई.एल.ओ. के कौन से ऐसे कान्वेंशन हैं जिनका भारतीय श्रम कानूनों पर प्रभाव पड़ा है–

कार्य दशाओं से सम्बंधित कान्वेंशन

कार्य के घण्टे/उद्योग कान्वेंशन संख्या 1,1919 के अनुसार औद्योगिक प्रतिष्ठानों में कार्य के घण्टे दैनिक आठ और साप्ताहिक 48 घण्टे होने चाहिए। पर्यवेक्षक एवं प्रबंध से सम्बद्ध या गोपनीय पदों पर नियुक्त व्यक्तियों को इस सम्बंध में छूट दी जा सकती है। भारत सरकार ने इसे अनुसमर्थित कर कारखाना अधिनियम, 1948, खदान अधिनियम, 1952, बीड़ी सिगार कर्मकार अधिनियम, 1988 तथा कुछ अन्य अधिनियमों में लागू किया है।

साप्ताहिक छुट्टी से सम्बंधित कान्वेंशन

साप्ताहिक विश्राम (उद्योग) से सम्बंधित कान्वेंशन 14, 1921 को भारत सरकार ने 1923 में अनुसमर्थित किया। इसके अनुसार औद्योगिक प्रतिष्ठानों में काम करने वाले सभी व्यक्तियों को सात दिन के लगातार कार्य के पश्चात् एक दिन का विश्राम मिलना चाहिए। हमारे देश में कारखाना अधिनियम 1948, खदान अधिनियम 1952 तथा परिवहन कामगार अधिनियम 1961 के माध्यम से इसे लागू किया गया।

मजदूरी

आई.एल.ओ. के अनुसार मजदूरी निर्धारण हेतु एक संघ की स्थापना होनी चाहिए, जिसमें श्रमिक एवं प्रबंधक दोनों के प्रतिनिधियों को सम्मिलित किया जाना चाहिए। हमारे देश में न्यूनतम मजदूरी अधिनियम, 1948 के द्वारा इस कानवेंशन को लागू किया गया।

श्रम प्रशासन एवं निरीक्षण

आई.एल.ओ. के कान्वेंशन संख्या 81,1947 के अन्तर्गत कार्य दशाओं, श्रमिकों की संरक्षा और श्रम प्रशासन की त्रुटियों एवं दोषों के निवारण हेतु सम्यक प्रशासन एवं निरीक्षण की बात कही गई है। हमारे यहाँ कारखाना अधिनियम तथा दुकान, प्रतिष्ठान आदि अधिनियमों के अन्तर्गत अपेक्षित प्रशासन एवं नियंत्रण की व्यवस्था की गई है।

बालकों एवं यंग परसन्स के नियोजन से सम्बंधित कानून

आई.एल.ओ. की कान्वेंशन संख्या 5,1919 के अन्तर्गत उद्योगों में नियोजन की उम्र 14 वर्ष रखी गई है। भारत ने इन्हें लागू करने के कारखाना अधिनियम, 1948, खान अधिनियम 1952 तथा बाल श्रम (प्रतिशोध एवं विनियमन) अधिनियम, 1986 के अंतर्गत इस सम्बंध में आवश्यक व्यवस्था कर इस कान्वेंशन को लागू किया है।

चिकित्सकीय परीक्षण सम्बंधी कान्वेंशन

अल्पवयों की चिकित्सकीय जाँच (सामुद्रिक) अभिसमय, संख्या 16, 1921 के अनुसार सामुद्रिक कार्यों के लिए अल्पवयों के नियोजन के पहले उनकी शारीरिक क्षमता की चिकित्सकीय जाँच आवश्यक है। इस अभिसमय के उपबंधों को वाणिज्य पोत परिवहन अधिनियम, 1958 द्वारा किया गया है।

रात्रिकार्य

अल्पवयों का रात्रिकार्य, (उद्योग) – अभिसमय, संख्या 6, 1919 तथा संख्या 90, 1948 के अंतर्गत उद्योगों में अल्पवयों के रात्रिकार्य पर प्रतिबंध लगाया गया है। इन अभिसमयों के उपबंधों को कारखाना अधिनियम, 1948, खान अधिनियम, 1952, बाल श्रम (प्रतिषेध एवं विनियमन) अधिनियम, 1986 तथा कुछ अन्य संरक्षात्मक अधिनियमों द्वारा लागू किया गया है।

स्त्रियों का नियोजन

अधिकांश अभिसमय और सिफारिशें पुरुष और स्त्री श्रमिकों पर समान रूप से लागू होती हैं, फिर भी स्त्री श्रमिकों के लिए अलग से भी मानकों की स्थापना की गई है। इनमें भारत द्वारा निम्नलिखित को अनुसमर्थन प्राप्त है–

(i) **रात्रिकार्य (महिलाएँ)** – अभिसमय, संख्या 4, 1919 के अंतर्गत स्त्री श्रमिकों के रात्रिकार्य पर प्रतिबंध लगाया गया है। इस अभिसमय के उपबंधों को कारखाना अधिनियम, 1948, खान अधिनियम, 1952 तथा मोटर परिवहन, बीड़ी और सिगार तथा कुछ अन्य उद्योगों से सम्बद्ध संरक्षात्मक श्रम अधिनियमों द्वारा लागू किया गया है।

(ii) **भूमिगत कार्य में नियोजन** – भूमिगत कार्य (महिलाएँ) अभिसमय, संख्या 45, 1935 के अनुसार किसी भी प्रकार के भूमिगत खनन में महिलाओं के नियोजन पर

प्रतिबंध लगाया गया है। इसके उपबंधों को खान अधिनियम, 1952 में सम्मिलित किया गया है।

(iii) **समान कार्य के लिए समान वेतन** – समान पारिश्रमिक–अभिसमय, संख्या 100, 1951 द्वारा पुरुष और स्त्री श्रमिकों के लिए समान कार्य के लिए समान वेतन के सिद्धांत को अपनाया गया है। इस अभिसमय के उपबंधों को समान पारिश्रमिक अधिनियम, 1976 द्वारा लागू किया गया है।

स्वास्थ्य सुरक्षा और कल्याण

(i) भारत चिह्नांकन (जलयान द्वारा परिवहित पैकेज) – अभिसमय, संख्या 27, 1929 के अंतर्गत जलयान द्वारा ले जाने वाले एक या अधिक टन के पैकेजों पर उनके भार का स्पष्ट चिह्न लगाना आवश्यक है। इसके उपबंधों को भारी पैकेज चिह्नांकन अधिनियम, 1951 (Marketing of Heavy Packages Act, 1951) में सम्मिलित किया गया है।

(ii) भारत ने विकिरण संरक्षा–अभिसमय, संख्या 115, 1960 तथा बेंजीन–अभिसमय, संख्या 136, 1971 के उपबंधों को लागू करने के लिए भी कानून बनाए हैं।

(iii) दुर्घटनाओं से संरक्षा (गोदी मजदूर) संशोधित अभिसमय, संख्या 32, 1932 के उपबंधों को भारतीय गोदी श्रमिक अधिनियम, 1934 (Indian Dock Labourers Act, 1934) द्वारा लागू किया गया है।

सामाजिक सुरक्षा

(i) **कर्मकार क्षतिपूर्ति** – कर्मकार क्षतिपूर्ति (व्यावसायिक रोग)– अभिसमय, संख्या 18, 1925 तथा संशोधित अभिसमय, संख्या 42, 1934 के अनुसार कुछ विशेष प्रकार के नियोजनों में हो सकने वाले व्यावसायिक रोगों के लिए क्षतिपूर्ति की व्यवस्था करना जरूरी है। इन अभिसमयों के उपबंधों को कर्मकार क्षतिपूर्ति अधिनियम, 1923 तथा कर्मचारी राज्य बीमा अधिनियम, 1948 में शामिल किया गया है।

(ii) **सामाजिक सुरक्षा में व्यवहार की समता** – सामाजिक सुरक्षा में राष्ट्रीय एवं गैर राष्ट्रियों के व्यवहार की, समता–अभिसमय, संख्या 118, 1962 के अंतर्गत सामाजिक सुरक्षा–सुविधाओं के लिए देशवासियों और विदेशियों के बीच व्यवहार की समता के निर्देश दिए गए हैं। भारतीय सामाजिक सुरक्षा अधिनियमों, जैसे–कर्मकार क्षतिपूर्ति अधिनियम, 1923 तथा कर्मचारी राज्य बीमा अधिनियम, 1948 के अन्तर्गत देशवासियों और विदेशियों के बीच भेदभाव नहीं किया जाता।

औद्योगिक सम्बंध

(i) **संगठन का अधिकार (कृषि)** – अभिसमय, संख्या 11, 1921 के अंतर्गत कृषि श्रमिकों को औद्योगिक श्रमिकों की तरह संगठन बनाने का अधिकार

उपलब्ध कराने के निर्देश दिए गए हैं। ग्रामीण श्रमिक संगठन अभिसमय, संख्या 141, 1975 में ग्रामीण श्रमिकों के संगठन को प्रोत्साहित करने से सम्बद्ध उपबंध हैं। इन्हें श्रम संघ अधिनियम, 1926 तथा भारतीय संविधान के उपबंधों द्वारा लागू किया गया है।

त्रिपक्षीय परामर्श (अंतर्राष्ट्रीय श्रम मानक) अभिसमय, संख्या 144, 1975 को औद्योगिक सम्बन्ध कानूनों तथा प्रशासनिक आदेशों द्वारा लागू किया गया है।

रोजगारी एवं बेरोजगारी

(i) **नियोजन सेवा** – अभिसमय, संख्या 88, 1948 के अनुसार राष्ट्रीय, क्षेत्रीय एवं स्थानीय स्तर पर निःशुल्क सार्वजनिक नियोजन कार्यालयों की स्थापना आवश्यक है। इन उपबंधों को नियोजन कार्यालयों से सम्बद्ध कानूनों और नियमों में सम्मिलित किया गया है।

(ii) **बलात श्रम** – अभिसमय, संख्या 39, 1930 उपबंध भारतीय संविधान में सम्मिलित है।

अन्य मानकों का प्रभाव

भारत सरकार ने कुछ अन्य अभिसमयों को भी अनुसमर्थित किया है। इनमें मुख्य हैं– (i) प्रवासियों का निरीक्षण–अभिसमय, संख्या 21, 1926 (ii) सामुद्रिकों की समझौता नियमावली–अभिसमय, संख्या 22, 1926, (iii) स्वदेशी एवं जनसंख्या–अभिसमय, संख्या 107, 1957, (iv) नियोजन और व्यवसाय का भेदभाव–अभिसमय, संख्या 111, 1958, तथा (v) श्रम सांख्यिकी अभिसमय, संख्या 160, 1985। इन सभी अभिसमयों के उपबंधों को श्रम कानूनों, संविधान या प्रशासनिक आदेशों द्वारा लागू किया गया है।

अनुसमर्थित अभिसमयों का प्रभाव

जैसा कि ऊपर स्पष्ट किया जा चुका है, भारत सरकार ने कई अभिसमयों को औपचारिक रूप से अनुसमर्थित तो नहीं किया है, लेकिन उनके उपबंधों को श्रम कानूनों में सम्मिलित किया है। इनमें महत्त्वपूर्ण हैं–

(i) **सवेतन छुट्टी** – सवेतन छुट्टी–अभिसमय, संख्या 52, 1936 के अनुसार औद्योगिक और वाणिज्यिक प्रतिष्ठानों में श्रमिकों के प्रत्येक वर्ष के काम के लिए कम से कम 6 दिनों की सवेतन छुट्टी की व्यवस्था करना आवश्यक है। इससे उच्च स्तर के मानक कारखाना अधिनियम, खान अधिनियम, दुकान और प्रतिष्ठान अधिनियमों, मोटर परिवहन कर्मकार अधिनियम, बीड़ी और सिगार कर्मकार (नियोजन की शर्तें) अधिनियम तथा कुछ अन्य अधिनियमों में उपलब्ध हैं।

(ii) **मजदूरी की संरक्षा** – मजदूरी संरक्षा–अभिसमय, संख्या 95, 1949 के अनुसार श्रमिकों को देय मजदूरी का भुगतान उन्हें नियमित रूप से वैध मुद्रा में करना

आवश्यक है। मजदूरी से केवल कानूनों तथा सामूहिक समझौतों में निर्धारित शर्तों के अनुसार ही कटौतियाँ की जा सकती हैं। इन उपबंधों को मजदूरी भुगतान अधिनियम, 1936 तथा कुछ अन्य संरक्षात्मक श्रम–अधिनियमों में सम्मिलित किया गया है।

(iii) **प्रसूति संरक्षा** – प्रसूति संरक्षा अभिसमय, संख्या 3, 1919 तथा प्रसूति संरक्षा (संशोधित) अभिसमय, संख्या 103, 1952 अन्तर्गत महिला श्रमिकों को प्रसवावस्था में 12 सप्ताह की छुट्टी तथा नकद और चिकित्सकीय हितलाभ देना आवश्यक है। प्रसूति की छुट्टी की अवधि में महिला श्रमिकों को नौकरी से नहीं हटाया जा सकता। यद्यपि भारत ने इन अभिसमयों को अनुसमर्थित नहीं किया है, इनके उपबंधों को प्रसूति हितलाभ अधिनियम, 1961 तथा कर्मचारी राज्य बीमा अधिनियम, 1948 में सम्मिलित किया गया है।

(iv) **कर्मकार क्षतिपूर्ति** – कर्मकार क्षतिपूर्ति अभिसमय, संख्या 17, 1925 के अंतर्गत औद्योगिक दुर्घटनाओं से उत्पन्न क्षति के लिए क्षतिपूर्ति देना आवश्यक है। मृत्यु और स्थायी अशक्तता के लिए क्षतिपूर्ति आवधिक भुगतान के रूप में दी जाएगी। दुर्घटनाग्रस्त श्रमिकों को आवश्यक चिकित्सा सुविधा उपलब्ध कराना भी आवश्यक है। इन उपबंधों को कर्मचारी राज्य बीमा अधिनियम, 1948 में सम्मिलित किया गया है।

(v) **बीमारी बीमा** – बीमारी–बीमा (उद्योग) अभिसमय, संख्या 24, 1927 के अंतर्गत औद्योगिक श्रमिकों के लिए अनिवार्य बीमारी–बीमा की व्यवस्था करना तथा निर्धारित अवधि के लिए नकद हितलाभ देना आवश्यक है। भारत ने इस अभिसमय का अनुसमर्थन नहीं किया है, लेकिन इसके उपबंधों को कर्मचारी राज्य बीमा अधिनियम, 1948 में शामिल किया गया है।

(vi) **औद्योगिक सम्बंध** – भारत के औद्योगिक सम्बन्ध कानूनों जैसे–औद्योगिक विवाद अधिनियम, 1947, श्रम संघ अधिनियम, 1926 तथा औद्योगिक नियोजन (स्थायी आदेश) अधिनियम, 1946 में कुछ अभिसमयों के उपबंधों को शामिल किया गया है। इनमें मुख्य हैं– संगठन की स्वतंत्रता एवं संगठन के अधिकार की संरक्षा–अभिसमय, संख्या 87, 1948 तथा सामूहिक सौदेबाजी अभिसमय, संख्या 155, 1981।

(vii) **कार्य की दशाएँ** – कार्य की दशाएँ (होटल और रेस्तराँ) अभिसमय, संख्या 172, 1991 के उपबंधों को दुकान और प्रतिष्ठान अधिनियमों में शामिल किया गया है।

सिफारिशों का प्रभाव

भारत के श्रम कानूनों में आई.एल.ओ. की निम्नलिखित सिफारिशों के उपबंधों को सम्मिलित किया जा चुका है।

(i) **कार्य की दशाओं से संबंधित सिफारिशें** – 1. न्यूनतम आयु (कोयला खान), संख्या 97, 1953, 2. श्रम–निरीक्षण, संख्या 20, 1923, 3. श्रम–निरीक्षण (नाविक),

संख्या 28, 1926, 4. श्रम–निरीक्षण, संख्या 81, 1947, 5. श्रम–निरीक्षण (खनन और यातायात), संख्या 82, 1947, 6. न्यूनतम मजदूरी–नियतन–तंत्र, संख्या 30, 1928, 7. श्रम–निरीक्षण (कृषि), संख्या 133, 1969, 8. न्यूनतम मजदूरी–नियतन, संख्या 135, 1970, 9. श्रम प्रशासन, संख्या 158, 1978, 10. कार्य के घंटे एवं विश्राम अंतराल (मोटर परिवहन), संख्या 161, 1979, 11. कार्य की दशाएँ (होटल और रेस्तराँ), संख्या 179, 1991 तथा 12 कार्य की दशाएँ (गैर होटल और रेस्तराँ), संख्या 178, 1991।

(ii) **स्वास्थ्य, सुरक्षा और कल्याण** – 1. सफेद फॉस्फोरस, संख्या 6, 1919, 2. पत्तनों पर नाविकों का कल्याण, संख्या 46, 1936, 3. बिस्तर, चौका–बर्तन और विविध व्यवस्थाएँ (नाविक दल), संख्या 78, 1946, 4. कल्याण–सुविधाएँ, संख्या 102, 1956, 5. समुद्र पर चिकित्सा सेवा, संख्या 106, 1958, 6. रसायनों के प्रयोग में सुरक्षा, संख्या 177, 1990, 7. दीर्घ औद्योगिक दुर्घटनाएँ–निवारण, संख्या 181, 1993, 8. खानों में सुरक्षा तथा स्वास्थ्य, संख्या 183, 1995।

(iii) **सामाजिक सुरक्षा** – 1. कर्मकार क्षतिपूर्ति (व्यावसायिक रोग), संख्या 24, 1925, 2. उपचार की समानता (दुर्घटना क्षतिपूर्ति), संख्या 25, 1926, 3. दुर्घटनाओं से सुरक्षा (गोदी श्रमिक), संख्या 34, 1929, 4. दुर्घटनाओं से पारस्परिक सुरक्षा (गोदी श्रमिक), संख्या 40, 1932, 5. सामाजिक सुरक्षा (सशस्त्र सेना), संख्या 68, 1944।

(iv) **औद्योगिक सम्बंध** – 1. स्वैच्छिक सुलह तथा विवाचन, संख्या 92, 1951, 2. औद्योगिक संस्थान पर सहयोग, संख्या 94, 1952 तथा 3. ग्रामीण कामगार संगठन, संख्या 149, 1975।

(v) **अन्य** – 1. व्यवहार की पारस्परिकता, संख्या 2, 1919, 2. राष्ट्रीय नाविक संहिता, संख्या 9, 1920, 3. बलात् श्रम (अप्रत्यक्ष बाध्यता), संख्या 35, 1930, 4. बलात् श्रम (नियमन), संख्या 36, 1930, 5. सार्वजनिक निर्माण (अंतर्राष्ट्रीय सहयोग), संख्या 50, 1937, 6. समान पारिश्रमिक, संख्या 90, 1951, 7. देशी तथा जनजातीय जनसंख्या, संख्या 104, 1957, 8. समुद्री नाविकों की नियुक्ति (विदेशी जलयान), संख्या 107, 1958, 9. सामाजिक परिस्थिति एवं सुरक्षा, संख्या 108, 1958, 10. भेदभाव (नियोजन तथा व्यवसाय), संख्या 111, 1958, 11. परामर्श (औद्योगिक तथा राष्ट्रीय स्तर), संख्या 113, 1960 तथा 12. परिवेदनाओं की जाँच, संख्या 130, 1967।

इनके अतिरिक्त, कई अन्य सिफारिशों के उपबंधों को भी पूर्णतः या आंशिक रूप से लागू करने के लिए कानून बनाए गए हैं या विद्यमान कानूनों में संशोधन किए गए हैं। कई अन्य सिफारिशों के उपबंधों को लागू करने के उद्देश्य से श्रम कानूनों में संशोधन के प्रयास किए जा रहे हैं।

उपर्युक्त विवेचन से स्पष्ट है कि सदस्य देशों में श्रम विधान तथा श्रम–सम्बन्धी नीतियों और कार्यक्रमों में सुधार लाने के लिए श्रम संगठन की भूमिका आरम्भ से ही महत्त्वपूर्ण रही है। लेकिन इन क्षेत्रों में विशेष तरह की कठिनाइयाँ सामने आती रही हैं। इन कठिनाइयों में मुख्य हैं– (1) सदस्य देशों के आर्थिक एवं औद्योगिक विकास के स्तर में व्यापक विषमताएँ, जिसके चलते संगठन द्वारा सृजित श्रम मानक अविकसित देशों के सामर्थ्य के परे तथा अति विकसित देशों के लिए उपहास जनक हो जाते हैं; (2) कई देशों में श्रम की दशाओं को विनियमित करने में सामूहिक सौदेबाजी की प्रधानता है, जिसके चलते सरकार की भूमिका अधिक प्रभावी नहीं हो पाती; तथा (3) कई देशों में संघीय शासन व्यवस्था है, जिसके चलते श्रम के सम्बन्ध में उपयुक्त सरकार के दायित्वों की स्पष्टता का अभाव रहता है।